Amigo lector

El presente volumen,
21ª edición de la Guía Michelin
España Portugal,
ha sido realizado con la máxima
imparcialidad.

Su selección de hoteles y restaurantes
es fruto de las investigaciones
de sus inspectores,
que completan las cartas y los comentarios
que Vds. nos envían.

Pensando siempre en su actualidad
y utilidad,
la Guía prepara ya su próxima edición.

Sólo la Guía del año merece así su confianza.

Piense en renovarla.

Buen viaje con Michelin

Sumario

La elección
de un hotel, de un restaurante

Esta guía propone una selección de hoteles y restaurantes establecida para uso de los automovilistas de paso. Los establecimientos, clasificados según su confort, se citan por orden de preferencia dentro de cada categoría.

CATEGORÍAS

	Gran lujo y tradición	XXXXX
	Gran confort	XXXX
	Muy confortable	XXX
	Bastante confortable	XX
	Confortable	X
	Sencillo pero decoroso	
sin rest	El hotel no dispone de restaurante	sem rest
con hab	El restaurante tiene habitaciones	com qto

ATRACTIVO Y TRANQUILIDAD

Ciertos establecimientos se distinguen en la guía por los símbolos en rojo que indicamos a continuación. La estancia en estos hoteles es especialmente agradable o tranquila.
Esto puede deberse a las características del edificio, a la decoración original, al emplazamiento, a la recepción y a los servicios que ofrece, o también a la tranquilidad del lugar.

a	Hoteles agradables
XXXXX a X	Restaurantes agradables
« Parque »	Elemento particularmente agradable
	Hotel muy tranquilo, o aislado y tranquilo
	Hotel tranquilo
mar	Vista excepcional
	Vista interesante o extensa

Las localidades que poseen hoteles agradables o muy tranquilos están señaladas en los mapas de las páginas 59 a 67, 470 y 471.
Consúltenos para la preparación de sus viajes y envíenos sus impresiones a su regreso. Así nos ayudará en nuestras averiguaciones.

La instalación

Las habitaciones de los hoteles que recomendamos poseen, en general, cuarto de baño completo. No obstante puede suceder que en las categorías , y algunas habitaciones carezcan de él.

30 hab **30 qto**	Número de habitaciones
	Ascensor
	Aire acondicionado
TV	Televisión en la habitación
	Teléfono en la habitación a través de centralita
	Teléfono en la habitación directo con el exterior
	Habitaciones de fácil acceso para minusválidos
	Comidas servidas en el jardín o en la terraza
	Fitness club (gimnasio, sauna...)
	Piscina : al aire libre – cubierta
	Playa equipada – Jardín
9	Tenis en el hotel – Golf y número de hoyos
25/150	Salas de conferencias : capacidad de las salas
	Garaje en el hotel (generalmente de pago)
P	Aparcamiento reservado a la clientela
	Prohibidos los perros (en todo o en parte del establecimiento)
Fax	Transmisión de documentos por telefax
mayo-octubre	Período de apertura comunicado por el hotelero
temp.	Apertura probable en temporada sin precisar fechas. Sin mención, el establecimiento está abierto todo el año
28 012 1 200	Código postal

La mesa

LAS ESTRELLAS

Algunos establecimientos merecen ser destacados por la calidad de su cocina. Los distinguimos con **las estrellas de buena mesa**.

Para estos restaurantes indicamos tres especialidades culinarias que pueden orientarles en su elección.

❀❀❀ **Una de las mejores mesas, justifica el viaje**

Mesa exquisita, grandes vinos, servicio impecable, marco elegante... Precio en consonancia.

❀❀ **Mesa excelente, vale la pena desviarse**

Especialidades y vinos selectos... Cuente con un gasto en proporción.

❀ **Muy buena mesa en su categoria**

La estrella indica una buena etapa en su itinerario.

Pero no compare la estrella de un establecimiento de lujo, de precios altos, con la de un establecimiento más sencillo en el que, a precios razonables, se sirve también una cocina de calidad.

Consulte los mapas de las localidades que poseen establecimientos con estrella, páginas 59 a 67, 470 y 471.

Los vinos : ver página 57

Los precios

Los precios que indicamos en esta guía nos fueron proporcionados en otoño de 1992. Pueden producirse modificaciones debidas a variaciones de los precios de bienes y servicios. El servicio está incluido. El I.V.A. se añadirá al total de la factura (6 o 15 % en España), salvo en Andorra, Canarias, Centa y Melilla. En Portugal (5 o 16 %) ya está incluído..

En algunas ciudades y con motivo de ciertas manifestaciones comerciales o turisticas (ferias, fiestas religiosas o patronales...), los precios indicados por los hoteleros son susceptibles de ser aumentados considerablemente.

Los hoteles y restaurantes figuran en negrita cuando los hoteleros nos han señalado todos sus precios comprometiéndose, bajo su responsabilidad, a respetarlos ante los turistas de paso portadores de nuestra guía.

Entre en el hotel o en el restaurante con su guía en la mano, demostrando, así, que ésta le conduce allí con confianza.

Los precios se indican en pesetas o en escudos.

COMIDAS

Com 2 000 Ref 1 800	**Menú a precio fijo.** Almuerzo o cena servido a las horas habituales
Carta 2 450 a 3 800 Lista 1 800 a 2 550	**Comida a la carta.** El primer precio corresponde a una comida normal que comprende : entrada, plato fuerte del día y postre. El 2° precio se refiere a una comida más completa (con especialidad) que comprende : dos platos, postre
☕ 325	Precio del desayuno

HABITACIONES

hab. 4 500/6 700	Precio de una habitación individual / precio de una habitación doble, en temporada alta
hab ☕ 4 800/7 000 **qto** ☕ 4 400/6 300	Precio de la habitación con desayuno incluido

PENSIÓN

PA 3 600	Precio de la pensión alimenticia (desayuno, comida y cena) 3 600. El precio de la pensión completa por persona y por día se obtendrá añadiendo al importe de la habitación individual el de la pensión alimenticia. Conviene concretar de antemano los precios con el hotelero.

LAS ARRAS - TARJETAS DE CRÉDITO

Algunos hoteleros piden una señal al hacer la reserva. Se trata de un depósito-garantía que compromete tanto al hotelero como al cliente. Conviene precisar con detalle las cláusulas de esta garantía.

AE ⓓ E VISA JCB	Tarjetas de crédito aceptadas por el establecimiento

Las curiosidades

GRADO DE INTERÉS

★★★	De interés excepcional
★★	Muy interesante
★	Interesante

SITUACIÓN DE LAS CURIOSIDADES

Ver	En la población
Alred. **Arred.**	En los alrededores de la población
Excurs.	Excursión en la región
N, S, E, O	La curiosidad está situada al Norte, al Sur, al Este, al Oeste
①, ④	Salir por la salida ① o ④, localizada por el mismo signo en el plano
6 km	Distancia en kilómetros

Las poblaciones

2200	Código postal
⊠ 7800 Beja	Código postal y Oficina de Correos distribuidora
⊙ 918	Indicativo telefónico provincial (para las llamadas desde fuera de España, no se debe marcar el 9, tampoco el 0 para Portugal)
P	Capital de Provincia
445 M 27	Mapa Michelin y coordenadas
24 000 h.	Población
alt. 175	Altitud de la localidad
3	Número de teleféricos o telecabinas
7	Número de telesquíes o telesillas
AX A	Letras para localizar un emplazamiento en el plano
18	Golf y número de hoyos
✻ ←	Panorama, vista
✈	Aeropuerto
🚗 ✆ 22 98 36	Localidad con servicio Auto-Expreso. Información en el número indicado
⛴	Transportes marítimos
i	Información turística

Los planos

Hoteles
Restaurantes

Curiosidades

Edificio interesante y entrada principal
Edificio religioso interesante :
Catedral, iglesia o capilla

Características de las calles

Autopista, autovía
acceso, completo, parcial, número
Vía importante de circulación
Sentido único – Calle impracticable
Calle peatonal – Tranvía
Colón P P Calle comercial – Aparcamiento
Puerta – Pasaje cubierto – Túnel
Estación y línea férrea
Funicular – Teleférico, telecabina
B Puente móvil – Barcaza para coches

Signos diversos

Oficina de Información de Turismo
Mezquita – Sinagoga
Torre – Ruinas – Molino de viento – Depósito de agua
Jardín, parque, bosque – Cementerio – Crucero
Estadio – Golf – Hipódromo
Piscina al aire libre, cubierta
Vista – Panorama
Monumento – Fuente – Fábrica – Centro comercial
Puerto deportivo – Faro
Aeropuerto – Boca de metro – Estación de autobuses
Transporte por barco :
pasajeros y vehículos, pasajeros solamente
③ Referencia común a los planos y a los mapas detallados Michelin
Oficina central de lista de correos – Teléfonos
Hospital – Mercado cubierto
Edificio público localizado con letra :
D H G Diputación – Ayuntamiento – Gobierno civil
J Palacio de Justicia
M T Museo – Teatro
U Universidad, Escuela Superior
POL. Policía (en las grandes ciudades : Jefatura)

Pida en la librería el catálogo de mapas y guías Michelin.

TALLERES DE REPARACIÓN PROVEEDORES DE NEUMÁTICOS MICHELIN

A continuación indicamos los números de teléfono del Servicio 24 horas de las principales marcas de automóviles en España capacitadas para efectuar cualquier clase de reparación en sus propios talleres :

ALFA ROMEO 900.10.10.06
BMW 900.10.04.82
CITROEN 91/519.13.14
FIAT 91/519.16.16
LANCIA 91/519.10.22
FORD 900.14.51.45
OPEL - GENERAL MOTORS 91/597.21.25
MERCEDES BENZ . 91/431.95.96
NISSAN MOTOR IBERICA 900.20.00.94
PEUGEOT-TALBOT . 91/556.68.91
RENAULT 91/556.39.99
SEAT 900.11.22.22
VOLVO 91/555.81.00

Cuando un agente de neumáticos carezca del artículo que Vd necesite, diríjase a la División Comercial Michelin en **Madrid** o en cualquiera de sus Sucursales en las poblaciones siguientes : Montcada i Reixac (Barcelona), Bilbao, Coslada (Madrid), León, Santiago de Compostela, Sevilla, Valencia, Zaragoza. En **Portugal**, diríjase a la Dirección Comercial Michelin en Sacavém (Lisboa) o a su Sucursal en Vila do Conde (Oporto).

Las direcciones y números de teléfono de las Sucursales Michelin figuran en el texto de estas localidades.

Nuestras sucursales tienen mucho gusto en dar a nuestros clientes todos los consejos necesarios para la mejor utilización de sus neumáticos.

Ver también las páginas con borde azul.

AUTOMÓVIL CLUBS

RACE Real Automóvil Club de España
RACC Real Automóvil Club de Cataluña
RACVN Real Automóvil Club Vasco Navarro
RACV Real Automóvil Club de Valencia
ACP Automóvel Clube de Portugal

Ver las direcciones y los números de teléfono en el texto de las localidades.

Amigo Leitor

Este volume constitui a 21. ª edição do Guia Michelin Espanha Portugal.

Elaborada com a maior imparcialidade, a selecção dos hotéis e restaurantes do Guia é o produto de um estudo feito pelos seus inspectores e posteriormente completado pelas suas preciosas cartas e comentários.

Cioso de actualidade e de utilidade, o Guia prepara já a sua próxima edição.

Deste modo, apenas o Guia de cada ano merece a sua confiança.

Pense na sua renovação...

Boa viagem com Michelin

Sumário

A escolha
de um hotel, de um restaurante

A nossa classificação está estabelecida para servir os automobilistas de passagem. Em cada categoria, os estabelecimentos são classificados por ordem de preferência.

CLASSE E CONFORTO

🏨🏨🏨🏨🏨	Grande luxo e tradição	XXXXX
🏨🏨🏨🏨	Grande conforto	XXXX
🏨🏨🏨	Muito confortável	XXX
🏨🏨	Bastante confortável	XX
🏨	Confortável	X
⛱	Simples, mas aceitáveis	
sin rest	O hotel não tem restaurante	sem rest
con hab	O restaurante tem quartos	com qto

ATRACTIVOS

A estadia em certos hotéis torna-se por vezes particularmente agradável ou repousante.
Isto pode dar-se, por um lado pelas características do edifício, pela decoração original, pela localização, pelo acolhimento e pelos serviços prestados, e por outro lado pela tranquilidade dos locais.
Tais estabelecimentos distinguem-se no Guia pelos símbolos a vermelho que abaixo se indicam.

🏨🏨🏨🏨🏨 ... 🏨	Hotéis agradáveis
XXXXX ... X	Restaurantes agradáveis
« Parque »	Elemento particularmente agradável
🐦 (vermelho)	Hotel muito tranquilo, ou isolado e tranquilo
🐦	Hotel tranquilo
⩽ mar	Vista excepcional
⩽	Vista interessante ou ampla

As localidades que possuem hotéis e restaurantes agradáveis ou muito tranquilos encontram-se nos mapas páginas 59 a 67, 470 e 471.
Consulte-as para a preparação das suas viagens e dê-nos as suas impressões no seu regresso. Assim facilitará os nossos inquéritos.

A instalação

Os quartos dos hotéis que lhe recomendamos têm em geral quarto de banho completo.
No entanto pode acontecer que certos quartos, na categoria 🏨, 🏠 e 🏡, o não tenham.

30 hab **30 qto**	Número de quartos
	Elevador
	Ar condicionado
TV	Televisão no quarto
	Telefone no quarto, através de central
	Telefone no quarto, directo com o exterior
	Quartos de fácil acesso para deficientes físicos
	Refeições servidas no jardim ou no terraço
	Fitness club
	Piscina ao ar livre ou coberta
	Praia equipada – Jardim de repouso
	Ténis no hotel
18	Golfe e número de buracos
25/150	Salas de conferências : capacidade mínima e máxima das salas
	Garagem (geralmente a pagar)
P	Parque de estacionamento reservado aos clientes
	Proibidos os cães : em todo o parte do estabelecimento
Fax	Transmissão de documentos por telecopias
maio-outubro	Período de abertura comunicado pelo hoteleiro
temp.	Abertura provável na estação, mas sem datas precisas Os estabelecimentos abertos todo o ano são os que não têm qualquer menção
✉ 28 012 ✉ 1 200	Código postal

A mesa

AS ESTRELAS

Entre os numerosos estabelecimentos recomendados neste guia, alguns merecem ser assinalados à sua atenção pela qualidade de cozinha. Nós classificamo-los por **estrelas**.

Indicamos, para esses estabelecimentos, três especialidades culinárias que poderão orientar-vos na escolha.

✿✿✿ **Uma das melhores mesas, vale a viagem**

Óptima mesa, vinhos de marca, serviço impecável, ambiente elegante... Preços em conformidade.

✿✿ **Uma mesa excelente, merece um desvio**

Especialidades e vinhos seleccionados ; deve estar preparado para uma despesa em concordância.

✿ **Uma muito boa mesa na sua categoria**

A estrela marca uma boa etapa no seu itinerário.

Mas não compare a estrela dum estabelecimento de luxo com preços elevados com a estrela duma casa mais simples onde, com preços moderados, se serve também uma cozinha de qualidade.

Consulte os mapas das localidades que possuam estabelecimentos de estrelas páginas 59 a 67, 470 e 471.

Os vinhos : ver pág. 57

Os preços

Os preços indicados neste Guia foram estabelecidos no Outono de 1992. Podem portanto ser modificados, nomeadamente se se verificarem alterações no custo de vida ou nos preços dos bens e serviços. O I.V.A. será aplicado à totalidade da factura (6 ou 15 % em Espanha), salvo em Andorra, Canarias, Ceuta e Melilla. Em Portugal (5 ou 16 %) já está incluido.

Em algumas cidades, por ocasião de manifestações comerciais ou turísticas os preços pedidos pelos hotéis são passíveis de serem aumentados considerávelmente.

Os hotéis e restaurantes figuram em caracteres destacados, sempre que os hoteleiros nos deram todos os seus preços e se comprometeram sob a sua própria responsabilidade, a aplicá-los aos turistas de passagem, portadores do nosso Guia.

Entre no hotel ou no restaurante com o guia na mão e assim mostrará que ele o conduziu com confiança.

Os preços indicados em pesetas ou em escudos, incluem o serviço.

REFEIÇÕES

Com 2 000 Ref 1 800	**Preço fixo** – Preço da refeição servida às horas normais
Carta 2 450 a 3 800 Lista 1 800 a 2 550	**Refeições à lista** – O primeiro preço corresponde a uma refeição simples, mas esmerada, compreendendo : entrada, prato do dia guarnecido e sobremesa O segundo preço, refere-se a uma refeição mais completa (com especialidade), compreendendo : dois pratos e sobremesa.
☕ 325	Preço do pequeno almoço

QUARTOS

hab. 4 500/6 700	Preço para um quarto de uma pessoa / preço para um quarto de duas pessoas em plena estação
hab ☕ 4 800/7 000 **qto** ☕ 4 400/6 300	O preço do pequeno almoço está incluído no preço do quarto

PENSÃO

PA 3 600	Preço das refeições (almoço e jantar) 3 600. Este preço deve juntar-se ao preço do quarto individual para se obter o custo de pensão completa por pessoa e por dia. É indispensável um contacto antecipado com o hotel para se obter o custo definitivo.

O SINAL - CARTÕES DE CRÉDITO

Alguns hoteleiros pedem por vezes o pagamento de um sinal. Trata-se de um depósito de garantia que compromete tanto o hoteleiro como o cliente.

AE ⓓ E VISA JCB | Principais cartões de crédito aceites no estabelecimento

As curiosidades

INTERESSES

★★★	De interesse excepcional
★★	Muito interessante
★	Interessante

LOCALIZAÇÃO

Ver	Na cidade
Alred. **Arred.**	Nos arredores da cidade
Excurs.	Excursões pela região
N, S, E, O	A curiosidade está situada no Norte, no Sul, no Este, no Oeste
①, ④	Chega-se lá pela saída ① ou ④, assinalada pelo mesmo sinal sobre o plano
6 km	Distância em quilómetros

As cidades

2200	Código postal
✉ 7800 Beja	Código postal e nome do Centro de Distribução Postal
918	Indicativo telefónico provincial (nas chamadas interurbanas para Espanha deve marcar o 9, assim como o 0 para Portugal)
P	Capital de distrito
445 M 27	Mapa Michelin e quadrícula
24 000 h.	População
alt. 175	Altitude da localidade
3	Número de teleféricos ou telecabinas
7	Número de teleskis e telecadeiras
AX A	Letras determinando um local no plano
18	Golfe e número de buracos
※ ≤	Panorama, vista
✈	Aeroporto
22 98 36	Localidade com serviço de transporte de viaturas em caminho-de-ferro. Informações pelo número de telefone indicado
⛴	Transportes marítimos
i	Informação turística

Planos

Hotéis
Restaurantes

Curiosidades

Edifício interessante e entrada principal
Edifício religioso interessante :
Sé, igreja ou capela

Vias de circulaçao

Auto-estrada, estrada com faixas de rodagem separadas
acesso : completo, parcial, número
Grande via de circulação
Sentido único – Rua impraticável
Via reservada aos peões – Eléctrico
Colón Rua comercial – Parque de estacionamento
Porta – Passagem sob arco – Túnel
Estação e via férrea
Funicular – Teleférico, telecabine
Ponte móvel – Barcaça para automóveis

Diversos símbolos

Centro de Turismo
Mesquita – Sinagoga
Torre – Ruínas – Moinho de vento – Mãe de água
Jardim, parque, bosque – Cemitério – Cruzeiro
Estádio – Golfe – Hipódromo
Piscina ao ar livre, coberta
Vista – Panorama
Monumento – Fonte – Fábrica – Centro Comercial
Porto de abrigo – Farol
Aeroporto – Estação de métro – Estação de autocarros
Transporte por barco :
passageiros e automóveis, só de passageiros
(3) Referência comum aos planos e aos mapas Michelin detalhados
Correio com posta-restante principal – Telefone
Hospital – Mercado coberto
Edifício público indicado por letra :
D H G Conselho provincial – Câmara municipal – Governo civil
J Tribunal
M T Museu – Teatro
U Universidade, grande escola
POL. Polícia (nas cidades principais : comissariado central)

Peça na sua livraria o catálogo dos mapas e guias Michelin.

O automóvel, os pneus

OFICINAS DE REPARAÇÃO E VENDA DE PNEUS MICHELIN

Abaixo indicámos os numeros de telefone do Serviço 24 h das principais marcas de viaturas em Espanha com possibilidades de reparar automóveis nas suas próprias oficinas :

ALFA ROMEO 900.10.10.06
BMW 900.10.04.82
CITROEN 91/519.13.14
FIAT 91/519.16.16
LANCIA 91/519.10.22
FORD 900.14.51.45
OPEL – GENERAL MOTORS 91/597.21.25
MERCEDES BENZ . 91/431.95.96
NISSAN MOTOR IBERICA 900.20.00.94
PEUGEOT-TALBOT . 91/556.68.91
RENAULT 91/556.39.99
SEAT 900.11.22.22
VOLVO 91/555.81.00

Desde que um agente de pneus não tenha o artigo de que necessita, dirija – se : em **Espanha**, à Divisão Comercial Michelin, em Madrid, ou à Sucursal da Michelin de qualquer das seguintes cidades : Montcada i Reixac (Barcelona), Bilbao, Coslada (Madrid), León, Santiago de Compostela, Sevilla, Valencia, Zaragoza. Em **Portugal** : à Direcção Comercial Michelin em Sacavém (Lisboa) ou à Sucursal de Vila do Conde (Porto).

As direcções e os números de telefone das agências Michelin figuram no texto das localidades correspondentes.

Ver também as páginas marginadas a azul.

AUTOMÓVEL CLUBES

RACE	Real Automóvil Club de España
RACC	Real Automóvil Club de Cataluña
RACVN	Real Automóvil Club Vasco Navarro
RACV	Real Automóvil Club de Valencia
ACP	Automóvel Clube de Portugal

Ver no texto da maior parte das grandes cidades, a morada e o número de telefone de cada um dos Clubes Automóvel.

Ami lecteur

Le présent volume représente la 21e édition du Guide Michelin España Portugal.
Réalisée en toute indépendance, sa sélection d'hôtels et de restaurants est le fruit des recherches de ses inspecteurs, que complètent vos précieux courriers et commentaires.
Soucieux d'actualité et de service, le Guide prépare déjà sa prochaine édition.
Seul le Guide de l'année mérite ainsi votre confiance.
Pensez à le renouveler...

Bon voyage avec Michelin

Sommaire

Le choix
d'un hôtel, d'un restaurant

Ce guide vous propose une sélection d'hôtels et restaurants établie à l'usage de l'automobiliste de passage. Les établissements, classés selon leur confort, sont cités par ordre de préférence dans chaque catégorie.

CATÉGORIES

	Grand luxe et tradition	XXXXX
	Grand confort	XXXX
	Très confortable	XXX
	De bon confort	XX
	Assez confortable	X
	Simple mais convenable	
sin rest	L'hôtel n'a pas de restaurant	sem rest
con hab	Le restaurant possède des chambres	com qto

AGRÉMENT ET TRANQUILLITÉ

Certains établissements se distinguent dans le guide par les symboles rouges indiqués ci-après. Le séjour dans ces hôtels se révèle particulièrement agréable ou reposant.
Cela peut tenir d'une part au caractère de l'édifice, au décor original, au site, à l'accueil et aux services qui sont proposés, d'autre part à la tranquillité des lieux.

à	Hôtels agréables
XXXXX à X	Restaurants agréables
« Parque »	Élément particulièrement agréable
	Hôtel très tranquille ou isolé et tranquille
	Hôtel tranquille
mar	Vue exceptionnelle
	Vue intéressante ou étendue.

Les localités possédant des établissements agréables ou très tranquilles sont repérées sur les cartes pages 59 à 67, 470 et 471.

Consultez-les pour la préparation de vos voyages et donnez-nous vos appréciations à votre retour, vous faciliterez ainsi nos enquêtes.

L'installation

Les chambres des hôtels que nous recommandons possèdent, en général, des installations sanitaires complètes. Il est toutefois possible que dans les catégories [symbole], [symbole] et [symbole], certaines chambres en soient dépourvues.

30 hab **30 qto**	Nombre de chambres
[symbole]	Ascenseur
[symbole]	Air conditionné
TV	Télévision dans la chambre
[symbole]	Téléphone dans la chambre relié par standard
[symbole]	Téléphone dans la chambre, direct avec l'extérieur
[symbole]	Chambres accessibles aux handicapés physiques
[symbole]	Repas servis au jardin ou en terrasse
[symbole]	Salle de remise en forme
[symbole] [symbole]	Piscine : de plein air ou couverte
[symbole] [symbole]	Plage aménagée – Jardin de repos
[symbole] 9	Tennis à l'hôtel – Golf et nombre de trous
[symbole] 25/150	Salles de conférences : capacité des salles
[symbole]	Garage dans l'hôtel (généralement payant)
P	Parking réservé à la clientèle
[symbole]	Accès interdit aux chiens (dans tout ou partie de l'établissement)
Fax	Transmission de documents par télécopie
mayo-octubre	Période d'ouverture, communiquée par l'hôtelier
temp.	Ouverture probable en saison mais dates non précisées. En l'absence de mention, l'établissement est ouvert toute l'année.
[symbole] 28 012 [symbole] 1 200	Code postal

La table

LES ÉTOILES

Certains établissements méritent d'être signalés à votre attention pour la qualité de leur cuisine. Nous les distinguons par **les étoiles de bonne table**.

Nous indiquons, pour ces établissements, trois spécialités culinaires qui pourront orienter votre choix.

✿✿✿ **Une des meilleures tables, vaut le voyage**

Table merveilleuse, grands vins, service impeccable, cadre élégant... Prix en conséquence.

✿✿ **Table excellente, mérite un détour**

Spécialités et vins de choix... Attendez-vous à une dépense en rapport.

✿ **Une très bonne table dans sa catégorie**

L'étoile marque une bonne étape sur votre itinéraire.

Mais ne comparez pas l'étoile d'un établissement de luxe à prix élevés avec celle d'une petite maison où à prix raisonnables, on sert également une cuisine de qualité.

Consultez les cartes des localités possédant des établissements à étoiles, pages 59 à 67, 470 et 471.

Les vins : voir p. 57

Les prix

Les prix que nous indiquons dans ce guide ont été établis en automne 1992. Ils sont susceptibles de modifications, notamment en cas de variations des prix des biens et services. Ils s'entendent services compris.

La T.V.A. (I.V.A.) sera ajoutée à la note (6 ou 15 % en Espagne), sauf en Andorre, aux Canaries, Ceuta et Malilla. Au Portugal (5 ou 16 %) elle est comprise dans les prix.

Dans certaines villes, à l'occasion de manifestations commerciales ou touristiques, les prix demandés par les hôteliers risquent d'être considérablement majorés.

Les hôtels et restaurants figurent en gros caractères lorsque les hôteliers nous ont donné tous leurs prix et se sont engagés, sous leur propre responsabilité, à les appliquer aux touristes de passage porteurs de notre guide.

Entrez à l'hôtel le Guide à la main, vous montrerez ainsi qu'il vous conduit là en confiance.

Les prix sont indiqués en pesetas ou en escudos.

REPAS

Com 2 000 Ref 1 800	**Menu à prix fixe** : Prix du menu servi aux heures normales
Carta 2 450 a 3 800 Lista 1 800 a 2 550	**Repas à la carte** – Le premier prix correspond à un repas normal comprenant : hors-d'œuvre, plat garni et dessert. Le 2ᵉ prix concerne un repas plus complet (avec spécialité) comprenant : deux plats et dessert
☕ 325	Prix du petit déjeuner

CHAMBRES

hab 4 500/6 700	Prix pour une chambre d'une personne / prix pour une chambre de deux personnes en haute saison
hab ☕ 4 800/7 000 **qto** ☕ 4 400/6 300	Prix des chambres petit déjeuner compris

PENSION

PA 3 600	Prix de la « Pensión Alimenticia » (petit déjeuner et les deux repas) 3 600, à ajouter à celui de la chambre individuelle pour obtenir le prix de la pension complète par personne et par jour. Il est indispensable de s'entendre par avance avec l'hôtelier pour conclure un arrangement définitif.

LES ARRHES - CARTES DE CRÉDIT

Certains hôteliers demandent le versement d'arrhes. Il s'agit d'un dépôt-garantie qui engage l'hôtelier comme le client. Bien faire préciser les dispositions de cette garantie.

AE ⓓ E VISA JCB	Cartes de crédit acceptées par l'établissement

Les curiosités

INTÉRÊT

★★★	Vaut le voyage
★★	Mérite un détour
★	Intéressant

SITUATION

Ver	Dans la ville
Alred. Arred.	Aux environs de la ville
Excurs.	Excursions dans la région
N, S, E, O	La curiosité est située : au Nord, au Sud, à l'Est, à l'Ouest
①, ④	On s'y rend par la sortie ① ou ④ repérée par le même signe sur le plan du Guide et sur la carte
6 km	Distance en kilomètres

Les villes

2200	Numéro de code postal
✉ 7800 Beja	Numéro de code postal et nom du bureau distributeur du courrier
☏ 918	Indicatif téléphonique interprovincial (pour les appels de l'étranger vers l'Espagne, ne pas composer le 9, vers le Portugal le 0)
P	Capitale de Province
445 M 27	Numéro de la Carte Michelin et carroyage
24 000 h.	Population
alt. 175	Altitude de la localité
3	Nombre de téléphériques ou télécabines
7	Nombre de remonte-pentes et télésièges
AX A	Lettres repérant un emplacement sur le plan
18	Golf et nombre de trous
	Panorama, point de vue
	Aéroport
22 98 36	Localité desservie par train-auto. Renseignements au numéro de téléphone indiqué
	Transports maritimes
	Information touristique

Les plans

Hôtels

Restaurants

Curiosités

Bâtiment intéressant et entrée principale

Édifice religieux intéressant :
Cathédrale, église ou chapelle

Voirie

Autoroute, route à chaussées séparées
échangeur : complet, partiel, numéro

Grande voie de circulation

Sens unique – Rue impraticable

Rue piétonne – Tramway

Colón – Rue commerçante – Parc de stationnement

Porte – Passage sous voûte – Tunnel

Gare et voie ferrée

Funiculaire – Téléphérique, télécabine

Pont mobile – Bac pour autos

Signes divers

Information touristique

Mosquée – Synagogue

Tour – Ruines – Moulin à vent – Château d'eau

Jardin, parc, bois – Cimetière – Calvaire

Stade – Golf – Hippodrome

Piscine de plein air, couverte

Vue – Panorama

Monument – Fontaine – Usine – Centre commercial

Port de plaisance – Phare

Aéroport – Station de métro – gare routière

Transport par bateau :
passagers et voitures, passagers seulement

(3) Repère commun aux plans et aux cartes Michelin détaillées

Bureau principal de poste restante – Téléphone

Hôpital – Marché couvert

Bâtiment public repéré par une lettre :

- D H G – Conseil provincial – Hôtel de ville – Préfecture
- J – Palais de justice
- M T – Musée – Théâtre
- U – Université, grande école
- POL. – Police (commissariat central)

Les plans de villes sont disposés le Nord en haut.

La voiture, les pneus

ASSISTANCE DÉPANNAGE, FOURNISSEURS DE PNEUS MICHELIN

Nous avons indiqué ci-dessous les numéros de téléphone du service Assistance 24/24 h. des principales marques de voitures en mesure d'effectuer en Espagne dépannage et réparations dans leurs propres ateliers.

ALFA ROMEO 900.10.10.06
BMW 900.10.04.82
CITROEN 91/519.13.14
FIAT 91/519.16.16
LANCIA 91/519.10.22
FORD 900.14.51.45
OPEL - GENERAL MOTORS 91/597.21.25
MERCEDES BENZ . 91/431.95.96
NISSAN MOTOR IBERICA 900.20.00.94
PEUGEOT-TALBOT . 91/556.68.91
RENAULT 91/556.39.99
SEAT 900.11.22.22
VOLVO 91/555.81.00

Lorsqu'un agent de pneus n'a pas l'article dont vous avez besoin, adressez-vous : en **Espagne** à la Division Commerciale Michelin à Madrid ou à la Succursale Michelin de l'une des villes suivantes : Montcada i Reixac (Barcelone), Bilbao, Coslada (Madrid), León, Santiago de Compostela, Sevilla, Valencia, Zaragoza. Au **Portugal**, à la Direction Commerciale à Sacavém (Lisbonne) ou à la Succursale de Vila do Conde (Porto).

Les adresses et les numéros de téléphone des agences Michelin figurent au texte des localités correspondantes.

Dans nos agences, nous nous faisons un plaisir de donner à nos clients tous conseils pour la meilleure utilisation de leurs pneus.

Voir aussi les pages bordées de bleu.

AUTOMOBILE CLUBS

RACE	Real Automóvil Club de España
RACC	Real Automóvil Club de Cataluña
RACVN	Real Automóvil Club Vasco Navarro
RACV	Real Automóvil Club de Valencia
ACP	Automóvel Clube de Portugal

Voir au texte de la plupart des grandes villes, l'adresse et le numéro de téléphone de ces différents Automobile Clubs.

Amico Lettore

Questo volume rappresenta la 21 ^{esima} edizione della Guida Michelin España Portugal.
La sua selezione di alberghi e ristoranti, realizzata in assoluta indipendenza, è il risultato delle indagini dei suoi ispettori, che completano le vostre preziose informazioni e giudizi.
Desiderosa di mantenersi sempre aggiornata per fornire un buon servizio, la Guida sta già preparando la sua prossima edizione.
Soltanto la Guida dell'anno merita perciò la vostra fiducia. Pensate a rinnovarla...

Buon viaggio con Michelin

Sommario

La scelta
di un albergo, di un ristorante

Questa guida Vi propone una selezione di alberghi e ristoranti stabilita ad uso dell'automobilista di passaggio. Gli esercizi, classificati in base al confort che offrono, vengono citati in ordine di preferenza per ogni categoria.

CATEGORIE

	Gran lusso e tradizione	XXXXX
	Gran confort	XXXX
	Molto confortevole	XXX
	Di buon confort	XX
	Abbastanza confortevole	X
	Semplice, ma conveniente	
sin rest	L'albergo non ha ristorante	sem rest
con hab	Il ristorante dispone di camere	com qto

AMENITÀ E TRANQUILLITÀ

Alcuni esercizi sono evidenziati nella guida dai simboli rossi indicati qui di seguito. Il soggiorno in questi alberghi dovrebbe rivelarsi particolarmente ameno o riposante.
Ciò può dipendere sia dalle caratteristiche dell'edifico, dalle decorazioni non comuni, dalla sua posizione e dal servizio offerto, sia dalla tranquillità dei luoghi.

a	Alberghi ameni
XXXXX a X	Ristoranti ameni
« Parque »	Un particolare piacevole
	Albergo molto tranquillo o isolato e tranquillo
	Albergo tranquillo
mar	Vista eccezionale
	Vista interessante o estesa

Le località che possiedono degli esercizi ameni o molto tranquilli sono riportate sulle carte da pagina 59 a 67, 470 e 471. Consultatele per la preparazione dei Vostri viaggi e, al ritorno, inviateci i Vostri pareri ; in tal modo agevolerete le nostre inchieste.

Installazioni

Le camere degli alberghi che raccomandiamo possiedono, generalmente, delle installazioni sanitarie complete. È possibile tuttavia che nelle categorie , e alcune camere ne siano sprovviste.

30 hab **30 qto**	Numero di camere
	Ascensore
	Aria condizionata
TV	Televisione in camera
	Telefono in camera collegato con il centralino
	Telefono in camera comunicante direttamente con l'esterno
	Camere di agevole accesso per i minorati fisici
	Pasti serviti in giardino o in terrazza
	Palestra
	Piscina : all'aperto – coperta
	Spiaggia attrezzata – Giardino da riposo
9	Tennis appartenente all'albergo – Golf e numero di buche
25/150	Sale per conferenze : capienza minima e massima delle sale
	Garage nell'albergo (generalmente a pagamento)
P	Parcheggio riservato alla clientela
	Accesso vietato ai cani (in tutto o in parte dell'esercizio)
Fax	Trasmissione telefonica di documenti
mayo-octubre	Periodo di apertura, comunicato dall'albergatore
temp.	Probabile apertura in stagione, ma periodo non precisato. Gli esercizi senza tali menzioni sono aperti tutto l'anno.
28 012 1 200	Codice postale

La tavola

LE STELLE

Alcuni esercizi meritano di essere segnalati alla Vostra attenzione per la qualità tutta particolare della loro cucina. Noi li evidenziamo con le « **stelle di ottima tavola** ».

Per questi ristoranti indichiamo tre specialità culinarie che potranno aiutarVi nella scelta.

✿✿✿	**Una delle migliori tavole, vale il viaggio** Tavola meravigliosa, grandi vini, servizio impeccabile, ambientazione accurata... Prezzi conformi.
✿✿	**Tavola eccellente, merita una deviazione** Specialità e vini scelti... AspettateVi una spesa in proporzione.
✿	**Un'ottima tavola nella sua categoria** La stella indica una tappa gastronomica sul Vostro itinerario. Non mettete però a confronto la stella di un esercizio di lusso, dai prezzi elevati, con quella di un piccolo esercizio dove, a prezzi ragionevoli, viene offerta una cucina di qualità.

Consultate le carte delle località con stelle, pagine 59 a 67, 470 e 471.

I vini : vedere p. 57

I prezzi

I prezzi che indichiamo in questa guida sono stati stabiliti nell' autunno 1992. Potranno pertanto subire delle variazioni in relazione ai cambiamenti dei prezzi di beni e servizi. Essi s'intendono comprensivi del servizio. L'I.V.A. sarà aggiunta al conto (6 o 15 % in Spagna) salvo in Andorra, Canárie, Ceuta e Malilla. In Portogallo (5 o 16 %) è già comprésa.

In alcune città, in occasione di manifestazioni turistiche o commerciali, i prezzi richiesti dagli albergatori possono risultar considerevolmente più alti.

Gli alberghi e i ristoranti vengono menzionati in carattere grassetto quando gli albergatori ci hanno comunicato tutti i loro prezzi e si sono impegnati, sotto la propria responsabilità, ad applicarli ai turisti di passaggio, in possesso della nostra guida.

Entrate nell'albergo o nel ristorante con la guida alla mano, dimostrando in tal modo la fiducia in chi vi ha indirizzato.

I prezzi sono indicati in pesetas, o in escudos.

PASTI

Com 2 000 Ref 1 800	**Menu a prezzo fisso** – Prezzo del menu servito ad ore normali
Carta 2 450 a 3 800 Lista 1 800 a 2 550	**Pasto alla carta** – Il primo prezzo corrisponde ad un pasto semplice comprendente : antipasto, piatto con contorno e dessert. Il secondo prezzo corrisponde ad un pasto più completo (con specialità) comprendente : due piatti e dessert.
☕ 325	Prezzo della prima colazione

CAMERE

hab 4 500/6 700	Prezzo per una camera singola / prezzo per una camera per due persone in alta stagione.
hab ☕ 4 800/7 000 **qto** ☕ 4 400/6 300	Prezzo della camera compresa la prima colazione

PENSIONE

PA 3 600	Prezzo della « Pension Alimenticia » (prima colazione più due pasti) 3 600 da sommare a quello della camera per una persona per ottenere il prezzo della pensione completa per persona e per giorno. E' tuttavia indispensabile prendere accordi preventivi con l'albergatore per stabilire le condizioni definitive.

LA CAPARRA - CARTE DI CREDITO

Alcuni albergatori chiedono il versamento di una caparra. Si tratta di un deposito-garanzia che impegna tanto l'albergatore che il cliente. Vi raccomandiamo di farVi precisare le norme riguardanti la reciproca garanzia di tale caparra.

AE ⓓ E VISA JCB	Carte di credito accettate dall'esercizio.

Le curiosità

GRADO DI INTERESSE

★★★	Vale il viaggio
★★	Merita una deviazione
★	Interessante

UBICAZIONE

Ver	Nella città
Alred. Arred.	Nei dintorni della città
Excurs.	Nella regione
N, S, E, O	La curiosità è situata : a Nord, a Sud, a Est, a Ovest
①, ④	Ci si va dall'uscita ① o ④ indicata con lo stesso segno sulla pianta della guida e sulla carta stradale
6 km	Distanza chilometrica

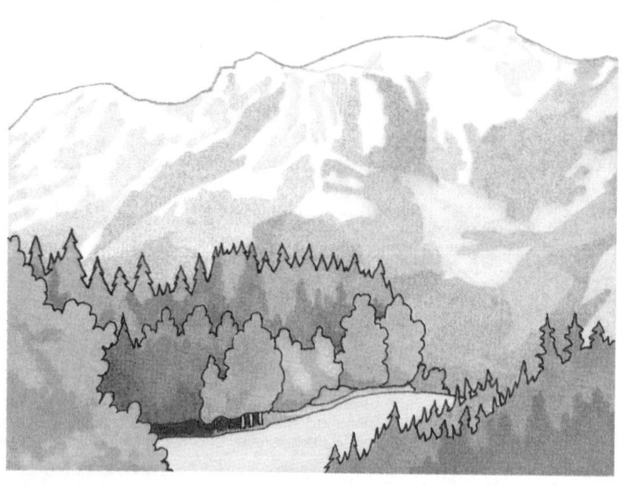

Le città

2200	Codice di avviamento postale
✉ 7800 Beja	Numero di codice e sede dell'Ufficio Postale
☎ 918	Prefisso telefonico interprovinciale (per le chiamate dall'estero alla Spagna, non formare il 9, per il Portogallo, lo 0)
P	Capoluogo di Provincia
445 M 27	Numero della carta Michelin e del riquadro
24 000 h.	Popolazione
alt. 175	Altitudine della località
3	Numero di funivie o cabinovie
7	Numero di sciovie e seggiovie
AX A	Lettere indicanti l'ubicazione sulla pianta
18	Golf e numero di buche
※ ≤	Panorama, punto di vista
✈	Aeroporto
☏ 22 98 36	Località con servizio auto su treno. Informarsi al numero di telefono indicato
⛴	Trasporti marittimi
i	Ufficio informazioni turistiche

Le piante

Alberghi
Ristoranti

Curiosità

Edificio interessante ed entrata principale
Costruzione religiosa interessante :
Cattedrale, chiesa o cappella

Viabilità

Autostrada, strada a carreggiate separate
svincolo : completo, parziale, numero
Grande via di circolazione
Senso unico – Via impraticabile
Via pedonale – Tranvia
Colón Via commerciale – Parcheggio
Porta – Sottopassaggio – Galleria
Stazione e ferrovia
Funicolare – Funivia, Cabinovia
Ponte mobile – Battello per auto

Simboli vari

Ufficio informazioni turistiche
Moschea – Sinagoga
Torre – Ruderi – Mulino a vento – Torre idrica
Giardino, parco, bosco – Cimitero – Calvario
Stadio – Golf – Ippodromo
Piscina : all'aperto, coperta
Vista – Panorama
Monumento – Fontana – Fabbrica – Centro commerciale
Porto per imbarcazioni da diporto – Faro
Aeroporto – Stazione della Metropolitana – Autostazione
Trasporto con traghetto :
passeggeri ed autovetture, solo passeggeri
③ Simbolo di riferimento comune alle piante ed alle carte Michelin particolareggiate
Ufficio centrale di fermo posta e telefono
Ospedale – Mercato coperto
Edificio pubblico indicato con lettera :
D H G Sede del Governo della Provincia – Municipio – Prefettura
J Palazzo di Giustizia
M T Museo – Teatro
U Università, grande scuola
POL. Polizia (Questura, nelle grandi città)

Le piante topografiche sono orientate col Nord in alto.

L'automobile, i pneumatici

SERVIZIO RIPARAZIONI D'EMERGENZA, RIVENDITORI DI PNEUMATICI MICHELIN

Abbiamo indicato qui sotto i numeri telefonici del Servizio Assistenza 24/24 h. delle principali case automobilistiche in grado di effettuare in Spagna il servizio e le riparazioni nelle proprie officine :

ALFA ROMEO 900.10.10.06
BMW 900.10.04.82
CITROEN 91/519.13.14
FIAT 91/519.16.16
LANCIA 91/519.10.22
FORD 900.14.51.45
OPEL - GENERAL MOTORS 91/597.21.25
MERCEDES BENZ . 91/431.95.96
NISSAN MOTOR IBERICA 900.20.00.94
PEUGEOT-TALBOT . 91/556.68.91
RENAULT 91/556.39.99
SEAT 900.11.22.22
VOLVO 91/555.81.00

Se vi occorre rintracciare un rivenditore di pneumatici potete rivolgervi : in **Spagna** alla Divisione Commerciale Michelin di Madrid o alla Succursale Michelin di una delle seguenti città : Montcada i Reixac (Barcelona), Bilbao, Coslada (Madrid), León, Santiago de Compostela, Sevilla, Valencia, Zaragoza. Per il **Portogallo**, potete rivolgervi alla Direzione Commerciale Michelin di Sacavém (Lisboa) o alla Succursale di Vila do Conde (Porto).

Gli indirizzi ed i numeri telefonici delle Succursali Michelin figurano nel testo delle relative località.

Le nostre Succursali sono in grado di dare ai nostri clienti tutti i consigli relativi alla migliore utilizzazione dei pneumatici.

Vedere anche le pagine bordate di blu.

AUTOMOBILE CLUBS

RACE	Real Automóvil Club de España
RACC	Real Automóvil Club de Cataluña
RACVN	Real Automóvil Club Vasco Navarro
RACV	Real Automóvil Club de Valencia
ACP	Automóvel Clube de Portugal

Troverete l'indirizzo e il numero di telefono di questi Automobile Clubs al testo della maggior parte delle grandi città.

Lieber Leser

Der Rote Michelin-Führer España Portugal liegt nun schon in der 21. Ausgabe vor.
Er bringt eine in voller Unabhängigkeit getroffene, bewußt begrenzte Auswahl an Hotels und Restaurants. Sie basiert auf den regelmäßigen Überprüfungen durch unsere Inspektoren, komplettiert durch die zahlreichen Zuschriften und Erfahrungsberichte unserer Leser.
Wir sind stets um die Aktualität unserer Informationen bemüht und bereiten schon jetzt den Führer des nächsten Jahres vor. Nur die neueste Ausgabe ist wirklich zuverlässig - denken Sie bitte daran, wenn der nächste Rote Michelin-Führer España Portugal erscheint.

Gute Reise mit Michelin !

Inhaltsverzeichnis

Wahl
eines Hotels, eines Restaurants

Die Auswahl der in diesem Führer aufgeführten Hotels und Restaurants ist für Durchreisende gedacht. In jeder Kategorie drückt die Reihenfolge der Betriebe (sie sind nach ihrem Komfort klassifiziert) eine weitere Rangordnung aus.

KATEGORIEN

🏨🏨🏨🏨🏨	Großer Luxus und Tradition	XXXXX
🏨🏨🏨🏨	Großer Komfort	XXXX
🏨🏨🏨	Sehr komfortabel	XXX
🏨🏨	Mit gutem Komfort	XX
🏨	Mit ausreichendem Komfort	X
⛱	Bürgerlich	
sin rest	Hotel ohne Restaurant	sem rest
con hab	Restaurant vermietet auch Zimmer	com qto

ANNEHMLICHKEITEN

Manche Häuser sind im Führer durch rote Symbole gekennzeichnet (s. unten.) Der Aufenthalt in diesen Hotels ist wegen der schönen, ruhigen Lage, der nicht alltäglichen Einrichtung und Atmosphäre und dem gebotenen Service besonders angenehm und erholsam.

🏨🏨🏨🏨🏨 bis 🏨	Angenehme Hotels
XXXXX bis X	Angenehme Restaurants
« Parque »	Besondere Annehmlichkeit
🐎	Sehr ruhiges, oder abgelegenes und ruhiges Hotel
🐎	Ruhiges Hotel
⋞ mar	Reizvolle Aussicht
⋞	Interessante oder weite Sicht

Die Übersichtskarten S. 59 – S. 67, 470 und 471, auf denen die Orte mit besonders angenehmen oder sehr ruhigen Häusern eingezeichnet sind, helfen Ihnen bei der Reisevorbereitung. Teilen Sie uns bitte nach der Reise Ihre Erfahrungen und Meinungen mit. Sie helfen uns damit, den Führer weiter zu verbessern.

Einrichtung

Die meisten der empfohlenen Hotels verfügen über Zimmer, die alle oder doch zum größten Teil mit Bad oder Dusche ausgestattet sind. In den Häusern der Kategorien , und kann diese jedoch in einigen Zimmern fehlen.

30 hab **30 qto**	Anzahl der Zimmer
	Fahrstuhl
	Klimaanlage
TV	Fernsehen im Zimmer
	Zimmertelefon mit Außenverbindung über Telefonzentrale
	Zimmertelefon mit direkter Außenverbindung
	Für Körperbehinderte leicht zugängliche Zimmer
	Garten-, Terrassenrestaurant
	Fitneßraum
	Freibad – Hallenbad
	Strandbad – Liegewiese, Garten
9	Hoteleigener Tennisplatz – Golfplatz und Lochzahl
25/150	Konferenzräume : Mindest- und Höchstkapazität
	Hotelgarage (wird gewöhnlich berechnet)
P	Parkplatz reserviert für Gäste
	Hunde sind unerwünscht (im ganzen Haus bzw. in den Zimmern oder im Restaurant)
Fax	Telefonische Dokumentenübermittlung
mayo-octubre	Öffnungszeit, vom Hotelier mitgeteilt
temp.	Unbestimmte Öffnungszeit eines Saisonhotels. Fettgedruckte Häuser ohne Angabe von Schließungszeiten sind ganzjährig geöffnet.
28 012 1 200	Postleitzahl

Küche

DIE STERNE

Einige Häuser verdienen wegen ihrer überdurchschnittlich guten Küche Ihre besondere Beachtung. Auf diese Häuser weisen die Sterne hin.

Bei den mit « **Stern** » ausgezeichneten Betrieben nennen wir drei kulinarische Spezialitäten, die Sie probieren sollten.

✿✿✿ **Eine der besten Küchen : eine Reise wert**

Ein denkwürdiges Essen, edle Weine, tadelloser Service, gepflegte Atmosphäre... entsprechende Preise.

✿✿ **Eine hervorragende Küche : verdient einen Umweg**

Ausgesuchte Menus und Weine... angemessene Preise.

✿ **Eine sehr gute Küche : verdient Ihre besondere Beachtung**

Der Stern bedeutet eine angenehme Unterbrechung Ihrer Reise. Vergleichen Sie aber bitte nicht den Stern eines sehr teuren Luxusrestaurants mit dem Stern eines kleineren oder mittleren Hauses, wo man Ihnen zu einem annehmbaren Preis eine ebenfalls vorzügliche Mahlzeit reicht.

Siehe Karten der Orte mit « Stern » S. 59 bis S. 67, 470 und 471.

Weine : siehe S. 57

Preise

Die in diesem Führer genannten Preise wurden uns im Herbst 1992 angegeben. Sie können sich mit den Preisen von Waren und Dienstleistungen ändern. Sie enthalten das Bedienungsgeld ; die MWSt. (I.V.A.) wird der Rechnung hinzugefügt (6 oder 15 % in Spanien), mit Ausnahme von Andorra, Kanarische Inseln, Ceuta und Melilla. In Portugal sind die angegebenen Preise Inklusivpreise (MWSt 5 oder 16 %).

In einigen Städten werden bei kommerziellen oder touristischen Veranstaltungen von den Hotels beträchtlich erhöhte Preise verlangt.

Die Namen der Hotels und Restaurants, die ihre Preise genannt haben, sind fettgedruckt. Gleichzeitig haben sich diese Häuser verpflichtet, die von den Hoteliers selbst angegebenen Preise den Benutzern des Michelin-Führers zu berechnen.

Halten Sie beim Betreten des Hotels den Führer in der Hand. Sie zeigen damit, daß Sie aufgrund dieser Empfehlung gekommen sind.

Die Preise sind in Pesetas oder Escudos angegeben.

MAHLZEITEN

Com 2 000 Ref 1 800	**Feste Menupreise** : Preis für ein Menu, das zu den normalen Tischzeiten serviert wird
Carta 2 450 a 3 800 Lista 1 800 a 2 550	**Mahlzeiten « à la carte »** – Der erste Preis entspricht einer einfachen Mahlzeit und umfaßt Vorspeise, Tagesgericht mit Beilage, Dessert. Der zweite Preis entspricht einer reichlicheren Mahlzeit (mit Spezialgericht) bestehend aus zwei Hauptgängen und Dessert
☕ 325	Preis des Frühstücks

ZIMMER

hab 4 500/6 700	Preis für ein Einzelzimmer / Preis für ein Doppelzimmer während der Hauptsaison
hab ☕ 4 800/7 000 **qto** ☕ 4 400/6 300	Zimmerpreis inkl. Frühstück

PENSION

PA 3 600	Preis der « Pensión Alimenticia » (= Frühstück und zwei Hauptmahlzeiten) 3 600. Die Addition des Einzelzimmerpreises und des Preises der « Pensión Alimenticia » ergibt den Vollpensionspreis pro Person und Tag. Es ist unerläßlich, sich im voraus mit dem Hotelier über den definitiven Endpreis zu verständigen.

ANZAHLUNG - KREDITKARTEN

Einige Hoteliers verlangen eine Anzahlung. Diese ist als Garantie sowohl für den Hotelier als auch für den Gast anzusehen. Es ist ratsam, sich beim Hotelier nach den genauen Bestimmungen zu erkundigen.

AE ① E VISA JCB	Vom Haus akzeptierte Kreditkarten

Sehenswürdigkeiten

BEWERTUNG

★★★	Eine Reise wert
★★	Verdient einen Umweg
★	Sehenswert

LAGE

Ver	In der Stadt
Alred. Arred.	In der Umgebung der Stadt
Excurs.	Ausflugsziele
N, S, E, O	Im Norden (N), Süden (S), Osten (E), Westen (O) der Stadt
①, ④	Zu erreichen über die Ausfallstraße ① bzw. ④, die auf dem Stadtplan und auf der Michelin-Karte identisch gekennzeichnet sind
6 km	Entfernung in Kilometern

Städte

2200	Postleitzahl
✉ 7800 Beja	Postleitzahl und Name des Verteilerpostamtes
☎ 918	Vorwahlnummer (bei Gesprächen vom Ausland aus wird für Spanien die 9, für Portugal die 0 weggelassen)
P	Provinzhauptstadt
445 M 27	Nummer der Michelin-Karte und Koordinaten des Planquadrats
24 000 h.	Einwohnerzahl
alt. 175	Höhe
3	Anzahl der Kabinenbahnen
7	Anzahl der Schlepp- oder Sessellifts
AX A	Markierung auf dem Stadtplan
18	Golfplatz und Lochzahl
	Rundblick - Aussichtspunkt
	Flughafen
22 98 36	Ladestelle für Autoreisezüge - Nähere Auskunft unter der angegebenen Telefonnummer
	Autofähre
	Informationsstelle

Stadtpläne

Hotels

Restaurants

Sehenswürdigkeiten

Sehenswertes Gebäude mit Haupteingang

Sehenswerter Sakralbau
Kathedrale, Kirche oder Kapelle

Straßen

Autobahn, Schnellstraße
Anschlußstelle : Autobahneinfahrt und/oder -ausfahrt, Nummer

Hauptverkehrsstraße

Einbahnstraße – nicht befahrbare Straße

Fußgängerzone – Straßenbahn

Colón — Einkaufsstraße – Parkplatz

Tor – Passage – Tunnel

Bahnhof und Bahnlinie

Standseilbahn – Seilschwebebahn

Bewegliche Brücke – Autofähre

Sonstige Zeichen

Informationsstelle

Moschee – Synagoge

Turm – Ruine – Windmühle – Wasserturm

Garten, Park, Wäldchen – Friedhof – Bildstock

Stadion – Golfplatz – Pferderennbahn

Freibad – Hallenbad

Aussicht – Rundblick

Denkmal – Brunnen – Fabrik – Einkaufszentrum

Jachthafen – Leuchtturm

Flughafen – U-Bahnstation – Autobusbahnhof

Schiffsverbindungen :
Autofähre – Personenfähre

(3) — Straßenkennzeichnung (identisch auf Michelin Stadtplänen und -Abschnittskarten)

Hauptpostamt (postlagernde Sendungen), Telefon

Krankenhaus – Markthalle

Öffentliches Gebäude, durch einen Buchstaben gekennzeichnet :

- D H G — Sitz der Landesregierung – Rathaus – Präfektur
- J — Gerichtsgebäude
- M T — Museum – Theater
- U — Universität, Hochschule
- POL. — Polizei (in größeren Städten Polizeipräsidium)

Die Stadtpläne sind eingenordet (Norden = oben).

Das Auto, die Reifen

PANNENHILFE
LIEFERANTEN VON MICHELIN-REIFEN

In Spanien gibt es einen 24 Stunden Pannenhilfsdienst. Die Telefonnummern, der wichtigsten Automarken die Ihnen durch ihre eigenen Werkstätten Abschleppdienst und Reparaturen bieten, sind unten angegeben :

ALFA ROMEO	900.10.10.06	MERCEDES BENZ	91/431.95.99
BMW	900.10.04.82	NISSAN MOTOR IBERICA	900.20.00.94
CITROEN	91/519.13.14	PEUGEOT-TALBOT	91/556.68.91
FIAT	91/519.10.22	RENAULT	91/556.39.99
LANCIA	91/519.11.13	SEAT	900.11.22.22
FORD	900.14.51.45	VOLVO	91/555.81.00
OPEL – GENERAL MOTORS	91/597.21.25		

Sollte ein Reifenhändler den von lhnen benötigten Artikel nicht vorrätig haben, wenden Sie sich bitte in **Spanien** an die Michelin-Hauptverwaltung in Madrid, oder an eine der Michelin-Niederlassungen in den Städten : Montcada i Reixac (Barcelona), Bilbao, Coslada (Madrid), León, Santiago de Compostela, Sevilla, Valencia, Zaragoza. In **Portugal** können Sie sich an die Michelin-Hauptverwaltung in Sacavém (Lissabon) oder an die Michelin-Niederlassung in Vila do Conde (Porto) wenden.

Die Anschriften und Telefonnummern der Michelin-Niederlassungen sind jeweils bei den entsprechenden Orten vermerkt.

In unseren Depots geben wir unseren Kunden gerne Auskunft über alle Reifenfragen.

Siehe auch die blau umrandeten Seiten.

AUTOMOBIL-CLUBS

RACE	Real Automóvil Club de España
RACC	Real Automóvil Club de Cataluña
RACVN	Real Automóvil Club Vasco Navarro
RACV	Real Automóvil Club de Valencia
ACP	Automóvel Clube de Portugal

Im Ortstext der meisten großen Städte sind Adresse und Telefonnummer der einzelnen Automobil-Clubs angegeben.

Dear Reader

The present volume is the 21st edition of the Michelin Guide España Portugal.
The unbiased and independent selection of hotels and restaurants is the result of local visits and enquiries by our inspectors. In addition we receive considerable help from our readers' invaluable letters and comments.
It is our purpose to provide up-to-date information and thus render a service to our readers. The next edition is already in preparation.
Therefore, only the guide of the year merits your complete confidence, so please remember to use the latest edition.

Bon voyage !

Contents

Choosing
a hotel or restaurant

This guide offers a selection of hotels and restaurants to help the motorist on his travels. In each category establishments are listed in order of preference according to the degree of comfort they offer.

CATEGORIES

	Luxury in the traditional style	XXXXX
	Top class comfort	XXXX
	Very comfortable	XXX
	Comfortable	XX
	Quite comfortable	X
	Simple comfort	
sin rest	The hotel has no restaurant	sem rest
con hab	The restaurant also offers accommodation	com qto

PEACEFUL ATMOSPHERE AND SETTING

Certain establishments are distinguished in the guide by the red symbols shown below.
Your stay in such hotels will be particularly pleasant or restful, owing to the character of the building, its decor, the setting, the welcome and services offered, or simply the peace and quiet to be enjoyed there.

to	Pleasant hotels
XXXXX to X	Pleasant restaurants
« Parque »	Particularly attractive feature
	Very quiet or quiet, secluded hotel
	Quiet hotel
< mar	Exceptional view
<	Interesting or extensive view

The maps on pages 59 to 67, 470 and 471 indicate places with such peaceful, pleasant hotels and restaurants.
By consulting them before setting out and sending us your comments on your return you can help us with our enquiries.

Hotel facilities

In general the hotels we recommend have full bathroom and toilet facilities in each room. However, this may not be the case for certain rooms in categories , and .

30 hab **30 qto**	Number of rooms
	Lift (elevator)
	Air conditioning
TV	Television in room
	Telephone in room : outside calls connected by the operator
	Direct-dial phone in room
	Rooms accessible to disabled people
	Meals served in garden or on terrace
	Exercise room
	Outdoor or indoor swimming pool
	Beach with bathing facilities – Garden
9	Hotel tennis court – Golf course and number of holes
25/150	Equipped conference hall (minimum and maximum capacity)
	Hotel garage (additional charge in most cases)
P	Car park for customers only
	Dogs are not allowed in all or part of the hotel
Fax	Telephone document transmission
mayo-octuber	Dates when open, as indicated by the hotelier
temp.	Probably open for the season – precise dates not available. Where no date or season is shown, establishments are open all year round.
28 012 1 200	Postal number

Cuisine

STARS

Certain establishments deserve to be brought to your attention for the particularly fine quality of their cooking. **Michelin stars** are awarded for the standard of meals served.

For each of these restaurants we indicate three culinary specialities to assist you in your choice.

✿✿✿	**Exceptional cuisine, worth a special journey** Superb food, fine wines, faultless service, elegant surroundings. One will pay accordingly !
✿✿	**Excellent cooking, worth a detour** Specialities and wines of first class quality. This will be reflected in the price.
✿	**A very good restaurant in its category** The star indicates a good place to stop on your journey. But beware of comparing the star given to an expensive « de luxe » establishment to that of a simple restaurant where you can appreciate fine cuisine at a reasonable price.

Please refer to the map of star-rated restaurants on pp 59 to 67, 470 and 471.

Wines : see page 57

Prices

Prices quoted are valid for autumn 1992. Changes may arise if goods and service costs are revised. The rates include service charge. V.A.T. (I.V.A.) will be added to the bill (6 or 15 % in Spain), except in Andorra, Canary Islands, Ceuta and Melilla. In Portugal, the V.A.T. (5 or 16 %) is already included. In some towns, when commercial or tourist events are taking place, the hotel rates are likely to be considerably higher. Hotels and restaurants in bold type have supplied details of all their rates and have assumed responsability for maintaining them for all travellers in possession of this guide.
Your recommendation is self-evident if you always walk into a hotel, Guide in hand.
Prices are given in pesetas or in escudos.

MEALS

Com 2 000 Ref 1 800	**Set meals** – Price for set meal served at normal hours
Carta 2 450 a 3 800 Lista 1 800 a 2 550	**« A la carte » meals** – The first figure is for a plain meal and includes hors-d'œuvre, main dish of the day with vegetables and dessert The second figure is for a fuller meal (with speciality) and includes two main courses and dessert
☕ 325	Price of continental breakfast

ROOMS

hab 4 500/6 700	Price for a single room / price for a double in the season
hab ☕ 4 800/7 000 **qto** ☕ 4 400/6 300	Price includes breakfast

FULL-BOARD

PA 3 600	Price of the « Pensión Alimenticia » (breakfast, lunch and dinner) 3 600. Add the charge for the « Pensión Alimenticia » to the room rate to give you the price for full board per person and per day. To avoid any risk of confusion it is essential to make a firm arrangement in advance with the hotel.

DEPOSITS – CREDIT CARDS

Some hotels will require a deposit, which confirms the commitment of customer and hotelier alike. Make sure the terms of the agreement are clear.

AE (D) E VISA JCB	Credit cards accepted by the establishment

Sights

STAR-RATING

★★★	Worth a journey
★★	Worth a detour
★	Interesting

LOCATION

Ver	Sights in town
Alred. **Arred.**	On the outskirts
Excurs.	In the surrounding area
N, S, E, O	The sight lies north, south, east or west of the town
①, ④	Sign on town plan and on the Michelin road map indicating the road leading to a place of interest
6 km	Distance in kilometres

Towns

2200	Postal number
✉ 7800 Beja	Postal number and name of the post office serving the town
☎ 918	Telephone dialling code (when dialling from outside Spain omit the 9, from outside Portugal omit the first 0)
P	Provincial capital
445 M 27	Michelin map number and co-ordinates
24 000 h.	Population
alt. 175	Altitude (in metres)
3	Number of cable-cars
7	Number of ski and chair-lifts
AX A	Letters giving the location of a place on the town plan
18	Golf course and number of holes
✻ ⩤	Panoramic view, viewpoint
✈	Airport
22 98 36	Place with a motorail connection; further information from telephone number listed
	Shipping line
ℹ	Tourist Information Centre

Town plans

Hotels
Restaurants

Sights

Place of interest and its main entrance
Interesting place of worship:
Cathedral, church or chapel

Roads

Motorway, dual carriageway
Interchange: complete, limited, number
Major through route
One-way street – Unsuitable for traffic
Pedestrian street – Tramway
Colón Shopping street – Car park
Gateway – Street passing under arch – Tunnel
Station and railway
Funicular – Cable-car
B Lever bridge – Car ferry

Various signs

Tourist Information Centre
Mosque – Synagogue
Tower – Ruins – Windmill – Water tower
Garden, park, wood – Cemetery – Cross
Stadium – Golf course – Racecourse
Outdoor or indoor swimming pool
View – Panorama
Monument – Fountain – Factory – Shopping centre
Pleasure boat harbour – Lighthouse
Airport – Underground station – Coach station
Ferry services:
passengers and cars, passengers only
(3) Reference number common to town plans and Michelin maps
Main post office with poste restante and telephone
Hospital – Covered market
Public buildings located by letter:
D H G Provincial Government Office – Town Hall – Prefecture
J Law Courts
M T Museum – Theatre
U University, College
POL. Police (in large towns police headquarters)

North is at the top on all town plans.

Car, tyres

BREAKDOWN ASSISTANCE, MICHELIN TYRE SUPPLIERS

We have indicated below the telephone numbers of the 24 h rescue services for the main makes of car who are able to provide a repair service, in Spain, on their own premises :

ALFA ROMEO 900.10.10.06	MERCEDES BENZ . 91/431.95.96
BMW 900.10.04.82	NISSAN MOTOR IBERICA 900.20.00.94
CITROEN 91/519.13.14	PEUGEOT-TALBOT . 91/556.68.91
FIAT 91/519.16.16	RENAULT 91/556.39.99
LANCIA 91/519.10.22	SEAT 900.11.22.22
FORD 900.14.51.45	VOLVO 91/555.81.00
OPEL - GENERAL MOTORS 91/597.21.25	

When a tyre dealer is unable to supply your needs, get in touch : in **Spain** with the Michelin Head Office in Madrid or with the Michelin Branch in one of the following towns : Montcada i Reixac (Barcelona), Bilbao, Coslada (Madrid), León, Santiago de Compostela, Sevilla, Valencia, Zaragoza. In **Portugal** with the Michelin Head Office in Sacavém (Lisbon) or with the Michelin Branch in Vila do Conde (Oporto).

Addresses and phone numbers of Michelin Agencies are listed in the text of the towns concerned.

The staff at our depots will be pleased to give advice on the best way to look after your tyres.

See also the pages bordered in blue

MOTORING ORGANISATIONS

RACE	Real Automóvil Club de España
RACC	Real Automóvil Club de Cataluña
RACVN	Real Automóvil Club Vasco Navarro
RACV	Real Automóvil Club de Valencia
ACP	Automóvel Clube de Portugal

The address and telephone number of the various motoring organisations are given in the text concerning most of the large towns.

LOS VINOS - OS VINHOS - LES VINS
I VINI - WEINE - WINES

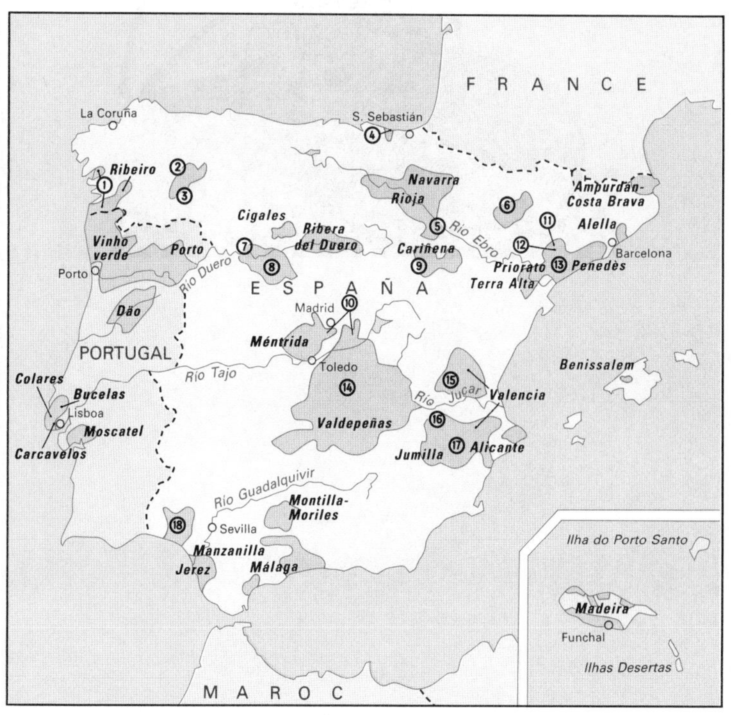

① Rias Baixas	⑦ Toro	⑬ Tarragona
② Bierzo	⑧ Rueda	⑭ La Mancha
③ Valdeorras	⑨ Calatayud	⑮ Utiel-Requena
④ Chacoli de Guetaria	⑩ Vinos de Madrid	⑯ Almansa
⑤ Campo de Borja	⑪ Costers del Segre	⑰ Yecla
⑥ Somontano	⑫ Conca de Barbera	⑱ Condado de Huelva

LAS ESTRELLAS
AS ESTRELAS
LES ÉTOILES
LE STELLE
DIE STERNE
THE STARS

ATRACTIVO Y TRANQUILIDAD
ATRACTIVOS
L'AGRÉMENT
AMENITÀ E TRANQUILLITÀ
ANNEHMUCHKEIT
PEACEFUL ATMOSPHERE AND SETTING

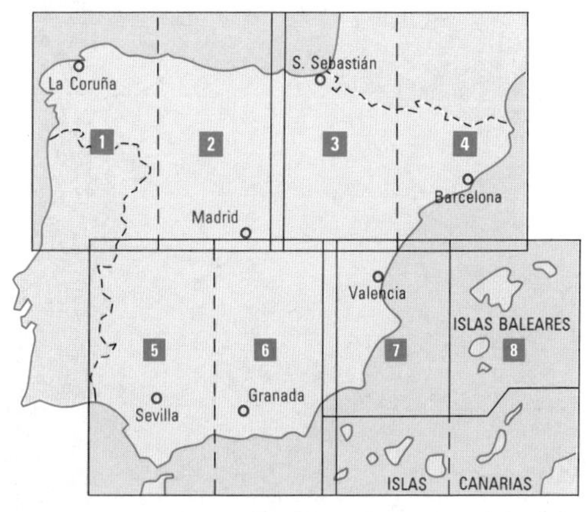

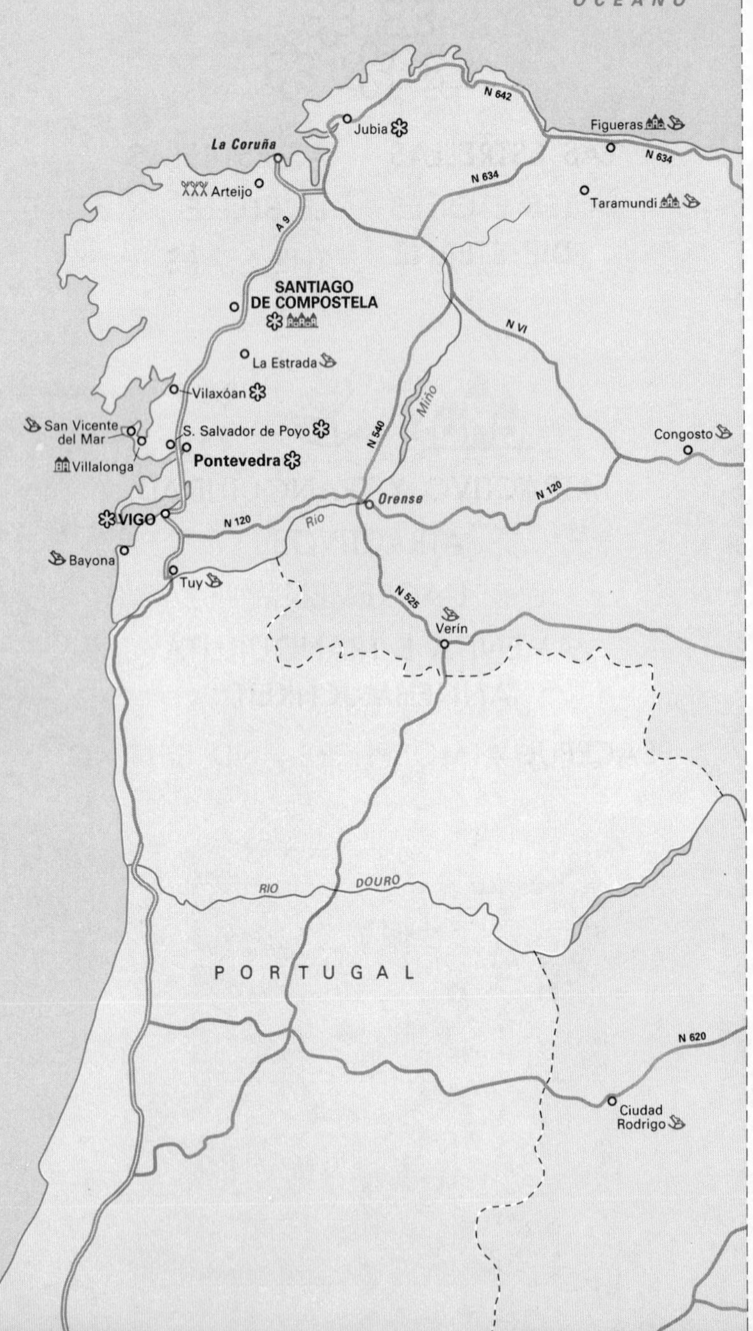

1
OCÉANO
N 642
Jubia
Figueras
La Coruña
N 634
N 634
Arteijo
Taramundi
A 9
SANTIAGO
DE COMPOSTELA
N VI
La Estrada
Vilaxóan
Miño
San Vicente
del Mar
S. Salvador de Poyo
N 540
Congosto
Villalonga
Pontevedra
Orense
N 120
VIGO
N 120
Río
Bayona
Tuy
N 525
Verín
RIO
DOURO
PORTUGAL
N 620
Ciudad
Rodrigo

ATLANTICO

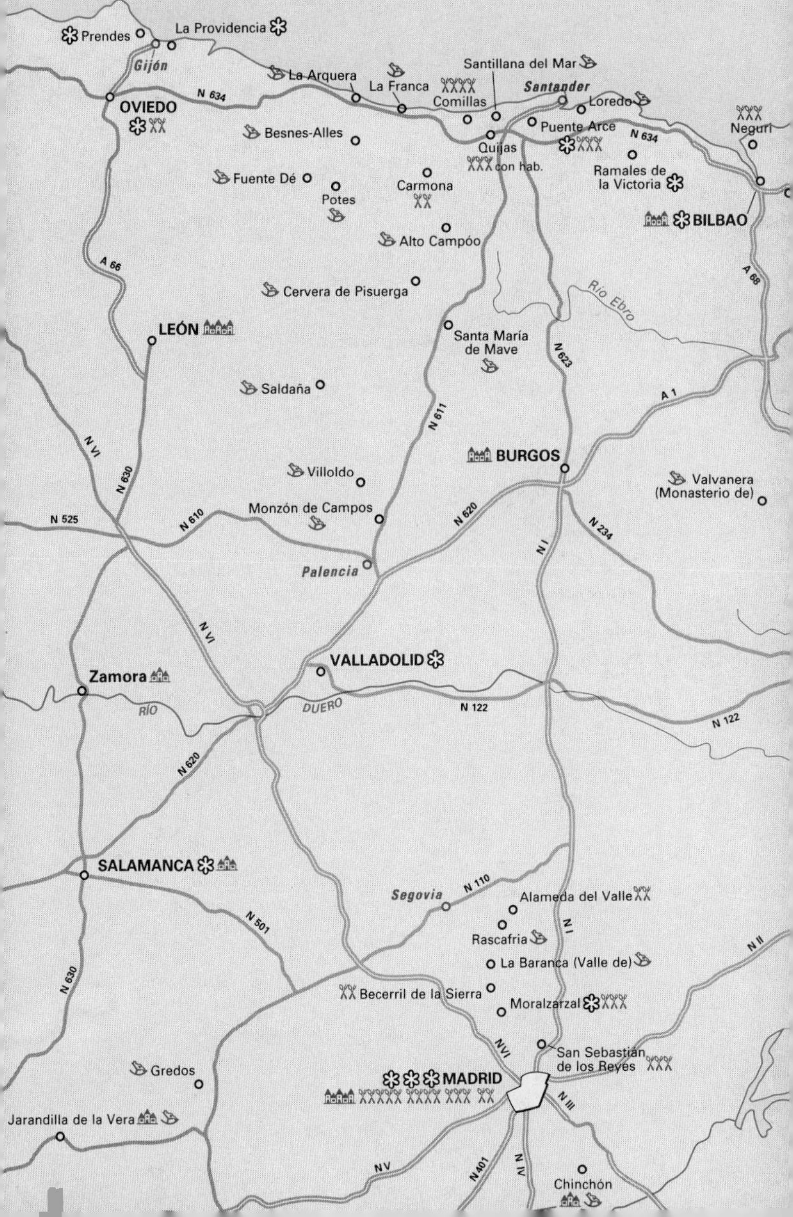

Prendes
La Providencia
Gijón
La Arquera
La Franca
Santillana del Mar
Comillas
Santander
Loredo
Neguri
OVIEDO
N 634
Besnes-Alles
Quijas
con hab.
Puente Arce
Ramales de la Victoria
BILBAO
Fuente Dé
Potes
Carmona
Alto Campóo
A 66
Cervera de Pisuerga
Río Ebro
A 68
LEÓN
Santa María de Mave
N 623
Saldaña
N 611
A 1
N VI
N 630
BURGOS
Villoldo
Valvanera (Monasterio de)
N 525
N 610
Monzón de Campos
N 620
N 234
N I
Palencia
VALLADOLID
Zamora
RÍO
DUERO
N 122
SALAMANCA
Segovia
N 110
Alameda del Valle
N 501
Rascafria
N II
La Baranca (Valle de)
N 630
Becerril de la Sierra
Moralzarzal
San Sebastián de los Reyes
Gredos
MADRID
N III
Jarandilla de la Vera
NV
N401
N IV
Chinchón

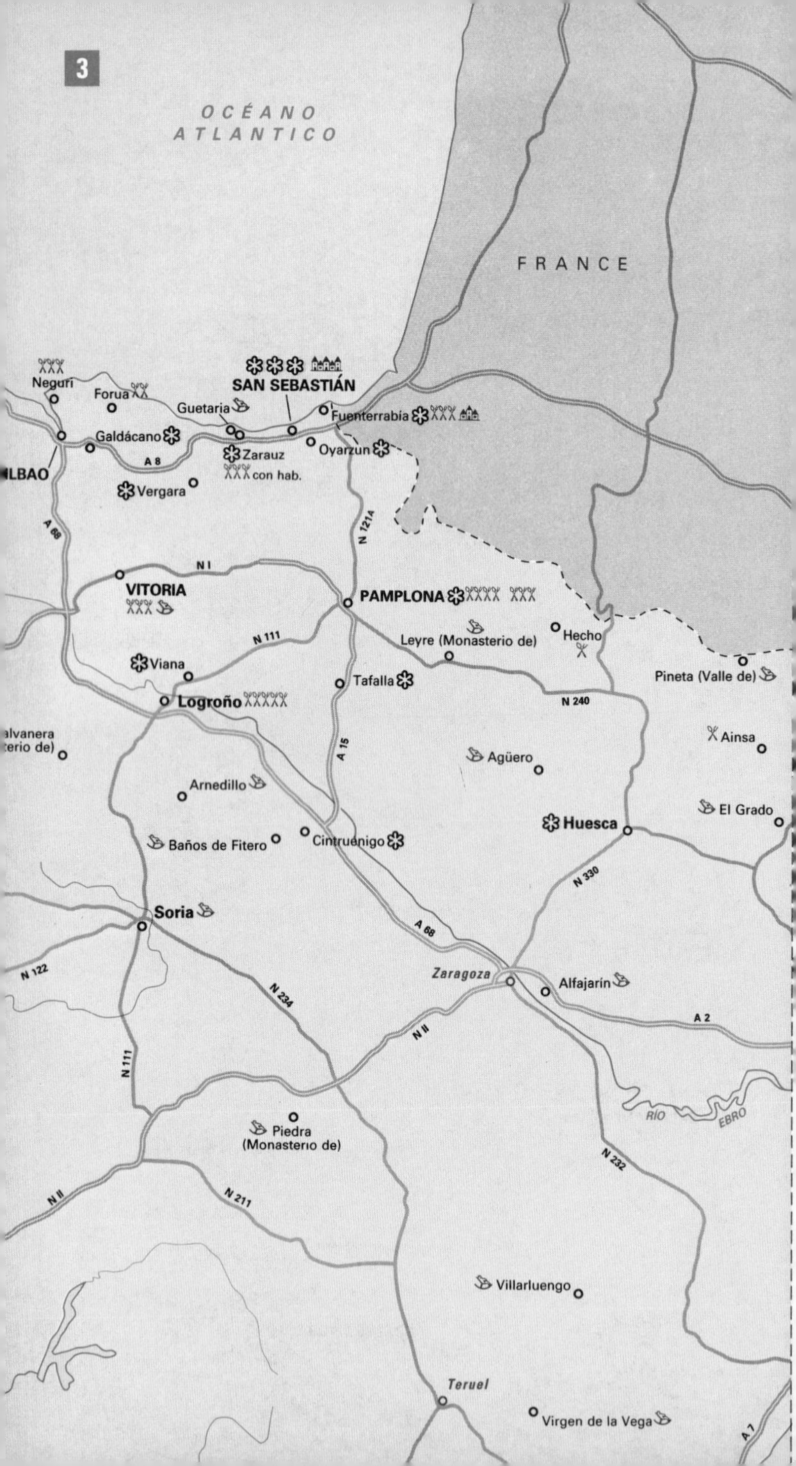
3
OCÉANO ATLANTICO
FRANCE
Neguri
Forua
SAN SEBASTIÁN
Guetaria
Fuenterrabía
Galdácano
Zarauz
con hab.
Oyarzun
A 8
BILBAO
Vergara
A 68
N 121A
N I
VITORIA
PAMPLONA
N 111
Leyre (Monasterio de)
Hecho
Viana
Tafalla
Pineta (Valle de)
Logroño
N 240
A 15
Ainsa
Agüero
Arnedillo
El Grado
Huesca
Baños de Fitero
Cintruénigo
N 330
Soria
A 68
N 122
Zaragoza
Alfajarín
N 234
A 2
N II
N 111
Río Ebro
Piedra (Monasterio de)
N 232
N II
N 211
Villarluengo
Teruel
Virgen de la Vega
A 7

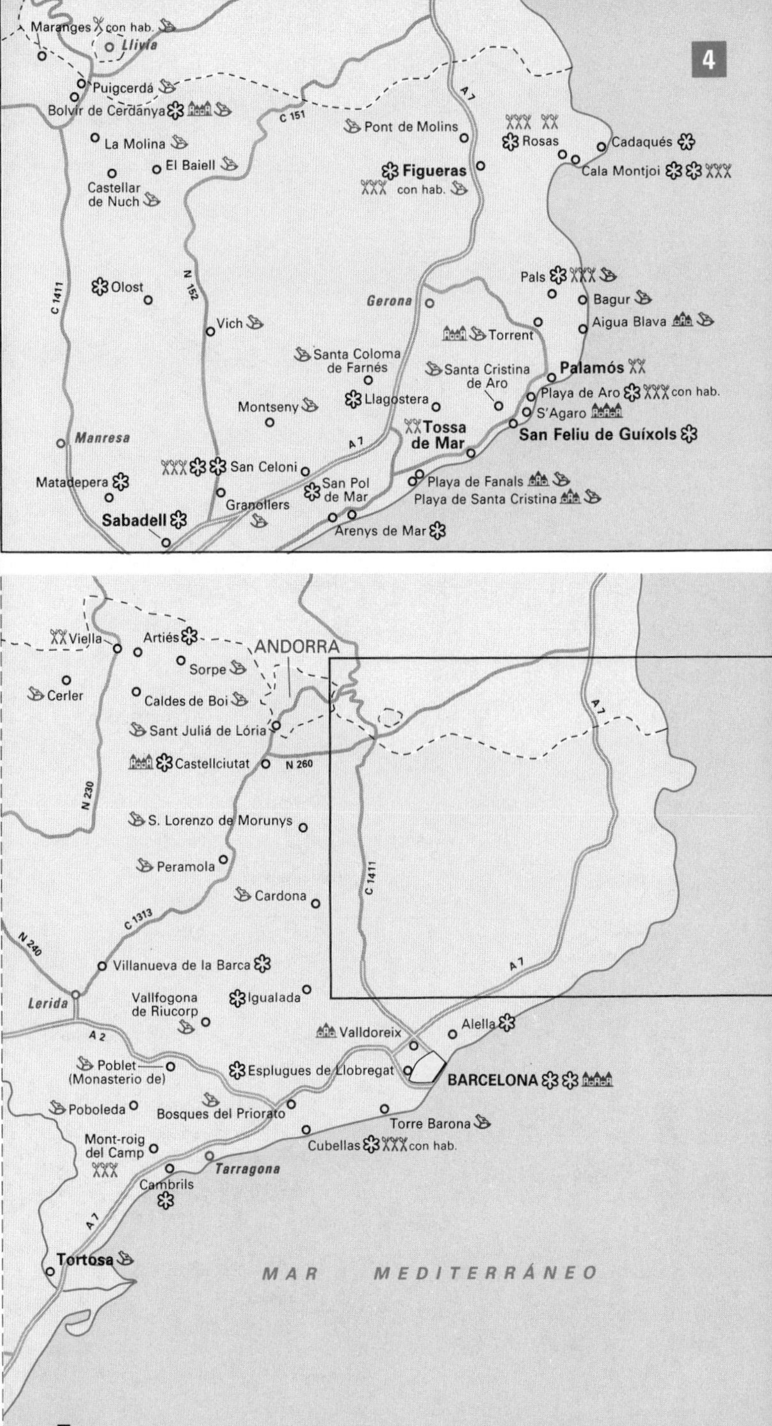

4
Maranges con hab.
Llivia
Puigcerdá
Bolvir de Cerdanya
La Molina
El Baiell
Castellar de Nuch
Olost
Vich
Manresa
Matadepera
Sabadell
San Celoni
Granollers
Montseny
Santa Coloma de Farnés
Llagostera
Gerona
Pont de Molins
Figueras
con hab.
Rosas
Cadaqués
Cala Montjoi
Pals
Bagur
Aigua Blava
Torrent
Santa Cristina de Aro
Palamós
Playa de Aro con hab.
S'Agaro
San Feliu de Guíxols
Tossa de Mar
San Pol de Mar
Playa de Fanals
Playa de Santa Cristina
Arenys de Mar
C 151
C 1411
N 152
A 7
Viella
Artiés
ANDORRA
Sorpe
Cerler
Caldes de Boi
Sant Juliá de Lória
Castellciutat
N 260
N 230
S. Lorenzo de Morunys
Peramola
Cardona
C 1313
N 240
Villanueva de la Barca
Lerida
Vallfogona de Riucorp
Igualada
A 2
Valldoreix
Alella
Poblet (Monasterio de)
Esplugues de Llobregat
BARCELONA
Poboleda
Bosques del Priorato
Torre Barona
Mont-roig del Camp
Cubellas con hab.
Tarragona
Cambrils
Tortosa
MAR MEDITERRÁNEO

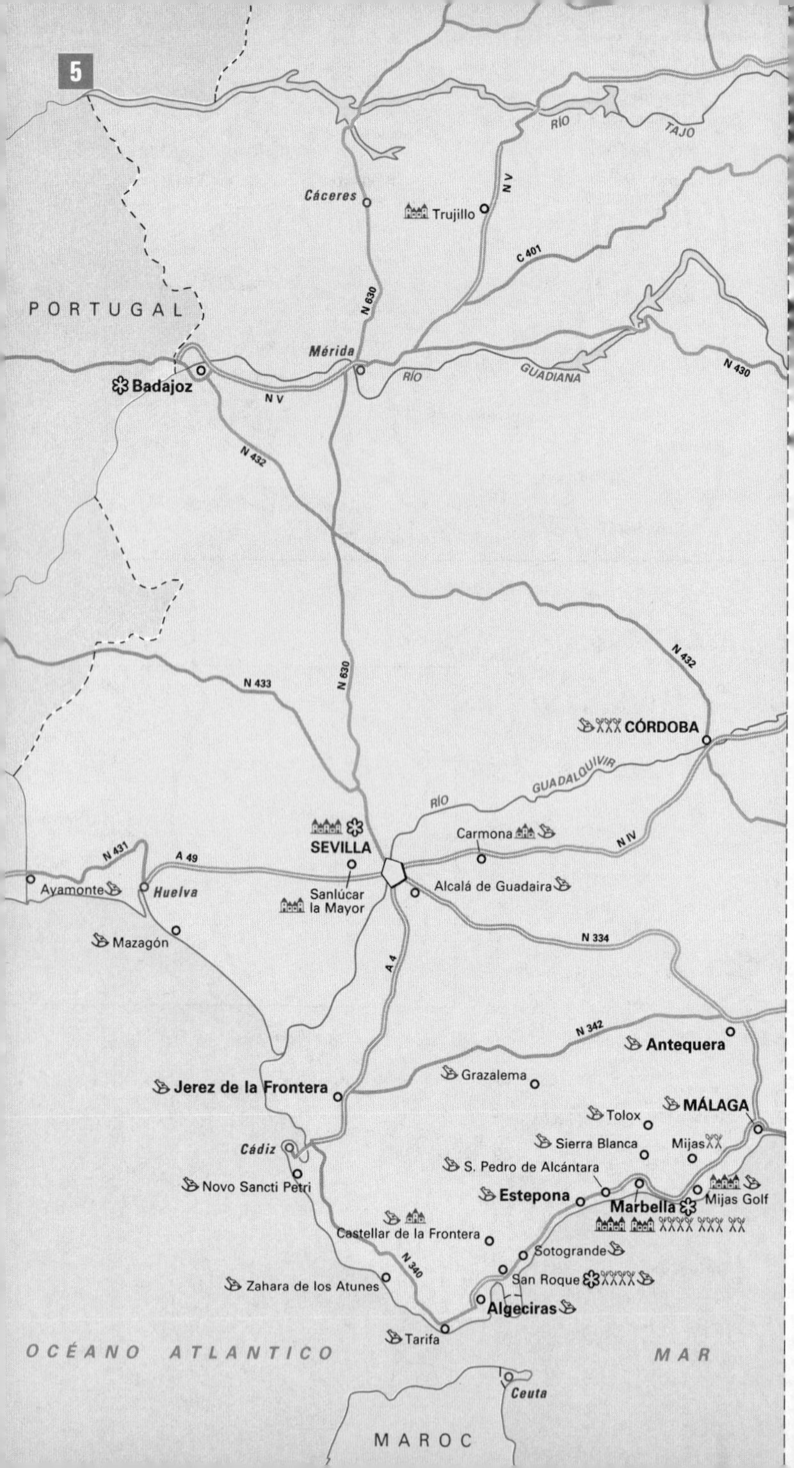
5
PORTUGAL
Cáceres
Trujillo
NV
C 401
N 630
Mérida
Badajoz
RÍO
TAJO
RÍO
GUADIANA
N 430
N V
N 432
N 433
N 630
N 432
CÓRDOBA
RÍO
GUADALQUIVIR
SEVILLA
Carmona
N IV
N 431
A 49
Ayamonte
Huelva
Sanlúcar
la Mayor
Alcalá de Guadaira
Mazagón
A 4
N 334
N 342
Antequera
Grazalema
Jerez de la Frontera
MÁLAGA
Tolox
Cádiz
Sierra Blanca
Mijas
S. Pedro de Alcántara
Novo Sancti Petri
Estepona
Marbella
Mijas Golf
Castellar de la Frontera
Sotogrande
N 340
San Roque
Zahara de los Atunes
Algeciras
Tarifa
OCÉANO ATLANTICO
MAR
Ceuta
MAROC

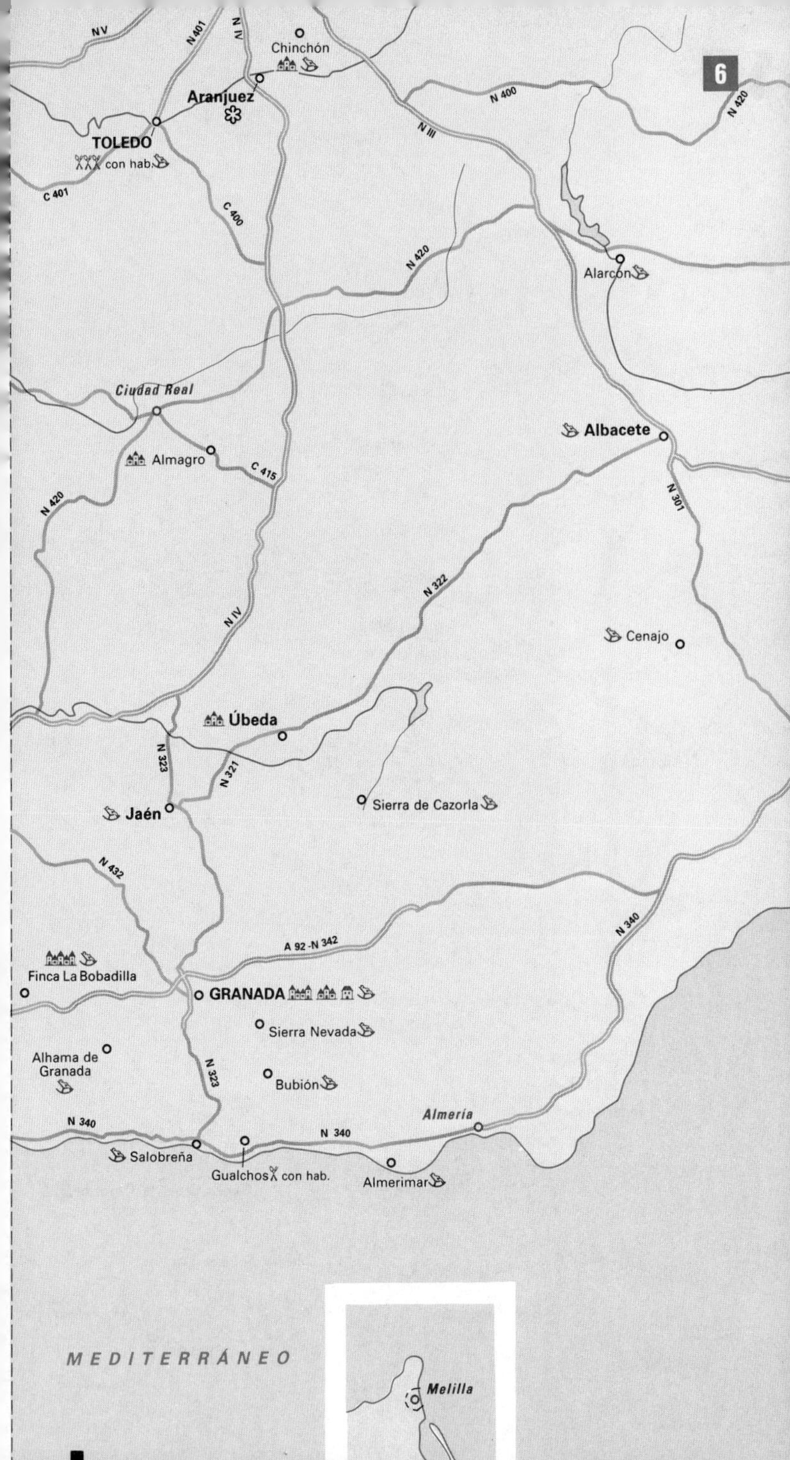

6
N V
N 401
N IV
Chinchón
Aranjuez
TOLEDO
con hab.
C 401
C 400
N 400
N III
N 420
N 420
Alarcón
Ciudad Real
Almagro
C 415
N 420
Albacete
N 301
N 322
N IV
Cenajo
Úbeda
N 323
N 321
Jaén
Sierra de Cazorla
N 432
N 340
A 92 -N 342
Finca La Bobadilla
GRANADA
Sierra Nevada
Alhama de Granada
N 323
Bubión
N 340
Almería
N 340
Salobreña
Gualchos con hab.
Almerimar
MEDITERRÁNEO
Melilla

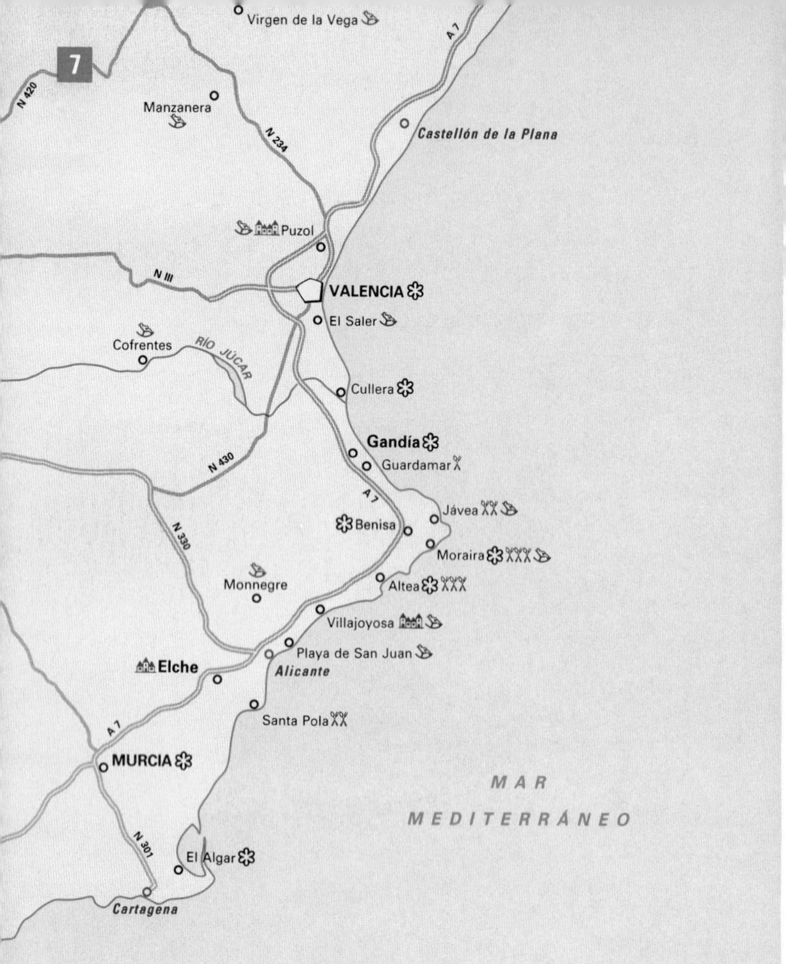

7
Virgen de la Vega
N 420
Manzanera
N 234
A 7
Castellón de la Plana
Puzol
N III
VALENCIA
El Saler
Cofrentes
RÍO JÚCAR
Cullera
Gandía
Guardamar
N 430
A 7
Jávea
Benisa
Moraira
N 330
Monnegre
Altea
Villajoyosa
Playa de San Juan
Alicante
Elche
Santa Pola
A 7
MURCIA
MAR
MEDITERRÁNEO
N 301
El Algar
Cartagena

Barlovento
LA PALMA
Santa Cruz de la Palma
TENERIFE
Puerto de la Cruz
Santa Cruz de Tenerife
GOMERA
Las Cañadas del Teide
San Sebastián
Las Palmas
LAS PALMAS
DE GRAN CANARIA
HIERRO
Maspalomas
Las Playas

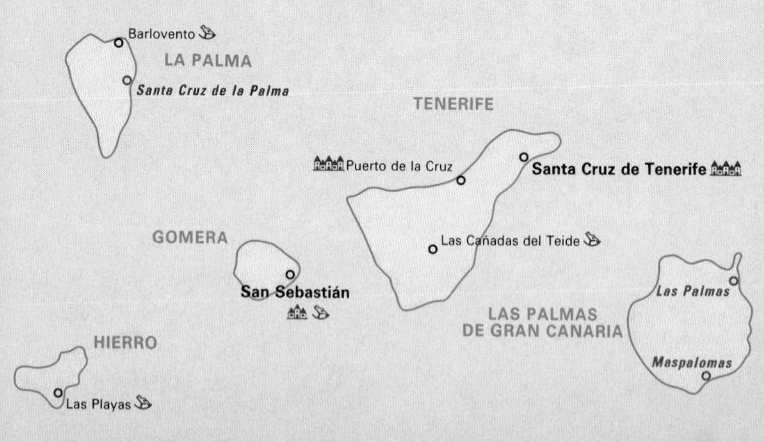

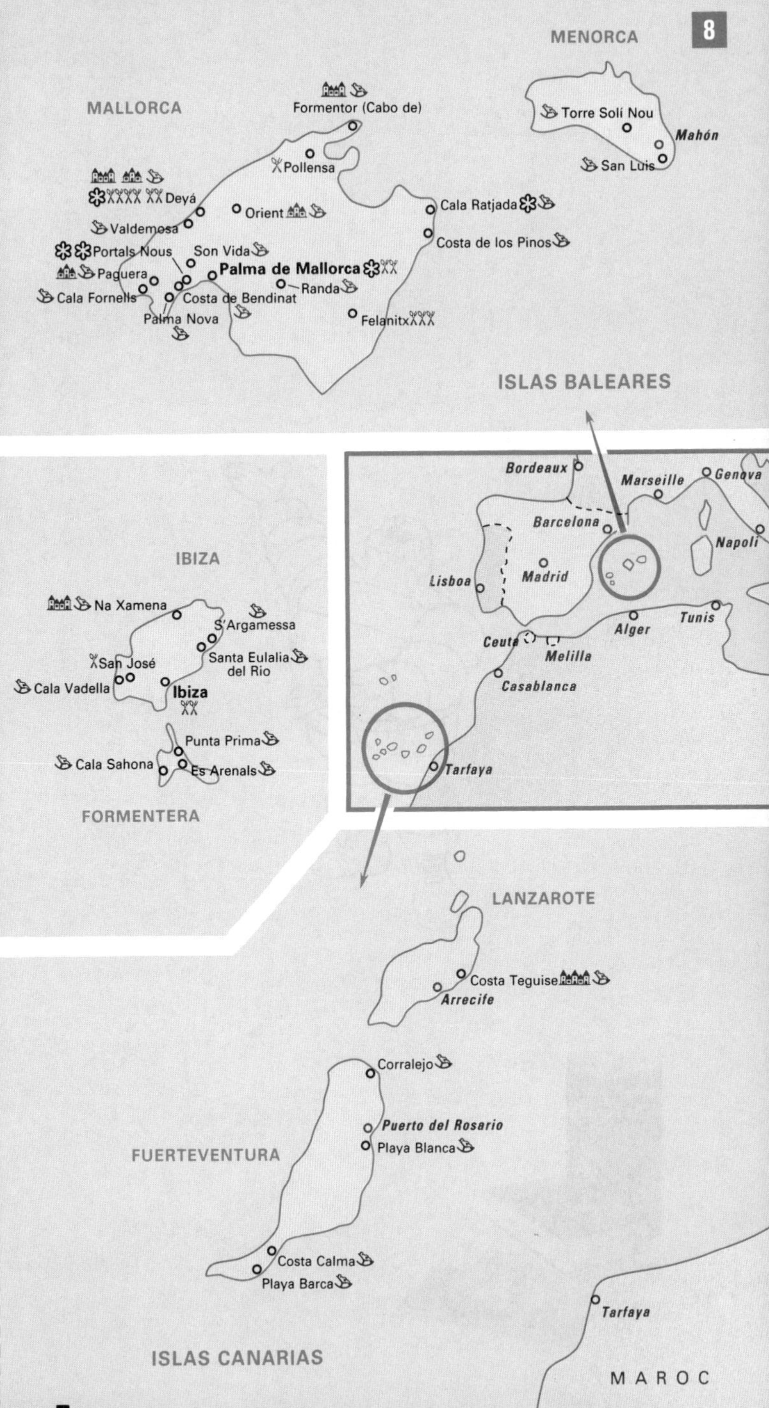
MENORCA
Torre Solí Nou
Mahón
San Luis
MALLORCA
Formentor (Cabo de)
Pollensa
Deyá
Orient
Valdemosa
Cala Ratjada
Costa de los Pinos
Portals Nous
Son Vida
Palma de Mallorca
Paguera
Randa
Cala Fornells
Costa de Bendinat
Palma Nova
Felanitx
ISLAS BALEARES
Bordeaux
Marseille
Genova
Barcelona
Napoli
Madrid
Lisboa
Alger
Tunis
Ceuta
Melilla
Casablanca
Tarfaya
IBIZA
Na Xamena
S'Argamessa
San José
Santa Eulalia del Rio
Cala Vadella
Ibiza
Punta Prima
Cala Sahona
Es Arenals
FORMENTERA
LANZAROTE
Costa Teguise
Arrecife
Corralejo
Puerto del Rosario
Playa Blanca
FUERTEVENTURA
Costa Calma
Playa Barca
Tarfaya
ISLAS CANARIAS
MAROC

España

Poblaciones
Cidades
Villes
Città
Städte
Towns

LÉXICO EN LA CARRETERA	LÉXICO NA ESTRADA	LEXIQUE SUR LA ROUTE	LESSICO LUNGO LA STRADA	LEXIKON AUF DER STRASSE	LEXICON ON THE ROAD
¡ atención, peligro !	atenção! perigo !	attention ! danger !	attenzione ! pericolo !	Achtung ! Gefahr !	caution ! danger !
a la derecha	à direita	à droite	a destra	nach rechts	to the right
a la izquierda	à esquerda	à gauche	a sinistra	nach links	to the left
autopista	auto-estrada	autoroute	autostrada	Autobahn	motorway
bajada peligrosa	descida perigosa	descente dangereuse	discesa pericolosa	gefährliches Gefälle	dangerous descent
calzada resbaladiza	piso resvaladiço	chaussée glissante	fondo sdrucciolevole	Rutschgefahr	slippery road
cañada	rebanhos	troupeaux	greggi	Viehherde	cattle
carretera cortada	estrada interrompida	route coupée	strada interrotta	gesperrte Straße	road closed
carretera en mal estado	estrada em mau estado	route en mauvais état	strada in cattivo stato	Straße in schlechtem Zustand	road in bad condition
carretera nacional	estrada nacional	route nationale	strada statale	Staatsstraße	State road
ceda el paso	dê passagem	cédez le passage	cedete il passo	Vorfahrt achten	yield right of way
cruce peligroso	cruzamento perigoso	croisement dangereux	incrocio pericoloso	gefährliche Kreuzung	dangerous crossing
curva peligrosa	curva perigosa	virage dangereux	curva pericolosa	gefährliche Kurve	dangerous bend
despacio	lentamente	lentement	adagio	langsam	slowly
desprendimientos	queda de pedras	chute de pierres	caduta sassi	Steinschlag	falling rocks
dirección prohibida	sentido proibido	sens interdit	senso vietato	Einfahrt verboten	no entry
dirección única	sentido único	sens unique	senso unico	Einbahnstraße	one way
encender las luces	acender as luzes	allumer les lanternes	accendere le luci	Licht einschalten	put on lights
esperen	esperem	attendez	attendete	warten	wait, halt
hielo	gelo	verglas	ghiaccio	Glatteis	ice (on roads)
niebla	nevoeiro	brouillard	nebbia	Nebel	fog
nieve	neve	neige	neve	Schnee	snow
obras	trabalhos na estrada	travaux (routiers)	lavori in corso	Straßenbauarbeiten	road works

parada obligatoria	paragem obrigatória	arrêt obligatoire	fermata obbligatoria	Halt !	compulsory stop
paso de ganado	passagem de gado	passage de troupeaux	passaggio di mandrie	Viehtrieb	cattle crossing
paso a nivel sin barreras	passagem de nível sem guarda	passage à niveau non gardé	passaggio a livello incustodito	unbewachter Bahnübergang	unattended level crossing
peaje	portagem	péage	pedaggio	Gebühr	toll
peatones	peões	piétons	pedoni	Fußgänger	pedestrians
¡ peligro !	perigo !	danger !	pericolo !	Gefahr !	danger !
precaución	prudência	prudence	prudenza	Vorsicht	caution
prohibido	proibido	interdit	vietato	verboten	prohibited
prohibido aparcar	estacionamento proibido	stationnement interdit	divieto di sosta	Parkverbot	no parking
prohibido el adelantamiento	proibido ultrapassar	défense de doubler	divieto di sorpasso	Überholverbot	no overtaking
puente estrecho	ponte estreita	pont étroit	ponte stretto	enge Brücke	narrow bridge
puesto de socorro	pronto socorro	poste de secours	pronto soccorso	Unfall-Hilfsposten	first aid station
salida de camiones	saída de camiões	sortie de camions	uscita di camion	LKW-Ausfahrt	lorry exit
travesía peligrosa	perigoso atravessar	traversée dangereuse	attraversamento pericoloso	gefährliche Durchfahrt	dangerous crossing

PALABRAS DE USO CORRIENTE | PALAVRAS DE USO CORRENTE | MOTS USUELS | PAROLE D'USO CORRENTE | ALLGEMEINER WORTSCHATZ | COMMON WORDS

abierto	aberto	ouvert	aperto	offen	open
abril	Abril	avril	aprile	April	April
acantilado	falésia	falaise	scogliera	steile Küste	cliff
acceso	acesso	accès	accesso	Zugang, Zufahrt	access
acueducto	aqueduto	aqueduc	acquedotto	Aquädukt	aqueduct
adornado	adornado, enfeitado	orné, décoré	ornato	geschmückt	decorated
agosto	Agosto	août	agosto	August	August
agua potable	água potável	eau potable	acqua potabile	Trinkwasser	drinking water
alameda	alameda	promenade	passeggiata	Promenade	promenade

alcazaba	antiga fortaleza árabe	ancienne forteresse arabe	antica fortezza araba	alte arabische Festung	old Arab fortress
alcázar	antigo palácio árabe	ancien palais arabe	antico palazzo arabo	alter arabischer Palast	old Arab palace
almuerzo	almoço	déjeuner	colazione	Mittagessen	lunch
alrededores	arredores	environs	dintorni	Umgebung	surroundings
altar esculpido	altar esculpido	autel sculpté	altare scolpito	Schnitzaltar	carved altar
ambiente	ambiente	ambiance	ambiente	Stimmung	atmosphere
antiguo	antigo	ancien	antico	alt	ancient
aparcamiento	parque de estacionamento	parc à voitures	parcheggio	Parkplatz	car park
apartado	apartado, caixa postal	boîte postale	casella postale	Postfach	post office box
arbolado	arborizado	ombragé	ombreggiato	schattig	shady
arcos	arcadas	arcades	portici	Arkaden	arcades
artesanía	artesanato	artisanat	artigianato	Handwerkskunst	craftwork
artesonado	tecto de talha	plafond à caissons	soffitto a cassettoni	Kassettendecke	coffered ceiling
avenida	avenida	avenue	viale, corso	Boulevard, breite Straße	avenue
bahia	baía	baie	baia	Bucht	bay
bajo pena de multa	sob pena de multa	sous peine d'amende	passibile di contravvenzione	bei Geldstrafe	under penalty of fine
balneario	termas	établissement thermal	terme	Kurhaus	health resort
baños	termas	bains, thermes	terme	Thermen	public baths, thermal bath
barranco	barranco, ravina	ravin	burrone	Schlucht	ravine
barrio	bairro	quartier	quartiere	Stadtteil	quarter, district
bodega	adega	chais, cave	cantina	Keller	cellar
bonito	bonito	joli	bello	schön	beautiful
bosque	bosque	bois	bosco, boschi	Wäldchen	wood
bóveda	abódada	voûte	volta	Gewölbe, Wölbung	vault, arch
cabo	cabo	cap	capo	Kap	headland
caja	caixa	caisse	cassa	Kasse	cash-desk
cala	enseada	crique, calanque	seno, calanca	Bucht	creek

calle	rua	rue	via	Straße	street
callejón sin salida	beco	impasse	vicolo cieco	Sackgasse	no through road
cama	cama	lit	letto	Bett	bed
camarero	criado, empregado	garçon, serveur	cameriere	Ober, Kellner	waiter
camino	caminho	chemin	cammino	Weg	way, path
campanario	campanário	clocher	campanile	Glockenturm	belfry, steeple
campo, campiña	campo	campagne	campagna	Land	country, countryside
capilla	capela	chapelle	cappella	Kapelle	chapel
capitel	capitel	chapiteau	capitello	Kapitell	capital (of column)
carretera en cornisa	estrada escarpada	route en corniche	strada panoramica	Höhenstraße	corniche road
cartuja	cartuxa	chartreuse	certosa	Kartäuserkloster	monastery
casa señorial	casa senhorial	manoir	villa	Herrensitz	seignorial residence
cascada	cascata	cascade	cascata	Wasserfall	waterfall
castillo	castelo	château	castello	Burg Schloß	castle
cena	jantar	dîner	pranzo	Abendessen	dinner
cenicero	cinzeiro	cendrier	portacenere	Aschenbecher	ash-tray
centro urbano	baixa, centro urbano	centre ville	centro città	Stadtzentrum	town centre
cercano	próximo	proche	prossimo	nah	near
cerillas	fósforos	allumettes	fiammiferi	Zündhölzer	matches
cerrado	fechado	fermé	chiuso	geschlossen	closed
certificado	registado	recommandé (objet)	raccomandato	Einschreiben	registered
césped	relvado	pelouse	prato	Rasen	lawn
circunvalación	circunvalação	contournement	circonvallazione	Umgehung	by-pass
ciudad	cidade	ville	città	Stadt	town
claustro	claustro	cloître	chiostro	Kreuzgang	cloisters
climatizado	climatizado	climatisé	con aria condizionata	mit Klimaanlage	air conditioned
cocina	cozinha	cuisine	cucina	Kochkunst	kitchen
colección	colecção	collection	collezione	Sammlung	collection
colegiata	colegiada	collégiale	collegiata	Stiftskirche	collegiate church
colina	colina	colline	colle, collina	Hügel	hill
columna	coluna	colonne	colonna	Säule	column
comedor	casa de jantar	salle à manger	sala da pranzo	Speisesaal	dining room
comisaria	esquadra de policia	commissariat de police	commissariato di polizia	Polizeistation	police headquarters
conjunto	conjunto	ensemble	insieme	Gesamtheit	group
conserje	porteiro	concierge	portiere, portinaio	Portier	porter

convento	convento	couvent	convento	Kloster	convent
coro	coro	chœur	coro	Chor	chancel
correos	correios	bureau de poste	ufficio postale	Postamt	post office
crucero	transeptc	transept	transetto	Querschiff	transept
crucifijo, cruz	crucifixo, cruz	crucifix, croix	crocifisso, croce	Kruzifix, Kreuz	crucifix, cross
cuadro, pintura	quadro, pintura	tableau, peinture	quadro, pittura	Gemälde, Malerei	painting
cuchara	colher	cuillère	cucchiaio	Löffel	spoon
cuchillo	faca	couteau	coltello	Messer	knife
cuenta	conta	note	conto	Rechnung	bill
cueva, gruta	gruta	grotte	grotta	Höhle	cave
cúpula	cúpula	coupole, dôme	cupola	Kuppel	dome, cupola
dentista	dentista	dentiste	dentista	Zahnarzt	dentist
deporte	desporto	sport	sport	Sport	sport
desembocadura	foz	embouchure	foce	Mündung	mouth
desfiladero	desfiladeiro	défilé	forra	Engpaß	pass
diario	jornal	journal	giornale	Zeitung	newspaper
diciembre	Dezembro	décembre	dicembre	Dezember	December
dique	dique	digue	diga	Damm	dike, dam
domingo	Domingo	dimanche	domenica	Sonntag	Sunday
embalse	lago artificial	lac artificiel	lago artificiale	künstlicher See	artificial lake
encinar	azinhal	chênaie	querceto	Eichenwald	oak-grove
enero	Janeiro	janvier	gennaio	Januar	January
entrada	entrada	entrée	entrata, ingresso	Eingang, Eintritt	entrance, admission
equipaje	bagagem	bagages	bagagli	Gepäck	luggage
ermita	eremitério, retiro	ermitage	eremo	Einsiedelei	hermitage
escalera	escada	escalier	scala	Treppe	stairs
escuelas	escolas	écoles	scuole	Schulen	schools
escultura	escultura	sculpture	scultura	Schnitzwerk	carving
espectáculo	espectáculo	spectacle	spettacolo	Schauspiel	show, sight
estanco	tabacaria	bureau de tabac	tabaccaio	Tabakladen	tobacconist
estanque	lago, tanque	étang	stagno	Teich	pond, pool
estatua	estátua	statue	statua	Standbild	statue
estrecho	estreito	détroit	stretto	Meerenge	strait
estuario	estuário	estuaire	estuario	Mündung	estuary

fachada	fachada	façade	facciata	Vorderseite	façade
farmacia	farmácia	pharmacie	farmacia	Apotheke	chemist
faro	farol	phare	faro	Leuchtturm	lighthouse
febrero	fevereiro	février	febbraio	Februar	February
festivo	feriado	férié	festivo	Feiertag	holiday
florido	florido	fleuri	fiorito	mit Blumen	in bloom
fortaleza	fortaleza	forteresse, château fort	fortezza	Festung, Burg	fortress, fortified castle
fortificado	fortificado	fortifié	fortificato	befestigt	fortified
frescos	frescos	fresques	affreschi	Fresken	frescoes
frío	frio	froid	freddo	kalt	cold
friso	friso	frise	fregio	Fries	frieze
frontera	fronteira	frontière	frontiera	Grenze	frontier
fuente	fonte	source	sorgente	Quelle	source, stream
garganta	garganta	gorge	gola	Schlucht	gorge, stream
gasolina	gasolina	essence	benzina	Benzin	petrol
guardia civil	polícia	gendarme	gendarme	Polizist	policeman
habitación	quarto	chambre	camera	Zimmer	room
hermoso	belo, formoso	beau	bello	schön	beautiful
huerto (a)	horta	potager	orto	Gemüsegarten	kitchen-garden
iglesia	igreja	église	chiesa	Kirche	church
informaciones	informações	renseignements	informazioni	Auskünfte	information
instalado	instalado	installé	installato	eingerichtet	established
invierno	Inverno	hiver	inverno	Winter	winter
isla	ilha	île	isola, isolotto	Insel	island
jardin	jardim	jardin	giardino	Garten	garden
jueves	5ª feira	jeudi	giovedì	Donnerstag	Thursday
julio	Julho	juillet	luglio	Juli	July
junio	Junho	juin	giugno	Juni	June
lago	lago	lac	lago	See	lake
laguna	lagoa	lagune	laguna	Lagune	lagoon
lavado	lavagem de roupa	blanchissage	lavatura	Wäsche, Lauge	laundry

lonja	bolsa de comércio	bourse de commerce	borsa	Handelsbörse	Trade exchange
lunes	2ª feira	lundi	lunedì	Montag	Monday
llanura	planície	plaine	pianura	Ebene	plain
mar	mar	mer	mare	Meer	sea
martes	3ª feira	mardi	martedì	Dienstag	Tuesday
marzo	Março	mars	marzo	März	March
mayo	Maio	mai	maggio	Mai	May
médico	medico	médecin	medico	Arzt	doctor
mediodía	meio-dia	midi	mezzogiorno	Mittag	midday
mesón	estalagem	auberge	albergo	Gasthof	inn
mezquita	mesquita	mosquée	moschea	Moschee	mosque
miércoles	4ª feira	mercredi	mercoledì	Mittwoch	Wednesday
mirador	miradouro	belvédère	belvedere	Aussichtspunkt	belvedere
mobiliario	mobiliário	ameublement	arredamento	Einrichtung	furniture
molino	moinho	moulin	mulino	Mühle	windmill
monasterio	mosteiro	monastère	monastero	Kloster	monastery
montaña	montanha	montagne	montagna	Berg	mountain
muelle	cais, molhe	quai, môle	molo	Mole, Kai	quay
murallas	muralhas	murailles	mura	Mauern	walls
nacimiento	presépio	crèche	presepio	Krippe	crib
nave	nave	nef	navata	Kirchenschiff	nave
Navidad	Natal	Noël	Natale	Weihnachten	Christmas
noviembre	Novembro	novembre	novembre	November	November
obra de arte	obra de arte	œuvre d'art	opera d'arte	Kunstwerk	work of art
octubre	Outubro	octobre	ottobre	Oktober	October
officina de viajes	agência de viagens	bureau de voyages	ufficio viaggi	Reisebüro	travel bureau
orilla	orla, borda	bord	orlo	Rand	edge
otoño	Outono	automne	autunno	Herbst	autumn
pagar	pagar	payer	pagare	bezahlen	to pay
paisaje	paisagem	paysage	paesaggio	Landschaft	landscape
palacio real	palácio real	palais royal	palazzo reale	Königsschloß	royal palace
palmera, palmeral	palmeira, palmar	palmier, palmeraie	palma, palmeto	Palme, Palmenhain	palm-tree, palm grove

pantano	barragem	barrage	sbarramento	Talsperre	dam
papel de carta	papel de carta	papier à lettre	carta da lettere	Briefpapier	writing paper
parada	paragem	arrêt	fermata	Haltestelle	stopping place
paraje, emplazamiento	local	site	posizione	Lage	site
parque	parque	parc	parco	Park	park
pasajeros	passageiros	passagers	passeggeri	Fahrgäste	passengers
Pascua	Páscoa	Pâques	Pasqua	Ostern	Easter
paseo	passeio	promenade	passeggiata	Spaziergang, Promenade	walk, promenade
patio	pátio interior	cour intérieure	cortile interno	Innenhof	inner courtyard
peluqueria	cabeleireiro	coiffeur	parrucchiere	Friseur	hairdresser, barber
peñón	rochedo	rocher	roccia	Felsen	rock
pico	pico	pic	pizzo, picco	Gipfel	peak
pinar, pineda	pinhal	pinède	pineta	Pinienhain	pine wood
piso	andar	étage	piano (di casa)	Stock, Etage	floor
planchado	engomado	repassage	stiratura	Büglerei	pressing, ironing
plato	prato	assiette	piatto	Teller	plate
playa	praia	plage	spiaggia	Strand	beach
plaza de toros	praça de touros	arènes	arena	Stierkampfarena	bull ring
portada, pórtico	portal, pórtico	portail	portale	Haupttor, Portal	doorway
prado, pradera	prado, pradaria	pré, prairie	prato, prateria	Wiese	meadow
primavera	Primavera	printemps	primavera	Frühling	spring (season)
prohibido fumar	proibido fumar	défense de fumer	vietato fumare	Rauchen verboten	no smoking
promontorio	promontório	promontoire	promontorio	Vorgebirge	promontory
propina	gorjeta	pourboire	mancia	Trinkgeld	tip
pueblo	aldeia	village	villaggio	Dorf	village
puente	ponte	pont	ponte	Brücke	bridge
puerta	porta	porte	porta	Tür	door
puerto	colo, porto	col, port	passo, porto	Gebirgspaß, Hafen	mountain pass, harbour
púlpito	púlpito	chaire	pulpito	Kanzel	pulpit
punto de vísta	vista	point de vue	punto di vista	Aussichtspunkt	viewpoint
recinto	recinto	enceinte	recinto	Ringmauer	perimeter walls
recorrido	percurso	parcours	percorso	Strecke	course
reja, verja	grade	grille	cancello	Gitter	iron gate
reliquia	reliquia	relique	reliquia	Reliquie	relic

reloj	relógio	horloge	orologio	Uhr	clock
Renacimiento	Renascença	Renaissance	Rinascimento	Renaissance	Renaissance
recepción	recepção	réception	ricevimento	Empfang	reception
retablo	retábulo	retable	postergale	Altaraufsatz	altarpiece, retable
río	rio	fleuve	fiume	Fluß	river
roca, peñón	rochedo, rocha	rocher, roche	roccia	Felsen	rock
rocoso	rochoso	rocheux	roccioso	felsig	rocky
rodeado	rodeado	entouré	circondato	umgeben	surrounded
románico, romano	românico, romano	roman, romain	romanico, romano	romanisch, römisch	Romanesque, Roman
ruinas	ruínas	ruines	ruderi	Ruinen	ruins
sábado	Sábado	samedi	sabato	Samstag	Saturday
sacristía	sacristia	sacristie	sagrestia	Sakristei	sacristy
sala capitular	sala capitular	salle capitulaire	sala capitolare	Kapitelsaal	chapterhouse
salida	partida	départ	partenza	Abfahrt	departure
salida de socorro	saída de socorro	sortie de secours	uscita di sicurezza	Notausgang	emergency exit
salón	salão, sala	salon, grande salle	sala, salotto, salone	Salon	drawing room, sitting room
santuario	santuário	sanctuaire	sacrario	Heiligtum	shrine
sello	selo	timbre-poste	francobollo	Briefmarke	stamp
septiembre	Setembro	septembre	settembre	September	September
sepulcro, tumba	sepúlcro, túmulo	sépulcre, tombeau	sepolcro, tomba	Grabmal	tomb
servicio incluido	serviço incluído	service compris	servizio compreso	Bedienung inbegriffen	service included
servicios	toilette, casa de banho	toilettes	gabinetti	Toiletten	toilets
sierra	serra	chaîne de montagnes	giogaia	Gebirgskette	mountain range
siglo	século	siècle	secolo	Jahrhundert	century
sillería del coro	cadeiras de coro	stalles	stalli	Chorgestühl	choir stalls
sobres	envelopes	enveloppes	buste	Briefumschläge	envelopes
sótano	cave	sous-sol, cave	sottosuolo	Keller	basement
subida	subida	montée	salita	Steigung	hill
tapices, tapicerías	tapeçarias	tapisseries	tappezzerie, arazzi	Wandteppiche	tapestries
tarjeta postal	bilhete postal	carte postale	cartolina	Postkarte	postcard
techno	tecto	plafond	soffitto	Zimmerdecke	ceiling
tenedor	garfo	fourchette	forchetta	Gabel	fork

tesoro	tesouro	trésor	tesoro	Schatz	treasure, treasury
torre	torre	tour	torre	Turm	tower
tribuna	tribuna, galeria	jubé	tramezzo	Lettner	roodscreen
valle	vale	val, vallée	val, valle, vallata	Tal	valley
vaso	copo	verre	bicchiere	Glas	glass
vega	veiga	vallée fertile	valle fertile	fruchtbare Ebene	fertile valley
verano	Verão	été	estate	Sommer	summer
vergel	pomar	verger	frutteto	Obstgarten	orchard
vidriera	vitral	verrière, vitrail	vetrata	Kirchenfenster	stained glass windows
viernes	6ª feira	vendredi	venerdì	Freitag	Friday
viñedos	vinhedos, vinhas	vignes, vignoble	vigne, vigneto	Reben, Weinberg	vines, vineyard
vispera, vigilia	véspera	veille	vigila	Vorabend	preceding day, eve
vista pintoresca	vista pitoresca	vue pittoresque	vista pittoresca	malerische Aussicht	picturesque view
vuelta, circuito	volta, circuito	tour, circuit	giro, circuito	Rundreise	tour

COMIDAS Y BEBIDAS

COMIDAS Y BEBIDAS	COMIDAS E BEBIDAS	NOURRITURE ET BOISSONS	CIBI E BEVANDE	SPEISEN UND GETRÄNKE	FOOD AND DRINK
aceite, aceitunas	azeite, azeitonas	huiles, olives	olio, olive	Öl, Oliven	oil, olives
agua con gas	água gaseificada	eau gazeuse	acqua gasata, gasosa	Sprudel	soda water
agua mineral	água mineral	eau minérale	acqua minerale	Mineralwasser	mineral water
ahumado	fumado	fumé	affumicato	geräuchert	smoked
ajo	alho	ail	aglio	Knoblauch	garlic
alcachofa	alcachofra	artichaut	carciofo	Artischocke	artichoke
almendras	amêndoas	amandes	mandorle	Mandeln	almonds
alubias	feijão	haricots	fagioli	Bohnen	beans
anchoas	anchovas	anchois	acciughe	Anschovis	anchovies
arroz	arroz	riz	riso	Reis	rice
asado	assado	rôti	arrosto	gebraten	roast
atún	atum	thon	tonno	Thunfisch	tunny
ave	aves, criação	volaille	pollame	Geflügel	poultry
azúcar	açúcar	sucre	zucchero	Zucker	sugar

bacalao	bacalhau fresco	morue fraîche, cabillaud	merluzzo	Kabeljau, Dorsch	cod
bacalao en salazón	Bacalhau salgado	morue salée	baccalà, stoccafisso	Laberdan	dried cod
berenjena	beringela	aubergine	melanzana	Aubergine	egg-plant
bogavante	lavagante	homard	gambero di mare	Hummer	lobster
brasa (a la)	na brasa	à la braise	brasato	gedämpft, geschmort	braised
café con leche	café com leite	café au lait	caffè-latte	Milchkaffee	coffee with milk
café solo	café simples	café nature	caffè nero	schwarzer Kaffee	black coffee
calamares	lulas, chocos	calmars	calamari	Tintenfische	squids
caldo	caldo	bouillon	brodo	Fleischbrühe	clear soup
cangrejo	caranguejo	crabe	granchio	Krabbe	crab
caracoles	caracóis	escargots	lumaca	Schnecken	snails
carne	carne	viande	carne	Fleisch	meat
castañas	castanhas	châtaignes	castagne	Kastanien	chestnuts
caza mayor	caça grossa	gros gibier	cacciagione	Wildbret	game
cebolla	cebola	oignon	cipolla	Zwiebel	onion
cerdo	porco	porc	maiale	Schweinefleisch	pork
cerezas	cerejas	cerises	ciliege	Kirschen	cherries
cerveza	cerveja	bière	birra	Bier	beer
ciervo venado	veado	cerf	cervo	Hirsch	deer
cigalas	lagostins	langoustines	scampi	Meerkrebse, Langustinen	crayfish
ciruelas	ameixas	prunes	prugne	Pflaumen	plums
cochinillo, tostón	leitão assado	cochon de lait grillé	maialino grigliato, porchetta	Spanferkelbraten	roast suckling pig
cordero	carneiro	mouton	montone	Hammelfleisch	mutton
cordero lechal	cordeiro	agneau de lait	agnello	Lammfleisch	lamb
corzo	cabrito montês	chevreuil	capriolo	Reh	venison
fiambres	charcutaria	charcuterie	salumi	Aufschnitt	pork-butchers' meat
chipirones	lulas pequenas	petits calmars	calamaretti	kleine Tintenfische	small squids
chorizos	chouriços	saucisses au piment	salsicce piccanti	Pfefferwurst	spiced sausages.
chuleta, costilla	costeleta	côtelette	costoletta	Kotelett	cutlet
dorada, besugo	dourada, besugo	daurade	orata	Goldbrassen	dory

ensalada	salada	salade	insalata	Salat	green salad
entremeses	entrada	hors-d'œuvre	antipasti	Vorspeise	hors d'œuvre
espárragos	espargos	asperges	asparagi	Spargel	asparagus
espinacas	espinafres	épinards	spinaci	Spinat	spinach
fiambres	carnes frias	viandes froides	carni fredde	kaltes Fleisch	cold meats
filete	filete, bife de lombo	filet	filetto	Filetsteak	fillet
fresas	morangos	fraises	fragole	Erdbeeren	strawberries
frutas	fruta	fruits	frutta	Früchte	fruit
frutas en almibar	fruta em calda	fruits au sirop	frutta sciroppata	Früchte in Sirup	fruit in syrup
galletas	bolos sêcos	gâteaux secs	biscotti secchi	Gebäck	cakes
gambas	camarões	crevettes (bouquets)	gamberetti	Garnelen	prawns
garbanzos	grão	pois chiches	ceci	Kichererbsen	chick peas
guisantes	ervilhas	petits pois	piselli	junge Erbsen	garden peas
helado	gelado	glace	gelato	Speiseeis	ice cream
higado	figado	foie	fegato	Leber	liver
higos	figos	figues	fichi	Feigen	figs
horno (al)	no forno	au four	al forno	im Ofen gebacken	baked in the oven
huevos al plato	ovos estrelados	œufs au plat	uova fritte	Spiegeleier	fried eggs
huevo pasado por agua	ovo quente	œufs à la coque	uovo al guscio	weiches Ei	soft boiled egg
jamón	presunto, fiambre	jambon (cru ou cuit)	prosciutto (crudo o cotto)	Schinken (roh, gekocht)	ham (raw or cooked)
judias verdes	feijão verde	haricots verts	fagiolini	grüne Bohnen	French beans
langosta	lagosta	langouste	aragosta	Languste	craw fish
langostino	gamba	crevette géante	gamberone	große Garnele	prawns
legumbres	legumes	légumes	verdura	Gemüse	vegetables
lenguado	linguado	sole	sogliola	Seezunge	sole
lentejas	lentilhas	lentilles	lenticchie	Linsen	lentils
limón	limão	citron	limone	Zitrone	lemon
lobarro, perca	perca	perche	pesce persico	Barsch	perch
lomo	lombo	filet, échine	lombata, lombo	Rückenstück	spine, chine
lubina	robalo	bar	ombrina	Barsch	bass

mantequilla	manteiga	beurre	burro	Butter	butter
manzana	maçã	pomme	mela	Apfel	apple
mariscos	mariscos	fruit de mer	frutti di mare	"Früchte des Meeres"	sea food
mejillones	mexilhões	moules	cozze	Muscheln	mussels
melocotón	pêssego	pêche	pesca	Pfirsich	peach
membriollo	marmelo	coing	cotogna	Quitte	quince
merluza	pescado	colin, merlan	merluzzo	Kohlfisch, Weißling	hake
mero	mero	mérou	cernia	Rautenscholle	brill
naranja	laranja	orange	arancia	Orange	orange
ostras	ostrás	huîtres	ostriche	Austern	oyster
paloma, pichón	pombo, borracho	palombe, pigeon	palomba, piccione	Taube	pigeon
pan	pão	pain	pane	Brot	bread
parilla (a la)	grelhado	à la broche, grillé	allo spiedo	am Spieß	grilled
pasteles	bolos	pâtisseries	dolci, pasticceria	Süßigkeiten	pastries
patatas	batatas	pommes de terre	patate	Kartoffeln	potatoes
pato	pato	canard	anitra	Ente	duck
pepino, pepinillo	pepino	concombre, cornichon	cetriolo, cetriolino	Gurke, kleine Essiggurke	cucumber, gherkin
pepitoria	fricassé	fricassée	fricassea	Frikassee	fricassée
pera	pêra	poire	pera	Birne	pear
perdiz	perdiz	perdrix	pernice	Rebhuhn	partridge
pescados	peixes	poissons	pesci	Fische	fish
pimienta	pimenta	poivre	pepe	Pfeffer	pepper
pimiento	pimento	poivron	peperone	Pfefferschote	pimento
plátano	banana	banane	banana	Banane	banana
pollo	frango	poulet	pollo	Hähnchen	chicken
postres	sobremesas	desserts	dessert	Nachspeise	dessert
potaje	sopa	potage	minestra	Suppe mit Einlage	soup
queso	queijo	fromage	formaggio	Käse	cheese
rape	lota	lotte	rana pescatrice, pesce rospo	Aalrutte, Quappe	eel-pout, angler fish
raya	raia	raie	razza	Rochen	skate

relleno	recheado	farci	ripieno, farcito	gefüllt	stuffed
riñones	rins	rognons	rognoni	Nieren	kidneys
rodaballo	cherne, pregado	turbot	rombo	Steinbutt	turbot
sal	sal	sel	sale	Salz	salt
salchichas	salsichas	saucisses	salsicce	Würstchen	sausages
salchichón	salpicão	saucisson	salame	Wurst	salami, sausage
salmón	salmão	saumon	salmone	Lachs	salmon
salmonete	salmonete	rouget	triglia	Barbe, Rötling	red mullet
salsa	molho	sauce	sugo	Soße	sauce
sandia	melancia	pastèque	cocomero	Wassermelone	water-melon
sesos	miolos, mioleira	cervelle	cervella	Hirn	brains
setas, hongos	cogumelos	champignons	funghi	Pilze	mushrooms
sidra	cidra	cidre	sidro	Apfelwein	cider
solomillo	bife de lombo	filet	filetto	Filetsteak	fillet
sopa	sopa	soupe	minestra, zuppa	Suppe	soup
tarta	torta, tarte	tarte, grand gâteau	torta	Kuchen	tart, pie
ternera	vitela	veau	vitello	Kalbfleisch	veal
tortilla	omelete	omelette	frittata	Omelett	omelette
trucha	truta	truite	trota	Forelle	trout
turrón	torrão de Alicante, nougat	nougat	torrone	Nugat, Mandelkonfekt	nougat
uva	uva	raisin	uva	Traube	grapes
vaca, buey	vaca, boi	bœuf	manzo	Rindfleisch	beef
vieira	vieira	coquille St-Jacques	cappesante	Jakobsmuschel	scallop
vinagre	vinagre	vinaigre	aceto	Essig	vinegar
vino blanco dulce	vinho branco doce	vin blanc doux	vino bianco amabile	süßer Weißwein	sweet white wine
vino blanco seco	vinho branco seco	vin blanc sec	vino bianco secco	herber Weißwein	dry white wine
vino rosado	vinho « rosé »	vin rosé	vino rosato	« Rosé »	« rosé » wine
vino de marca	vinho de marca	grand vin	vino pregiato	Prädikatswein	famous wine
vino tinto	vinho tinto	vin rouge	vino rosso	Rotwein	red wine
zanahoria	cenoira	carotte	carota	Karotte	carrot
zumo de frutas	sumo de frutas	jus de fruits	succo di frutta	Fruchtsaft	fruit juice

ABADIANO o **ABADIÑO** **48220** Vizcaya 442 C 22 – 6 511 h. alt. 133 – ☎ 94.
♦Madrid 399 – ♦Bilbao/Bilbo 35 – Vitoria/Gasteiz 43.

en la carretera N 634 N : 2 km – ✉ 48220 Abadiano – ☎ 94 :

San Blas, Laubideta 11 ☎ 681 42 00 – ▤ rest ☎ P. AE ⓓ E VISA. ✂ rest
Com 850 – ☕ 240 – **17 hab** 3750/5600 – PA 1600.

ACANTILADO DE LOS GIGANTES Santa Cruz de Tenerife – ver Canarias (Tenerife) : Puerto de Santiago.

ADEJE Santa Cruz de Tenerife – ver Canarias (Tenerife).

ADEMUZ **46140** Valencia 445 L 26 – 1 922 h. – ☎ 974.
♦Madrid 286 – Cuenca 120 – Teruel 44 – ♦Valencia 136.

Casa Domingo, av. de Valencia 1 ☎ 78 20 30, Fax 78 20 56 – ▤ rest 🚗. AE E VISA. ✂
Com 1000 – ☕ 275 – **30 hab** 1950/3080 – PA 2095.

La ADRADA **05430** Ávila 444 L 16 – 1 622 h. – ☎ 91.
♦Madrid 96 – Ávila 83 – El Escorial 66 – Talavera de la Reina 52.

Mirador de Gredos, av. de Madrid ☎ 867 07 09 – ▤ rest ☎ P – **40 hab.**

ADRALL **25797** Lérida 443 F 34 – ☎ 973.
♦Madrid 596 – ♦Lérida/Lleida 127 – Seo de Urgel 6.

La Brasa, carret. de Lleida 21 ☎ 38 70 57 – P. AE E VISA. ✂
cerrado lunes salvo festivos, 2ª quincena de noviembre y 2ª quincena de junio – Com carta 1850 a 3400.

AGOITZ Navarra – ver Aoiz.

AGRAMUNT **25310** Lérida 443 G 33 – 4 562 h. alt. 337 – ☎ 973.
♦Madrid 520 – ♦Barcelona 123 – ♦Lérida/Lleida 51 – Seo de Urgel 98.

Kipps, carret. de Tarragona ☎ 39 08 25, Fax 39 05 73, ⛱ – |‡| ▤ TV ☎ P – 🏛 25/80. AE. ✂
Com 1500 – ☕ 350 – **25 hab** 3375/4840 – PA 3350.

Blanc i Negre 2, carret. de Cervera SE : 1,2 km ☎ 39 12 13, Fax 39 12 13 – ▤ rest ☎ P. E VISA. ✂
Com 1300 – **14 hab** 2500/5000.

ÁGREDA **42100** Soria 442 G 24 – 3 637 h. – ☎ 976.
♦Madrid 276 – ♦Logroño 115 – ♦Pamplona/Iruñea 118 – Soria 50 – ♦Zaragoza 107.

Doña Juana y Rest. Juani, av. de Soria 16 ☎ 64 72 17, Fax 64 68 33 – P. AE VISA
Com carta 2050 a 3300 – ☕ 650 – **47 hab** 2500/4145.

AGUADULCE **04720** Almería 446 V 22 – ☎ 951 – Playa.
♦Madrid 560 – Almería 10 – Motril 102.

El Velero, carret. de Málaga ☎ 34 44 22, 🏖 – ▤ P.

Casa El Valenciano 2, paseo de los Robles ☎ 34 26 74, 🏖, Pescados y mariscos – VISA. ✂
Com carta 1500 a 3100.

Cortijo Alemán, área Playasol ☎ 34 12 01, 🏖, Decoración rústica – ▤. AE E VISA
cerrado noviembre – Com carta 2615 a 3830.

Casa El Valenciano, paseo Marítimo 6 ☎ 34 04 56, ≤, 🏖, Pescados y mariscos – ▤. VISA
cerrado lunes y octubre-mayo – Com carta 1500 a 3100.

AGÜERO **22808** Huesca 443 E 27 – 237 h. – ☎ 974.
Alred. : Los Mallos★ E : 11 km.
♦Madrid 432 – Huesca 42 – Jaca 59 – ♦Pamplona/Iruñea 132.

La Costera 🐦, San Pedro ☎ 38 03 30, ≤, ⛱ – P. E VISA JCB. ✂
Com 1500 – ☕ 550 – **12 hab** 3250/5000 – PA 3000.

AGUILAR DE CAMPÓO **34800** Palencia 442 D 17 – 6 883 h. alt. 895 – ☎ 988.
ℹ pl. Mayor 32 ☎ 12 20 24
♦Madrid 323 – Palencia 97 – ♦Santander 104.

Valentín, av. Generalísimo 21 ☎ 12 21 25, Fax 12 24 42 – |‡| TV ☎ 🚗 P – 🏛 25/140. AE ⓓ E VISA. ✂
Com carta 2850 a 3600 – ☕ 500 – **50 hab** 6500/8600.

Cortés con hab, Puente 39 ☎ 12 30 55, 🏖 – ▤ TV ☎. AE E VISA. ✂
Com carta 2800 a 3900 – ☕ 450 – **12 hab** 5000.

ÁGUILAS **30880** Murcia 445 T 25 - 20 595 h. - ☎ 968 - Playa.
pl. Antonio Cortijos ☎ 41 33 03.
♦Madrid 494 - ♦Almería 132 - Cartagena 84 - Lorca 42 - ♦Murcia 104.

- **Carlos III,** Rey Carlos III - 22 ☎ 41 16 50, Fax 41 16 58 - rest
  Com 950 - 420 - **32 hab** 5500/8250.
- El Paso, carret. de Calabardina 13 ☎ 44 71 25 -
  24 hab.
- **Madrid,** pl. Robles Vives 4 ☎ 41 05 00 - rest
  Com 1000 - 225 - **33 hab** 4235/5445 - PA 1900.
- Las Brisas, Explanada del Muelle ☎ 41 00 27, ←, Pescados y mariscos -

en Calabardina NE : 8,5 km - ✉ 30880 Águilas - ☎ 968 :

- **El Paraíso,** ☎ 41 94 44, - rest
  cerrado en Navidades - Com 995 - 250 - **38 hab** 3500/6000 - PA 2100.
- **Ruano,** urb. La Kábyla ☎ 41 96 09, -
  cerrado martes - Com carta 1800 a 3900.

AGUINAGA **20170** Guipúzcoa 442 C 23 - ☎ 943.
♦Madrid 489 - ♦Bilbao/Bilbo 93 - ♦Pamplona/Iruñea 92 - ♦San Sebastián/Donostia 12.

- **Aguinaga,** carret. de Zarauz N 634, ✉ 20170 Usurbil, ☎ 36 27 37, -
  cerrado miércoles y Navidades - Com (sólo almuerzo) carta 2320 a 3500.

AIGUA BLAVA Gerona - ver Bagur.

AIGUADOLÇ (Puerto de) Barcelona - ver Sitges.

AINSA **22330** Huesca 443 E 30 - 1 209 h. alt. 589 - ☎ 974.
Ver : Plaza Mayor★.
♦Madrid 510 - Huesca 120 - ♦Lérida/Lleida 136 - ♦Pamplona/Iruñea 204.

- **Dos Ríos** sin rest, av. Central 4 ☎ 50 09 61 -
  400 - **18 hab** 4750/6600.
- **Mesón de L'Ainsa,** Sobrarbe 12 ☎ 50 00 28, Fax 50 07 33 - rest
  cerrado enero y febrero - Com 1250 - 375 - **40 hab** 3500/4500 - PA 2350.
- **Dos Ríos** sin rest, av. Central 2 ☎ 50 00 43 -
  400 - **22 hab** 1950/4100.
- **Bodegas del Sobrarbe,** pl. Mayor 2 ☎ 50 02 37, « Antiguas bodegas decoradas en estilo medieval » -
  Semana Santa-octubre - Com carta 2500 a 3250.
- **Bodegón de Mallacán,** pl. Mayor 6 ☎ 50 09 77, -
  cerrado domingo noche y lunes, salvo julio-septiembre y 7 enero-7 febrero - Com carta 2300 a 3200.

AJO **39170** Cantabria 442 B 19 - ☎ 942 - Playa.
♦Madrid 416 - ♦Bilbao/Bilbo 86 - ♦Santander 38.

- **La Casuca,** Benedicto Ruiz ☎ 62 10 54 -
  cerrado miércoles salvo julio-septiembre, Navidades y enero - Com carta aprox. 3000.

ALAGÓN **50630** Zaragoza 443 G 26 - 5 443 h. - ☎ 976.
♦Madrid 350 - ♦Pamplona/Iruñea 150 - ♦Zaragoza 23.

- **Los Angeles,** pl. de la Alhóndiga 4 ☎ 61 13 40, Fax 61 21 11 - rest
  Com 1300 - 450 - **12 hab** 4000/6500 - PA 3000.

ALAMEDA DE LA SAGRA **45240** Toledo 444 L 18 - 2 611 h. - ☎ 925.
♦Madrid 52 - Toledo 31.

- **La Maruxiña,** carret. de Ocaña NO : 0,7 km ☎ 50 04 92, Fax 50 02 11 - hab
  Com 900 - 190 - **32 hab** 3250/6275.

ALAMEDA DEL VALLE **28749** Madrid 444 J 18 - 150 h. alt. 1 135 - ☎ 91.
♦Madrid 83 - Segovia 59.

- **Hostal del Marqués,** carret. de Navacerrada ☎ 869 12 64 -
  cerrado lunes, jueves y enero - Com (sólo almuerzo) carta 2850 a 4800.

ALARCÓN **16213** Cuenca 444 N 23 - 271 h. alt. 845 - ✆ 966.
Ver : Emplazamiento★★.
♦Madrid 189 - ♦Albacete 94 - Cuenca 85 - ♦Valencia 163.

Parador Marqués de Villena ⑤, av. Amigos de los Castillos 3 ✆ 33 13 50, Fax 33 11 07, « Castillo medieval sobre un peñón rocoso dominando el río Júcar » - ▮ TV ☎ ⓟ. AE ⓘ VISA. ✻
Com 3200 - ☐ 1100 - **13 hab** 14000 - PA 6375.

ALÁS **25718** Lérida 443 E 34 - ✆ 973.
♦Madrid 603 - ♦Lérida/Lleida 146 - Seo de Urgel 7.

✗ Dolcet, av. Josep de Zulueta 1 ✆ 35 20 16 - ▤.

ALAYOR Baleares - ver Baleares (Menorca).

☞ *Benutzen Sie für weite Fahrten in **Europa** die **Michelin-Länderkarten**:*

970 Europa, 980 Griechenland, 984 Deutschland, 985 Skandinavien-Finnland, 986 Großbritannien-Irland, 987 Deutschland-Österreich-Benelux, 988 Italien, 989 Frankreich, 990 Spanien-Portugal, 991 Jugoslawien.

ALBACETE **02000** P 444 O 24 P 24 - 117 126 h. alt. 686 - ✆ 967.
Ver : Museo (Muñecas romanas articuladas★ BY **M1**.
i Virrey Morcillo 1, ✉ 02005, ✆ 21 56 11 - R.A.C.E. Feria 42, ✉ 02001, ✆ 23 84 24.
♦Madrid 249 ⑥ - ♦Córdoba 358 ④ - ♦Granada 350 ④ - ♦Murcia 147 ③ - ♦Valencia 183 ②.

Plano página siguiente

Los Llanos sin rest, av. España 9, ✉ 02002, ✆ 22 37 50, Fax 23 46 07 - ▮ ▤ TV ☎ ⇔ - 🏠 25/100. AE ⓘ E VISA. ✻ BZ **a**
☐ 450 - **102 hab** 9350/12100.

Europa, San Antonio 39, ✉ 02001, ✆ 24 15 12 - E VISA JCB. ✻ rest BY **a**
Com 1500 - ☐ 550 - **60 hab** 9200/12400 - PA 3550.

Gran Hotel sin rest, Marqués de Molins 1, ✉ 02001, ✆ 21 37 87, Fax 24 00 63 - ▮ ▤ TV ☎ - 🏠 25/60. AE ⓘ E VISA. ✻ BY **r**
☐ 400 - **69 hab** 7480/9350.

Albar sin rest y sin ☐, Isaac Peral 3, ✉ 02001, ✆ 21 68 61, Fax 21 43 79 - ▮ TV ☎. VISA. ✻ BY **e**
52 hab 5650/7650.

Altozano sin rest y sin ☐, pl. Altozano 7, ✉ 02001, ✆ 21 04 62, Fax 52 13 66 - ▮ ▤ TV ☎ ⇔. ✻ ABY **b**
40 hab 4500/7900.

Castilla sin rest, paseo de la Cuba 3, ✉ 02001, ✆ 21 42 88, Fax 24 27 67 - ▮ TV ☎ ⇔. AE ⓘ E VISA BY **t**
☐ 500 - **60 hab** 4200/8500.

Florida, Ibañez Ibero 14, ✉ 02005, ✆ 22 70 58, Fax 22 91 15 - ▮ ▤ TV ☎ ⇔. E VISA. ✻ AY **s**
Com 1250 - ☐ 250 - **53 hab** 3500/7000 - PA 2325.

Albacete, Carcelén 8, ✉ 02001, ✆ 21 81 11, Fax 21 87 25 - TV ☎. AE ⓘ E VISA. ✻ BY **n**
Com *(cerrado sábado, domingo y julio-agosto)* 1000 - ☐ 350 - **36 hab** 3800/7300.

✗✗ **Nuestro Bar,** Alcalde Conangla 102, ✉ 02002, ✆ 22 72 15, 🏛, Cocina manchega - ▤. AE ⓘ E VISA JCB. ✻ BZ **t**
cerrado domingo noche y julio - Com carta 1775 a 3350.

✗✗ **Álvarez,** Salamanca 12 ✆ 21 82 69 - ▤. AE E VISA. ✻ BY **d**
cerrado domingo y agosto - Com carta 2700 a 4900.

✗ **Las Rejas,** Dionisio Guardiola 9, ✉ 02002, ✆ 22 72 42, Mesón típico - ▤. AE E VISA. ✻
cerrado domingo noche y agosto - Com carta 2400 a 4100. AZ **v**

✗ **Mesón El Museo,** Arcángel San Gabriel 5, ✉ 02002, ✆ 22 52 08, Decoración regional - ▤. VISA. ✻ AZ **e**
cerrado lunes y agosto - Com carta 1775 a 2500.

✗ **Casa Paco,** La Roda 26, ✉ 02005, ✆ 50 06 18 - ▤. AE ⓘ E VISA. ✻ AY **c**
cerrado domingo noche y agosto - Com carta 1675 a 3350.

al Sureste 5 km por ② o ③ - ✉ 02000 Albacete - ✆ 967 :

Parador La Mancha ⑤, ✆ 22 94 50, Fax 22 60 92, ←, « Conjunto de estilo regional », ⛱, ✻ - ▤ TV ☎ ⓟ - 🏠 25/90. AE ⓘ VISA. ✻
Com 3000 - ☐ 1000 - **70 hab** 10500 - PA 5950.

Marqués de Molins . . . . . BZ 24
Mayor . . . . AYZ 28

Arcángel San Gabriel . . . AZ 3
Arquitecto Julio Carrilero (Av. del) . . . . . AY 4
Batalla del Salado . . . . . . BZ 5
Caba . . . . AZ 6
Carretas (Pl. de las) . . . . . BZ 7
Catedral (Pl. de la) . . . . . . AY 8
Comandante Padilla . . . . AZ 9
Fernán Pérez de Oliva . . . AY 14
Francisco Fontecha . . . . . . BY 16
G. Lodares (Pl. de) . . . . . . AZ 17
Granada . . . . AY 18
Iris . . . . BY 19
Isabel la Católica . . . . AY 20
Joaquín Quijada . . . . AY 21
Libertad (Pas. de la) . . . . . BY 22
Martínez Villena . . . . BY 26
Mayor (Pl.) . . . . AY 29
Pedro Martínez Gutiérrez . AY 30
Pedro Simón Abril (Pas. de) . AZ 32
Rosario . . . . AY 33
San Antonio . . . . BY 34
San Julián . . . . AY 35
San Sebastián . . . . AY 36
Santa Quiteria . . . . BZ 37
Tesifonte Gallego . . . . AZ 38
Tinte . . . . AZ 39
Valencia (Puerta de) . . . . . . BZ 42
Virgen de las Maravillas . . . . AY 44
Zapateros . . . . AY 46

Nos guides hôteliers, nos guides touristiques et nos cartes routières sont complémentaires. Utilisez-les ensemble.

ALBA DE TORMES 37800 Salamanca 441 J 13 - 4 106 h. - ☎ 923.

Ver : Iglesia de San Juan (grupo escultórico★).

♦Madrid 191 - Ávila 85 - Plasencia 123 - ♦Salamanca 19.

🏨 **Alameda,** av. Juan Pablo II ☎ 30 00 31, Fax 37 02 81, 🏊 - ▤ rest ☎ 🅟. ⓞ E VISA. ✂
Com 800 - ☕ 300 - **34 hab** 2200/4200 - PA 1900.

✗ **La Villa,** carret. de Peñaranda 49 ☎ 30 09 85 - ▤. VISA. ✂
Com carta aprox. 2500.

ALBAIDA 46860 Valencia 445 P 28 - 5 571 h. - ☎ 96.

♦Madrid 381 - ♦Albacete 132 - ♦Alicante 80 - ♦Valencia 82.

✗ **El Bessó,** av. El Romeral 6 ☎ 239 02 91 - ▤. AE ⓞ E VISA. ✂
cerrado domingo y del 10 al 31 agosto - Com carta 1900 a 2800.

ALBARRACÍN **44100** Teruel 443 K 25 - 1 068 h. alt. 1 200 - 974.
Ver : Pueblo típico ★ Emplazamiento ★ Catedral (tapices★).
♦Madrid 268 - Cuenca 105 - Teruel 38 - ♦Zaragoza 191.

- **Albarracín**, Azagra 71 00 11, Telex 62614, Fax 71 00 36, ←, - . AE E VISA. rest
  Com 2750 - 675 - **44 hab** 6465/12045.
- **Arabia** sin rest, Bernardo Zapater 2 71 02 12, ← - . VISA
  390 - **11 hab** 5900/6600, 10 apartamentos.
- **Mesón del Gallo,** Los Puentes 1 71 00 32 - .
  Com 1200 - 300 - **17 hab** 3300/5000 - PA 2200.
- **Olimpia,** San Antonio 8 71 00 83 - E VISA.
  Com *(cerrado domingo)* 1200 - 350 - **15 hab** 3200/4800 - PA 2335.
- **El Portal,** Portal de Molina 14 71 02 90, Decoración castellana - E VISA.
  cerrado lunes y enero-marzo salvo fines de semana y festivos - Com carta 1600 a 2450.

en la carretera de Teruel NE : 1,5 km - ✉ 44100 Albarracín - 974 :

- **Montes Universales,** 71 01 58 - . VISA.
  Com 1250 - 350 - **24 hab** 3900/4700 - PA 2400.

La ALBERCA **37624** Salamanca 441 K 11 - 1 357 h. alt. 1 050 - 923.
Ver : Pueblo típico★★.
Alred. : S : Carretera de Las Batuecas★ - Peña de Francia★★ : ★★ O : 15 km.
♦Madrid 299 - Béjar 54 - Ciudad Rodrigo 49 - ♦Salamanca 94.

- **Las Batuecas**, carret. de las Batuecas 41 51 88, Fax 41 50 55 - . E VISA. rest
  Com 1450 - 425 - **24 hab** 4000/6500 - PA 2700.
- **París**, San Antonio 41 51 31, - .
  Com 1500 - 300 - **10 hab** 3500/4500 - PA 2650.

ALBERIQUE o **ALBERIC** **46260** Valencia 445 O 28 - 8 836 h. alt. 28 - 96.
♦Madrid 392 - ♦Albacete 145 - ♦Alicante 126 - ♦Valencia 41.

en la carretera N 340 S : 3 km - ✉ 46260 Alberique - 96 :

- **Balcón del Júcar,** 244 00 87, - . AE E VISA.
  Com 1100 - 450 - **18 hab** 2400/4100 - PA 2300.

ALBOLOTE **18220** Granada 446 U 19 - 7 517 h. alt. 654 - 958.
♦Madrid 415 - Antequera 91 - ♦Granada 8.

- **Príncipe Felipe,** av. Jacobo Camarero 46 54 11, Fax 46 54 46, - . AE E VISA. rest
  Com 900 - 400 - **57 hab** 4000/6000 - PA 2200.

en la carretera N 323 NE : 3 km - ✉ 18220 Albolote - 958

- **Villa Blanca,** urb. Villas Blancas 45 30 02, Fax 45 31 61, ←, - . AE E VISA JCB. rest
  Com *(cerrado lunes)* 1200 - 450 - **36 hab** 4000/5900.

La ALBUFERETA (Playa de) Alicante - ver Alicante.

ALCALÁ DE CHIVERT **12570** Castellón de la Plana 445 L 30 - 4 580 h. - 964 - Playa.
♦Madrid 471 - Castellón de la Plana 49 - Tarragona 134 - Tortosa 73 - ♦Valencia 123.

- **Jacinto,** carret. N 340 41 02 86, Fax 41 04 79 - . E VISA.
  cerrado domingo noche - Com carta 2050 a 3400.

ALCALÁ DE GUADAIRA **41500** Sevilla 446 T 12 - 50 935 h. - 95.
♦Madrid 529 - ♦Cádiz 117 - ♦Córdoba 131 - ♦Málaga 193 - ♦Sevilla 14.

- **Oromana**, av. de Portugal 568 64 00, Fax 568 64 00, ←, , « Edificio de estilo andaluz rodeado de un pinar », - - 25/180. AE E VISA.
  Com carta aprox. 3000 - 600 - **29 hab** 12000/15000.
- **Silos,** Silos 568 00 59, Fax 568 44 57 - - 25/70. AE E VISA.
  Com (ver rest. **Nuevo Coliseo**) - 650 - **39 hab** 8000/11000, 20 apartamentos.
- **Guadaira,** Mairena 8 568 14 00, Fax 568 14 00 - . E VISA.
  Com 1300 - 400 - **26 hab** 5000/8000 - PA 3000.
- **Zambra,** av. Antonio Mairena 98 561 07 13, , Pescados y mariscos - . E VISA JCB.
  Com carta 2800 a 3350.
- **Nuevo Coliseo,** Silos 568 55 28, Fax 568 44 57 - . AE E VISA JCB.
  Com carta 3150 a 4100.

ALCALÁ DE HENARES **28800** Madrid 444 K 19 – 142 862 h. alt. 588 – 91.

Ver : Antigua Universidad o Colegio de San Ildefonso (fachada plateresca★) – Capilla de San Ildefonso (sepulcro★ del Cardenal Cisneros).

Club Valdeláguila SE : 8 km 885 96 59.

Callejón de Santa María 889 26 94 28801 – R.A.C.E. Nebrija 9, 882 91 29.

♦Madrid 31 – Guadalajara 25 – ♦Zaragoza 290.

Topeca 40, Cánovas del Castillo 4, 28807, 882 47 45, Fax 882 81 67 –
21 hab.

El Bedel sin rest, con cafetería, pl. San Diego 6, 28801, 889 37 00, Fax 889 37 16 – – 25/90. AE E VISA.
560 – **51 hab** 7600/10200.

Bari, vía Complutense 112, 28804, 888 14 50, Fax 888 14 26 – rest . E VISA.
Com 2300 – 550 – **49 hab** 6300/10000 – PA 4120.

Hostería del Estudiante, Colegios 3, 28801, 888 03 30, Fax 888 05 27, « Decoración de estilo castellano - claustro del siglo XV » – . AE VISA.
Com carta 3500 a 5400.

Topeca-75, Mayor 5, 28801, 888 45 25 – .

ALCALÁ DE LA SELVA **44431** Teruel 445 K 27 – 579 h. alt. 1 500 – 974.

♦Madrid 360 – Castellón de la Plana 111 – Teruel 59 – ♦Valencia 148.

en Virgen de la Vega SE : 2 km – 44431 Virgen de la Vega – 974

Mesón de la Nieve con hab, 80 10 83, ≤ valle y montañas – .
cerrado 5 septiembre-5 octubre – Com carta 1950 a 2250 – 400 – **9 hab** 3500/6000.

ALCANAR **43530** Tarragona 443 K 31 – 7 973 h. alt. 72 – 977 – Playa.

♦Madrid 507 – Castellón de la Plana 85 – Tarragona 101 – Tortosa 37.

en Cases d'Alcanar NE : 4,5 km – 43569 Cases d'Alcanar – 977 :

Racó del port, Lepanto 41 73 70 50, , Pescados y mariscos – AE E VISA.
cerrado lunes y del 5 al 30 noviembre – Com carta 2685 a 4775.

ALCANTARILLA **30820** Murcia 445 S 26 – 24 406 h. – 968.

♦Madrid 397 – ♦Granada 276 – ♦Murcia 7.

Mesón de la Huerta, av. del Príncipe (carret. N 340) 80 23 90, Mesón típico – .

en la carretera N 340 SO : 5 km – 30835 Sangonera La Seca – 968

La Paz, 80 13 37, Fax 80 13 37, – – 25/500. AE E VISA.
Com 1375 – 660 – **111 hab** 4000/6650 – PA 3200.

ALCAÑIZ **44600** Teruel 443 I 29 – 11 639 h. alt. 338 – 974.

Ver : Colegiata (portada★).

♦Madrid 397 – Teruel 156 – Tortosa 102 – ♦Zaragoza 103.

Parador La Concordia , castillo de los Calatravos 83 04 00, Fax 83 03 66, ≤ valle y colinas cercanas, « Edificio medieval-decoración castellana » – . AE VISA.
Com 3200 – 1100 – **12 hab** 11500 – PA 6375.

Calpe, carret. de Zaragoza O : 1 km 83 07 32, Fax 83 00 54 – – 25/350. AE E VISA. rest
Com *(cerrado domingo noche)* 1400 – 500 – **40 hab** 5000/9000 – PA 3000.

Meseguer, av. Maestrazgo 9 83 10 02, Fax 83 01 41 – . AE E VISA.
Com *(cerrado domingo y del 14 al 30 septiembre)* 1175 – 450 – **24 hab** 3500/5500.

Senante, carret. de Zaragoza 13 83 05 50, Fax 83 27 27 – rest – 25/500. E VISA.
cerrado 24 noviembre-10 enero – Com *(cerrado domingo noche)* 1200 – **29 hab** 5000/7000 – PA 2040.

ALCÁZAR DE SAN JUAN **13600** Ciudad Real 444 N 20 – 25 185 h. alt. 651 – 926.

♦Madrid 149 – ♦Albacete 147 – Aranjuez 102 – Ciudad Real 87 – Cuenca 156 – Toledo 99.

Ercilla Don Quijote y Rest. Sancho, av. de Criptana 5 54 38 00, Fax 54 63 00 – . AE E VISA. rest
Com *(cerrado domingo noche y festivos noche)* carta 2850 a 5000 – 375 – **44 hab** 5000/7500.

Casa Paco, av. Álvarez Guerra 5 54 10 15 – . E VISA.
cerrado lunes, del 11 al 18 enero y 1ª quincena de octubre – Com carta 2650 a 2900.

La Mancha, av. de la Constitución 54 10 47, , Cocina regional – . AE E VISA.
cerrado miércoles y agosto – Com carta 2300 a 2950.

en la carretera de Herencia O : 2 km – ✉ 13600 Alcázar de San Juan – ☎ 926 :

Barataria, av. de Herencia ☎ 54 06 17, Fax 54 32 32 – ▤ TV ☎ P – 25/500. E VISA.
Com 1500 – ☐ 300 – **37 hab** 3500/6000 – PA 2800.

Los ALCÁZARES **30710** Murcia 445 S 27 – ☎ 968 – Playa.
av. de la Libertad 68, ☎ 17 13 61 (ext. 16) Fax 57 52 49.
♦Madrid 444 – ♦Alicante 85 – Cartagena 25 – ♦Murcia 54.

Corzo, av. Aviación Española 8 ☎ 57 51 25, Fax 17 14 51 – |♦| ▤ TV ☎. ◑ E VISA.
Com 2500 – ☐ 750 – **44 hab** 10000/14000 – PA 4600.

ALCIRA o **ALZIRA** **46600** Valencia 445 O 28 – 37 446 h. alt. 24 – ☎ 96.
♦Madrid 387 – ♦Albacete 153 – ♦Alicante 127 – ♦Valencia 39.

Reconquista, Sueca 14 ☎ 240 30 61, Fax 240 25 36 – ▤ TV ☎. AE E VISA.
Com 1500 – ☐ 600 – **78 hab** 4950/6950 – PA 3075.

Alzira sin rest, av. Sants Patrons 36 ☎ 241 11 08 – ▤ TV ☎. AE ◑ E VISA
☐ 484 – **19 hab** 5258/6798.

ALCOBENDAS **28100** Madrid 444 K 19 – 79 014 h. alt. 670 – ☎ 91.
♦Madrid 16 – Ávila 124 – Guadalajara 60.

junto a la autovía A 1 SO : 3 km – ✉ 28100 Alcobendas – ☎ 91 :

La Moraleja sin rest, av. de Europa 17 - Parque Empresarial La Moraleja ☎ 661 80 55, Fax 661 21 88, Fб, – |♦| ▤ TV ☎ P. AE ◑ E VISA JCB.
☐ 1350 – **37 apartamentos** 32000.

ALCOCÉBER **12579** Castellón de la Plana 445 L 30 – ☎ 964 – Playa.
♦Madrid 471 – Castellón de la Plana 49 – Tarragona 139.

en la playa – ✉ 12579 Alcocéber – ☎ 964 :

Aparthotel Jeremías-Romana, S : 1,5 km ☎ 41 44 11, Fax 41 24 44, ←, – |♦| ☎ P. AE ◑ E VISA.
Com 1500 – ☐ 700 – **39 hab** 12000.

Jeremías, S : 1 km ☎ 41 44 37, Fax 41 24 44, – ▤ rest ☎ P. AE ◑ E VISA.
marzo-noviembre – Com 1500 – ☐ 700 – **38 hab** 2500/4500 – PA 3750.

Can Roig, S : 3 km ☎ 41 43 91, – AE ◑ E VISA.
cerrado martes, miércoles (salvo junio-septiembre) y enero-febrero – Com carta 2700 a 4100.

hacia la carretera N 340 NO : 2 km – ✉ 12579 Alcocéber – ☎ 964 :

Hostal D'el Tossalet, ☎ 41 44 69, ←, – P.
julio-septiembre – Com 1500 – ☐ 225 – **16 hab** 3500/4500 – PA 2600.

ALCORA o **L'ALCORA** **12110** Castellón de la Plana 445 L 29 – 8 020 h. alt. 279 – ☎ 964.
♦Madrid 407 – Castellón de la Plana 19 – Teruel 130 – ♦Valencia 94.

Sant Francesc, av. Castelló 19 ☎ 36 09 24 – ▤. AE E VISA.
cerrado sábado y domingo en julio-agosto – Com (sólo almuerzo salvo viernes y sábado) carta 2000 a 3500.

ALCOY o **ALCOI** **03803** Alicante 445 P 28 – 65 908 h. alt. 545 – ☎ 96.
Alred. : Puerto de la Carrasqueta★ S : 15 km.
♦Madrid 405 – ♦Albacete 156 – ♦Alicante 55 – ♦Murcia 136 – ♦Valencia 110.

Reconquista y Rest. La Terraza, puente de San Jorge 1 ☎ 533 09 00, Fax 533 09 55, ← – |♦| ▤ rest TV ☎ – 25/260. AE ◑ E VISA. rest
Com *(cerrado sábado en verano y domingo)* carta 2200 a 3875 – ☐ 600 – **77 hab** 5675/8075.

Lolo, Castalla 5 ☎ 533 69 42 – ▤. AE VISA.
cerrado lunes y del 15 al 30 septiembre – Com carta 2300 a 3700.

ALCOZ o **ALKOTZ** **31797** Navarra 442 C y D 24 alt. 588 – ☎ 948.
♦Madrid 425 – ♦Bayonne 94 – ♦Pamplona 30.

Anayak con hab, San Esteban ☎ 30 50 05 – P.
cerrado 10 septiembre-10 octubre – Com carta 2000 a 2400 – ☐ 350 – **10 hab** 1600/2800.

ALCUDIA DE CARLET o **L'ALCUDIA** **46250** Valencia 445 O 28 - 10 016 h. - ☎ 96.
♦Madrid 362 - Albacete 153 - ♦Alicante 134 - ♦Valencia 33.

XX Galbis, av. Antonio Almela 15 ☎ 254 10 93, Fax 299 65 84 - ▤.

ALDEA o **L'ALDEA** **43896** Tarragona 443 J 31 - 3 557 h. alt. 5 - ☎ 977.
♦Madrid 498 - Castellón de la Plana 118 - Tarragona 72 - Tortosa 13.

Can Quimet, av. Catalunya 328 ☎ 45 00 03, Fax 45 00 03 - ▤ rest TV ☎ . AE E VISA.
cerrado 22 diciembre-6 enero - Com 1350 - ☕ 450 - **25 hab** 3500/7000 - PA 2600.

ALDEANUEVA DE LA VERA **10440** Cáceres 444 L 12 - 2 558 h. - ☎ 927.
♦Madrid 217 - Ávila 149 - ♦Cáceres 128 - Plasencia 49.

Chiquete, av. Extremadura 3 ☎ 56 08 62 - ▤ rest.
Com 1000 - ☕ 200 - **15 hab** 1500/3500 - PA 2100.

ALELLA **08328** Barcelona 443 H 36 - 3 386 h. - ☎ 93.
♦Madrid 641 - ♦Barcelona 15 - Granollers 16.

XX ✿ **El Niu,** rambla Angel Guimerá 16 (interior) ☎ 555 17 00, Fax 555 17 00, - ▤. AE ⓓ E VISA.
cerrado domingo noche, lunes y del 16 al 31 de agosto - Com carta 4500 a 5500
Espec. Arroz con pichón y butifarra negra, Fideuá, Cabrito al horno con peras del tiempo.

ALFAJARÍN **50172** Zaragoza 443 H 27 - 1 283 h. alt. 199 - ☎ 976.
♦Madrid 342 - ♦Lérida/Lleida 129 - ♦Zaragoza 23.

por la carretera N II y carretera particular E : 3 km - ✉ 50172 Alfajarín - ☎ 976 :

Casino de Zaragoza sin rest, ☎ 10 00 04, Fax 10 00 87, ≤, - ▤ TV ☎ P - 25/200. AE E VISA.
☕ 800 - **36 hab** 13200/16500.

ALFARO **26540** La Rioja 442 F 24 - 8 824 h. alt. 301 - ☎ 941.
♦Madrid 319 - ♦Logroño 78 - ♦Pamplona/Iruñea 81 - Soria 93 - ♦Zaragoza 102.

Palacios, av. de Zaragoza 6 ☎ 18 01 00, Fax 18 36 22, Museo del vino de Rioja, - ▤ rest TV ☎ P - 25/250. AE ⓓ E VISA. rest
Com 1040 - ☕ 440 - **86 hab** 3575/5035.

ALFAZ DEL PÍ o **ALFÁS DEL PÍ** **03580** Alicante 445 Q 29 - 3 503 h. alt. 80 - ☎ 96.
♦Madrid 468 - ♦Alicante 50 - Benidorm 7.

El Molí, Calvari 12 ☎ 588 82 44, - E VISA
Com 1700 - ☕ 575 - **10 hab** 3850/6225.

Niza, La Ferrería 15 ☎ 588 80 29 -
marzo-octubre - Com 945 - ☕ 315 - **24 hab** 3480/3755 - PA 1875.

La ALGABA **41980** Sevilla 446 T 11 - 12 352 h. alt. 9 - ☎ 95.
♦Madrid 560 - Huelva 61 - ♦Sevilla 11.

Torre de los Guzmanes sin rest, carret. C 431 N : 2 km ☎ 578 91 75, Fax 578 92 05, - ▤ TV ☎ P - 25/120. AE E VISA.
☕ 400 - **40 hab** 12000/15000.

ALGAIDA Baleares - ver Baleares (Mallorca).

El ALGAR **30366** Murcia 445 T 27 - ☎ 968.
♦Madrid 457 - ♦Alicante 95 - Cartagena 15 - ♦Murcia 64.

XX ✿ **José María Los Churrascos,** av. Filipinas 13 ☎ 13 60 28, Fax 13 62 30 - ▤ P. AE ⓓ E VISA.
Com carta 1850 a 4050
Espec. Dorada a la sal, Lomos de merluza con angulas, Leche asada.

ALGECIRAS **11200** Cádiz 446 X 13 - 86 042 h. - ☎ 956 - Playa.
Ver : ≤** (Peñón de Gibraltar).

☎ 65 49 07.

para Tánger y Ceuta : Cía Trasmediterránea, recinto del puerto ☎ 66 52 00, Telex 78002, Fax 66 52 16.

Juan de la Cierva ☎ 57 26 36.
♦Madrid 681 ① - ♦Cádiz 124 ② - Jerez de la Frontera 141 ② - ♦Málaga 133 ① - Ronda 102 ①.

ALGECIRAS

Alta (Pl.) . . . . **BY** 2
Emilio Santacana . . . . **BY** 14
Monet . . . . **BZ** 27
Regino Martinez . . . . **BY** 31
Tarifa . . . . **BZ** 37
Velarde . . . . **BZ** 40

Cádiz (Carret. da) . . . . **BZ** 3
Cayetano del Toro . . . . **BZ** 4
Carteya . . . . **AZ** 5
Conferencia (Pas. de la) . . . **AYZ** 8
Domingo Savio . . . . **AY** 9
Duque de Almodovar . . . . . **BZ** 10
Fray Tomas del Valle . . . . . . **BY** 17
Fuente Nueva . . . . **AY** 18
Fuerzas Armadas (Av. de las) . **BY** 20
José Antonio . . . . **BY** 21
José Santacana . . . . **BZ** 23
Juan de la Cierva . . . . **BZ** 24
Marina (Av. de la) . . . . **BZ** 26
Muñoz Cobos . . . . **BY** 28
N.S. de la Palma (Pl.) . . . . . . **BY** 29
Ramón Puyol (Av.) . . . . **AY** 30
Reyes Católicos . . . . **AZ** 32
Salvador Allende . . . . **BY** 33
San Bernardo . . . . **BZ** 34
Santiago Ramón y Cajal . **BY** 35
Segismundo Moret (Av.) . **BZ** 36
Teniente Miranda . . . . . . **BY** 39
Vicente de Paul . . . . **AY** 42
Virgen de Europa (Av.) . . **BY** 43

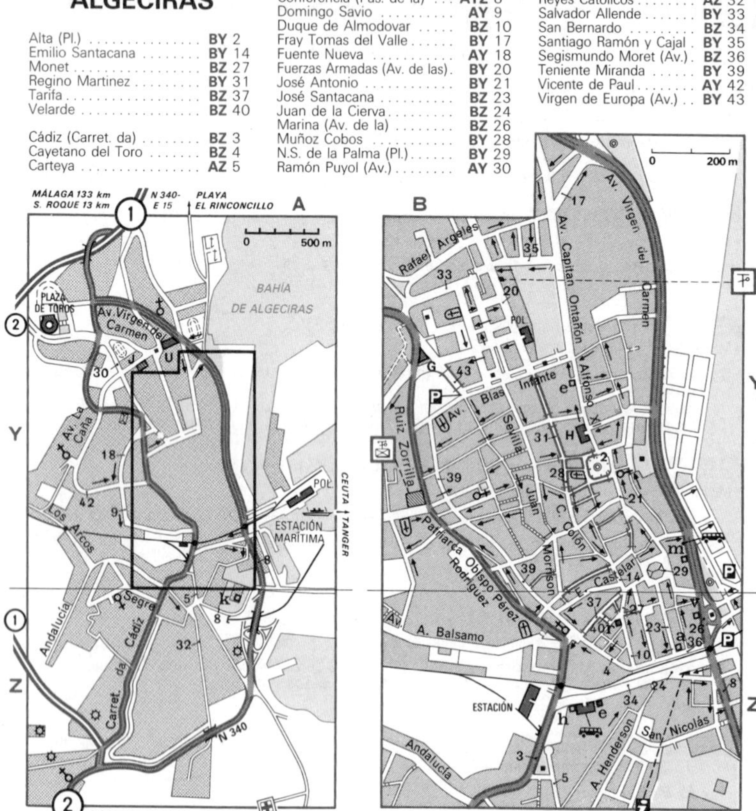

🏨 **Reina Cristina** 🐎, paseo de la Conferencia, ✉ 11207, ✆ 60 26 22, Telex 78057, Fax 60 33 23, 🌳, « En un parque », 🏊, 🏊, 🌳, 🎾 – |‡| ▤ TV ☎ 🅟 – 🏛 25/100. AE ⓓ E VISA. ✂ — AZ **k**
Com 3100 – ☕ 1500 – **160 hab** 8900/15000 – PA 5700.

🏨 **Octavio** sin rest, San Bernardo 1, ✉ 11207, ✆ 65 27 00, Fax 65 28 02 – |‡| ▤ TV ☎ 🚗. AE ⓓ E VISA. ✂ — BZ **h**
☕ 750 – **77 hab** 8000/12000.

🏨 **Al-Mar,** av. de la Marina 2, ✉ 11201, ✆ 65 46 01, Telex 78181, Fax 65 45 01, ← – |‡| ▤ TV ☎ 🚗. AE ⓓ E VISA. ✂ — BZ **v**
Com 1500 – ☕ 300 – **192 hab** 4900/9200 – PA 2800.

🏨 **Alarde,** Alfonso XI-4, ✉ 11201, ✆ 66 04 08, Telex 78009, Fax 65 49 01 – |‡| ▤ TV ☎ 🚗. AE ⓓ E VISA. ✂ rest — BY **e**
Com 1595 – ☕ 495 – **68 hab** 5775/8950 – PA 3685.

🏨 **Don Manuel** sin rest, Segismundo Moret 4, ✉ 11203, ✆ 63 46 06, Fax 63 47 16 – |‡| TV ☎. VISA. ✂ — BZ **a**
15 hab 3000/5800.

🏨 **El Estrecho** sin rest y sin ☕, av. Virgen del Carmen 15 - 7°, ✉ 11201, ✆ 65 35 11, ← – |‡| ☎. AE. ✂ — BY **m**
20 hab 3000/3800.

✕✕ **Iris,** San Bernardo 1, ✉ 11207, ✆ 65 58 06, Fax 65 28 02 – ▤. AE ⓓ E VISA — BZ **e**
Com carta 1600 a 3800.

✕ **Pazo de Edelmiro,** pl. Miguel Martín 1, ✉ 11201, ✆ 66 63 55 – ▤. VISA. ✂ — BZ **r**
Com carta 2300 a 3000.

en la carretera N 340 por ① - ☎ 956

Alborán sin rest, 4 km, ✉ 11205 Algeciras, ☎ 63 28 70, Fax 63 23 20 - |♦| ▤ TV ☎ P - 25/550. AE ⊙ E VISA. ✄
☕ 550 - **79 hab** 5500/9500.

Guadacorte sin rest, urb. Guadacorte 7,5 km, ✉ 11370 Los Barrios, ☎ 67 75 00, Telex 78279, Fax 67 78 77, ⛱, - |♦| TV ☎ P - 25/100. AE ⊙ E VISA
☕ 900 - **118 hab** 8350/12115.

en la playa de Palmones por ① : 8 km - ✉ 11379 Palmones - ☎ 956 :

La Posada del Terol sin rest, ☎ 67 75 50, ←, ⛱ - |♦| . E VISA
☕ 300 - **24 hab** 4360/7990.

Ferienreisen wollen gut vorbereitet sein.
Die Straßenkarten und Führer von Michelin
geben Ihnen Anregungen und praktische Hinweise zur Gestaltung Ihrer Reise :
Streckenvorschläge, Auswahl und Besichtigungsbedingungen
der Sehenswürdigkeiten, Unterkunft, Preise ... u. a. m.

ALGORTA 48990 Vizcaya 442 B 21 - ☎ 94 - Playa.

18 de Neguri NO : 2 km ☎ 469 02 00.
♦Madrid 414 - ♦Bilbao/Bilbo 15.

Los Tamarises, playa de Ereaga ☎ 469 00 50, Telex 31534, Fax 469 00 58, ←, - |♦| ▤ rest TV ☎ - 40/150. AE ⊙ E VISA JCB. ✄
Com 2500 - ☕ 700 - **42 hab** 10000/16000.

Igeretxe Agustín, playa de Ereaga ☎ 460 70 00, Fax 460 85 99, ← - |♦| ▤ TV ☎
22 hab.

XX Cubita, Puerto Viejo ☎ 469 50 28, ← - ▤.

X **La Ola,** playa de Ereaga ☎ 469 60 77, ← - AE E VISA. ✄
cerrado lunes y 15 diciembre-15 enero - Com carta aprox. 3700.

en Neguri E : 2 km - ✉ 48990 Algorta - ☎ 94

XXX **Jolastoki,** av. Los Chopos ☎ 469 30 31, Fax 460 35 89, - ▤ P. AE ⊙ E VISA. ✄
cerrado domingo noche, lunes, Semana Santa y del 1 al 15 agosto - Com carta 4030 a 5250.

ALHAMA DE ARAGÓN 50230 Zaragoza 443 I 24 - 1 472 h. alt. 634 - ☎ 976 - Balneario.

♦Madrid 206 - Soria 99 - Teruel 166 - ♦Zaragoza 115.

Baln. Termas Pallarés, General Franco 20 ☎ 84 00 11, Fax 84 05 35, « Estanque de agua termal en un gran parque », Fø, ⛱ de agua termal, ✂ - ☎ P. AE ⊙ E VISA. ✄ rest
abril-noviembre - Com 2800 - ☕ 500 - **143 hab** 5600/8500 - PA 4200.

Ver también : ***Piedra (Monasterio de)*** SE : 17 km.

ALHAMA DE GRANADA 18120 Granada 446 U 17 y 18 - 5 839 h. alt. 960 - ☎ 958 - Balneario.

Ver : Emplazamiento★★.
♦Madrid 483 - ♦Córdoba 158 - ♦Granada 54 - ♦Málaga 82.

Balneario , N : 3 km por carretera de Granada ☎ 35 00 11, En un parque, ⛱ de agua termal - |♦| P. VISA. ✄
10 junio-10 octubre - Com 2425 - ☕ 520 - **116 hab** 3700/7100 - PA 4000.

ALICANTE 03000 P 445 Q 28 - 251 387 h. - ☎ 96 - Playa.

Ver : Explanada de España★ DEZ - Museo de Arte del S. XX "La Asegurada"★ EY **M.**
✈ de Alicante por ② : 12 km ☎ 528 50 11 - Iberia : av. de Soto 9, ✉ 03001, ☎ 520 60 00 DYZ.
☎ 522 50 47.
Cia : Trasmediterránea, Explanada de España 2, ✉ 03002, ☎ 514 25 51, Fax 520 45 26,
ℹ Explanada de España 2, ✉ 03002, ☎ 521 22 85 y Portugal 17, ✉ 03003, ☎ 522 38 02 - R.A.C.E. Orense 3, ✉ 03003, ☎ 522 93 49.
♦Madrid 417 ③ - ♦Albacete 168 ③ - Cartagena 110 ② - ♦Murcia 81 ② - ♦Valencia (por la costa) 174 ①.

Planos páginas siguientes

Meliá Alicante, playa de El Postiguet, ✉ 03001, ☎ 520 50 00, Telex 66131, Fax 514 02 96, ←, ⛱ - |♦| ▤ TV ☎ P - 25/500. AE ⊙ E VISA. ✄ EZ **r**
Com carta 4200 a 4850 - ☕ 1100 - **545 hab** 12700/15850.

Maya, Canónigo Manuel Penalva, ✉ 03013, ☎ 526 12 11, Telex 63308, Fax 526 19 76, ⛱ - |♦| ▤ TV ☎ P - 25/300. AE ⊙ E VISA. ✄ rest B **v**
Com 1400 - ☕ 700 - **200 hab** 7950/9950.

ALICANTE

Alfonso X el Sabio (Av. de)	**DY**	
Constitución (Av. de la)	**DY**	21
Mayor	**EY**	
Méndez Núñez (Rambla)	**DYZ**	
Adolfo Muñoz Alonso (Av.)	**CY**	
Aguilera (Av. de)	**CZ**	
Alcoy (Av. de)	**DY**	
Ayuntamiento (Pl. del)	**EY**	7
Bailén	**DY**	
Bazán	**DY**	
Benito Pérez Galdós (Av.)	**CY**	
Bono Guarner	**CY**	
Calderón de la Barca	**DY**	
Calvo Sotelo (Pl.)	**DZ**	10
Canalejas	**DZ**	
Capitán Segarra	**DY**	
Castaños	**DYZ**	14
Catedratico Soler (Av.)	**CZ**	
Churruca	**CZ**	
Condes de Soto Ameno (Av.)	**CY**	20
Díaz Moreu	**DY**	
Doctor Gadea (Av. del)	**DZ**	
Doctor Rico (Av.)	**CY**	
Elche (Av. de)	**CZ**	
Elche (Portal de)	**DZ**	28
España (Explanada de)	**DEZ**	
España (Pl. de)	**DY**	
Estación (Av. de la)	**CY**	
Eusebio Sempere (Av.)	**CZ**	
Fabrica (Cuesta de la)	**EY**	
Federico Soto (Av. de)	**DZ**	
Foglieti	**CZ**	
Gabriel Miró (Pl. de)	**DZ**	31
Garcia Morato	**DY**	
General Marva (Av. del)	**CY**	
Gerona	**DZ**	
Gomiz (Paseo de)	**EY**	
Hermanos Pascual (Pl.)	**DY**	
Isabel la Catolica	**CZ**	
Italia	**CZ**	
Jijona (Av. de)	**DY**	33
Jorge Juan	**EY**	
Jovellanos (Av. de)	**EY**	35
López Torregrosa	**DY**	37
Loring (Av. de)	**CZ**	
Maisonnave (Av. de)	**CZ**	
Montañeta (Pl. de la)	**DZ**	41
Navas	**DYZ**	
Oscar Espla (Av.)	**CZ**	
Pablo Iglesias	**DY**	
Padre Mariana	**DY**	
Pintor Aparicio	**CZ**	
Pintor Gisbert	**CY**	
Pintor Murillo	**DY**	
Poeta Carmelo Calvo (Av.)	**DY**	47
Portugal	**DZ**	
Puerta del Mar (Pl.)	**EZ**	48
Rafael Altamira	**EZ**	50
Rafael Terol	**DZ**	
Ramiro (Pas.)	**EY**	51
Ramón y Cajal (Av. de)	**DZ**	
Reyes Catolicos	**CZ**	
Salamanca (Av. de)	**CY**	
San Antonio (Pl. de)	**DY**	
San Carlos	**EY**	
San Fernando	**DEZ**	53
San Francisco	**DZ**	
San Vicente	**DY**	
Santa Teresa (Pl.)	**DY**	
Teatre Chapi	**DY**	58
Vázquez de Mella (Av.)	**EY**	

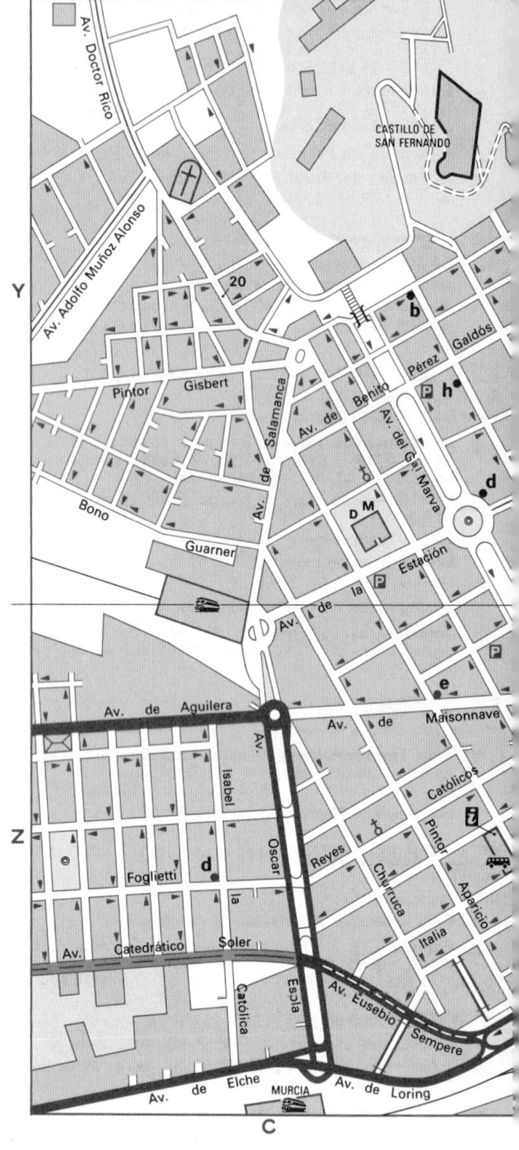

Eurhotel, Pintor Lorenzo Casanova 33, ✉ 03003, ☎ 513 04 40, Fax 592 83 23 – |♦| ▤ TV ☎ – 25/300. AE ⓓ E VISA. ✻ rest — DZ **a**
Com 2400 – ☐ 800 – **116 hab** 7100/9450 – PA 4480.

Covadonga sin rest, pl. de los Luceros 17, ✉ 03004, ☎ 520 28 44, Fax 521 43 97 – |♦| ▤ TV ☎ 🚗. AE ⓓ VISA. ✻ – ☐ 460 – **83 hab** 4400/7200. — CY **d**

NH Cristal sin rest, López Torregrosa 9, ✉ 03002, ☎ 514 36 59, Fax 520 66 96 – |♦| ▤ TV ☎ – 35/40. AE ⓓ E VISA. ✻ – ☐ 850 – **53 hab** 7700/10500. — DY **c**

Sol Alicante sin rest, Gravina 9, ✉ 03002, ☎ 521 07 00, Fax 521 09 76 – |♦| ▤ TV ☎ 🚗 – 25/150. AE ⓓ E VISA. ✻ – ☐ 750 – **70 hab** 5700/7150. — EY **r**

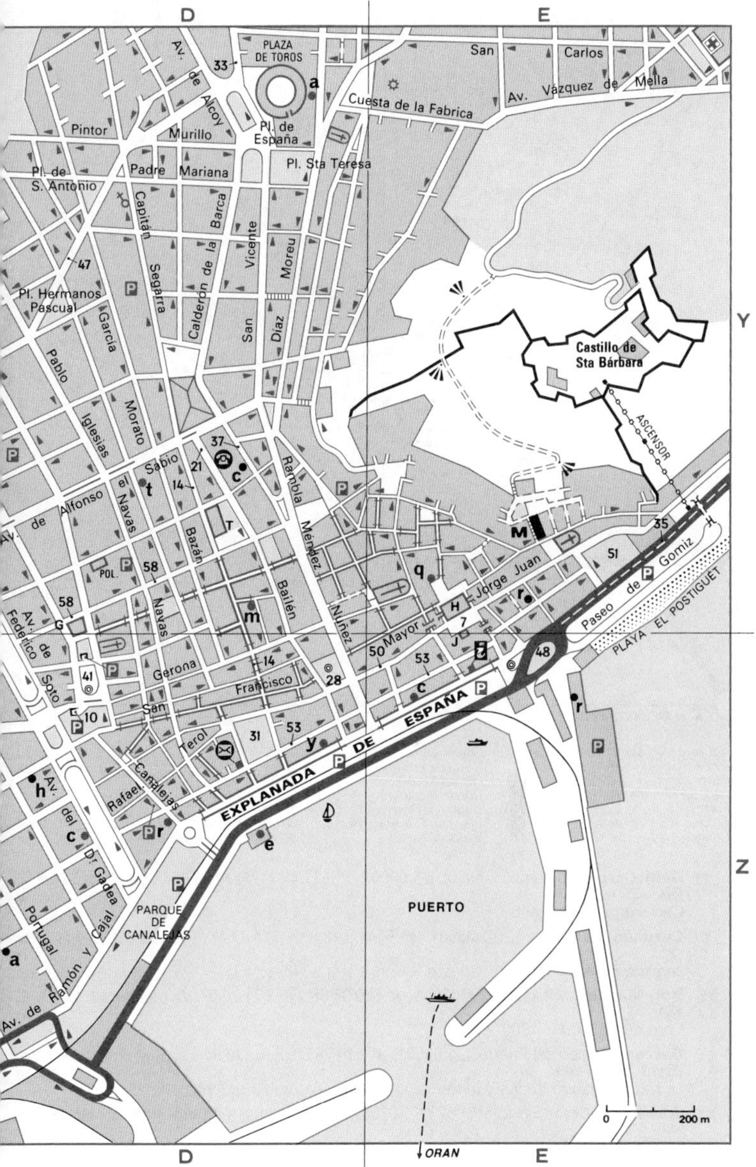

Leuka, Segura 23, ✉ 03004, ✆ 520 27 44, Telex 66272, Fax 521 95 58 – |♦| ▤ TV ☎ 🚗. AE ⓓ E VISA. ✂ CY **h**
Com 1450 – ☕ 650 – **108 hab** 5225/8500 – PA 3015.

La Reforma sin rest, Reyes Católicos 7, ✉ 03003, ✆ 592 81 47, Fax 592 39 50 – |♦| ▤ TV ☎ 🚗. AE ⓓ E VISA DZ **h**
☕ 550 – **52 hab** 4125/7600.

Goya sin rest, Maestro Bretón 19, ✉ 03004, ✆ 514 16 59, Fax 520 01 30 – |♦| TV ☎ – 🏛 25/200. AE E VISA. ✂ CY **b**
☕ 360 – **84 hab** 5875/7800.

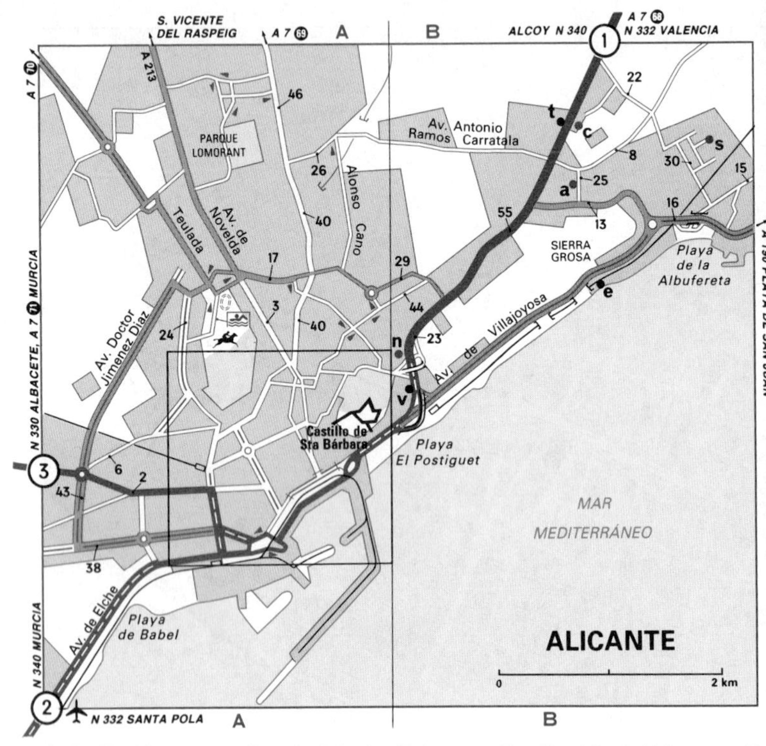

Aguilera (Av. de) . . . . A 2	Conde Lumiares (Av.) . . . . . A 17	Flora de España (Vial) . . . . . B 30
Alcoy (Av. de) . . . . A 3	Costa de España (Camino) . B 22	Llorenç Carbonell . . . . A 38
Auso y Monzo . . . . A 6	Denia (Av. de) . . . . B 23	Maestro Alonso . . . . A 40
Caja de Aharros (Av. de) . . B 8	Doctor Rico (Av.) . . . . A 24	Orion . . . . A 43
Camarada Jaime Llopis . . . B 13	Duque de Rivas . . . . B 25	Padre Espla . . . . B 44
Colonia (Camino de la) . . . B 15	Ejercitos Españoles (Av.) . . . A 26	Pintor Gaston Castelló (Av.). A 46
Condamina (Av. de la) . . . . B 16	Enrique Madrid . . . . B 29	Vistahermosa (Av. de) . . . . . B 55

XXX **Delfín,** explanada de España 12, ✉ 03001, ☎ 521 49 11, Fax 520 99 07, ≤ – ▤. AE ⓓ E VISA JCB. 🐕 DZ **y**
Com carta 2600 a 4500.

XXX **Curricán,** Canalejas 1, ✉ 03001, ☎ 514 08 18, Fax 514 37 45 – ▤. AE ⓓ E VISA JCB. 🐕 DZ **r**
cerrado domingo noche y agosto – Com carta 3075 a 4625.

XX **Nou Manolín,** Villegas 3, ✉ 03001, ☎ 520 03 68, Fax 521 70 07, Vinoteca – ▤. AE ⓓ E VISA. 🐕 DY **m**
Com carta 3300 a 4900.

XX **Dársena,** paseo del Puerto, ✉ 03001, ☎ 520 75 89, Fax 520 84 31, ≤, 🏖, Arroces – ▤. AE ⓓ E VISA JCB. 🐕 DZ **e**
cerrado domingo noche y lunes salvo festivos – Com carta 2700 a 4075.

XX **Jumillano,** César Elguezábal 62, ✉ 03001, ☎ 521 29 64, Vinoteca – ▤. AE ⓓ E VISA. 🐕 DY **t**
cerrado domingo – Com carta aprox. 4200.

XX **Quo Vadis,** pl. Santísima Faz 3, ✉ 03002, ☎ 521 66 60, 🏖 – ▤. AE ⓓ E VISA. 🐕 EY **q**
Com carta 2050 a 3825.

X **Govana,** Turina 2, ✉ 03013, ☎ 526 21 31 – ▤. E VISA JCB. 🐕 B **n**
cerrado domingo noche, lunes y agosto – Com carta 2600 a 3100.

X **Valencia Once,** Valencia 11, ✉ 03012, ☎ 521 13 09 – ▤. AE E VISA. 🐕 DY **a**
cerrado domingo noche, lunes y julio – Com carta 2700 a 3600.

X **China,** av. Dr. Gadea 11, ✉ 03003, ☎ 592 75 74, Rest. chino – ▤. AE ⓓ E VISA. 🐕 DZ **c**
Com carta 1300 a 1975.

X **El Bocaíto,** Isabel la Católica 22, ✉ 03007, ✆ 592 26 30 – ▤. AE ⓓ E VISA JCB. ✻
cerrado domingo y 2ª quincena agosto – Com carta 2525 a 3525. CZ **d**

X **La Cava,** General Lacy 4, ✉ 03003, ✆ 522 96 46 – ▤. AE ⓓ E VISA JCB. ✻ CZ **e**
Com carta 2300 a 2800.

X **La Goleta,** explanada de España 8, ✉ 03002, ✆ 521 43 92, 🍴 – ▤. AE ⓓ E VISA. ✻
Com carta 2750 a 4150. EZ **c**

en la carretera de Valencia – ☎ 96 :

Europa, av. de Denia 93 : 5 km, ✉ 03015, ✆ 516 09 11, Fax 526 03 99, 🏊 – |‡| ▤ TV ☎ 🚗 P – 🏛 25/30. AE E VISA. ✻ rest B **t**
Com *(cerrado viernes)* 1500 – ☕ 800 – **141 hab** 7000/9000 – PA 3500.

XXX **Maestral,** Andalucía 18-Vistahermosa, cruce Albufereta : 3 km, ✉ 03016, ✆ 516 46 18, 🍴, « Villa con terraza rodeada de jardín » – ▤. AE ⓓ E VISA JCB. ✻ B **a**
cerrado domingo noche – Com carta 2950 a 4450.

XX **La Piel del Oso,** Vistahermosa : 3,5 km, ✉ 03016, ✆ 526 06 01, Fax 515 20 47 – ▤ P. AE ⓓ E VISA JCB. ✻ B **c**
cerrado domingo noche y lunes – Com carta 2800 a 4300.

en la playa de la Albufereta – ✉ 03016 Alicante – ☎ 96 :

Adoc sin rest, con cafetería, 4 km ✆ 526 59 00, Fax 516 59 50, ≤, 🏊, 🏊, 🎾 – |‡| ▤ TV ☎. AE ⓓ E VISA. ✻ B **e**
☕ 450 – **92 hab** 5400/8000.

XX **Auberge de France,** Flora de España 32-Finca Las Palmeras : 5 km ✆ 526 06 02, 🍴, Cocina francesa, « En un pinar » – ▤ P. AE ⓓ E VISA B **s**
cerrado martes – Com carta 2900 a 3950.

Ver también : ***Playa de San Juan*** por A 190 : 7 km
San Juan de Alicante por ① : 9 km.

ALJARAQUE **21110** Huelva 446 U 8 – 5 390 h. – ☎ 955.

♦Madrid 652 – ♦Faro 77 – ♦Huelva 10.

XX **Las Candelas,** SE : 0,5 km ✆ 31 83 01 – ▤ P. AE ⓓ E VISA. ✻
cerrado domingo – Com carta aprox. 4100.

ALKOTZ Navarra – ver Alcoz.

ALMÁCERA o ALMASSERA **46132** Valencia 445 N 28 – ☎ 96.

♦ Madrid 343 – ♦ Valencia 8.

al Sureste 2 km – ☎ 96

XX **Lluna de Valencia,** Camí del Mar 56 ✆ 185 10 86, Antigua alquería – ▤ P. AE ⓓ E VISA. ✻
cerrado sábado mediodía y domingo – Com carta aprox. 4500.

LA ALMADRABA (Playa de) Gerona – ver Rosas.

ALMADRONES **19414** Guadalajara 444 J 21 – 123 h. alt. 1 054 – ☎ 911.

♦Madrid 100 – Guadalajara 44 – Soria 127.

en la carretera N II E : 1 km – ✉ 19414 Almadrones – ☎ 911

Venta de Almadrones - km 103, ✆ 28 55 11 – ▤ TV ☎ 🚗 P. AE ⓓ VISA JCB. ✻
Com 1880 – ☕ 565 – **40 hab** 2830/5375 – PA 3225.

XX **103 - II,** ✆ 28 55 95 – ▤ P. AE ⓓ VISA JCB. ✻
cerrado sábado – Com carta 2300 a 4800.

ALMAGRO **13270** Ciudad Real 444 P 18 – 8 364 h. alt. 643 – ☎ 926.

Ver : Plaza Mayor** (Corral de Comedias*).

ℹ Carnicerías 5 ✆ 86 07 17.

♦Madrid 189 – ♦Albacete 204 – Ciudad Real 23 – ♦Córdoba 230 – Jaén 165.

Parador de Almagro 🐦, ronda de San Francisco 31 ✆ 86 01 00, Fax 86 01 50, Instalado en el convento de Santa Catalina - siglo XVI, 🏊 – ▤ TV ☎ P – 🏛 25/100. AE ⓓ VISA. ✻
Com 3200 – ☕ 1100 – **55 hab** 11000 – PA 6375.

Almagro, carret. de Bolaños ✆ 86 00 11, Fax 86 06 18, 🏊 – ▤ TV ☎ P – 🏛 25/150. AE E VISA. ✻
Com 1900 – ☕ 750 – **50 hab** 6700/8400 – PA 3865.

Don Diego y Rest. Sancho, Bolaños 1 ✆ 86 12 87, Fax 86 05 74 – |‡| ▤ TV ☎ 🚗
31 hab.

X **Mesón El Corregidor,** pl. Fray Fernando Fernández de Córdoba 2 ✆ 86 06 48, 🍴, « Antigua posada » – ▤. AE ⓓ E VISA JCB. ✻
cerrado domingo noche, lunes y 26 julio-1 agosto – Com carta 3050 a 3950.

ALMANDOZ **31976** Navarra 442 C 25 - ☎ 948.
♦Madrid 437 - ♦Bayonne 76 - ♦Pamplona/Iruñea 42.

✗ **Beola,** Mayor ✆ 58 50 02, Decoración rústica - P. VISA.
cerrado lunes, martes noche y 15 diciembre-1 marzo - Com carta aprox. 3100.

ALMANSA **02640** Albacete 444 P 26 - 20 377 h. - ☎ 967.
♦Madrid 325 - ♦Albacete 76 - ♦Alicante 96 - ♦Murcia 131 - ♦Valencia 111.

Los Rosales, carret. circunvalación ✆ 34 07 50 - rest P. AE E VISA.
Com 1265 - 200 - **33 hab** 2970/5115 - PA 2730.

ALMASSERA Valencia - ver Almacera.

ALMAZÁN **42200** Soria 442 H 22 - 5 657 h. alt. 950 - ☎ 975.
♦Madrid 191 - Aranda de Duero 107 - Soria 35 - ♦Zaragoza 179.

Antonio, av. de Soria 13 ✆ 30 07 11 - P. AE E VISA.
cerrado 24 diciembre-20 enero - Com *(cerrado domingo y festivos noche)* carta 2950 a 3800 - 425 - **28 hab** 1800/3700.

ALMAZCARA **24170** León 441 E 10 - ☎ 987.
♦ Madrid 378 - ♦León 99 - Ponferrada 10.

Los Rosales, carret. N VI ✆ 46 71 67 - rest P. AE E VISA.
Com 900 - 320 - **40 hab** 3200/4200 - PA 1980.

ALMENDRALEJO **06200** Badajoz 444 P 10 - 23 628 h. alt. 336 - ☎ 924.
♦Madrid 368 - ♦Badajoz 56 - Mérida 25 - ♦Sevilla 172.

Vetonia, carret. N 630, NE : 2 km ✆ 67 11 51, Fax 67 11 51 - TV P - 25/500. AE VISA.
Com 1300 - 400 - **30 hab** 5680/7100 - PA 2550.

Espronceda, carret. N 630, SE : 1 km ✆ 67 04 74, Fax 67 04 75, - TV P - 25/600. VISA.
Com 1400 - 300 - **37 hab** 4000/8000.

España, av. San Antonio 69 ✆ 67 01 20, Fax 67 01 20 - TV
cerrado 20 diciembre-3 enero - Com (ver rest. **Zara**) - 250 - **26 hab** 3500/5000.

✗✗ **El Paraíso,** carret. N 630, SE : 2 km ✆ 66 10 01, - P. AE E VISA JCB.
Com carta 1550 a 2500.

✗ **El Danubio,** carret. N 630 ✆ 66 10 84 - P. AE E VISA.
cerrado sábado en agosto - Com carta 1450 a 2325.

✗ **Zara,** carret N 630 ✆ 66 10 78 -
cerrado sábado y 20 diciembre - enero - Com carta 2200 a 2700.

ALMERÍA **04000** P 446 V 22 - 140 946 h. - ☎ 951 - Playa.

Ver : Alcazaba★ (jardines★) Y - Catedral★ Z **B.**

Alred. : Cabo de Gata★ E : 29 km por ② - Ruta★ de Beanahadux a Tabernas NO : 55 km por ①.

18 Playa Serena, Roquetas de Mar por ③ : 25 km ✆ 32 20 55 - 18 Almerimar, El Ejido por ③ : 35 km ✆ 48 09 50.

de Almería por ② : 8 km ✆ 22 19 54 - Iberia : paseo de Almería 44, ✉ 04001, ✆ 23 00 34 Z.

✆ 25 05 88.

para Melilla : Cía. Trasmediterránea, Parque Nicolás Salmerón 19, ✉ 04002, ✆ 23 61 55, Telex 78811 Fax 26 37 14.

B Hermanos Machado 4 - Edificio Múltiple ✆ 23 08 58 - R.A.C.E. Altamira 4, ✉ 04005, ✆ 22 40 85.

♦Madrid 550 ① - Cartagena 240 ① - ♦Granada 171 ① - Jaén 232 ① - Lorca 157 ① - Motril 112 ③.

Plano página siguiente

Torreluz IV sin rest, pl. Flores 5, ✉ 04001, ✆ 23 47 99, Telex 75347, Fax 23 47 99, « Terraza con » - TV - 25/170. AE E VISA. Y **e**
950 - **105 hab** 9590/16220.

G. H. Almería sin rest, av. Reina Regente 8, ✉ 04001, ✆ 23 80 11, Telex 75343, Fax 27 06 91, ←, - TV - 25/300. AE E VISA. Z **c**
950 - **117 hab** 9900/16800.

Torreluz III sin rest, pl. Flores 6, ✉ 04001, ✆ 23 47 99, Telex 75347, Fax 23 47 99 - TV . AE E VISA. Y **v**
660 - **73 hab** 6815/9050.

Costasol sin rest, con cafetería, paseo de Almería 58, ✉ 04001, ✆ 23 40 11, Fax 23 40 11 - TV . AE E VISA. Z **e**
600 - **55 hab** 6280/8450.

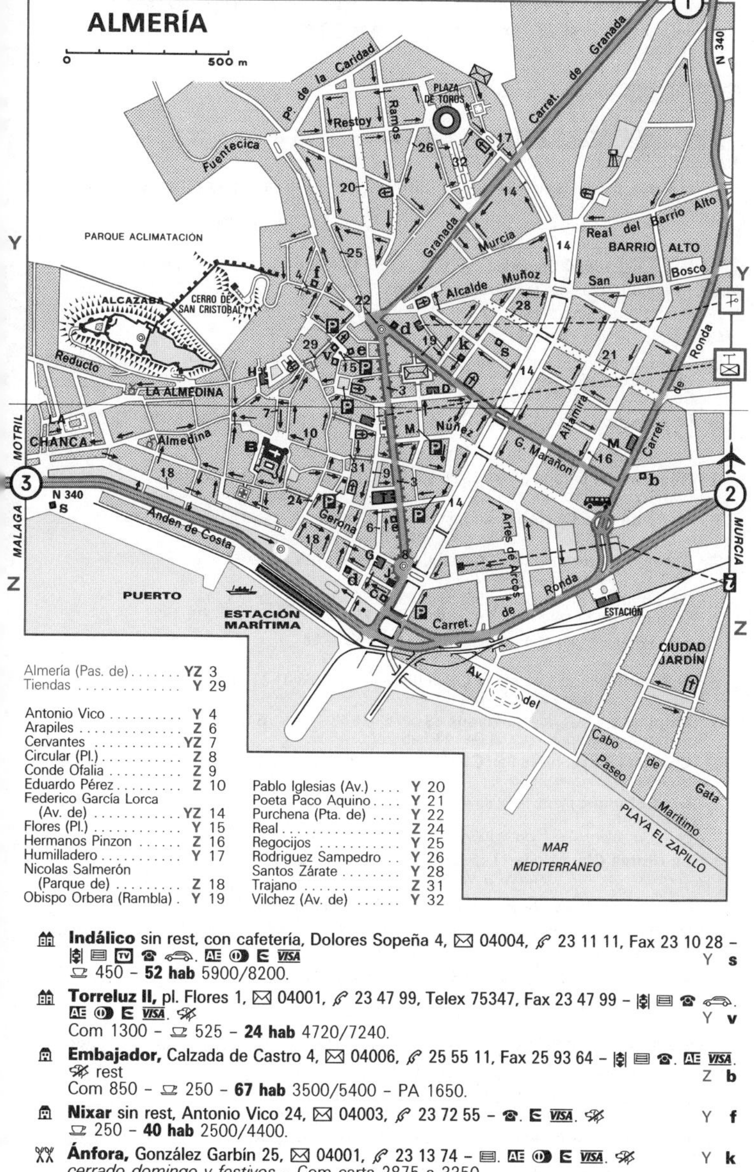

🏨 **Indálico** sin rest, con cafetería, Dolores Sopeña 4, ✉ 04004, ☎ 23 11 11, Fax 23 10 28 – |♦| ▤ TV ☎ 🚗. AE ⓓ E VISA — Y **s**
☕ 450 – **52 hab** 5900/8200.

🏨 **Torreluz II,** pl. Flores 1, ✉ 04001, ☎ 23 47 99, Telex 75347, Fax 23 47 99 – |♦| ▤ ☎ 🚗. AE ⓓ E VISA. ✻ — Y **v**
Com 1300 – ☕ 525 – **24 hab** 4720/7240.

🏨 **Embajador,** Calzada de Castro 4, ✉ 04006, ☎ 25 55 11, Fax 25 93 64 – |♦| ▤ ☎. AE VISA. ✻ rest — Z **b**
Com 850 – ☕ 250 – **67 hab** 3500/5400 – PA 1650.

🏨 **Nixar** sin rest, Antonio Vico 24, ✉ 04003, ☎ 23 72 55 – ☎. E VISA. ✻ — Y **f**
☕ 250 – **40 hab** 2500/4400.

XX **Ánfora,** González Garbín 25, ✉ 04001, ☎ 23 13 74 – ▤. AE ⓓ E VISA. ✻ — Y **k**
cerrado domingo y festivos – Com carta 2875 a 3350.

X **Pantagruel,** Martínez Campos 31, ✉ 04002, ☎ 24 48 14 – ▤. AE ⓓ E VISA — Z **d**
cerrado domingo – Com (sólo almuerzo salvo viernes y sábado) carta 2300 a 2800.

X **Club de Mar,** Muelle 1, ✉ 04002, ☎ 23 50 48, ≤, 🍽 – AE ⓓ E VISA. ✻ — Z **s**
cerrado lunes – Com carta 2675 a 3900.

X **Imperial,** Puerta de Purchena 13, ✉ 04001, ☎ 23 17 40, 🍽 – ▤. E VISA — Y **d**
cerrado miércoles – Com carta 1750 a 3400.

en la carretera de Málaga por ③ : 2,5 km - ✉ 04002 Almería - ☎ 951 :

Solymar, ☎ 23 46 22, Fax 27 70 10, ← - |♦| ▤ TV ☎ P
15 hab.

ALMERIMAR Almería - ver El Ejido.

La ALMUNIA DE DOÑA GODINA **50100** Zaragoza 443 H 25 - 5 100 h. - ☎ 976.
♦Madrid 270 - ♦Tudela 87 - ♦Zaragoza 52.

El Patio, av. del Generalísimo 6 ☎ 60 05 63, Fax 60 10 54 - |♦| ▤ TV ☎ P. AE ⓓ E VISA.
cerrado del 25 al 31 diciembre - Com 1400 - ☕ 350 - **24 hab** 3750/6000 - PA 2800.

ALMUÑÉCAR **18690** Granada 446 V 18 - 16 141 h. alt. 24 - ☎ 958 - Playa.
Alred. : O : Carretera★ de la Herradura a Nerja ←★★.
ℹ av. Europa-Palacete La Najarra, ☎ 63 11 25, Fax 63 50 07.
♦Madrid 516 - ♦Almería 136 - ♦Granada 87 - ♦Málaga 85.

Helios, paseo de las Flores ☎ 63 44 59, Fax 63 44 69, ←, ☂, ⛱ - |♦| ▤ ☎ ♿ P - 25/200. VISA.
Com 1300 - ☕ 500 - **232 hab** 5500/7000 - PA 2600.

La Najarra, Guadix 12 ☎ 63 08 73, Fax 63 03 91, ☂, ⛱, ✂ - ▤ rest ☎. AE ⓓ E VISA. rest
Com 850 - ☕ 300 - **30 hab** 5000/6000 - PA 1600.

Goya, av. de Europa 31 ☎ 63 05 50, Fax 63 11 92 - ☎ 🚗. VISA.
Com *(cerrado domingo)* 1200 - ☕ 240 - **24 hab** 3000/5500 - PA 2640.

Playa de San Cristóbal sin rest, pl. San Cristóbal 5 ☎ 63 11 12 - VISA JCB
15 marzo-octubre - ☕ 300 - **22 hab** 3100/5200.

Carmen sin rest, av. de Europa 19 ☎ 63 14 13 - ☎. AE VISA
☕ 275 - **24 hab** 2500/4000.

Casablanca, pl. San Cristóbal 4 ☎ 63 55 75, ☂ - |♦| ☎ 🚗.
Com *(cerrado miércoles)* 850 - ☕ 250 - **15 hab** 5000/8000 - PA 1825.

San Sebastián sin rest, Ingenio Real 18 ☎ 63 04 66
20 hab.

El Puente sin rest, av. de la Costa del Sol 14 ☎ 63 01 23
☕ 250 - **24 hab** 2200/3400.

Tropical sin rest, av. de Europa 39 ☎ 63 34 58 - 🚗. E VISA.
marzo- septiembre - ☕ 200 - **11 hab** 2800/4500.

Chinasol Playa, playa San Cristóbal ☎ 63 22 61, Fax 63 44 51, ☂ - ▤. AE ⓓ E VISA.
Com carta 1375 a 2675.

Los Geranios, pl. de la Rosa 4 ☎ 63 07 24, ☂, Decoración típica regional - AE ⓓ E VISA JCB
cerrado miércoles y noviembre - Com carta 1450 a 2950.

La Última Ola, Manila 17 ☎ 63 00 18, ☂ - AE ⓓ E VISA
cerrado lunes de octubre a diciembre y enero-19 marzo - Com carta 2480 a 3050.

en la playa de Velilla E : 2,5 km - ✉ 18690 Velilla - ☎ 958 :

Velilla sin rest, Edificio Inti-Yan IV ☎ 63 07 58, Fax 63 07 54 - |♦|. AE VISA.
abril-septiembre - ☕ 200 - **28 hab** 3400/5000.

en la playa de Cotobro O : 2,5 km - ✉ 18690 Almuñécar - ☎ 958 :

Cotobro, bajada del Mar 1 ☎ 63 18 02, ←.

ALMUSAFES o **ALMUSSAFES** **46440** Valencia 445 O 28 - 5 090 h. alt. 30 - ☎ 96.
♦Madrid 402 - ♦Albacete 172 - ♦Alicante 146 - ♦Valencia 18.

Reig, Llavradors 13 ☎ 178 06 92 - ▤ rest.
Com *(cerrado domingo)* 900 - ☕ 450 - **34 hab** 5000/7000.

Casa Paco, Ausías March 20 ☎ 178 32 40, Pescados y mariscos - ▤. AE ⓓ E VISA JCB.
cerrado domingo - Com carta 1800 a 4000.

ALOVERA **19208** Guadalajara 444 K 20 - 1 372 h. alt. 644 - ☎ 911.
♦Madrid 52 - Guadalajara 13 - ♦Segovia 139 - Toledo 122.

en la carretera N II SE : 4,5 km - ✉ 19208 Alovera - ☎ 911

Lux sin rest, ☎ 27 01 61, Fax 27 04 12 - ▤ TV ☎ P. AE ⓓ E VISA
☕ 400 - **48 hab** 4600/5750.

ALP **17538** Gerona 443 E 35 - 1 369 h. alt. 1 158 - ✆ 972 - Deportes de invierno en Masella SE : 7 km : 10. - ◆Madrid 644 - ◆Lérida/Lleida 175 - Puigcerdá 8.

✕ **Les Lloses,** av. Sports ✆ 89 00 96, - ▤ Ⓟ. AE ⓓ E VISA. ✻
cerrado martes salvo en temporada y 2ª quincena de octubre - Com carta 2600 a 4500.

ALSÁSUA o **ALTSASU** **31800** Navarra 442 D 23 - 7 250 h. alt. 532 - ✆ 948.
Alred. : S : carretera★★ del puerto de Urbasa - E : carretera★ del Puerto de Lizárraga (mirador★).
◆Madrid 402 - ◆Pamplona/Iruñea 50 - ◆San Sebastián/Donostia 71 - ◆Vitoria/Gasteiz 46.

ALTEA **03590** Alicante 445 Q 29 - 11 108 h. - ✆ 96 - Playa.
Club Don Cayo N : 4 km ✆ 584 80 46.
paseo Marítimo ✆ 584 23 01.
◆Madrid 475 - ◆Alicante 57 - Benidorm 11 - Gandía 60.

Altaya sin rest, La Mar 115 (zona del puerto) ✆ 584 08 00 - ☎ Ⓟ. VISA. ✻
cerrado enero-febrero - ☕ 300 - **24 hab** 2600/4000.

✕✕ **Club Náutico,** av. del Puerto-Edificio Club Náutico ✆ 584 34 76, ≤ - Ⓟ. AE ⓓ VISA. ✻
Com carta 1750 a 4400.

✕ **El Negro,** Santa Bárbara 4 (casco antiguo) ✆ 584 18 26, ≤ bahía, , En una cueva - E VISA
cerrado lunes - Com (solo cena en verano) carta 3200 a 3900.

por la carretera de Valencia NE : 2,5 km y desvío a la izquierda : 1 km - ✉ 03590 Altea - ✆ 96 :

✕✕✕ ✿ **Monte Molar,** ✆ 584 15 81, , « Elegante villa con terraza y ≤ mar » - Ⓟ. AE ⓓ E VISA
cerrado miércoles en invierno y 15 enero-15 marzo - Com carta 4200 a 6500
Espec. Colas de cigalas con pimientos al gengibre, Lubina con caviar en sabayon de Riesling, Solomillo de ciervo en salsa de bayas de enebros y setas.

por la carretera de Alicante SO : 3 km y desvío a la derecha 0,7 km - ✉ 03590 Altea - ✆ 96

✕ Rey Mar, Partida del Planet 5 ✆ 584 30 48, ≤, - Ⓟ.

ALTO CAMPÓO Cantabria - ver Reinosa.

ALTO DE BUENAVISTA Asturias - ver Oviedo.

ALTO DE MEAGAS Guipúzcoa - ver Zarauz.

ALTRÓN Lérida - ver Llessuy.

ALTSASU Navarra - ver Alsasua.

ALZIRA Valencia - ver Alcira.

AMASA Guipúzcoa - ver Villabona.

La AMETLLA DEL VALLES o **L'AMETLLA DEL VALLES** **08480** Barcelona 443 G 36 - 1 939 h. alt. 312 - ✆ 93.
◆Madrid 648 - ◆Barcelona 35 - Gerona/Girona 83.

✕ **La Masia,** passeig Torregassa 77 ✆ 843 00 02, Fax 843 00 02 - ▤ Ⓟ. AE ⓓ E VISA. ✻
cerrado martes y del 2 al 17 agosto - Com carta 1950 a 4200.

AMETLLA DE MAR o **L'AMETLLA DE MAR** **43860** Tarragona 443 J 32 - 3 750 h. alt. 20 - ✆ 977 - Playa.
Amistad ✆ 45 63 29, Fax 45 68 38 y St. Joan 55, ✆ 45 64 77.
◆Madrid 509 - Castellón de la Plana 132 - Tarragona 50 - Tortosa 33.

L'Alguer sin rest, Mar 20 ✆ 49 33 72, Fax 49 33 75 - |‡| ▤ TV ☎ ♿. AE ⓓ E VISA. ✻
☕ 550 - **37 hab** 4500/9000.

Bon Repós, pl. Cataluña 49 ✆ 45 60 25, , « Jardín con arbolado », - ☎ Ⓟ. VISA. ✻ rest
junio-septiembre - Com 1600 - ☕ 410 - **38 hab** 3900/6300.

✕ **L'Alguer,** Trafalgar 21 ✆ 45 61 24, ≤, , Pescados y mariscos - ▤. AE ⓓ E VISA. ✻
cerrado lunes y diciembre - Com carta 3100 a 4000.

✕ **Cova Gran,** Mediterráneo ✆ 45 64 09, ≤, - Ⓟ. VISA
Semana Santa-septiembre - Com carta 1495 a 4550.

AMEYUGO **09219** Burgos 442 E 20 - 80 h. - ☎ 947.
♦Madrid 311 - ♦Burgos 67 - ♦Logroño 60 - ♦Vitoria/Gasteiz 44.

en el monumento al Pastor NO : 1 km - ✉ 09219 Ameyugo (por Miranda de Ebro) - ☎ 947 :

XX **Mesón El Pastor,** carret. N I ☎ 35 40 79 - ▤ P. AE ⓓ VISA
Com carta 2400 a 3000.

AMOREBIETA **48340** Vizcaya 442 C 21 - 15 575 h. alt. 70 - ☎ 94.
♦Madrid 415 - ♦Bilbao/Bilbo 22 - ♦San Sebastián/Donostia 79 - ♦Vitoria/Gasteiz 51.

XX El Cojo, San Miguel 11 ☎ 673 00 25 - ▤ P.

AMPOLLA o **L'AMPOLLA** **43895** Tarragona 443 J 32 - 1 350 h. alt. 11 - ☎ 977.
♦Madrid 510 - Castellón de la Plana 128 - Tarragona 62 - Tortosa 24.

X **El Molí,** Castaños 4 ☎ 46 02 07, 余 - AE ⓓ E VISA. ✻
cerrado lunes y 15 enero-febrero - Com carta aprox. 4000.

AMPOSTA **43870** Tarragona 443 J 31 - 14 499 h. - ☎ 977.
♦Madrid 504 - Castellón de la Plana 112 - Tarragona 78 - Tortosa 18.

Montsiá, av. de la Rápita 8 ☎ 70 10 27, Fax 70 10 27 - |♦| ▤ rest ☎. AE ⓓ E VISA. ✻ rest
Com 1125 - ☕ 360 - **51 hab** 2800/4985 - PA 2230.

AMPUERO **39840** Cantabria 442 B 19 - 3 162 h. - ☎ 942.
♦Madrid 430 - ♦ Bilbao/Bilbo 68 - ♦ Santander 52.

X **Casa Sarabia,** Melchor Torío 3 ☎ 62 23 65 - ▤. AE ⓓ E VISA. ✻
Com carta 3000 a 3500.

X **La Pinta** con hab, José Antonio, 31 ☎ 62 22 98, Fax 62 22 98 - ▤ rest P. AE VISA. ✻
Com carta 2700 a 3500 - ☕ 350 - **16 hab** 3000/4400.

AMPURIABRAVA o **EMPURIABRAVA** **17487** Gerona 443 F 39 - ☎ 972 - Playa.
ℹ Puigmal 1, ☎ 45 08 02 Fax 45 14 28.
♦Madrid 752 - Figueras/Figueres 15 - Gerona/Girona 53.

Briaxis, Port Principal 25 ☎ 45 15 45, Fax 67 27 71, ←, 余, ⛱ - |♦| ▤ TV ☎ P. AE ⓓ E VISA
Com 1500 - ☕ 700 - **52 hab** 9000/10500 - PA 3700.

X **El Bruel,** Edificio Bahía II - 17 ☎ 45 10 18, 余 - ▤. AE E VISA
cerrado lunes - Com carta 1900 a 2550.

Ver también : ***Castelló de Ampurias.***

ANDORRA (Principado de) 443 E 34 y 35 86 ⑭ ⑮ - 50 528 h. alt. 1 029 - ☎ con España 9738

Andorra la Vieja **(Andorra la Vella)** Capital del Principado alt. 1 029.
ℹ Dr. Villanova ☎ 202 14, Fax 258 23 - A.C.A. Babot Camp 4 ☎ 208 90.
♦Madrid 625 - ♦Barcelona 220 - Carcassonne 165 - Foix 103 - Gerona/Girona 245 - ♦Lérida/Lleida 155 - ♦Perpignan 166 - Tarragona 208 - Toulouse 185.

Plaza, María Pla 19 ☎ 644 44, Fax 217 21 - |♦| ▤ TV ☎ ♿ 🚗 - 🎤 25/150. AE ⓓ E VISA. ✻ rest
Com 2500 - ☕ 1200 - **101 hab** 10400/15000.

Andorra Park H. ☘, Les Canals ☎ 209 79, Telex 377, Fax 209 83, ←, 余, « Decoración elegante », ⛱, 🌳, 🎾 - |♦| TV ☎ P. AE ⓓ E VISA. ✻
Com 5700 - ☕ 1550 - **40 hab** 15600/19400 - PA 11400.

Andorra Palace, de la Roda ☎ 210 72, Telex 208, Fax 282 45, Fб, 🏊, 🎾 - |♦| TV ☎ 🚗 P - 🎤 25/250. AE ⓓ E VISA. ✻ rest
Com **El Jardí del Palace** carta 2350 a 4100 - ☕ 1100 - **140 hab** 9500/11500, 24 apartamentos.

Andorra Center, Dr. Nequi 12 ☎ 248 00, Telex 377, Fax 283 29, Fб, 🏊 - |♦| ▤ rest TV ☎ 🚗 - 🎤 25/50. AE ⓓ E VISA. ✻
Com 3150 - **La Dama Blanca** carta 2200 a 4100 - ☕ 950 - **150 hab** 8800/10700.

Novotel Andorra, Prat de la Creu ☎ 611 16, Telex 208, Fax 611 20, Fб, 🏊, 🎾 - |♦| ▤ TV ☎ ♿ 🚗 P - 🎤 25/250. AE ⓓ E VISA
Com carta 2700 a 4595 - ☕ 1100 - **102 hab** 14500/17000.

Mercure, av. Meritxell 58 ✆ 207 73, Telex 208, Fax 285 52, Ⅰ₅, ☒, ✗ - |‡| ▣ ☎ ⇐ Ⓟ - 🏞 25/80. AE ⓓ E VISA. ✗ rest
Com **La Brasserie** carta 2250 a 3700 - ☐ 1100 - **70 hab** 11500/13500.

President, av. Santa Coloma 44 ✆ 229 22, Telex 233, Fax 614 14, ≤, ☒ - |‡| ▣ ☎ ⇐ - 🏞 25/110. AE ⓓ E VISA. ✗ rest
Com 2000 - **Brasserie La Nou** carta aprox. 4250 - **Panoramic** carta aprox 3300 - ☐ 850 - **88 hab** 9250/14300.

Eden Roc, av. Dr Mitjavila 1 ✆ 210 00, Fax 603 19 - |‡| ▣ ☎ Ⓟ. AE ⓓ E VISA. ✗
Com 3500 - ☐ 850 - **56 hab** 10400/13800 - PA 7250.

Flora sin rest, antic carrer Major 25 ✆ 215 08, Fax 620 85, ⛱, ✗ - |‡| ▣ ☎ ⇐. AE ⓓ E VISA. ✗
45 hab ☐ 6000/10000.

Pyrénées, av. Princep Benlloch 20 ✆ 600 06, Fax 202 65, ⛱, ✗ - |‡| ▤ rest ▣ ☎ ⇐. ⓓ E VISA. ✗ rest
Com 2300 - **74 hab** ☐ 4800/7000.

Cassany sin rest, av. Meritxell 28 ✆ 206 36, Fax 636 09 - |‡| ▣ ☎. E VISA.
☐ 800 - **54 hab** 6000/7250.

Sasplugas y Rest. Metropol ⛰, La Creu Grossa 15 ✆ 203 11, Fax 286 98, ≤, ⛱ - |‡| ▣ ☎ ⇐. AE E VISA. ✗ rest
- Com *(cerrado domingo noche, lunes mediodía y del 7 al 31 enero)* carta 2900 a 4400 - **26 hab** ☐ 6800/10000.

Florida sin rest, Llacuna 15 ✆ 201 05, Fax 619 25 - |‡| ▣ ☎. AE ⓓ E VISA
☐ 600 - **48 hab** 4800/7300.

De L'Isard, av. Meritxell 36 ✆ 200 96, Telex 377, Fax 283 29 - |‡| ▣ ☎ ⇐. AE ⓓ E VISA. ✗ rest
Com 2125 - ☐ 850 - **61 hab** 5500/6800 - PA 4900.

Molí dels Fanals, Dr. Vilanova-Borda Casadet ✆ 213 81, Fax 231 42, « Decoración rústica » - Ⓟ. AE E VISA. ✗
cerrado domingo en verano - Com carta 3600 a 4700.

Borda Estevet, carret. de la Comella 2 ✆ 640 26, Fax 231 42, « Decoración rústica » - AE E VISA
Com carta 2200 a 3175.

Celler d'En Toni con hab, Verge del Pilar 4 ✆ 212 52, Fax 218 72 - |‡| ▣ ☎. AE ⓓ E VISA. ✗
Com *(cerrado del 1 al 15 julio)* carta 3400 a 4700 - ☐ 600 - **21 hab** 4000/5000.

Arinsal

alt. 1 445 - ✉ La Massana - Deportes de invierno : 1 550/2 800 m. ⛷15.
♦Andorra la Vieja 9.

Solana, ✆ 351 27, Fax 373 95, ≤, ☒ - |‡| ▣ ☎ ⇐ - 🏞 25/40. AE ⓓ E VISA. ✗ rest
cerrado 31 octubre-15 noviembre - Com carta 2650 a 3700 - ☐ 800 - **75 hab** 5000/8000.

Pobladó, ✆ 351 22, Fax 37 174, ≤ - AE ⓓ E VISA. ✗ rest
cerrado 15 octubre-noviembre - Com 1350 - ☐ 525 - **30 hab** 2600/4850 - PA 3225.

Janet sin rest, en Erts S : 1,5 km ✆ 350 88 - ⓓ E VISA. ✗
cerrado 15 octubre-noviembre - ☐ 350 - **19 hab** 3000/5000.

Canillo

alt. 1 531 - ✉ Canillo.
♦Andorra la Vieja 11.

Bonavida, pl. Major ✆ 513 00, Fax 517 22, ≤ - |‡| ▣ ☎ ⇐. AE ⓓ E VISA. ✗
cerrado 13 octubre-3 diciembre - Com *(cerrado mayo-junio y 13 octubre-3 diciembre)* (sólo cena) 1850 - **40 hab** ☐ 6600/8750 - PA 2775.

Roc del Castell sin rest, carretera General ✆ 518 25, Fax 517 07 - |‡| ▣ ☎. AE E VISA. ✗
☐ 450 - **44 hab** 5000/8000.

Encamp

alt. 1 313 - ✉ Encamp.
♦Andorra la Vieja 6.

Coray, Camí dels Caballers, 38 ✆ 315 13, Fax 318 06, ≤, ⛱ - |‡| ☎ ⇐. E VISA. ✗ hab
cerrado del 15 al 30 noviembre - Com 1200 - ☐ 300 - **85 hab** 4100/5400 - PA 1900.

Univers, René Baulard 13 ✆ 310 05, Fax 319 70 - |‡| ☎ Ⓟ. AE E VISA. ✗
cerrado noviembre - Com 1300 - **36 hab** ☐ 3800/5000 - PA 2600.

Les Escaldes Engordany

alt. 1 105 - ✉ Les Escaldes Engordany.
♦Andorra la Vieja 1.

Roc de Caldes y Rest. Els Jardins de Hoste ⛰, carret. d'Engolasters ✆ 627 67, Telex 485, Fax 633 25, « En el flanco de una montaña con ≤ » - |‡| ▤ ▣ ☎ ♿ ⇐ Ⓟ - 🏞 25/120. AE ⓓ E VISA JCB. ✗ rest
Com carta 4700 a 6300 - ☐ 2200 - **45 hab** 21000/24000.

Roc Blanc, pl. dels Co-Princeps 5 ☎ 214 86, Telex 224, Fax 602 44, rest
Com 4600 - **Brasserie L'Entrecôte** carta 2550 a 3800 - **El Pí** carta 3400 a 5100 - 1500 - **240 hab** 12650/18400.

Altea H. Panorama, carret. de l'Obac ☎ 618 61, Telex 478, Fax 617 42, « Terraza con valle y montañas », rest - 25/500. rest
Com 2800 - 1200 - **177 hab** 10000/12000.

Delfos, av. del Fener ☎ 246 42, Telex 242, Fax 616 42 - rest. rest
Com 2575 - 700 - **200 hab** 7125/9150.

Comtes d'Urgell, av. Escoles 29 ☎ 206 21, Telex 226, Fax 204 65 - rest. rest
Com 2400 - 500 - **200 hab** 5375/7850.

Canut, av. Carlemany 107 ☎ 213 42, Fax 609 96 -.
Com (ver rest. **Casa Canut**) - 800 - **50 hab** 6200/9500.

Valira, av. Carlemany 37 ☎ 210 03, Telex 377, Fax 283 29 -.
Com 2100 - 850 - **55 hab** 5500/6800 - PA 4200.

Espel, pl. Creu Blanca 1 ☎ 208 55, Fax 280 56 -.
cerrado noviembre - Com 1500 - 350 - **102 hab** 4000/5800 - PA 3100.

Les Closes sin rest, av. Carlemany 93 ☎ 283 11, Fax 639 70 -.
cerrado del 1 al 15 junio - **78 hab** 4300/7300.

Casa Canut, av. Carlemany 107 ☎ 213 42, Fax 609 96 -.
Com carta 3300 a 4000.

Don Denis, Isabel Sandy 3 ☎ 206 92, Fax 631 30 -.
cerrado 6 enero-2 febrero - Com carta 2885 a 4585.

La Massana

alt. 1 241 - La Massana.
◆Andorra la Vieja 5.

Xalet Ritz, carret. de Sispony S : 1,8 km ☎ 378 77, Fax 377 20, « Bonita decoración interior » -.
Com 3000 - **47 hab** 13800/18000.

Rutllan, carret. de Arinsal ☎ 350 00, Fax 351 80, climatizada, -. rest
Com 3000 - 1000 - **100 hab** 6000/8500.

El Rusc, carret. de Arinsal 1 km ☎ 382 00, Fax 351 80, Rústico elegante -.
cerrado lunes - Com carta 5000 a 6500.

Xopluc, en Sispony S : 2,5 km ☎ 356 45, Fax 353 90, Carnes -.
Com carta 3800 a 5160.

La Borda de l'Avi, carret. de Arinsal ☎ 351 54, Fax 353 90, Carnes -.
Com carta 3800 a 5160.

Ordino

alt. 1 304 - Ordino.
◆Andorra la Vieja 7.

Coma, ☎ 351 16, Fax 379 09, -.
Com 2800 - **48 hab** 7250/8000.

Prats sin rest, carret. Coll d'Ordino ☎ 374 37, Fax 379 09, -.
cerrado noviembre - **36 hab** 5750/6500.

Sant Miquel sin rest, en Ansalonga NO : 1,8 km ☎ 377 70, -.
19 hab 5500/7000.

Santa Coloma

alt. 970 - Andorra la Vieja.
◆Andorra la Vieja 3.

Cerqueda, Mossen Lluis Pujol ☎ 202 35, Fax 619 09, -. rest
cerrado 7 enero-1 marzo - Com 2150 - 550 - **65 hab** 3900/6950.

Sant Julià de Lòria

alt. 909 - Sant Julià de Lòria.
◆Andorra la Vieja 7.

Pol, Verge de Canolich 52 ☎ 411 22, Telex 272, Fax 418 52 - rest.
cerrado 6 enero -6 febrero - Com 2400 - 550 - **80 hab** 8850/9400.

Coma Bella, SE : 7 km, alt. 1 300 ☎ 412 20, Fax 414 60, « En el bosque de la Rabassa », parque, -.
cerrado 15 noviembre-20 diciembre y del 8 al 30 enero - Com 1800 - 600 - **28 hab** 6000/7500.

Soldeu alt. 1 826 – ✉ Canillo – Deportes de invierno : 1 700/2 560 m. 16.

◆Andorra la Vieja 19.

Del Tarter, en El Tarter O : 3 km ☎ 511 65, Fax 514 74, ← – 🛗 TV ☎ ⇔ P. AE ⓓ E VISA. ✻
cerrado 15 octubre-3 diciembre – Com *(cerrado lunes de mayo al 15 julio y del 15 septiembre al 15 octubre)* 2000 – ☐ 600 – **37 hab** 4000/7150 – PA 4100.

Llop Gris ⛰, en El Tarter O : 3 km ☎ 515 59, Fax 512 29, ←, 🏋, 🏊 – 🛗 TV ☎ ⇔ P – 🏛 30/80. AE ⓓ E VISA. ✻ rest
cerrado del 5 al 21 mayo y del 3 al 8 noviembre – Com carta 3800 a 6400 – **75 hab** ☐ 12700/16000.

Parador Canaro, en Incles O : 1,8 km ☎ 510 46, Fax 517 20, ← – TV ⇔ P. AE ⓓ E VISA. ✻
Com 1750 – ☐ 425 – **18 hab** 5200 – PA 3925.

Del Clos ⛰, en El Tarter O : 3 km ☎ 515 00, Fax 515 54, ← – 🛗 TV ☎ ⇔. AE ⓓ E VISA. ✻
Com *(cerrado 15 abril-junio y 15 octubre- noviembre)* (sólo cena) 2000 – **20 hab** ☐ 8000/11000.

de Sant Pere ⛰ con hab, en El Tarter O : 3 km ☎ 510 87, Telex 234, Fax 247 32, ←, 🍴, « Decoración rústica » – P. AE ⓓ E VISA. ✻ rest
Com *(cerrado domingo noche y lunes en verano)* carta 2700 a 5175 – **6 hab** ☐ 8000/15000.

ANDÚJAR 23740 Jaén 446 R 17 – 34 946 h. alt. 212 – ☎ 953.

Ver : Iglesia de Santa María (reja★).

Excurs. : Santuario de la Virgen de la Cabeza : carretera en cornisa ←★★ N : 32 km.

◆Madrid 321 – ◆Córdoba 77 – Jaén 66 – Linares 41.

Del Val, av. Puerta de Madrid 29 ☎ 50 09 50, Fax 50 66 06, 🍴, 🏊, 🌳 – ▤ TV ☎ P. AE ⓓ E VISA. ✻ rest
Com 1400 – ☐ 400 – **79 hab** 4150/5600 – PA 2750.

Don Pedro, Gabriel Zamora 5 ☎ 50 12 74, Fax 50 47 85 – 🛗 ▤ TV ☎ ⇔. AE ⓓ E VISA. ✻ rest
Com 1250 – ☐ 275 – **29 hab** 4025/5675 – PA 2750.

La Fuente, Vendederas 4 ☎ 50 46 29 – ▤ ⇔. AE VISA
Com 1000 – ☐ 200 – **17 hab** 2500/4500.

ANGUIANO 26322 La Rioja 442 F 21 – 793 h. – ☎ 941.

◆Madrid 292 – ◆Burgos 105 – ◆Logroño 48 – ◆Vitoria/Gasteiz 106.

El Corzo con hab, carret. de Lerma 12 ☎ 37 70 85, 🍴 – ⇔. AE ⓓ E VISA. ✻
Com carta 1550 a 1775 – ☐ 300 – **7 hab** 2750/4000.

ANTAS 04628 Almería 446 U 24 – 2 408 h. alt. 107 – ☎ 951.

◆Madrid 512 – ◆Almería 95 – Lorca 64.

en la carretera N 340 NE : 4,5 km – ✉ 04628 Antás – ☎ 951

Argar, ☎ 39 14 01, Fax 39 13 12, 🍴, 🏊, 🎾 – ▤ ☎ P. VISA. ✻
Com 1100 – ☐ 300 – **27 hab** 3200/6500 – PA 2500.

ANTEQUERA 29200 Málaga 446 U 16 – 35 171 h. alt. 512 – ☎ 95.

Ver : Castillo ←★ - (Museo Municipal) El Efebo de Antequera★.

Alred. : NE : Los dólmenes★ (cuevas de Menga, Viera y del Romeral) – El Torcal★ S : 16 km – Carretera★ de Antequera a Málaga ←★★.

ℹ Infante Don Fernando - edificio San Luis ☎ 270 04 05.

◆Madrid 521 – ◆Córdoba 125 – ◆Granada 99 – Jaén 185 – ◆Málaga 52 – ◆Sevilla 164.

Parador de Antequera ⛰, paseo García de Olmo ☎ 284 02 61, Fax 284 13 12, ←, 🏊, 🌳 – ▤ ☎ P – 🏛 25/60. AE ⓓ VISA. ✻
Com 3200 – ☐ 1100 – **55 hab** 10000 – PA 6375.

en la carretera de Málaga E : 2,5 km – ✉ 29200 Antequera – ☎ 95 :

Lozano con hab, Polígono Industrial A-6 y A-7 ☎ 284 27 12, Fax 284 27 12, 🍴 – ▤ TV ☎ P. AE E VISA. ✻
Com carta 1800 a 2500 – ☐ 450 – **17 hab** 3900/5600.

en la carretera de Sevilla N 334 NO : 12 km – ✉ 29532 Mollina – ☎ 95 :

Molino de Saydo, ☎ 274 04 75, Fax 274 04 66, 🏊, 🎾 – ☎ ⇔ P
32 hab.

en la carretera N 331 - 95 :

La Sierra, SE : 12 km, 29200 Antequera, 284 54 10, Fax 284 52 65, ← - AE E VISA.
Com 1450 - 500 - **30 hab** 6000/9000 - PA 3400.

La ANTILLA (playa de) Huelva - ver Lepe.

AOIZ o AGOITZ **31430** Navarra 442 D 25 - 168 h. - 948.
♦Madrid 413 - ♦Pamplona/Iruñea 28 - St-Jean-Pied-de-Port 58.

Beti Jai con hab, Santa Agueda 6 33 60 52 - rest. E VISA.
Com *(cerrado lunes)* carta 3500 a 4000 - 250 - **14 hab** 3500/4500.

ARACENA **21200** Huelva 446 S 10 - 6 328 h. alt. 682 - 955.
Ver : Gruta de las Maravillas★★.
Excurs. : S : Sierra de Aracena★.
♦Madrid 514 - Beja 132 - ♦Cáceres 243 - Huelva 108 - ♦Sevilla 93.

Sierra de Aracena sin rest, Gran Vía 21 12 60 19, Fax 11 14 52 - AE E VISA.
350 - **30 hab** 3900/8500.

Casas, Colmenetas 41 11 00 44, « Decoración de estilo andaluz » - AE VISA
Com (sólo almuerzo) carta 3000 a 3500.

Venta de Aracena, carret. N 433 12 61 62, Fax 12 63 56, Decoración regional - AE E VISA.
Com carta 2100 a 3200.

ARANDA DE DUERO **09400** Burgos 442 G 18 - 27 598 h. alt. 798 - 947.
Alred. : Peñaranda de Duero (plaza Mayor★ - Palacio de los Duques de Avellaneda★ - artesonados★) NE : 18 km.
♦Madrid 156 - ♦Burgos 83 - ♦Segovia 115 - Soria 114 - ♦Valladolid 93.

Tres Condes, av. Castilla 66 50 24 00, Fax 50 24 04 - rest - 25/200. AE E VISA.
Com *(cerrado domingo noche)* carta 2550 a 3125 - 500 - **35 hab** 4500/6950.

Los Bronces, carret. Madrid-Irún, Km 160 50 08 50, Fax 50 24 04 - - 25/40. AE E VISA.
Com *(cerrado domingo noche)* 1600 - 500 - **29 hab** 4500/6950 - PA 3150.

Julia, San Gregorio 2 50 12 00, Fax 50 04 49 - rest. VISA.
Com carta 2500 a 3800 - 500 - **60 hab** 2800/5150.

Aranda, San Francisco 51 50 16 00 - rest. AE E VISA. rest
Com 1700 - 450 - **44 hab** 3500/5800 - PA 3250.

Mesón de la Villa, pl. Mayor 3 50 10 25, Decoración castellana - AE E VISA.
cerrado lunes (salvo festivos) y del 12 al 31 octubre - Com carta 2800 a 3900.

Casa Florencio, Arias de Miranda 14 50 02 30, Cordero asado - E VISA
cerrado 23 diciembre-6 enero - Com carta 1890 a 3350.

El Ciprés, pl. Primo de Rivera 1 50 74 14, Cordero asado - AE E VISA.
cerrado domingo noche - Com carta 2850 a 3550.

Mesón El Roble, pl. Primo de Rivera 7 50 29 02, Decoración rústica castellana-Cordero asado - VISA.
Com carta 2600 a 3350.

Chef Fermín, av. Castilla 69 50 23 58 - AE E VISA.
cerrado martes (salvo festivos y vísperas) y noviembre - Com carta 2500 a 3350.

en la antigua carretera N I - 09400 Aranda de Duero - 947 :

Montermoso, N : 4,5 km 50 15 50, Fax 50 15 50 - rest. AE E VISA JCB. rest
Com 2200 - 550 - **51 hab** 4400/6100 - PA 3960.

Motel Tudanca, S : 6,5 km 50 60 11, Fax 50 60 15 - rest. AE E VISA. rest
Com 2650 - 525 - **20 hab** 6950.

en la carretera de Valladolid N 122 O : 5,5 km - 09400 Aranda de Duero - 947 :

El Ventorro, 53 60 00, Fax 53 61 34 - rest. AE E VISA JCB.
Com 1500 - 300 - **49 hab** 3000/4500 - PA 3300.

ARANJUEZ **28300** Madrid 444 L 19 - 35 936 h. alt. 489 - 91.
Ver : Reales Sitios★★ : Palacio Real★ (salón de porcelana★★), parterre★ - Jardín del Príncipe★★ (Casa del Labrador★★ - Casa de Marinos : falúas reales★★).
pl. Puente de Barca 891 04 27.
♦Madrid 47 - ♦Albacete 202 - Ciudad Real 156 - Cuenca 147 - Toledo 48.

Isabel II sin rest, con cafetería, av. Infantas 15 891 09 45, Fax 891 52 44 - 25/200. AE E VISA.
550 - **25 hab** 5450/8275.

Casa Pablo, Almibar 42 891 14 51, Decoración castellana - . VISA.
cerrado agosto - Com carta 3100 a 4600.

Chirón, Real 10 891 09 41, Fax 895 69 60 - . AE E VISA JCB.
cerrado domingo noche y del 1 al 20 agosto - Com carta 3350 a 4650.

El Faisán, Capitán Angosto 21 892 16 83 - . AE E VISA.
cerrado lunes - Com carta 3000 a 4300.

Casa José, Abastos 32 891 14 88 - . AE E VISA.
cerrado domingo, lunes noche y 25 julio-25 agosto - Com carta 2900 a 4000
Espec. Sopa de langosta, mejillones y berberechos, Filetes de lenguado con flanecillo de erizos, Espuma de castañas con chocolate..

César, Moreras 2 891 71 67 - . AE E VISA.
cerrado martes - Com carta 2850 a 3400.

ARÁNZAZU o **ARANTZAZU** **20567** Guipúzcoa 442 D 22 alt. 800 - 943.
Ver : Paraje★ - Carretera★ de Aránzazu a Oñate.
♦Madrid 410 - ♦San Sebastián/Donostia 83 - ♦Vitoria/Gasteiz 54.

Hospedería, 78 13 13, - . AE VISA.
febrero-diciembre - Com 1550 - 290 - **60 hab** 1900/3075 - PA 2950.

Zelai Zabal, carret. de Oñate : O, 6 km 78 13 06 - . VISA.
cerrado domingo noche, lunes y enero-10 febrero - Com carta 2800 a 4000.

ARAPILES **37796** Salamanca 441 J 13 - 602 h. alt. 840 - 923.
♦Madrid 214 - ♦Avila 107 - ♦Salamanca 9.

Mesón de los Arapiles, carret. N 630 O : 0,5 km 28 87 54, - . AE E VISA.
Com carta 2200 a 3500.

ARASCUES **22193** Huesca 443 F 28 - 107 h. alt. 673 - 974.
♦Madrid 403 - Huesca 13 - Jaca 60.

Monrepos con hab, carret. N 330 E : 1,5 km 27 10 64, , , , , - rest
14 hab.

ARAYA o **ARAIA** **01250** Álava 442 D 23 - 945.
♦Madrid 408 - ♦Pamplona/Iruñea 64 - ♦San Sebastián/Donostia 84 - ♦Vitoria/Gasteiz 35.

Caserio Marutegui, NO : 1,8 km 30 44 55, « Caserío típico » - . AE E VISA
Com carta 1900 a 3300.

ARBOLÍ **43365** Tarragona 443 I 32 - 98 h. alt. 715 - 977.
♦Madrid 538 - ♦Barcelona 142 - ♦Lérida/Lleida 86 - Tarragona 39.

El Pigot, Trinquet 7 81 60 63, Decoración regional - VISA
cerrado martes (salvo festivos) y junio - Com carta 1700 a 2700.

ARCADE **36690** Pontevedra 441 E 4 - 986.
♦ Madrid 612 - Orense 113 - Pontevedra 12 - ♦ Vigo 22.

Arcadia, av. Castelao 33 70 00 37, Pescados y mariscos - . AE E VISA.
cerrado domingo noche, lunes y octubre - Com carta 2275 a 2950.

Los ARCOS **31210** Navarra 442 E 23 - 1 466 h. alt. 444 - 948.
Alred. : Torres del Río (iglesia del Santo Sepulcro★) SO : 7 km.
♦Madrid 360 - ♦Logroño 28 - ♦Pamplona/Iruñea 64 - ♦Vitoria/Gasteiz 63.

Ezequiel con hab, carret. de la Serna 64 02 96 - . VISA.
Com carta 1700 a 3000 - 250 - **14 hab** 2780/4400.

ARCOS DE JALÓN **42250** Soria 442 I 23 - 2 548 h. alt. 827 - 975.
♦Madrid 167 - Soria 93 - Teruel 185 - ♦Zaragoza 154.

Oasis, antígua carret. N II 32 00 00 - . AE E VISA.
Com carta aprox. 2350.

ARCOS DE LA FRONTERA 11630 Cádiz 446 V 12 – 24 902 h. alt. 187 – 956.

Ver : Emplazamiento** – Plaza del Cabildo <* – Iglesia de Santa María (fachada occidental*).

Cuesta de Belén 70 22 64.

♦Madrid 586 – ♦Cádiz 65 – Jerez de la Frontera 32 – Ronda 86 – ♦Sevilla 91.

Parador Casa del Corregidor, pl. del Cabildo 70 05 00, Fax 70 11 16, <, « Magnífica situación dominando un amplio panorama » – .
Com 3200 – 1100 – **24 hab** 13000 – PA 6375.

Los Olivos sin rest y sin, Boliches 30 70 08 11, Fax 70 20 18 – .
19 hab 4235/8470.

El Convento, Maldonado 2 70 23 33, Fax 70 23 33, < – .
Com (ver rest **El Convento**) – 500 – **8 hab** 5300/7420.

El Convento, Marqués de Torresoto 7 70 32 22, « Patio de estilo andaluz » – .
Com carta 2500 a 3000.

El Lago con hab, carret. N 342, E : 1 km 70 11 17, Fax 70 04 67, – .
Com carta 2000 a 2950 – 450 – **10 hab** 5200/8600.

ARCHENA 30600 Murcia 445 R 26 – 11 876 h. alt. 100 – 968 – Balneario.

♦Madrid 374 – ♦Albacete 127 – Lorca 76 – ♦Murcia 24.

La Parra, carret. Balneario 3 67 04 44 – .
Com 975 – 250 – **27 hab** 2800/4200.

en el balneario O : 2 km – 30600 Archena – 968 :

Termas, 67 01 00, Fax 67 10 02, , de agua termal, , –
Com 2300 – 650 – **70 hab** 7350/9200 – PA 4400.

León, 67 01 00, Fax 67 10 02, , de agua termal, , – – 25/200.
Com 1700 – 400 – **103 hab** 6150/7700 – PA 3200.

Levante sin rest, 67 01 00, Fax 67 10 02, , de agua termal, , – .
400 – **80 hab** 5500/6900.

AREA (Playa de) Lugo – ver Vivero.

El ARENAL (Playa de) Baleares – ver Baleares (Mallorca) : Palma de Mallorca.

Las ARENAS 48930 Vizcaya 442 C 20 – 94.

♦Madrid 407 – ♦Bilbao/Bilbo 12 – ♦San Sebastián/Donostia 112 – ♦Vitoria/Gasteiz 88.

El Chalet, Manuel Smith 12 463 89 84, Fax 464 99 15, – .
Com carta 4600 a 6400.

ARENAS DE SAN PEDRO 05400 Ávila 442 L 14 – 6 604 h. – 918.

Alred. : Cuevas del Aguila* : 9 km.

♦Madrid 143 – Ávila 73 – Plasencia 120 – Talavera de la Reina 46.

Hostería Los Galayos con hab, pl. del Castillo 2 37 13 79, , Bodegón típico – rest. .
Com carta 2350 a 3250 – 250 – **20 hab** 2500/4800.

ARENYS DE MAR 08350 Barcelona 443 H 37 – 10 088 h. – 93 – Playa.

de Llavaneras O : 8 km 792 60 50.

passeig Xifré 25 792 15 37.

♦Madrid 672 – ♦Barcelona 37 – Gerona/Girona 60.

D'Arenys, av. Catalunya 10 792 03 83, Fax 795 75 53, – . rest
Com 1500 – 500 – **100 hab** 6800/8500 – PA 2900.

El Bon Racó, Josep Anselm Clavé 4 795 70 67 – .

en la carretera N II SO : 2 km – 08350 Arenys de Mar – 93 :

Hispania, Real 54 791 03 06, Fax 791 26 61 – .
cerrado domingo noche, martes y final septiembre-octubre – Com carta 5000 a 7000
Espec. Raviolis de verdura, Salteado de bogavante con setas, Langosta guisada con patatas de Ibiza.

AREO o **AREU** **25575** Lérida 443 E 33 alt. 920 - 973.
◆Madrid 613 - ◆Lérida/Lleida 157 - Seo de Urgel 83.

Vall Ferrera, 62 90 57,
temp. - **28 hab.**

ARÉVALO **05200** Ávila 442 I 15 - 6 748 h. alt. 827 - 918.
Ver : Plaza de la Villa★.
◆Madrid 121 - Ávila 55 - ◆Salamanca 95 - ◆Valladolid 78.

Fray Juan Gil sin rest y sin, av. de los Deportes 2 30 08 00, Fax 30 08 00 - VISA.
30 hab 4300/6300.

El Tostón de Oro, av. de los Deportes 2 30 07 98 - E VISA.
cerrado lunes y 10 diciembre-10 enero - Com carta 1775 a 3000.

Las Cubas, Figones 9 30 01 25 - AE E VISA.
cerrado jueves y del 15 al 30 octubre - Com carta 2000 a 2450.

La Pinilla, Figones 1 30 00 63 - AE E VISA.
cerrado lunes, festivos noche y del 15 al 31 julio - Com carta 1750 a 2350.

Donis, pl. El Salvador 2 30 06 92 - AE E VISA.
cerrado miércoles y 15 días en septiembre - Com carta 3625 a 5400.

ARGENTONA **08310** Barcelona 443 H 37 - 6 515 h. alt. 75 - 93.
◆Madrid 657 - ◆Barcelona 27 - Mataró 4.

El Celler d'Argentona, Bernat de Riudemeya 6 797 02 69, Celler típico - AE E VISA JCB.
cerrado domingo noche y lunes - Com carta 3175 a 4225.

ARGOÑOS **39197** Cantabria 442 B 19 - 636 h. - 942.
◆Madrid 482 - ◆Bilbao/Bilbo 85 - ◆Santander 43.

Noray, 62 61 36 - rest
temp. - **33 hab.**

ARGUINEGUIN Las Palmas - ver Canarias (Gran Canaria).

ARINSAL Andorra - ver Andorra (Principado de).

ARLABÁN (Puerto de) Guipúzcoa - ver Salinas de Leniz.

ARMENTIA Álava - ver Vitoria.

ARMILLA **18100** Granada 446 U 19 - 10 782 h. alt. 675 - 958.
◆Madrid 435 - ◆Granada 6 - Guadix 64 - Jaén 99 - Motril 60.

Los Galanes, carret. de Granada NE : 1km 57 05 12, Fax 57 05 13, - AE E VISA.
Com 1450 - 225 - **27 hab** 4500/6000.

ARNEDILLO **26589** La Rioja 442 F 23 - 431 h. alt. 640 - 941 - Balneario.
◆Madrid 294 - Calahorra 26 - ◆Logroño 61 - Soria 68 - ◆Zaragoza 150.

Balneario, 39 40 00, Fax 39 40 75, de agua termal, - E VISA. rest
marzo-noviembre - Com 2400 - 675 - **170 hab** 6600/10800 - PA 3800.

El Olivar, 39 41 05, Fax 39 40 75, agua termal - 25/200. AE E VISA. rest
cerrado 15 diciembre-15 enero - Com 2100 - 650 - **45 hab** 6400/8100.

ARNEDO **26580** La Rioja 442 F 23 - 11 592 h. alt. 550 - 941.
◆Madrid 306 - Calahorra 14 - ◆Logroño 49 - Soria 80 - ◆Zaragoza 138.

Victoria, paseo de la Constitución 97 38 01 00, Fax 38 10 50 - rest - 25/500. AE E VISA.
Com 1750 - **48 hab** 5000/8500 - PA 3440.

Virrey, paseo de la Constitución 27 38 01 50, Fax 38 30 17 - rest AE E VISA.
Com 1800 - 550 - **36 hab** 4300/7200 - PA 2400.

La ARQUERA Asturias - ver Llanes.

ARRASATE Guipúzcoa - ver Mondragón.

ARRECIFE Las Palmas - ver Canarias (Lanzarote).

ARRIONDAS **33540** Asturias 441 B 14 - 98.
Madrid 426 - Gijón 62 - Oviedo 66 - Ribadesella 18.

Carús, Carret. N 625 S : 1 km 584 05 31, Fax 584 09 51, - AE E VISA.
Com *(cerrado miércoles)* 1500 - 500 - **21 hab** 4500/7500 - PA 3500.

ARROYO DE LA MIEL **29630** Málaga 446 W 16 - 15 180 h. - 95.
Madrid 552 - Málaga 18 - Marbella 40.

Sol y Miel sin rest, Blas Infante 14 244 11 14 - .
290 - **40 hab** 2100/4000.

Ventorrillo de la Perra, av. de la Constitución, carret. de Torremolinos 244 19 66, - AE E VISA.
cerrado lunes y noviembre - Com carta 2800 a 4145.

La Mar Chica, av. de la Estación, urb. Los Jardines 244 48 06, , Pescados y mariscos - . AE VISA.
Com carta aprox. 2000.

ARTÁ (Cuevas de) Baleares - ver Baleares (Mallorca).

ARTEIJO o **ARTEIXO** **15142** La Coruña 441 C 4 - 15 448 h. alt. 32 - 981.
Madrid 615 - La Coruña/A Coruña 12 - Santiago de Compostela 78.

El Gallo de Oro, av. de Finisterre 60 04 10, Pescados y mariscos-vivero propio - .
AE E VISA.
cerrado domingo noche, lunes y 15 días febrero - Com carta 3500 a 5000.

en la carretera C 552 SO : 6 km - 15142 Arteijo - 981

El Caballo Blanco, 60 02 01 - . VISA
cerrado lunes noche - Com carta 1700 a 2400.

ARTENARA Las Palmas - ver Canarias (Gran Canaria) : Las Palmas.

ARTESA DE SEGRE **25730** Lérida 443 G 33 - 3 245 h. alt. 400 - 973.
Madrid 519 - Barcelona 141 - Lérida/Lleida 50.

Montaña, carret. de Agramunt 84 40 01 86 - rest . E VISA
Com 975 - 350 - **29 hab** 1250/3400 - PA 1955.

ARTIES **25599** Lérida 443 D 32 alt. 1 143 - 973 - Deportes de invierno.
Madrid 603 - Lérida/Lleida 169 - Viella 6.

Parador Don Gaspar de Portolá, carret. de Baqueira 64 08 01, Fax 64 10 01, -
- 25/40. AE VISA.
Com 3200 - 1100 - **40 hab** 10000 - PA 6375.

Valartiés , Mayor 3 64 09 00, Fax 64 09 00, , - . AE E VISA
29 junio-12 octubre y 4 diciembre-4 mayo - Com (ver a continuación rest. **Casa Irene**) - 700 - **27 hab** 4600/8000.

Edelweiss y Rest. Montarto, carret. de Baqueira 64 09 02, Fax 64 09 02, , -
. E VISA.
cerrado del 2 al 25 noviembre - Com *(cerrado martes)* carta 2275 a 3550 - 450 - **25 hab** 4300/7000.

Casa Irene - Hotel Valartiés, Mayor 3 64 09 00, Fax 64 09 00 - . AE E VISA
29 junio-12 octubre y 4 diciembre- 4 mayo - Com *(cerrado lunes en invierno)* carta 4400 a 5750
Espec. Surtido de patés, Codornices a la vinagreta, Redondo de cordero asado al limón.

Urtau, pl. Urtau 2 64 09 26 - E VISA.
cerrado miércoles en invierno y mayo-15 junio - Com (solo cena en invierno) carta 2550 a 3100.

ARTRUIX (Cabo de) Baleares - ver Baleares (Menorca) : Ciudadela.

ARUCAS Las Palmas - ver Canarias (Gran Canaria).

El ASTILLERO 39610 Cantabria 442 B 18 – 11 524 h. – ☎ 942 – Playa.
Alred. : Peña Cabarga ※** SE : 8 km.
♦Madrid 394 – ♦Bilbao/Bilbo 99 – ♦Santander 10.

- **Las Anclas,** San José 11 ✆ 54 08 50, Fax 54 07 15 – |$| ▤ rest TV ☎. AE E VISA. ✻
Com 1750 – ☕ 500 – **58 hab** 7600/8360 – PA 3200.

ASTORGA 24700 León 441 E 11 – 14 040 h. alt. 869 – ☎ 987.
Ver : Catedral★ (retablo★, pórtico★).
ℹ pl. de España ✆ 61 68 38.
♦Madrid 320 – ♦León 47 – Lugo 184 – Orense/Ourense 232 – Ponferrada 62.

- **Gaudi,** pl. Eduardo de Castro 6 ✆ 61 56 54, Fax 61 50 40 – |$|. AE ⓓ E VISA. ✻
Com 1300 – ☕ 600 – **35 hab** 10000 – PA 2560.
- XX **La Peseta** con hab, pl. San Bartolomé 3 ✆ 61 72 75 – |$| ☏. E VISA
cerrado 13 octubre-10 noviembre – Com *(cerrado domingo noche salvo agosto)* carta 2250 a 2950 – ☕ 550 – **22 hab** 4200/6500.

en la carretera N VI – ✉ 24700 Astorga – ☎ 987 :

- **Motel de Pradorrey,** NO : 5 km ✆ 61 57 29, Telex 89658, Fax 61 92 20, En un marco medieval – ▤ rest TV ☎ Ⓟ. AE ⓓ E VISA. ✻ rest
Com 3000 – ☕ 600 – **64 hab** 7500/10200.
- XX **Bardal,** NO : 6,5 km ✆ 61 90 66, 🏠 – ▤ Ⓟ. E VISA. ✻
cerrado lunes salvo festivos y del 1 al 15 octubre – Com carta 2000 a 3700.

ASTÚN (Valle de) 22889 Huesca 443 D 28 – alt. 1 700 – ☎ 974 – Deportes de invierno : 𝓢4.
♦Madrid 517 – ♦Huesca 108 – ♦Oloron-Ste. Marie 59 – ♦Pamplona/Iruñea 147.

- **Europa** 🐦, ✆ 37 33 12, Telex 58638, Fax 37 33 12, ←, 🎾 – |$| TV ☎. AE ⓓ E VISA. ✻
diciembre-abril y julio-agosto – Com 2700 – ☕ 800 – **38 hab** 8390/12000 – PA 5270.

Las ATALAYAS (Urbanización) Castellón – ver Peñíscola.

ATIENZA 19270 Guadalajara 444 I 21 – 672 h. alt. 1 169 – ☎ 911.
♦Madrid 151 – ♦Guadalajara 93 – Sigüenza 31.

- X **Mesón de la Villa,** pl. del Trigo ✆ 39 90 08, 🏠 – VISA. ✻
cerrado 2 quincena de septiembre – Com cenas con reserva carta 2600 a 3300.

AURITZ Navarra – ver Burguete.

AUSEJO 26513 La Rioja 442 E 23 – 702 h. – ☎ 941.
♦Madrid 326 – ♦Logroño 29 – ♦Pamplona/Iruñea 95 – ♦Zaragoza 148.

- **Maite,** carret. N 232 ✆ 43 00 00, Fax 43 00 30, 🏊 – ▤ rest ☏ 🚗 Ⓟ. AE ⓓ E VISA. ✻ rest
Com 1200 – ☕ 300 – **24 hab** 3000/4200 – PA 2700.

Els AVETS (Urbanización) Barcelona – ver Rubí.

ÁVILA 05000 Ⓟ 442 K 15 – 41 735 h. alt. 1 131 – ☎ 918.
Ver : Murallas** – Catedral** B (sacristía**, obras de arte**, sepulcro del Tostado**) Y – Basílica de San Vicente** (portada occidental**, sepulcro de los Santos Titulares**, cimborrio*) B – Monasterio de Santo Tomás* (mausoleo*, Claustro del Silencio*, retablo de Santo Tomás**) B.
ℹ pl. Catedral 4, ✉ 05001, ✆ 21 13 87 – R.A.C.E. Reina Isabel 21, ✉ 05001, ✆ 22 42 13.
♦Madrid 107 ① – ♦Cáceres 235 ③ – ♦Salamanca 98 ④ – ♦Segovia 67 ① – ♦Valladolid 120 ①.

Plano página siguiente

- **Parador Raimundo de Borgoña** 🐦, Marqués de Canales y Chozas 16, ✉ 05001, ✆ 21 13 40, Fax 22 61 66, Decoración castellana, 🌳 – |$| TV ☎ 🚗 Ⓟ – 🎪 25/80. AE ⓓ VISA. ✻ A **n**
Com 3200 – ☕ 1100 – **62 hab** 11000 – PA 6375.
- **G.H. Palacio de Valderrábanos,** pl. Catedral 9, ✉ 05001, ✆ 21 10 23, Telex 23539, Fax 25 16 91, Decoración elegante – |$| ▤ TV ☎ – 🎪 25/200. AE ⓓ E VISA JCB. ✻ rest B **z**
Com 3400 – ☕ 950 – **73 hab** 8500/13500 – PA 6580.
- **Don Carmelo** sin rest, paseo de Don Carmelo 30, ✉ 05001, ✆ 22 80 50, Fax 25 12 41 – |$| TV ☎ Ⓟ. E VISA JCB. ✻ por ①
☕ 475 – **60 hab** 4100/6500.
- **Hostería de Bracamonte** 🐦, Bracamonte 6, ✉ 05001 ✆ 25 12 80, 🏠, Decoración castellana – ☎. E VISA. ✻ rest B **b**
Com *(cerrado martes)* 2500 – ☕ 400 – **16 hab** 6000/8000 – PA 4590.

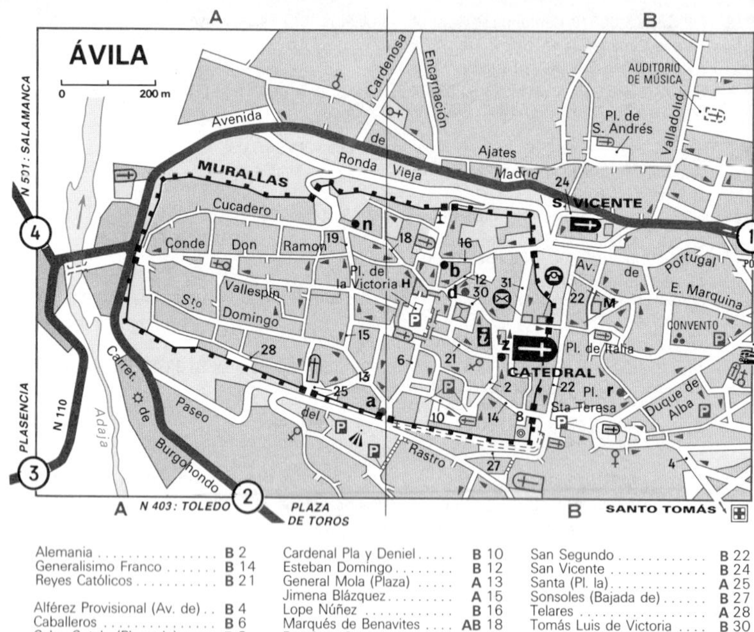

Alemania	B 2	Cardenal Pla y Deniel	B 10	San Segundo	B 22
Generalísimo Franco	B 14	Esteban Domingo	B 12	San Vicente	B 24
Reyes Católicos	B 21	General Mola (Plaza)	A 13	Santa (Pl. la)	A 25
		Jimena Blázquez	A 15	Sonsoles (Bajada de)	B 27
Alférez Provisional (Av. de)	B 4	Lope Núñez	B 16	Telares	A 28
Caballeros	B 6	Marqués de Benavites	AB 18	Tomás Luis de Victoria	B 30
Calvo Sotelo (Plaza de)	B 8	Ramón y Cajal	A 19	Tostado	B 31

XX **Copacabana,** San Millán 9, ✉ 05001, ☎ 21 11 10 – ▤. AE ⓓ E VISA JCB. B **r**
Com carta 2600 a 4600.

XX **Doña Guiomar,** Tomás Luis de Victoria 3, ✉ 05001, ☎ 25 37 09 – ▤. AE ⓓ E VISA. B **d**
cerrado domingo noche – Com carta 3150 a 4100.

XX **La Cochera,** av. de Portugal 47, ✉ 05001, ☎ 25 14 19 – ▤. AE ⓓ E VISA JCB
Com carta 3500 a 4500.

X **Mesón El Sol y Resid. Santa Teresa** con hab, av. 18 de Julio 25, ✉ 05003, ☎ 22 02 11, Fax 22 41 13 – ▤ rest. AE ⓓ E VISA. por ①
Com carta 2450 a 3150 – ☐ 400 – **15 hab** 3500/6300.

X **El Rastro** con hab, pl. del Rastro 1, ✉ 05001, ☎ 21 12 18, Fax 25 16 26, Albergue castellano – ▤ rest. AE ⓓ E VISA. AB **a**
Com carta 2800 a 4100 – ☐ 300 – **14 hab** 2000/4200.

AVILÉS 33400 Asturias 441 B 12 – 86 584 h. alt. 13 – ☎ 98.

Alred. : Salinas ≤★ NO : 5 km.

ℹ Ruiz Gómez 21 ☎ 554 43 25.

♦Madrid 466 – Ferrol 280 – Gijón 25 – ♦Oviedo 31.

🏨 **Luzana y Rest. La Serrana,** Fruta 9 ☎ 556 58 40, Telex 84213, Fax 556 49 12 – ▤ rest TV ☎ P – 25/100. AE ⓓ E VISA.
Com carta 2000 a 3750 – ☐ 500 – **73 hab** 7000/10000.

XX San Félix con hab, av. de los Telares, 48 ☎ 556 51 46 – ▤ rest ☎ P
18 hab.

XX **La Fragata,** San Francisco 18 ☎ 555 19 29, Decoración neorústica – AE ⓓ E VISA JCB.
cerrado domingo – Com carta 2950 a 4050.

XX **Entrecalles,** San Francisco, 14 ☎ 555 11 30 – ▤. AE ⓓ E VISA.
Com carta 3225 a 4575.

en la playa de Salinas NO : 5 km – ✉ 33400 Salinas – ☎ 98 :

🏨 **Esperanza,** Príncipe de Asturias 31 ☎ 550 02 00, Fax 550 19 28 – TV ☎ P. AE ⓓ E VISA. rest
Com 1500 – ☐ 350 – **31 hab** 6800 – PA 2800.

🏨 El Pinar, Pablo Laloux, 15 ☎ 550 18 22, Fax 550 06 61, ≤ – TV ☎ P
19 hab.

XXX **Real Balneario,** Juan Sitges 3 ☎ 551 86 13 – AE E VISA.
Com carta 3250 a 5000.

X **Las Conchas,** Pablo Laloux - Edificio Espartal ☎ 550 14 45, ← – AE E VISA JCB.
cerrado lunes y octubre – Com carta 3400 a 4800.

X **Piemonte,** Príncipe de Asturias 71 ☎ 550 00 25, – AE E VISA.
cerrado miércoles y domingo noche salvo en verano – Com carta 2150 a 3625.

AYAMONTE **21400** Huelva 446 U 7 – 16 216 h. alt. 84 – 955 – Playa.
Ver : Vista desde el Parador★.
para Vila Real de Santo António (Portugal).
◆Madrid 680 – Beja 125 – Faro 53 – Huelva 52.

Parador Costa de la Luz, El Castillito ☎ 32 07 00, Fax 32 07 00, ← Ayamonte, el Guadiana, Portugal y el Atlántico, – 25/110. AE VISA.
Com 3200 – 1100 – **54 hab** 12500 – PA 6375.

X **Andalucía 2,** av. Alcalde Narciso Martín Navarro ☎ 47 07 21 – AE E VISA.
cerrado jueves salvo en verano y 15 septiembre-5 octubre – Com carta aprox. 2500.

en Playa Canela SE : 6,5 km – ✉ 21409 Isla de Canela – 955 :

Riu Palace Canela, paseo de los Gavilanes ☎ 47 01 15, Fax 47 04 60, ←, « Conjunto de estilo andaluz - agradables terrazas junto a la », – 25/50
temp. – Com (buffet - sólo cena) – **350 hab.**

AYNA **02125** Albacete 445 Q 23 – 1 875 h. – 967.
◆Madrid 306 – ◆ Albacete 59 – ◆ Murcia 145 – Úbeda 189.

Felipe II, av. Manuel Carrera 9 ☎ 29 50 83, ← – rest
Com 1000 – 350 – **30 hab** 3100/4400 – PA 2900.

AYORA **46620** Valencia 445 O 26 – 6 083 h. – 96.
◆Madrid 341 – ◆Albacete 94 – ◆Alicante 117 – ◆Valencia 132.

Murpimar sin rest y sin, Virgen del Rosario 70 ☎ 219 10 33 –
25 hab 2000/4000.

AZPEITIA **20730** Guipúzcoa 442 C 23 – 12 958 h. alt. 84 – 943.
◆Madrid 427 – ◆Bilbao/Bilbo 74 – ◆Pamplona/Iruñea 92 – ◆San Sebastián/Donostia 44 – ◆Vitoria/Gasteiz 71.

Izarra, av. de Loyola 25 ☎ 81 07 50, – rest AE E VISA.
cerrado 19 diciembre-19 enero – Com *(cerrado domingo noche)* 1900 – 600 – **24 hab** 4500/7000 – PA 3500.

XX **Juantxo,** av. de Loyola 3 ☎ 81 43 15 – AE VISA.
cerrado domingo, martes noche, 3 agosto- 2 septiembre y 21 diciembre- 7 enero – Com carta 2875 a 4900.

en Loyola O : 1,5 km – ✉ 20730 Loyola – 943 :

XX **Kiruri,** ☎ 81 56 08, Fax 15 03 62, – VISA.
cerrado lunes noche y 20 diciembre-7 enero – Com carta 3800/4600.

BADAJOZ **06000** P 444 P 9 – 114 361 h. alt. 183 – 924.
de Badajoz por ② : 16 km, ✉ 06195, ☎ 44 00 16.
pl. de la Libertad 3 ✉ 06005, ☎ 22 27 63 – R.A.C.E. pl. de la Soledad 9, ✉ 06001, ☎ 22 28 57.
◆Madrid 409 ② – ◆Cáceres 91 ① – ◆Córdoba 278 ③ – ◆Lisboa 247 ④ – Mérida 62 ② – ◆Sevilla 218 ③.

Plano página siguiente

Gran H. Zurbarán y Rest. Los Monjes, paseo Castelar, ✉ 06001, ☎ 22 37 41, Telex 28818, Fax 22 01 42, – 25/500. AE E VISA JCB. AY **k**
Com carta 3050 a 4000 – 1000 – **215 hab** 7800/14500.

Río, av. Adolfo Díaz Ambrona, ✉ 06006, ☎ 27 26 00, Telex 28784, Fax 27 38 74, – 25/600. AE E VISA. rest por ④
Com carta 2750 a 3425 – 1625 – **90 hab** 6750/8875.

Lisboa, av. de Elvas 13, ✉ 06006, ☎ 27 29 00, Fax 27 22 50 – 25/70. AE VISA. por ④
Com 1200 – 400 – **176 hab** 5600/7000 – PA 2210.

Conde Duque sin rest, Muñoz Torrero 27, ✉ 06001, ☎ 22 46 41, Fax 22 00 03 – AE E VISA JCB. BY **r**
400 – **34 hab** 3900/5900.

Cervantes sin rest y sin, Trinidad 2, ✉ 06002, ☎ 22 09 31 – VISA. CZ **e**
25 hab 3000/4350.

Francisco Pizarro . . . . BY 7
Obispo San Juan de Rivera . BZ 17
San Juan . . . . BY

Antonio Masa Campos (Av.) . . . . AZ 2
Calatrava . . . . BCZ 3
Carolina Coronado . . . . AY 4
Doblados . . . . CZ 5
España (Pl. de) . . . . BZ 6
Hernán Cortés . . . . BZ 8
Huelva (Av. de) . . . . AZ 9
Joaquín Costa (Av. de) . . . . AY 12
Juan Sebastián Elcano (Av. de) . . . . CZ 14
Minayo (Pl. de) . . . . BZ 15
Muñoz Torrero . . . . BYZ 16
Pedro de Valdivia . . . . . . BZ 18
Reyes Católicos (Pl.) . . . . AY 19
San Blas . . . . BZ 20
San Francisco (Paseo) . . . . AZ 21
Soledad (Pl. de la) . . . . . . BY 23

XXX ✿ **Aldebarán,** av. de Elvas - urb. Guadiana, ✉ 06006, ✆ 27 42 61, Fax 27 42 61 – ▤. AE E VISA. ✂ por ④
cerrado domingo noche y del 7 al 22 de agosto – Com carta 3500 a 5700
Espec. Medallones de rape con setas y salsa de espárragos, Cabrito asado sobre fondo de patatas panadera, Flan de naranja con salsa de fresas..

X **Los Gabrieles,** Vicente Barrantes 21, ✉ 06001, ✆ 22 00 01 – ▤. AE ⓞ E VISA. ✂ BY **a**
cerrado domingo – Com carta aprox. 3000.

BADALONA **08911** Barcelona 443 H 36 – 227 744 h. – ✆ 93 – Playa.
♦Madrid 635 – ♦Barcelona 8,5 – Mataró 19.

🏨 **Miramar** sin rest. con cafetería por la noche, Santa Madrona 60 ✆ 384 03 11, Fax 389 16 27, ← – |♦| ▤ TV ☎ 🚗. AE E VISA JCB. ✂
☕ 500 – **42 hab** 3500/7000.

XX **Obiols,** Prim 170 ✆ 384 42 78 – ▤. AE ⓞ E VISA JCB
cerrado lunes y 16 agosto-2 septiembre – Com carta 2550 a 5000.

BAENA **14850** Córdoba 446 U 16 – 16 599 h. alt. 407 – ✆ 957.
♦Madrid 406 – ♦Córdoba 63 – ♦Granada 108 – Jaén 73 – ♦Málaga 137.

🏨 **Iponuba** sin rest, Nicolás Alcalá 7 ✆ 67 00 75, Fax 69 07 02 – |♦| ☎ 🚗. ✂
☕ 350 – **39 hab** 2050/3825.

BAEZA **23440** Jaén 446 S 19 - 14 799 h. alt. 760 - ☎ 953.
Ver : Centro monumental★★ : plaza del Pópulo★, catedral (interior★), palacio de Jabalquinto★ (fachada★), ayuntamiento★ - Iglesia de San Andrés (tablas góticas★).
ℹ pl. del Pópulo ☎ 74 04 44.
♦Madrid 319 - Jaén 48 - Linares 20 - Úbeda 9.

Baeza, Concepción 3 ☎ 74 43 60, Fax 74 25 19 - 25/60. AE VISA.
Com (ver también rest. **Andrés de Vandelvira**) 1975 - ☕ 750 - **84 hab** 6600/8250 - PA 3865.

La Loma, carret. de Úbeda ☎ 74 33 02 - P. E VISA.
Com 900 - ☕ 200 - **10 hab** 2700/3700 - PA 2000.

Juanito con hab, av. Puche Pardo, 43 ☎ 74 00 40, Fax 74 23 24 - P.
cerrado del 1 al 15 noviembre - Com *(cerrado domingo noche y lunes noche)* carta 3050 a 3700 - ☕ 500 - **37 hab** 4400/5200.

Andrés de Vandelvira, San Francisco 14 ☎ 74 43 60, Fax 74 25 19, Instalado en un convento del siglo XVI - AE E VISA.
cerrado domingo noche - Com carta 3100 a 4500.

Sali, pasaje Cardenal Benavides 15 ☎ 74 13 65 - AE E VISA.
cerrado miércoles y 15 septiembre-15 octubre - Com carta 2000 a 3900.

Dieser Führer ist kein vollständiges Hotel- und Restaurantverzeichnis.
Um den Ansprüchen aller Touristen gerecht zu werden,
haben wir uns auf eine Auswahl in jeder Kategorie beschränkt.

BAGUR o **BEGUR** **17255** Gerona 443 G 39 - 2 277 h. - ☎ 972.
Alred. : Pals★ (7 km).
18 de Pals N : 7 km ☎ 62 60 06.
ℹ av. Onze de Setembre ☎ 62 34 79.
♦Madrid 739 - Gerona/Girona 46 - Palamós 17.

Begur, Comas y Ros 8 ☎ 62 22 07, Fax 62 29 38 -
36 hab.

Rosa sin rest, Forgas y Puig 6 ☎ 62 30 15
temp. - **23 hab.**

Plaja, pl. Pella i Forgas ☎ 62 21 97 - rest. E VISA.
abril-octubre - Com *(cerrado noches en invierno salvo viernes, sábado y 15 diciembre-20 enero)* 2000 - ☕ 600 - **16 hab** 3500/5300 - PA 3900.

Esquiró, av. 11 de Setembre 21 ☎ 62 20 02 - AE E VISA JCB.
15 mayo-1 noviembre - Com carta 3850 a 4850.

Mas Comangau, carret. de Fornells ☎ 62 32 10, Decoración típica catalana - P. AE E VISA.
cerrado martes en invierno y noviembre - Com carta aprox. 2700.

Primo Piatto, Santa Teresa ☎ 62 35 05, Fax 62 35 01, Cocina italiana - E VISA.
junio-septiembre - Com (sólo cena) carta 2500 a 3300.

en la playa de Sa Riera N : 2 km - ✉ 17255 Begur - ☎ 972 :

Sa Riera, ☎ 62 30 00, Fax 62 34 60 - P. VISA. rest
20 marzo-10 octubre - Com 1300 - ☕ 450 - **41 hab** 3800/7200 - PA 2400.

en Aigua Blava SE : 3,5 km - ✉ 17255 Begur - ☎ 972 :

Aigua Blava, playa de Fornells ☎ 62 20 58, Telex 56000, Fax 62 21 12, « Parque ajardinado, cala », - rest P - 25/60. AE E VISA. rest
15 febrero-noviembre - Com 3200 - ☕ 1200 - **85 hab** 8000/14000 - PA 5500.

Parador de Aigua Blava, ☎ 62 21 62, Fax 62 21 66, « Magnífica situación con cala », - P - 25/180. AE VISA.
Com 3200 - ☕ 1100 - **87 hab** 16000 - PA 6375.

Bonaigua sin rest, playa de Fornells ☎ 62 20 50, Fax 62 20 54, - P. AE E VISA
marzo-septiembre - ☕ 600 - **47 hab** 6010/9070.

por la antigua carret. de Palafrugell y desvío a la izquierda S : 5 km - ✉ 17255 Begur - ☎ 972

Jordi's con hab, apartado 47 Bagur ☎ 30 15 70, Telex 57077, Fax 61 01 66, « Casa de campo », - P. AE E VISA
cerrado domingo noche y lunes en invierno - Com carta 2675 a 4000 - ☕ 500 - **8 hab** 6500/8500.

El BAIELL Gerona - ver Campellas.

BAILÉN **23710** Jaén 446 R 18 – 15 617 h. alt. 349 – ☎ 953.
◆Madrid 294 – ◆Córdoba 104 – Jaén 37 – Úbeda 40.

en la carretera N IV – ✉ 23710 Bailén – ☎ 953 :

Parador de Bailén, ✆ 67 01 00, Fax 67 25 30, ⛱, – ▤ TV ☎ P. AE ⓓ VISA. ✂
Com 3000 – ☕ 1000 – **86 hab** 8500 – PA 5950.

Zodíaco, ✆ 67 10 62, Fax 67 19 06 – ▤ TV – P. AE E VISA. ✂
Com 1500 – ☕ 500 – **52 hab** 4000/6275 – PA 3500.

Motel Don Lope de Sosa, ✆ 67 00 58, Telex 28311, Fax 67 25 74 – ▤ P. AE ⓓ E VISA. ✂
Com 2500 – ☕ 575 – **27 hab** 5800/7000.

BAIONA Pontevedra – ver Bayona.

BAKIO Vizcaya – ver Baquio.

BALAGUER **25600** Lérida 443 G 32 – 12 432 h. alt. 233 – ☎ 973.
◆Madrid 496 – ◆Barcelona 149 – Huesca 125 – ◆Lérida/Lleida 27.

Cal Morell, passeig Estació 18 ✆ 44 80 09 – ▤. AE ⓓ E VISA JCB
cerrado lunes salvo festivos ó vísperas y del 15 al 30 septiembre – Com carta 3500 a 5000.

en la carretera C 1313 E : 2 km – ✉ 25600 Balaguer – ☎ 973

El Bosquet, ✆ 44 68 68, – ▤ P. ⓓ VISA. ✂
cerrado martes no festivos y febrero – Com carta 1825 a 3175.

BALEARES (Islas) ★★★ 443 – 685 088 h..
✈ ver : Palma de Mallorca, Mahón, Ibiza.
⛴ para Baleares ver : Barcelona, Valencia. En Baleares ver : Palma de Mallorca, Mahón, Ibiza.

MALLORCA

Algaida **07210** 443 N 38 – 2 866 h. – ☎ 971.
Palma 23.

Es 4 Vents, carret. de Manacor ✆ 66 51 73, Fax 12 54 09, – ▤ P. E VISA. ✂
cerrado jueves salvo festivos – Com carta 2025 a 2675.

Hostal Algaida, carret. de Manacor ✆ 66 51 09, – ▤ P
cerrado miércoles salvo festivos – Com carta 2400 a 3000.

Artá (Cuevas de) **07570** ★★★ 443 N 40.
Palma 78.
Hoteles y restaurantes ver : **Cala Ratjada** N : 11,5 km, ***Son Servera*** SO : 13 km.

Bañalbufar o **Banyalbufar** **07191** 443 M 37 – 498 h. – ☎ 971.
Palma 23.

Sa coma ⛰, ✆ 61 80 34, Fax 61 81 98, ←, ⛱, ✂ – ☎ P. ✂
3 abril-octubre – Com (sólo cena) 1600 – ☕ 1200 – **32 hab** 5280/6600.

Mar i Vent ⛰, Mayor 49 ✆ 61 80 00, Fax 61 82 01, ← mar y montaña, ⛱, ✂ – ☎ P. ✂
cerrado diciembre-enero – Com (sólo cena) 1850 – ☕ 675 – **23 hab** 4960/6200 – PA 3720.

Son Tomás, Baronía 17 ✆ 61 81 49, ←, – AE E VISA. ✂
cerrado martes y 15 diciembre-15 enero – Com carta 2950 a 3200.

Bunyola **07110** 443 M 38 – 3 262 h. – ☎ 971.
Palma 14.

en la carretera de Sóller – ✉ 07110 Bunyola – ☎ 971 :

Ses Porxeres, NO : 3,5 km ✆ 61 37 62, Decoración rústica, Cocina catalana – P.

Ca'n Penasso, O : 1,5 km ✆ 61 32 12, ←, , « Conjunto de estilo rústico regional », ⛱, , ✂ – P.

Cala de San Vincente o **Cala de Sant Vicenç** 443 M39 – ✉ 07460 Pollensa – ☎ 971.
Palma 58.

Molins ⛰, Cala Molins ✆ 53 02 00, Fax 53 02 16, Amplias terrazas con ←, , ⛱, ✂ – ☎ P. AE ⓓ E VISA. ✂
abril-noviembre – Com 2500 – ☕ 975 – **91 hab** 4400/5525 – PA 4500.

Cala d'Or **07660** 443 N 39 - 971.

Ver : Paraje★.

Club de Vall d'Or N : 7 km 57 60 99.

av. Cala Llonga 10 65 74 63.

Palma 69.

Cala Esmeralda, Cala Esmeralda E : 1 km 65 71 11, Telex 69533, Fax 65 71 56, - 25/80. AE VISA.
mayo-octubre - Com 2400 - 1100 - **151 hab** 10700/16000.

Rocador, Marqués de Comillas 3 65 70 75, Fax 65 77 51, - rest . VISA.
rest
abril-octubre - Com 1800 - 850 - **106 hab** 4200/7200 - PA 3750.

Cala D'Or, av. de Bélgica 33 65 72 49, Telex 69468, Fax 64 35 27, « Terrazas bajo los pinos », - . AE E VISA.
marzo-noviembre - Com (sólo cena) 2000 - **95 hab** 7150/12500.

Rocador Playa, Marqués de Comillas 1 65 77 25, Fax 65 77 51, - rest
- 25/100. VISA. rest
abril-octubre - Com 1800 - 850 - **105 hab** 4200/7200 - PA 3750.

Cala Gran, av. de la playa 65 71 89, Telex 69468, Fax 64 35 27, - rest
. AE E VISA.
abril-octubre - Com 1500 - 450 - **77 hab** 6000/9000 - PA 3000.

Port Petit, av. Cala Llonga 64 30 39, - AE E VISA
mayo-octubre - Com (sólo cena) carta 3325 a 4400.

Sa Barraca, av. de Bélgica 4 65 79 78, , Decoración regional
temp. –.

Cala Llonga, av. Cala Llonga - Porto Cari 65 80 36, - . AE E VISA.
cerrado lunes y noviembre - Com carta 1500 a 3550.

La Sivina, Andrés Roig 8 65 72 89, Fax 64 30 73, - AE E VISA
abril-octubre - Com carta 2120 a 3325.

La Cala, av. de Bélgica 7 65 70 04, - AE E VISA JCB.
cerrado noviembre - Com carta 1950 a 2750.

Ca'n Trompé, av. de Bélgica 12 65 73 41, - . E VISA.
cerrado martes en invierno y diciembre-enero - Com carta 1800 a 2900.

Ibiza, Toni Costa 5 65 78 15, - AE E VISA
abril-octubre - Com (sólo cena) carta 2520 a 3475.

en Cala Es Fortí S : 1,5 km - 07660 Cala d'Or - 971

Rocamarina, 65 78 32, Fax 64 31 80, - rest . VISA.
abril-octubre - Com (sólo cena) 2100 - 1100 - **207 hab** 6000/8700.

Cala Pí **07639** 443 N 38 - 971.

Palma 41.

Miquel, Torre de Cala Pí 13 66 13 09, , Decoración regional - E VISA.
cerrado lunes y diciembre-enero - Com carta 2600 a 3400.

Cala Ratjada **07590** 443 M 40 - 971.

Alred. : Capdepera (murallas ★) O : 2,5 km.

Plaça dels Pins 56 30 33 Fax 56 52 56.

Palma 79.

Aguait , av. de los Pinos 61 S : 2 km 56 34 08, Telex 69814, Fax 56 51 06,
- rest
temp. - **188 hab.**

Son Moll, Tritón 25 56 31 00, Fax 56 35 81, - rest . VISA.
abril-octubre - Com 1700 - 650 - **125 hab** 4000/6700.

Ses Rotges, Rafael Blanes 21 56 31 08, Fax 56 43 45, , Cocina francesa, « Terraza rústico-regional con plantas » - hab . AE E VISA.
20 marzo-octubre - Com *(cerrado miércoles)* 2835 a 5370 - 1075 - **24 hab** 6600/7560
Espec. Ensalada de raya tibia, Hojaldre de mousse de cangrejo, Carré de cordero adoba-do con especias y su guarnición..

Lorenzo, Leonor Servera 11 56 39 39, - E VISA.
cerrado lunes y noviembre-15 diciembre - Com carta 2800 a 4300.

La Calobra o **Sa Calobra** 443 M 38 - 971 - Playa.

Ver : Paraje★ - Carretera de acceso★★★ - Torrente de Pareis★, mirador★.

Palma 66.

La Calobra , 07100 apartado 35 Sóller, 51 70 16,
temp. - **44 hab.**

Calviá **07184** Palma de Mallorca 443 N 37 alt. 156 – ☎ 971.
ℹ C'an Vich (edificio Ayuntamiento) ☎ 13 91 00, Fax 13 91 46.
Palma 20.

X **Ses Forquetes,** C'an Vich (edificio Ayuntamiento) ☎ 67 06 13, €, – ▤ P. AE ⓓ E VISA. ✂
cerrado domingo noche del 25 octubre al 30 marzo – Com carta 1870 a 2925.

Capdepera **07580** 443 M 40 3 058 h. alt. 102 – ☎ 971.
Palma 77.
en la carretera de Son Servera S : 5 km – ✉ 07580 Capdepera – ☎ 971 :

X **Porxada de Sa Torre,** Torre de Canyamel ☎ 56 30 44, Decoración rústica – ▤ P. AE ⓓ E VISA. ✂
15 marzo-14 noviembre – Com *(cerrado lunes)* carta 1175 a 2275.
en Cala Canyamel SE : 9 km – ✉ 07580 Capdepera – ☎ 971

Canyamel Park, Vía de Melesigeni ☎ 56 55 11, Fax 56 56 14, Ƒ₅, ⛱, ⛱, – |‡| ▤ ☎. E VISA. ✂
marzo-octubre – Com 1500 – ☐ 1100 – **132 hab** 7750/13900 – PA 4100.

Colonia Sant Jordi **07638** 443 O 38 – ☎ 971 – Playa.
Palma 9.

X **Marisol,** Gabriel Roca 65 ☎ 65 50 70, €, – AE ⓓ E VISA
marzo-octubre – Com carta 1475 a 2895.

Costa de Bendinat 443 N 37 – ☎ 971.
Palma 11.

Bendinat ⊗, ✉ 07015 Portals Novs ☎ 67 57 25, Fax 67 72 76, , « Bungalows en un jardín con árboles y terrazas junto al mar », , ✗ – ☎ P. E VISA. ✂ rest
mayo-17 octubre – Com 2500 – ☐ 700 – **29 hab** 8500/10600 – PA 4675.

Deyá o **Deiá** **07179** 443 M 37 – 559 h. alt. 184 – ☎ 971.
Palma 27.

La Residencia ⊗, finca Son Canals ☎ 63 90 11, Fax 63 93 70, €, « Antigua casa señorial de estilo mallorquín », ⛱, , ✗ – ▤ TV ☎ P – 25/50
Com (ver a continuación rest. **El Olivo**) – **49 hab** ☐ 16000/28000.

Es Moli ⊗, carret. de Valldemosa SO : 1 km ☎ 63 90 00, Telex 69007, Fax 63 93 33, € valle y mar, , « Jardín escalonado », ⛱ climatizada, ✗ – |‡| ▤ ☎ P. AE ⓓ E VISA. ✂ rest
2 abril-octubre – Com (sólo cena) 3700 – ☐ 1700 – **71 hab** 14900/26500.

XXXX ✿ **El Olivo** - Hotel La Residencia, finca Son Canals ☎ 63 90 11, Fax 63 93 70, , Instalado en un antiguo molino de aceite – P. AE ⓓ E VISA. ✂
Com (sólo cena 15 junio- septiembre) carta 5000 a 7450
Espec. Gambas con higos y estragón (junio-septiembre), Raya con alcaparras, Carré de cordero en costra de aceitunas..

XX **Ca'n Quet,** carret. de Valldemosa SO : 1,2 km ☎ 63 91 96, Telex 69007, Fax 63 93 33, € montaña, , ⛱ – P. AE ⓓ E VISA. ✂
3 abril-octubre – Com *(cerrado lunes)* carta 3400 a 4100.

Drach o **Drac (Cuevas del)** ★★★ 443 N 39.
Palma 63 – Porto Cristo 1.

Hoteles y restaurantes ver : Porto Cristo N : 1 km.

Escorca **07315** 443 M 38 – 244 h. – ☎ 971.
Palma 46.

X Escorca, carret. C 710 O : 5 km ☎ 51 70 95, €, Decoración rústica – P.

Estellenchs o **Estellencs** **07192** 443 N 37 – 381 h. – ☎ 971.
Palma 30.

X Son Llarg, pl. Constitución 6 ☎ 61 05 64.

X **Montimar,** pl. Constitución 7 ☎ 61 08 41 – E VISA. ✂
cerrado lunes y 7 enero-28 febrero – Com carta 1875 a 2425.

*Our **hotel and restaurant guides,** our **tourist guides** and our **road maps** are complementary. Use them together.*

Felanitx **07200** 443 N 39 - 12 542 h. alt. 151 - ☎ 971.

Palma 51.

XXX **Vista Hermosa,** carret. de Porto Colom SE : 6 km ☎ 82 49 60, ≤ valle, monte y mar, terraza, piscina, tenis - P. E VISA - *cerrado enero-15 marzo* - Com carta 2710 a 4030.

Formentor (Cabo de) **07470** 443 M 39 - ☎ 971.

Ver : Carretera★ de Puerto de Pollensa al Cabo Formentor - Mirador d'Es Colomer★★★ - Cabo Formentor★.

Palma 78 - Puerto de Pollensa 20.

Formentor tranquilo, ☎ 86 53 00, Telex 68523, Fax 86 51 55, ≤ bahía y montañas, terraza, En un gran pinar, piscina climatizada, jardín, tenis - ascensor aire acondicionado TV teléfono P - 25/200. AE O E VISA. *marzo-octubre* - Com carta 4900 a 7500 - desayuno 2000 - **127 hab** 17700/27350.

Illetas **07015** 443 N 37 - ☎ 971.

• Palma 4.

Meliá de Mar tranquilo, Paseo de Illetas 7 ☎ 40 25 11, Telex 68892, Fax 40 58 52, ≤ mar y costa, « Jardín con arbolado », piscina, piscina cubierta, tenis - ascensor aire acondicionado TV teléfono P - 25/220. AE O E VISA JCB. rest
Com carta 4275 a 5650 - desayuno 1600 - **144 hab** 20300/25400.

Bonsol tranquilo, paseo de Illetas 30 ☎ 40 21 11, Telex 69243, Fax 40 25 59, ≤, terraza, Decoración castellana, « Terrazas bajo los pinos », piscina climatizada, jardín, tenis - ascensor aire acondicionado teléfono P - 25/80. AE O E VISA JCB. rest
cerrado 5 enero-6 febrero - Com 2400 - desayuno 800 - **73 hab** 10350/14100.

G. H. Bonanza Playa tranquilo, paseo de Illetas ☎ 40 11 12, Telex 68782, Fax 40 56 15, ≤ mar, terraza, « Amplia terraza con piscina al borde del mar », piscina cubierta, tenis - ascensor aire acondicionado TV teléfono P - 25/225. AE O E VISA.
16 marzo-diciembre - Com 2150 - desayuno 550 - **294 hab** 10875/19000.

G.H. Albatros tranquilo, paseo de Illetas 15 ☎ 40 22 11, Telex 68545, Fax 40 21 54, ≤, piscina, piscina cubierta, tenis - ascensor aire acondicionado TV teléfono ♿ P - 25/150. AE O E VISA.
cerrado enero - Com 2250 - desayuno 945 - **119 hab** 9750/16500 - PA 5700.

Bonanza Park tranquilo, paseo de las Adelfas ☎ 40 11 12, Telex 68782, Fax 40 56 15, piscina, jardín, tenis - ascensor aire acondicionado teléfono. AE O E VISA.
Com 2150 - desayuno 550 - **117 hab** 9625/16500.

Inca **07300** 443 M 38 - 20 721 h. alt. 120 - ☎ 971.

Palma 28.

X Ca'n Amer, Pau 39 ☎ 50 12 61, Celler típico.

X **Ca'n Moreno,** Gloria 103 ☎ 50 35 20 - aire acondicionado. E VISA.
cerrado domingo y agosto - Com carta 2100 a 3675.

Orient **07349** 443 M 38 - ☎ 971.

Palma 25.

en la carretera de Alaró NE : 1,3 km - ✉ 07349 Orient - ☎ 971

L'Hermitage tranquilo, ☎ 61 33 00, Fax 61 33 00, ≤, terraza, Antigua casa de campo, piscina, jardín, tenis - TV P. AE O E VISA.
cerrado 22 julio-12 agosto - Com 3500 - desayuno 1000 - **20 hab** 13000/20000.

Paguera **07160** 443 N 37 - ☎ 971 - Playa.

pl. Parking, ☎ 68 70 83.

Palma 22.

Villamil, av. de Paguera 66 ☎ 68 60 50, Telex 68841, Fax 68 68 15, ≤, terraza, « Terraza bajo los pinos con piscina », piscina cubierta, tenis - ascensor aire acondicionado TV teléfono P - 25/50. AE O E VISA.
Com 3300 - **125 hab** 13800/25600.

G.H. Sunna Park, Gaviotas 19 ☎ 68 67 50, Fax 68 67 66, piscina, piscina cubierta - ascensor aire acondicionado teléfono P. AE O E VISA.
abril-octubre - Com (sólo buffet) 1980 - desayuno 1320 - **131 hab** 10450/13200 - PA 4490.

Bahía Club, av. de Paguera 81 ☎ 68 61 00, Fax 68 61 04, terraza, piscina, piscina cubierta - teléfono P.
abril- octubre - Com 2000 - desayuno 1000 - **55 hab** 3410/6160 - PA 4675.

XX **La Gran Tortuga,** carret. de Cala Fornells ☎ 68 60 23, terraza, « Terrazas con piscina y ≤ bahía y mar » - AE E VISA. - *cerrado lunes y 7 enero-febrero* - Com carta 2800 a 5000.

en la carretera de Palma - ✉ 07160 Paguera - ☎ 971 :

Club Galatzó y Rest. Vista de Rey tranquilo, E : 2 km ☎ 68 62 70, Telex 68719, Fax 68 78 52, terraza, « Magnífica situación sobre un promontorio, ≤ mar y colinas circundantes », piscina, piscina cubierta, jardín, tenis - ascensor aire acondicionado TV teléfono P - 25/50. AE E VISA. rest
Com *(cerrado domingo)* carta 3065 a 5150 - desayuno 1500 - **196 hab** 8000/14000.

X **La Cascada,** playa de la Romana SE : 1,2 km ☎ 68 73 09, ≤, terraza - AE E VISA.
Com carta 2390 a 4245.

en Cala Fornells SO : 1,5 km – ✉ 07160 Paguera – ☎ 971 :

Coronado ⛰, ☎ 68 68 00, Fax 68 74 57, ≤ cala y mar, « Rodeado de pinos », 🏊, 🏊, 🌳, 🎾 – 🛗 ▤ ☎ 🅟 – 🏛 25/150. VISA. ✗
cerrado noviembre-16 diciembre – Com 1700 – ☕ 550 – **139 hab** 10000/15000 – PA 3200.

Para viajes rápidos, utilice los mapas Michelin "principales carreteras" :

920 *Europa*, 980 *Grecia*, 984 *Alemania*, 985 *Escandinavia-Finlandia*,
986 *Gran Bretaña-Irlanda*, 987 *Alemania-Austria-Benelux*, 988 *Italia*,
989 *Francia*, 990 *España-Portugal*, 991 *Yugoslavia*.

Palma de Mallorca **07000** 🅿 443 N 37 – 304 422 h. – ☎ 971 – Playas : Portixol DX, ca'n Pastilla por ④ : 10 km y el Arenal por ④ : 14 km.

Ver : Barrio de la Catedral ★ : Catedral★★ FZ – Iglesia de Sant Francesc (claustro★) GZ **Y** – Museo de Mallorca (Sección de Bellas Artes★ : San Jorge★) GZ **M1**, Museo Diocesano (cuadro de Pere Nisart : San Jorge★) FGZ **M2** – Otras curiosidades : La Lonja★ EZ - Palacio Sollerich (patio★) FY **Z** - Pueblo español★ BV **A** – Castillo de Bellver★ BV ☀★★.

⛳18 de Son Vida NO : 5 km ☎ 23 76 20 BU – ⛳9 Club de Bendinat, carret. de Bendinat O : 15 km, ☎ 40 52 00.

✈ de Palma de Mallorca por ④ : 11 km ☎ 26 42 12 – Iberia : passeig des Born 10, ✉ 07006, ☎ 28 69 66 FYZ y Aviaco : aeropuerto, ☎ 26 50 00.

⛴ para la Península, Menorca e Ibiza : Cía. Trasmediterránea, Muelle Viejo 5, ✉ 07012, ☎ 72 67 40, Telex 68555, EZ.

ℹ av. Jaime III-10 ✉ 07012 ☎ 71 22 16 y en el aeropuerto ☎ 26 08 03 – R.A.C.E. av. Marqués de la Cenia 37, ✉ 07014, ☎ 73 73 46.

Alcudia 52 ② – Paguera 22 ⑤ – Sóller 30 ① – Son Servera 64 ③.

Planos páginas siguientes

En la ciudad :

Saratoga, paseo Mallorca 6, ✉ 07012, ☎ 72 72 40, Fax 72 73 12, 🏊 – 🛗 ▤ 📺 ☎ 🚗 – 🏛 25/50. E VISA. ✗ EY **s**
Com 1500 – ☕ 500 – **187 hab** 8600/13300 – PA 3500.

Sol Jaime III sin rest, con cafetería, paseo Mallorca 14 B, ✉ 07012, ☎ 72 59 43, Fax 72 59 46 – 🛗 📺 ☎. AE ⓓ E VISA. ✗ EY **n**
88 hab ☕ 7950/10450.

Almudaina sin rest, con cafetería, av. Jaime III-9, ✉ 07012, ☎ 72 73 40, Fax 72 25 99 – 🛗 ▤ 📺 ☎. AE ⓓ E VISA. ✗ FY **a**
☕ 550 – **80 hab** 9300/11600.

Palladium sin rest, con cafetería, paseo Mallorca 40, ✉ 07012, ☎ 71 28 41, Fax 71 46 65 – 🛗 📺 ☎. AE ⓓ E VISA. ✗ EY **z**
☕ 675 – **53 hab** 7000/10350.

Honoris, Camino Viejo de Bunyola 76, ✉ 07007, ☎ 29 00 07 – ▤. AE ⓓ E VISA DU **n**
cerrado sábado mediodía domingo y agosto – Com carta aprox 4500.

Gran Dragón, Friedrich Holderlin 5 ☎ 28 02 00, rest Chino – ▤. AE ⓓ E VISA. ✗ EY
Com carta 2150 a 3310.

✿ **Xoriguer,** Fábrica 60, ✉ 07013, ☎ 28 83 32 – ▤. AE E VISA CV **a**
cerrado domingo y festivos – Com carta 2500 a 4450
Espec. Pescados marinados al eneldo, Hígado de pato con melón, Blanco y negro de chocolate.

Ca'n Juanito, Aragón 11, ✉ 07005, ☎ 46 10 65 – ▤ HY **t**

Peppone, Bayarte 14, ✉ 07013, ☎ 45 42 42, Cocina italiana – ▤. AE ⓓ E VISA. ✗
cerrado domingo y lunes mediodía – Com carta 2430 a 3330. EY **d**

Parlament, Conquistador 11, ✉ 07001, ☎ 72 60 26 – ▤. ✗ FZ **e**
cerrado domingo y agosto – Com carta 2200 a 4150.

La Lubina, Muelle Viejo, ✉ 07012, ☎ 72 33 50, ≤, 🌂, Pescados y mariscos – ▤. AE ⓓ E VISA. ✗ EZ **c**
Com carta 3100 a 5300.

Caballito de Mar, paseo de Sagrera 5, ✉ 07012, ☎ 72 10 74, 🌂 – ▤. AE ⓓ E VISA. ✗ EZ **a**
Com carta 2650 a 3800.

Le Bistrot, Teodoro Llorente 4, ✉ 07011, ☎ 28 71 75, Cocina francesa – ▤. AE VISA. ✗ EY **a**
cerrado domingo y julio – Com carta 2195 a 3170.

Casa Gallega, Pueyo 4, ✉ 07003, ☎ 72 11 41, Cocina gallega – ▤. E VISA. ✗ GY **a**
Com carta 2250 a 4030.

Los Gauchos, San Magín 78, ✉ 07013, ☎ 28 00 23, Carnes – ▤. AE ⓓ E VISA. ✗ – *cerrado domingo* – Com carta 2125 a 2645. EY **f**

Casa Sophie, Apuntadores 24, ✉ 07012, ✆ 72 60 86, Cocina francesa – ▤. AE ① E VISA — EZ u
cerrado domingo, lunes mediodía y diciembre – Com (sólo cena en julio-agosto) carta 2600 a 3750.

Ca'n Nofre, Manacor 27, ✉ 07006, ✆ 46 23 59 – ▤. AE ① E VISA. ✻ — HY a
cerrado miércoles noche, jueves y febrero – Com carta 1375 a 2625.

Celler Payés, Felipe Bauzá 2, ✉ 07012, ✆ 72 60 36 – VISA. ✻ — FZ a
cerrado sábado noche, domingo, 18 días en julio y 18 días en Navidades – Com carta 1700 a 2500.

Al Oeste de la Bahía :

al borde del mar :

Meliá Victoria, av. Joan Miró 21, ✉ 07014, ✆ 23 25 42, Telex 68558, Fax 45 08 24, ≤ ciudad y bahía, 余, Fá, ⛱, – |‡| ▤ TV ☎ P – 🔏 25/120. AE ① E VISA. ✻ — BV u
Com carta 4250 a 5250 – ☐ 1700 – **167 hab** 14000/26500.

Sol Palas Atenea, paseo Marítimo 29, ✉ 07014, ✆ 28 14 00, Telex 69644, Fax 45 19 89, ≤, ⛱ climatizada – |‡| ▤ TV ☎ – 🔏 25/300. AE ① E VISA. ✻ — BV e
Com (sólo cena-buffet) 2500 – **370 hab** ☐ 11500/18400.

Sol Bellver, paseo Marítimo 11, ✉ 07014, ✆ 73 80 08, Telex 69643, Fax 73 14 51, ≤ bahía y ciudad, ⛱ – |‡| ▤ TV ☎ – 🔏 25/150. AE ① E VISA. ✻ — CV v
Com (solo buffet) 2300 – ☐ 1050 – **393 hab** 11850/16200.

Mirador, paseo Marítimo 10, ✉ 07014, ✆ 73 20 46, Fax 73 39 15, ≤ – |‡| TV ☎. AE ① E VISA. ✻ — CV x
Com (sólo buffet) 2215 – ☐ 545 – **78 hab** 5840/9100 – PA 4225.

Bahía Mediterráneo, paseo Marítimo 33 - 5°, ✉ 07014, ✆ 45 76 53, Fax 72 46 56, ≤ bahía, 余, « Terraza » – ▤. AE ① E VISA. ✻ — BVX u
Com carta 4250 a 5500.

Mediterráneo 1930, paseo Marítimo 33, ✉ 07014, ✆ 45 88 77, Fax 68 26 14, 余 – ▤. AE E VISA. ✻ — BVX u
Com carta 3100 a 4200.

Zarzagán, paseo Marítimo 13, ✉ 07014, ✆ 73 74 47, ≤ – ▤. AE ① E VISA. ✻ — BV v
cerrado sábado mediodía y domingo – Com carta 3350 a 4475.

✿ **Koldo Royo,** Paseo Marítimo 3, ✉ 07014, ✆ 45 70 21, Fax 28 70 60, ≤ – ▤. AE E VISA
cerrado sábado mediodía, domingo y febrero – Com carta 5400 a 6700 — CV c
Espec. Lasaña de buey de mar con vinagreta de setas, Serviola a la parrilla con pisto y verduras (junio-octubre), Becada braseada (temporada de caza)..

Es Recó d'En Xesc, paseo Marítimo 17 (junto Auditorium), ✉ 07014, ✆ 45 40 20, 余 — BV e

en Terreno BVX – ☎ 971 :

Rex sin rest, Luis Fábregas 4, ✉ 07014, ✆ 73 03 65, Fax 73 04 48, ⛱ – |‡| ☎. AE ① E VISA. ✻ — BV a
abril- octubre – ☐ 300 – **72 hab** 4300/5400.

en La Bonanova BX – ✉ 07015 Palma – ☎ 971 :

Valparaíso Palace ⛰, Francisco Vidal 23, ✉ 07015, ✆ 40 04 11, Telex 68754, Fax 40 59 04, 余, « Magnífica situación con ≤ Palma, bahía y puerto », ⛱, ⛱, ⛱, ✻ – |‡| ▤ TV ☎ P – 🔏 25/250. AE ① E VISA. ✻ — BX f
Com carta 3000 a 4850 – ☐ 2375 – **150 hab** 12250/21400.

Majórica ⛰, Garita 3, ✉ 07015, ✆ 40 02 61, Telex 69309, Fax 40 33 58, ≤ Palma, bahía y puerto, ⛱ – |‡| ☎ – 🔏 25/80. AE ① E VISA. ✻ — BX z
Com (sólo buffet) 1750 – ☐ 700 – **153 hab** 6050/9800 – PA 3000.

Samantha's, Francisco Vidal Sureda 115 ✆ 70 00 00, Fax 70 09 99 – ▤ P. AE ① E VISA. ✻ — AX c
Com carta aprox. 5500.

en Génova - AV – ✉ 07015 Génova – ☎ 971 :

Son Berga, carret. Génova km 4 ✆ 45 38 69, 余, Decoración típica regional – P. AE ① E VISA JCB. ✻ — AV a
– Com carta 2150 a 3925.

en Porto Pí - BX – ✉ 07015 Palma – ☎ 971 :

✿ **Porto Pí,** Joan Miró 174 ✆ 40 00 87, 余, « Antigua villa mallorquina » – ▤. AE E VISA. ✻
cerrado sábado mediodía y domingo – Com carta 3750 a 5600 — BX e
Espec. Tarrina de foie hecha en casa, Brocheta de chuletitas de cordero al romero (enero-junio), Mousse de queso fresco con salsa de canela.

Carena, Joan Miró 166 ✆ 70 22 50, Fax 40 33 20 – ▤ ⛟. AE E VISA. ✻ — BX x
cerrado sábado mediodía y domingo – Com carta 2750 a 3850.

Rififi, Joan Miró 182, ✉ 07015, ✆ 40 20 35, Fax 40 09 06, Pescados y mariscos – ▤. AE ① E VISA JCB. ✻ – *cerrado martes y enero* – Com carta 2300 a 3250. — BX p

PALMA DE MALLORCA

Adrià Ferràn	DV 2
Andrea Doria	BV 5
Arquebisbe Aspáreg	DV 12
Arquitecte Bennàzar (Av.)	CU 15
Capità Vila	DV 26
Del Pont (Pl.)	CV 45
Espartero	CV 48
Federico García Lorca	BV 51
Fra Juníper Serra	BCV 54
Francesc M. de los Herreros	DV 61
Francesc Pi i Margall	DV 63
General Ricardo Ortega	DV 74
Guillem Forteza	CU 79
Jaume Balmes	CU-DV 82
Joan Crespí	CV 85
Joan Maragall	CDV 88
Joan Miró (Av.)	BVX 90
Josep Darder	DV 93
Marquès de la Sènia	BCV 101
Niceto Alcalá Zamora	CV 107
Pere Garau (Pl.)	DV 110
Quetglas	CV 113
Rosselló i Caçador	CU 128
Teniente Coronel Franco (Pl.)	DV 152
Valldemossa (Carret. de)	CU 155

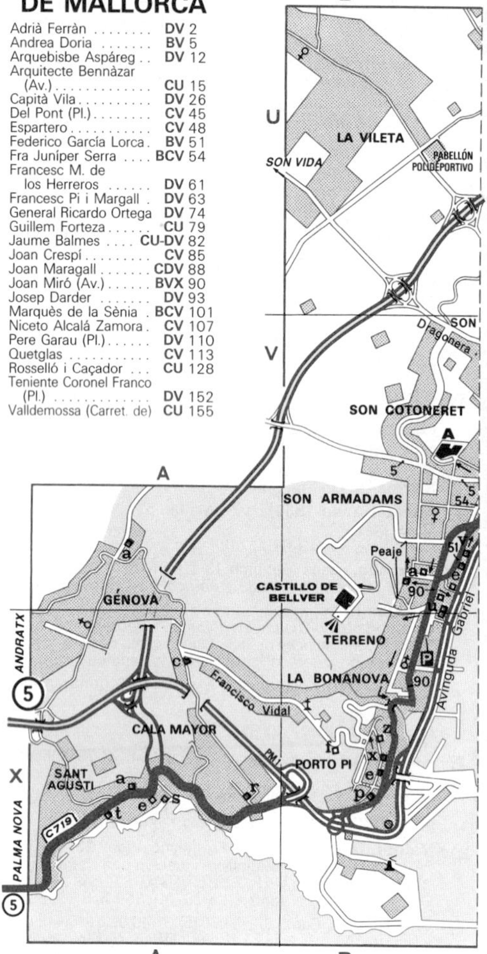

en Cala Mayor (carretera de Andratx) AX – ✉ 07015 Palma – ☎ 971 :

Playa Cala Mayor, Guillem Diaz Plaja 2, ✉ 07015, ☎ 40 32 13, Telex 69309, Fax 70 05 23, ←, ⛱ – |♿| ▤ ☎. AE ⓓ E VISA. ✗ AX **s**
Com (sólo buffet) 1750 – ☕ 1000 – **143 hab** 7000/13200 – PA 3000.

Santa Ana, Gaviota 9, ✉ 07015, ☎ 40 15 12, Telex 69309, Fax 40 19 33, ←, ⛱ – |♿| ▤ rest Ⓟ. AE ⓓ E VISA. ✗ AX **e**
Com (sólo buffet) 1750 – ☕ 1000 – **190 hab** 8000/10000 – PA 3500.

El Padrino, Juan de Saridakis 2 ☎ 40 19 62, 🍽 – ✗ *cerrado miércoles* – Com carta aprox. 3200. AX **r**

en San Agustín (carretera de Andratx) AX – ✉ 07015 San Agustín – ☎ 971 :

Buona Sera, Joan Miró 299, ✉ 07015, ☎ 40 03 22 – ▤ AX **t**

en Son Vida NO : 6 km BU – ✉ 07013 Son Vida – ☎ 971 :

Son Vida ⛰, ✉ 07015, ☎ 79 00 00, Telex 68651, Fax 79 00 17, 🍽, « Antiguo palacio señorial entre pinos con ← ciudad, bahía y montañas », ⛱, ⛱, 🌳, 🎾, 🏌18 – |♿| ▤ TV ☎ Ⓟ – 🏛 25/200. AE ⓓ E VISA. ✗
Com *(cerrado lunes)* carta 3950 a 6350 – **165 hab** ☕ 22200/28700.

Al Este de la Bahía :

en El Molinar - Cala Portixol DX – ✉ 07006 Palma – ☎ 971 :

Portixol del Molinar, Sirena 27 ☎ 27 18 00, Fax 24 37 58, 🍽, Pescados y mariscos, ⛱ – AE ⓓ E VISA. ✗ DX **u**
Com carta 3000 a 5200.

en Coll d'en Rabassa por ④ : 6 km – ✉ 07007 Palma – ☎ 971 :

Club Náutico Cala Gamba, paseo de Cala Gamba ☎ 26 10 45, ←, 🍽, Pescados y mariscos – ▤. AE ⓓ E VISA. ✗ – *cerrado lunes* – Com carta 3400 a 4600.

en Playa de Palma (Ca'n Pastilla, Las Maravillas, El Arenal) por ④ : 10 y 20 km – ☎ 971

Riu Bravo, Misión de San Diego, ✉ 07600 El Arenal, ☎ 26 63 00, Telex 68693, Fax 26 57 54, « Jardín alrededor de la ⛱ », ⛱ – |♿| ▤ ☎ Ⓟ – 🏛 25/120
Com (sólo buffet) – **199 hab.**

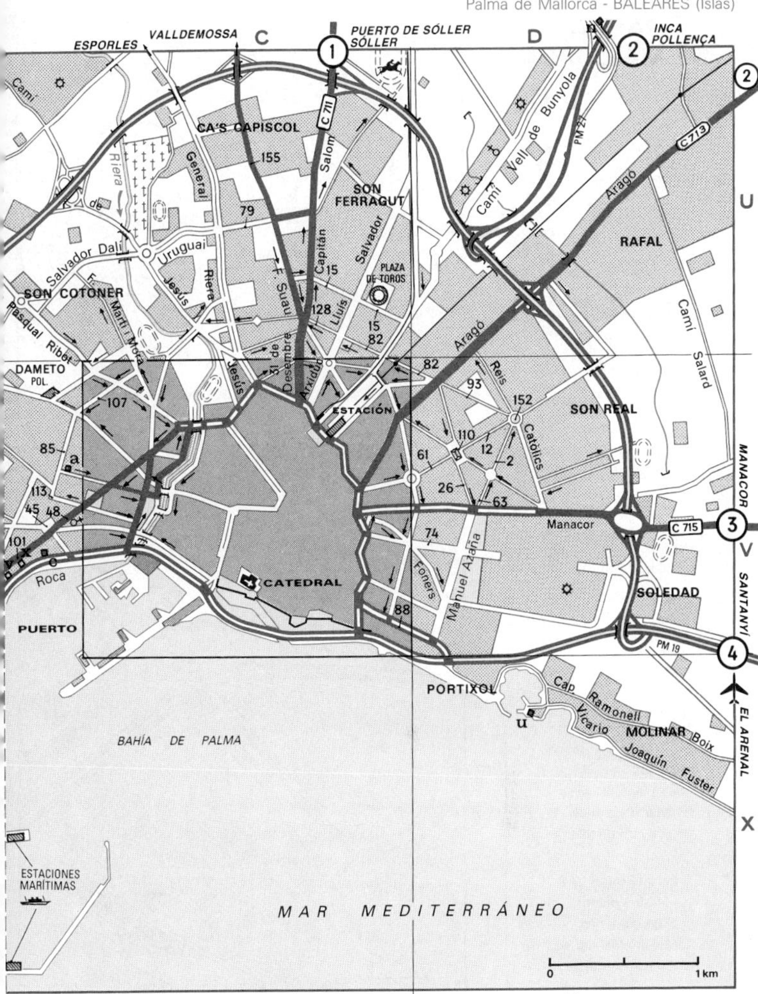

Delta ⛶, carret. de Cabo Blanco km 6,4 - Puig de Ros, ✉ 07609 Cala Blava, ☎ 74 10 00, Telex 69196, Fax 74 10 00, « En un pinar », – 25/200
Com (sólo buffet) – **288 hab.**

Garonda, carret. El Arenal 28, ✉ 07610 Ca'n Pastilla, ☎ 26 22 00, Telex 69920, Fax 26 21 09, ≤, climatizada, – AE VISA.
abril-octubre – Com (sólo buffet) 2250 – 750 – **133 hab** 11750/14500 – PA 3250.

Playa Golf, carret. de El Arenal 366, ✉ 07600 El Arenal, ☎ 26 26 50, Fax 49 18 52, ≤, – rest – 25/60– **222 hab.**

Riu San Francisco, Laud 24, ✉ 07610 Ca'n Pastilla, ☎ 26 46 50, Telex 68693, Fax 26 57 54, ≤, climatizada – – 25/100 – Com (sólo buffet) – **138 hab.**

Cristóbal Colón ⛶, Parcelas, ✉ 07610 Ca'n Pastilla, ☎ 26 27 50, Telex 68751, Fax 49 22 50, – rest.
cerrado noviembre-15 diciembre – Com (sólo buffet) 1500 – 550 – **157 hab** 5100/6400.

Festival, camino Las Maravillas, ✉ 07610 Ca'n Pastilla, ☎ 26 62 00, Telex 68693, Fax 26 57 54, Césped con arbolado, climatizada, – – 25/250
Com (sólo buffet) – **216 hab.**

PALMA DE MALLORCA

Born (Pas. des)	FYZ	21
Jaume III (Av.)	EY	
Antoni Maura (Av.)	FZ	7
Apuntadors	EZ	10
Arxiduc Lluís Salvador	GY	18
Bosseria	GY	23
Can Savellá	GZ	25
Can Serra	GZ	26
Caputxins	GY	28
Cardenal Reig (Pl.)	GHY	31
Conquistador	FZ	34
Constitució	FZ	36
Convent Sant Francesc	GZ	39
Corderia	GYZ	42
Francesc Barceló i Combis	HY	56
Francesc Martí i Mora	EY	58
Friedrich Hölderlin	EY	66
Gabriel Alomar i Villalonga (Av.)	HYZ	69
Gabriel Roca (Av.)	EZ	71
Gloria (Forn de la)	EZ	76
Josep Tous i Ferrer	GY	95
Julià Álvarez	GY	98
Mercat (Pl.)	FY	102
Morei	GZ	104
Rafael Rodríguez Mendez	EY	116
Ramón Llull	GZ	118
Rei Joan Carles I (Pl.)	FY	121
Reina (Pl. de la)	FZ	123
Riera	GY	125
Rubén Darío	FY	130
Sant Francesc (Pl.)	GZ	133
Sant Gaieta	FY	135
Santa Eulalia (Pl.)	GZ	141
Temple (Pl.)	HZ	149

Pour un bon usage des plans de villes, voir les signes conventionnels.

Para el buen uso de los planos de ciudades, consulte los signos convencionales.

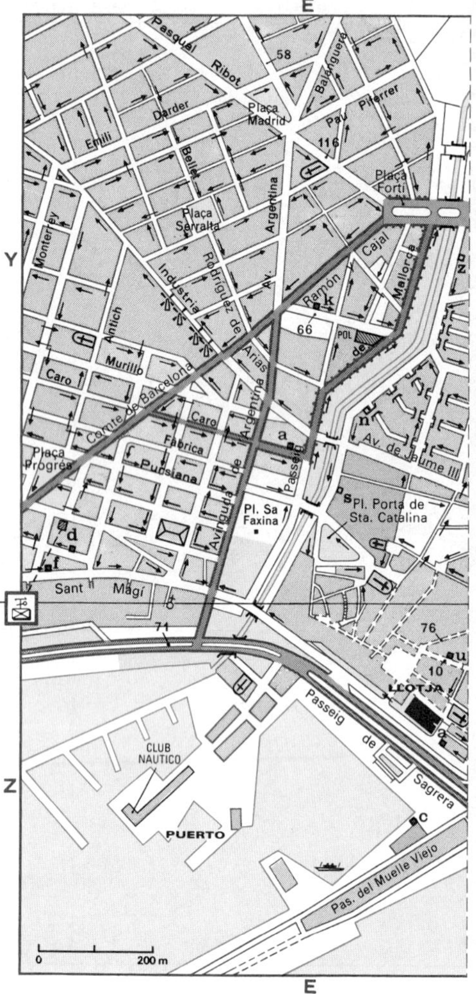

Royal Cupido, Marbella 32, ✉ 07610 Ca'n Pastilla, ☎ 26 43 00, Telex 68504, Fax 20 12 67, ≤, 🏊 - 🛗 ▤ rest ☎ 🅿 - 🏋 25/100. AE ⓞ E VISA. ✂
Com (sólo buffet) 1350 - ☕ 750 - **197 hab** 10400/13000 - PA 2930.

Acapulco Playa, carret. de el Arenal 21, ✉ 07610 Ca'n Pastilla, ☎ 26 18 00, Telex 69639, Fax 26 80 85, ≤, 🏊, 🏊 - ▤ rest TV ☎
Com (sólo buffet) - **143 hab.**

Leman, av. Son Rigo 6, ✉ 07610 Ca'n Pastilla, ☎ 26 07 12, Fax 49 25 20, ≤, 🏋, 🏊, 🏊 - 🛗 ▤ rest ☎ - Com (sólo buffet)
98 hab.

Aya, carret. de el Arenal 60, ✉ 07600 El Arenal, ☎ 26 04 50, Fax 26 62 16, ≤, 🏊, 🌳 - 🛗 ▤ rest ☎ - *temp.* - Com (sólo buffet)
145 hab.

Neptuno, Laud 34, ✉ 07620 El Arenal, ☎ 26 00 00, ≤, 🏊 - 🛗 ☎
temp. - Com (sólo buffet)
105 hab.

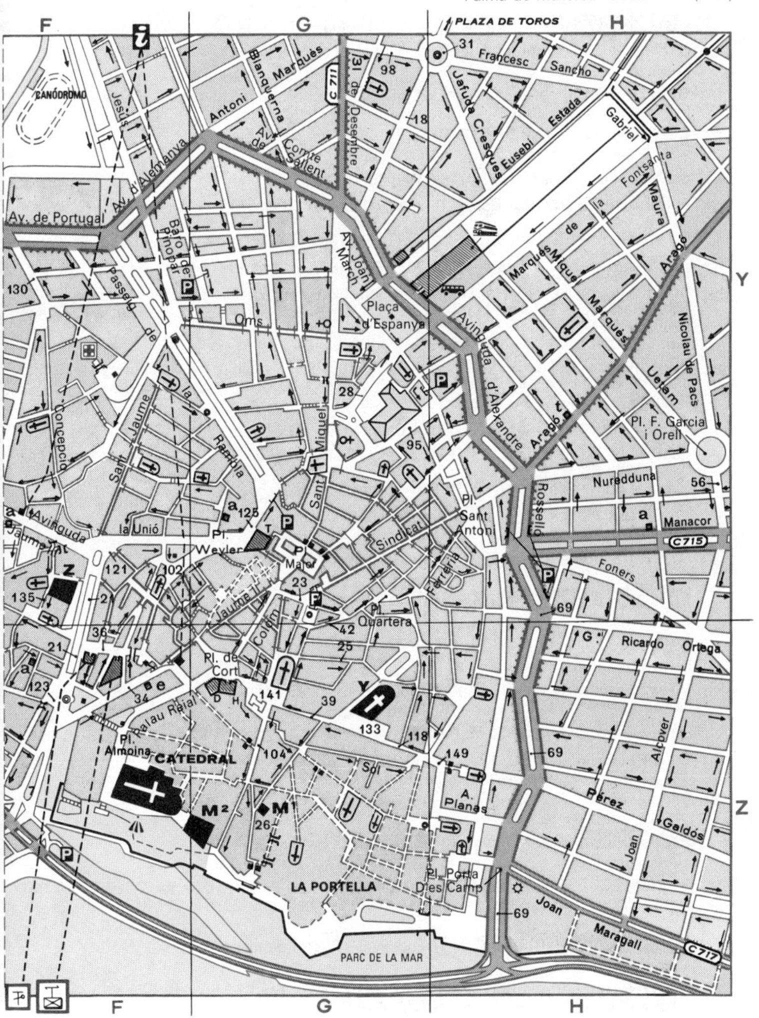

🏨 **Boreal,** Mar Jónico 9 ✆ 26 21 12, Fax 26 21 12, 🏊, 🌳, 🎾 - 🛗 ▤ rest ☎. 🚫🐕
cerrado 31 octubre-15 diciembre - Com 1110 - ☕ 320 - **64 hab** 3720/6480 - PA 2160.

🏨 **Luxor y apartamentos Luxor Playa,** av. Son Rigo 23, ✉ 07610 Ca'n Pastilla, ✆ 26 05 12, Fax 49 25 09, 🏊, 🎾 - 🛗 ▤ rest ☎. 🚫🐕
cerrado 31 octubre-15 diciembre - Com (sólo buffet) 1110 - ☕ 320 - **46 hab** 3720/6480, 40 apartamentos - PA 2160.

XX **Ca's Cotxer,** carret. de El Arenal 31, ✉ 07600 Ca'n Pastilla, ✆ 26 20 49 - ▤. AE ⓓ E VISA. 🚫🐕
cerrado miércoles (noviembre-abril) y 7 enero-febrero - Com carta 2150 a 3950.

XX L'Arcada, av. Son Rigo 2, ✉ 07610 Ca'n Pastilla, ✆ 26 14 50, Telex 69920, Fax 26 21 09, <, 🌂
temp.

X **Nuevo Club Naútico El Arenal,** Roses, ✉ 07600 El Arenal, ✆ 26 91 67, <, 🌂 - Ⓟ. AE ⓓ E VISA. 🚫🐕
cerrado lunes - Com carta 3150 a 4250.

Palma Nova **07181** 443 N 37 – 971 – Playa.

18 Poniente, zona de Magaluf 72 36 15 – pl. Magaluf, 13 11 26 (Magaluf).

Palma 14.

Gran Dragón II, paseo del Mar 2 68 13 38, ≤, Rest. chino – AE E VISA
Com carta 1650 a 2680.

Ciro's, paseo del Mar 3 68 10 52, ≤, – AE E VISA
Com carta 2750 a 4250.

en Magaluf S : 1 km – 07182 Magaluf – 971 :

Flamboyan, Martín Ros García 16 68 04 62, Fax 68 22 67, – rest AE E VISA
28 abril-octubre – Com 1300 – 600 – **128 hab** 5800/9600 – PA 3200.

por la carretera de Palma – 07011 Portals Nous – 971 :

Son Caliu, NE : 2 km Urbanización Son Caliu 68 22 00, Telex 68686, Fax 68 37 20, « Jardín alrededor de la piscina », – 25/200. AE E VISA JCB. rest
Com 2200 – 1000 – **230 hab** 8500/14000.

Punta Negra, NE : 2,5 km 68 07 62, Fax 68 39 19, ≤ bahía, « Magnífica situación al borde de una cala », – 25/40. AE E VISA
Com 3300 – 2000 – **69 hab** 13800/25600.

en Cala Viñas S : 3 km – 07184 Cala Viñas – 971 :

Cala Viñas, Sirenas 13 11 00, Telex 68724, Fax 13 09 82, ≤, climatizada, –
temp. – Com (sólo buffet) – **250 hab**, 25 apartamentos.

en Portals Vells - por la carretera del Golf Poniente SO : 8,5 km – 07184 Calviá – 971 :

Ca'n Pau Perdiueta, Ibiza 5 (908) 13 61 72, Pescados y mariscos.

Pollensa o **Pollença** **07460** 443 M 39 – 11 617 h. alt. 200 – 971 – Playa en Puerto de Pollensa.

9 Club de Pollensa 53 32 16.

Palma 52.

Daus, Escalonada Calvari 10 53 28 67 – AE E VISA JCB.
cerrado martes mediodía – Com carta aprox. 4000.

en la carretera del Puerto de Pollensa E : 2 km – 07460 Puerto de Pollensa – 971 :

Ca'n Pacienci, 53 07 87, – E VISA.
cerrado domingo y noviembre-marzo abril-octubre – Com (sólo cena) carta aprox. 4000.

Garroverar, 53 06 59, –

Pont D'Inca **07009** Palma de Mallorca 443 N 38 – 971..

◆ Palma 5.

S'Altell, av. Antonio Maura 69 (carret. de Inca C 713) 60 10 01 – AE E VISA.
cerrado domingo, lunes y agosto – Com (sólo cena) carta 2250 a 2900.

Portals Nous **07015** 443 N 37 – 971 – Puerto deportivo.

◆ Palma 5.

Tristán, Puerto Portals 67 55 47, Telex 69804, Fax 67 54 03, ≤, « Elegante terraza en el puerto deportivo » – AE E VISA.
cerrado lunes y 7 enero-25 febrero – Com (sólo cena) carta 4400 a 6900
Espec. Savarín de salmón con verduras en vinagreta, Lomo de cordero en costra de olivas y patatas, Soufflé marbré con sabayon de mocca..

Porto Colom **07670** 443 N 39 – 971 – Playa – Palma 63.

Celler Sa Sinia, Pescadores 25 82 43 23 – AE E VISA.
cerrado lunes y diciembre-15 febrero – Com carta 2950 a 3400.

Porto Cristo **07680** 443 N 40 – 971 – Playa.

Alred. : Cuevas del Drach★★★ S : 1 km – Cuevas del Hams (sala de los Anzuelos★) O : 1,5 km.

Gual 31 A 57 01 68.

Palma 62.

Ses Comes, av. de los Pinos 50 82 12 54 – AE E VISA
cerrado lunes salvo festivos y 15 noviembre-15 diciembre – Com carta 2125 a 4930.

Sa Carrotja, av. Amer 45 82 15 03 – AE E VISA
cerrado 16 noviembre-15 diciembre – Com carta 1800 a 3000.

Porto Petro **07691** 443 N 39 – ☎ 971.
Alred. : Cala Santany (paraje★) SO : 16 km.
Palma 65.

Nereida, Patrons Martina 34 ✆ 65 72 23, Fax 65 92 35, ≤, 🏊, 🎾 – 🚫
mayo-octubre – Com 1000 – ☕ 600 – **43 hab** 4200/5000 – PA 2000.

Puerto de Alcudia **07410** 443 M 39 – ☎ 971 – Playa.
🅸 carret. de Artá 68, ✆ 89 26 15.
Palma 54.

Golf Garden, av. Reina Sofía ✆ 89 24 26, Fax 89 24 26, ≤, 🏖, 🏊, 🌳 – 🛗 ▤ 📺 ☎. AE E VISA. 🚫
abril-octubre – Com (sólo buffet) 1850 – ☕ 600, **117 apartamentos** 13500/17000.

Puerto de Andraitx o **Puerto de Andratx** **07157** 443 N 37 – ☎ 971.
Alred. : Paraje★ – recorrido en cornisa★★★ de Puerto de Andraitx a Sóller.
Palma 33.

Brismar, av. Almirante Riera Alemany 6 ✆ 67 16 00, ≤, 🏖 – 🛗 ☎ 🅿. AE ⓓ E VISA. 🚫
6 febrero-13 noviembre – Com 1400 – ☕ 650 – **56 hab** 4300/6400 – PA 2900.

Layn, av. Almirante Riera Alemany 19 ✆ 67 18 55, ≤, 🏖 – AE ⓓ E VISA JCB
cerrado lunes y 4 noviembre-20 diciembre – Com carta 2825 a 3650.

Miramar, av. Mateo Bosch 22 ✆ 67 16 17, ≤, 🏖 – AE ⓓ E VISA JCB
cerrado lunes salvo julio-agosto y 20 diciembre-20 enero – Com carta 3750 a 4560.

Rocamar, av. Almirante Riera Alemany 32 bis ✆ 67 12 61, ≤, 🏖, pescados y mariscos – AE E VISA. 🚫
cerrado lunes salvo festivos y diciembre-15 enero – Com carta 2550 a 4950.

Puerto de Pollensa o **Puerto de Pollença** **07470** 443 M 39 – ☎ 971 – Playa.
Ver : Paraje★.
Alred. : Carretera★ de Puerto de Pollensa al Cabo Formentor★ : Mirador d'Es Colomer★★★ – Cabo Formentor★.
Palma 58.

Illa d'Or 🔇, paseo Colón 265 ✆ 86 51 00, Fax 86 42 13, ≤, « Terraza con árboles », 🎾 – 🛗 ▤ ☎
119 hab.

Daina, Atilio Boveri 1 ✆ 53 12 50, Fax 53 33 22, ≤, 🏊 – 🛗 ▤ rest ☎. AE E VISA. 🚫
marzo-noviembre – Com (sólo cena) 2300 – ☕ 850 – **67 hab** 5930/11050.

Uyal, paseo de Londres ✆ 86 55 00, Fax 53 33 32, ≤, « Terraza con árboles », 🏊, 🎾 – 🛗 ▤ rest 🅿
temp. – **105 hab.**

Miramar, paseo Anglada Camarasa 39 ✆ 53 14 00, Fax 86 40 75 – 🛗 ▤ hab ☎. AE E VISA. 🚫
mayo-octubre – Com 1750 – ☕ 525 – **69 hab** 5300/7660 – PA 3500.

Pollentia, paseo de Londres ✆ 53 12 00, Fax 53 12 00, ≤, « Terraza con palmeras » – 🛗 ☎
temp. – **70 hab.**

Capri, paseo Anglada Camarasa 69 ✆ 53 16 00, Telex 69708, Fax 53 33 22, 🏖 – 🛗 ☎
temp. – Com (sólo cena) – **33 hab.**

Panorama, urb. Gommar 5 ✆ 86 51 92, Fax 86 51 92, 🏊 – 🅿. AE ⓓ E VISA JCB. 🚫
mayo-octubre – Com (sólo cena) 1600 – ☕ 600 – **40 hab** 4000/6000 – PA 3230.

Bec Fi, paseo Anglada Camarasa 91 ✆ 53 10 40, 🏖, Carnes y pescados a la parrilla – AE ⓓ E VISA. 🚫
cerrado lunes y diciembre-enero – Com carta 2955 a 5265.

Ca'n Pep, Virgen del Carmen ✆ 86 40 10, 🏖, Decoración regional – ▤ 🅿.

Nabucco, Mendez Nuñez 3 ✆ 53 16 55, 🏖 – ▤. AE ⓓ E VISA. 🚫
cerrado miércoles, diciembre y enero – Com carta 2500 a 3000.

Stay, Estación Marítima ✆ 86 40 13, ≤, 🏖, Terraza frente al mar – AE E VISA JCB
cerrado lunes en invierno – Com carta 2950 a 4200.

Hibiscus, carret. de Formentor 5 ✆ 53 14 84, 🏖 – ▤
temp. – Com (sólo cena).

Lonja del Pescado, Muelle Viejo ✆ 53 00 23, ≤, 🏖, Pescados y mariscos – ▤. E VISA
cerrado miércoles y noviembre-enero – Com carta 3400 a 4300.

en la carretera de Alcudia S : 3 km – ✉ 07470 Puerto de Pollensa – ☎ 971 :

Ca'n Cuarassa, ✆ 86 42 66, ≤, 🏖 – AE E VISA
cerrado lunes y noviembre-febrero – Com carta 2200 a 3595.

Puerto de Sóller **07108** 443 M 38 - 971 - Playa.

de la Iglesia 3 63 42 82.

Palma 35.

Edén, Es Travé, 26 63 16 00, Fax 63 36 56, - . AE E VISA.
10 abril-octubre - Com 2100 - 625 - **152 hab** 3500/5000 - PA 4100.

Edén Park sin rest, Lepanto 63 12 00, Fax 63 36 56 - . AE E VISA.
mayo-15 octubre - 625 - **64 hab** 3500/5000.

Es Canyis, platja de'n Repic 63 14 06, Fax 63 30 18, - . AE E VISA.
marzo-noviembre - Com *(cerrado domingo noche y lunes salvo en verano)* carta 2000 a 3200.

Randa **07629** Palma de Mallorca 443 N 38 - 971.

Palma 26.

Es Recó de Randa con hab, Font 13 66 09 97, Fax 66 25 58, « Terrazas » - . E VISA.
Com carta 2900 a 4150 - 1500 - **8 hab** 8500/14000.

San Juan (Balneario de) **07630** 443 N 39 - 1 964 h. - 971.

Palma 50.

El Pórtico, carret. de Campos 65 61 08, cocina italo-francesa - . E VISA.
cerrado domingo mediodía en verano, lunes y martes en invierno y 15 enero-15 febrero - Com carta 3200 a 5250.

San Telmo **07159** 443 N 37 - 971 - Playa.

Palma 35.

Arlequín, Cala es Cunills 14 67 44 50, ≤, .

San Salvador 443 N 39 alt. 509.

Ver : Monasterio★ (✻★★).

Palma 55 - Felanitx 6.

Hoteles y restaurantes ver : Cala d'Or SE : 21 km.

Santa Ponsa **07180** 443 N 37 - 971 - Playa.

18 Santa Ponsa, 69 02 11.

vía Puig de Galatzó 69 17 12.

Palma 20.

Bahía del Sol, vía Jaime I - 74 69 11 50, Fax 69 06 50, , , - - 25/80. AE E VISA. rest
cerrado noviembre - Com (sólo buffet) 1600 - 800 - **201 hab** 6000/10000 - PA 3200.

Casablanca, vía Rey Sancho 6 69 03 61, Fax 69 05 51, ≤, - . rest
mayo-octubre - Com 1000 - 400 - **87 hab** 4000/6000 - PA 1900.

Miguel, vía Jaime I - 92 69 09 13, - . E VISA.
marzo-octubre - Com *(cerrado lunes)* carta 2500 a 4500.

La Rotonda, vía Jaime I - 105 69 02 19, - E VISA
cerrado lunes y 20 diciembre-20 enero - Com carta 2700 a 3800.

Jackie's, Puig de Galatzo 18 69 00 67, - AE E VISA
marzo-noviembre - Com carta aprox. 2800.

S'Illot **07687** 443 N 40 - 971.

Palma 66.

Club S'Illot, Cala Moreya 81 00 34, Fax 81 04 89, - rest . E VISA.
cerrado 7 noviembre-19 diciembre - Com 2600 - 1200 - **59 hab** 3675/6700 - PA 5300.

La Gamba de Oro, Cami de la Mar 25 81 04 97 - .

Sóller **07100** 443 M 38 - 9 693 h. alt. 54 - 971 - Playa en Puerto de Sóller.

pça. de Sa Constitució 1 63 02 00.

Palma 30.

El Guía con hab (abril-octubre), Castañer 3 63 02 27 - AE E VISA.
Com *(cerrado lunes en invierno)* carta 2350 a 3900 - 450 - **16 hab** 2000/4000.

en el camino de Son Puça NO : 2 km - 07100 Soller - 971

Ca N'Ai con hab, 63 24 94, , Casa de campo mallorquina, - . E VISA.
cerrado diciembre - Com *(cerrado lunes)* carta 3050 a 4000 - 1000 - **8 hab** 10000/22000.

Ver también : ***Puerto de Sóller*** NO : 5 km.

Son Servera 07550 443 N 40 – 5 180 h. alt. 92 – 971 – Playa.
de Son Servera NE : 7,5 km 56 78 02.
Palma 64.

en la carretera de Capdepera NE : 3 km – 07550 Son Servera – 971 :

S'Era de Pula, 56 79 40, Fax 56 71 51, Decoración rústica regional – P.

en Cala Millor SE : 3 km – 07560 Cala Millor – 971 :

Son Floriana, urb. Son Floriana 58 60 75, Decoración rústica regional – P.

en Costa de los Pinos NE : 7,5 km – 07559 Costa de los Pinos – 971 :

Eurotel Golf Punta Rotja, 56 76 00, Telex 68666, Fax 56 77 37, mar y montaña, « En un pinar », climatizada, – P – 25/100. AE E VISA. rest
27 marzo-9 noviembre – Com 2500 – 1300 – **212 hab** 13650/17900 – PA 4450.

Valdemosa o **Valldemossa** 07170 443 M 37 – 1 161 h. alt. 427 – 971.
Cartuja de Valldemosa 61 21 06.
Palma 17.

Ca'n Pedro, av. Archiduque Luis Salvador 61 21 70, Mesón típico – E VISA.
cerrado domingo noche y lunes – Com carta 1925 a 3150.

en la carretera de Andraitx O : 2,5 km – 07170 Valdemosa – 971 :

Vistamar con hab, 61 23 00, Fax 61 25 83, « Conjunto de estilo mallorquín », – TV P. AE E VISA JCB. hab
febrero-octubre – Com carta 3550 a 4900 – 1400 – **16 hab** 20000/26000.

MENORCA

Alayor o **Alaior** 07730 443 M 42 – 5 706 h. – 971.
Mahón 12.

en la urbanización Torre Solí Nou SO : 9 km – 07730 Alayor – 971

San Valentín, apartado 7, 37 26 02, Fax 37 23 75, – TV P – 25/100
temp. – Com (sólo buffet) – **214 hab**, 96 apartamentos.

en la Playa de Son Bou SO : 8,5 km – 07730 Playa de Son Bou – 971 :

Club San Jaime, urb. San Jaime 37 27 87, – AE E VISA.
mayo-octubre – Com (sólo cena salvo festivos) carta 3100 a 4100.

Ciudadela o **Ciutadella de Menorca** 07760 443 M 41 – 17 580 h. – 971.
Ver : Localidad★.
Mahón 44.

Patricia sin rest, paseo San Nicolás 90 38 55 11, Fax 48 11 20 – TV – 25/110. AE E VISA JCB.
750 – **44 hab** 9800/14900.

Casa Manolo, Marina 117 38 00 03, – AE E VISA
cerrado domingo en invierno y 10 diciembre-10 enero – Com carta 3450 a 5300.

El Comilón, pl. Colón 47 38 09 22, – AE E VISA.
cerrado lunes y enero – Com carta 2650 a 3480.

Cas Quintu, pl. Alfonso III - 4 38 10 02, – AE E VISA.
cerrado del 1 al 15 diciembre – Com carta 3350 a 5000.

El Horno, D'es Forn 12 38 07 67 – AE E VISA.
Semana Santa-octubre – Com carta 2050 a 3300.

Racó d'es Palau, Palau 3 38 54 02,
temp. –.

en la carretera del cabo d'Artruix S : 3 km – 07760 Ciudadela – 971 :

Es Caliu, apartado 216, 38 01 65, Carnes a la brasa, Decoración rústica – P.

Es Castell 07720 443 M 42 – 971.
Mahón 3.

Rey Carlos III, Carlos III - 2 36 31 00, Telex 69767, Fax 36 31 08, « Amplias terrazas », – rest. E VISA.
mayo-octubre – Com 1700 – 450 – **87 hab** 5500/8000 – PA 3200.

Agamenón, paraje Fontanillas 18, apartado 18, 36 21 50, Fax 36 21 54, – rest P. AE E VISA.
mayo-30 octubre – Com 2400 – 800 – **75 hab** 6600/9000.

Ferrerías o **Ferreries** **07750** 443 M 42 - 3 038 h. - 971.

Mahón 29.

en Cala Galdana SO : 7 km - 07750 Cala Galdana - 971 :

Cala Galdana, 37 30 00, Fax 37 30 26, - rest. AE E VISA.
mayo-octubre - Com 2415 - 630 - **204 hab** 4725/8820 - PA 4410.

Tornare, 37 30 00, Fax 37 30 26, - . AE E VISA.
mayo-octubre - Com carta 2750 a 3800.

Fornells **07748** 443 L 42 - 971.

Mahón 30.

S'Ancora, Poeta Gumersindo Riera 8 37 66 70, - . AE E VISA.
cerrado lunes y 15 enero-15 febrero - Com carta 2900 a 7550.

Es Cranc, Escoles 29 37 64 42 - E VISA.
cerrado miércoles, diciembre y enero - Com carta 2900 a 4200.

Mahón o **Maó** **07700** 443 M 42 - 22 926 h. - 971.

Ver : Emplazamiento★, La Rada★.

Real Club de Menorca, Urbanización Shangri-la N : 7 km 36 37 00 - Club Son Parc, zona Son Parc N : 18 km 36 88 06.

de Menorca, San Clemente SO : 5 km 36 15 77 - Aviaco : aeropuerto 36 56 73.

para la Península y Mallorca : Cía Trasmediterránea, Nuevo Muelle Comercial, 36 28 47, Telex 68888.

pl. Explanada 40, 07703, 36 37 90 - R.A.C.E. Portal del Mar 6 A 36 28 03.

Port Mahón, av. Fort de l'Eau 13, 07700, 36 26 00, Fax 35 10 50, - 25/50. AE E VISA.
Com 2300 - 1050 - **74 hab** 11650/18650 - PA 5775.

Mirador des Port, Dalt Vilanova, 07701, 36 00 16, Fax 36 73 46, - 25. AE E VISA.
Com 1800 - 700 - **70 hab** 7200/10800 - PA 3200.

Capri sin rest, con cafetería, Miguel de Veri 20, 07703, 36 14 00, Fax 35 08 53 - . AE E VISA.
850 - **75 hab** 8190/10865.

Jàgaro, Moll de Llevant 334 (puerto), 07701, 36 23 90, - . AE E VISA.
Com carta 3100 a 4175.

Club Marítimo, Moll de Llevant 287 (puerto), 07701, 36 42 26, Fax 36 07 62, - AE E VISA.
cerrado domingo noche de noviembre-abril - Com carta aprox. 5000.

Gregal, Moll de Llevant 306 (puerto), 07701, 36 66 06, - . AE E VISA JCB.
Com carta 2940 a 3790.

El Greco, Las Moreras 49, 07700, 36 43 67.

Pilar, Es Forn 61, 07702, 36 68 17, Cocina regional - AE E VISA.
cerrado domingo y enero - Com (sólo cena en verano) carta aprox. 3000.

en Cala Fonduco E : 1 km - 07720 Es Castell - 971

Rocamar con hab, 36 56 01, Fax 36 52 99, - rest. AE E VISA. hab
cerrado noviembre - Com *(cerrado domingo noche y lunes en invierno)* carta 3150 a 4900 - 400 - **22 hab** 2400/4000.

Mercadal **07740** 443 M 42 - 971.

Alred. : Monte Toro : ★★ (3,5 km).

Mahón 22.

Ca N'Aguedet, Lepanto 30 37 53 91, Cocina regional - . AE E VISA.
Com carta aprox. 3500.

San Luis **07710** 443 M 42 - 2 547 h. - 971.

Mahón 4.

en la carretera de Binibeca SO : 1,5 km - 07710 San Luis - 971

Biniali con hab, carret. S'Uestrá-Binibeca 50 15 17 24, Fax 15 03 52, Casa de campo antigua, decorada con buen gusto, - . AE E VISA JCB.
Semana Santa-octubre - Com carta 2800 a 4100 - 880 - **9 hab** 9600/10750.

IBIZA

Ibiza o Eivissa 07800 443 P 34 – 25 489 h. – 971.

Ver : Emplazamiento★★, La ciudad alta★ (Dalt vila) BZ : Catedral **B** ★ - Museo Arqueológico★ M1 – Otras curiosidades : Museo Monográfico de Puig de Molins★ AZ **M2** (busto de la Diosa Tanit★) - Sa Penya★ BY.

Roca Llisa por ② : 10 km ℰ 31 37 18.

de Ibiza por ③ : 9 km ℰ 30 03 00 – Iberia : av. Ignacio Wallis 8 ℰ 30 09 54 BY y Aviaco, aeropuerto ℰ 30 25 77.

para la Península y Mallorca : Cía. Trasmediterránea, av. Bartolomé Vicente Ramón ℰ 31 50 11, Telex 68866 BY.

Vara de Rey 13 ℰ 30 19 00 – R.A.C.E. Vicente Serra 8 ℰ 31 33 11.

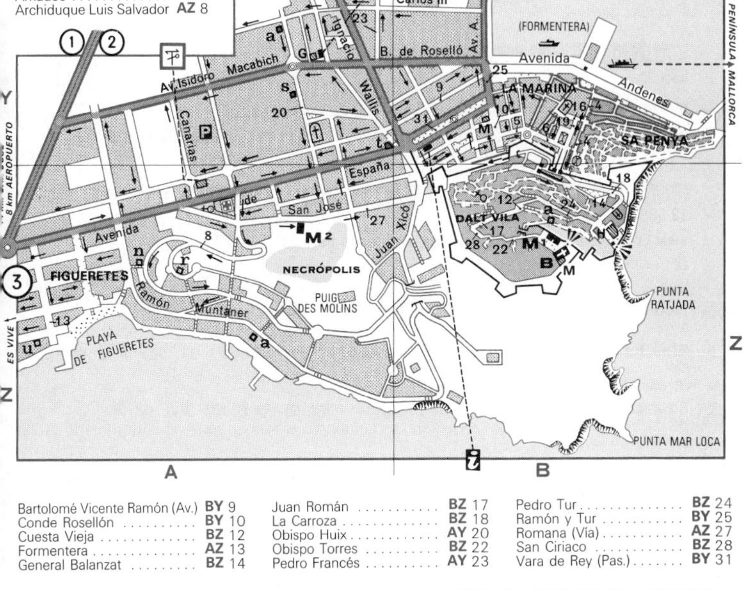

Bartolomé Vicente Ramón (Av.)	BY 9	Juan Román	BZ 17	Pedro Tur	BZ 24
Conde Rosellón	BY 10	La Carroza	BZ 18	Ramón y Tur	BY 25
Cuesta Vieja	BZ 12	Obispo Huix	AY 20	Romana (Vía)	AZ 27
Formentera	AZ 13	Obispo Torres	BZ 22	San Ciriaco	BZ 28
General Balanzat	BZ 14	Pedro Francés	AY 23	Vara de Rey (Pas.)	BY 31

Royal Plaza, Pedro Francés 27 ℰ 31 00 00, Telex 69433, Fax 31 40 95, – – 25/45. AE E VISA. AY **b**
Com 3200 – 800 – **117 hab** 12380/18250.

El Corsario, Poniente 5 ℰ 30 12 48, ≤, , Conjunto de estilo ibicenco – AE E VISA. rest BZ **a**
Com *(cerrado domingo, sólo cena)* 3000 – **14 hab** 4500/8500.

S'Oficina, av. de España 6 ℰ 30 00 16, Fax 30 58 55, , Cocina vasca – . AE E VISA JCB. – *cerrado domingo y 20 diciembre-20 enero* – Com carta 2925 a 4675. AY **t**

El Cigarral, Fray Vicente Nicolás 9 ℰ 31 12 46 – . AE E VISA.
cerrado domingo noche – Com carta 2700 a 4000.

Sa Caldera, Obispo Padre Huix 19 ℰ 30 64 16 – . AE E VISA. AY **s**
cerrado domingo – Com carta 2200 a 4150.

en la playa de Ses Figueretes AZ – 07800 Ibiza – 971 :

Los Molinos, Ramón Muntaner 60 ℰ 30 22 50, Telex 68850, Fax 30 25 04, ≤, « Bonito jardín y terraza con al borde del mar » – – 25/150. AE E VISA. – Com (sólo cena) carta 2350 a 3600 – 700 – **154 hab** 8500/14200. AZ **a**

Ibiza Playa, Tarragona ℘ 30 48 00, Telex 69845, Fax 30 69 02, ≤, ☒ - |♦| ▤ rest ☎. AE E VISA. ⊗ rest AZ **u**
25 abril-octubre - Com carta 2550 a 3050 - ☐ 850 - **155 hab** 6500/10000.

Cenit sin rest, Archiduque Luis Salvador ℘ 30 14 04, Fax 30 07 54, ≤, ☒ - |♦| ☎. AE ◑ E VISA. ⊗ AZ **r**
mayo-octubre - ☐ 480 - **62 hab** 3740/4620.

Marigna sin rest, Alsabini 18 ℘ 30 49 12, Fax 30 07 54 - ☎. AE ◑ E VISA. ⊗ AZ **n**
mayo-octubre - ☐ 385 - **44 hab** 2970/4070.

en Es Vivé - AZ - SO : 2,5 km - ☒ 07819 Es Vivé - ☎ 971 :

Torre del Mar ⛰, ☒ apartado 564 - Ibiza, ℘ 30 30 50, Telex 68845, Fax 30 40 60, ≤, « Jardín con terraza y ☒ al borde del mar », ☒, ✂ - |♦| ▤ TV ☎ P - ♟ 25/120. AE ◑ E VISA. ⊗
finales abril-finales octubre - Com 2700 - ☐ 900 - **217 hab** 11700/16700.

en la playa de Talamanca por ② : 2 km - ☒ 07800 Ibiza - ☎ 971 :

Argos ⛰, ☒ apartado 107, ℘ 31 21 62, Fax 31 62 01, ≤, ☒ - |♦| ▤ rest ☎ P. AE ◑ E VISA. ⊗
abril-octubre - Com (sólo cena buffet) 1700 - ☐ 700 - **106 hab** 4900/9000.

en la carretera de San Miguel por ② : 6,5 km - ☒ 07800 Ibiza - ☎ 971 :

La Masía d'En Sord, ☒ apartado 897 - Ibiza, ℘ 31 02 28, ☂, Galería de arte, « Antigua masía ibicenca » - P. AE ◑ E VISA. ⊗
Semana Santa-octubre - Com (sólo cena) carta 2850 a 3950.

San Agustín 07839 443 P 33 - ☎ 971.

Ibiza 20.

por la carretera de San José - ☒ 07830 San José - ☎ 971 :

Sa Tasca, ℘ 80 00 75, ☂, « Rincón rústico en el campo » - P. AE E VISA JCB. ⊗
cerrado lunes - Com carta 2550 a 4050.

San Antonio de Portmany o Sant Antoni de Portmany 07820 443 P 33 - 13 588 h. - ☎ 971 - Playa.

⛴ para la Península : Cía. Flebasa, edificio Faro, ℘ 34 28 71.

ℹ passeig de Ses Fonts ℘ 34 33 63.

Ibiza 15.

Tropical, Cervantes ℘ 34 00 50, Fax 34 40 69, ☒ - |♦| ▤ rest
temp. - **142 hab.**

Rías Baixas, Ignacio Riquer 4 ℘ 34 04 80, Cocina gallega - ▤. AE ◑ E VISA JCB. ⊗
3 marzo-15 diciembre - Com carta 2300 a 3500.

Sa Prensa, General Prim 6 ℘ 34 16 70, ☂ - ▤. AE ◑ E VISA JCB. ⊗
cerrado domingo mediodía en verano y de lunes a jueves en invierno - Com carta 1675 a 3400.

en la playa de S'Estanyol SO : 2,5 km - ☒ 07820 San Antonio de Portmany - ☎ 971 :

Bergantín, ℘ 34 14 00, Fax 34 19 71, ☂, ☒ climatizada, ✂ - |♦| ▤ rest P. E VISA. ⊗
abril-octubre - Com 1500 - ☐ 500 - **253 hab** 4400/7200.

en Punta Pinet SO : 3 km - ☒ 07820 San Antonio de Portmany - ☎ 971 :

Nautilus, ℘ 34 04 00, Fax 34 04 62, ≤, ☒ - |♦| ▤ ☎ P
temp. Com (sólo buffet) - **168 hab.**

en la carretera de Santa Inés N : 1 km - ☒ 07820 San Antonio de Portmany - ☎ 971

Sa Capella, ℘ 34 00 57, « Antigua capilla » - P
temp.

San José 07830 443 P 33 - ☎ 971.

Ibiza 14.

por la carretera de Ibiza - ☒ 07830 San José - ☎ 971 :

Cana Joana, E : 2,5 km, ☒ apartado 149, ℘ 80 01 58, ≤, ☂, Decoración regional - P. AE E VISA
cerrado domingo noche y lunes (enero-mayo) y 18 octubre-29 diciembre - Com (sólo cena de junio a 18 octubre) carta 3400 a 4350.

Ca'n Domingo de Ca'n Botja, E : 3 km ℘ 80 01 84 - P. AE ◑ E VISA
abril-septiembre - Com (sólo cena) carta 2950 a 4800.

en la playa de Cala Tarida NO : 7 km - ✉ 07830 San José :

X C'as Mila, ☎ 80 04 93, ≤, 🍽 - Ⓟ.

en Cala Vadella NO : 8 km - ✉ 07830 San José - ☎ 971

Village ⓢ, urb. Caló d'en Real-apartado 27 ☎ 80 00 01, Fax 80 02 27, ⛱, % - ▤ TV ☎ Ⓟ. AE ⓓ E VISA. ✂
Com 2600 - **19 hab** ☕ 12450/17900 - PA 8500.

San Lorenzo **07812** 443 O 34 - ☎ 971.

Ibiza 14.

en la carretera de Ibiza S : 4 km - ✉ 07812 San Lorenzo :

X Can Gall, ☎ 33 29 16, 🍽, Decoración rústica, Carnes a la brasa - Ⓟ.

San Miguel **07815** 443 O 34 - ☎ 971.

Ibiza 19.

en la urbanización Na Xamena NO : 6 km - ☎ 971

Hacienda ⓢ, ☎ 33 30 46, Telex 69322, Fax 33 31 75, 🍽, « Edificio de estilo ibicenco con ≤ cala », ⛱, ⛱, % - |ǂ| ▤ Ⓟ. AE ⓓ E VISA. ✂ rest
abril - octubre - Com carta 5000 a 6300 - ☕ 1900 - **63 hab** 20000/27000.

San Rafael **07816** 443 P 34 - ☎ 971.

Ibiza 7.

XX **Grill San Rafael,** pl. de la Iglesia ☎ 19 80 56, ≤, 🍽, Decoración regional - AE ⓓ E VISA
cerrado domingo noche y lunes de octubre a mayo - Com carta 2800 a 3450.

Santa Eulalia del Río **07840** - 13 098 h. - ☎ 971.

⛳9 Roca Llisa SO : 11,5 km ☎ 31 37 18.

ℹ Mariano Riquer Wallis ☎ 33 07 28.

Ibiza 15.

La Cala, Huesca 1 ☎ 33 00 09, Telex 68682, Fax 31 11 95, ⛱ - |ǂ| ▤ rest ☎. AE ⓓ E VISA. ✂
mayo-octubre - Com (sólo cena) 1500 - ☕ 550 - **180 hab** 7000/9000 - PA 2050.

Tres Torres ⓢ, paseo del Mar (frente Puerto Deportivo), ✉ apartado 5, ☎ 33 03 26, Fax 33 20 85, ≤, ⛱ climatizada - |ǂ| ▤ rest Ⓟ. AE ⓓ E VISA. ✂
mayo-octubre - Com 2000 - ☕ 600 - **112 hab** 6200/9800.

San Marino sin rest, con cafetería, Ricardo Curtoys Gotarradona 1 ☎ 33 03 16, Fax 33 90 76, ⛱ - |ǂ| ▤ TV ☎ 🚗. AE ⓓ E VISA
☕ 700 - **44 hab** 12000/14600.

XX **Doña Margarita,** paseo Marítimo ☎ 33 06 55, ≤, 🍽 - ▤. AE ⓓ E VISA
cerrado lunes, noviembre y una semana en diciembre - Com carta 2650 a 3425.

X **Celler Ca'n Pere,** San Jaime 63 ☎ 33 00 56, 🍽, Celler típico - AE ⓓ E VISA. ✂
cerrado jueves - Com carta 2675 a 4000.

X **La Posada,** camino Puig de Missa ☎ 33 00 17, 🍽, Decoración rústico regional - Ⓟ. AE E VISA JCB. ✂
cerrado martes en invierno y 15 enero-15 marzo - Com (sólo cena) carta 3100 a 4000.

X **El Naranjo,** San José 31 ☎ 33 03 24, 🍽 - AE E VISA. ✂
cerrado lunes y 15 noviembre-28 febrero - Com (sólo cena) carta 2200 a 3300.

X **Bahía,** Molíns de Rey 2 ☎ 33 08 28, 🍽 - AE E VISA. ✂
cerrado martes en invierno y enero - Com carta 2300 a 3350.

en la urbanización S'Argamassa NE : 3,5 km - ✉ 07849 Urbanización S'Argamassa - ☎ 971 :

Sol S'Argamassa ⓢ sin rest, ☎ 33 00 51, Fax 33 00 76, ≤, ⛱, 🌳, % - |ǂ| Ⓟ. AE ⓓ E VISA. ✂
mayo-octubre - **217 hab** ☕ 5535/11070.

por la carretera de Cala Llonga S : 4 km - ✉ 07840 Santa Eulalia del Río - ☎ 971 :

X **La Casita,** urb. Valverde ☎ 33 02 93, 🍽, Decoración regional - Ⓟ. AE ⓓ E VISA. ✂
cerrado martes en invierno, 20 enero-20 febrero y 15 noviembre-15 diciembre - Com (sólo cena) carta 3000 a 4100.

en Cala Llonga S : 5,5 km - ✉ 07840 Santa Eulalia del Río - ☎ 971 :

X **The Wild Asparagus,** Pueblo Espárragos ☎ 33 15 67, 🍽 - Ⓟ. AE ⓓ E VISA
12 abril-octubre - Com *(cerrado lunes, sólo cena salvo domingo)* carta 2475 a 2950.

en la carretera de Ibiza SO : 5,5 km – ✉ 07840 Santa Eulalia del Río – ☎ 971 :

La Colina 🐚, ☎ 33 27 67, Fax 33 27 67, 🏖, Antigua casa de campo, 🏊 – ☎ Ⓟ. E VISA
mayo-octubre – Com 2200 – **11 hab** ☕ 7760/9920.

Santa Gertrudis **07814** 443 OP 34 – ☎ 971.
Ibiza 11.

en la carretera de Ibiza – ✉ 07814 Santa Gertrudis – ☎ 971 :

Ama Lur, SE : 2,5 km ☎ 31 45 54, 🏖, Cocina vasca, « Terraza con plantas » – Ⓟ. AE E VISA
abril-15 noviembre – Com *(cerrado miércoles salvo en julio y agosto, sólo cena)* carta 3500 a 4700.

Can Pau, S : 2 km ☎ 19 70 07, 🏖, « Antigua casa campesina - terraza » – Ⓟ.

FORMENTERA

Cala Saona o **Cala Sahona** **07860** 443 P 35 – ☎ 971.

Cala Saona 🐚, playa, ✉ 07860 apartado 88 San Francisco, ☎ 32 20 30, Fax 32 25 09, ←, 🏖, 🏊, 🎾 – |‡| ▤ rest ☎ Ⓟ. AE E VISA. ✻
mayo-octubre – Com 1600 – ☕ 600 – **114 hab** 8650/12900.

Es Pujols **07871** 443 P 34 – ☎ 971.

Sa Volta sin rest, con cafetería, Miramar, 94, ✉ 07860 apartado 71 San Francisco, ☎ 32 81 25 – ☎. AE ⓓ E VISA. ✻
☕ 600 – **25 hab** 3900/6800.

Capri, Miramar, ✉ 07871 San Fernando, ☎ 32 83 52, 🏖 – AE VISA. ✻
mayo-octubre – Com carta 1900 a 2650.

Es Funoll-Mari, Fonoll Mari 101 ☎ 32 81 84, 🏖 – VISA. ✻
Com carta 1550 a 2400.

en Punta Prima E : 2 km – ✉ 07713 Punta-Prima – ☎ 971 :

Club Punta Prima 🐚, ☎ 32 82 44, Fax 32 81 28, ← mar e isla de Ibiza, 🏖, « Bungalows rodeados de jardín », 🏊, 🎾 – Ⓟ
temp. – **120 hab.**

en Ses Illetas NO : 5 km – ✉ 07870 La Sabina – ☎ 971 :

Es Molí de Sal, ← mar e isla de Ibiza, 🏖 – Ⓟ
temp. –.

Playa Mitjorn **07871** 443 P 34 – ☎ 971.

en Es Arenals – ✉ 07860 San Francisco – ☎ 971 :

Club H. La Mola 🐚, ✉ apartado 23 San Francisco, ☎ 32 80 69, Telex 69326, ←, 🏖, 🏊, 🎾 – |‡| ▤ ☎ – 🏕
temp. – **325 hab.**

San Fernando **07871** 443 P 34 – ☎ 971.

Illes Pitiüses sin rest, av. Joan Castello ☎ 32 81 89
26 hab.

BALMASEDA Vizcaya – ver Valmaseda.

BALNEARIO – ver el nombre propio del balneario.

BANYOLES Gerona – ver Bañolas.

BAÑALBUFAR Baleares – ver Baleares (Mallorca).

BAÑERAS o **BANYERES DEL PENEDES** Tarragona 443 I 34 – 1 570 h. – ☎ 977.
♦Madrid 558 – ♦Barcelona 69 – ♦Lérida/Lleida 101 – Tarragona 37.

en la urbanización Bosques del Priorato S : 1,5 km – ✉ 43711 Banyeres del Penedes – ☎ 977

El Bosque 🐚 con hab, ☎ 67 10 02, 🏖, « Terraza con césped, árboles y 🏊 », 🎾 – ▤ rest. ⓓ E VISA
cerrado martes salvo julio-agosto – Com carta 2700 a 3850 – ☕ 575 – **9 hab** 5250.

La BAÑEZA **24750** León 441 F 12 - 8 501 h. alt. 771 - ☎ 987.
♦Madrid 297 - ♦León 48 - Ponferrada 85 - Zamora 106.

Chipén, carret. de Madrid N VI - km 301 ✆ 64 03 89 - Ⓟ. AE ⓓ E VISA
Com carta 1700 a 2550.

en la carretera de León NE : 1,5 km - ✉ 24750 La Bañeza - ☎ 987 :

Rio Verde, ✆ 64 17 12, ≤, - Ⓟ. VISA.
Com 1700 - ☕ 500 - **15 hab** 4500/5500 - PA 3145.

BAÑOLAS o **BANYOLES** **17820** Gerona 443 F 38 - 12 378 h. alt. 172 - ☎ 972.
Ver : Lago★.
♦Madrid 729 - Figueras/Figueres 29 - Gerona/Girona 20.

a orillas del lago :

L'Ast sin rest, passeig Dalmau 63 ✆ 57 04 14, Fax 57 04 14, - TV ☎. AE E VISA JCB.
cerrado noviembre - ☕ 600 - **27 hab** 6000/8000.

BAÑOS DE FITERO Navarra - ver Fitero.

BAÑOS DE MOLGAS **32701** Orense 441 F 6 - 3 456 h. alt. 460 - ☎ 988 - Balneario.
♦Madrid 536 - Orense/Ourense 36 - Ponferrada 154.

Balneario, Samuel González Movilla 26 ✆ 43 02 46, Fax 43 03 84 - VISA.
mayo-15 noviembre - Com 1200 - ☕ 350 - **29 hab** 3000/4800.

BAQUEIRA Lérida - ver Salardú.

BAQUIO o **BAKIO** **48130** Vizcaya 442 B 21 - 1 175 h. - ☎ 94 - Playa.
Alred. : Recorrido en cornisa★ de Baquio a Arminza ≤★ - Carretera de Baquio a Bermeo ≤★.
♦Madrid 425 - ♦Bilbao/Bilbo 26.

Hostería del Señorío de Bizkaia, Dr. José María Cirarda 4 ✆ 619 47 25, Fax 619 47 25, ≤, , « Instalación rústica en un extenso césped con jardín » - TV ☎ Ⓟ. AE ⓓ E VISA. rest
Com 1950 - ☕ 495 - **16 hab** 6975/7975 - PA 3735.

Gotzón, carret. de Bermeo ✆ 687 30 43, - ▤. AE E VISA.
cerrado lunes y 15 noviembre-15 diciembre - Com carta 1800 a 3500.

BARAJAS **28042** Madrid 444 K 19 - ☎ 91.
✈ de Madrid-Barajas ✆ 305 83 44.
♦Madrid 14.

Barajas, av. de Logroño 305 ✆ 747 77 00, Telex 22255, Fax 747 87 17, , , , - ▤ TV ☎ Ⓟ - 25/675. AE ⓓ E VISA. rest
Com 5150 - ☕ 1850 - **230 hab** 22800/28500 - PA 10325.

Alameda, av. de Logroño 100 ✆ 747 48 00, Telex 43809, Fax 747 89 28, - ▤ TV ☎ Ⓟ - 25/280. AE ⓓ E VISA JCB
Com 4750 - ☕ 1300 - **145 hab** 18000/22500 - PA 9180.

Villa de Barajas, av. de Logroño 331 ✆ 329 28 18, Fax 329 27 04 - ▤ TV ☎ - 25. AE ⓓ E VISA. rest
Com 1650 - ☕ 750 - **36 hab** 10225/12800.

Mesón Don Fernando, Canal de Suez 1 ✆ 747 75 51 - ▤. AE ⓓ E VISA.
cerrado sábado y agosto - Com carta 2200 a 3500.

en la carretera del aeropuerto a Madrid S : 3 km - ✉ 28042 Madrid - ☎ 91

Diana y Rest. Asador Duque de Osuna, Galeón 27 (Alameda de Osuna) ✆ 747 13 55, Telex 45688, Fax 747 97 97, - ▤ TV ☎ - 25/220. AE ⓓ E VISA.
Com *(cerrado domingo)* carta 2350 a 4500 - ☕ 760 - **265 hab** 12800/16000 - PA 6340.

BARBASTRO **22300** Huesca 443 F 30 - 15 182 h. alt. 215 - ☎ 974.
Ver : Catedral★.
Alred. : Alquézar (paraje★★) NO : 21 km, Torreciudad : ≤★★ (24 km).
♦Madrid 442 - Huesca 52 - ♦Lérida/Lleida 68.

Palafox sin rest, Corona de Aragón 20 ✆ 31 24 61 - .
☕ 450 - **28 hab** 5000.

Flor, Goya 3 ✆ 31 10 56, Fax 31 13 18 - ▤. AE ⓓ E VISA.
Com carta 2800 a 3675.

en la carretera de Huesca N 240 O : 1 km – ✉ 22300 Barbastro – ☎ 974 :

Rey Sancho Ramírez, ✆ 31 00 50, Fax 31 00 58, ←, ⛱, 🎾 – |$| ▤ TV ☎ 🚗 P. AE ⓓ E VISA JCB. ✂
Com *(cerrado lunes)* 1980 – ☕ 775 – **75 hab** 8800/12100 – PA 4025.

BARBATE **11160** Cádiz 446 X 12 – 20 849 h. – ☎ 956 – Playa.
ℹ av. Ramón y Cajal 45 ✆ 43 10 06.
♦Madrid 677 – Algeciras 72 – ♦Cádiz 60 – ♦Córdoba 279 – ♦Sevilla 169.

Sevilla sin rest, Padre López Benitez 12 ✆ 43 23 83 – ☎ 🚗. VISA. ✂
☕ 250 – **19 hab** 4500/6500.

Galia sin rest, Dr. Valencia 5 ✆ 43 33 76, Fax 43 04 82 – ▤ ☎. AE E VISA. ✂
☕ 250 – **23 hab** 4000/6000.

✕✕ **Torres,** Ruiz de Alda 1 ✆ 43 09 85, ←, Pescados y mariscos – ▤. AE ⓓ E VISA. ✂
Com *(cerrado lunes y 15 octubre-noviembre)* carta 2000 a 3000.

BARBERÁ o **BARBERÀ DEL VALLÈS** **08210** Barcelona 443 H 36 – ☎ 93.
♦Madrid 609 – ♦Barcelona 19 – Mataró 39.

Climat de France, Marqueses de Barberà - barrio Can Llobet ✆ 729 29 22, Fax 729 08 06 – |$| ▤ TV ☎ ♿ 🚗 – 🏛 25/80. AE E VISA. ✂ rest
Com 2100 – ☕ 750 – **70 hab** 7500/8500.

junto a la autopista A 7 SE : 2 km – ✉ 08210 Barberà del Vallès – ☎ 93 :

Campanile, carret. N 150 - Sector Baricentro ✆ 729 29 28, Fax 729 25 52 – |$| ▤ TV ☎ ♿ 🚗 P – 🏛 60/220. AE E VISA. ✂ rest
Com 1950 – ☕ 700 – **212 hab** 8000 – PA 4600.

La BARCA (Playa de) Pontevedra – ver Vigo.

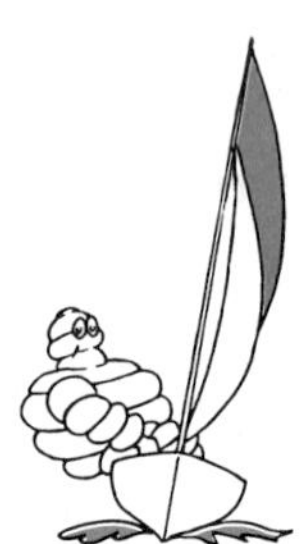

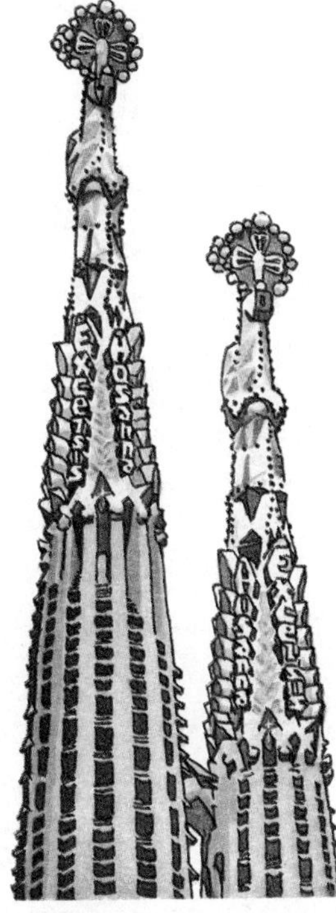

Barcelona

08000 P 443 H 36 - 1 754 900 h. - ☎ 93.

Ver : Barrio Gótico (Barri Gotic)★★ : Catedral★★ MX, Plaça del Rei★ MX **149**, Museo Frederic Marès★★ MX - La Rambla★ LX, MY : Atarazanas y Museo Marítimo★★ MY, Plaça Reial★ MY - Carrer de Montcada★ NX **121** : Museo Picasso★ NV Iglesia de Santa Maria del Mar★ NX - Montjuich (Montjuïc)★ BCT : Museo de Arte de Cataluña★★★ (colecciones románicas y góticas★★★) CT **M4**, Poble espanyol★ BT **E**, Fundación Joan Miró★ CT **W** - Museo Arqueológico★ CT **M5** - El Eixample : Sagrada Familia★★ JU, Passeig de Gràcia★★ HV, Casa Batlló★ HV **B**, La Pedrera o casa Mila★ HV **P**, Parque Güell★★ BS, Palau de la Mùsica Catalana★ MV **Y**, Fundación Antoni Tàpies★ HV **S**

Otras curiosidades : Tibidabo (✳★★) AS - Monasterio de Pedralbes★ AT - Parque zoológico★ KX.

18, 9 de Prat por ⑤ : 16 km ✆ 379 02 78 - 18 de Sant Cugat por ⑦ : 20 km ✆ 674 39 58 - 18 de Vallromanas por ④ : 25 km ✆ 568 03 62.

✈ de Barcelona por ⑤ : 12 km ✆ 317 10 11 - Iberia : paseo de Gracià 30, ✉ 08007, ✆ 301 68 00 HV y Aviaco : aeropuerto ✆ 379 24 58 - 🚘 Sants ✆ 490 75 91.

⛴ para Baleares : Cia. Trasmediterránea, av. Drassanes 6 planta 25 1, ✉ 08001, ✆ 317 72 11, Fax 412 28 42 CT.

ℹ Gran Via de les Corts Catalanes 658, ✉ 08010, ✆ 301 74 43, y en el aeropuerto ✆ 325 58 29 - R.A.C.C. Santaló 8, ✉ 08021, ✆ 200 33 11, Fax 200 39 64.

♦Madrid 627 ⑥ - ♦Bilbao 607 ⑥ - ♦Lérida/Lleida 169 ⑥ - ♦Perpignan 187 ② - ♦Tarragona 109 ⑥ - ♦Toulouse 388 ② - ♦Valencia 361 ⑥ - ♦Zaragoza 307 ⑥.

Planos de Barcelona

Corts Catalanes (Gran Via de les) ..... **BCT**
Gracia (Pas. de) .... **CT**
Universitat (Pl. de la) ... **CT** 198

Alfons XIII (Av. d') ...... **DS** 2
Bartrina .... **CS** 8
Berlin .... **BT** 12
Bisbe Català .... **AT** 13
Bonanova (Pas. de la) ... **BT** 16
Borbó (Av. de) .... **CS** 17
Brasil .... **BT** 25
Can Serra (Av. de) .... **AT** 30
Carles III (Gran Vía de) .... **BT** 38
Constitució .... **BT** 50
Creu Coberta .... **BT** 53
Dalt (Travessera de) .... **CS** 56
Doctor Pi i Molist ...... **CS** 65
Enric Prat de la Riba ... **AT** 66
Entença .... **BT** 71
Fabra i Puig (Pas. de) ... **CS** 77
FF. CC. (Pas. dels) ...... **AT** 78
Gavà .... **BT** 84
Gran Sant Andreu ...... **CS** 88
Hospital Militar (Av. de l'). **BS** 93
Isabel la Católica (Av. d') . **AT** 96
Josep Tarradellas (Av.) ... **BT** 102
Just Oliveras (Rambla de). **AT** 105
Llorens Serra (Pas.) ..... **DS** 107
Madrid (Av. de) .... **BT** 110
Manuel Girona (Pas. de) . **BT** 112
Mare de Déu de Montserrat (Av. de la) . **CS** 113
Marquès de Comillas (Av.) **BT** 115
Marquès de Mont-Roig (Av.) **DS** 116
Marquès de Sant Mori (Av. del) .... **DS** 117
Miramar (Av. de) .... **CT** 119
Numància .... **BT** 129
Pi i Margall .... **CS** 138
Princep d'Astúries (Av. del) .... **BT** 144
Pujades (Pas. de) .... **CT** 145
Ramiro de Maeztu ...... **CS** 146
Reina Elisenda de Montcada (Pas. de la) . **BT** 150
Reina Maria Cristina (Av.). **BT** 151
Ribes (Carret.) .... **CS** 154
Sant Antoni (Ronda de) .. **CT** 160
Sant Antoni Maria Claret . **CS** 162
Sant Gervasi (Pas. de) ... **BS** 164
Sant Joan (Rambla) ..... **DS** 166
Sant Pau (Ronda de) .... **CT** 174
Sant Sebastià (Rambla de) **DS** 179
Santa Coloma (Av. de) ... **DS** 184
Santa Coloma (Pas. de) .. **CS** 186
Sardenya .... **CT** 191
Tarragona .... **BT** 193
Tibidabo (Av. del) .... **BS** 196
Verdum (Pas. de) .... **CS** 200
4 Camins .... **BS** 204

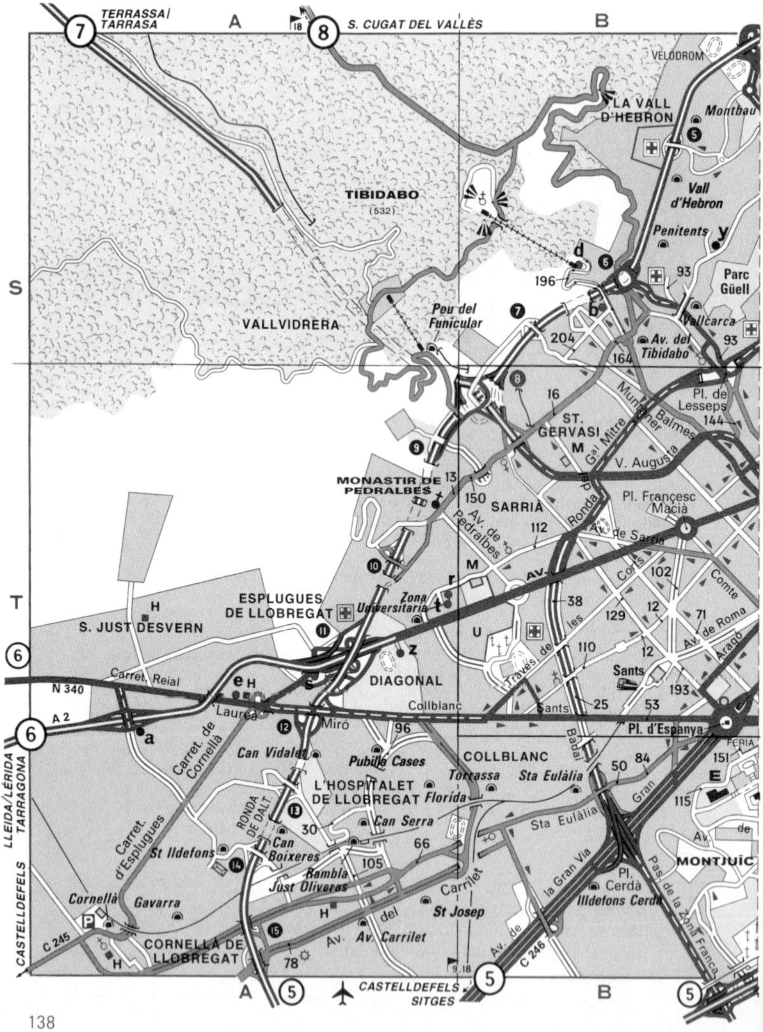

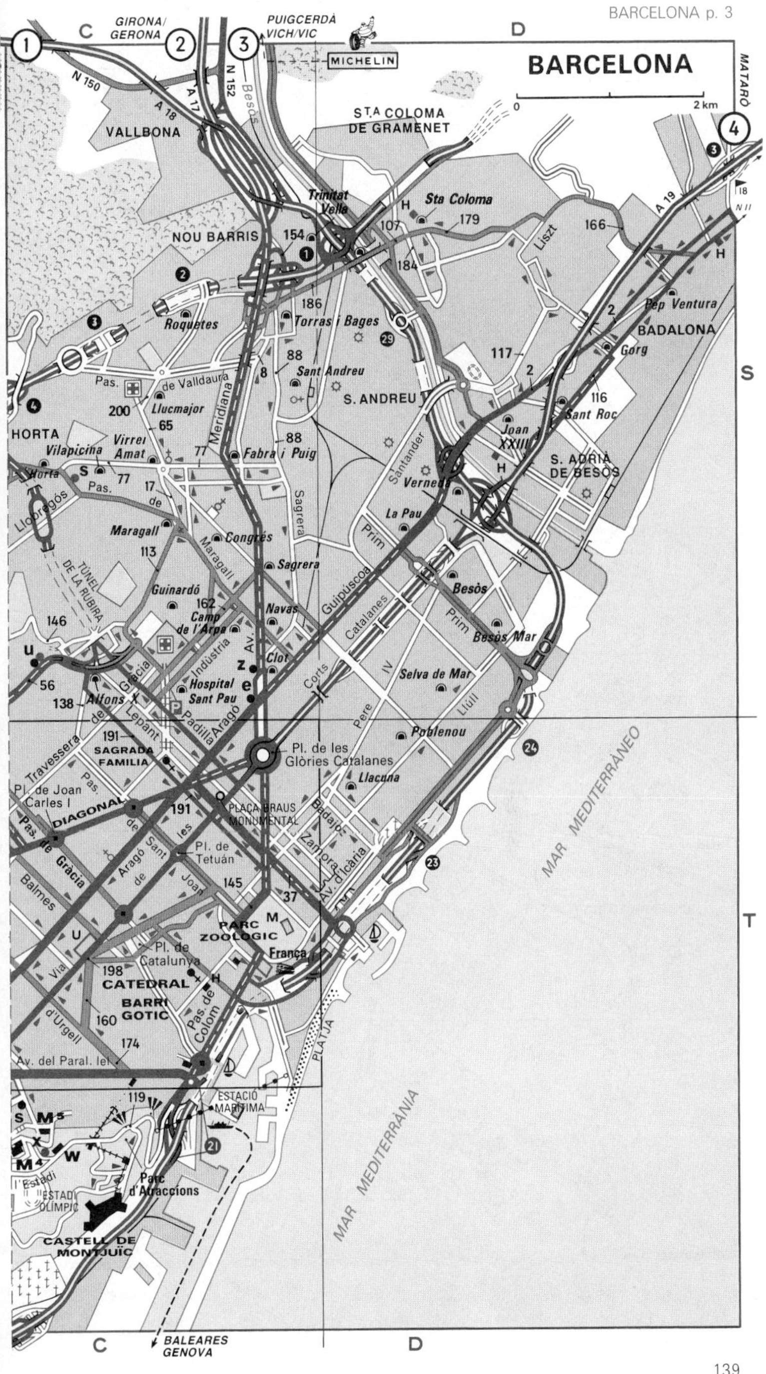
BARCELONA
0
2 km
GIRONA/
GERONA
PUIGCERDÀ
VICH/VIC
MATARÓ
MICHELIN
C
D
S
T
1
2
3
4
N 150
A 18
A 17
N 152
A 19
Besòs
VALLBONA
STA COLOMA
DE GRAMENET
NOU BARRIS
Trinitat
Vella
Sta Coloma
Roquetes
Torras i Bages
Sant Andreu
S. ANDREU
Pas. de Valldaura
Llucmajor
HORTA
Vilapicina
Virrei
Amat
Fabra i Puig
Meridiana
Sagrera
Horta
Maragall
Congrés
Sagrera
TÚNEL
DE LA RUBIRA
Guinardó
Camp
de l'Arpa
Navas
Clot
Hospital
Sant Pau
Alfons X
Travessera
de Gràcia
Lepant
Padilla
Aragó
Indústria
Av.
SAGRADA
FAMILIA
Pl. de les
Glòries Catalanes
Llacuna
Poblenou
Selva de Mar
Besòs Mar
Besòs
Prim
Guipúscoa
Catalanes
Corts
Pere
IV
Llull
La Pau
Verneda
Santander
Joan
XXIII
Sant Roc
S. ADRIÀ
DE BESÒS
BADALONA
Pep Ventura
Gorg
Liszt
Pl. de Joan
Carles I
DIAGONAL
Pas. de Gràcia
Balmes
PLAÇA BRAUS
MONUMENTAL
Pl. de
Tetuán
Sant Joan
Badajoz
Zamora
Av. d'Icària
PARC
ZOOLOGIC
França
Pl. de
Catalunya
CATEDRAL
BARRI
GOTIC
Pas. de
Colom
Via
d'Urgell
Av. del Paral. lel
PLATJA
ESTACIÓ
MARITIMA
Parc
d'Atraccions
ESTADI
OLIMPIC
l'Estadi
CASTELL DE
MONTJUÏC
MAR MEDITERRÀNIA
MAR MEDITERRÁNEO
BALEARES
GENOVA
N II
Lloberegós

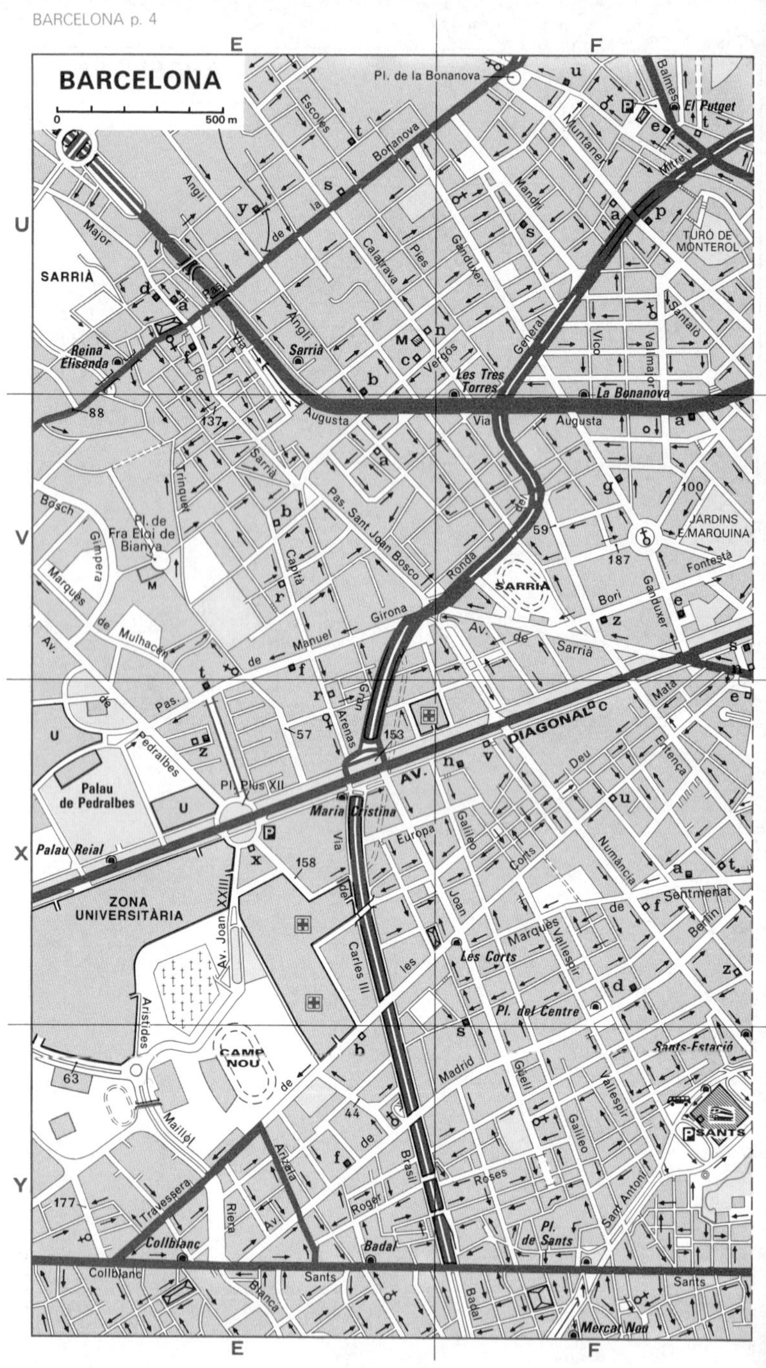
BARCELONA
0
500 m
E
F
U
V
X
Y
SARRIÀ
Pl. de la Bonanova
El Putget
TURÓ DE MONTEROL
Reina Elisenda
Sarrià
Les Tres Torres
La Bonanova
Pl. de Fra Eloi de Bianya
JARDINS E.MARQUINA
SARRIÀ
DIAGONAL
AV.
Palau de Pedralbes
Pl. Pius XII
Maria Cristina
Palau Reial
ZONA UNIVERSITÀRIA
Les Corts
Pl. del Centre
Sants-Estació
CAMP NOU
SANTS
Collblanc
Badal
Pl. de Sants
Mercat Nou

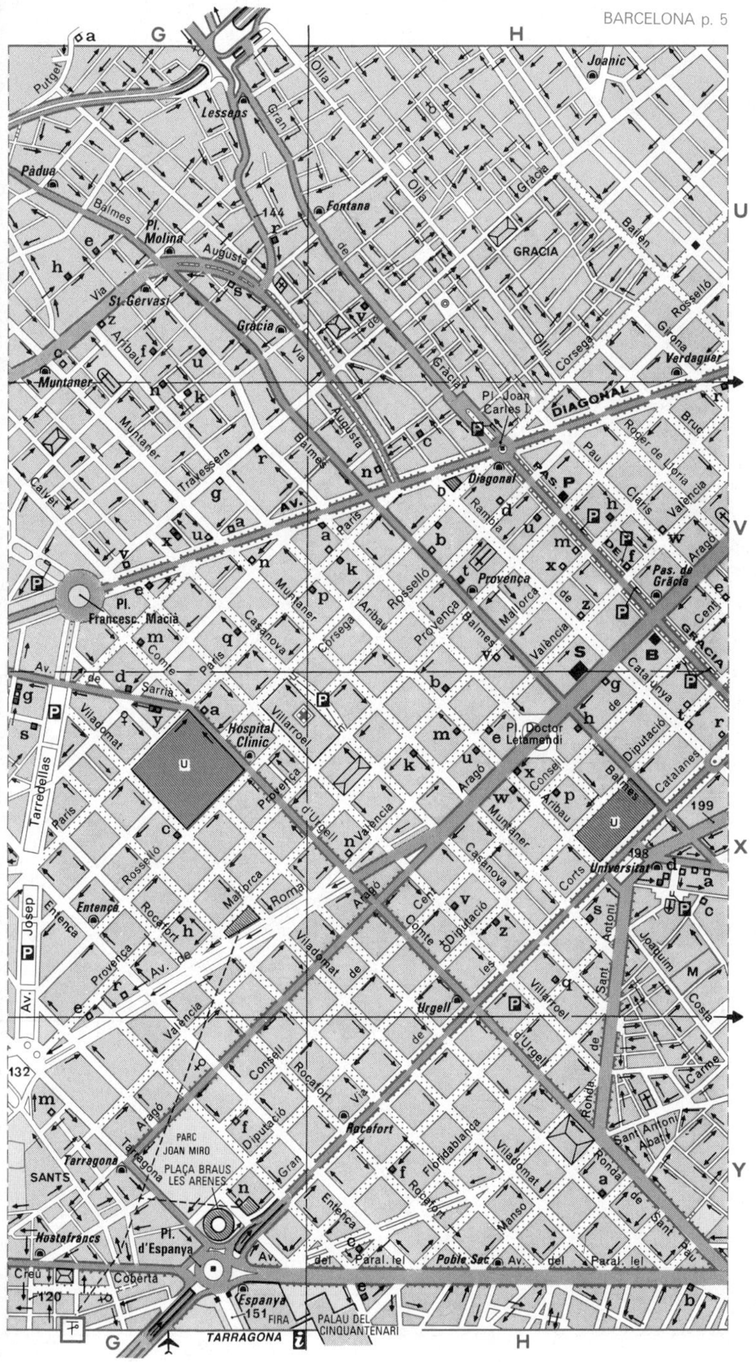

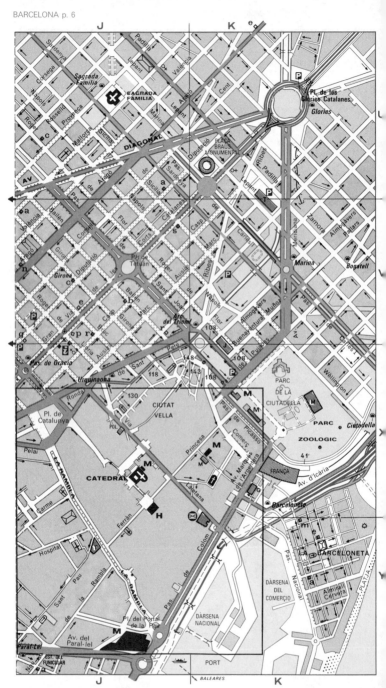

REPERTORIO DE CALLES DEL PLANO DE BARCELONA

Continuación Barcelona p. 8

REPERTORIO DE CALLES (fin)

Michelin pone sus mapas constantemente al día. Llevelos en su coche y no tendrá sorpresas desagradables en carretera.

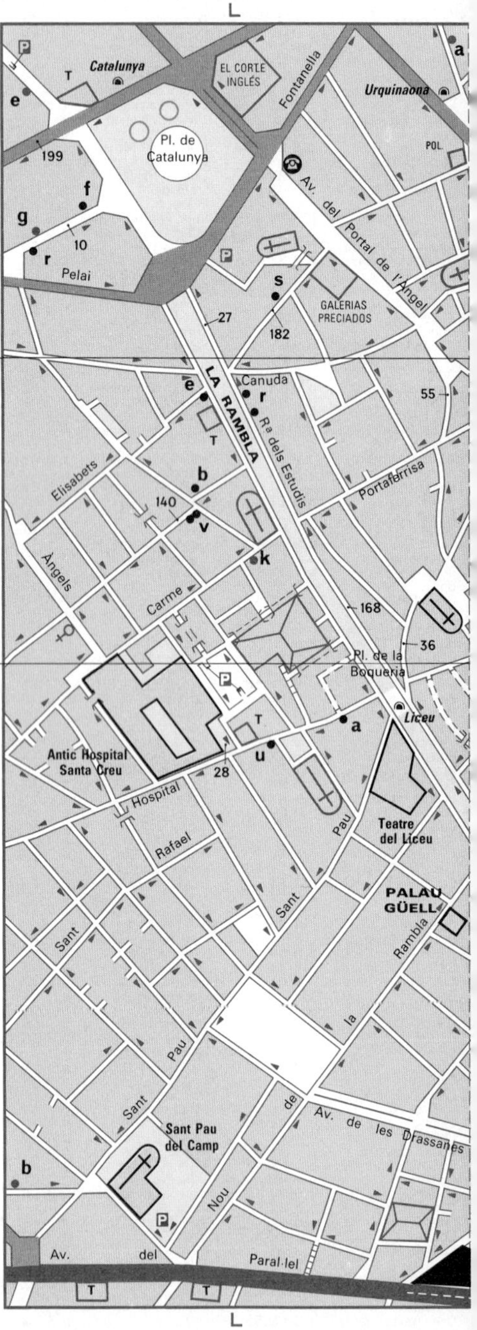

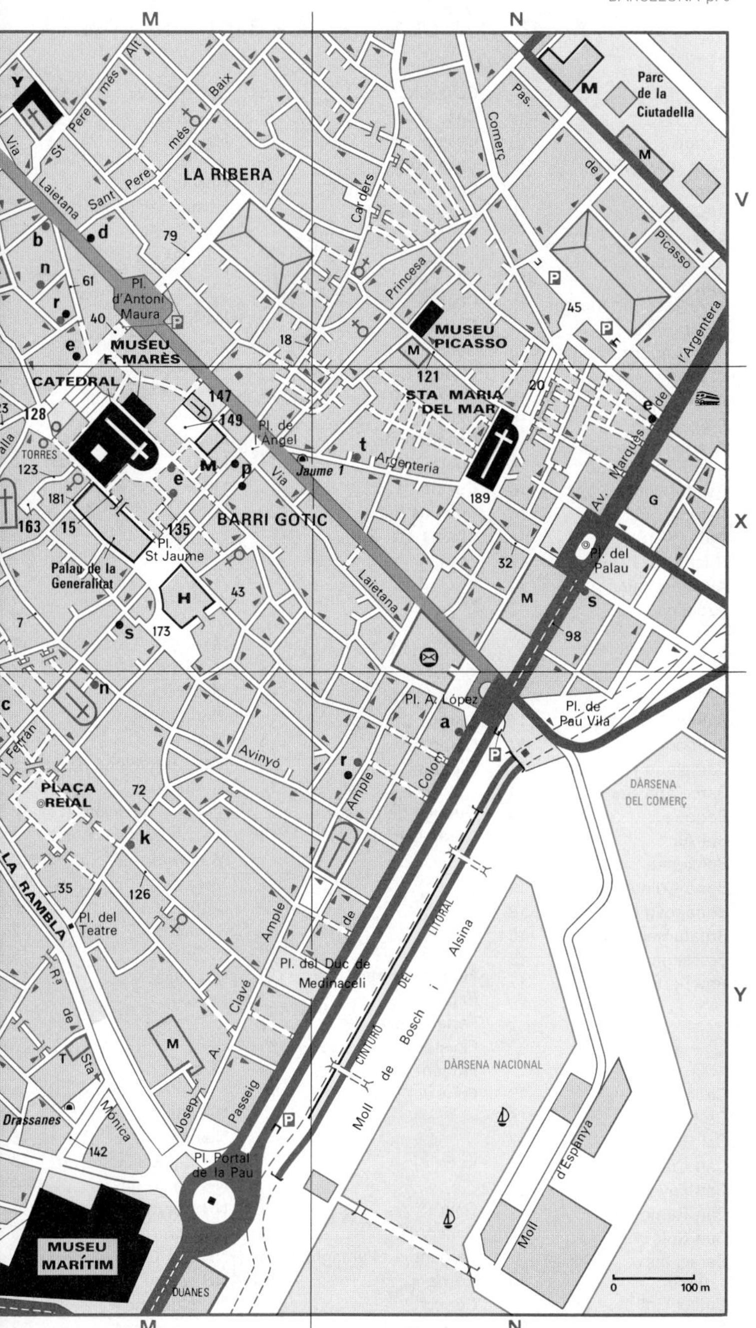

M
N
V
X
Y
LA RIBERA
BARRI GOTIC
MUSEU PICASSO
MUSEU F. MARÈS
CATEDRAL
STA MARIA DEL MAR
Parc de la Ciutadella
Pl. d'Antoni Maura
Pl. de l'Àngel
Jaume 1
Argenteria
Princesa
Carders
Pas. de Picasso
Comerç
Via Laietana
Sant Pere més Alt
Sant Pere més Baix
St Pere
Pl. St Jaume
Palau de la Generalitat
TORRES
Pl. del Palau
Av. Marquès de l'Argentera
Pl. A. López
Pl. de Pau Vila
Avinyó
Ample
Colom
PLAÇA REIAL
Ferran
LA RAMBLA
Pl. del Teatre
Pl. del Duc de Medinaceli
Clavé
Passeig de Josep A.
Ra de Sta Mònica
Drassanes
Pl. Portal de la Pau
MUSEU MARÍTIM
DUANES
DÀRSENA DEL COMERÇ
DÀRSENA NACIONAL
CINTURÓ DEL LITORAL
Moll de Bosch i Alsina
Moll d'Espanya
0
100 m

LISTA ALFABÉTICA DE HOTELES Y RESTAURANTES

Cuando los nombres de los hoteles y restaurantes figuran en negrita, significa que los hoteleros nos han señalado todos sus precios comprometiéndose a aplicarlos a los turistas de paso portadores de nuestra guía.

Estos precios, establecidos a finales del año 1992, pueden no obstante, variar si el coste de la vida sufre alteraciones importantes.

CIUTAT VELLA Ramblas, pl. S. Jaume, vía Laietana, passeig Nacional, passeig de Colom

Le Meridien Barcelona, Ramblas 111, ✉ 08002, ℘ 318 62 00, Telex 54634, Fax 301 77 76 – 25/200. AE E VISA JCB. LX **b**
Com *(cerrado 1ª quincena agosto)* 2600 – 2600 – **208 hab** 22500/32000.

Colón, av. de la Catedral 7, ✉ 08002, ℘ 301 14 04, Telex 52654, Fax 317 29 15 – 25/200. AE E VISA JCB. rest MV **e**
Com 3400 – 1350 – **147 hab** 32500/37000 – PA 6360.

Rivoli Rambla, Rambla dels Estudis 128, ✉ 08002, ℘ 302 66 43, Telex 99222, Fax 317 50 53 – 25/180. AE E VISA JCB. LX **r**
Com carta 4500 a 5500 – 1900 – **89 hab** 20500/25900.

Royal sin rest, con cafetería, Rambla dels Estudis 117, ✉ 08002, ℘ 301 94 00, Telex 97565, Fax 317 31 79 – 25/100. AE E VISA JCB LX **e**
1550 – **108 hab** 14175/22900.

Ambassador, Pintor Fortuny 13, ✉ 08001, ℘ 412 05 30, Telex 99222, Fax 317 50 53, – 25/200. AE E VISA. LX **v**
Com 2500 – 1600 – **105 hab** 18500/25900 – PA 5280.

Almirante sin rest, Vía Laietana 42, ✉ 08003, ℘ 268 30 20, Fax 268 31 92 – 25/40. AE E VISA. MV **d**
1500 – **76 hab** 18000/22500.

Gravina sin rest, con cafetería, Gravina 12, ✉ 08001, ℘ 301 68 68, Telex 99370, Fax 317 28 38 – 25/50. AE E VISA. HX **d**
1000 – **60 hab** 9900/14900.

Montecarlo sin rest, Rambla dels Estudis 124, ✉ 08002, ℘ 317 58 00, Telex 93345, Fax 318 73 23 – AE E VISA JCB LX **r**
850 – **75 hab** 10000/15000.

Reding, Gravina 5, ✉ 08001, ℘ 412 10 97, Fax 268 34 82 – AE E VISA. – Com 1900 – 950 – **44 hab** 17500 – PA 4750. HX **d**

Atlantis sin rest, Pelai 20, ✉ 08001, ℘ 318 90 12, Fax 412 09 14 – AE E VISA. HX **a**
850 – **42 hab** 12000/16000.

Metropol sin rest, Ample 31, ✉ 08002, ℘ 315 40 11, Fax 319 12 76 – AE E VISA. NY **r**
900 – **68 hab** 13200/17600.

Regencia Colón sin rest, Sagristans 13, ✉ 08002, ℘ 318 98 58, Telex 98175, Fax 317 28 22 – AE E VISA JCB. MV **r**
950 – **55 hab** 8700/12700.

Rialto sin rest, con cafetería, Ferrán 42, ✉ 08002, ℘ 318 52 12, Telex 97206, Fax 315 38 19 – 25/50. AE E VISA JCB MX **s**
975 – **132 hab** 9880/13500.

Lleó sin rest, Pelai 24, ✉ 08001, ℘ 318 13 12, Telex 98338, Fax 412 26 57 – E VISA JCB. rest HX **a**
925 – **75 hab** 9000/12000.

Turín, Pintor Fortuny 9, ✉ 08001, ℘ 302 48 12, Fax 302 10 05 – AE E VISA. rest – Com 1100 – 800 – **60 hab** 9900/14000. LX **v**

Park H., av. Marqués de l'Argentera 11, ✉ 08003, ℘ 319 60 00, Telex 99883, Fax 319 45 19 – AE E VISA JCB. NX **e**
Com 2500 – 1150 – **87 hab** 11000/14500 – PA 4920.

Suizo, pl. del Angel 12, ✉ 08002, ℘ 315 41 11, Telex 97206, Fax 315 38 19 – AE E VISA JCB. rest – Com 2750 – 975 – **48 hab** 9880/13500. MX **p**

Gótico sin rest, Jaume I-14, ✉ 08002, ℘ 315 22 11, Telex 97206, Fax 315 38 19 – AE E VISA JCB MX **p**
975 – **70 hab** 9330/12950.

San Agustín, pl. Sant Agustí 3, ✉ 08001, ℘ 318 17 08, Telex 98121, Fax 317 29 28 – AE E VISA. – Com 1500 – **77 hab** 5800/11400 – PA 2975. LY **u**

Mesón Castilla sin rest, Valldoncella 5, ✉ 08001, ℘ 318 21 82, Fax 412 40 20 – AE E VISA HX **c**
600 – **56 hab** 6250/9250.

Moderno, Hospital 11, ✉ 08001, ℘ 301 41 54, Telex 98215, Fax 301 02 83 – AE E VISA JCB. rest LY **a**
Com *(cerrado lunes)* 1690 – 475 – **52 hab** 6800/11900.

Cortés, Santa Ana 25, ✉ 08002, ℘ 317 91 12, Telex 98215, Fax 302 78 70 – rest AE E VISA JCB. hab – Com *(cerrado domingo)* 1175 – 450 – **45 hab** 4900/8200. LV **s**

La Odisea, Copons 7, ✉ 08002, ℘ 302 36 92, Fax 412 32 67 – E VISA MV **n**
cerrado sábado, domingo, Semana Santa y agosto – Com carta 4030 a 5200.

Agut d'Avignon, Trinitat 3, ✉ 08002, ℘ 302 60 34, Fax 302 53 18 – AE E VISA JCB. – Com carta 3395 a 5940. MY **n**

Nostromo, Ripoll 16, ✉ 08002, ℘ 412 24 55 – AE E VISA JCB. MV **r**
cerrado sábado mediodía, domingo y festivos – Com carta 3475 a 4225.

XX **Neyras,** Juliá Portet 1, ✉ 08003, ☎ 302 46 47, Fax 302 46 47 – ▤. AE ⓓ E VISA JCB. ✻
cerrado domingo – Com carta 3375 a 5225. MV **b**

XX **Quo Vadis,** Carme 7, ✉ 08001, ☎ 302 40 72, Fax 301 04 35 – ▤. AE ⓓ E VISA LX **k**
cerrado domingo y agosto – Com carta 4325 a 5975.

XX **La Bona Cuina,** Pietat, 12, ✉ 08002, ☎ 315 41 56, Fax 315 07 98 – ▤. AE ⓓ E VISA JCB
Com carta 3250 a 6575. MX **e**

XX **Aitor,** Carbonell 5, ✉ 08003, ☎ 319 94 88, Cocina vasca – ▤. E VISA KY **m**
cerrado lunes y 11 agosto-11 septiembre – Com carta aprox. 4800.

XX **Brasserie Flo,** Junqueres 10, ✉ 08003, ☎ 319 31 02, Fax 268 23 95 – ▤. AE ⓓ E VISA
Com carta 3500 a 4500. LV **a**

XX **Senyor Parellada,** Argentería 37, ✉ 08003, ☎ 315 40 10 – ▤. AE ⓓ E VISA JCB. ✻
cerrado domingo y festivos – Com carta 2800 a 3500. NX **t**

XX **7 Portes,** passeig d'Isabel II - 14, ✉ 08003, ☎ 319 30 33, Fax 319 46 62 – ▤. AE ⓓ E VISA. ✻ – Com carta aprox. 3500. NX **s**

X **La Cuineta,** Paradis, 4, ✉ 08002, ☎ 315 01 11, Fax 315 07 98, Rest. típico, « Instalado en una bodega del siglo XVII » – ▤. AE ⓓ E VISA JCB MX **e**
Com carta 3250 a 6575.

X **Mediterráneo,** passeig de Colom 4, ✉ 08002, ☎ 315 17 55, Fax 268 20 28, 🏖 – ▤. AE E VISA JCB. ✻ NY **a**
Com carta aprox. 3500.

X **El Túnel,** Ample 33, ✉ 08002, ☎ 315 27 59 – ▤. AE ⓓ E VISA. ✻ NY **r**
cerrado domingo noche, lunes, Semana Santa y agosto – Com carta 2900 a 4200.

X **Can Ramonet,** Maquinista 17, ✉ 08003, ☎ 319 30 64, Fax 319 70 14, Pescados y mariscos – ▤. AE ⓓ E VISA JCB. ✻ KY **e**
cerrado 9 agosto-9 septiembre – Com carta 2900 a 4100.

X **Can Solé,** Sant Carles 4, ✉ 08003, ☎ 319 50 12, Pescados – ▤. AE E VISA KY **a**
cerrado sábado noche y domingo – Com carta 4025 a 3100.

X **Ca la María,** Tallers 76 bis, ✉ 08001, ☎ 318 89 93 – ▤. AE ⓓ E VISA HX **d**
cerrado domingo noche, lunes y agosto – Com carta 2550 a 3300.

X **Can Culleretes,** Quintana 5, ✉ 08002, ☎ 317 64 85, Rest. típico – ▤. AE E VISA MY **c**
cerrado domingo noche, lunes y del 5 al 26 julio – Com carta 1950 a 2900.

X **Los Caracoles,** Escudellers 14, ✉ 08002, ☎ 302 31 85, Fax 302 07 43, Rest. típico, Decoración rústica regional – ▤. AE ⓓ E VISA JCB. ✻ MY **k**
Com carta 3100 a 4650.

SUR DIAGONAL pl. de Catalunya, Gran Vía de Les Corts Catalanes, passeig de Gràcia, Balmes, Muntaner, Aragó

🏨 **Rey Juan Carlos I** 🔇, av. Diagonal 661, ✉ 08028, ☎ 448 08 08, Fax 448 06 07, ≤ ciudad, « Modernas instalaciones - parque con estanque y ⛱ » – |♦| ▤ TV ☎ ♿ 🚗 P – 🏛 25/1000. AE ⓓ E VISA JCB. ✻ AT **z**
Com **Chez Vous** carta 3450 a 5200 - **Kokoro** *(rest. japonés)* carta 4100 a 5800 - **Café Polo** carta 2950 a 4350 – ☕ 2100 – **412 hab** 27000/36000.

🏨 **Ritz,** Gran Vía de les Corts Catalanes 668, ✉ 08010, ☎ 318 52 00, Telex 52739, Fax 318 01 48 – |♦| ▤ TV ☎ – 🏛 25/350. AE ⓓ E VISA JCB. ✻ rest JV **p**
Com 3250 – ☕ 2150 – **158 hab** 32800/43000.

🏨 **Princesa Sofía,** pl. de Pius XII 4, ✉ 08028, ☎ 330 71 11, Telex 51032, Fax 330 76 21, ≤, Fitness, ⛱ – |♦| ▤ TV ☎ 🚗 – 🏛 25/1200. AE ⓓ E VISA JCB. ✻ EX **x**
Com 4600 - **Le Gourmet** *(cerrado domingo, lunes y agosto)* carta 3750 a 4650 - **L'Empordá** *(cerrado sábado, domingo y julio)* carta 3000 a 3300 – ☕ 1800 – **505 hab** 22500/35500.

🏨 **Claris** 🔇, Pau Claris 150, ✉ 08009, ☎ 487 62 62, Fax 215 79 70, « Modernas instalaciones con antigüedades - museo arqueológico », ⛱ – |♦| ▤ TV ☎ 🚗 – 🏛 25/60. AE ⓓ E VISA JCB. ✻ rest HV **w**
Com **Caviar Caspio** *(sólo cena)* carta aprox. 5500 – ☕ 1800 – **124 hab** 20800/26000.

🏨 **Barcelona Hilton,** av. Diagonal 589, ✉ 08014, ☎ 419 22 33, Telex 99623, Fax 405 25 73, 🏖 – |♦| ▤ ☎ ♿ 🚗 – 🏛 25/800. AE ⓓ E VISA JCB. ✻ FX **v**
Com 3250 – ☕ 2500 – **290 hab** 35500/44500.

🏨 **Meliá Barcelona Sarriá,** av. de Sarriá 50, ✉ 08029, ☎ 410 60 60, Telex 51638, Fax 321 51 79, ≤ – |♦| ▤ TV ☎ 🚗 – 🏛. AE ⓓ E VISA. ✻ FV **n**
Com carta 4000 a 5150 – ☕ 2200 – **291 hab** 26000/33000.

🏨 **G.H. Havana y Rest. Grand Place,** Gran Vía de les Corts Catalanes 647, ✉ 08010, ☎ 412 11 15, Telex 51531, Fax 412 26 11 – |♦| ▤ TV ☎ 🚗 – 🏛 25/200. AE ⓓ E VISA JCB. ✻ JV **e**
Com carta 2600 a 3250 – ☕ 1700 – **145 hab** 23000/29000.

🏨 **Feria Palace,** av. Rius i Taulet 1, ✉ 08004, ☎ 426 22 23, Telex 97588, Fax 424 86 79, Fitness, ⛱ – |♦| ▤ TV ☎ ♿ 🚗 – 🏛 25/1300. AE ⓓ E VISA JCB. ✻ CT **s**
Com **L'Aria** *(cocina italiana)* carta 2450 a 2950 - **Ell Mall** carta 3100 a 3850 – ☕ 975 – **276 hab** 18480/23100.

🏨 **Majestic,** passeig de Grácia 70, ✉ 08008, ☎ 488 17 17, Telex 52211, Fax 488 18 80, ⛱ – |♦| ▤ TV ☎ – 🏛 25/600. AE ⓓ E VISA JCB. ✻ HV **f**
Com 3500 – ☕ 1500 – **335 hab** 15700/24900 – PA 6800.

Diplomatic y Rest. La Salsa, Pau Claris 122, ✉ 08009, ✆ 488 02 00, Telex 54701, Fax 488 12 22, ⛱ - |‡| ▤ TV ☎ - 25/250. AE ⓓ E VISA JCB. ※ HV **e**
Com *(cerrado domingo)* carta 4050 a 5000 - ☕ 1750 - **217 hab** 20000/25000.

NH Calderón, Rambla de Catalunya 26, ✉ 08007, ✆ 301 00 00, Telex 99529, Fax 317 31 57, ⛱, ⛱ - |‡| ▤ TV ☎ - 25/200. AE ⓓ E VISA. ※ HX **t**
Com carta 4000 a 6000 - ☕ 1500 - **248 hab** 20400/25500.

Barcelona Sants, pl. dels Països Catalans (estació Barcelona Sants), ✉ 08014, ✆ 490 95 95, Telex 97568, Fax 490 60 45, ≤ - |‡| ▤ TV ☎ ♿ P - 25/1500. AE ⓓ E VISA JCB. ※ FY
Com 2500 - ☕ 1250 - **377 hab** 17600/22000 - PA 6250.

Avenida Palace, Gran Vía de les Corts Catalanes 605, ✉ 08007, ✆ 301 96 00, Telex 54734, Fax 318 12 34 - |‡| ▤ TV ☎ - 25/300. AE ⓓ E VISA JCB. ※ rest HX **r**
Com 5100 - ☕ 1400 - **211 hab** 21700/27200 - PA 9200.

G.H. Catalonia, Balmes 142, ✉ 08008, ✆ 415 90 90, Telex 97532, Fax 415 22 09 - |‡| ▤ TV ☎ ♿ - 48/260. AE ⓓ E VISA. ※ HV **b**
Com 3000 - ☕ 1500 - **84 hab** 18500/24900.

Condes de Barcelona y Anexo, passeig de Grácia 75, ✉ 08008, ✆ 484 86 00, Telex 51531, Fax 487 14 42, ⛱ - |‡| ▤ TV ☎ - 25/180. AE ⓓ VISA JCB. ※ HV **m**
Com 3000 - ☕ 1500 - **183 hab** 23000/29000 - PA 6000.

Gallery H., Roselló 249, ✉ 08008, ✆ 415 99 11, Telex 97518, Fax 415 91 84, ⛱ - |‡| ▤ TV ☎ ♿ - 25/200. AE ⓓ E VISA. ※ HV **d**
Com carta 3135 a 4875 - ☕ 1500 - **115 hab** 27000.

St. Moritz, Diputació, 262 bis, ✉ 08007, ✆ 412 15 00, Fax 412 12 36 - |‡| ▤ TV ☎ ♿ - 25/140. AE ⓓ E VISA. ※ rest JV **g**
Com 3000 - ☕ 1500 - **92 hab** 18100/25500 - PA 7500.

L'Illa sin rest, av. Diagonal 555, ✉ 08029, ✆ 410 33 00, Fax 410 88 92 - |‡| ▤ TV ☎ ♿. AE E VISA. ※ FX **c**
☕ 1000 - **103 hab** 17600/22000.

Gran Derby sin rest, Loreto 28, ✉ 08029, ✆ 322 20 62, Telex 97429, Fax 419 68 20 - |‡| ▤ TV ☎ - 25/100. AE ⓓ E VISA JCB. ※ rest GX **g**
☕ 1250 - **40 hab** 20000/23000.

Balmes, Mallorca 216, ✉ 08008, ✆ 451 19 14, Fax 451 00 49, « Terraza con ⛱ » - |‡| ▤ TV ☎ - 25/70. AE ⓓ E VISA JCB. ※ rest HV **v**
Com 2500 - ☕ 975 - **100 hab** 12000/16500.

City Park H., Nicaragua 47, ✉ 08029, ✆ 419 95 00, Fax 419 71 63 - |‡| ▤ TV ☎ - 25/40. AE ⓓ E VISA. ※ rest FX **z**
Com 2100 - ☕ 1300 - **80 hab** 14500/20500.

NH Podium, Bailén 4, ✉ 08010, ✆ 265 02 02, Telex 97007, Fax 265 05 06, Fö, ⛱ - |‡| ▤ TV ☎ ♿ - 25/240. AE ⓓ VISA. ※ JV **r**
Com 1600 - ☕ 1400 - **145 hab** 16700/23100.

Derby, Loreto 21, ✉ 08029, ✆ 322 32 15, Telex 97429, Fax 410 08 62 - |‡| ▤ TV ☎ - 25/100. AE ⓓ E VISA JCB. ※ rest FX **e**
Com 3500 - ☕ 1250 - **119 hab** 14500/22000 - PA 7550.

Alexandra, Mallorca 251, ✉ 08008, ✆ 487 05 05, Telex 81107, Fax 216 06 06 - |‡| ▤ TV ☎ - 25/100. AE ⓓ E VISA. ※ HV **x**
Com 3850 - ☕ 1400 - **75 hab** 19300/24000 - PA 8000.

Astoria sin rest, Paris 203, ✉ 08036, ✆ 209 83 11, Telex 81129, Fax 202 30 08 - |‡| ▤ TV ☎ - 25/30. AE ⓓ E VISA JCB HV **a**
☕ 975 - **114 hab** 11700/15500.

NH Master, Valencia 105, ✉ 08011, ✆ 323 62 15, Telex 81258, Fax 323 43 89 - |‡| ▤ TV ☎ - 25/170. ⓓ E VISA JCB. ※ HX **n**
Com 3600 - ☕ 1000 - **81 hab** 12800/17600 - PA 7000.

Cristal, Diputació 257, ✉ 08007, ✆ 487 87 78, Telex 54560, Fax 487 90 30 - |‡| ▤ TV ☎ - 25/70. AE ⓓ E VISA JCB. ※ HX **t**
Com 2850 - ☕ 925 - **148 hab** 12500/18000.

NH Numancia, Numancia 74, ✉ 08029, ✆ 322 44 51, Fax 410 76 42 - |‡| ▤ TV ☎ - 25/70. AE ⓓ E VISA JCB. ※ FX **f**
Com carta 3100 a 3800 - ☕ 1000 - **140 hab** 12800/17600.

Sant'Angelo sin rest, Consell de Cent 74, ✉ 08015, ✆ 423 46 47, Fax 423 88 40 - |‡| ▤ TV ☎ ♿. AE ⓓ E VISA. ※ GY **f**
☕ 1100 - **51 hab** 12500/19500.

Grand Passage Suites H., Muntaner 212, ✉ 08036, ✆ 201 03 06, Telex 98311, Fax 201 00 04 - |‡| ▤ TV ☎ - 25/80. AE ⓓ E VISA. ※ GV **n**
Com 2500 - ☕ 1350 - **40 hab** 19300/24000.

Núñez Urgel sin rest, Comte d'Urgell 232, ✉ 08036, ✆ 322 41 53, Fax 419 01 06 - |‡| ▤ TV ☎ - 25/100. AE ⓓ E VISA GX **a**
☕ 1000 - **120 hab** 13500/20000.

Regente, Rambla de Catalunya 76, ✉ 08008, ✆ 215 25 70, Telex 51939, Fax 487 32 27, ⛱ - |‡| ▤ TV ☎ - 25/30. AE ⓓ E VISA JCB. ※ HV **z**
Com 2650 - ☕ 1300 - **78 hab** 15000/22000.

Expo H., Mallorca 1, ⊠ 08014, ℘ 325 12 12, Telex 54147, Fax 325 11 44, 🏊 - |♦| ▤ TV ☎ 🚗 - 🏛 25/900. AE ⓞ E VISA. ✂ GY **m**
Com 2335 - ☕ 1050 - **435 hab** 13230/17325 - PA 4535.

Duques de Bergara, Bergara 11, ⊠ 08002, ℘ 301 51 51, Telex 81257, Fax 317 34 42 - |♦| ▤ TV ☎ - 🏛 25/80. AE ⓞ E VISA. ✂ LV **f**
Com 2500 - ☕ 1200 - **56 hab** 17500/21900 - PA 5885.

Roma, av. de Roma 31, ⊠ 08029, ℘ 410 66 33, Telex 98718, Fax 410 13 52, ⛱ - |♦| ▤ TV ☎ - 🏛 25/60. AE ⓞ E VISA. ✂ GX **r**
Com 1900 - ☕ 1150 - **42 hab** 15500/19900 - PA 4620.

Abbot sin rest, av. de Roma 23, ⊠ 08029, ℘ 430 04 05, Fax 419 57 41 - |♦| ▤ TV ☎ 🚗 - 🏛 25/100. AE ⓞ E VISA. ✂ GXY **e**
☕ 1000 - **42 hab** 11550/18150.

NH Forum, Ecuador 20, ⊠ 08029, ℘ 419 36 36, Fax 419 89 10 - |♦| ▤ TV ☎ 🚗 - 🏛 25/50. AE ⓞ E VISA. ✂ FX **t**
Com carta aprox. 2500 - ☕ 1000 - **48 hab** 12800/17600.

NH Rallye, Travessera de les Corts 150, ⊠ 08028, ℘ 339 90 50, Fax 411 07 90, 🏊 - |♦| ▤ TV ☎ 🚗 - 🏛 25/350. AE ⓞ E VISA JCB. ✂ rest EY **b**
Com 2000 - ☕ 1000 - **106 hab** 12800/17600.

Alfa y Rest. Gran Mercat, Zona Franca - calle K (entrada principal Mercabarna), ⊠ 08004, ℘ 336 25 64, Telex 80820, Fax 335 55 92, 🏊 - |♦| ▤ TV ☎ 🅟 - 🏛 25/80. AE ⓞ E VISA. ✂ rest por Pas. de la Zona Franca BT
Com carta 4000 a 5000 - ☕ 975 - **99 hab** 12400/15500.

NH Les Corts, Travessera de les Corts 292, ⊠ 08029, ℘ 322 08 11, Fax 322 08 11 - |♦| ▤ TV ☎ 🚗 - 🏛 25/80. AE ⓞ E VISA. ✂ FX **u**
Com carta 2300 a 3300 - ☕ 1000 - **81 hab** 12800/17600.

Regina sin rest, con cafetería, Bergara 2, ⊠ 08002, ℘ 301 32 32, Telex 59380, Fax 318 23 26 - |♦| ▤ TV ☎. AE ⓞ E VISA JCB. ✂ LV **r**
☕ 975 - **102 hab** 10300/15300.

Paral-Lel sin rest y sin ☕, Poeta Cabanyes 7, ⊠ 08004, ℘ 329 11 04, Fax 442 16 56 - |♦| ▤ TV ☎. AE ⓞ VISA HY **b**
66 hab 6250/9500.

Onix sin rest, Llançà 30, ⊠ 08015, ℘ 426 00 87, Fax 426 19 81, 🏊 - |♦| ▤ TV ☎ 🚗 - 🏛 25/150. AE ⓞ VISA. ✂ GY **n**
☕ 900 - **80 hab** 11600/14500.

Taber sin rest, Aragó 256, ⊠ 08007, ℘ 487 38 87, Telex 93452, Fax 488 13 50 - |♦| ▤ TV ☎ - 🏛 25/40. AE E VISA. ✂ HX **g**
☕ 550 - **91 hab** 8400/10500.

XXXXX **Beltxenea,** Mallorca 275, ⊠ 08008, ℘ 215 30 24, Fax 487 00 81, ⛱, « Terraza-jardín » - ▤. AE ⓞ E VISA. ✂ HV **h**
cerrado sábado mediodía y domingo - Com carta 5300 a 6700.

XXXX ✿ **La Dama,** av. Diagonal 423, ⊠ 08036, ℘ 202 06 86, Fax 200 72 99 - ▤. AE ⓞ E VISA. ✂ HV **a**
Com carta 4550 a 6675
Espec. Ensalada tibia de salmonetes con patatas al caviar, Rape estilo Costa Brava, Carro de pastelería y de quesos artesanos.

XXXX **Finisterre,** av. Diagonal 469, ⊠ 08036, ℘ 439 55 76, Fax 439 99 41 - ▤. AE ⓞ E VISA. ✂ GV **e**
cerrado sábado - Com carta 5000 a 7500.

XXX **Oliver y Hardy,** av. Diagonal 593, ⊠ 08014, ℘ 419 31 81, ⛱ - ▤. AE ⓞ E VISA. ✂
cerrado domingo - Com carta aprox. 5500. FX **n**

XXX ✿ **Jaume de Provença,** Provença 88, ⊠ 08029, ℘ 430 00 29, Fax 439 29 50 - ▤. AE E VISA JCB. ✂ GX **h**
cerrado domingo noche, lunes, Semana Santa, agosto y Navidades - Com carta 4350 a 7100
Espec. "Panellets" de foie-gras, Tournedo de bogavante, Manitas de cerdo en hojaldre con foie-gras y trufas..

XXX **Bel Air,** Córsega 286, ⊠ 08008, ℘ 237 75 88, Fax 237 95 26, Arroces - ▤. AE ⓞ E VISA JCB. ✂ HV **b**
cerrado domingo y Semana Santa - Com carta 3950 a 6100.

XXX **Tikal,** Rambla de Catalunya 5, ⊠ 08007, ℘ 302 22 21 - ▤. AE ⓞ E VISA. ✂ LV **e**
cerrado sábado, domingo, festivos y agosto - Com carta 4400 a 5400.

XX **Llúria,** Roger de Llúria 23, ⊠ 08010, ℘ 301 74 94, Fax 301 90 49 - ▤. AE ⓞ E VISA. ✂
cerrado sábado mediodía, domingo y festivos - Com carta 3150 a 4650. JV **x**

XX **Moliner,** Aribau 39, ⊠ 08011, ℘ 451 30 65, Fax 451 32 45 - ▤. AE ⓞ E VISA HX **w**
cerrado sábado mediodía, domingo y del 1 al 15 agosto - Com carta 3400 a 6850.

XX **El Tragaluz,** passatge de la Concepció 5 - 1º, ⊠ 08008, ℘ 487 01 96, Fax 217 01 19, « Decoración original con techo acristalado » - AE ⓞ E VISA. ✂ HV **u**
cerrado domingo - Com carta 4250 a 5600.

XX **Koxkera,** Marqués de Sentmenat 67, ⊠ 08029, ℘ 322 35 56 - ▤. AE ⓞ E VISA JCB. ✂
Com carta 3300 a 5300. FX **a**

XX **Gargantua i Pantagruel,** Aragó 214, ⊠ 08011, ℘ 453 20 20, Fax 451 39 08, Cocina ilerdense – ▤. AE ⓓ E VISA JCB. 🐕 HX **x**
cerrado domingo y Semana Santa – Com carta 3300 a 4900.

XX **Maitetxu,** Balmes 55, ⊠ 08007, ℘ 323 59 65, Cocina vasco-navarra – ▤. AE ⓓ E VISA. 🐕 HX **h**
cerrado sábado mediodía, festivos y agosto – Com carta 3200 a 4600.

XX **El Dento,** Loreto 32, ⊠ 08029, ℘ 321 67 56, Fax 419 73 36, Pescados y mariscos – ▤. AE ⓓ E VISA. 🐕 GX **g**
cerrado lunes y agosto – Com carta 2450 a 3900.

XX **Rías de Galicia,** Lleida 7, ⊠ 08004, ℘ 424 81 52, Fax 426 13 07, Pescados y mariscos – ▤. AE ⓓ E VISA JCB. 🐕 HY **e**
Com carta 3100 a 6000.

XX **Sí, Senyor,** Mallorca 199, ⊠ 08036, ℘ 453 21 49, Fax 451 10 02 – ▤. AE ⓓ E VISA. 🐕
cerrado domingo – Com carta 3600 a 4950. HX **b**

XX **Satélite,** av. de Sarriá 10, ⊠ 08029, ℘ 321 34 31 – ▤. AE E VISA. 🐕 GX **d**
Com carta aprox. 5200.

XX **Vinya Rosa - Magí,** av. de Sarriá 17, ⊠ 08029, ℘ 430 00 03, Fax 430 00 41 – ▤. AE ⓓ E VISA GX **y**
cerrado sábado mediodía y domingo – Com carta 3200 a 5700.

XX **Gorría,** Diputació 421, ⊠ 08013, ℘ 245 11 64, Fax 232 78 57, Cocina vasco-navarra – ▤. AE ⓓ E VISA JCB. 🐕 JU **a**
cerrado domingo y agosto – Com carta 4100 a 4950.

XX **La Sopeta,** Muntaner 6, ⊠ 08011, ℘ 323 56 32 – ▤. AE ⓓ E VISA JCB. 🐕 HX **s**
cerrado domingo – Com carta 3480 a 4900.

XX **Soley,** Bailén 29, ⊠ 08010, ℘ 265 46 96 – ▤. AE ⓓ E VISA JCB JV **b**
cerrado sábado y 15 días en agosto – Com carta 3550 a 4350.

XX **Lagunak,** Berlín 19, ⊠ 08014, ℘ 490 59 11, Cocina vasco-navarra – ▤. AE ⓓ E VISA. 🐕
cerrado domingo, Semana Santa, agosto y Navidades – Com carta aprox. 4500. FX **d**

XX ⊛ **Ca l'Isidre,** Les Flors 12, ⊠ 08001, ℘ 441 11 39, Fax 442 52 71 – ▤. AE E VISA. 🐕
cerrado sábado de abril a septiembre, domingo, festivos, Semana Santa, agosto y del 1 al 14 febrero – Com carta 4500 a 5500 LY **b**
Espec. Ragoût de manitas de cerdo con almejas y espárragos trigueros, Arroz con porchinis y fondos de aves, Gelée de frutas al sauternes.

XX **Can Fayos,** Loreto 22, ⊠ 08029, ℘ 439 30 22 – ▤. AE ⓓ E VISA JCB. 🐕 GX **g**
cerrado domingo y festivos – Com carta 2800 a 3850.

XX **Casa Chus,** av. Diagonal 339 bis, ⊠ 08037, ℘ 207 02 15 – ▤. AE ⓓ E VISA HV **r**
cerrado domingo noche y agosto – Com carta 3450 a 4450.

XX **Muffins,** València 210, ⊠ 08011, ℘ 454 02 21 – ▤. AE E VISA. 🐕 HX **e**
cerrado sábado mediodía, domingo, festivos y agosto – Com carta 3800 a 4500.

XX **El Celler de Casa Jordi,** Rita Bonnat 3, ⊠ 08029, ℘ 430 10 45 – ▤. AE ⓓ E VISA JCB. 🐕
cerrado domingo – Com carta 1750 a 2775. GX **s**

XX **Sibarit,** Aribau 65, ⊠ 08011, ℘ 453 93 03 – ▤. AE ⓓ E VISA JCB. 🐕 HX **u**
cerrado sábado mediodía, domingo y 2ª quincena de agosto – Com carta aprox. 4800.

XX **L'Aram,** Aragó 305 ℘ 207 01 88 – ▤. AE ⓓ E VISA. 🐕 JV **n**
cerrado sábado mediodía, domingo, Semana Santa y agosto – Com carta 3600 a 4800.

XX **St. Pauli,** Muntaner 101, ⊠ 08036, ℘ 454 75 48 – ▤. AE ⓓ E VISA. 🐕 HX **k**
cerrado sábado mediodía, domingo, festivos y agosto – Com carta aprox. 5200.

XX **Tramonti 1980,** av. Diagonal 501, ⊠ 08029, ℘ 410 15 35, Fax 405 04 03, Cocina italiana – ▤. AE ⓓ E VISA. 🐕 FV **s**
Com carta 2800 a 4200.

XX **Font del Gat,** passeig Santa Madrona, Montjuic, ⊠ 08004, ℘ 424 02 24, ☂, Decoración regional – Ⓟ. AE ⓓ E VISA. 🐕 CT **x**
cerrado lunes salvo festivos – Com carta 3400 a 4300.

XX **Petit París,** París 196, ⊠ 08036, ℘ 218 26 78 – ▤. AE ⓓ E VISA. 🐕 HV **k**
Com carta 3800 a 4600.

XX **Casa Darío,** Consell de Cent 256, ⊠ 08011, ℘ 453 31 35, Fax 451 33 95 – ▤. AE ⓓ E VISA. 🐕 HX **p**
cerrado domingo y agosto – Com carta 4050 a 5400.

X **Rosamar,** Sepúlveda 159, ⊠ 08011, ℘ 453 31 92 – ▤. AE ⓓ E VISA HX **q**
cerrado domingo noche, lunes y agosto – Com carta 3900 a 4800.

X **El Pescador,** Mallorca 314, ⊠ 08037, ℘ 207 10 24, Pescados y mariscos – ▤. AE ⓓ E VISA. 🐕 JV **a**
cerrado domingo – Com carta 2650 a 4900.

X **Elche,** Vila i Vilá 71, ⊠ 08004, ℘ 329 68 46, Arroces – ▤. AE ⓓ E VISA JY **a**
cerrado domingo noche – Com carta 2490 a 3200.

X **Asador Izarra,** Sicilia 135, ⊠ 08013, ℘ 245 21 03 – ▤. AE ⓓ E VISA. 🐕 JV **s**
cerrado domingo, festivos noche, Semana Santa, 3 semanas en agosto y Navidades – Com carta aprox. 4500.

X **Santi Velasco,** Diputació 172, ✉ 08011, ☎ 453 12 34 - ▤. AE ⓓ E VISA. ✻ HX **z**
cerrado domingo, festivos, sábado en verano y tres semanas en agosto - Com carta 2600 a 4900.

X **Chicoa,** Aribau 71, ✉ 08036, ☎ 453 11 23 - ▤. AE E VISA. ✻ HX **m**
cerrado sábado noche, domingo, festivos y agosto - Com carta 3000 a 3850.

X **Solera Gallega,** París 176, ✉ 08036, ☎ 322 91 40, Pescados y mariscos - ▤. AE ⓓ E VISA JCB. ✻ GHV **p**
cerrado lunes y 15 agosto-15 septiembre - Com carta 4000 a 6000.

X **Rincón de Bizkaia,** Lluçà 11, ✉ 08028, ☎ 339 00 14, Cocina vasca - ▤. AE ⓓ E VISA. ✻ - *cerrado domingo noche, lunes y agosto* - Com carta aprox. 4500. FXY **s**

X **La Manduca,** Girona 59, ✉ 08009, ☎ 487 99 89 - ▤. E VISA. ✻ JV **c**
cerrado sábado, domingo, Semana Santa y agosto - Com carta aprox. 4650.

X **Casa Toni,** Sepúlveda 62, ✉ 08015, ☎ 325 26 34 - ▤. AE ⓓ E VISA JCB. ✻ HY **f**
cerrado sábado y domingo noche - Com carta aprox. 3800.

X **Cal Sardineta,** Casp 35, ✉ 08010, ☎ 302 68 44 - ▤. AE ⓓ E VISA. ✻ JV **r**
cerrado sábado noche, domingo, festivos y 15 días en agosto - Com carta 2300 a 4540.

X **Da Paolo,** av. de Madrid 63, ✉ 08028, ☎ 490 48 91, Cocina italiana - ▤. AE ⓓ E VISA
cerrado domingo y agosto - Com carta 2250 a 3550. EY **f**

X **Els Perols de l'Empordá,** Villarroel 88, ✉ 08011, ☎ 323 10 33, Cocina ampurdanesa - ▤. AE ⓓ E VISA. ✻ HX **v**
cerrado domingo noche, lunes, Semana Santa y del 1 al 22 agosto - Com carta 2575 a 3450.

X **Da Peppo,** av. de Sarriá 19, ✉ 08029, ☎ 322 51 55, Cocina italiana - ▤. AE E VISA
cerrado martes y agosto - Com carta 1850 a 2500. GX **y**

X **Azpiolea,** Casanova 167, ✉ 08036, ☎ 430 90 30, Cocina vasca - ▤. AE ⓓ E VISA. ✻
cerrado domingo y agosto - Com carta 3500 a 4350. GV **q**

X **La Lubina,** Viladomat 257, ✉ 08029, ☎ 430 03 33 - ▤. AE ⓓ E VISA JCB. ✻ GX **c**
cerrado domingo y agosto - Com carta 3050 a 4900.

X **Carles Grill,** Comte d'Urgell 280, ✉ 08036, ☎ 410 43 00, Carne de buey - ▤. AE ⓓ E VISA. ✻ GV **m**
cerrado domingo y 1ª quincena agosto - Com carta aprox. 2400.

X **Marisqueiro Panduriño,** Floridablanca 3, ✉ 08015, ☎ 325 70 16, Pescados y mariscos - ▤. AE ⓓ E VISA JCB. ✻ HY **c**
cerrado martes y agosto - Com carta aprox. 5500.

X **Casa Agustín,** Bergara 5, ✉ 08002, ☎ 301 44 34 - ▤. AE ⓓ E VISA LV **g**
cerrado sábado y 2ª quincena de agosto - Com carta 1550 a 3350.

X **Pá i Trago,** Parlament 41, ✉ 08015, ☎ 441 13 20, Fax 441 13 20, Rest. típico - ▤. AE. ✻
cerrado lunes y 23 junio-23 julio - Com carta 2900 a 4900. HY **a**

X **La Brochette,** Balmes 122, ✉ 08008, ☎ 215 89 44 - ▤. AE VISA. ✻ HV **t**
cerrado domingo y agosto - Com carta 1900 a 2900.

NORTE DIAGONAL vía Augusta, Capità Arenas, ronda General Mitre, passeig de la Bonanova, av. de Pedralbes

Presidente, av. Diagonal 570, ✉ 08021, ☎ 200 21 11, Telex 52180, Fax 209 51 06, ⛱ - |♦| ▤ TV ☎ - 🔬 25/420. AE ⓓ E VISA. ✻ GV **u**
Com 3750 - ☐ 1500 - **152 hab** 23000/28750 - PA 9000.

Hesperia sin rest, con cafetería, Vergós 20, ✉ 08017, ☎ 204 55 51, Telex 98403, Fax 204 43 92 - |♦| ▤ TV ☎ 🚗 - 🔬 25/150. AE ⓓ E VISA. ✻ EU **c**
☐ 1250 - **139 hab** 16400/20500.

Suite H., Muntaner 505, ✉ 08022, ☎ 212 80 12, Telex 99077, Fax 211 23 17 - |♦| ▤ TV ☎ 🚗 - 🔬 25/90. AE ⓓ E VISA. ✻ FU **a**
Com 3000 - ☐ 1500 - **70 hab** 18500/24900.

Balmoral, vía Augusta 5, ✉ 08006, ☎ 217 87 00, Telex 54087, Fax 415 14 21 - |♦| ▤ TV ☎ 🚗 - 🔬 25/250. AE ⓓ E VISA JCB. ✻ HV **n**
- Com *(cerrado sábado en julio-agosto y del 1 al 22 agosto)* 1600 - ☐ 1050 - **94 hab** 15700/24000.

NH Cóndor, via Augusta 127, ✉ 08006, ☎ 209 45 11, Telex 52925, Fax 202 27 13 - |♦| ▤ TV ☎ - 🔬 25/50. AE ⓓ E VISA. ✻ GU **z**
Com carta 2500 a 3600 - ☐ 1400 - **78 hab** 16800/21000.

Arenas sin rest, con cafetería por la noche, Capitá Arenas 20, ✉ 08034, ☎ 280 03 03, Telex 54990, Fax 280 33 92 - |♦| ▤ TV ☎ - 🔬 25/50. AE ⓓ E VISA JCB. ✻ EX **r**
☐ 925 - **59 hab** 14000/20000.

Victoria, av. de Pedralbes 16 bis, ✉ 08034, ☎ 280 15 15, Telex 98302, Fax 280 52 67, 🏞, ⛱ - |♦| ▤ TV ☎ 🚗. AE ⓓ E VISA. ✻ rest EX **z**
Com *(cerrado sábado, domingo y agosto)* 1375 - ☐ 1350 - **79 apartamentos** 26000/38500.

Park Putxet, Putxet 68, ✉ 08023, ☎ 212 51 58, Telex 98718, Fax 418 58 17 - |♦| ▤ TV ☎ 🚗 - 🔬 25/200. AE ⓓ E VISA. ✻ GU **a**
Com 1900 - ☐ 950 - **141 hab** 11500/14500 - PA 4620.

NH Belagua, vía Augusta 89, ✉ 08006, ☎ 237 39 40, Telex 99643, Fax 415 30 62 – 25 /90. AE E VISA. rest GU **s**
Com 3500 – 1000 – **72 hab** 12800/17600 – PA 6000.

Atenas, av. Meridiana 151, ✉ 08026, ☎ 232 20 11, Telex 98718, Fax 232 09 10, – 25/40. AE E VISA. CS **z**
Com 1300 – 950 – **166 hab** 9500/11500 – PA 3190.

Mitre sin rest, Bertrán 9, ✉ 08023, ☎ 212 11 04, Telex 98671, Fax 418 94 81 – AE E VISA FU **t**
725 – **57 hab** 11200/14000.

Condado, Aribau 201, ✉ 08021, ☎ 200 23 11, Telex 54546, Fax 200 25 86 – AE E VISA. rest GV **g**
Com *(cerrado sábado y domingo)* 1850 – 900 – **88 hab** 12800/16000 – PA 3910.

NH Pedralbes sin rest, con cafetería por la noche, Fontcuberta 4, ✉ 08034, ☎ 203 71 12, Fax 205 70 65 – 25/35. AE E VISA. EV **b**
1000 – **28 hab** 14100/17600.

Covadonga sin rest, av. Diagonal 596, ✉ 08021, ☎ 209 55 11, Telex 93394, Fax 209 58 33 – AE E VISA JCB. GV **v**
550 – **85 hab** 7200/11400.

Aragón, Aragó 569 bis, ✉ 08026, ☎ 245 89 05, Telex 98718, Fax 447 09 23 – AE E VISA. KU **e**
Com 1400 – 950 – **72 hab** 9500/11500 – PA 3435.

Wilson sin rest, av. Diagonal 568, ✉ 08021, ☎ 209 25 11, Telex 98671, Fax 200 83 70 – AE E VISA JCB. GV **a**
725 – **52 hab** 11200/14000.

Bonanova Park sin rest, Capitá Arenas 51, ✉ 08034, ☎ 204 09 00, Telex 98671, Fax 204 50 14 – 25/35. AE E VISA. EV **r**
550 – **60 hab** 10000/12500.

Tres Torres sin rest, con cafetería, Calatrava 32, ✉ 08017, ☎ 417 73 00, Telex 54546, Fax 418 98 34 – 25/35. AE E VISA EFU **n**
900 – **56 hab** 15200/19000.

Mikado, passeig de la Bonanova 58, ✉ 08017, ☎ 211 41 66, Telex 97636, Fax 211 42 10, AE E VISA. EU **s**
Com 1700 – 950 – **66 hab** 11900/13900 – PA 4290.

Albéniz sin rest, Aragó 591, ✉ 08026, ☎ 265 26 26, Fax 265 40 07 – 25/50. AE E VISA. CS **e**
950 – **47 hab** 9500/11500.

Rubens, passeig de la Mare de Déu del Coll 10, ✉ 08023, ☎ 219 12 04, Telex 98718, Fax 219 12 69 – 25. AE E VISA. BS **y**
Com 1400 – 950 – **136 hab** 8900/10900 – PA 3520.

Castellnou, Castellnou 61, ✉ 08017, ☎ 203 05 50, Telex 98718, Fax 205 60 14 – AE E VISA. EV **a**
Com 1300 – 950 – **29 hab** 10900/12900 – PA 3520.

NH Rekor'd sin rest, Muntaner 352, ✉ 08021, ☎ 200 19 53, Fax 414 50 84 – AE E VISA. – 1300 – **15 hab** 25500. GU **c**

Travesera sin rest y sin, Travessera de Dalt 121, ✉ 08024, ☎ 213 24 54 – **23 hab** 5200. CS **u**

XXXX **Via Veneto,** Ganduxer 10, ✉ 08021, ☎ 200 72 44, Fax 201 60 95, « Estilo belle époque » – AE E VISA JCB. FV **e**
cerrado sábado mediodía, domingo y del 1 al 20 agosto – Com carta 4590 a 6130
Espec. Ensalada tíbia de ternera con tomate confitado, Pollo con bogavante y arroz blanco, Crepes flambeadas tres gustos : helado vainilla, crema y nata..

XXXX **Reno,** Tuset 27, ✉ 08006, ☎ 200 91 29, Fax 414 41 14 – AE E VISA JCB.
cerrado sábado – Com carta 5500 a 7000. GV **r**

XXX **Neichel,** av. de Pedralbes 16 bis, ✉ 08034, ☎ 203 84 08, Fax 205 63 69 – AE E VISA. EX **z**
cerrado domingo, festivos, Semana Santa, agosto y Navidades – Com carta 5350 a 6200
Espec. Ensalada de bogavante y cabeza de cerdo con lentejas a la albahaca, "Lluerna" de roca al horno, Tournedos de buey con pure de olivada y piperada..

XXX **Botafumeiro,** Gran de Gràcia, 81, ✉ 08012, ☎ 218 42 30, Fax 415 58 48, Pescados y mariscos – AE E VISA JCB. HU **v**
cerrado domingo noche, lunes, Semana Santa y agosto – Com carta 4300 a 6800
Espec. Judías con almejas, Fideuá con marisco, Rodaballo a la brasa con salsa de limón..

XXX **Eldorado Petit,** Dolors Monserdá 51, ✉ 08017, ☎ 204 51 53, Fax 280 57 02, – AE E VISA JCB. EU **y**
cerrado domingo y 15 días en agosto – Com carta 4550 a 6450
Espec. Foie, bogavante y puerros al vinagre de Módena, Cigalas, gambas, espardenyas y rodaballo en suquet, Galta de ternera braseada con salsafins y setas (temp)..

XXX **Paradis Roncesvalles,** vía Augusta 201, ✉ 08021, ☎ 209 01 25, Fax 209 12 95 – AE E VISA. FV **a**
cerrado domingo noche – Com carta 3800 a 4550.

XX **La Petite Marmite,** Madrazo 68, ✉ 08006, ℘ 201 48 79 – ▤. AE ⓓ E VISA. ⚔ GU **f**
cerrado domingo, festivos, Semana Santa y Agosto – Com carta 2425 a 3450.

XX ✿ **Florián,** Bertrand i Serra 20, ✉ 08022, ℘ 212 46 27, Fax 418 72 30 – ▤. AE ⓓ E VISA. ⚔ FU **s**
cerrado domingo y julio – Com carta 4700 a 5250
Espec. Ensalada de trufa fresca con chips y serrano (diciembre-marzo), Rabo de buey alCabernet Sauvignon, Galleta de chocolate con mousse de Guanaja.

XX **El Trapío,** Esperanza 25, ✉ 08017, ℘ 211 58 17, Fax 417 10 37, ☂, « Terraza » – AE ⓓ E VISA. ⚔ EU **t**
cerrado domingo y lunes mediodía – Com carta 3810 a 6400.

XX **El Asador de Aranda,** av. del Tibidabo 31, ✉ 08022, ℘ 417 01 15, ☂, Cordero asado, « Antiguo palacete » – AE E VISA. ⚔ BS **b**
cerrado domingo noche – Com carta 3000 a 4950.

XX **Pretérito Perfecto,** pl. Joaquim Folguera 1, ✉ 08022, ℘ 417 20 02 – ▤. AE ⓓ E VISA. ⚔ FU **e**
cerrado domingo y lunes mediodía – Com carta 2475 a 3925.

XX **La Dida,** Roger de Flor 230, ✉ 08025, ℘ 207 20 04, « Decoración regional » – ▤. AE E VISA. ⚔ JU **c**
cerrado sábado y domingo – Com carta aprox. 5200.

XX **Paradis Barcelona,** passeig Manuel Girona 7, ✉ 08034, ℘ 203 76 37, Fax 203 61 94, Rest. con buffet – ▤. AE ⓓ E VISA. ⚔ EVX **t**
cerrado domingo noche – Com carta aprox. 4500.

XX **Daxa,** Muntaner 472, ✉ 08006, ℘ 201 60 06 – ▤. ⓓ E VISA. ⚔ FU **p**
cerrado domingo noche y del 5 al 24 agosto – Com carta 1575 a 3750.

XX **Casa Jordi,** passatge de Marimón 18, ✉ 08021, ℘ 200 11 18 – ▤. AE ⓓ E VISA JCB. ⚔
cerrado domingo – Com carta 2125 a 3075. GV **x**

XX **Petit President,** passatge de Marimón 20, ✉ 08021, ℘ 200 67 23 – ▤. AE ⓓ E VISA. ⚔
cerrado sábado, domingo, festivos y agosto – Com carta aprox. 4000. GV **x**

XX ✿ **El Racó D'En Freixa,** Sant Elíes 22, ✉ 08006, ℘ 209 75 59 – ▤. AE ⓓ E VISA. ⚔
cerrado festivos noche, lunes, Semana Santa y agosto – Com carta 3550 a 5775
Espec. Ragout de cigalas, setas y crestas de gallo, Lubina grille con una declinación de tomates, Hojaldre con pies de cerdo y salsa de trufas (diciembre-marzo).. GU **h**

XX ✿ **Gaig,** passeig de Maragall 402, ✉ 08031, ℘ 429 10 17 – ▤. AE ⓓ E VISA CS **s**
cerrado festivos noche, lunes, Semana Santa y agosto – Com carta 3455 a 3850
Espec. Terrina de foie de pato al natural, Pie de cerdo estofado con rossinyols, Mousse de yogurt con salsa de frambuesas..

XX **Roig Robi,** Séneca 20, ✉ 08006, ℘ 218 92 22, ☂, « Terraza-jardín » – ▤. AE ⓓ E VISA. ⚔ HV **c**
cerrado sábado mediodía y domingo – Com carta 3575 a 5050.

XX **Tram-Tram,** Major de Sarriá 121, ✉ 08017, ℘ 204 85 18, ☂ – ▤. AE E VISA. ⚔ EU **d**
cerrado sábado y domingo en agosto, domingo resto del año y 24 diciembre-8 enero – Com carta 4240 a 4900.

XX **Zure Etxea,** Jordi Girona Salgado 10, ✉ 08034, ℘ 203 83 90, Fax 280 31 46 – ▤. AE ⓓ E VISA. ⚔ AT **r**
cerrado domingo, festivos, Semana Santa, agosto y 24 diciembre-7 enero – Com carta 3400 a 5500.

XX **Hostal Sant Jordi,** Travesera de Dalt 123, ✉ 08024, ℘ 213 10 37 – ▤. AE ⓓ E VISA. ⚔
cerrado sábado, festivos noche y agosto – Com carta 3200 a 4150. CS **u**

XX **Petit Majó,** Oliana 8, ✉ 08006, ℘ 200 47 37, Fax 202 35 69, Pescados y mariscos – ▤. AE ⓓ E VISA. ⚔ GUV **n**
cerrado festivos noche, lunes, Semana Santa y del 1 al 21 agosto – Com carta 3700 a 4000.

X **Tritón,** Alfambra 16 ℘ 203 30 85 – ▤ ⛍ Ⓟ. E VISA. ⚔ AT **t**
cerrado domingo, festivos y Semana Santa (un mes) – Com carta 2400 a 3410.

X **Durán-Durán,** Alfons XII-41, ✉ 08006, ℘ 201 35 13 – ▤. AE ⓓ E VISA GU **u**
cerrado domingo, festivos y del 15 al 31 agosto – Com carta 3250 a 4500.

X **La Senyora Grill,** Bori i Fontestá 45, ✉ 08017, ℘ 201 25 77, Fax 209 96 74, ☂ – ▤. AE E VISA. ⚔ FV **z**
Com carta aprox. 4500.

X **Alberto,** Ganduxer 50, ✉ 08021, ℘ 201 00 09, ☂ – ▤. AE ⓓ E VISA. ⚔ FV **g**
cerrado domingo noche y agosto – Com carta 3080 a 4640.

X **Begoña,** Sant Elies 6, ✉ 08006, ℘ 201 67 61, Cocina vasca – ▤. AE E VISA. ⚔ GU **e**
cerrado domingo noche (invierno), sábado mediodía-domingo (verano) y agosto – Com carta 3950 a 5600.

X **Vivanda,** Major de Sarrià 134, ✉ 08017, ℘ 205 47 17, Fax 203 19 18, ☂ – ▤. AE E VISA. ⚔ EU **a**
cerrado domingo, lunes mediodia y Semana Santa – Com carta 3125 a 4575.

El Vell Sarriá, pl. del Consell de la Vila 11, ✉ 08017, ☎ 204 57 10, Fax 205 45 41, – AE VISA JCB. EU **f**
cerrado domingo noche y lunes – Com carta 3380 a 4475.

La Venta, pl. Dr. Andreu, ✉ 08022, ☎ 212 64 55, Fax 212 51 44, Antiguo café – E VISA BS **d**
cerrado domingo – Com carta 3275 a 5200.

Es Plá, Sant Gervasi de Cassoles 86, ✉ 08022, ☎ 212 65 54, Pescados y mariscos – AE E VISA. FU **u**
cerrado domingo noche – Com carta 3250 a 7200.

Sal i Pebre, Alfambra 14, ✉ 08034, ☎ 205 36 58, Fax 205 56 72 – AE E VISA JCB. AT **t**
cerrado agosto – Com carta 2500 a 3600.

Medulio, av. Príncipe de Asturias 6 ☎ 217 38 68, Fax 217 34 36 – AE E VISA JCB. GU **r**
cerrado domingo noche – Com carta 3500 a 5500.

El Cus-Cus, pl. Cardona 4, ✉ 08006, ☎ 201 98 67, Cocina maghrebí – AE E VISA. GV **k**
cerrado lunes y agosto – Com carta 2550 a 3950.

Rovell D'ou, Jordi Girona Salgado 6, ✉ 08034, ☎ 205 78 71, Fax 205 56 72 – AE E VISA JCB. AT **r**
cerrado Semana Santa – Com carta 1900 a 3100.

Julivert Meu, Jordi Girona Salgado 12, ✉ 08034, ☎ 204 11 96, Fax 205 56 72 – AE E VISA JCB. AT **r**
cerrado agosto – Com carta 1900 a 3100.

El Patí Blau, Jordi Girona Salgado 14, ✉ 08034, ☎ 204 22 15, Fax 205 56 72 – AE E VISA JCB. AT **r**
cerrado julio – Com carta 1900 a 2800.

A la Menta, passeig Manuel Girona 50, ✉ 08034, ☎ 204 15 49, Taberna típica – AE E VISA. EV **f**
cerrado domingo – Com carta 3000 a 4350.

El Vol de Nit, Angli 4, ✉ 08017, ☎ 203 91 81 – AE E VISA. EU **b**
cerrado domingo y 2ᵉ quincena de agosto – Com carta aprox. 3500.

ALREDEDORES

en Esplugues de Llobregat – ✉ 08950 Esplugues de Llobregat – ☎ 93

La Masía, av. Països Catalans 58 ☎ 371 00 09, Fax 372 84 00, « Terraza bajo los pinos » – AE E VISA JCB. AT **s**
cerrado domingo noche – Com carta 3575 a 4850.

Quirze, Laureá Miró 202 ☎ 371 10 84, Fax 371 65 12, – AE E VISA AT **e**
cerrado domingo noche, lunes, festivos y agosto – Com carta 3800 a 5100
Espec. Surtido de setas salteadas (septiembre-enero), Lubina a la crema de ciboulette, Filete de ternera tres salsas.

en Sant Just Desvern - AT – ✉ 08960 Sant Just Desvern – ☎ 93

Sant Just, Frederic Mompou 1 ☎ 473 25 17, Fax 473 24 50 – – 25/450. AE E VISA. AT **a**
Com 2750 – 1200 – **150 hab** 17900/22400.

Ver también : ***San Cugat del Vallés por*** ⑦ : 18 km.

S.A.F.E. Neumáticos MICHELIN, Sucursal, MONTCADA I REIXACH : Polígono Industrial La Ferrería-Parcela 34 bis por ③, ✉ 08110 ☎ 575 38 38 Y 575 40 00, Fax 564 31 51

El BARCO DE VALDEORRAS u O BARCO 32300 Orense 441 E 9 – ☎ 988.

• Madrid 439 – Lugo 123 – Orense/Ourense 118 – Ponferrada 52.

Espada, carret. N 120 E : 1,5 km ☎ 32 26 86 – .
Com 1800 – 500 – **29 hab** 3800/9000 – PA 3455.

La Gran Tortuga, Conde de Fenosa 42 ☎ 32 11 75, Fax 32 51 69 – VISA.
Com 950 – 250 – **16 hab** 2000/4500 – PA 2100.

San Mauro, pl. de la Iglesia 11 ☎ 32 01 45 – AE E VISA.
cerrado lunes y 21 junio-21 julio – Com carta 1950 a 3800.

Les hôtels ou restaurants agréables sont indiqués dans le guide par un signe rouge.
Aidez-nous en nous signalant les maisons où, par expérience, vous savez qu'il fait bon vivre.
Votre guide Michelin sera encore meilleur.

BARLOVENTO Santa Cruz de Tenerife - ver Canarias (La Palma).

La BARRANCA (Valle de) Madrid - ver Navacerrada.

BARRO **33529** Asturias 441 B 15 - 98.
Madrid 460 - Oviedo 106 - Santander 103.

Kaype, playa 540 09 00, Fax 540 04 18, - P. VISA.
abril-septiembre - Com 1450 - 425 - **48 hab** 5000/7800 - PA 2625.

BAYONA o **BAIONA** **36300** Pontevedra 441 F 3 - 9 702 h. - 986 - Playa.
Ver : Monterreal (murallas★ : ★★).
Alred. : Carretera★ de Bayona a La Guardia.
Madrid 616 - Orense/Ourense 117 - Pontevedra 44 - Vigo 21.

Parador de Bayona, 35 50 00, Telex 83424, Fax 35 50 76, « Reproducción de un típico pazo gallego en el recinto de un antiguo castillo feudal al borde del mar », - P - 25/400. AE VISA.
Com 3500 - 1200 - **124 hab** 14500 - PA 6970.

Bayona sin rest, Conde 36 35 50 87 -
temp. - **33 hab.**

Tres Carabelas sin rest, Ventura Misa 61 35 51 33, Fax 35 59 21 - . AE E VISA.
300 - **10 hab** 4700/6500.

Pinzón sin rest, Elduayen 21 35 60 46, - . AE E VISA.
cerrado febrero - 375 - **18 hab** 4800/6500.

Plaza de Castro, Ventura Misa 15 35 55 53, Pescados y mariscos.

O Moscón, Alférez Barreiro 2 35 50 08 - . AE E VISA.
Com carta 2475 a 3900.

en la carretera de La Guardia O : 8,5 km - 36300 Bayona - 986 :

La Hermida, 35 72 73, - P.

I prezzi — Per ogni chiarimento sui prezzi qui riportati consultate le spiegazioni alla pagina dell' introduzione.

BAZA **18800** Granada 446 T 21 - 20 609 h. alt. 872 - 958.
Madrid 425 - Granada 105 - Murcia 178.

Baza sin rest y sin , av. de Covadonga 70 07 50 - .
26 hab 2400/4600.

Venta del sol, carret. de Murcia 70 03 00, Fax 70 03 04 - P. VISA.
Com 1250 - 250 - **25 hab** 1900/3200, 10 apartamentos - PA 2750.

Las Perdices, carret. de Murcia 70 13 26 - . E VISA.
cerrado del 15 al 22 enero - Com carta 1500 a 2600.

BEASAIN **20200** Guipúzcoa 442 C 23 - 12 112 h. alt. 157 - 943.
Madrid 428 - Pamplona/Iruñea 73 - San Sebastián/Donostia 45 - Vitoria/Gasteiz 71.

Rubiorena, Zaldizurreta 7 88 57 60 - . AE VISA.
cerrado domingo, martes noche, Semana Santa y 3 semanas en agosto - Com carta aprox. 4000.

en Olaberría - carretera N I SO : 1,5 km - 20200 Beasain - 943 :

Castillo, 88 19 58, Fax 88 34 60 - rest P. AE E VISA. rest
cerrado 24, 25 y 31 diciembre y 1 de enero - Com *(cerrado domingo noche)* 3000 - 750 - **28 hab** 5060/8030 - PA 5400.

BECERRIL DE LA SIERRA **28490** Madrid 444 J 18 - 1 403 h. alt. 1 080 - 91.
Madrid 54 - Segovia 41.

Las Gacelas, San Sebastián 53 853 74 46, Fax 853 75 06, , , , , - rest P - 25/100. AE VISA.
Com 3000 - 500 - **45 hab** 5000/8000 - PA 5000.

Victoria, San Sebastián 12 853 85 61 - VISA.
cerrado 15 septiembre-15 octubre - Com 800 - 300 - **10 hab** 3390/4240 - PA 1900.

Las Reses, José Antonio 47 853 77 60 - E VISA.
cerrado domingo noche, lunes, octubre y de lunes a jueves en invierno - Com carta 3340 a 5275.

Las Terrazas con hab, San Sebastián 3 853 80 02, - rest
6 hab.

BEGUR Gerona - ver Bagur.

BEHOBIA Guipúzcoa - ver Irún.

BEIFAR Asturias - ver Pravia.

BÉJAR **37700** Salamanca 441 K 12 - 17 008 h. alt. 938 - ☎ 923.
Alred. : Candelario★ : pueblo típico S : 4 km.
paseo de Cervantes 6 ✆ 40 30 05.
♦Madrid 211 - Ávila 105 - Plasencia 63 - ♦Salamanca 72.

- **Colón,** Colón 42 ✆ 40 06 50, Telex 26838, Fax 21 35 00 - AE E VISA. rest
  Com 1800 - 525 - **54 hab** 4950/7150 - PA 3500.
- **Argentino,** Travesía Recreo ✆ 40 23 64 - E VISA.
  Com (ver rest. **Argentino**) - 250 - **13 hab** 3200/4300.
- **Blázquez-Sánchez** sin rest, Travesía Santa Ana 6 ✆ 40 24 00 -
  300 - **39 hab** 2200/4300.
- **Argentino,** carret. de Salamanca 93 ✆ 40 26 92, - E VISA.
  Com carta 1750 a 3100.
- Tres Coronas, carret. de Salamanca 1 ✆ 40 20 23 - .

BELMONTE **16640** Cuenca 444 N 21 - 2 876 h. alt. 720 - ☎ 967.
Ver : Colegiata (Silleria★), Castillo (artesonados★).
♦Madrid 157 - ♦Albacete 107 - Ciudad Real 142 - Cuenca 101.

- La Muralla, Isabel I de Castilla ✆ 17 10 45 - rest
  8 hab.

Los BELONES **30385** Murcia 445 T 27 - ☎ 968.
♦Madrid 459 - ♦Alicante 102 - Cartagena 20 - ♦Murcia 69.

por la carretera de Portman S : 3,5 km - ✉ 30385 Los Belones - ☎ 968 :

- **La Finca,** poblado de Atamaría ✆ 56 45 11 (ext.2228), - AE E VISA.
  cerrado martes y del 1 al 15 diciembre - Com (sólo cena) carta 2500 a 4150.

BELLAVISTA Sevilla - ver Sevilla.

BELLPUIG D'URGELL **25250** Lérida 443 H 33 - 3 662 h. alt. 308 - ☎ 973.
♦Madrid 502 - ♦Barcelona 127 - ♦Lérida/Lleida 33 - Tarragona 86.

- Bellpuig, carret. N II ✆ 32 02 50 - rest
  30 hab.

BELLVER DE CERDAÑA o **BELLVER DE CERDANYA** **25720** Lérida 443 E 35 - 1 674 h. alt. 1 061 - ☎ 973.
pl. de Sant Roc 9 ✆ 51 02 29.
♦Madrid 634 - ♦Lérida/Lleida 165 - Seo de Urgel 32.

- **María Antonieta** , av. de la Cerdanya ✆ 51 01 25, Fax 51 01 25, - .
  AE E VISA.
  Com 2250 - 600 - **54 hab** 5500/8500 - PA 4300.
- **Bellavista,** carret. de Puigcerdá 43 ✆ 51 00 00, Fax 51 04 18, - .
  E VISA. rest
  cerrado noviembre - Com 1600 - 500 - **52 hab** 3500/5800 - PA 3200.

por la carretera de Alp y desvío a la derecha en Balltarga SE : 4 km - ✉ 25720 Bellver de Cerdaña - ☎ 973

- **Mas Martí,** urb. Bades ✆ 51 00 22, Decoración rústica - .
  Semana Santa, 25 julio-5 septiembre, Navidades y fines de semana resto año - Com carta 2300 a 3500.

BENACAZÓN **41805** Sevilla 446 T 11 - 4 300 h. alt. 113 - ☎ 95.
♦Madrid 566 - Huelva 72 - ♦Sevilla 23.

- **Andalusi Park H.,** autopista A 49 salida 6 ✆ 570 56 00, Fax 570 50 79, « Edificio de estilo árabe - Jardín », - - 25/400. AE E VISA.
  Com **Los Olivos** carta 4000 a 5100 - Al'Mutamid - 1500 - **200 hab** 16700/20900 - PA 9500.

BENALMÁDENA 29639 Málaga 446 W 16 - 2 896 h. - 95.

Torrequebrada ℘ 242 27 42.

Av. Antonio Machado km 222 ℘ 244 24 94 Fax 244 06 78.

♦Madrid 579 - Algeciras 117 - ♦Málaga 24.

- La Fonda, Santo Domingo 7 ℘ 256 81 77, Fax 256 82 33, ←, « Bonitos patios con climatizada » - rest
  28 hab.
- **La Rueda,** San Miguel 2 ℘ 244 82 21, - AE E VISA
  cerrado martes - Com (sólo cena) carta 2100 a 2750.

BENALMÁDENA COSTA 29630 Málaga 446 W 16 - 7 670 h. - 95 - Playa.

av. Antonio Machado km 222 ℘ 244 24 94 Fax 244 06 78.

♦Madrid 558 - ♦Málaga 24 - Marbella 46.

- **Torrequebrada,** carret. de Cadiz SO : 2km ℘ 244 60 00, Telex 77528, Fax 244 57 02, ← mar, - 25/500. AE E VISA.
  Com **Café Royal** *(sólo cena, cerrado agosto)* carta 5100 a 7000 - **Pavillón** *(sólo almuerzo salvo en verano)* carta 3850 a 5500 - 1800 - **350 hab** 18000/22500 - PA 9600.
- **Tritón,** av. Antonio Machado 29 ℘ 244 32 40, Telex 77061, Fax 244 26 49, ←, « Gran jardín tropical », - - 25/280. AE E VISA.
  Com 3400 - 1300 - **196 hab** 14500/18500.
- **Riviera,** av. Antonio Machado 49 ℘ 244 12 40, Fax 244 22 30, ←, « Terrazas escalonadas con césped », - - 25/100. AE E VISA.
  Com 2400 - 800 - **188 hab** 9000/12500 - PA 4700.
- **Alay,** av. del Alay 5 ℘ 244 14 40, Telex 77034, Fax 244 63 80, ←, climatizada, - - 25/750. AE E VISA
  Com 3200 - 700 - **265 hab** 11350/15650 - PA 6035.
- **Sol La Roca,** playa Santa Ana - carret. N 340 km 221,5 ℘ 244 17 40, Telex 79340, Fax 244 32 55, ←, - . AE E VISA.
  cerrado noviembre-22 diciembre - Com (sólo buffet) 1250 - **157 hab** 3380/6760.
- **Villasol,** av. Antonio Machado ℘ 244 19 96, Fax 244 19 75, ←, - . AE E VISA.
  Com 1700 - 475 - **76 hab** 5600/7000 - PA 3300.
- **Mar de Alborán,** av. del Alay 5 ℘ 244 64 27, Fax 244 63 80, ←, , Cocina vasca - . AE E VISA.
  cerrado domingo noche, lunes y 23 diciembre-23 enero - Com carta 3775 a 5000.
- **O. K. 2,** Terramar Alto - Edificio Delta del Sur ℘ 244 28 16, , Asados y carnes a la parrilla - . AE E VISA.
  cerrado martes y agosto - Com carta 2800 a 3500.
- Chef Alonso, av. Antonio Machado 222 ℘ 244 34 35 - .
- **O.K.,** San Francisco 2 ℘ 244 36 96, - E VISA.
  cerrado miércoles y 15 enero- febrero - Com carta 2150 a 3250.

BENASQUE 22440 Huesca 443 E 31 - 983 h. alt. 1 138 - 974 - Balneario - Deportes de invierno en Cerler : 11.

Alred. : S : Valle de Benasque★ - Congosto de Ventamillo★ S : 16 km.

San Pedro ℘ 55 12 89.

♦Madrid 538 - Huesca 148 - ♦Lérida/Lleida 148.

- **St Antón y Rest. Casa Pedro** , carret. de Francia ℘ 55 16 11, Fax 55 16 21, ←, - . AE E VISA.
  Com carta 1600 a 2500 - 500 - **34 hab** 3500/7000.
- Aneto , carret. Anciles 2 ℘ 55 10 61, Fax 55 15 09, , , -
  38 hab.
- **San Marsial** , carret. de Francia ℘ 55 16 16, Fax 55 16 23 - . AE E VISA. rest
  Com 1700 - 725 - **18 hab** 8850/11800 - PA 3505.
- **El Puente II** sin rest, San Pedro ℘ 55 12 11, Fax 55 16 84, ← - . AE E VISA.
  600 - **28 hab** 4400/7000.
- **Ciria y Rest. El Fogaril** , av. de Los Tilos ℘ 55 16 12, Fax 55 16 86 - . AE E VISA.
  Com carta 1700 a 2850 - 750 - **30 hab** 4650/7860.
- El Pilar , carret. de Francia ℘ 55 12 63, Fax 55 15 09, ← -
  51 hab.
- **Avenida** , av. de los Tilos 3 ℘ 55 11 26, Fax 55 15 15 - . AE VISA.
  cerrado 15 octubre-noviembre - Com 1300 - 425 - **16 hab** 4000/5650 - PA 2765.

El Puente con hab, San Pedro 55 12 79, Fax 55 16 84, ≤ - rest. AE E VISA.
Com carta 1950 a 3400 - 600 - **13 hab** 4400/7000.

La Parrilla, carret. de Francia 55 11 34, - E VISA.
cerrado del 15 al 30 septiembre - Com carta 1725 a 3400.

Ver también : ***Eriste*** SO : 3 km
Cerler SE : 6 km.

BENAVENTE **49600** Zamora 441 F 12 - 12 509 h. alt. 724 - 988.
♦Madrid 259 - ♦León 71 - Orense/Ourense 242 - Palencia 108 - Ponferrada 125 - ♦Valladolid 99.

Parador de Benavente, paseo Ramón y Cajal 63 03 00, Fax 63 03 03, ≤ - AE VISA.
Com 3200 - 1100 - **30 hab** 11000 - PA 6375.

Orense, Perú 4 63 01 56, Fax 63 47 93 - rest. AE E VISA.
Com 1520 - 500 - **33 hab** 4000/7200 - PA 3435.

en la carretera N VI - 49600 Benavente - 988 :

Arenas, SE : 2 km 63 03 34 - . AE E VISA.
Com 1575 - 230 - **50 hab** 3390/5445.

Benavente con hab, SE : 1,3 km 63 02 50, - . E VISA.
Com carta 1250 a 2250 - 350 - **8 hab** 1660/2660.

BENICARLÓ **12580** Castellón de la Plana 445 K 31 - 16 587 h. alt. 27 - 964 - Playa.
pl. San Andrés 47 31 80.
♦Madrid 492 - Castellón de la Plana 69 - Tarragona 116 - Tortosa 55.

Parador Costa del Azahar, av. del Papa Luna 3 47 01 00, Fax 47 09 34, - - 25/60. AE VISA.
Com 3200 - 1100 - **108 hab** 11000 - PA 6375.

Márynton, paseo Marítimo 5 47 30 11, Fax 46 07 20 - rest. E VISA.
Com *(cerrado viernes y octubre)* 1650 - 400 - **26 hab** 3800/6000.

Sol sin rest, carret. N 340 47 13 49 - .
500 - **22 hab** 3000/4700.

El Cortijo, av. Méndez Núñez 85 47 00 75, Pescados y mariscos - . AE E VISA.
cerrado lunes - Com carta 3300 a 4900.

BENICASIM o **BENICÀSSIM** **12560** Castellón de la Plana 445 L 30 - 4 705 h. - 964 - Playa.
Médico Segarra 4 (Ayuntamiento) 30 09 62.
♦Madrid 436 - Castellón de la Plana 14 - Tarragona 165 - ♦Valencia 88.

Avenida y Eco-Avenida, av. de Castellón 2 30 00 79 - . rest
Semana Santa-septiembre - Com 1200 - 400 - **60 hab** 4000 - PA 2100.

La Strada, av. Castellón 45 30 02 12, Fax 56 00 17 - . AE E VISA.
cerrado lunes y 15 enero-15 marzo - Com carta 3300 a 3900.

Plaza con hab, Cristóbal Colón 3 30 00 72 - . AE E VISA.
cerrado martes y diciembre - Com carta 2350 a 3500 - 400 - **7 hab** 3000.

en la zona de la playa :

Intur Orange, av. Gimeno Tomás 9 39 44 00, Telex 65626, Fax 30 15 41, « rodeada de césped con árboles », - - 25/350. E VISA. rest
marzo- 15 noviembre - Com 2200 - 660 - **415 hab** 6900/8200 - PA 3980.

Trinimar sin rest, av. Ferrándiz Salvador 30 08 50, Fax 30 08 66, ≤, - . AE E VISA
Semana Santa y junio-septiembre - 600 - **170 hab** 7000/8000.

Intur Azor, av. Gimeno Tomás 1 39 20 00, Fax 39 23 79, ≤, « Terraza con flores », , - . E VISA. rest
marzo-octubre - Com 2200 - 660 - **87 hab** 6900/8200 - PA 3980.

Voramar, paseo Pilar Coloma 1 30 01 50, Fax 30 05 26, ≤, « Terraza », - . VISA. rest
abril-septiembre - Com 1400 - 500 - **55 hab** 5000/7500.

Vista Alegre, av. de Barcelona 48 30 04 00, Fax 30 04 00, - rest . E VISA. rest
marzo-15 octubre - Com 1400 - 425 - **68 hab** 2900/4700 - PA 2650.

Intur Bonaire, Gimeno Tomás 3 39 24 80, Fax 39 23 79, , « Pequeño pinar », , - rest . E VISA. rest
marzo-octubre - Com 1950 - 550 - **78 hab** 5500/6500 - PA 3550.

Tramontana sin rest, paseo Marítimo Bernad Artola 44 30 03 00, Fax 25 21 37, - . AE E VISA.
- 425 - **65 hab** 3150/4830.

🏨 **Bersoca,** Gran Avinguda Jaume I - 217 ✆ 30 12 58, ⛱ - 🛗 ☎ 🅟. AE VISA. ✂ rest
marzo-octubre - Com *cerrado lunes* 1300 - ☕ 400 - **48 hab** 3000/3800.

✕ Torreón Bernad, playa Torreón ✆ 30 03 42, ☂, Decoración neo-rústica - ▤
temp.

en el Desierto de Las Palmas NO : 8 km - ✉ 12560 Benicasim - ☎ 964 :

✕ **Desierto de las Palmas,** ✆ 30 09 47, ≤ montaña, valle y mar, ☂ - 🅟. E VISA. ✂
cerrado martes(octubre-junio) y noviembre - Com carta 1950 a 3400.

Le Guide change,
changez de ***guide Michelin*** *tous les ans.*

BENIDORM **03500** Alicante 445 Q 29 - 25 544 h. - ☎ 96 - Playa.
Ver : Promontorio del Castillo ≤★ AZ.
ℹ av. Martinez Alejos 16 ✆ 585 13 11.
♦Madrid 459 ③ - ♦Alicante 44 ③ - ♦Valencia (por la costa) 136 ③.

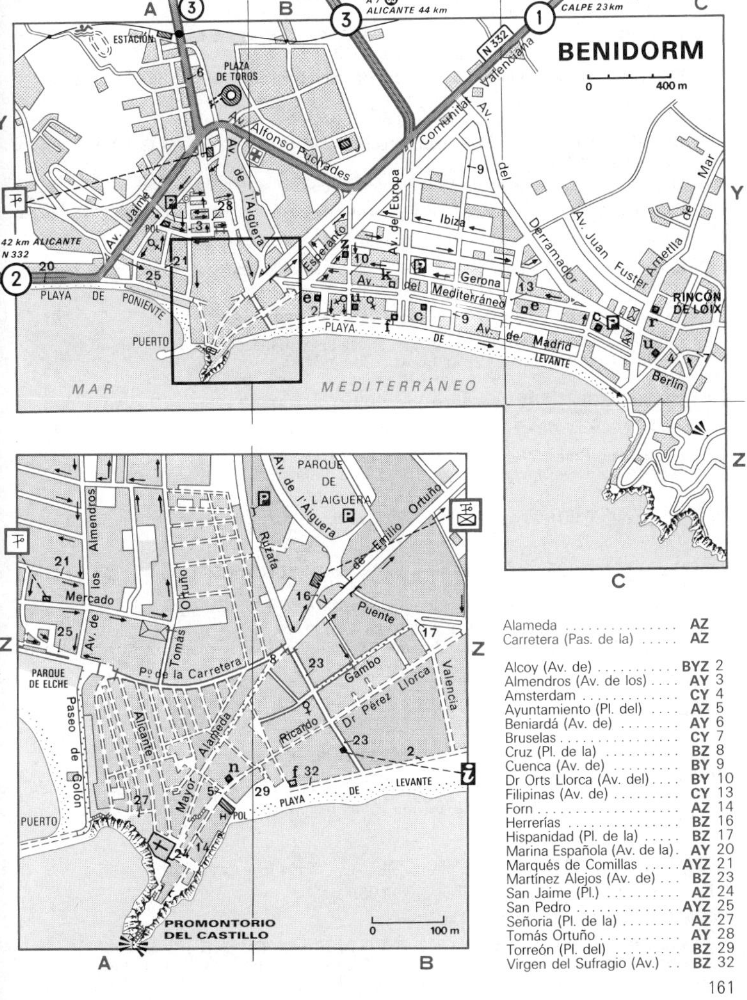

G. H. Delfín, playa de Poniente, La Cala ✆ 585 34 00, Fax 585 71 54, ←, 🏊, 🌳, 🎾 – 🛗 ▤ 📺 ☎ 🅿. AE ⓓ E VISA. ✗ rest por ②
3 abril-septiembre – Com – ☕ 815 – **99 hab** 9655/16105.

Cimbel, av. de Europa 1 ✆ 585 21 00, Telex 68275, Fax 586 06 61, ←, 🏊 climatizada – 🛗 ▤ 📺 ☎ 🚗. AE ⓓ E VISA. ✗ BY **f**
Com 2915 – ☕ 795 – **140 hab** 8890/13780 – PA 5035.

Don Pancho, av. del Mediterráneo 39 ✆ 585 29 50, Telex 66630, Fax 586 77 79, 🏊 climatizada, 🎾 – 🛗 ▤ 📺 ☎ 🅿 – 🎤 25/330. AE ⓓ E VISA. ✗ rest CY **e**
Com 2400 – ☕ 700 – **251 hab** 10080/12000 – PA 4400.

Agir, av. del Mediterráneo 11 ✆ 585 22 54, Fax 585 89 50, 🍽, Terraza en el ático – 🛗 ▤ 📺 ☎. AE ⓓ E VISA. ✗ BY **k**
Com 1500 – ☕ 650 – **68 hab** 5500/7900.

Bilbaíno, av. Virgen del Sufragio 1 ✆ 585 08 04, Fax 585 08 05, ← – 🛗 ☎. ✗ BZ **f**
marzo-noviembre – Com 1000 – ☕ 500 – **38 hab** 3750/7000 – PA 1500.

XXX **Tiffany's,** av. del Mediterráneo 51 - edificio Coblanca 3 ✆ 585 44 68 – ▤. AE ⓓ E VISA. ✗ CY **c**
cerrado 7 enero-7 febrero – Com (sólo cena) carta 3050 a 3750.

XXX **Don Luis,** av. Dr. Orts Llorca - edificio Zeus ✆ 585 46 73 – ▤. AE ⓓ E VISA. ✗ BY **z**
cerrado domingo mediodía – Com carta 3500 a 6300.

XXX **I Fratelli,** av. Dr. Orts Llorca 21 ✆ 585 39 79, 🍽 – ▤. AE ⓓ E VISA. ✗ BY **u**
cerrado noviembre – Com carta 2850 a 4500.

XX El Vesubio, av. del Mediterráneo-edificio Playmon Bacana ✆ 585 45 35, 🍽 – ▤ BY **c**

X **La Trattoria,** av. Bilbao 3 ✆ 585 30 85, 🍽 – ▤. E VISA. ✗ BY **e**
15 marzo-26 octubre – Com carta 1950 a 3075.

X **Castañuela,** Estocolmo 7 - Rincón de Loix ✆ 585 10 09 – ▤. AE ⓓ E VISA. ✗ CY **u**
Com carta 1900 a 3200.

X La Parrilla II, av. L'Ametlla de Mar 18 - Rincón de Loix ✆ 586 20 99 – ▤ CY **r**

X Pampa Grill, Ricardo 18 ✆ 585 30 34, Decoración rústica, Carnes a la brasa AZ **n**

en la carretera de Valencia por ① : 3 km – ✉ 03500 Benidorm – ☎ 96 :

XX **El Molino,** ✆ 585 71 81, 🍽, Colección de botellas de vino – ▤ 🅿. AE ⓓ E VISA
cerrado lunes – Com carta 2400 a 2700.

en Cala Finestrat por ② : 4 km – ✉ 03500 Benidorm – ☎ 96 :

X **Casa Modesto,** ✆ 585 86 37, ←, 🍽, Pescados y mariscos – E VISA. ✗
cerrado 15 enero-febrero – Com carta 2250 a 3150.

BENIFAYÓ o BENIFAIÓ 46450 Valencia 445 O 28 – 11 893 h. alt. 35 – ☎ 96.

♦Madrid 404 – ♦Albacete 170 – ♦Alicante 144 – ♦Valencia 20.

XX **La Caseta,** Gràcia 7 ✆ 178 22 07 – ▤. E VISA. ✗
cerrado domingo noche – Com carta 2600 a 4500.

BENIMANTELL 03516 Alicante 445 P 29 – 425 h. alt. 527 – ☎ 96.

♦Madrid 437 – Alcoy 32 – ♦Alicante 68 – Gandía 85.

X **Venta la Montaña,** carret. de Alcoy 9 ✆ 588 51 41, Decoración típica – ▤. AE ⓓ E VISA JCB. ✗
cerrado lunes (en invierno) y junio – Com carta 2300 a 2850.

X **L'Obrer,** carret. de Alcoy 27 ✆ 588 50 88 – AE E VISA. ✗
cerrado viernes (salvo agosto) y 14 junio-19 julio – Com (sólo almuerzo salvo agosto) carta 1660 a 2500.

BENIMARCO Alicante – ver Teulada.

BENIPARRELL 46469 Valencia 445 N 28 – 1 321 h. – ☎ 96.

♦Madrid 362 – ♦Valencia 11.

Quiquet, av. Levante 45 ✆ 120 07 50 – 🛗 ▤ rest ☎ 🅿 – 🎤 25/70
34 hab.

BENISA o BENISSA 03720 Alicante 445 P 30 – 7 104 h. – ☎ 96.

ℹ Francisco Sendra 2 ✆ 573 23 52, Fax 573 14 96.

♦Madrid 458 – ♦Alicante 71 – ♦Valencia 110.

X **Casa Cantó,** av. País Valenciá 223 ✆ 573 06 29 – ▤. AE ⓓ E VISA JCB. ✗
cerrado domingo noche y 25 diciembre-15 enero – Com carta 2950 a 3850.

en la zona de la playa SE : 9 km – ✉ 03720 Benisa – ☎ 96

XXX ✿ **La Chaca,** Fanadix X-5, cruce carret. Calpe-Moraira ✆ 574 77 06, 🏡, Cocina franco-belga – P. ⓓ E VISA. ✗
cerrado lunes, del 15 al 22 de febrero y noviembre – Com (sólo cena) carta 3050 a 4500
Espec. Terrina de foie-gras con cebolla confitada, Waterzooi, Tarta de manzana con helado flambeada al Calvados..

BENISANÓ **46181** Valencia 445 N 28 – 1 611 h. – ☎ 96.
♦Madrid 344 – Teruel 129 – ♦Valencia 24.

X **Levante,** Virgen del Fundamento 15 ✆ 278 07 21, Fax 279 00 21, Paellas – ▤. AE E VISA. ✗
cerrado martes y 9 julio-9 agosto – Com (sólo almuerzo) carta 2300 a 3000.

BERA Navarra – ver Vera de Bidasoa.

BERGA **08600** Barcelona 443 F 35 – 14 249 h. alt. 715 – ☎ 93.
♦Madrid 627 – ♦Barcelona 117 – ♦Lérida/Lleida 158.

🏠 **Estel** sin rest, carret. Sant Fruitós 39 ✆ 821 34 63 – ☎ P. E VISA. ✗
☕ 400 – **40 hab** 2900/3900.

XX **Sala,** passeig de la Pau 27 ✆ 821 11 85, Fax 821 03 20 – ▤. AE ⓓ E VISA. ✗
cerrado domingo noche y lunes – Com carta 3000 a 3600.

en la carretera C 1411 SE : 2 Km – ✉ 08600 Berga – ☎ 93

XX **L'Esquirol,** camping de Berga ✆ 821 12 50, Fax 821 12 50, ≤, 🏡, 🏊, 🏊, 🎾 – ▤ P. VISA. ✗
cerrado lunes noche y martes – Com carta 2000 a 3250.

BERGARA Guipúzcoa – ver Vergara.

BERGONDO **15217** La Coruña 441 C 5 – 5 424 h. – ☎ 981.
♦Madrid 582 – ♦La Coruña 21 – Ferrol 30 – Lugo 78 – Santiago de Compostela 63.

X **Panchón,** carret. de Betanzos-Sada ✆ 79 10 03 – P. AE ⓓ E VISA. ✗
cerrado lunes y septiembre – Com carta 2000 a 2750.

en la carretera de Ferrol - en Fiobre NE : 2,5 km – ✉ 15165 Fiobre – ☎ 981

XX A Cabana, ✆ 79 11 53, ≤ ría, 🏡 – P.

BERIAIN **31191** Navarra 442 D 25 alt. 442 – ☎ 948.
♦Madrid 389 – ♦Logroño 87 – ♦Pamplona/Iruñea 87.

🏠 **Alaiz,** carret. de Zaragoza ✆ 31 01 75, Fax 31 03 50, 🏋 – |♦| ▤ rest TV ☎ 🚗 P. AE ⓓ E VISA. ✗
cerrado 23 diciembre-7 enero – Com *(cerrado domingo)* 1300 – ☕ 400 – **71 hab** 8000/15000 – PA 3000.

BERMEO **48370** Vizcaya 442 B 21 – 17 778 h. – ☎ 94 – Playa.
Alred. : Alto de Sollube★ SO : 5 km – Balcón de Vizcaya ≤★★.
♦Madrid 432 – ♦Bilbao/Bilbo 33 – ♦San Sebastián/Donostia 98.

🏠 **Txaraka** 🐦 sin rest, Almike Anzoa 5 ✆ 688 55 58 – TV ☎. E VISA. ✗
☕ 700 – **12 hab** 7000/11000.

XX Iñaki, Bizkaiko Jaurreria 25 ✆ 688 57 35 – ▤.

X **Jokin,** Eupeme Deuna 13 ✆ 688 40 89, ≤, 🏡 – ▤. AE ⓓ E VISA. ✗
cerrado del 15 al 30 noviembre – Com carta 3300 a 5000.

X **Beitxi,** Eskoikiz 6 ✆ 688 00 06 – ▤. ⓓ E VISA. ✗
cerrado miércoles noche y 15 días en diciembre – Com carta 2550 a 4350.

X Pili, parque de Ercilla 1 ✆ 688 18 50 – ▤.

X **Aguirre,** López de Haro 5 ✆ 688 08 30 – ▤. AE ⓓ E VISA. ✗
cerrado marzo – Com carta 3500 a 4750.

X Artxanda, Santa Eufemia 14 ✆ 688 09 30, 🏡 – ▤.

BERNUI Lérida – ver Llessuy.

BERRIOPLANO **31195** Navarra 442 D 24 alt. 450 – ☎ 948.
♦Madrid 391 – Jaca 117 – ♦Logroño 98 – ♦Pamplona/Iruñea 6.

🏨 **NH El Toro,** carret. N 240 ✆ 30 22 11, Telex 37853, Fax 30 20 85, 🏋, 🏊 – ▤ rest TV ☎ P – 🎤 25/750. AE ⓓ E VISA. ✗ rest
Com 2800 – ☕ 900 – **65 hab** 8200/10000.

BESALÚ **17850** Gerona 443 F 38 - 2 087 h. - ☎ 972.
Ver : Puente fortificado★.
ℹ pl. de la Llibertat 1 ✆ 59 02 25.
♦Madrid 743 - Figueras/Figueres 24 - ♦Gerona/Girona 34.

- X **Cúria Reial** con hab, pl. de la Llibertat 15 ✆ 59 02 63, 🏞, Instalado en un antiguo convento - ▤. AE ⓓ E VISA. ✂
  cerrado febrero - Com *(cerrado martes no festivos)* carta 2000 a 4100 - ☕ 400 - **7 hab** 3500.
- X **Pont Vell,** Pont Vell 28 ✆ 59 10 27, ≤, 🏞 - AE ⓓ E VISA
  cerrado martes, y enero-febrero - Com carta 2750 a 3700.

BESNES - ALLES Asturias - ver Panes.

BETANZOS **15300** La Coruña 441 C 5 - 11 385 h. alt. 24 - ☎ 981.
Ver : Iglesia de Santa María del Azogue★ - Iglesia de San Francisco★ (sepulcro★).
♦Madrid 576 - ♦La Coruña/A Coruña 23 - Ferrol 38 - Lugo 72 - Santiago de Compostela 64.

- 🏨 **Los Ángeles,** Ángeles 11 ✆ 77 12 13, Fax 77 12 13 - 🛗 ☎ Ⓟ. AE E VISA. ✂
  Com 1150 - ☕ 400 - **36 hab** 4250/5500 - PA 2295.
- X **Casanova,** pl. García Hermanos 15 ✆ 77 06 03 - AE VISA. ✂
  cerrado del 15 al 30 octubre - Com carta 1950 a 3800.

BETETA **16870** Cuenca 444 K 23 - 458 h. - ☎ 966.
Ver : Desfiladero de Beteta★.
♦Madrid 217 - Cuenca 109 - Guadalajara 161.

- 🏨 **Los Tilos** 🐦, ✆ 31 80 97, ≤ - ☎ 🚗 Ⓟ. ⓓ E VISA. ✂
  Com 1500 - ☕ 350 - **24 hab** 3200/4800 - PA 2850.

BETRÉN Lérida - ver Viella.

BIELSA **22350** Huesca 443 E 30 - 429 h. alt. 1 053 - ☎ 974.
Ver : Parque Nacional de Ordesa y Monte Perdido★★★.
♦Madrid 544 - Huesca 154 - ♦Lérida/Lleida 170.

- 🏨 **Bielsa** 🐦, carret. de Ainsa ✆ 50 10 08, ≤ - 🛗 TV ☎ Ⓟ. E VISA. ✂
  20 marzo-octubre - Com 1625 - ☕ 575 - **60 hab** 3500/4250 - PA 3275.
- 🏨 **Valle de Pineta** 🐦, Baja ✆ 50 10 10, Fax 50 11 91, ≤, 🏊 - 🛗 TV ☎ 🚗. E VISA
  cerrado noviembre - Com 1250 - ☕ 400 - **28 hab** 3600/5000 - PA 2400.

en el valle de Pineta NO : 14 km - ✉ 22350 Bielsa - ☎ 974 :

- 🏨 **Parador Monte Perdido** 🐦, alt. 1 350 ✆ 50 10 11, Fax 50 11 88, ≤, « En un magnífico paisaje de montaña » - 🛗 TV ☎ Ⓟ. AE ⓓ VISA. ✂
  Com 3000 - ☕ 1000 - **24 hab** 11000 - PA 5950.

BIESCAS **22630** Huesca 443 E 29 - 1 279 h. alt. 860 - ☎ 974.
♦Madrid 458 - Huesca 68 - Jaca 30.

- 🏨 **Casa Ruba** 🐦, Esperanza 18 ✆ 48 50 01, Fax 48 50 01 - ▤ rest ☎. AE VISA. ✂
  cerrado octubre-noviembre - Com 1600 - ☕ 475 - **29 hab** 3000/4300.
- 🏨 **La Rambla** 🐦, Rambla San Pedro 7 ✆ 48 51 77, ≤ - 🚗. VISA. ✂
  cerrado noviembre - Com 1350 - ☕ 425 - **28 hab** 2000/4500 - PA 2500.

BILBAO o **BILBO** **48000** Ⓟ Vizcaya 442 C 20 - 433 030 h. - ☎ 94.
Ver : Museo de Bellas Artes★ (sección de arte antiguo★★) CY **M**.
⛳18 Club de Campo de la Bilbaina - NE : 14 km por carretera a Bermeo ✆ 674 08 58 - ⛳18 de Neguri NO : 17 km ✆ 469 02 00.
✈ de Bilbao, Sondica NO : 11 km ✆ 453 06 40 - Iberia : Ercilla 20, ✉ 48009, ✆ 424 43 00 CZ y Aviaco : aeropuerto ✆ 453 06 40.
🚆 Abando ✆ 423 06 17.
⛴ Cía. Trasmediterránea, Buenos Aires 2 bajo, ✉ 48001, ✆ 423 03 91, Telex 32497 DZ.
ℹ Alameda Mazarredo, ✉ 48009, ✆ 424 48 19 - R.A.C.V.N. Rodríguez Arias 59 bis ✉ 48013, ✆ 442 58 08.
♦Madrid 397 ② - ♦Barcelona 607 ② - ♦La Coruña/A Coruña 622 ③ - ♦Lisboa 907 ② - ♦San Sebastián/Donostia 100 ① - ♦Santander 116 ③ - Toulouse 449 ① - ♦Valencia 606 ② - ♦Zaragoza 305 ②.

Planos páginas siguientes

López de Haro y Rest. Club Naútico, Obíspo Orueta 2, ✉ 48009, ☎ 423 55 00, Telex 34787, Fax 423 45 00 – 🛗 ▤ TV ☎ 🚗 – 🎪 25/40. AE ① E VISA JCB. ✻ rest
Com *(cerrado sábado mediodía, domingo y festivos)* carta 5600 a 6925 – ☕ 1850 – **53 hab** 21000/29950. CY **r**

Indautxu, pl. Bombero Etxaniz, ✉ 48010, ☎ 421 11 98, Fax 422 13 31 – 🛗 ▤ TV ☎ 🚗 – 🎪 25/400. AE ① E VISA JCB. ✻ CZ **b**
Com *(cerrado domingo y del 1 al 15 agosto)* carta 4100 a 5750 – ☕ 1200 – **184 hab** 16000/21000.

G. H. Ercilla, Ercilla 37, ✉ 48011, ☎ 443 88 00, Telex 32449, Fax 443 93 35 – 🛗 ▤ TV ☎ 🚗 – 🎪 25/400. AE ① E VISA JCB CZ **a**
Com (ver rest. **Bermeo**) – ☕ 1350 – **346 hab** 13100/21765.

Villa de Bilbao, Gran Vía Don Diego López de Haro 87, ✉ 48011, ☎ 441 60 00, Telex 32164, Fax 441 65 29 – 🛗 ▤ TV ☎ 🚗 – 🎪 25/250. AE ① E VISA. ✻ BY **n**
Com *(cerrado domingo)* 3000 – ☕ 1200 – **142 hab** 20000.

Abando, Colón de Larreátegui 7, ✉ 48001, ☎ 423 62 00, Fax 424 55 25 – ▤ TV ☎ 🚗 – 🎪 25/250. AE ① E VISA. ✻ DZ **b**
Com *(cerrado domingo y 25 julio-15 agosto)* 2200 – ☕ 1000 – **145 hab** 12800/16500.

Conde Duque, Campo de Volantín 22, ✉ 48007, ☎ 445 60 00, Telex 31260, Fax 445 60 00 – 🛗 ▤ rest TV ☎ 🚗 – 🎪 25/120. AE ① E VISA. ✻ DY **m**
Com *(cerrado sábado y domingo)* 1000 – ☕ 800 – **67 hab** 9000/13000.

Vista Alegre sin rest, Pablo Picasso 13, ✉ 48012, ☎ 443 14 50, Fax 443 14 54 – TV ☎ 🚗. VISA. ✻ CZ **t**
☕ 350 – **30 hab** 6300/8250.

Zabálburu sin rest, Pedro Martínez Artola 8, ✉ 48012, ☎ 443 71 00, Fax 410 00 73 – ☎ 🚗. ✻ CZ **d**
☕ 425 – **38 hab** 5300/7500.

Estadio sin rest y sin ☕, Juan Antonio Zunzunegui 10 bis, ✉ 48013, ☎ 442 42 41, Fax 442 50 11 – TV ☎ 🚗. ✻ AZ **a**
18 hab 8000/11000.

Arriaga sin rest y sin ☕, Ribera 3, ✉ 48005, ☎ 479 00 01 – 🛗 TV ☎ 🚗. AE VISA DZ **e**
11 hab 5000/7000.

XXXXX ✿ **Zortziko,** Alameda de Mazarredo 17, ✉ 48001, ☎ 423 97 43, Fax 423 56 87 – ▤ 🚗. AE ① E VISA CY **r**
cerrado domingo – Com carta 4700 a 6600
Espec. Bacalao y trufas sobre risotto a la salsa de aceite de oliva, Lomo de mero al cava con txangurro en espinacas, Pichón de bresse asado con sus higadillos..

XXXX **Guría,** Gran Vía Don Diego Lopez de Haro 66, ✉ 48011, ☎ 441 05 43, Fax 471 02 80 – ▤. AE ① E VISA JCB. ✻ BY **s**
cerrado domingo – Com carta 5500 a 7500.

XXXX **Bermeo,** Ercilla 37, ✉ 48011, ☎ 410 20 00, Telex 32449, Fax 443 93 35 – ▤. AE ① E VISA JCB. ✻ CZ **a**
cerrado sábado mediodía y domingo noche – Com carta 4800 a 6250.

XXX ✿ **Goizeko Kabi,** Particular de Estraunza 4, ✉ 48011, ☎ 441 50 04, Fax 442 11 29 – ▤. AE ① E VISA JCB. ✻ CY **a**
cerrado domingo – Com carta 5300 a 6800
Espec. Pochas con chorizo de casa, Merluza frita con pimientos rojos asados, Abanico de entrecot con foie..

XXX ✿ **Gorrotxa,** alameda Urquijo 30 (galería), ✉ 48008, ☎ 422 05 35 – ▤. AE ① E VISA. ✻
cerrado domingo, Semana Santa y 25 julio-15 agosto – Com carta 5300 a 7300
Espec. Hojaldritos de bogavante, Pirámide de salmón ahumado con marisco, Becada al armagnac (otoño e invierno).. CZ **r**

XXX **Monasterio,** pl. Circular 2-edificio RENFE, ✉ 48001, ☎ 423 96 08, Fax 424 85 36 – ▤. AE ① E VISA DZ **a**
cerrado domingo y festivos – Com carta 4500 a 6900.

XXX **Señor,** General Eguía 50, ✉ 48013, ☎ 441 21 01, Fax 441 21 28 – ▤. AE ① VISA. ✻
cerrado domingo, Semana Santa y agosto – Com carta 3550 a 5350. AZ **g**

XXX **Matxinbenta,** Ledesma 26, ✉ 48001, ☎ 424 84 95, Fax 423 84 03 – ▤. AE ① E VISA JCB. ✻ CZ **n**
cerrado domingo – Com carta 5000 a 6000.

XXX **Casa Vasca,** av. Lehendakari Aguirre 13, ✉ 48014, ☎ 475 47 78, Fax 476 14 87 – ▤ 🚗. AE ① E VISA. ✻ BY **d**
cerrado festivos noche – Com carta 3700 a 5500.

XX **Kaskagorri,** Alameda de Mazarredo 20, ✉ 48009, ☎ 423 83 90, 🏠 – ▤. AE ① E VISA. ✻
cerrado domingo – Com carta 3800 a 5500. CY **c**

XX **Victor,** pl. Nueva 2 - 1º, ✉ 48005, ☎ 415 16 78 – ▤. AE ① E VISA JCB. ✻ DZ **s**
cerrado domingo y agosto(salvo Semana Grande)- 12 septiembre – Com carta 3000 a 7350

XX **Begoña,** Virgen de Begoña, ✉ 48006, ☎ 412 72 57 – ▤. AE ① E VISA. ✻ AZ **x**
cerrado domingo y agosto – Com carta 3400 a 5400.

XX **Ariatza,** Somera 1, ✉ 48005, ☎ 415 96 74 – ▤. AE ① E VISA JCB. ✻ DZ **h**
cerrado domingo noche y lunes – Com carta 3500 a 4900.

BILBO/BILBAO

Bidebarreta	DZ 5
Correo	DZ
Gran Vía de López de Haro	BCYZ
Amézola (Plaza)	CZ 2
Arenal (Puente del)	DZ 3
Ayuntamiento (Puente del)	DYZ 4
Bilbao la Vieja	DZ 6
Bombero Etxaníz (Pl.)	CZ 7
Buenos Aires	DZ 8
Cruz	DZ 9
Deusto (Puente de)	BCY 10
Emilio Campuzano (Plaza)	CZ 14
Ernesto Ercoreca (Plaza)	DY 15
España (Plaza de)	DZ 16
Federico Moyúa (Plaza de)	CZ 19
Gardoqui	CZ 20
Huertas de la Villa	DY 24
Iparraguirre	CYZ 25
Iruña	AZ 26
Iturriaga	AZ 27
Juan de Garay	CZ 28
Lehendakari Aguirre (Av.)	BY 29
Montevideo (Avenida de)	AZ 30
Múgica y Butrón	DY 31
Navarra	DZ 32
Pio Baroja (Pl. de)	DY 33
Ramón y Cajal (Av. de)	BCY 34
Rodriguez Arias	BCYZ 36
San Antón (Puente de)	DZ 37
San José (Plaza)	CY 38
San Mamés (Alameda de)	CZ 39
Santuchu	AZ 40
Viuda de Epalza	DZ 42
Zabalbide	AZ 43
Zabálburu (Plaza de)	CZ 45
Zumalacárregui (Avenida)	DY 46

XX **Guetaria,** Colón de Larreategui 12, ✉ 48001, ☎ 424 39 23 – ▤. AE ⦿ E VISA. ✻ CZ **v**
Com carta 3950 a 4900.

XX Asador Jauna, Juan Antonio Zunzunegui 7, ✉ 48013, ☎ 441 73 81 – ▤ AZ **g**

X **Rogelio,** carret. de Basurto a Castrejana 7, ✉ 48002, ☎ 427 30 21, Fax 427 17 78 – ▤. AE ⦿ E VISA. ✻ AZ **n**
cerrado domingo y 25 julio- 29 agosto – Com carta 2975 a 4600.

X **Serantes,** Licenciado Poza 16, ✉ 48011, ☎ 421 21 29, Pescados y mariscos – ▤. AE ⦿ VISA. ✻ CZ **z**
cerrado 5 agosto-5 septiembre – Com carta 3650 a 4850.

X **Albatros,** San Vicente 5, ✉ 48001, ☎ 423 69 00 – ▤. AE ⦿ E VISA. ✻ DY **n**
cerrado domingo y agosto – Com carta 3000 a 4150.

X El Asador de Aranda, Egaña 27, ✉ 48010, ☎ 443 06 64, Cordero asado – ▤ CZ **e**

X **Julio,** pl. Juan XXIII - 7, ✉ 48006, ☎ 446 44 02 – ▤. AE E VISA. ✻ AZ **b**
cerrado martes y julio – Com carta 3400 a 4600.

Ver también : ***Algorta*** NO : 15 Km
Galdácano SE : 8 km.

S.A.F.E. Neumáticos MICHELIN, Sucursal, Polígono Leguizamán - ECHEVARRI, por ①, ✉ 48004 AZ ☎ 440 20 00 y 440 22 00, Fax 449 97 82

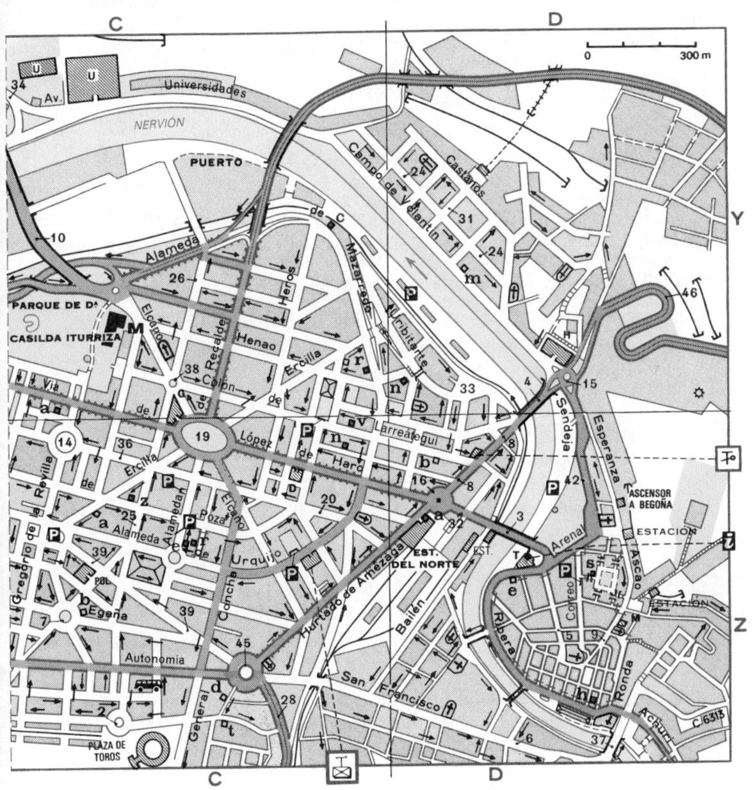

BINÉFAR **22500** Huesca 443 G 30 – 7 786 h. alt. 286 – ☎ 974.

♦Madrid 488 – ♦Barcelona 214 – Huesca 81 – ♦Lérida/Lleida 39.

- **La Paz,** av. Aragón 30 ☎ 42 86 00, Fax 43 04 11 – |♦| ▤ rest – 25/550. AE ⓓ E VISA
  Com 1250 – ☕ 500 – **69 hab** 2250/4250 – PA 2500.
- **Cantábrico,** Zaragoza 1 ☎ 42 86 50, Fax 42 86 50 – |♦| ▤ rest. AE VISA. ✗
  Com *(cerrado domingo)* 1100 – ☕ 400 – **30 hab** 1950/3750.

BLANES **17300** Gerona 443 G 38 – 20 178 h. – ☎ 972 – Playa.

Ver : Jardín botánico Marimurtra★ (≤★).

i pl. Catalunya ☎ 33 03 48.

♦Madrid 691 – ♦Barcelona 61 – Gerona/Girona 43.

- **Ruiz,** Raval 45 ☎ 33 03 00 – |♦| ☎. AE ⓓ E VISA. ✗ rest
  15 junio- 30 septiembre – Com 2020 – ☕ 615 – **59 hab** 3140/5335 – PA 4015.
- XX **Mont-Ferrant,** Abad Oliva 3 (urb. Mont-Ferrant al NO de la población) ☎ 33 63 23, 🏖 – ▤. AE E VISA. ✗
  mayo-septiembre – Com *(cerrado lunes y martes)* carta 3100 a 3800.
- XX Can Flores II, Esplanada del Port 3 ☎ 33 16 33, 🏖, Pescados y mariscos – ▤.
- X **Port Blau,** Esplanada del Port 18 ☎ 33 42 24, Pescados y mariscos – ▤. AE ⓓ E VISA JCB. ✗
  cerrado domingo noche, lunes y febrero – Com carta 3175 a 4200.
- X **Casa Patacano** con hab, paseo del Mar 12 ☎ 33 00 02, 🏖, Pescados y mariscos – ▤ rest. ⓓ E VISA. ✗
  cerrado del 7 al 27 enero – Com carta 2000 a 3900 – ☕ 450 – **6 hab** 5000.

X **El Caliu,** av. Joan Carles I - 27 ℘ 33 68 19 – ▤. AE ⓓ E VISA
cerrado miércoles y febrero – Com carta 2100 a 3000.

X **S'Auguer,** S'Auguer 2 ℘ 35 14 05, Decoración rústica – ▤. AE E VISA. ✗
cerrado enero – Com carta 2600 a 3300.

X Unic Parrilla, Puerta Nueva 7 ℘ 33 00 06, Pescados y mariscos.

en la playa de Sabanell – ✉ 17300 Blanes – ☎ 972 :

Park H. Blanes, ℘ 33 02 50, Telex 54136, Fax 33 71 03, ≤, « Extenso pinar ajardinado con ⛱ », ✂ – 🛗 ▤ rest ☎ Ⓟ – 🅰 25/100. AE ⓓ E VISA. ✗ rest
mayo-octubre – Com 1900 – ☕ 650 – **127 hab** 7600/11800 – PA 3780.

Horitzó, paseo Marítimo S'Abanell, 11 ℘ 33 04 00, Fax 33 78 63, ≤ – 🛗 ☎. E VISA. ✗
abril-octubre – Com 1700 – ☕ 550 – **122 hab** 4600/8000.

Stella Maris, Villa de Madrid 18 ℘ 33 00 92, Fax 33 57 03, ⛱ – 🛗 ▤ rest. AE ⓓ E VISA. ✗ rest
abril-octubre – Com 1200 – ☕ 800 – **90 hab** 3250/5100 – PA 3000.

en la carretera de Lloret de Mar NE : 2 km – ✉ 17300 Blanes – ☎ 972

XX **El Ventall,** ℘ 33 29 81, 🏛 – ▤ Ⓟ. AE ⓓ E VISA. ✗
cerrado martes y Navidades – Com carta 2700 a 5025.

BOADILLA DEL MONTE 28660 Madrid 444 K 18 – 6 061 h. – ☎ 91.

🏌18 Las Lomas, urb. El Bosque ℘ 616 21 70 – 🏌9 Las Encinas ℘ 633 11 00.

♦Madrid 13.

XX **La Cañada,** carret. de Madrid E : 1,5 km ℘ 633 12 83, Fax 547 04 63, ≤, 🏛, ✂ – ▤ Ⓟ. VISA. ✗
cerrado por la noche domingo, lunes y festivos – Com carta 3875 a 4975.

BOCEGUILLAS 40560 Segovia 442 H 19 – 590 h. – ☎ 911.

♦Madrid 119 – ♦Burgos 124 – ♦Segovia 73 – Soria 154 – ♦Valladolid 134.

Tres Hermanos, antigua carret. N I ℘ 54 30 40, Fax 54 30 40, ⛱ – 🚗 Ⓟ. VISA. ✗ rest
Com 1750 – ☕ 375 – **30 hab** 3300/5100 – PA 3295.

BOHÍ o BOÍ 25528 Lérida 443 E 32 – alt. 1 250 – ☎ 973 – Balneario en Caldes de Boí.

Alred. : E : Parque Nacional de Aigües Tortes y lago San Mauricio★★ – Taüll★ : (iglesia Sant Climent★ : torre★).

♦Madrid 575 – ♦Lérida/Lleida 143 – Viella 56.

Fondevila, Única ℘ 69 60 11, ≤ – Ⓟ
46 hab.

en Caldes de Boí N : 5 km – alt. 1 470 – ✉ 25528 Caldes de Boí – ☎ 973

El Manantial 🐦, ℘ 69 62 10, Fax 69 60 58, ≤, « Magnífico parque », ⛱ de agua termal, ⛱, 🌳, ✂ – 🛗 TV ☎ 🚗 Ⓟ. ✗
24 junio-septiembre – Com 2975 – ☕ 775 – **119 hab** 9075/14400 – PA 5700.

Caldas 🐦, ℘ 69 62 30, Fax 69 60 58, « Magnífico parque », ⛱ de agua termal, ⛱, 🌳, ✂ – 🚗 Ⓟ. ✗
24 junio-septiembre – Com 2080 – ☕ 530 – **104 hab** 3410/5410 – PA 3980.

BOIRO 15930 La Coruña 441 E 3 – 16 752 h. – ☎ 981 – Playa.

♦ Madrid 660 – ♦La Coruña/A Coruña 112 – Pontevedra 57 – Santiago de Compostela 40.

Jopi, Derechos Humanos 6 ℘ 84 44 70 – 🛗 TV ☎ 🚗. AE E VISA. ✗
Com *(cerrado domingo en invierno)* 2000 – ☕ 400 – **25 hab** 4300/6500 – PA 3780.

Los BOLICHES Málaga – ver Fuengirola.

BOLVIR o BOLVIR DE CERDANYA 17463 Gerona 443 E 35 – 208 h. alt. 1 145 – ☎ 972.

♦Madrid 657 – ♦Barcelona 172 – Gerona/Girona 156 – ♦Lérida/Lleida 188.

✿ **Torre del Remei** 🐦, Camí Reial NE : 1 km ℘ 14 01 82, Fax 14 04 49, ≤ Sierra del Cadí y Pirineos, « Elegante palacete rodeado de cesped », ⛱ – 🛗 ▤ TV ☎ Ⓟ. AE ⓓ E VISA. ✗ rest
Com carta 4900 a 5700 – ☕ 2000 – **11 hab** 30000/50000
Espec. Gratinado de langostinos y cigalas con allioli suave, Crepineta de pie de cerdo y cabeza de ternera, Arroz rissoto de ceps.

XX **Els Esclops,** Ciudadella ℘ 89 41 87, ≤ valle de la Cerdanya, Alp y Sierra del Cadí – VISA. ✗
cerrado domingo noche, lunes y junio – Com carta 1950 a 3650.

La BONAIGUA (Puerto de) Lérida 443 E 32 – ✉ 25587 Alto Aneu – ☎ 973 – alt. 1850.
◆Madrid 623 – ◆Andorra la Vella 126 – ◆Lérida/Lleida 186.

- Les Ares, Refugio de la Verge dels Ares, Carnes a la brasa
  Com (sólo almuerzo salvo agosto).

La BONANOVA Baleares – ver Baleares (Mallorca) : Palma de Mallorca.

BOO DE GUARNIZO **39061** Cantabria 442 B 18 – ☎ 942.
◆Madrid 398 – ◆Santander 17.

- **Los Ángeles,** San Camilo, 1 - carret. N 634 ☎ 54 03 39, Fax 55 82 46 – AE E VISA.
  Com 1950 – 500 – **43 hab** 4700/8500 – PA 3675.

BORLEÑA **39699** Cantabria 442 C 18 – ☎ 942.
◆ Madrid 360 – ◆Bilbao/Bilbo 111 – ◆Burgos 117 – ◆Santander 35.

- **Mesón de Borleña,** carret. N 623 ☎ 59 42 43, – AE E VISA.
  cerrado lunes de octubre a mayo y 15 noviembre-15 diciembre – Com carta 2300 a 3400.

BOSOST o **BOSSOST** **25550** Lérida 443 D 32 – 731 h. alt. 710 – ☎ 973.
◆Madrid 611 – ◆Lérida/Lleida 179 – Viella 16.

- **Garona,** Eduardo Aunós 1 ☎ 64 82 46, Fax 64 70 01, – E VISA.
  cerrado 15 enero-15 febrero – Com 1400 – 450 – **22 hab** 5500 – PA 2700.
- **Portalet** con hab, San Jaime 32 ☎ 64 82 00 – rest AE E VISA.
  Com carta 2600 a 3950 – 500 – **6 hab** 5000.
- Denia, paseo Duque de Denia 41 ☎ 64 82 40, .

El BOSQUE **11670** Cádiz 446 V 13 – 1 742 h. alt. 287 – ☎ 956.
av de la Diputación ☎ 71 60 63.
◆Madrid 586 – ◆Cádiz 96 – Ronda 52 – ◆Sevilla 102.

- **Las Truchas** , av. Diputación 1 ☎ 71 60 61, – AE VISA.
  Com 1875 – 405 – **24 hab** 4985/6240 – PA 3530.

BOSQUES DEL PRIORATO (Urbanización) Tarragona – ver Bañeras.

BÓVEDA **27340** Lugo 441 E 7 – alt. 361 – ☎ 982.
◆Madrid 275 – Lugo 53 – Orense/Ourense 61 – Ponferrada 103.

- **Arcadia,** Casas Novas ☎ 42 63 78, Fax 42 65 61 – AE E VISA.
  Com 800 – 300 – **27 hab** 1750/3500 – PA 1900.

BRIVIESCA **09240** Burgos 442 E 20 – 4 855 h. alt. 725 – ☎ 947.
◆Madrid 285 – ◆Burgos 42 – ◆Vitoria/Gasteiz 78.

- **El Vallés,** carret. N I ☎ 59 00 25, Fax 59 24 84, – E VISA.
  cerrado enero y febrero – Com *(cerrado lunes mediodía)* 2725 – 550 – **21 hab** 4700/5875 – PA 5100.
- **El Concejo,** pl. Mayor, 14 ☎ 59 16 86 – AE E VISA.
  cerrado lunes – Com carta 2925 a 3625.

BRONCHALES **44367** Teruel 443 K 25 – 381 h. – ☎ 974.
◆Madrid 261 – Teruel 55 – ◆Zaragoza 184.

- Suiza , Fombuena 8 ☎ 70 10 89 –
  40 hab.

BROTO **22370** Huesca 443 E 29 – 418 h. alt. 905 – ☎ 974.
◆Madrid 484 – Huesca 94 – Jaca 56.

- **Latre** sin rest, av. Ordesa 23 ☎ 48 60 53, – VISA.
  abril-12 diciembre – 325 – **22 hab** 2600/4800.

BROZAS **10950** Cáceres 444 N 9 – 2 815 h. alt. 411 – ☎ 927.
◆Madrid 330 – Cáceres 51 – Castelo Branco 95 – Plasencia 95.

- **La Posada,** pl. de Ovando 1 ☎ 39 50 19 – rest. VISA.
  Com 800 – 300 – **12 hab** 1800/3600 – PA 1900.

El BRULL o **El BRUC** **08553** Barcelona 443 G 36 – 186 h. – 93.
♦Madrid 635 – ♦Barcelona 65 – Manresa 51.

X **El Castell,** ☏ 884 00 63, ← – ▤ P. ⓓ E VISA. ✗
cerrado martes noche, miércoles (salvo festivos) y septiembre – Com carta 1525 a 2800.

BRUNETE **28690** Madrid 444 K 18 – 1 119 h. – 91.
♦Madrid 32 – Avila 92 – Talavera de la Reina 99.

por la carretera M 501 SE : 2 km – ✉ 28690 Brunete – 91 :

X **El Vivero,** ☏ 815 92 22, Asados – ▤ P. ⓓ E VISA. ✗
cerrado jueves y agosto – Com (sólo almuerzo) carta 2600 a 4100.

BUBIÓN **18412** Granada 446 V 19 – 377 h. – 958.
♦Madrid 504 – ♦Almería 151 – ♦Granada 75.

Villa Turística de Bubión ⛰, ☏ 76 31 11, Fax 76 31 36, ← – ▤ rest TV ☎ P – 25/60. AE ⓓ E VISA. ✗
Com carta 1625 a 2225 – ☕ 500 – **43 hab** 7600/9500 – PA 3500.

X **Teide,** ☏ 76 30 37, 🏠, Decoración típica – ✗
cerrado martes y 7 enero-mayo – Com carta 1045 a 1835.

BUELNA **33598** Asturias 441 B 16 – 98.
♦Madrid 439 – Gijón 117 – ♦Oviedo 127 – ♦Santander 82.

XX **El Horno,** carret. N 634 ☏ 541 10 33, 🏠, « Decoración típica regional » – P. AE VISA. ✗
cerrado noviembre – Com carta 3500 a 3800.

BUEU **36939** Pontevedra 441 F 3 – 12 371 h. – 986 – Playa.
♦Madrid 621 – Pontevedra 19 – ♦Vigo 32.

Incamar, Montero Ríos 147 ☏ 32 00 67, Fax 32 07 84 – |♦| ▤ rest TV ☎. AE VISA. ✗
Com 1800 – ☕ 400 – **48 hab** 4000/6000 – PA 3000.

X **Loureiro** con hab, playa de Loureiro NE : 1 km ☏ 32 14 98, Fax 32 14 98, ← – ☎ P. AE E VISA. ✗
Semana Santa-noviembre – Com *(cerrado miércoles salvo junio-septiembre)* carta 2250 a 3100 – ☕ 400 – **24 hab** 4000/6000.

BUJARALOZ **50177** Zaragoza 443 H 29 – 1 210 h. alt. 245 – 976.
♦Madrid 394 – ♦Lérida/Lleida 83 – ♦Zaragoza 75.

X **Español** con hab, carret. N II ☏ 17 30 43, Fax 17 31 92 – ▤ rest P. AE ⓓ E VISA. ✗
Com 1100 – ☕ 190 – **18 hab** 1900/3500.

BUNYOLA Baleares – ver Baleares (Mallorca).

BURELA **27880** Lugo 441 B 7 – 982.
♦Madrid 612 – ♦La Coruña/A Coruña 157 – Lugo 108.

Luzern sin rest, con cafetería, carret. General 225 ☏ 58 02 66, Fax 58 55 70 – ⓓ E VISA. ✗
☕ 300 – **19 hab** 3000/4800.

X **Sargo,** Rosalía de Castro 2 ☏ 58 51 38 – ▤. AE E VISA. ✗
Com carta 1500 a 3350.

El BURGO DE OSMA **42300** Soria 442 H 20 – 4 996 h. alt. 895 – 975.
Ver : Catedral★ (sepulcro de San Pedro de Osma★, museo : documentos antiguos y códices miniados★).
♦Madrid 183 – Aranda de Duero 56 – Soria 56.

Il Virrey, Mayor 4 ☏ 34 13 11, Fax 34 08 55, « Decoración elegante » – |♦| TV ☎ 🚗 – 25/45. AE ⓓ E VISA. ✗
Com (ver rest. **Virrey Palafox**) – ☕ 750 – **52 hab** 6000/10000.

Río Ucero y Rest. Puente Real, carret. N 122 ☏ 34 12 78, Fax 34 12 50 – ▤ rest TV ☎ P – 25/180
24 hab.

XX **Virrey Palafox** con hab, Universidad 7 - carret. N 122 ☏ 34 02 22, Fax 34 08 55 – ▤ rest P. AE ⓓ E VISA. ✗
cerrado 15 diciembre-15 enero – Com *(cerrado domingo noche en otoño-invierno)* carta 2650 a 4100 – ☕ 350 – **18 hab** 2800/4500.

BURGOS 09000 P 442 E 18 y 19 – 156 449 h. alt. 856 – ☎ 947.

Ver : Catedral★★★ (crucero, coro y capilla mayor★★, Girola★, capilla del Condestable★★, capilla de Santa Ana★) A – Museo de Burgos★ (arqueta hispanoárabe★, frontal de altar★, sepulcro de Juan de Padilla★) B **M1** – Arco de Santa María★ A **B** – Iglesia de San Nicolás : retablo★.

Alred. : Real Monasterio de las Huelgas★★ (sala Capitular : pendón★, museo de telas medievales★★) por av. del Monasterio de las Huelgas A – Cartuja de Miraflores : iglesia★ (conjunto escultórico de la Capilla Mayor★★★) B.

pl. Alonso Martínez 7, ✉ 09003, ☎ 20 31 25 – **R.A.C.E.** av. Gral. Sanjurjo 11, ✉ 09003, ☎ 20 91 19.

♦Madrid 239 ② – ♦Bilbao/Bilbo 156 ① – ♦Santander 154 ① – ♦Valladolid 125 ③ – ♦Vitoria/Gasteiz 111 ①.

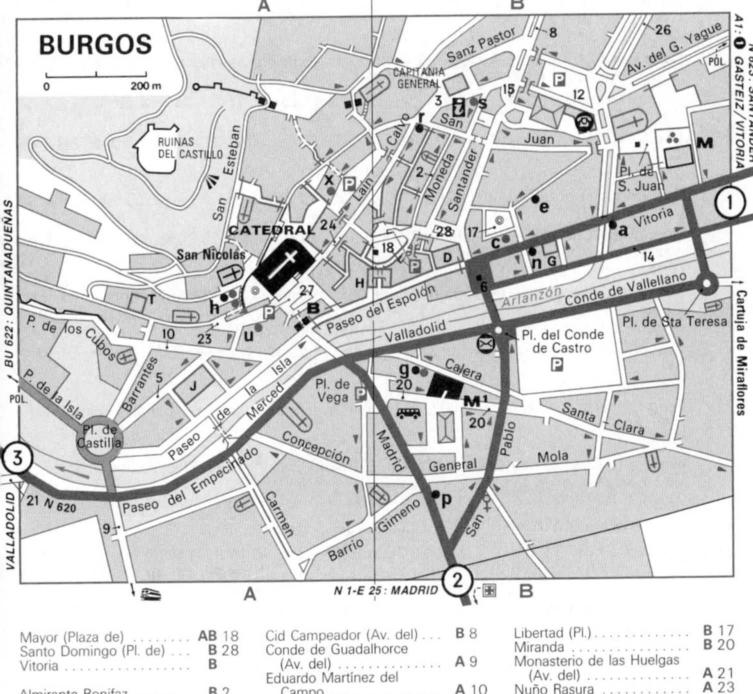

Mayor (Plaza de)	AB	18
Santo Domingo (Pl. de)	B	28
Vitoria	B	
Almirante Bonifaz	B	2
Alonso Martínez (Pl. de)	B	3
Aparicio y Ruiz	A	5
Cid (Pl. el)	B	6
Cid Campeador (Av. del)	B	8
Conde de Guadalhorce (Av. del)	A	9
Eduardo Martínez del Campo	A	10
España (Pl.)	B	12
Gen. Sanjurjo (Av. del)	B	14
Gen Santocildes (Pl. del)	B	15
Libertad (Pl.)	B	17
Miranda	B	20
Monasterio de las Huelgas (Av. del)	A	21
Nuño Rasura	A	23
Paloma	A	24
Reyes Católicos (Av. de los)	B	26
Rey San Fernando (Pl. de)	A	27

Puerta de Burgos, Vitoria 69, ✉ 09006, ☎ 24 10 00, Fax 24 07 07 – AE VISA. por ①
Com 2100 – 950 – **98 hab** 8500/10960.

NH Condestable, Vitoria 8, ✉ 09004, ☎ 26 71 25, Telex 39572, Fax 20 46 45 – 25/250. AE E VISA. rest B **n**
Com 2500 – 1000 – **85 hab** 8700/14500 – PA 5525.

Almirante Bonifaz y Rest. Los Sauces, Vitoria 22, ✉ 09004, ☎ 20 69 43, Telex 39430, Fax 20 29 19 – – 25/200. AE E VISA JCB. B **a**
cerrado 24 diciembre-7 enero – Com *(cerrado lunes mediodía)* carta 2750 a 3250 – 1100 – **79 hab** 7700/14500.

Fernán González, Calera 17, ✉ 09002, ☎ 20 94 41, Telex 39602, Fax 27 41 21 – AE E VISA. B **g**
Com (ver rest. **Fernán González**) 1500 – 575 – **85 hab** 5770/9775.

Corona de Castilla, Madrid 15, ✉ 09002, ☎ 26 21 42, Telex 39619, Fax 20 80 42 – rest – 25/350. AE E VISA. B **p**
Com 2500 – 700 – **71 hab** 5550/9475 – PA 4845.

María Luisa sin rest, av. del Cid Campeador 42, ✉ 09005, ☎ 22 80 00, Telex 39567, Fax 22 80 80, « Decoración elegante » – TV ☎. AE ⓓ E VISA
☕ 600 – **44 hab** 8300/10200. por av. del Cid Campeador B

Del Cid, pl. Santa María 8, ✉ 09003, ☎ 20 87 15, Fax 26 94 60, ≤ – |‡| TV ☎ 🚗. AE ⓓ E VISA A **h**
Com (ver rest. **Mesón del Cid**) – ☕ 900 – **28 hab** 7500/13000.

Rice, av. de los Reyes Católicos 30, ✉ 09005, ☎ 22 23 00, Telex 39456, Fax 22 35 50 – |‡| ▤ rest TV ☎. AE ⓓ E VISA. ✻ por av. de los Reyes Católicos B
Com 1500 – ☕ 600 – **50 hab** 8300/10200 – PA 3600.

Cordón sin rest, La Puebla 6, ✉ 09004, ☎ 26 50 00, Fax 20 02 69 – |‡| ▤ TV ☎. AE ⓓ E VISA B **e**
☕ 600 – **35 hab** 5750/9500.

Norte y Londres sin rest, pl. de Alonso Martinez 10, ✉ 09003, ☎ 26 41 25, Fax 27 73 75 – |‡| TV ☎. AE ⓓ E VISA B **r**
☕ 500 – **50 hab** 4400/7390.

XXX **Casa Ojeda,** Vitoria 5, ✉ 09004, ☎ 20 90 52, Decoración castellana – ▤. AE ⓓ E VISA. ✻
cerrado domingo noche – Com carta 3350 a 4400. B **c**

XXX **Fernán González,** Calera 19, ✉ 09002, ☎ 20 94 42, Fax 27 47 21 – ▤ 🚗. AE ⓓ E VISA. ✻
Com carta 3000 a 5000. B **g**

XXX **Los Chapiteles,** General Santocildes 7, ✉ 09003, ☎ 20 18 37 – ▤. AE ⓓ E VISA JCB. ✻ B **s**
cerrado domingo noche – Com carta 3475 a 4275.

XX **Rincón de España,** Nuño Rasura 11, ✉ 09003, ☎ 20 59 55, ☂ – ▤. AE ⓓ E VISA. ✻
Com carta 3100 a 3950. A **u**

XX **Mesón del Cid,** pl. Santa María 8, ✉ 09003, ☎ 20 59 71, Fax 26 94 60, ☂, « Decoración castellana » – AE ⓓ E VISA. ✻ A **h**
cerrado domingo noche – Com carta 2500 a 3200.

XX **Fontana di Trevi,** av. del Vena 6, ✉ 09005, ☎ 22 08 74, Fax 22 08 74, Cocina italiana – AE ⓓ E VISA JCB. ✻ por av. de los Reyes Católicos B
cerrado domingo noche y lunes – Com carta 2900 a 3300.

X **Ciao,** av. de los Reyes Católicos 32, ✉ 09005, ☎ 23 12 81, Cocina italiana – ▤. AE ⓓ E VISA. ✻ por av. de los Reyes Católicos B
Com carta 1900 a 2350.

X **Prego,** Huerto del Rey 4, ✉ 09003, ☎ 26 04 47, Decoración rústica regional - Cocina italiana – ▤. E VISA. ✻ A **x**
Com carta 1975 a 2150.

X **Mesón la Cueva,** pl. de Santa María 7, ✉ 09003, ☎ 20 86 71, Decoración castallana – AE ⓓ E VISA. ✻ A **h**
cerrado domingo noche y del 5 al 30 noviembre – Com carta 3000 a 3950.

en la carretera N I por ② – ✉ 09000 Burgos – ☎ 947 :

Landa Palace, 3,5 Km ☎ 20 63 43, Telex 39534, Fax 26 46 76, « Hotel de gran turismo instalado con originalidad y elegancia », ⛱, ⛱, ☂ – |‡| ▤ ☎ 🚗 Ⓟ. E VISA. ✻
Com 6500 – ☕ 1300 – **42 hab** 12000/20000 – PA 14300.

XX **La Varga** con hab, 5 Km ☎ 20 16 40, Fax 26 21 72 – TV ☎ Ⓟ. AE ⓓ E VISA. ✻
Com carta 2775 a 3810 – ☕ 785 – **12 hab** 7275.

BURGUETE o **AURITZ** **31640** Navarra 442 D 25 y 26 – 348 h. alt. 960 – ☎ 948 – Deportes de invierno : ⛷3.

♦Madrid 439 – Jaca 120 – ♦Pamplona/Iruñea 44 – St-Jean-Pied-de-Port 32.

Loizu ⛰ sin rest, Única 3 ☎ 76 00 08 – Ⓟ. AE E VISA. ✻
15 marzo-noviembre – ☕ 325 – **22 hab** 2000/3600.

Burguete ⛰, Única 51 ☎ 76 00 05 – Ⓟ. E VISA. ✻
cerrado diciembre-enero – Com 1400 – ☕ 300 – **22 hab** 1600 – PA 2890.

BURLADA **31600** Navarra 442 D 25 – 13 949 h. – ☎ 948.

♦Madrid 391 – Jaca 117 – ♦Logroño 98 – ♦Pamplona/Iruñea 6.

Burlada sin rest con cafetería, La Fuente 2 ☎ 13 13 00, Fax 12 23 46 – |‡| ▤ TV ☎ 🚗. AE ⓓ VISA. ✻
☕ 400 – **53 hab** 8200/12500.

Esta Guía se complementa con los siguientes Mapas Michelin :
nº 990 ESPAÑA-PORTUGAL Principales Carreteras 1/1 000 000,
nºs 441, 442, 443, 444, 445 y 446 ESPAÑA (mapas detallados) 1/400 000,
nº 448 Islas CANARIAS (mapas/guía) 1/200 000,
nº 440 PORTUGAL 1/400 000.

BURRIANA **12530** Castellón de la Plana 445 M 29 - 25 003 h. - ☎ 964.
ℹ La Tanda 33 ☎ 51 15 40.
♦Madrid 410 - Castellón de la Plana 11 - ♦Valencia 62.

en la autopista A 7 SO : 4 km - ✉ 12530 Burriana - ☎ 964 :

La Plana y Rest. Resmar, ☎ 51 25 50, Fax 51 50 04 - AE VISA.
Com carta 1505 a 2385 - ☕ 675 - **56 hab** 5200/8000.

en la playa SE : 2,5 km - ✉ 12530 Burriana - ☎ 964 :

Aloha, av. Mediterráneo 74 ☎ 58 50 00, Fax 58 50 00, - VISA.
Com *(cerrado lunes)* 1900 - ☕ 475 - **30 hab** 4600/6900 - PA 3625.

CABAÑAS **15621** La Coruña 441 B 5 - 3 528 h. alt. 79 - ☎ 981 - Playa.
♦Madrid 611 - ♦La Coruña/A Coruña 50 - Ferrol 13 - Santiago de Compostela 87.

Sarga, carret de La Coruña ☎ 43 10 00, Telex 85538, Fax 43 06 78, - VISA.
- Com 2500 - ☕ 600 - **80 hab** 8000/11000 - PA 4500.

CABEZÓN DE LA SAL **39500** Cantabria 442 C 17 - 6 056 h. alt. 128 - ☎ 942.
ℹ pl. Ricardo Botín ☎ 70 03 32.
♦Madrid 401 - ♦Burgos 158 - ♦Oviedo 161 - Palencia 191 - ♦Santander 44.

El Cruce, Navas ☎ 70 00 32 -
22 hab.

Conde de Lara, carret. N 634 - barrio La Losa ☎ 70 03 12 - AE E VISA.
Com 1200 - ☕ 400 - **22 hab** 3000/5500 - PA 2280.

en la carretera de Luzmela S : 3 km - ✉ 39500 Cabezón de la Sal - ☎ 942 :

Venta Santa Lucía, ☎ 70 10 61, Antigua posada - AE E VISA.
cerrado martes y 11 enero-11 febrero - Com carta 3000 a 3700.

CABO - ver a continuación y el nombre propio del cabo.

CABO DE PALOS **30370** Murcia 445 T 27 - ☎ 968.
♦Madrid 465 - ♦Alicante 108 - Cartagena 26 - ♦Murcia 75.

El Cortijo, subida al faro ☎ 56 30 15, Fax 56 30 15, « Original réplica del patio de los Leones », - AE E VISA.
- Com carta 2100 a 2700 - ☕ 500 - **53 hab** 6000/7500.

Miramar, paseo del Puerto 12 ☎ 56 30 33, ≤, - AE E VISA.
cerrado martes y del 7 al 31 enero - Com carta 1900 a 2950.

La Tana, paseo de la Barra 33 ☎ 56 30 03, ≤, - E VISA.
cerrado lunes (salvo en verano) y noviembre - Com carta 1900 a 2550.

CABO ROIG (Urbanización) Alicante - ver Torrevieja.

CABRA **14940** Córdoba 446 T 16 - 19 819 h. alt. 350 - ☎ 957.
♦Madrid 432 - Antequera 66 - ♦Córdoba 75 - Granada 113 - Jaén 99.

Olivia, av. Federico García Lorca 10 ☎ 52 09 30 - AE E VISA.
cerrado lunes y 9 septiembre-3 octubre - Com carta 2200 a 3350.

La CABRERA **28751** Madrid 444 J 19 - 819 h. alt. 1 038 - ☎ 91.
♦Madrid 56 - ♦Burgos 191.

Mavi, carret. N I ☎ 868 80 00, Fax 868 82 92, - E VISA. rest
Com *(cerrado lunes)* 1800 - ☕ 400 - **42 hab** 2750/4400 - PA 3720.

El Cancho del Águila, carret. N I - N : 1 km ☎ 868 83 74 - rest
25 hab.

CABRERA DE MAR **08349** Barcelona 443 H 37 - 1 695 h. alt. 125 - ☎ 93.
♦Madrid 651 - ♦Barcelona 25 - Mataró 8.

Santa Marta, Josep Doménech 35 ☎ 759 20 24, « Terraza con ≤ » - E VISA.
cerrado Semana Santa y tres semanas en noviembre - Com carta 3800 a 4700.

CABRILS 08348 Barcelona 443 H 37 – 1 504 h. – ☎ 93.

♦Madrid 650 – ♦Barcelona 24 – Mataró 7.

Cabrils, Emilia Carles 31 ℘ 753 24 56, – P. E VISA
cerrado enero – Com *(cerrado miércoles)* 975 – ☐ 275 – **19 hab** 2800/4300 – PA 1800.

XX **Hostal de la Plaça,** pl. de l'Església 11 ℘ 753 19 02, Fax 753 18 67, – AE ⓓ E VISA
cerrado lunes salvo festivos y del 1 al 23 septiembre – Com carta 2200 a 3000.

X **Splá,** Emilia Carles 18 ℘ 753 19 06 – ▤.
cerrado martes y octubre – Com carta 2100 a 2925.

CACABELOS 24540 León 441 E 9 – 4 096 h. – ☎ 987.

♦Madrid 393 – Lugo 108 – Ponferrada 14.

X **La Moncloa,** Cimadevilla 99 ℘ 54 61 01, Fax 54 90 56, , Rest. típico, « Conjunto rústico regional » – AE E VISA.
Com carta 2000 a 3000.

X Casa Gato, av. de Galicia 7 ℘ 54 64 08.

Huit cartes Michelin régionales :

Espagne : Nord-Ouest 441, Nord 442, Nord-Est 443, Centre 444,
Centre-Est 445, Sud 446, Iles Canaries 449

Portugal 440

Des soulignés rouges signalent sur ces cartes les localités citées dans ce Guide.

Pour l'ensemble de l'Espagne et du Portugal,
procurez-vous la carte Michelin 990 à 1/1 000 000.

CÁCERES 10000 P 444 N 10 – 71 852 h. alt. 439 – ☎ 927.

Ver : El Cáceres Viejo★★★ BYZ : Plaza de Santa María★, Palacio de los Golfines de Abajo★ **D.**

Alred. : Virgen de la Montaña ≤★ E : 3 km BZ – Arroyo de la Luz (Iglesia de la Asunción : tablas del retablo★) O : 20 km.

i pl. Mayor 37, ✉ 10003, ℘ 24 63 47 – **R.A.C.E.** av. Ruta de la Plata 4, ✉ 10001, ℘ 22 01 58.

♦Madrid 307 ① – ♦Coimbra 292 ③ – ♦Córdoba 325 ② – ♦Salamanca 217 ③ – ♦Sevilla 265 ②.

Plano página siguiente

Parador de Cáceres , Ancha 6, ✉ 10003, ℘ 21 17 59, Fax 21 17 29 – ▤ TV ☎ – 25/30. AE ⓓ VISA. BZ **b**
Com 3200 – ☐ 1100 – **27 hab** 12500 – PA 6375.

Meliá Cáceres, pl. San Juan 11, ✉ 10003, ℘ 21 58 00, Fax 21 40 70, « Instalado en el antiguo palacio de Los Marqueses de Oquendo » – ▤ TV ☎ – 25/175. AE ⓓ E VISA. BY **e**
Com 3500 – ☐ 1200 – **85 hab** 10100/12500.

Extremadura, av. Virgen de Guadalupe 5, ✉ 10001, ℘ 22 16 00, Fax 21 10 95, , – ▤ TV ☎ . AE E VISA. rest AZ **a**
Com 1825 – ☐ 650 – **68 hab** 5500/8500 – PA 3650.

Alcántara, av. Virgen de Guadalupe 14, ✉ 10001, ℘ 22 89 00, Telex 28943, Fax 22 87 68 – ▤ TV ☎ . AE ⓓ E VISA. B **a**
Com 2500 – ☐ 700 – **67 hab** 6500/9800 – PA 4845.

Ara sin rest, Juan XXIII-3, ✉ 10001, ℘ 22 39 58, Fax 21 53 07 – TV ☎ . E VISA AZ **s**
☐ 400 – **62 hab** 3125/4900.

Almonte sin rest, con cafetería, Gil Cordero 6, ✉ 10001, ℘ 24 09 26 – ☎ . AE VISA AZ **u**
☐ 250 – **90 hab** 2300/3300.

Hernán Cortés sin rest y sin ☐, travesía Hernán Cortés 6, ✉ 10004, ℘ 24 34 88 – ☎. VISA. AY **r**
18 hab 2400/3750.

XXX **Atrio,** av. de España 30, ✉ 10002, ℘ 24 29 28, Fax 22 11 11 – ▤. AE ⓓ E VISA AZ **n**
cerrado domingo noche – Com carta 4240 a 4840.

X **El Figón de Eustaquio,** pl. San Juan 12, ✉ 10003, ℘ 24 81 94, Decoración rústica – ▤. AE ⓓ VISA. BY **e**
Com carta 2300 a 4000.

en la carretera de Salamanca N 630 por ③ – ☎ 927 :

V Centenario, urb. Castellanos 1,5 km, ✉ 10001, ℘ 21 68 68, Fax 22 25 73, , – ▤ TV ☎ P – 25/450. AE ⓓ E VISA.
Com *(cerrado domingo y agosto)* carta 3800 a 4700 – ☐ 1100 – **138 hab** 10400/13000.

XX **Álvarez,** 4 km, ✉ 10000, ℘ 22 34 50, Fax 22 34 50, – ▤ P. AE ⓓ E VISA.
Com carta 3300 a 4100.

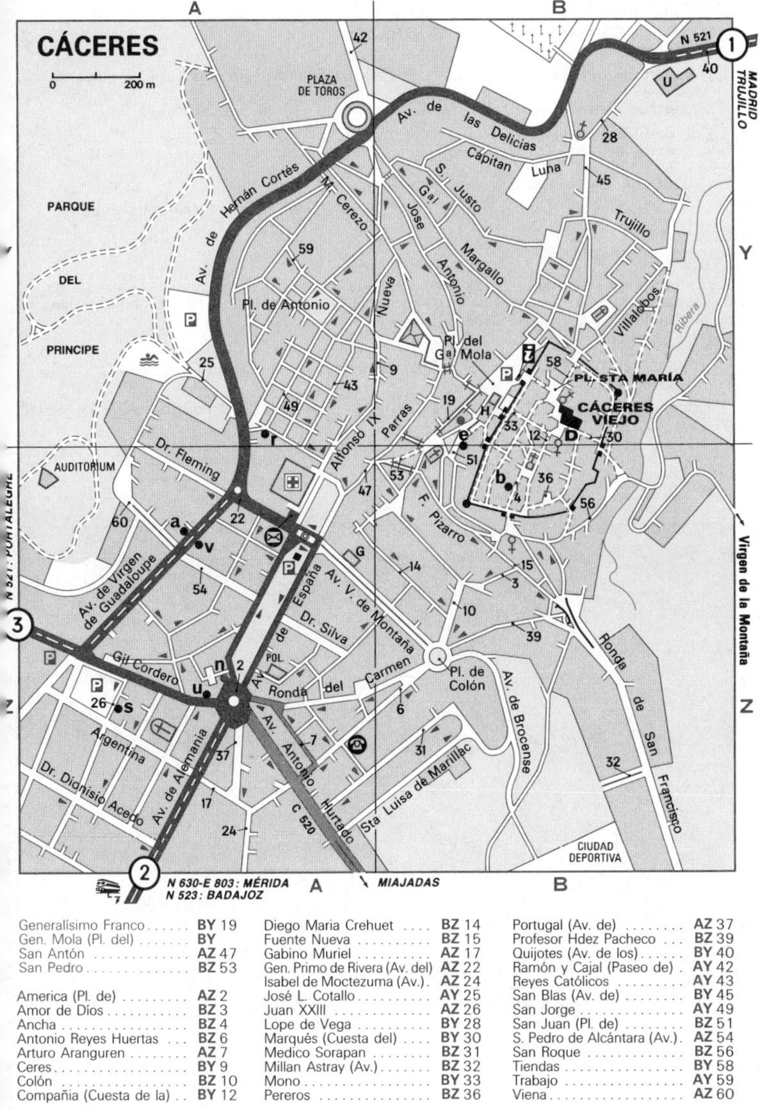

La guida cambia, cambiate la guida ogni anno.

CADAQUÉS **17488** Gerona 443 F 39 – 1 547 h. – ☎ 972 – Playa.

ℹ Cotche 2A ℰ 25 83 15.

◆Madrid 776 – Figueras/Figueres 31 – Gerona/Girona 69.

Playa Sol sin rest, con cafetería, platja Pianch 3 ℰ 25 81 00, Fax 25 80 54, ≤, ⛱, 🏖, 🎾 – 🛗 ▤ TV ☎ 🚗. AE ⓓ E VISA. ✂
cerrado enero-15 febrero – ☕ 1000 – **50 hab** 8900/14900.

S'Aguarda, carret. de Port-Lligat 28 (N : 1 km) ℰ 25 80 82, Fax 25 87 56, ≤ – 🛗 ▤ rest TV ☎ P. AE ⓓ E VISA. ✂
cerrado noviembre – Com *(abril-octubre)* 1500 – ☕ 475 – **27 hab** 4800/6800.

Marina, Riera Sant Vicent 3 ✆ 25 81 99,
27 hab.

Es Baluard, Riba Nemesio Llorens 2 ✆ 25 81 83, Instalado en un antiguo baluarte – AE E VISA
cerrado jueves en invierno, octubre y noviembre – Com carta 2675 a 4100.

La Galiota, Narcís Monturiol 9 ✆ 25 81 87 – AE E VISA.
julio-septiembre, fines de semana y festivos resto del año – Com carta 3900 a 5200
Espec. Brandada, Rape salsa rosa, Tocinillo de cielo.

Don Quijote, av. Caridad Seriñana 5 ✆ 25 81 41, , Terraza cubierta de yedra.

CÁDIZ 11000 P 446 W 11 – 157 766 h. – 956 – Playa.

Ver : – Los paseos marítimos★ : jardines★ AY – Museo de Cádiz★ (sarcófagos fenicios★, lienzos de Zurbarán★) BY **M** – Museo Histórico : maqueta★ AY **M1** – Museo de la Catedral : colección de orfebrería★ BZ.

✆ 25 11 59.

para Canarias : Cía. Trasmediterránea, av. Ramón de Carranza 26, ⊠ 11006, ✆ 28 43 11, Telex 46619 BYZ.

Calderón de la Barca 1, ⊠ 11003, ✆ 21 13 13 – R.A.C.E. Santa Teresa 4, ⊠ 11010, ✆ 25 07 07.

•Madrid 646 ① – Algeciras 124 ① – •Córdoba 239 ① – •Granada 306 ① – •Málaga 262 ① – •Sevilla 123 ①.

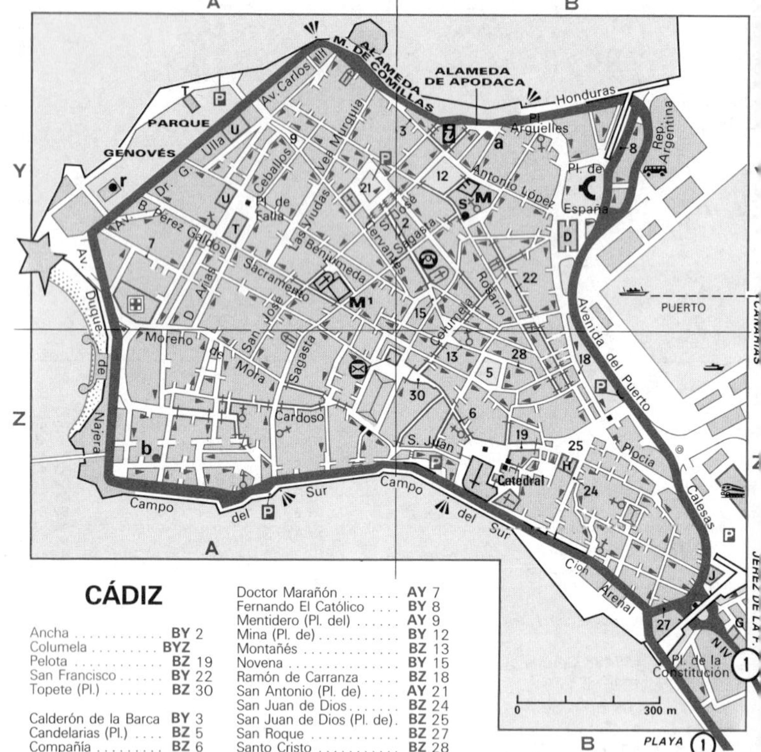

Atlántico, Duque de Nájera 9, ⊠ 11002, ✆ 22 69 05, Telex 76316, Fax 21 45 82, ≤, – – 25/500. AE VISA. AY **r**
Com 3200 – 1100 – **153 hab** 12500 – PA 6375.

Regio 2 sin rest, av. Andalucía 79, ✉ 11008, ☎ 25 30 08, Fax 25 30 09 – 🛗 ▤ ☎ 🚗 🅿. AE ⓓ E VISA. ⛔ por ①
☕ 525 – **45 hab** 4500/8500.

Francia y París sin rest, pl. de San Francisco 2, ✉ 11004, ☎ 21 23 19, Fax 22 24 31 – 🛗 📺 ☎. AE ⓓ E VISA. ⛔ BY **s**
☕ 560 – **57 hab** 5400/8500.

Regio sin rest, av. Ana de Viya 11, ✉ 11009, ☎ 27 93 31 – 🛗 ☎. AE ⓓ E VISA. ⛔
☕ 525 – **45 hab** 4000/7500. por ①

El Faro, San Félix 15, ✉ 11002, ☎ 21 25 01, Fax 21 21 88, Pescados y mariscos – ▤. AE ⓓ E VISA JCB. ⛔ AZ **b**
Com carta aprox. 4800.

1800, paseo Marítimo 3, ✉ 11009, ☎ 26 02 03 – ▤. AE ⓓ E VISA. ⛔ por ①
cerrado lunes – Com carta aprox. 4800.

Mesón del Duque, paseo Marítimo 12 (edificio Madrid), ✉ 11010, ☎ 28 10 87 – ▤ por ①

El Brocal, av. José León de Carranza 4, ✉ 11011, ☎ 25 77 59 – ▤. AE ⓓ E VISA. ⛔ por ①
cerrado domingo, lunes mediodía y noviembre – Com carta 1750 a 3125.

El Anteojo, Alameda de Apodaca 22, ✉ 11004, ☎ 22 13 20, ≤, 🏖 – ▤. AE ⓓ E VISA BY **a**
Com carta 2700 a 3800.

CAÍDOS (Valle de los) 28209 Madrid 444 K 17 – ☎ 91 – Zona de peaje.

Ver : Lugar★★ – Basílica★★ (cúpula★) – Cruz★.

♦Madrid 52 – El Escorial 13 – ♦Segovia 47.

Hoteles y restaurantes ver : ***Guadarrama*** NE : 8 km, ***San Lorenzo de El Escorial*** S : 13 km.

CALABARDINA Murcia – ver Águilas.

CALA BONA Baleares – ver Baleares (Mallorca) : Son Servera.

CALA CANYAMEL Baleares – ver Baleares (Mallorca) : Capdepera.

CALA DE SAN VICENTE Baleares – ver Baleares (Mallorca).

CALA D'OR Baleares – ver Baleares (Mallorca).

CALA ES FORTÍ Baleares – ver Baleares (Mallorca) : Cala d'Or.

CALAF 08280 Barcelona 443 G 34 – 3 225 h. – ☎ 93.

♦Madrid 551 – ♦Barcelona 93 – ♦Lérida/Lleida 82 – Manresa 34.

Calaf con buffet, carret. de Igualada 1 ☎ 869 84 49 – ▤ 🅿. AE ⓓ E VISA. ⛔
cerrado del 1 al 15 julio – Com *(cerrado lunes salvo 16 julio-16 septiembre)* (sólo almuerzo) carta 2145 a 3775.

CALAFELL 43820 Tarragona 443 I 34 – 7 075 h. – ☎ 977 – Playa.

ℹ Sant Pere 31 ☎ 69 29 81, Fax 69 29 81.

♦Madrid 574 – ♦Barcelona 65 – Tarragona 31.

en la playa :

Kursaal 🐚, av. Sant Joan de Déu 119 ☎ 69 23 00, Fax 69 27 55, ≤, 🏖 – 🛗 ▤ 📺 ☎ 🚗. AE ⓓ E VISA. ⛔ rest
Semana Santa-septiembre – Com 2200 – ☕ 700 – **39 hab** 4750/9500 – PA 4300.

Áncora, Casanova 23 ☎ 69 42 00, Servicios terapéuticos y de cirugía estética, Fā – 🛗 📺 ☎ ♿. AE ⓓ E VISA. ⛔
Com (ver rest. **Áncora**) – ☕ 600 – **18 hab** 7000/30000, 30 apartamentos.

Canadá, av. Mosén Jaume Soler 44 ☎ 69 15 00, Fax 69 12 55, 🏖, 🏊, 🎾 – 🛗 🅿. ⛔
junio-septiembre – Com 1250 – ☕ 425 – **106 hab** 6000/9000 – PA 2200.

Papiol, av. Sant Joan de Déu 56 ☎ 69 13 49, 🏖, Pescados y mariscos – ▤. AE E VISA. ⛔
cerrado lunes y martes en invierno y del 8 al 31 enero – Com carta 3000 a 5800.

Masia de la Platja, Vilamar 67 ☎ 69 13 41, Pescados y mariscos – ▤. AE ⓓ E VISA. ⛔
cerrado martes noche, miércoles (salvo julio-septiembre) y 21 diciembre-15 enero – Com carta 3350 a 4450.

Áncora, Casanova 17 ☎ 69 42 00 – ▤. AE VISA. ⛔
cerrado lunes – Com carta 2780 a 3935.

Giorgio, Angel Guimerá 4 69 11 59, , Cocina italiana.

La Barca de Ca L'Ardet, av. Sant Joan de Déu 79 69 15 59, , Pescados y mariscos - . AE E VISA
cerrado miércoles (salvo junio-agosto) y 15 diciembre-15 enero - Com carta 3290 a 5500.

en Segur de Calafell E : 3 km - 43882 Segur de Calafell - 977 :

Victoria, carret. C 246 16 20 08, , , climatizada - rest . E VISA. rest
Com *(cerrado lunes y diciembre-febrero)* 1800 - 650 - **32 hab** 7200/10100 - PA 3615.

Mediterrani, pl. Mediterrani 16 23 27 - . AE E VISA.
cerrado domingo noche, lunes, y 21 diciembre-21 enero - Com carta 3350 a 4050.

CALA FIGUERA Baleares - ver Baleares (Mallorca).

CALA FINESTRAT Alicante - ver Benidorm.

CALA FONDUCO Baleares - ver Baleares (Menorca) : Mahón.

CALA FORNELLS Baleares - ver Baleares (Mallorca) : Paguera.

CALA GALDANA Baleares - ver Baleares (Menorca) : Ferrerías.

CALAHONDA **18730** Granada 446 V 19 - 958 - Playa.
Alred. : Carretera* de Calahonda a Castell de Ferro.
◆Madrid 518 - ◆Almería 100 - ◆Granada 89 - ◆Málaga 121 - Motril 13.

El Ancla, av. de los Geránios 1 62 30 42, - rest
52 hab.

CALAHORRA **26500** La Rioja 442 F 24 - 17 695 h. alt. 350 - 941.
◆Madrid 320 - ◆Logroño 55 - Soria 94 - ◆Zaragoza 128.

Parador Marco Fabio Quintiliano, Era Alta 13 03 58, Fax 13 51 39 - - 25/140. AE VISA.
Com 3200 - 1100 - **63 hab** 11000 - PA 6375.

Chef Nino, Padre Lucas 2 13 31 04, Fax 13 35 16 -
28 hab.

Montserrat, Maestro Falla 1 13 55 00, Fax 13 55 54 - . AE E VISA
Com (ver rest. **Montserrat 2**) - 200 - **25 hab** 1900/3400.

La Taberna de la Cuarta Esquina, Cuatro Esquinas 16 13 43 55 - . AE E VISA.
cerrado martes y del 10 al 31 julio - Com carta 2975 a 4775.

Montserrat 2, Maestro Falla 7 13 00 17 - . AE E VISA.
cerrado lunes - Com carta aprox. 2200.

CALA LLONGA Baleares - ver Baleares (Ibiza) : Santa Eulalia del Río.

CALA MAYOR Baleares - ver Baleares (Mallorca) : Palma de Mallorca.

CALA MILLOR Baleares - ver Baleares (Mallorca) : Son Servera.

CALAMOCHA **44200** Teruel 443 J 26 - 4 673 h. alt. 884 - 974.
◆Madrid 261 - Soria 157 - Teruel 72 - ◆Zaragoza 110.

Fidalgo, carret. N 234 73 02 77, Fax 73 02 77 - rest . AE E VISA.
Com 1400 - 300 - **20 hab** 3000/5800.

CALA MONTJOI Gerona - ver Rosas.

CALANDA **44570** Teruel 443 J 29 - 3 251 h. - 974.
◆Madrid 362 - Teruel 136 - ◆Zaragoza 123.

Balfagón, carret. N 211 84 63 12, Fax 84 63 12 - rest . E VISA.
Com *(cerrado domingo noche)* 1000 - 350 - **29 hab** 2200/3800 - PA 2500.

CALA PÍ Baleares - ver Baleares (Mallorca).

CALA RATJADA Baleares - ver Baleares (Mallorca).

CALA SAHONA Baleares - ver Baleares (Formentera).

CALA TARIDA (Playa de) Baleares - ver Baleares (Ibiza) : San José.

CALATAYUD **50300** Zaragoza 443 H 25 - 17 941 h. alt. 534 - 976.

Plaza del Fuerte 88 13 14.

♦Madrid 235 - Cuenca 295 - ♦Pamplona/Iruñea 205 - Teruel 139 - Tortosa 289 - ♦Zaragoza 87.

- **Fornos,** paseo Cortes de Aragón 5 88 13 00, Fax 88 31 47 - rest. AE E VISA. rest
  Com 1225 - 425 - **46 hab** 4000/6400 - PA 2440.
- **Lisboa,** paseo de las Cortes de Aragón 10 88 25 35 - . AE E VISA
  cerrado domingo noche y lunes noche - Com carta 1800 a 2700.

en la antígua carretera N II - 50300 Calatayud - 976 :

- **Calatayud,** E : 2 km salida 237 autovía 88 13 23, Fax 88 54 38 - rest TV
  - 25/130. AE E VISA. rest
  Com 1600 - 500 - **63 hab** 4175/6950 - PA 3050.
- **Marivella,** NE : 6 km salida 240 autovía 88 12 37, Fax 88 51 50 - rest . rest
  Com 700 - 150 - **39 hab** 1800/4000.

CALA TORRET Baleares - ver Baleares (Menorca) : San Luis.

CALA VADELLA Baleares - ver Baleares (Ibiza) : San José.

CALA VIÑAS Baleares - ver Baleares (Mallorca) : Palma Nova.

CALDAS DE MALAVELLA o **CALDES DE MALAVELLA** **17455** Gerona 443 G 38 - 2 812 h. alt. 94 - 972 - Balneario.

♦Madrid 696 - ♦Barcelona 83 - Gerona/Girona 19.

- **Baln. Vichy Catalán** , av. Dr. Furest 32 47 00 00, Fax 47 00 00, En un parque, ,
  - rest TV . E VISA.
  Com 2500 - 600 - **83 hab** 8000/14700.
- **Baln. Prats** , pl. Sant Esteve 7 47 00 51, Fax 47 22 33, « Terraza con arbolado », de agua termal - TV . AE E VISA. rest
  Com 2100 - 700 - **76 hab** 10800.

CALDAS DE MONTBUY o **CALDES DE MONTBUI** **08140** Barcelona 443 H 36 - 10 168 h. alt. 180 - 93 - Balneario.

♦Madrid 636 - ♦Barcelona 29 - Manresa 57.

- **Baln. Broquetas** , pl. Font de Lleó 1 865 01 00, Fax 865 23 12, , « Jardín con arbolado y climatizada », - TV . AE E VISA JCB. rest
  Com 1975 - 825 - **88 hab** 7795/12500 - PA 3600.
- **Baln. Termas Victoria** , Barcelona 12 865 01 50, Fax 865 08 16, , - rest
  . VISA. rest
  Com 1950 - 500 - **87 hab** 8750/11125.

CALDAS DE REYES o **CALDAS DE REIS** **36650** Pontevedra 441 E 4 - 8 702 h. alt. 22 - 986 - Balneario.

♦Madrid 621 - Orense/Ourense 122 - Pontevedra 23 - Santiago de Compostela 34.

- **Baln. Acuña,** Herrería 2 54 00 10, « Jardín con arbolado, de agua termal » -
  . rest
  julio-septiembre - Com 2100 - 400 - **21 hab** 5250/7000 - PA 4000.

CALDES DE BOÍ Lérida - ver Bohí.

CALDETAS o **CALDES D'ESTRAC** **08393** Barcelona 443 H 37 - 1 162 h. - 93 - Playa.

9 de Llavaneras O : 6 km 792 60 50.

♦Madrid 661 - ♦Barcelona 35 - Gerona/Girona 62.

- Colón, Paz 16 791 03 51, Telex 98671, Fax 791 05 00, , , - - 25/160
  temp. - **88 hab.**
- **Jet,** Santema 25 791 06 51, Fax 791 27 54, - TV . AE E VISA. rest
  cerrado 10 noviembre-20 diciembre - Com 2200 - 500 - **32 hab** 4000/7000.
- **Emma,** Baixada de L'Estació 5 791 13 05, - . E VISA.
  Com carta 2750 a 4000.

CALELLA (playa de) Gerona - ver Palafrugell.

CALELLA **08370** Barcelona 443 H 37 - 10 751 h. - 93 - Playa.
carret. San Jaime 769 05 59.
Madrid 683 - Barcelona 48 - Gerona/Girona 49.

Bernat II, av. del Turisme 42 766 01 33, Telex 80418, Fax 766 07 16, - - 25/300. AE E VISA JCB.
Com 1800 - 600 - **137 hab** 9500/13800 - PA 3600.

Sant Jordi, av. del Turisme 80 766 19 19, Fax 557 05 66, - . AE E VISA.
Com 1500 - 800 - **49 hab** 7000/10500.

Vila, Sant Josep 66 766 21 69, Fax 766 19 56, - rest - 25/160. E VISA.
cerrado del 5 al 31 de enero - Com 1275 - 450 - **153 hab** 5100/9500 - PA 2550.

Calella Park, Jovara 257 769 03 00, Telex 56291, Fax 766 00 88, - . AE VISA.
abril- octubre - Com 740 - 300 - **54 hab** 2935/4700.

Calella sin rest, Anselm Clavé 134 769 03 00, Telex 56291, Fax 766 00 88, < - . AE VISA.
abril- octubre - 300 - **60 hab** 2935/4700.

El Hogar Gallego, Ánimas 73 766 20 27, Pescados y mariscos - . AE E VISA JCB.
cerrado lunes y 10 enero-10 febrero - Com carta 2200 a 4100.

La CALETA DE VÉLEZ **29751** Málaga 446 V 17 - 95 - Playa.
Madrid 554 - Almería 173 - Granada 124 - Málaga 35.

El Paraíso, av. de Andalucía 139 251 11 24, < - rest
15 hab.

La CALOBRA Baleares - ver Baleares (Mallorca).

CALPE **03710** Alicante 445 Q 30 - 8 000 h. - 96 - Playa.
Alred. : Peñón de Ifach★.
Club Ifach NE : 3 km.
av. Ejércitos Españoles 583 12 50.
Madrid 464 - Alicante 63 - Benidorm 22 - Gandía 48.

Capri, Gabriel Miró 65 583 06 14, Fax 583 14 91, <, - . AE E VISA.
cerrado martes (octubre-mayo) y 15 noviembre-15 diciembre - Com carta 3000 a 4000.

Casita Suiza, Jardín 9 - Edificio Apolo III 583 06 06, Cocina suiza - . AE E VISA
cerrado domingo, lunes, 20 junio-10 julio y del 1 al 20 diciembre - Com (sólo cena) carta 1980 a 2880.

La Cambra, Delfín 583 06 05 - . AE E VISA.
cerrado domingo, del 15 al 30 junio y del 1 al 15 diciembre - Com carta 2500 a 3900.

El Bodegón, Delfín 8 583 01 64, Decoración rústica castellana - . AE E VISA JCB.
cerrado domingo (noviembre-abril) y febrero - Com carta 2425 a 3440.

Rincón de Paco, Oscar Esplá 583 09 32 - . AE E VISA.
Com carta 2350 a 3050.

Los Zapatos, Santa María 7 583 15 07 - AE E VISA.
cerrado miércoles, del 1 al 15 julio y del 1 al 15 noviembre - Com carta 2925 a 4550.

en la carretera de Moraira E : 3,5 km - 03710 Calpe - 96

Roca Esmeralda, Ponent 1-playa de Levante 583 61 01, Fax 583 60 04, <, , , - - 25/300. AE E VISA.
Com (sólo buffet) 1840 - 700 - **212 hab** 9240/11660 - PA 3680.

en la carretera de Valencia - 03710 Calpe - 96

Venta La Chata sin rest, N : 4,5 km 583 03 08, , Decoración regional, , - . AE E VISA
360 - **17 hab** 2700/5000.

Casa del Maco, Pou Roig-Lleus N : 2,5 km y desvio 1,2 km (908) 16 30 00, , - . AE E VISA
cerrado martes y noviembre-10 diciembre - Com carta 2850 a 4450.

CALVIÁ Baleares - ver Baleares (Mallorca).

CAMALEÑO **39587** Cantabria 441 C 15 - 1 402 h. - 942.
Madrid 483 - Oviedo 173 - Santander 126.

El Caserío con hab, 73 09 28 - . AE VISA.
Com carta 1400 a 1600 - 350 - **17 hab** 3200/4000.

CAMARENA **45180** Toledo 444 M 15 - 1 894 h. - 91.
♦Madrid 58 - Talavera de la Reina 80 - Toledo 29.

Mesón Gregorio II, Héroes del Alcázar 34 817 43 72 - . E VISA.
cerrado miércoles y 2ª quincena de julio - Com carta 3100 a 4400.

CAMARZANA DE TERA **49620** Zamora 441 G 11 - 1 337 h. alt. 777 - 988.
♦Madrid 292 - Benavente 33 - ♦León 103 - Zamora 36.

Juan Manuel, carret. Benavente-Orense 64 94 46 - . E VISA.
Com 1000 - 350 - **16 hab** 3000/5000 - PA 1998.

CAMBADOS **36630** Pontevedra 441 E 3 - 12 628 h. - 986 - Playa.
Ver : Plaza de Fefiñanes★.
♦Madrid 638 - Pontevedra 34 - Santiago de Compostela 53.

Parador de Cambados, paseo de Cervantes 54 22 50, Fax 54 20 68, « Conjunto de estilo regional », , , - . AE VISA.
Com 3200 - 1100 - **63 hab** 10500 - PA 6375.

Rosita sin rest, av. de Villagarcia 8 54 34 77, Fax 54 28 78 - . E VISA.
Semana Santa y junio-septiembre - 400 - **29 hab** 3800/6000.

Carisan sin rest, Eduardo Pondal 2 52 01 08, Fax 54 24 70 - .
Semana Santa y junio-1 octubre - 400 - **14 hab** 3000/4900.

Ribadomar, Terra Santa 17 54 36 79 - . AE E VISA JCB.
cerrado domingo noche en invierno y 2ª quincena de octubre - Com carta 2200 a 3700.

O Arco, Real 14 54 23 12, Pescados y mariscos - AE E VISA JCB.
cerrado domingo noche - Com carta 2400 a 3900.

CAMBRILS **43850** Tarragona 443 I 33 - 11 211 h. - 977 - Playa.
pl. Creu de la Missió 36 11 59.
♦Madrid 554 - Castellón de la Plana 165 - Tarragona 18.

en el puerto :

Rovira, av. Diputación 6 36 09 00, Fax 36 09 44, , , - - 25/40. AE E VISA.
cerrado 20 diciembre-20 enero - Com *(cerrado martes salvo junio-septiembre)* 1850 - 685 - **58 hab** 5300/6800.

Port Eugeni, Rambla Jaime I 49 36 52 61, Telex 56792, Fax 36 56 13, - - 25/60. AE E VISA.
Com *(cerrado 4 enero- 5 febrero)* 1400 - **105 hab** 7200/10250 - PA 2000.

Princep Y Rest.Can Pessic, pl. de la Iglesia 2 36 11 27, Fax 36 35 32 - . AE E VISA.
Com *(cerrado domingo noche, lunes y 23 diciembre-26 enero)* carta 3100 a 4500 - 375 - **27 hab** 6200/7500.

Mónica H., Galcerán Marquet 3 36 01 16, Fax 79 36 78, « Césped con palmeras », , - . AE E VISA.
marzo-noviembre - Com *(junio-septiembre)* 1400 - 750 - **56 hab** 4875/6470 - PA 2840.

Tropicana, av. Diputación 36 01 12, Fax 36 01 12, , , - . E VISA.
15 marzo-15 noviembre - Com 1350 - 475 - **30 hab** 3500/6300 - PA 2695.

Can Solé, Ramón Llull 19 36 02 36, Fax 36 17 68, - . AE E VISA.
cerrado 22 diciembre-7 enero - Com 1300 - 400 - **26 hab** 2750/5100 - PA 2750.

Eugenia, Consolat de Mar 80 36 01 68, , Pescados y mariscos, « Terraza con plantas » - . AE E VISA.
cerrado martes noche y miércoles en invierno, jueves mediodía en verano y noviembre-15 diciembre - Com carta 4000 a 6200.

Joan Gatell - Casa Gatell, paseo Miramar 26 36 00 57, Fax 79 37 44, , , Pescados y mariscos - . AE E VISA
cerrado domingo noche, lunes, Navidades y enero - Com carta 4450 a 6750
Espec. Entremeses "Gatell", Caldereta de bogavante, Llepolies de casa Gatell.

Can Gatell-Rodolfo, paseo Miramar 27 36 03 31, Fax 36 57 20, , , Pescados y mariscos - . AE E VISA.
cerrado lunes noche y martes (septiembre-junio), miércoles mediodia (julio-agosto) y 12 octubre-14 noviembre. - Com carta 3800 a 6100.

Can Bosch, rambla Jaime I - 19 36 00 19, , Pescados y mariscos - . AE E VISA.
cerrado domingo noche, lunes y 22 diciembre-1 febrero - Com carta 3375 a 4450
Espec. Raviolis de marisco con salsa de setas, Bogabante con arroz negro, Colas de pequeños rapes con verduras a la salsa de anchoas.

Rincón de Diego, Drassanes 7 36 13 07, - . AE E VISA.
cerrado domingo noche, lunes y 23 diciembre- 23 enero - Com carta 2750 a 4700.

XX **Itziar,** av Diputación 8 ☎ 36 09 81, terraza – ▤. AE ⓓ E VISA JCB. ⚒
cerrado miércoles y febrero – Com carta 2800 a 3700.

XX **Bandert,** rambla Jaime I ☎ 36 10 63 – ▤. AE E VISA. ⚒
cerrado martes en invierno y martes mediodía en verano – Com carta 3550 a 4600.

X **Rovira,** paseo Miramar 37 ☎ 36 01 05, terraza, Pescados y mariscos – ▤. AE ⓓ E VISA. ⚒
cerrado miércoles y octubre – Com carta 2650 a 4500.

X **Casa Gallau,** Pescadores 25 ☎ 36 02 61, terraza, Pescados y mariscos – ▤. AE ⓓ E VISA. ⚒
cerrado miércoles noche salvo verano, jueves y 21 diciembre-21 enero – Com carta 2575 a 4125.

X **Acuamar,** Consolat de Mar 66 ☎ 36 00 59, ≤ – ▤. AE ⓓ E VISA. ⚒
cerrado miércoles noche, jueves y 15 octubre - 15 noviembre – Com carta 3100 a 4050.

X **Macarrilla,** Las Barcas 14 ☎ 36 08 14, Pescados y mariscos – ▤. ⓓ E VISA. ⚒
cerrado martes – Com carta 2900 a 4200.

X **Gami,** San Pedro 9 ☎ 36 10 49, Fax 36 10 49, terraza – ▤. AE ⓓ E VISA. ⚒
cerrado lunes y 20 diciembre-30 enero – Com carta 2200 a 3800.

X **La Torrada,** Drassanes 19 ☎ 79 11 72, terraza – ▤. AE E VISA. ⚒
cerrado lunes y 23 diciembre-5 febrero – Com carta 3000 a 3850.

X **El Caliu,** Pau Casals 22 ☎ 36 01 08, Decoración rústica, Carnes a la brasa – ▤. AE E VISA
cerrado lunes y 10 enero-10 febrero – Com carta 2450 a 4050.

en la carretera N 340 – ☏ 977 :

XX **Mas Gallau,** NE : 3,5 km, ✉ apartado 129 Cambrils, ☎ 36 05 88, Fax 36 02 68, Decoración rústica – ▤ Ⓟ. AE ⓓ E VISA. ⚒
cerrado 7 enero-7 febrero – Com carta 3000 a 4300.

XX **La Caseta del Rellotge,** SO : 4,5 km, ✉ 43300 Mont Roig, ☎ 83 78 44, Fax 79 11 84, terraza, Decoración rústica, « Antigua posada » – ▤ Ⓟ. AE ⓓ E VISA. ⚒
– Com carta 2875 a 3800.

por la carretera de Salou E : 5,5 km – ✉ 43850 Cambrils – ☏ 977

🏨 **Mestral** 🐦, Av. Castell de Villafortuny, 38 ☎ 36 42 51, Fax 36 52 14, ≤, terraza, piscina, tenis – ascensor ▤ rest TV ☎ – 25/40. E VISA. ⚒
Com carta 1900 a 3600 – ☕ 525 – **48 hab** 6400/9500 – PA 3725.

Las CAMPANAS 31397 Navarra 442 D 25 alt. 495 – ☏ 948.

♦Madrid 392 – ♦Logroño 84 – ♦Pamplona/Iruñea 14 – ♦Zaragoza 156.

X Iranzu con hab, carret. N 121 ☎ 36 00 67 – ▤ rest ☎ Ⓟ
18 hab.

CAMP DE MAR Baleares – ver Baleares (Mallorca) : Puerto de Andraitx.

CAMPELLAS o CAMPELLES 17534 Gerona 443 F 36 – ☏ 972.

♦Madrid 695 – ♦Barcelona 124 – Gerona/Girona 107.

en El Baiell SE : 8 km – ✉ 17534 Campellas – ☏ 972

🏨 **Terralta** 🐦, alt. 1 300 ☎ 72 73 50, ≤ valle y montañas, piscina – Ⓟ. E VISA. ⚒
7 julio-15 septiembre – Com 1950 – ☕ 600 – **37 hab** 3450/6000 – PA 3825.

CAMPELLO 03560 Alicante 445 Q 28 – 8 335 h. – ☏ 96 – Playa.

♦Madrid 431 – ♦Alicante 13 – Benidorm 29.

en la playa :

X **La Peña,** San Vicente 12 ☎ 563 10 48, Pescados y mariscos – ▤. AE ⓓ E VISA. ⚒
cerrado domingo noche y lunes – Com carta 2300 a 3950.

CAMPO DEL HOSPITAL 15359 La Coruña 441 B 6 – ☏ 981.

♦Madrid 586 – ♦La Coruña/A Coruña 95 – Lugo 82 – Ortigueira 15.

🏨 **Villa de Cedeira,** ☎ 49 91 45, Fax 49 91 45 – TV ☎ Ⓟ. E VISA. ⚒
Com 1100 – ☕ 350 – **28 hab** 4000/6000 – PA 2165.

CAMPRODÓN 17867 Gerona 443 F 37 – 2 376 h. alt. 950 – ☏ 972.

ℹ pl. d'Espanya 1 ☎ 74 00 10. – ♦Madrid 699 – ♦Barcelona 127 – Gerona/Girona 80.

🏨 **Edelweiss** sin rest, carret. de Sant Joan 28 ☎ 74 09 13, Fax 74 07 04, « Ambiente acogedor » – ascensor TV ☎ Ⓟ. AE ⓓ E VISA
☕ 700 – **21 hab** 9350.

🏨 **Güell** sin rest, pl. d'Espanya 8 ☎ 74 00 11, Fax 74 11 12 – ascensor TV ☎ garaje. AE ⓓ E VISA. ⚒
☕ 475 – **39 hab** 3500/6500.

🏨 **Sayola,** Josep Morer 4 ☎ 74 01 42 – ⚒
Com 2500 – ☕ 400 – **30 hab** 4600 – PA 4600.

CAN AMAT (Urbanización) Barcelona - ver Martorell.

CANARIAS (Islas) ★★★ 448 - 1 444 626 h..

GRAN CANARIA.

Arguineguín **35120** - 928.

Las Palmas de Gran Canaria 63.

en la playa de Patalavaca NO : 2 km - 35120 Arguineguín - 928

Steigenberger La Canaria, 15 04 00, Telex 95222, Fax 15 10 03, mar, climatizada, - - 25/150. AE E VISA. rest
cerrado 17 mayo-16 julio - Com 3800 - 1600 - **240 hab** 22000/34000.

Artenara **35350** - 930 h. alt. 1 219 - 928.

Ver: Parador de la Silla ★.

Alred.: Carretera de Las Palmas ★ Juncalillo - Pinar de Tamadaba★★ (★) NO : 12 km.

Las Palmas de Gran Canaria 48.

Arucas **35400** - 25 770 h. - 928.

Ver: Montaña de Arucas ★.

Las Palmas 17.

Mesón de la Montaña, Montaña de Arucas : 2,5 km 60 14 75, Fax 60 57 42, « Bonita situación » - . AE E VISA.
Com carta aprox. 2300.

Cruz de Tejeda **35328** - 2 115 h. alt. 1 450 - 928.

Ver: Paraje★★.

Alred.: Pozo de las Nieves ★★ SE : 10 km - Juncalillo : pueblo troglodita ★ NO : 5 km.

Las Palmas 42.

Hostería La Cruz de Tejeda, alt. 1 450 65 80 50, Fax 65 80 51, montañas y valles, « Bonita situación dominando la isla » - . AE VISA.
Com carta aprox. 3000.

Maspalomas **35100** - 928 - Playa.

Ver: Playa★.

Alred.: N : Barranco de Fataga★ - San Bartolomé de Tirajana (paraje★) N : 23 km por Fataga.

18 de Maspalomas SO : 5 Km. 76 25 81.

av. de España (playa del Inglés) 77 15 50, Fax 76 78 48.

Las Palmas de Gran Canaria 50.

Planos páginas siguientes

La Aquarela, por av. Neckerman 14 09 16

Amaiur, av. de Neckerman 76 44 14, Cocina vasca - . AE E VISA. A **d**
cerrado lunes - Com carta 3150 a 4400.

junto al faro - 35106 Maspalomas Oeste - 928 :

Maspalomas Oasis, 14 14 48, Telex 96104, Fax 14 11 92, , , « Jardín y gran palmeral », , - - 25/140. AE E VISA JCB. A **a**
Com **Grill Le Jardin** *(cerrado domingo y junio-agosto)* carta 4300 a 5400 - **Oasis** *(sólo cena)* 3500 - **Foresta** *(solo almuerzo)* 3500 - 1500 - **334 hab** 22800/41200.

Ifa-Faro Maspalomas, 14 22 14, Telex 95295, Fax 14 19 40, , , « climatizada rodeada de un jardín subtropical » - - 25/60. AE E VISA. A **b**
Com **Tamarona** 2800 - **Grill Guatiboa** *(sólo cena)* carta 3400 a 5500 - 1200 - **188 hab** 17400/24650.

Maspalomas Palm Beach, 14 08 06, Telex 96365, Fax 14 18 08, , , « Amplia terraza con climatizada, jardín con palmeras », - . AE E VISA. rest
Com 4590 - **Orangerie** *(cerrado domingo, jueves y junio)* (sólo cena) carta aprox. 5500 - **347 hab** 24350/34120. A **c**

en la playa del Inglés - 35100 Maspalomas - 928 :

Riu Palace, pl. de Fuerteventura 76 95 00, Telex 95531, Fax 76 98 00, dunas y mar, « Amplias terrazas con y jardín », , - - 25/200. AE E VISA. B **k**
Com (sólo cena) 1470 - **368 hab** 15700/25660.

Ifa-H. Dunamar, 76 12 00, Telex 95311, Fax 76 83 74, , , climatizada, - . AE E VISA. B **n**
Com 2900 - 1500 - **184 hab** 10200/16600.

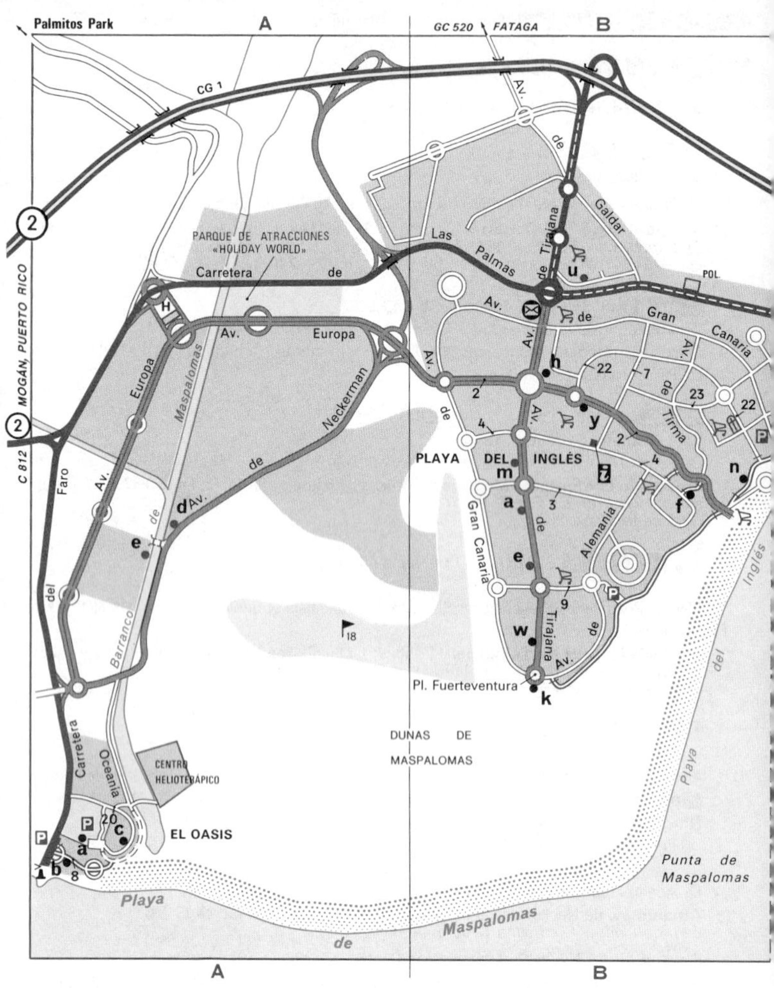

Catarina Playa, av. de Tirajana 1 ☎ 76 28 12, Telex 95338, Fax 76 06 15, climatizada, – 25/120 – **400 hab.** B **w**

Neptuno, av. Alféreces Provisionales 29 ☎ 76 71 28, Telex 96239, Fax 76 69 65, climatizada – 25/80 – **171 hab.** B **y**

Parque Tropical, av. de Italia 1 ☎ 76 07 12, Telex 96642, Fax 76 81 37, « Edificio de estilo regional - Jardín tropical », climatizada, – AE VISA. C **x**
Com (sólo cena) 2200 – 900 – **235 hab** 9625/19250.

Apolo, av. de Estados Unidos 28 ☎ 76 00 58, Fax 76 39 18, climatizada, – AE VISA. B **f**
Com 2500 – 1000 – **115 hab** 10000/15000 – PA 5100.

Lucana, pl. del Sol ☎ 76 27 00, Telex 96529, Fax 76 44 88, climatizada, – AE VISA. C **g**
Com 2800 – 700 – **182 hab** 6800/8800 – PA 5040.

Riu Don Miguel, av. de Tirajana 30 ☎ 76 15 08, Telex 96307, Fax 76 48 54, climatizada – AE VISA. B **h**
Com 1200 – **281 hab** 7730/9680.

Caserío, av. de Italia 8 ☎ 76 10 50, Fax 76 44 48, – AE VISA. C **r**
Com 2200 – 750 – **118 hab** 14000/18750 – PA 5150.

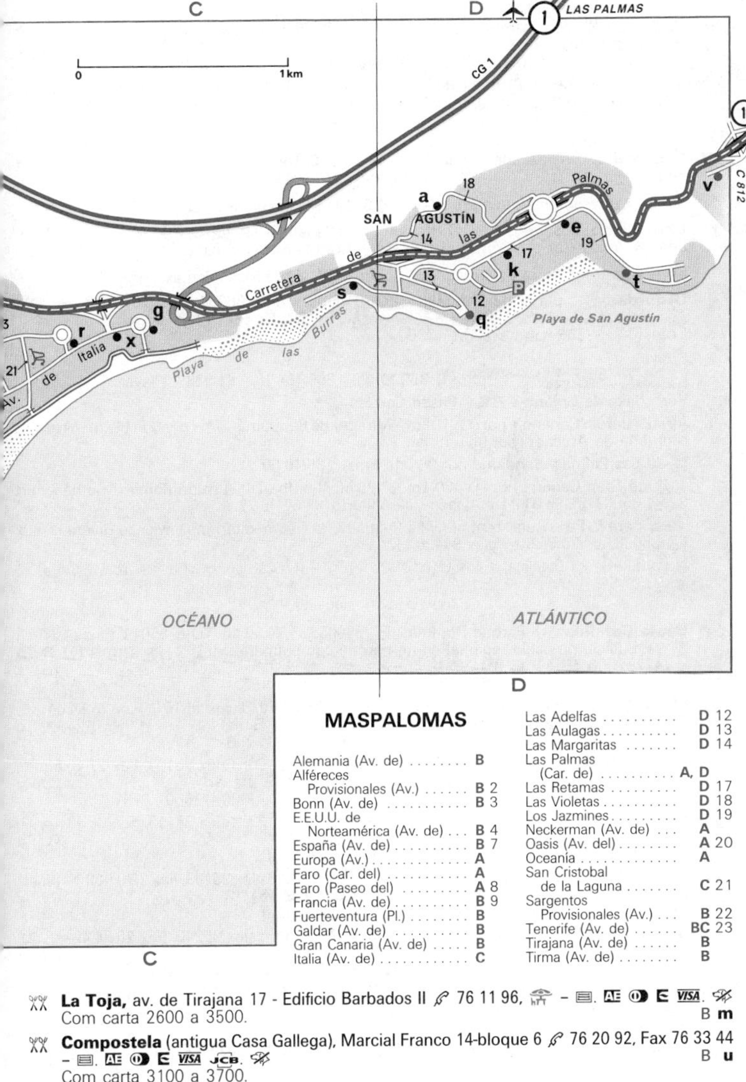

MASPALOMAS

Calle	Plano
Alemania (Av. de)	B
Alféreces Provisionales (Av.)	B 2
Bonn (Av. de)	B 3
E.E.U.U. de Norteamérica (Av. de)	B 4
España (Av. de)	B 7
Europa (Av.)	A
Faro (Car. del)	A
Faro (Paseo del)	A 8
Francia (Av. de)	B 9
Fuerteventura (Pl.)	B
Galdar (Av. de)	B
Gran Canaria (Av. de)	B
Italia (Av. de)	C
Las Adelfas	D 12
Las Aulagas	D 13
Las Margaritas	D 14
Las Palmas (Car. de)	A, D
Las Retamas	D 17
Las Violetas	D 18
Los Jazmines	D 19
Neckerman (Av. de)	A
Oasis (Av. del)	A 20
Oceanía	A
San Cristobal de la Laguna	C 21
Sargentos Provisionales (Av.)	B 22
Tenerife (Av. de)	BC 23
Tirajana (Av. de)	B
Tirma (Av. de)	B

XX **La Toja,** av. de Tirajana 17 - Edificio Barbados II ✆ 76 11 96, 舍 - ▤. AE ⓓ E VISA. ✻
Com carta 2600 a 3500. B **m**

XX **Compostela** (antigua Casa Gallega), Marcial Franco 14-bloque 6 ✆ 76 20 92, Fax 76 33 44 - ▤. AE ⓓ E VISA JCB. ✻
Com carta 3100 a 3700. B **u**

X Tenderete II, av. de Tirajana 3 (Edificio Aloe) ✆ 76 14 60 - ▤ B **e**

X Las Cumbres, av. de Tirajana 9 ✆ 76 09 41, Asados - ▤ B **a**

en la playa de San Agustín - ✉ 35100 Maspalomas - ☏ 928 :

Meliá Tamarindos, Las Retamas 3 ✆ 76 26 00, Telex 95463, Fax 76 22 64, ≤, 舍, « Césped con piscina climatizada », 🌳, 🎾 - |♦| ▤ TV ☎ Ⓟ - 🏛 25/350. AE ⓓ E VISA. ✻
Com 4500 - ☕ 1200 - **332 hab** 16000/26000 - PA 7000. D **k**

Don Gregory, Las Dalias 11 ✆ 76 26 62, Fax 76 99 96, ≤, 舍, piscina climatizada, 🎾 - |♦| ▤ ☎ Ⓟ
244 hab. C **s**

Gloria Palace, Las Margaritas ✆ 76 83 00, Telex 96052, Fax 76 79 29, ≤, Fó, piscina, 🎾 - |♦| ▤ TV ☎ Ⓟ - 🏛 40/80. AE ⓓ E VISA. ✻ D **a**
Com 3000 -**Gorbea** *(cerrado lunes)* carta 3650 a 4750 - **448 hab** ☕ 30750/31500.

Ifa Beach H., Los Jazmines ☎ 76 51 00, Fax 76 85 99, ←, climatizada – |♦| ▤ rest ☎ ℗. AE ⓓ E VISA. ✻ rest D e
Com (sólo cena) 1500 – ☐ 475 – **203 hab** 6500/10000 – PA 3000.

XXX **San Agustín Beach Club,** pl. de los Cocoteros ☎ 76 04 00, Fax 76 45 76, , Decoración moderna con motivos africanos, « Terraza con (de pago) climatizada » – ▤. AE ⓓ VISA. ✻ D q
Com carta 3450 a 6000.

XX **Buganvilla,** Los Jazmines 17 ☎ 76 03 16 – ▤. E VISA JCB. ✻ D t
cerrado junio-julio – Com (sólo cena) carta 3225 a 4100.

en la urbanización Nueva Europa – ✉ 35100 Maspalomas – ✆ 928 :

XX **Chez Mario,** Los Pinos 9 ☎ 76 18 17, Cocina italiana – AE ⓓ E VISA. ✻ D v
cerrado lunes (salvo en invierno) y junio – Com (sólo cena) carta 2415 a 3370.

en la carretera de Las Palmas NE : 7 km – ✉ 35100 Maspalomas – ✆ 928 :

Orquídea ⛯, playa de Tarajalillo ☎ 76 46 00, Telex 96232, Fax 76 46 12, ←, , climatizada, , – |♦| ▤ rest ☎ – 25/150. AE ⓓ E VISA. ✻
Com 1750 – **255 hab** ☐ 8000/13000.

Las Palmas de Gran Canaria 35000 P – 366 454 h. – ✆ 928 – Playa.

Ver : Casa de Colón★ CZ **B** – Paseo Cornisa ★ AT.

Alred. : Jardín Canario★ por ② : 10 km – Mirador de Bandama ★★ por ② : 14 km – Arucas : Montaña de Arucas★ por ③ : 18 km.

18 de Las Palmas, Bandama por ② : 14 km ☎ 35 10 50.

✈ de Gran Canaria por ① : 30 km ☎ 25 46 40 – Iberia : Alcalde Ramírez Bethencourt 8, ✉ 35003 ☎ 36 01 11 y Aviaco : aeropuerto ☎ 57 46 72.

⛴ para la Península, Tenerife y La Palma : Cía. Trasmediterránea, Muelle Rivera Oeste, ✉ 35008, ☎ 26 56 50, Telex 95428 CXY.

ℹ Parque Santa Catalina, ✉ 35007, ☎ 26 46 23 – R.A.C.E. León y Castillo 281, ✉ 35003, ☎ 23 07 88.

Planos páginas siguientes

Santa Catalina ⛯, Parque Doramas, ✉ 35005, ☎ 24 30 40, Telex 96014, Fax 24 27 64, , « Edificio de estilo regional en un parque con palmeras », – |♦| ▤ rest TV ☎ ℗ – 25/600. AE ⓓ E VISA. ✻ AT z
Com 3500 – ☐ 1150 – **208 hab** 15480/19350 – PA 6450.

Meliá Las Palmas, Gomera 6, ✉ 35008, ☎ 26 80 50, Telex 95161, Fax 26 84 11, ←, climatizada – |♦| ▤ TV ☎ – 25/350. AE ⓓ E VISA. ✻ CV c
Com carta 3500 a 5400 – ☐ 1300 – **316 hab** 15400/19250.

Reina Isabel, Alfredo L. Jones 40, ✉ 35008, ☎ 26 01 00, Telex 95103, Fax 27 45 58, ←, climatizada – |♦| ▤ TV ☎ ℗ – 25/450. AE ⓓ E VISA. ✻ CV y
Com 3575 - Reina Garden - Grill – ☐ 1300 – **233 hab** 10000/12500.

Sol Iberia, av. Marítima del Norte, ✉ 35003, ☎ 36 11 33, Telex 95413, Fax 36 13 44, ←, – |♦| ▤ TV ☎ ℗ – 25/300. AE ⓓ E VISA. ✻ AU a
Com 1975 – ☐ 900 – **298 hab** 9000/11000 – PA 4850.

Sol Bardinos, Eduardo Benot 5, ✉ 35007, ☎ 27 00 00, Telex 95189, Fax 22 91 39, ← playa, puerto y ciudad, – |♦| TV ☎ – 25/75. AE ⓓ E VISA. ✻ CV z
Com 1975 – ☐ 900 – **215 hab** 8700/11000 – PA 4850.

NH Imperial Playa, Ferreras 1, ✉ 35008 ☎ 26 48 54, Telex 95340, Fax 26 94 42, ←, – |♦| ▤ TV ☎ – 25/250. AE ⓓ E VISA. ✻ rest AS e
Com (sólo cena) 2000 – ☐ 1000 – **142 hab** 8400/11700 – PA 5000.

Sansofé Palace, paseo de las Canteras 78, ✉ 35010 ☎ 22 42 82, Telex 95848, Fax 22 48 28 – |♦| ▤ TV ☎ ℗ – 25/225 BX a
115 hab.

Fataga, Néstor de la Torre 21, ✉ 35006, ☎ 29 06 14, Telex 96221, Fax 29 13 55 – |♦| ▤ TV ☎ CX g
92 hab.

Gran Canaria, paseo de las Canteras 38, ✉ 35007, ☎ 27 17 54, Telex 96453, Fax 26 24 20, ← – |♦| TV ☎. AE ⓓ E VISA. ✻ rest BV b
Com (sólo cena) 1950 – ☐ 550 – **90 hab** 6650/8600.

Olympia sin rest, Dr. Grau Bassas 1, ✉ 35007, ☎ 26 17 20, Fax 26 26 17 – |♦| ☎. VISA. ✻ BX x
☐ 350 – **40 hab** 2250/3300.

Tenesoya sin rest, Sagasta 98, ✉ 35008 ☎ 26 26 08, Fax 26 26 62, ← – |♦| TV ☎. AE ⓓ E VISA. ✻ AS r
☐ 300 – **43 hab** 3550/4750.

Pujol sin rest, Salvador Cuyás 5, ✉ 35008, ☎ 27 44 33, Fax 22 67 03 – |♦| TV ☎ CV n
48 hab.

XXX **Amaiur,** Pérez Galdós 2, ✉ 35002 ☎ 37 07 17, Cocina vasca – ▤. AE ⓓ E VISA. ✻ BY e
cerrado domingo y agosto – Com carta 2800 a 3800.

LAS PALMAS
DE GRAN CANARIA

Juan Réjón . . . . **AS** 36
La Naval . . . . **AS**

Alfonso XII . . . . **AU** 2
Ansite (Av.) . . . . **AT** 4
Cornisa (Paseo) . . . . **AT** 12
Doctor Màrañón . . . . **AU** 14
Don Benito (Plaza de) . . . . **AU** 17
Fernando Guanarteme . . . . **AS** 20
Ingeniero Léon
y Castillo (Pl.) . . . . **AU** 28
Juan XXIII (Av.) . . . . **AT** 37
León y Castillo . . . . **AT** 40
Lugo (Paseo de) . . . . **AT** 44
Luis Correa Medina . . . . . . **AU** 46
M. González Martin . . . . . . **AT** 49
Marítima del Sur (Av.) . . . . **AU** 52
Mata (Carret. de) . . . . **AU** 53
Ortiz de Zàrate . . . . **AT** 59
Perez Muñoz . . . . **AS** 63
Pino Apolinario . . . . **AU** 65
Pío XII . . . . **AT** 66
San José (Paseo) . . . . **AU** 76
Secretario Padilla . . . . **AT** 80
Simancas . . . . **AT** 81
Tecen . . . . **AS** 83
Tomás Morales (Paseo) . . **ATU** 85
Zaragoza . . . . **AU** 90

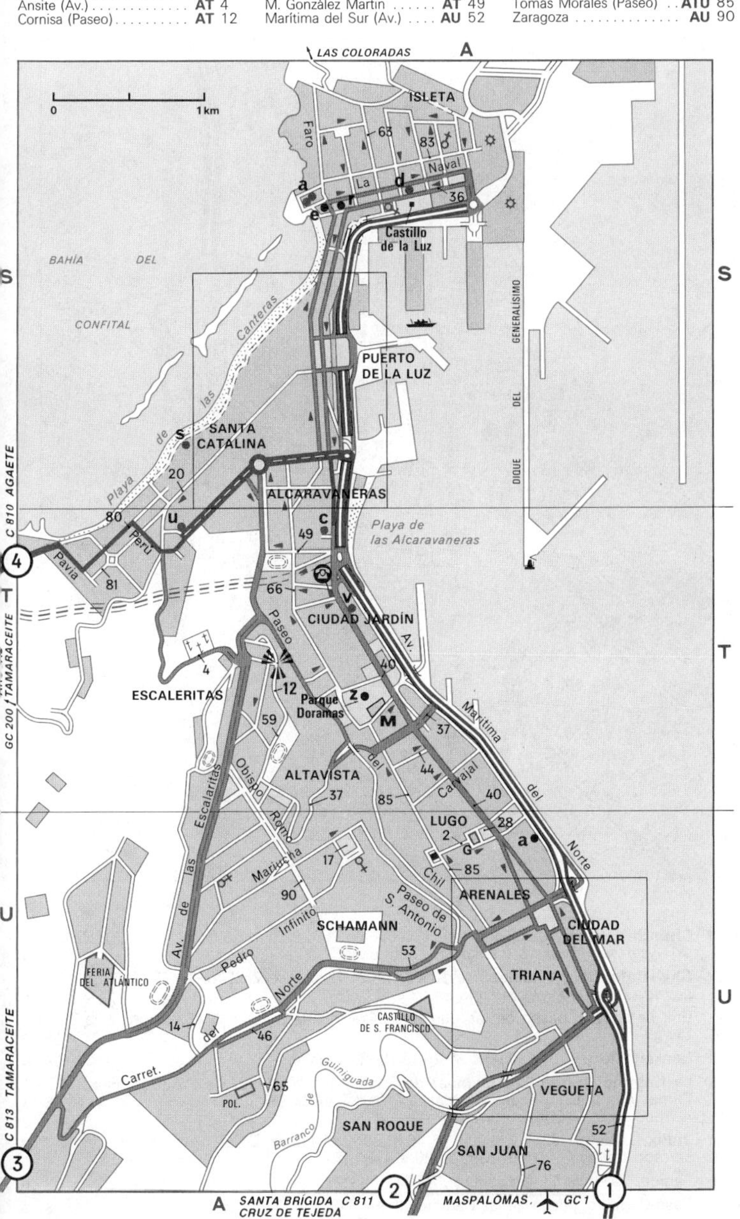

PUERTO DE LA LUZ

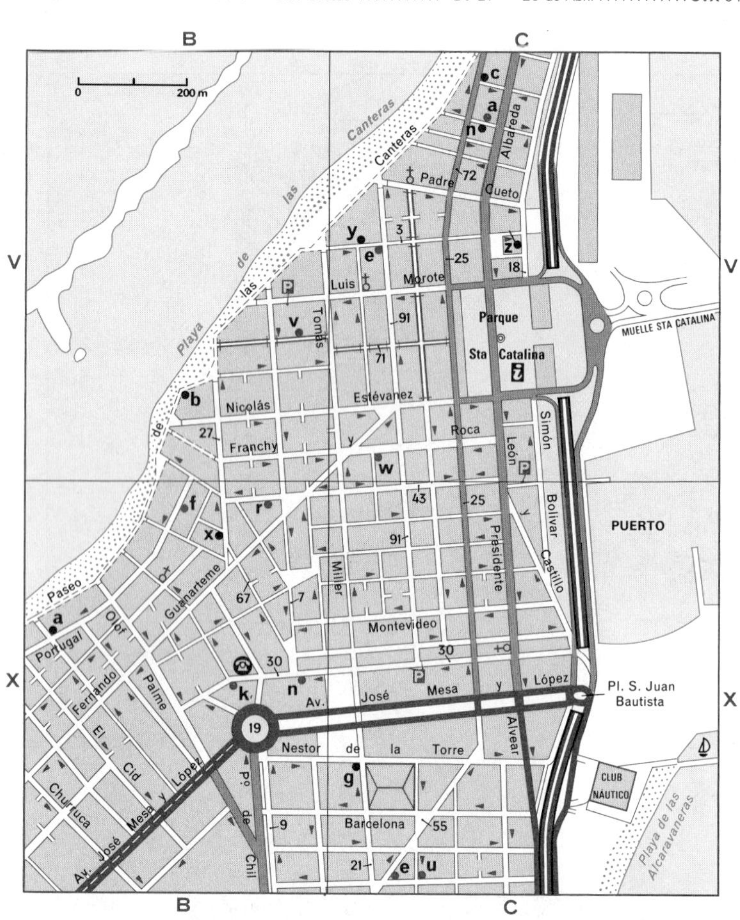

XX **Churchill,** León y Castillo 274, ✉ 35005, ℗ 24 91 92, Fax 29 34 08, […] - […]. […] *- cerrado domingo y festivos* - Com carta 3300 a 4200. AT **v**

XX **Casa Rafael,** Luis Antúnez 25, ✉ 35006, ℗ 24 49 89, Fax 22 92 10 - […]. […] *cerrado domingo* - Com carta aprox 3400. AT **c**

XX Grill La Fragua, paseo de las Canteras 84, ✉ 35010, ℗ 26 79 38, Carnes a la brasa - […] AS **s**

XX Nanking, Roca 11, ✉ 35007, ℗ 26 98 70, Rest. chino - […] CV **w**

XX **La Cabaña Criolla,** Los Martínez de Escobar 37, ✉ 35007, ℗ 27 02 16, Fax 27 37 28, Carnes a la brasa, Decoración rústica - […]. […] *cerrado lunes* - Com carta 2075 a 2675. BX **r**

XX **Julio,** La Naval 132, ✉ 35008, ℗ 46 01 39 - […]. […] *cerrado domingo* - Com carta 2600 a 4750. AS **d**

X Samoa, Valencia 46, ✉ 35006, ℗ 24 14 71 - […] CX **u**

X Casa Carmelo, paseo de las Canteras 2, ✉ 35009 ℗ 22 89 26, […] - […] AS **a**

VEGUETA, TRIANA

Mayor de Triana . . . . CY

Balcones (de los) . . . . CZ 5
Cano . . . . CY 8
Doctor Chil . . . . CZ 13
Domingo J. Navarro . . . . . . BY 16
General Bravo . . . . BY 23
General Mola . . . . CZ 24
Juan de Quesada . . . . CZ 31
Juan E. Doreste . . . . CZ 33
Las Palmas (Muelle de) . . . CY 38
Lopez Botas . . . . CZ 41
Luis Millares . . . . CZ 47
Malteses . . . . CZ 50
Ntra Sra del Pino (Pl.) . . . . BY 56
Obispo Codina . . . . CZ 57
Pelota . . . . CZ 60
Pérez Galdós . . . . BY 62
Ramón y Cajal . . . . BZ 69
San Antonio (Paseo) . . . . BY 73
San Pedro . . . . CZ 78
T. Massieu . . . . CZ 84
Viera y Clavijo . . . . BY 88

✗ **El Pote,** Juan Manuel Durán González 41 (pasaje), ✉ 35007, ℰ 27 80 58, Cocina gallega – ▤. VISA. 🐕 – *cerrado domingo* – Com carta 2245 a 3810. BX **n**

✗ **Aterpe Alai,** Menendez y Pelayo 10, ✉ 35007 ℰ 24 18 29, 🏖, Cocina vasca – E VISA. 🐕 CX **e**
cerrado domingo, festivos y agosto – Com carta aprox. 3000.

✗ **Casa de Galicia,** Salvador Cuyás 8, ✉ 35008, ℰ 27 98 55, Fax 22 92 10, Cocina gallega – ▤. AE ⊙ E VISA. 🐕 CV **a**
Com carta 2550 a 3300.

✗ **Caminito Grill,** av. Mesa y López 82, ✉ 35010, ℰ 27 88 68, Carnes a la brasa – ▤. AE ⊙ E VISA. 🐕 AT **u**
cerrado domingo y del 15 al 31 agosto – Com carta 1985 a 2700.

✗ Montreal, 29 de Abril 77, ✉ 35007, ℰ 26 40 10 – ▤ CV **e**

✕ **Hamburg,** Mary Sánchez 54, ✉ 35009, ✆ 22 27 45 - ▤. AE ⓓ E VISA AS **a**
Com carta 2300 a 3225.

✕ Le Français, Sargento Llagas 18, ✉ 35007, ✆ 26 87 62, Cocina francesa - BV **v**

✕ **Las Cuevas del Molino,** León y Castillo 36, ✉ 35003, ✆ 36 14 32, Pescados y mariscos - ▤. AE. ✻ CY **a**
Com carta aprox. 3000.

✕ **Mesón la Paella,** Juan Manuel Durán González 47, ✉ 35010, ✆ 27 16 40, Cocina catalana - ▤. AE VISA. ✻ BX **k**
cerrado sábado noche, festivos y 15 agosto-15 septiembre - Com carta 2280 a 3000.

✕ **El Novillo Precoz,** Portugal 9, ✉ 35010, ✆ 22 16 59, Carnes a la brasa - ▤. AE E VISA JCB. ✻ BX **f**
cerrado miércoles y agosto - Com carta 1840 a 2490.

✕ **Ca'cho Damián,** León y Castillo 26, ✉ 35003, ✆ 36 53 23 - ▤. AE. ✻ BY **s**
Com carta aprox 2500.

✕ **Canario,** Perojo 2, ✉ 35003, ✆ 36 57 16 - ▤. AE E VISA. ✻ BY **a**
cerrado domingo - Com carta aprox 2500.

en Las Coloradas - Zona de la Isleta - ✉ 35009 Las Palmas - ☎ 928 :

✕ **El Padrino,** Jesús Nazareno 1 ✆ 46 20 94, ☂, Pescados y mariscos - AE ⓓ E VISA. ✻
cerrado lunes - Com carta 1625 a 2800. por Pérez Muñoz AS

✕ **Pitango,** María Dolorosa 2 ✆ 46 64 94, ☂, Carnes a la brasa - ▤. AE ⓓ E VISA. ✻
cerrado jueves - Com carta aprox. 1900. por Perez Muñoz AS

Playa de Taurito 35138 - ☎ 928.

Las Palmas 73.

🏨 **Taurito Playa** ⛰, ✆ 56 54 00, Telex 96315, Fax 56 55 66, ≤, ⛱ climatizada, ⛱, ✻ - |♦| ▤ ☎ ♿ ⓟ - 🏛 25/1500. AE ⓓ VISA
Com (sólo cena) 2200 - ☕ 1100 - **404 hab** 8500/14000 - PA 5000.

Santa Brígida 35300 - 11 194 h. alt. 426 - ☎ 928.

Las Palmas 15.

✕✕ **Las Grutas de Artiles,** Las Meleguinas N : 2 km ✆ 64 05 75, Fax 31 17 00, ☂, « Instalado en una gruta », ⛱, ✻ - ⓟ. AE E VISA. ✻
Com carta 2150 a 2950.

✕ Martell, carret. de Tejeda SO : 4,5 Km., ✉ 35308 El Madroñal, ✆ 64 12 83, Interesante bodega - Decoración rústica regional.

✕ Bentayga, carret. de Las Palmas NE : 4 km, ✉ 35310 Monte Lentiscal, ✆ 35 02 45, ≤ - ▤.

✕ El Palmeral, av. del Palmeral 45 ✆ 64 15 18, ☂ - ⓟ.

Tafira Alta 35017 alt. 375 - ☎ 928.

Las Palmas 8.

✕ **Jardín Canario,** Plan de Loreto, carret. de Las Palmas : 1 km ✆ 35 16 45, Fax 31 17 00, ≤, Dominando el Jardín Botánico - ⓟ. E VISA. ✻
Com carta 1800 a 2700.

✕ La Masía de Canarias, Murillo 36 ✆ 35 01 20, ☂.

Teror 35330 - 9 461 h. alt. 445 - ☎ 928.

Alred. : Mirador de Zamora ≤★ O : 7 km por carretera de Valleseco.

Las Palmas 21.

✕ San Matías, carret. de Arucas N : 1 km ✆ 63 07 65, ≤ Valle, montañas y población - ⓟ.

Vega de San Mateo 35320 - 7 202 h. - ☎ 928.

♦Las Palmas 23.

✕✕ La Veguetilla, carret. de Las Palmas ✆ 66 07 64 - ⓟ.

FUERTEVENTURA (Las Palmas)

Corralejo 35560 - ☎ 928.

Ver : Puerto y Playas ★.

Puerto del Rosario 38.

✕ Los Barqueros, av. Grandes Playas-urb. Los Barqueros ✆ 53 51 48, ☂.

en las playas - ✉ 35660 Corralejo - ☎ 928 :

🏨 **Tres Islas** ⛰, SE : 4 Km. ✆ 86 60 00, Telex 96544, Fax 86 61 50, ≤, ⛱ climatizada, ⛱, ✻ - |♦| ▤ ⓟ. AE ⓓ E VISA. ✻
Com 3850 - ☕ 1650 - **365 hab** 11850/22400 - PA 7900.

Costa Calma - 928.

Puerto del Rosario 70.

Taro Beach H., urb. Cañada del Río, 35628 Pájara 54 70 98, Fax 54 70 98, climatizada, - 128 apartamentos.

Bahía Calma,, - .

La Lajita **35627** - 928 - Playa.

Puerto del Rosario 56.

Cuesta de la Pared, urb. Puerto Rico E : 3 km, - .

Playa Barca - 928 - Playa.

Puerto del Rosario 47.

Sol Gorriones, 35620 Gran Tarajal, 54 70 25, Telex 96234, Fax 54 70 25, « Amplía terraza con climatizada », - rest - 25/100. VISA. Com 2700 - **429 hab** 7660/15320 - PA 5000.

Puerto del Rosario **35600** - 13 878 h. - 928 - Playa.

de Fuerteventura S : 6 km 85 08 52 - Iberia : 23 de Mayo 11 85 05 16.

para Lanzarote, Gran Canaria y Tenerife : Cía Trasmediterránea, León y Castillo 58 35600, 85 24 54, Fax 85 24 08.

av. Primero de Mayo 39 85 10 24.

El Granero, Alcalde Alonso Patalló 8 85 14 53 - .

en Playa Blanca S : 3,5 km - 35610 Puerto del Rosario - 928 :

Parador de Fuerteventura, 85 11 50, Fax 85 11 58, - . VISA. Com 3000 - 1000 - **50 hab** 9500 - PA 5950.

Tarajalejo - 928.

Puerto del Rosario 52.

Tofio, Maxorata 1, 35627 Gran Tarajal, 16 10 01, Fax 16 10 28, - **84 hab.**

LANZAROTE (Las Palmas).

Arrecife **35500** - 29 502 h. - 928 - Playa.

Alred. : Teguise (castillo de Guanapay ★) N : 11 km - La Geria★★ (de Mozaga a Yaiza) NO : 17 km - Cueva de los Verdes★★★ NE : 27 km por Guatiza - Jameos del Agua★ NE : 29 km por Guatiza - Mirador del Río★★ (★★) NO : 33 km por Guatiza.

Costa Teguise NE : 10 km 81 35 12.

de Lanzarote O : 6 km 81 03 95 - Iberia : av. Rafael González 2 81 03 50.

para Gran Canaria, Tenerife, La Palma y la Península : Cía. Trasmediterránea, José Antonio 90 81 10 19, Telex 95336.

Parque Municipal 81 18 60.

Miramar sin rest, Coll 2 81 26 00, Telex 96549, Fax 81 33 66 - . VISA. 400 - **90 hab** 3600/5520.

Cardona sin rest y sin , 18 de Julio 11 81 10 08 - . VISA. **62 hab** 2500/3300.

por la carretera del puerto de Naos NE : 2 km - 35500 Arrecife - 928 :

Castillo de San José, 81 23 21, puerto y Arrecife, Instalación moderna en una fortaleza del siglo XVII - .

Costa Teguise **35509** - 928.

Arrecife 7.

Meliá Salinas, playa de las Cucharas 59 00 40, Telex 96320, Fax 59 03 90, « Profusión de plantas - Terraza con climatizada », - - 25/100. VISA. Com carta 4300 a 5800 - 1400 - **310 hab** 20600/26000.

Teguise Playa, playa El Jablillo 59 06 54, Telex 96399, Fax 59 09 79, climatizada, - - 25/325. VISA. Com 3000 - 975 - **314 hab** 9000/12000 - PA 6000.

Los Zocos, playa de las Cucharas ✆ 59 09 17, Fax 59 18 19, « Terraza con climatizada », – ☎ P. AE ⓓ E VISA.
Com 1900 **Grill La Malvasía** *(sólo cena, cerrado lunes)* carta 2650 a 3050 – 650 – **238 apartamentos** 10000.

Lanzarote Gardens, av. Islas Canarias, 13 ✆ 59 01 00, Telex 96977, Fax 59 17 84, climatizada, – rest ☎ P – 25/100. AE ⓓ E VISA.
Com 2000 – 850 – **242 apartamentos** 7000/11000.

XX **La Jordana,** Los Geranios - Local 10-11 ✆ 59 03 28 – . AE E VISA.
cerrado domingo y septiembre – Com carta 2300 a 3850.

XX El Pescador, Pueblo Marinero ✆ 59 08 74 – .

XX **Neptuno,** Península del Jablillo ✆ 59 03 78 – . AE ⓓ E VISA.
cerrado domingo – Com carta 2100 a 2850.

al Suroeste 2 km – ✉ 35509 Costa Teguise – ☎ 928

Oasis de Lanzarote, av. del Mar ✆ 59 04 10, Fax 59 07 91, ≤, climatizada, – TV ☎ P – 25/550. AE ⓓ E VISA.
Com 2750 – **372 hab** 10550/15400.

Montañas del Fuego – ☎ 928 – Zona de peaje.

Ver : Montañas del Fuego★★★.

Arrecife 31.

XX El Diablo, Parque Nacional de Timanfaya, ✉ 35560 Tinajo, ✆ 84 00 57, montañas volcánicas y mar – P.

Playa Blanca de Yaiza – ☎ 928 – Playa.

Alred. : Punta del Papagayo★ ≤★ S : 5 km.

Arrecife 38.

Lanzarote Princess, costa Papagayo, ✉ 35570 Yaiza, ✆ 51 71 08, Telex 96455, Fax 51 70 11, ≤, « Terraza con climatizada », – ☎ P – . AE ⓓ E VISA.
Com 2200 – 880 – **407 hab** 7105/12210 – PA 4230.

X Casa Pedro, ✉ 35570 Yaiza, ✆ 51 70 22, ≤ – .

X Casa Salvador, ✉ 35570 Yaiza, ≤, , Pescados y mariscos.

Puerto del Carmen 35510 – ☎ 928.

Arrecife 15.

Los Fariones sin rest, Acatife 2, urb. Playa Blanca ✆ 51 01 75, Telex 96351, Fax 51 02 02, ≤, climatizada, – TV ☎ – 25/150. AE ⓓ E VISA.
231 apartamentos 8000/11500.

Los Fariones, Roque del Oeste 1 ✆ 51 01 75, Telex 96351, Fax 51 02 02, « Terraza y jardín tropical con ≤ mar », climatizada, – rest TV ☎ – 25/75. AE ⓓ E VISA.
Com 3000 – 800 – **237 hab** 12000/16000 – PA 5440.

XX **La Cañada,** General Prim 3 ✆ 82 64 15, Fax 51 03 60, – . AE ⓓ E VISA.
cerrado mayo – Com carta 1875 a 3850.

XX **La Boheme,** av. de las Playas ✆ 82 59 15 – AE ⓓ E VISA.
Com carta aprox. 2500.

X Janubio, Centro Comercial Atlántico - Local 33-34 ✆ 51 26 32, – .

en la playa de los Pocillos E : 3 km – ✉ 35519 Los Pocillos – ☎ 928 :

La Geria, ✆ 51 04 41, Telex 95598, Fax 51 19 19, ≤, climatizada, – TV ☎ P. AE ⓓ E VISA.
Com 2950 – 950 – **242 hab** 9000/12900 – PA 6850.

Lanzarote Palace, ✆ 51 24 00, Telex 95780, Fax 51 24 09, ≤, climatizada, – TV ☎ P
248 hab.

San Antonio, ✆ 51 17 57, Telex 95334, Fax 82 60 23, ≤, « Jardín botánico », climatizada, – TV ☎ P – . AE ⓓ E VISA.
Com 3000 – 1000 – **331 hab** 9000/12000 – PA 5900.

Yaiza 35570 – 1 913 h. – ☎ 928.

Alred. : La Geria★★ (de Yaiza a Mozaga) NE : 17 km – Salinas de Janubio★ SO : 6 km – El Golfo★ NO : 8 km.

Arrecife 22.

X **La Era,** Barranco 3 ✆ 83 00 16, Fax 80 27 65, « Instalado en una casa de campo del siglo XVII » – P. AE ⓓ E VISA.
Com carta 1650 a 2675.

TENERIFE.

Adeje - 11 932 h. - ☎ 922.
Santa Cruz de Tenerife 82.

en playa del Paraíso O : 6 km - ✉ 38670 Adeje - ☎ 922 :

Paraíso Floral, ☎ 74 07 22, Telex 92005, Fax 74 05 01, ≤, climatizada, - AE E VISA. rest
Com 1500 - 480 - **358 apartamentos** 4000/6000.

La Pérgola, ☎ 78 07 25, ≤, .

Candelaria - 7 154 h. - ✉ 44857 - ☎ 922 - Playa.
♦ Santa Cruz de Tenerife 27.

G.H. Punta del Rey, av. Generalísimo 165 (Playa de Las Caletillas) ☎ 50 18 99, Telex 91584, Fax 50 00 91, ≤, « Jardines con climatizada al borde del mar », - 25/200. AE E VISA.
Com 1900 - 675 - **424 hab** 7900/9900 - PA 4400.

Las Cañadas del Teide alt. 2 200 - ☎ 922.
Ver : Parque Nacional de las Cañadas★★★.
Alred. : Pico del Teide★★★ N : 4 km, teleférico y 45 min a pie - Boca de Tauce★★ SO : 7 km.
Santa Cruz de Tenerife 67.

Parador de Las Cañadas del Teide , alt 2 200, ✉ 38300 apartado 15 Orotava, ☎ 38 64 15, Fax 38 64 15, ≤ valle y Teide, « En un paisaje volcánico », - AE VISA. - Com 3000 - 1000 - **23 hab** 7000 - PA 5950.

Los Cristianos **38650** - ☎ 922 - Playa.
Alred. : Mirador de la Centinela★★ NE : 12 km.
Cia. Trasmediterránea, Muelle de los Cristianos, ✉ 38650, ☎ 79 61 78.
Santa Cruz de Tenerife 75.

Paradise Park, urb. Oasis del Sur ☎ 79 47 62, Telex 91196, Fax 79 48 59, , climatizada, - - 25/60. AE E VISA.
Com 2300 - **Las Cañadas** carta 2300 a 3500 - **Tenerife** carta 2425 a 3950 - 750 - **280 hab** 11500/18000, **112 apartamentos.**

Oasis Moreque, av. Penetración ☎ 79 03 66, Telex 92799, Fax 79 22 60, ≤, climatizada, - rest AE E VISA.
Com 1700 - 800 - **173 hab** 6100/9400 - PA 3300.

La Cava, El Cabezo ☎ 79 04 93, , Decoración rústica - AE E VISA.
cerrado domingo y junio-julio - Com (sólo cena) carta 2500 a 3125.

Guamasa **38330** - ☎ 922.
Santa Cruz de Tenerife 16.

Mesón El Cordero Segoviano, cruce Campo de Golf ☎ 25 22 39, Decoración castellana - .

Icod de los Vinos - 18 612 h. - ☎ 922.
Ver : Drago milenario★.
Alred. : El Palmar★★ O : 20 km - San Juan del Reparo (carretera de Garachico ≤★) SO : 6 km - San Juan de la Rambla (plaza de la iglesia★) NE : 10 km.
Santa Cruz de Tenerife 60.

La Laguna – 112 635 h. alt. 550 – 922.

Ver : Iglesia de la Concepción★.

Alred. : Monte de las Mercedes★★ (Mirador del Pico del Inglés★★, Mirador de Cruz del Carmen★) NE : 11 km – Mirador del Pico de las Flores ※★★ SO : 15 km – Pinar de La Esperanza★ SO : 6 km.

18 de Tenerife O : 7 km 25 02 40.

av. del Gran Poder 3 54 08 10.

Santa Cruz de Tenerife 9.

La Hoya del Camello, carret. General del Norte 118 26 20 54 – P.

El Médano **38612** – 922 – Playa.

Reina Sofía O : 8 km 77 13 00.

Santa Cruz de Tenerife 62.

Médano, La Playa 2 70 40 00, Telex 91486, Fax 17 60 48, ← – **90 hab.**

La Orotava – 31 394 h. alt. 390 – 922.

Ver : Calle de San Francisco★ – Emplazamiento★.

Alred. : Mirador Humboldt★★★ NE : 3 km – Jardín de Aclimatación de la Orotava★★★ NO : 5 km – S : Valle de la Orotava★★★.

pl. General Franco 33 00 50.

Santa Cruz de Tenerife 36.

Oito mapas pormenorizados Michelin :

Espanha : Noroeste 441, Centro-Norte 442, Nordeste 443, Centro 444, Centro-Este 445, Sul 446, Ilhas Canárias 448.

Portugal 440.

Os sublinhados a vermelho assinalam nestes mapas as localidades mencionadas neste Guia.

Para o conjunto de Espanha e Portugal, queira consultar o mapa Michelin 990 na escala de 1/1 000 000.

Playa de las Américas **38660** – 922 – Playa.

Alred. : Barranco del Infierno★ N : 8 km y 2 km a pie.

Urb. Torviscas 75 06 33.

Santa Cruz de Tenerife 75.

Sir Anthony, av. Litoral 79 71 13, Fax 79 36 22, ←, « Bonita terraza con césped y climatizada », – P – 25/200. AE E VISA.
Com carta 4300 a 6300 – 1930 – **72 hab** 40715.

Gran Tinerfe, 79 12 00, Telex 92199, Fax 79 12 65, ←, « Terrazas con climatizada », – P – 25/150. AE E VISA.
Com 2530 – 950 – **358 hab** 9500/12600 – PA 4680.

Mediterranean Palace, av. Litoral 79 44 00, Telex 91539, Fax 79 36 22, – – 25/700. AE E VISA.
Com 3000 – 1200 – **535 hab** 18925/23690 – PA 7200.

Tenerife Princess, av. Litoral 79 27 51, Telex 91148, Fax 79 10 39, climatizada, – P. AE E VISA.
Com 2600 – 1150 – **386 hab** 10300/12300.

Jardín Tropical, urb. San Eugenio, apartado 139 Playa de las Américas, 79 41 11, Telex 91251, Fax 79 44 51, ←, climatizada – P – 25/150. AE E VISA JCB.
Com **Las Mimosas** 3000 - **El Patio** *(sólo cena, cerrado lunes y junio)* carta 3900 a 5450 – 1000 – **421 hab** 17000/20000.

Torviscas Playa, urb. Torviscas 79 73 00, Fax 79 02 22, ←, – P – 25/300. AE E VISA. rest
Com 2500 – 850 – **470 hab** 6800/10600 – PA 4200.

Bitácora, 79 15 40, Telex 91120, Fax 79 66 77, climatizada, – . AE E VISA.
Com 1700 – 625 – **314 hab** 9500/13000 – PA 3125.

Las Palmeras, 79 09 91, Telex 91274, Fax 79 02 74, ←, climatizada, – P – 25/160
540 hab.

Guayarmina Princess, playa de Fañabé 75 15 84, Fax 79 20 00, climatizada, – . AE E VISA.
Com (sólo cena) – 1100 – **514 hab** 10250/13600.

La Siesta, av. Litoral ✆ 79 23 00, Telex 91119, Fax 79 22 20, climatizada, , - |‡| - 25/700. AE VISA.
Com 2300 - 900 - **280 hab** 7900/10800 - PA 4800.

Park H. Troya, ✆ 79 01 00, Telex 92218, Fax 79 45 72, climatizada, - |‡| P. AE E VISA.
Com 2200 - 750 - **318 hab** 6600/10500.

Sol Tenerife, avda. del Litoral ✆ 79 10 70, Telex 91409, Fax 79 39 20, ≤, climatizada, - |‡| rest P - 25/120. AE E VISA.
Com (sólo buffet) - **522 hab** 6720.

XX **Casa Vasca,** Apartamentos Compostela Beach ✆ 79 40 25, - AE E VISA.
cerrado domingo y del 5 al 20 junio - Com carta 3000 a 6000.

Puerto de la Cruz 38400 - 39 241 h. - 922 - Playa.

Ver : Paseo Marítimo★ BZ.

Alred. : Jardín de aclimatación de la Orotava★★★ por ① : 1,5 km - Mirador Humboldt★★★, La Orotava★ por ① - Iberia : av. de Venezuela ✆ 38 00 50 CY.

pl. de la Iglesia 3 ✆ 38 60 00.

Santa Cruz de Tenerife 36 ①.

Planos páginas siguientes

Meliá Botánico , Richard J. Yeoward ✆ 38 14 00, Telex 92395, Fax 38 15 04, ≤, , « Jardines tropicales », climatizada, - |‡| TV P - 25/220. AE E VISA
Com carta 3350 a 4600 - 1100 - **282 hab** 15500/24500. DZ **h**

NH Semiramis, Leopoldo Cólogan Zulueta 12 - urb. La Paz ✆ 37 32 00, Telex 92160, Fax 37 31 93, ≤ mar, , climatizada, - |‡| TV - 25/1000. AE E VISA. rest DY **k**
Com 2300 - **284 hab** 11000/15000.

Puerto Palace, Doctor Cobiella (carret. de las Arenas por ②) ✆ 37 24 60, Fax 37 32 53, ≤, , , - |‡| TV - 25/100. AE E VISA.
Com 1800 - **290 hab** 7200/9360.

Meliá San Felipe, av. de Colón 22 - playa Martiánez ✆ 38 33 11, Telex 92146, Fax 37 37 18, ≤, , , , - |‡| TV P - 25/200. AE E VISA. DY **u**
Com carta 3350 a 4500 - 900 - **260 hab** 15300/22000.

Meliá Puerto de la Cruz, av. Marqués de Villanueva del Prado ✆ 38 40 11, Telex 92386, Fax 38 65 59, ≤, climatizada, , - |‡| - 25/700. AE E VISA. DZ **f**
Com 2350 - 800 - **300 hab** 10450/14900 - PA 4675.

El Tope, Calzada de Martiánez 2 ✆ 38 50 52, Telex 92134, Fax 38 00 03, ≤, climatizada, , - |‡| rest TV P - 25/250. AE E VISA. CZ **e**
Com (sólo cena) 3100 - 1050 - **217 hab** 10115/14520.

Atalaya G. H. , parque del Taoro ✆ 38 44 51, Telex 92380, Fax 38 70 46, ≤, , « Jardín con climatizada », - |‡| TV P. AE E VISA JCB.
Com 2150 - 950 - **183 hab** 8800/11000 - PA 3900. por carret. del Taoro BZ

Valle Mar, av. de Colón 4 ✆ 38 48 00, Telex 92168, ≤, , climatizada, - |‡| CY **n**
171 hab.

Sol Parque San Antonio, carret. de Las Arenas ✆ 38 49 90, Telex 92774, Fax 38 47 76, , « Jardines tropicales », - |‡| rest. AE E VISA. por ②
Com 2400 - **227 hab** 7100/14200 - PA 4800.

Tryp Puerto Playa, José del Campo Llanera ✆ 38 41 51, Telex 92748, Fax 38 31 27, ≤, - |‡|. AE E VISA. AZ **q**
Com 1500 - 600 - **188 hab** 8000/10000 - PA 2880.

G. H. Tenerife Playa, av. de Colón 16 ✆ 38 32 11, Telex 92135, Fax 38 37 91, ≤, , climatizada, - |‡| rest TV. AE E VISA. CY **a**
Com 2530 - 950 - **337 hab** 7970/12020 - PA 4680.

Sol Dogos , urbanización El Durazno ✆ 38 51 51, Telex 92198, Fax 38 77 60, ≤, , , - |‡| P. AE E VISA. por av.M. Villanueva del Prado ① DZ
Com (sólo buffet) - **237 hab** 6730/13460.

Florida Tenerife, av. Blas Pérez González ✆ 38 12 50, Telex 92404, Fax 38 16 54, ≤, climatizada - |‡| rest. E VISA. AZ **f**
Com 1450 - 700 - **335 hab** 6000/8000 - PA 2900.

San Telmo, San Telmo 18 ✆ 38 58 53, Telex 91282, Fax 38 59 91, ≤, climatizada - |‡| . VISA. CY **e**
Com 1300 - 500 - **91 hab** 4500/8000 - PA 2900.

Monopol, Quintana 15 ✆ 38 46 11, Telex 92397, Fax 37 03 10, « Patio canario con plantas », climatizada - |‡| . AE E VISA. rest BY **n**
Com (sólo cena) 1500 - 650 - **94 hab** 3700/7000 - PA 3000.

Don Manolito, Dr. Madán 6 ✆ 38 50 40, Fax 37 08 77, , - |‡| AY **m**
79 hab.

Chimisay sin rest, Agustín de Bethencourt 14 ✆ 38 35 52, Fax 38 28 40, - |‡| . AE VISA.
450 - **67 hab** 5000/7000. BY **m**

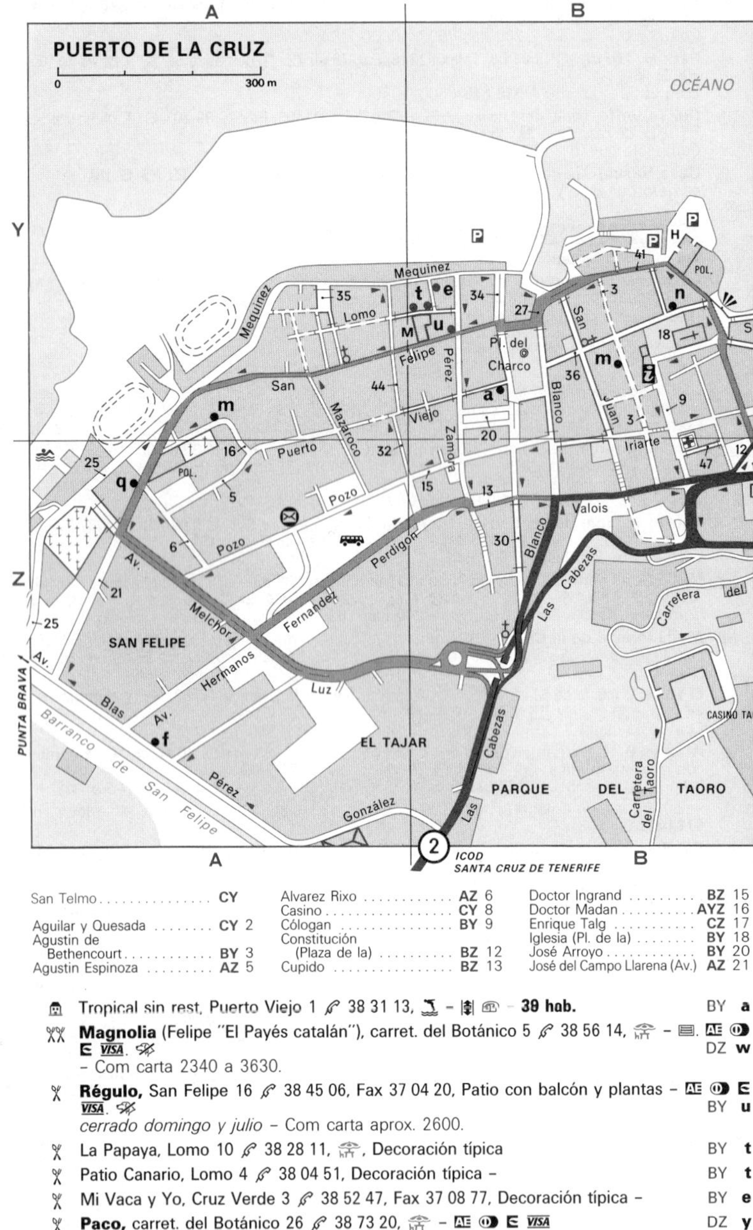

Calle	Zona	N°
San Telmo	CY	
Aguilar y Quesada	CY	2
Agustin de Bethencourt	BY	3
Agustin Espinoza	AZ	5
Alvarez Rixo	AZ	6
Casino	CY	8
Cólogan	BY	9
Constitución (Plaza de la)	BZ	12
Cupido	BZ	13
Doctor Ingrand	BZ	15
Doctor Madan	AYZ	16
Enrique Talg	CZ	17
Iglesia (Pl. de la)	BY	18
José Arroyo	BY	20
José del Campo Llarena (Av.)	AZ	21

Tropical sin rest, Puerto Viejo 1 ℘ 38 31 13, - **39 hab.** BY **a**

XX **Magnolia** (Felipe "El Payés catalán"), carret. del Botánico 5 ℘ 38 56 14, - . AE ⓓ E VISA. No dogs DZ **w**
- Com carta 2340 a 3630.

X **Régulo,** San Felipe 16 ℘ 38 45 06, Fax 37 04 20, Patio con balcón y plantas - AE ⓓ E VISA. No dogs BY **u**
cerrado domingo y julio - Com carta aprox. 2600.

X La Papaya, Lomo 10 ℘ 38 28 11, , Decoración típica BY **t**

X Patio Canario, Lomo 4 ℘ 38 04 51, Decoración típica - BY **t**

X Mi Vaca y Yo, Cruz Verde 3 ℘ 38 52 47, Fax 37 08 77, Decoración típica - BY **e**

X **Paco,** carret. del Botánico 26 ℘ 38 73 20, - AE ⓓ E VISA DZ **y**
cerrado miércoles - Com carta 1625 a 2350.

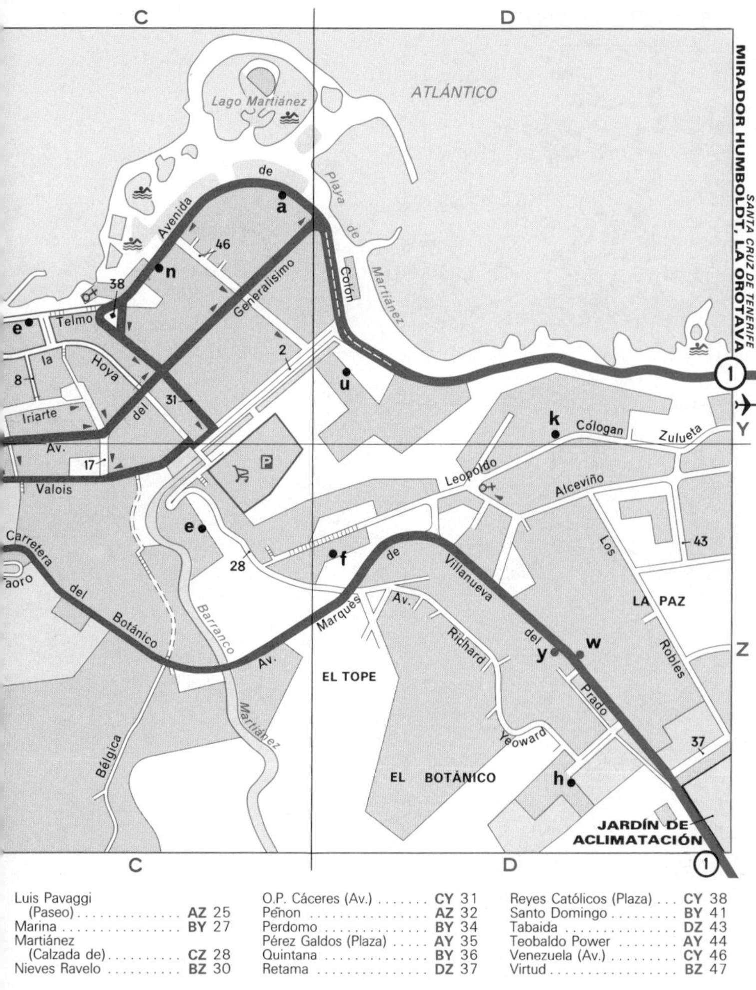

Luis Pavaggi (Paseo) . . . . AZ 25
Marina . . . . BY 27
Martiánez (Calzada de) . . . . CZ 28
Nieves Ravelo . . . . BZ 30
O.P. Cáceres (Av.) . . . . CY 31
Peñon . . . . AZ 32
Perdomo . . . . BY 34
Pérez Galdos (Plaza) . . . . . AY 35
Quintana . . . . BY 36
Retama . . . . DZ 37
Reyes Católicos (Plaza) . . . CY 38
Santo Domingo . . . . BY 41
Tabaida . . . . DZ 43
Teobaldo Power . . . . AY 44
Venezuela (Av.) . . . . CY 46
Virtud . . . . BZ 47

Puerto de Santiago **38683** – 922 – Playa.

Alred. : Los Gigantes (acantilado★) N : 2 km – Santa Cruz de Tenerife 101.

Santiago, 10 09 12, Telex 91139, Fax 10 08 18, ≤ mar y acantilados, climatizada, – . AE E VISA. – Com **Orquídea** carta 1650 a 3300 – **Grill Aubergine** *(sólo cena)* carta 2050 a 3300 – 600 – **406 hab** 9100/12200.

en el Acantilado de los Gigantes N : 2 km – ✉ 38680 Guía de Isora – 922 :

Asturias, 10 14 23, – AE E VISA. – *cerrado lunes* – Com carta 1650 a 2655.

Los Realejos **38410** – 26 860 h. – 922. av. Primo de Rivera 20 34 02 11.
Santa Cruz de Tenerife 45.

Las Chozas, carret. del Jardín NE : 1,5 km 34 20 54, Decoración rústica – E VISA *cerrado domingo* – Com (sólo cena) carta 2160 a 2725.

San Andrés **38120** – 922 – Playa – ♦Santa Cruz de Tenerife 8.

Don Antonio, Dique 19 54 96 73, Pescados y mariscos.

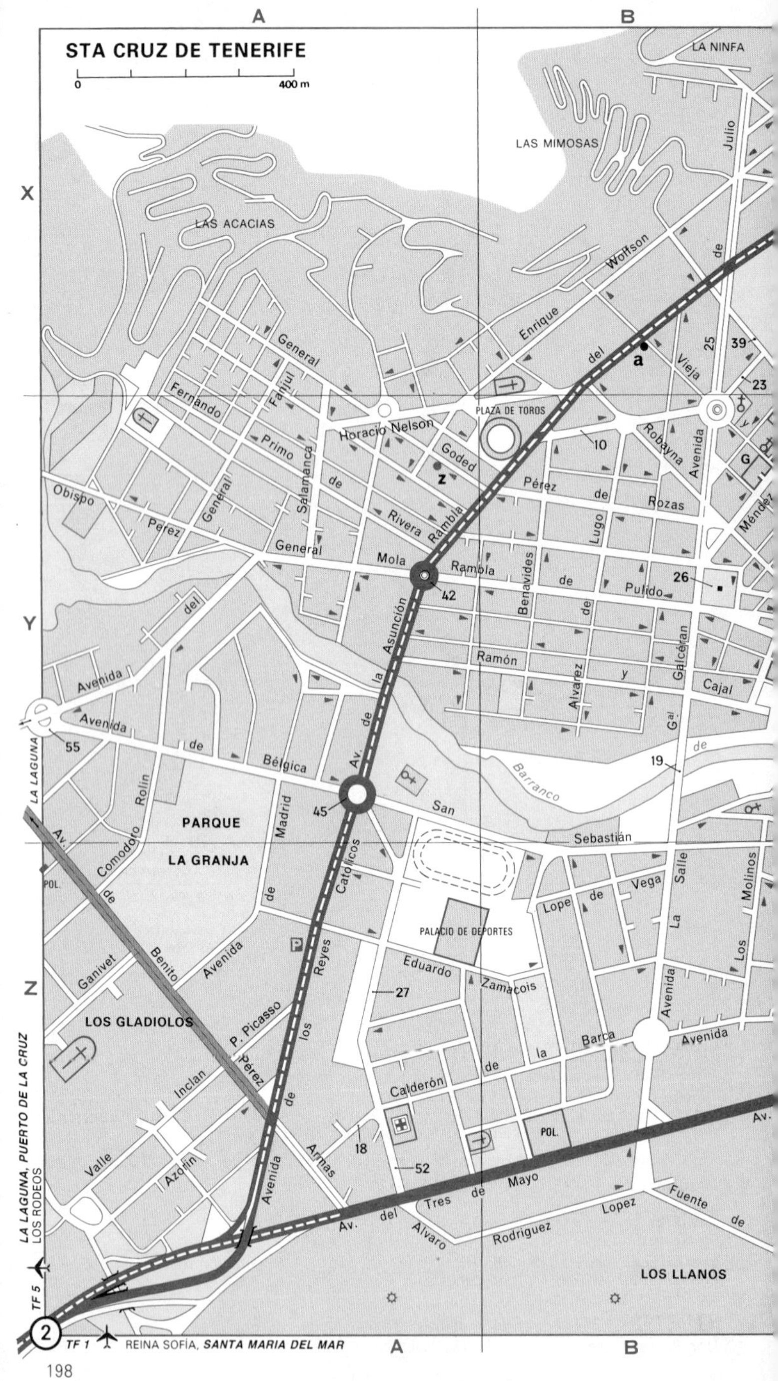
STA CRUZ DE TENERIFE
0
400 m
A
B
X
Y
Z
LA NINFA
LAS MIMOSAS
LAS ACACIAS
PLAZA DE TOROS
PARQUE
LA GRANJA
PALACIO DE DEPORTES
LOS GLADIOLOS
LOS LLANOS
POL.
LA LAGUNA
LA LAGUNA, PUERTO DE LA CRUZ
LOS RODEOS
TF 5
TF 1
REINA SOFÍA, SANTA MARIA DEL MAR
2
Julio
Enrique Wolfson
del
Vieja de
25
39
23
a
General
Fanjul
Fernando Primo de Rivera
Horacio Nelson
Goded
Pérez de Rozas
Robayna
Avenida
Méndez
G
z
10
Obispo Perez
General
Salamanca
General Mola
Rambla
Rambla de Pulido
42
Benavides
Lugo
26
del
Avenida
Asunción
Av. de la
Ramón y Cajal
Alvarez de
Galcerán
Gal.
Avenida de Bélgica
55
de
19
Barranco de
Rolín
Madrid
45
San Sebastián
Comodoro
Av.
Católicos
de
Lope de Vega
La Salle
Los Molinos
Benito Pérez
Avenida
Ganivet
P
Reyes
los
Eduardo Zamacois
27
Avenida
P. Picasso
Inclan
de
Barca
la
de
Avenida
Calderón
Valle
Azorín
Armas
18
52
POL.
Av.
Avenida
Av. del Tres de Mayo
Alvaro Rodriguez Lopez
Fuente de

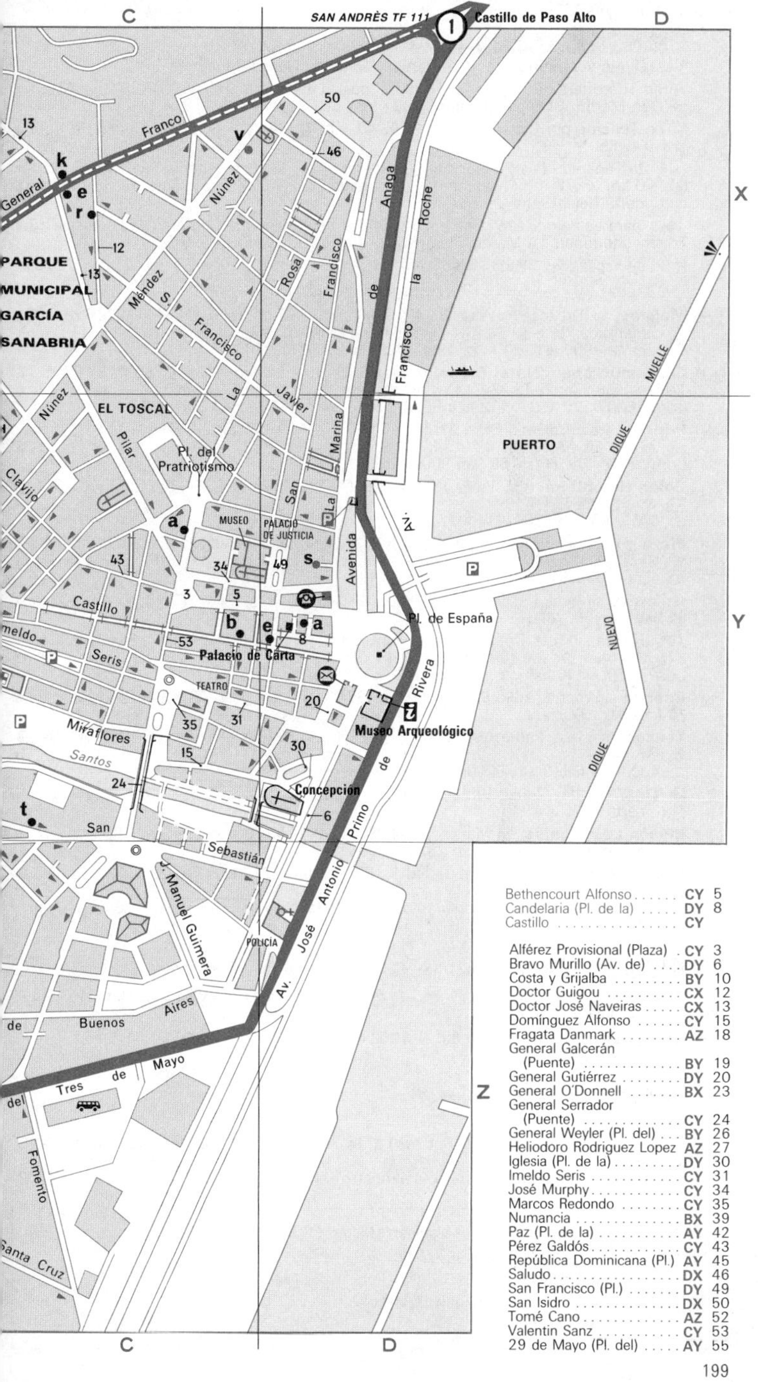

Bethencourt Alfonso . . . . . CY 5
Candelaria (Pl. de la) . . . . DY 8
Castillo . . . . CY

Alférez Provisional (Plaza) . CY 3
Bravo Murillo (Av. de) . . . . DY 6
Costa y Grijalba . . . . BY 10
Doctor Guigou . . . . CX 12
Doctor José Naveiras . . . . . CX 13
Domínguez Alfonso . . . . . . CY 15
Fragata Danmark . . . . AZ 18
General Galcerán (Puente) . . . . BY 19
General Gutiérrez . . . . DY 20
General O'Donnell . . . . BX 23
General Serrador (Puente) . . . . CY 24
General Weyler (Pl. del) . . . BY 26
Heliodoro Rodriguez Lopez AZ 27
Iglesia (Pl. de la) . . . . DY 30
Imeldo Seris . . . . CY 31
José Murphy . . . . CY 34
Marcos Redondo . . . . CY 35
Numancia . . . . BX 39
Paz (Pl. de la) . . . . AY 42
Pérez Galdós . . . . CY 43
República Dominicana (Pl.) AY 45
Saludo . . . . DX 46
San Francisco (Pl.) . . . . DY 49
San Isidro . . . . DX 50
Tomé Cano . . . . AZ 52
Valentin Sanz . . . . CY 53
29 de Mayo (Pl. del) . . . . . AY 55

Santa Cruz de Tenerife **38000** P - 190 784 h. - 922.

Ver : Dique del puerto ←★ DX - Parque Municipal García Sanabria★ BCX.

Alred. : Carretera de Taganana ←★ por el puerto del Bailadero★ por ① : 28 km - Mirador de Don Martín ←★★ por Güimar ② : 27 km.

18 de Tenerife por ② : 16 km ✆ 25 02 40 - 9 18 Golf del Sur, San Miguel de Abona ✆ 70 45 55.

de Tenerife - Los Rodeos por ② : 13 km ✆ 25 23 40, y Tenerife-Sur-Reina Sofía por ② : 60 km ✆ 77 10 17 - Iberia : av. de Anaga 23, ✉ 38001, ✆ 28 80 00 BZ, y Aviaco : aeropuerto Reina Sofía ✆ 77 12 00.

para La Palma, Gran Canaria, Lanzarote, Fuerteventura, Gomera y la Península : Cía Trasmediterránea, La Marina 59, ✉ 38001, ✆ 28 78 50, Telex 92017.

pl. de España ✉ 38003 ✆ 60 55 92 - R.A.C.E. Emilio Calzadilla ✉ 38002, ✆ 28 65 06.

Planos paginas precedentes

Mencey, av. Dr. José Naveiras 38, ✉ 38004, ✆ 27 67 00, Telex 92034, Fax 28 00 17, climatizada, - - 25/290. AE VISA. CX **k**
Com carta 4000 a 6200 - 1950 - **298 hab** 18000/23000.

Contemporáneo (Hotel Escuela), rambla General Franco 116, ✉ 38001, ✆ 27 15 71, Telex 91558, Fax 27 12 23 - - 25/200. AE VISA. CX **e**
Com 1500 - 650 - **112 hab** 8000/12000 - PA 3650.

Príncipe Paz, Valentín Sanz 33, ✉ 38002, ✆ 24 99 55, Fax 28 10 65 - - 25/50. AE VISA. rest CY **a**
Com 1800 - 600 - **80 hab** 9000/11000 - PA 3300.

Colón Rambla sin rest, Viera y Clavijo 49, ✉ 38004, ✆ 27 25 50, Fax 27 27 16, - AE VISA. BX **a**
650 - **40 hab** 8800/11440.

Plaza sin rest, pl. Candelaria 9, ✉ 38002, ✆ 24 58 62, Telex 92327, Fax 24 72 78 - AE VISA. DY **a**
450 - **98 hab** 4500/8000.

Atlántico sin rest, Castillo 12, ✉ 38002, ✆ 24 63 75 - AE VISA. CY **b**
60 hab 4500/8000.

Taburiente sin rest, Doctor Jose Naveiras 24 A, ✉ 38001, ✆ 27 60 00, Fax 27 05 62, - - 25/200. VISA. rest CX **r**
Com 1500 - **116 hab** 7000/9000 - PA 3000.

Océano sin rest, Castillo 6, ✉ 38002, ✆ 27 08 00 - AE VISA. DY **e**
28 hab 3500/5000.

Tanausú sin rest, Padre Anchieta 8, ✉ 38005, ✆ 21 70 00, Fax 21 60 29 - AE VISA. CY **b**
400 - **18 hab** 3100/5000.

La Toja, Méndez Nuñez 108, ✉ 38001, ✆ 28 26 51 - AE VISA. CX **v**
Com carta 1575 a 2900.

Mesón Los Monjes, La Marina 7, ✉ 38002, ✆ 24 65 76 - AE VISA. DY **s**
cerrado domingo - Com carta 2825 a 3300.

El Coto de Antonio, General Goded 13, ✉ 38006, ✆ 27 21 05, Fax 29 09 22 - AE VISA JCB AY **z**
cerrado sábado mediodía, domingo noche y 15 días en Semana Santa - Com carta 2550 a 5100.

Santa Úrsula **38390** - 7 821 h. - 922. - Santa Cruz de Tenerife 27.

por la antigua carretera del Puerto de la Cruz en Cuesta de la Villa SO : 2 km - ✉ 38390 Santa Ursula - 922 :

Los Corales, Cuesta la Villa 60 ✆ 31 02 49, Fax 32 17 27, ← - AE VISA.
Com carta 2300 a 3250.

Tegueste **38280** alt. 399 - 922.

♦Santa Cruz de Tenerife 17.

El Drago, urb. San Gonzálo (El Socorro) ✆ 54 30 01, Fax 54 44 54, Decoración rústica - AE VISA.
cerrado lunes y agosto - Com (sólo almuerzo salvo viernes y sábado) carta 2350 a 4250.

Esta Guía se complementa con los siguientes Mapas Michelin :

nº 990 ESPAÑA-PORTUGAL Principales Carreteras 1/1 000 000,

nºs 441, 442, 443, 444, 445 y 446 ESPAÑA (mapas detallados) 1/400 000,

nº 448 Islas CANARIAS (mapas/guía) 1/200 000,

nº 440 PORTUGAL 1/400 000.

GOMERA (Santa Cruz de Tenerife).

San Sebastián de la Gomera **38800** - 5 732 h. - 922 - Playa.

Alred. : Valle de Hermigua★★ NO : 22 km - O : Barranco del Valle Gran Rey★★.

para Tenerife : Cía Trasmediterránea : Del Medio 49, ✉ 38800, ✆ 87 08 02, Fax 87 13 24.

del Medio 20 ✆ 87 07 52.

Parador Conde de la Gomera, Balcón de la Villa y Puerto, ✉ apartado 21, ✆ 87 11 00, Fax 87 11 16, ≤, Decoración elegante, « Edificio de estilo regional », - rest . AE VISA.
Com 3500 - 1200 - **42 hab** 14000 - PA 6970.

Garajonay sin rest, Ruiz de Padrón 15 ✆ 87 05 50, Fax 87 05 50 - . VISA.
450 - **29 hab** 3800/5200.

Marqués de Oristano, Del Medio 24 ✆ 87 00 22, Fax 87 09 30, - AE E VISA.
cerrado domingo y junio - Com carta 2250 a 3375.

Casa del Mar, Fred Olsen 2 ✆ 87 12 19, ≤ - AE E VISA.
cerrado domingo - Com carta 1450 a 2600.

HIERRO (Santa Cruz de Tenerife).

Valverde **38900** - 3 474 h. - 922.

Alred. : O : El Golfo★★ (Mirador de la Peña ≤★★) - Mirador de Jinama ≤★★ por San Andrés SO : 12 km.

de Hierro E : 10 km ✆ 55 08 78 - Iberia : Doctor Quintero 6 ✆ 55 02 78.

para Tenerife, Gran Canaria, Fuerteventura, Lanzarote y la Península : Cía Trasmediterránea : Puerto de la Estaca 3, ✉ 38900, ✆ 55 01 29.

Boomerang, Dr. Gost 1 ✆ 55 02 00 -
17 hab.

en Las Playas S : 20 km - ✉ 38900 Valverde - 922 :

Parador de El Hierro, ✆ 55 80 36, Fax 55 80 86, ≤, - rest . AE VISA.
Com 3000 - 1000 - **47 hab** 9000 - PA 5950.

LA PALMA (Santa Cruz de Tenerife).

Barlovento **38726** - 2 772 h. - 922.

◆Santa Cruz de la Palma 41.

La Palma Romántica, Las Llanadas ✆ 45 08 21, Fax 45 15 00, ≤, - .
E VISA. rest - Com 1200 - 500 - **34 hab** 5000/7500 - PA 2900.

Los Llanos de Aridane **38760** - 14 677 h. alt. 350 - 922.

Alred. : El Time★★ ★★ O : 12 km - Caldera de Taburiente★★★ (La Cumbrecita y El Lomo de las Chozas ★★★) NE : 20 km - Fuencaliente (paisaje★) SE : 23 km - Volcán de San Antonio★ SE : 25 km - Volcán Teneguía★.

Santa Cruz de la Palma 37.

Edén sin rest y sin , pl. de España 1 ✆ 46 01 04 -
15 hab.

San Petronio, Pino de Santiago 40 ✆ 46 24 03, Fax 46 24 03, ≤, , Cocina italiana -
. AE E VISA.
cerrado lunes, carnavales y septiembre - Com carta 1700 a 2300.

Puerto Naos **38760** - 922.

◆ Santa Cruz de la Palma 40.

Sol La Palma, Punta del Pozo ✆ 48 06 12, Fax 48 09 04, ≤, -
- 25/100. AE E VISA.
308 hab 6200/12400.

Santa Cruz de la Palma **38700** - 16 629 h. - 922 - Playa.

Ver : Iglesia de San Salvador (artesonados★).

Alred. : Mirador de la Concepción ≤★ SO : 9 km - Caldera de Taburiente★★★ (La Cumbrecita y El Lomo de las Chozas ★★★) O : 33 km - NO : La Galga (barranco★), Los Tilos★.

de la Palma SO : 8 km ✆ 44 04 27 - Iberia : Apurón 1 ✆ 41 41 43.

para Tenerife, Gran Canaria, Fuerteventura, Lanzarote y la Península : Cía. Transmediterránea : av. Pérez de Brito 2 ✆ 41 11 21,.

O'Daly 22 ✆ 41 21 06.

Parador de La Palma, av. Marítima 34 ☎ 41 23 40, Fax 41 18 56, Decoración regional – rest. VISA.
Com 2800 – 1000 – **32 hab** 8500 – PA 5610.

Marítimo av. Marítima 75, ✉ 38700, ☎ 42 02 22, Fax 41 43 02 – rest. VISA.
Com 1250 – 650 – **69 hab** 5200/6800 – PA 3150.

en la playa de Los Cancajos SE : 4,5 km – ✉ 38712 Los Cancajos – 922 :

La Fontana, Urb. Adelfas ☎ 43 42 50.

Tazacorte **38770** – 6 402 h. – 928.

Santa Cruz de la Palma 43.

en el puerto NO : 1,5 km – ✉ 38770 Tazacorte : – 922

La Goleta, Las Tarajales ☎ 48 01 20, Fax 48 00 52, ≤.

CANDANCHÚ **22889** Huesca 443 D 18 alt. 1 560 – 974 – Deportes de invierno : 23.

Alred. : Puerto de Somport** N : 2 km.

♦Madrid 513 – Huesca 123 – Oloron-Ste-Marie 55 – ♦Pamplona/Iruñea 143.

Tobazo, ☎ 37 31 25, Fax 37 31 25, ≤ alta montaña – VISA. rest
15 julio-30 agosto y diciembre-abril – Com 1480 – 490 – **52 hab** 5600/7380 – PA 2930.

CANDAS **33430** Asturias 441 B 12 – 98 – Playa.

Braulio Busto 2 ☎ 587 02 05.

♦Madrid 477 – Avilés 17 – Gijón 14 – ♦Oviedo 42.

Resid. y Rest. Marsol, Astilleros ☎ 587 01 00, Telex 87490, Fax 587 15 62, ≤ – VISA JCB.
Com 2000 – 600 – **64 hab** 8000/12000.

CANDELARIA Santa Cruz de Tenerife – ver Canarias (Tenerife).

CANDELEDA **05480** Avila 442 L 14 – 5 319 h. alt. 428 – 918.

♦Madrid 163 – Avila 93 – Plasencia 100 – Talavera de la Reina 64.

Los Castañuelos, Ramón y Cajal 77 ☎ 38 06 84 – rest. VISA.
Com 1650 – 450 – **14 hab** 4250/5300.

CANFRANC-ESTACIÓN **22880** Huesca 443 D 28 – 633 h. – 974.

av. Fernando el Católico 3 ☎ 37 31 41.

♦Madrid 504 – Huesca 114 – ♦Pamplona/Iruñea 134.

Villa Anayet, pl. José Antonio 8 ☎ 37 31 46, ≤, –
cerrado 16 abril-30 junio y 16 septiembre-14 diciembre – Com 1140 – 370 – **67 hab** 2560/4450 – PA 2115.

Ara sin rest., av. Fernando el Católico 1 ☎ 37 30 28, ≤ – VISA.
15 julio-6 septiembre y 20 diciembre-20 abril – 450 – **30 hab** 2100/4250.

Ver también : ***Astún (Valle de)*** N : 12,5 km
Candanchú N : 9 km.

CANGAS DEL NARCEA **33800** Asturias 441 C 10 – 7 520 h. alt. 376 – 98.

♦Madrid 493 – Luarca 83 – Ponferrada 113 – ♦Oviedo 100.

El Molinón sin rest, Uría 36 ☎ 581 29 52 – VISA.
400 – **16 hab** 4500/7000.

CANGAS DE MORRAZO **36940** Pontevedra 441 F 3 – 986 – Playa.

♦Madrid 629 – Pontevedra 33 – ♦Vigo 24.

Las Vegas sin rest, Av. Pontevedra ☎ 30 43 00, Fax 30 49 58, ≤ – VISA.
400 – **33 hab** 4000/6500.

Casa Simón, barrio de Balea ☎ 30 00 16, Pescados y mariscos – .

en la carretera de Bueu (por la costa) O : 2 km – ✉ 36940 Cangas de Morrazo – 986

Don Hotel, Tobal Darbo ☎ 30 44 00, Fax 32 19 60, – VISA.
Com 1000 – 400 – **46 hab** 5500/7500 – PA 2300.

CANGAS DE ONÍS **33550** Asturias 441 B 14 - 6 390 h. alt. 63 - 98.
Alred. : Desfiladero de los Beyos★★★ S : 18 km.
av. de Covadonga (jardines del ayuntamiento) 584 80 05.
♦Madrid 419 - ♦Oviedo 74 - Palencia 193 - ♦Santander 147.

Los Lagos, Jardínes del Ayuntamiento 584 92 77, Fax 584 84 05 - 25. AE VISA.
Com 1500 - 500 - **45 hab** 8000/9000 - PA 3500.

Favila, Calzada de Ponga 16 584 81 84, Fax 584 80 88 - . AE VISA.
cerrado viernes y diciembre - Com 1580 - 350 - **33 hab** 5695/7250 - PA 3260.

en la carretera de Arriondas N : 2,5 km - 33550 Cangas de Onís - 98

El Capitán, Vega de Los Caseros 584 83 57, Fax 594 71 14 - . AE E VISA.
Com 1500 - 500 - **28 hab** 5500/7000 - PA 3500.

en la carretera de Covadonga E : 2,5 km - 33550 Cangas de Onís - 98

Los Acebos, 594 00 42, Fax 584 91 53 - . AE E VISA
Com 1400 - 350 - **14 hab** 4000/5000 - PA 2650.

La Cabaña, 594 00 84 - . AE E VISA.
cerrado jueves y febrero - Com carta 2700 a 3400.

CANIDO Pontevedra - ver Vigo.

CANILLO Andorra - ver Andorra (Principado de).

CA'N PASTILLA Baleares - ver Baleares (Mallorca) : Palma de Mallorca.

CANTAVIEJA **44140** Teruel 443 K 28 - 823 h. - 964.
♦Madrid 392 - Teruel 91.

Balfagón, av. del Maestrazgo 20 18 51 53, Fax 18 50 76, ← - . E VISA.
cerrado 10 enero-20 febrero - Com *(cerrado domingo noche y lunes mediodía)* 1000 - 425 - **38 hab** 3500 - PA 2350.

CANTONIGRÒS **08569** Barcelona 443 F 37 - 93.
♦Madrid 662 - ♦Barcelona 92 - Ripoll 52 - Vic 26.

Cantonigròs, carret. de Olot 856 50 47, ← -
31 hab.

CANYELLES PETITES Gerona - ver Rosas.

Las CAÑADAS DEL TEIDE Santa Cruz de Tenerife - ver Canarias (Tenerife).

La CAÑIZA o **A CANIZA** **36880** Pontevedra 441 F 5 - 7 810 h. - 986.
♦Madrid 548 - Orense/Ourense 49 - Pontevedra 76 - ♦Vigo 57.

O'Pozo, carret. N 120 E : 1 km 65 10 50, - . AE E VISA.
Com 1200 - 300 - **20 hab** 3000/4500 - PA 3120.

Reveca, Progreso 15 65 13 88 - VISA.
cerrado lunes - Com carta 3500 a 4400.

CAPELLADES **08786** Barcelona 443 H 35 - 4 882 h. - 93.
♦Madrid 574 - ♦Barcelona 75 - ♦Lérida/Lleida 105 - Manresa 39.

Jardí - Tall de Conill con hab, pl. Angel Guimerá 11 801 01 30, Fax 801 04 04 - rest . AE E VISA.
cerrado del 1 al 15 julio y 25 diciembre-10 enero - Com *(cerrado lunes)* carta 3700 a 5100 - 700 - **9 hab** 6000/8000.

CAPILEIRA **18413** Granada 446 V 19 - 713 h. - 958.
♦Madrid 505 - ♦Granada 76 - Motril 51.

Mesón Poqueira, Dr. Castilla 1 76 30 48,
17 hab.

CARAVACA DE LA CRUZ **30400** Murcia 445 R 24 - 20 231 h. - 968.
♦Madrid 386 - ♦Albacete 139 - Lorca 60 - ♦Murcia 70.

Cañota, Gran Vía 41 70 88 44 -
Com (sólo almuerzo).

CARAVIA ALTA **33344** Asturias 441 B 14 - **711** h. - 985.
Alred. : Mirador del Fito ☼** S : 8 km.
♦Madrid 508 - Gijón 57 - ♦Oviedo 73 - ♦Santander 140.

CARBALLINO **o** **CARBALLIÑO** **32500** Orense 441 E 5 - **10 942** h. alt. 397 - 988 - Balneario.
av. del Balneario, ✆ 27 07 92.
♦Madrid 528 - Orense/Ourense 29 - Pontevedra 76 - Santiago de Compostela 86.

Baccus, av. de Pontevedra 75 ✆ 27 32 26, Fax 27 10 25 - TV ☎ P. AE E VISA. ✗
Com 1150 - ☐ 350 - **16 hab** 3000/6000.

Arenteiro sin rest, Alameda 19 ✆ 27 05 50, Fax 27 31 56 - |‡| ☎. AE ① E VISA. ✗
☐ 300 - **45 hab** 3000/5500.

Noroeste sin rest y sin ☐, Travesía - calle Cerca 2 ✆ 27 09 70 - TV. VISA. ✗
15 hab 3000.

CARBALLO **15100** La Coruña 441 B 3 - **23 923** h. - 981.
♦Madrid 636 - ♦La Coruña/A Coruña 35 - Santiago de Compostela 45.

Moncarsol sin rest, av. Finisterre 9 ✆ 70 24 11, Fax 70 25 18 - |‡| TV ☎ ⇔. E VISA. ✗
☐ 575 - **32 hab** 8000/8500.

Chochi, Perú 9 ✆ 70 23 11 - ▤. AE VISA. ✗
cerrado domingo - Com (sólo cena en verano) carta 2200 a 3000.

CARCHUNA **18730** Granada 446 V 19 - 958.
♦Madrid 506 - ♦Almería 98 - ♦Granada 82.

por la carretera N 340 E : 2 km - ✉ 18730 Carchuna - 958

Perla de Andalucía y Rest. La Lubina, urb. Perla de Andalucía ✆ 62 42 42, Fax 62 43 62, ←, ☂, ⛱ - |‡| ▤ TV ☎ ⇔. AE E VISA. ✗
mayo-octubre - Com carta 2550 a 3400 - ☐ 600 - **52 hab** 7500/10000.

CARDEDEU **08440** Barcelona 443 H 37 - **7 240** h. alt. 193 - 93.
♦Madrid 648 - ♦Barcelona 35 - Gerona/Girona 68 - Manresa 77.

Racó del Santcrist, Teresa Oller 35 ✆ 846 10 43, Pescados y mariscos - ▤ P. AE E VISA. ✗
cerrado domingo noche, lunes y 15 días enero - Com carta aprox.5000.

CARDONA **08261** Barcelona 443 G 35 - **6 561** h. alt. 750 - 93.
Ver : Colegiata*.
pl. Santa Eulalia ✆ 869 10 00.
♦Madrid 596 - ♦Lérida/Lleida 127 - Manresa 32.

Parador Duques de Cardona ≫, ✆ 869 12 75, Fax 869 16 36, ← valle y montaña, « Instalado en un castillo medieval » - |‡| ▤ TV ☎ P - 🔏 25/80. AE ① VISA. ✗
Com 3200 - ☐ 1100 - **60 hab** 10500 - PA 6375.

Perico con hab, pl. del Valle 18 ✆ 869 10 20 - E VISA. ✗
cerrado 28 junio-6 julio y del 20 al 30 septiembre - Com carta 2700 a 4200 - ☐ 600 - **14 hab** 2650/4100.

La CARLOTA **14100** Córdoba 446 S 15 - **7 971** h. alt. 213 - 957.
♦Madrid 428 - ♦Córdoba 30 - ♦Granada 193 - ♦Sevilla 108.

en la antigua carretera N IV NE : 2 km - ✉ 14100 La Carlota - 957 :

El Pilar, ✆ 30 01 67, Fax 30 01 69, ⛱ - ▤ ☎ P. AE ① E VISA. ✗
Com 1250 - ☐ 400 - **83 hab** 5000/6500 - PA 2900.

CARMONA **41410** Sevilla 446 T 13 - **24 244** h. alt. 248 - 95.
Ver : Ciudad Vieja*.
♦Madrid 503 - ♦Córdoba 105 - ♦Sevilla 33.

Parador Alcázar del Rey Don Pedro ≫, ✆ 414 10 10, Telex 72992, Fax 414 17 12, ← vega del Corbones, « Conjunto de estilo mudéjar », ⛱ - |‡| ▤ TV ☎ P - 🔏 25/100. AE ① VISA. ✗ - Com 3500 - ☐ 1200 - **63 hab** 16000 - PA 6970.

Casa de Carmona, pl. de Lasso 1 ✆ 414 33 00, Fax 414 37 52, « Instalado en un palacio del siglo XVI, mobiliario de gran estilo » - |‡| ▤ TV ☎ ⇔. AE ① E VISA. ✗ rest
Com carta 4275 a 5600 - ☐ 1600 - **30 hab** 16000/19000.

Alcázar de la Reina, pl. de Lasso 2 ✆ 419 00 64, Fax 414 28 32, ⛱ - |‡| ▤ TV ☎ ⇔ - 🔏 25/230. AE ① VISA. ✗ - Com 3000 - ☐ 1000 - **68 hab** 11000/14000 - PA 7000.

San Fernando, Sacramento 3 ✆ 414 35 56 - ▤. AE E VISA. ✗
cerrado domingo noche, lunes y agosto - Com carta 3500 a 4100.

CARMONA 39554 Cantabria 442 C 16 - ☎ 942.

♦Madrid 408 - ♦Oviedo 162 - ♦Santander 69.

XX **Venta de Carmona** con hab, ☎ 72 80 57, ←, « Elegante palacete del siglo XVII » - P. AE VISA.
cerrado 11 enero-15 mayo - Com carta 2200 a 3000 - ☐ 300 - **8 hab** 6000.

La CAROLINA 23200 Jaén 446 R 19 - 14 864 h. alt. 205 - ☎ 953.

♦Madrid 267 - ♦Córdoba 131 - Jaén 66 - Úbeda 50.

NH La Perdiz, carret. N IV ☎ 66 03 00, Telex 28315, Fax 68 13 62, « Conjunto de estilo rústico », - ☎ P. AE E VISA. rest
Com 2500 - **86 hab** 6950/9350 - PA 5000.

La Gran Parada sin rest y sin ☐, avda. Vilches 9 ☎ 66 02 75 - P.
24 hab 2100/3100.

en la carretera N IV NE : 4 km - ✉ 23200 La Carolina - ☎ 953 :

Orellana Perdiz, zona de Navas de Tolosa ☎ 66 03 04, Fax 66 06 00, - ☎ P. E VISA.
Com 1700 - ☐ 375 - **28 hab** 5025/6380.

CARRACEDELO 24549 León 441 E 9 - 3 262 h. - ☎ 987.

♦Madrid 396 - ♦León 120 - Lugo 98 - Ponferrada 10.

en la carretera N VI NE : 1km - ✉ 24540 Cacabelos - ☎ 987 :

Las Palmeras, ☎ 56 25 05, Fax 56 27 05 - P. E VISA.
Com 1300 - ☐ 300 - **24 hab** 2200/4100.

CARRIL 36610 Pontevedra 441 E 3 - ☎ 986.

♦Madrid 636 - Pontevedra 29 - Santiago de Compostela 38.

XX **Galloufa,** pl. de la Libertad 3 ☎ 50 17 27, Pescados y mariscos - AE E VISA.
cerrado 10 octubre-10 noviembre - Com carta 2300 a 3700.

X **Loliña,** pl. del Muelle ☎ 50 12 81, Pescados y mariscos, Decoración rústica regional - AE E VISA.
cerrado domingo noche, lunes y noviembre - Com carta 3000 a 5000.

CARTAGENA 30200 Murcia 445 T 27 - 172 751 h. - ☎ 968.

☎ 50 17 96.

para Canarias : Cía Aucona, Marina Española 7 ☎ 50 12 00, Telex 67148, y - Trasmediterránea, Mayor 3, ✉ 30201, ☎ 50 12 00, Telex 66148.

pl. Ayuntamiento ✉ 30201 ☎ 50 64 83 - R.A.C.E. pl. de San Francisco 2, ✉ 30201, ☎ 10 34 21.

♦Madrid 444 - ♦Alicante 110 - ♦Almería 240 - Lorca 83 - ♦Murcia 49.

Cartagonova sin rest, Marcos Redondo 3, ✉ 30201, ☎ 50 42 00, Fax 50 59 66 - ☎ AE E VISA.
☐ 975 - **126 hab** 4750/8925.

Alfonso XIII, paseo Alfonso XIII - 40, ✉ 30203, ☎ 52 00 00, Fax 50 05 02 - ☎ - 25/350. AE E VISA.
Com 1650 - ☐ 450 - **217 hab** 6050/8525 - PA 3390.

Los Habaneros, San Diego 60, ✉ 30202, ☎ 50 52 50, Fax 50 52 50 - ☎ P. AE E VISA JCB.
Com (ver rest. **Los Habaneros**) - ☐ 375 - **63 hab** 3100/4700.

XX **Los Habaneros,** San Diego 60, ✉ 30202, ☎ 50 52 50, Fax 50 52 50 - P. AE E VISA JCB. - Com carta 1700 a 3150.

XX **Artés,** pl. José María Artés 9, ✉ 30201, ☎ 52 70 64 - . AE E VISA.
Com carta 3000 a 4500.

XX **Tino's,** Escorial 13, ✉ 30201, ☎ 10 10 65 - . AE E VISA.
Com carta 2475 a 3100.

en la carretera de La Palma NE : 6 km - ✉ 30300 Barrio de Peral - ☎ 968

XX **Los Sauces,** ☎ 53 07 58, « En pleno campo con agradable terraza » - P. E VISA.
cerrado sábado mediodía y domingo mediodía en verano, domingo noche en invierno - Com carta 3900 a 4300.

CARVAJAL Málaga - ver Fuengirola.

CASCANTE 31520 Navarra 442 G 24 - 3 293 h. - ☎ 948.

♦Madrid 307 - ♦Logroño 104 - ♦Pamplona/Iruñea 94 - Soria 81 - ♦Zaragoza 85.

XX **Mesón Ibarra,** Vicente y Tutor 3 ☎ 85 04 77 - . E VISA.
cerrado lunes y del 1 al 15 septiembre - Com carta 1835 a 3325.

C'AS CATALÁ Baleares - ver Baleares (Mallorca) : Palma de Mallorca.

CASES D'ALCANAR Tarragona - ver Alcanar.

CASPE **50700** Zaragoza 443 I 29 - 8 209 h. alt. 152 - 976.
♦Madrid 397 - ♦Lérida/Lleida 116 - Tortosa 95 - ♦Zaragoza 108.

Mar de Aragón sin rest y sin, pl. Estación 63 03 13. - VISA.
40 hab 2250/3600.

CASTALLA **03420** Alicante 445 Q 27 - 6 594 h. - 96.
♦Madrid 376 - ♦Albacete 129 - ♦Alicante 37 - ♦Valencia 138.

en la carretera de Villena N : 2,5 km - ✉ 03420 Castalla - 96 :

XX **Izaskun,** 656 08 08, Cocina vasca - AE E VISA.
cerrado lunes y del 15 al 30 agosto - Com carta 1950 a 4200.

CASTEJÓN DE SOS **22466** Huesca 443 E 31 - 403 h. - 974.
♦Madrid 524 - Huesca 134 - ♦Lérida/Lleida 134.

Pirineos, El Real 38 55 32 51 - E VISA.
cerrado 27 agosto-6 septiembre y noviembre-diciembre - Com *(cerrado sábado noche y domingo noche)* 1600 - **37 hab** 2600/3600 - PA 3100.

Plaza, Real 55 30 50 - E VISA.
cerrado 7 enero-15 marzo - Com 1500 - 350 - **13 hab** 1700/3500 - PA 2500.

CASTELLAR DE LA FRONTERA **11350** Cádiz 446 X 13 - 1 984 h. - 956.
♦Madrid 698 - Algeciras 27 - ♦Cádiz 150 - Gibraltar 27.

La Almoraima, SE : 8 km 69 30 50, Telex 78179, Fax 69 32 14, « Antigua casa-convento en un gran parque », - AE E VISA.
Com 3000 - 750 - **11 hab** 8000/13000 - PA 6000.

CASTELLAR DEL VALLÉS **08211** Barcelona 443 H 36 - 10 934 h. - 93.
♦Madrid 625 - ♦Barcelona 28 - Sabadell 8.

en la carretera de Terrassa SO : 5 km - ✉ 08211 Castellar del Vallés - 93 :

XX Can Font, 714 53 77, Decoración rústica catalana, - .

CASTELLAR DE NUCH o **CASTELLAR DE N'HUG** **08696** Barcelona 443 F 36 - 145 h. alt. 1 395 - 93.
♦Madrid 666 - Manresa 89 - Ripoll 39.

Les Fonts, SO : 3 km 823 60 89, Fax 823 60 89, - AE E VISA. rest
cerrado 6 enero-6 marzo - Com 1800 - 550 - **32 hab** 2000/4600 - PA 3570.

CASTELLBISBAL **08755** Barcelona 443 H 35 - 3 407 h. - 93.
♦Madrid 605 - ♦Barcelona 27 - Manresa 40 - Tarragona 84.

en la carretera de Martorell a Terrassa C 243 O : 9 km - ✉ 08755 Castellbisbal - 93 :

XX **Ca l'Esteve,** 775 56 90, Fax 774 18 23, - AE E VISA JCB.
cerrado martes y 16 agosto-1 septiembre - Com carta 2375 a 3825.

CASTELLCIUTAT Lérida - ver Seo de Urgel.

CASTELLDEFELS **08860** Barcelona 443 I 35 - 24 559 h. - 93 - Playa.
pl. Rosa de los Vientos 664 23 01.
♦Madrid 615 - ♦Barcelona 24 - Tarragona 72.

X **Cal Mingo,** pl. Pau Casals 2 664 49 62 - AE E VISA.
cerrado del 11 al 27 enero - Com carta 2600 a 4050.

X **La Buona Tavola,** Mayor 17 665 37 55, Cocina italiana - AE E VISA JCB.
cerrado miércoles y noviembre - Com carta 2800 a 4500.

barrio de la playa :

Mediterráneo, passeig Maritim 294 665 21 00, Telex 80117, Fax 665 22 50, - - 25/200. AE E VISA. rest
Com 2500 - 900 - **47 hab** 12750/16500 - PA 5000.

Luna, passeig de la Marina 155 665 21 50, Fax 665 22 12, - - 25/60. AE E VISA JCB. rest
Com 2400 - 950 - **30 hab** 9000/14000 - PA 5000.

XXX **Sant Maximin,** av. dels Banys 41 ✆ 665 00 88 - ▤ P. AE ⊙ E VISA JCB
cerrado domingo noche, lunes y noviembre - Com carta 2775 a 4300.

XX **La Canasta,** passeig Maritim 197 ✆ 665 68 57, Fax 636 02 88, - ▤. AE ⊙ E VISA. ✻
cerrado martes - Com carta 4325 a 5250.

XX **Nautic,** passeig Maritim 374 ✆ 665 01 74, Fax 665 23 54, ≤, Decoración marinera, Pescados y mariscos - ▤. AE ⊙ E VISA JCB. ✻ - Com carta 4455 a 5845.

XX **Pepperone,** av. dels Banys 39 ✆ 665 03 66, Fax 665 68 57, - ▤. AE ⊙ E VISA. ✻
cerrado martes - Com carta 3400 a 5000.

XX La Torreta, passeig Maritim 178 ✆ 665 35 22, - ▤.

en la carretera C 246 - ✉ 08860 Castelldefels - ☎ 93 :

Riviera, E : 2 km ✆ 665 14 00, Fax 665 14 04 - P. AE ⊙ E VISA. ✻ rest
- Com 2200 - ☕ 650 - **37 hab** 5100/8000 - PA 4500.

X **Las Botas,** SO : av. Constitución 326 - 2,5 km ✆ 665 18 24, Fax 665 18 24, , Decoración típica - P. AE ⊙ E VISA. ✻
cerrado domingo noche de octubre-mayo - Com carta 2575/3325.

en Torre Barona O : 2,5 km - ✉ 08860 Castelldefels - ☎ 93 :

G. H. Rey Don Jaime, ✆ 665 13 00, Fax 665 18 01, , , , , - ▤ TV ☎ P - 25/170. AE ⊙ E VISA. ✻ rest
Com 3900 - ☕ 1200 - **240 hab** 23000/25600 - PA 8800.

CASTELL D'ARO Gerona - ver Castillo de Aro.

CASTELL DE FERRO 08740 Granada 446 V 19 - ☎ 958 - Playa.

Alred. : Carretera★ de Castell de Ferro a Calahonda.

◆Madrid 528 - ◆Almería 90 - ◆Granada 99 - ◆Málaga 131.

Paredes, Málaga 11 ✆ 65 61 59, - P. AE E VISA. ✻ rest
abril-septiembre - Com 1700 - ☕ 350 - **27 hab** 2700/4500 - PA 3100.

Ibérico, carret. de Málaga ✆ 65 60 80, - P. E VISA. ✻ rest
cerrado diciembre - Com 1300 - ☕ 250 - **18 hab** 3200/6000.

CASTELLÓ DE AMPURIAS o CASTELLÓ D'EMPURIES 17486 Gerona 443 F 39 - 2 653 h. alt. 17 - ☎ 972.

Ver : Iglesia de Santa María (retablo★) - Costa★ - pl. dels Homes 1 ✆ 25 00 19 ✉ 17486.

◆Madrid 753 - Figueras/Figueres 8 - Gerona/Girona 46.

Allioli, carret. Figueras-Rosas-urb. Castellonou ✆ 25 03 20, Fax 25 03 00, Decoración rústica catalana - ▤ ☎ P. AE ⊙ E VISA
cerrado 15 diciembre-15 enero - Com 1500 - ☕ 500 - **39 hab** 4500/8000 - PA 3200.

Emporium, Santa Clara 3 ✆ 25 05 93, - ▤ rest P. E VISA. ✻
cerrado del 15 al 31 octubre - Com *(cerrado sábado)* 1000 - ☕ 475 - **43 hab** 2750/4400 - PA 2150.

Ver también : ***Ampuriabrava.***

CASTELLÓN DE LA PLANA o CASTELLÓ DE LA PLANA 12000 P 445 M 29 - 126 464 h. alt. 28 - ☎ 964.

18 del Mediterráneo, urbanización la Coma N : 3,5 km por ① ✆ 32 12 27 - 9 Costa de Azahar, NE : 6 km B ✆ 22 70 64.

pl. María Agustina 5 bajo, ✉ 12003, ✆ 22 77 03 - R.A.C.E. Pintor Orient 3, ✉ 12001, ✆ 25 38 06.

◆Madrid 426 ② - Tarragona 183 ① - Teruel 148 ③ - Tortosa 122 ① - ◆Valencia 75 ②.

Plano página siguiente

Intur Castellón, Herrero 20, ✉ 12002, ✆ 22 50 00, Fax 23 26 06, - ▤ TV ☎ - 25/240. AE ⊙ E VISA. ✻ A n
Com 2400 - ☕ 1000 - **123 hab** 10700/13400 - PA 4640.

Mindoro, Moyano 4, ✉ 12002, ✆ 22 23 00, Telex 65413, Fax 23 31 54 - ▤ TV ☎ - 25/150. AE ⊙ E VISA. ✻ A a
Com 2000 - ☕ 900 - **114 hab** 8000/12200 - PA 4000.

Jaime I, Ronda Mijares 67, ✉ 12002, ✆ 25 03 00, Fax 20 37 79 - ▤ TV ☎ . AE ⊙ E VISA. ✻ rest - Com 1900 - ☕ 750 - **48 hab** 7750/9750 - PA 3870. A b

Real sin rest y sin ☕, pl. del Real 2, ✉ 12001, ✆ 21 19 44 - ▤ TV ☎. AE ⊙ E VISA
35 hab 3360/5200. A s

Doña Lola, Lucena 3, ✉ 12006, ✆ 21 40 11, Fax 21 79 90 - TV. AE ⊙ E VISA. ✻ A c
Com *(cerrado sábado)* 1300 - ☕ 500 - **36 hab** 3250/4350 - PA 3100.

Zaymar sin rest, Historiador Viciana 6, ✉ 12006, ✆ 25 43 81, Fax 21 79 90 - ▤ TV ☎. AE ⊙ E VISA. ✻ A h
27 hab ☕ 3000/4100.

CASTELLÓ DE LA PLANA

CASTELLÓN DE LA PLANA

Enmedio	A
Arrufat Alonso	A 2
Barrachina	A 3
Benasal	A 4
Buenavista (Pas. de)	B 7
Burriana (Av.)	A 8
Canarias	B 9
Cardenal Costa (Av.)	A 13
Carmen (Pl. del.)	B 14
Churruca	B 18
Clavé (Pl.)	A 19
Doctor Clará (Av.)	A 23
Espronceda (Av.)	A 24
Guitarrista Tárrega	A 28
Joaquin Costa	A 29
Maestro Ripolles	A 30
Mar (Av. del)	A 31
Morella (Pas.)	A 33
Oeste (Parque del)	A 34
Orfebres Santalínea	A 35
Rafalafena	A 38
Sanahuja	A 39
Sebastián Elcano	B 40
Tarragona	A 42
Teodoro Llorens	A 44
Trevalladors del Mar	B 45
Valencia (Av.)	A 46
Vinatea (Ronda)	A 48
Zaragoza	A 49

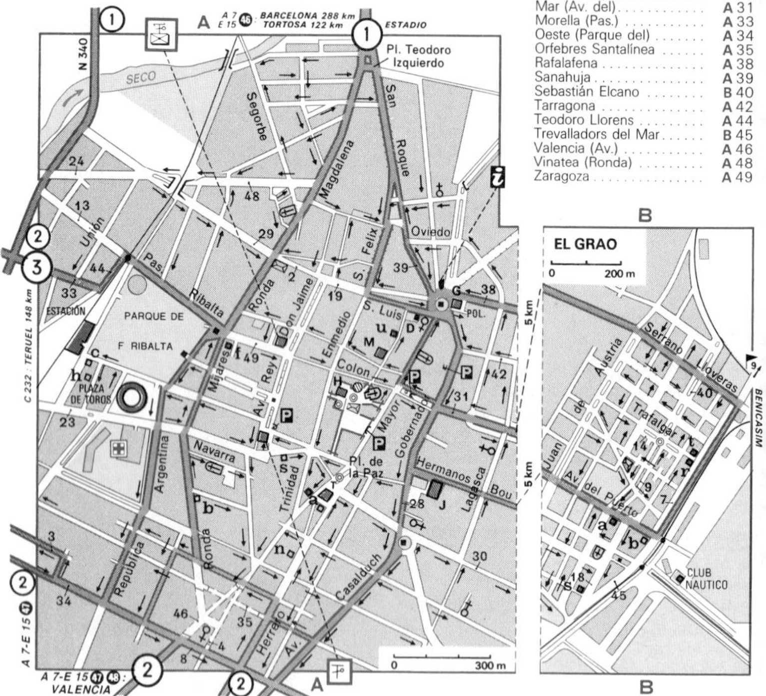

XX **Mesón Navarro II,** Amadeo I - 8, ✉ 12001, ☎ 21 70 73 - ▤. AE E VISA. ≉ — A **f**
cerrado domingo en verano, domingo noche y lunes resto del año y agosto - Com carta 1875 a 2775.

XX 1900, Caballeros 41, ✉ 12001, ☎ 22 29 26 - ▤ — A **u**

X **Eleazar,** Ximénez 14, ✉ 12001, ☎ 23 48 61 - ▤. ⓓ E VISA. ≉ — A **a**
cerrado domingo en verano, domingo noche y lunes resto del año y agosto - Com carta 1925 a 2700.

en el puerto (Grao) E : 5 km - ✉ 12100 El Grao - ☏ 964

Turcosa, Treballadors de la Mar 1 ☎ 28 36 00, Fax 28 47 37, ≤ - |♦| ▤ TV ☎. AE ⓓ E VISA. ≉ rest — B **b**
Com 1725 - ☕ 825 - **70 hab** 6900/9200 - PA 3630.

XX **Rafael,** Churruca 26 ☎ 28 21 85, Pescados y mariscos - ▤. AE ⓓ VISA. ≉ — B **s**
cerrado domingo, festivos, del 1 al 15 septiembre y 24 diciembre-7 enero - Com carta aprox. 5000.

XX Club Náutico, Escollera Poniente ☎ 28 24 33, ≤, 㗊 — B

XX **Brisamar,** paseo de Buenavista 26 ☎ 28 36 64, 㗊 - ▤. AE ⓓ E VISA. ≉ — B **t**
cerrado martes y 20 septiembre-20 octubre - Com carta 2200 a 3875.

X Casa Falomir, paseo Buenavista 25 ☎ 28 22 80, Pescados y mariscos - ▤ — B **r**

X **Tasca del Puerto,** av. del Puerto 13 ☎ 28 44 81, 㗊 - ▤. AE ⓓ E VISA. ≉ — B **a**
cerrado domingo noche y lunes en invierno, domingo en verano y del 24 al 31 enero - Com carta 3035 a 3425.

en la carretera C 232 por ③ : 8 km - ✉ 12190 Borriol - ☏ 946

X Masía Gaetá, ☎ 21 86 40, 㗊 - ▤ Ⓟ.

CASTELLVELL Tarragona – ver Reus.

CASTIELLO DE JACA **22710** Huesca 443 E 28 – 156 h. alt. 921 – 974.
♦Madrid 488 – Huesca 98 – Jaca 7.

El Mesón, carret. de Francia 4 36 11 78, ←
26 hab.

CASTILLEJA DE LA CUESTA **41950** Sevilla 446 T 11 – 14 006 h. – 95.
♦Madrid 541 – Huelva 82 – ♦Sevilla 5.

Hacienda San Ignacio y Rest. Almazara, Real 194 416 04 30, Fax 416 14 37, « Instalado en una antigua hacienda », – . AE E VISA.
Com *(cerrado sábado mediodía y domingo)* carta 3200 a 4350 – 1000 – **16 hab** 14000/24000.

Urtain, Virgen de Loreto 13 416 30 63, Cocina vasca – . AE E VISA.
cerrado domingo noche, lunes y agosto – Com carta aprox. 4000.

CASTILLO DE ARO o **CASTELL D'ARO** **17853** Gerona 443 G 39 – 3 774 h. – 972.
♦Madrid 711 – ♦Barcelona 100 – Gerona/Girona 35.

Joan Piqué, barri de Crota 3 81 79 25, « Masía del siglo XIV » – . E VISA
cerrado lunes noche, martes y noviembre – Com carta 2800 a 4800.

CASTRIL **18816** Granada 446 S 21 – 4 124 h. alt. 959 – 958.
♦Madrid 423 – Jaén 154 – Ubeda 100.

La Fuente, carret. de Pozo Alcón 72 00 30 –
Com 800 – 250 – **15 hab** 1800/3400.

CASTROPOL **33760** Asturias 441 B 8 – 5 291 h. – 98 – Playa.
♦Madrid 589 – ♦La Coruña/A Coruña 173 – Lugo 88 – ♦Oviedo 154.

Peña-Mar, carret N 640 562 31 49 – . E VISA.
– Com (ver rest. **Peña-Mar**) – 500 – **24 hab** 6000/7000.

Casa Vicente con hab, carret. N 640 562 30 51, ← – . AE E VISA.
cerrado octubre – Com *(cerrado martes salvo verano, festivos, Semana Santa y Navidades)* carta 2500 a 4600 – 300 – **14 hab** 6000.

Peña-Mar, carret. N 640 562 30 06, ← – . E VISA.
cerrado jueves (salvo julio-septiembre) y noviembre – Com carta 2000 a 3800.

CASTRO URDIALES **39700** Cantabria 442 B 20 – 12 912 h. – 942 – Playa.
pl. del Ayuntamiento 86 19 97.
♦Madrid 430 – ♦Bilbao 34 – ♦Santander 73.

Mesón El Segoviano, Correría 19 86 18 59, – . AE E VISA JCB.
Com carta 2950 a 4650.

Mesón Marinero, Correría 23 86 00 05, – . AE E VISA.
Com carta 3600 a 4600.

La Marina, La Plazuela 16 86 13 45 –
cerrado martes y 23 diciembre-5 enero – Com carta 2150 a 3100.

en la playa – 39700 Castro Urdiales – 942 :

Las Rocas, av. de la playa 86 04 00, Fax 86 13 82, ← – – 25/150. E VISA. rest
Com 2300 – 575 – **60 hab** 7500/12500 – PA 4400.

Miramar, 86 02 00, Fax 86 02 00, ←, – . AE E VISA. rest
15 marzo-15 octubre – Com 1950 – 500 – **34 hab** 6700/9300 – PA 3550.

CATARROJA **46470** Valencia 445 N 28 – 20 195 h. – 96.
♦Madrid 359 – ♦Valencia 8.

Gurugú, Sant Pere 21 126 00 47 – . AE E VISA.
cerrado domingo, Semana Santa y agosto – Com carta 2050 a 2950.

CAZORLA **23470** Jaén 446 S 20 – 10 005 h. alt. 790 – 953.
Alred. : Sierra de Cazorla ★★ – Carretera de acceso al Parador★ (← ★★) SE : 25 km.
Juan Domingo 2 72 01 15.
♦Madrid 363 – Jaén 101 – Ubeda 46.

Don Diego sin rest, Hilario Marco 163 72 05 31 – . AE E VISA.
450 – **23 hab** 3200/4700.

Andalucía sin rest, Martínez Falero 42 72 12 68 – . AE VISA.
370 – **11 hab** 3200/4500.

Guadalquivir sin rest, Nueva 6 ℘ 72 02 68 – . AE ⓓ E VISA. ⚹
350 – **11 hab** 2700/3600.

La Sarga, pl. del Mercado ℘ 72 15 07, – ▤. E VISA. ⚹
cerrado martes salvo festivos o vísperas y 20 septiembre-20 octubre – Com carta aprox. 3000.

en la Sierra de Cazorla – ✉ 23470 Cazorla – ✆ 953 :

Parador El Adelantado ⛰, Lugar Sacejo E : 26 km, alt. 1 400 ℘ 72 10 75, Fax 72 13 03, ≤ montañas, « En plena Sierra de Cazorla », ⛱, – TV ☎ P. AE ⓓ VISA. ⚹
Com 3200 – 1100 – **33 hab** 10500 – PA 6375.

Noguera de la Sierpe ⛰, carret. del Tranco NE : 30 km ℘ 72 16 01, Fax 72 17 09, ⛱ – ▤ rest P. E VISA. ⚹ rest
Com carta 1650 a 2600 – **20 hab** 5500/8500.

Mirasierra ⛰, carret. del Tranco NE : 36,3 km ℘ 72 15 44, ⛱ – ▤ rest P. AE E VISA. ⚹
Com 950 – 225 – **16 hab** 2200/2800 – PA 2125.

CEDEIRA 15350 La Coruña 441 B 5 – 7 856 h. – ✆ 981 – Playa.

♦Madrid 659 – ♦La Coruña/A Coruña 106 – Ferrol 37.

Avenida con hab, paseo del Generalísimo 66 ℘ 48 00 67, Fax 48 23 89 – ▤ rest TV ☎. E VISA. ⚹
Com *(cerrado domingo noche de noviembre-abril)* carta aprox. 3050 – 500 – **12 hab** 5300/7500.

CÉE 15270 La Coruña 441 D 2 – 7 531 h. – ✆ 981 – Playa.

♦Madrid 710 – ♦La Coruña/A Coruña 97 – Santiago de Compostela 89.

La Marina, av. Fernando Blanco 26 ℘ 74 67 52 – |♦| TV ☎. AE E VISA. ⚹
Com 1500 – 300 – **22 hab** 4500/6000.

CELADA 24395 León 441 E 11 – ✆ 987.

♦Madrid 324 – Astorga 4 – ♦León 47 – Ponferrada 66.

La Paz, ✉ carret. N VI, ℘ 61 52 77, ⛱, ✂ – P. AE ⓓ E VISA. ⚹
Com 1100 – 400 – **38 hab** 3000/4500 – PA 2100.

CELANOVA 32800 Orense 441 F 6 – 7 518 h. alt. 519 – ✆ 988.

Ver : Monasterio (claustro★★).

Alred. : Santa Comba de Bande (iglesia★) S : 16 km.

♦Madrid 488 – Orense/Ourense 26 – ♦Vigo 99.

Betanzos, Celso Emilio Ferreiro 7 ℘ 45 10 36 – |♦| ▤ rest. VISA JCB. ⚹
Com 1300 – 250 – **33 hab** 3000/4500 – PA 2800.

CELLERS Lérida – ver Sellés.

CENAJO 30440 Murcia 445 Q 24 – ✆ 968.

♦Madrid 333 – ♦Albacete 88 – Lorca 102 – ♦Murcia 115.

Cenajo ⛰, junto al embalse ℘ 72 10 11, Fax 72 06 45, ≤, ⛱, , , ✂ – TV ☎ P – 25/150. E VISA. ⚹ rest
Com 2090 – 715 – **77 hab** 4355/7260 – PA 4125.

CENES DE LA VEGA 18190 Granada 446 U 19 – 1 198 h. alt. 741 – ✆ 958.

♦Madrid 439 – ♦Granada 9.

Ruta del Veleta, carret de Sierra Nevada 50 ℘ 48 61 34, Fax 48 62 93, « Decoración típica » – ▤ P. AE ⓓ E VISA JCB. ⚹
cerrado domingo noche – Com carta 3500 a 5250.

La CENIA o La SÉNIA 43560 Tarragona 443 K 31 – 4 638 h. alt. 368 – ✆ 977.

♦Madrid 526 – Castellón de la Plana 104 – Tarragona 105 – Tortosa 35.

El Trull, San Miguel 14 ℘ 71 33 02, Decoración rústica – AE ⓓ E VISA. ⚹
cerrado lunes y enero – Com carta 1750/3100.

CERCEDILLA 28470 Madrid 444 J 17 – 3 972 h. alt. 1 188 – ✆ 91.

♦Madrid 56 – El Escorial 20 – ♦Segovia 39.

Longinos El Aribel sin rest, Emilio Serrano ℘ 852 15 11 – TV ☎ P. VISA. ⚹
180 – **23 hab** 4500/5800.

Gómez, Emilio Serrano 40 ℘ 852 01 46 – VISA. ⚹
cerrado jueves y 12 septiembre- 14 octubre – Com carta 2500 a 3275.

CERDANYOLA o CERDANYOLA DEL VALLÈS 08290 Barcelona 443 H 36 - 93.

◆Madrid 606 - ◆Barcelona 14 - Mataró 39.

Parc del Vallès, dels Artesans 2-8 Parc Tecnològic 580 85 85, Fax 580 98 44, ≤, - TV - 25/300. AE E VISA
Com 2000 - 900 - **82 hab** 10000/12500 - PA 4300.

en la autopista A 7 O : 3 km - ✉ 08290 Cerdanyola - 93 :

Bellaterra, área de Bellaterra 692 60 54, Telex 51047, Fax 580 47 68, « Césped con », - TV - 25/200. AE E VISA. rest
Com 2500 - 900 - **116 hab** 11100/13900.

CERLER 22449 Huesca 443 E 31 alt. 1 540 - 974 - 11.

◆Madrid 544 - Huesca 154 - ◆Lérida/Lleida 154.

Monte Alba, 55 11 36, Telex 57806, Fax 55 14 48, ≤ alta montaña, climatizada - . E VISA.
21 junio-5 septiembre y 19 diciembre-3 mayo - Com 2100 - 750 - **131 hab** 8100/15000 - PA 4210.

CERRADO DE CALDERÓN Málaga - ver Málaga.

Ocho mapas detallados Michelin :

España : Norte-Oeste 441, Centro-Norte 442, Norte-Este 443, Centro 444, Centro-Este 445, Sur 446, Islas Canarias 448.

Portugal 440.

Las localidades subrayadas en rojo en estos mapas aparecen citadas en esta Guía.

Para el conjunto de España y Portugal, adquiera el mapa Michelin 990 a 1/1 000 000.

CERVERA DE PISUERGA 34840 Palencia 442 D 16 - 2 963 h. alt. 900 - 988.

◆Madrid 348 - ◆Burgos 118 - Palencia 122 - ◆Santander 129.

Parador Fuentes Carrionas, carret. de Ruesga, NO : 2,5 km 87 00 75, Fax 87 01 05, « Magnífica situación con ≤ montañas y pantano de Ruesga » - TV . AE VISA. - Com 3000 - 1000 - **80 hab** 9000 - PA 5950.

Peñalabra con hab, General Mola 72 87 00 37 - rest. E VISA.
cerrado 23 septiembre- 7 octubre - Com carta 1750 a 2300 - 350 - **13 hab** 1600/4000.

CERVO 27888 Lugo 441 A 7 - 9 602 h. - 982.

◆Madrid 611 - ◆La Coruña/A Coruña 162 - Lugo 105.

en la carretera C 642 NO : 5 km - ✉ 27888 Cervo - 982 :

O Castelo con hab, 59 44 02, Fax 59 44 76, ≤ - TV . AE VISA.
Com carta 2800 a 4300 - 500 - **15 hab** 5000/8000.

CESTONA o ZESTOA 20740 Guipúzcoa 442 C 23 - 3 778 h. - 943 - Balneario.

◆Madrid 432 - ◆Bilbao/Bilbo 75 - ◆Pamplona/Iruñea 102 - ◆San Sebastián/Donostia 34.

Arocena, paseo San Juan 12 14 70 40, Fax 14 79 78, ≤, , , - . AE E VISA. rest
cerrado 15 diciembre-15 enero - Com *(cerrado lunes)* 2150 - 600 - **108 hab** 5100/8600.

CEUTA 11700 969 ⑤ y ⑩ 990 ㉞ - 70 864 h. - 956 - Playa.

Ver : Monte Hacho★ : Ermita de San Antonio ≤★★.

para Algeciras : Cía. Trasmediterránea, Muelle Cañonero Dato 6, 50 94 98, Telex 78080 Z - R.A.C.E. Beatriz de Silva 12 51 27 22.

Plano página siguiente

La Muralla, pl. Virgen de Africa 15, ✉ 11701, 51 49 40, Telex 78087, Fax 51 49 47, ≤, « Hotel instalado parcialmente en la antigua muralla », , - TV - 25/150. AE VISA. Y **h**
Com 3200 - 1100 - **106 hab** 12500 - PA 6375.

El Sombrero de Copa, Padilla 4, ✉ 11701, 51 06 12 - . VISA. Y **s**
cerrado del 15 al 30 enero y del 15 al 30 julio - Com carta 3300 a 3900.

La Terraza, pl. Rafael Gibert 25, ✉ 11701, 51 40 29 - . E VISA JCB Y **a**
cerrado febrero - Com carta 1700 a 3150.

Vicentino, Alférez Baytón 3, ✉ 11701, 51 40 15, Fax 51 86 37, - . AE E VISA.
 - *cerrado lunes y febrero* - Com carta 2300 a 3000. Y **e**

en el Monte Hacho E : 4 km - 956 :

Mesón de Serafín, ✉ 11705 51 40 03, ≤ Ceuta, mar, peñón de Gibraltar y costas de la Península Z **d**

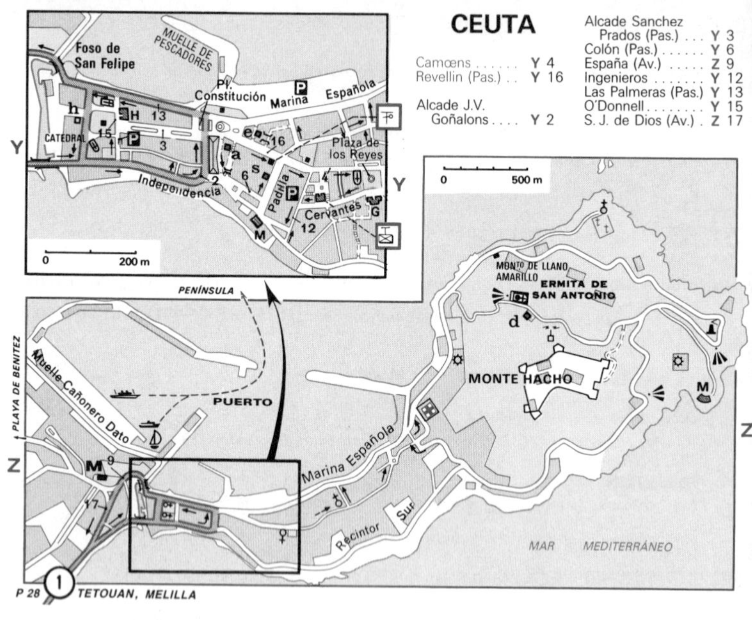

CH – ver después de Cuzcurrita del río Tirón.

CINTRUÉNIGO **31592** Navarra 442 F 24 – 5 082 h. alt. 391 – 948.
♦Madrid 308 – ♦Pamplona/Iruñea 87 – Soria 82 – ♦Zaragoza 99.

Villa Cintruénigo, carret. N 113 81 21 60, Fax 81 21 62 – AE E VISA.
– Com 1250 – 400 – **36 hab** 3000/6000.

XX **Maher** con hab, Ribera 19 81 11 50 – rest. VISA.
Com carta 3250 a 4300 – 350 – **26 hab** 4000/5200
Espec. Gazpacho de bogavante (mayo-octubre), Salmón en jugo reducido de mejillones y gambas, Costillas de cordero con colmenillas..

CIORDIA o **ZIORDIA** **31809** Navarra 442 D 23 – 401 h. – 948.
♦Madrid 396 – ♦Pamplona/Iruñea 55 – ♦San Sebastián/Donostia 76 – ♦Vitoria/Gasteiz 41.

Iturrimurri II, carret. N I 56 30 12, Telex 37021, Fax 56 25 63, – rest
E VISA. – Com 2250 – 950 – **29 hab** 6000/8500 – PA 4360.

CIUDADELA Baleares – ver Baleares (Menorca).

CIUDAD REAL **13000** P 444 P 18 – 51 118 h. alt. 635 – 926.
Alarcos 31, 13071, 21 20 03 – R.A.C.E. General Aguilera 13, 13001, 22 92 77.
♦Madrid 204 ② – ♦Albacete 212 ② – ♦Badajoz 324 ④ – ♦Córdoba 196 ④ – Jaén 176 ③ – Toledo 121 ①.

Plano página siguiente

Santa Cecilia, Tinte 3, 13001, 22 85 45, Fax 22 86 18 – AE VISA. Z **a**
Com 2000 – 450 – **70 hab** 6320/7900.

Almanzor, Bernardo Balbuena, 13002, 21 43 03, Fax 21 34 84 – 25/300. AE E VISA. rest Z **b**
Com 1500 – 500 – **71 hab** 5500/8000 – PA 2935.

Castillos, av. del Rey Santo 6, 13001, 21 36 40, Fax 21 22 43 – 25/60. AE E VISA. rest Z **c**
Com 1500 – 500 – **57 hab** 5500/8000 – PA 2935.

El Molino, carret. de Carrión 10, 13005, 22 30 50, Fax 22 30 50 – AE E VISA. rest por ②
Com 1100 – 475 – **19 hab** 4100/7200.

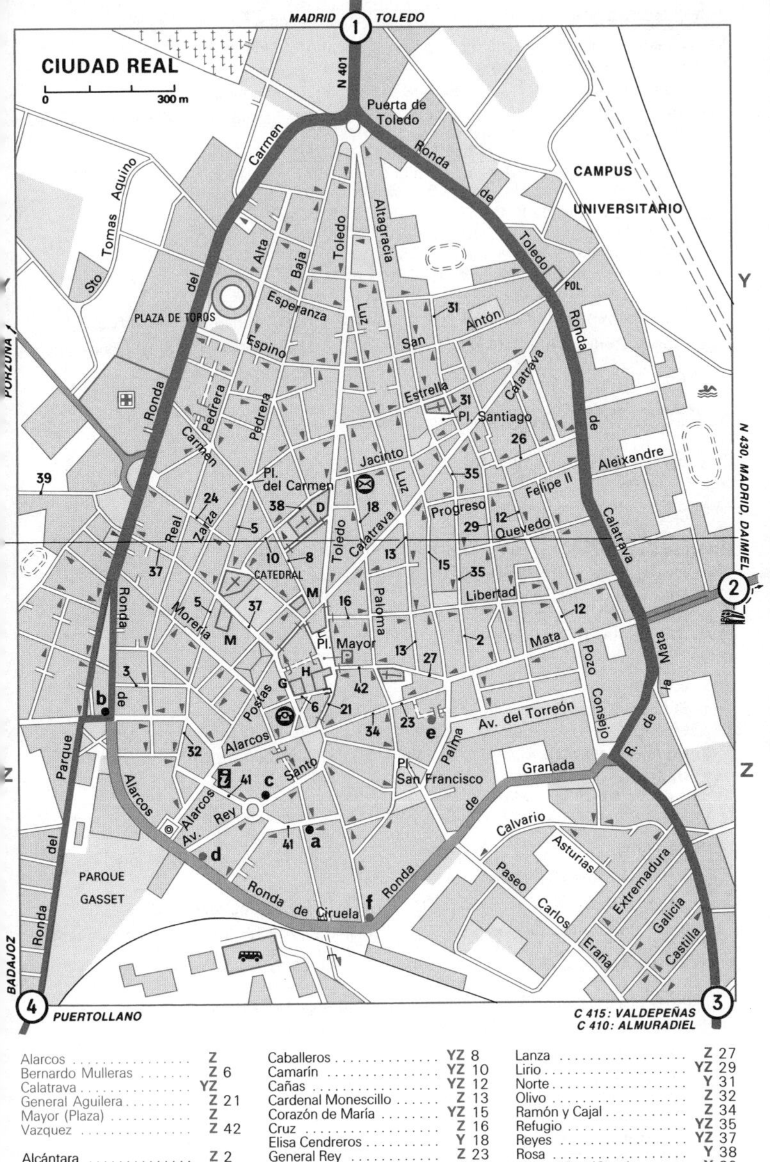

Alarcos	Z	
Bernardo Mulleras	Z	6
Calatrava	YZ	
General Aguilera	Z	21
Mayor (Plaza)	Z	
Vazquez	Z	42
Alcántara	Z	2
Antonio Blazquez	Z	3
Azucena	YZ	5
Caballeros	YZ	8
Camarín	YZ	10
Cañas	YZ	12
Cardenal Monescillo	Z	13
Corazón de María	YZ	15
Cruz	Z	16
Elisa Cendreros	Y	18
General Rey	Z	23
Infantes	Y	24
Inmaculada Concepción	Y	26
Lanza	Z	27
Lirio	YZ	29
Norte	Y	31
Olivo	Z	32
Ramón y Cajal	Z	34
Refugio	YZ	35
Reyes	YZ	37
Rosa	Y	38
Sancho Rey (Cam.)	Y	39
Tinte	Z	41

XX **Miami Park,** Ronda Ciruela 48, ✉ 13004, ☎ 22 20 43 – ▤. AE ⓓ E VISA. ✻ — Z **d**
cerrado domingo noche y agosto – Com carta 3800 a 5200.

X **San Huberto,** pasaje General Rey 10, ✉ 13001, ☎ 25 22 54, Carnes – ▤. VISA. ✻ — Z **e**
cerrado domingo noche y agosto – Com carta 2650 a 2850.

X **Casablanca,** Ciruela 31, ✉ 13004, ☎ 25 10 80 – ▤. AE ⓓ E VISA. ✻ — Z **f**
cerrado domingo noche – Com carta aprox. 3600.

CIUDAD RODRIGO **37500** Salamanca 441 K 10 – 14 766 h. alt. 650 – ☎ 923.

Ver : Catedral★ (altar★, portada de la Virgen★, claustro★) – Plaza Mayor★.

🅱 Arco de Amayuelas 5 ☎ 46 05 61.

♦Madrid 294 – ♦Cáceres 160 – Castelo Branco 164 – Plasencia 131 – ♦Salamanca 89.

Parador Enrique II , pl. del Castillo 1 ☎ 46 01 50, Fax 46 04 04, « En un castillo feudal del siglo XV », – rest ☎ P. AE VISA. Com 3200 – 1100 – **27 hab** 12500 – PA 6375.

Conde Rodrigo I, pl. de San Salvador 9 ☎ 46 14 04, Fax 46 14 08 – rest TV. AE E VISA. – Com 1375 – 400 – **35 hab** 4500/6000.

Mayton, La Colada 9 ☎ 46 07 20 – . AE E VISA
cerrado lunes y del 15 al 30 octubre – Com carta 2000 a 3750.

Estoril, Travesía Talavera 1 ☎ 46 05 50 – .

Casa Antonio, Gigantes 8 ☎ 46 00 22 – . VISA.
cerrado del 1 al 15 septiembre – Com carta 1810 a 2900.

en la carretera de Conejera SO : 3,3 km – ✉ 37500 Ciudad Rodrigo – ☎ 923

Conde Rodrigo II , Huerta de las Viñas ☎ 48 04 48, Fax 46 14 08, « En pleno campo », – TV ☎ P. AE E VISA.
Com 1375 – 400 – **27 hab** 5500/6500.

CIUTADELLA DE MENORCA Baleares – ver Baleares (Menorca) : Ciudadela.

COCA **40480** Segovia 442 I 16 – 2 127 h. alt. 789.

Ver : Castillo★★.

♦Madrid 137 – ♦Segovia 50 – ♦Valladolid 62.

COCENTAINA **03820** Alicante 445 P 28 – 10 408 h. alt. 445 – ☎ 96.

♦Madrid 397 – ♦Alicante 63 – ♦Valencia 104.

Odón, av. del País Valenciá 145 ☎ 559 12 12, Fax 559 23 99 – rest TV ☎ – 60/200. E VISA. – Com 1600 – 410 – **57 hab** 3800/7100 – PA 3200.

L'Escaleta, av. del País Valenciá 119 ☎ 559 21 00, Fax 559 21 00 – . AE E VISA JCB.
cerrado domingo noche, lunes, Semana Santa y 2ª quincena agosto – Com carta 3200 a 5200.

El Laurel, Juan María Carbonell 3 ☎ 559 17 38 – . AE E VISA.
cerrado martes y 15 agosto - 7 septiembre – Com carta 2500 a 3400.

en la carretera de Alcoy SO : 3,5 km – ✉ 03803 Alcoy – ☎ 96 :

Venta del Pilar, ☎ 559 23 25, , Instalado en una venta del siglo XVIII, Decoración rústica – P. AE E VISA.
cerrado Semana Santa y agosto – Com carta 3150 a 4550.

COFRENTES **46625** Valencia 445 O 26 – 1 124 h. alt. 437 – ☎ 96 – Balneario.

♦Madrid 316 – ♦Albacete 93 – ♦Alicante 141 – ♦Valencia 106.

en la carretera de Casas Ibáñez O : 4 km – ✉ 46625 Cofrentes – ☎ 96

Baln. Hervideros de Cofrentes , ☎ 189 40 25, Fax 189 40 05, « En un parque », – TV P. AE VISA.
15 marzo-15 diciembre – Com 1700 – 550 – **59 hab** 4200/6600 – PA 3300.

COLERA **17469** Gerona 443 E 39 – 490 h. alt. 10 – ☎ 972 – Playa.

♦Madrid 756 – Banyuls-sur-Mer 22 – Gerona/Girona 67.

en la carretera de Llansá S : 3 km – ✉ 17469 Colera – ☎ 972 .

Garbet, ☎ 38 90 02, ←, – E VISA
marzo-octubre – Com carta 1925 a 4600.

COLINDRES **39750** Cantabria 442 B 19 – 4 885 h. – ☎ 942 – Playa.

♦Madrid 423 – ♦Bilbao/Bilbo 62 – ♦Santander 45.

Montecarlo, Ramón Pelayo 9 ☎ 65 01 63 – rest TV ☎. AE E VISA.
cerrado 20 septiembre-10 octubre – Com 950 – 350 – **19 hab** 3750/5500 – PA 2250.

COLMENAR VIEJO **28770** Madrid 444 J 18 K 18 – 21 159 h. alt. 883 – ☎ 91.

♦Madrid 32.

El Asador de Colmenar, carret. de Miraflores km 33 ☎ 845 03 26, , Decoración castellana – P. AE E VISA. – Com carta 3900 a 5250.

Santi Mostacilla, Zurbarán 2 (carret. de Miraflores) ☎ 845 60 37 – . AE E VISA.
cerrado lunes y del 1 al 20 agosto – Com carta 3000 a 4600.

COLOMBRES **33590** Asturias 441 B 16 alt. 110 – 98 – Playa.
Madrid 436 – Gijón 122 – Oviedo 132 – Santander 79.

en la carretera N 634 – 33590 Colombres – 98

San Ángel, NO : 2 km 541 20 00, Fax 541 20 73, – TV . AE E VISA JCB.
abril-noviembre – Com 2200 – 600 – **77 hab** 6975/9500 – PA 3900.

Casa Junco, NO : 1,5 km 541 22 43, Fax 541 23 55 – . AE E VISA.
Com 1000 – 400 – **24 hab** 5000/6000.

La COLONIA Madrid – ver Torrelodones.

COLONIA DE SANT JORDI Baleares – ver Baleares (Mallorca).

Las COLORADAS Las Palmas – ver Canarias (Gran Canaria : Las Palmas de Gran Canaria).

COLL D'EN RABASSA Baleares – ver Baleares (Mallorca) : Palma de Mallorca.

COLLADO MEDIANO **28450** Madrid 444 J 17 – 1 574 h. alt. 1 030 – 91.
Madrid 40 – Segovia 51.

Martín, av. del Generalísimo 84 859 85 07, – . E VISA.
Com carta 3700 a 4350.

COLLADO VILLALBA **28400** Madrid 444 K 18 alt. 917 – 91.
Madrid 37 – Ávila 69 – El Escorial 18 – Segovia 50.

La Dehesa, por carret. de Manzanares SO : 1 km 850 90 26, – VISA.
cerrado martes y del 15 al 30 septiembre – Com carta 3050 a 4200.

en la carretera de Moralzarzal NE : 2 km – 28400 Collado Villalba – 91

Pasarela, 851 24 08, Fax 851 24 99, – . AE E VISA.
cerrado domingo noche – Com carta 3400 a 5300.

en el barrio de la estación SO : 2 km – 28400 Collado Villalba – 91

Galaico y Rest. Agarimo, antigua carret. de La Coruña 851 03 04, Fax 850 80 49, – TV – 25/80. E VISA.
Com carta 2475 a 3150 – 550 – **52 hab** 6600/8700.

Asador Don Rodrigo, antigua carret. de La Coruña Km 40-urb. Entre Sierra 851 76 92, Carnes a la brasa – . AE VISA.
cerrado lunes – Com carta 2450 a 4000.

Casa Arturo, Real 68 850 32 19, – . AE E VISA.
Com carta 2080 a 3480.

COLLSUSPINA **08519** Barcelona 443 G 36 – 350 h. – 93.
Madrid 627 – Barcelona 64 – Manresa 36.

Can Xarina, Major 10 830 05 77, Decoración rústica, « Casa del siglo XVI ».

por la carretera N 141 C NE : 5 : km – 08519 Collsuspina – 93

Floriac, 887 09 91, Casa de campo del siglo XVI – . AE E VISA.
cerrado lunes noche, martes y 2ª quincena de febrero – Com carta 2200 a 4800.

COMARRUGA o **COMA-RUGA** **43880** Tarragona 443 I 34 – 977 – Playa.
pl. Germán Trillas 68 00 10.
Madrid 567 – Barcelona 81 – Tarragona 24.

G. H. Europe, vía Palfuriana 107 68 04 11, Telex 56681, Fax 68 01 89, climatizada, – TV – 25/50. AE E VISA
abril-octubre – Com 2700 – 800 – **148 hab** 8000/13000 – PA 4350.

Casa Martí, Vilafranca 8 68 01 11, Fax 68 22 77, – . AE E VISA.
4 abril- septiembre – Com 2100 – 550 – **138 hab** 4500/7300 – PA 3300.

Joila, av. Generalitat 24 68 08 27, Fax 68 21 49 – . AE E VISA.
cerrado martes noche, miércoles y noviembre – Com carta 3350 a 6200.

COMBARRO **36993** Pontevedra 441 E 3 – 986 – Playa.
Ver : Pueblo Pesquero★, Hórreos★.
Madrid 610 – Pontevedra 6 – Santiago de Compostela 63 – Vigo 29.

Stella Maris sin rest, carret. de La Toja 77 03 66, – . VISA.
400 – **27 hab** 5000/7000.

COMILLAS 39520 Cantabria 442 B 17 - 2 397 h. - ☎ 942 - Playa.
Ver : Pueblo pintoresco★ - ℹ Aldea 6, ✆ 72 07 68.
♦Madrid 412 - ♦Burgos 169 - ♦Oviedo 152 - ♦Santander 49.

XXXX **El Capricho de Gaudí,** barrio de Sobrellano ✆ 72 03 65, Fax 72 08 42, « Palacete original del arquitecto Gaudí » - ▤ Ⓟ. AE ⓓ E VISA JCB. ✻
Com carta 4400 a 5500.

X **Adolfo,** paseo de las Infantas ✆ 72 20 14, 余 - AE ⓓ E VISA
cerrado martes noche en invierno - Com carta 2700 a 3500.

CONDADO DE SAN JORGE Gerona - ver Playa de Aro.

CONGOSTO 24398 León 441 E 10 - 2 022 h. - ☎ 987.
♦Madrid 381 - ♦León 101 - Ponferrada 12.

en el Santuario NE : 2 km - ✉ 24398 Congosto - ☎ 987 :

Virgen de la Peña ⛰, ✆ 46 70 20, Fax 46 71 02, ≤ valle, pantano y montañas, 🏊, 🎾 - TV ☎ Ⓟ. AE E VISA. ✻
Com (ver rest. **Virgen de la Peña**) - ☐ 425 - **44 hab** 5600/7900.

X **Virgen de la Peña,** ✆ 46 71 02, Fax 46 71 02, 余, « Terraza con ≤ valle, pantano y montañas », 🏊, 🎾 - Ⓟ. AE E VISA. ✻ - Com carta 1900 a 2700.

CONIL DE LA FRONTERA 11140 Cádiz 446 X 11 - 13 289 h. - ☎ 956 - Playa.
Alred. : Vejer de la Frontera ≤ ★ SO : 17 km - ℹ carretera El Punto ✆ 44 05 01.
♦Madrid 657 - Algeciras 87 - ♦Cádiz 40 - ♦Sevilla 149.

Espada, San Sebastián ✆ 44 07 80, Fax 44 08 93 - ☎ Ⓟ. AE ⓓ E VISA. ✻
Com (sólo cena) 1400 - ☐ 500 - **42 hab** 4000/7500.

Don Pelayo, carret. del Punto 19 ✆ 44 20 30, Fax 44 50 58 - |‡| ▤ rest TV ☎
31 hab.

La Gaviota, pl. Nuestra Señora de las Virtudes ✆ 44 08 36, Fax 44 09 80 - ⓓ E VISA JCB. ✻
febrero-octubre - Com *(cerrado martes,* sólo cena) carta 2450 a 3250 - ☐ 450 - **15 apartamentos** 8100/10100.

Tres Jotas sin rest, prolongación San Sebastián ✆ 44 04 50, Fax 44 04 50 - |‡| ☎ 🚗. AE ⓓ E VISA JCB. ✻
☐ 375 - **39 hab** 4900/7500.

Diufain ⛰ sin rest, carret. Fuente del Gallo, NO : 1 km ✆ 44 25 51 - TV Ⓟ. VISA. ✻
☐ 300 - **11 hab** 6500.

CORCUBIÓN 15130 La Coruña 441 D 2 - 2 h. - ☎ 981.
♦Madrid 716 - ♦La Coruña/A Coruña 98 - Santiago de Compostela 114.

X **Dona Ximena,** Simón Tomé Santos, 24 ✆ 74 74 22 - E VISA. ✻
cerrado octubre - Com carta 1800 a 3250.

CÓRDOBA 14000 P 446 S 15 - 284 737 h. alt. 124 - ☎ 957.
Ver : Mezquita-Catedral★★★ (mihrab★★★, Capilla Real★, sillería★★, púlpitos★★) BZ - Judería★★ ABZ - Palacio de Viana★★ BY - Museo arqueológico★ (cervatillo★) BZ **M2** - Alcázar★ (mosaicos★, sarcófago romano★, jardines★) AZ - Torre de calahorra : maqueta★.
Alred. : Medina Azahara★ O : 6 km X - Las Ermitas : vistas★ 13 km V.
⛳18 Los Villares N : 9 km por av. del Brillante (V) ✆ 35 02 08.
ℹ Torrijos 10, ✉ 14003, ✆ 47 12 35 - R.A.C.E. Concepción 2, ✉ 14008, ✆ 47 93 71.
♦Madrid 407 ② - ♦Badajoz 278 ① - ♦Granada 166 ③ - ♦Málaga 175 ④ - ♦Sevilla 143 ④.

Planos páginas siguientes

Adarve sin rest, Magistral González Francés 15, ✉ 14003, ✆ 48 11 02, Telex 76594, Fax 47 46 77 - |‡| ▤ TV ☎ 🚗 - 🔬 25/100. AE ⓓ E VISA JCB. ✻ BZ **w**
☐ 1000 - **103 hab** 12000/18600.

Meliá Córdoba, jardines de la Victoria, ✉ 14004, ✆ 29 80 66, Telex 76591, Fax 29 81 47, 余, 🏊 - |‡| ▤ TV ☎. AE ⓓ E VISA. ✻ AZ **p**
☐ 1250 - **106 hab** 13400/16750.

Alfaros, Alfaros 18, ✉ 14001, ✆ 49 19 20, Fax 49 22 10, 余, 🏊 - |‡| ▤ TV ☎ ♿ 🚗 - 🔬 25/100. AE ⓓ E VISA JCB. ✻ BY **s**
Com 2650 - ☐ 900 - **133 hab** 9900/16000 - PA 6200.

Gran Capitán, av. de América 5, ✉ 14008, ✆ 47 02 50, Telex 76662, Fax 47 43 46 - |‡| ▤ TV ☎ 🚗 - 🔬 25/300. AE ⓓ E VISA. ✻ rest AY **c**
Com 2350 - ☐ 1000 - **96 hab** 10200/16200.

Sol Gallos, av. Medina Azahara 7, ✉ 14005, ✆ 23 55 00, Telex 76566, Fax 23 16 36, 🏊 - |‡| ▤ TV ☎. AE ⓓ E VISA. ✻ AY **e**
Com 2500 - ☐ 850 - **115 hab** 10400/13000 - PA 5500.

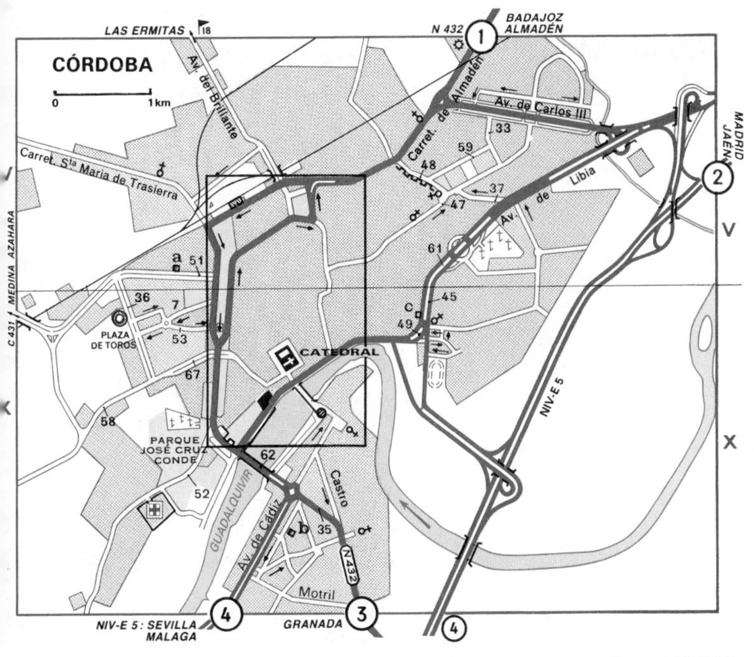

Antonio Maura . . . . X 7
General Sanjurjo . . . . V 33
Granada (Av. de) . . . . X 35
Gran Vía Parque . . . . X 36
Jesús Rescatado (Av. de) . . V 37
Madre de Dios (Campo) . . . X 45
María (Corazón de) . . . . V 47
Marrubial (R. del) . . . . V 48
Mártires (R. de los) . . . . X 49
Medina Azahara (Av.) . . . . . V 51
Menéndez Pidal (Av.) . . . . . . X 52
Ministro Barroso y Castillo . X 53
Puesta en Riego (Carret. de la) X 58
Sagunto . . . . V 59
San Antón (Campo) . . . . V 61
San Rafael (Puente de) . . . . X 62
Teniente General
Barroso (Av.) . . . . X 67

Maimónides sin rest, Torrijos 4, ✉ 14003, ☎ 47 15 00, Telex 76594, Fax 48 38 03 – AE (D) E VISA JCB. — ABZ **e**
950 – **83 hab** 9000/15000.

El Califa sin rest, Lope de Hoces 14, ✉ 14004, ☎ 29 94 00, Fax 29 57 16 – AE E VISA — AYZ **b**
66 hab 9300/12800.

Averroes, Campo Madre de Dios 38, ✉ 14002, ☎ 43 59 78, Fax 43 59 81 – 25/250. AE (D) E VISA JCB. — X **c**
Com 2000 – 600 – **52 hab** 6950/9900 – PA 4125.

Selu sin rest, Eduardo Dato 7, ✉ 14003, ☎ 47 65 00, Telex 76659, Fax 47 83 76 – AE (D) E VISA — AY **s**
750 – **118 hab** 5600/8000.

Cisne sin rest, con cafetería, av. Cervantes 14, ✉ 14008, ☎ 48 16 76, Fax 49 05 13 – E VISA. — AY **r**
475 – **44 hab** 4090/8690.

Serrano sin rest, Pérez Galdós 6, ✉ 14001, ☎ 47 01 42, Fax 48 65 13 – AE (D) E VISA JCB. — AY **a**
375 – **64 hab** 3330/5610.

Marisa sin rest, Cardenal Herrero 6 ☎ 47 31 42, Fax 47 41 44 – AE (D) E VISA JCB — BZ **a**
500 – **28 hab** 4400/8200.

Riviera sin rest, pl. Aladreros 5, ✉ 14001, ☎ 47 30 00, Fax 47 60 18 – AE (D). — AY **m**
450 – **29 hab** 3295/5740.

Boston sin rest, Málaga 2, ✉ 14003, ☎ 47 41 76, Fax 47 85 23 – AE E VISA. — BY **v**
300 – **40 hab** 2600/4300.

El Blasón, José Zorrilla 11, ✉ 14008, ☎ 48 06 25, Fax 47 47 42 – AE (D) E VISA. — AY **n**
Com carta 3600 a 4100.

Almudaina, Jardines de los Santos Mártires 1, ✉ 14004, ☎ 47 43 42, Fax 48 34 94, « Conjunto de estilo regional con patio cubierto » – AE (D) E VISA JCB. — AZ **c**
cerrado domingo en verano y domingo noche en invierno – Com carta 3350 a 4050.

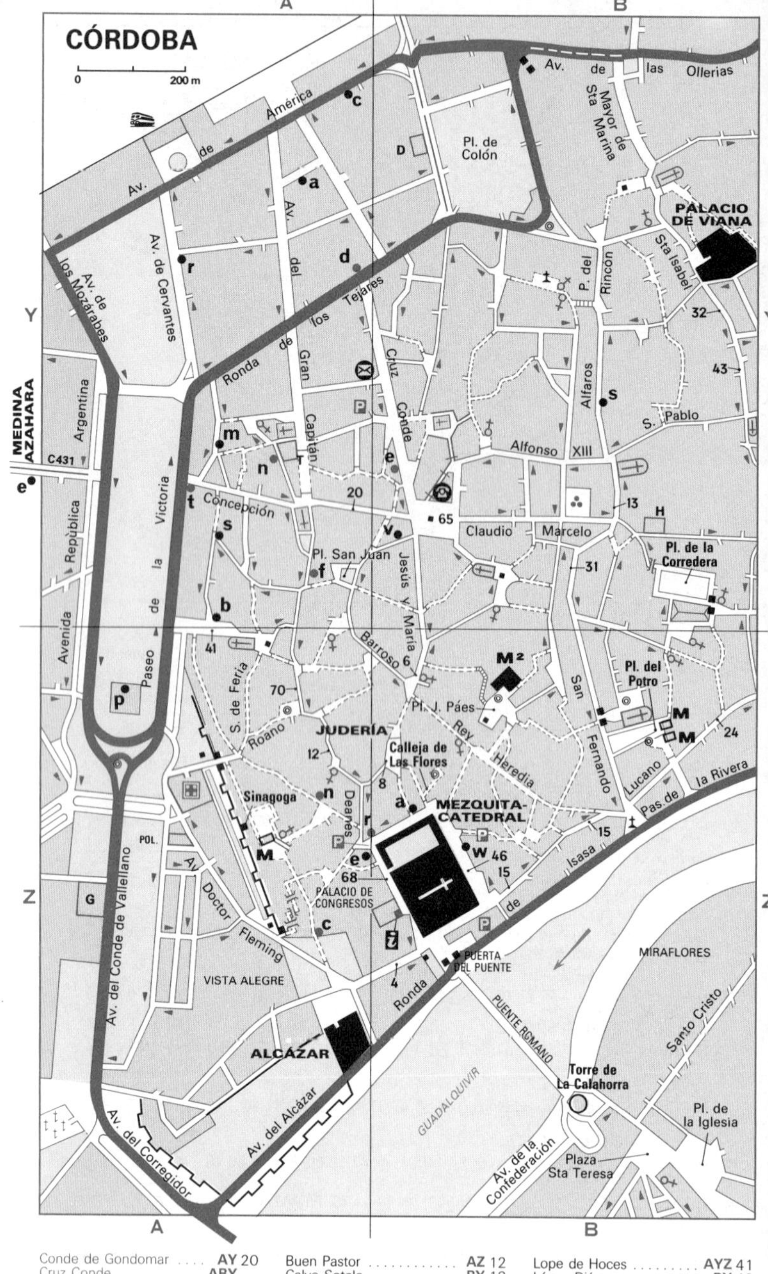

Conde de Gondomar .... AY 20
Cruz Conde .... ABY

Amador de los Ríos .... ABZ 4
Angel Saavedra .... BZ 6
Blanco Belmonte .... BZ 8
Buen Pastor .... AZ 12
Calvo Sotelo .... BY 13
Cardenal González .... BZ 15
Coronel Cascajo .... BZ 24
Diario de Córdoba .... BY 31
Enrique Redel .... BY 32
Lope de Hoces .... AYZ 41
López Diéguez .... BY 43
M. González Francés .... BZ 46
Tendillas (Pl. de las) .... BY 65
Torrijos .... ABZ 68
Valladares .... AZ 70

XXX **El Caballo Rojo,** Cardenal Herrero 28, ✉ 14003, ℘ 47 53 75, Fax 47 47 42 – ▤. AE ⓓ E VISA JCB. ✻ ABZ **r**
Com carta 3150 a 4350.

XXX **Chico Medina,** Cruz Conde 3, ✉ 14001, ℘ 47 83 29 – ▤. AE ⓓ E VISA. ✻ BY **e**
Com carta 3100 a 3800.

XX **Ciro's,** paseo de la Victoria 19, ✉ 14004, ℘ 29 04 64, Fax 29 30 22 – ▤. AE ⓓ E VISA. ✻ AY **t**
cerrado domingo en verano – Com carta 3400 a 4000.

XX **Pic-Nic,** ronda de los Tejares 16 (pasaje Rumasa), ✉ 14008, ℘ 48 22 33 – ▤. AE E VISA
cerrado domingo y agosto – Com carta 3400 a 4500. AY **d**

XX **El Churrasco,** Romero 16, ✉ 14003, ℘ 29 08 19, Fax 29 08 19, « Patio y Bodega » – ▤. AE ⓓ E VISA JCB. ✻ AZ **n**
cerrado agosto – Com carta 3150 a 5350.

XX **Azahar,** av. Medina Azahara 10, ✉ 14005, ℘ 41 43 87 – ▤. AE ⓓ E VISA. ✻ V **a**
cerrado domingo noche y del 15 al 31 agosto – Com carta 3300 a 3875.

X **Costa Sur,** Huelva 17, ✉ 14013, ℘ 29 03 74 – ▤. AE ⓓ VISA JCB. ✻ X **b**
cerrado del 1 al 20 agosto – Com carta 2300 a 3450.

X **El Candil,** San Felipe 15, ✉ 14003, ℘ 47 53 05 – ▤. AE ⓓ E VISA JCB. ✻ AY **f**
cerrado domingo en verano – Com carta 2650 a 3750.

por la carretera de El Brillante – ✉ 14012 Córdoba – ☎ 957

Parador de la Arruzafa ⑤, av de la Arruzafa N : 3,5 km ℘ 27 59 00, Telex 76695, Fax 28 04 09, ≤, « Amplia terraza y jardín con ⛱ », ✂ – |♦| ▤ TV ☎ P – 🏃 25/200. AE ⓓ VISA. ✻
Com 3200 – ☕ 1100 – **94 hab** 15000 – PA 6375.

Occidental Córdoba ⑤, poeta Alonso Bonilla 7 N : 4,5 km, ✉ 14012, ℘ 40 04 40, Fax 40 04 39, « Amplias zonas ajardinadas con ⛱ », ✂ – |♦| ▤ TV ♿ P – 🏃 25/500. AE ⓓ E VISA. ✻
Com 2500 (ver tambien rest. **Florencia**) – ☕ 850 – **157 hab** 11800/14750.

Las Adelfas ⑤, av. de la Arruzafa N : 3,5 km ℘ 27 74 20, Fax 27 27 94, ⛱, ✂ – |♦| ▤ TV ☎ 🚗 P – 🏃 25/400. AE ⓓ E VISA. ✻
Com 2500 – ☕ 1000 – **99 hab** 12100/16600 – PA 5950.

XXX **Florencia,** poeta Alonso Bonilla 7 N : 4,5 km, ✉ 14012, ℘ 40 04 40, Fax 40 04 39 – ▤ P. AE ⓓ E VISA. ✻
Com carta aprox. 5000.

Pour un bon usage des plans de ville, voir les signes conventionnels.

CORIA 10800 Cáceres 444 M 10 – 10 361 h. – ☎ 927.

Ver : Catedral★.

♦Madrid 321 – ♦Cáceres 69 – ♦Salamanca 174.

San Juan, av. Virgen de Argeme 54 ℘ 50 39 17, Fax 50 06 84 – |♦| ▤ TV ☎ 🚗 – 🏃 25/400. AE ⓓ E VISA. ✻
Com 1375 – ☕ 875 – **52 hab** 3500/6500.

Los Kekes, av. Sierra de Gata 49 ℘ 50 09 00 – ▤ rest ☎. VISA. ✻
Com 950 – ☕ 200 – **22 hab** 3000/3800 – PA 1785.

CORNELLANA 33876 Asturias 441 B 11 – alt. 50 – ☎ 98.

♦Madrid 473 – ♦Oviedo 38.

La Fuente, carret. N 634 ℘ 583 40 42, ⛱, 🌳 – TV 🚗. VISA
Com 1100 – ☕ 350 – **21 hab** 1900/3800 – PA 2500.

CORNISA CANTÁBRICA ★★ Vizcaya y Guipúzcoa 442 B 22.

CORRALEJO Las Palmas – ver Canarias (Fuerteventura).

La CORUÑA o A CORUÑA 15000 P 441 B 4 – 232 356 h. – ☎ 981 – Playa.

Ver : Avenida de la Marina★ ABY.

Alred. : Cambre (Iglesia de Santa María★) 11 km por ②.

⛳18 por ② : 7 km ℘ 28 52 00.

✈ de La Coruña-Alvedro por ② : 10 km ℘ 23 35 84 – Iberia : pl. de Galicia 6, ✉ 15004, ℘ 22 87 30 AZ y Aviaco : aeropuerto kiosco Alfonso ℘ 22 53 69.

🚗 ℘ 23 82 76.

ℹ Dársena de la Marina, ✉ 15001, ℘ 22 18 22 – **R.A.C.E.** pl. de Pontevedra 12, ✉ 15003, ℘ 22 18 30.

♦Madrid 603 ② – ♦Bilbao/Bilbo 622 ② – ♦Porto 305 ② – ♦Sevilla 950 ② – ♦Vigo 156 ②.

A CORUÑA
LA CORUÑA

Street	Grid	No.
Cantón Grande	AZ	7
Cantón Pequeño	AZ	8
Real	AY	
San Andrés	AYZ	
Alcade Alfonso Molina (Av. del)	X	2
Buenos Aires (Av. de)	V	3
Caballeros	X	4
Circunvalación (Carret. de)	V	9
Compostela	AZ	13
Damas	BY	14
Ejercito (Av. del)	X	15
Ferrol	AZ	18
Finisterre (Av. de)	AZ	19
Gómez Zamalloa	AZ	20
Habana (Av. de la)	V	22
Herrerías	BY	23
Juan Canalejo	AY	24
Juan de Vega (Av.)	AZ	26
Maestranza	BY	27
María Pita (Pl. de)	BY	28
Marqués de Figueroa	X	31
Padre Feijóo	AZ	32
Payo Gómez	AZ	36
Picavia	AZ	37
Pontevedra (Pl. de)	AZ	40
Puente del Pasaje (Carret. del)	X	41
Riego del Aqua	BY	42
Rubine (Av. de)	AZ	45
San Agustin	BY	46
San Agustin (Cuesta de)	BY	47
Sánchez Bregua	AZ	50
Santa Maria	BY	51
Santa Catalina	AZ	52
Teresa Herrera	AZ	55
Torre de Hércules (Carret.)	V	56

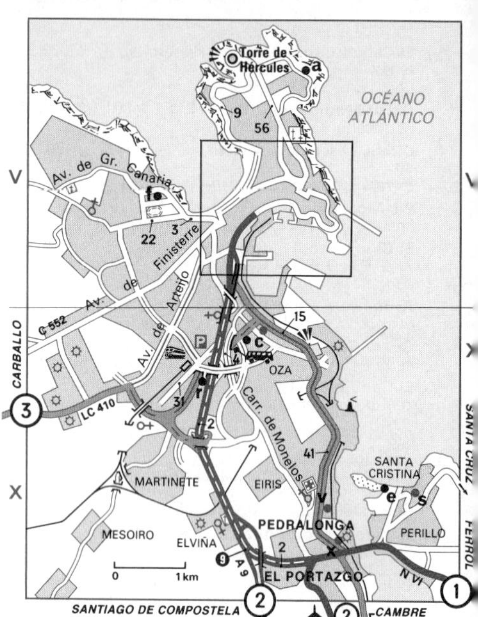

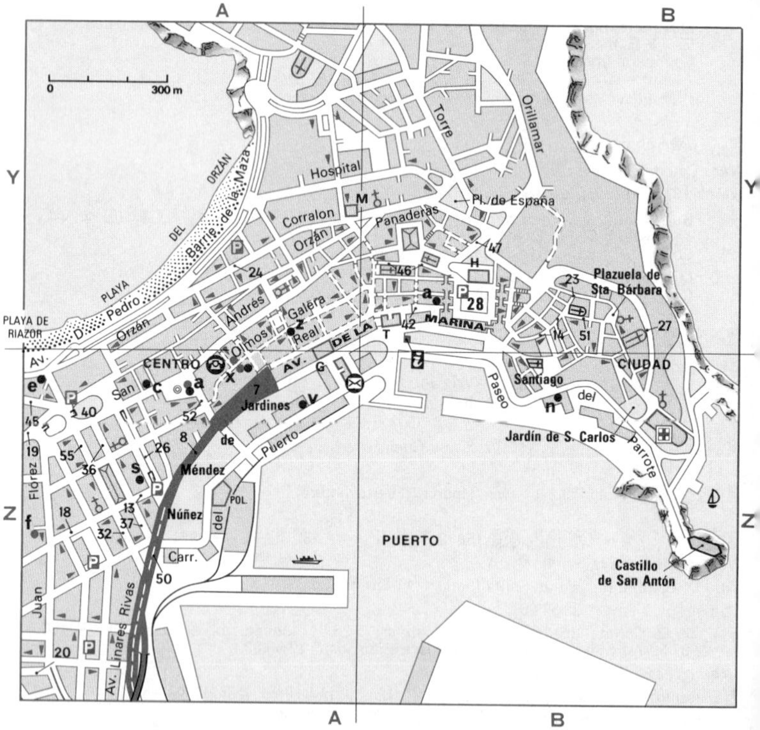

Orillamar
Torre
Hospital
Pl. de España
Corralon
Panaderas
Orzán
PLAYA DEL ORZÁN
Barrie de la Maza
PLAYA DE RIAZOR
Av. Pedro Barrié de la Maza
San Andrés
Olmos
Galera
Real
AV. DE LA MARINA
CENTRO
Jardines de Méndez Núñez
Puerto
Paseo del Parrote
Santiago
Jardín de S. Carlos
Plazuela de Sta Bárbara
CIUDAD
PUERTO
POL.
Carr. del Puerto
Castillo de San Antón
Florez
Juan
Av. Linares Rivas
300 m

Finisterre, paseo del Parrote 20, ✉ 15001, ☎ 20 54 00, Telex 86086, Fax 20 84 62, « Magnífica situación con ≤ bahía », climatizada, – rest – 25/600. AE E VISA. BZ **n**
Com 3500 – 1050 – **127 hab** 11800/15000 – PA 6840.

Atlántico sin rest, con cafetería, jardines de Méndez Núñez, ✉ 15006, ☎ 22 65 00, Telex 86034, Fax 20 10 71 – – 25/100. AE E VISA JCB. AZ **v**
800 – **200 hab** 11400/14300.

Sol Coruña sin rest, Ramón y Cajal 53, ✉ 15006, ☎ 24 27 11, Telex 86090, Fax 23 67 28, – – 25/175. AE E VISA. X **c**
1000 – **181 hab** 11400/14200.

Ciudad de La Coruña, Polígono Adormideras, ✉ 15002, ☎ 21 11 00, Telex 86121, Fax 22 46 10, ≤, – rest – 25/160. AE E VISA. V **a**
Com 3025 – 800 – **131 hab** 9350/11550 – PA 6850.

Riazor sin rest, con cafetería, av. Barrie de la Maza 29, ✉ 15004, ☎ 25 34 00, Telex 86260, Fax 25 34 04 – – 25/200. AE E VISA. AZ **e**
550 – **176 hab** 7300/11000.

Avenida sin rest, con cafetería, av. Alfonso Molina (esquina Ronda Outeiro), ✉ 15008, ☎ 24 94 66, Fax 24 94 66 – – 25/30. E VISA. X **r**
550 – **67 hab** 5300/8500.

España sin rest, con cafetería, Juana de Vega 7, ✉ 15004, ☎ 22 45 06, Fax 20 02 79 – . AE E VISA. AZ **s**
425 – **84 hab** 4800/7500.

Santa Catalina sin rest y sin , travesía Santa Catalina 1, ✉ 15003, ☎ 22 67 04, Fax 22 85 09 – . AZ **a**
32 hab 3800/5500.

Alborán sin rest y sin , Riego de Agua 14, ✉ 15001, ☎ 22 25 62 – BY **a**
30 hab.

Almirante sin rest, paseo de Ronda 54, ✉ 15011, ☎ 25 96 00 – . AE VISA. V **f**
375 – **20 hab** 5500.

Mar del Plata, paseo de Ronda 58, ✉ 15011, ☎ 25 79 62, ≤ – . VISA. V **f**
Com 1000 – 375 – **27 hab** 5000.

Mara sin rest y sin , Galera 49, ✉ 15001, ☎ 22 18 02 – . VISA. AY **z**
19 hab 4400/5500.

La Provinciana sin rest y sin , Nueva 9, ✉ 15003, ☎ 22 04 00 – AZ **x**
19 hab 3800/5400.

Nido sin rest y sin , San Andrés 144, ✉ 15003, ☎ 21 32 01 – . AZ **c**
23 hab 3700/5000.

Coral, La Estrella 2, ✉ 15003, ☎ 22 10 82 – . AE E VISA. AZ **x**
cerrado domingo salvo en verano – Com carta 2800 a 4600.

Pardo, Nóvoa Santos, 15, ✉ 15006, ☎ 28 00 21, Fax 29 61 56 – . AE E VISA. X **c**
cerrado domingo y 15 junio-1 julio – Com carta 2800 a 4250.

A La Brasa, Juan Florez 38, ✉ 15004, ☎ 26 54 57, Fax 26 54 57 – . AE E VISA. AZ **f**
Com carta 2650 a 3200.

El Rápido, La Estrella 7, ✉ 15003, ☎ 22 42 21 – . AE E VISA. AZ **x**
cerrado lunes y febrero – Com carta 3300 a 5800.

Naveiro, San Andrés 129, ✉ 15003, ☎ 22 28 48 AZ **a**

en la carretera del puente del Pasaje S : 3 Km. – ✉ 15006 La Coruña – 981

Alba, Las Jubias, 63 ☎ 28 33 87, ≤ – . AE E VISA. X **v**
cerrado lunes, festivos noche y del 1 al 21 de agosto – Com carta 2575 a 3275.

en el puente del Pasaje S : 4 km – ✉ 15006 La Coruña – 981 :

La Viña, av. del Pasaje 123 ☎ 28 08 54, Pescados y mariscos – . AE VISA. X **x**
cerrado domingo y Navidades – Com carta 2600 a 3400.

en la playa de Santa Cristina SE : 6 km – ✉ 15172 Perillo – 981 :

Rías Altas, ☎ 63 53 00, Telex 82056, Fax 63 61 09, ≤ bahía, , , – – 25/80. AE E VISA. X **e**
Com 2500 – 600 – **103 hab** 9700/13200 – PA 4500.

El Madrileño, av. de las Américas 5 ☎ 63 55 16, ≤, – . AE E VISA. X **s**
cerrado 2ª quincena octubre – Com carta 2650 a 3650.

COSGAYA 39539 Cantabria 442 C 15 – 942.

Alred. : O : Puerto de Pandetrave★★.

♦Madrid 413 – Palencia 187 – ♦Santander 129.

Mesón del Oso, ☎ 73 04 18, , – . AE E VISA.
cerrado del 7 al 15 enero – Com carta 2400 a 3100 – 500 – **36 hab** 6000/7600.

COSLADA **28820** Madrid 444 L 20 - 53 730 h. alt. 621 - ☎ 91.
♦Madrid 13 - Guadalajara 43.

X **La Ciaboga,** Venezuela ☎ 673 59 18, Pescados - ▤. AE ⓓ E VISA. ❊
cerrado domingo y agosto - Com carta 3300 a 4300.

en el barrio de la Estación NE : 4,5 km - ✉ 28820 Coslada - ☎ 91

X **La Fragata,** av. San Pablo 14 ☎ 673 38 02 - ▤. AE ⓓ E VISA
cerrado domingo y del 1 al 25 de agosto - Com carta 3350 a 3750.

S.A.F.E. Neumaticos MICHELIN, Sucursal av. José Gárate 7 y 9, ✉ 28820 ☎ 671 80 11 y 673 00 12, Fax 671 91 14

COSTA - ver a continuación y nombre propio de la costa (Costa de Bendinat, ver Baleares).

COSTA BLANCA Alicante y Murcia 445 P 29-30, Q 29-30.
Ver : Recorrido★.

COSTA BRAVA Gerona 443 E 39, F 39, G 38 y 39.
Ver : Recorrido★★.

COSTA DE BENDINAT Baleares - ver Baleares (Mallorca).

COSTA DE CANTABRIA 442 B 16 al 20.
Ver : Recorrido★.

COSTA DE LA LUZ Huelva y Cádiz 446 U 7 al 10, V 10, W 10-11, X 11 al 13.

COSTA DE LOS PINOS Baleares - ver Baleares (Mallorca) : Son Servera.

COSTA DEL AZAHAR Castellón de La Plana y Valencia 445 K 29 al 32 P 29 al 32.

COSTA DEL SOL Málaga, Granada y Almería 446 V 16 al 22, W 14 al 16.
Ver : Recorrido★.

COSTA DORADA Tarragona y Barcelona 443 H 32 al 38 J 32 al 38.

COSTA TEGUISE Las Palmas - ver Canarias (Lanzarote).

COSTA VASCA Guipúzcoa, Vizcaya 442 B 21 al 24, C 21 al 24.
Ver : Recorrido★★.

COSTA VERDE Asturias 441 B 8 al 15.
Ver : Recorrido★★★.

COTOBRO (Playa de) Granada - ver Almuñécar.

COVADONGA **33589** Asturias 441 B 14 alt. 260 - ☎ 98.
Ver : Emplazamiento★★ - Museo (corona★).
Alred. : Mirador de la Reina ≤★★ SE : 8 km - Lagos Enol y de la Ercina★ SE : 12,5 km.
ℹ El Repelao ☎ 584 60 13.
♦Madrid 429 - ♦Oviedo 84 - Palencia 203 - ♦Santander 157.

Pelayo ⛰, ☎ 584 60 61, Fax 584 60 54, ≤, 🌳 - 🛗 TV ☎ P - 🏛 25/150. AE E VISA. ❊
cerrado 15 diciembre- enero - Com 2000 - ☕ 600 - **43 hab** 6250/12000 - PA 3900.

Auseva sin rest, El Repelao ☎ 584 60 23, Fax 584 60 51 - TV ☎. AE E VISA. ❊
cerrado 25 enero-febrero - ☕ 500 - **12 hab** 6100.

X **Peñalba** con hab, en la Riera ☎ 584 61 00 - TV ☎ P. VISA. ❊
Com carta 2000 a 3000 - ☕ 300 - **8 hab** 6000.

X **Hospedería del Peregrino,** ☎ 584 60 47, Fax 584 60 51 - P. AE E VISA. ❊
cerrado 25 enero-febrero - Com carta 2100 a 3800.

COVALEDA **42157** Soria 442 G 21 - 2 219 h. alt. 1 214 - ☎ 975.
♦ Madrid 233 - ♦ Burgos 56 - Soria 50.

Pinares de Urbión, Numancia 4 ☎ 37 05 33, Fax 37 05 33 - 🛗 TV ☎ P. AE ⓓ E VISA. ❊
abril- 15 octubre - Com 1800 - ☕ 650 - **30 hab** 4500/7800 - PA 3400.

COVARRUBIAS 09346 Burgos 442 F 19 – 663 h. alt. 840 – ☎ 947.
Ver : Colegiata★, Museo : (tríptico★).
Excurs. : Quintanilla de las Viñas : Iglesia★ (24 km).
♦Madrid 228 – ♦Burgos 39 – Palencia 94 – Soria 117.

Arlanza ⑤, Mayor 11 ☎ 40 30 25, Fax 40 63 59, « Estilo castellano » – |‡| ☎. AE ⓓ E VISA. ✻ rest
15 marzo-15 diciembre – Com *(cerrado domingo noche)* 1800 – ☐ 600 – **40 hab** 4700/8200 – PA 3570.

COVAS 27868 Lugo 441 B 7 – ☎ 982.
♦Madrid 604 – ♦La Coruña/A Coruña 117 – Lugo 90 – Vivero/Viveiro 2.

Dolusa sin rest, carret. C 642 ☎ 56 08 66 – |‡| TV ☎. AE E VISA. ✻
☐ 250 – **15 hab** 3500/4800.

Los CRISTIANOS Tenerife – ver Canarias (Tenerife).

EL CRUCERO 33877 Asturias 441 B 10 alt. 650 – ☎ 98.
Alred. : Tineo ✻★★ O : 4 km.
♦Madrid 486 – ♦Gijón 92 – Luarca 50 – Ponferrada 145.

Casa Lula sin ☐, carret. C 630 ☎ 580 16 00 – TV ☎ ⇔ P. E VISA. ✻
Com (ver rest. **Casa Lula**) – **10 hab** 3000/6000.

XX **Casa Emburria,** carret. C 630 ☎ 580 01 92 – E VISA
cerrado lunes y 2ª quincena septiembre – Com carta 1750 a 3100.

X **Casa Lula,** carret. C 630 ☎ 580 02 38 – P. E VISA. ✻
cerrado viernes – Com carta 1750 a 3350.

CRUZ DE TEJEDA Las Palmas – ver Canarias (Gran Canaria).

CUBELLAS o **CUBELLES** 08880 Barcelona 443 I 35 – 2 203 h. – ☎ 93 – Playa.
♦Madrid 584 – ♦Barcelona 54 – ♦Lérida/Lleida 127 – Tarragona 41.

XXX ✿ **Llicorella** ⑤ con hab, San Antonio 101 - carret. C 246 ☎ 895 00 44, Fax 895 24 17, ⛱, Jardín con esculturas contemporáneas, ⛱ – ▤ hab TV ☎ P – ⛱ 25/50. AE ⓓ E VISA JCB. ✻ rest
Com *(cerrado domingo noche y lunes)* carta 4400 a 5950 – ☐ 1100 – **13 hab** 12000/15000
Espec. Conchas de erizo de mar gratinadas, Noisettes de cordero sobre salsa de setas y spatzle, Tarta de manzana flambeada con calvados.

CUBELLS 25737 Lérida 443 G 32 – 451 h. – ☎ 973.
♦Madrid 509 – Andorra la Vella 113 – ♦Lérida/Lleida 40.

Roma, carret. C 1313 ☎ 45 90 03 – ▤ ⇔. AE E VISA. ✻
Com *(cerrado viernes)* 1300 – ☐ 550 – **9 hab** 2200/3700 – PA 2680.

CUDILLERO 33155 Asturias 441 B 11 – 7 165 h. – ☎ 98.
Ver : Muelle : ≤★.
♦Madrid 505 – Gijón 54 – Luarca 53 – ♦Oviedo 61.

Mariño, Concha de Artedo ☎ 559 01 86, Fax 559 01 86, ≤ – TV ☎ P. AE ⓓ E VISA. ✻
cerrado febrero – Com 1500 – ☐ 500 – **10 hab** 3500/6000 – PA 3500.

CUÉLLAR 40200 Segovia 442 I 16 – 8 965 h. alt. 857 – ☎ 911.
♦Madrid 147 – Aranda de Duero 67 – ♦Salamanca 138 – ♦Segovia 60 – ♦Valladolid 50.

San Francisco, San Francisco 25 ☎ 14 00 09, Fax 14 15 08, ⛱ – ▤ rest TV ☎. AE ⓓ E VISA. ✻ rest
☐ 200 – **33 hab** 3300/5500.

Santa Clara, carret. de Segovia ☎ 14 11 78 – P. ✻
Com 850 – ☐ 175 – **16 hab** 3300 – PA 1615.

en la carretera CL 601 S : 3,5 km – ✉ 40200 Cuéllar – ☎ 911 :

XX **Florida,** ☎ 14 02 75, ⛱ – ▤ P. AE E VISA. ✻
Com carta 1750 a 2850.

Si escribe a un hotel en el extranjero, adjunte a su carta un cupón-respuesta internacional (disponible en las oficinas de correos).

CUENCA **16000** P 444 L 23 – 41 791 h. alt. 923 – ☎ 966.

Ver : Emplazamiento★★ – Ciudad Antigua★★ Y : Catedral : portada de la sala capitular★, Museo Diocesano★ : díptico bizantino★ **M1** – Casas Colgadas★ : Museo de Arte abstracto★★, Museo de Cuenca★ **M2** – Plaza de las Angustias★ **15** – Puente de San Pablo ⩽★ **68.**

Alred. : Hoz del Huécar : perspectivas★ Y – Ciudad Encantada★ NO : 25 km Y.

ℹ Dalmacio García Izcara 8, ✉ 16004, ✆ 22 22 31 y San Pedro 6, ✉ 16001, ✆ 23 21 19 – R.A.C.E. Teniente González 2 ✆ 21 14 95.

♦Madrid 164 ③ – ♦Albacete 145 ① – Toledo 185 ③ – ♦Valencia 209 ① – ♦Zaragoza 336 ①.

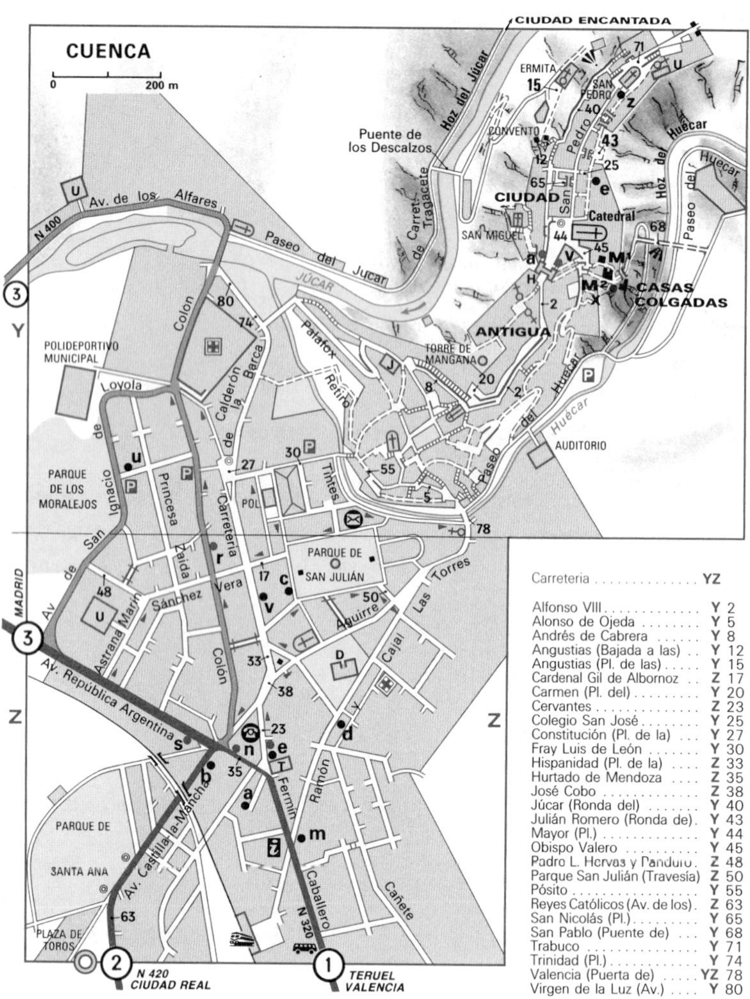

Carreteria . . . . YZ

Alfonso VIII . . . . Y 2
Alonso de Ojeda . . . . Y 5
Andrés de Cabrera . . . . . . Y 8
Angustias (Bajada a las) . . Y 12
Angustias (Pl. de las) . . . . . Y 15
Cardenal Gil de Albornoz . . Z 17
Carmen (Pl. del) . . . . Y 20
Cervantes . . . . Z 23
Colegio San José . . . . Y 25
Constitución (Pl. de la) . . . Y 27
Fray Luis de León . . . . Y 30
Hispanidad (Pl. de la) . . . . Z 33
Hurtado de Mendoza . . . . Z 35
José Cobo . . . . Z 38
Júcar (Ronda del) . . . . Y 40
Julián Romero (Ronda de) . Y 43
Mayor (Pl.) . . . . Y 44
Obispo Valero . . . . Y 45
Padre L. Hervas y Panduro . Z 48
Parque San Julián (Travesía) Z 50
Pósito . . . . Y 55
Reyes Católicos (Av. de los) . Z 63
San Nicolás (Pl.) . . . . Y 65
San Pablo (Puente de) . . . Y 68
Trabuco . . . . Y 71
Trinidad (Pl.) . . . . Y 74
Valencia (Puerta de) . . . . . YZ 78
Virgen de la Luz (Av.) . . . . Y 80

🏨 **Torremangana,** San Ignacio de Loyola 9, ✉ 16002, ✆ 22 33 51, Telex 23400, Fax 22 96 71 – |♦| ▤ TV ☎ ⇔ – 🅰 25/500. AE ① E VISA. ✗ rest Y **u**
Com 2500 – ☕ 900 – **120 hab** 11400/17500 – PA 5000.

🏨 **Leonor de Aquitania y Rest. Horno de las Campanas,** San Pedro 60, ✉ 16001, ✆ 23 10 00, Fax 23 10 04, ⩽ – |♦| ▤ rest TV ☎ – 🅰 25/100. AE ① E VISA. ✗ rest Y **z**
Com *(cerrado domingo noche)* carta 3600 a 4600 – ☕ 700 – **49 hab** 7000/12000 – PA 4500.

Alfonso VIII, Parque San Julián 3, ✉ 16002, ✆ 21 25 12, Fax 21 43 25 – |‡| ▤ rest TV ☎ – 🅰 60/500. AE E VISA. ✂ rest Z c
Com 2000 – ☕ 600 – **48 hab** 7000/10000 – PA 3800.

Francabel sin rest, av. Castilla-La Mancha 7, ✉ 16003, ✆ 22 62 22 – |‡| TV ☎ 🚗. E VISA JCB. ✂ Z b
☕ 400 – **30 hab** 3690/5460.

Cortés sin rest, con cafetería, Ramón y Cajal 49, ✉ 16004, ✆ 22 04 00 – |‡| TV ☎ 🚗. AE ⓞ VISA. ✂ Z m
☕ 175 – **44 hab** 3200/4800.

Figón de Pedro sin ☕, Cervantes 15, ✉ 16004, ✆ 22 45 11 – |‡| ☎. AE ⓞ E VISA JCB. ✂ Z e
Com (ver rest. **Figón de Pedro**) – **28 hab** 3700/5300.

Arévalo sin rest, Ramón y Cajal 29, ✉ 16001, ✆ 22 39 79 – |‡| TV ☎ 🚗. VISA. ✂ Z d
☕ 390 – **35 hab** 3500/5300.

Avenida sin rest, Carretería 39 - 1º, ✉ 16002, ✆ 21 43 43 – |‡| ☎ Z v
32 hab.

Posada de San José 🐦 sin rest, Julián Romero 4, ✉ 16001, ✆ 21 13 00, Fax 21 13 00, ≤, Decoración rústica – AE ⓞ E VISA Y e
☕ 375 – **25 hab** 3600/7000.

Castilla sin rest y sin ☕, Diego Jiménez 4 - 1º, ✉ 16004, ✆ 22 53 57 – ☎ Z a
15 hab.

Mesón Casas Colgadas, Canónigos, ✉ 16001, ✆ 22 35 09, « Instalado en una de las casas colgadas con ≤ valle del río Huécar » – ▤. AE ⓞ E VISA JCB. ✂ Y x
cerrado martes noche – Com carta 3450 a 4200.

Figón de Pedro, Cervantes 13, ✉ 16004, ✆ 22 68 21, Decoración castellana – ▤. AE ⓞ E VISA JCB. ✂ Z e
cerrado domingo noche y lunes – Com carta 2850 a 3400.

Los Arcos, Severo Catalina 3 (pl. Mayor), ✉ 16001, ✆ 21 38 06, 🏠 – ▤. AE ⓞ E VISA. ✂ Y a
cerrado lunes – Com carta 2200 a 3100.

Casa Marlo, Colón 59, ✉ 16002, ✆ 21 38 60 – ▤. AE VISA. ✂ Z r
Com carta 3020 a 4170.

Rincón de Paco, Hurtado de Mendoza 3, ✉ 16002, ✆ 21 34 18 – ▤. AE E VISA. ✂ Z n
Com carta 2650 a 3450.

Plaza Mayor, pl. Mayor 5, ✉ 16001, ✆ 21 14 96, Decoración castellana – ▤. AE ⓞ E VISA. ✂ Y v
cerrado miércoles noche – Com carta aprox. 3600.

Togar, av. República Argentina 3, ✉ 16002, ✆ 22 01 62, Fax 22 21 55 – ▤. AE ⓞ E VISA. ✂ Z s
cerrado martes y del 1 al 20 julio – Com carta 2600 a 3100.

por la carretera de Palomera Y : 6 km y a la izquierda carretera de Buenache : 1,2 km – ✉ 16001 Cuenca – ✆ 966 :

Cueva del Fraile 🐦, ✆ 21 15 71, Fax 21 15 73, Edificio del siglo XVI restaurado - Decoración castellana, 🏊, 🎾 – ☎ Ⓟ – 🅰 25/200. AE ⓞ E VISA. ✂
cerrado 10 enero-febrero – Com 2300 – ☕ 600 – **63 hab** 6200/10300 – PA 4100.

CUESTA DE LA VILLA

Tenerife – ver Canarias (Tenerife) : Santa Úrsula.

CUEVA

– ver el nombre propio de la cueva.

CULLERA

46400 Valencia 445 O 25 – 20 145 h. – ✆ 96 – Playa.

ℹ del Riu 38 ✆ 172 09 74.

♦Madrid 388 – ♦Alicante 136 – ♦Valencia 40.

Mongrell sin rest, Replà de Sant Antoni 2 ✆ 172 15 24, Fax 172 45 13 – |‡| TV ☎ 🚗. AE E VISA
☕ 700 – **35 hab** 3800/5500.

Carabela II, av. País Valenciá 61 ✆ 172 40 70 – |‡| ▤ rest TV ☎ 🚗. AE E VISA JCB. ✂ rest
cerrado del 9 al 21 diciembre – Com 1650 – ☕ 350 – **15 hab** 3400/4950 – PA 3100.

La Reina, av. País Valenciá 73 ✆ 172 05 63 – 🚗. E VISA. ✂
Com 1420 – ☕ 305 – **10 hab** 2360/3455 – PA 2695.

✿ **Les Mouettes** (Casa Lagarce), subida al Santuario del Castillo ✆ 172 00 10, 🏠, Cocina francesa, « Villa con terraza » – AE ⓞ E VISA JCB. ✂
cerrado domingo noche y lunes (salvo en verano) y 11 diciembre-12 febrero – Com (sólo cena salvo domingo y festivos de 12 febrero a junio) carta 4250 a 5850
Espec. Rollitos de col rellenos de cigalas con huevas de salmón, Mollejas de ternera lechal con Oporto y alcaparras, Carro de reposteria y sorbetes..

X **El Delfín,** Madrid 4 ✆ 172 03 73, Decoración rústica – ▤. AE ◑ E VISA
abril-septiembre – Com *(cerrado lunes)* (sólo cena salvo domingo y festivos) carta 2560 a 3180.

X **L'Entrecôte,** pl. de Mongrell 4 ✆ 172 04 19 – ▤. AE ◑ E VISA JCB
cerrado miércoles y 15 octubre-15 febrero – Com carta 2700 a 3600.

en la zona del faro – ✉ 46400 Cullera – ☎ 96 :

Sicania, playa del Racó NE : 4 km ✆ 172 01 43, Fax 173 03 62, ←, 🏖, ⛱ – |♦| ▤ ☎ 🚗 Ⓟ – 🎪 25/250. AE ◑ E VISA. ✂ rest
cerrado 27 noviembre-28 diciembre – Com 1775 – ☕ 850 – **117 hab** 5925/9600 – PA 3740.

Safi, Dosel, N : 6 km. ✆ 174 65 77, Fax 174 69 33, 🏖 – ☎ Ⓟ. AE VISA. ✂ rest
Com 1300 – ☕ 300 – **30 hab** 3000/4500 – PA 2465.

CUNIT 43881 Tarragona 443 I 34 – 925 h. – ☎ 977 – Playa.

♦Madrid 580 – ♦Barcelona 58 – Tarragona 37.

XX **L'Avi Pau,** av. Barcelona 160 ✆ 67 48 61 – ▤ Ⓟ. AE ◑ E VISA
cerrado martes en julio y agosto, lunes noche y martes resto del año – Com carta 2450 a 3900.

X Los Navarros, carret. C 246 O : 1,5 km ✆ 16 32 63 – ▤.

CUZCURRITA DE RIO TIRÓN 26214 La Rioja 442 E 21 – 602 h. alt. 519 – ☎ 941.

♦Madrid 321 – ♦Burgos 78 – ♦Logroño 54 – ♦Vitoria/Gasteiz 58.

X **El Botero** 🐦 con hab, San Sebastián 83 ✆ 30 15 00 – ▤ rest ☎ Ⓟ. VISA. ✂
Com carta 1800 a 2500 – ☕ 450 – **12 hab** 2500/3300.

CHANTADA 27500 Lugo 441 E 6 – 9 854 h. – ☎ 982.

Alred. : Osera : Monasterio de Santa María la Real★ (sala Capitular★) SO : 15 km.

♦Madrid 534 – Lugo 55 – Orense/Ourense 42 – Santiago de Compostela 90.

Mogay, Antonio Lorenzana 3 ✆ 44 08 47, Fax 44 07 29 – |♦| TV ☎ 🚗 – 🎪 25/200. AE ◑ E VISA. ✂
Com 2000 – ☕ 400 – **30 hab** 4000/5000.

en la carretera de Lugo N : 1,5 km – ✉ 27500 Chantada – ☎ 982 :

Las Delicias, Basán Grande 6 ✆ 44 10 04 – TV ☎ Ⓟ. E VISA. ✂
Com 1150 – ☕ 375 – **20 hab** 2100/3300 – PA 2650.

CHAPELA Pontevedra – ver Vigo.

CHERT 12360 Castellón de la Plana 445 K 30 – 1 286 h. alt. 315 – ☎ 964.

♦Madrid 525 – Castellón de la Plana 103 – Tortosa 79 – ♦Zaragoza 203.

en la carretera N 232 SE : 1,7 km – ✉ 12360 Chert – ☎ 964 :

X **La Serafina,** ✆ 49 00 59 – Ⓟ. E VISA
cerrado martes(octubre-marzo) y enero – Com carta 1175 a 2700.

CHICLANA DE LA FRONTERA 11130 Cádiz 446 W 11 – 44 368 h. alt. 17 – ☎ 956.

♦Madrid 646 – Algeciras 102 – Arcos de la Frontera 60 – ♦Cádiz 24.

Ideal H. sin rest, pl. de Andalucía 1 ✆ 40 39 06, Fax 40 39 06 – |♦| ▤ TV ☎ Ⓟ. AE ◑ E VISA. ✂
☕ 1000 – **20 hab** 8500/12000.

en la urbanización Novo Sancti Petri – ✉ 11130 La Barrosa – ☎ 956

Royal Andalus Golf 🐦, playa de La Barrosa, SO : 11 km ✆ 49 41 09, Fax 49 44 90,, 🏖, « Profusión de plantas, amplia terraza con ⛱ », 🎾, 18 9 – |♦| TV ☎ ♿ 🚗 Ⓟ – 🎪 30/300. AE ◑ E VISA. ✂
Com 2500 – ☕ 1250 – **263 hab** 15200/19000 – PA 5315.

Playa la Barrosa 🐦, playa de La Barrosa, SO : 10,5 km ✆ 49 48 24, Fax 49 48 60, ←, 🏖, 🏋, ⛱, ⛱, 🎾 – |♦| ▤ TV ☎ 🚗 Ⓟ – 🎪 25/150. AE ◑ E VISA. ✂
Com 1000 – **264 hab** ☕ 8000/12000.

Costa Golf 🐦, SO : 10 km ✆ 49 45 35, Fax 49 46 26, « Jardín con ⛱ junto al campo de golf » – ▤ TV ☎ 🚗 Ⓟ – 🎪 25/325. AE ◑ E VISA. ✂
Com 2800 – ☕ 1100 – **195 hab** 15000/18000.

CHINCHÓN 28370 Madrid 444 L 19 – 3 900 h. alt. 753 – ☎ 91.

Ver : Plaza Mayor ★★.

♦Madrid 52 – Aranjuez 26 – Cuenca 131.

Parador de Chinchón, 894 08 36, Telex 49398, Fax 894 09 08, Instalado en un convento del siglo XVII con bonito jardín, – – 25/60. AE VISA.
Com 3500 – 1200 – **38 hab** 14000 – PA 6970.

Café de la Iberia, pl. Mayor 17 894 09 98, , Antiguo café-Balcón con – . AE E VISA.
cerrado del 1 al 15 septiembre – Com carta 2500 a 3850.

La Balconada, pl. Mayor 894 13 03, Decoración castellana-Balcón con – . AE E VISA.
cerrado miércoles – Com carta 3000 a 4400.

Mesón de la Virreina, pl. Mayor 21 894 00 15, Fax 894 10 71, Decoración rústica-Balcón con – . AE E VISA.
Com carta 2600 a 3900.

Mesón Cuevas del Vino, Benito Hortelano 13 894 02 06, Fax 894 09 40, Instalación rústica en un antiguo molino de aceite – AE.
cerrado martes y agosto – Com carta 2150 a 4400.

en la carretera de Titulcia O : 3 km – 28370 Chinchón – 91 :

Nuevo Chinchón , urb. Nuevo Chinchón 894 05 44, , – rest . E VISA.
Com 2200 – 425 – **11 hab** 5700/7700.

CHIPIONA 11550 Cádiz 446 V 10 – 12 398 h. – 956 – Playa.
Alred. : Sanlúcar de Barrameda (Iglesia de Santo Domingo★ : bóvedas★ – Iglesia de Santa María de la O : portada★) NE : 9 km.
♦Madrid 614 – ♦Cádiz 54 – Jerez de la Frontera 32 – ♦Sevilla 106.

Cruz del Mar, av. de Sanlúcar 1 37 11 00, Telex 75095, Fax 37 13 64, , , « Patio con » – hab . AE E VISA.
abril-octubre – Com (sólo cena) 2200 – 700 – **85 hab** 7000/10000, 14 apartamentos.

Chipiona, Dr. Gómez Ulla 19 37 02 00, Fax 37 29 49 – . AE E VISA. rest
marzo-octubre – Com 1800 – 400 – **40 hab** 3500/6000.

CHIVA 46370 Valencia 445 N 27 – 6 421 h. alt. 240 – 96.
18 Club de Campo El Bosque SE : 12 km 326 38 00.
♦Madrid 318 – ♦Valencia 30.

en la carretera N III E : 10 km – 46370 Chiva – 96 :

Motel La Carreta, 251 11 00, Fax 251 11 65, , – – 25/250. AE E VISA. rest
Com 2200 – 425 – **80 hab** 5225/6575.

CHURRIANA Málaga – ver Málaga.

DAIMIEL 13250 Ciudad Real 444 O 19 – 16 260 h. – 926.
♦Madrid 172 – Ciudad Real 31 – Toledo 122 – Valdepeñas 51.

Las Tablas sin rest, con cafetería, Virgen de las Cruces 5 85 21 07, Fax 85 21 89 – . AE E VISA.
250 – **33 hab** 3000/5250.

en la antigua carretera de Madrid NE : 1,7 km – 13250 Daimiel – 926

Las Brujas con hab, 85 22 89 – rest . VISA.
Com carta 2150 a 2650 – 300 – **14 hab** 2200/3200.

en el cruce de las carreteras N 420 y N 430 SO : 3,5 km – 13250 Daimiel – 926

Nueva Tierrallana, 85 27 63 – . AE E VISA JCB.
Com 800 – 300 – **33 hab** 2000/3800 – PA 2000.

DAIMUZ o DAIMUZ 46710 Valencia 445 P 29 – 1 264 h. – 96 – Playa.
♦Madrid 420 – Gandía 4 – ♦Valencia 72.

en la playa E : 1 km – 46710 Daimuz – 96 :

Olímpico sin rest, Francisco Pons 2 281 90 31 –
abril-septiembre – 300 – **16 hab** 1450/2950.

DANCHARINEA o DANTXARINEA 31712 Navarra 442 C 25 – 948.
♦Madrid 475 – ♦Bayonne 29 – ♦Pamplona/Iruñea 80.

Lapitxuri sin rest, 59 90 46, Fax 59 90 46 – . AE E VISA.
cerrado lunes salvo julio y agosto, y octubre – 400 – **16 hab** 3500.

Menta, carret. de Francia 59 90 20 – . VISA.
cerrado lunes noche y martes – Com carta 2300 a 4150.

DARNIUS **17722** Gerona 443 E 38 - 467 h. alt. 193 - 972.
♦Madrid 759 - Gerona/Girona 52.

Darnius, carret. de Massanet 53 51 17 -
marzo-octubre y 15 diciembre-15 enero - Com *(cerrado jueves)* 850 - 450 - **10 hab** 3600.

DEBA Guipúzcoa - ver Deva.

DEHESA DE CAMPOAMOR Alicante - ver Torrevieja.

DEIÁ Baleares - ver Baleares (Mallorca) : Deyá.

DENA **36967** Pontevedra 441 E 3 - 986.
♦Madrid 620 - Pontevedra 21 - Santiago de Compostela 65.

Ría Mar sin rest., 74 41 11, Fax 74 44 01 -
65 hab.

DENIA **03700** Alicante 445 P 30 - 25 803 h. - 96 - Playa.
para Baleares : Cía Flebasa, estación Marítima, 578 41 00.
pl. de Oculista Büigues 9 578 09 57 Fax 578 09 57.
♦Madrid 447 - ♦Alicante 92 - ♦Valencia 99.

Costa Blanca, Pintor Llorens 3 578 03 36, Fax 578 40 97 - rest . AE E VISA.
Com 1485 - 405 - **53 hab** 4135/5935 - PA 2860.

El Raset, Bellavista 7 578 50 40, - . AE E VISA.
cerrado martes - Com carta 2700 a 3550.

Drassanes, Port 15 578 11 18 - . AE E VISA.
cerrado lunes y noviembre - Com carta 3100 a 4900.

Ticino, Bellavista 3 578 91 03, Cocina italiana - . AE E VISA.
cerrado miércoles - Com carta 1400 a 2700.

en la carretera de las Rotas - 03700 Denia - 96 :

Troya, SE : 1 km. 578 14 31, Pescados, mariscos y arroz abanda - . AE E VISA.
cerrado domingo noche y lunes (salvo festivos, vísperas y verano) - Com carta 4000 a 6000.

El Trampoli, playa SE : 4 km 578 12 96, , Pescados, mariscos y arroz abanda - . AE E VISA.
cerrado domingo noche - Com carta 2600 a 4000.

en la carretera de Las Marinas - 03700 Denia - 96 :

Rosa, Las Marinas, 98 NO : 2 km 578 15 73, Fax 578 15 73, , , - . rest
febrero-noviembre - Com 1600 - 500 - **31 hab** 6800.

Los Angeles sin rest, con cafetería, NO : 4,5 km 578 04 58, Fax 642 09 06, , - . AE E VISA
marzo- noviembre - 550 - **59 hab** 4500/7000.

El Poblet, urb. El Poblet NO : 2,4 km 578 41 79, Fax 578 56 91, - . AE E VISA.
cerrado lunes salvo en verano - Com carta 2975 a 4350.

Paquebote, playa Almadrava NO : 7,5 km 647 42 70 - . AE E VISA.
cerrado lunes y octubre - Com carta 1950 a 3350.

DERIO **48016** Vizcaya 442 C 21 - 94.
♦Madrid 408 - ♦Bilbao/Bilbo 9 - ♦San Sebastián/Donostia 108.

en la carretera de Bermeo N : 3 km - 48016 Derio - 94 :

Txakoli Artebakarra, 453 00 37, - .

DESFILADERO - ver el nombre propio del desfiladero.

DESIERTO DE LAS PALMAS Castellón - ver Benicasim.

DEVA o **DEBA** **20820** Guipúzcoa 442 C 22 - 4 916 h. - 943 - Playa.
Alred. : Carretera en cornisa★ de Deva a Lequeitio ≤ ★.
♦Madrid 459 - ♦Bilbao/Bilbo 66 - ♦San Sebastián/Donostia 41.

Urgain, Arenal 6 60 11 01 - . AE E VISA.
cerrado martes noche (salvo en verano) y del 4 al 28 noviembre - Com carta 2800 a 6000.

Txomín, Puerto 7 60 16 60 - AE E VISA.
cerrado domingo noche y octubre - Com carta 2950 a 3800.

DEYÁ Baleares - ver Baleares (Mallorca).

DON BENITO **06400** Badajoz 444 P 12 - 28 418 h. - 924.
♦Madrid 311 - ♦Badajoz 113 - Mérida 49.

Vegas Altas, av. Badajoz (carret. C 520) ☎ 81 00 05, Fax 81 10 13, - - 25/1000. AE E VISA. rest
Com 2200 - 550 - **80 hab** 7050/8560 - PA 5565.

Veracruz, carret. de Villanueva E : 2,5 km ☎ 80 13 62 - E VISA.
Com 950 - 200 - **53 hab** 3600/5500 - PA 1785.

DONOSTIA Guipúzcoa - ver San Sebastián.

DOS HERMANAS **41700** Sevilla 446 U 12 - 57 547 h. alt. 42 - 95.
♦Madrid 547 - ♦Cádiz 108 - Huelva 111 - ♦Sevilla 22.

La Motilla, carret. N IV - O : 1 km ☎ 566 68 16, Fax 566 68 88, - - 25/250. AE E VISA.
Com 1600 - 800 - **101 hab** 11000/15000 - PA 3400.

DRACH (Cuevas del) Baleares - ver Baleares (Mallorca).

DURANGO **48200** Vizcaya 442 C 22 - 26 101 h. - 94.
♦Madrid 425 - ♦Bilbao/Bilbo 32 - ♦San Sebastián/Donostia 71 - ♦Vitoria/Gasteiz 40.

Kurutziaga, Kurutziaga 52 ☎ 620 08 64, Fax 620 14 09, - AE E VISA. rest
cerrado 24 diciembre-2 enero - Com 2500 - 700 - **18 hab** 7500/13000 - PA 4845.

en Goiuria N : 3 km - ✉ 48200 Durango - 94 :

Goiuria, ☎ 681 08 86, Fax 681 08 86, ≤ Durango, valle y montañas - AE E VISA JCB.
cerrado domingo noche, martes noche, agosto y 23 diciembre-4 enero - Com carta 3200 a 4400.

Ikuspegi, ☎ 681 10 82, ≤ Durango, valle y montañas - AE E VISA.
cerrado lunes y septiembre - Com carta aprox 3600.

DÚRCAL **18650** Granada 446 V 19 - 5 787 h. alt. 830 - 958.
♦Madrid 460 - ♦Almería 149 - ♦Granada 30 - ♦Málaga 129.

Mariami sin rest y sin , Comandante Lázaro 82 ☎ 78 04 09 - VISA.
10 hab 3400/4300.

ÉCIJA **41400** Sevilla 446 T 14 - 35 h. alt. 101 - 95.
Ver : Iglesia de Santiago★ (retablo★).
av. de Andalucía ☎ 4833062.
♦Madrid 458 - Antequera 86 - ♦Cádiz 188 - ♦Córdoba 51 - ♦Granada 183 - Jerez de la Frontera 155 - Ronda 141 - ♦Sevilla 92.

Ciudad del Sol (Casa Pirula), av. del Genil ☎ 483 03 00, Fax 483 58 79, - AE E VISA. rest
Com 1200 - 250 - **30 hab** 4500/8500.

en la carretera N IV NE : 3 km - ✉ 41400 Ecija - 95

Astigi, apartado 24 ☎ 483 01 62, Fax 483 57 01, - E VISA.
Com carta 2750 a 3500 - 300 - **18 hab** 6000/7000 - PA 5300.

ECHALAR o **ETXALAR** **31760** Navarra 442 C 25 - 835 h. alt. 100 - 948.
♦Madrid 468 - ♦Bayonne 53 - ♦Pamplona/Iruñea 73.

en la carretera N 121 O : 4 km - ✉ 31760 Echalar - 948 :

Venta de Echalar, ☎ 63 50 00, « Instalada en un edificio del siglo XVI » - .
Com *(cerrado lunes)* 2000 - 450 - **23 hab** 7000 - PA 3780.

ECHEGÁRATE (Puerto de) Guipúzcoa 442 D 23 alt. 658 - ✆ 943.
♦Madrid 409 - ♦Pamplona/Iruñea 48 - ♦San Sebastián/Donostia 63 - ♦Vitoria/Gasteiz 54.

X **Buenos Aires,** carret. N I - Alto de Echegárate, ✉ 20213 Idiazábal, ✆ 80 12 82, 🍽 - P. AE E. ⚘
cerrado lunes noche, martes, y febrero - Com carta aprox. 3150.

EGÜÉS **31486** Navarra 442 D 25 - 978 h. alt. 491 - ✆ 948.
♦Madrid 395 - ♦Pamplona/Iruñea 10.

X Mesón Egüés, carret. de Aoiz ✆ 33 00 81, 🍽, Asados a la brasa, « Decoración rústica » - ▤ rest P.

EIBAR **20600** Guipúzcoa 442 C 22 - 36 494 h. alt. 120 - ✆ 943.
♦Madrid 439 - ♦Bilbao/Bilbo 46 - ♦Pamplona/Iruñea 117 - ♦San Sebastián/Donostia 54.

🏨 **Arrate** sin rest, Ego Gain 5 ✆ 11 72 42, Fax 70 00 74 - |$| TV ☎. AE ⓓ E VISA
☕ 650 - **89 hab** 5800/9200.

XX **Eskarne,** Arragüeta 4 ✆ 12 16 50 - ▤. AE ⓓ E VISA
cerrado domingo noche, lunes noche y agosto - Com carta 2800 a 4000.

EIVISSA Baleares - ver Baleares (Ibiza) : Ibiza.

El EJIDO **04700** Almería 446 V 21 - ✆ 951 - Playa.
⛳18 Almerimar S : 10 km ✆ 48 09 50.
♦Madrid 586 - ♦Almería 32 - ♦Granada 157 - ♦Málaga 189.

en la carretera de Almería NE : 7 km - ✉ 04700 El Ejido - ✆ 951 :

🏨 **El Edén,** ✆ 48 37 36, Fax 48 45 10, 🏊 - ▤ rest TV ☎ 🚗 P. AE ⓓ E VISA. ⚘ rest
Com 1100 - ☕ 350 - **23 hab** 6000 - PA 2150.

en Almerimar S : 10 km - ✉ 04700 El Ejido - ✆ 951 :

🏨 **Golf H. Almerimar** 🐦, ✆ 49 70 50, Fax 49 70 19, ≤ campo de golf y mar, 🏊, 🌳, 🎾, ⛳18 - |$| ▤ ☎ P - 🏛 25/80. AE ⓓ E VISA. ⚘
Com 2400 - ☕ 850 - **149 hab** 9000/11000 - PA 4400.

X **El Segoviano,** ✆ 48 00 84, 🍽 - ▤. AE E VISA. ⚘
cerrado domingo salvo julio-agosto - Com carta 2600 a 4000.

ELCHE o **ELX** **03200** Alicante 445 R 27 - 162 873 h. alt. 90 - ✆ 96.
Ver : El Palmeral★★ - Huerto del Cura★★ Z, Parque Municipal★ Y.
ℹ passeig de l'Estació, ✉ 03203, ✆ 545 27 47.
♦Madrid 406 ③ - ♦Alicante 24 ① - ♦Murcia 57 ②.

Plano página siguiente

🏨 **Huerto del Cura** (Parador colaborador) 🐦, Porta de la Morera 14, ✉ 03203, ✆ 545 80 40, Telex 66814, Fax 542 19 10, 🍽, « Pabellones rodeados de jardines en un palmeral », 🏊, 🎾 - ▤ TV ☎ 🚗 P - 🏛 25/300. AE ⓓ E VISA. ⚘ Z c
Com 3500 - ☕ 1000 - **70 hab** 11200/14000.

🏨 **Candilejas** sin rest y sin ☕, Dr Ferrán 19, ✉ 03201, ✆ 546 65 12 - |$| ▤ ☎. ⚘ X r
24 hab 4000.

XX **La Magrana,** Partida Altabix 41, ✉ 03291, ✆ 545 82 16 - ▤ P. AE E VISA. ⚘
cerrado domingo noche y lunes - Com carta 2900 a 4500. por ① X

X **La Pileta,** Trinquet 1 ✆ 542 36 93, Mesón rústico - AE VISA. ⚘ Y b
cerrado domingo y 15 agosto-1 septiembre - Com carta 2600 a 3900.

X **Mesón El Granaino,** Josep María Buch 40, ✉ 03201, ✆ 546 01 47, Mesón típico - ▤. AE ⓓ E VISA. ⚘ Y e
cerrado domingo, del 9 al 22 agosto y del 25 al 31 diciembre - Com carta 2300 a 2950.

X **Enrique,** Empedrat 10, ✉ 03203, ✆ 545 15 77 - ▤. E VISA. ⚘ Z h
- Com carta 2000 a 2600.

X Altabix, av. d'Alacant 37, ✉ 03202, ✆ 545 34 87 - ▤ X a

en la carretera de Alicante por ① : 4 km - ✉ 03200 Elche - ✆ 96 :

XX La Masía de Chencho, ✆ 545 97 47, 🍽, « Antigua casa de campo » - ▤ P.

por la carretera de El Altet SE : 4,5 km X - ✉ 03295 Elche - ✆ 96 :

XX **La Finca,** Partida de Perleta 1-7 ✆ 545 60 07, 🍽, « Casa de campo con terraza ajardinada » - ▤ P. AE E VISA
cerrado domingo noche, lunes y enero - Com carta 3100 a 4100.

ELX
ELCHE

ALMANSA, N 330 ③ A 7-E 15
ALICANTE, A 7-E 15 ①
EL ALTET
SANTA POLA
LA ALCUDIA
②
X
Av. del Ferrocarril
Av. de Novelda
de la Llibertat
Vinalopó
C 3317
N 340
EL PALMERAL
Circunvalacion
7-1993
0 500 m

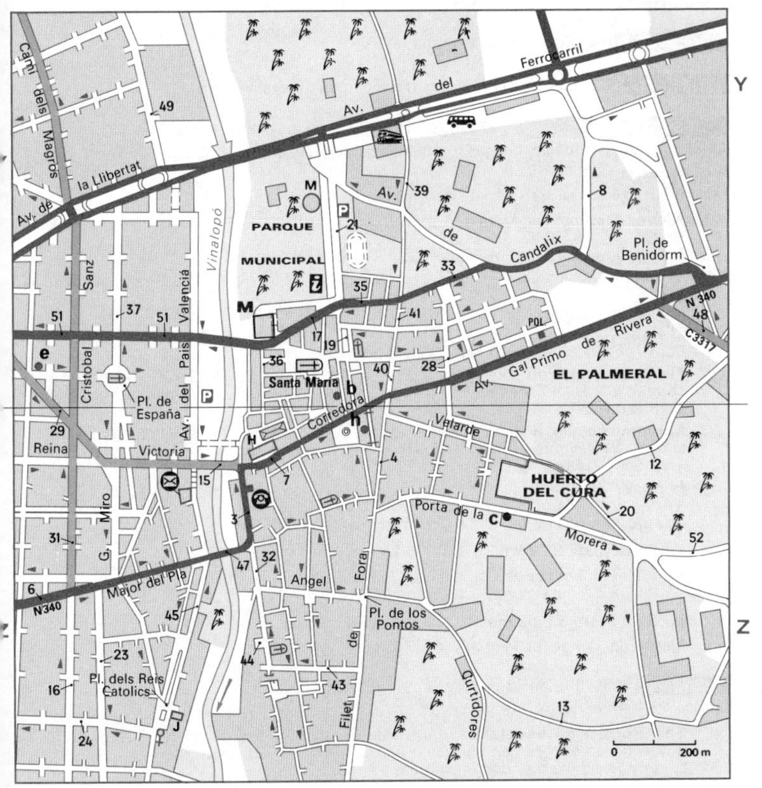

ELDA **03600** Alicante 445 Q 27 – 52 185 h. alt. 395 – ☎ 96.
♦Madrid 381 – ♦Albacete 134 – ♦Alicante 37 – ♦Murcia 80.

Elda sin rest, av. Chapí 6 ☎ 538 05 56, Fax 538 16 37 – ▤ ☎ ⇔. AE ⓓ E VISA. ✻
▭ 625 – **37 hab** 4300/7500.

Fayago, Colón 25 ☎ 538 10 13.

ELIZONDO **31700** Navarra 442 C 25 alt. 196 – ☎ 948.
ℹ Palacio de Arizcunenea ☎ 58 12 79.
♦Madrid 452 – ♦Bayonne 53 – ♦Pamplona/Iruñea 57 – St-Jean-Pied-de-Port 35.

Galarza, Santiago 1 ☎ 58 01 01 – Ⓟ. VISA. ✻
cerrado martes salvo en verano y última semana septiembre-1 octubre – Com carta 2500 a 3200.

Santxotena, Pedro Axular ☎ 58 02 97 – AE E VISA. ✻
cerrado lunes y 20 diciembre-7 enero – Com carta 2750 a 3500.

ELX Alicante – ver Elche.

EMPURIABRAVA Gerona – ver Ampuriabrava.

ENCAMP Andorra – ver Andorra (Principado de).

ERISTE **22469** Huesca 443 E 31 – 175 h. alt. 1 118 – ☎ 974 – Deportes de invierno en Cerler : ⛷11.
♦Madrid 534 – Huesca 144 – ♦Lérida/Lleida 144.

Linsoles y Rest. Margalida ⛰, carret. C 139 ☎ 55 14 11, Fax 55 10 50, ≤, « Conjunto típico de montaña », ⛸, ⛱, 🎾, ⛳9 – |♦| TV ☎ ⇔ Ⓟ – 🔔 25/100. AE E VISA. ✻
Com 1600 – ▭ 600 – **35 hab** 8250/13400 – PA 3250.

ERRENTERIA Guipúzcoa – ver Rentería.

ES ARENALS Baleares – ver Baleares (Formentera) : Playa Mitjorn.

La ESCALA o **L'ESCALA** **17130** Gerona 443 F 39 – 4 048 h. – ☎ 972 – Playa.
Alred. : Ampurias★ (ruinas griegas y romanas), emplazamiento★ N : 2 km.
ℹ pl. de Les Escoles 1 ☎ 77 06 03.
♦Madrid 748 – ♦Barcelona 135 – Gerona/Girona 41.

Nieves-Mar, passeig Maritim 8 ☎ 77 03 00, Fax 10 36 05, ≤ mar, ⛱, 🎾 – |♦| ▤ rest TV ☎ Ⓟ – 🔔 25/70. AE ⓓ E VISA. ✻ rest
febrero-noviembre – Com 2500 – ▭ 750 – **80 hab** 4370/8000 – PA 4880.

Voramar, passeig Lluis Albert 2 ☎ 77 01 08, Fax 77 03 77, ≤, 🌳, ⛱ – |♦| ☎. AE ⓓ E VISA
cerrado enero-febrero – Com 1870 – ▭ 550 – **36 hab** 3630/7150 – PA 3650.

El Roser, Iglesia 7 ☎ 77 02 19, Fax 77 09 77 – |♦| ▤ rest TV Ⓟ. AE ⓓ E VISA. ✻ rest
Com 1150 – ▭ 450 – **25 hab** 2950/4250 – PA 2100.

Els Pescadors, Port d'en Perris 3 ☎ 77 07 28, ≤ – ▤. AE ⓓ E VISA JCB. ✻
cerrado jueves (20 septiembre-20 junio), domingo noche (octubre-marzo) y noviembre – Com carta 2500 a 4750.

Miryam con hab, Ronda del Padró 4 ☎ 77 02 87 – ▤ rest TV ☎ Ⓟ. E VISA
cerrado 9 diciembre-22 enero – Com *(cerrado domingo noche y jueves)* carta 2475 a 4125 – ▭ 550 – **14 hab** 4500.

El Roser 2, passeig Lluis Albert 1 ☎ 77 11 02, Fax 77 09 77, ≤, 🌳 – ▤. AE ⓓ E VISA. ✻
cerrado miércoles y febrero – Com carta 3200 a 6500.

en Port-Escala E : 2 km – ✉ 17130 La Escala – ☎ 972

Café Navili, Román de Corbera ☎ 77 12 01 – ▤. E VISA
15 enero- 15 noviembre – Com carta 2125 a 3900.

en Sant Marti d'Empuries NO : 2 km – ✉ 17130 La Escala – ☎ 972 :

Mesón del Conde, pl. Iglesia 4 ☎ 77 03 06.

ESCALANTE **39795** Cantabria 442 B 19 – 753 h. alt. 7 – ☎ 942.
♦Madrid 479 – ♦Bilbao/Bilbo 82 – ♦Santander 42.

San Román de Escalante, carret. de Castillo 1,5 km ☎ 67 77 28, Fax 67 76 43, « Decoración elegante en un marco rústico » – ▤ Ⓟ. AE ⓓ E VISA
cerrado lunes y noviembre – Com carta 4150 a 5050.

Les ESCALDES ENGORDANY Andorra – ver Andorra (Principado de).

La ESCALERUELA Teruel – ver Sarrión.

ESCALONA **45910** Toledo 444 L 16 – 1 537 h. – ☎ 925.

♦Madrid 86 – Ávila 88 – Talavera de la Reina 55 – Toledo 54.

✕ **El Mirador** con hab, carret. de Ávila 2 ☎ 78 00 26, ← – ▤ rest. ✗
Com carta 1750 a 2550 – ☕ 120 – **10 hab** 2500.

ES CASTELL Baleares – ver Baleares (Menorca) : Mahón.

ESCORCA Baleares – ver Baleares (Mallorca).

El ESCORIAL **28280** Madrid 444 K 17 – 6 192 h. alt. 1 030 – ☎ 91.

♦Madrid 55 – Ávila 65 – ♦Segovia 50.

Escorial, Arias Montano 12 ☎ 890 13 61, Fax 890 14 62, 🍽 – ▤ rest. AE ⓓ E VISA. ✗
Com 2000 – ☕ 300 – **32 hab** 5050/5940 – PA 3825.

Ver también : ***San Lorenzo de El Escorial*** NO : 3 km..

ESCUDO (Puerto del) Cantabria – ver San Miguel de Luena.

ESCUNHAU Lérida – ver Viella.

ESPARTINAS **41807** Sevilla 446 T 11 – 1 900 h. alt. 132 – ☎ 95.

♦Madrid 562 – Huelva 76 – ♦Sevilla 19.

en la carretera de Umbrete O : 2 km – ✉ 41807 Espartinas – ☎ 95 :

Loreto, ☎ 571 07 20, Fax 571 06 80, 🏊 – |‡| ▤ TV ☎ P. AE ⓓ E VISA. ✗
Com 2800 – ☕ 550 – **54 hab** 8000/12000.

La ESPINA **33891** Asturias 441 B 10 y 11 alt. 660 – ☎ 98.

♦Madrid 494 – ♦Oviedo 59.

Casa Aurelio, El Cruce 2 ☎ 583 70 10, Fax 583 73 73 – ▤ rest TV ☎ 🚗. AE E VISA. ✗
cerrado 25 diciembre-7 enero – Com *(cerrado domingo)* 1200 – ☕ 350 – **14 hab** 4000/5000.

El ESPINAR **40400** Segovia 442 J 17 – 3 500 h. alt. 1 260 – ☎ 911.

♦Madrid 62 – Ávila 41 – ♦Segóvia 30.

La Típica, pl. de España, 11 ☎ 18 10 87 – ▤ rest
23 hab.

Casa Marino, Marqués de Perales 11 ☎ 18 23 39 – ▤ rest TV. VISA. ✗
cerrado 21 septiembre- 1 octubre – Com 1200 – ☕ 300 – **17 hab** 4000/4500.

ESPIRDO **40191** Segovia 442 J 17 – 135 h. alt. 1 062 – ☎ 911.

♦Madrid 93 – ♦Segovia 6.

La Posada, pl. Mayor ☎ 44 90 09 – ▤. VISA. ✗
Com 900 – ☕ 275 – **23 hab** 3300/5500 – PA 1765.

ESPLUGA DE FRANCOLÍ o **L'ESPLUGA DE FRANCOLÍ** **43440** Tarragona 443 H 33 – 3 602 h. alt. 414 – ☎ 977.

♦Madrid 521 – ♦Barcelona 123 – ♦Lérida/Lleida 63 – Tarragona 39.

Hostal del Senglar 🐦, pl. Montserrat Canals ☎ 87 01 21, Fax 87 10 12, « Jardín - Rest. típico », 🏊, 🎾 – |‡| ▤ rest TV ☎ P – 🏛 25/100. AE ⓓ E VISA. ✗
cerrado del 4 al 18 enero – Com 1800 – ☕ 425 – **40 hab** 3300/5700 – PA 3300.

ESPLUGUES DE LLOBREGAT Barcelona – ver Barcelona : Alrededores.

ESPONELLA **17832** Gerona 443 F 38 – 372 h. – ☎ 972.

♦Madrid 739 – Figueras/Figueres 19 – Gerona/Girona 30.

✕ **Can Roca,** av. Carlos de Fortuny 1 ☎ 59 70 12, 🍽 – ▤ P. E VISA
cerrado martes salvo festivos y septiembre – Com carta 2350 a 3150.

ESPOT **25597** Lérida 443 E 33 - 212 h. alt. 1 340 - ☎ 973 - Deportes de invierno en Super Espot : 4.

Alred. : O : Parque Nacional de Aigües Tortes★★.

♦Madrid 619 - ♦Lérida/Lleida 166.

Saurat, pl. San Martín ☎ 62 41 62, Fax 62 40 37, - rest . E VISA JCB. rest
17 enero-octubre - Com 1700 - 600 - **52 hab** 3385/7365 - PA 3400.

ES PUJOLS Baleares - ver Baleares (Formentera).

ESQUEDAS **22810** Huesca 443 F 28 alt. 509 - ☎ 974.

Alred. : Castillo de Loarre★★ (★★) NO : 19 km.

♦Madrid 404 - Huesca 14 - ♦Pamplona/Iruñea 150.

Venta del Sotón, carret. N 240 ☎ 27 02 41, Fax 27 01 61, « Interior rústico » - . AE E VISA.
cerrado domingo noche, lunes y febrero - Com carta 3400 a 4850.

ESTARTIT o **L'ESTARTIT** **17258** Gerona 443 F 39 - ☎ 972 - Playa.

Roca Maura 29 ☎ 75 89 10.

♦Madrid 745 - Figueras/Figueres 39 - Gerona/Girona 36.

Miramar, av. de Roma 21 ☎ 75 86 28, Fax 75 75 00, , , - . E VISA. rest
mayo-15 octubre - Com 1500 - 500 - **64 hab** 3600/6800.

La Masía, carret. de Torroella O : 1 km ☎ 75 81 78, Fax 75 99 00, , , - . AE E VISA. rest
4 abril-25 octubre - Com 1000 - 550 - **77 hab** 3525/5900 - PA 2175.

Edén con apartamentos, Victor Concas 17 ☎ 75 80 02, Telex 57077, Fax 75 86 91, **14 apartamentos.**

La Gaviota, passeig Maritim 92 ☎ 75 84 19, - . AE E VISA.
cerrado lunes noche, martes noche, miércoles noche y 14 enero-14 febrero - Com carta 2100 a 4150.

ESTELLA o **LIZARRA** **31200** Navarra 442 D 23 - 13 086 h. alt. 430 - ☎ 948.

Ver : Palacio de los Reyes de Navarra★ - Iglesia San Pedro de la Rúa : (portada★, Claustro★) - Iglesia de San Miguel : (fachada★, altorrelieves★★).

Alred. : Monasterio de Irache★ (iglesia★) S : 3 km - Monasterio de Iranzu (garganta★) N : 10 km.

San Nicolas 3 ☎ 55 40 11 temp. : Semana Santa-octubre.

♦Madrid 380 - ♦Logroño 48 - ♦Pamplona/Iruñea 45 - ♦Vitoria/Gasteiz 70.

Navarra, Gustavo de Maeztu 16 (Los Llanos) ☎ 55 10 69, Decoración navarro-medieval, « Villa rodeada de jardín » - . AE VISA.
cerrado domingo noche, lunes y 15 diciembre-3 enero - Com carta aprox. 4500.

Richard, av. de Yerri 10 ☎ 55 13 16 - . AE E VISA
cerrado lunes y 1ª quincena de septiembre - Com carta 3300 a 4700.

Rochas, Príncipe de Viana 16 ☎ 55 10 40 - .

ESTELLENCHS Baleares - ver Baleares (Mallorca).

ESTEPONA **29680** Málaga 446 W 14 - 24 261 h. - ☎ 95 - Playa.

El Paraíso NE : 11,5 km por N 340 ☎ 278 30 00 - Atalaya Park ☎ 278 18 94.

paseo Marítimo Pedro Manrique ☎ 280 09 13, Fax 279 21 81.

♦Madrid 640 - Algeciras 51 - ♦Málaga 85.

Robbies, Jubrique 11 ☎ 280 21 21 - . AE E VISA.
cerrado lunes, 1ª quincena de diciembre y febrero - Com (sólo cena) carta aprox. 4000.

Costa del Sol, San Roque 23 ☎ 280 11 01, Cocina francesa - . AE E VISA
cerrado domingo y lunes mediodía - Com carta 1850 a 3220.

en el puerto deportivo - ✉ 29680 Estepona - ☎ 95 :

El Cenachero, ☎ 280 14 42, .

Rafael, ☎ 280 23 41, - .

Antonio, ☎ 280 11 42, - E VISA. - Com carta 2310 a 3550.

en la carretera de Málaga - ✉ 29680 Estepona - ☎ 95 :

Atalaya Park, NE : 12,5 km y desvío 1 km ☎ 288 48 01, Telex 77210, Fax 288 57 35, , « Extenso jardín con arbolado », , , , , - - 25/600. AE E VISA.
Com 2900 - **La Torre** carta 2900 a 3400 - **Don Quijote** *(sólo cena)* carta 2800 a 3600 - 1350 - **448 hab** 9950/11950.

XX **La Alcaría de Ramos,** urb. El Paraíso NE : 11,4 km y desvio 1,5 km ☎ 288 61 78, ≤ – E VISA. ✻
cerrado domingo y 15 noviembre-15 diciembre – Com (sólo cena) carta 2000 a 3000.

X El Rocío, NE : 2 km, ☎ 280 00 46, ≤ – P.

X **Benamara,** NE : 11,4 km ☎ 288 26 07, Cocina marroquí – ▤ P. AE E VISA
cerrado lunes – Com (sólo cena) carta 2300 a 3100.

ESTERRI DE ANEU o **ESTERRI D'ÁNEU** **25580** Lérida 443 E 33 – 566 h. alt. 957 – ☎ 973.
♦Madrid 624 – ♦Lérida/Lleida 168 – Seo de Urgel 84.

Esterri Park H., Major 69 ☎ 62 63 88, ≤ – ▮ TV ☎ P
24 hab.

La ESTRADA o **A ESTRADA** **36680** Pontevedra 441 D 4 – 25 719 h. – ☎ 986.
♦Madrid 599 – Orense/Ourense 100 – Pontevedra 44 – Santiago de Compostela 28.

Milano ⑤, carret. de Cuntis 1 km ☎ 57 35 35, Fax 57 35 10, ≤, ⛱, ✻ – ▮ TV ☎ P – 🔬 25/200. AE ⓞ E VISA
Com carta 2400 a 3400 – ☐ 600 – **41 hab** 5800/9850.

X **Nixon,** av. de Puenteareas 1 ☎ 57 02 61 – AE E VISA. ✻
cerrado lunes y del 1 al 15 noviembre – Com carta 2150 a 4025.

ES VIVÉ Baleares – ver Baleares (Ibiza) : Ibiza.

ETXALAR Navarra – ver Echalar.

EUGUI o **EUGI** **31638** Navarra 442 D 25 alt. 620 – ☎ 948.
♦Madrid 422 – ♦Pamplona/Iruñea 27 – St-Jean-Pied-de-Port 63.

Quinto Real ⑤, ☎ 30 40 44, ≤ – P
18 hab.

EZCARAY **26280** La Rioja 442 F 20 – 1 710 h. alt. 813 – ☎ 941 – Deportes de invierno en Valdezcaray.
♦Madrid 316 – ♦Burgos 73 – ♦Logroño 61 – ♦Vitoria/Gasteiz 80.

Echaurren, Héroes del Alcázar 2 ☎ 35 40 47, Fax 42 71 33 – ▮ ▤ rest TV ☎. AE ⓞ E VISA. ✻ rest
cerrado noviembre – Com *(cerrado domingo noche en invierno)* carta 2380 a 3760 – ☐ 500 – **26 hab** 3450/6500, 6 apartamentos.

Margarita, Lamberto F. Muñoz 14 ☎ 35 41 44, Fax 35 45 76 – ▮ ▤ rest TV ☎. VISA. ✻
Com 1780 – ☐ 500 – **25 hab** 3550/6700 – PA 4060.

X **El Rincón del Vino,** av. Jesús Nazareno 2 ☎ 35 43 75, Exposición y venta de vinos y productos típicos de La Rioja, « Rústico regional » – P. AE ⓞ E VISA. ✻
cerrado miércoles salvo verano y 20 septiembre-10 octubre – Com carta 2250 a 3650.

FANALS playa de Gerona – ver Lloret de Mar.

FELANITX Baleares – ver Baleares (Mallorca).

FENE **15500** La Coruña 441 B 5 – 15 097 h. alt. 30 – ☎ 981.
♦Madrid 609 – ♦La Coruña/A Coruña 58 – Ferrol 6 – Santiago de Compostela 94.

Perlío, av. de las Pías 25 ☎ 34 20 11, Fax 34 20 59 – TV ☎. AE E VISA. ✻
Com 1200 – ☐ 350 – **28 hab** 2800/4800 – PA 2300.

FERRERÍAS Baleares – ver Baleares (Menorca).

FERROL **15400** La Coruña 441 B 4 – 91 764 h. – ☎ 981 – Playa – Iberia ☎ 31 92 90.
ℹ Magdalena 12, ✉ 15402, ☎ 31 11 79.
♦Madrid 608 – ♦La Coruña/A Coruña 61 – Gijón 321 – ♦Oviedo 306 – Santiago de Compostela 103.

Parador de Ferrol, pl. Eduardo Pondal, ✉ 15401, ☎ 35 67 20, Fax 35 67 20, « Edificio de estilo regional » – ▤ rest TV ☎ – 🔬 25/100. AE ⓞ VISA. ✻
Com 3200 – ☐ 1100 – **39 hab** 10500 – PA 6375.

Almirante y rest. Gavia, María 2, ✉ 15402, ☎ 32 53 11, Fax 32 53 11 – ▮ TV ☎ 🚗 – 🔬 25. AE ⓞ E VISA. ✻
Com *(cerrado domingo noche y lunes mediodía)* carta 2250 a 2900 – ☐ 650 – **122 hab** 4550/7950.

Almendra sin rest, Almendra 4, ✉ 15402, ☎ 35 81 90 – TV
40 hab.

Ryal sin rest, Galiano 43, ✉ 15402, ☎ 35 07 99 – AE E VISA.
320 – **40 hab** 3230/5140.

XXX **Borona,** Dolores 52, ✉ 15402, ☎ 35 50 99 – AE E VISA.
cerrado domingo y 23 junio-7 julio – Com carta 3450 a 4650.

XX **O'Parrulo,** av. Catabois 401, ✉ 15405, ☎ 31 86 53, Fax 32 35 31 – AE E VISA.
cerrado domingo, del 1 al 15 agosto y 20 diciembre-2 enero – Com carta 2400 a 4000.

XX O'Xantar, Real 182, ✉ 15401, ☎ 35 51 18 –.

X **Pataquiña,** Dolores 35 ☎ 35 23 11 – AE E VISA.
cerrado domingo noche de octubre-junio – Com carta 2500 a 3900.

X **Moncho,** Dolores 44, ✉ 15402, ☎ 35 39 94 – AE E VISA.
cerrado del 15 al 30 septiembre – Com *(cerrado domingo salvo 15 julio-15 septiembre)* carta 2525 a 3600.

X **Casa Rivera,** Galiano 57, ✉ 15402, ☎ 35 07 59 – E VISA.
cerrado domingo noche, festivos noche, del 15 al 30 junio y 23 noviembre-8 diciembre – Com carta 1400 a 2800.

FIGUERAS 33794 Asturias 441 B 8 – ☎ 98.

♦Madrid 593 – Lugo 92 – ♦Oviedo 150.

Palacete Peñalba, El Cotarelo ☎ 562 31 50, « Palacete de estilo modernista », –
TV AE E VISA.
Com (ver rest. **Peñalba**) – 650 – **12 hab** 9500.

XX **Peñalba,** av. Trenor - puerto ☎ 562 37 60, ← – AE E VISA.
– Com carta 4000 a 5500.

FIGUERAS o FIGUERES 17600 Gerona 443 F 38 – 30 532 h. alt. 30 – ☎ 972.

Ver : Museo-Teatro Dalí★★.

pl. del Sol ☎ 50 31 55.

♦Madrid 744 – Gerona/Girona 37 – ♦Perpignan 58.

President, ronda Firal 33 ☎ 50 17 00, Fax 50 19 97 – TV AE E VISA
Com 2000 – 650 – **77 hab** 5500/9000 – PA 4650.

Durán, Lasauca 5 ☎ 50 12 50, Fax 50 26 09 – TV. AE E VISA
Com (ver rest. **Durán**) – 600 – **65 hab** 4600/6600.

Travé, carret. de Olot ☎ 50 05 91, Fax 67 14 83, – – 25/500. AE E VISA. rest
Com 1600 – 500 – **73 hab** 3500/5200 – PA 3145.

Pirineos, ronda Barcelona 1 ☎ 50 03 12, Telex 56277, Fax 50 07 66 – rest.
AE E VISA. rest
Com *(cerrado lunes)* 1800 – 500 – **53 hab** 4750/6000 – PA 3475.

Ronda, ronda Barcelona 104 ☎ 50 39 11, Fax 67 20 04 – rest TV. AE E
VISA. rest
Com 1200 – 500 – **45 hab** 2800/4890 – PA 2900.

Los Ángeles sin rest, Barceloneta, 10 ☎ 51 06 61, Fax 51 07 00 –. AE E VISA
545 – **34 hab** 3220/4830.

XX **Durán,** Lasauca 5 ☎ 50 12 50, Fax 50 26 09 –. AE E VISA
Com carta 1775 a 2900.

XX **Viarnés,** Pujada del Castell 23 ☎ 50 07 91 –. AE E VISA
cerrado domingo noche, lunes (salvo julio-agosto), 1ª quincena de junio y 1ª quincena de noviembre – Com carta 2400 a 4000.

en la carretera N II a (antigua carretera de Francia) – ✉ 17600 Figueras – ☎ 972 :

✿ **Ampurdán,** N : 1,5 km ☎ 50 05 62, Telex 57032, Fax 50 93 58, – TV
AE E VISA. rest
Com carta 4200 a 6500 – 910 – **42 hab** 7200/10500
Espec. Ravioli de chanfaina, Steak de atún fresco al horno con hinojo, Liebre a la royal (temporada de caza).

Bon Retorn, S : 2,5 km ☎ 50 46 23, – rest. E VISA
Com *(cerrado lunes mediodía)* 1900 – 600 – **62 hab** 4000/6500 – PA 4400.

en la carretera de Olot SO : 5 km – ✉ 17742 Avinyonet de Puigventos – ☎ 972 :

XXX ✿ **Mas Pau** con hab, ☎ 54 61 54, Fax 50 13 77, « Antigua masía con jardín y »
– hab TV. AE E VISA
cerrado 11 enero- 19 marzo – Com *(cerrado domingo noche y lunes mediodía)* carta 3850 a 6490 – 1200 – **7 hab** 12000/18000
Espec. Hojaldre de patata rellena de caracoles, Langosta al chocolate, Jamboneta de pollo de corral con trufa negra..

FINISTERRE 15155 La Coruña 441 D 2 - 981.
♦Madrid 733 - ♦La Coruña/A Coruña 115 - Santiago de Compostela 131.

Finisterre, Federico Ávila, 8 74 00 00, Fax 74 00 54 - TV. AE E VISA.
Com 1500 - 500 - **36 hab** 4000/5000 - PA 3200.

FIOBRE La Coruña - ver Bergondo.

FISCAL 22373 Huesca 443 E 29 - 329 h. alt. 768 - 974.
♦Madrid 534 - Huesca 144 - ♦Lérida/Lleida 160.

Río Ara, carret. de Ordesa 50 30 20, ≤ - P. AE E VISA.
Com 1150 - 350 - **26 hab** 3000/4500 - PA 2250.

FITERO 31593 Navarra 442 F 24 - 2 186 h. alt. 223 - 948 - Balneario.
♦Madrid 308 - ♦Pamplona/Iruñea 93 - Soria 82 - ♦Zaragoza 105.

en Baños de Fitero O : 4 km - ✉ 31593 Fitero - 948 :

Virrey Palafox, 77 62 75, Fax 77 62 25, de agua termal, - TV P. VISA. rest
15 marzo-15 diciembre - Com 3125 - 850 - **63 hab** 5600/8100.

Baln. G. Adolfo Bécquer, 77 61 00, Fax 77 62 25, de agua termal, - rest TV P. VISA. rest
15 marzo-15 diciembre - Com 3125 - 850 - **195 hab** 5600/8100.

FORCALL 12310 Castellón de la Plana 445 K 29 - 705 h. - 964.
♦Madrid 423 - Castellón de la Plana 110 - Teruel 122.

Aguilar sin rest. y sin , av. III Centenario 1 17 11 06 - P
15 hab 1350/2700.

Mesón de la Vila, pl. Mayor 8 17 11 25, Decoración rústica - . VISA.
cerrado 15 octubre-15 noviembre - Com carta 1650 a 2700.

FORMENTERA Baleares - ver Baleares.

FORMENTOR (Cabo de) Baleares - ver Baleares (Mallorca).

El FORMIGAL Huesca - ver Sallent de Gállego.

FORNELLS Baleares - ver Baleares (Menorca).

FORTUNA (Balneario de) 30630 Murcia 445 R 26 - alt. 240 - 968 - Balneario.
♦Madrid 388 - ♦Albacete 141 - ♦Alicante 96 - ♦Murcia 25.

Victoria, 68 50 11, Fax 68 50 87, agua termal, - P. AE E VISA.
marzo-14 diciembre - Com 1980 - 330 - **65 hab** 4345/6710 - PA 3080.

Balneario, 68 50 11, Fax 68 50 87, agua termal, - P. AE E VISA.
Com 1980 - 330 - **58 hab** 4345/6710 - PA 3080.

España, 68 50 11, Fax 68 50 87, agua termal, - P. AE E VISA.
- *cerrado enero* - Com 1320 - 275 - **55 hab** 1925/2970 - PA 2145.

FORUA 48393 Vizcaya 442 BC 21 - 94.
♦Madrid 430 - ♦Bilbao/Bilbo 37 - ♦San Sebastián/Donostia 85 - ♦Vitoria/Gasteiz 70.

Baserri Maitea, NO : 1,5 km 625 34 08, Fax 625 57 88, Caserío del siglo XVIII - P.

Torre Barri, Torre Barri 4 625 25 07 - . AE E VISA.
cerrado miércoles y 20 enero-20 febrero - Com carta 2850 a 4450.

La FOSCA Gerona - ver Palamós.

FOZ 27780 Lugo 441 B 8 - 8 776 h. - 982.
Alred. : Iglesia de San Martín de Mondoñedo : (capiteles*) S : 2,5 km.
Álvaro Cunqueiro 14 00 27.
♦Madrid 598 - ♦La Coruña/A Coruña 145 - Lugo 94 - ♦Oviedo 194.

La FRANCA 33590 Asturias 441 B 16 - 98 - Playa.
♦Madrid 438 - Gijón 114 - ♦Oviedo 124 - ♦Santander 81.

Mirador de la Franca, playa O : 1,2 km 541 21 45, Fax 541 21 53, ≤, - TV
P. AE E VISA. rest
26 marzo-27 septiembre - 500 - **52 hab** 5900/9800.

FREGINALS **43558** Tarragona 443 J 31 - 414 h. alt. 126 - ☎ 977.
♦Madrid 513 - Castellón de la Plana 103 - Tarragona 87 - Tortosa 27.

en la carretera de Tortosa NO : 2 km - ✉ 43558 Freginals - ☎ 977
✗ Masía Creu del Coll, ✆ 71 80 27, ⛱, Decoración rústica regional - Ⓟ.

FRESNO DE LA RIBERA **49590** Zamora 441 H 13 - 497 h. - ☎ 988.
♦Madrid 227 - ♦Salamanca 81 - ♦Valladolid 80 - Zamora 16.

✗ **Marcial,** carret. N 122 ✆ 69 56 82 - ▤. AE ⓓ E VISA
cerrado lunes noche - Com carta aprox 2500.

FRIGILIANA **29788** Málaga 446 V 18 - 2 108 h. - ☎ 95.
♦Madrid 555 - ♦Granada 126 - ♦Málaga 58.

⌂ **Las Chinas,** pl. Capitán Cortés 14 ✆ 253 30 73, ⩽ - ☎. VISA. ✂
Com 800 - ☕ 300 - **9 hab** 2500/3800 - PA 1900.

FRÓMISTA **34440** Palencia 442 F 16 - 1 284 h. alt. 780 - ☎ 988.
Ver : Iglesia de San Martín★★.
🅸 paseo Central ✆ 81 01 13.
♦Madrid 257 - ♦Burgos 78 - Palencia 31 - ♦Santander 170.

✗✗ **Hostería de los Palmeros,** pl. San Telmo 4 ✆ 81 00 67 - ⓓ E VISA. ✂
cerrado martes salvo festivos o vísperas - Com carta 3100 a 4650.

FUENCARRAL Madrid - ver Madrid.

FUENGIROLA **29640** Málaga 446 W 15 - 30 606 h. - ☎ 95 - Playa.
⛳18 Golf Mijas N : 3 km ✆ 247 68 43 - ⛳18 Torrequebrada por ① : 7 km ✆ 244 27 42.
🅸 av. Jesús Santos Rein 6 ✆ 246 74 57, Fax 246 51 00.
♦Madrid 575 ① - Algeciras 104 ② - ♦Málaga 29 ①.

🏨 **Las Pirámides,** paseo Marítimo ✆ 247 06 00, Telex 77315, Fax 258 32 97, ⩽, ⛱ - |♦| ▤ ☎ Ⓟ - 🏃 25/300. AE E VISA. ✂ **a**
Com (sólo cena) 2550 - ☕ 565 - **320 hab** 9000/12000 - PA 5660.

🏨 **Florida,** paseo Marítimo ✆ 247 61 00, Telex 77791, Fax 258 15 29, ⩽, ⛱, « Jardín con ⛱ climatizada » - |♦| ▤ rest TV. AE ⓓ E VISA. ✂ **b**
Com 1975 - ☕ 525 - **116 hab** 5300/8000 - PA 3800.

🏠 **Italia** sin rest, de la Cruz 1 ✆ 247 41 93 - ✂ **z**
abril-diciembre - ☕ 250 - **32 hab** 2600/4500.

🏠 **Sedeño** sin rest y sin ☕, Don Jacinto 5 ✆ 247 47 88, ⛱ - ✂ **e**
30 hab 1995/3995.

✗✗ Don José, Moncayo 16 ✆ 247 90 52, ⛱ - ▤ **c**
temp.

✗✗ **Portofino,** paseo Marítimo Reyes de España 29 ✆ 247 06 43, ⛱ - ▤. AE ⓓ E VISA **x**
cerrado lunes, 1ª quincena de julio y 2ª quincena de febrero - Com (sólo cena julio y agosto) carta 1850 a 3650.

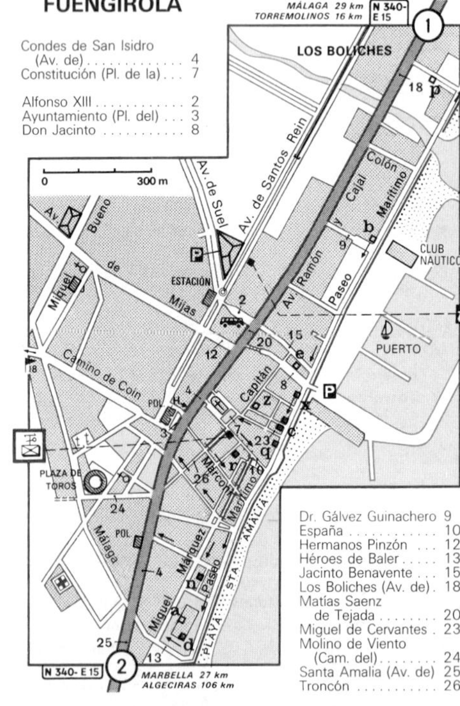

XX **Monopol,** Palangreros 7 ☎ 247 44 48, Decoración neo - rústica – AE E VISA **r**
cerrado domingo y agosto – Com (sólo cena) carta 2990 a 4290.

XX Old Swiss House "Mateo", Marina Nacional 28 ☎ 247 26 06 – ▤ **n**

XX Misono, General Yagüe - edificio Las Pirámides ☎ 247 06 00, Cocina japonesa **d**
Com (sólo cena).

X **La Gaviota,** paseo Marítimo - edificio la Perla 1 ☎ 247 36 37, 🏖 – AE ① E VISA. ✻
cerrado miércoles y 20 de diciembre- 20 enero – Com carta 2125 a 3100. **c**

X Los Amigos, Moncayo 16 ☎ 247 19 82, 🏖, Pescados y mariscos – ▤ **c**

X La Chimenea, paseo Marítimo - edificio Perla 2 ☎ 247 01 47, 🏖 **q**

en Los Boliches – ✉ 29640 Fuengirola – ☎ 95 :

Ángela, paseo Marítimo ☎ 247 52 00, Telex 77342, Fax 246 20 87, ≤, ⛱ climatizada, ✗
– |♦| ▤ rest ☎ 🚗. AE ① E VISA. ✻ rest **p**
Com 2750 – ☕ 550 – **260 hab** 7000/11200.

Santa Fé sin rest y sin ☕, av. de Los Boliches 66 por ① : 1,5 km ☎ 247 41 81 – |♦|
26 hab.

XX **La Langosta,** Francisco Cano 1 por ① : 1,5 km ☎ 247 50 49 – ▤. AE ① E VISA JCB. ✻
cerrado domingo y diciembre – Com (sólo cena) carta 1590 a 3990.

en Carvajal por ① : 4 km – ✉ 29640 Fuengirola – ☎ 95 :

XX **El Balandro,** paseo Marítimo ☎ 246 17 29, ≤, 🏖, Espec. en asados – ▤. AE E VISA. ✻
cerrado domingo – Com carta 3000 a 4400.

en Mijas Costa por ② : 8 km – ✉ 29648 Mijas – ☎ 95 :

XX **Los Claveles,** carret. de Cádiz - urb. Los Claveles ☎ 249 30 22, ≤, 🏖, Cocina belga – AE E VISA
cerrado lunes y 15 diciembre-15 enero – Com (sólo cena salvo domingo) carta 2050 a 3600.

en la urbanización Mijas Golf - por la carretera de Coín NO : 5 km – ✉ 29640 Fuengirola – ☎ 95 :

Byblos Andaluz 🐚, ☎ 247 30 50, Telex 79713, Fax 247 67 83, ≤ campo de golf y montañas, 🏖, Servicios de talasoterapia, « Elegante conjunto de estilo andaluz situado entre dos campos de golf », Fø, ⛱, ⛱, 🌳, ✗, 18 18 – |♦| ▤ TV ☎ P – 🏛 30/200. AE ① E VISA. ✻ rest
Com 5000 - **Le Nailhac** *(sólo cena, cerrado miércoles)* carta 3300 a 6100 - **El Andaluz** carta 3300 a 6100 – ☕ 1700 – **144 hab** 22000/26000.

FUENMAYOR **26360** La Rioja 442 E 22 – 2 025 h. – ☎ 941.

♦Madrid 335 – ♦Burgos 132 – ♦Logroño 12 – ♦Vitoria/Gasteiz 77.

XX **El Horno de Fuenmayor,** av. de Cenicero 20 ☎ 45 02 27 – ▤. AE ① E VISA. ✻
cerrado domingo noche y lunes noche – Com carta 2650 a 3400.

FUENTE DÉ Cantabria 442 C 15 – alt. 1 070 – ✉ 39588 Espinama – ☎ 942 – 🚡 1.

Ver : Paraje★★.

Alred. : Mirador del Cable ✻★★ estación superior del teleférico.

♦Madrid 424 – Palencia 198 – Potes 25 – ♦Santander 140.

Parador del Río Deva 🐚, alt. 1 005, ✉ 39588 Espinama, ☎ 73 00 01, Fax 73 02 12, « Magnífica situación al pie de los Picos de Europa, ≤ valle y montaña » – |♦| TV ☎ P. AE ① VISA. ✻
Com 3000 – ☕ 1000 – **78 hab** 9000 – PA 5950.

FUENTE DE PIEDRA **29520** Málaga 446 U 15 – 2 151 h. – ☎ 95 :.

♦Madrid 544 – Antequera 23 – ♦Córdoba 137 – ♦Granada 120 – ♦Sevilla 141.

X La Laguna con hab, carret. N 334 ☎ 273 52 92, 🏖 – ▤ rest P
9 hab.

FUENTE EL SOL **47009** Valladolid 442 I 15 – 400 h. – ☎ 983.

♦Madrid 151 – Ávila 77 – ♦Salamanca 81 – ♦Valladolid 65.

X El Buen Yantar, carret. C 610 ☎ 82 42 12 – ▤ P.

FUENTE EN SEGURES **12160** Castellón de la Plana 445 K 29 – alt. 821 – ☎ 964 – Balneario.

♦Madrid 502 – Castellón de la Plana 79 – Tortosa 126.

Los Pinos 🐚, ☎ 43 13 11, ≤ – |♦| ☎ 🚗. ✻
15 junio- septiembre – Com 950 – ☕ 320 – **48 hab** 2400/4800 – PA 1900.

Fuente En Segures 🐚, av. Dr. Puigvert ☎ 43 10 00 – |♦| ☎ 🚗 P
temp. – **78 hab.**

FUENTERRABÍA u **HONDARRIBIA** **20280** Guipúzcoa 442 B 24 – 11 276 h. – 943 – Playa.

Alred. : Ermita de San Marcial ≤**, (9 km al Este), Cabo Higuer* (≤*) N : 4 km – Trayecto** de Fuenterrabía a Pasajes de San Juan por el Jaizkíbel : capilla de Nuestra Señora de Guadalupe ≤* – Hostal del Jaizkíbel ≤**, descenso a Pasajes de San Juan ≤* – Pasaia Donibane*.

18 de San Sebastián, Jaizkíbel SO : 5 km 61 68 45.

42 35 86 – Iberia y Aviaco : ver San Sebastián.

♦Madrid 512 – ♦Pamplona/Iruñea 95 – St-Jean-de-Luz 18 – ♦San Sebastián/Donostia 23.

Parador de Fuenterrabía (reapertura prevista en primavera) sin rest, pl. de Armas 64 21 40, Fax 64 21 53, « Instalado en un castillo medieval » – AE VISA.
1200 – **35 hab** 14000.

Río Bidasoa, Nafarroa Beherea 64 54 08, Fax 64 51 70, « Jardín con » – 25/70. AE E VISA.
Com 1800 – 700 – **37 hab** 10000/13000.

Obispo, pl. del Obispo 64 54 00, Fax 64 23 86, « Palacio del siglo XIV » – AE E VISA.
cerrado 15 diciembre-15 enero – Com *(cerrado domingo)* (sólo cena) carta 2500 a 3400 – 800 – **14 hab** 9000/12000.

Pampinot sin rest, Mayor 3 64 06 00, Fax 64 51 28, « Casa señorial del siglo XVI » – AE E VISA
cerrado febrero – 1100 – **8 hab** 12000/17000.

San Nicolás sin rest, pl. de Armas 6 64 42 78 – AE E VISA.
600 – **14 hab** 5500/6500.

Jauregui sin rest, San Pedro 28 64 14 00, Fax 64 44 04 – 25. AE E VISA.
600 – **53 hab** 6650/9800.

Álvarez Quintero sin rest, Edificio Miramar 7 64 22 99 – E VISA
Semana Santa-octubre – 450 – **14 hab** 3700/5900.

Txoko Goxoa sin rest, Murallas 19 64 46 58 – AE E VISA.
400 – **6 hab** 5000.

XXX ✿ **Ramón Roteta,** Irún 64 16 93, Fax 64 58 63, – AE E VISA JCB
cerrado domingo noche, jueves, 2ª quincena febrero y noviembre – Com carta 4350 a 5500
Espec. Fideos fritos a la marinera, Torta de patatas con ajoarriero de bacalao, Huevos de caserio escalfados con foie y trufa.

XX **Sebastián,** Mayor 7 64 01 67 –
cerrado domingo noche, lunes y 15 días en noviembre – Com carta 4100 a 5200.

XX **Arraunlari,** paseo Butrón 6 64 15 81, – AE E VISA.
cerrado lunes y 15 diciembre-15 enero – Com carta 3200 a 4400.

X Mamutzar, Sol 10 64 50 32, Decoración rústica.

X **Zeria,** San Pedro 23 64 27 80, Fax 64 12 14, Decoración rústica, Pescados y mariscos – AE E VISA JCB.
cerrado domingo noche y jueves salvo en verano – Com carta 3150 a 3850.

X Kupela, Zuloaga 4 64 40 25, Decoración rústica.

X **Aquarium,** Zuloaga 2 64 27 93, – AE E VISA
cerrado lunes noche, martes y 15 diciembre-Jueves Santo – Com carta 3100 a 5200.

X **Alameda,** Alameda 8 64 27 89, « Terraza bajo un arco con plantas » – AE E VISA.
cerrado domingo noche en invierno, jueves en verano, Navidades y enero – Com carta 2200 a 3400.

por la carretera de San Sebastián y camino a la derecha SO : 2,5 km – 20280 Fuenterrabía – 943 :

XX Beko Errota, barrio de Jaizubia 64 31 94, Caserio vasco – P.

FUERTEVENTURA Las Palmas – ver Canarias.

GALAPAGAR **28260** Madrid 444 K 17 – 6 090 h. alt. 881 – 91.

♦Madrid 36 – El Escorial 13.

XX **La Retranka,** carret. M 505 SE : 1 km 858 02 44, – P. AE VISA.
cerrado lunes y septiembre – Com carta 3300 a 4100.

GALDÁCANO o GALDAKAO 48960 Vizcaya 442 C 21 - 26 545 h. - ☎ 94.
◆Madrid 403 - ◆Bilbao/Bilbo 8 - ◆San Sebastián/Donostia 91 - ◆Vitoria/Gasteiz 68.

XX ✿ **Andra Mari,** Elejalde 22 ✆ 456 00 05, Fax 456 76 72, ≤ montañas, 🏠, Decoración regional - ▤ ⓟ. AE ⓓ E VISA JCB. ✂
cerrado domingo y agosto - Com carta 3675 a 5000
Espec. Ensalada templada de verduras con hígado de pato, Láminas de bacalao sobre fondo de hongos, Lomo de cordero con verduras(primavera).

GAMA 39790 Cantabria 442 B 19 - ☎ 942 - ◆Madrid 477 - ◆Bilbao/Bilbo 80 - ◆Santander 40.

🏠 **Corpus,** carret. N 634 ✆ 67 00 25, 🏠 - ☎ ⓟ. ✂
Com 2150 - ☕ 300 - **13 hab** 5000/7000.

GANDESA 43780 Tarragona 443 I 31 - 2 831 h. - ☎ 977.
◆Madrid 459 - ◆Lérida/Lleida 92 - Tarragona 87 - Tortosa 40.

🏠 **Piqué,** vía Cataluña 68 ✆ 42 00 68, Fax 42 00 68 - ▤ rest ☎ ⓟ. E VISA. ✂
Com 1100 - ☕ 350 - **48 hab** 1600/3200 - PA 2550.

GANDÍA 46700 Valencia 445 P 29 - 52 646 h. - ☎ 96 - Playa.
ℹ av. Marqués de Campo ✆ 287 77 88 y p. Maritim Neptú ✆ 284 24 07 (temp).
◆Madrid 416 - ◆Albacete 170 - ◆Alicante 109 - ◆Valencia 68.

🏠 **Los Naranjos** sin rest, av. Pío XI - 57 ✆ 287 31 43, Fax 287 31 44 - 🛗 ☎. AE ⓓ E VISA
- ☕ 275 - **35 hab** 2500/3800.

🏠 **Duque Carlos** sin rest y sin ☕, Duc Carles de Borja 34 ✆ 287 28 44 - ▤. ⓓ E VISA
28 hab 2500/3600.

X **Sant Roc i el Gos,** Hospital 10 ✆ 287 03 13, 🏠 - ▤. AE ⓓ E VISA. ✂
cerrado domingo y julio - Com carta 2150 a 2650.

en el puerto (Grao) NE : 3 km - ver plano - ✉ 46730 Grao de Gandía - ☎ 96

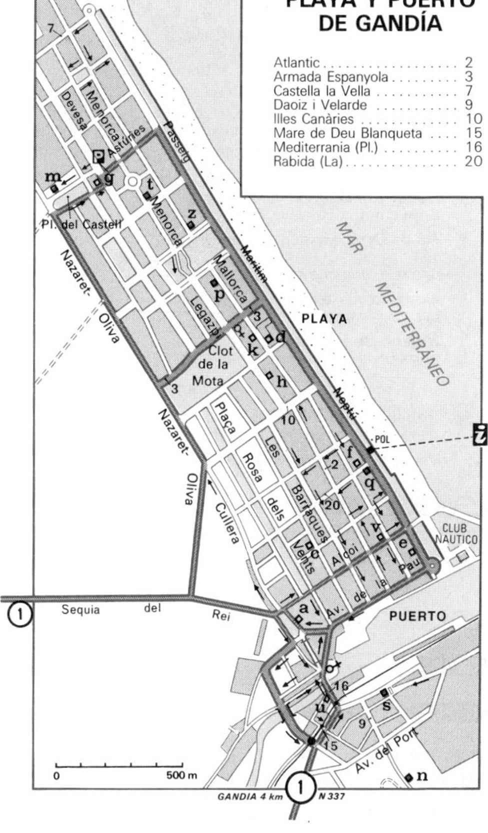

🏠 **La Alberca** sin rest, Cullera 8 ✆ 284 51 63 - 🛗 📺 ☎. AE E VISA **a**
☕ 350 - **17 hab** 3300/5500.

🏠 **Mengual,** pl. Mediterráneo 4 ✆ 284 21 02, 🏠 - 🛗 ▤ rest. E VISA. ✂ **u**
cerrado 15 octubre-15 noviembre - Com *(cerrado martes)* 1300 - ☕ 220 - **27 hab** 2500/4500.

XX ✿ **Mesón de la Guitarra,** Partida de Foyas ✆ 284 20 20, Pescados y mariscos - ▤ ⓟ. AE E VISA. ✂ **n**
cerrado domingo noche, lunes y noviembre - Com carta aprox. 7000
Espec. Vitolina de rape, Suc de peix, Dorada a la sal con angulas.

X **Rincón de Ávila,** Príncep 5 ✆ 284 22 69, Especialidad en carnes - ▤. AE. ✂ **s**
cerrado domingo y 15 junio-15 julio - Com carta 2400 a 4000.

en la playa NE : 4 km - ver plano - ✉ 46730 Grao de Gandía - ☎ 96 :

Bayren I, passeig Maritim Neptú 62 ✆ 284 03 00, Telex 61549, Fax 284 06 53, « Terraza con ≤ playa », 🏊, 🎾 - 🛗 ▤ TV ☎ - 🏛 25/450. AE ⓓ E VISA. ✗ **d**
cerrado enero - Com 2600 La Goleta - ☕ 645 - **164 hab** 7030/12875 - PA 4970.

Albatros sin rest, Grau 11 ✆ 284 56 00, Fax 284 50 00, 🏊 - 🛗 ▤ TV ☎ P. AE E VISA. ✗ **c**
☕ 500 - **45 hab** 5600/7000.

San Luis, passeig Marítim Neptú 5 ✆ 284 08 00, Fax 284 08 04, ≤, 🏊 - 🛗 ▤ rest ☎ 🚗 - 🏛 25/125. ⓓ E VISA. ✗ rest **e**
marzo-octubre - Com 2100 - ☕ 440 - **76 hab** 5195/7750 - PA 3885.

Bayren II, Mallorca 19 ✆ 284 07 00, Telex 61549, Fax 284 06 53, 🏊, 🎾 - 🛗 ▤ TV ☎. AE ⓓ E VISA. ✗ **k**
junio-septiembre - Com 2025 - ☕ 445 - **125 hab** 5425/8465 - PA 3820.

Gandía Playa, La Devesa 17 ✆ 284 13 00, Fax 284 13 50, 🏊 - 🛗 TV ☎. AE E VISA. ✗ rest
Com 1450 - ☕ 300 - **126 hab** 3450/5250 - PA 2700. **g**

Riviera sin rest, passeig Marítim Neptú 28 ✆ 284 00 66, ≤ - 🛗 ▤ TV ☎ P. AE E VISA. ✗ **f**
3 abril-4 octubre - ☕ 450 - **72 hab** 5200/7700.

Clibomar sin rest y sin ☕, Alcoi 24 ✆ 284 02 37, Fax 284 43 31 - 🛗 TV ☎. ✗ **v**
cerrado 15 octubre-15 noviembre - **16 hab** 6000.

Mavi, Legazpi 18 ✆ 284 00 20 - 🛗 ▤ rest. AE E VISA. ✗ **h**
marzo-septiembre - Com 1000 - ☕ 250 - **40 hab** 4250 - PA 1800.

Gamba, carret. de Nazaret - Oliva ✆ 284 13 10, 🌂, Pescados y mariscos - ▤ P. ⓓ E VISA por carret. Nazaret-Oliva
cerrado lunes y noviembre - Com (sólo almuerzo salvo viernes y sábado) carta 3100 a 6500.

Emilio, av. Vicente Calderón - bloque F5 ✆ 284 07 61 - ▤. AE ⓓ E VISA JCB. ✗ **z**
cerrado miércoles y 2ª quincena de octubre - Com carta 2700 a 3650.

Kayuko, Cataluña 14 ✆ 284 01 37, 🌂, Pescados y mariscos - ▤. AE ⓓ E VISA. ✗ **t**
cerrado lunes y noviembre - Com carta 3200 a 4250.

Celler del Duc, pl. del Castell ✆ 284 20 82, 🌂 - ▤. AE ⓓ E VISA **m**
Com carta 3050 a 3800.

As de Oros, passeig Marítim Neptú 26 ✆ 284 02 39, Pescados y mariscos - ▤. AE ⓓ E VISA. ✗ **q**
cerrado lunes de septiembre a junio - Com carta aprox. 4000.

Gonzalo, Castella la Vella ✆ 284 58 68 - ▤. VISA. ✗
cerrado martes y enero - Com carta 2510 a 3175.

Mesón de los Reyes, Mallorca 39 ✆ 284 00 78, 🌂 - AE ⓓ E VISA. ✗ **p**
abril-diciembre - Com carta 2400 a 3600.

en la carretera de Bárig O : 7 km - ✉ 46728 Marxuquera - ☎ 96 :

Imperio II, ✆ 286 75 06, 🌂 - ▤ P. E VISA. ✗
cerrado miércoles y 15 octubre-15 noviembre - Com carta 2200 a 3300.

Ver también : ***Villalonga*** S : 11 km.

GARAYOA o GARAIOA

31692 Navarra 442 D 26 - 154 h. alt. 777 - ☎ 948.
♦Madrid 438 - ♦Bayonne 98 - ♦Pamplona 55.

Arostegui 🐎, Chiquirín 13 ✆ 76 40 44, ≤ - ✗
Com 1400 - ☕ 350 - **21 hab** 2500/4000.

A GARDA

Pontevedra - ver La Guardia.

GARGANTA

- ver el nombre propio de la garganta.

GARÓS

Lérida - ver Viella.

La GARRIGA

08530 Barcelona 443 D 32 - 8 164 h. alt. 258 - ☎ 93 - Balneario.
♦Madrid 650 - ♦Barcelona 37 - Gerona/Girona 84.

Baln. Blancaflor 🐎, Banys 59 ✆ 871 46 00, Fax 871 57 50, 🏊 agua termal, 🌳, 🎾 - 🛗 ▤ rest TV ☎ P - 🏛 25/50. ⓓ VISA. ✗
Com 2300 - ☕ 575 - **52 hab** 11000/15000.

Catalonia, carret. de l'Ametlla 68 ✆ 871 56 54, 🌂 - ▤ P. AE VISA. ✗
Com carta aprox. 2800.

GARRUCHA **04630** Almería 446 U 24 - 3 265 h. - ☎ 951 - Playa.
♦Madrid 536 - ♦Almería 100 - ♦Murcia 140.

San Francisco sin rest, carret. de Vera ☎ 13 21 02 - ▤ ☎ - **18 hab.**

Cervantes sin rest, Colón 3 ☎ 46 02 52 - ✻ - ☐ 280 - **15 hab** 2200/3800.

GASTEIZ Álava - ver Vitoria.

GAVÁ **08850** Barcelona 443 I 36 - 33 456 h. - ☎ 93 - Playa.
♦Madrid 620 - ♦Barcelona 18 - Tarragona 77.

en la carretera C 246 S : 4 km - ✉ 08850 Gavá - ☎ 93 :

La Pineda, ☎ 662 30 12, ☂ - ▤ P.

GÉNOVA Baleares - ver Baleares (Mallorca) : Palma de Mallorca.

GERNIKA LUMO Vizcaya - ver Guernica y Luno.

GERONA o **GIRONA** **17000** P 443 G 38 - 87 648 h. alt. 70 - ☎ 972.

Ver : Ciudad antigua★★ - Catedral★ (nave★★, retablo mayor★, Tesoro★★ : Beatus★, Tapiz de la Creación★★★, Claustro★) BY - Museu d'art★ : retablo de Sant Miquel de Cruilles★★ BY **M1** - Ex-colegiata de Sant Feliú : Sarcófago con cacería de leones★ BY **R** - Iglesia de Sant Pere de Galligants : museo arqueológico : sepulcro de las Estaciones★ BY.

Rambla de la Llibertat, ✉ 17004, ☎ 41 94 19 Estación de Renfe, ☎ 21 62 96 - R.A.C.C. carret. de Barcelona 30, ✉ 17001, ☎ 20 08 68.

♦Madrid 708 ② - ♦Barcelona 97 ② - Manresa 134 ② - Mataró 77 ② - ♦Perpignan 91 ① - Sabadell 95 ②.

Plano página siguiente

Sol Girona, Barcelona, 112, ✉ 17003, ☎ 40 05 00, Telex 56240, Fax 24 32 33 - ▤ TV ☎ - 25/500. AE ⓓ E VISA. ✻ rest por ②
Com carta 3150 a 4600 - ☐ 1100 - **114 hab** 9750/12200.

NH Costabella, av. de Francia 61, ✉ 17007, ☎ 20 25 24, Fax 20 22 03 - ▤ TV ☎ P - 25/30. AE ⓓ E VISA. ✻ rest por ①
Com 2300 - ☐ 900 - **46 hab** 7700/11100 - PA 6000.

Ultonia sin rest, Gran Vía de Jaume I-22, ✉ 17001, ☎ 20 38 50, Fax 20 33 34 - ▤ TV ☎ - 25/40. AE ⓓ E VISA. ✻ - ☐ 600 - **45 hab** 5200/9100. AY **x**

Condal sin rest y sin ☐, Joan Maragall 10, ✉ 17002, ☎ 20 44 62 - Z **p**
39 hab 2300/4500.

Reyma sin rest y sin ☐, Pujada del Rei Martí 15, ✉ 17004, ☎ 20 02 28 - ✻ Y **r**
18 hab 2000/4000.

Albereda, Albereda 7, ✉ 17004, ☎ 22 60 02 - ▤. AE ⓓ E VISA. ✻ BZ **a**
cerrado domingo, festivos y agosto - Com carta 3750 a 5250.

L'Hostalet del Call, Batlle i Prats 4, ✉ 17004, ☎ 21 26 88 - ▤. AE E VISA Y **s**
cerrado domingo noche, lunes y febrero - Com carta aprox. 3000.

Edelweiss, Santa Eugenia 7 - passatge Ensesa, ✉ 17001, ☎ 20 18 97 - ▤. AE ⓓ E VISA. ✻ Z **e**
cerrado domingo, festivos y del 15 al 31 agosto - Com carta 2905 a 4300.

Selva Mar, Santa Eugenia 81, ✉ 17005, ☎ 23 63 29 - ▤. E VISA. ✻
cerrado lunes mediodía - Com carta 3000 a 5000. por Santa Eugenia Z

La Penyora, Nou del Teatre 3, ✉ 17004, ☎ 21 89 48 - ▤. E VISA Z **s**
cerrado miércoles y septiembre - Com carta 2275 a 3025.

Casa Marieta, pl. Independencia 5, ✉ 17001, ☎ 20 10 16, ☂ - ▤. ✻ Y **n**
cerrado domingo noche, lunes y 24 diciembre-25 enero - Com carta 1675 a 2500.

al Noroeste por ① y desvío a la izquierda : 2 km - ✉ 17007 Gerona - ☎ 972

El Celler de Can Roca, carret. Taialá 40, ✉ 17007, ☎ 22 21 57 - ▤. AE ⓓ E VISA. ✻
cerrado sábado mediodía, domingo, 25 diciembre-6 enero y del 1 al 15 julio - Com carta 2500 a 3900.

en la carretera N II por ② : 5 km - ✉ 17458 Fornells de la Selva - ☎ 972 :

Fornells Park, ☎ 47 61 25, Fax 47 65 79, « Pinar », ⛱, ☂ - ▤ TV ☎ P - 25/400. AE ⓓ E VISA. ✻ rest
Com 2250 - ☐ 1000 - **53 hab** 6815/9820 - PA 4800.

en la carretera del aeropuerto por ② - ☎ 972 :

Novotel Gerona, por A 7 salida 8 : 12 km, ✉ 17457 Riudellots de la Selva, ☎ 47 71 00, Telex 57238, Fax 47 72 96, ⛱, ✻ - ▤ TV ☎ ♿ P - 25/225. AE ⓓ E VISA. ✻ rest
Com 2300 - ☐ 1050 - **81 hab** 11125/14000.

Vilobí Park, por A 7 salida 8 : 13 km, ✉ 17185 Vilobí D'Onyar, ☎ 47 31 86, Fax 47 34 63 - ▤ TV ☎ P. AE E VISA
Com 1600 - ☐ 700 - **32 hab** 8000/10000 - PA 3200.

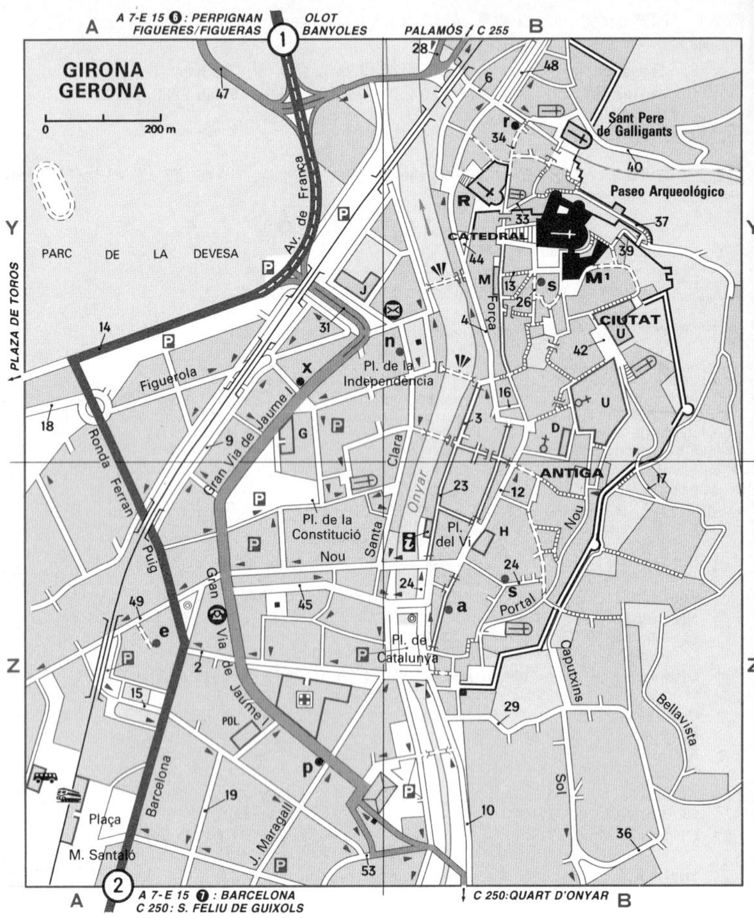

Llibertat (Rambla de la) . . . BZ 23
Nou . . . . AZ

Álvarez de Castro . . . . AZ 2
Argenteria . . . . BY 3
Ballesteríes . . . . BY 4
Bellaire . . . . BY 6
Bonastruc de Porta . . . . . . AY 9
Carme . . . . BZ 10
Ciutadans . . . . BZ 12
Cúndaro . . . . BY 13
Devesa (Pas. de la) . . . . AY 14
Eduard Marquína (Pl. de) . . AZ 15
General Fournàs . . . . BY 16
General Peralta (Pas. del) . . BZ 17
Joaquim Vayreda . . . . AY 18
Juli Garreta . . . . AZ 19
Nou del Teatre . . . . BZ 27
Oliva i Prat . . . . BY 26
Palafrugell . . . . BY 28
Pedreres (Pujada de les) . . BZ 29
Ramon Folch (Av.) . . . . AY 31
Rei Ferran el Catòlic . . . . . . BY 33
Rei Marti (Pujada del) . . . . BY 34
Reina Isabel la Católica . . . BZ 36
Reina Joana (Pas. de la) . . BY 37
Sant Cristófol . . . . BY 39
Sant Daniel . . . . BY 40
Sant Domènec (Pl. de) . . . . BY 42
Sant Feliu (Pujada de) . . . . BY 44
Sant Francesc (Av. de) . . . . AZ 45
Sant Gregori
(Carretera de) . . . . AY 47
Sant Pere (Pl. de) . . . . BY 48
Santa Eugénia . . . . AZ 49
Ultònia . . . . AZ 53

GETAFE **28900** Madrid 444 L 18 – 127 060 h. – ☎ 91.
♦Madrid 13 – Aranjuez 38 – Toledo 56.

✗ **Puerta del Sol,** Hospital de San José 67, ✉ 28901, ☎ 695 70 62 – ▤. AE VISA. ✗
cerrado martes y agosto – Com carta 2000 a 4100.

en la carretera N IV SE : 5,5 km – ✉ 28906 Getafe – ☎ 91 :

Motel Los Ángeles, ☎ 696 38 15, ⛱, ✗ – ▤ TV ☎ 🚗 P. AE E VISA. ✗
Com 2300 – ☕ 1200 – **46 hab** 9900.

LE GUIDE MICHELIN DU PNEUMATIQUE

QU'EST-CE QU'UN PNEU ?

Produit de haute technologie, le pneu constitue le seul point de liaison de la voiture avec le sol. Ce contact correspond, pour une roue, à une surface équivalente à celle d'une carte postale.Le pneu doit donc se contenter de ces quelques centimètres carrés de gomme au sol pour remplir un grand nombre de tâches souvent contradictoires:

Porter le véhicule à l'arrêt, mais aussi résister aux transferts de charge considérables à l'accélération et au freinage.

Transmettre la puissance utile du moteur, les efforts au freinage et en courbe.

Rouler régulièrement, plus sûrement, plus longtemps pour un plus grand plaisir de conduire.

Guider le véhicule avec précision, quels que soient l'état du sol et les conditions climatiques.

Amortir les irrégularités de la route, en assurant le confort du conducteur et des passagers ainsi que la longévité du véhicule.

Durer, c'est-à-dire, garder au meilleur niveau ses performances pendant des millions de tours de roue.

Afin de vous permettre d'exploiter au mieux toutes les qualités de vos pneumatiques, nous vous proposons de lire attentivement les informations et les conseils qui suivent.

Le pneu est le seul point de liaison de la voiture avec le sol.

Comment lit-on un pneu ?

① «Bib» repérant l'emplacement de l'indicateur d'usure.
② Marque enregistrée. ③ Largeur du pneu: ≃ 185 mm.
④ Série du pneu H/S: 70. ⑤ Structure: R (radial).
⑥ Diamètre intérieur: 14 pouces (correspondant à celui de la jante). ⑦ Pneu: MXV. ⑧ Indice de charge: 88 (560 kg).
⑨ Code de vitesse: H (210 km/h).
⑩ Pneu sans chambre: Tubeless. ⑪ Marque enregistrée.

Codes de vitesse maximum:

Q : 160 km/h
R : 170 km/h
S : 180 km/h
T : 190 km/h
H : 210 km/h
V : 240 km/h
Z : supérieure à 240 km/h.

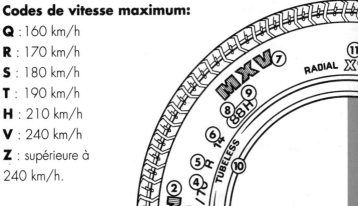

GONFLEZ VOS PNEUS, MAIS GONFLEZ-LES BIEN

POUR EXPLOITER AU MIEUX LEURS PERFORMANCES ET ASSURER VOTRE SECURITE.

Contrôlez la pression de vos pneus, sans oublier la roue de secours, dans de bonnes conditions:
Un pneu perd régulièrement de la pression. Les pneus doivent être contrôlés, une fois toutes les 2 semaines, à froid, c'est-à-dire une heure au moins après l'arrêt de la voiture ou après avoir parcouru 2 à 3 kilomètres à faible allure.

En roulage, la pression augmente; ne dégonflez donc jamais un pneu qui vient de rouler: considérez que, pour être correcte, sa pression doit être au moins supérieure de 0,3 bar à celle préconisée à froid.

Le surgonflage: si vous devez effectuer un long trajet à vitesse soutenue, ou si la charge de votre voiture est particulièrement importante, il est généralement conseillé de majorer la pression de vos pneus. Attention; l'écart de pression avant-arrière nécessaire à l'équilibre du véhicule doit être impérativement respecté. Consultez les tableaux de gonflage Michelin chez tous les professionnels de l'automobile et chez les spécialistes du pneu, et n'hésitez pas à leur demander conseil.

Le sous-gonflage: lorsque la pression de gonflage est insuffisante, les flancs du pneu travaillent anormalement, ce qui entraîne une fatigue excessive de la carcasse, une élévation de température et une usure anormale.

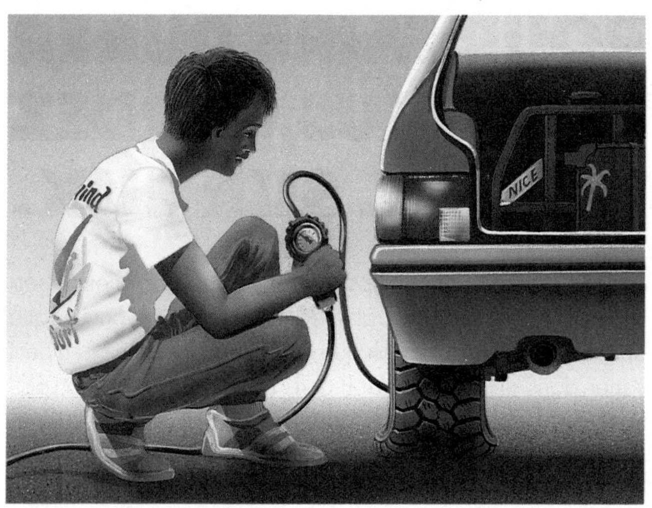

Vérifiez la pression de vos pneus régulièrement et avant chaque voyage.

Le pneu subit alors des dommages irréversibles qui peuvent entraîner sa destruction immédiate ou future.

En cas de perte de pression, il est impératif de consulter un spécialiste qui en recherchera la cause et jugera de la réparation éventuelle à effectuer.

Le bouchon de valve: en apparence, il s'agit d'un détail; c'est pourtant un élément essentiel de l'étanchéité. Aussi, n'oubliez pas de le remettre en place après vérification de la pression, en vous assurant de sa parfaite propreté.

Voiture tractant caravane, bateau...

Dans ce cas particulier, il ne faut jamais oublier que le poids de la remorque accroît la charge du véhicule. Il est donc nécessaire d'augmenter la pression des pneus arrière de votre voiture, en vous conformant aux indications des tableaux de gonflage Michelin. Pour de plus amples renseignements, demandez conseil à votre revendeur de pneumatiques, c'est un véritable spécialiste.

POUR FAIRE DURER VOS PNEUS, GARDEZ UN OEIL SUR EUX.

Afin de préserver longtemps les qualités de vos pneus, il est impératif de les faire contrôler régulièrement, et avant chaque grand voyage. Il faut savoir que la durée de vie d'un pneu peut varier dans un rapport de 1 à 4, et parfois plus, selon son entretien, l'état du véhicule, le style de conduite et l'état des routes ! L'ensemble roue-pneumatique doit être parfaitement équilibré pour éviter les vibrations qui peuvent apparaître à partir d'une certaine vitesse. Pour supprimer ces vibrations et leurs désagréments, vous confierez l'équilibrage à un professionnel du pneumatique car cette opération nécessite un savoir-faire et un outillage très spécialisé.

Les facteurs qui influent sur l'usure et la durée de vie de vos pneumatiques:
les caractéristiques du véhicule (poids, puissance...), le profil des routes (rectilignes, sinueuses), le revêtement (granulométrie: sol lisse ou rugueux), l'état mécanique du véhicule (réglage des trains avant, arrière, état des suspensions et des freins...), le style de conduite (accélérations, freinages, vitesse de passage en courbe...), la vitesse (en ligne droite à 120 km/h un pneu s'use deux fois plus vite qu'à 70 km/h), la pression des pneumatiques (si elle est incorrecte, les pneus s'useront beaucoup plus vite et de manière irrégulière).

Une conduite sportive réduit la durée de vie des pneus.

D'autres événements de nature accidentelle (chocs contre trottoirs, nids de poule...), en plus du risque de déréglage et

Les chocs contre les trottoirs, les nids de poule... peuvent endommager gravement vos pneus.

de détérioration de certains éléments du véhicule, peuvent provoquer des dommages internes au pneumatique dont les conséquences ne se manifesteront parfois que bien plus tard. Un contrôle régulier de vos pneus vous permettra donc de détecter puis de corriger rapidement les anomalies (usure anormale, perte de pression...). A la moindre alerte, adressez-vous immédiatement à un revendeur spécialiste qui interviendra pour préserver les qualités de vos pneus, votre confort et votre sécurité.

SURVEILLEZ L'USURE DE VOS PNEUMATIQUES:

Comment ? Tout simplement en observant la profondeur de la sculpture. C'est un facteur de sécurité, en particulier sur sol mouillé. Tous les pneus possèdent des indicateurs d'usure de 1,6 mm d'épaisseur. Ces indicateurs sont repérés par un Bibendum situé aux «épaules» des pneus Michelin. Un examen visuel suffit pour connaître le niveau d'usure de vos pneumatiques. Attention: même si vos pneus n'ont pas encore atteint la limite d'usure légale (en France, la profondeur restante de la sculpture doit être supérieure à 1,6 mm sur l'ensemble de la bande de roulement), leur capacité à évacuer l'eau aura naturellement diminué avec l'usure.

FAITES LE BON CHOIX POUR ROULER EN TOUTE TRANQUILLITE.

Le type de pneumatique qui équipe d'origine votre véhicule a été déterminé pour optimiser ses performances. Il vous est cependant possible d'effectuer un autre choix en fonction de votre style de conduite, des conditions climatiques, de la nature des routes et des trajets effectués.

Dans tous les cas, il est indispensable de consulter un spécialiste du pneumatique, car lui seul pourra vous aider à trouver la solution la mieux adaptée à votre utilisation.

Montage, démontage, équilibrage du pneu; c'est l'affaire d'un professionnel: un mauvais montage ou démontage du pneu peut le détériorer et mettre en cause votre sécurité.

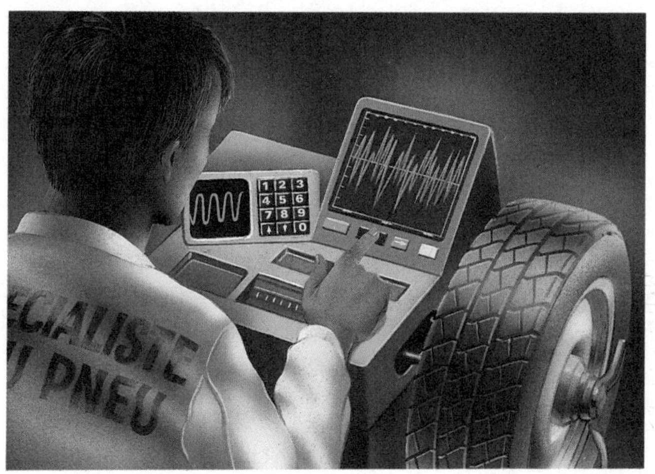

Sauf cas particulier et exception faite de l'utilisation provisoire de la roue de secours, les pneus montés sur un essieu donné doivent être identiques. Il est conseillé de monter les pneus neufs ou les moins usés à l'AR pour assurer la meilleure tenue de route en situation difficile (freinage d'urgence ou courbe serrée) principalement sur chaussée glissante. Toutefois, il n'est pas exclu d'envisager que, pour certains véhicules sensibles en comportement, les pneus neufs puissent être montés à l'AV.

En cas de crevaison, seul un professionnel du pneu saura effectuer les examens nécessaires et décider de son éventuelle réparation.

Il est recommandé de changer la valve ou la chambre à chaque intervention.

Il est déconseillé de monter une chambre à air dans un ensemble tubeless.

L'utilisation de pneus cloutés est strictement réglementée; il est important de s'informer avant de les faire monter.

Attention: la capacité de vitesse des pneumatiques Hiver «M+S» peut être inférieure à celle des pneus d'origine. Dans ce cas, la vitesse de roulage devra être adaptée à cette limite inférieure.

INNOVER POUR ALLER PLUS LOIN

En 1889, Edouard Michelin prend la direction de l'entreprise qui porte son nom. Peu de temps après, il dépose le brevet du pneumatique démontable pour bicyclette. Tous les efforts de l'entreprise se concentrent alors sur le développement de la technique du pneumatique. C'est ainsi qu'en 1895, pour la première fois au monde, un véhicule automobile baptisé «l'Eclair» roule sur pneumatiques. Testé sur ce véhicule lors de la course Paris-Bordeaux-Paris, le pneumatique démontre immédiatement sa supériorité sur le bandage plein.

Créé en 1898, le Bibendum symbolise l'entreprise qui, de recherche en innovation, du pneu vélocipède au pneu avion, impose le pneumatique à toutes les roues.

En 1946, c'est le dépôt du brevet du pneu radial ceinturé acier, l'une des innovations majeures du monde du transport.

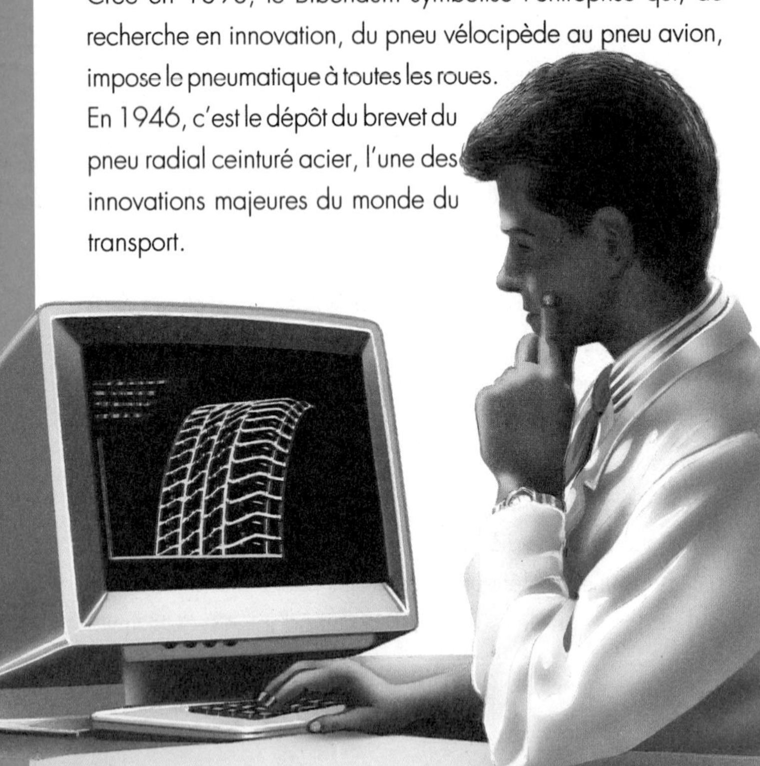

Concevoir les pneus qui font avancer tous les jours 2 milliards de roues sur la terre, faire évoluer sans relâche plus de 3 000 types de pneus différents, c'est ce que font chaque jour 4 500 chercheurs dans les centres de recherche Michelin.

Leurs outils: des ordinateurs qui calculent à la vitesse de 100 millions d'opérations par seconde, des laboratoires et des centres d'essais installés sur 6 000 hectares en France, en Espagne et aux Etats-Unis pour parcourir quotidiennement plus d'un million de kilomètres, soit 25 fois le tour du monde.

Leur volonté: écouter, observer puis optimiser chaque fonction du pneumatique, tester sans relâche, et recommencer.

C'est cette volonté permanente de battre demain le pneu d'aujourd'hui pour offrir le meilleur service à l'utilisateur, qui a permis à Michelin de devenir le leader mondial du pneumatique.

RENSEIGNEMENTS UTILES.

POUR PRÉPARER VOS VOYAGES EN FRANCE:

(Itinéraires, temps de parcours, kilométrages, étapes...)
Utilisez A.M.I. (Assistance Michelin Itinéraires) en composant sur votre Minitel:

36 15 CODE MICHELIN

VOS PNEUMATIQUES:

Vous avez des observations, vous souhaitez des précisions concernant l'utilisation de vos pneumatiques Michelin,... écrivez-nous à:

Manufacture Française des Pneumatiques Michelin.
Boîte Postale Consommateurs
63040 Clermont-Ferrand Cedex.

ou téléphonez-nous à:

Agen	53 96 28 47	Le Havre	35 25 22 20	Poitiers	49 57 13 59
Ajaccio	95 20 30 55	Lille	20 98 40 48	Reims	26 09 19 32
Amiens	22 92 47 28	Limoges	55 05 18 18	Rennes	99 50 72 00
Angers	41 43 65 52	Lorient	97 76 03 60	Rodez	65 42 17 88
Angoulême	45 69 30 02	Lyon	72 37 33 63	Rouen	35 73 63 73
Annecy	50 51 59 70	Le Mans	43 72 15 85	St-Brieuc	96 33 44 61
Arras	21 71 12 08	Marseille	91 02 08 02	St-Étienne	77 74 22 88
Aurillac	71 64 90 33	Montélimar	75 01 80 91	St-Quentin	23 64 17 44
Auxerre	86 46 98 66	Montpellier	67 79 50 79	Strasbourg	88 39 39 40
Avignon	90 88 11 10	Mulhouse	89 61 70 55	Toulon	94 27 01 67
Bayonne	59 55 13 73	Nancy	83 21 83 21	Toulouse	61 41 11 54
Besançon	81 80 24 53	Nantes	40 92 15 44	Tours	47 28 60 59
Bordeaux	56 39 94 95	Nice	93 31 66 09	Valence	75 81 11 11
Bourg	74 23 21 43	Nîmes	66 84 99 05		
Brest	98 02 21 08	Niort	49 33 00 42	Région parisienne	
Caen	31 26 68 19	Orléans	38 88 02 20	Aubervilliers	48 33 07 58
Clermont-Fd	73 91 29 31	Pau	59 32 56 33	Buc	39 56 10 66
Dijon	80 67 35 38	Périgueux	53 03 98 13	Maisons-Alfort	48 99 55 60
Grenoble	76 98 51 54	Perpignan	68 54 53 10	Nanterre	47 21 67 21

GETARIA Guipúzcoa - ver Guetaria.

GIBRALTAR 446 X 13 y 14 - 28 339 h. - ☎ 9567.

Ver : Peñón : ≤★★.

✈ de Gibraltar N : 2,7 km - G.B. Airways y B. Airways, Cloister Building Irish Town ☎ 792 00 - Air Europe Pegasus Bravo, 8 Suice, Gibraltar Heights Church ☎ 722 52 - Iberia 30-38 Main Street, Unit L ☎ 776 66.

ℹ Cathedral Square ☎ 764 00 - R.A.C.E. 18B, Halifax Rd. P.O. Box 385 ☎ 790 05.

♦Madrid 673 - ♦Cádiz 144 - ♦Málaga 127.

The Rock H., 3 Europa Road ☎ 730 00, Telex 2238, Fax 735 13, ≤ puerto, estrecho y costa española, « Terraza y jardín con flores », - 25/120. AE VISA. **a**
Com 3200 - 1100 - **143 hab** 17000 - PA 7600.

Holiday Inn, 2 Governor's Parade ☎ 705 00, Telex 2242, Fax 702 43, - - 25/150 **e**
120 hab.

Caleta Palace, Catalan Bay Road ☎ 765 01, Telex 2345, Fax 710 50, ≤ mar, - rest. AE VISA. rest **b**
Com 2000 - 700 - **153 hab** 16000/18000 - PA 5000.

Continental sin rest, Enginer Lane (esquina Main Street) ☎ 769 00, Telex 2303, Fax 417 02 - . AE VISA. **u**
17 hab 7600/10000.

La carta stradale Michelin è costantemente aggiornata ed evita sorprese sul vostro itinerario.

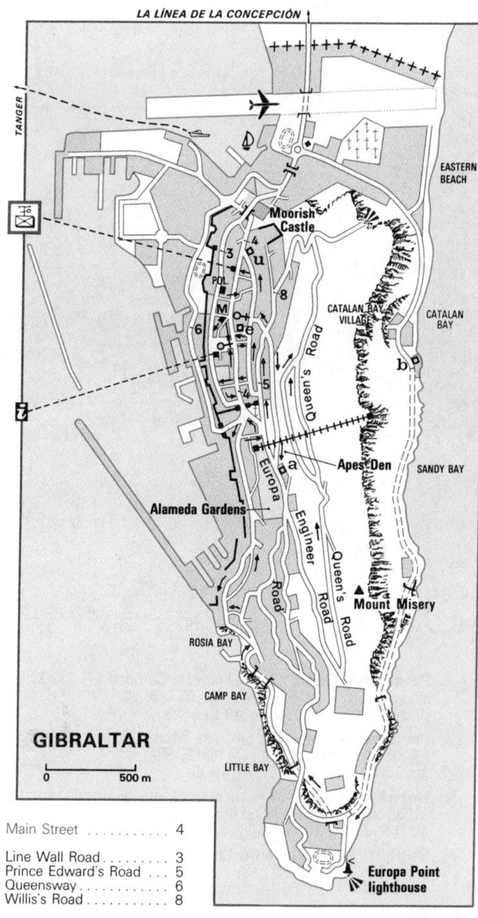

GIJÓN **33200** Asturias 441 B 13 - 255 969 h. - ☎ 98 - Playa.

⛳ de Castiello SE : 5 km ☎ 536 63 13 - ⛳ Club La Barganiza : 14 km ☎ 525 63 61 (ext. 34) - Iberia : Alfredo Truán 8 AZ ☎ 535 18 46.

☎ 531 13 33.

Cia. Trasmediterránea, Claudio Alvar González AX ☎ 535 04 00.

ℹ Marqués de San Esteban 1 ✉ 33206 ☎ 534 60 46 - R.A.C.E. Marqués de San Esteban 1, ✉ 33206, ☎ 535 53 60.

♦Madrid 474 ③ - ♦Bilbao/Bilbo 296 ① - ♦La Coruña/A Coruña 341 ③ - ♦Oviedo 29 ③ - ♦Santander 193 ①.

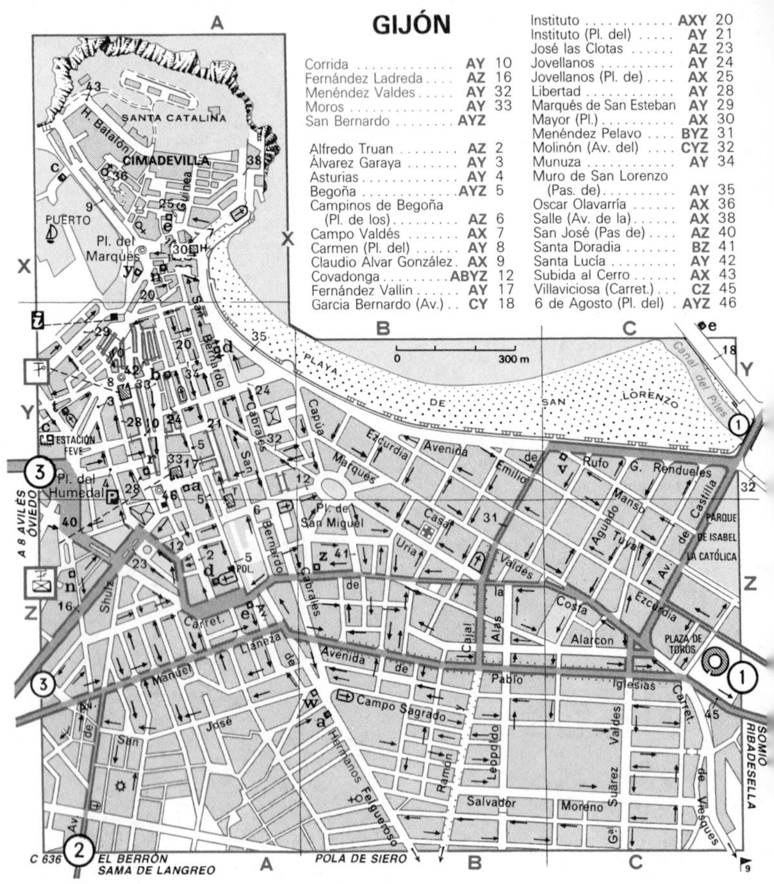

Parador de Gijón, parque Isabel la Católica, ✉ 33203, ☎ 537 05 11, Fax 537 02 33, « Junto al parque » – 🛗 ▤ TV ☎ P. AE ⓓ VISA. ✻ por av. de El Molinón CY
Com 3200 – ☕ 1100 – **40 hab** 12000 – PA 6375.

Príncipe de Asturias sin rest, Manso 2, ✉ 33203, ☎ 536 71 11, Fax 533 47 41, ← – 🛗 TV ☎ P – 🅰 25/180. AE ⓓ E VISA. ✻ CY **v**
☕ 750 – **80 hab** 11700/14000.

Hernán Cortés sin rest, con cafetería por la noche, Fernández Vallín 5, ✉ 33205, ☎ 534 60 00, Fax 535 56 45 – 🛗 TV ☎ P – 🅰 25/60. AE ⓓ E VISA. ✻ AY **a**
☕ 1300 – **109 hab** 8500/11000.

Begoña, carret. de la Costa 44, ✉ 33205, ☎ 514 72 11, Fax 539 82 22 – 🛗 TV ☎ ♿ 🚗 – 🅰 25/300. AE VISA. ✻ AZ **e**
Com 1600 – ☕ 600 – **250 hab** 7800/9900 – PA 3800.

Alcomar sin rest. con cafetería, Cabrales 24, ✉ 33201, ☎ 535 70 11, Fax 534 67 42 – 🛗 TV ☎ – 🅰 25/100. AE ⓓ E VISA. ✻ AY **d**
☕ 500 – **45 hab** 8350/10600.

Agüera sin rest, Hermanos Felgueroso 28, ✉ 33209, ☎ 514 05 00, Fax 538 68 61 – 🛗 ▤ TV ☎. AE ⓓ E VISA JCB. ✻ BZ **w**
☕ 650 – **35 hab** 7500/8950.

Pathos sin rest, con cafetería, Contracay 5, ✉ 33201, ☎ 535 25 46, Telex 87325, Fax 535 64 84 – 🛗 TV ☎. AE ⓓ E VISA AX **n**
☕ 500 – **56 hab** 5300/9800

León sin rest, con cafetería, av. de la Costa 45, ✉ 33205, ☎ 537 01 11, Fax 513 10 04 – 🛗 TV ☎ – 🅰 25/100. AE VISA BZ **z**
☕ 450 – **156 hab** 6600/8680.

La Casona de Jovellanos, pl. de Jovellanos 1, ✉ 33201, ℘ 534 12 64, Fax 535 61 51, Antiguo edificio rehabilitado – TV ☎. AE E VISA. ⚘ AX **e**
Com 1800 – ☕ 700 – **13 hab** 8000/10000 – PA 3400.

Castilla sin rest, Corrida 50, ✉ 33206, ℘ 534 62 00 – |‡| TV ☎. VISA. ⚘ AY **r**
☕ 325 – **40 hab** 4250/5660.

Avenida sin rest y sin ☕, Fermín Canella, 4, ✉ 33207, ℘ 535 28 43 – TV. ⚘ AY **c**
38 hab 4000/6000.

Plaza sin rest y sin ☕, Prendes Pando 2, ✉ 33207, ℘ 534 65 62 – TV. VISA. ⚘ AZ **n**
20 hab 4000/4800.

XX **El Retiro,** Begoña 28, ✉ 33206, ℘ 535 00 30 – ▤. AE ⓞ E VISA JCB. ⚘ AY **b**
Com carta 2750 a 3950.

XX **Bella Vista,** av. García Bernardo 8, El Piles, ✉ 33203, ℘ 536 73 77, Fax 536 29 36, ≤, 余, Pescados y mariscos. Vivero propio – ▤ Ⓟ. AE ⓞ E VISA. ⚘ CY **e**
cerrado lunes salvo en verano – Com carta 2300 a 4200.

XX **La Zamorana,** Hermanos Felgueroso 38, ✉ 33209, ℘ 538 06 32 – ▤. AE ⓞ E VISA. ⚘ BZ **a**
cerrado lunes salvo julio-agosto y 15 octubre-15 noviembre – Com carta 3900 a 4600.

XX **El Puerto,** Claudio Alvargonzález (edificio puerto deportivo), ✉ 33201, ℘ 534 90 96, ≤ – ▤. AE ⓞ E VISA JCB. ⚘ AX **c**
cerrado domingo noche – Com carta 5800 a 7250.

X **Casa Víctor,** Carmen 11, ✉ 33206, ℘ 534 83 10 – ▤. AE ⓞ E VISA. ⚘ AY **t**
cerrado domingo noche, jueves y noviembre – Com carta 2300 a 5000.

X **Calixto,** Trinidad 6, ✉ 33201, ℘ 535 98 09 – ▤. AE ⓞ E VISA. ⚘ AX **y**
cerrado lunes y octubre – Com carta 2150 a 4000.

X **Tino,** Alfredo Truán 9, ✉ 33205, ℘ 534 13 87 – AE VISA. ⚘ AZ **d**
cerrado jueves y 21 junio-23 julio – Com carta 2325 a 4125.

en Somió por ① – ✉ 33203 Gijón – ☎ 98

XXX **Las Delicias,** Barrio Fuejo : 4 km ℘ 536 02 27, Fax 513 00 95, 余 – ▤ Ⓟ. AE ⓞ E VISA JCB. ⚘
cerrado martes salvo festivos o vísperas y agosto – Com carta 4300 a 6000.

XX **Llerandi,** Camino de la Peñuca : 5 km ℘ 533 06 95, Fax 513 00 49, 余 – Ⓟ. AE E VISA. ⚘
cerrado lunes salvo festivos y vísperas – Com carta 2750 a 4300.

X **La Pondala,** av. Dioniso Cifuentes 27 : 3 km ℘ 536 11 60, 余 – AE ⓞ VISA. ⚘
cerrado jueves y noviembre – Com carta 2800 a 5200.

en La Providencia NE : 5 km por av. García Bernardo CY – ✉ 33203 Gijón – ☎ 98

XX ✿ **Los Hórreos,** La Providencia ℘ 533 08 98 – Ⓟ. AE ⓞ E VISA. ⚘
cerrado domingo noche, lunes y 20 diciembre-20 enero – Com carta 4200 a 6100
Espec. Entrante especial "Los Hórreos", Cazoleta de pescados y mariscos, Merluza a la asturiana con bogavante.

Ver también : ***Prendes por*** ③ : 10 km.

GIRONA Gerona – ver Gerona.

GOIURIA Vizcaya – ver Durango.

La GOLA (Playa de) Gerona – ver Torroella de Montgrí.

GOMERA Tenerife – ver Canarias.

GONDAR Pontevedra – ver Sangenjo.

El GRADO **22390** Huesca 443 F 30 – 656 h. – ☎ 974.
Ver : Torreciudad ≤★★ (5 km al NE).
♦Madrid 460 – Huesca 70 – ♦Lérida/Lleida 86.

X **Tres Caminos** con hab, carret de Barbastro - barrio del Cinca 17 ℘ 30 40 52, Fax 30 41 22, ≤, 余 – ▤ rest ☏ Ⓟ. AE E VISA. ⚘
Com carta 1450 a 2600 – ☕ 350 – **27 hab** 1600/3200.

en la carretera C 139 SE : 2 km – ✉ 22390 El Grado – ☎ 974 :

Hostería El Tozal ⛰, ℘ 30 40 00, Fax 30 42 55, ≤, 余, ⛱ – |‡| ▤ ☎ Ⓟ. AE ⓞ E VISA JCB. ⚘ rest
Com 2200 – ☕ 650 – **35 hab** 7295/9950 – PA 4100.

GRADO **33820** Asturias 441 B 11 - 13 009 h. alt. 47 - ☎ 98.
♦Madrid 461 - ♦Oviedo 26.

en Vega de Anzo - carretera de Oviedo E : 7 km - ✉ 33892 Vega de Anzo - ☎ 98 :

XX **Loan,** ☎ 575 03 25, ≤, 🏞 - 🅟. AE E VISA. ✻
cerrado lunes no festivos y noviembre - Com carta 2200 a 4400.

GRANADA **18000** P 446 U 19 - 262 182 h. alt. 682 - ☎ 958 - Deportes de invierno en Sierra Nevada : ≰2 ≰11.

Ver : Emplazamiento★★ - Alhambra ★★★ CDY (bosque ★, Puerta de la Justicia★) Palacios Nazaríes★★★, oratorio Mexuar : ≤★, Salón de Embajadores : ≤★★ - Jardines y torres ★★, Palacio de Carlos V : Museo Hispano-musulmán : jarrón azul★, Alcazaba★ : ✻★★ - Generalife★★ DX - Capilla Real★★ (reja★, sepulcros★★, retablo★, sacristía : colección★★ - Catedral★ CX - Capilla Mayor★ - Cartuja★ : sacristía★★ AX - Iglesia de San Juan de Dios★ AX - Albaicín★ : terraza de de la iglesia de San Nicolás : ≤★★★.

Excurs. : Sierra Nevada (pico de Veleta★★) SE : 46 km T.

✈ de Granada por ④ : 17 km ☎ 27 33 22 - Iberia : pl. Isabel la Católica 2, ✉ 18009, ☎ 22 14 52.

i Pl. de Mariana Pineda 10 ✉ 18009, ☎ 22 66 88 y Libreros 2 ✉ 18001, ☎ 22 59 90 - R.A.C.E. pl. de la Pescadería 1, ✉ 18001, ☎ 26 21 50.

♦Madrid 430 ① - ♦Málaga 127 ④ - ♦Murcia 286 ② - ♦Sevilla 261 ④ - ♦Valencia 541 ①.

Planos páginas siguientes

en la ciudad :

Meliá Granada, Ángel Ganivet 7, ✉ 18009, ☎ 22 74 00, Telex 78429, Fax 22 74 03 - |♦| ▤ TV ☎ - 🏛 25/250. AE ◑ E VISA. ✻ BZ **n**
Com 2600 - ☕ 1250 - **197 hab** 13400/16750.

Saray, paseo de Enrique Tierno Galván ☎ 13 00 09, Fax 12 91 61, ⛱ - |♦| ▤ TV ☎ ♿ 🚗 - 🏛 25/500. AE ◑ E VISA JCB. ✻ T **m**
Com 3000 - ☕ 1150 - **214 hab** 14480/18100.

Granada Center, av. Fuentenueva, ✉ 18002, ☎ 20 50 00, Fax 28 96 96 - |♦| ▤ TV ☎ ♿ 🚗 - 🏛 25/200. AE ◑ E VISA JCB. ✻ T **e**
Com 3500 **Al-Zagal** carta 3375 a 4100 - ☕ 1100 - **172 hab** 14400/18700.

Luz Granada, av. de la Constitución 18, ✉ 18012, ☎ 20 40 61, Telex 78424, Fax 29 31 50 - |♦| ▤ TV ☎ 🚗 - 🏛 25/200. AE ◑ E VISA JCB. ✻ S **a**
Com 3100 - ☕ 1100 - **175 hab** 13450/16800 - PA 6210.

Corona de Granada, Pedro Antonio de Alarcón 10, ✉ 18005, ☎ 52 05 55, Fax 52 12 78, 🏋, ⛱, 🏊 - |♦| ▤ TV ☎ 🚗 - 🏛 25/160. AE ◑ E VISA. ✻ rest AZ **a**
Com 1600 - ☕ 1150 - **93 hab** 13750/17000 - PA 3200.

Tryp Albayzin, Carrera del Genil 48, ✉ 18005, ☎ 22 00 02, Fax 22 01 81, 🏋 - |♦| ▤ TV ☎ 🚗 - 🏛 25/120. AE ◑ E VISA. ✻ BZ **f**
Com 3000 - ☕ 1150 - **108 hab** 14275/17850 - PA 6077.

Princesa Ana, av. de la Constitución 37, ✉ 18014, ☎ 28 74 47, Fax 27 39 54, « Elegante decoración » - |♦| ▤ TV ☎ 🚗 - 🏛 25/60. AE ◑ E VISA. ✻ S **c**
Com 3300 - ☕ 1100 - **61 hab** 11500/16900 - PA 6545.

Triunfo Granada y Rest. Puerta Elvira, plaza del Triunfo 19, ✉ 18010, ☎ 20 74 44, Fax 27 90 17 - |♦| ▤ TV ☎ 🚗 - 🏛 25/150. AE ◑ E VISA. ✻ AX **e**
Com carta 3325 a 4800 - ☕ 1190 - **37 hab** 12120/17760.

Victoria, Puerta Real 3, ✉ 18005, ☎ 25 77 00, Telex 78427, Fax 26 31 08 - |♦| ▤ TV ☎ - 🏛 25/100. AE ◑ E VISA JCB. ✻ BZ **c**
Com 2500 - ☕ 625 - **69 hab** 7600/10800 - PA 4500.

Carmen, Acera del Darro 62, ✉ 18005, ☎ 25 83 00, Telex 78546, Fax 25 64 62 - |♦| ▤ TV 🚗 - 🏛 25/70. AE ◑ E VISA JCB BZ **a**
Com - ☕ 1200 - **282 hab** 12645/16820.

Rallye sin rest, paseo de Ronda 107, ✉ 18003, ☎ 27 28 00, Fax 27 28 62 - |♦| ▤ TV ☎ 🚗 - 🏛 25/140. AE ◑ E VISA T **v**
☕ 1200 - **79 hab** 12000/15500.

Dauro II sin rest. con cafetería, Navas 5, ✉ 18009, ☎ 22 15 81, Fax 22 27 32 - |♦| ▤ TV ☎ 🚗 - 🏛 25/80. AE ◑ E VISA JCB. ✻ BZ **r**
☕ 700 - **48 hab** 8100/11400.

Dauro sin rest, Acera del Darro 19, ✉ 18005, ☎ 22 21 56, Telex 78565, Fax 22 85 19 - |♦| ▤ TV ☎ 🚗. AE ◑ E VISA JCB. ✻ BZ **d**
☕ 700 - **36 hab** 8100/11400.

Juan Miguel, Acera del Darro 24, ✉ 18005, ☎ 25 89 12, Telex 78527, Fax 25 89 16 - |♦| ▤ TV ☎ 🚗 - 🏛 25/30. AE ◑ E VISA. ✻ BZ **e**
Com 2000 - ☕ 800 - **66 hab** 9300/11200 - PA 4000.

Reino de Granada sin rest, Recogidas 53, ✉ 18005, ☎ 26 58 78, Fax 26 36 42 - |♦| ▤ TV ☎. AE ◑ E VISA AZ **y**
☕ 600 - **37 hab** 7300/10600.

GRANADA

Ancha de Capuchinos	S	2
Andaluces (Av. de)	S	5
Andalucia (Av. de)	S	6
Bomba (Pas. de la)	T	7
Cardenal Parrado	S	14
Cartuja (Pas. de)	S	18
Casillas del Prats	T	19
Constitución (Av. de la)	S	22
Doctor Olóriz (Av. del)	S	24
Genil (Ribera del)	T	31
Martínez de la Rosa	T	41
Mendez Nuñez (Av.)	T	43
Murcía (Av. de)	S	45
Obispo Hurtado	T	49
Picón (Carril del)	T	52
Pintor Rodriguez Acosta	T	54
Real de la Cartuja	S	56
Sacromonte (Camino del)	T	59
San Isidro (Pl. de)	S	62
Severo Ochoa	S	70
Sierra Nevada (Carretera de la)	T	71
Solarillo de Gracia	T	74
Violón (Pas. del)	T	81

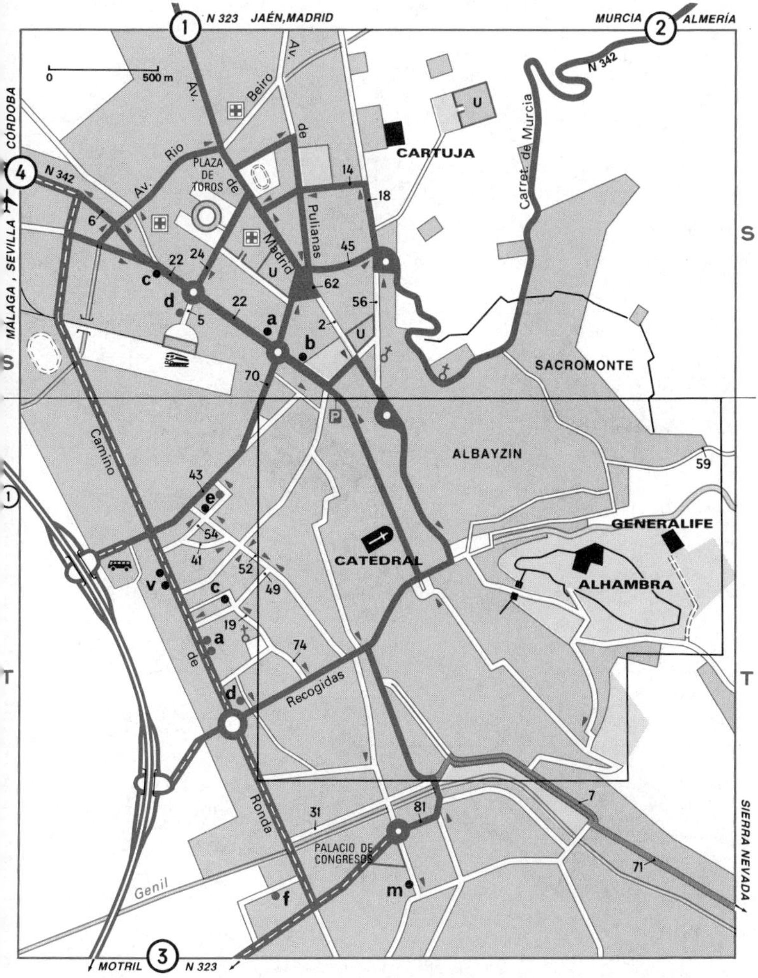

Cóndor, av. de la Constitución 6, ✉ 18012, ✆ 28 37 11, Telex 78503, Fax 28 55 91 – TV ☎ – 25/50. AE E VISA JCB. — S **b**
Com 1450 – 650 – **104 hab** 6000/9000.

Los Ángeles, Escoriaza 17, ✉ 18008, ✆ 22 14 24, Telex 78562, Fax 22 21 25, – TV ☎ P. AE E VISA JCB. rest — DZ **f**
Com 2450 – 600 – **103 hab** 7100/10000 – PA 5500.

Gran Vía Granada, Gran Vía 25, ✉ 18001, ✆ 28 54 64, Telex 78474, Fax 28 55 91 – TV ☎. AE E VISA JCB. – Com 1450 – 650 – **85 hab** 6100/9200. BX **c**

NH Inglaterra sin rest, Cetti Meriem 4, ✉ 18010, ✆ 22 15 58, Fax 22 71 00 – TV ☎ – 25/40. AE E VISA. — BY **e**
850 – **36 hab** 8500/12900.

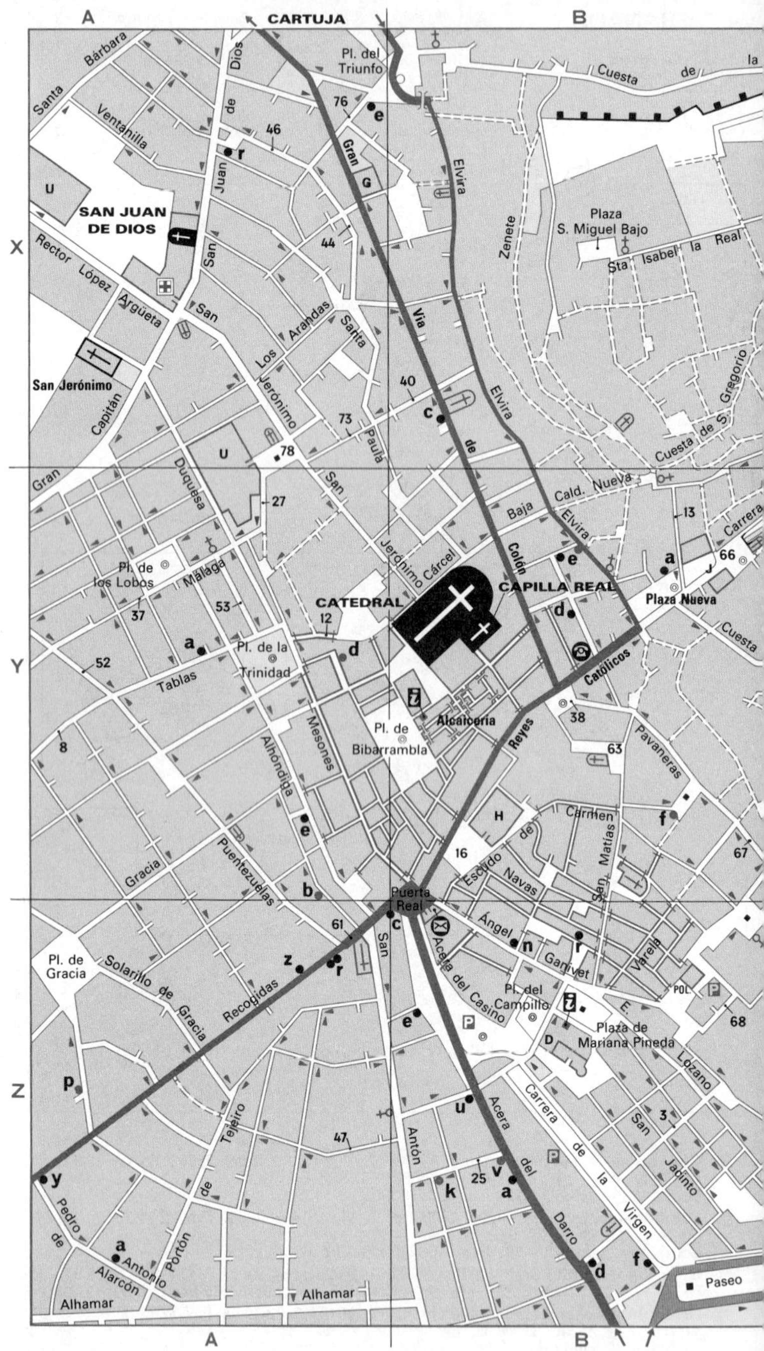

CARTUJA
A
B
X
Y
Z
Pl. del Triunfo
Cuesta de la
SAN JUAN DE DIOS
San Juan de Dios
Santa Bárbara
Ventanilla
Rector López Argüeta
San Jerónimo
Gran Capitán
Gran Vía de Colón
Elvira
Zenete
Plaza S. Miguel Bajo
Sta Isabel la Real
Cuesta de S. Gregorio
Los Arandas
Santa Paula
San Jerónimo
Duquesa
Baja
Cald. Nueva
Carrera
Cárcel
Pl. de los Lobos
Málaga
CATEDRAL
CAPILLA REAL
Plaza Nueva
Cuesta
Pl. de la Trinidad
Tablas
Mesones
Alhóndiga
Pl. de Bibarrambla
Alcaicería
Reyes Católicos
Pavaneras
Carmen
Escudo de Navas
San Matías
Gracia
Puentezuelas
Puerta Real
Ángel
Ganivet
Varela
Pl. de Gracia
Solarillo de Gracia
Recogidas
Acera del Casino
Pl. del Campillo
Plaza de Mariana Pineda
E. Lozano
San Antón
Acera del Darro
Carrera de la Virgen
San Jacinto
Tejeiro
Portón de Tejeiro
Pedro Antonio de Alarcón
Alhamar
Paseo
POL

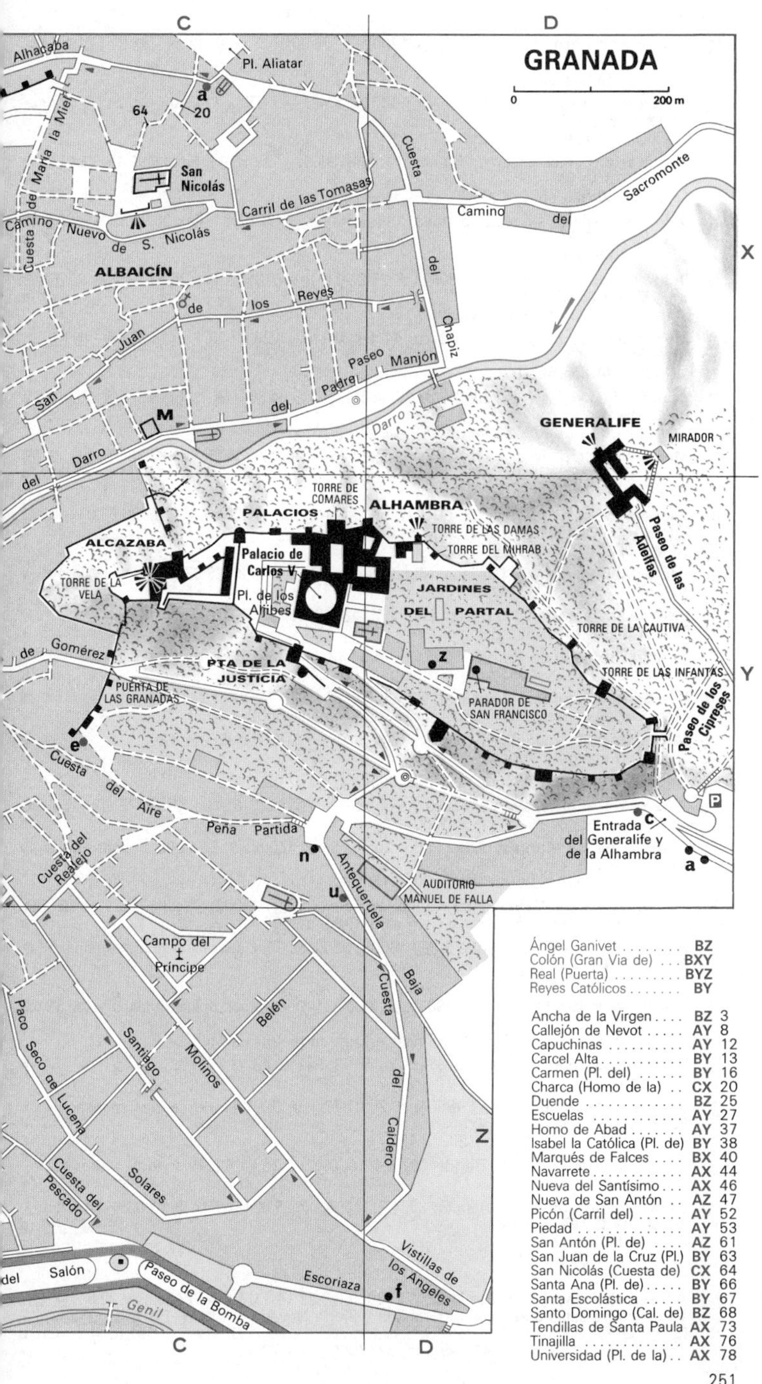

Ángel Ganivet	BZ	
Colón (Gran Vía de)	BXY	
Real (Puerta)	BYZ	
Reyes Católicos	BY	
Ancha de la Virgen	BZ	3
Callejón de Nevot	AY	8
Capuchinas	AY	12
Carcel Alta	BY	13
Carmen (Pl. del)	BY	16
Charca (Homo de la)	CX	20
Duende	BZ	25
Escuelas	AY	27
Homo de Abad	AY	37
Isabel la Católica (Pl. de)	BY	38
Marqués de Falces	BX	40
Navarrete	AX	44
Nueva del Santísimo	AX	46
Nueva de San Antón	AZ	47
Picón (Carril del)	AY	52
Piedad	AY	53
San Antón (Pl. de)	AZ	61
San Juan de la Cruz (Pl.)	BY	63
San Nicolás (Cuesta de)	CX	64
Santa Ana (Pl. de)	BY	66
Santa Escolástica	BY	67
Santo Domingo (Cal. de)	BZ	68
Tendillas de Santa Paula	AX	73
Tinajilla	AX	76
Universidad (Pl. de la)	AX	78

Universal sin rest, Recogidas 16, ✉ 18002, ☎ 26 00 16, Fax 26 32 29 – AE E VISA — AZ **z**
450 – **56 hab** 5950/8750.

Anacapri sin rest, Joaquín Costa 7, ✉ 18010, ☎ 22 74 77, Fax 22 89 09 – AE E VISA. — BY **d**
600 – **52 hab** 6500/9200.

Ana María sin rest, paseo de Ronda 101, ✉ 18003, ☎ 28 99 11, Fax 28 92 15 – AE E VISA — T **v**
600 – **30 hab** 5600/8800.

Reina Ana María sin rest, Sócrates 10, ✉ 18002, ☎ 20 98 61, Fax 28 92 15 – AE E VISA — T **c**
500 – **25 hab** 5600/8800.

Reina Cristina, Tablas 4, ✉ 18002, ☎ 25 32 11, Telex 78612, Fax 25 57 28 – AE E VISA. — AY **a**
Com 1600 – 650 – **40 hab** 6200/9750 – PA 3270.

Montecarlo sin rest, Acera del Darro 44, ✉ 18005, ☎ 25 79 00, Fax 25 55 96 – AE E VISA — BZ **u**
600 – **74 hab** 4950/7950.

Brasilia, Recogidas 7, ✉ 18005, ☎ 25 84 50, Fax 25 84 50 – 25/60. AE E VISA. — AZ **r**
Com 2000 – 600 – **68 hab** 6800/10200 – PA 3910.

Maciá sin rest, pl. Nueva 4, ✉ 18010, ☎ 22 75 36, Telex 78503, Fax 22 35 75 – AE E VISA JCB. — BY **a**
480 – **44 hab** 4300/6500.

Sacromonte sin rest y sin, pl. del Lino 1, ✉ 18002, ☎ 26 64 11, Fax 26 67 07 – AE E VISA. — AY **e**
33 hab 5000/8500.

Los Girasoles sin rest, Cardenal Mendoza 22, ✉ 18001, ☎ 28 07 25 – — AX **r**
350 – **29 hab** 3000/4200.

Verona sin rest y sin, Recogidas 9 - 1°, ✉ 18005, ☎ 25 55 07 – VISA — AZ **r**
11 hab 3000/4500.

Bogavante, Duende 15, ✉ 18005, ☎ 25 91 12, Fax 26 76 53 – AE E VISA.
cerrado domingo y agosto – Com carta 3100 a 4400. — BZ **k**

Los Santanderinos, Albahaca 1, ✉ 18006, ☎ 12 83 35 – AE E VISA. — T **f**
cerrado domingo noche y lunes noche – Com carta 3800 a 5350.

Marea Baja, Párraga 9, ✉ 18002, ☎ 25 18 36 – AE E VISA. — AY **b**
cerrado domingo y agosto – Com carta aprox. 4000.

La Barraca, paseo de Ronda 100, ✉ 18004, ☎ 25 42 02 – — T **a**

Rincón de Miguel, av. Andaluces 2, ✉ 18014, ☎ 29 29 78 – AE E VISA JCB.
cerrado domingo – Com carta 3600 a 5000. — S **d**

Alacena de las Monjas, pl. del Padre Suárez 5, ✉ 18008, ☎ 22 40 28, Bóvedas del siglo XVI – AE E VISA. — BY **f**
cerrado domingo – Com carta 3500 a 4300.

Mesón Antonio Pérez, Pintor Rodríguez Acosta 1, ✉ 18002, ☎ 28 80 79 – E VISA.
– *cerrado domingo noche* – Com carta 2450 a 3200. — T **e**

Posada del Duende, Duende 3, ✉ 18005, ☎ 26 66 10, Decoración típica regional – AE E VISA JCB. — BZ **v**
Com carta 1990 a 3450.

Mesón Andaluz, Elvira 17, ✉ 18010, ☎ 25 86 61, Decoración típica andaluza – AE E VISA. — BY **e**
cerrado martes y del 15 al 28 febrero – Com carta 1900 a 3550.

Las Tinajas, Martínez Campos 17 ☎ 25 43 93, Fax 25 43 93 – AE VISA. — AZ **p**
Com carta 2900 a 3700.

Cunini, pl. Pescadería 14, ✉ 18001, ☎ 25 07 77, Fax 25 07 77, Pescados y mariscos – AE E VISA. — AY **d**
cerrado lunes – Com carta 3200 a 4500.

La Zarzamora, paseo de Ronda 98, ✉ 18004, ☎ 26 61 42, Pescados y mariscos – — T **a**

China, Pedro Antonio de Alarcón 23, ✉ 18004, ☎ 25 02 00, Fax 25 02 00, Rest. chino – AE E VISA JCB. — T **d**
Com carta 1375 a 2375.

en la Alhambra :

Alhambra Palace, Peña Partida 2, ✉ 18009, ☎ 22 14 68, Telex 78400, Fax 22 64 04, « Edificio de estilo árabe con ≤ Granada y Sierra Nevada » – 25/120. AE E VISA. rest — CY **n**
Com 4125 – 1150 – **144 hab** 14115/17600 – PA 7875.

Parador de San Francisco, Alhambra, 18009, 22 14 40, Telex 78792, Fax 22 22 64, « Instalado en el antiguo convento de San Francisco (siglo XV), jardín » – 25/40. DY
Com 3500 – 1200 – **38 hab** 22000 – PA 6970.

Alixares, av. de los Alixares, 18009, 22 55 75, Telex 78523, Fax 22 41 02, – 25/150. rest DY **a**
Com 1500 – 550 – **162 hab** 6890/10335 – PA 3000.

Guadalupe, av. de los Alixares, 18009, 22 34 24, Telex 78755, Fax 22 37 98 – rest DY **a**
Com 1900 – 600 – **42 hab** 5800/9850 – PA 4400.

América, Real de la Alhambra 53, 18009, 22 74 71, Fax 22 74 70, – DY **z**
marzo-9 noviembre – Com 1800 – 700 – **13 hab** 6000/8640 – PA 3655.

Carmen de San Miguel, pl. de Torres Bermejas 3, 18009, 22 67 23, Fax 46 64 64, Granada, – CY **e**
cerrado domingo (octubre-abril) y agosto – Com carta 3900 a 5400.

Jardines Alberto, av. de los Alixares, 18009, 22 48 18 – DY **c**
cerrado lunes y 10 enero-10 febrero – Com carta 3320 a 4500.

Colombia, Antequeruela Baja 1, 18009, 22 74 33, Fax 22 54 94, – CY **u**
cerrado domingo – Com carta 2150 a 3100.

en el Albaicín :

Zoraya, Panaderos 32, 18010, 29 35 03, Fax 81 49 68, « Terraza » – *cerrado domingo noche* – Com carta 2250 a 3800. CX **a**

en la carretera de Madrid por ① : 3 km – 18014 Granada – 958 :

Camping Motel Sierra Nevada, 15 00 62, Fax 15 00 62, – rest
marzo- octubre – Com 1100 – 450 – **23 hab** 3300/5000 – PA 2400.

en la carretera de Málaga por ④ : 5 km – 18015 Granada – 958 :

Sol Alcano, 28 30 50, Telex 78600, Fax 29 14 29, « Amplio patio con césped y », – rest
Com carta 2750 a 3550 – 750 – **100 hab** 8400/10500.

Ver también : ***Sierra Nevada*** SE : 32 km.

GRAN CANARIA Las Palmas – ver Canarias.

La GRANJA o SAN ILDEFONSO 40100 Segovia 442 J 17 – 4 588 h. alt. 1 192 – 911.

Ver : Palacio (museo de tapices★★) – Jardines★★ (surtidores★★).

◆Madrid 74 – ◆Segovia 11.

Roma, Guardas 2 47 07 52, –
cerrado noviembre-15 diciembre – Com *(cerrado martes)* carta 3000 a 4000 – 350 – **16 hab** 4000/7500.

Dólar, Valenciana 1 47 02 69 –
cerrado miércoles y noviembre – Com carta 2400 a 3550.

en Pradera de Navalhorno - carret. del Puerto de Navacerrada S : 2,5 km – 40109 Valsain – 911

El Torreón, 47 09 04.

Mesón de Miguel, 47 19 29, –
cerrado miércoles y octubre – Com carta 2400 a 3450.

en Valsain - carret. del Puerto de Navacerrada S : 3 km – 40109 Valsain – 911 :

Hilaria, 47 02 92, –
cerrado lunes, 10 días en junio y noviembre – Com carta 2750 a 3100.

GRANOLLERS 08400 Barcelona 443 H 36 – 45 300 h. alt. 148 – 93.

◆Madrid 641 – ◆Barcelona 28 – Gerona/Girona 75 – Manresa 70.

Iris sin rest, av. Sant Esteve 92 870 70 51, Fax 870 20 06 –
650 – **55 hab** 6500/9600.

Europa con hab., Anselm Clavé 1 870 03 12, Fax 870 79 01 – rest
Com carta 2550 a 3550 – **7 hab** 12000/15000.

L'Amperi, pl. de la Font Verda 870 43 45 –
cerrado domingo – Com carta 3150 a 4700.

La Taverna d'en Grivé, Josep María Segarra 98 - carret. de Sant Celoni 849 57 83 –
cerrado domingo noche, lunes y agosto – Com carta 2900 a 4600.

Layon, pl. de la Caserna 2 879 40 82 – E VISA.
cerrado martes salvo festivos y del 1 al 21 septiembre – Com carta 1900 a 2800.

Les Arcades, Girona 29 870 91 56 – E VISA.
cerrado martes y 25 junio-17 julio – Com carta 2075 a 3100.

en la carretera de El Masnou – 93 :

Alfa Vallés y Rest. Gran Mercat, S : 4,5 km, 08410 Vilanova del Vallés, 845 60 50, Fax 845 60 61, – 25/200. AE E VISA. rest
Com carta 3250 a 4000 – 975 – **102 hab** 14000/17500.

El Trabuc, S : 2 km, 08400 Granollers, 870 86 57, Fax 879 57 46, Antigua casa de campo – AE E VISA JCB.
cerrado domingo y del 11 al 31 agosto – Com carta 2100 a 4400.

GRAUS 22430 Huesca 443 F 31 – 3 540 h. alt. 468 – 974.
♦Madrid 475 – Huesca 85 – ♦Lérida/Lleida 85.

Lleida, Glorieta Joaquín Costa 54 09 25, Fax 54 07 54 – AE VISA
Com 1300 – 460 – **27 hab** 3150/5150 – PA 2600.

GRAZALEMA 11610 Cádiz 446 V 13 – 2 111 h. – 956.
Ver : Pueblo blanco★.
♦Madrid 567 – ♦Cádiz 136 – Ronda 27 – ♦Sevilla 135.

Grazalema, 13 21 36, –
24 hab.

GREDOS 05132 Ávila 442 K 14 – 918.
Ver : Sierra★★, emplazamiento del Parador★★.
Alred. : Carretera del puerto del Pico★ (★) SE : 18 km.
♦Madrid 169 – Ávila 63 – Béjar 71.

Parador de Gredos, alt. 1 650 34 80 48, Fax 34 82 05, Sierra de Gredos, – 25/100. AE VISA.
Com 3000 – 1000 – **77 hab** 10000 – PA 5950.

GRIÑÓN 28970 Madrid 444 L 18 – 1 311 h. – 91.
♦Madrid 30 – Aranjuez 36 – Toledo 47.

El Mesón de Griñón, General Primo de Rivera 9 814 01 13, – AE E VISA.
cerrado lunes y julio – Com carta 3400 a 5000.

El Lechal, carret. de Navalcarnero O : 1 km 814 01 62, – AE VISA.
cerrado jueves y agosto – Com carta 2450 a 3700.

El GROVE u **O GROVE** 36980 Pontevedra 441 E 3 – 9 917 h. – 986 – Playa.
♦Madrid 635 – Pontevedra 31 – Santiago de Compostela 71.

Maruxia sin rest, Luis Casais 14 73 27 95, Fax 73 05 07 – AE VISA.
cerrado noviembre – 400 – **40 hab** 4500/6500.

Serantes sin rest. con cafetería, Castelao, 40 73 22 04, Fax 73 23 91 – AE E VISA.
cerrado 15 diciembre- enero – 450 – **32 hab** 5000/6500.

Amandi sin rest, Castelao 94 73 19 42, Fax 73 16 43 – E VISA.
600 – **25 hab** 6500/8500.

Tamanaco, Castelao 162 73 04 46, Fax 73 03 52, – AE E VISA.
Com 1750 – 450 – **36 hab** 4500/7000 – PA 3100.

El Molusco, Castelao 206 - Puente de la Toja 73 07 61, Fax 73 29 84 – AE E VISA.
cerrado 15 diciembre-28 febrero – Com *(cerrado lunes)* 1900 – 500 – **29 hab** 6000/7500.

El Crisol, Hospital 10 73 00 29 – AE VISA
Com carta 2500 a 3200.

La Posada del Mar, Castelao 202 73 01 06 – AE E VISA.
cerrado domingo noche (salvo agosto) y 10 diciembre- enero – Com carta 2550 a 3550.

Dorna, Castelao 150 73 18 42, Fax 73 23 12 – AE E VISA JCB.
cerrado 20 octubre-20 noviembre – Com carta 2550 a 3200.

Finisterre, pl. del Corgo 2 73 07 48, Pescados y mariscos – AE E VISA.
cerrado domingo noche y 15 diciembre-enero – Com carta 2350 a 4150.

O'Piorno, av. Castelao 151 73 04 94, Fax 73 16 43, Pescados y mariscos – E VISA.
cerrado miércoles y febrero – Com carta 2650 a 3000.

El Combatiente, pl. del Corgo 10 73 07 41, Pescados y mariscos.

en la carretera de Pontevedra S : 3 km - ✉ 36989 El Grove - ☎ 986 :

Touris sin rest, Ardia 175 ✆ 73 02 51, Fax 73 20 00, ←, 🏊, 🎾 - 🛗 📺 ☎ Ⓟ. AE ⓓ E VISA. ✻
marzo-diciembre - ☕ 650 - **48 hab** 5700/8000.

en Reboredo SO : 3 km - ✉ 36989 El Grove - ☎ 986 :

Bosque-Mar y Anexo 🌙, carret. de San Vicente ✆ 73 10 55, Fax 73 05 12, 🏊 - ☎ Ⓟ
temp. - **39 hab**, 12 apartamentos.

Mirador Ría de Arosa 🌙, ✆ 73 08 38, Fax 73 06 48, ← - 📺 ☎ 🚗 Ⓟ. AE ⓓ E VISA. ✻
Semana Santa-octubre - Com 2200 - ☕ 450 - **24 hab** 3700/6000 - PA 3800.

en San Vicente del Mar - ✉ 36989 El Grove - ☎ 986 :

Mar Atlántico 🌙, S : 8,5 km ✆ 73 80 61, Fax 73 82 99, 🏊, 🎾 - ☎ Ⓟ. AE ⓓ E VISA. ✻
abril-15 octubre - Com 2250 - ☕ 800 - **34 hab** 7940/8620 - PA 4300.

XX El Pirata, praia Farruco, urb. San Vicente do Mar, SO : 9 km ✆ 73 00 52, 🏕.

GUADALAJARA 19000 P 444 K 20 - 56 922 h. alt. 679 - ☎ 911.

Ver : Palacio del Infantado★ (fachada★, patio★).

ℹ pl. Mayor 7, ✉ 19001, ✆ 22 06 98 - R.A.C.E. San Juan de Dios 2, ✉ 19001, ✆ 21 77 18.

♦Madrid 55 - Aranda de Duero 159 - Calatayud 179 - Cuenca 156 - Teruel 245.

Infante, San Juan de Dios 14, ✉ 19001, ✆ 22 35 55, Fax 22 35 98 - 🛗 ▤ rest 📺 ☎ 🚗. AE E VISA. ✻
Com 1500 - ☕ 800 - **40 hab** 7200/9000 - PA 2930.

XX **Miguel Angel,** Alfonso López de Haro 4, ✉ 19001, ✆ 21 22 51, Decoración castellana - ▤. AE VISA. ✻
Com carta 2500 a 3850.

junto a la carretera N II - ☎ 911 :

Pax 🌙, ✉ 19005, ✆ 22 18 00, Fax 22 69 55, ←, 🏊, 🌳, 🎾 - 🛗 ▤ 📺 ☎ Ⓟ - 🏛 25/400. AE ⓓ E VISA. ✻ rest
Com 2100 - ☕ 650 - **61 hab** 8000/10000.

Alcarria, Toledo 39, ✉ 19002, ✆ 25 33 00, Fax 25 34 07 - 🛗 ▤ 📺 ☎ 🚗 - 🏛 25/40. AE ⓓ E VISA. ✻
Com 1500 - ☕ 140 - **53 hab** 7000/10000.

X **Los Faroles,** ✉ 19004, ✆ 21 30 32, 🏕, Decoración castellana - ▤ Ⓟ. AE ⓓ E VISA. ✻
cerrado lunes - Com carta 3350 a 3550.

GUADALEST o EL CASTELL DE GUADALEST 03517 Alicante 445 P 29 - ☎ 96.

Ver : Situación ★.

♦Madrid 441 - Alcoy/Alcoi 36 - ♦Alicante 65 - ♦Valencia 145.

X **Xorta,** carret. de Callosa de Ensarriá ✆ 588 51 87, ←, 🏊 - Ⓟ. AE E VISA. ✻
cerrado 15 mayo-15 junio - Com carta 1700 a 2600.

GUADALUPE 10140 Cáceres 444 N 14 - 2 765 h. alt. 640 - ☎ 927.

Ver : Emplazamiento★, pueblo viejo★ - Monasterio★★ : Sacristía★★ (cuadros de Zurbarán★★) camarín★ - Sala Capitular (antifoniarios y libros de horas miniados★) - Museo de bordados (casullas y frontales de altar★★).

Alred. : Carretera★ de Guadalupe a Puerto de San Vicente ←★.

♦Madrid 225 - ♦Cáceres 129 - Mérida 129.

Parador Guadalupe 🌙, Marqués de la Romana 12 ✆ 36 70 75, Fax 36 70 76, ←, 🏕, « Instalado en un edificio del siglo XVI con jardín », 🏊, 🎾 - 🛗 📺 ☎ 🚗 Ⓟ. AE ⓓ VISA. ✻
Com 3200 - ☕ 1100 - **40 hab** 11000 - PA 6375.

Hospedería del Real Monasterio 🌙, pl. Juan Carlos I ✆ 36 70 00, Fax 36 71 77, 🏕, « Instalado en el antiguo monasterio » - 🛗 ▤ ☎ Ⓟ. E VISA. ✻
cerrado 15 enero-15 febrero - Com 2200 - ☕ 550 - **47 hab** 4200/6200 - PA 4200.

X **Cerezo** con hab, Gregorio López 12 ✆ 36 73 79 - ▤ rest. AE ⓓ E VISA. ✻
- Com *(cerrado lunes)* carta 1250 a 2100 - ☕ 280 - **15 hab** 2500/3800.

X **Mesón El Cordero,** Alfonso Onceno 27 ✆ 36 71 31 - ▤. ✻
cerrado lunes y febrero - Com carta 2200 a 2935.

GUADARRAMA 28440 Madrid 444 J 17 - 6 682 h. alt. 965 - ☎ 91.

♦Madrid 48 - ♦Segovia 43.

X **Asador los Caños,** Alfonso Senra 51 ✆ 854 02 69, Cordero asado - ▤. VISA. ✻
cerrado martes, junio y una semana en octubre - Com (sólo almuerzo en invierno salvo viernes y sábado) carta 2725 a 4000.

en la carretera N VI SE : 4,5 km – ✉ 28440 Guadarrama – ☎ 91 :

XX **Miravalle** con hab, ☎ 850 03 00, Fax 851 24 28, – ▤ rest ☎ P. VISA. ✻
– Com *(cerrado miércoles)* carta 3100 a 3600 – ☕ 450 – **12 hab** 4500/5500.

Ver también : ***Navacerrada*** NE : 12 km.

GUADIX **18500** Granada 446 U 20 – 19 860 h. alt. 949 – ☎ 958.

Ver : Catedral★ (fachada★) – Barrio troglodita★ – Alcazaba : ≤★.

Alred. : Carretera★★ de Guadix a Purullena (pueblo troglodita★) O : 5 km – Lacalahorra (castillo : patio★★) SE : 17 km.

ℹ carret. de Granada, ☎ 66 26 65.

♦Madrid 436 – ♦Almería 112 – ♦Granada 57 – ♦Murcia 226 – Úbeda 119.

Carmen, carret. de Granada ☎ 66 15 11, Fax 66 14 01 – |‡| ▤ TV ☎ P – 25/500. AE E VISA. ✻
Com 1100 – ☕ 150 – **20 hab** 2800/4400 – PA 2000.

Comercio, Mira de Amezcua 3 ☎ 66 05 00 – ▤ rest TV ☎. AE ⓓ E VISA
Com 1300 – ☕ 350 – **20 hab** 2500/4300.

GUALCHOS **18614** Granada 446 V 19 – 2 912 h. – ☎ 958.

♦Madrid 518 – ♦Almería 94 – ♦Granada 88 – ♦Málaga 113.

X **La Posada** con hab, pl. de la Constitución 3 ☎ 65 60 34, Fax 65 60 34, « Rincón de tipo regional », – E VISA. ✻ rest
mayo-noviembre – Com *(cerrado lunes)* carta 3100 a 4200 – ☕ 800 – **9 hab** 5000/10000.

GUAMASA Tenerife – ver Canarias (Tenerife).

GUARDAMAR **46711** Valencia – 46 h. alt. 11 – ☎ 96.

♦Madrid 422 – Gandía 6 – ♦Valencia 70.

X **Arnadí,** Molí 14 ☎ 281 90 57, « Terraza-jardín » – ▤. AE ⓓ E VISA. ✻
cerrado domingo noche, lunes y noviembre – Com carta 2425 a 3175.

GUARDAMAR DEL SEGURA **03140** Alicante 445 R 28 – 5 708 h. – ☎ 96 – Playa.

♦Madrid 442 – ♦Alicante 36 – Cartagena 74 – ♦Murcia 52.

Meridional, av. de la Libertad 46-urb. Las Dunas S : 1 km ☎ 572 83 40, Fax 572 83 06 – |‡| ☎ P. AE ⓓ E VISA. ✻
Com 1375 – ☕ 475 – **53 hab** 3800/6000 – PA 2560.

Guardamar, av. Puerto Rico 11 ☎ 572 96 50, Fax 572 95 30, ≤, – |‡| ☎. AE ⓓ E VISA. ✻
Com 1700 – ☕ 500 – **52 hab** 4000/6500 – PA 2800.

Meditarráneo, av. Cartagena 26 ☎ 572 94 07, Fax 572 94 07 – ▤ rest. E VISA. ✻
Com 1300 – ☕ 425 – **30 hab** 3500/5700 – PA 2500.

Oasis, av. de Europa 33 ☎ 572 88 60 – ✻
abril-octubre – Com 1385 – ☕ 425 – **40 hab** 2860/4950 – PA 2715.

Delta, Blasco Ibáñez 63 ☎ 572 87 12, – ✻
marzo-septiembre – Com carta 1450 a 2100 – ☕ 300 – **16 hab** 2250/4200 – PA 2125.

X **Chez Victor 2,** av. de Perú 1 (urb Las Dunas) ☎ 572 95 04, ≤,
cerrado martes y enero- marzo – Com carta 2600 a 3500.

La GUARDIA o **A GARDA** **36780** Pontevedra 441 G 3 – 9 275 h. alt. 40 – ☎ 986 – Playa.

Alred. : Monte de Santa Tecla★ (≤★★) S : 3 km.

♦Madrid 628 – Orense/Ourense 129 – Pontevedra 72 – ♦Porto 148 – ♦Vigo 53.

Convento de San Benito sin rest, pl. de San Benito ☎ 61 11 66, ≤, Antiguo convento – TV ☎. AE E VISA. ✻
☕ 450 – **24 hab** 4500/6900.

Eli-Mar sin rest, Vicente Sobrino 12 ☎ 61 30 00 – TV ☎. AE ⓓ E VISA. ✻
☕ 375 – **22 hab** 2750/5750.

200 Millas, av. Donantes de Sangre 72 ☎ 61 10 25, ≤ – ☎ P. AE VISA. ✻
Com 1400 – ☕ 250 – **32 hab** 3000/6000 – PA 2600.

Bruselas sin rest, Orense 7 ☎ 61 11 21 – . ✻
☕ 250 – **37 hab** 3300/3775.

X **Anduriña,** Calvo Sotelo 48 ☎ 61 11 08, ≤, , Pescados y mariscos – AE ⓓ E VISA. ✻
Com carta 2900 a 4500.

La GUDIÑA o A GUDIÑA 32540 Orense 441 F 8 – 2 051 h. alt. 979 – 988.

♦Madrid 389 – Benavente 132 – Orense/Ourense 110 – Ponferrada 117 – Verín 39.

Relojero 2, carret. N 525 ☏ 42 11 39 – TV. AE E VISA.
Com 1200 – 300 – **25 hab** 2800/3700 – PA 2500.

GUERNICA Y LUNO o GERNIKA - LUMO 48300 Vizcaya 442 C 21 – 17 836 h. alt. 10 – 94.

Alred. : N : Carretera de Bermeo ≤★, Ría de Guernica★ – Cueva de Santimamiñe (formaciones calcáreas★) NE : 5 km – Balcón de Vizcaya ≤★★ SE : 18 km.

Santa María ☏ 625 58 92.

♦Madrid 429 – ♦Bilbao/Bilbo 36 – ♦San Sebastián/Donostia 84 – ♦Vitoria/Gasteiz 69.

Gernika sin rest, Carlos Gangoiti 17 ☏ 625 03 50, Fax 625 58 74 – TV ☎. AE E VISA.
500 – **24 hab** 4500/7500.

Arrien, Ferial 2 ☏ 625 06 41 – . AE E VISA.
Com carta aprox. 4000.

Zallo Barri, Señorío de Vizcaya 79 ☏ 625 18 00 – . AE E VISA.
cerrado miércoles y domingo noche – Com carta 3000 a 3700.

Boliña con hab, Barrenkale 3 ☏ 625 03 00, Fax 625 03 00 – rest TV ☎. AE E VISA.
Com carta 2900 a 4100 – 450 – **16 hab** 5000/6000.

en la carretera de Bilbao S : 2 km – ✉ 48300 Guernica y Luno – 94

Remenetxe, barrio Ugarte ☏ 625 35 20, Caserío típico – . AE E VISA JCB.
cerrado miércoles y del 8 al 28 febrero – Com carta 3400 a 5000.

GUETARIA o GETARIA 20808 Guipúzcoa 442 C 23 – 2 407 h. – 943.

Alred. : Carretera en cornisa★★ de Guetaria a Zarauz.

♦Madrid 487 – ♦Bilbao/Bilbo 77 – ♦Pamplona/Iruñea 107 – ♦San Sebastián/Donostia 26.

Elkano, Herrerieta 2 ☏ 83 16 14, , Pescados y mariscos – . AE E VISA.
cerrado domingo noche y del 1 al 15 de noviembre – Com carta 4400 a 5900.

Kaia Kaipe, General Arnao 10 ☏ 83 24 14, ≤ puerto pesquero y mar, , Decoración marinera, Pescados y mariscos – . AE E VISA JCB.
cerrado del 1 al 17 marzo y del 13 al 31 octubre – Com carta 3400 a 4900.

Talai-Pe, Puerto Viejo ☏ 83 16 13, ≤, Decoración rústica marinera, Pescados y mariscos – AE E VISA JCB.
cerrado domingo noche – Com carta 3050 a 5500.

Iribar, Nagusia 38 ☏ 83 24 06, Pescados y mariscos – . AE E VISA.
cerrado jueves, 15 dias febrero y 15 dias octubre – Com carta 3000 a 5000.

al Suroeste : 2 km por carret. N 634 – ✉ 20808 Guetaria – 943 :

San Prudencio con hab (marzo-octubre), ☏ 83 24 11, ≤, – . VISA.
Com *(cerrado diciembre)* carta 2100 a 4250 – 500 – **12 hab** 4500.

GUIJUELO 37770 Salamanca 441 K 12 – 4 900 h. – 923.

♦Madrid 206 – Ávila 99 – Plasencia 83 – ♦Salamanca 49.

Torres sin rest, con cafetería, San Marcos 3 ☏ 58 14 51, Fax 58 00 17 – TV ☎. AE E VISA.
400 – **37 hab** 3500/5600.

Casa Manolo, Gabriel y Galán 7 ☏ 58 14 76 – . AE E VISA.
cerrado lunes y septiembre – Com carta 1900 a 3000.

La Amistad, Teso de las Reses 25 ☏ 58 04 02, Rest. típico – . AE E VISA.
cerrado domingo – Com carta 2400 a 3350.

HARO 26200 La Rioja 442 E 21 – 8 581 h. alt. 479 – 941.

Alred. : Balcón de la Rioja ★ E : 26 km.

pl. Hermanos Florentino Rodríguez ☏ 31 27 26.

♦Madrid 330 – ♦Burgos 87 – ♦Logroño 49 – ♦Vitoria/Gasteiz 43.

Los Agustinos, San Agustín 2 ☏ 31 13 08, Telex 37161, Fax 30 31 48, « Instalado en un convento del siglo XIV » – TV ☎ – 25/200. AE E VISA JCB.
Com *(cerrado domingo y agosto)* 2400 – 975 – **60 hab** 8250/12130.

Beethoven II, Santo Tomás 3 ☏ 31 11 81 – . E VISA.
cerrado lunes noche, martes, del 1 al 15 julio y diciembre – Com carta 2750 a 3850.

Terete, Lucrecia Arana 17 ☏ 31 00 23, Rest. típico con bodega, Cordero asado – . VISA.
cerrado domingo noche, lunes y octubre – Com carta 2500 a 3325.

en la carretera N 232 SE : 1 km – ✉ 26200 Haro – ☎ 941 :

Iturrimurri, carret. de circunvalación ☎ 31 12 13, Telex 37021, Fax 31 17 21, ←, ⛱ – |♦| ▤ TV ☎ P – 🏛 25/100. AE E VISA. ✻ rest
Com 1950 – ☕ 675 – **36 hab** 4600/8200 – PA 4575.

HECHO **22720** Huesca 443 D 27 – ☎ 974.
♦Madrid 497 – Huesca 102 – Jaca 49 – ♦Pamplona/Iruñea 122.

Gaby-Casa Blasquico, pl. Palacio 1 ☎ 37 50 07, ⛱ – VISA. ✻
Com (es necesario reservar) carta 2700 a 3700.

HELLÍN **02400** Albacete 444 Q 24 – 22 651 h. alt. 566 – ☎ 967.
♦Madrid 306 – ♦Albacete 59 – ♦Murcia 84 – ♦Valencia 186.

Reina Victoria, Coullaut Valera 3 ☎ 30 02 50, Fax 30 28 43 – ▤ 🚗. AE ⓓ E VISA. ✻
Com 1700 – ☕ 400 – **25 hab** 6000/10000.

Modesto, Lopez de Oro 18 ☎ 30 35 93, Fax 30 02 50 – AE ⓓ E VISA. ✻
Com 1500 – ☕ 300 – **19 hab** 2500/5000.

Hellín, carret. de Murcia 31 ☎ 30 01 42 – ▤ rest ☎ P. AE ⓓ E VISA. ✻ rest
Com 1200 – ☕ 300 – **26 hab** 2000/3500 – PA 2300.

HERNANI **20120** Guipúzcoa 442 C 24 – 30 272 h. – ☎ 943.
♦Madrid 465 – ♦Bilbao/Bilbo 100 – ♦San Sebastián/Donostia 11 – ♦Vitoria/Gasteiz 110.

en la carretera de Lasarte NO : 2,5 km – ✉ 20120 Hernani – ☎ 943 :

Galarreta, Frontón ☎ 55 10 29, ⛱ – P.

La HERRADURA **18697** Granada 446 V 18 – ☎ 958 – Playa.
♦Madrid 523 – Almería 138 – ♦Granada 93 – ♦Málaga 66.

Los Fenicios, paseo Andrés Segovia ☎ 82 70 91, Fax 82 73 29, ←, ⛱, ⛱ – |♦| ▤ TV ☎ 🚗. AE ⓓ E VISA. ✻
Com 2400 – ☕ 950 – **43 hab** 11750/14700 – PA 4800.

HERRERA DE PISUERGA **34400** Palencia 442 E 17 – 2 696 h. alt. 840 – ☎ 988.
♦Madrid 298 – ♦Burgos 68 – Palencia 72 – ♦Santander 129.

La Piedad, carret. N 611 ☎ 13 01 22 – P. VISA. ✻
Com 1000 – ☕ 200 – **27 hab** 1500/3200 – PA 2200.

HIERRO Tenerife – ver Canarias.

HONDARRIBIA Guipúzcoa – ver Fuenterrabía.

HONRUBIA DE LA CUESTA **40541** Segovia 442 H 18 – 120 h. alt. 1 001 – ☎ 911.
♦Madrid 143 – Aranda de Duero 18 – ♦Segovia 97.

en El Miliario S : 4 km – ✉ 40541 Honrubia de la Cuesta – ☎ 911 :

Mesón Las Campanas con hab, antigua carret. N I ☎ 54 30 00, ⛱, Decoración rústica regional – P. AE E VISA. ✻
Com carta 2150 a 3200 – ☕ 225 – **7 hab** 5000.

HORCHE **19140** Guadalajara 444 K 20 – 1 179 h. – ☎ 911.
♦Madrid 68 – Guadalajara 13.

Sol La Cañada 🐚, ☎ 29 02 11, Fax 29 00 29, ←, ⛱, ⛱ – ▤ ☎ – 🏛 25/30. AE ⓓ VISA. ✻ rest
Com 2400 – ☕ 650 – **26 hab** 6500/10000 – PA 4530.

HORNA Burgos – ver Villarcayo.

Acht Michelin-Abschnittskarten :

Spanien : Nordwesten 441, Norden 442, Nordosten 443, Zentralspanien 444, Zentral- und Ostspanien 445, Süden 446, Kanarische Inseln 451.
Portugal 440.
Die auf diesen Karten rot unterstrichenen Orte sind im vorliegenden Führer erwähnt.

Für die gesamte Iberische Halbinsel benutzen Sie die Michelin-Karte 990 im Maßstab 1 : 1 000 000.

HOSPITALET DEL INFANTE o **L'HOSPITALET DEL INFANT** **43890** Tarragona 443 J 32
2 690 h. – 977 – Playa.

Alamanda, 82 33 13, Fax 82 39 00.

♦Madrid 579 – Castellón de la Plana 151 – Tarragona 37 – Tortosa 52.

Pino Alto, urb. Pino Alto NE : 1 km, 43892 Miami-Montroig, 81 10 00, Fax 81 09 07, « Terraza », – 25/140. AE E VISA. rest
Com 2400 – 950 – **137 hab** 9400/14800 – PA 4300.

Les Barques, Les Barques 14 82 02 11, Fax 82 02 41, – . AE E VISA.
Com (ver rest. **Les Barques**) – 600 – **40 hab** 6000/8000.

Infante, del Mar 24 82 30 00, Fax 82 32 75, – . AE E VISA. rest
cerrado enero – Com 1100 – 600 – **71 hab** 3500/6000 – PA 2500.

Les Barques, paseo Marítimo 21 82 39 61, Fax 82 02 41, Pescados y mariscos – . AE E VISA.
cerrado 15 diciembre-16 enero – Com carta 3300 a 5000.

Per spostarvi più rapidamente utilizzate le carte Michelin "Grandi Strade" :
nº 970 Europa, nº 980 Grecia, nº 984 Germania, nº 985 Scandinavia-Finlanda, nº 986 Gran Bretagna-Irlanda, nº 987 Germania-Austria-Benelux, nº 988 Italia, nº 989 Francia, nº 990 Spagna-Portogallo, nº 991 Jugoslavia.

La HOYA **30816** Murcia 445 S 25 – 968.

♦Madrid 471 – Cartagena 72 – ♦Murcia 53.

La Hoya, carret. N 340 48 18 06, Fax 48 19 05, – . AE E VISA. rest
Com 900 – 300 – **36 hab** 3000/5000 – PA 1875.

HOYOS DEL ESPINO **05634** Ávila 442 K 14 – 369 h. – 918.

♦Madrid 174 – Ávila 68 – Plasencia 107 – ♦Salamanca 130 – Talavera de la Reina 87.

Mira de Gredos con hab, 34 81 24, sierra de Gredos – .
cerrado octubre – Com *(cerrado jueves)* carta 2300 a 3700 – 450 – **16 hab** 5000.

HOZNAYO **39716** Cantabria 442 B 18 – 942.

♦Madrid 399 – ♦Bilbao/Bilbo 86 – ♦Burgos 156 – ♦Santander 21.

Adelma, carret. N 634 52 40 96, Fax 52 43 72, – . AE E VISA JCB.
Com *(cerrado lunes)* 1840 – 500 – **36 hab** 6600.

HUARTE **31620** Navarra 442 D 25 2 782 h. alt. 441 – 948.

♦Madrid 402 – Pamplona/Iruñea 7.

Iriguibel, carret. C 135 33 14 14, Fax 33 00 69 – . AE E VISA.
cerrado martes y miércoles noche – Com carta 2900 a 4050.

HUELVA **21000** P 446 U 9 – 127 806 h. – 955.

Bellavista, Aljaraque O : 7 km 31 80 83.

av. de Alemania 14 21001, 25 74 03 – R.A.C.E. Puerto 24, 21001, 25 49 47.

♦Madrid 629 ② – ♦Badajoz 248 ② – Faro 105 ① – Mérida 282 ② – ♦Sevilla 92 ②.

Plano página siguiente

Luz Huelva sin rest, av. Sundheim 26, 21003, 25 00 11, Telex 75527, Fax 25 81 10 – – 25/100. AE E VISA. BZ **e**
1000 – **110 hab** 10800/15300.

Tartessos sin rest, av. Martín Alonso Pinzón 13, 21003, 28 27 11, Fax 25 06 17 – . AE VISA. BZ **a**
500 – **112 hab** 6000/10000.

Costa de la Luz sin rest y sin , José María Amo 8, 21001, 25 64 22 – . AZ **d**
35 hab 3500/6000.

Las Meigas, av. Guatemala 34, 21003, 28 48 58 – . AE E VISA. AY **s**
Com carta 3000 a 3950.

La Muralla, San Salvador 17, 21003, 25 50 77 – BZ **n**

La Cazuela, Garci Fernández 5, 21003, 25 80 96 – . AE E VISA. BZ **r**
cerrado domingo noche – Com carta 2375 a 3175.

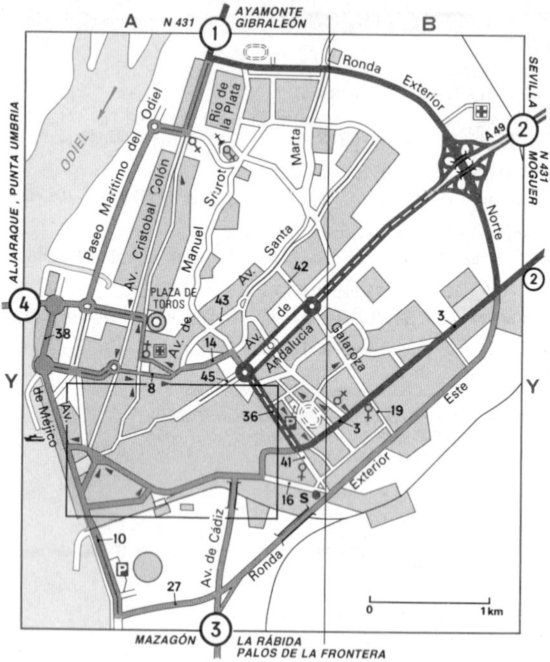

HUELVA

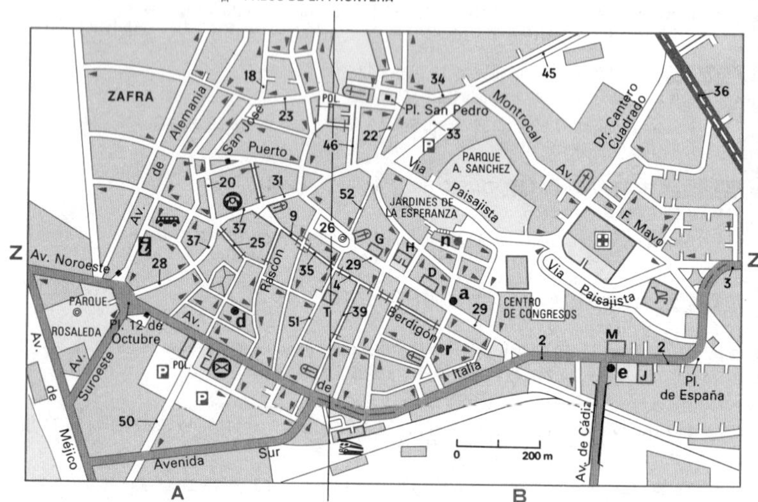

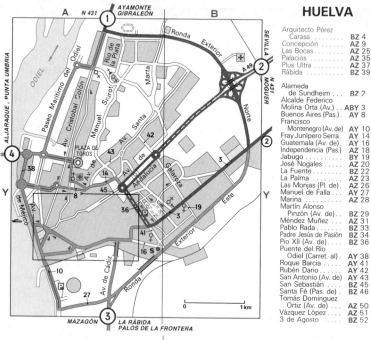

The Guide changes, so renew your Guide every year.

HUÉRCAL-OVERA **04600** Almería 446 T 24 – 12 045 h. alt. 320 – ☎ 951.
◆Madrid 490 – Almería 117 – ◆Murcia 104.

en la carretera N 340 SO : 6 km – ✉ 04600 Huércal Overa – ☎ 951 :

Overa, ✆ 47 08 79 – ▤ rest P
11 hab.

HUESCA 22000 P 443 F 28 – 44 372 h. alt. 466 – ☎ 974.

Ver : Catedral★ (retablo de Damián Forment★★) **A** – Museo arqueológico provincial★ (colección de primitivos aragoneses★) **M1** – Iglesia de San Pedro el Viejo★ (claustro★) **B**.

Excurs. : Castillo de Loarre★★ ✳★★ NO : 32 km ③.

Coso Alto 23, ✉ 22003, ☎ 22 57 78 – **R.A.C.E.** pl. de Navarra 2, ✉ 22002, ☎ 22 55 76.

♦Madrid 392 ② – ♦Lérida/Lleida 123 ① – ♦Pamplona/Iruñea 164 ③ – Pau 211 ③ – ♦Zaragoza 72 ②.

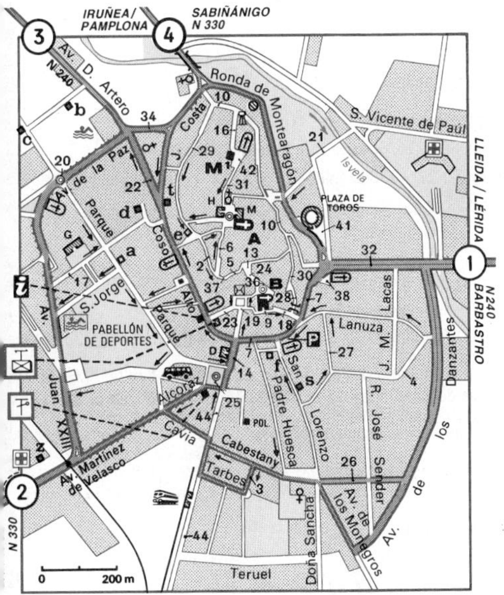

HUESCA

Pedro I de Aragón, Parque 34, ✉ 22003, ☎ 22 03 00, Telex 58626, Fax 22 00 94, – 25/800. AE E VISA. rest **a**
Com 2750 – 975 – **120 hab** 8310/11770.

San Marcos, San Orencio 10, ✉ 22001, ☎ 22 29 31, Fax 22 29 31 – AE E VISA. **f**
Com (ver rest. **El Molinero**) – 400 – **26 hab** 4000/6500.

Lizana II y Lizana sin rest y sin , pl. de Lizana 8, ✉ 22002, ☎ 22 07 76 – AE E VISA **e**
34 hab 4000/5200.

El Molinero, San Orencio 10, ✉ 22001, ☎ 22 29 31, Fax 22 29 31 – AE E VISA. **f**
cerrado domingo – Com carta 3050 a 3550.

Navas, San Lorenzo 15, ✉ 22002, ☎ 22 47 38, Fax 24 57 32 – AE E VISA. **s**
Com carta 3800 a 4500
Espec. Ensalada de bogavante y bacalao, Bonito con chipirones y trigueros al vinagre d e Módena, Lomos de cordero y sesos con española de tomillo.

Las Torres, María Auxiliadora 3, ✉ 22003, ☎ 22 82 13 – AE E VISA **d**
cerrado domingo, Semana Santa y 16 agosto-2 septiembre – Com carta 2900 a 4100.

Bigarren, av. Pirineos 15, ✉ 22004, ☎ 22 95 60 – AE E VISA JCB. **c**
cerrado lunes y del 1 al 15 septiembre – Com carta 3000 a 4050.

La Campana, Coso Alto 78, ✉ 22003, ☎ 22 95 00 – **t**

Parrilla Gombar, av. Martínez de Velasco 34, ✉ 22004, ☎ 21 22 70 – E VISA. **z**
cerrado sábado y del 16 al 31 agosto – Com carta 2000 a 4475.

Casa Vicente, pl. de Lérida 2, ✉ 22004, ☎ 22 98 11 – AE VISA. **b**
cerrado domingo y 20 agosto-20 septiembre – Com carta 1800 a 3400.

en la carretera N 240 por ① : 2,5 km – ✉ 22191 Quicena – ☎ 974

Montearagón, ☎ 22 23 50, Fax 22 23 54, – rest P. AE E VISA.
Com 1900 – 500 – **27 hab** 5200/7900 – PA 3655.

HÚMERA Madrid - ver Pozuelo de Alarcón.

IBARRA Guipúzcoa - ver Tolosa.

IBI **03440** Alicante 445 Q 28 - 19 846 h. alt. 820 - 96.
♦Madrid 380 - ♦Alicante 59 - ♦Albacete 133 - ♦Valencia 130.

Plata, San Roque 1 555 06 00, Fax 655 03 44 - TV P. AE E VISA.
Com 1600 - 800 - **30 hab** 4400/7800 - PA 3800.

IBIZA Baleares - ver Baleares.

ICOD DE LOS VINOS Tenerife - ver Canarias (Tenerife).

IDIAZÁBAL **20213** Guipúzcoa 442 C 23 - 1 974 h. alt. 210 - 943.
♦Madrid 423 - ♦Pamplona/Iruñea 68 - ♦San Sebastián/Donostia 50 - ♦Vitoria/Gasteiz 66.

en la carretera N I S : 2 km - 20213 Idiazábal - 943

Gaztelu, 80 11 93, ←, - P.

IGORRE Vizcaya - ver Yurre.

IGUALADA **08700** Barcelona 443 H 34 - 31 451 h. alt. 315 - 93.
♦Madrid 562 - ♦Barcelona 67 - ♦Lérida/Lleida 93 - Tarragona 93.

América, carret. N II 803 10 00, Fax 805 00 78, - TV P - 25/400.
AE E VISA.
cerrado 1ª quincena de agosto - Com carta 3000 a 3450 - 800 - **52 hab** 5000/11000.

El Jardí de Granja Plá, rambla de Sant Isidre 12 803 18 64 - P. AE E VISA JCB
cerrado festivos noche, lunes y 26 julio-16 agosto - Com carta 3050 a 4550
Espec. Brandada de bacalao con angulas, Feuilletage de gambas al Armagnac, Broixette de solomillo marchand de vins.

El Mirall, passeig Verdaguer 6 804 25 02 - . AE E VISA.
cerrado domingo noche, miércoles y 1ª quincena septiembre - Com carta 3200 a 4500.

ILLETAS Baleares - ver Baleares (Mallorca).

INCA Baleares - ver Baleares (Mallorca).

INGLÉS (Playa del) Las Palmas - ver Canarias (Gran Canaria).

La IRUELA **23476** Jaén 446 S 21 - 2 360 h. alt. 932 - 953.
Ver : Carretera de los miradores ←★★. - ♦Madrid 365 - Jaén 103 - Úbeda 48.

Sierra de Cazorla , carret. de la Sierra NE : 1 km 72 00 15, Fax 72 00 17, ←, -
P. AE E VISA. rest
Com 1500 - 450 - **52 hab** 4345/6675 - PA 2935.

IRÚN **20300** Guipúzcoa 442 B y C 24 - 53 445 h. alt. 20 - 943.
Alred. : Ermita de San Marcial ★★ E : 3 km.
barrio de Behobia 62 26 27.
♦Madrid 509 - ♦Bayonne 34 - ♦Pamplona/Iruñea 90 - ♦San Sebastián/Donostia 20.

Alcázar y Rest. Jantokia, av. Iparralde 11 62 09 00, Fax 62 27 97 - TV P. AE
E VISA. rest
Com carta 1715 a 4285 - 480 - **48 hab** 4815/8100.

Lizaso sin rest, Aduana 5 61 16 00 -
350 - **20 hab** 3175/4750.

Mertxe, Francisco Gainza 9 - barrio Beraun 62 46 82, - AE E VISA JCB
cerrado domingo noche, miércoles, del 9 al 27 abril y 21 octubre-9 noviembre - Com carta 3500 a 5000.

Romantxo, pl. Urdanibia 62 09 71, Decoración rústica regional - .
cerrado domingo noche, lunes, 18 agosto-7 septiembre y 22 diciembre-7 enero - Com carta 3150 a 4650.

en Behobia E : 2 km - 20300 Irún - 943 :

Trinquete, Francisco Labandibar 38 62 20 20, - AE E VISA.
cerrado domingo noche y lunes - Com carta 2800 a 4350.

en la carretera de Fuenterrabía a San Sebastián NO : 4,5 km - 20300 Irún - 943 :

Jaizubía, poblado vasco de Urdanibia 61 80 66 - AE E VISA JCB
cerrado lunes y febrero - Com carta 4600 a 5900.

IRUÑEA Navarra - ver Pamplona.

IRURITA **31730** Navarra 442 C 25 - ☎ 948.
♦Madrid 448 - ♦Bayonne 57 - ♦Pamplona/Iruñea 53 - St-Jean-Pied-de-Port 40.

Olari, Pedro María Hualde ☎ 45 22 54 - ▤.

ISABA **31417** Navarra 442 D 27 - 558 h. alt. 813 - ☎ 948.
Alred. : O : Valle del Roncal★ - SE : Carretera★ del Roncal a Ansó.
♦Madrid 467 - Huesca 129 - ♦Pamplona/Iruñea 97.

Isaba, Bormapea ☎ 89 30 00, Fax 89 30 30, ← - |♦| ☎ ℗
50 hab.

Lola, Mendigacha 17 ☎ 89 30 12
26 hab.

ISLA - ver a continuación y el nombre propio de la isla.

ISLA **39195** Cantabria 442 B 19 - ☎ 942 - Playa.
♦Madrid 426 - ♦Bilbao/Bilbo 81 - ♦Santander 48.

en la playa E : 3 km - ✉ 39195 Isla - ☎ 942 :

Olimpo, barrio La Barrosa ☎ 67 93 32, Fax 67 94 63, ← playa, Lδ, ⛱, ☐, ✂ - |♦| ▤ TV ☎ ⇔ ℗ - 25/60
68 hab.

Astuy, ☎ 67 95 40, Fax 67 95 88, ←, ⛱ - |♦| TV ☎ ℗. AE ⓞ E VISA JCB. ✗ hab
cerrado 15 enero-15 febrero - Com 1500 - ☐ 550 - **52 hab** 5800/7200 - PA 3500.

La ISLA (Playa de) Murcia - ver Puerto de Mazarrón.

ISLA CRISTINA **21410** Huelva 446 U 8 - 16 335 h. - ☎ 955 - Playa.
♦Madrid 672 - Beja 138 - Faro 69 - Huelva 56.

Paraíso Playa, carret. de la playa : 1 km ☎ 33 18 73, Fax 34 37 45, ☐, ⛱ - ☎ ℗. AE E VISA. ✗
cerrado 15 diciembre-15 enero - Com 1500 - ☐ 450 - **35 hab** 5000/7500.

Sol y Mar, pl. Central : 1 km ☎ 33 20 50, ←, ☐ - TV ☎ ℗
16 hab.

ISLARES **39798** Cantabria 442 B 20 - ☎ 942.
♦Madrid 437 - ♦Bilbao/Bilbo 41 - ♦Santander 80.

El Langostero con hab, ☎ 86 22 12, ←, ☐
8 hab.

JACA **22700** Huesca 443 E 28 - 13 771 h. alt. 820 - ☎ 974.
Ver : Catedral★ (capiteles historiados★) Museo Episcopal : (frescos★).
Alred. : Monasterio de San Juan de la Peña★★ : paraje★★ - Claustro★ (capiteles★★) SO : 28 km.
ℹ av. Regimiento de Galicia 2 ☎ 36 00 98.
♦Madrid 481 - Huesca 91 - Oloron-Ste-Marie 87 - ♦Pamplona/Iruñea 111.

Aparthotel Oroel, av. de Francia 37 ☎ 36 24 11, Telex 57954, Fax 36 38 04, ⛱, ✂ - |♦| ▤ rest TV ☎ ⇔. AE ⓞ E VISA. ✗
Com 2500 - ☐ 775 - **124 hab** 7500/11600 - PA 4900.

Gran Hotel, paseo de la Constitucion 1 ☎ 36 09 00, Fax 36 40 61, ⛱ - |♦| ▤ rest TV ☎ ℗. AE ⓞ E VISA. ✗
cerrado noviembre - Com 2300 - ☐ 750 - **165 hab** 7100/10600 - PA 4500.

Conde Aznar, paseo de la Constitución 3 ☎ 36 10 50, Fax 36 07 97 - ▤ rest TV ☎. AE E VISA. ✗ rest
Com (ver rest. **La Cocina Aragonesa**) 1850 - ☐ 500 - **23 hab** 5000/7200 - PA 3500.

Pradas sin rest, con cafetería, Obispo 12 ☎ 36 11 50, Fax 36 39 48 - |♦| ☎. AE ⓞ VISA. ✗
☐ 375 - **39 hab** 3500/6360.

Mur, Santa Orosia 1 ☎ 36 01 00 - |♦| ☎. ✗
Com 1500 - ☐ 350 - **68 hab** 2800/6000 - PA 3000.

Ramiro I, Carmen 23 ☎ 36 13 67, Fax 36 13 61 - |♦| TV ☎. E VISA. ✗
cerrado 2 noviembre-2 diciembre - Com 1300 - ☐ 450 - **28 hab** 4100/6300 - PA 2440.

Ciudad de Jaca sin rest, Sancho Ramírez 15 ☎ 36 43 11, Fax 36 43 95 - |♦| TV ☎. ✗
julio-septiembre y diciembre-abril - ☐ 400 - **18 hab** 3600/4850.

🏨 **A Boira** sin rest, Valle de Ansó 3 ☎ 36 35 28 – |♦| TV ☎. ⋊
☕ 380 – **30 hab** 3000/5660.

🏨 **La Paz** sin rest, Mayor 41 ☎ 36 07 00, Fax 36 04 00 – |♦| TV ☎. E VISA. ⋊
☕ 500 – **34 hab** 4500/6250.

XX **La Cocina Aragonesa,** Cervantes 5 ☎ 36 10 50, Fax 36 07 97, « Decoración regional » – ▤. AE E VISA. ⋊
cerrado miércoles y noviembre – Com carta 3850 a 5800.

X **Gastón,** av. Primer Viernes de Mayo 14 ☎ 36 29 09 – ▤. AE ⦿ VISA. ⋊
cerrado domingo (otoño-primavera) – Com carta 2900 a 4400.

X **El Rancho Grande,** del Arco 2 ☎ 36 01 72, Decoración rústica – ▤. AE ⦿ E VISA. ⋊
cerrado domingo noche, lunes, del 1 al 15 junio y del 1 al 15 octubre – Com carta 2550 a 3950.

X **José,** av. Domingo Miral 4 ☎ 36 11 12 – ▤. AE E VISA. ⋊
cerrado lunes (salvo festivos y julio-agosto) y noviembre – Com carta 2250 a 4150.

Per visitare una città o una regione: utilizzate le ***guide Verdi Michelin.***

JADRAQUE **19240** Guadalajara 444 J 21 – 1 327 h. alt. 832 – ☎ 911.
♦Madrid 103 – Guadalajara 48 – Soria 114.

X Cuatro Caminos, Cuatro Caminos 10 ☎ 89 00 21 – ▤.

JAÉN **23000** P 446 S 18 – 96 429 h. alt. 574 – ☎ 953.
Ver : paisaje de olivares★★ (desde la alameda de Calvo Sotelo) Museo provincial★ (colecciones arqueológicas★ AY **M** – Catedral (sillería★, museo★) AZ **E** – Capilla de San Andrés (capilla de la Inmaculada★★) AYZ **B.**
Alred. : Castillo de Santa Catalina (carretera★ ※★) O : 4,5 km AZ.
i Arquitecto Berges 1, ✉ 23007, ☎ 22 27 37 – **R.A.C.E.** paseo de la Estación 33, ✉ 23008, ☎ 25 29 92.
♦Madrid 336 ① – Almería 232 ② – ♦Córdoba 107 ③ – ♦Granada 94 ② – Linares 51 ① – Úbeda 57 ②.

JAÉN

Bernabé Soriano	**BZ** 9
Dr. Civera Espartería	**AZ** 13
Maestra	**AZ** 20
Virgen de la Capilla	**BZ** 36
Adarves Bajos	**BZ** 2
Alamos	**AZ** 3
Alféreces Provisionales	**AY** 4
Almendros Aguilar	**AZ** 5
Andalucía (Av. de)	**AY** 6
Arquitecto Bergés	**AY** 7
Batallas (Pl. Las)	**ABY** 8
Coca de la Piñera (Pl.)	**BZ** 10
Constitución (Pl. de la)	**BZ** 12
Ejército Español (Av. del)	**AY** 14
Estación (Paseo de la)	**BYZ** 15
Granada (Avenida de)	**BZ** 16
Madre Soledad Torres Acosta	**ABZ** 18
Madrid (Av. de)	**BYZ** 19
Martinez Molina	**AZ** 21
Merced Alta	**AZ** 22
Muñoz Garnica	**BZ** 24
Obispo Estúñiga	**AY** 25
Rey Alhamar	**AY** 26
Ruiz Jiménez (Av. de)	**BY** 27
San Andrés	**AY** 28
San Clemente	**AZ** 29
San Francisco (Pl.)	**AZ** 31
Santa María (Pl.)	**AZ** 32
Vicente Montuno	**BZ** 33
Virgen de la Cabeza	**BY** 35

Para el buen uso de los planos de ciudades, consulte los signos convencionales.

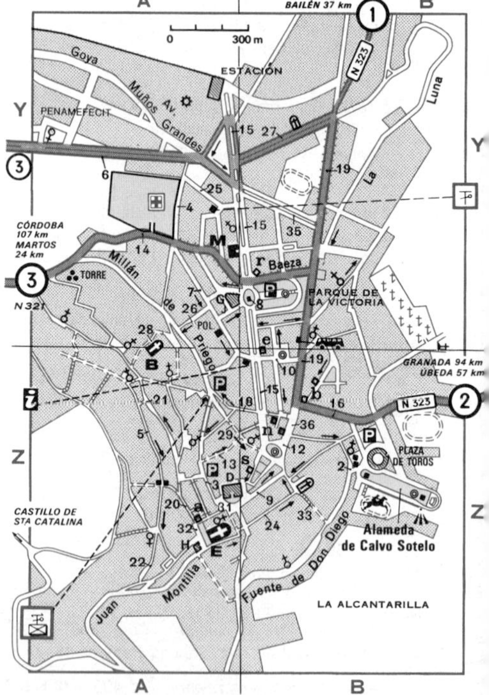

Condestable Iranzo, paseo de la Estación 32, ✉ 23008, ℘ 22 28 00, Fax 26 38 07 – 🛗 ▤ TV ☎ – 🏋 30/250. AE VISA. ✗ BY r
Com 2300 – ☕ 500 – **159 hab** 7200/11000 – PA 4000.

Xauen sin rest, pl. Deán Mazas 3, ✉ 23001, ℘ 26 40 11 – 🛗 ▤ ☎ BZ s
☕ 350 – **35 hab** 5700/8500.

Europa sin rest y sin ☕, pl. Belén 1, ✉ 23001, ℘ 22 27 04, Fax 22 27 00 – 🛗 ▤ ☎. AE ⓓ E VISA BZ b
36 hab 3670/5325.

Reyes Católicos sin rest y sin ☕, av. de Granada 1 - 1°, ✉ 23001, ℘ 22 22 50 – 🛗 ▤ ☎ BZ b
☕ 300 – **28 hab** 3700/5500.

Jockey Club, paseo de la Estación 20, ✉ 23008, ℘ 25 10 18 – ▤. AE ⓓ E VISA. ✗ BY e
cerrado domingo y agosto – Com carta 2900 a 3600.

Casa Vicente, Maestra 8, ✉ 23002, ℘ 26 28 16, 🍽 – ▤. AE E VISA AZ a
domingo noche – Com carta 2900 a 3900.

Mesón Río Chico, Nueva 12, ✉ 23001, ℘ 22 85 02 – ▤. E VISA. ✗ BZ n
cerrado lunes y agosto – Com carta 2100 a 3600.

Mesón Nuyra, pasaje Nuyra, ✉ 23001, ℘ 27 31 31 – ▤ BZ n

Los Mariscos, Nueva 2, ✉ 23001, ℘ 25 32 06 – ▤ BZ n

al Oeste : 4,5 km AZ – ✉ 23001 Jaén – ☎ 953

Parador de Santa Catalina 🔇, ℘ 26 44 11, Fax 22 39 30, « Instalado en un castillo con ≤ Jaén, olivares y montañas », 🏊 – 🛗 ▤ TV ☎ P – 🏋 25/60. AE ⓓ VISA. ✗
Com 3200 – ☕ 1100 – **45 hab** 13000 – PA 6375.

en la carretera N 323 por ② – ☎ 953

Mistral, 7,3 km, ✉ 23170 La Guardia de Jaén, ℘ 25 13 04, 🏊 – ▤ TV ☎ P – 🏋 25/450. E VISA. ✗
Com 1400 – ☕ 300 – **16 hab** 4800/5940.

La Yuca sin rest, 5,5 km, ✉ apartado 117 Jaén, ℘ 22 19 50, Fax 22 16 59 – ▤ TV ☎ P. AE ⓓ E VISA
☕ 320 – **23 hab** 4980/7210.

LA JARA o LA XARA 03700 Alicante 445 P 30 – ☎ 96.

◆Madrid 443 – ◆Alicante 88 – ◆Valencia 95.

Venta de Posa, partida Fredat 9 ℘ 578 46 72, Arroces y carnes – AE E VISA
cerrado lunes y noviembre – Com carta 2400 a 3500.

JARANDILLA DE LA VERA 10450 Cáceres 444 L 12 – 3 144 h. alt. 660 – ☎ 927.

◆Madrid 213 – ◆Cáceres 132 – Plasencia 53.

Parador Carlos V 🔇, ℘ 56 01 17, Fax 56 00 88, « Instalado en un castillo feudal del siglo XV », 🏊, 🌳, 🎾 – ▤ TV ☎ P. AE ⓓ VISA. ✗
Com 3200 – ☕ 1100 – **53 hab** 12000 – PA 6375.

El Labrador, av. Calvo Sotelo 123 ℘ 56 14 91 – ▤.

JÁTIVA o XÁTIVA 46800 Valencia 445 P 28 – 23 755 h. alt. 110 – ☎ 96.

Ver : Ermita de Sant Feliu (pila de agua bendita★).

ℹ Noguera 1.

◆Madrid 379 – ◆Albacete 132 – ◆Alicante 108 – ◆Valencia 59.

Vernisa sin rest, Académico Maravall 1 ℘ 227 10 11, Fax 228 13 65 – TV ☎. AE ⓓ E VISA. ✗
☕ 350 – **39 hab** 4700/6600.

Casa La Abuela, Reina 17 ℘ 227 05 25 – ▤. AE ⓓ E VISA JCB. ✗
cerrado domingo y 15 julio-6 agosto – Com carta 2450 a 3450.

JÁVEA o XÀBIA 03730 Alicante 445 P 30 – 10 964 h. – ☎ 96 – playa.

Alred. : Cabo de San Antonio★ (≤★) N : 5 km – Cabo de la Nao★ (≤★) SE : 10 km.

⛳9 urb. El Tosalet 4,5 km.

ℹ en el puerto : pl. Almirante Basterreche ℘ 579 07 36.

◆Madrid 457 – ◆Alicante 87 – ◆Valencia 109.

Los Pepes, av. Juan Carlos I 32 ℘ 579 11 08, 🍽 – E VISA. ✗
cerrado lunes y diciembre-enero – Com (sólo cena salvo fines de semana) carta 2450 a 3150.

en el puerto E : 1,5 km – ✉ 03730 Jávea – ☎ 96 :

Jávea, Pío X-5 ℘ 579 54 61 – ☎. E VISA JCB. ✗ rest
Com 1650 – ☕ 350 – **24 hab** 5000/7500 – PA 2250.

en la carretera de Jesús Pobre O : 4,5 km – ✉ 03730 Jávea – ☎ 96 :

X **Los Amigos del Montgó,** ☎ 579 14 31, 🍴 – P. E VISA. ✻
cerrado miércoles y noviembre – Com carta aprox. 2950.

en la carretera del Cabo de la Nao - al Sureste – ✉ 03730 Jávea – ☎ 96

Parador Costa Blanca ⛰, playa del Arenal, 4 km ☎ 579 02 00, Telex 66914, Fax 579 03 08, ≤, 🍴, « Jardín con césped y palmeras », 🏊, 🍴 – |‡| ▤ TV ☎ P – 🏛 25/200. AE ⓞ VISA. ✻
Com 3200 – ☕ 1100 – **65 hab** 14500 – PA 6375.

Bahía Vista ⛰ sin rest, Portichol 76, 7,5 km ☎ 577 04 61, Fax 647 09 95, ≤, « Terraza con 🏊 » – ☎ P. AE ⓞ E VISA JCB. ✻
☕ 550 – **17 hab** 7600/9500.

XX Tosalet Casino Club, urb. El Tosalet, 7 km ☎ 577 09 58, 🍴 – ▤ P.

XX **La Fonda,** urb. El Tosalet, 5,5 km ☎ 577 09 37, Fax 577 15 38, 🍴, « Terraza con flores » – P. AE ⓞ E VISA JCB. ✻
cerrado miércoles y 15 enero-febrero – Com (sólo cena junio-septiembre) carta 4000 a 4900.

XX **Chez Angel,** Jávea Park, 3 km ☎ 579 27 23 – ▤. AE E VISA. ✻
cerrado martes y 20 diciembre-enero – Com carta 2700 a 4425.

XX Carrasco, Partída Adsubia, cruce a Benitachell 4 km ☎ 577 16 91, ≤, 🍴 – ▤ P
Com (sólo cena).

X **Asador el Caballero,** Jávea Park Bl 8, L 10, 3 km ☎ 579 34 47, Asados – ▤. AE E VISA. ✻
cerrado jueves noche y 2ª quincena de septiembre – Com carta aprox. 3000.

JAVIER 31411 Navarra 442 E 26 – 171 h. alt. 475 – ☎ 948.

♦Madrid 411 – Jaca 68 – ♦Pamplona/Iruñea 51.

Xavier ⛰, pl. del Santo ☎ 88 40 06, Fax 88 40 78 – |‡| ▤ rest ☎. AE ⓞ E VISA. ✻
cerrado 23 diciembre- enero – Com carta aprox. 4700 – ☕ 475 – **46 hab** 4000/6800.

X **El Mesón** ⛰ con hab, Explanada ☎ 88 40 35, Fax 88 40 35, 🍴 – P. E VISA. ✻
marzo-15 diciembre – Com carta 2000 a 3000 – ☕ 500 – **8 hab** 3500/5000.

JEREZ DE LA FRONTERA 11400 Cádiz 446 V 11 – 176 238 h. alt. 55 – ☎ 956.

Ver : Bodegas★ AZ – Museo de los relojes "La Atalaya"★★ AY – Real Escuela Andaluza del Arte Ecuestre★ (exhibición★★) BY.

✈ de Jerez, por la carretera N IV ① : 11 km ☎ 33 42 32 – Iberia : pl. del Arenal 2 ☎ 33 99 08 BZ y Aviaco, aeropuerto ☎ 33 22 10.

ℹ Alameda Cristina 7 ✉ 11403, ☎ 33 11 50.

♦Madrid 613 ② – Antequera 176 ② – ♦Cádiz 35 ③ – Écija 155 ② – Ronda 116 ② – ♦Sevilla 90 ①.

Plano página siguiente

Jerez, av. Alcalde Álvaro Domecq 35, ✉ 11405, ☎ 30 06 00, Telex 75059, Fax 30 50 01, « Jardín con 🏊 », 🎾 – |‡| ▤ TV ☎ P – 🏛 25/350. AE ⓞ E VISA. ✻ por ①
Com 4750 – ☕ 1600 – **121 hab** 18400/23000.

Royal Sherry Park, av. Alcalde Álvaro Domecq 11 Bis, ✉ 11405, ☎ 30 30 11, Telex 75001, Fax 31 13 00, 🍴, « Jardín con 🏊 » – |‡| ▤ TV ☎ P – 🏛 25/280. AE ⓞ E VISA. ✻
Com 2500 – ☕ 1000 – **173 hab** 13200/16500 – PA 5500. BY **a**

Guadalete, av. Duque de Abrantes 50, ✉ 11407, ☎ 18 22 83, Fax 18 22 93, 🍴, 🏊 – |‡| ▤ TV ☎ 🚗 P – 🏛 25/550. AE ⓞ E VISA. ✻ por carret. a Lebrija BY
Com carta 2800 a 4000 – ☕ 1200 – **137 hab** 14400/18000.

Avenida Jerez sin rest, con cafetería, av. Alcalde Álvaro Domecq 10, ✉ 11405, ☎ 34 74 11, Telex 75157, Fax 33 72 96 – |‡| ▤ TV ☎. AE ⓞ E VISA. ✻ BY **c**
☕ 725 – **95 hab** 8900/13775.

Doña Blanca sin rest, Bodegas 11, ✉ 11402, ☎ 34 87 61, Fax 34 85 86 – |‡| ▤ TV ☎ 🚗. AE ⓞ E VISA. ✻ BZ **b**
☕ 650 – **30 hab** 8500/12500.

Serit sin rest, Higueras 7, ✉ 11402, ☎ 34 07 00, Fax 34 07 16 – |‡| ▤ TV ☎. AE ⓞ E VISA JCB. ✻ GV **a**
☕ 400 – **35 hab** 7500/10000.

El Coloso sin rest y sin ☕, Pedro Alonso 13, ✉ 11402, ☎ 34 90 08, Fax 34 90 08 – |‡| ▤ TV ☎. AE ⓞ E VISA BZ **c**
29 hab 4500/6700.

Ávila sin rest, Ávila 3, ✉ 11401, ☎ 33 48 08, Fax 33 68 07 – ▤ TV ☎. AE ⓞ E VISA. ✻ BZ **r**
☕ 400 – **32 hab** 5000/8000.

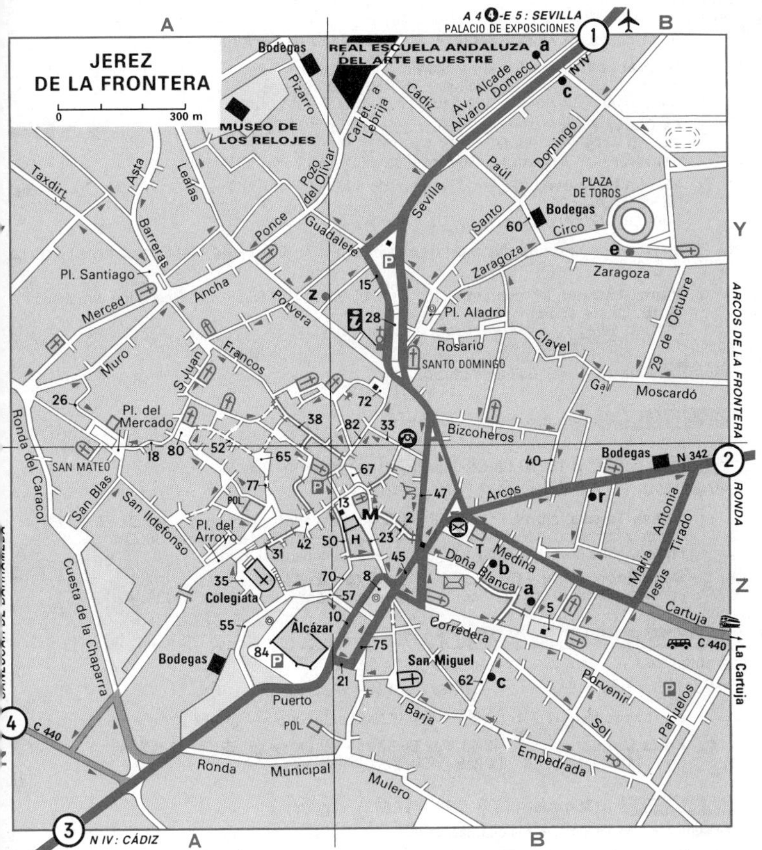

Algarve . . . . BZ 2
Doña Blanca . . . . BZ
Larga . . . . BZ 47

Angustias (Pl. de las) . . . . BZ 5
Arenal (Pl. del) . . . . BZ 8
Armas . . . . ABZ 10
Asunción (Pl.) . . . . BZ 13
Beato Juan Grande . . . . . . BY 15
Cabezas . . . . AYZ 18
Conde de Bayona . . . . BZ 21
Consistorio . . . . BZ 23

Cordobeses . . . . AY 26
Cristina (Alameda) . . . . . . BY 28
Cruces . . . . AZ 31
Eguilaz . . . . BYZ 33
Encarnación (Pl. de la) . . . AZ 35
Francos . . . . AY 38
Gaspar Fernández . . . . . . BYZ 40
José Luis Díaz . . . . AZ 42
Lancería . . . . BZ 45
Letrados . . . . ABZ 50
Luis de Isasy . . . . AYZ 52
Manuel María González . . AZ 55

Monti (Pl.) . . . . BZ 57
Nuño de Cañas . . . . BY 60
Pedro Alonso . . . . BZ 62
Peones (Pl.) . . . . AZ 65
Plateros . . . . BZ 67
Pozuelo . . . . ABZ 70
Rafael Rivero (Pl.) . . . . . . BY 72
San Agustín . . . . BZ 75
San Fernando . . . . AZ 77
San Lucas (Pl.) . . . . AYZ 80
Tornería . . . . BY 82
Vieja (Alameda) . . . . AZ 84

XXX **El Bosque,** av. Alcalde Álvaro Domecq 26, ✉ 11405, ✆ 30 33 33, Fax 30 80 08, « Junto a un parque » – ▤. AE ⓓ E VISA. ⚮ — por ①
cerrado domingo y festivos – Com carta aprox. 4200.

XX **Tendido 6,** Circo 10, ✉ 11405, ✆ 34 48 35, Fax 33 03 74, Patio andaluz – ▤. AE ⓓ E VISA. ⚮ — BY **e**
cerrado domingo – Com carta 2300 a 3500.

X **Gaitán,** Gaitán 3, ✉ 11403, ✆ 34 58 59, Fax 34 58 59, Decoración regional – ▤. AE ⓓ E VISA. ⚮ — AY **z**
cerrado domingo noche – Com carta 2250 a 3700.

en la carretera N IV por ① – ✪ 956

Don Tico, 9 km dirección Sevilla, ✉ 11480, apartado 231 Jerez de la Frontera, ✆ 18 59 06, Fax 18 16 04, ⚗, ⛱, ⚘ – ⦀ ▤ TV ☎ P – 🏛 25/500. AE ⓓ E VISA. ⚮
Com 3700 – ☕ 1350 – **70 hab** 14000/17500.

X **Mesón Montealto,** 3 km dirección Cádiz, ✉ 11407, ✆ 30 28 55, ⛱ – ▤. AE ⓓ E VISA. ⚮
Com carta 2650 a 3750.

en la carretera N 342 por ② - ✉ 11406 Jerez de la Frontera - ☎ 956 :

Montecastillo ⛳, 9,8 km y desvío a la derecha 1,5 km, ✉ apartado 56, ✆ 15 12 00, Fax 15 12 09, ≤, ⛱, 🏊, 🎾, 18 - |‡| ▤ TV ☎ P - 🏛 25/120. AE ⓓ E VISA JCB. ✂
Com 3200 - ☕ 1300 - **121 hab** 11000/15000 - PA 6545.

La Cueva Park, 10,5 km, ✉ apartado 536, ✆ 18 91 20, Fax 18 91 21, 🏊 - |‡| ▤ TV ☎ 🚗 P - 🏛 25/400. AE ⓓ E VISA. ✂
Com (ver rest. **Mesón La Cueva**) - ☕ 250 - **53 hab** 13000/19000.

XX **Mesón La Cueva,** 10,5 km, ✉ apartado 536, ✆ 18 90 20, Fax 18 90 20, ⛱, 🏊 - ▤ P. AE ⓓ E VISA. ✂
Com carta 2500 a 3000.

en la carretera de Sanlúcar de Barrameda por ④ : 6 km - ✉ 11408 Jerez de la Frontera - ☎ 956 :

XX **Venta Antonio,** ✉ apartado 618, ✆ 14 05 35, Fax 14 05 35, ⛱, Pescados y mariscos - ▤ P. AE ⓓ E VISA. ✂
cerrado lunes en invierno - Com carta aprox. 4500.

JESÚS Baleares - ver Baleares (Ibiza).

La JONQUERA Gerona - ver La Junquera.

JUBIA o **XUBIA** **15570** La Coruña 441 B 5 - ☎ 981 - Playa.
♦Madrid 601 - ♦La Coruña/A Coruña 64 - Ferrol 8 - Lugo 97.

XX ✿ **Casa Tomás,** carret. LC 115 ✆ 38 02 40, Pescados y mariscos - P. AE ⓓ E VISA
cerrado domingo noche y del 16 al 31 agosto - Com carta aprox. 3800
Espec. Cigalas plancha, Almejas a la marinera, Lenguado al ajillo.

X **Casa Paco,** carret. LC 115 ✆ 38 02 30 - P. AE VISA. ✂
cerrado domingo noche y del 1 al 15 septiembre - Com carta 2300 a 4200.

La JUNQUERA o **La JONQUERA** **17700** Gerona 443 E 38 - 2 420 h. alt. 112 - ☎ 972.
ℹ autopista A17 - área La Porta Catalana ✆ 54 06 42.
♦Madrid 762 - Figueras/Figueres 21 - Gerona/Girona 55 - ♦Perpignan 36.

en la autopista A 7 S : 2 km - ✉ 17700 La Junquera - ☎ 972 :

Porta Catalana, ✆ 55 46 40, Fax 55 52 75 - |‡| ▤ ☎ P. AE ⓓ E VISA. ✂
Com 1400 - ☕ 700 - **81 hab** 6400/9200 - PA 3500.

LAGUARDIA **01300** Álava 442 E 22 - 1 667 h. - ☎ 941.
♦Madrid 348 - ♦Logroño 17 - ♦Vitoria/Gasteiz 66.

XX **Marixa** con hab, Sancho Abarca 8 ✆ 10 01 65, ≤ - ▤ rest TV ☎. AE ⓓ E VISA JCB. ✂
cerrado 24 diciembre-15 enero - Com carta 2700 a 4200 - ☕ 550 - **10 hab** 4250/5500.

La LAGUNA Tenerife - ver Canarias (Tenerife).

Las LAGUNAS Ciudad Real - ver Ruidera.

La LAJITA Las Palmas - ver Canarias (Fuenteventura).

L'ALDEA Tarragona - ver Aldea.

LANJARÓN **18420** Granada 446 V 19 - 4 094 h. alt. 720 - ☎ 958 - Balneario.
ℹ Avenida ✆ 77 02 82 (abril-diciembre).
♦Madrid 475 - ♦Almería 157 - ♦Granada 46 - ♦Málaga 140.

Miramar, av. Generalísimo 10 ✆ 77 01 61, Fax 77 01 61, 🏊 - |‡| ▤ rest ☎. AE ⓓ E VISA. ✂
abril-octubre - Com 2000 - ☕ 375 - **59 hab** 4000/6000 - PA 3715.

Paraíso, av. Generalísimo 18 ✆ 77 00 12 - |‡| ▤ rest TV ☎ 🚗. ⓓ E VISA JCB. ✂ rest
cerrado enero-marzo - Com 1500 - ☕ 400 - **49 hab** 2725/5100 - PA 2890.

La LANZADA (Playa de) Pontevedra - ver Noalla.

LANZAROTE Las Palmas - ver Canarias.

LAREDO **39770** Cantabria 442 B 19 - 12 278 h. - ☎ 942 - Playa.

Alred. : Santuario de Nuestra Señora La Bien Aparecida ✻★ SO : 18 km.

Alameda de Miramar ☎ 60 54 92, Telefax 60 76 03.

♦Madrid 427 - ♦Bilbao/Bilbo 58 - ♦Burgos 184 - ♦Santander 49.

- **Ramona,** alameda José Antonio 4 ☎ 60 71 89 - TV ☎.
  Com *(15 junio-14 septiembre)* 1500 - 300 - **10 hab** 6400/7000 - PA 2800.
- **El Marinero,** Zamanillo 6 ☎ 60 60 08 - ▤. AE ⓓ E VISA.
  Com carta 3100 a 4650.

en el barrio de la playa :

- **El Ancla** , González Gallego 10 ☎ 60 55 00, Fax 61 16 02 - TV ☎. AE ⓓ E VISA. hab
  Com *(julio-15 septiembre)* 2975 - 675 - **25 hab** 7500/11000 - PA 5775.
- **Cosmopol,** av. Victoria 27 ☎ 60 54 00, ≤, - ☎ P. AE ⓓ E VISA.
  Semana Santa y 15 junio-15 septiembre - Com 2900 - 500 - **60 hab** 6200/9800 - PA 4540.
- Camarote, av. Victoria ☎ 60 67 07, - ▤.

en la antigua carretera de Bilbao S : 1 km - ✉ 39770 Laredo - ☎ 942 :

- **Miramar,** Alto de Laredo ☎ 61 03 67, Fax 61 16 92, ≤ Laredo y bahía, - TV ☎ P. AE ⓓ E VISA.
  Com 2500 - 470 - **45 hab** 7125/10550 - PA 4650.
- **Risco** con hab, Alto de Laredo ☎ 60 50 30, Fax 60 50 55, ≤ Laredo y bahía - TV ☎ P. AE ⓓ E VISA
  Com carta 4550 a 5450 - 600 - **25 hab** 5900/9400.

Jährlich eine neue Ausgabe,
jährlich eine Ausgabe, die lohnt :
jährlich für Sie !

LARRABASTERRA Vizcaya - ver Sopelana.

LASARTE **20160** Guipúzcoa 442 C 23 - 18 037 h. alt. 42 - ☎ 943 - Hipódromo.

♦Madrid 491 - ♦Bilbao/Bilbo 98 - ♦San Sebastián/Donostia 9 - Tolosa 22.

- **Txartel** sin rest y sin , antigua carret. N I ☎ 36 23 40, Fax 36 48 04 - TV ☎ P. AE VISA.
  70 hab 6500/7500.
- Ibiltze sin rest, Arrate 2 - polígono Sasoeta ☎ 36 56 44 - ☎
  20 hab.
- **Txartel Txoko,** antigua carret. N I ☎ 37 01 92 - ▤ P. AE E VISA.
  Com carta 2525 a 4250.

LASTRES **33330** Asturias 441 B 14 - ☎ 98 - Puerto pesquero.

♦Madrid 497 - Gijón 46 - ♦Oviedo 62.

- **Palacio de Vallados** , Pedro Villarta ☎ 585 04 44, Fax 585 05 17, ≤ - TV ☎ P. AE ⓓ E VISA.
  Com 1500 - 500 - **18 hab** 8000/9000 - PA 3500.
- **Miramar** sin rest, bajada al puerto ☎ 585 01 20, ≤ -
  300 - **17 hab** 3500/4500.
- **Eutimio,** carret. del puerto ☎ 585 00 12, ≤, Pescados y mariscos - AE E VISA.
  cerrado lunes salvo festivos - Com carta 2750 a 4050.
- **El Cafetín,** Matemático Pedrayes ☎ 585 00 85, - AE ⓓ E VISA.
  cerrado miércoles y octubre - Com carta 1800 a 3500.

LEGUTIANO Álava - ver Villarreal de Álava.

LEINTZ-GATZAGA Álava - ver Salinas de Leniz.

LEIZA o **LEITZA** **31880** Navarra 442 C 24 - 3 240 h. alt. 450 - ☎ 948.

Alred. : Santuario de San Miguel de Aralar★ (iglesia : frontal de altar★★) SO : 28 km.

♦Madrid 446 - ♦Pamplona/Iruñea 51 - ♦San Sebastián/Donostia 47.

en el puerto de Usateguieta E : 5 km alt. 695 - ✉ 31880 Leiza - ☎ 948 :

- **Basa Kabi** , ☎ 51 01 25, ≤, - ▤ rest ☎ P. AE ⓓ E VISA.
  Com 1600 - 400 - **21 hab** 2100/4200.

LEKEITIO Vizcaya - ver Lequeitio.

LEÓN **24000** P 441 E 13 – 131 134 h. alt. 822 – ✆ 987.

Ver : Catedral★★★ B (vidrieras★★★, trascoro★, Descendimiento★, claustro★ – San Isidoro★ B (Panteón Real★★ : capiteles★ y frescos★★ – Tesoro★★ : Cáliz de Doña Urraca★, Arqueta de los marfiles★) – Antiguo Convento de San Marcos ★ (fachada★★, Museo de León★, Cristo de Carrizo★★★, sacristía★) A.

Excurs. : San Miguel de la Escalada★, pórtico exterior★, iglesia★- 28 km por ② – Cuevas de Valporquero★★ N : 47 km B.

i pl. de Regla 3, ✉ 24003, ✆ 23 70 82 – **R.A.C.E.** Gonzalo de Tapia 4, ✉ 24008, ✆ 24 71 22.

♦Madrid 327 ② – ♦Burgos 192 ② – ♦La Coruña/A Coruña 325 ③ – ♦Salamanca 197 ③ – ♦Valladolid 139 ② – ♦Vigo 367 ③.

LEÓN

Generalísimo Franco ...... B 20
Ordoño II .... A
Padre Isla (Av. del) .... AB
Rúa .... B

Alcalde Miguel Castaño ... B 2
Calvo Sotelo (Pl. de) ...... A 5
Caño Badillo .... B 8
Espolon (Pl. de) .... B 12
Facultad (Paseo de la) .... A 15
General Sanjurjo (Av.) .... A 17
Guzmán el Bueno (Glorieta de) .... A 23
Independencia .... B 25
Mariano Andrés (Av. de) .. B 28
Murias de Paredes .... B 30
Papalaguinda (Paseo de) .... A 33
Puerta Obispo .... B 38
Quevedo (Av. de) .... A 40
Ramiro Valbueno .... A 45
Saez de Miera (Paseo de) .... A 47
San Francisco (Paseo) .... B 48
San Isidoro (Pl. de) ...... B 50
San Marcelo (Pl.) .... B 52
San Marcos (Pl. de) ...... A 55
Santo Domingo (Pl. de) ... B 58
Santo Martino (Pl. de) .... B 61

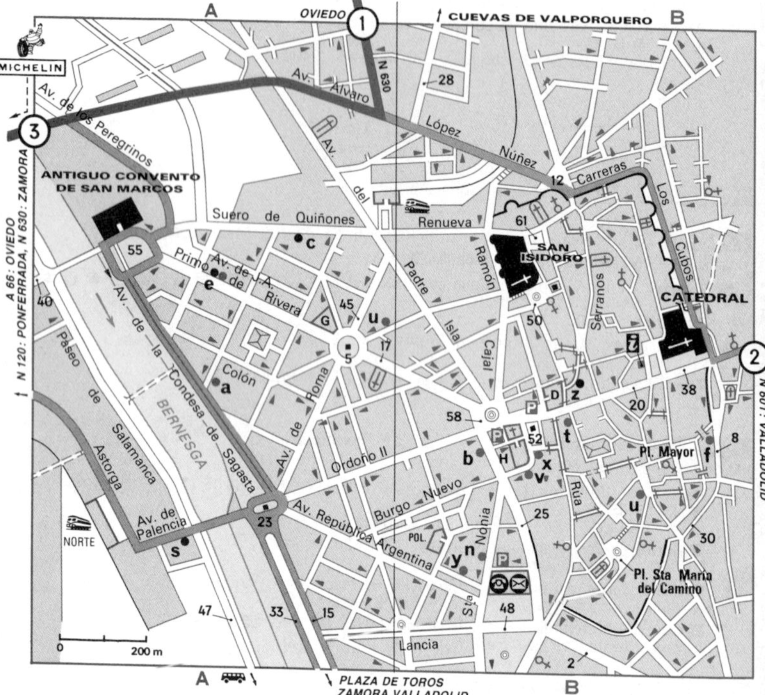

Parador San Marcos, pl. San Marcos 7, ✉ 24001, ✆ 23 73 00, Telex 89809, Fax 23 34 58, « Lujosa instalación en un convento del siglo XVI », – |♦| ▤ rest TV ☎ P – 25/500. AE ⦿ VISA. – Com 3500 – ☕ 1200 – **253 hab** 16000 – PA 6970. A

Quindós, av. José Antonio 24, ✉ 24002, ✆ 23 62 00, Fax 24 22 01 – |♦| TV ☎. AE ⦿ E VISA. rest – Com *(cerrado domingo)* 2750 – ☕ 525 – **96 hab** 5490/8140. A **e**

Riosol sin rest, con cafetería, av. de Palencia 3, ✉ 24009, ✆ 21 66 50, Telex 89693, Fax 21 69 97 – |♦| TV ☎ – 25/300. AE ⦿ E VISA. ☕ 750 – **141 hab** 6500/9500. A **s**

Don Suero, av. Suero de Quiñones 15, ✉ 24002, ✆ 23 06 00 – |♦| ☎. Com 900 – ☕ 300 – **106 hab** 2385/3775. A **c**

Guzmán El Bueno sin rest, López Castrillón 6, ✉ 24003, ✆ 23 64 12 – ☎. ☕ 250 – **28 hab** 2500/4000. B **z**

XXX **Independencia,** Independencia 4, ✉ 24001, ☎ 25 47 52 – ▤. E VISA. ✗ B **b**
cerrado domingo noche y lunes – Com carta 2825 a 3150.

XXX **Formela,** av. José Antonio 24, ✉ 24002, ☎ 22 45 34, Fax 24 22 01, Decoración moderna – ▤. AE ⓓ E VISA A **e**
cerrado domingo – Com carta 2850 a 4050.

XXX **Bitácora,** García I - 8, ✉ 24006, ☎ 21 27 58, Pescados y mariscos, Decoración interior de un barco – ▤. AE ⓓ E VISA. ✗ BZ **y**
cerrado domingo – Com carta aprox. 3200.

XX **Adonías,** Santa Nonia 16, ✉ 24003, ☎ 20 67 68 – ▤. AE ⓓ E VISA. ✗ BZ **s**
cerrado domingo y del 16 al 31 julio – Com carta 3150 a 4050.

XX **Albina,** Condesa de Sagasta 24, ✉ 24001, ☎ 22 19 12 – ▤. AE ⓓ E VISA JCB. ✗ A **a**
cerrado lunes – Com carta 2450 a 3400.

XX El Llagar, Julio del Campo 10, ✉ 24002, ☎ 27 20 20, 🏠 – ▤ A **u**

XX **Bodega Regia,** General Mola 5, ✉ 24003, ☎ 21 31 73, Decoración castellana – ▤. AE ⓓ E VISA. ✗ B **t**
cerrado domingo, 2ª quincena febrero y 1ª quincena septiembre – Com carta 2300 a 3250.

XX El Siglo, Arco de Ánimas 1 1º, ✉ 24003, ☎ 21 53 06 – ▤ B **v**

XX **Casa Pozo,** pl. San Marcelo 15, ✉ 24003, ☎ 22 30 39 – ▤. AE ⓓ E VISA. ✗ B **x**
cerrado domingo y del 1 al 15 julio – Com carta 2800 a 4500.

X **Mesón Leonés del Racimo de Oro,** Caño Badillo 2, ✉ 24006, ☎ 25 75 75, 🏠, Decoración rústica – AE E VISA. ✗ B **f**
cerrado domingo noche, martes y del 1 al 16 septiembre – Com carta 1950 a 3300.

X **Nuevo Racimo de Oro,** pl. San Martín 8, ✉ 24003, ☎ 21 47 67, Decoración rústica – ▤. AE E VISA JCB. ✗ B **u**
cerrado domingo noche y miércoles (en invierno) y domingo (en verano) – Com carta 1950 a 3300.

S.A.F.E. Neumaticos MICHELIN, Sucursal Polígono Industrial Onzonilla - ONZONILLA por ③ : 7,5 km, ✉ 24231, Calle E-Parcela G-32A ☎ 21 69 51 y 21 62 12, Fax 21 69 52

LEPE 21440 Huelva 446 U 8 – 13 669 h. alt. 28 – ✉ – ☎ 955.

♦ Madrid 657 – ♦ Faro 72 – ♦ Huelva 41 – ♦ Sevilla 121.

🏠 **La Noria,** av. Diputación ☎ 38 31 93, Fax 38 22 82 – ▤ hab TV ☎. AE ⓓ E VISA. ✗
Com *(cerrado domingo)* 950 – ☕ 400 – **20 hab** 5000/8000 – PA 1900.

en la carretera de Huelva N 431 NE : 1,5 km – ✉ 21440 Lepe – ☎ 955

🏠 **Camelot** sin rest, ☎ 38 07 02, Fax 38 14 05 – ▤ TV ☎. AE ⓓ E VISA. ✗
☕ 450 – **14 hab** 7500/10000.

en la playa de La Antilla S : 6 km – ✉ 21440 La Antilla – ☎ 955

🏠 **Lepe-Mar,** Delfín 12 ☎ 48 10 01, Fax 48 14 78, ≤, 🏠 – ▤ rest ☎ 🚗. E VISA. ✗
Com 1350 – ☕ 550 – **73 hab** 7200/9000 – PA 3250.

LEQUEITIO o LEKEITIO 48280 Vizcaya 442 B 22 – 6 874 h. – ☎ 94.

Alred. : Carretera en cornisa★ de Lequeitio a Deva ≤★.

♦Madrid 452 – ♦Bilbao/Bilbo 59 – ♦San Sebastián/Donostia 61 – ♦Vitoria/Gasteiz 82.

🏠 **Beitia,** av. Pascual Abaroa 25 ☎ 684 01 11, Fax 684 21 65, 🏠 – |♦| ☎. AE E VISA. ✗
abril-3 octubre – Com 1815 – ☕ 640 – **30 hab** 4290/7865 – PA 3390.

🏠 **Piñupe** sin rest, av. Pascual Abaroa 10 ☎ 684 29 84 – TV. E VISA. ✗
cerrado octubre – ☕ 350 – **12 hab** 4900/6000.

X **Arropain,** carret. de Marquina S : 1 km ☎ 684 03 13, Decoración rústica – Ⓟ. AE ⓓ E VISA JCB. ✗
cerrado miércoles y 15 diciembre-15 enero – Com carta 2900 a 5450.

LÉRIDA o LLEIDA 25000 P 443 H 31 – 109 573 h. alt. 151 – ☎ 973.

Ver : La Seo antigua★, situación★, iglesia : capiteles★★, claustro★ : capiteles★ Y.

ℹ Avinguda de Blondel 3, ✉ 25007, ☎ 24 81 20 – R.A.C.C. av. del Segre 6, ✉ 25007, ☎ 24 12 45.

♦Madrid 470 ⑤ – ♦Barcelona 169 ⑤ – Huesca 123 ④ – ♦Pamplona/Iruñea 314 ⑤ – ♦Perpignan 340 ⑤ – Tarbes 276 ① – Tarragona 97 ⑤ – Toulouse 323 ① – ♦Valencia 350 ⑤ – ♦Zaragoza 150 ⑤.

Plano página siguiente

🏠 **NH Pirineos,** Gran passeig de Ronda 63, ✉ 25006, ☎ 27 31 99, Telex 53484, Fax 26 20 43 – |♦| ▤ TV ☎ 🚗 – 🏛 25/180. AE ⓓ E VISA. ✗ Y **c**
Com 1750 – ☕ 850 – **94 hab** 6300/10100 – PA 4350.

Sansi Park H. y Rest. La Llosa, av. Alcalde Porqueras 4, ✉ 25008, ☎ 24 40 00, Fax 24 31 38, Cocina regional – ▮ ▤ TV ☎ 🚗 – 🏛 25/700. AE ⓓ E VISA — Y **a**
Com carta 1750 a 2800 – ☕ 700 – **113 hab** 6900/8900.

Real sin rest, av. Blondel 22, ✉ 25002, ☎ 23 94 05, Fax 23 94 07 – ▮ ▤ TV ☎ – 🏛 25/40. AE E VISA — Z **d**
☕ 450 – **41 hab** 4000/7500.

Segriá, II passeig de Ronda 23, ✉ 25004, ☎ 23 89 89, Fax 23 36 07 – ▮ ▤ TV ☎ — Y **h**
49 hab.

Principal sin rest, pl. Paheria 7, ✉ 25007, ☎ 23 08 00, Fax 23 08 03 – ▮ ▤ TV ☎. E VISA. ✂ rest — Z **n**
☕ 300 – **51 hab** 3400/5350.

Ramón Berenguer IV sin rest, pl. Ramón Berenguer IV-2, ✉ 25007, ☎ 23 73 45, Fax 23 95 41 – ▮ ▤ TV ☎. AE ⓓ E VISA JCB — Y **z**
☕ 400 – **52 hab** 4000/5500.

XXX **Sheyton Pub,** av. Prat de la Riba 37, ✉ 25008, ☎ 23 81 97, « Interior de estilo inglés » – ▤. AE ⓓ E VISA. ✂ — Y **f**
cerrado del 1 al 15 febrero – Com carta 3350 a 4600.

XXX **La Mercè,** av. Navarra 1, ✉ 25006, ☎ 24 84 41, 🍽 – ▤. AE ⓓ E VISA JCB — Y **e**
cerrado domingo y del 15 al 31 agosto – Com carta 3500 a 4875.

XXX **Forn del Nastasi,** Salmerón 10, ✉ 25004, ☎ 23 45 10 – ▤. AE ⓓ VISA. ✂ — Y **s**
cerrado domingo noche, lunes y del 1 al 15 agosto – Com carta 3600 a 4900.

XX **El Jardí,** passeig de Ronda 101, ✉ 25006, ☎ 23 86 69, 🍽 – ▤. AE E VISA JCB — Y **t**
cerrado domingo noche y lunes, en julio y agosto domingo y lunes – Com carta 3800 a 4900.

XX **La Pérgola,** Gran passeig de Ronda 123 ☎ 23 82 37 – ▤. AE ⓓ E VISA. ✂ — Y **d**
cerrado domingo y 2ª quincena de agosto – Com carta 3300 a 4100.

XX **L'Antull,** Cristóbal de Boleda 1, ✉ 25006, ☎ 26 96 36 – ▤. ⓓ E VISA. ✻ Y **v**
cerrado domingo, festivos y del 1 al 20 agosto – Com carta 3400 a 4800.

XX **Callarriba,** Camí Mariola 9 A, ✉ 25003, ☎ 26 19 00, Fax 27 38 33, Cocina regional – ▤ Ⓟ. AE ⓓ E VISA. ✻ por Pío XII YZ
cerrado jueves – Com carta 2475 a 3440.

X **La Huerta,** av. Tortosa 7, ✉ 25005, ☎ 24 24 13, Fax 22 09 76 – ▤. AE ⓓ E VISA. ✻
Com carta 2000 a 4200. por av. del Segre Y

X Casa Lluis, pl. de Ramón Berenguer IV - 8, ✉ 25007, ☎ 24 00 26 – ▤ Y **b**

X **Xalet Suis,** Alcalde Rovira Roure 9, ✉ 25006, ☎ 23 55 67, Fax 22 09 76 – ▤. AE ⓓ E VISA. ✻
Com carta 3100 a 4750. Y **x**

en la carretera N II – ✉ 25001 Lleida – ☎ 973 :

Condes de Urgel y Rest. El Sauce, por ②: 1 km ☎ 20 23 00, Fax 20 24 04 – |♦| ▤ TV ☎ Ⓟ – 25/300. AE ⓓ E VISA. ✻
Com carta 2500 a 3900 – ☕ 750 – **105 hab** 10000/14000.

Ilerda, por ②: 1,5 km ☎ 20 07 50, Telex 53470, Fax 20 08 78 – |♦| ▤ TV ☎ Ⓟ – 25/300. AE ⓓ E VISA. ✻
Com 1800 – ☕ 475 – **106 hab** 5500/6500 – PA 3465.

en la autopista A2 por ③ 10 km al Sur – ✉ 25161 Alfés – ☎ 973 :

Lleida sin rest, area de Lérida ☎ 11 60 23, Fax 11 60 25, ≤ – |♦| ▤ TV ☎ ♿ 🚗 Ⓟ – 🏛. AE ⓓ E VISA
☕ 800 – **75 hab** 8400/10500.

en la carretera de Huesca N 240 por ⑤ : 3 km – ✉ 25001 Lleida – ☎ 973 :

XX **Fonda del Nastasi,** ☎ 24 92 22, 🏡, Interesante bodega – ▤ Ⓟ. AE ⓓ VISA. ✻
cerrado domingo noche, lunes y del 1 al 15 agosto – Com carta 3450 a 4600.

Ver también : ***Villanueva de la Barca*** NE : 14 km.

LERMA 09340 Burgos 442 F 18 – 2 591 h. alt. 844 – ☎ 947.

♦Madrid 206 – ♦Burgos 37 – Palencia 72.

Alisa, antigua carret. N I ☎ 17 02 50, Fax 17 11 60, 🏡 – TV ☎ 🚗 Ⓟ – 25/300. AE ⓓ E VISA. ✻
Com 1650 – ☕ 350 – **30 hab** 3400/5700 – PA 3050.

Docar sin rest., Santa Teresa de Jesús 18 ☎ 17 10 73 – TV ☎ Ⓟ. AE ⓓ E VISA. ✻
☕ 300 – **15 hab** 3000/4200.

X **Lis 2,** antigua carret. N I ☎ 17 01 26 – ▤. AE ⓓ E VISA. ✻
– Com carta 2900 a 4350.

LÉS 25540 Lérida 443 D 32 – 559 h. alt. 630 – ☎ 973.

♦Madrid 616 – Bagnères-de-Luchon 23 – ♦Lérida/Lleida 184.

Del Ysard, Sant Jaume 20 ☎ 64 80 00, ≤ – |♦| ☎
cerrado 10 enero-Semana Santa – Com 1600 – ☕ 425 – **35 hab** 4500/5150 – PA 2700.

Europa, Arán 8 ☎ 64 80 16
36 hab.

Talabart, Baños 1 ☎ 64 80 11 – 🚗 Ⓟ. ✻ hab
cerrado noviembre – Com 1700 – ☕ 400 – **25 hab** 3000/5000.

LEVANTE (Playa de) Valencia – ver Valencia.

LEYRE (Monasterio de) 31410 Navarra 442 E 26 alt. 750 – ☎ 948.

Ver : ✳★★ – Monasterio★★ (cripta★★, iglesia★★ : interior★, portada oeste★).
Alred. : Hoz de Lumbier★ (14 km al Oeste).

♦Madrid 419 – Jaca 68 – ♦Pamplona/Iruñea 51.

Hospedería 🐦, ☎ 88 41 00, Fax 88 41 37 – ▤ rest Ⓟ – **30 hab.**

LIERTA 22161 Huesca 443 F 28 – ☎ 974.

♦Madrid 405 – Huesca 15.

X Bodega de Gratal, ☎ 27 22 41, 🏡, Decoración rústica – ▤ Ⓟ.

LINARES 23700 Jaén 446 R 19 – 54 547 h. alt. 418 – ☎ 953.

♦Madrid 297 – Ciudad Real 154 – ♦Córdoba 122 – Jaén 51 – Ubeda 27 – Valdepeñas 96.

Aníbal, Cid Campeador 11 ☎ 65 04 00, Telex 78667, Fax 65 22 04, Fō – |♦| ▤ TV ☎ 🚗 – 30/600. AE ⓓ E VISA. ✻
Com 2000 – ☕ 500 – **126 hab** 6000/8500 – PA 4525.

Victoria sin rest y sin ☕, Cervantes 7 ☎ 69 25 00, Fax 69 25 12 – ▤ TV ☎ 🚗. AE ⓓ VISA
60 hab 3700/5500.

LINAS DE BROTO **22378** Huesca 443 E 29 alt. 1 215 – ☎ 974.
◆Madrid 475 – Huesca 85 – Jaca 47.

Jal sin rest, carret. de Ordesa 31 ☎ 48 61 06, ≤ –
400 – **18 hab** 4500.

La LÍNEA DE LA CONCEPCIÓN **11300** Cádiz 446 X 13 y 14 – 56 282 h. – ☎ 956 – Playa.
av. 20 de Abril ☎ 76 99 50, Fax 10 61 34 – R.A.C.E. av. de España 42 ☎ 76 93 51.
◆Madrid 673 – Algeciras 20 – Cádiz 144 – ◆Málaga 127.

Aparthotel Rocamar, av. de España 170 - por carret. de Algeciras 2 km ☎ 10 66 50, Telex 78280, Fax 10 30 19, ≤ – rest
92 hab.

Almadraba, Los Caireles 2 ☎ 10 55 66, Fax 10 15 63, – . AE E VISA. rest
Com 1300 – 495 – **84 hab** 6600/10450 – PA 3100.

Miramar sin rest, av. de España 26 ☎ 10 06 58 – . AE E VISA.
225 – **30 hab** 2500/4500.

LIRIA o **LLIRIA** **46160** Valencia 445 N 28 – 13 924 h. alt. 164 – ☎ 96.
◆Madrid 340 – Teruel 125 – ◆Valencia 28.

Stradivarius, San Vicente 14 ☎ 278 08 54 – .

LIZARRA Navarra – ver Estella.

LIZARZA o **LIZARTZA** **20490** Guipúzcoa 442 C 23 – 815 h. – ☎ 943.
◆Madrid 454 – ◆Pamplona/Iruñea 59 – Tolosa 8 – ◆Vitoria/Gasteiz 98.

Garaicoechea, carret. N 240 ☎ 68 21 20 –
cerrado domingo noche, jueves noche y 15 septiembre-15 octubre – Com carta 1750 a 2550.

LL – ver después de Lugo.

LOBRES **18610** Granada 446 V 19 – ☎ 958.
◆Madrid 500 – Almería 120 – ◆Granada 70 – ◆Málaga 103.

Mesón Vicente, paseo San Agustín ☎ 83 15 21.

LODOSA **31580** Navarra 442 E 23 – 4 455 h. alt. 320 – ☎ 948.
◆Madrid 334 – ◆Logroño 34 – ◆Pamplona/Iruñea 81 – ◆Zaragoza 152.

Marzo, Ancha 24 ☎ 69 30 52, Fax 69 41 51 – rest . VISA.
Com 1500 – 550 – **14 hab** 2700/4825 – PA 3450.

LOGROÑO **26000** P La Rioja 442 E 22 – 110 980 h. alt. 384 – ☎ 941.
Excurs. : Valle del Iregua★ (contrafuertes de la sierra de Cameros★) 50 km ③.
Miguel Villanueva 10, ✉ 26001, ☎ 29 12 60 – R.A.C.E. Jorge Vigón 32, ✉ 26003, ☎ 25 45 97.
◆Madrid 331 ③ – ◆Burgos 144 ④ – ◆Pamplona/Iruñea 92 ① – ◆Vitoria/Gasteiz 93 ④ – ◆Zaragoza 175 ③.

Plano página siguiente

NH Herencia Rioja, Marqués de Murrieta 14, ✉ 26005, ☎ 21 02 22, Fax 21 02 06 – – 25/120. AE E VISA. A **h**
Com 2500 – 950 – **88 hab** 9200/13000.

Carlton Rioja sin rest, con cafetería, Gran Vía 5, ✉ 26002, ☎ 24 21 00, Telex 37295, Fax 24 35 02 – – 25/150. AE E VISA A **c**
900 – **120 hab** 7500/13500.

Sol Bracos sin rest, con cafetería, Bretón de los Herreros 29, ✉ 26001, ☎ 22 66 08, Telex 37126, Fax 22 67 54 – . AE E VISA. A **b**
975 – **72 hab** 10750/13500.

Murrieta sin rest, con cafetería, av. Marqués de Murrieta 1, ✉ 26005, ☎ 22 41 50, Telex 37022, Fax 22 32 13 – – 25/140. AE E VISA JCB. A **d**
600 – **113 hab** 6200/8400.

Ciudad de Logroño sin rest, Menéndez Pelayo 7, ✉ 26002, ☎ 25 02 44, Telex 37138, Fax 22 32 13 – . AE E VISA. A **f**
725 – **95 hab** 7200/9400.

Condes de Haro sin rest, Saturnino Ulargui 6, ✉ 26001, ☎ 20 85 00, Fax 20 87 96 – . AE E VISA A **d**
500 – **44 hab** 5500/8000.

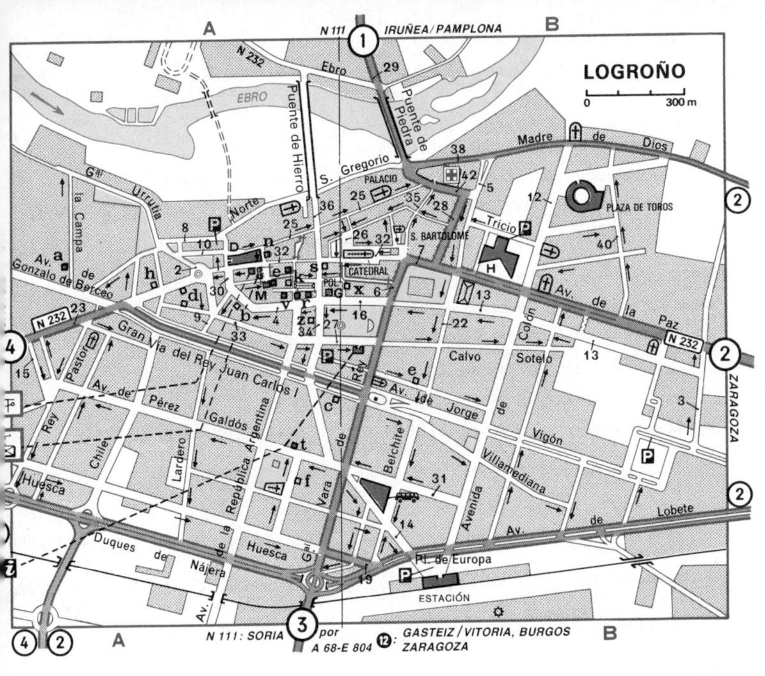

Portales . . . . **AB** 32

Alférez Provisional (Pl. del) . **A** 2
Autonomía (Av. de la) . . . . **B** 3
Bretón de los Herreros . . . . **A** 4
Capitán Gaona . . . . **B** 5
Carmen (Muro del) . . . . **B** 6
Cervantes (Muro de) . . . . . **B** 7
Comandancia . . . . **A** 8
Daniel Trevijano . . . . **A** 9
Depositos . . . . **A** 10
Doce Ligero de Artillería (Av. del) . . . . **B** 12
Duquesa de la Victoria . . . . **B** 13
España (Av. de) . . . . **B** 14
Fausto Elhuyar . . . . **A** 15
Francisco de la Mata (Muro) **B** 16
Ingenieros Pino y Amorena **B** 19
Juan XXIII (Av. de) . . . . **B** 22
Marqués de Murrieta . . . . . **A** 23
Marqués de San Nicolás . . **AB** 25
Mercado (Pl. del) . . . . **B** 26
Miguel Villanueva . . . . **A** 27
Navarra (Av. de) . . . . **B** 28
Navarra (Carret. de) . . . . . . **B** 29
Once de Junio . . . . **A** 30
Pio XII (Av. de) . . . . **B** 31
Portugal (Av. de) . . . . **A** 33
Rioja (Av. de la) . . . . **A** 34
Rodriguez Paterna . . . . **B** 35
Sagasta . . . . **A** 36
San Francisco . . . . **B** 38
Teniente Coronel Santos Ascarza . . . . **B** 40
Viana (Av. de) . . . . **B** 42

Marqués de Vallejo sin rest, Marqués de Vallejo 8 ✆ 24 83 33, Fax 24 02 88 – 🛗 TV ☎. AE E VISA. ✻ — B **x**
☕ 525 – **30 hab** 5000/6850.

París sin rest y sin ☕, av. de la Rioja 8, ✉ 26001, ✆ 22 87 50 – 🛗 ☎. ✻ — A **z**
cerrado 22 diciembre-6 enero – **36 hab** 3500/5700.

Isasa sin rest y sin ☕, Doctores Castroviejo 13 - 1º, ✉ 26003, ✆ 25 65 99 – 🛗 TV ☎. VISA. ✻ — B **e**
cerrado del 24 al 31 diciembre – **30 hab** 2995/5300.

Niza sin rest y sin ☕, Capitán Gallarza 13, ✉ 26001, ✆ 20 60 44 – 🛗 ▤ TV ☎. E VISA. ✻ — A **k**
16 hab 3700/6200.

La Numantina sin rest y sin ☕, Sagasta 4, ✉ 26001, ✆ 25 14 11 – ☎. VISA. ✻ — A **s**
cerrado 24 diciembre-6 enero – **17 hab** 2600/4000.

XXXXX **La Merced,** Marqués de San Nicolás 109, ✉ 26001, ✆ 22 11 66, Fax 20 53 20, « Elegantemente instalado en un antiguo palacete » – ▤. AE ⓓ E VISA JCB. ✻ — A **n**
cerrado domingo y del 1 al 20 de agosto – Com carta aprox. 6000.

XX **Casa Emilio,** Pérez Galdós 18, ✉ 26002, ✆ 25 88 44 – ▤. AE ⓓ E VISA. ✻ — A **t**
cerrado domingo y agosto – Com carta 2900/4300.

XX **Cachetero,** Laurel 3, ✉ 26001, ✆ 22 84 63 – ▤. AE ⓓ E VISA. ✻ — A **v**
cerrado domingo, miércoles noche y 15 julio-15 agosto – Com carta aprox. 4500.

X **Los Gabrieles,** Bretón de los Herreros 8, ✉ 26001, ✆ 22 00 43 – ▤. AE E VISA. ✻ rest — A **r**
cerrado domingo noche, miércoles, julio y 24 diciembre-7 enero – Com carta 1740 a 3750.

X **Zubillaga,** San Agustín 3, ✉ 26001, ✆ 22 00 76 – ▤. AE ⓓ E VISA. ✻ — A **e**
cerrado miércoles, del 1 al 25 julio y del 10 al 30 diciembre – Com carta 2550 a 3200.

X **Mesón Egües,** La Campa 3, ✉ 26005, ✆ 20 86 03, Asados – ▤. AE ⓓ E VISA. ✻ — A **a**
cerrado domingo y 22 diciembre- 2 enero – Com carta 3000 a 4000.

X **Las Cubanas,** San Agustín 17, ✉ 26001, ☎ 22 00 50 – ▤. ✻ A e
cerrado sábado noche, domingo, 15 julio-31 julio y 2ª quincena septiembre – Com carta 2200 a 3600.

X **El Fogón,** Peso 6, ✉ 26001, ☎ 22 00 21 – ▤. ✻ A r
cerrado jueves y julio – Com carta 1800 a 2500.

en la carretera de circunvalación por ① : 4 km – ✉ 26006 Logroño – ☎ 941

Soto Galo, Polígono industrial de Cantabria ☎ 25 91 22, Fax 25 73 89 – |♦| ▤ TV ☎ P – 25/300. AE E VISA. ✻
Com *(cerrado domingo)* 1500 – ☕ 300 – **44 hab** 5500/8500 – PA 3500.

LOJA **18300** Granada 446 U 17 – 19 465 h. alt. 475 – ☎ 958.

♦Madrid 484 – Antequera 43 – ♦Granada 55 – ♦Málaga 71.

Del Manzanil, carret. de Granada E : 1,5 km ☎ 32 17 11, Fax 32 18 50, – |♦| ▤ TV ☎ P. AE ⓓ E VISA. ✻ rest
Com 1100 – ☕ 350 – **49 hab** 4000/5700 – PA 3600.

en la autovía A-92 S : 5 km – ✉ 18300 Loja – ☎ 968

Los Abades, ☎ 32 38 00, Fax 32 38 04, ←, – |♦| ▤ TV ☎ P. AE E VISA. ✻ rest
Com 1600 – ☕ 450 – **76 hab** 5000/7000 – PA 3600.

Manzanil Área, ☎ 32 32 00, Fax 32 34 80, ← – |♦| ▤ TV ☎ P – 25/60. AE ⓓ E VISA. ✻ rest
Com 2000 – ☕ 450 – **76 hab** 5000/9000 – PA 4200.

en la Finca La Bobadilla- por la carretera N 342 O : 18 km y desvío 3 km – ✉ 18300 Loja – ☎ 958 :

La Bobadilla , por salida a V. de Tapia, ✉ apartado 52, ☎ 32 18 61, Telex 78732, Fax 32 18 10, ←, « Elegante cortijo andaluz », – |♦| ▤ TV ☎ P – 25/120. AE ⓓ E VISA JCB. ✻ rest
Com **La Finca** carta 4400 a 5600 - **El Cortijo** 4300 – ☕ 2200 – **60 hab** 22800/28800.

Lo PAGÁN Murcia – ver San Pedro del Pinatar.

LORCA **30800** Murcia 445 S 24 – 60 627 h. alt. 331 – ☎ 968.

López Gisbert ☎ 46 61 57.

♦Madrid 460 – ♦Almería 157 – Cartagena 83 – ♦Granada 221 – ♦Murcia 64.

Alameda sin rest, Musso Valiente 8 ☎ 46 75 00, Fax 46 75 04 – |♦| ☎. AE ⓓ E VISA. ✻
☕ 400 – **41 hab** 4900/7000.

XX **El Teatro,** pl. Colón 12 ☎ 46 99 09 – ▤. E VISA. ✻
cerrado domingo y agosto – Com carta 2250 a 2900.

LOREDO **39140** Cantabria 442 B 18 – ☎ 942 – Playa.

♦Madrid 409 – ♦Bilbao/Bilbo 96 – ♦Santander 26.

El Encinar sin rest, callejo de los Beatos - Latas, ✉ 39140 Somo, ☎ 50 40 33, Fax 50 02 44 – P
15 julio- 15 septiembre – ☕ 350 – **19 hab** 6500/8000.

X **Latas,** barrio de Latas, ☎ 50 42 33, – ▤ P. AE ⓓ E VISA. ✻
Cerrado domingo noche, lunes, 2ª quincena de septiembre y 2ª quincena de diciembre – Com carta 2500 a 3550.

LOSAR DE LA VERA **10460** Cáceres 444 L 13 – 2 904 h. – ☎ 927.

♦Madrid 199 – Avila 138 – ♦Cáceres 139 – Plasencia 60.

Vadillo, pl. de España ☎ 57 05 01 – ▤ rest
44 hab.

LOYOLA Guipúzcoa – ver Azpeitia.

LUANCO **33440** Asturias 441 B 12 – ☎ 98 – Playa.

Ver : Cabo de Peñas★.

♦Madrid 478 – Gijón 15 – ♦Oviedo 43.

Aramar, Gijón 10 ☎ 588 00 25, Fax 588 00 25 – |♦| ☎. AE E VISA. ✻
Com 1000 – ☕ 300 – **31 hab** 6050/7150 – PA 2420.

X Casa Néstor, Conde Real Agrado 6 ☎ 588 03 15.

LUARCA 33700 Asturias 441 B 10 – 19 920 h. – ☎ 98 – Playa.

Ver : Emplazamiento★.

Excurs. : SO : Valle del Navia : recorrido de Navia a Grandas de Salime (✳★★ Embalse de Arbón, Vivedro ✳★★, confluencia★★ del Navia y del Río Frío).

ℹ pl. Alfonso X el Sabio ☎ 564 00 83.

♦Madrid 536 – ♦La Coruña/A Coruña 226 – Gijón 97 – ♦Oviedo 101.

- **Gayoso,** paseo de Gómez 4 ☎ 564 00 50, Fax 547 02 71 – 🛗 TV ☎. AE ⓓ E VISA
  Com 1500 – ☕ 700 – **30 hab** 6600/12000 – PA 3700.
- **Báltico** sin rest y sin ☕, paseo del muelle 1 ☎ 564 09 91, ≤ – TV. AE E VISA. ✂
  15 hab 9000.
- **Rico** sin rest, pl. Alfonso X El Sabio ☎ 547 05 59 – TV ☎. AE E VISA. ✂
  ☕ 250 – **15 hab** 7000.
- Oria sin rest, Crucero 7 ☎ 564 03 85 – *temp.* – **14 hab.**
- **Leonés,** Alfonso X El Sabio 1 ☎ 564 09 95 – AE ⓓ E VISA
  Com carta 3500 a 5400.
- **Sport,** Rivero 15 ☎ 564 10 78, Fax 564 16 93 – AE ⓓ E VISA. ✂
  cerrado jueves en invierno y 15 octubre-15 noviembre – Com carta 1800 a 2950.
- **Brasas,** Aurelio Martínez 4 ☎ 564 02 89 – AE E VISA. ✂
  cerrado martes (salvo en verano) y octubre – Com carta 2200 a 3450.

en Otur O : 6 km – ✉ 33792 Otur – ☎ 98

- **Casa Consuelo,** carret. N 634 ☎ 564 08 44, Fax 564 16 42, ≤ – 🛗 TV ☎ P. AE ⓓ E VISA. ✂
  Com (ver rest. **Casa Consuelo**) – ☕ 500 – **37 hab** 5000/6900.
- **Casa Consuelo,** carret. N 634 ☎ 564 18 09, Fax 564 16 42 – ▤ P. AE ⓓ E VISA. ✂
  cerrado lunes salvo agosto y festivos – Com carta 2600 a 5500.

LUCENA 14900 Córdoba 446 T 16 – 29 717 h. alt. 485 – ☎ 957.

♦Madrid 471 – Antequera 57 – ♦Córdoba 73 – ♦Granada 150.

- **Baltanás** sin rest y sin ☕, av. Parque ☎ 50 05 24, Fax 50 12 72 – ▤ TV ☎. E VISA
  39 hab 3300/5300.

LUGO 27000 P 441 C 7 – 73 986 h. alt. 485 – ☎ 982.

Ver : Catedral★ (portada Norte : Cristo en Majestad★) Z A – Murallas★★.

ℹ pl. de España 27, ✉ 27001, ☎ 23 13 61 – R.A.C.E. pl. Santo Domingo 6, ✉ 27001, ☎ 25 07 11.

♦Madrid 506 ② – ♦La Coruña/A Coruña 97 ④ – Orense/Ourense 96 ③ – ♦Oviedo 255 ① – Santiago de Compostela 107 ③.

LUGO

Conde Pallarés	Z	15
Dontor Castro	Z	27
Praza Maior	Z	45
Progreso	Y	47
Quiroga Ballesteros	Y	50
Raíña	Y	53
San Marcos	Y	68
San Pedro	Z	71
Santo Domingo (Pr. de)	YZ	77
Xeneral Franco	Y	85
Anxel López Pérez (Av.)	Z	2
Bispo Aguirre	Z	3
Bolaño Rivadeneira	Y	5
Campo (Pr. del)	Z	8
Comandante Manso (Pr.)	Z	12
Coruña (Av. de la)	Y	21
Dezaoito de Xullo (Av. del)	Y	24
Montero Ríos (Av.)	Z	37
Paxariños	Z	39
Pío XII (Pr. de)	Z	43
Ramón Ferreiro	Z	56
Rodríguez Mourelo (Av.)	Z	62
San Fernando	Y	65
Santa María (Pr. de)	Z	74
Teniente Coronel Teijeiro	YZ	78
Tineria	Z	80
Vilalba	Z	83

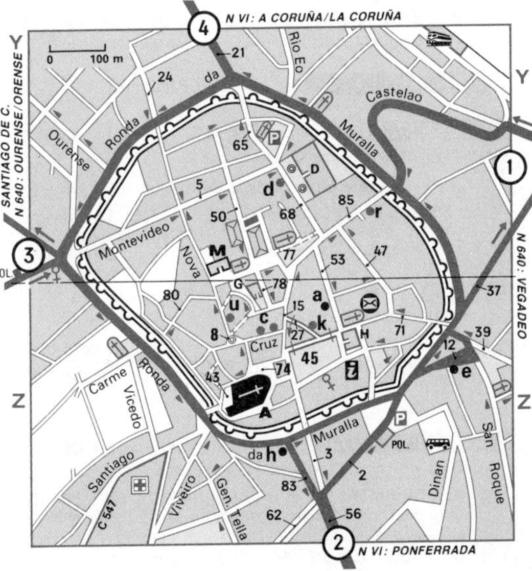

G.H.Lugo y Rest. Os Marisqueiros, av. Ramón Ferreiro 21, ✉ 27002, ℘ 22 41 52, Telex 86128, Fax 24 16 60, – 25/600. AE E VISA. por av. Ramón Ferreiro Z
Com *(cerrado domingo)* 3000 – 900 – **168 hab** 8900/13550 – PA 5865.

Méndez Núñez sin rest, Raiña 1, ✉ 27001, ℘ 23 07 11, Fax 22 97 38 – – 25/200
450 – **86 hab** 6000/7500. Z a

España sin rest y sin , Villalba 2 bis, ✉ 27002, ℘ 23 15 40 – . Z h
17 hab 2800/4400.

Buenos Aires sin rest y sin , pl. Comandante Manso 17 - 2º, ✉ 27001, ℘ 22 54 68 –
15 hab. Z e

La Barra, San Marcos 27, ✉ 27001, ℘ 24 20 36 – Y d

Alberto, Cruz 4, ✉ 27001, ℘ 22 83 10, Fax 25 13 58 – . AE E VISA. Z c
cerrado domingo – Com carta aprox. 4000.

Verruga, Cruz 12, ✉ 27001, ℘ 22 98 55, Fax 22 98 18 – AE E VISA JCB. Z c
cerrado lunes – Com carta 2550 a 4275.

España, General Franco 10, ✉ 27001, ℘ 22 60 16 – Y r

Parrillada Antonio, av. de las Américas 87, ✉ 27004, ℘ 21 64 70 – . AE E VISA JCB. por ③
Com carta 2100 a 4400.

La Coruñesa, Dr. Castro 16, ✉ 27001, ℘ 22 10 87 – AE E VISA. Z k
Com carta 2600 a 4000.

Campos, Nova 4, ✉ 27001, ℘ 22 97 43 – AE E VISA. Z u
cerrado del 14 al 31 octubre – Com carta 2850 a 4500.

en la carretera N 640 por ① : 4 km – ✉ 27192 Muja – 982 :

Portón do Recanto, La Campiña ℘ 22 34 55, Fax 22 38 47, ≤ – rest . VISA.
Com 1750 – 400 – **30 hab** 5000/7000 – PA 3250.

en la carretera N VI – 982 :

Los Olmos sin rest, por ④ : 3 km, ✉ 27296, ℘ 20 00 32, Fax 21 59 18 – . AE E VISA.
400 – **32 hab** 3500/6000.

O'Muiño, por ② o ③ : 2 km, ✉ 27004, ℘ 23 05 50, Fax 25 04 42, , Decoración rústica, « Terrazas al borde del rio » – .

LLADÓ 17745 Gerona 443 J 30 – 509 h. – 972.

♦Madrid 757 – Figueras/Figueres 13 – Gerona/Girona 50.

Can Kiku, pl. Major 1 ℘ 56 51 04 – . E VISA.
cerrado lunes y 23 diciembre-16 enero – Com carta 2070 a 4600.

LLAFRANCH (playa de) Gerona – ver Palafrugell.

LLAGOSTERA 17240 Gerona 443 G 38 – 5 013 h. – 972.

♦Madrid 699 – ♦Barcelona 86 – Gerona/Girona 20.

en la carretera de Sant Feliú de Guixols E : 5 km – ✉ 17240 Llagostera – 972 :

Els Tinars, ℘ 83 06 26, Fax 83 12 77, , Decoración rústica – . AE E VISA
cerrado lunes noche de octubre a mayo y del 1 al 25 febrero – Com carta 2740 a 4000
Espec. Patatas tinars, Olla de judias secas con bogavante, Lomo de lubina al horno a la catalana..

LLANARS 17869 Gerona 443 F 37 – 388 h. – 972.

♦Madrid 701 – ♦Barcelona 129 – Gerona/Girona 82.

Grévol , carret. de Camprodón ℘ 74 10 13, Fax 74 10 87, « Chalet de montaña decorado con elegancia », – – 25/60. AE E VISA.
Com *(cerrado lunes, del 3 al 17 mayo y del 2 al 16 noviembre)* 3650 – 1100 – **36 hab** 13500 – PA 7140.

LLÁNAVES DE LA REINA 24912 León 441 C 15 – Deportes de invierno.

♦Madrid 373 – ♦León 118 – ♦Oviedo 133 – ♦Santander 147.

San Glorio , carret. N 621 ℘ 74 04 18, Fax 74 04 18, ≤ – . AE E VISA.
Com (ver rest. **Mesón Llánaves**) – 500 – **26 hab** 4500/5500.

Mesón Llánaves, carret. N 621 ℘ 74 04 18, Fax 74 04 18 – . AE E VISA.
Com carta 1700 a 2400.

LLANÇÁ Gerona - ver Llansá.

LLANES **33500** Asturias 441 B 15 - 14 218 h. - 98 - Playa.
Nemesio Sobrino 1 540 01 64.
♦Madrid 453 - Gijón 103 - ♦Oviedo 113 - ♦Santander 96.

Don Paco, Posada Herrera 1 540 01 50, Fax 540 26 81 - AE E VISA.
junio-septiembre - Com 2100 - 600 - **42 hab** 6200/8500 - PA 3700.

G. H. Paraíso sin rest, Pidal 2 540 19 71, Fax 540 25 90 - TV . AE E VISA.
15 marzo- septiembre - 500 - **22 hab** 7900/13900.

Montemar sin rest, con cafetería, Genaro Riestra 8 540 01 00, Fax 540 26 81, - TV . AE E VISA JCB.
600 - **41 hab** 6200/8500.

Miraolas, paseo de San Antón 14 540 08 28, Fax 540 27 74, - TV . E VISA.
Com 1500 - 500 - **41 hab** 5500/7500 - PA 3500.

Peñablanca sin rest, Pidal 1 540 01 66 - . VISA
junio- septiembre - 500 - **31 hab** 4000/6500.

Pleamar, pl. del Sablon 540 00 62 - AE E VISA.
cerrado octubre-diciembre - Com carta 1200 a 4050.

en playa de Toró O : 1 km - 33500 Llanes - 98

Mirador de Toró, 540 08 82, , - . AE E VISA.
Com carta 2400 a 3400.

en La Arquera - 33500 Llanes - 98

Las Brisas, S : 2 km 540 17 26, Fax 540 13 82 - TV . E VISA.
Com 1500 - 500 - **36 hab** 6500/8900 - PA 3500.

Prau Riu con hab, carret. de Parres S : 2,5 km 540 11 54, - . AE E VISA.
Com carta 2400 a 3600 - 400 - **6 hab** 5000.

en San Roque - carretera N 634 SE : 4 km - 33500 Llanes - 98

Europa, San Roque 29 541 70 45, Fax 541 70 45 - . E VISA.
Com 950 - 400 - **24 hab** 3180/4750 - PA 2300.

Los LLANOS DE ARIDANE - ver Canarias (La Palma).

LLANSÁ o **LLANÇÁ** **17490** Gerona 443 E 39 - 3 001 h. - 972 - Playa.
Alred. : San Pedro de Roda★★ (paraje★★) S : 15 km.
av. de Europa 37 38 08 55.
♦Madrid 767 - Banyuls 31 - Gerona/Girona 60.

Beri, La Creu 17 38 01 98, - rest . E VISA. rest
abril-octubre - Com 1000 - 400 - **60 hab** 3000/5000.

Carbonell, Mayor 19 38 02 09 - . AE E VISA.
abril-20 septiembre - Com 1400 - 350 - **31 hab** 1700/3400 - PA 2600.

en la carretera de Port-Bou N : 1 km - 17490 Llançá - 972 :

Gri-Mar, 38 01 67, , , , - . AE E VISA.
Semana Santa-1 octubre - Com 2350 - 600 - **39 hab** 5500/8000 - PA 4000.

en el puerto NE : 1,5 km - 17490 Llançá - 972 :

Berna, passeig Maritim 13 38 01 50, , - . VISA. rest
Semana Santa y 15 mayo-septiembre - Com 1950 - 525 - **38 hab** 4400/6500 - PA 3760.

La Goleta, Pintor Terruella 22 38 01 25, Telex 56322, Fax 12 06 86 - . AE E VISA.
cerrado noviembre - Com 1500 - 500 - **30 hab** 6000/7000 - PA 3500.

El Vaixell, Canigó 18 38 02 95, Pescados y mariscos - . AE E VISA.
cerrado domingo noche en invierno - Com carta 2050 a 3500.

La Vela, Pintor Martínez Lozano 3 38 04 75 - . AE E VISA JCB
cerrado domingo noche y octubre - Com carta 2450 a 3400.

El Racó del Port, pl. del Port 3 38 14 18, Fax 12 06 27, , - AE E VISA
Semana Santa-octubre - Com carta 2800 a 4400.

La Brasa, pl. Catalunya 6 38 02 02, - AE E VISA.
cerrado martes (salvo en verano) y 15 diciembre-febrero - Com carta 2600 a 3450.

Dany, passeig Maritim 4 38 03 96, - E VISA JCB
cerrado enero - Com carta 1700 a 3200.

Can Manel, pl. del Port 5 38 01 12, , Pescados y mariscos - AE E VISA
cerrado enero y jueves - Com carta 3900 a 4700.

LLEIDA – ver Lérida.

LLESSUY o **LLESSUI** **25567** Lérida 443 E 33 alt. 1 400 – ☎ 973 – Deportes de invierno ⛷9.
Ver : Valle de Llessui★★.
◆Madrid 603 – ◆Lérida/Lleida 150 – Seo de Urgel/La Seu d'Urgell 66.

en Bernui - carretera de Sort E : 3 km – ✉ 25560 Sort – ☎ 973 :

✗ Can Joana, ☎ 62 08 68 – Ⓟ.

en Altrón E : 7,5 km – ✉ 25560 Sort – ☎ 973 :

Vall d'Assua 🐦, carret. de Llessuy ☎ 62 17 38, ≤ – ▤ rest Ⓟ. ✗
cerrado noviembre – Com 1675 – ☕ 425 – **12 hab** 3300 – PA 3775.

LLIVIA **17527** Gerona 443 E 35 – 921 h. alt. 1 224 – ☎ 972.
◆Madrid 658 – Gerona/Girona 156 – Puigcerdá 6.

Llivia 🐦, av. de Catalunya ☎ 14 60 00, Fax 14 60 00, ≤, 🏊, 🌳, 🎾 – |₺| ☎ 🚗 Ⓟ – 🎪 25/150. E VISA. ✗
cerrado noviembre – Com *(cerrado miércoles)* 2500 – ☕ 650 – **63 hab** 4250/7800 – PA 4500.

L'Esquirol 🐦, av. de Catalunya ☎ 89 63 03, Fax 89 63 03, ≤ – Ⓟ. E VISA. ✗
Com 1200 – ☕ 500 – **13 hab** 3000/6000 – PA 2900.

✗✗ **Can Ventura,** pl. Major 1 ☎ 89 61 78, Fax 89 61 78, Decoración rústica, Edificio del siglo XVIII, Cocina regional – E VISA. ✗
cerrado martes y octubre – Com carta 2950 a 3150.

✗ La Ginesta (Casa David), av. de Catalunya ☎ 89 62 87.

LLODIO **01400** Alava 442 C 21 – ☎ 94.
◆Madrid 385 – ◆Bilbao/Bilbo 21 – ◆Burgos 142 – ◆Vitoria/Gasteiz 49.

✗ **Martina,** Zubiaur 1 ☎ 672 22 68 – ▤. AE ⓓ E VISA. ✗
cerrado agosto – Com carta 2400 a 3700.

LLOFRIÚ Gerona – ver Palafrugell.

LLORET DE MAR **17310** Gerona 443 G 38 – 10 480 h. – ☎ 972 – Playa.
ℹ pl. de la Vila 1 ☎ 36 47 35 y Estación de Autobuses ☎ 36 57 88.
◆Madrid 695 ② – ◆Barcelona 67 ② – Gerona/Girona 39 ③.

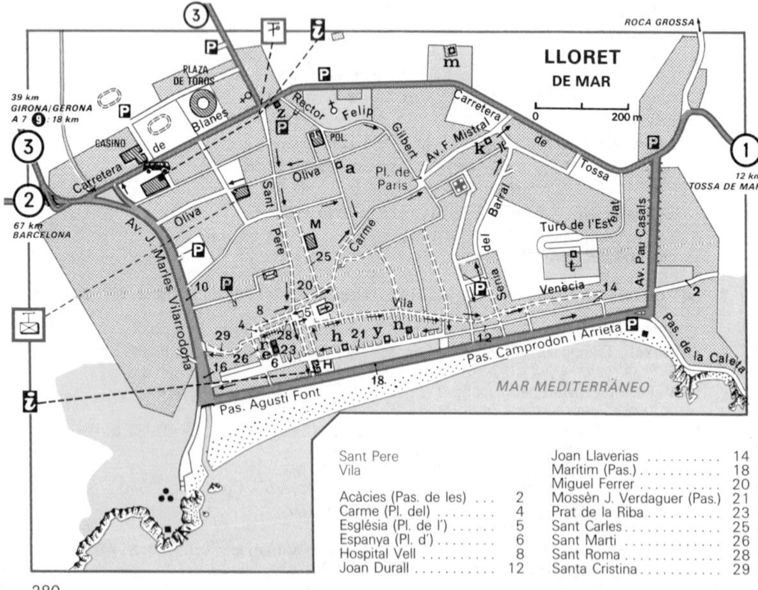

Sant Pere
Vila

Acàcies (Pas. de les)	2
Carme (Pl. del)	4
Església (Pl. de l')	5
Espanya (Pl. d')	6
Hospital Vell	8
Joan Durall	12
Joan Llaverias	14
Marítim (Pas.)	18
Miquel Ferrer	20
Mossèn J. Verdaguer (Pas.)	21
Prat de la Riba	23
Sant Carles	25
Sant Martí	26
Sant Roma	28
Santa Cristina	29

G. H. Monterrey, carret. de Tossa de Mar ✆ 36 40 50, Telex 57374, Fax 36 35 12, « Servicios de talasoterapia, « Amplio jardín », – 25/425. rest
marzo-5 noviembre – Com carta 3100 a 4200 – 900 – **224 hab** 8000/12000. m

Roger de Flor, Turó de l'Estelat, ✉ apartado 66, ✆ 36 48 00, Fax 37 16 37, « Grandes terrazas con < », – rest. rest t
cerrado abril-noviembre – Com 4100 – 1750 – **98 hab** 10000/17000 – PA 8400.

Marsol sin rest, passeig Mossèn J. Verdaguer 7 ✆ 36 57 54, Fax 37 22 05, climatizada, – . h
650 – **87 hab** 7100/8900.

Mercedes, av. F. Mistral 32 ✆ 36 43 12, Telex 57045, Fax 36 49 53, – . k
abril-octubre – Com 1700 – 700 – **88 hab** 4200/6000 – PA 3500.

Excelsior, passeig Mossèn J. Verdaguer 16 ✆ 36 41 37, Telex 97061, Fax 37 16 54, < – . rest y
abril-octubre – Com 1650 – 475 – **45 hab** 4500/8700.

Santa Ana sin rest, Sénia del Rabic 26 ✆ 36 53 39 – . a
mayo-octubre – 350 – **48 hab** 5000.

Can Bolet, Sant Mateu 6 ✆ 37 12 37, Pescados y mariscos – . r
cerrado domingo noche y lunes de noviembre-marzo – Com carta 2500 a 3600.

Can Tarradas, pl. d'Espanya 7 ✆ 36 61 21 – . e
cerrado miércoles – Com carta 2700 a 3200.

Mas Vell, Sant Roc 3 ✆ 36 82 20, , Decoración rústica – z

Taverna del Mar, Pescadors 5 ✆ 36 40 90, – n
Semana Santa-octubre – Com carta 1450 a 3950.

en la carretera de Blanes por ② : 1,5 km – ✉ 17310 Lloret de Mar – 972 :

Fanals, ✆ 36 41 12, Telex 57362, Fax 37 03 29, – – 25/80. rest
abril-octubre y Navidades – Com 2200 – 800 – **85 hab** 7000/9000 – PA 4000.

en la playa de Fanals por ② : 2 km – ✉ 17310 Lloret de Mar – 972 :

Rigat Park, ✆ 36 52 00, Telex 57015, Fax 37 04 11, <, , « Parque con arbolado », climatizada, – – 25/650. rest
15 enero-noviembre – Com 3700 – 1000 – **104 hab** 10000/15000 – PA 5500.

Surf Mar, Ramón Casas 9 ✆ 36 53 62, Fax 37 15 45, « rodeada de un amplio césped », – . rest
3 abril-22 octubre – Com 1200 – 600 – **216 hab** 4800/7600.

en la playa de Santa Cristina por ② : 3 km – ✉ 17310 Lloret de Mar – 972 :

Santa Marta, ✆ 36 49 04, Telex 57394, Fax 36 92 80, « Gran pinar », – – 25/120. rest
cerrado 15 diciembre-20 enero – Com carta 3700 a 5200 – 1450 – **78 hab** 14000/25000.

en la urbanización Playa Canyelles por ① : 3 km – ✉ 17310 Lloret de Mar – 972 :

El Trull, ✉ apartado 429, ✆ 36 49 28, Fax 37 13 08, <, , Decoración rústica, – . JCB.
Com carta aprox. 4500.

MACAEL **04867** Almería 446 U 23 – 5 018 h. alt. 535 – 951.
♦Madrid 531 – Almería 113 – ♦Murcia 145.

Villa de Macael sin rest, av. de Andalucía ✆ 44 55 13 – .
cerrado del 23 al 31 diciembre – 400 – **12 hab** 3800/5750.

MAÇANET DE CABRENYS Gerona – ver Massanet de Cabrenys.

MADREMAÑÁ o **MADREMANYÁ** **17462** Gerona 443 G 38 – 202 h. alt. 177 – 972.
♦Madrid 725 – Gerona/Girona 21 – Figueras/Figueres 54 – Palafrugell 20.

Can Felip, Processió 1 ✆ 49 01 69, – .
cerrado martes en invierno y noviembre – Com carta 3250 a 4650.

Este guia não é uma lista de todos os hotéis e restaurantes,
nem sequer de todos os bons hotéis e restaurantes de Espanha e Portugal.
Como procuramos servir todos os turistas,
vemo-nos obrigados a indicar estabelecimentos de todas as categorias
e a citar apenas alguns de cada uma delas.

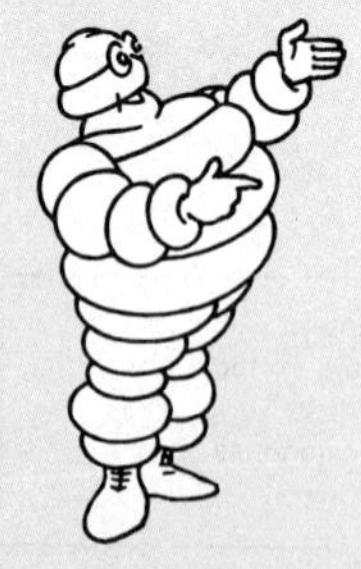

Madrid

28000 P 444 K 19 - 3 188 297 h. alt. 646 m - ☎ 91.

Ver : Museo del Prado★★★ NY - El viejo Madrid★ : Plaza Mayor★★ KY, Plaza de la Villa★ KY, Capilla del Obispo★ KZ, Jardines de las Vistillas KYZ panorama★, Iglesia de San Francisco el Grande (sillería★, sillería de la sacristía★) KZ - Barrio de Oriente★★ : Palacio Real★★★ KX (Real Armería★★, Museo de Carruajes Reales★ DY **M1**) Monasterio de las Descalzas Reales★★ KLX, Real Monasterio de la Encarnación★ KX, Ciudad Universitaria★ DV, Parque del Oeste★ DV, Casa de Campo★ DX, Zoo★★ AM - El Madrid de los Borbones★★ : Plaza de la Cibeles★ MNX Paseo del Prado★ MNXZ, Palacio de Villahermosa (colección Thyssen - Bornemisza★★) MY **M6**, Casón del Buen Retiro★ NY Centro de Arte Reina Sofia★ (El Guernica★★) MZ, Puerta de Alcalá★ NX Parque del Buen Retiro★★ NYZ.

Otras curiosidades : Museo Arqueológico Nacional★★ (Dama de Elche★★★) NV - Museo Lázaro Galdiano★★ (colección de esmaltes y marfiles★★★) HV **M4** - Real Academia de Bellas Artes de San Fernando★ LX **M2** - San Antonio de la Florida (Frescos★★) DX - Museo de Cera★ NV Museo Sorolla★ GV **M5** - Plaza Monumental de las Ventas★ JV **B** - Museo del Ejército★ NY.

Alred. : El Pardo (Palacio★) NO : 13 km por C 601 AL.

Hipódromo de la Zarzuela AL - 18, 18 Puerta de Hierro ☎ 216 17 45 AL - 9, 18 Club de Campo ☎ 357 21 32 AL - 18 La Moraleja por ① : 11 km ☎ 650 07 00 - 9 Club Barberán por ⑤ : 10 km ☎ 218 85 05 - 18 Las Lomas - El Bosque por ⑤ : 18 km ☎ 616 21 70 - 18 Real Automóvil Club de España por ① : 28 km ☎ 652 26 00 - 18 Nuevo Club de Madrid, Las Matas por ⑦ : 26 km ☎ 630 08 20 - 9 de Somosaguas O : 10 km por Casa de Campo ☎ 212 16 47.

✈ de Madrid-Barajas por ② : 13 km ☎ 305 83 44 - Iberia : Velázquez 130, ✉ 28006, ☎ 587 87 87 HV y Aviaco, Maudes 51, ✉ 28003, ☎ 534 42 00 FV - 🚗 Chamartin ☎ 733 11 22 - Principe Pio ☎ 248 87 16.

Compañías Maritimas : Cia. Trasmediterránea, Pedro Muñoz Seca 2 NX, ✉ 28001, ☎ 431 07 00, Fax 431 08 04.

ℹ Princesa 1, ✉ 28008, ☎ 541 23 25, Duque de Medinaceli 2, ✉ 28014, ☎ 429 49 51, pl Mayor 3, ✉ 28012, ☎ 266 54 77, Estación de Chamartin, ✉ 28036, ☎ 315 99 76 y aeropuerto de Barajas ☎ 305 86 56 - R.A.C.E. José Abascal 10, ✉ 28003, ☎ 447 32 00, Fax 447 79 48.

♦Barcelona 627 ② - ♦Bilbao 397 ① - ♦La Coruña 603 ⑦ - ♦Lisboa 653 ⑥ - ♦Málaga 548 ④ - ♦Paris 1310 ① - ♦Porto 599 ⑦ - ♦Sevilla 550 ④ - ♦Valencia 351 ③ - ♦Zaragoza 322 ②.

Planos de Madrid

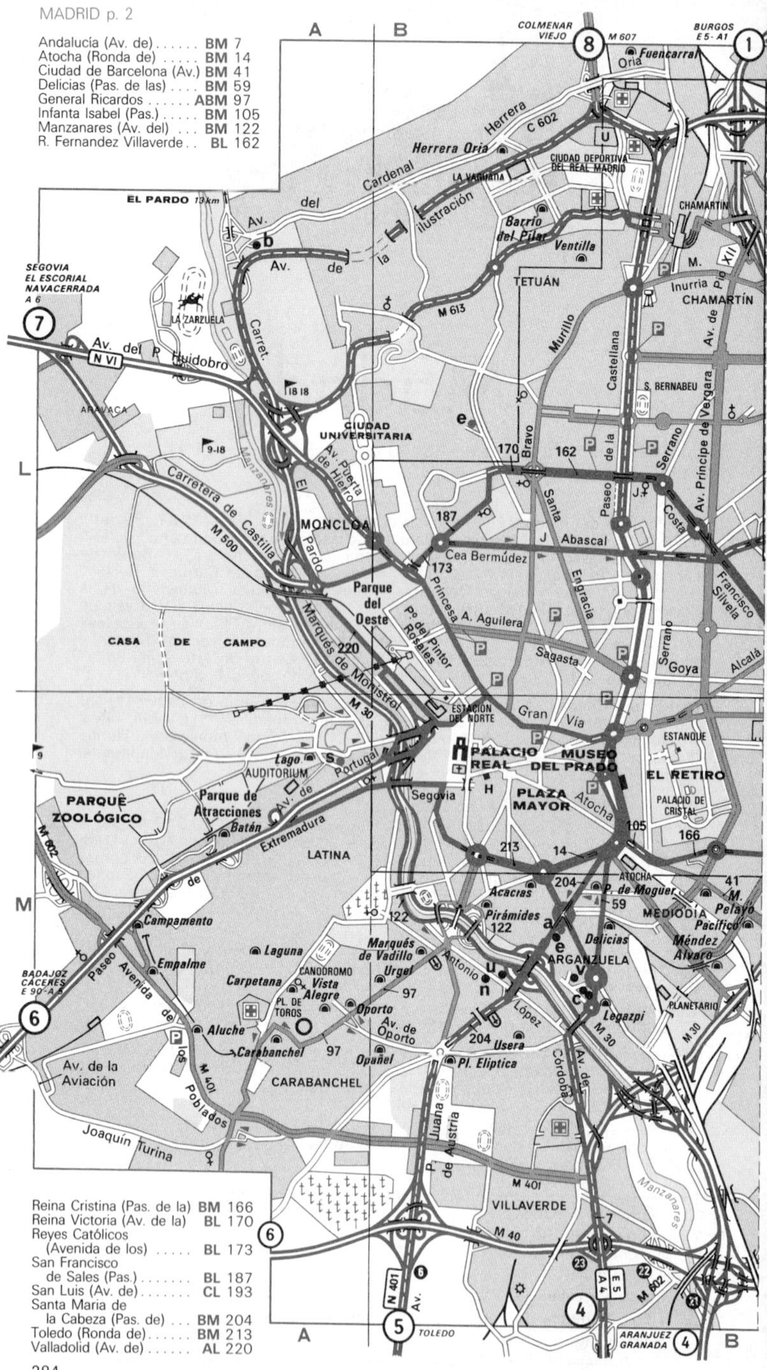

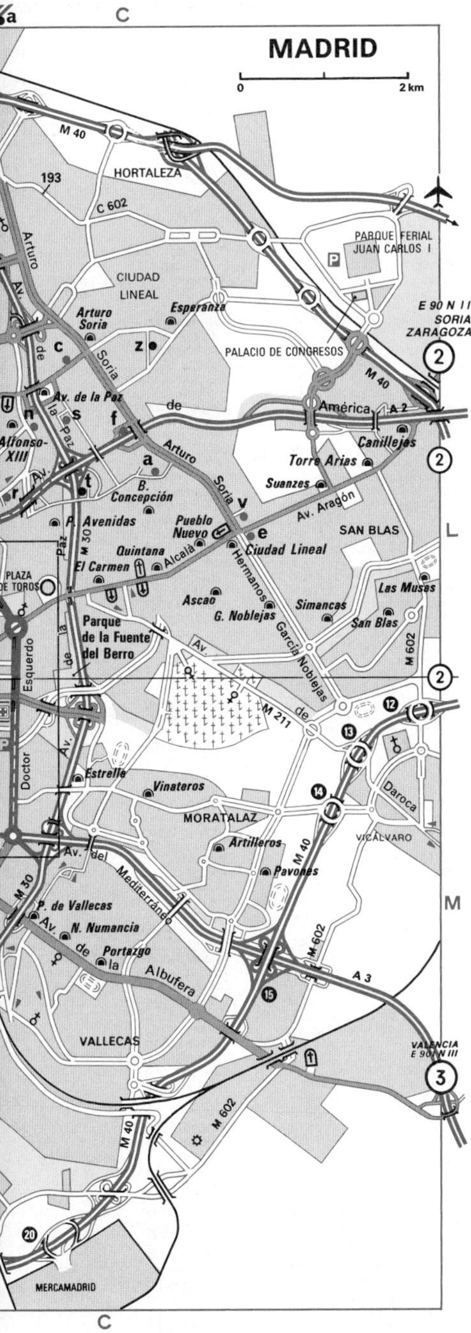

REPERTORIO DE CALLES DEL PLANO DE MADRID

Continuación Madrid p. 4

REPERTORIO DE CALLES DEL PLANO DE MADRID (fin)

MADRID

Street	Grid	No.
Caídos de la División Azul	HS	21
Capitán Haya	GS	25
Comandante Zorita	FT	45
Costa Rica (Av. de)	HS	55
Cuatro Caminos (Glorieta de)	FU	56
Doctor Arce (Av. del)	HU	62
Doctor Fleming	GT	63
Enrique Larreta	HS	76
Estébanez Calderón	GS	80
Fray Bernardino Sahagún	HS	90
Gen. López Pozas	HS	92
Gen. Moscardó	FT	95
Jerez	HS	107
Pedro Teixeira	GT	145
Pinos Alta	FS	146
Pintor Juan Gris	FS	148
Presidente Carmona	FT	157
Raimundo Fernández Villaverde	FU	162
Reina Mercedes	FT	168
República Dominicana (Pl.)	HS	172
Rosa de Silva	FS	177
Rosario Pino	GS	179
San Amaro (Pl.)	FT	183
Segre	HT	206
Sinesio Delgado	GR	209
Sor Angela de la Cruz	GS	210
Teruel	FT	211
Victor Andrés Belaunde	HT	229
Victor de la Serna	HT	231

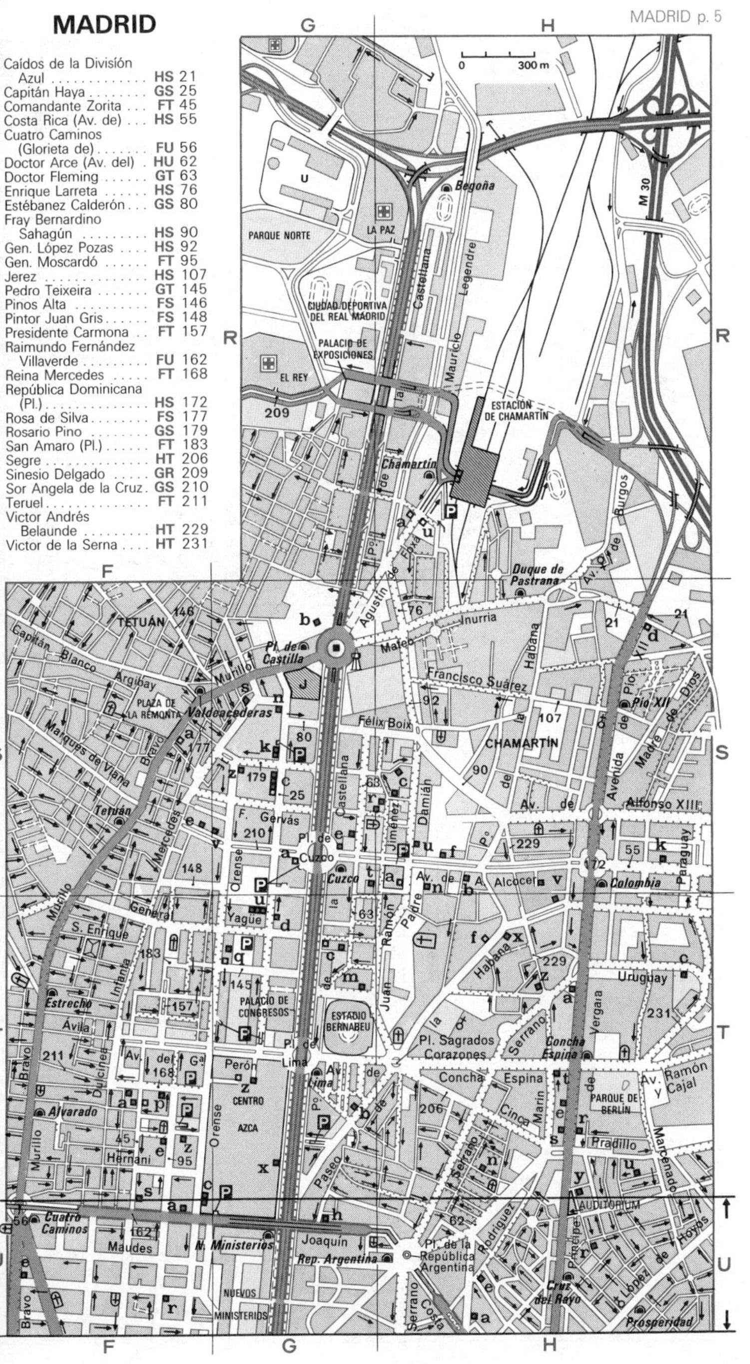

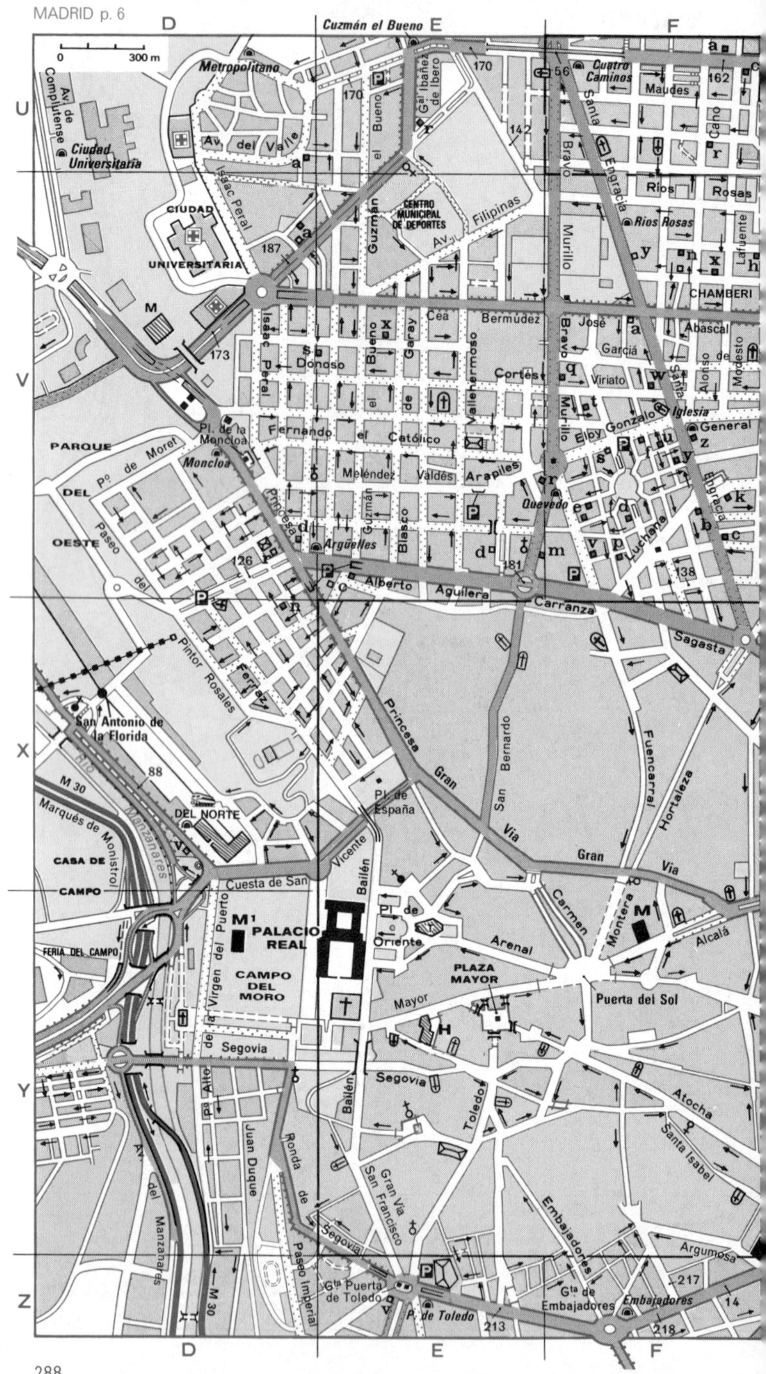
D
E
F
U
V
X
Y
Z
0
300 m
Cuzmán el Bueno
Metropolitano
Av. Complutense
Ciudad Universitaria
Av. del Valle
Isaac Peral
CIUDAD UNIVERSITARIA
Gal Ibáñez de Ibero
CENTRO MUNICIPAL DE DEPORTES
Av. Filipinas
Cuatro Caminos
Maudes
Santa Engracia
Bravo Murillo
Ríos Rosas
Lafuente
CHAMBERI
Cea Bermúdez
José Abascal
García
Cortés
Viriato
Donoso
Fernando el Católico
Meléndez Valdés
Arapiles
Vallehermoso
Guzmán el Bueno
Garay
Blasco de Garay
Eloy Gonzalo
Iglesia
General
Quevedo
Luchana
Moncloa
Pl. de la Moncloa
PARQUE DEL OESTE
Pº de Moret
Paseo del Pintor Rosales
Princesa
Argüelles
Alberto Aguilera
Carranza
Sagasta
Ferraz
San Antonio de la Florida
Río Manzanares
M 30
Marqués de Monistrol
CASA DE CAMPO
DEL NORTE
San Bernardo
Fuencarral
Hortaleza
Gran Vía
Pl. de España
Vicente
Cuesta de San Vicente
Bailén
Pl. de Oriente
Carmen
Montera
Alcalá
Arenal
PALACIO REAL
CAMPO DEL MORO
PLAZA MAYOR
Mayor
Puerta del Sol
FERIA DEL CAMPO
Virgen del Puerto
Pº Alto de la Virgen del Puerto
Segovia
Toledo
Atocha
Santa Isabel
Juan Duque
Ronda de Segovia
Gran Vía San Francisco
Embajadores
Argumosa
Av. del Manzanares
Paseo Imperial
Gta Puerta de Toledo
P. de Toledo
Gta de Embajadores
170
142
162
56
187
173
126
181
138
88
217
218
213
14

MADRID

Repertorio de calles ver Madrid p. 3 y p. 4

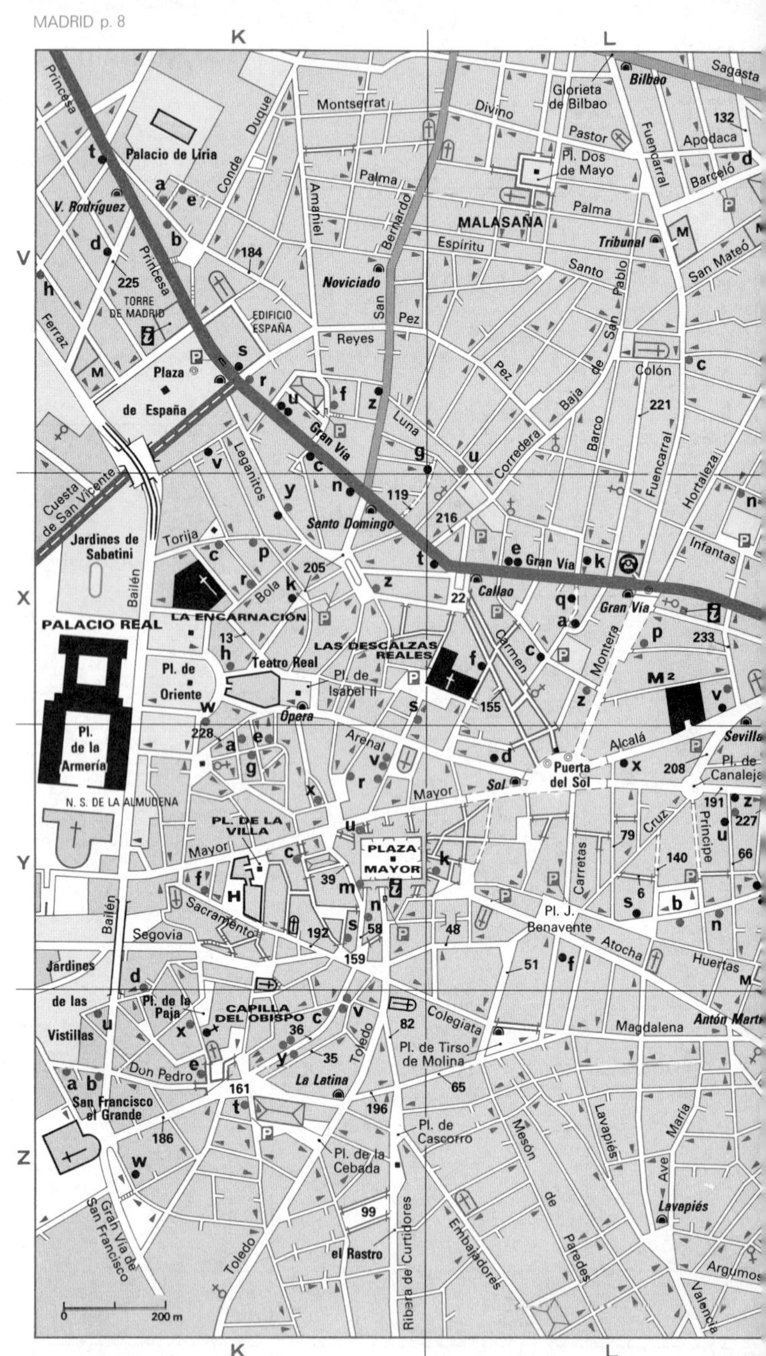

K
L
V
X
Y
Z
Palacio de Liria
Montserrat
Divino
Glorieta de Bilbao
Bilbao
Sagasta
Pastor
Pl. Dos de Mayo
Apodaca
Barceló
Fuencarral
Palma
MALASAÑA
Espíritu
Tribunal
San Mateo
Santo
Noviciado
San Bernardo
Amaniel
Conde Duque
Princesa
V. Rodríguez
TORRE DE MADRID
EDIFICIO ESPAÑA
Ferraz
Reyes
Pez
Plaza de España
Colón
Luna
Gran Vía
Corredera
Baja de San Pablo
Barco
Hortaleza
Leganitos
Cuesta de San Vicente
Santo Domingo
Jardines de Sabatini
Torija
Infantas
Callao
Bola
LA ENCARNACIÓN
PALACIO REAL
LAS DESCALZAS REALES
Teatro Real
Pl. de Oriente
Pl. de Isabel II
Ópera
Carmen
Montera
Pl. de la Armería
Bailén
Arenal
Alcalá
Puerta del Sol
Sol
Sevilla
Pl. de Canalejas
N. S. DE LA ALMUDENA
Mayor
PL. DE LA VILLA
PLAZA MAYOR
Cruz
Carretas
Príncipe
Sacramento
Segovia
Pl. J. Benavente
Atocha
Huertas
Jardines de las Vistillas
Pl. de la Paja
CAPILLA DEL OBISPO
Colegiata
Magdalena
Antón Martín
Toledo
Pl. de Tirso de Molina
Don Pedro
La Latina
San Francisco el Grande
Pl. de Cascorro
Pl. de la Cebada
Lavapiés
Mesón de Paredes
Ave María
Embajadores
Ribera de Curtidores
el Rastro
Gran Vía de San Francisco
Argumosa
Valencia
200 m

MADRID

Alcalá . . . . **LMXY**
Arenal . . . . **KY**
Carmen . . . . **LX**
Fuencarrel . . . . **LV**
Gran Via . . . . **KLX**
Hortaleza . . . . **LVX**
Mayor . . . . **KLY**
Mayor (Plaza) . . . . **KY**
Montera . . . . **LX**
Preciados . . . . **LX** 155
Puerta del Sol (Pl.) . . . . . **LY**
San Jerónimo
(Carrera de) . . . . **LMY** 191

Alvarez Gato . . . . **LY** 6
Arrieta . . . . **KX** 13
Ayala . . . . **NV** 18
Bárbara de Braganza . . . **NV** 19
Callao (Pl. de) . . . . **LX** 22
Cava Alta . . . . **KZ** 35
Cava Baja . . . . **KZ** 36
Cava de San Miguel . . . **KY** 39
Ciudad de Barcelona . . . **NZ** 41
Colón (Pl.de) . . . . **NV** 44
Concepción Jerónima . . **LY** 48
Conde de Romanones . . **LY** 51
Cortés (Pl. de las) . . . . . **MY** 53
Cuchilleros . . . . **KY** 58
Duque de Alba . . . . **LZ** 65
Echegaray . . . . **LY** 66
Espoz y Mina . . . . **LY** 79
Estudios . . . . **KZ** 82
Fernando el Santo . . . . . **NV** 85
Gen. Vara de Rey (Pl.) . . **KZ** 99
Goya . . . . **NV** 100
Independencia (Pl. de la) . **NX** 103
Infanta Isabel (Pas.) . . . . **NZ** 105
Libreros . . . . **KX** 119
Madrazo . . . . **MY** 121
Mejia Lequerica . . . . . . **LMV** 132
Nűnez de Arce . . . . **LY** 140
Puerta Cerrada (Pl.) . . . . **KY** 159
Puerta de Moros (Pl.) . . . **KZ** 161
Recoletos . . . . **NX** 163
San Bernardino . . . . **KV** 184
San Francisco (Carrera de) **KZ** 186
San Justo . . . . **KY** 192
San Millán . . . . **KZ** 196
Santa Engracia . . . . **MV** 203
Santo Domingo
(Cuesta, Pl. de) . . . . . . **KX** 205
Sevilla . . . . **LY** 208
Tudescos . . . . **LX** 216
Valverde . . . . **LV** 221
Ventura Rodriguez . . . . . **KV** 225
Ventura de la Vega . . . . **LY** 227
Vergara . . . . **KY** 228
Villa de París (Pl.) . . . . . . **NV** 232
Virgen de los Peligros . . **LX** 233

Michelin
pone sus mapas
constantemente al dia.
Llévelos en su coche
y no tendra Vd. sorpresas
desagradables en carretera.

LISTA ALFABÉTICA DE HOTELES Y RESTAURANTES

A

B

C - CH

D - E

F - G

H - I - J

MAPAS Y GUÍAS MICHELIN

Oficina de información

Doctor Esquerdo 157, 28007 Madrid - 409 09 40

Abierto de lunes a viernes de 8 h. a 16 h. 30

Centro : Paseo del Prado, Puerta del Sol, Gran Vía, Alcalá, Paseo de Recoletos, Plaza Mayor (planos p. 8 y 9)

Palace, pl. de las Cortes 7, 28014, 429 75 51, Telex 23903, Fax 429 82 66 – 25/500. AE E VISA JCB. rest MY **e**
Com 6750 **Grill Neptuno** *(cerrado sábado)* carta 5650 a 7850 – 2325 – **487 hab** 29500/37000.

Princesa, Princesa 40, 28008, 542 21 00, Telex 44377, Fax 542 35 01 – 25/750. AE E VISA JCB. plano p. 6 EV **c**
Com 3000 – 1950 – **406 hab** 24900/31200.

Villa Real, pl. de las Cortes, 10, 28014, 420 37 67, Telex 44600, Fax 420 25 47, « Decoración elegante » – 25/150. AE E VISA. MY **c**
Com carta 4500 a 5000 – 1650 – **115 hab** 26400/33000.

Tryp Plaza, pl. de España, 28013, 547 12 00, Telex 27383, Fax 548 23 89, – 25/300. AE VISA. KV **s**
Com 2500 – 1300 – **306 hab** 18325/22950 – PA 6300.

Tryp Ambassador, Cuesta de Santo Domingo 5, 28013, 541 67 00, Telex 49538, Fax 559 10 40 – 25/280. AE E VISA. KX **k**
Com carta 4450 a 5450 – 1300 – **181 hab** 18325/22950.

G.H. Reina Victoria, pl. del Ángel 7, 28012, 531 45 00, Telex 47547, Fax 522 03 07 – AE E VISA. LY **s**
Com carta 4000 a 6300 – 1300 – **201 hab** 18325/22950.

Liabeny, Salud 3, 28013, 532 53 06, Telex 49024, Fax 532 74 21 – AE E VISA. LX **c**
Com 2600 – 900 – **219 hab** 9300/14300.

Suecia y Rest. Bellman, Marqués de Casa Riera 4, 28014, 531 69 00, Telex 22313, Fax 521 71 41 – 25/150. AE E VISA JCB. MX **r**
Com *(cerrado sábado mediodía, domingo, festivos y agosto)* carta 4500 a 5700 – 1375 – **128 hab** 18900/24675.

Emperador sin rest, Gran Vía 53, 28013, 547 28 00, Telex 46261, Fax 547 28 17, – 25/300. AE E VISA. KX **n**
1450 – **232 hab** 13400/16800.

Arosa sin rest, con cafetería, Salud 21, 28013, 532 16 00, Telex 43618, Fax 531 31 27 – AE E VISA JCB LX **q**
1200 – **139 hab** 12700/17500.

Mayorazgo, Flor Baja 3, 28013, 547 26 00, Telex 45647, Fax 541 24 85 – 25/250. AE E VISA JCB. KV **c**
Com 3500 – 1200 – **200 hab** 10500/14500 – PA 8200.

Tryp Menfis, Gran Vía 74, 28013, 547 09 00, Telex 48773, Fax 547 51 99 – AE E VISA JCB. KV **u**
Com 1975 – 875 – **116 hab** 13500/16900.

Tryp Washington sin rest, Gran Vía 72, 28013, 541 72 27, Telex 48773, Fax 547 51 99 – AE E VISA JCB. KV **u**
Com (en el hotel **Tryp Menfis**) – 825 – **117 hab** 11600/14500.

El Coloso, Leganitos 13, 28013, 559 76 00, Telex 47017, Fax 547 49 68 – 25/175. AE E VISA JCB. KX **y**
Com 2750 – 1200 – **84 hab** 15100/18850.

Regina sin rest, Alcalá 19, 28014, 521 47 25, Telex 27500, Fax 521 47 25 – AE E VISA. LX **v**
750 – **142 hab** 9050/11900.

Casón del Tormes sin rest, Río 7, 28013, 541 97 46, Fax 541 18 52 – E VISA. KV **v**
570 – **63 hab** 7100/10500.

Mercator sin rest, con cafetería, Atocha 123, 28012, 429 05 00, Telex 46129, Fax 369 12 52 – AE E VISA NZ **b**
750 – **89 hab** 7800/10800.

Cortezo sin rest, con cafetería, Dr Cortezo 3, ✉ 28012, ☎ 369 01 01, Telex 48704, Fax 369 37 74 – |‡| ▤ TV ☎ 🚗. AE E VISA. ✻ LY f
☕ 800 – **90 hab** 7675/10850.

Los Condes sin rest, Los Libreros 7, ✉ 28004, ☎ 521 54 55, Telex 42730, Fax 521 78 82 – |‡| ▤ TV ☎. AE E VISA. ✻ KLV g
☕ 700 – **68 hab** 8000/15000.

Tryp Capitol sin rest, Gran Vía 41, ✉ 28013, ☎ 521 83 91, Telex 41499 – |‡| ▤ TV ☎. AE ⓓ E VISA JCB. ✻ KLX t
☕ 875 – **144 hab** 11600/14500.

El Prado, Prado 11, ✉ 28014, ☎ 369 02 34, Fax 429 28 29 – |‡| ▤ TV ☎. AE ⓓ E VISA. ✻ rest LY a
Com *(cerrado domingo noche)* 1150 – ☕ 300 – **47 hab** 10000/15000.

Carlos V sin rest, Maestro Vitoria 5, ✉ 28013, ☎ 531 41 00, Telex 48547, Fax 531 37 61 – |‡| ▤ TV ☎. AE ⓓ E VISA JCB. ✻ LX f
☕ 650 – **67 hab** 8900/11200.

Atlántico sin rest, Gran Vía 38 - 3°, ✉ 28013, ☎ 522 64 80, Telex 43142, Fax 531 02 10 – |‡| ▤ ☎. AE ⓓ E VISA JCB. ✻ LX e
☕ 500 – **62 hab** 6970/9500.

Moderno sin rest, Arenal 2, ✉ 28013, ☎ 531 09 00, Fax 531 35 50 – |‡| ▤ TV ☎. AE ⓓ E VISA. ✻ LY d
☕ 380 – **98 hab** 6000/9500.

Reyes Católicos sin rest, Ángel 18, ✉ 28005, ☎ 265 86 00, Fax 265 98 67 – |‡| ▤ TV ☎. AE ⓓ E VISA. ✻ KZ w
☕ 775 – **38 hab** 7500/11700.

París, Alcalá 2, ✉ 28014, ☎ 521 64 96, Telex 43448, Fax 531 01 88 – |‡| ▤ hab TV ☎. ✻ LY x
Com 3000 – ☕ 500 – **114 hab** 7000/9900 – PA 5200.

Italia, Gonzalo Jiménez de Quesada 2 - 2°, ✉ 28004, ☎ 522 47 90, Fax 521 28 91 – |‡| ▤ rest ☎. AE ⓓ E VISA. ✻ LX k
Com 2000 – ☕ 380 – **59 hab** 5600/7000 – PA 3700.

Inglés sin rest, Echegaray 8, ✉ 28014, ☎ 429 65 51, Fax 420 24 23 – |‡| TV ☎ 🚗. AE ⓓ E VISA. ✻ LY u
☕ 500 – **58 hab** 6000/8800.

Anaco sin rest, con cafetería, Tres Cruces 3, ✉ 28013, ☎ 522 46 04, Fax 531 64 84 – |‡| ▤ TV ☎. AE ⓓ E VISA. ✻ LX a
☕ 655 – **39 hab** 6800/10500.

Mónaco sin rest, Barbieri 5, ✉ 28004, ☎ 522 46 30, Fax 521 16 01 – |‡| ▤ ☎. AE E VISA MX b
☕ 500 – **32 hab** 7000/8500.

California sin rest, Gran Vía 38, ✉ 28013, ☎ 522 47 03, Fax 531 61 01 – |‡| ▤ TV ☎. AE ⓓ E VISA. ✻ LX e
☕ 350 – **26 hab** 5600/7500.

Alexandra sin rest, San Bernardo 29, ✉ 28015, ☎ 542 04 00, Fax 559 28 25 – |‡| ▤ TV ☎. AE E VISA JCB. ✻ KV z
☕ 560 –**, 79 hab** 6050/8100.

Santander sin rest, Echegaray 1, ✉ 28014, ☎ 429 95 51 – |‡| ☎. ✻ LY z
☕ 400 – **38 hab** 6400/8000.

XXXXX ✿ **El Cenador del Prado,** Prado 4, ✉ 28014, ☎ 429 15 61, Fax 369 04 55 – ▤. AE ⓓ E VISA JCB. ✻ LY n
cerrado sábado mediodía, domingo y 15 días en agosto – Com carta 5300 a 6800
Espec. Patatas a la importancia con almejas, Solomillo sobre hojaldre a la pera, Helado de plátano.

XXX ✿ **Café de Oriente,** pl. de Oriente 2, ✉ 28013, ☎ 541 39 74, Fax 547 77 07, En una bodega – ▤. AE ⓓ E VISA. ✻ KXY w
cerrado sábado mediodía, domingo y agosto – Com carta 5000 a 6700
Espec. Nazarenos de pimientos y chipirones en su tinta, Lomos de merluza con almejas en salsa verde, Medallones de corzo con brik de hongos (temp).

XXX **Paradís Madrid,** Marqués de Cubas 14, ✉ 28014, ☎ 429 73 03, Fax 429 32 95 – ▤. AE ⓓ VISA. ✻ MY v
cerrado sábado mediodía, domingo y agosto – Com carta 3050 a 5300.

XXX ✿ **Jaun de Alzate,** Princesa 18, ✉ 28008, ☎ 547 00 10, Fax 559 49 39 – ▤. AE ⓓ E VISA. ✻ KV a
cerrado sábado mediodía, domingo y agosto – Com carta 5450 a 6300
Espec. Carpaccio de bacalao al vinagre de verduras, Risotto con bogavante, Hojaldre de mango a la crema de limón.

XXX **Bajamar,** Gran Vía 78, ✉ 28013, ☎ 548 48 18, Fax 559 13 26, Pescados y mariscos – ▤. AE ⓓ E VISA JCB. ✻ KV r
Com carta 4050 a 6100.

XXX **El Landó,** pl. Gabriel Miró 8, ✉ 28005, ☎ 266 76 81, Decoración elegante – ▤. AE ⓓ E VISA. ✻ KZ a
cerrado domingo, festivos y agosto – Com carta 4200 a 6000.

XX **El Espejo,** paseo de Recoletos 31, ✉ 28004, ☎ 308 23 47, Fax 593 22 23, « Evocación de un antiguo café parisino » – ▤. AE ⓪ E VISA. ✂ NV **a**
Com carta 4000 a 4900.

XX **Moaña,** Hileras 4, ✉ 28013, ☎ 548 29 14, Fax 541 65 98, Cocina gallega – ▤ 🚗. AE ⓪ E VISA. ✂ KY **r**
cerrado domingos no festivos y agosto – Com carta 3950 a 6050.

XX **Ainhoa,** Bárbara de Braganza 12, ✉ 28004, ☎ 308 27 26, Cocina vasca – ▤. VISA. ✂
cerrado domingo y agosto – Com carta 3900 a 6400. NV **s**

XX **Horno de Santa Teresa,** Santa Teresa 12, ✉ 28004, ☎ 319 10 61 – ▤. AE ⓪ E VISA. ✂ MV **t**
cerrado sábado, domingo y agosto – Com carta 4500 a 5950.

XX **Posada de la Villa,** Cava Baja 9, ✉ 28005, ☎ 266 18 80, Fax 266 18 80, « Antigua posada de estilo castellano » – ▤. AE ⓪ E VISA. ✂ KZ **v**
cerrado domingo noche y 26 julio-25 agosto – Com carta 3275 a 5125.

XX **La Gastroteca,** pl. de Chueca 8, ✉ 28004, ☎ 532 25 64, Cocina francesa – ▤. AE ⓪ E VISA. ✂ MV **e**
cerrado sábado mediodía, domingo, festivos y agosto – Com carta 3300 a 5200.

XX **Don Pelayo,** Alcalá 33, ✉ 28014, ☎ 531 00 31 – ▤. AE ⓪ E VISA JCB. ✂ MX **s**
cerrado domingo y 2ª quincena de agosto – Com carta 3700 a 5250.

XX **Platerías,** pl. de Santa Ana 11, ✉ 28012, ☎ 429 70 48, Evocación de un café de principio de siglo – ▤. AE ⓪ E VISA. ✂ LY **b**
cerrado sábado mediodía, domingo y agosto – Com carta aprox. 4500.

XX **Da Nicola,** pl. de los Mostenses 11, ✉ 28015, ☎ 542 25 74, Fax 547 89 82, Cocina italiana – ▤. AE ⓪ E VISA. ✂ KV **f**
Com carta 1800 a 2400.

XX **El Asador de Aranda,** Preciados 44, ✉ 28013, ☎ 547 21 56, Cordero asado, « Decoración castellana » – ▤. E VISA. ✂ KX **z**
cerrado lunes noche y 19 julio-9 agosto – Com carta 3200 a 4000.

XX **Arce,** Augusto Figueroa 32, ✉ 28004, ☎ 522 59 13, Fax 522 04 40 – ▤. AE ⓪ E VISA JCB. ✂ MV **c**
cerrado sábado mediodía, domingo, Semana Santa y 2ª quincena de agosto – Com carta 4700 a 6325.

XX **La Rioja,** Las Negras 8, ✉ 28015, ☎ 548 04 97, Fax 542 56 37, Decoración rústica medieval – ▤ Ⓟ. AE ⓪ E VISA JCB. ✂ KV **e**
cerrado domingo salvo mayo – Com carta 2905 a 3965.

XX **La Fonte del Cai,** Farmacia 2 - 2º - Edificio Asturias, ✉ 28004, ☎ 522 42 18, Cocina asturiana – ▤. AE ⓪ E VISA. ✂ LV **c**
cerrado domingo y 30 julio- 30 agosto – Com carta 3230 a 4500.

XX **El Mentidero de la Villa,** Santo Tomé 6, ✉ 28004, ☎ 308 12 85, Fax 319 87 92, « Decoración original » – ▤. AE ⓪ E VISA JCB. ✂ MV **b**
cerrado sábado mediodía, domingo y del 15 al 31 agosto – Com carta 3950 a 5200.

XX **Julián de Tolosa,** Cava Baja 18, ✉ 28005, ☎ 265 82 10, Decoración neorústica-Carnes a la brasa – ▤. AE ⓪ E VISA. ✂ KZ **c**
cerrado domingo – Com carta 3300 a 5000.

XX **Valentín,** San Alberto 3, ✉ 28013, ☎ 521 16 38, Fax 531 85 86 – ▤. AE ⓪ E VISA. ✂
Com carta 3825 a 5575. LX **z**

XX **La Taberna de Liria,** Duque de Liria 9, ✉ 28015, ☎ 541 45 19 – ▤. AE ⓪ E VISA. ✂
cerrado sábado mediodía, domingo y festivos – Com carta 3980 a 5055. KV **b**

XX **Sixto Gran Mesón,** Cervantes 28, ✉ 28014, ☎ 429 22 55, Fax 523 31 74, Decoración castellana – ▤. AE ⓪ E VISA JCB. ✂ MY **n**
cerrado domingo noche – Com carta 3050 a 4300.

XX **Casa Gallega,** pl. de San Miguel 8, ✉ 28005, ☎ 547 30 55, Cocina gallega – ▤. AE ⓪ E VISA JCB. ✂ KY **c**
Com carta 4000 a 5400.

XX **La Toja,** Siete de Julio 3, ✉ 28012, ☎ 266 46 64, Fax 266 52 30, Cocina gallega – ▤. AE ⓪ E VISA. ✂ KY **u**
cerrado julio – Com carta 3425 a 5025.

XX **Casa Gallega,** Bordadores 11, ✉ 28013, ☎ 551 90 55, Cocina gallega – ▤. AE ⓪ E VISA. ✂ KY **v**
Com carta 4000 a 5400.

XX **Vegamar,** Serrano Jover, 6, ✉ 28015, ☎ 542 73 32, Pescados y mariscos – ▤. AE ⓪ E VISA. ✂ plano p. 6 EV **c**
cerrado domingo, Semana Santa y agosto – Com carta 3300 a 4300.

XX **Café de Chinitas,** Torija 7, ✉ 28013, ☎ 559 51 35, Fax 547 04 63, Tablao flamenco – ▤. AE E JCB. ✂ KX **p**
cerrado domingo – Com (sólo cena-suplemento espectáculo) carta 6600 a 7700.

XX **La Grillade,** Jardines 3, ✉ 28013, ☎ 521 22 17, Telex 43618, Fax 531 31 27 – ▤. AE ⓪ E VISA JCB LX **p**
cerrado agosto – Com carta 2940 a 3640.

XX **Gure-Etxea,** pl. de la Paja 12, ✉ 28005, ☎ 365 61 49, Cocina vasca – ▤. AE ⓓ E VISA. ✂
cerrado domingo, Semana Santa y agosto – Com carta 3425 a 4125. KZ **x**

XX **Le Chateaubriand,** Virgen de los Peligros 1, ✉ 28014, ☎ 532 33 41, Carnes – ▤. AE VISA. ✂ LX **v**
cerrado domingo y festivos – Com carta 2675 a 3475.

XX **La Ópera de Madrid,** Amnistía 5, ✉ 28013, ☎ 559 50 92 – ▤. AE ⓓ E VISA. ✂ KY **g**
cerrado domingo y del 1 al 20 agosto – Com carta 2800 a 4100.

XX **Botín,** Cuchilleros 17, ✉ 28005, ☎ 266 42 17, Fax 266 84 94, Decoración viejo Madrid, bodega típica – ▤. AE ⓓ E VISA JCB – Com carta 2775 a 5050. KY **n**

XX **Rasputín,** Yeseros 2, ✉ 28005, ☎ 266 39 62, Rest. ruso – E VISA. ✂ KYZ **d**
cerrado martes y septiembre – Com carta 2400 a 3800.

X **Sukalde,** Santa Catalina 3, ✉ 28014, ☎ 429 92 89, Cocina vasca – ▤. AE ⓓ E VISA. ✂
cerrado domingo y agosto – Com carta 3200 a 4400. MY **a**

X **Carpanta,** Bailén 20, ✉ 28005, ☎ 265 82 37 – ▤. AE ⓓ E VISA. ✂ KZ **b**
cerrado Semana Santa – Com carta 3500 a 4500.

X **Casa Lucio,** Cava Baja 35, ✉ 28005, ☎ 365 32 52, Fax 366 48 66, Decoración castellana – ▤. AE ⓓ VISA. ✂ KZ **y**
cerrado sábado mediodía y agosto – Com carta aprox. 5200.

X **Esteban,** Cava Baja 36, ✉ 28005, ☎ 265 90 91, Fax 266 93 91 – ▤. AE ⓓ VISA. ✂ KZ **y**
cerrado domingo y julio – Com carta 3800 a 5300.

X **Mesón Gregorio III,** Bordadores 5, ✉ 28013, ☎ 542 59 56 – ▤. ⓓ E VISA. ✂ KY **v**
cerrado miércoles salvo festivos – Com carta 3300 a 4000.

X **Las Cuevas de Luis Candelas,** Cuchilleros 1, ✉ 28005, ☎ 266 54 28, Decoración viejo Madrid - Camareros vestidos como los antiguos bandoleros – ▤. AE ⓓ E VISA. ✂ KY **m**
Com carta 3275 a 5125.

X **Pazo de Gondomar,** San Martín 2, ✉ 28013, ☎ 532 31 63, Cocina gallega – ▤. AE ⓓ E VISA. ✂ – Com carta 3000 a 4160. KXY **s**

X **Casablanca,** Barquillo 29, ✉ 28004, ☎ 521 15 68 – ▤. AE ⓓ E VISA JCB MV **s**
cerrado sábado mediodía y domingo – Com carta 2000 a 4200.

X **Del Valle,** Humilladero 4, ✉ 28005, ☎ 266 90 25 – ▤. AE E VISA JCB. ✂ KZ **t**
cerrado domingo, lunes noche y agosto – Com carta aprox. 3200.

X **Corral de la Morería,** Morería 17, ✉ 28005, ☎ 265 11 37, Tablao flamenco – ▤. AE ⓓ E VISA JCB. ✂ KZ **u**
Com (solo cena-suplemento espectáculo) carta aprox. 6500.

X **El Arcón,** Silva 25, ✉ 28004, ☎ 522 60 05 – ▤. AE ⓓ E VISA. ✂ LV **u**
cerrado domingo noche y agosto – Com carta aprox. 4000.

X **Viejo Madrid,** Cava Baja 32, ✉ 28005, ☎ 266 38 38 – ▤. AE ⓓ E VISA. ✂ KZ **y**
cerrado domingo noche, lunes y julio – Com carta 4000 a 4700.

X **Bar del Teatro,** Prim 5, ✉ 28004, ☎ 531 17 97, En una bodega – ▤. AE ⓓ E VISA. ✂
cerrado sábado mediodía, domingo y agosto – Com carta aprox. 5200. MV **n**

X **El Schotis,** Cava Baja 11, ✉ 28005, ☎ 265 32 30 – ▤. AE ⓓ E VISA JCB. ✂ KZ **v**
cerrado lunes y agosto – Com carta 3350 a 3975.

X **Taberna del Alabardero,** Felipe V - 6, ✉ 28013, ☎ 547 25 77, Fax 547 77 07, Taberna típica – ▤. AE ⓓ E VISA. ✂ KX **h**
Com carta 3300 a 4500.

X **Berrio,** Costanilla de Capuchinos 4, ✉ 28004, ☎ 521 20 35, Rest. andaluz – ▤. AE ⓓ E VISA. ✂ LX **n**
cerrado domingo y 7 agosto-7 septiembre – Com carta 3500 a 4400.

X **La Quintana,** Bordadores 7, ✉ 28013, ☎ 542 04 88 – ▤. AE ⓓ E VISA. ✂ KY **v**
cerrado lunes – Com carta 2800 a 3600.

X **Dómine Cabra,** Huertas 54, ✉ 28014, ☎ 429 43 65 – ▤. AE ⓓ E VISA JCB. ✂ MZ **s**
cerrado domingo noche – Com carta 3400 a 4050.

X **Ciao Madrid,** Argensola 7, ✉ 28004, ☎ 308 25 19, Cocina italiana – ▤. AE E VISA. ✂ MV **t**
cerrado sábado mediodía, domingo, Semana Santa y agosto – Com carta 2550 a 3550.

X **La Argentina,** Válgame Dios 8, ✉ 28004, ☎ 521 37 63 – ▤ MV **d**
cerrado domingo, lunes y 20 julio-2 septiembre – Com carta aprox. 2900.

X **La Bola,** Bola 5, ✉ 28013, ☎ 547 69 30, Fax 547 04 63, Cocido madrileño – ▤. ✂ KX **r**
cerrado domingo – Com carta 2800 a 3800.

X **Casa Paco,** Puerta Cerrada 11, ✉ 28005, ☎ 266 31 66 – ▤. ⓓ. ✂ KY **s**
cerrado domingo y agosto – Com carta 4400 a 4500.

X **El Buey II,** pl. de la Marina Española 1, ✉ 28013, ☎ 541 30 41 – ▤. E VISA. ✂ KX **c**
cerrado domingo noche – Com carta aprox. 3500.

X **Salvador,** Barbieri 12, ✉ 28004, ☎ 521 45 24 – ▤. AE E VISA. ✂ MX **b**
cerrado domingo y agosto – Com carta 3950 a 5050.

X **Taberna Carmencita,** Libertad 16, ✉ 28004, ☎ 531 66 12, Taberna típica – ▤. AE ⓓ VISA. ✂ – *cerrado domingo y festivos* – Com carta 2750 a 4600. MX **u**

Donzoko, Echegaray 3, ✉ 28014, ☎ 429 57 20, Fax 429 57 20, Rest. Japonés – ▤. AE E VISA. ✱ LY z
cerrado domingo – Com carta 2050 a 3850.

Plaza Mayor, Gerona 4, ✉ 28012, ☎ 265 21 58, ☂ – ▤. AE ◑ E VISA. ✱ LY k
cerrado domingo – Com carta aprox. 4200.

La Quinta del Sordo, Sacramento 10, ✉ 28005, ☎ 548 18 52 – ▤. AE ◑ E VISA JCB. ✱ KZ f
cerrado domingo en verano y domingo noche resto del año – Com carta 2300 a 3300.

Casa Marta, Santa Clara 10, ✉ 28013, ☎ 548 28 25 – ▤. E VISA. ✱ KY a
cerrado domingo y agosto – Com carta 1950 a 2550.

La Esquina del Real, Amnistía 2 ☎ 559 43 09 – ▤. AE E VISA. ✱ KY e
cerrado domingo, Semana Santa y del 15 al 31 agosto – Com carta 3400 a 4700.

Ciao Madrid, Apodaca, 20, ✉ 28004, ☎ 447 00 36, Cocina italiana – ▤. AE ◑ E VISA. ✱ LV d
cerrado sábado mediodía, domingo, Semana Santa y agosto – Com carta 2150 a 3450.

Mi Pueblo, Costanilla de Santiago 2, ✉ 28013, ☎ 548 20 73 – ▤. E VISA. ✱ KY x
cerrado domingo noche, lunes y del 1 al 15 agosto – Com carta 1650 a 3025.

El Ingenio, Leganitos 10, ✉ 28013, ☎ 541 91 33, Fax 547 35 34 – ▤. AE ◑ E VISA. ✱ KX y
Com carta 2575 a 2775.

Retiro-Salamanca-Ciudad Lineal : Castellana, Velázquez, Serrano, Goya, Príncipe de Vergara, Narváez, Don Ramón de la Cruz (plano p. 7 salvo mención especial)

Ritz, pl. de la Lealtad 5, ✉ 28014, ☎ 521 28 57, Telex 43986, Fax 532 87 76, ☂ – |♦| ▤ TV ☎ – 🔬 25/280. AE ◑ E VISA JCB. ✱ rest plano p. 9 NY k
Com 5425 – ☐ 2400 – **158 hab** 37400/49500.

Villa Magna, paseo de la Castellana 22, ✉ 28046, ☎ 578 20 00, Telex 22914, Fax 575 31 58 – |♦| ▤ TV ☎ ♿ ⇔ – 🔬 25/250. AE ◑ E VISA JCB. ✱ rest GV y
Com (ver rest. **Berceo**) – ☐ 2750 – **182 hab** 45000/55000.

Wellington, Velázquez 8, ✉ 28001, ☎ 575 44 00, Telex 22700, Fax 576 41 64, ⛱ – |♦| ▤ TV ☎ ⇔ – 🔬 25/300. AE ◑ E VISA. ✱ HX t
Com (ver rest. **El Fogón**) – ☐ 2100 – **258 hab** 19520/30500.

Tryp Fénix, Hermosilla 2, ✉ 28001, ☎ 431 67 00, Telex 45639, Fax 576 06 61 – |♦| ▤ TV ☎ – 🔬 25/100. AE ◑ E VISA. ✱ plano p. 9 NV c
Com carta 3500 a 5000 – ☐ 1450 – **226 hab** 22000/27700.

Sol Los Galgos y Rest. Diábolo, Claudio Coello 139, ✉ 28006, ☎ 562 42 27, Telex 43957, Fax 561 76 62 – |♦| ▤ TV ☎ ⇔ – 🔬 25/300. AE ◑ E VISA. ✱ HV a
Com carta 3800 a 5300 – ☐ 1500 – **358 hab** 14750/22500.

NH Príncipe de Vergara, Príncipe de Vergara 92, ✉ 28006, ☎ 563 26 95, Telex 27064, Fax 563 72 53 – |♦| ▤ TV ☎ ⇔ – 🔬 25/300. AE ◑ E VISA. ✱ HV c
Com 3500 – ☐ 1700 – **170 hab** 17000/24400 – PA 6880.

NH Sanvy, Goya 3, ✉ 28001, ☎ 576 08 00, Telex 44994, Fax 575 24 43 – |♦| ▤ TV ☎ – 🔬 25/120. AE ◑ E VISA JCB. ✱ plano p. 9 NV r
Com carta 3400 a 4900 – ☐ 1700 – **141 hab** 17000/24400.

Tryp G.H. Velázquez, Velázquez 62, ✉ 28001, ☎ 575 28 00, Telex 22779, Fax 575 28 09 – |♦| ▤ TV ☎ ⇔ – 🔬 25/280. AE ◑ E VISA. ✱ rest HX s
Com carta 3020 a 4225 – ☐ 1100 – **144 hab** 15000/18800.

Agumar sin rest, con cafetería, paseo Reina Cristina 7, ✉ 28014, ☎ 552 69 00, Telex 22814, Fax 433 60 95 – |♦| ▤ TV ☎ ⇔ – 🔬 25/150. AE ◑ E VISA JCB. ✱ HZ a
☐ 1150 – **252 hab** 12800/16000.

Novotel Madrid, Albacete 1, ✉ 28027, ☎ 405 46 00, Telex 41862, Fax 404 11 05, ☂, ⛱ – |♦| ▤ TV ☎ ♿ ⇔ Ⓟ – 🔬 25/250. AE ◑ E VISA plano p. 3 CL t
Com 3600 – ☐ 1150 – **236 hab** 14900/17900 – PA 7000.

Convención sin rest, con cafetería, O'Donnell 53, ✉ 28009, ☎ 574 84 00, Telex 23944, Fax 574 56 01 – |♦| ▤ TV ☎ ⇔ – 🔬 25/1000. AE ◑ E VISA JCB. ✱ JX a
☐ 1100 – **790 hab** 12800/16000.

Alcalá y Rest. Basque, Alcalá 66, ✉ 28009, ☎ 435 10 60, Telex 48094, Fax 435 11 05 – |♦| ▤ TV ☎ ⇔ – 🔬 25/60. AE ◑ E VISA. ✱ HX w
Com carta aprox. 4200 – ☐ 950 – **153 hab** 13400/17900.

Pintor, Goya 79, ✉ 28001, ☎ 435 75 45, Telex 23281, Fax 576 81 57 – |♦| ▤ TV ☎ ⇔ – 🔬 25/350. AE E VISA. ✱ HX c
Com carta 1925 a 3900 – ☐ 1250 – **176 hab** 14720/18400.

Conde de Orgaz, av. Moscatelar 24, ✉ 28043, ☎ 388 40 99, Fax 388 00 09 – |♦| ▤ TV ☎ ⇔ – 🔬 25/100. AE ◑ E VISA JCB. ✱ plano p. 3 CL z
Com 2500 – ☐ 1100 – **91 hab** 14800/18500 – PA 4880.

G. H. Colón, Pez Volador 11, ✉ 28007, ☎ 573 59 00, Telex 22984, Fax 573 08 89, ⛱, 🌿 – |♦| ▤ TV ☎ ⇔ – 🔬 25/130. AE ◑ E VISA JCB. ✱ JY x
Com 3250 – ☐ 900 – **389 hab** 10500/15500 – PA 6200.

Emperatriz, López de Hoyos 4, ✉ 28006, ☎ 563 80 88, Telex 43640, Fax 563 98 04 – |♦| ▤ TV ☎ ♿ – 🔬 25/150. AE ◑ E VISA JCB. ✱ GV z
Com 3250 – ☐ 1200 – **170 hab** 11000/17500 – PA 7000.

Serrano sin rest, Marqués de Villamejor 8, ✉ 28006, ℘ 435 52 00, Fax 435 48 49 – 🛗 ▤ TV ☎. AE ⓓ E VISA JCB. ⚘ GHV **k**
☕ 850 – **34 hab** 11500/14770.

NH Balboa, Núñez de Balboa 112, ✉ 28006, ℘ 563 03 24, Telex 27063, Fax 262 69 80 – 🛗 ▤ TV ☎ 🚗 – 🎓 25/30. AE ⓓ E VISA JCB. ⚘ HV **n**
Com 4500 – ☕ 1300 – **122 hab** 15500/21600.

Claridge sin rest, con cafetería, pl. Conde de Casal 6, ✉ 28007, ℘ 551 94 00, Telex 44970, Fax 501 03 85 – 🛗 ▤ TV ☎ 🚗. AE ⓓ E VISA. ⚘ JZ **a**
☕ 675 – **150 hab** 9300/12400.

NH Sur, paseo Infanta Isabel 9, ✉ 28014, ℘ 539 94 00, Telex 47494, Fax 467 09 96 – ▤ – 🎓 25/45. AE ⓓ E VISA JCB. ⚘ plano p. 9 NZ **a**
Com 3000 – ☕ 1050 – **67 hab** 12600/17300 – PA 7050.

Abeba sin rest, Alcántara 63, ✉ 28006, ℘ 401 16 50, Fax 402 75 91 – 🛗 ▤ TV ☎ 🚗. AE ⓓ E VISA. ⚘ HV **r**
☕ 600 – **90 hab** 9000/11750.

Don Diego sin rest, Velázquez 45 - 5°, ✉ 28001, ℘ 435 07 60 – 🛗 ☎. AE VISA. ⚘
☕ 575 – **58 hab** 6950/9600. HX **k**

XXXXX **Berceo,** Ortega y Gasset 2, ✉ 28006, ℘ 575 33 77, 🌳 – ▤ 🚗. AE ⓓ E VISA JCB. ⚘
Com carta 5100 a 6500. GV **y**

XXX **Club 31,** Alcalá 58, ✉ 28014, ℘ 531 00 92 – ▤. AE ⓓ E VISA JCB. ⚘
cerrado agosto – Com carta 5500 a 7800. plano p. 9 NX **e**

XXX ✿ **El Amparo,** Puigcerdá 8, ✉ 28001, ℘ 431 64 56, Fax 575 54 91, « Decoración original » – ▤. AE E VISA JCB. ⚘ HX **h**
cerrado sábado mediodía, domingo y agosto – Com carta 5350 a 7275
Espec. Terrina de hígado de pato, Espárragos verdes gratinados con salmón, Rabo de toro con puré de apio..

XXX **Suntory,** Castellana 36, ✉ 28046, ℘ 577 37 34, Fax 577 44 55, Rest. japonés – ▤ 🚗. AE ⓓ E VISA JCB. ⚘ GV **d**
cerrado domingo y festivos – Com carta 6000 a 8000.

XXX **Balzac,** Moreto 7, ✉ 28014, ℘ 420 01 77, 🌳 – ▤. AE ⓓ E VISA. ⚘
cerrado domingo, Semana Santa y agosto – Com carta 4600 a 6450. plano p. 9 NY **a**

XXX **Villa y Corte de Madrid,** Serrano 110, ✉ 28006, ℘ 564 50 19, Fax 564 50 19, Decoración elegante – ▤. AE ⓓ E VISA. ⚘ HV **a**
cerrado domingo y agosto – Com carta 3600 a 4150.

XXX **El Gran Chambelán,** Ayala 46, ✉ 28001, ℘ 431 77 45 – ▤. AE ⓓ E VISA. ⚘ HX **r**
cerrado domingo, festivos noche y agosto – Com carta 3350 a 4000.

XXX **Sorolla,** Hermosilla 4, ✉ 28001, ℘ 576 08 00, Telex 44994, Fax 575 24 43 – ▤. AE ⓓ E VISA. ⚘ plano p. 9 NV **r**
cerrado agosto – Com carta 4800 a 5400.

XXX **El Fogón,** Villanueva 34, ✉ 28001, ℘ 575 44 00, Telex 22700, Fax 576 41 64 – ▤. AE ⓓ E VISA. ⚘ HX **t**
cerrado agosto – Com carta 5250 a 5950.

XXX **El Comedor,** Montalbán 9, ✉ 28014, ℘ 531 69 68, Fax 531 61 91, 🌳 – ▤. AE ⓓ E VISA JCB. ⚘ plano p. 9 NX **a**
cerrado sábado mediodía y domingo – Com carta 3825 a 5250.

XXX **Ponteareas,** Claudio Coello 96, ✉ 28006, ℘ 575 58 73, Fax 541 65 98, Cocina Gallega – ▤ 🚗. AE ⓓ E VISA. ⚘ HV **w**
cerrado domingo, festivos y agosto – Com carta 3950 a 6050.

XX **La Estafeta,** Nuñez de Balboa 75, ✉ 28006, ℘ 431 81 94, Fax 431 81 94 – ▤. AE ⓓ E VISA. ⚘ HJ **f**
cerrado domingo salvo mayo-junio – Com carta 4000 a 5100.

XX **La Paloma,** Jorge Juan 39, ✉ 28001, ℘ 576 86 92 – ▤. AE E VISA. ⚘ HX **g**
cerrado sábado mediodía, domingo, Semana Santa y agosto – Com carta 3600 a 5300.

XX ✿ **Viridiana,** Juan de Mena 14, ✉ 28014, ℘ 523 44 78 – ▤ plano p. 9 NY **r**
cerrado domingo y agosto – Com carta 3550 a 5250
Espec. Crepes de morcilla en salsa de pimientos, Salteado de buey con hongos (boletus edulis), Hojaldre de membrillo y mango con salsa de regaliz..

XX **Adriana,** Ayala 108, ✉ 28006, ℘ 576 37 91, Cocina italiana – ▤. AE ⓓ E VISA. ⚘
cerrado domingo noche, lunes y 18 días en agosto – Com carta 2700 a 5600. HX **a**

XX **La Gamella,** Alfonso XII-4, ✉ 28014, ℘ 532 45 09, Fax 523 11 84 – ▤. AE ⓓ E VISA JCB. ⚘ plano p. 9 NX **r**
cerrado sábado mediodía, domingo y 15 agosto-15 septiembre – Com carta 3750 a 5950.

XX **Lucca,** José Ortega y Gasset 29, ✉ 28006, ℘ 576 01 44, Cocina italiana – ▤. AE ⓓ E VISA JCB. ⚘ – Com carta 2980 a 3730. HV **f**

XX **Gorbea,** O'donnell 46, ✉ 28009, ℘ 409 56 13, Carnes y pescados a la brasa – ▤. AE ⓓ E VISA. ⚘ JX **u**
Com carta aprox. 4500.

XX **Oter,** Claudio Coello 71, ✉ 28001, ℘ 431 67 71 – ▤. AE ⓓ E VISA JCB. ⚘ HX **n**
cerrado domingo y 2ª quincena de agosto – Com carta aprox. 4500.

XX **La Abuelita,** av. de Badajoz 25, ✉ 28027, ☎ 405 49 94 – ▤. AE ⓓ VISA. ✻
cerrado sábado mediodía, domingo y agosto – Com carta 3170 a 4270. plano p. 3 CL **a**

XX **Al Mounia,** Recoletos 5, ✉ 28001, ☎ 435 08 28, Cocina maghrebí, « Ambiente oriental » – ▤. AE ⓓ E VISA. ✻ plano p. 9 NV **u**
cerrado domingo, lunes, Semana Santa y agosto – Com carta 4500 a 5000.

XX Hang Zhou, López de Hoyos 14, ✉ 28006, ☎ 563 11 72, Rest. chino – ▤ HV **u**

XX **Gerardo,** D. Ramón de la Cruz 86, ✉ 28006, ☎ 401 89 46 – ▤. AE ⓓ E VISA. ✻
Com carta aprox. 3800. JX **s**

XX **Teatriz,** Hermosilla 15, ✉ 28001, ☎ 577 53 79, Fax 577 53 79, Cocina italiana-Instalado en un antiguo teatro – ▤. AE ⓓ E VISA JCB. ✻ HX **u**
Com carta 2980 a 3730.

XX **St.-James,** Juan Bravo 26, ✉ 28006, ☎ 575 00 69, 🏠, Arroces – ▤. AE. ✻ HV **t**
cerrado domingo – Com carta 3500 a 5100.

XX **Casa Quinta,** Padilla 3, ✉ 28006, ☎ 576 74 18 – ▤. AE ⓓ E VISA. ✻ HV **m**
cerrado domingo y agosto – Com carta 3025 a 4025.

XX **Tristana,** Montalbán 9, ✉ 28014, ☎ 532 82 88 – ▤. AE ⓓ VISA. ✻ plano p. 9 NX **a**
cerrado sábado mediodía, domingo, festivos y agosto – Com carta 3150 a 4200.

XX **La Recoleta,** Recoletos 9, ✉ 28001, ☎ 578 31 54 – ▤. AE E VISA. ✻
cerrado sábado mediodía y domingo – Com carta aprox. 4700. plano p. 9 NV **u**

XX **La Fonda,** Lagasca 11, ✉ 28001, ☎ 577 79 24, Cocina catalana – ▤. AE ⓓ E VISA. ✻
cerrado domingo – Com carta 2425 a 4075. HX **f**

XX **Cordero,** Alcalá 418, ✉ 28027, ☎ 742 27 16, Fax 742 05 37 – ▤. AE ⓓ VISA. ✻
cerrado sábado y agosto – Com carta aprox. 5200. plano p. 3 CL **e**

XX **Rafa,** Narváez 68, ✉ 28009, ☎ 573 10 87, 🏠 – ▤. AE ⓓ E VISA JCB. ✻ HY **a**
Com carta 4700 a 6400.

XX **La Misión,** Jose Silva 22, ✉ 28043, ☎ 519 24 63, Fax 416 26 93, 🏠, « Evocación de una antigua misión americana » – ▤. AE E VISA. ✻ plano p. 3 CL **c**
cerrado sábado mediodía, domingo, festivos mediodía, Semana Santa y agosto – Com carta 3300 a 4300.

XX ✿ **Casa d'a Troya,** Emiliano Barral 14, ✉ 28043, ☎ 416 44 55, Cocina gallega – ▤. VISA. ✻ plano p. 3 CL **s**
cerrado domingo, festivos y 15 julio-agosto – Com (es necesario reservar) carta 2900 a 5400
Espec. Pulpo a la gallega, Merluza a la gallega, Lacón con grelos (15 octubre- 15 mayo).

XX **El Chiscón de Castelló,** Castelló 3, ✉ 28001, ☎ 575 56 62 – ▤. AE ⓓ VISA. ✻
cerrado domingo, festivos y agosto – Com carta 3175 a 3900. HX **e**

XX **Jota Cinco,** av. de Aragón 5, ✉ 28027, ☎ 742 93 85, Fax 742 62 09 – ▤ 🚗. AE E VISA. ✻ plano p. 3 CL **v**
Com carta 3325 a 6000.

XX **El Borbollón,** Recoletos 7, ✉ 28001, ☎ 431 41 34 – ▤. AE ⓓ E VISA JCB. ✻
cerrado domingo, festivos y agosto – Com carta 3725 a 5745. plano p. 9 NV **u**

XX **Castelló 9,** Castelló 9, ✉ 28001, ☎ 435 00 67 – ▤. AE VISA. ✻ HX **e**
cerrado domingo, festivos y agosto – Com carta 3900 a 5600.

XX **El Asador de Aranda,** Diego de León 9, ✉ 28006, ☎ 563 02 46, Cordero asado – ▤. E VISA. ✻ HV **s**
cerrado domingo noche – Com carta 3175 a 4000.

XX **Puertochico,** Pio Baroja (edificio Casa Cantabria), ✉ 28009, ☎ 504 44 66, Vivero propio – ▤ 🚗. AE ⓓ E VISA. ✻ HY **d**
cerrado domingo noche y del 8 al 22 agosto – Com carta 3400 a 4850.

XX **La Trovata,** Jorge Juan 29, ✉ 28001, ☎ 575 08 48, Cocina italiana – ▤. AE ⓓ E VISA. ✻ HX **p**
cerrado domingo noche – Com carta 2650 a 3800.

XX **Il Salotto,** Velázquez 61, ✉ 28001, ☎ 577 27 09, Cocina italiana – ▤. AE ⓓ E VISA. ✻
cerrado domingo y agosto – Com carta 2800 a 3700. HV **j**

XX **Alkalde,** Jorge Juan 10, ✉ 28001, ☎ 576 33 59, En una bodega – ▤. AE ⓓ E VISA JCB. ✻ – Com carta 3990 a 4290. HX **v**

XX **Casa Domingo,** Alcalá 99, ✉ 28009, ☎ 576 01 37, Fax 575 78 62, 🏠 – ▤. AE E VISA. ✻
Com carta 3100 a 4300. HX **d**

XX **La Hoja,** Dr. Castelo 48, ✉ 28009, ☎ 409 25 22, Cocina asturiana – ▤. E VISA. ✻
cerrado domingo, miércoles noche y julio – Com carta 3900 a 4900. HJX **y**

XX **Don Víctor,** Emilio Vargas 18, ✉ 28043, ☎ 415 47 47 – ▤. AE ⓓ E VISA. ✻
cerrado sábado mediodía, domingo y agosto – Com carta 4900 a 6200. plano p. 3 CL **f**

X **O'Grelo,** Menorca 39, ✉ 28009, ☎ 409 72 04, Cocina gallega – ▤. AE ⓓ E VISA. ✻
cerrado domingo noche y agosto – Com carta aprox. 5500. HX **y**

X **Brasserie de Lista,** José Ortega y Gasset 6, ✉ 28001, ☎ 435 28 18 – ▤. AE E VISA. ✻
cerrado domingo en agosto – Com carta 2600 a 3800. HV **z**

✗ **Asador Velate,** Jorge Juan 91, ✉ 28009, ☏ 435 10 24, Cocina vasca – ▤. AE ⓓ E VISA. ✻ HJX **x**
cerrado domingo y agosto – Com carta 4150 a 4700.

✗ **Casa Portal,** Doctor Castelo 26, ✉ 28009, ☏ 574 20 26, Cocina asturiana – ▤. VISA. ✻
cerrado domingo, lunes noche, festivos y agosto – Com carta 2650 a 4000. HX **b**

✗ **La Giralda,** Maldonado 4, ✉ 28006, ☏ 577 77 62, Rest. andaluz – ▤. AE ⓓ E VISA. ✻
cerrado domingo, festivos y agosto – Com carta 3600 a 5825. HV **g**

✗ **Sixto,** José Ortega y Gasset 83, ✉ 28006, ☏ 402 15 83, Fax 523 31 74, ☂ – ▤. AE ⓓ E VISA JCB. ✻ JV **e**
cerrado domingo noche – Com carta 2800 a 4100.

✗ **L'Entrecote-Goya,** Claudio Coello 41, ✉ 28001, ☏ 577 73 49 – ▤. AE ⓓ VISA. ✻
cerrado domingo y festivos – Com carta 3055 a 3615. HX **u**

✗ **El Vagón,** Narváez 57, ✉ 28009, ☏ 574 22 07 – ▤. AE ⓓ E VISA. ✻ HY **u**
cerrado festivos noche, lunes y agosto – Com carta aprox. 3500.

✗ ✿ **La Trainera,** Lagasca 60, ✉ 28001, ☏ 576 05 75, Fax 575 47 17, Pescados y mariscos – ▤. E VISA. ✻ HX **k**
cerrado domingo y agosto – Com carta 3300 a 5300
Espec. Pescados y mariscos.Rodaballo al horno.Langosta y bogavante americana.

✗ ✿ **El Pescador,** José Ortega y Gasset 75, ✉ 28006, ☏ 402 12 90, Pescados y mariscos – ▤. E VISA. ✻ JV **t**
cerrado domingo y agosto – Com carta 4200 a 5300
Espec. Angulas de Aguinaga, Lenguado "Evaristo", Bogavante a la americana.

✗ **Orbayo,** Claudio Coello 4, ✉ 28001, ☏ 576 41 86 – ▤. AE E VISA. ✻ HX **m**
cerrado domingo, festivos noche, Semana Santa y agosto – Com carta 3225 a 3850.

✗ **Prosit,** José Ortega y Gasset 8, ✉ 28006, ☏ 576 17 85 – ▤. AE VISA. ✻ HV **z**
cerrado domingo noche y festivos noche – Com carta 2675 a 3400.

✗ **Casa Julián,** Don Ramón de la Cruz 10, ✉ 28001, ☏ 431 35 35 – ▤. AE VISA. ✻
cerrado domingo y festivos – Com carta 2600 a 3200. HX **q**

✗ **Magerit,** Dr. Esquerdo 140, ✉ 28007, ☏ 501 28 84 – ▤. AE E VISA. ✻ JZ **b**
cerrado sábado y agosto – Com carta 3150 a 4500.

Arganzuela, Carabanchel, Villaverde : Antonio López, paseo de Las Delicias, paseo de Santa María de la Cabeza (plano p. 2 salvo mención especial)

🏨 **Carlton,** paseo de las Delicias 26, ✉ 28045, ☏ 539 71 00, Telex 44571, Fax 527 85 10 – |$| ▤ TV ☎. AE ⓓ E VISA JCB. ✻ plano p. 7 GZ **n**
Com 2750 – ☐ 1050 – **112 hab** 16530/20670 – PA 5240.

🏨 **Praga** sin rest, con cafetería, Antonio López 65, ✉ 28019, ☏ 469 06 00, Telex 22823, Fax 469 83 25 – |$| ▤ TV ☎ 🚗 – 🪑 25/350. AE ⓓ E VISA JCB. ✻ BM **u**
☐ 725 – **428 hab** 8750/11500.

🏨 **Aramo,** paseo Santa María de la Cabeza 73, ✉ 28045, ☏ 473 91 11, Telex 45885, Fax 473 92 14 – |$| ▤ TV ☎ 🚗. AE ⓓ E VISA. ✻ rest BM **e**
Com carta aprox 3550 – ☐ 900 – **105 hab** 13000/17000.

🏨 **Puerta de Toledo,** glorieta Puerta de Toledo 4, ✉ 28005, ☏ 474 71 00, Telex 22291, Fax 474 07 47 – |$| ▤ TV ☎ 🚗. AE ⓓ E VISA JCB. ✻ plano p. 6 EZ **v**
Com (ver rest. **Puerta de Toledo**) – ☐ 700 – **152 hab** 6450/10800.

🏨 **Auto,** paseo de la Chopera 69, ✉ 28045, ☏ 539 66 00, Fax 530 67 03 – |$| ☎ 🚗. AE ⓓ E VISA. ✻ BM **c**
Com (ver rest. **Mesón Auto**) – **110 hab** 5000/9500.

✗✗ **Puerta de Toledo,** glorieta Puerta de Toledo 4, ✉ 28005, ☏ 474 76 75, Fax 474 30 35 – ▤. AE ⓓ E VISA. ✻ plano p. 6 EZ **v**
cerrado domingo noche – Com carta 3050 a 3675.

✗ **Los Cigarrales,** Antonio López 52, ✉ 28019, ☏ 469 74 52 – ▤ 🚗. AE ⓓ E VISA JCB. ✻ – Com carta 3900 a 5300. BM **n**

✗ **Las Carnes,** pl. General Maroto 2, ✉ 28045, ☏ 473 54 47, Decoración rústica, Carnes – ▤. E VISA. ✻ BM **v**
cerrado domingo y agosto – Com carta aprox. 4500.

✗ **Mesón Auto,** paseo de la Chopera 71, ✉ 28045, ☏ 467 23 49, Fax 530 67 03, Decoración rústica – ▤ Ⓟ. AE ⓓ E VISA BM **c**
Com carta 2700 a 3000.

✗ **Quo Venus,** Jaime el Conquistador 1, ✉ 28045, ☏ 474 09 83 – ▤. AE E VISA. ✻
cerrado domingo noche – Com carta aprox. 4200. BM **a**

Moncloa : Princesa, paseo del pintor Rosales, paseo de la Florida, Casa de Campo (planos p. 2, 6 y 8)

🏨 **Meliá Madrid,** Princesa 27, ✉ 28008, ☏ 541 82 00, Telex 22537, Fax 541 19 88 – |$| ▤ TV ☎ – 🪑 25/200. AE ⓓ E VISA. ✻ plano p. 8 KV **t**
Com carta 4600 a 6100 – ☐ 1985 – **266 hab** 24400/30100.

🏨 **Tryp Monte Real** ⛰, Arroyofresno 17, ✉ 28035, ☏ 316 21 40, Telex 22089, Fax 316 21 40, ☂, « Jardín », 🏊 – |$| ▤ ☎ 🚗 Ⓟ – 🪑 25/200. AE ⓓ E VISA. ✻
Com carta 3200 a 4400 – ☐ 1500 – **80 hab** 22250/27825. plano p. 2 AL **b**

Florida Norte, paseo de la Florida 5, ✉ 28008, ☎ 542 83 00, Telex 23675, Fax 547 78 33 – AE VISA JCB. plano p. 6 DX **v**
Com 2300 – 750 – **399 hab** 11500/16000.

Pullman Calatrava sin rest, Tutor 1, ✉ 28008, ☎ 541 98 80, Telex 43190, Fax 248 51 26 – AE E VISA JCB. plano p. 8 KV **d**
1250 – **98 hab** 14250/18200.

Tirol sin rest. con cafetería, Marqués de Urquijo 4, ✉ 28008, ☎ 548 19 00 – E VISA JCB. DV **r**
97 hab 6825/9650.

Café Viena, Luisa Fernanda 23, ✉ 28008, ☎ 548 15 91, « Evocación de un antiguo café » – AE E VISA. plano p. 8 KV **h**
cerrado domingo y agosto – Com carta aprox. 4500.

As de Oros, Numancia 2, ✉ 28039, ☎ 311 52 37, Fax 311 78 33, Pescados y mariscos – AE E VISA. BL **e**
cerrado domingo noche, lunes y agosto – Com carta 4600 a 6500.

Izaro, Buen Suceso 3, ✉ 28008, ☎ 559 80 37, Telex 41651, Fax 559 82 61, Decoración moderna-Cocina vasca – AE E VISA JCB. plano p. 6 DX **n**
cerrado domingo y agosto – Com carta aprox. 4500.

Currito, Casa de Campo - Pabellón de Vizcaya, ✉ 28011, ☎ 464 57 04, Fax 479 72 54, Cocina vasca – AE E VISA. plano p. 2 AM **s**
cerrado domingo noche y lunes – Com carta 3800 a 5100.

A'Casiña, Casa de Campo - Pabellón de Pontevedra, ✉ 28011, ☎ 526 34 25, – AE E VISA. plano p. 2 AM **s**
cerrado domingo noche y lunes no festivos – Com carta aprox. 5200.

Chamberí : San Bernardo, Fuencarral, Alberto Aguilera, Santa Engracia (planos p. 6 a 9)

NH Santo Mauro y Rest. Belagua, Zurbano 36, ✉ 28010, ☎ 319 69 00, Fax 308 54 77, « Elegante palacete con jardín », – AE VISA. CV **e**
Com *(cerrado domingo, festivos y agosto)* carta 6000 a 8200 – 2500 – **36 hab** 35200/52800.

Miguel Ángel, Miguel Ángel 31, ✉ 28010, ☎ 442 00 22, Telex 44235, Fax 442 53 20, – 25/300. AE E VISA. GV **c**
Com 5500 – 1800 – **272 hab** 26000/32500.

Mindanao, San Francisco de Sales 15, ✉ 28003, ☎ 549 55 00, Telex 22631, Fax 544 55 96, – 25/200. AE E VISA JCB. DV **a**
Com 5200 – 1750 – **289 hab** 22000/27500.

Castellana Inter-Continental, paseo de la Castellana 49, ✉ 28046, ☎ 310 02 00, Telex 27686, Fax 319 58 53, – 25/550. AE E VISA. GV **a**
Com 5000 – 1900 – **305 hab** 29700/37200.

Escultor, Miguel Ángel 3, ✉ 28010, ☎ 310 42 03, Telex 44285, Fax 319 25 84 – AE E VISA. GV **s**
Com (ver rest. **Señorío de Errazu**) – 1125 – **82 hab** 11775/19600.

NH Embajada, Santa Engracia 5, ✉ 28010, ☎ 594 02 13, Fax 447 33 12, Bonito edificio de estilo español – 25/30. AE E VISA. MV **r**
Com 4000 – 1600 – **101 hab** 17000/24400 – PA 9860.

Sol Alondras sin rest. con cafetería, José Abascal 8, ✉ 28003, ☎ 447 40 00, Telex 49454, Fax 593 88 00 – AE E VISA. FV **a**
950 – **72 hab** 13700/17175.

Gran Versalles sin rest, Covarrubias 4, ✉ 28010, ☎ 447 57 00, Telex 49150, Fax 446 39 87 – – 25/140. AE E VISA. MV **a**
975 – **145 hab** 14500/21000.

NH Zurbano, Zurbano 79, ✉ 28003, ☎ 441 45 00, Telex 27578, Fax 441 32 24 – – 25/100. AE E VISA. GV **x**
Com 4500 – 1300 – **269 hab** 17200/21600 – PA 10200.

NH Suites Prisma, Santa Engracia 120, ✉ 28003, ☎ 441 93 77, Telex 41156, Fax 442 58 51 – – 25/70. AE E VISA JCB. FV **y**
Com 4000 – 1700, **103 apartamentos** 19500/40000.

NH Bretón sin rest, Bretón de los Herreros 29, ✉ 28003, ☎ 442 83 00, Telex 43036, Fax 441 38 16 – AE E VISA. FV **n**
1050 – **56 hab** 12600/17300.

G.H. Conde Duque sin rest, pl. Conde Valle de Suchil 5, ✉ 28015, ☎ 447 70 00, Telex 22058, Fax 448 35 69 – – 25/160. AE E VISA JCB. EV **d**
1500 – **136 hab** 22850.

Trafalgar sin rest, Trafalgar 35, ✉ 28010, ☎ 445 62 00, Fax 446 64 56 – AE E VISA. – 400 – **48 hab** 7900/13200. FV **s**

Fortuny, Fortuny 34, ✉ 28010, ☎ 308 32 67, Fax 593 22 23, « Antiguo palacete decorado con elegancia - Terraza de verano » – AE E VISA. GV **n**
cerrado sábado mediodía, domingo, festivos y agosto – Com carta 6500 a 8200
Espec. Ensalada de langostinos y fettuchines, Goujons de lenguado envueltos en pasta china con salsa de soja, Hojaldre de frutas rojas..

XXXX ✿ **Jockey,** Amador de los Ríos 6, ✉ 28010, ✆ 319 24 35, Fax 319 24 35 – ▤. AE ⓓ E VISA JCB. ✈ NV **k**
cerrado sábado, domingo, festivos y agosto – Com carta 5750 a 9700
Espec. Sopa fria de tomate a la albahaca (mayo-octubre), Langostinos fritos con verduras a la japonesa, Pichones de Talavera asados al estilo de Jockey.

XXXX ✿ **Lúculo,** Génova 19, ✉ 28004, ✆ 319 40 29, 佘 – ▤. AE ⓓ E VISA. ✈ NV **d**
cerrado sábado mediodía, domingo y agosto – Com carta 6000 a 8000
Espec. Escabeche de hígado de pato, Cocido de pescados y verduras con codillo rancio, Pechuga de gallo asada en su jugo con trufas.

XXXX ✿ **Las Cuatro Estaciones,** General Ibáñez Íbero 5, ✉ 28003, ✆ 553 63 05, Telex 43709, Fax 553 32 98, Decoración moderna – ▤. AE ⓓ E VISA JCB. ✈ EU **r**
cerrado sábado mediodía, domingo y agosto – Com carta 4550 a 5525
Espec. Ensalada de jamón de pato y foie-gras al vinagre de Jerez, Lomo de merluza "Las Cuatro Estaciones", Lomo de cordero asado al tomillo con patatas panadera.

XXX **Lur Maitea,** Fernando el Santo 4, ✉ 28010, ✆ 308 03 50, Cocina vasca – ▤. AE ⓓ E VISA. ✈ MV **u**
cerrado sábado mediodía, domingo, festivos y agosto – Com carta aprox. 5500.

XXX **Annapurna,** Zurbano 5, ✉ 28010, ✆ 308 32 49, Cocina hindú – ▤. AE ⓓ VISA. ✈
cerrado domingo – Com carta 3050 a 4050. MV **w**

XXX **Cortegrande,** Sagasta 27, ✉ 28004, ✆ 445 55 43 – ▤. AE ⓓ E VISA JCB. ✈ MV **a**
cerrado sábado mediodía, domingo, festivos y agosto – Com carta 4000 a 5200.

XXX **Señorío de Errazu,** Miguel Angel 3, ✉ 28010, ✆ 308 24 25 – ▤. AE ⓓ VISA. ✈ GV **s**
cerrado sábado mediodía, domingo y agosto – Com carta 3050 a 4100.

XX **Aymar,** Fuencarral 138, ✉ 28010, ✆ 445 57 67, Pescados y mariscos – ▤. AE ⓓ E VISA. ✈ – Com carta 3600 a 5700. FV **e**

XX **Las Reses,** Orfila 3, ✉ 28010, ✆ 308 03 82, Carnes – ▤. AE VISA. ✈ NV **e**
cerrado sábado mediodía, domingo y agosto – Com carta 3700 a 4450.

XX **Solchaga,** pl. Alonso Martínez 2, ✉ 28004, ✆ 447 14 96, Fax 593 22 23 – ▤. AE ⓓ E VISA MV **x**
cerrado sábado mediodía, domingo, festivos y agosto – Com carta 4000 a 4900.

XX **La Cava Real,** Espronceda 34, ✉ 28003, ✆ 442 54 32, Fax 442 34 04 – ▤. AE ⓓ E VISA. ✈ FV **h**
cerrado domingo, festivos y agosto – Com carta 4900 a 6700.

XX **Fabián,** San Bernardo 106, ✉ 28015, ✆ 447 20 80, Cocina vasco-navarra – ▤. ⓓ VISA. ✈
cerrado domingo y festivos noche – Com carta aprox. 4800. EFV **m**

XX L'Alsace, Doménico Scarlatti 5, ✉ 28003, ✆ 544 40 75, Fax 544 75 92, « Decoración alsaciana » – ▤ DV **a**

XX **Kulixka,** Fuencarral 124, ✉ 28010, ✆ 447 25 38, Pescados y mariscos – ▤. AE ⓓ E VISA. ✈ FV **v**
cerrado domingo y agosto – Com carta 4600 a 6500.

XX **Porto Alegre 2,** Trafalgar 15, ✉ 28010, ✆ 445 19 74 – ▤ Ⓟ. AE ⓓ E VISA JCB. ✈
cerrado domingo noche y agosto – Com carta 5500 a 5250. FV **d**

XX **Casa Hilda,** Bravo Murillo 24, ✉ 28015, ✆ 446 35 69 – ▤. AE ⓓ E VISA JCB. ✈ FV **q**
cerrado domingo noche y agosto – Com carta 2950 a 4700.

XX **Jeromín,** San Bernardo 115, ✉ 28015, ✆ 448 98 43 – ▤. AE ⓓ E VISA. ✈ EFV **r**
cerrado domingo noche, lunes noche y agosto – Com carta 3200 a 5500.

XX **Polizón,** Viriato 39, ✉ 28010, ✆ 448 69 66, Pescados y mariscos – ▤. AE ⓓ E VISA JCB. ✈ FV **w**
cerrado domingo en verano y domingo noche resto del año – Com carta 3700 a 4050.

XX **Antonio,** Santa Engracia 54, ✉ 28010, ✆ 447 40 68 – ▤. AE ⓓ E VISA. ✈ FV **z**
cerrado lunes y agosto – Com carta 2800 a 4800.

XX **La Plaza de Chamberí,** pl. de Chamberí 10, ✉ 28010, ✆ 446 06 97, 佘 – ▤. AE ⓓ E VISA JCB. ✈ FV **k**
cerrado domingo y Semana Santa – Com carta 3375 a 4000.

XX **O'Grelo,** Gaztambide 50, ✉ 28015, ✆ 543 13 01, Cocina gallega – ▤ 🚗. AE ⓓ E VISA. ✈ – *cerrado lunes y Semana Santa* – Com carta aprox. 5500. DEV **s**

XX **Mesón del Cid,** Fernández de la Hoz 57, ✉ 28003, ✆ 442 07 55, Fax 442 96 47, Cocina castellana – ▤. AE ⓓ E VISA. ✈ GV **r**
cerrado domingo y agosto – Com carta 3250 a 3450.

XX **Gala,** Espronceda 14, ✉ 28003, ✆ 441 95 48 – ▤. AE ⓓ E VISA FV **n**
cerrado sábado mediodía, domingo y agosto – Com carta 3600 a 4900.

XX **El Corcho,** Zurbano 4, ✉ 28010, ✆ 308 01 36 – AE ⓓ E VISA. ✈ NV **d**
cerrado sábado mediodía, domingo y agosto – Com carta 4250 a 5000.

XX **Babel,** Alonso Cano 60, ✉ 28003, ✆ 553 08 27, Carnes – ▤. AE ⓓ VISA. ✈ FU **r**
cerrado sábado mediodía, domingo, festivos, Semana Santa y agosto – Com carta aprox. 4500.

XX **O'Xeito,** paseo de la Castellana 47, ✉ 28046, ✆ 308 17 18, Decoración de estilo gallego, Pescados y mariscos – ▤. AE ⓓ E VISA. ✈ GV **a**
cerrado sábado, domingo y agosto – Com carta 4050 a 5600.

✗ **Horno de Juan,** Joaquín María López 30, ✉ 28015, ☎ 543 30 43 – ▤. AE E VISA. ✻
cerrado domingo noche – Com carta 3000 a 4000. EV **x**

✗ **La Parra,** Monte Esquinza 34, ✉ 28010, ☎ 319 54 98 – ▤. AE ⓓ E VISA JCB. ✻ GV **v**
cerrado sábado mediodía y domingo – Com carta 3300/4250.

✗ **Quattrocento,** General Ampudia 18, ✉ 28003, ☎ 534 49 11, Cocina italiana – ▤. AE ⓓ E VISA. ✻ DU **a**
cerrado domingo noche – Com carta aprox. 3100.

✗ **El Pedrusco de Aldealcorvo,** Juan de Austria 27, ✉ 28010, ☎ 446 88 33, Decoración castellana – ▤. AE ⓓ E VISA. ✻ FV **f**
cerrado domingo, miércoles noche y agosto – Com carta 3375 a 4850.

✗ **Balear,** Sagunto 18, ✉ 28010, ☎ 447 91 15, Arroces – ▤. AE VISA. ✻ FV **y**
cerrado domingo y agosto – Com carta 2950 a 4050.

✗ **La Gran Tasca,** Santa Engracia 24, ✉ 28010, ☎ 448 77 79, Decoración castellana – ▤. AE ⓓ E VISA JCB. ✻ FV **c**
cerrado domingo y Semana Santa – Com carta 3675 a 6000.

✗ **Parrillón,** Santa Engracia 41, ✉ 28010, ☎ 446 02 25 – ▤. AE ⓓ E VISA. ✻ FV **b**
cerrado domingo y agosto – Com carta 3250 a 5300.

✗ **Casa Félix,** Bretón de los Herreros 39, ✉ 28003, ☎ 441 24 79 – ▤ Ⓟ. AE E VISA. ✻
Com carta 3100 a 4000. FV **x**

✗ **Asquiniña,** Modesto Lafuente 88, ✉ 28003, ☎ 553 17 95, Fax 554 91 51, Cocina gallega – ▤. AE E VISA FU **c**
cerrado domingo noche – Com carta 3500 a 4600.

✗ **Don Sancho,** Bretón de los Herreros 58, ✉ 28003, ☎ 441 37 94 – ▤. AE ⓓ E VISA. ✻
cerrado domingo, lunes noche, festivos y agosto – Com carta 2375 a 3775. GV **u**

✗ **La Giralda,** Hartzenbuch 12, ✉ 28010, ☎ 445 77 79 – ▤. AE ⓓ E VISA. ✻ FV **p**
cerrado domingo y julio – Com carta 3525 a 4375.

✗ **Nicolás,** Cardenal Cisneros 82, ✉ 28010, ☎ 448 36 64 – ▤. AE ⓓ E VISA. ✻ FV **t**
cerrado domingo, lunes, Semana Santa y agosto – Com carta aprox. 3600.

✗ **Biergarten,** Gaztambide 3, ✉ 28015, ☎ 543 06 49, Cervecería bávara – ▤. AE VISA. ✻
cerrado domingo, festivos noche y lunes – Com carta 2625 a 3475. DV **d**

✗ **Villa de Foz,** Gonzálo de Córdoba 10, ✉ 28010, ☎ 446 89 93 – AE VISA. ✻ FV **e**
cerrado domingo y agosto – Com carta 3150 a 4200.

✗ **Bene,** Castillo 19, ✉ 28010, ☎ 448 08 78 – ▤. AE E VISA. ✻ FV **u**
cerrado domingo y agosto – Com carta 2300 a 3250.

Chamartín, Tetuán : Capitán Haya, Orense, Alberto Alcocer, paseo de la Habana (plano p. 5 salvo mención especial)

Eurobuilding, Padre Damián 23, ✉ 28036, ☎ 345 45 00, Telex 22548, Fax 345 45 76, « Jardín y terraza con ⛱ » – |♦| ▤ TV ☎ 🚗 – 🔺 25/900. AE ⓓ E VISA JCB. ✻
Com 4500 - **La Taberna** carta 4920 a 5745 - Le Relais (buffet) – ☕ 1900 – **520 hab** 23200/29900 – PA 10900. HS **a**

Meliá Castilla, Capitán Haya 43, ✉ 28020, ☎ 571 22 11, Telex 23142, Fax 571 22 10, ⛱ – |♦| ▤ TV ☎ ♿ 🚗 – 🔺 25/800. AE ⓓ E VISA. ✻ GS **c**
Com (ver rest **L'Albufera, La Fragata, El Hidalgo**) – ☕ 2050 – **1000 hab** 23250/28600.

Holiday Inn, pl. Carlos Trías Beltrán 4 (acceso por Orense 22-24), ✉ 28020, ☎ 597 01 02, Telex 44709, Fax 597 02 92, ⛱ – |♦| ▤ TV ☎ ♿ – 🔺 25/400. AE ⓓ E VISA JCB. ✻
Com **La Terraza** carta 5700 a 6400 – ☕ 1925 – **313 hab** 24900/31200. GT **z**

Cuzco sin rest, con cafetería, paseo de la Castellana 133, ✉ 28046, ☎ 556 06 00, Telex 22464, Fax 556 03 72 – |♦| ▤ TV ☎ 🚗 Ⓟ – 🔺 25/500. AE ⓓ E VISA. ✻ GS **a**
☕ 1190 – **330 hab** 16200/20550.

Chamartín, estación de Chamartín, ✉ 28036, ☎ 323 18 33, Telex 49201, Fax 733 02 14 – |♦| ▤ TV ☎ – 🔺 25/500. AE ⓓ E VISA JCB. ✻ HR
Com (ver rest **Cota 13**) – ☕ 1000 – **378 hab** 13500/17900.

NH La Habana, paseo de la Habana 73, ✉ 28036, ☎ 345 82 84, Telex 41869, Fax 457 75 79 – |♦| ▤ TV ☎ 🚗 – 🔺 25/250. AE ⓓ E VISA. ✻ HT **f**
Com carta 3900 a 5900 – ☕ 1700 – **157 hab** 17000/24400.

Orense 38 sin rest con cafetería, Pedro Teixeira 5, ✉ 28020, ☎ 597 15 68, Fax 597 12 95 – |♦| ▤ TV ☎ 🚗. AE ⓓ E VISA. ✻ GT **q**
☕ 925 – **140 hab** 19400/23400.

Foxá 32 sin rest. con cafetería, Agustín de Foxá 32, ✉ 28036, ☎ 733 10 60, Fax 314 11 65 – |♦| ▤ TV ☎ 🚗 – 🔺 25/250. AE ⓓ E VISA. ✻ HR **u**
☕ 925 – **161 hab** 15800/18800.

Foxá 25 sin rest, con cafetería, Agustín de Foxá 25, ✉ 28036, ☎ 323 11 19, Fax 314 53 11 – |♦| ▤ TV ☎ 🚗. AE ⓓ E VISA. ✻ HR **a**
☕ 925 – **121 hab** 15800/18800.

El Gran Atlanta sin rest, Comandante Zorita 34, ✉ 28020, ☎ 553 59 00, Telex 45210, Fax 533 08 58 – |♦| ▤ TV ☎ 🚗 – 🔺 25/120. AE ⓓ E VISA. ✻ FT **p**
☕ 1025 – **180 hab** 15400.

Apartotel El Jardín sin rest, carret. N I km 5'7 (vía de servicio), ⊠ 28050, ℘ 202 83 36, Fax 766 86 91, ⛱, ⚘, ✂ - |‡| ▤ TV ☎ 🚗 P. AE ⓓ E VISA. ✗ plano p. 2 BL **a**
☕ 850, **38 apartamentos** 19000.

Aitana sin rest. con cafetería, paseo de la Castellana 152, ⊠ 28046, ℘ 344 11 42, Fax 457 07 81 - |‡| ▤ TV ☎. AE ⓓ E VISA JCB. ✗ GT **c**
☕ 800 - **111 hab** 10400/15000.

Práctico sin rest, Bravo Murillo 304, ⊠ 28020, ℘ 571 28 80, Fax 571 56 31 - |‡| ▤ TV ☎. AE E VISA. ✗ FS **a**
☕ 850 - **50 hab** 11000/13500.

Aristos y Rest. El Chaflán, av. Pío XII-34, ⊠ 28016, ℘ 345 04 50, Fax 345 10 23, ☂ - |‡| ▤ TV ☎. AE ⓓ E VISA. ✗ HS **d**
Com *(cerrado domingo)* carta 3400 a 4600 - ☕ 700 - **25 hab** 10800/13500.

XXXXX ✿✿✿ **Zalacaín,** Álvarez de Baena 4, ⊠ 28006, ℘ 561 48 40, Fax 561 47 32, ☂ - ▤. AE ⓓ E VISA JCB. ✗ plano p. 7 GV **b**
cerrado sábado mediodía, domingo, Semana Santa y agosto - Com carta 7050 a 9400
Espec. Lasagna de hongos y foie-gras, Pequeño búcaro (mayo-octubre), Tournedo de pato con morros de ternera.

XXXXX **Príncipe y Serrano,** Serrano 240, ⊠ 28016, ℘ 457 28 52, Fax 457 57 47 - ▤ 🚗. AE ⓓ E VISA. ✗ HT **a**
cerrado sábado mediodía, domingo y agosto - Com carta 3700 a 5850.

XXXX **El Bodegón,** Pinar 15, ⊠ 28006, ℘ 562 88 44 - ▤. AE ⓓ E VISA JCB. ✗
cerrado sábado mediodía, domingo, festivos y agosto - Com carta 5400 a 7050. plano p. 7 GV **q**

XXXX ✿ **Príncipe de Viana,** Manuel de Falla 5, ⊠ 28036, ℘ 457 15 49, Fax 457 52 83, ☂ - ▤. AE ⓓ E VISA JCB. ✗ GT **c**
cerrado sábado mediodía, domingo, Semana Santa y agosto - Com carta 6000 a 7200.
Espec. Menestra de verduras, Bacalao ajoarriero, Manitas de cerdo asadas.

XXXX **La Máquina,** Sor Ángela de la Cruz 22, ⊠ 28020, ℘ 572 33 18, Fax 570 13 04 - ▤. AE ⓓ E VISA. ✗ FS **e**
cerrado domingo, Semana Santa y del 15 al 31 agosto - Com carta 3700 a 4300.

XXXX **Nicolasa,** Velázquez 150, ⊠ 28002, ℘ 563 17 35, Fax 564 32 75 - ▤. AE ⓓ E VISA. ✗
cerrado domingo y agosto - Com carta 4125 a 5450. HU **a**

XXX **O'Pazo,** Reina Mercedes 20, ⊠ 28020, ℘ 553 23 33, Pescados y mariscos - ▤. E VISA. ✗ - *cerrado domingo y agosto* - Com carta 4200 a 5500. FT **p**

XXX **L'Albufera,** Capitán Haya 43, ⊠ 28020, ℘ 579 63 74, Fax 571 22 10, Arroces - ▤ 🚗. AE ⓓ E VISA. ✗ GS **c**
Com carta 4655 a 5855.

XXX **La Fragata,** Capitán Haya 43, ⊠ 28020, ℘ 570 98 34 - ▤ 🚗. AE ⓓ E VISA. ✗
cerrado agosto - Com carta 4150 a 6190. GS **c**

XXX **El Hidalgo,** Capitán Haya 45 ℘ 570 68 16, Cocina regional española - ▤ 🚗. AE ⓓ E VISA. ✗ GS **c**
cerrado agosto - Com (sólo almuerzo) carta 3575 a 4715.

XXX **José Luis,** Rafael Salgado 11, ⊠ 28036, ℘ 250 02 42, Telex 41779, Fax 250 99 11 - ▤. AE ⓓ E VISA JCB. ✗ GT **m**
cerrado domingo y agosto - Com carta 4000 a 5000.

XXX ✿ **Señorío de Bertiz,** Comandante Zorita 6, ⊠ 28020, ℘ 533 27 57 - ▤. AE ⓓ E VISA. ✗ FT **s**
cerrado sábado mediodía, domingo y agosto - Com carta 4875 a 7400
Espec. Verduras del tiempo guisadas con caldo de ave, Lomos de merluza romana con pimientos asados, Muslos de pato guisados con manitas de cerdo.

XXX **La Toc,** Suero de Quiñones 42, ⊠ 28002, ℘ 563 02 70 - ▤. AE ⓓ E VISA. ✗ HT **y**
cerrado sábado mediodía, domingo, Semana Santa y agosto - Com carta 5600 a 6400.

XXX **Cota 13,** estación de Chamartín, ⊠ 28036, ℘ 315 10 83, Fax 733 02 14 - ▤. AE ⓓ E VISA. ✗ HR
cerrado sábado, domingo, festivos, Semana Santa y ago[illegible]*m carta aprox. 4500.

XXX **Bogavante,** Capitán Haya 20, ⊠ 28020, ℘ 556 21 14, Fax 5[illegible] [illegible]0 79, Pescados y mariscos - ▤. AE ⓓ E VISA JCB. ✗ GT **d**
cerrado domingo - Com carta 4300 a 5950.

XXX **Señorío de Alcocer,** Alberto Alcocer 1, ⊠ 28036, ℘ 345 16 96 - ▤. AE ⓓ E VISA JCB. ✗ GS **e**
cerrado domingo, festivos, Semana Santa y agosto - Com carta aprox. 6000.

XXX ✿ **El Olivo,** General Gallegos 1, ⊠ 28036, ℘ 359 15 35 - ▤. AE ⓓ E VISA. ✗ HS **c**
cerrado domingo, lunes y agosto - Com carta 4450 a 5300
Espec. Ensalada de bogavante con su vinagreta templada, Lamprea bordalesa con vino de Toro (en primavera), Foie-gras caliente con uvas al vino de Pedro Ximénez.

XXX ✿ **Goizeko Kabi,** Comandante Zorita 37, ⊠ 28020, ℘ 533 01 85, Fax 533 02 14, Cocina vasca - ▤. AE ⓓ E VISA. ✗ FT **a**
cerrado sábado mediodia (15 junio-15 septiembre) y domingo - Com carta 5650 a 7000
Espec. Merluza rellena de carabineros, bacalao al estilo de la casa, Becada asada al brandy viejo (noviembre a marzo).

XXX ✿ **Cabo Mayor,** Juan Ramón Jimenez 37, ✉ 28036, ✆ 350 87 76, Fax 359 16 21 – ▤. AE ⓓ E VISA JCB. 🐕 GHS **r**
cerrado domingo, Semana Santa y del 15 al 24 de agosto – Com carta 5200 a 7300
Espec. Tartar de bonito con pistachos (mayo-septiembre), Merluza a la muselina de albahaca, Pintada rellena con salsa de trufas y pasta fresca (octubre-mayo).

XXX **El Foque de Quiñones,** Suero de Quiñones 22, ✉ 28002, ✆ 519 25 72, Espec. en bacalaos – ▤. AE ⓓ E VISA. 🐕 HU **r**
cerrado domingo – Com carta 4300 a 5500.

XXX **Blanca de Navarra,** av. de Brasil 13, ✉ 28020, ✆ 555 10 29 – ▤. AE ⓓ E VISA. 🐕
cerrado domingo y agosto – Com carta 4600 a 5800. GT **q**

XXX **Lutecia,** Corazón de María 78, ✉ 28002, ✆ 519 34 15 – ▤. AE E VISA. 🐕
cerrado sábado mediodía, domingo y agosto – Com carta 2650 a 3575.
plano p. 3 CL **n**

XX **Ganges,** Bolivia 11, ✉ 28016, ✆ 259 25 85, Cocina hindú – ▤. AE ⓓ E VISA. 🐕
Com carta 3400 a 4800. HST **v**

XX **Rheinfall,** Padre Damián 44, ✉ 28036, ✆ 345 48 88, 🏝, Cocina alemana, « Decoración regional alemana » – ▤. AE ⓓ E VISA. 🐕 HS **u**
Com carta 2800 a 4300.

XX **Aldaba,** Alberto Alcocer 5, ✉ 28036, ✆ 359 73 86, Fax 350 65 25 – ▤. AE ⓓ VISA JCB. 🐕 GS **e**
cerrado domingo y agosto – Com carta 3725 a 4125.

XX **Combarro,** Reina Mercedes 12, ✉ 28020, ✆ 554 77 84, Fax 534 25 01, Pescados y mariscos – ▤. AE ⓓ E VISA JCB. 🐕 FT **a**
cerrado domingo noche, Semana Santa y agosto – Com carta aprox. 5500.

XX **Sayat Nova,** Costa Rica 13, ✉ 28016, ✆ 350 87 55, Fax 350 76 47, Cocina armenia – ▤. AE ⓓ E VISA. 🐕 HS **k**
cerrado domingo – Com carta 4475 a 5225.

XX **Aldar,** Alberto Alcocer 27, ✉ 28036, ✆ 359 68 75, Fax 350 55 82, 🏝, Cocina maghrebí – ▤. AE ⓓ E VISA. 🐕 HS **f**
cerrado domingo noche – Com carta 3375 a 5200.

XX **La Tahona,** Capitán Haya 21 (lateral), ✉ 28020, ✆ 555 04 41, Cordero asado, « Decoración castellano-medieval » – ▤. E VISA. 🐕 GT **u**
cerrado domingo noche y del 2 al 30 agosto – Com carta 3200 a 4000.

XX **De Funy,** Serrano 213, ✉ 28016, ✆ 458 85 84, Fax 457 95 22, 🏝, Rest. libanés – ▤. AE ⓓ E VISA. 🐕 HT **z**
cerrado lunes – Com carta 3950 a 5750.

XX **La Fonda,** Príncipe de Vergara 211, ✉ 28002, ✆ 563 46 42, Cocina catalana – ▤. AE ⓓ E VISA. 🐕 HT **e**
cerrado domingo – Com carta 2425 a 4075.

XX **Jai-Alai,** Balbina Valverde 2, ✉ 28002, ✆ 561 27 42, Fax 561 33 81, 🏝, Cocina vasca – ▤. AE ⓓ E VISA GU **h**
cerrado lunes y agosto – Com carta 3250 a 4250.

XX **Pedralbes,** Basílica 15, ✉ 28020, ✆ 555 91 84, 🏝 – ▤. AE ⓓ E VISA. 🐕 FT **z**
cerrado domingo – Com carta 2600 a 3775.

XX **Asador Errota-Zar,** Corazón de María 32, ✉ 28002, ✆ 413 52 24 – ▤. AE ⓓ E VISA. 🐕
cerrado domingo, Semana Santa y agosto – Com carta aprox. 4200. CL **r**

XX **Asador Frontón II,** Pedro Muguruza 8, ✉ 28036, ✆ 345 36 96 – ▤. AE ⓓ E VISA. 🐕
cerrado sábado mediodía en verano y domingo todo el año – Com carta aprox. 6000. HS **c**

XX **Las Meninas de Velázquez,** Uruguay 16, ✉ 28016, ✆ 519 73 74, Fax 519 73 74 – ▤. AE ⓓ E VISA. 🐕 HT **c**
cerrado domingo y agosto-10 septiembre – Com carta 3500 a 4500.

XX **Gerardo,** Alberto Alcocer 46 bis, ✉ 28016, ✆ 457 94 59 – ▤. AE ⓓ VISA. 🐕 HS **v**
cerrado domingo y agosto – Com carta 3300 a 4600.

XX **Rugantino,** Velázquez 136, ✉ 28006, ✆ 561 02 22, Cocina italiana – ▤. AE ⓓ E VISA JCB. 🐕 plano p. 7 HV **e**
Com carta 2980 a 3730.

XX **La Brasa,** Infanta Mercedes 105, ✉ 28020, ✆ 579 36 43 – ▤. AE ⓓ E VISA. 🐕 GS **s**
cerrado domingo y agosto – Com carta 3000 a 3400.

XX **Serramar,** Rosario Pino 12, ✉ 28020, ✆ 570 07 90, Pescados y mariscos – ▤. AE ⓓ E VISA. 🐕 GS **k**
cerrado domingo – Com carta 3975 a 5275.

XX **Tattaglia,** paseo de la Habana 17, ✉ 28036, ✆ 562 85 90, Cocina italiana – ▤. AE ⓓ E VISA JCB. 🐕 GT **b**
Com carta 2980 a 3730.

XX **Toffanetti,** paseo de la Castellana 83, ✉ 28046, ✆ 556 42 87, Cocina italiana – ▤. AE ⓓ E VISA JCB. 🐕 GT **x**
Com carta 2380 a 3200.

XX **Paparazzi,** Sor Ángela de la Cruz 22, ✉ 28020, ℰ 579 67 67, Cocina italiana – ▤. AE ⓓ E VISA JCB. ✂ – Com carta 2380 a 3200. FGS **v**

XX **Ox's,** Juan Ramón Jiménez 11, ✉ 28036, ℰ 458 19 03, Carnes a la brasa – ▤. AE ⓓ E VISA. ✂ GHS **t**
cerrado domingo, Semana Santa, agosto y Navidades – Com carta 3700 a 4800.

XX **Barlovento,** paseo de la Habana 84, ✉ 28016, ℰ 250 83 41 – ▤. AE ⓓ VISA. ✂
cerrado domingo y del 15 al 30 agosto – Com carta 3325 a 4700. HT **x**

XX **Endavant,** Velázquez 160, ✉ 28002, ℰ 561 27 38, 🏠, Cocina catalana – ▤. AE ⓓ VISA. ✂ HU **e**
cerrado domingo y agosto – Com carta 3350 a 3900.

XX **Fass,** Rodríguez Marín 84, ✉ 28002, ℰ 563 74 47, Fax 563 74 53, Decoración estilo bávaro-Cocina alemana – ▤. AE ⓓ E VISA. ✂ HT **t**
Com carta 2550 a 3700.

XX **Asador Castillo de Javier,** Capitán Haya 19, ✉ 28020, ℰ 556 87 97 – ▤. E VISA. ✂
cerrado domingo y agosto – Com carta 3150 a 4850. GT **u**

XX **La Parrilla de Madrid,** Capitán Haya 19 (posterior), ✉ 28020, ℰ 555 12 83, Fax 597 29 18 – ▤. AE ⓓ E VISA. ✂ GT **u**
cerrado domingo, Semana Santa y agosto – Com carta aprox. 3600.

XX **L'Arrabbiata,** General Perón 40 A, ✉ 28020, ℰ 556 90 46, Cocina italiana – ▤. AE ⓓ E VISA. ✂ GT **z**
cerrado sábado mediodía, domingo y del 5 al 25 agosto – Com carta 3100 a 3950.

XX **Sacha,** Juan Hurtado de Mendoza 11 (posterior), ✉ 28036, ℰ 345 59 52, 🏠 – ▤. AE ⓓ E VISA. ✂ GHS **r**
cerrado domingo y agosto – Com carta 3850 a 5050.

XX **House of Ming,** paseo de la Castellana 74, ✉ 28046, ℰ 561 10 13, Rest. chino – ▤. AE ⓓ VISA. ✂ plano p. 7 GV **f**
Com carta 2390 a 3560.

XX **Asador Aljaba,** Padre Damián 38, ✉ 28036, ℰ 457 36 42, 🏠 – ▤. AE ⓓ E VISA. ✂
cerrado domingo, festivos noche y lunes noche – Com carta aprox. 4200. HS **n**

XX **Le Tournedo,** General Moscardó 17, ✉ 28020, ℰ 553 92 00 – ▤. AE VISA. ✂ FT **e**
cerrado domingo noche y festivos noche – Com carta 2575 a 3275.

X **La Ancha,** Príncipe de Vergara 204, ✉ 28002, ℰ 563 89 77, 🏠 – ▤. AE ⓓ E VISA. ✂
cerrado domingo, festivos y Semana Santa – Com carta 3050 a 4500. HT **r**

X **El Asador de Aranda,** pl. de Castilla 3, ✉ 28046, ℰ 733 87 02, Cordero asado, Decoración castellana – ▤. E VISA. ✂ GS **b**
cerrado domingo noche y 16 agosto-13 septiembre – Com carta 3200 a 4000.

X **Prost,** Orense 6, ✉ 28020, ℰ 555 29 94 – ▤. AE VISA. ✂ FT **c**
cerrado domingo y festivos – Com carta 2700 a 3400.

X Las Cumbres, av. de América 33, ✉ 28002, ℰ 413 07 51, Taberna andaluza – ▤ plano p. 7 HV **h**

X **Da Nicola,** Orense 4, ✉ 28020, ℰ 555 77 53, Cocina italiana – ▤. AE ⓓ E VISA. ✂
Com carta 1800 a 2400. FTU **c**

X **Guten,** Orense 70, ✉ 28020, ℰ 570 36 22 – ▤. AE VISA. ✂ GS **z**
cerrado domingo y festivos – Com carta 2750 a 3350.

X **Asador Ansorena,** Capitán Haya 55 (interior), ✉ 28020, ℰ 579 64 51 – ▤. AE ⓓ E VISA GS **n**
cerrado domingo, Semana Santa, agosto y Navidades – Com carta 4200 a 6000.

X **Mesón el Caserío,** Capitán Haya 49, ✉ 28020, ℰ 570 96 29, Decoración rústica – ▤. AE ⓓ E VISA. ✂ – Com carta 3000 a 4000. GS **k**

X **Rianxo,** Raimundo Fernández Villaverde 49, ✉ 28003, ℰ 534 88 32, Cocina gallega – ▤. AE ⓓ E VISA. ✂ FU **a**
cerrado domingo y agosto – Com carta aprox. 5200.

X **Casa Benigna,** Benigno Soto 9, ✉ 28002, ℰ 413 33 56 – ▤. AE VISA HT **u**
cerrado domingo noche – Com carta 3050 a 4650.

X **La Villa,** Leizarán 19, ✉ 28002, ℰ 563 55 99 – ▤. AE ⓓ E VISA. ✂ HT **n**
cerrado sábado mediodía, domingo, festivos, Semana Santa y agosto – Com carta aprox. 3500.

X **Los Borrachos de Velázquez,** Príncipe de Vergara 205, ✉ 28002, ℰ 458 10 76, Fax 563 93 35, Rest. andaluz – ▤. AE ⓓ VISA. ✂ HT **s**
Com carta 3500 a 4700.

X **Las Cumbres,** Alberto Alcocer 32, ✉ 28036, ℰ 458 76 92, Taberna andaluza – ▤. AE E VISA. ✂ – Com carta aprox. 4200. HS **b**

Alrededores

por la salida ② : por la carretera N II y acceso carretera Coslada - San Fernando E : 12,3 km – ✉ 28022 Madrid – ☎ 91 :

XX **Rancho Texano,** av. Aragón 364 ℰ 747 47 36, Fax 747 94 68, 🏠, Carnes a la brasa, « Terraza » – ▤ Ⓟ. AE ⓓ E VISA. ✂ – *cerrado domingo noche* – Com carta 3335 a 4260.

por la salida ⑦ - ✉ 28023 Madrid - ☎ 91

XXX **Gaztelubide,** Sopelana 13 - La Florida, 12,8 km ☎ 372 85 44, 🌳, Cocina vasca - ▤ Ⓟ. AE ⓞ E VISA. ✱
cerrado domingo noche - Com carta aprox. 5500.

XX **Portonovo,** 10,5 km ☎ 307 01 73, Fax 541 65 98, 🌳, Cocina gallega - ▤ Ⓟ. AE ⓞ E VISA. ✱
cerrado domingo noche - Com carta 3950 a 6050.

XX **Los Remos,** 13 km ☎ 307 72 30, 🌳, Pescados y mariscos, Terraza - ▤ Ⓟ. E VISA. ✱
cerrado domingo noche y 2ª quincena agosto - Com carta 4000 a 5000.

por la salida ⑧ : en Fuencarral : 9 km - ✉ 28034 Madrid - ☎ 91 :

XX **Casa Pedro,** Nuestra Señora de Valverde 119 ☎ 734 02 01, Fax 358 40 89, 🌳, Decoración castellana - ▤. AE ⓞ E VISA. ✱
Com carta 2800 a 4250.

por la salida ⑧ : 14,5 km - ✉ 28049 Madrid - ☎ 91

XX **El Mesón,** carret. M 607 ☎ 734 10 19, 🌳, Decoración rústica en una casa de campo castellana - ▤ Ⓟ. AE ⓞ E VISA. ✱
cerrado domingo noche - Com carta 3200 a 5200.

Ver también : ***Barajas*** por ② : 14 km
Alcobendas por ① : 16 km.

S.A.F.E. Neumáticos MICHELIN, División Comercial, Dr. Esquerdo 157, ✉ 28007 JY ☎ 409 09 40, Telex 27582, Fax 409 31 11

S.A.F.E. Neumáticos MICHELIN, Sucursal av. José Gárate 7, COSLADA por ② o ③, ✉ 28820 ☎ 671 80 11 y 673 00 12, Fax 671 91 14

*Unsere **Hotel-, Reiseführer** und **Straßenkarten** ergänzen sich.*
Benutzen Sie sie zusammen.

MAGALUF Baleares - ver Baleares (Mallorca) : Palma Nova.

MAGAZ **34220** Palencia 442 G 16 - 537 h. alt. 728 - ☎ 988.
♦Madrid 237 - ♦Burgos 79 - ♦León 137 - Palencia 9 - ♦Valladolid 49.

🏨 **Europa Centro** 🔇, carret de Palencia O : 1 km Urb. Castillo de Magaz ☎ 78 40 00, Fax 78 41 85, ≤ - |♦| ▤ 📺 ☎ 🚗 Ⓟ - 🏛 25/500. AE ⓞ E VISA. ✱ rest
Com carta 2900 a 5450 - ☕ 850 - **122 hab** 9500.

MAHÓN Baleares - ver Baleares (Menorca).

MAJADAHONDA **28220** Madrid 444 K 18 - 22 949 h. - ☎ 91
R.A.C.E. Jardín de la Hermita B1 Local 1º ☎ 638 64 22.
♦Madrid 18.

🏨 **Majadahonda Club,** El Carralero-carret. de Boadilla S : 1,5 km ☎ 634 02 56, Fax 634 01 29, 🏋, 🏊 - |♦| ▤ 📺 ☎ 🚗 - 🏛 25/300. AE ⓞ E VISA. ✱
Com 4500 - ☕ 750 - **41 hab** 13500/17000 - PA 9000.

X **Villa Romana,** Gran Vía - urb. Jardín de la Ermita ☎ 638 22 35, 🌳 - ▤. AE ⓞ E VISA. ✱
Com carta aprox. 3200.

X **Prost,** Mar Egeo - El Zoco ☎ 638 00 08, 🌳, Típica cervecería alemana - ▤. AE VISA. ✱
cerrado domingo noche y festivos noche - Com carta 2750 a 3750.

MÁLAGA **29000** Ⓟ 446 V 16 - 503 251 h. - ☎ 95 : - Playa.
Ver : Gibralfaro : ≤★★ DY - Alcazaba★ (museo★) DY.
Alred. : Finca de la Concepción★ 7 km por ④.
⛳18 Club de Campo de Málaga por ② : 9 km ☎ 238 11 20 - ⛳9 de El Candado por ① : 5 km ☎ 229 46 66.
✈ de Málaga por ② : 9 km ☎ 232 20 00 - Iberia : Molina Larios, ✉ 29015, ☎ 221 37 31 CY y Aviaco : aeropuerto ☎ 231 78 58.
🚗 ☎ 231 13 96.
⛴ para Melilla : Cía. Trasmediterránea, Estación Marítima, ✉ 29016 CZ ☎ 222 43 93, Fax 222 48 83.
ℹ Pasaje de Chinitas, 4 ✉ 29015, ☎ 221 34 45, y Aeropuerto Internacional ✉ 29006, ☎ 223 04 88 - R.A.C.E. Calderería 1, ✉ 29008, ☎ 221 42 60, Fax 238 77 42.
♦Madrid 548 ④ - Algeciras 133 ② - ♦Córdoba 175 ④ - ♦Sevilla 217 ④ - ♦Valencia 651 ④.

Centro :

Málaga Palacio sin rest, av. Cortina del Muelle 1, ✉ 29015, ℰ 221 51 85, Telex 77021, Fax 221 51 85, ←, 🏊 – |♦| ▤ 📺 ☎ – 🎤 25/300. AE ⓓ E VISA. ✻ CZ **b**
☕ 950 – **223 hab** 11950/15300.

Don Curro sin rest, con cafetería, Sancha de Lara 7, ✉ 29015, ℰ 222 72 00, Telex 77366, Fax 221 59 46 – |♦| ▤ 📺 ☎. AE ⓓ E VISA CZ **e**
☕ 625 – **105 hab** 7500/11000.

Venecia sin rest y sin ☕, Alameda Principal 9, ✉ 29001, ℰ 221 36 36 – |♦| 📺 ☎. ✻ CZ **u**
40 hab 3800/5900.

El Chinitas, Moreno Monroy 4, ✉ 29015, ℰ 221 09 72, 🍴 – ▤. AE ⓓ E VISA JCB. ✻ CYZ **a**
Com carta 2150 a 3400.

Fuera del centro :

Parador de Málaga-Gibralfaro 🐌, ✉ 29016, ℰ 222 19 03, Fax 222 19 02, « Magnífica situación con ← Málaga y mar » – ▤ hab ☎ 🅟. AE ⓓ VISA. ✻ DY **r**
Com 3200 – ☕ 1100 – **12 hab** 11500 – PA 6375.

Los Naranjos sin rest, paseo de Sancha 35, ✉ 29016, ℰ 222 43 19, Telex 77030, Fax 222 59 75 – |♦| ▤ 📺 ☎ 🚗. AE ⓓ E VISA. ✻ BU **t**
☕ 750 – **41 hab** 9500/12900.

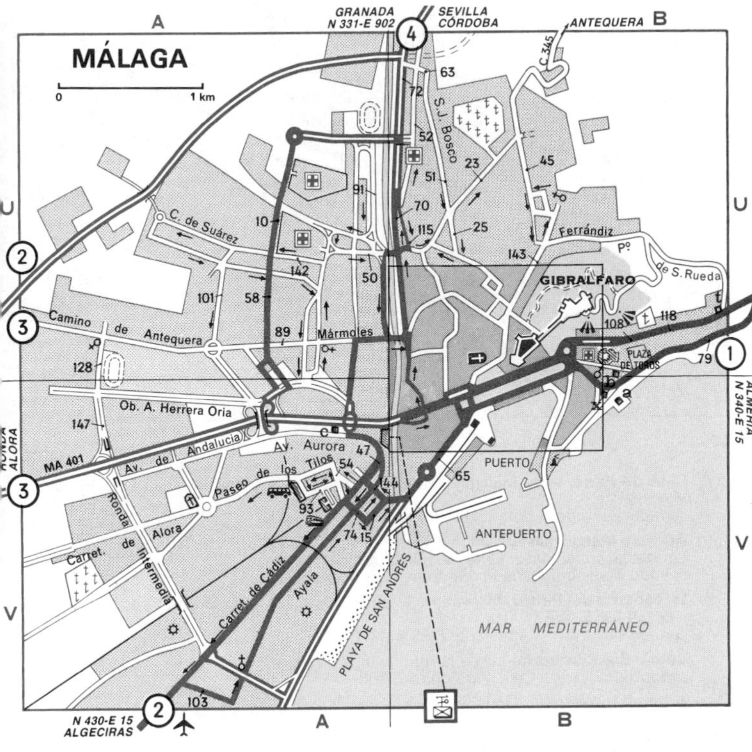

MÁLAGA

Constitución . . . . CY 40
Granada . . . . CDY
Marqués de Larios . . . . . CYZ 84
Nueva . . . . CYZ
Santa Lucia . . . . CY 123

Aduana (Pl. de la) . . . . . . DY 2
Arriola (Pl. de la) . . . . CZ 5
Atocha (Pasilio) . . . . CZ 8
Calderena . . . . CY 13
Cánovas del Castillo (Pas.) . DZ 18
Cárcer . . . . CY 27
Casapalma . . . . CY 30
Colón (Alameda de) . . . . . . CZ 32
Comandante Benitez (Av. del) . . . . CZ 35
Compañia . . . . CY 37
Cortina del Muelle . . . . CZ 42
Especerias . . . . CY 56
Frailes . . . . CDY 61
Huerto del Conde . . . . DY 67
Mariblanca . . . . CY 77
Martínez . . . . CZ 86
Molina Larios . . . . CYZ 95
Postigo de los Abades . . . CDZ 106
Reding (Paseo de) . . . . DY 110
Santa Isabel (Pasillo de) . . CYZ 120
Santa María . . . . CY 125
Sebastián Souvirón . . . . . . CZ 130
Strachan . . . . CZ 133
Teatro (Pl. del) . . . . CY 135
Tejón y Rodriguez . . . . CY 138
Tetuán (Puente de) . . . . . . CZ 140

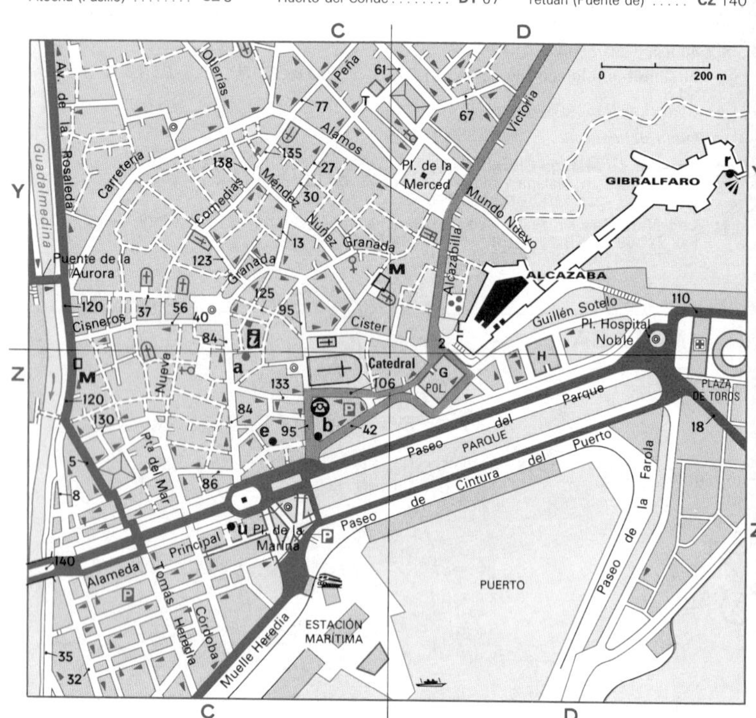

XXX **Café de París,** Vélez Málaga 8, ✉ 29016, ☎ 222 50 43, Fax 222 50 43 – ▤. AE ⓓ VISA JCB. ✈ — BV **x**
cerrado domingo – Com carta 2500 a 4400.

XX **Antonio Martín,** paseo Marítimo 4, ✉ 29016, ☎ 222 21 13, Fax 221 10 18, ←, terraza, Amplías terrazas sobre el mar – ▤ Ⓟ. AE ⓓ E VISA. ✈ — BV **a**
cerrado domingo noche en invierno – Com carta 3200 a 5450.

X **La Taberna del Pintor,** Maestranza 6, ✉ 29016, ☎ 221 53 15, Decoración rústica, Carnes – ▤. AE ⓓ E VISA — BUV **b**
cerrado domingo – Com carta 2295 a 4370.

X **Cueva del Camborio,** av. de la Aurora 18, ✉ 29006, ☎ 234 78 16 – ▤. AE ⓓ E VISA — AV **c**
cerrado domingo – Com carta aprox. 3500.

en Cerrado de Calderón por ① : 6 km – ✉ 29018 Málaga – ☎ 95 :

XX **El Campanario del Camborio,** paseo de la Sierra 36 ☎ 229 50 51, ← bahía de Málaga, terraza – ▤ Ⓟ. AE ⓓ E VISA. ✈
cerrado domingo y noviembre – Com carta aprox. 3500.

en la playa de El Palo por ① : 6 km – ✉ 29017 El Palo – ☎ 95 :

X **Casa Pedro,** Quitapenas 121 ☎ 229 00 13, ← – AE ⓓ E VISA. ✈
cerrado lunes noche (salvo festivos) y 2ª quincena de noviembre – Com carta 2100 a 4000.

Ver también : ***Torremolinos*** por ② : 14 km..

MALPARTIDA DE PLASENCIA **10680** Cáceres 444 M 11 – 5 053 h. alt. 467 – 927.
♦Madrid 237 – ♦Cáceres 91 – Pasencia 8.

Monfragüe, carret. C 511, SE : 1 km 40 48 81, Fax 40 40 73 – TV. AE VISA.
Com 1100 – 450 – **40 hab** 4000/7000 – PA 2400.

Las Princesas, carret. C 511, SE : 1 km 45 91 00, Fax 45 91 67 – TV. VISA.
Com 900 – 200 – **27 hab** 3800/6000 – PA 2000.

MALLORCA Baleares – ver Baleares.

MANCHA REAL **23100** Jaén 446 S 19 – 8 003 h. alt. 760 – 953.
♦Madrid 355 – ♦Córdoba 118 – ♦Granada 92 – Jaén 19.

La Zambra, La Zambra 47 35 11 93, Fax 35 11 93 – TV. AE E VISA.
Com 1000 – 250 – **11 hab** 3750/5750 – PA 2200.

La MANGA DEL MAR MENOR **30370** Murcia 445 T 27 – 968 – Playa.
18, 18 La Manga SO : 11 km 56 45 11.
urb. Castillo del Mar-Torre Norte 14 18 12, Fax 14 21 72, Gran Vía km 2 56 33 55.
♦Madrid 473 – Cartagena 34 – ♦Murcia 83.

Villamanga, Gran Vía de La Manga 14 52 22, Fax 14 52 22, – TV – 25/80. AE E VISA.
cerrado 8 enero- 20 febrero – Com carta 2300 a 3550 – 500 – **60 hab** 8200/12400.

Dos Mares sin rest y sin, pl. Bohemia 14 00 93 –
temp. – **28 hab.**

El Velero-Los Churrascos, Gran Vía La Manga - urb. los Snipes 14 05 07 – . AE E VISA.
cerrado lunes y 20 días en noviembre – Com carta 2350 a 4500.

Borsalino, edificio Babilonia 56 31 30, ←, , Cocina francesa – AE E VISA
cerrado martes en invierno y 15 noviembre-15 diciembre – Com carta 2900 a 4700.

San Remo, Hacienda Dos Mares 14 08 13, – . AE E VISA.
Com carta 1955 a 2720.

Michel, edificio Babilonia 56 30 02, ←, , Cocina francesa – AE E VISA JCB
mayo-septiembre – Com carta 2050 a 3450.

MANILVA **29691** Málaga 446 W 14 – 3 768 h. – 95 – Playa.
♦Madrid 643 – Algeciras 40 – ♦ Málaga 97 – Ronda 61.

en el Puerto de la Duquesa SE : 4 km – 29692 Puerto de la Duquesa – 95 :

Macues, 289 03 39, ←, – AE E VISA.
cerrado lunes y febrero – Com carta 2500 a 3600.

en la carretera de Cádiz SE : 4,5 km – 29691 Manilva – 95

La Duquesa, 289 12 11, Fax 289 16 30, , , , , 18 – TV – 25/250. AE E VISA.
800 – **93 hab** 10000/14000.

en Castillo La Duquesa SE : 4,8 km – 29691 Manilva – 95

Mesón del Castillo, pl. Mayor 289 07 66 – . AE E VISA
cerrado lunes y noviembre – Com carta 2475 a 4000.

MANISES **46940** Valencia 445 N 28 – 24 871 h. – 96.
de Valencia-Manises, 154 60 15.
♦Madrid 346 – Castellón de la Plana 78 – Requena 64 – ♦Valencia 9,5.

Sol Azafata, Autopista del aeropuerto 154 61 00, Telex 61451, Fax 153 20 19 – TV – 25/300. AE E VISA.
Com 3100 – 1000 – **130 hab** 10000/12500.

MANLLEU **08560** Barcelona 443 F 36 – 15 962 h. alt. 461 – 93.
♦Madrid 649 – ♦Barcelona 78 – Gerona/Girona 104 – Vich/Vic 9.

Torres y Rest. Torres Petit, passeig de Sant Joan 42 850 61 88, Fax 850 63 13 – rest TV. AE E VISA.
cerrado 17 diciembre-10 enero – Com *(cerrado domingo)* carta 2500 a 4600 – 550 – **17 hab** 3600/5500.

La Cabanya, Vía Ausetania 1 851 33 19, Mariscos – . E VISA JCB
cerrado lunes – Com carta 3000 a 4500.

MANRESA **08240** Barcelona 443 G 35 – 67 014 h. alt. 205 – 93.
◆Madrid 591 – ◆Barcelona 67 – ◆Lérida/Lleida 122 – ◆Perpignan 239 – Tarragona 115 – Sabadell 67.

Pere III, Muralla Sant Francesc 49 872 40 00, Fax 875 05 06 – 25/600. E VISA. rest
Com 1900 – 500 – **113 hab** 7500/10500 – PA 3400.

La Cuina, Alfons XII - 18 872 89 69 – AE E VISA JCB.
cerrado jueves – Com carta 2400 a 3800.

Aligué, carret. de Vic-barriada El Guix 8 873 25 62 – AE E VISA.
cerrado domingo noche y lunes noche – Com carta aprox. 4500.

MANZANARES **13200** Ciudad Real 444 O 19 – 17 721 h. alt. 645 – 926.
◆Madrid 173 – Alcázar de San Juan 63 – Ciudad Real 52 – Jaén 159.

Parador de Manzanares, carret. N IV 61 04 00, Fax 61 09 35, – 25/300. AE VISA.
Com 2800 – 1000 – **50 hab** 9000 – PA 5610.

El Cruce, carret. N IV 61 19 00, Fax 61 19 12, « Amplío jardín con césped y » – – 25/200. E VISA.
Com 2600 – 550 – **37 hab** 4000/8500 – PA 4600.

Manzanares, sin rest, carret. N IV 61 08 00, –
34 hab.

MANZANARES EL REAL **28410** Madrid 444 J 18 – 1 515 h. alt. 908 – 91.
Ver : Castillo★.
◆Madrid 53 – Ávila 85 – El Escorial 34 – ◆Segovia 51.

Parque Real, Padre Damián 4 853 99 12, Fax 853 99 60, – – 25/100. AE E VISA.
Com 2250 – 450 – **24 hab** 6350/9150 – PA 5400.

Taurina, pl. Generalísimo 8 853 07 73 – VISA JCB.
cerrado martes y agosto – Com (sólo almuerzo) carta 2900 a 4600.

MANZANERA **44420** Teruel 445 L 27 – 566 h. alt. 700 – 974 – Balneario.
◆Madrid 352 – Teruel 51 – ◆Valencia 120.

en la carretera de Abejuela SO : 4 km – 44420 Manzanera – 974 :

Baln. El Paraíso , 78 18 18, Telex 62025, Fax 78 18 18, – . E VISA.
junio-septiembre – Com 1900 – 450 – **71 hab** 4350/7400 – PA 3600.

MARANGES o **MERANGES** **17539** Gerona 443 E 35 – 64 h. – 972.
◆Madrid 652 – Gerona/Girona 166 – Puigcerdá 18 – Seo de Urgel/La Seu d'Urgell 50.

Can Borrell con hab, Retorn 3 88 00 33, , Cocina catalana, Decoración rústica, « En un típico pueblo de montaña » – . AE E VISA.
cerrado 7 enero-30 marzo salvo fines de semana – Com *(cerrado lunes noche y martes)* carta 2750 a 4800 – 500 – **8 hab** 5000/7000.

Las MARAVILLAS Baleares – ver Baleares (Mallorca) : Palma de Mallorca.

MARBELLA **29600** Málaga 446 W 15 – 67 882 h. – 95 – Playa.
Río Real-Los Monteros por ① : 5 km 277 37 76 – Nueva Andalucía por ② : 5 km 278 72 00 – Aloha golf, urbanización Aloha por ② : 8 km 281 23 88 – golf Las Brisas, Nueva Andalucía por ② 281 08 75 – Iberia : paseo Marítimo A 277 02 84.
Miguel Cano 1 277 14 42 Fax 277 94 57.
◆Madrid 602 ① – Algeciras 77 ② – ◆Cádiz 201 ② – ◆Málaga 56 ①.

Plano página siguiente

Meliá Don Pepe y Grill La Farola , Finca Las Merinas por ② 277 03 00, Telex 77055, Fax 277 03 00, mar y montaña, « Césped con vegetación subtropical », – – 25/400. AE E VISA.
Com 4950 – 1400 – **204 hab** 21000/31000 – PA 11500.

El Fuerte, av. del Fuerte 277 15 00, Telex 77523, Fax 282 44 11, « Terrazas con jardín y palmeras », climatizada, – – 25/600. AE E VISA JCB. rest
AB **e**
Com 3100 – 1100 – **263 hab** 8900/14500 – PA 5840.

San Cristóbal, Ramón y Cajal 3 277 12 50, Telex 77712, Fax 286 20 44 – AE E VISA.
A **t**
Com 1450 – 425 – **97 hab** 5750/7975 – PA 2900.

Lima sin rest, av. Antonio Belón 2 277 05 00, Fax 286 30 91 – AE E VISA.
A **h**
425 – **64 hab** 5600/7000.

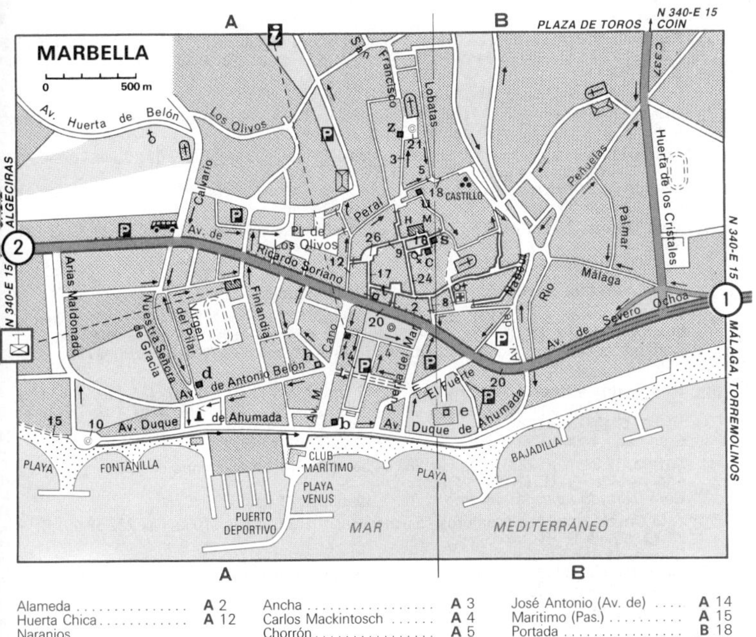

Alameda	A 2	Ancha	A 3	José Antonio (Av. de)	A 14
Huerta Chica	A 12	Carlos Mackintosch	A 4	Marítimo (Pas.)	A 15
Naranjos (Pl. de los)	A 16	Chorrón	A 5	Portada	B 18
Pedraza	A 17	Enrique del Castillo	AB 8	Ramón y Cajal (Av.)	AB 20
Victoria (Pl.)	A 26	Estación	A 9	Santo Cristo (Pl. de)	A 21
		Fontanilla (Glorieta)	A 10	Valdés	A 24

XXXX ✿ **La Fonda,** pl. Santo Cristo 10 ☎ 277 25 12, ☂, « Patio andaluz » – AE ⓓ E VISA. ✻ — A **z**
cerrado domingo – Com (sólo cena) carta 4525 a 6275
Espec. Ensalada de sardinas marinadas, Dorada al estilo Fonda, Crepé sir Holden.

XX **Santiago,** av. Duque de Ahumada 5 ☎ 277 43 39, Fax 282 45 03, ☂, Pescados y mariscos – ▤. AE ⓓ E VISA JCB. ✻ — A **b**
Com carta 3100 a 5100.

XX **Cenicienta,** av. Cánovas del Castillo 52 (circunvalación) ☎ 277 43 18, ☂ – AE ⓓ E VISA — por ②
Com (sólo cena) carta aprox. 3800.

XX **Hostería del Mar,** av. Cánovas del Castillo 1A ☎ 277 02 18, ☂, « Terraza » – AE E VISA — por ②
cerrado domingo y enero – Com carta 2900 a 3600.

XX **Mena,** pl. de los Naranjos 10 ☎ 277 15 97, ☂ – AE ⓓ E VISA. ✻ — A **c**
marzo-noviembre – Com *(cerrado domingo)* carta 2900 a 4300.

X Plaza, pl. General Chinchilla 6 ☎ 286 36 31, ☂ — AB **s**

X **Mamma Angela,** Virgen del Pilar 26 ☎ 277 68 99, ☂, Cocina italiana – ▤. ✻ — A **d**
cerrado martes y 15 enero-15 marzo – Com (sólo cena de julio a octubre) carta aprox. 2500.

X **El Balcón de la Virgen,** Remedios 2 ☎ 277 60 92, Edificio del siglo XVI – E VISA — A **u**
cerrado martes – Com carta 1300 a 2345.

en la carretera de Cádiz por ② – ✉ 29600 Marbella – ✆ 95 :

Marbella Club ⊗, 3 km ☎ 277 13 00, Telex 77319, Fax 282 98 84, ☂, « Confortables instalaciones en un amplio jardín », 🏋, ≋ climatizada, ⛱, ✂ – ▤ TV ☎ P – 🏛 25/180. AE ⓓ E VISA JCB. ✻
Com 5000 – ☕ 2000 – **100 hab** 25500/35500 – PA 9800.

Puente Romano ⊗, 3,5 km ☎ 277 01 00, Telex 77399, Fax 277 57 66, ☂, « Elegante conjunto de estilo andaluz en un magnífico jardín », ≋ climatizada, ⛱, ✂ – ▤ TV ☎ P – 🏛 25/170. AE ⓓ E VISA JCB. ✻ rest
Com carta 3950 a 5850 – ☕ 2000 – **218 hab** 23000/29500.

Coral Beach y Rest. Florencia, 5 km ☎ 282 45 00, Telex 79816, Fax 282 62 57, 🏋, ≋, ⛱, ☂ – |‡| ▤ TV ☎ ♿ 🚗 P – 🏛 25/300. AE ⓓ E VISA. ✻
marzo-octubre – Com carta 4450 a 6750 – ☕ 1500 – **170 hab** 18000/23000.

Andalucía Plaza, urb. Nueva Andalucía - 7,5 km, ✉ 29660 Nueva Andalucía, ☎ 281 20 00, Telex 77086, Fax 281 47 92, ☂, 🏋, ≋, ≋, ☂, ✂ – |‡| ▤ TV ☎ P – 🏛 25/800. AE ⓓ E VISA JCB. ✻
Com 4050 – ☕ 1080 – **415 hab** 10250/15800.

Marbella Dinamar Club 24, 6 km, ✉ 29660 Nueva Andalucía, ☎ 281 05 00, Telex 77656, Fax 281 23 46, ≤, 🌴, « Jardín con 🏊 », 🏊, 🎾 – |♦| ▤ 📺 ☎ 🅟 – 🧍 25/150. AE ⊙ E VISA. ✂
Com 3300 – ☕ 1200 – **117 hab** 14550/18150 – PA 6450.

Guadalpín, 1,5 km ☎ 277 11 00, Fax 277 33 34, 🌴, 🏊, 🌳 – ☎ 🅟. AE ⊙ E VISA. ✂ rest
Com 1850 – ☕ 450 – **110 hab** 6550/9400 – PA 3300.

XXXX **La Meridiana,** camino de la Cruz, urb. Lomas del Virrey - 3,5 km ☎ 277 61 90, Fax 282 60 24, ≤, 🌴, « Terraza con jardín » – ▤ 🅟. AE ⊙ E VISA
cerrado lunes mediodía, martes mediodía y 15 enero-15 febrero – Com (sólo cena en verano) carta 5500 a 7500.

XXX **Villa Tiberio,** 2,5 km ☎ 277 17 99, 🌴, Cocina italiana, « Terraza - jardín » – 🅟. AE E VISA. ✂
cerrado domingo – Com (sólo cena) carta 3700 a 4700.

en la carretera de Málaga por ① – ✉ 29600 Marbella – ☎ 95 :

Los Monteros 🔇, 5,5 km ☎ 277 17 00, Telex 77059, Fax 282 58 46, ≤, 🌴, « Jardín subtropical », 🏋, 🏊, 🏊, 🎾, ⛳18 – |♦| ▤ 📺 ☎ 🅟 – 🧍 25/80. AE ⊙ E VISA. ✂
Com (ver a continuación rest. **El Corzo**) 6000 – ☕ 1500 – **170 hab** 21200/27300 – PA 13500.

Don Carlos y Rest. Los Naranjos 🔇, 10 km ☎ 283 11 40, Telex 77481, Fax 283 34 29, ≤, 🌴, « Amplio jardín », 🏋, 🏊 climatizada, ⛱, 🎾 – |♦| ▤ 📺 ☎ 🅟 – 🧍 25/1200. AE ⊙ E VISA JCB. ✂
Com carta 4400 a 7550 – ☕ 1200 – **238 hab** 19300/24500.

Artola, 12,5 km ☎ 283 13 90, Fax 283 04 50, ≤, 🌴, « En un campo de golf », 🏊, 🌳, ⛳9 – |♦| ☎ 🚗 🅟. AE E VISA. ✂ rest
Com *(cerrado lunes en invierno)* 1700 – ☕ 600 – **31 hab** 6500/8750.

XXXX ✿ **El Corzo,** Hotel Los Monteros - 5,5 km ☎ 277 17 00, Telex 77059, Fax 282 58 46, 🌴 – ▤ 🅟. AE ⊙ E VISA. ✂
Com carta 4650 a 6550
Espec. Terrina de hígado de pato, Merluza con almejas y angulas en salsa verde, Profiteroles rellenos de helado de vainilla con salsa de chocolate caliente.

XXX **La Hacienda,** 11,5 km y desvío 1,5 km ☎ 283 12 67, Fax 283 33 28, 🌴, « Decoración rústica - Patio » – 🅟. AE ⊙ E VISA JCB
cerrado lunes mediodía en agosto, lunes y martes resto del año y 15 noviembre- 20 diciembre – Com carta 5700 a 5980.

XX **Las Banderas,** 9,5 km y desvio 0,5 km ☎ 283 18 19, 🌴 – AE E VISA. ✂
cerrado miércoles – Com carta 2200 a 3000.

X **Reserva Dos Pinos,** 8 km - urb. Los Pinos ☎ 283 87 93 – ▤. AE E VISA. ✂
cerrado 2ª quincena de febrero – Com carta 2500 a 4000.

X **La Hostería,** 8 km ☎ 283 11 35, 🌴 – 🅟. E VISA. ✂
cerrado martes y febrero – Com carta 1665 a 3325.

Ver también : ***Puerto Banús*** por ② : 8 km
San Pedro de Alcántara por ② : 13 km.

MARENY DE VILCHES **46408** Valencia 445 O 29 – ☎ 96 – Playa.

◆Madrid 375 – ◆Alicante 145 – ◆Valencia 27.

Ariane, Mediterráneo 73 - playa ☎ 176 07 16, ≤, 🎾 – |♦| 🚗 🅟. E VISA. ✂ rest
julio-septiembre – Com 1760 – ☕ 485 – **48 hab** 3145/6290.

La MARINA **03194** Alicante 445 R 28 – ☎ 96 – Playa.

◆Madrid 437 – ◆Alicante 31 – Cartagena 79 – ◆Murcia 57.

Marina sin rest, con cafetería, av. de la Alegría 30 ☎ 541 94 50, Fax 541 94 25 – |♦| 📺 ☎. ⊙ VISA. ✂
☕ 250 – **20 hab** 2300/4300.

MARKINA - XEMEIN Vizcaya – ver Marquina.

MARMOLEJO **23770** Jaén 446 R 17 – 7 066 h. alt. 245 – ☎ 953 – Balneario.

◆Madrid 331 – Andújar 10 – ◆Córdoba 71 – Jaén 76.

G. H. Marmolejo 🔇, Calvario 101 ☎ 54 00 00, Fax 54 06 50, ≤, 🌴, 🏊, 🌳 – |♦| ▤ ☎ 🅟 – 🧍 25/60. AE ⊙ E VISA. ✂
Com 1900 – ☕ 550 – **54 hab** 6300/8250 – PA 3700.

MARQUINA o MARKINA - XEMEIN **48270** Vizcaya 442 C 22 – 4 781 h. alt. 85 – ☎ 94.

Alred. : Balcón de Vizcaya★★ SO : 15 km.

◆Madrid 443 – ◆Bilbao/Bilbo 50 – ◆San Sebastián/Donostia 58 – ◆Vitoria/Gasteiz 60.

XX Niko, San Agustín 4 ☎ 616 89 59, Decoración regional – ▤.

X Vega con hab, Abésua 2 ☎ 686 60 15 – 🅟 – **16 hab.**

MARTINET **25724** Lérida 443 E 35 alt. 980 – ☎ 973.
♦Madrid 626 – ♦Lérida/Lleida 157 – Puigcerdá 26 – Seo de Urgel/La Seu d'Urgell 24.

XXX **Boix** con hab, carret N 260 ☎ 51 50 50, Fax 51 52 68, ⛱, 🌳 – |♦| 📺 ☎ 🅿. AE ⓓ E VISA. ✻ rest
Com carta 4300 a 4950 – ☕ 1300 – **34 hab** 9600/12000.

en la carretera N 260 O : 6,5 km – ✉ 25723 Pont de Bar – ☎ 973 :

XX **La Taverna dels Noguers,** ☎ 38 40 20 – ▤ 🅿. AE E VISA
cerrado jueves, del 15 al 30 enero y del 1 al 15 julio – Com (sólo almuerzo) carta 3250 a 4600.

MARTORELL **08760** Barcelona 443 H 35 – 16 147 h. – ☎ 93.
♦Madrid 598 – ♦Barcelona 32 – Manresa 37 – ♦Lérida/Lleida 141 – Tarragona 80.

X **Manel** con hab, Pedro Puig 74 ☎ 775 23 87, Fax 775 23 87 – |♦| ▤ rest 📺 ☎ 🚗 – 🏛 25/35. ⓓ E VISA. ✻
Com carta 3525 a 4800 – ☕ 725 – **29 hab** 7260/10890.

en la urbanización Can Amat-por la carretera N II NO : 6 km – ✉ 08760 Martorell – ☎ 93 :

XX **Paradis Can Amat,** ☎ 771 40 27, Fax 771 47 03 – ▤ 🅿. AE ⓓ E VISA. ✻
Com (sólo almuerzo salvo sábado) carta 3350 a 5200.

MAS BUSCÁ (Urbanización) Gerona – ver Rosas.

MASIAS DE VOLTREGÁ o **Les MASIES DE VOLTREGÁ** **08519** Barcelona 443 F 36 – 2 369 h. – ☎ 93.
♦Madrid 649 – ♦Barcelona 78 – Gerona/Girona 104 – Vich/Vic 12.

X **Cal Peyu,** carret. N 152 ☎ 850 25 35 – ▤ 🅿. AE ⓓ E VISA. ✻
cerrado martes noche, miércoles, del 7 al 21 enero y del 3 al 17 agosto – Com carta 2300 a 4200.

MAS NOU (Urbanización) Gerona – ver Playa de Aro.

MASPALOMAS Las Palmas – ver Canarias (Gran Canaria).

La MASSANA Andorra – ver Andorra (Principado de).

MASSANET DE CABRENYS o **MAÇANET DE CABRENYS** **17720** Gerona 443 E 38 – 800 h. – ☎ 972.
♦Madrid 769 – Figueras/Figueres 28 – Gerona/Girona 62.

🏨 **Els Caçadors** ♨, urb. Casanova ☎ 54 41 36, ←, ⛱, 🌳, 🎾 – |♦| ▤ rest 📺 🅿. E VISA. ✻
Com *(cerrado miércoles no festivos salvo en temporada)* 1650 – ☕ 600 – **18 hab** 3900/7800 – PA 3900.

🏨 **Pirineos** ♨, Burriana 10 ☎ 54 40 00 – 🅿. E VISA. ✻ rest
cerrado 7 enero-25 febrero – Com *(cerrado domingo noche y lunes salvo festivos)* 1200 – ☕ 430 – **30 hab** 2700/5300.

MATADEPERA **08230** Barcelona 443 H 36 – 2 351 h. – ☎ 93.
♦Madrid 617 – ♦Barcelona 32 – ♦Lérida/Lleida 160 – Manresa 38.

🏨 **Matadepera,** pl. Alfons Sala ☎ 787 01 25 – ▤ rest ☎. AE E VISA. ✻ rest
Com 1500 – ☕ 375 – **15 hab** 2800/5300.

XX ✿ **El Celler,** Gaudí 2 ☎ 787 08 57, Fax 730 06 79 – ▤. AE E VISA. ✻
cerrado domingo noche, martes y del 10 al 30 noviembre – Com carta 3750 a 4950
Espec. Juliana de calamarcitos y sanfaina, Lomo de cordero con verduras, Chaud-froid de peras con helado de avellana.

en Plà de Sant Llorenç N : 2,5 km – ✉ 08230 Matadepera – ☎ 93 :

XX **Masía Can Solà del Plà,** Plá de Sant Llorenç N : 2,5 km ☎ 787 08 07, Fax 730 03 12, 🌳, Espec. en bacalaos – ▤ 🅿. AE ⓓ E VISA. ✻
cerrado martes y agosto – Com carta 2250 a 3650.

MATALEBRERAS **42113** Soria 442 G 23 – 209 h. alt. 1 200 – ☎ 975.
♦Madrid 262 – ♦Logroño 134 – ♦Pamplona/Iruñea 133 – Soria 36 – ♦Zaragoza 122.

🏨 **Mari Carmen,** carret. N 122 ☎ 38 30 68, Fax 64 67 24 – 🅿. ⓓ E VISA. ✻
Com 870 – ☕ 400 – **30 hab** 2600/3650.

MATAELPINO 28492 Madrid 444 J 18 – ☎ 91.
♦Madrid 51 – ♦Segovia 43.

XX **Azaya,** Muñoz Grandes 7 ☎ 857 33 95, ≤, 🍴 – P. AE ⓓ VISA. ✻
cerrado martes y 27 septiembre-27 octubre – Com carta 3000 a 4200.

MATARÓ 08300 Barcelona 443 H 37 – 96 467 h. – ☎ 93 – Playa.
⛳ de Llavaneras NE : 4 km ☎ 792 60 50.
♦Madrid 661 – ♦Barcelona 28 – Gerona/Girona 72 – Sabadell 47.

NH Ciutat de Mataró, Camí Real 648, ✉ 08302, ☎ 757 55 22, Fax 757 57 26 – |‡| ▤ TV ☎ ♿ 🚗 – 🏛 25/600. AE ⓓ E VISA. ✻
Com 2500 – ☕ 900 – **68 hab** 9200/13100 – PA 4900.

Colón sin rest, con cafetería, Colón 6, ✉ 08301, ☎ 790 58 04, Fax 790 62 86 – |‡| ▤ TV ☎. ✻
☕ 725 – **52 hab** 5000/8250.

XX **El Nou Cents,** Torrent 21, ✉ 08302, ☎ 799 37 51 – ▤. AE ⓓ E VISA. ✻
cerrado domingo noche, lunes y 29 julio-16 agosto – Com carta 2800 a 4600.

X **Gumer's,** Nou de les Caputxines 10, ✉ 08301, ☎ 796 23 61 – ▤. E VISA. ✻
cerrado domingo noche, lunes, 10 días en Semana Santa y del 1 al 20 agosto – Com carta 2450 a 4255.

MAYORGA 47680 Valladolid 442 F 14 – 1 708 h. – ☎ 983.
♦Madrid 259 – ♦León 58 – Palencia 70 – ♦Valladolid 77.

Madrileño, carret. N 601 ☎ 75 10 39 – P. VISA. ✻
Com 900 – ☕ 250 – **15 hab** 2000/3500 – PA 1750.

MAZAGÓN 21130 Huelva 446 U 9 – ☎ 955 – Playa.
ℹ av. de los Descubridores ☎ 37 63 00.
♦Madrid 638 – Huelva 23 – ♦Sevilla 102.

por la carretera de Matalascañas – ✉ 21130 Mazagón – ☎ 955 :

Parador Cristóbal Colón ⛰, SE : 6,5 km ☎ 53 63 00, Fax 53 62 28, ≤ mar, « Jardín con 🏊 », 🎾 – ▤ TV ☎ P – 🏛 25/180. AE ⓓ VISA. ✻
Com 3200 – ☕ 1100 – **43 hab** 14000 – PA 6375.

Albaida, SE : 1km ☎ 37 60 29, Fax 37 61 08 – ▤ TV ☎ P – 🏛 25/45. AE ⓓ E VISA. ✻
Com 1750 – ☕ 450 – **24 hab** 5500/7000 – PA 3750.

EL MÉDANO Santa Cruz de Tenerife – ver Canarias (Tenerife).

MEDINACELI 42240 Soria 442 I 22 – 1 036 h. alt. 1 201 – ☎ 975.
♦Madrid 154 – Soria 76 – ♦Zaragoza 178.

X Hostería Medinaceli ⛰ con hab, Campo San Nicolás ☎ 32 62 64, ≤ – P
5 hab.

X **Medinaceli y Mesón del Arco Romano** ⛰ con hab y sin ☕, Portillo 1 ☎ 32 61 30, ≤ E VISA. ✻
cerrado noviembre – Com *(cerrado lunes)* carta 1800 a 2600 – **7 hab** 2000/3500.

X **Las Llaves,** pl. Mayor 13 ☎ 32 63 51, 🍴, Decoración rústica – AE VISA. ✻
cerrado domingo noche, lunes y 10 enero-10 febrero – Com carta 2475 a 4200.

en la antigua carretera N II SE : 3,5 km – ✉ 42240 Medinaceli – ☎ 975 :

Nico-H. 70, ☎ 32 60 11, Fax 32 60 52, 🏊 – ☎ 🚗 P. AE ⓓ E VISA. ✻
Com 2000 – ☕ 500 – **22 hab** 5800/7500 – PA 3800.

Duque de Medinaceli, ☎ 32 61 11, Fax 32 60 52 – ☎ 🚗. AE ⓓ E VISA. ✻
Com 1750 – ☕ 475 – **12 hab** 3200/6100 – PA 3300.

MEDINA DEL CAMPO 47400 Valladolid 442 I 15 – 19 237 h. alt. 721 – ☎ 983.
Ver : Castillo de la Mota★.
ℹ pl. Mayor 1 ☎ 80 48 17.
♦Madrid 154 – ♦Salamanca 81 – ♦Valladolid 43.

La Mota sin rest y sin ☕, Fernando el Católico 4 ☎ 80 04 50, Fax 80 36 30 – |‡| ☎ P. AE E VISA
40 hab 3000/4500.

El Orensano, Claudio Moyano 20 ☎ 80 03 41 – 🚗. VISA. ✻
Com *(cerrado domingo)* 1000 – ☕ 300 – **24 hab** 2200/3500 – PA 1900.

XX **Don Pepe,** Claudio Moyano 1 ☎ 80 18 95 – ▤. AE ⓓ E VISA. ✻
Com carta 2900 a 3700.

XX **Mónaco,** pl. de España 26 ☎ 81 02 95 – ▤. E VISA. ✻
cerrado jueves – Com carta 3000 a 4350.

MEDINA DE POMAR **09500** Burgos 442 D 19 – 5 173 h. – ☎ 947.

◆Madrid 329 – ◆Bilbao/Bilbo 81 – ◆Burgos 86 – ◆Santander 108.

✗ **San Francisco,** Juan de Ortega 3 ☎ 11 09 33 – ✗
cerrado lunes noche y 22 diciembre-22 enero – Com carta 1850 a 3425.

✗ El Olvido, av. de Burgos ☎ 11 00 01 – ▤ Ⓟ.

MEDINA DE RIOSECO **47800** Valladolid 442 G 14 – 5 016 h. alt. 735 – ☎ 983.

Ver : Iglesia de Santa María (capilla de los Benavente★).

◆Madrid 223 – ◆León 94 – Palencia 50 – ◆Valladolid 41 – Zamora 80.

✗✗ **La Rua,** San Juan 25 ☎ 70 05 19, ☂ – ▤. ⓓ E VISA. ✗
cerrado jueves noche y septiembre – Com carta 2600 a 3800.

MELILLA **29800** 969 ⑥ y ⑪ – 58 449 h. – ☎ 95 – Playa.

Ver : Ciudad vieja★ : Terraza museo municipal ✳★.

✈ de Melilla, carret. de Jasinen por av. de la Duquesa Victoria 4 km AY ☎ 268 35 64 – Iberia : Cándido Lobera 2 ☎ 268 15 07.

⛴ para Almería y Málaga : Cía. Trasmediterránea : General Marina 1 ☎ 268 19 18, Telex 77084 AY. – ℹ av. General Aizpuru 20 ☎ 267 40 13 – R.A.C.E. av. Juan Carlos I Rey, ☎ 267 82 52.

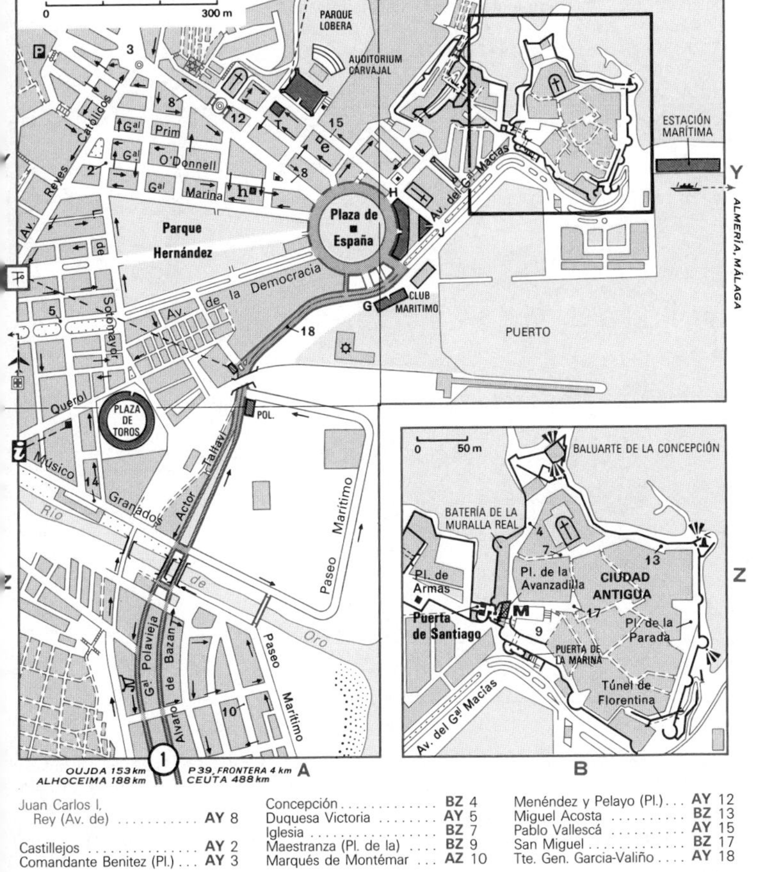

Juan Carlos I, Rey (Av. de) .... AY 8
Castillejos .... AY 2
Comandante Benitez (Pl.) .... AY 3
Concepción .... BZ 4
Duquesa Victoria .... AY 5
Iglesia .... BZ 7
Maestranza (Pl. de la) .... BZ 9
Marqués de Montémar .... AZ 10
Menéndez y Pelayo (Pl.) .... AY 12
Miguel Acosta .... BZ 13
Pablo Vallescá .... AY 15
San Miguel .... BZ 17
Tte. Gen. Garcia-Valiño .... AY 18

Parador de Melilla, av. Cándido Lobera, 29801, 268 49 40, Fax 268 34 86, AE VISA. AY **a**
Com 3200 – 1100 – **40 hab** 11500 – PA 6375.

Rusadir, Pablo Vallescá 5, 29801, 268 12 40, Fax 267 05 27 – AE E VISA. rest – 700 – **35 hab** 9840/12300. AY **e**

Granada, Marqués de Montemar 36, 29806, 267 30 26 – E VISA.
cerrado domingo noche, miércoles y 26 julio-26 agosto – Com carta 2150 a 3100.
por Av. Marqués de Montemar AZ

Los Salazones, Conde Alcaudete 15, 29806, 267 36 52, Pescados y mariscos –
Com carta 1750 a 3800. por Av. Marqués de Montemar AZ

La Montillana, O'Donnell 9, 29804, 267 06 74 – AY **h**

Mesón La Choza, av. de la Duquesa Victoria, 29806, 268 16 29, Carnes – AE E VISA.
por av. General Mola AY
cerrado domingo noche, martes y 18 julio-18 agosto – Com carta 2040 a 3075.

MENORCA Baleares – ver Baleares.

MERANGES Gerona – ver Maranges.

MERCADAL Baleares – ver Baleares (Menorca).

MÉRIDA **06800** Badajoz 444 P 11 – 41 783 h. alt. 221 – 924.
Ver : Mérida romana★★ : Mosaicos★, Museo Nacional de Arte Romano★★ BYZ **M1** – Teatro romano★★ BZ – Anfiteatro romano★ BZ – Puente romano★ BZ.
Pedro María Plano 31 53 53.
♦Madrid 347 ② – ♦Badajoz 62 ③ – ♦Cáceres 71 ① – Ciudad Real 252 ② – ♦Córdoba 254 ③ – ♦Sevilla 194 ③.

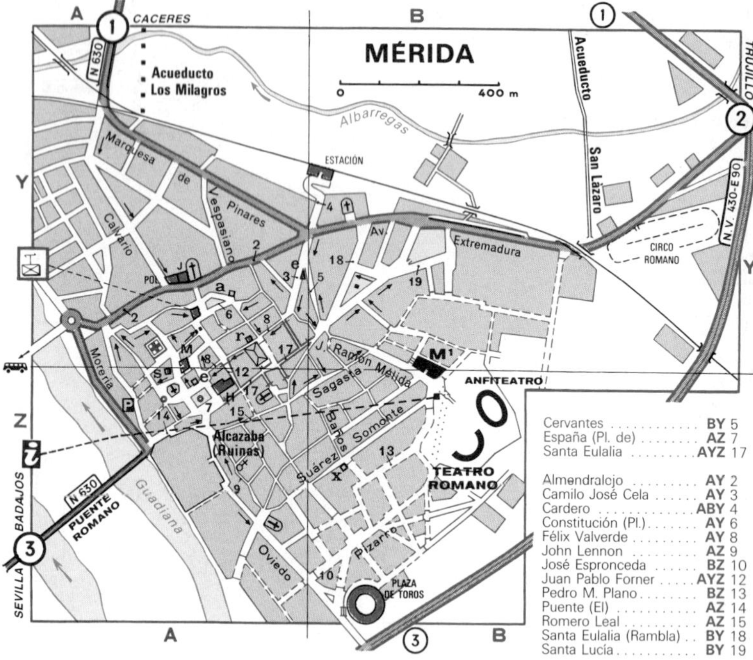

Parador Vía de la Plata, pl. de la Constitución 3 31 38 00, Fax 31 92 08, « Instalado en un antiguo convento », – 25/150. AE VISA. AY **a**
Com 3500 – 1200 – **82 hab** 16000 – PA 6970.

Nova Roma, Suárez Somonte 42 31 12 61, Fax 30 01 60 – 25/100. AE E VISA. – Com 2000 – **55 hab** 9000/11800 – PA 4600. BZ **x**

Emperatriz y Mesón El Emperador, pl. de España 19 ℘ 31 31 11, Fax 30 03 76 – ☎. AE ⓓ E VISA. ⚘ rest AZ e
Com carta 2050 a 3500 – ☕ 450 – **41 hab** 4625/8425.

Cervantes, Camilo José Cela 10 ℘ 31 49 01, Fax 31 13 42 – |♦| ▤ TV ☎ ⇔. AE E VISA JCB. ⚘ AY e
Com *(cerrado domingo)* 1800 – ☕ 500 – **30 hab** 5000/8000.

Nicolás, Félix Valverde Lillo 13 ℘ 31 96 10 – ▤. AE ⓓ E VISA. ⚘ AY r
cerrado domingo noche y del 7 al 21 septiembre – Com carta 2500 a 4750.

Rufino, pl. de Santa Clara 2 ℘ 30 19 30, 🍽 – ▤. AE ⓓ E VISA. ⚘ AZ s
cerrado domingo y del 1 al 28 agosto – Com carta 4000 a 5000.

en la antigua carretera N V por ② : 3 km – ✉ 06800 Mérida – ☏ 924 :

Las Lomas, ℘ 31 10 11, Telex 28840, Fax 30 08 41, ⛱ – |♦| ▤ TV ☎ P – 🏛 25/800. AE ⓓ E VISA. ⚘
Com 3000 – ☕ 1150 – **134 hab** 10800/13500 – PA 5720.

MIAJADAS 10100 Cáceres 444 O 12 – 8 460 h. alt. 297 – ☏ 927.

♦Madrid 291 – ♦Cáceres 60 – Mérida 52.

El Cortijo, carret. de Don Benito S : 1 km ℘ 34 79 95 – ▤ TV ☎ P. VISA. ⚘
Com 1100 – ☕ 250 – **20 hab** 2500/4000 – PA 2500.

Triana, antigua carret. N V ℘ 34 80 10, Fax 34 80 10 – ▤. AE ⓓ E VISA JCB. ⚘
Com 1500 – ☕ 250 – **35 hab** 3000/4100.

en la antigua carretera N V SO : 2 km – ✉ 10100 Miajadas – ☏ 927 :

La Torre, ℘ 34 78 55 – ▤ TV ☎ P. AE E VISA. ⚘
Com 1200 – ☕ 250 – **31 hab** 3000/4500 – PA 2130.

MIAMI PLAYA o MIAMI PLATJA 43892 Tarragona 443 I 32 – 1 438 h. – ☏ 977 – Playa.

♦Madrid 532 – Tarragona 33 – Tortosa 53.

Tropicana, carret. N 340 ℘ 81 03 40, Fax 81 05 18, 🍽, ⛱ – ▤ ☎ ⇔ P. E VISA. ⚘ rest
Com 1320 – ☕ 500 – **34 hab** 2900/4500 – PA 2625.

MIERES 33600 Asturias 441 – 58 718 h. alt. 209 – ☏ 98.

♦Madrid 426 – Gijón 48 – ♦León 102 – ♦Oviedo 19.

Casa Oscar, La Vega 39 ℘ 546 68 88, Pescados y mariscos – ▤. AE E VISA. ⚘
cerrado domingo y agosto – Com carta 3500 a 4800.

L'Albar, La Vega 1 ℘ 546 84 45 – ▤. AE E VISA JCB
cerrado domingo noche, lunes y julio – Com carta 2250 a 4175.

MIJAS 29650 Málaga 446 W 16 – 14 896 h. alt. 475 – ☏ 95. – Ver : Pueblo★.

18 Golf Mijas S : 5 km ℘ 247 68 43.

♦Madrid 585 – Algeciras 115 – ♦Málaga 30.

Mijas, urbanización Tamisa ℘ 248 58 00, Telex 77393, Fax 248 58 25, ≤ montañas, Fuengirola y mar, 🍽, « Conjunto de estilo andaluz », ⛱, 🛁, 🎾 – TV ☎ P – 🏛 25/70. AE ⓓ E VISA. ⚘
Com 3200 – ☕ 1100 – **96 hab** 10000/12000 – PA 7500.

El Padrastro, paseo del Compás ℘ 248 50 00, Fax 248 51 97, ≤ Fuengirola y mar, 🍽, ⛱ – AE ⓓ E VISA
Com carta 1825 a 4375.

El Olivar, av. Virgen de la Peña - edificio El Rosario ℘ 248 61 96, ≤, 🍽 – AE ⓓ E VISA. ⚘
cerrado sábado – Com carta 1750 a 2500.

El Capricho, Los Caños 5 - 1° ℘ 248 51 11 – AE ⓓ E VISA JCB. ⚘
cerrado miércoles y febrero – Com carta 2450 a 3250.

en la carretera de Fuengirola S : 4 km – ✉ 29650 Mijas – ☏ 95 :

Valparaíso, ℘ 248 59 96, ≤ Fuengirola y mar, 🍽, ⛱ – P. AE E VISA JCB. ⚘
cerrado domingo y enero – Com (sólo cena) carta 2500 a 3050.

MIJAS COSTA Málaga – ver Fuengirola.

MIJAS GOLF (Urbanización) Málaga – ver Fuengirola.

El MILIARIO Segovia – ver Honrubia de la Cuesta.

MIRAFLORES DE LA SIERRA **28792** Madrid 444 J 18 – 2 334 h. alt. 1 150 – ✆ 91.
♦Madrid 52 – El Escorial 50.

- **Mesón Maito,** General Sanjurjo 2 ✆ 844 35 67, Fax 844 37 52, Decoración castellana – AE E VISA. Com carta 2950 a 4600.
- **Asador La Fuente,** Mayor 12 ✆ 844 42 16, Asados – AE E VISA. *cerrado lunes y octubre* – Com carta 2500 a 3500.
- **Las Llaves,** Calvo Sotelo 4 ✆ 844 40 57 – AE E VISA. *cerrado lunes y octubre* – Com carta 3100 a 4200.

MIRANDA DE EBRO **09200** Burgos 442 D 21 – 36 812 h. alt. 463 – ✆ 947.
♦Madrid 322 – ♦Bilbao/Bilbo 84 – ♦Burgos 79 – ♦Logroño 71 – ♦Vitoria/Gasteiz 33.

- **Tudanca y Rest. Horno de San Juan,** carret. N I ✆ 31 18 43, Telex 39442, Fax 31 18 48 – rest. AE E VISA. Com *(cerrado domingo noche)* 1900 – 550 – **120 hab** 4965/7310 – PA 3700.
- **Neguri,** Estación 80 ✆ 32 25 12 – AE VISA. *cerrado lunes y 2ª quincena agosto* – Com carta 2975 a 3775.
- **Carlos III,** Arenal 76 ✆ 31 49 03 – E VISA. *cerrado lunes y agosto* – Com carta 2475 a 3575.
- **Hostal Achuri** con hab, Estación 86 ✆ 31 00 40 – AE E VISA. *cerrado 19 diciembre-10 enero* – Com *(cerrado domingo noche)* carta 2475 a 4735 – 300 – **30 hab** 2260/3565.
- **Casa Rafael,** Estación 23 ✆ 31 01 71 – AE E VISA. *cerrado lunes* – Com carta aprox. 3500.

Sie möchten in einem Parador
oder in einem ruhigen, abgelegenen Hotel übernachten ?
Wir empfehlen Ihnen – vor allem in der Hauptreisezeit –
Ihr Zimmer rechtzeitig zu reservieren.

MOGRO **39310** Cantabria 442 B 18 – ✆ 942.
♦Madrid 394 – ♦Santander 15 – Torrelavega 12.

- **El Desierto** sin rest, junto estación ferrocarril ✆ 57 66 47, ≤, « Antigua casona » – AE E VISA. *Semana Santa y 15 junio-septiembre* – 300 – **12 hab** 4200/6500.

MOGUER **21800** Huelva 446 U 9 – 10 004 h. alt. 50 – ✆ 955.
Ver : Iglesia del convento de Santa Clara (sepulcros★).
♦Madrid 618 – Huelva 19 – ♦Sevilla 82.

- **Platero** sin rest y sin ☐, Aceña 4 ✆ 37 21 59 – **19 hab** 2540/3180.

MOIÁ Barcelona – ver Moyá.

MOJÁCAR **04638** Almería 446 U 24 – 1 581 h. alt. 175 – ✆ 951 – playa.
Ver : Paraje★.
18 Club Cortijo Grande, Turre ✆ 47 93 12.
pl. Nueva ✆ 47 51 62.
♦Madrid 527 – ♦Almería 95 – ♦Murcia 141.

en la playa :

- **Parador Reyes Católicos,** carret. de Carboneras SE : 2,5 km, ✉ 04638 Mojácar, ✆ 47 82 50, Fax 47 81 83, ≤, – 25-400. AE VISA. Com 3200 – 1100 – **98 hab** 10500 – PA 6375.
- **El Puntazo,** carret. de Carboneras SE : 4,5 km, ✉ 04630 Garrucha, ✆ 47 82 29, – rest. AE E VISA. Com 1250 – 225 – **21 hab** 3200/4000 – PA 2315.

El MOLAR **28710** Madrid 444 J 19 – 2 384 h. alt. 817 – ✆ 91.
♦Madrid 44 – Aranda de Duero 115 – Guadalajara 63.

en la carretera N I S : 5 Km – ✉ 28710 El Molar – ✆ 91 :

- **Le Normandie,** ✆ 841 00 53, Fax 522 19 93, « Hostería rústica en un verde paraje », – AE E VISA. *cerrado domingo noche y lunes salvo festivos* – Com carta 3870 a 5295.

La MOLINA 17537 Gerona 443 E 35 – alt. 1 300 – ✆ 972 – Deportes de invierno 1 21.
◆Madrid 651 – ◆Barcelona 148 – Gerona/Girona 131 – ◆Lérida/Lleida 180.

Roc Blanc , alt. 1 450 ✆ 14 45 00, Fax 14 50 02, ←, , – |‡| ☎ P. AE E VISA. rest
diciembre- 20 abril y julio- 20 septiembre – Com 1600 – 600 – **30 hab** 4600/7600 – PA 2875.

Adsera , alt. 1 600 ✆ 89 20 01, ←, – |‡| ☎ P. AE ⓓ VISA. rest
diciembre-abril y julio-15 septiembre – Com 1900 – 600 – **41 hab** 5600/8000 – PA 3650.

El Cau sin rest, Supermolina - alt. 1700 ✆ 89 21 78, ← –
12 hab.

MOLINA DE ARAGÓN 19300 Guadalajara 444 J 24 – 3 795 h. alt. 1 050 – ✆ 911.
◆Madrid 197 – Guadalajara 141 – Teruel 104 – ◆Zaragoza 144.

Rosanz, paseo de los Adarves 12 ✆ 83 08 36 –
33 hab.

MOLINASECA 24413 León 441 E 10 – 751 h. – ✆ 987.
◆Madrid 383 – ◆León 103 – Lugo 125 – ◆Oviedo 213 – ◆Ponferrada 6,5.

Casa Ramón, Jardines Angeles Balboa, 2 ✆ 41 82 73 – . AE E VISA JCB.
cerrado miércoles – Com carta 2400 a 4150.

El MOLINAR Baleares – ver Baleares (Mallorca) : Palma de Mallorca.

MOLLET o **MOLLET DEL VALLÉS** 08100 Barcelona 443 H 36 – 35 494 h. alt. 65 – ✆ 93.
◆Madrid 631 – ◆Barcelona 17 – Gerona/Girona 80 – Sabadell 25.

Climat de France, Can Flaquer 10 - Can Pantiquet ✆ 570 64 34, Fax 570 56 06 – |‡| TV
☎ – 50/70. AE ⓓ E VISA. rest
Com 2100 – 750 – **65 hab** 8500 – PA 4950.

MOLLÓ 17868 Gerona 443 E 37 – 401 h. – ✆ 972.
◆Madrid 707 – ◆Barcelona 135 – Gerona/Girona 88 – Prats de Mollo 24.

François , carret. de Camprodón ✆ 74 03 88, ← montaña y valle del río Tort, – |‡|
P. E VISA.
cerrado del 16 al 30 noviembre – Com *(cerrado lunes)* 2400 – 500 – **28 hab** 3200/5500 – PA 5000.

Calitxó , passatge El Serrat ✆ 74 03 86, ← montañas – |‡| P. E VISA.
cerrado 15 enero-15 febrero – Com *(cerrado lunes)* 1500 – 750 – **25 hab** 5500 – PA 3485.

MONASTERIO – ver el nombre propio del monasterio.

MONBUEY 49310 Zamora 441 F 11 – 535 h. – ✆ 988.
◆Madrid 320 – ◆León 124 – Orense/Ourense 181 – ◆Valladolid 138 – Zamora 86.

La Ruta, carret. N 525 SE : 1 km ✆ 64 27 30, ← – P. AE VISA.
Com 950 – 275 – **14 hab** 1785/3965 – PA 1850.

MONDRAGÓN o **ARRASATE** 20500 Guipúzcoa 442 C 22 – 26 045 h. alt. 211 – ✆ 943.
◆Madrid 390 – ◆San Sebastián/Donostia 79 – Vergara/Bergara 9 – ◆Vitoria/Gasteiz 34.

Arrasate sin rest, Biteri 1 ✆ 79 73 22, Fax 79 14 16 – TV ☎. AE VISA
500 – **12 hab** 6000/8500.

en Santa Águeda O : 3,5 km – ✉ 20509 Santa Águeda – ✆ 943 :

Txirrita , barrio Guesalibar ✆ 79 52 11, ← – . AE ⓓ E VISA. rest
Com *(cerrado domingo noche)* 950 – 350 – **16 hab** 2900/4500 – PA 2000.

MONESTERIO 06260 Badajoz 444 R 11 – 6 065 h. – ✆ 924.
◆Madrid 444 – ◆Badajoz 126 – Cáceres 150 – ◆Córdoba 197 – Mérida 82 – ◆Sevilla 97.

Moya, paseo de Extremadura 278 ✆ 51 61 36, Fax 51 63 24 – P. ⓓ E VISA.
Com 2155 – 200 – **36 hab** 5000.

MONFORTE DE LEMOS 27400 Lugo 441 E 7 – 20 506 h. alt. 298 – ✆ 982.
◆Madrid 501 – Lugo 65 – ◆Orense/Ourense 49 – Ponferrada 112.

Puente Romano sin rest, pl. Doctor Goyanes 6 ✆ 40 35 51 – |‡| TV ☎. E VISA.
175 – **15 hab** 2000/3500.

La Fortaleza, Campo de la Virgen (subida al Castillo) ✆ 40 06 04 – VISA.
Com carta 1900 a 3300.

O Grelo, Chantada 16 ✆ 40 47 01 – .

MONNEGRE **03115** Alicante 445 Q 28 - ✆ 96.
◆Madrid 435 - ◆Alicante 18 - ◆Valencia 176.

Valle del Sol, ✆ 565 19 73, Fax 565 18 85, - rest
Com 1500 - 350 - **24 hab** 4275/5700 - PA 3350.

MONREAL DEL CAMPO **44300** Teruel 443 J 25 - 2 477 h. alt. 939 - ✆ 974.
◆Madrid 245 - Teruel 56 - ◆Zaragoza 126.

El Botero, av. de Madrid 2 ✆ 86 31 66, Fax 86 34 96 - rest . VISA.
Com 1000 - 250 - **30 hab** 1850/3300.

MONTALVO (Playa de) Pontevedra - ver Portonovo.

MONTANEJOS **12448** Castellón de la Plana 443 L 29 - 568 h. - ✆ 964.
◆Madrid 408 - Castellón de la Plana 62 - Teruel 106 - ◆ Valencia 95.

Rosaleda del Mijares, carret. de Tales 28 ✆ 13 10 79 - . VISA.
cerrado Navidades - Com 1300 - 380 - **57 hab** 2100/3300 - PA 2500.

Xauen, av. Fuente de los Baños 26 ✆ 13 11 51 - . VISA.
15 marzo- 15 octubre - Com 1400 - 400 - **21 hab** 2000/3600 - PA 2480.

MONTAÑAS DEL FUEGO Las Palmas - ver Canarias (Lanzarote).

MONTBLANCH o **MONTBLANC** **43400** Tarragona 443 H 33 - 5 749 h. alt. 350 - ✆ 977.
del Casal ✆ 86 12 32 Fax 86 24 24.
◆Madrid 518 - ◆Barcelona 112 - ◆Lérida/Lleida 61 - Tarragona 36.

Ducal, Diputació 11 ✆ 86 00 25, Fax 86 21 31 - rest - 25/50. AE E VISA. rest
Com 950 - 350 - **41 hab** 2650/4600 - PA 2250.

El Molí dels Capellans, Muralla Santa Ana 2 ✆ 86 05 91 - .

en la carretera N 240 - ✉ 43414 Lilla - ✆ 977

Coll de Lilla, SE : 7,5 km ✆ 86 09 07, Fax 86 04 23, - - 25. AE E VISA. - Com 2200 - **26 hab** 6000/12000 - PA 4400.

Les Fonts de Lilla, SE : 6 km ✆ 86 03 03, ←, Decoración rústica - .

MONTBRIÓ DEL CAMP **43340** Tarragona 443 I 33 - ✆ 977.
◆Madrid 554 - ◆Barcelona 125 - ◆Lérida/Lleida 97 - Tarragona 21.

Torre dels Cavallers, carret. de Cambrils ✆ 82 60 53, , Decoración rústica - . E VISA.
cerrado martes - Com carta 2450 a 3350.

MONTE - ver el nombre propio del monte.

MONTEAGUDO **30160** Murcia 445 R 26 - ✆ 968.
◆Madrid 400 - ◆Alicante 77 - ◆Murcia 5.

Monteagudo, av. Constitución 93 ✆ 85 00 64 - . AE E VISA.
cerrado lunes y del 10 al 31 agosto - Com carta 3000 a 3800.

MONTE HACHO Ceuta - ver Ceuta.

MONTEMAYOR **14530** Córdoba 446 T 15 - 3 366 h. alt. 387 - ✆ 957.
◆ Madrid 433 - ◆ Córdoba 33 - Jaén 117 - Lucena 37.

Castillo de Montemayor, carret. N 331 ✆ 38 42 00, Fax 38 43 06, , - . AE E VISA. - Com 1350 - 400 - **34 hab** 3200/6000.

MONTFERRER **25711** Lérida 443 E 34 - ✆ 973.
◆Madrid 599 - ◆Lérida/Lleida 130 - Seo de Urgel/La Seu d'Urgell 3.

La Masía, carret. N 260 ✆ 35 24 45 - . AE E VISA JCB.
cerrado lunes noche, martes noche, miércoles y 24 junio-24 julio - Com carta 2000 a 3800.

MONTILLA **14550** Córdoba 446 T 16 - 21 373 h. alt. 400 - ✆ 957.
◆Madrid 443 - ◆Córdoba 45 - Jaén 117 - Lucena 28.

Don Gonzalo, carret. N 331 ✆ 65 06 58, Fax 65 06 66, , , - . AE E VISA. - Com 1300 - 500 - **29 hab** 5000/8000 - PA 3100.

Las Camachas, carret. N 331 ✆ 65 00 04, - . AE E VISA.
Com carta 2200 a 3700.

MONT-RÁS Gerona - ver Palafrugell.

MONT-ROIG DEL CAMP 43300 Tarragona 443 I 32 - 4 738 h. - ☎ 977.

Club de Bonmont Terres Noves, urb. Terres Noves 84 - SO : 7,5 km ☎ 81 81 40 Fax 81 81 46.

♦Madrid 539 - Tarragona 31 - Tortosa 65.

en la urbanización Terres Noves por la carretera T 310 SO : 7,5 km - ✉ 43300 Mont-Roig del Camp - ☎ 977 :

Le Couvert, ☎ 81 81 70, Fax 81 81 71, Cocina francesa, « Magnifica situación junto al golf con ≤ campo y mar » - ▤ Ⓟ. AE ⓓ E VISA JCB. ✂
cerrado domingo noche, lunes y del 5 al 31 enero - Com carta 4500 a 5500.

MONTSENY 08460 Barcelona 443 G 37 - 269 h. alt. 522 - ☎ 93.

Alred. : Sierra de Montseny★.

♦Madrid 673 - ♦Barcelona 60 - Gerona/Girona 68 - Vich/Vic 36.

Can Barrina con hab, carret. de Palautordera S : 1,2 km ☎ 847 30 65, Antigua casa de campo, « Césped con ⛱, terraza y ≤ sierra del Montseny » - Ⓟ. AE E VISA. ✂
Com carta 3060 a 4450 - ☕ 1200 - **11 hab** 6500/8500.

en la carretera de Tona NO : 8 km - ✉ 08460 Montseny - ☎ 93 :

Sant Bernat , ☎ 847 30 11, Fax 847 30 11, ≤ valle y montañas, « Magnífica situación en la sierra del Montseny », - TV ☎ Ⓟ. ⓓ E VISA JCB. ✂
Com 2710 - ☕ 720 - **20 hab** 8230/10485 - PA 4910.

MONTSERRAT 08691 Barcelona 443 H 35 - alt. 725 - ☎ 93.

Ver : Lugar★★★ - La Moreneta★.

Alred. : Carretera de acceso por el oeste ≤★★.

♦Madrid 594 - ♦Barcelona 53 - ♦Lérida/Lleida 125 - Manresa 22.

Abat Cisneros , pl. Monestir ☎ 835 02 01, Fax 828 40 06 - |☰| ▤ rest TV ☎. AE ⓓ E VISA. ✂ - Com 2400 - ☕ 600 - **41 hab** 4400/7350 - PA 4300.

Monestir sin rest y sin ☕, pl. Monestir ☎ 835 02 01, Fax 828 40 06 - |☰| TV ☎. AE ⓓ E VISA. ✂ - *abril-octubre* - **34 hab** 4700.

MONZÓN 22400 Huesca 443 G 30 - 14 480 h. alt. 368 - ☎ 974.

♦Madrid 463 - Huesca 70 - ♦Lérida/Lleida 50.

Vianetto, av. de Lérida 25 ☎ 40 19 00, Fax 40 45 40 - |☰| ▤ rest TV ☎. AE ⓓ E VISA
Com 1450 - ☕ 450 - **84 hab** 3200/5500 - PA 3000.

Piscis, pl. de Aragón 1 ☎ 40 00 48 - ▤. AE ⓓ E VISA
Com carta 2500 a 4000.

Jairo, Santa Bárbara 10 ☎ 40 34 35.

MONZÓN DE CAMPOS 34410 Palencia 442 F 16 - 1 036 h. alt. 750 - ☎ 988.

♦Madrid 237 - ♦Burgos 95 - Palencia 11 - ♦Santander 190.

Castillo de Monzón con hab, ☎ 80 80 75, « Instalado en un castillo medieval dominando la Tierra de Campos » - ☎ Ⓟ. AE E VISA. ✂
cerrado noviembre - Com *(15 marzo-octubre)* carta 2300 a 3600 - ☕ 600 - **10 hab** 7000/9000.

MORA 45400 Toledo 444 M 18 - 9 328 h. - ☎ 925.

♦Madrid 100 - Ciudad Real 92 - Toledo 31.

Agripino, pl. Príncipe de Asturias 8 ☎ 30 00 00 - |☰| ▤ rest ☎. AE ⓓ E VISA. ✂
cerrado del 16 al 31 agosto - Com 1500 - ☕ 200 - **20 hab** 2500/4000 - PA 3200.

MORA DE RUBIELOS 44400 Teruel 443 L 27 - 1 393 h. - ☎ 974.

♦Madrid 341 - Castellón de la Plana 92 - Teruel 40 - ♦Valencia 129.

Jaime I, pl. de la Villa ☎ 80 00 92, Fax 80 60 50 - |☰| TV ☎. AE ⓓ E VISA. ✂ rest
Com 2750 - ☕ 675 - **35 hab** 6465/9900.

MORAIRA 03724 Alicante 445 P 30 - 757 h. - ☎ 96 - Playa.

Club Ifach SO : 8 km.

Edificio del Castillo, ☎ 574 51 68, Fax 574 01 66.

♦Madrid 483 - ♦Alicante 75 - Gandía 65.

La Sort, av. de Madrid 1 ☎ 574 51 35, Fax 574 51 35 - ▤. AE E VISA JCB. ✂
cerrado sábado de octubre a mayo y 15 días en febrero - Com carta 2950 a 4800.

Casa Dorita, Iglesia 6 ☎ 574 48 61 - AE ⓓ E VISA. ✂
cerrado lunes y noviembre - Com carta 2400 a 3300.

por la carretera de Calpe – ✉ 03724 Moraira – ☎ 96 :

Swiss Moraira 🔇, O : 2,5 km ☎ 574 71 04, Telex 63855, Fax 574 70 74, 🏊, 🎾 – ▤ TV ☎ 🚗 🅿 – 🏛 30/100. AE ⓓ E VISA. ✗ rest
cerrado 4 enero-4 febrero – Com 1750 – ☕ 1100 – **25 hab** 12500/16000.

Moradix 🔇 sin rest, Moncayo 1, O : 1,5 km ☎ 574 40 56, Fax 574 45 25, ← – |‡| ☎ 🅿. E VISA. ✗
☕ 450 – **30 hab** 3750/5000.

Gema H. 🔇, SO : 2,5 km, ✉ apartado 330, ☎ 574 71 88, Fax 574 71 88, ←, 🌳, 🏊, 🌴, 🎾 – |‡| ☎ 🅿. AE E VISA JCB. ✗ rest
Com 1300 – ☕ 450 – **40 hab** 5600/6700 – PA 2750.

XXX ✿ **Girasol,** SO : 1,5 km ☎ 574 43 73, Fax 649 05 45, 🌳, « Villa acondicionada con elegancia » – ▤ 🅿. AE ⓓ E VISA. ✗
cerrado lunes salvo julio-agosto y enero-febrero – Com (solo cena en verano salvo domingo) carta 4350 a 6500
Espec. Ensalada templada de salmonetes de roca con albahaca (verano), Hojaldre de pichón de Bresse con su jugo, Surtido de postres Noelia.

en El Portet NE : 1,5 km – ✉ 03724 Moraira – ☎ 96 :

XXX **Le Dauphin,** ✉ apartado 324 Moraira, ☎ 649 04 32, Fax 649 04 32, 🌳, Cocina francesa, « Villa mediterránea con terraza y ← peñón de Ifach, Calpe y mar » – E VISA
cerrado lunes y febrero – Com (sólo cena en verano) carta 3850 a 4400.

MORALZARZAL 28411 Madrid 444 J 18 – 1 600 h. – ☎ 91.

♦Madrid 42 – Ávila 77 – ♦Segovia 57.

XXX ✿ **El Cenador de Salvador,** av. de España 30 ☎ 857 77 22, Fax 857 77 80, 🌳, « Terraza-jardín » – 🅿. AE ⓓ E VISA. ✗
cerrado domingo noche, lunes y del 15 al 30 octubre – Com carta 5700 a 6400
Espec. Alcachofas con berenjenas, Salmonetes a la parrilla con salsa de alcaparras, Tórtola en salmis.

MORELLA 12300 Castellón de la Plana 445 K 29 – 3 337 h. alt. 1 004 – ☎ 964.

Ver : Emplazamiento★ – Basílica de Santa María la Mayor★ – Castillo ←★.

ℹ Torres de San Miguel ☎ 16 01 25.

♦Madrid 440 – Castellón de la Plana 98 – Teruel 139.

Rey Don Jaime, Juan Giner 6 ☎ 16 09 11, Fax 16 09 11 – |‡| ▤ rest TV ☎. AE ⓓ E VISA. ✗
Com 1300 – ☕ 450 – **44 hab** 4000/7000 – PA 2200.

Cardenal Ram, Cuesta Suñer 1 ☎ 16 00 00, Fax 16 00 00 – TV ☎. AE E VISA. ✗
cerrado 2ª quincena febrero y 1ª quincena noviembre – Com 1500 – ☕ 425 – **19 hab** 4500/6000 – PA 3000.

Elías sin rest y sin ☕, Colomer 7 ☎ 16 00 92
cerrado 2ª quincena octubre – **17 hab** 1600/3700.

X **Meson del Pastor,** cuesta Jovaní 5 ☎ 16 02 49 – ▤. E VISA. ✗
cerrado miércoles no festivos salvo en agosto – Com carta 2400 a 3700.

MÓSTOLES 28900 Madrid 444 L 18 – 149 649 h. – ☎ 91.

♦Madrid 19 – Toledo 64.

X **Mesón Gregorio I,** Reyes Católicos 16 ☎ 613 22 75, Decoración típica – ▤. E VISA JCB. ✗
Com carta 3400 a 4800.

MOTA DEL CUERVO 16630 Cuenca 444 N 21 – 5 496 h. alt. 750 – ☎ 967.

Alred. : Belmonte (castillo : artesonados★ mudéjares, Antigua colegiata : sillería★) NE : 14 km – Villaescusa de Haro (capilla de la Asunción★) NE : 20 km.

♦Madrid 139 – ♦Albacete 108 – Alcázar de San Juan 36 – Cuenca 113.

Mesón de Don Quijote, carret. N 301 ☎ 18 02 00, Fax 18 07 11, Decoración regional, 🏊 – ▤ ☎ 🚗 🅿
36 hab.

MOTILLA DEL PALANCAR 16200 Cuenca 444 N 24 – 4 392 h. alt. 900 – ☎ 966.

♦Madrid 202 – Cuenca 68 – ♦Valencia 146.

Del Sol, carret. N III ☎ 33 10 25, Fax 33 10 30 – ▤ rest TV ☎ 🚗 🅿. AE ⓓ E VISA. ✗
Com 1900 – ☕ 450 – **38 hab** 3200/5400 – PA 3400.

X **Seto,** carret N III O : 1,5 km ☎ 33 32 28 – ▤ 🅿. AE ⓓ E VISA. ✗
Com carta 1400 a 3250.

MOTRICO o **MUTRIKU** 20830 Guipúzcoa 442 C 22 - 5 244 h. - 943 - Playa.

Ver : Emplazamiento★.

♦Madrid 464 - ♦Bilbao/Bilbo 75 - ♦San Sebastián/Donostia 46.

- **Jarri-Toki,** carret. de Deva E : 1 km ☎ 60 32 39, ≤ mar, - P. AE E VISA. ⚘
  cerrado domingo noche y lunes en invierno - Com carta 2600 a 4000.
- **Mendixa,** pl. Churruca 13 ☎ 60 34 94, , Pescados y mariscos - AE E VISA
  cerrado lunes y 15 diciembre-marzo - Com carta 2800 a 4200.

MOTRIL 18600 Granada 446 V 19 - 39 784 h. alt. 65 - 958.

Playa Granada SO : 8 km ☎ 60 04 12 - Los Moriscos, carret. de Bailén : 8 km ☎ 60 04 12.

♦Madrid 501 - ♦Almería 112 - Antequera 147 - ♦Granada 71 - ♦Málaga 96.

- **Costa Nevada,** Martín Cuevas 31 ☎ 60 05 00, Fax 82 16 08, - P - 25/140. AE E VISA. ⚘ rest
  Com 1650 - 450 - **65 hab** 5500/7700 - PA 3035.
- **Tropical** sin , Rodríguez Acosta 23 ☎ 60 04 50, Fax 60 04 50 - TV ☎. AE E VISA. ⚘
  Com *(cerrado domingo y julio)* 1200 - **21 hab** 3500/5200.

MOYÁ o **MOIÁ** Barcelona 443 G 38 - 3 076 h. alt. 776 - 93.

Alred. : Estany (iglesia : capiteles del claustro★★) N : 8 km.

♦Madrid 611 - ♦Barcelona 72 - Manresa 26.

MUNDACA o **MUNDAKA** 48360 Vizcaya 442 B 21 - 1 501 h. - 94 - Playa.

♦ Madrid 436 - ♦ Bilbao/Bilbo 35 - ♦ San Sebastián/Donostia 105.

- **Atalaya** sin rest, paseo de Txorrokopunta 2 ☎ 687 68 88, Fax 687 68 99 - TV ☎ P. AE E VISA
  cerrado 22 diciembre-9 enero - 900 - **15 hab** 9200/11500.
- **El Puerto** sin rest, Portu 1 ☎ 687 67 25, Fax 617 70 64, ≤ - TV ☎ . E VISA
  800 - **11 hab** 7500/9000.
- **La Fonda,** pl. Olazábal ☎ 687 65 43 - AE E VISA. ⚘
  cerrado lunes y enero - Com carta aprox. 3300.

MUNGUÍA o **MUNGIA** 48100 Vizcaya 442 B 21 - 94.

♦Madrid 449 - Bermeo 17 - ♦Bilbao/Bilbo 16 - ♦San Sebastián/Donostia 114.

- **Lauaxeta,** Lauaxeta 4 ☎ 674 43 80 - rest TV ☎. VISA. ⚘
  Com *(cerrado domingo)* 1800 - 450 - **17 hab** 5800/7000 - PA 3800.

ELS MUNTS Tarragona - ver Torredembarra.

MURCIA 30000 P 445 S 26 - 288 631 h. alt. 43 - 968.

Ver : Catedral★ (Capilla de los Vélez★ : fachada★, Museo : San Jerónimo★, campanario : ≤★) DY - Museo Salzillo★ CY **M1**.

de Murcia-San Javier por ② : 50 km ☎ 57 00 73 - Iberia : av. Alfonso X El Sabio, ✉ 30008, ☎ 24 00 50 DY.

Alejandro Seiquer 4, ✉ 30001, ☎ 21 37 16 - R.A.C.E. av. de la Libertad 2, ✉ 30009, ☎ 23 02 66.

♦Madrid 395 ① - ♦Albacete 146 ① - ♦Alicante 81 ① - Cartagena 49 ② - Lorca 64 ③ - ♦Valencia 256 ①.

Plano página siguiente

- **Meliá 7 Coronas,** paseo de Garay 5, ✉ 30003, ☎ 21 77 72, Telex 67067, Fax 22 12 94, , « Terraza jardín » - TV ☎ - 25/400. AE E VISA. ⚘ X **x**
  Com carta 3250 a 4700 - 1200 - **121 hab** 12400/15500.
- **Rincón de Pepe,** pl. Apóstoles 34, ✉ 30001, ☎ 21 22 39, Telex 67116, Fax 22 17 44 - TV ☎ - 25/120. AE E VISA. ⚘ DY **r**
  Com (ver rest. **Rincón de Pepe**) - 1500 - **172 hab** 12500/16000.
- **Arco de San Juan,** pl. de Ceballos 10, ✉ 30003, ☎ 21 04 55, Fax 22 08 09 - TV ☎ - 25/80. AE E VISA. ⚘ DZ **n**
  Com (ver Rest. **Del Arco**) - 1250 - **115 hab** 9975/14250.
- **Conde de Floridablanca,** Princesa 18, ✉ 30002, ☎ 21 46 26, Fax 21 32 15 - TV ☎ . AE E VISA. ⚘ DZ **f**
  Com *(cerrado sábado, domingo y agosto)* 2300 - 900 - **85 hab** 8800/12000.
- **Hispano 2,** Radio Murcia 3, ✉ 30001, ☎ 21 61 52, Fax 21 68 59 - TV ☎ - 25/100. AE E VISA. ⚘ DY **e**
  Com (ver rest. **Hispano**) - 900 - **35 hab** 8500/11500.

MURCIA

Colón (Alameda de) .... **DZ**
Floridablanca .... **DZ, X** 18
Isidoro de la Cierva .... **DY** 40
Platería .... **DY**
Trapería .... **DY**

Alfonso x el Sabio (Gran Vía) .... **DY, X** 2
Cardenal Belluga (Pl.) ... **DY** 5
Ciudad de Almería (Av.) ..... **X** 7
Constitución (Av. de la) . **X** 9
Emilio Díez de Revenga (Plaza) ..... **X** 12
España (Glorieta de) .... **DZ** 15
Garay (Paseo de) ...... **DZ** 20
General Primo de Rivera (Avenida) ..... **X** 22
General Yagüe .... **X** 25
Gómez Cortina .... **CY** 28
Industria .... **X** 30
Infante Juan Manuel (Avenida) .... **DZ** 33
Intendente Jorge Palacio (Av.) .... **X** 35
Isaac Albéniz .... **X** 37
Jaime I el Conquistador ..... **X** 42
José Antonio Ponzoa ... **DY** 44
Juan Carlos I (Av. de) ... **X** 46
Juan XXIII (Plaza de) ... **X** 48
Levante (Ronda de) .... **X** 50
Libertad (Av. de la) ..... **X** 53
Licenciado Cascales .... **DY** 56
Luis Fontes Pagán ..... **X** 58
Marcos Redondo ...... **CY** 60
Mariano Vergara .... **X** 61
Marqués de Corvera (Paseo). **X** 63
Martínez Tornel (Pl.) .... **DZ** 65
Miguel de Cervantes (Av.) .. **X** 67
Norte (Ronda) .... **X** 69
Obispo Frutos .... **X** 71
Perea (Avenida) .... **X** 73
Proclamación .... **DZ** 75
San Francisco (Plano de) .... **CYZ** 78
Sociedad .... **DY** 80
Teniente Flomesta (Av.) .... **DZ** 83
Vistabella (Puente de) ..... **X** 85

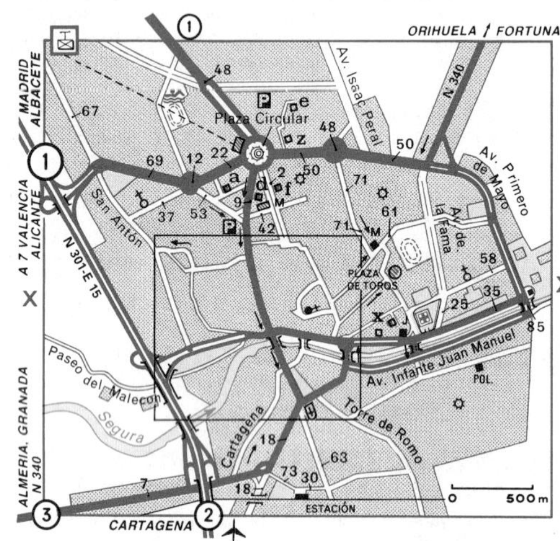

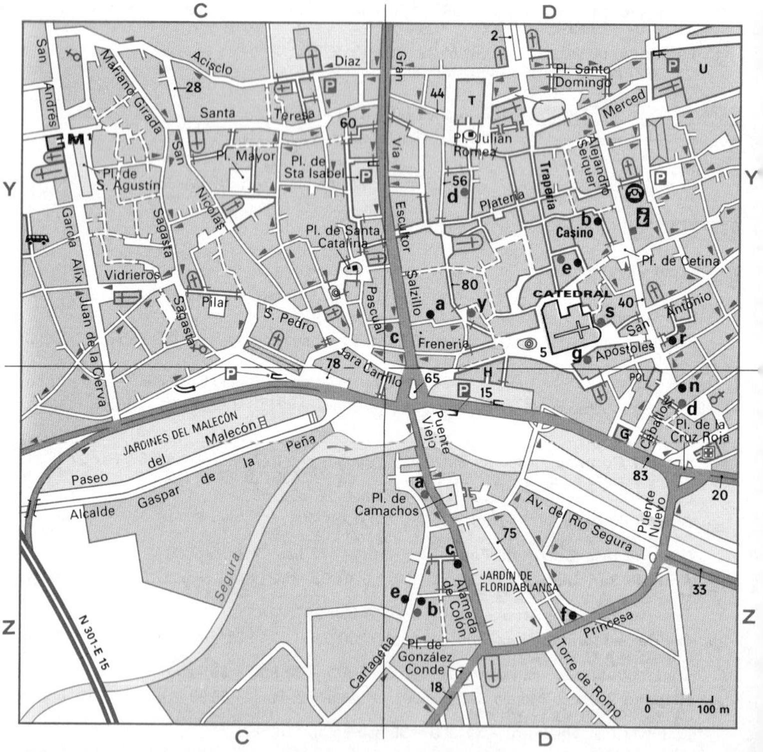

ORIHUELA / FORTUNA
MADRID ALBACETE
A 7 VALENCIA ALICANTE
ALMERIA, GRANADA N 340
CARTAGENA
Plaza Circular
Av. Isaac Peral
N 340
Av. Primero de Mayo
Av. de la Fama
San Antón
N 301-E 15
PLAZA DE TOROS
Paseo del Malecón
Segura
Av. Infante Juan Manuel
POL.
Torre de Romo
Cartagena
ESTACIÓN
0 500 m
X

C
D
Y
Z
San Andrés
Mariano Girada
Acisclo
Díaz
Gran Vía
Pl. Santo Domingo
Merced
Santa Teresa
Pl. Julián Romea
Alejandro Seiquer
Pl. Mayor
Pl. de Sta Isabel
Pl. de S. Agustín
San Nicolás
Platería
Trapería
Casino
Sagasta
García Alix
Juan de la Cierva
Pl. de Santa Catalina
Escultor Salzillo
Pl. de Cetina
Vidrieros
Pilar
CATEDRAL
S. Pedro
Pascual
Frenería
San Antonio
Apóstoles
Sara Carrillo
POL.
JARDINES DEL MALECÓN
Paseo del Malecón
Alcalde Gaspar de la Peña
Puente Viejo
Caballero
Pl. de la Cruz Roja
Pl. de Camachos
Av. del Río Segura
Puente Nuevo
Segura
JARDÍN DE FLORIDABLANCA
Alameda de Colón
N 301-E 15
Princesa
Pl. de González Conde
Cartagena
Torre de Romo
0 100 m

Churra-Vistalegre, Arquitecto Juan J. Belmonte 4, 30007, 20 17 50, Fax 20 17 95 - . AE E VISA. X e
Com (ver rest. **El Churra**) - 600 - **57 hab** 6000/8000.

Fontoria sin rest, Madre de Dios 4, 30004, 21 77 89, Fax 21 07 41 - 25/120. AE E VISA. DY a
650 - **120 hab** 7500/10900.

Pacoche Murcia, Cartagena 30, 30002, 21 33 85, Fax 21 33 85 - . AE E VISA. DZ e
Com (ver Rest. **Universal Pacoche**) - 450 - **72 hab** 6000/9000.

La Huertanica, Infante 5, 30001, 21 76 68, Fax 21 25 04 - . AE E VISA. DY b
Com 1600 - 700 - **31 hab** 5500/7500.

El Churra, Obispo Sancho Dávila 1, 30007, 23 84 00, Fax 23 77 93 - . AE E VISA. X z
Com (ver rest. **El Churra**) - 500 - **97 hab** 5000/7000.

Casa Emilio sin rest, Alameda de Colón 9, 30005, 22 06 31, Fax 21 30 29 - . E VISA. DZ c
400 - **37 hab** 3800/6600.

Universal Pacoche, Cartagena 21, 30002, 21 76 05, Fax 21 76 05 - . E VISA. DZ b
Com (ver Rest. **Universal Pacoche**) - 300 - **47 hab** 3500/5500.

Rincón de Pepe, pl. Apóstoles 34, 30001, 21 22 39, Telex 67116, Fax 22 17 44 - . AE E VISA. DY r
cerrado domingo (junio-agosto), domingo noche resto del año y 15 julio-15 agosto - Com carta 3500 a 4800
Espec. Ensalada de colas de gambas, Dorada con ajos tiernos confitados, Lomo de cordero relleno a la murciana.

Alfonso X, av. Alfonso X el Sabio 8, 30008, 23 10 66, Decoración moderna - . AE E VISA. X f
cerrado domingo y festivos en verano y domingo noche resto del año - Com carta 3000 a 5800.

Los Apóstoles, pl. de los Apóstoles 1, 30001, 21 11 32 - . AE VISA. DY s
cerrado domingo y 2ª quincena agosto - Com carta aprox. 4200.

del Arco, pl. de San Juan 1, 30003, 21 04 55, Fax 22 08 09, - . AE E VISA. DZ d
cerrado domingo y agosto - Com carta 2400 a 3600.

Baltasar, Apóstoles 10, 30001, 22 09 24 - . E VISA DY g
cerrado domingo y del 13 al 31 agosto - Com carta 2775 a 3850.

Rocío, Batalla de las Flores, 30008, 24 29 30 - . AE E VISA. X a
cerrado domingo - Com carta 2950 a 3750.

Hispano, Arquitecto Cerdan 7, 30001, 21 61 52, Fax 21 68 59 - . AE E VISA. DY e
Com carta 1900 a 3400.

El Churra, av. Marqués de los Vélez 12, 30007, 23 84 00, Fax 23 77 93 - . AE E VISA. X z
Com carta 2850 a 3600.

Pacopepe, Madre de Dios 15, 30004, 21 95 87 - . AE E VISA DY c
cerrado domingo - Com carta 2900 a 3300.

Acuario, pl. Puxmarina 1, 30004, 21 99 55 - . AE E VISA. DY y
cerrado domingo y del 15 al 30 de agosto - Com carta 2000 a 2800.

Morales, av. de la Constitución 12, 30008, 23 10 26 - . E VISA. X d
cerrado sábado noche y domingo - Com carta 2900 a 3800.

Paco's, Alfaro 7, 30001, 21 42 96 - DY d

Roses, pl. de Camachos 17, 30002, 21 13 25, Fax 21 13 25 - . AE VISA. DZ a
cerrado martes y 17 septiembre-8 octubre - Com carta 2000 a 3500.

Universal Pacoche, Cartagena 25, 30002, 21 13 38 - . E VISA. DZ b
cerrado sábado y 1ª quincena de agosto - Com carta 1300 a 2250.

Torro's, Jerónimo Yáñez de Alcalá, 30003, 21 02 62 - . AE E VISA. X x
cerrado domingo y del 10 al 30 agosto - Com carta 2000 a 3500.

MURGUÍA

01130 Álava 442 D 21 - alt. 620 - 945.
Madrid 362 - Bilbao/Bilbo 45 - Vitoria/Gasteiz 19.

Zuya, Domingo Sautu 30 43 00 27 - - 25. AE E VISA. rest - Com 1700 - 600 - **15 hab** 4500/6500 - PA 3200.

en la autopista A 68 NO : 5 km - 01130 Murguia - 945 :

Motel Altube, 43 01 50, Fax 43 02 51 - rest . AE E VISA.
Com 1200 - 575 - **20 hab** 6500/7700 - PA 2585.

Altube, 43 01 73, Fax 43 02 51 - rest . AE E VISA.
Com 1200 - 575 - **20 hab** 4600/5900 - PA 2530.

MURIEDAS **39600** Cantabria 442 B 18 – ✆ 942.
♦Madrid 392 – ♦Bilbao/Bilbo 102 – ♦Burgos 149 – ♦Santander 7.

- **Romano II,** av. Santander 4 (cruce carret. N 623 y N 634) ✆ 25 48 50, Fax 22 30 71 – ☎ Ⓟ. E VISA. ✗
  – Com 1100 – ☕ 400 – **18 hab** 4000/6100 – PA 2570.
- Parayas sin rest. con cafetería, José Antonio 6 ✆ 25 13 00 – |♦| ☎ 🚗
  22 hab.

MUROS **15250** La Coruña 441 D 2 – 12 036 h. – ✆ 981 – Playa.
♦Madrid 674 – Pontevedra 97 – Santiago de Compostela 72.

- Muradana y Rest. A Maia, av. Marina Española, 107 ✆ 82 68 85 – |♦| ☎
  16 hab.
- **A Esmorga,** paseo del Bombé ✆ 82 65 28, ≤ – E VISA. ✗
  cerrado domingo noche – Com carta 1300 a 2850.

MUTRIKU Guipúzcoa – ver Motrico.

NÁJERA **26300** La Rioja 442 E 21 – 6 172 h. – ✆ 941.
Ver : Monasterio de Santa María la Real★, (claustro★★, iglesia : panteón real★, sepulcro de Blanca de Navarra★ - coro alto : sillería★).
Alred. : San Millán de la Cogolla (monasterio de Suso★, monasterio de Yuso : marfiles tallados★★) SO : 18 km.
♦Madrid 324 – ♦Burgos 85 – ♦Logroño 28 – ♦Vitoria/Gasteiz 84.

- **Mesón Duque Forte,** San Julián 13 ✆ 36 37 84 – AE E VISA. ✗
  cerrado lunes noche – Com carta 1500 a 2000.

NARÓN **15578** La Coruña 441 B 5 – 28 984 h. alt. 20 – ✆ 981.
♦Madrid 617 – ♦La Coruña/A Coruña 65 – Ferrol 6 – Lugo 113.

- **Excelsior,** pl. Ayuntamiento 1 ✆ 38 21 04 – 🚗. ✗ rest
  Com 1300 – ☕ 250 – **14 hab** 3200/3950 – PA 2295.

NAVA **33520** Asturias 441 B 13 – 5 786 h. – ✆ 98.
♦Madrid 463 – Gijón 41 – ♦Oviedo 32 – ♦Santander 173.

en la carretera N 634 E : 7 km – ✉ 33582 Ceceda – ✆ 98

- **La Cueva de Narciso** con hab, ✆ 570 41 37, Fax 570 42 02 – TV ☎ 🚗 Ⓟ. AE ⓓ E VISA. ✗
  Com carta 1950 a 3350 – ☕ 400 – **20 hab** 4950/5950.

NAVACERRADA **28491** Madrid 444 J 17 – 1 270 h. alt. 1 203 – ✆ 91.
♦Madrid 50 – El Escorial 21 – ♦Segovia 35.

- **Ricardo,** Audiencia ✆ 853 11 23 – ▤. E VISA
  cerrado lunes – Com carta 2800 a 5200.
- **La Galería,** Iglesia 9 ✆ 856 05 79 – ▤. AE VISA. ✗
  cerrado del 15 al 30 septiembre – Com carta 3650 a 4150.
- **Felipe,** av. de Madrid 2 ✆ 856 08 34 – ▤. AE ⓓ E VISA JCB. ✗
  Com carta 3450 a 5550.
- **Asador Felipe,** Del Mayo 3 ✆ 853 10 41, 🌳, Decoración castellana – E VISA. ✗
  Com *cerrado lunes* carta 3050 a 4900.
- **Espinosa,** Santísimo 6 ✆ 856 08 02 – AE ⓓ E VISA. ✗
  cerrado 2ª quincena de octubre – Com (sólo almuerzo en invierno salvo fines de semana) carta aprox. 3000.
- **La Cocina del Obispo,** Dr Villasante 7 ✆ 856 09 36, 🌳 – AE ⓓ E VISA. ✗
  Com carta 3175 a 4825.

en la carretera M 601 – ✉ 28491 Navacerrada – ✆ 91 :

- **Arcipreste de Hita,** NO : 1,5 km ✆ 856 01 25, Fax 856 02 70, ≤ pantano y montañas, 🏋, 🏊, 🏊 – |♦| ▤ rest TV ☎ Ⓟ – 🎤 25/60. VISA. ✗
  Com 3000 – ☕ 800 – **40 hab** 10000/12000.
- **Las Postas,** SO : 1,5 km ✆ 856 02 50, Fax 853 11 51, ≤, 🌳 – ▤ rest TV ☎ Ⓟ – 🎤 25/40. AE E VISA. ✗
  Com 3500 – ☕ 490 – **20 hab** 4000/7000 – PA 7500.
- **La Fonda Real,** NO : 2 km ✆ 856 03 05, Fax 554 03 52, « Decoración castellana del siglo XVIII » – Ⓟ. AE E VISA. ✗
  Com carta 4150 a 5700.

en el valle de la Barranca NE : 3,5 km – ✉ 28491 Navacerrada – ☎ 91 :

La Barranca ⛰, Pinar de la Barranca alt. 1 470 ☎ 856 00 00, Fax 856 03 52, ≤, 🏊, 🎾 – |♦| 📺 ☎ 🅿 – 🏛 25/35. AE E VISA. ✗
Com 2600 – ☕ 740 – **56 hab** 6800/8500 – PA 5200.

NAVACERRADA (Puerto de) **28470** Madrid-Segovia 444 J 17 alt. 1 860 – ☎ 91 – Deportes de invierno : ⛷ 11.

Ver : Puerto★ (≤★).

♦Madrid 57 – El Escorial 28 – ♦Segovia 28.

Pasadoiro, carret. N 601 ☎ 852 14 27, ≤ – 🅿. AE VISA. ✗ rest
Com 2250 – ☕ 375 – **36 hab** 5000/7000 – PA 4250.

NAVAL **22320** Huesca 443 F 30 – 305 h. alt. 637 – ☎ 974.

♦Madrid 471 – Huesca 81 – ♦Lérida/Lleida 108.

Olivera ⛰, San Miguel ☎ 30 40 72, ≤, 🎾 – ▤ rest 🅿. ✗
Com 1200 – ☕ 350 – **30 hab** 2200/3500 – PA 1600.

NAVALCARNERO **28600** Madrid 444 L 17 – 8 034 h. alt. 671 – ☎ 91.

♦Madrid 32 – El Escorial 42 – Talavera de la Reina 85.

Real Villa de Navalcarnero, paseo San Damián 3 ☎ 811 24 93, Fax 811 11 42, ≤, 🏊 – |♦| ▤ 📺 ☎ 🚗 🅿 – 🏛 25/300. AE ⦿ E VISA. ✗
Com 1900 – ☕ 475 – **36 hab** 7000/8500.

Hostería de las Monjas, pl. de la Iglesia 1 ☎ 811 18 19, 🌂, Decoración castellana – ▤. AE ⦿ E VISA. ✗
cerrado lunes y 2ª quincena de julio – Com carta aprox. 3500.

en la carretera N V – ✉ 28600 Navalcarnero – ☎ 91 :

El Labrador G. H., SO : 5 km ☎ 813 94 20, Fax 813 94 44, 🌂, 🏊 – ▤ ☎ 🅿. AE ⦿ E VISA. ✗
Com 1700 – ☕ 300 – **82 hab** 4500/6000.

Felipe IV, E : 3 km ☎ 811 09 13, 🌂 – ▤ 🅿. AE ⦿ E VISA. ✗
Com carta aprox. 4500.

NAVALMORAL DE LA MATA **10300** Cáceres 444 M 13 – 12 922 h. alt. 514 – ☎ 927.

♦Madrid 180 – ♦Cáceres 121 – Plasencia 69.

Brasilia, antigua carret. N V ☎ 53 07 50, 🏊 – ▤ ☎ 🅿. ✗ rest
Com 2300 – ☕ 350 – **43 hab** 3960/6325.

Los Arcos de Baram, Regimiento Argel 6 ☎ 53 30 60 – ▤. E VISA JCB. ✗
Com carta 2100 a 2650.

Las NAVAS DEL MARQUÉS **05230** Ávila 442 K 17 – 3 888 h. alt. 1 318 – ☎ 91.

♦Madrid 81 – Avila 40 – El Escorial 26.

Montecarlo, García del Real 22 ☎ 897 06 49 – ▤.

NAVECES Asturias – ver Piedras Blancas.

NAVIA **33710** Asturias 441 B 9 – 8 728 h. – ☎ 98 – Playa.

ℹ El Muelle 3 ☎ 563 00 94.

♦Madrid 565 – ♦La Coruña/A Coruña 203 – Gijón 118 – ♦ Oviedo 122.

Blanco ⛰, La Colorada N : 1 km ☎ 563 07 75, Fax 547 32 01 – |♦| ▤ rest 📺 ☎ 🅿 – 🏛 25/200. AE E VISA. ✗
Com 1000 – ☕ 300 – **36 hab** 3000/5000 – PA 2300.

El Sotanillo, Mariano Luiña 24 ☎ 563 08 84 – AE ⦿ E VISA. ✗
cerrado sábado – Com carta 3750 a 5200.

NA XAMENA (Urbanización) Baleares – ver Baleares (Ibiza) : San Miguel.

NEDA **15510** La Coruña 441 B 4 – ☎ 981.

♦Madrid 613 – ♦La Coruña/A Coruña 69 – Ferrol 10 – Lugo 109.

Pazo da Merced ⛰ sin rest, carret. LC 115 y desvío particular ☎ 38 29 00, Fax 38 01 04, ≤, 🏊 – 📺 ☎ 🅿. VISA. ✗
☕ 1200 – **5 hab** 8000/10000.

NEGREIRA **15830** La Coruña 441 D 3 - 7 711 h. - 981.
◆Madrid 633 - ◆La Coruña/A Coruña 92 - Santiago de Compostela 20.

Tamara, carret. de Santiago 88 52 01, Fax 88 58 13 - E VISA.
cerrado 15 octubre-1 noviembre - Com 1000 - 400 - **42 hab** 3500/6000, 21 apartamentos - PA 2100.

NEGURI Vizcaya - ver Algorta.

NERJA **29780** Málaga 446 V 18 - 12 012 h. - 95 - Playa.
Alred. : Cuevas de Nerja★★ NE : 4 km - Carretera★ de Nerja a La Herradura ≤★★.
Golf Nerja 252 02 08.
Puerta del Mar 2 252 15 31.
◆Madrid 549 - ◆Almería 169 - ◆Granada 120 - ◆Málaga 52.

Parador de Nerja, playa de Burriana - Tablazo 252 00 50, Fax 252 19 97, ≤ mar, « Césped frente al mar », - - 25/80. AE VISA.
Com 3200 - 1100 - **73 hab** 13500 - PA 6375.

Perla Marina, Mérida 7 252 33 50, Fax 252 40 83, ≤, - . AE E VISA. rest
Com 2200 - 600 - **106 hab** 7500/11000 - PA 4400.

Plaza Cavana, pl. Cavana 10 252 40 00, Fax 252 40 00, - - 25/175. AE E VISA. rest
Com 1800 - 500 - **22 hab** 7500/10000 - PA 3700.

Balcón de Europa, paseo Balcón de Europa 1 252 08 00, Fax 252 44 90, ≤, - - 25/100. AE E VISA. rest
Com 1900 - 600 - **102 hab** 7750/10450 - PA 3750.

El Chaparil, pl. El Chaparil 1 252 47 08 - rest.
julio-septiembre - Com 750 - **23 hab** 3500/5000 - PA 1200.

Don Peque sin rest, Diputación Provincial 13 - 1º 252 13 18 - hab. AE E VISA.
cerrado del 15 al 30 noviembre - 300 - **10 hab** 3500/4000.

Estrella del Mar, Bella Vista 5 252 04 61,
cerrado febrero - Com 975 - 350 - **12 hab** 3600/4100 - PA 1900.

Pepe Rico, Almirante Ferrándiz 28 252 02 47, Fax 252 44 98, - E VISA.
cerrado martes y 18 noviembre-18 diciembre - Com (sólo cena) carta 2220 a 3325.

De Miguel, Pintada 2 252 29 96 -
Com (sólo cena de octubre a mayo).

Casa Luque, pl. Cavana 2 252 10 04, , Decoración regional - .

Verano Azul, Almirante Ferrándiz 31 252 18 95 - AE E VISA.
cerrado domingo y 15 noviembre-15 diciembre - Com carta 2000 a 2950.

en la carretera N 340 E : 1,5 km - ✉ 29780 Nerja - 95 :

Nerja Club, 252 01 00, Fax 252 26 08, ≤, , , - . AE E VISA.
Com 1600 - 550 - **67 hab** 6700/8300 - PA 3200.

NIGRÁN **36209** Pontevedra 441 F 3 - 986.
◆Madrid 619 - Orense/Ourense 108 - Pontevedra 44 - ◆Vigo 17.

Los Abetos, carret. C 550 N : 1 km entrada Los Abetos-Nigrán 36 81 47, Fax 36 55 67, - . AE E VISA.
Com carta 2100 a 3700.

Los NOGALES o **AS NOGAIS** **27677** Lugo 441 D 8 - 2 283 h. - 982.
◆Madrid 451 - Lugo 53 - Ponferrada 69.

Fonfría, carret. N VI 36 00 44 - . E VISA.
Com 1000 - 200 - **27 hab** 3000/4500.

NOALLA **36990** Pontevedra 441 E 3 - 986.
◆ Madrid 633 - Pontevedra 27 - Santiago de Compostela 79.

en la playa de La Lanzada O : 1,3 km - ✉ 36990 Noalla - 986

Con d'Arbón , 74 36 37, Telex 88395, Fax 74 32 45 - -
130 hab.

Marola , 74 36 36, ≤, -
25 hab.

Delfín Azul, 74 36 22, Fax 74 56 09, ≤ - . VISA.
Com 1900 - 250 - **40 hab** 4000/6000 - PA 3240.

La Lanzada, 74 32 32, ≤, -
26 hab.

NOIA La Coruña - ver Noya.

NOJA **39180** Cantabria 442 B 19 - 1 273 h. - ☎ 942 - Playa.
♦Madrid 422 - ♦Bilbao/Bilbo 79 - ♦Santander 44.

en la playa de Ris NO : 2 km - ✉ 39184 Ris - ☎ 942 :

Montemar ⑤, Arenal 21 ☎ 63 03 20, ✂ - 🛗 ☎ 🅿
15 junio-15 septiembre - Com 1430 - ☕ 385 - **59 hab** 4275/6930 - PA 2200.

La Encina, av. de Ris 75 ☎ 63 01 41, Fax 63 01 41, ⩽ - 🛗 ☎ 🅿. VISA. ✂
- Com 1400 - ☕ 365 - **47 hab** 4400/7300 - PA 2400.

Los Nogales, av. de Ris 21 ☎ 63 02 65 - 🅿
27 hab.

NOREÑA **33180** Asturias 441 B 12 - 4 155 h. - ☎ 98.
♦Madrid 447 - ♦Oviedo 12.

Cabeza, Javier Lauzurica 4 ☎ 574 02 74, Fax 574 12 71 - 🛗 TV ☎ 🚗. AE ⓓ E VISA.
✂
Com *(cerrado domingo)* 1500 - ☕ 450 - **40 hab** 5600/6600.

NOVELLANA **33157** Asturias 441 B 11 - ☎ 98.
♦Madrid 510 - Gijón 66 - Luarca 35 - ♦Oviedo 65.

Yendebarcas, carret. N 632 ☎ 559 62 98 - ☎ 🅿
12 hab.

NOVO SANCTI PETRI (urbanización) Cádiz - ver Chiclana de la Frontera.

NOYA o **NOIA** **15200** La Coruña 441 D 3 - 13 867 h. - ☎ 981.
Ver : Iglesia de San Martín★.
Alred. : O : Ría de Muros y Noya★★.
Excurs. : Mirador del Curota★★★ SO : 35 km.
♦Madrid 639 - ♦La Coruña/A Coruña 109 - Pontevedra 62 - Santiago de Compostela 35.

Park ⑤, por carret. de Muros-Barro ☎ 82 37 29, Fax 82 31 33, ⩽, 🏊 - TV ☎ 🅿. E VISA.
✂
Com 1700 - ☕ 400 - **35 hab** 4200/6800 - PA 2300.

Ceboleiro, Galicia 15 ☎ 82 05 31 - TV ☎. AE ⓓ E VISA. ✂
- Com 2000 - ☕ 350 - **13 hab** 4800/10000 - PA 3500.

La NUCÍA **03530** Alicante 445 Q 29 - 3 726 h. alt. 85 - ☎ 96.
♦Madrid 450 - ♦Alicante 56 - Gandía 64.

en la carretera de Benidorm - ✉ 03530 La Nucía - ☎ 96

✕✕ **Alcázar,** S : 5 km ☎ 587 32 08, « Bonita terraza evocando el patio de los Leones de la Alhambra granadina » - 🅿. AE ⓓ E VISA. ✂
cerrado lunes salvo julio-agosto, del 1 al 15 mayo y del 1 al 15 diciembre - Com carta 1650 a 2925.

✕ **Kaskade II,** urbanización Panorama I S : 5 km y desvío a la derecha 0,3 km ☎ 587 33 37, 🌂, 🏊 - 🅿. AE E VISA
Com carta aprox. 2500.

✕ **Kaskade I,** urb. Panorama III S : 4,5 km y desvio a la derecha 1 km ☎ 587 31 40, 🌂, 🏊 - E VISA. ✂
Com carta 1650 a 2500.

NUEVA EUROPA (Urbanización) Las Palmas - ver Canarias (Gran Canaria) : Maspalomas.

NULES **12520** Castellón de la Plana 445 M 29 - 10 957 h. - ☎ 964.
♦Madrid 402 - Castellón de la Plana 19 - Teruel 125 - ♦Valencia 54.

✕ **Barbacoa,** carret. de Burriana ☎ 67 05 04 - ▤ 🅿. AE ⓓ E VISA. ✂
cerrado domingo noche, lunes noche y agosto - Com carta 1800 a 3100.

OCHAGAVÍA **31680** Navarra 442 D 26 - 577 h. - ☎ 948.
♦Madrid 457 - ♦Pamplona/Iruñea 76 - St-Jean-Pied-de-Port 68.

Laspalas ⑤, sin rest Urrutia ☎ 89 00 15 - ✂
junio-septiembre - ☕ 300 - **9 hab** 2800/3700.

OIARTZUN Guipúzcoa - ver Oyarzun.

OIEREGI Navarra - ver Oyeregui.

OJEDO Cantabria - ver Potes.

OJÉN **29610** Málaga 446 W 15 - 2 038 h. alt. 780 - 95.
♦Madrid 610 - Algeciras 85 - ♦Málaga 64 - Marbella 8.

en la Sierra Blanca NO : 10 km por C 337 y carretera particular - ✉ 29610 Ojen - 95 :

Refugio de Juanar, 288 10 00, Fax 288 10 01, « Refugio de caza », - TV. AE E VISA JCB.
Com 2400 - 700 - **25 hab** 6200/7700 - PA 4600.

OLABERRÍA Guipúzcoa - ver Beasain.

OLAVE u **OLABE** **31799** Navarra 442 D 25 - 948.
♦Madrid 411 - ♦Bayonne 106 - Pamplona 12.

Sayoa, carret. N 121 33 02 12, Fax 33 02 12, - TV - 25/300
42 hab.

Sarasate, carret. N 121 33 08 20 - . VISA.
cerrado 2ª quincena de julio y Navidades - Com *(cerrado domingo noche y lunes)* carta 2900 a 3200.

OLEIROS **15173** La Coruña 441 B 5 - 2 015 h. alt. 79 - 981.
♦Madrid 580 - ♦La Coruña/A Coruña 8 - Ferrol 24 - Santiago de Compostela 78.

El Refugio, pl. de Galicia 11 61 08 03 - . AE E VISA JCB.
- Com carta 3100 a 4900.

OLITE **31390** Navarra 442 E 25 - 2 829 h. alt. 380 - 948.
Ver : Castillo de los Reyes de Navarra★ - Iglesia de Santa María la Real (fachada★).
Castillo 74 00 35.
♦Madrid 370 - ♦Pamplona/Iruñea 43 - Soria 140 - ♦Zaragoza 140.

Parador Príncipe de Viana, pl. de los Teobaldos 2 74 00 00, Fax 74 02 01, « Instalado parcialmente en el antiguo castillo de los Reyes de Navarra » - TV - 25/110. AE VISA.
Com 3200 - 1100 - **43 hab** 11500 - PA 6375.

Casa Zanito con hab, Mayor 16 74 00 02 - TV . AE E VISA.
cerrado 21 diciembre-7 enero - Com carta 3350 a 3750 - **15 hab** 7500.

OLIVA **46780** Valencia 445 P 29 - 19 580 h. - 96.
♦Madrid 424 - ♦Alicante 101 - Gandía 8 - ♦Valencia 76.

en la playa E : 2 km - ✉ 46780 Oliva - 96 - playa

Pau-Pi sin rest, Roger de Lauria 2 285 12 02, Fax 285 10 49 - . E VISA
cerrado noviembre-diciembre - 475 - **42 hab** 2775/5450.

La OLIVA (Monasterio de) **31310** Navarra 442 E 25.
Ver : Monasterio★ (iglesia★★, claustro★).
♦Madrid 366 - ♦Pamplona/Iruñea 73 - ♦Zaragoza 117.

OLOST u **OLOST DE LLUÇANÉS** **08519** Barcelona 443 G 36 - 961 h. alt. 669 - 93.
♦Madrid 618 - ♦Barcelona 85 - Gerona/Girona 98 - Manresa 71.

Sala con hab, pl. Major 4 888 01 06 - rest TV. AE E VISA.
cerrado del 1 al 18 septiembre y Navidades - Com *(cerrado domingo noche)* carta 2550 a 5250 - 400 - **12 hab** 2000/4000
Espec. Ensalada de hígado de oca macerado en sal y pimienta, Rodaballo al horno, Flan de manzana al Calvados..

OLOT **17800** Gerona 443 F 37 - 24 892 h. alt. 443 - 972.
Lorenzana 15 26 01 41.
♦Madrid 700 - ♦Barcelona 130 - Gerona/Girona 55.

Riu Olot sin rest, carret. de Santa Pau 26 94 44, Fax 26 67 03, - TV - 25/40. AE E VISA.
700 - **32 hab** 8000/10200.

Borrell sin rest, Nónit Escubós 8 ☏ 26 92 75, Fax 27 04 08 – |♦| ▤ TV ☎ ⇔. AE ⓓ E VISA. ✄
– ☕ 750 – **24 hab** 4225/7375.

Perla D'Olot, av. Santa Coloma 97 ☏ 26 23 26, Fax 27 07 74 – |♦| ▤ TV ☎ ⇔. AE ⓓ E VISA. ✄
Com *(cerrado junio)* 980 – ☕ 400, **20 apartamentos** 3500/7500 – PA 1850.

La Perla, carret. La Deu 9 ☏ 26 23 26, Fax 27 07 74 – |♦| ▤ rest ☎ ⇔. AE ⓓ E VISA. ✄
Com *(cerrado junio)* 980 – ☕ 400 – **32 hab** 1550/2800 – PA 1850.

XX **Les Cols,** Mas les Cols-carret. de la Canya ☏ 26 92 09, 🌳 – ▤. AE ⓓ E VISA
cerrado domingo, festivos y 19 julio-8 agosto – Com carta 2200 a 2850.

XX **Purgatori,** Bisbe Serra 58 ☏ 26 16 06 – ▤. AE ⓓ E VISA. ✄
cerrado domingo noche, lunes y 2ª quincena julio – Com carta 1550 a 3500.

XX **Ramón,** pl. Clarà 10 ☏ 26 10 01 – ▤. AE VISA. ✄
cerrado jueves, 2ª quincena mayo y 2ª quincena octubre – Com carta 3050 a 4100.

X **La Deu,** carret. La Deu - S : 2 km por carret. de Vich ☏ 26 10 04, 🌳 – ▤ Ⓟ. AE ⓓ E VISA. ✄
Com carta 2275 a 3475.

OLULA DEL RÍO **04860** Almería 446 T 23 – 4 837 h. alt. 487 – ☎ 951.
♦Madrid 528 – Almería 116 – ♦Murcia 142.

La Tejera, carret. N 336 ☏ 44 22 12, Fax 44 15 12, 🌳 – ▤ TV ☎ Ⓟ. AE E VISA. ✄
Com 1000 – ☕ 250 – **36 hab** 3500/5500 – PA 2250.

ÓLVEGA **42110** Soria 442 G 24 – 3 038 h. – ☎ 976.
♦Madrid 257 – ♦Pamplona/Iruñea 127 – Soria 45 – ♦Zaragoza 114.

Los Infantes, La Pista ☏ 64 53 87
21 hab.

ONDÁRROA **48700** Vizcaya 442 C 22 – 12 150 h. – ☎ 94 – Playa.
Ver : Pueblo típico★.
Alred. : Carretera en cornisa★ de Ondárroa a Lequeitio ≤★.
♦Madrid 427 – ♦Bilbao/Bilbo 61 – ♦San Sebastián/Donostia 49 – ♦Vitoria/Gasteiz 72.

X Vega con hab (sólo en temp.), av. Antigua 8 ☏ 683 00 02, ≤, 🌳
23 hab.

ONTENIENTE u **ONTINYENT** **46870** Valencia 445 P 28 – 28 123 h. alt. 400 – ☎ 96.
♦Madrid 369 – ♦Albacete 122 – ♦Alicante 91 – ♦Valencia 84.

X **Rincón de Pepe,** av. de Valencia 1 ☏ 238 32 10 – ▤. AE ⓓ E VISA. ✄
cerrado domingo y Semana Santa – Com carta 2600 a 3800.

OÑATE u **OÑATI** **20560** Guipúzcoa 442 C 22 – 10 770 h. alt. 231 – ☎ 943.
Alred. : Arántzazu★ (carretera★ ; paraje★) 9 km al Sur.
♦Madrid 401 – ♦San Sebastián/Donostia 74 – ♦Vitoria/Gasteiz 45.

por la carretera de Mondragón O : 1,5 km – ✉ 20560 Oñate – ☎ 943

XX **Etxe-Aundi,** Torre Auzo 9 ☏ 78 19 56, Edificio de estilo regional – Ⓟ. AE ⓓ E VISA. ✄
cerrado domingo noche, lunes noche y 22 diciembre-2 enero – Com carta 2400 a 3800.

en la carretera de Aránzazu SO : 4 km – ✉ 20560 Oñate – ☎ 943 :

X **Urtiagain,** ☏ 78 08 14 – ▤ Ⓟ. VISA. ✄
cerrado martes noche, Navidades y 3 semanas en agosto – Com carta aprox. 3000.

ORDENES u **ORDES** **15680** La Coruña 441 C 4 – ☎ 981.
♦ Madrid 599 – ♦La Coruña/A Coruña 39 – Santiago de Compostela 27.

Nogallas, Alfonso Senra 110 ☏ 68 01 55, Fax 68 01 31 – |♦| TV ☎. E VISA. ✄
Com 1500 – ☕ 300 – **38 hab** 3500/5300 – PA 2800.

ORDESA Y MONTE PERDIDO (Parque Nacional de) Huesca 443 E 29 y 30 – alt. 1 320.
Ver : Parque Nacional★★★.
♦Madrid 490 – Huesca 100 – Jaca 62.

Hoteles y restaurantes ver : Torla SO : 8 km.

ORDINO Andorra – ver Andorra (Principado de).

ORDUÑA **48460** Vizcaya 442 D 20 - 4 396 h. alt. 283 - ☎ 945.

Alred. : S : Carretera del Puerto de Orduña ※★.

♦Madrid 357 - ♦Bilbao/Bilbo 41 - ♦Burgos 111 - ♦Vitoria/Gasteiz 40.

XX **Llarena,** Burgos 6 ☎ 38 39 99 - ▤. AE ⓓ E VISA. ✂
cerrado del 1 al 15 julio - Com (sólo almuerzo salvo viernes, sábado y agosto) carta 2700 a 4000.

Pour visiter une ville ou une région : utilisez les ***guides Verts Michelin.***

ORENSE u **OURENSE** **32000** P 441 E 6 - 96 085 h. alt. 125 - ☎ 988.

Ver : Catedral★ (Pórtico del Paraíso★★) AY **B** - Museo Arqueológico y de Bellas Artes (Camino del Calvario★) AZ **M** - Claustro de San Francisco★ AY.

Excurs. : Ribas de Sil (Monasterio de San Esteban : paraje★) 27 km por ② - Gargantas del Sil★ 26 km por ② - Iberia ☎ 22 84 00.

ℹ Curros Enríquez 1, Torre de Orense, ✉ 32003, ☎ 23 47 17 - R.A.C.E. Juan XXIII-1, ✉ 32003, ☎ 21 04 60.

♦Madrid 499 ④ - Ferrol 198 ① - ♦La Coruña/A Coruña 183 ① - Santiago de Compostela 111 ① - ♦Vigo 101 ⑤.

OURENSE/ORENSE

Bedoya . . . . AY
Capitán Eloy . . . . AY
Cardenal Quiroga Palacios . . . . AY 9
Coronel Ceano Vivas . . . . AY 10
Doctor Marañón . . . . . . AZ 16
Lamas Carvajal . . . . . . AY 20
Paseo . . . . AY
Paz . . . . AY 29
Praza Maior . . . . AZ
Progreso . . . . AYZ
Santo Domingo . . . . AY 39

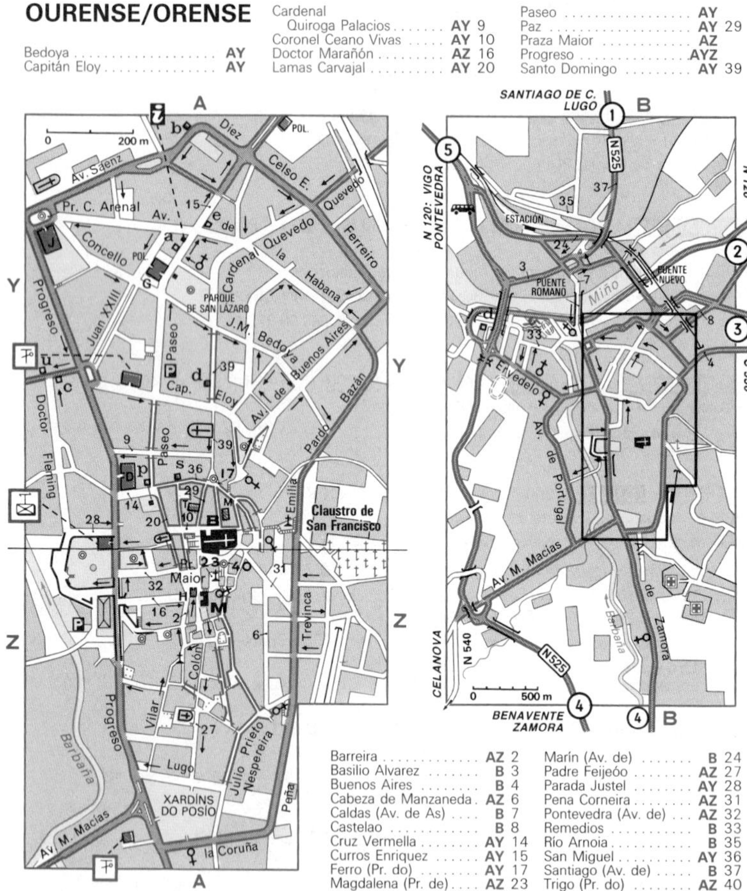

Barreira . . . . AZ 2
Basilio Alvarez . . . . . . B 3
Buenos Aires . . . . B 4
Cabeza de Manzaneda . AZ 6
Caldas (Av. de As) . . . . B 7
Castelao . . . . B 8
Cruz Vermella . . . . . . AY 14
Curros Enriquez . . . . . AY 15
Ferro (Pr. do) . . . . . . AY 17
Magdalena (Pr. de) . . . . AZ 23
Marín (Av. de) . . . . . . B 24
Padre Feijeóo . . . . . . AZ 27
Parada Justel . . . . . . AY 28
Pena Corneira . . . . . . AZ 31
Pontevedra (Av. de) . . . AZ 32
Remedios . . . . B 33
Río Arnoia . . . . B 35
San Miguel . . . . AY 36
Santiago (Av. de) . . . . B 37
Trigo (Pr. do) . . . . . . AZ 40

G. H. San Martín sin rest, Curros Enriquez 1, ✉ 32003, ☎ 23 56 11, Fax 23 65 85 - |♦| ▤ TV ☎ ⇔ - 🏆 25/150. AE ⓓ E VISA JCB. ✂ AY **a**
☕ 1050 - **90 hab** 8900/13550.

Padre Feijoó sin rest, pl. Eugenio Montes 1, ✉ 32005, ☎ 22 31 00, Fax 22 31 00 – |‡| TV ☎. ⓓ E VISA. ✂ AY **p**
☕ 600 – **71 hab** 3500/5600.

Sila, av. de La Habana 61, ✉ 32003, ☎ 23 63 11 – |‡| TV – 🏃 25/40. AE VISA. ✂
Com 2000 – ☕ 750 – **66 hab** 4800/7800. AY **e**

Altiana sin rest, con cafetería, Ervedelo 16, ✉ 32002, ☎ 37 09 52, Fax 37 01 28 – |‡| ☎ – 🏃 25/40. VISA. ✂ AY **u**
☕ 400 – **32 hab** 3200/5000.

Riomar sin rest, con cafetería, Mateo de Prado 15, ✉ 32002, ☎ 22 07 00 – |‡| ☎ 🚗
39 hab. B **d**

Corderi sin rest, Ervedelo 9, ✉ 32002 – |‡| ☎ AY **c**
14 hab.

Sanmiguel, San Miguel 12, ✉ 32005, ☎ 22 12 45, Fax 24 27 49, 🌳 – ▤ 🚗. AE ⓓ E VISA JCB AY **s**
cerrado martes salvo festivos y vísperas – Com carta 2700 a 4200.

Martín Fierro, Sáenz Díez 65, ✉ 32003, ☎ 23 48 20, Fax 23 93 99, 🌳 – ▤ Ⓟ. AE ⓓ E VISA JCB. ✂ AY **b**
cerrado domingo – Com carta 2800 a 4600.

Marmite, Santo Domingo 37, ✉ 32003, ☎ 24 32 55 – ▤ Ⓟ. AE ⓓ E VISA. ✂ AY **d**
cerrado domingo – Com carta 1700 a 3250.

OREÑA 39525 Cantabria 442 B 17 – ☎ 942.

♦Madrid 397 – ♦Bilbao/Bilbo 134 – ♦Oviedo 175 – ♦Santander 34.

Mesón El Jamón, San Roque 93 ☎ 71 62 38 – Ⓟ. E VISA. ✂
cerrado diciembre – Com *(cerrado miércoles)* 1000 – ☕ 350 – **13 hab** 5500/6000 – PA 1997.

ORGAÑA u ORGANYÀ 25794 Lérida 443 F 33 – 1 143 h. alt. 558 – ☎ 973.

Alred. : Grau de la Granta ★ S : 6 km.

♦Madrid 579 – ♦Lérida/Lleida 110 – Seo de Urgel/La Seu d'Urgell 23.

ÓRGIVA 18400 Granada 446 V 19 – 4 859 h. – ☎ 958.

♦Madrid 485 – ♦Almería 121 – ♦Granada 55 – ♦Málaga 121.

Alpujarras, El Empalme ☎ 78 55 49, Fax 78 43 90 – |‡| ▤ rest ☎ Ⓟ. VISA. ✂
Com 1000 – ☕ 250 – **22 hab** 3000/5000 – PA 2250.

ORIENT Baleares – ver Baleares (Mallorca).

ORIHUELA 03300 Alicante 445 R 27 – 49 851 h. alt. 24 – ☎ 96.

i Francisco Diez 25 ☎ 530 27 47.

♦Madrid 415 – ♦Alicante 59 – ♦Murcia 25.

Rey Teodomiro sin rest y sin ☕, av. Teodomiro 10 ☎ 530 03 48 – |‡|. ✂
30 hab 1800/3000.

ORIO 20810 Guipúzcoa 442 C 23 – 4 358 h. – ☎ 943 – Playa.

Alred. : Carretera de Zarauz ≤★.

♦Madrid 479 – ♦Bilbao/Bilbo 85 – ♦Pamplona/Iruñea 100 – ♦San Sebastián/Donostia 20.

Itsas-Ondo, Kaia 7 ☎ 13 11 79 – ▤. AE E VISA. ✂
cerrado martes y 20 octubre-20 noviembre – Com carta 3000 a 4100.

Aitzondo, carret. de Zarauz N 634 ☎ 83 27 00 – Ⓟ. AE ⓓ E VISA. ✂
cerrado domingo noche, lunes y 21 diciembre-21 enero – Com carta 3400 a 3950.

OROPESA 45460 Toledo 444 M 14 – 3 069 h. alt. 420 – ☎ 925.

Ver : Castillo★.

♦Madrid 155 – Avila 122 – Talavera de la Reina 33.

Parador de Oropesa, pl. del Palacio 1 ☎ 43 00 00, Fax 43 07 77, Instalado en un palacio feudal, 🏊, 🌳 – |‡| ▤ TV ☎ Ⓟ – 🏃 25/45. AE ⓓ VISA. ✂
Com 3200 – ☕ 1100 – **48 hab** 12000 – PA 6375.

OROPESA DEL MAR 12594 Castellón de la Plana 445 L 30 – 1 724 h. alt. 16 – ☎ 964 – Playa.

i av. de la Plana 4 ☎ 31 00 20.

♦Madrid 447 – Castellón de la Plana 22 – Tortosa 100.

Sancho Panza, carret. N 340 km 996,3 ☎ 31 04 94, 🌳 – Ⓟ. E VISA
cerrado octubre – Com *(cerrado domingos)* 1025 – ☕ 350 – **15 hab** 2500/3500 – PA 2040.

en la zona de la playa - ✉ 12594 Oropesa del Mar - ☎ 964 :

Neptuno Playa sin rest, paseo Marítimo La Concha 1 ☎ 31 00 40, Fax 31 00 75, ≤ - ▤ ☎. AE E VISA JCB
abril-septiembre - ☕ 500 - **88 hab** 5000/8500.

Oropesa Sol sin rest, av. de Madrid 11 ☎ 31 01 50 - |‡| ☎ P. ✻
abril-septiembre - ☕ 180 - **50 hab** 3050/4300.

Blasori, carret. del Faro 66 ☎ 31 00 81 - ▤. AE ⊙ E VISA JCB. ✻
abril-octubre - Com carta 2710 a 4700.

Mervi, paseo Mediterráneo 18 ☎ 31 01 58, ☂

en la autopista A 7 NO : 5 km - ✉ 12594 Oropesa del Mar - ☎ 964 :

La Ribera sin rest, con cafetería, ☎ 31 00 25, Fax 31 06 24 - ▤ P. AE VISA. ✻
13 hab 2500/3750.

en Las Playetas-carretera de Benicasim (por la costa) S : 5 km - ✉ 12594 Oropesa del Mar - ☎ 964

El Cid, ☎ 30 07 00, Fax 31 48 78, ⛱, ✻ - |‡| ☎ P. E VISA. ✻ rest
Semana Santa-septiembre - Com 1500 - ☕ 550 - **52 hab** 4000/5400 - PA 3150.

La OROTAVA Santa Cruz de Tenerife - ver Canarias (Tenerife).

ORREAGA Navarra - ver Roncesvalles.

ORTIGOSA DEL MONTE **40421** Segovia 442 J 17 - ☎ 911.
♦Madrid 72 - Ávila 56 - ♦Segovia 15.

en la carretera N 603 - ✉ 40421 Ortigosa del Monte - ☎ 911

Venta Vieja, E : 2,5 km ☎ 48 03 26, ☂, Decoración rústica - P. AE VISA. ✻
Com carta 2700 a 3000.

Becea, E : 2,3 km ☎ 48 90 49, ☂ - P. E VISA. ✻
cerrado lunes noche - Com carta 1550 a 2800.

ORTIGUEIRA **15330** La Coruña 441 A 6 - 15 576 h. - ☎ 981 - Playa.
♦Madrid 601 - ♦La Coruña/A Coruña 110 - Ferrol 54 - Lugo 97.

La Perla sin rest, av. de la Penela ☎ 40 01 50, Fax 40 01 50 - |‡| TV ☎ P. VISA. ✻
☕ 200 - **22 hab** 2500/5000.

OSEJA DE SAJAMBRE **24916** León 441 C 14 - 505 h. alt. 760.
Alred. : Mirador★★ ≤★★ N : 2 km - Desfiladero de los Beyos★★★ NO : 5 km - Puerto del Pontón★ (≤★★) S : 11 km - Puerto de Panderruedas★ (mirador de Piedrafitas ≤★★ 15 mn a pie) SE : 17 km.
♦Madrid 385 - ♦León 122 - ♦Oviedo 108 - Palencia 159.

OSORNO LA MAYOR **34460** Palencia 442 E 16 - 2 075 h. - ☎ 988.
♦Madrid 277 - ♦Burgos 58 - Palencia 51 - ♦Santander 150.

Tierra de Campos, La Fuente ☎ 81 72 16 - |‡| ☎ P. E VISA. ✻
Com 1900 - ☕ 500 - **30 hab** 4000/5300 - PA 3600.

OSUNA **41640** Sevilla 446 U 14 - 16 866 h. - ☎ 95.
Ver : Zona monumental★ - Colegiata (sepulcro Ducal★).
ℹ Sepulcro Ducal ☎ 81 04 44.
♦Madrid 489 - ♦Córdoba 85 - ♦Granada 169 - ♦Málaga 123 - ♦Sevilla 92.

Mesón del Duque, pl. de la Duquesa 2 ☎ 481 13 01, ☂ - ▤.

OTUR Asturias - ver Luarca.

OTURA **18630** Granada 446 V 18 - 1 979 h. - ☎ 958.
♦Madrid 443 - ♦Almería 172 - ♦Granada 13 - ♦Málaga 148.

al Suroeste : - ✉ 18630 Otura - ☎ 958 :

Mesón Mayerling, cruce carret. de Malá : 1 km ☎ 55 52 81 - ▤ P. AE ⊙ E VISA. ✻
cerrado del 1 al 15 agosto - Com carta 2000 a 3600.

Suspiro del Moro, carret. de Motril N 323 : 3 km ☎ 55 51 05, ≤, ⛱ - ▤ P. AE ⊙ E VISA. ✻
Com carta 1325 a 2500.

OURENSE - ver Orense.

OVIEDO **33000** **P** Asturias 441 B 12 - 190 123 h. alt. 236 - ✆ 98.

Ver : Catedral★ (retablo mayor★, Cámara Santa : estatuas-columnas★★, tesoro★★) BYZ - Antiguo Hospital del Principado (escudo★) AY **P.**

Alred. : Santuarios del Monte Naranco★ (Santa María del Naranco★★, San Miguel de Lil lo★ : jambas★★) NO : 4 km por av. de los Monumentos AY.

Excurs. : Iglesia de Santa Cristina de Lena★ ≤★ 34 km ③ - Teverga ≤★ de Peñas Juntas, desfiladero de Teverga★ 43 km ④.

Club Deportivo La Barganiza : 12 km ✆ 525 63 61 (ext. 54).

✈ de Asturias por ① : 47 km ✆ 556 34 03 - Iberia : Uría 21 (AY), ✉ 33003, ✆ 523 24 00.

i pl. Alfonso-II El Casto 6, ✉ 33003, ✆ 521 33 85 - **R.A.C.E.** pl. Congoría Carbajal 3, ✉ 33004, ✆ 522 31 06.

♦Madrid 445 ③ - ♦Bilbao 306 ② - ♦La Coruña/A Coruña 326 ④ - Gijón 29 ① - ♦León 121 ③ - ♦Santander 203 ②.

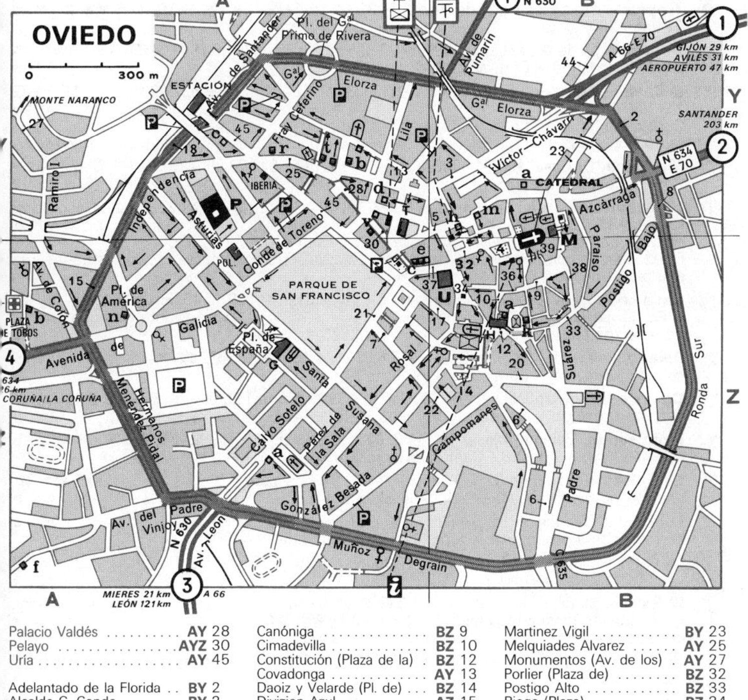

Palacio Valdés .... **AY** 28	Canóniga .... **BZ** 9	Martínez Vigil .... **BY** 23
Pelayo .... **AYZ** 30	Cimadevilla .... **BZ** 10	Melquiades Alvarez ...... **AY** 25
Uría .... **AY** 45	Constitución (Plaza de la) . **BZ** 12	Monumentos (Av. de los) . **AY** 27
	Covadonga .... **AY** 13	Porlier (Plaza de) .... **BZ** 32
Adelantado de la Florida .. **BY** 2	Daoiz y Velarde (Pl. de) ... **BZ** 14	Postigo Alto .... **BZ** 33
Alcalde G. Conde .... **BY** 3	Divizion Azul .... **AZ** 15	Riego (Plaza) .... **BZ** 34
Alfonso II (Plaza) .... **BZ** 4	Fruela .... **ABZ** 17	San Antonio .... **BZ** 36
Argüelles .... **ABY** 5	Ingeniero Marquina ...... **AY** 18	San Francisco .... **ABZ** 37
Arzobispo Guisasola ...... **BZ** 6	Marqués de Gastañaga ... **BZ** 20	San José .... **BZ** 38
Cabo Noval .... **AZ** 7	Marqués de Santa Cruz ... **AZ** 21	San Vicente .... **BYZ** 39
Campos de los Patos (Pl.) . **BY** 8	Martínez Marina .... **ABZ** 22	Teniente Alfonso Martínez . **BY** 44

De la Reconquista, Gil de Jaz 16, ✉ 33004, ✆ 524 11 00, Telex 84328, Fax 524 11 66, « Lujosa instalación en un magnífico edificio del siglo XVIII » - 25/800. AE ① E VISA. AY **P**
Com 4900 - 1600 - **142 hab** 18700/23500 - PA 9100.

G. H. España sin rest, Jovellanos 2, ✉ 33003, ✆ 522 05 96, Fax 522 05 96 - 25/200. AE ① E VISA. BY **m**
750 - **89 hab** 11700/15800.

Ramiro I sin rest, con cafetería, av. Calvo Sotelo 13, ✉ 33007, ✆ 523 28 50, Telex 84042, Fax 523 63 29 - 25/30. AE ① E VISA. AZ **a**
83 hab 8200/11750.

Regente sin rest, Jovellanos 31, ✉ 33003, ✆ 522 23 43, Fax 522 93 31 - 25/40. AE ① E VISA. BY **a**
750 - **88 hab** 8900/12500.

Principado, San Francisco 6, ✉ 33003, ☎ 521 77 92, Telex 84026, Fax 521 39 46 – rest – 25/200. AE E VISA. AZ **e**
Com 2100 – 850 – **66 hab** 8500/11500 – PA 4275.

Clarín sin rest. con cafetería, Caveda 23, ✉ 33002, ☎ 522 72 72, Fax 522 80 18 – AE E VISA. AY **b**
600 – **47 hab** 7500/10500.

La Gruta, alto de Buenavista, ✉ 33006, ☎ 523 24 50, Fax 525 31 41, ←, Vivero propio – 25/600. AE E VISA. por ④
Com carta 3500 a 5600 – 700 – **105 hab** 7000/10500.

La Jirafa sin rest, Pelayo 6, ✉ 33002, ☎ 522 22 44, Telex 89951, Fax 522 50 48 – 25/30. AE E VISA. AY **v**
650 – **89 hab** 8350/11970.

Favila sin rest., Uría 37, ✉ 33003, ☎ 525 38 77 – AY **c**
24 hab.

Tropical sin rest y sin, 19 de Julio 6, ✉ 33002, ☎ 521 87 79 – AE E VISA. AY **d**
44 hab 4280/6130.

Del Arco, pl. de América, ✉ 33005, ☎ 525 55 22, Fax 527 58 79 – AE E VISA.
cerrado domingo – Com carta 4000 a 4500. AZ **n**

✿ **Casa Fermín,** San Francisco 8, ✉ 33003, ☎ 521 64 52, Fax 522 92 12 – AE E VISA. AZ **c**
Com carta 3550 a 4850
Espec. Bogavante al horno, Mollejas con setas aromatizadas al brandy de trufa, Casadielles.

Marchica, Dr Casal 10, ✉ 33004, ☎ 521 30 27, Fax 521 26 99 – AE E VISA.
Com carta 4900 a 5700. AY **t**

✿ **Trascorrales,** pl. de Trascorrales 19, ✉ 33009, ☎ 522 24 41, Fax 222 83 21, Decoración rústica – AE E VISA. BZ **k**
cerrado domingo y 2ª quincena de agosto – Com carta aprox. 5500
Espec. Angulas con patatas (oct-mayo), Menestra de setas con bogavante, Lomos de merluza a la crema de ajos.

Casa Lobato, av. de los Monumentos 67, ✉ 33012, ☎ 529 77 45, Fax 511 18 25, ←, – AE E VISA. hacia Monte Naranco AY
cerrado martes y noviembre – Com carta 2620 a 3620.

Pelayo, Pelayo 15, ✉ 33002, ☎ 521 26 52 – AE E VISA. AY **v**
cerrado domingo – Com carta 3100 a 5300.

Casa Conrado, Argüelles 1, ✉ 33003, ☎ 522 39 19, Fax 521 26 09 – AE E VISA JCB.
cerrado domingo y agosto – Com carta 3225 a 4425. BY **h**

Peñarronda, Valentín Masip 15, ✉ 33013, ☎ 523 18 42 – AE E VISA. AZ **b**
cerrado lunes y agosto – Com carta aprox. 4500.

La Goleta, Covadonga 32, ✉ 33002, ☎ 522 07 73, Fax 521 26 09 – AE E VISA.
cerrado domingo y julio – Com carta 3225 a 4425. AY **b**

Logos, San Francisco 10, ✉ 33003, ☎ 521 20 70 – AE E VISA. AZ **c**
cerrado domingo en julio y agosto – Com carta 3150 a 4700.

La Querencia, av. del Cristo 29, ✉ 33006, ☎ 525 73 70, Carnes a la brasa –
Com carta 2850 a 3550. AZ **f**

El Raitán, pl. de Trascorrales 6, ✉ 33009, ☎ 521 42 18, Fax 222 83 21, Cocina regional, « Decoración rústica regional » – AE E VISA. BZ **a**
cerrado domingo noche – Com carta aprox. 3400.

Cabo Peñas, Melquiades Alvarez 24, ✉ 33002, ☎ 522 03 20, Rest. típico – AE E VISA
Com carta 2375 a 4325. AY **r**

La Campana, San Bernabé 7, ✉ 33002, ☎ 522 49 32 – AY **t**
cerrado domingo y agosto – Com carta 2400 a 3250.

en la carretera N 634 por ② : 3 km – ✉ 33010 Oviedo – 98

Las Lomas, ☎ 528 22 61, Fax 529 96 95 – 25/300. AE E VISA.
Com 1000 – 600 – **102 hab** 8000/10600 – PA 2600.

OYARZUN u **OIARTZUN** **20180** Guipúzcoa 442 C 24 - 7 664 h. alt. 81 - ✆ 943.
♦Madrid 481 - ♦Bayonne 42 - ♦Pamplona/Iruñea 98 - ♦San Sebastián/Donostia 13.

XXX ✿ **Zuberoa,** barrio Iturrioz 8 ✆ 49 12 28, Fax 47 16 08, ⛱, Caserío vasco, « Bonita terraza con plantas y ≤ » - Ⓟ. AE ⓞ E VISA. ✻
cerrado domingo noche, lunes, del 1 al 15 enero, del 1 al 15 junio y del 15 al 31 octubre - Com carta 4200 a 6200
Espec. Verduras con setas, Tartaleta de chipirón, Morros de ternera en salsa.

XX ✿ **Mateo,** barrio Ugaldetxo 11 ✆ 49 11 94 - ▤. AE ⓞ E VISA. ✻
cerrado domingo noche, lunes, Semana Santa y Navidades - Com carta 4300 a 5400
Espec. Ensalada de verduritas y marisco al vinagre de trufa, Lubina al horno con verduritas, Nuestro postre de chocolate.

X **Albistur,** pl. Martintxo 38-barrio de Alcibar ✆ 49 07 11, ⛱ - ⓞ E VISA. ✻
cerrado domingo noche, martes y del 15 al 30 junio - Com carta 3400 a 4400.

en la carretera de Irún NE : 2 km - ✉ 20180 Oyarzun - ✆ 943 :

XXX **Gurutze-Berri** ⛰ con hab, ✆ 49 06 25 - ▤ rest ☎ Ⓟ. AE ⓞ E VISA. ✻
cerrado febrero - Com *(cerrado domingo noche y lunes)* carta aprox. 5500 - ☕ 400 - **18 hab** 4000/5500.

Eight Michelin Regional Maps

Spain : North West 441, Northern 442, North East 443, Central 444,
Central and Eastern 445, Southern 446, Canary Islands 450.

Portugal 440.

The localities underlined in red are found in this Guide.

For the Iberian Peninsula
use the Michelin map 990 Spain and Portugal at a scale of 1 inch : 16 miles.

OYEREGUI u **OIEREGUI** **31720** Navarra 442 C 25 - ✆ 948.
Alred. : NO : Valle del Bidasoa★.
♦Madrid 449 - ♦Bayonne 68 - ♦Pamplona/Iruñea 50.

⌂ **Mugaire,** ✆ 59 20 50 - ▤ rest ☎ Ⓟ. AE ⓞ E VISA. ✻
cerrado octubre - Com *(cerrado martes)* 2500 - ☕ 450 - **14 hab** 3800/6500 - PA 4500.

OYÓN **01320** Alava 442 E 22 - 2 250 h. alt. 440 - ✆ 941.
♦Madrid 339 - ♦Logroño 4 - ♦Pamplona 90 - ♦Vitoria/Gasteiz 89.

⌂ **Felipe IV,** av. Navarra 28 ✆ 11 00 56, Fax 11 04 00, ⛱ - TV ☎ 🚗 Ⓟ. E VISA. ✻
cerrado diciembre y 1ª semana enero - Com 2500 - ☕ 500 - **30 hab** 4000/7500 - PA 4600.

XX **Mesón la Cueva,** Concepción 15 ✆ 11 00 22, « Instalado en una antigua bodega » - ▤. E VISA. ✻
cerrado lunes y noviembre - Com carta 2100 a 2900.

PADRÓN **15900** La Coruña 441 D 4 - 9 796 h. - ✆ 981.
Excurs. : Mirador del Curota★★★ SO : 39 km.
♦Madrid 634 - ♦La Coruña/A Coruña 94 - Orense/Ourense 135 - Pontevedra 37 - Santiago de Compostela 20.

XX **Chef Rivera** con hab, enlace Parque 7 ✆ 81 04 13 - |‡| ▤ rest ☎ 🚗. ⓞ E VISA. ✻
cerrado domingo noche en invierno - Com carta 2700 a 4200 - ☕ 350 - **20 hab** 2600/4900.

en la carretera N 550 N : 2 km - ✉ 15900 Padrón - ✆ 981 :

⌂ **Scala,** ✆ 81 13 12, ≤ - Ⓟ. VISA. ✻
Com 1500 - ☕ 225 - **150 hab** 4000/8000 - PA 1725.

PAGUERA Baleares - ver Baleares (Mallorca).

PAJARES (Puerto de) **33693** Asturias 441 C 12 - alt. 1 364 - ✆ 98 - Deportes de invierno : ⛷13.
Ver : Puerto★★ - Carretera del puerto★★.
♦Madrid 378 - ♦León 59 - ♦Oviedo 59.

⌂ **Puerto de Pajares,** carret. N 630 ✆ 595 70 23, Fax 595 70 23, ≤ valle y montañas - ☎ Ⓟ - 🏋 25/80. AE E VISA. ✻
Com 2350 - ☕ 400 - **34 hab** 4900/7300.

Los PALACIOS Y VILLAFRANCA **41720** Sevilla 446 U 12 - 24 349 h. alt. 12 - ✆ 95.
♦Madrid 551 - ♦Cádiz 95 - ♦Sevilla 29 - Utrera 15.

⌂ **Al-Andalus** sin rest, av. de Cádiz 71 ✆ 581 00 24 - |‡| ▤ TV ☎. ✻
☕ 300 - **17 hab** 5000/9000.

PALAFRUGELL **17200** Gerona 443 G 39 – 15 030 h. alt. 87 – 972 – Playas : Calella, Llafranch y Tamariú.

Alred. : Cap Roig : jardín botánico★ : ≤★★ SE : 5 km.

Carrilet 2 ✆ 30 02 28.

◆Madrid 736 ② – ◆Barcelona 123 ② – Gerona/Girona 39 ① – Port-Bou 108 ①.

XX **La Xicra,** Estret 17 ✆ 30 56 30 – ▤. AE ⓓ E VISA. ⛒ **e**
cerrado miércoles y noviembre – Com carta 2650 a 4250.

X **Reig,** Torres Jonama 53 ✆ 30 07 95 – ▤. AE ⓓ E VISA **a**
cerrado domingo noche en invierno – Com carta 2160 a 3300.

X **La Casona,** paraje La Sauleda 4 ✆ 30 36 61 – ▤ Ⓟ. E VISA. ⛒ **c**
cerrado domingo noche, lunes y noviembre-15 diciembre – Com carta 1550 a 2850.

en Llofriú-carretera de Gerona C 255 – ✉ 17124 Llofriú – 972

X **La Resclosa,** por ① : 2,5 km - Estación 6 ✆ 30 29 68, ☂, Decoración regional – Ⓟ. AE ⓓ E VISA
cerrado jueves (salvo en verano) y octubre – Com carta 2450 a 3650.

en Mont-Rás - carretera de Palamós C 255 – ✉ 17253 Mont-Rás – 972 :

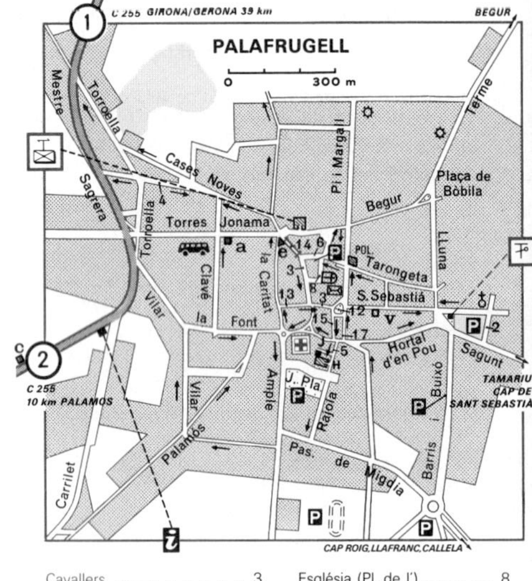

Cavallers	3	Església (Pl. de l')	8
Bruc	2	Nova (Pl.)	12
Cementiri	4	Quatre Cases	13
Cervantes	5	Sant Antoni	14
Dels Valls	6	Sant Martí	15
		Santa Margarida	17

X **Madame Zozo,** por ② : 2 km av. de Cataluña 6 ✆ 30 01 17, ☂, Decoración regional – ▤ Ⓟ. AE ⓓ E VISA. ⛒
abril-septiembre – Com carta 2980 a 4900.

X **Petit Empordá,** 1,5 km ✆ 30 24 12, Masía típica – ▤ Ⓟ. AE E VISA. ⛒
abril-15 noviembre y fines de semana resto del año – Com *(cerrado martes)* carta 3100 a 4400.

en la playa de Calella SE : 3,5 km – ✉ 17210 Calella – 972 :

Alga y Rest. el Cantir ⛰, Costa Blanca 55 ✆ 61 48 70, Fax 61 48 70, ☂, ⛱, 🎾 – |⇕| ▤ rest ☎ Ⓟ. AE E VISA. ⛒ rest
mayo-octubre – Com carta 2900 a 3850 – ☕ 1000 – **54 hab** 11100/11600.

Garbi ⛰, av. Costa Daurada 20 ✆ 61 40 40, Fax 61 58 03, ☂, « En el centro de un pinar », ⛱ climatizada, ⛱ – |⇕| TV ☎ Ⓟ. AE E VISA. ⛒ rest
abril-15 octubre – Com 1835 – ☕ 585 – **30 hab** 5670/8335 – PA 3615.

Port-Bo ⛰, August Pi i Sunyer 6 ✆ 61 49 62, Fax 61 40 65, ⛱, 🎾 – |⇕| ▤ rest ☎ Ⓟ. AE E VISA. ⛒
abril-octubre – Com (sólo cena) 1450 – ☕ 500 – **61 hab** 4000/7000.

Sant Roc ⛰, pl. Atlàntic 2 - barrí Sant Roc ✆ 61 42 50, Fax 61 40 68, « Terraza dominando la costa con ≤ » – |⇕| ☎ Ⓟ. AE ⓓ E VISA. ⛒ rest
3 abril-15 octubre – Com 1935 – ☕ 565 – **42 hab** 4750/10430.

La Torre y Rest. Tres Pins ⛰, passeig de la Torre 28 ✆ 61 46 03, Fax 60 01 12, ≤, ☂ – ☎ Ⓟ. ⛒
junio-septiembre – Com carta 1450 a 3400 – ☕ 450 – **28 hab** 5000/9700.

Mediterráneo, Francesc Estrabau 34 ✆ 61 45 00, Fax 61 01 66, ≤, 🎾 – ☎ Ⓟ. VISA. ⛒ rest
15 mayo-septiembre – Com 1800 – ☕ 530 – **38 hab** 4400/8800 – PA 3300.

Batlle, sin rest, Les Voltes 2 ✆ 30 19 05, ≤
temp. – **18 hab.**

X **L'Aví,** pl. Sant Pere 4 ✆ 61 52 79 – AE ⓓ E VISA. ⛒
cerrado lunes – Com carta 2950 a 4775.

en la playa de Llafranch SE : 3,5 km – ✉ 17211 Llafranch – ☎ 972 :

Terramar sin rest, passeig de Cipsela 1 ☎ 30 02 00, Fax 61 40 16, ← – |♦| ☎ 🚗. AE ⓓ E VISA. 🚫
13 abril- 6 octubre – ☕ 750 – **56 hab** 5500/9000.

El Paraíso 🔇, Paratge de Farena 3 ☎ 30 04 50, Fax 61 01 66, 🏊, 🎾 – |♦| ☎ P. AE ⓓ E VISA JCB. 🚫 rest
junio-septiembre – Com 2100 – ☕ 1100 – **54 hab** 4500/8000 – PA 5000.

Llevant, Francesc de Blanes 5 ☎ 30 03 66, Fax 30 03 45, 🍽 – |♦| ▤ TV ☎. AE E VISA. 🚫 rest
cerrado noviembre-15 diciembre – Com *(cerrado domingo noche del 10 enero a Semana Santa)* 2100 – ☕ 900 – **24 hab** 5000/14000 – PA 4100.

Casamar 🔇, Nero 3 ☎ 30 01 04, Fax 61 06 51, 🍽, « Terraza con ← » – ☎. AE E VISA. 🚫 rest
Semana Santa-15 octubre – Com 1300 – ☕ 495 – **20 hab** 6800/7400 – PA 2400.

L'Espasa, Fra Bernat Boil 14 ☎ 61 50 32, 🍽 – E VISA
Semana Santa-septiembre – Com carta 1700 a 2750.

en la playa de Tamariú E : 4,5 km – ✉ 17212 Tamariú – ☎ 972 :

Hostalillo, Bellavista 22 ☎ 61 02 50, Fax 61 02 17, « Terrazas con ← cala » – |♦| ▤ rest ☎ 🚗. AE E VISA. 🚫
mayo-septiembre – Com 2000 – ☕ 800 – **70 hab** 12000/14000 – PA 4200.

Tamariú, passeig del Mar 3 ☎ 30 01 08, 🍽 – 🚗. E VISA. 🚫
15 mayo-septiembre – Com *(abril-septiembre)* 1800 – ☕ 425 – **54 hab** 3300/6350.

Janó, passeig del Mar 3 ☎ 30 04 62, 🍽 – ☎ 🚗. AE E VISA. 🚫
15 mayo-septiembre – Com 1575 – ☕ 475 – **40 hab** 3700/7200 – PA 2700.

PALAMÓS

17230 Gerona 443 G 39 – 12 178 h. – ☎ 972 – Playa.
ℹ Passeig del Mar ☎ 31 43 90 ✉ apartado 117.
♦Madrid 726 – ♦Barcelona 109 – Gerona/Girona 49.

Trias, passeig del Mar ☎ 31 41 00, Fax 31 65 17, ←, 🏊 – |♦| ▤ rest ☎ 🚗 P. AE ⓓ E VISA. 🚫 rest
4 abril-12 octubre – Com 3100 – ☕ 850 – **70 hab** 7000/15000.

Marina, av. 11 de Setembre 48 ☎ 31 42 50, Fax 60 00 24 – |♦| ▤ rest ☎. AE ⓓ E VISA. 🚫 rest
cerrado del 7 al 31 enero – Com 1275 – ☕ 525 – **62 hab** 5500/6850 – PA 2075.

Vostra Llar, av. President Maciá 12 ☎ 31 42 62, Fax 31 43 07, 🍽 – |♦| ▤ rest. E VISA
abril-septiembre – Com 1075 – ☕ 375 – **45 hab** 3900/6375 – PA 2525.

Port Reial, Passeig del Mar 8 ☎ 31 85 99, 🍽 – ▤. AE ⓓ E VISA
cerrado domingo noche, lunes en invierno y 7 enero-7 febrero – Com carta 2900 a 5100.

La Cuineta, Adrián Alvarez 111 ☎ 31 40 01 – ▤. AE ⓓ E VISA JCB
julio-15 septiembre – Com carta 2025 a 3375.

La Gamba, pl. Sant Pere 1 ☎ 31 46 33, Fax 31 85 26, 🍽, Pescados y mariscos – ▤. AE ⓓ E VISA JCB
cerrado miércoles mediodía en verano, miércoles resto año y noviembre – Com carta 3500 a 5500.

Plaça Murada, pl. Murada 5 ☎ 31 53 76, ← – ▤. AE ⓓ E VISA
cerrado martes (octubre-15 junio) y noviembre – Com carta 2500 a 3300.

La Menta, Tauler i Serviá 1 ☎ 31 47 09 – ▤. E VISA. 🚫
cerrado miércoles y noviembre – Com carta 3450 a 3950.

María de Cadaqués, Notaries 39 ☎ 31 40 09, Pescados y mariscos – ▤. AE ⓓ E VISA
cerrado lunes y 15 diciembre-15 enero – Com carta 3300 a 4400.

L'Art, passeig del Mar 7 ☎ 31 55 32 – ▤. AE ⓓ E VISA
cerrado domingo noche, jueves noche y enero – Com carta 2650 a 3850.

en La Fosca NE : 2 km – ☎ 972 :

Ancora 🔇, Josep Plá, ✉ 17230 apartado 242 Palamós, ☎ 31 48 58, Fax 60 24 70, ←, 🏊, 🎾 – ▤ rest ☎ P. E VISA. 🚫 rest
cerrado del 1 al 25 diciembre y del 2 al 31 enero – Com *(cerrado diciembre-enero)* 2100 – ☕ 600 – **44 hab** 5450/7550.

en Plá de Vall-Llobregá - carretera de Palafrugell C 255 N : 3,5 km – ✉ 17253 Vall Llobregá – ☎ 972

Mas dels Arcs, ✉ 17230 apartado 115 Palamós, ☎ 31 51 35, Fax 60 01 12 – ▤ P. E VISA. 🚫
cerrado jueves en invierno y 10 enero-25 febrero – Com carta 2575 a 4200.

PALAU SAVERDERA

17495 Gerona 443 F 39 – 666 h. – ☎ 972.
♦Madrid 763 – Figueras/Figueres 17 – Gerona/Girona 56.

Terra Nostra, San Onofre 12 ☎ 53 03 04, 🍽 – P. AE E VISA. 🚫
cerrado domingo noche, lunes y enero – Com carta 1900 a 3100.

PALENCIA **34000** P 442 F 16 – 79 080 h. alt. 781 – ☎ 988.

Ver : Catedral★★ (interior★★ : tríptico★, Museo★ : tapices★).

Alred. : Baños de Cerrato (Basílica de San Juan Bautista★) 14 km por ②.

ℹ Mayor 105, ✉ 34001, ☎ 74 00 68 – **R.A.C.E.** Mayor 2, ✉ 34001, ☎ 74 69 50.

♦Madrid 235 ② – ♦Burgos 88 ② – ♦León 128 ③ – ♦Santander 203 ① – ♦Valladolid 47 ②.

PALENCIA

Mayor
Mayor (Pl.) 24

Asturias (Av. de) 2
Barrio y Mier 3
Cardenal Almaraz 4
Cardenal Cisneros (Av.) .. 5
Cervantes (Pl.) 8
Don Sancho 10
Eduardo Dato 14
España (Pl. de) 15
General Franco 16
Ignacio Martinez
de Azcoitia 20
Jorge Manrique 21
José Antonio Primo
de Rivera (Av.) 22
Mayor (Puente) 26
Miguel Primo
de Rivera (Av.) 27
Padre Faustino
Calvo (Pas. del) 28
República Argentina (Av.). 32
Salvino Sierra 33
San Marcos 34
Santander (Av. de) 38

Los nombres de las principales calles comerciales figuran en rojo al principio del repertorio de calles de los planos de ciudades.

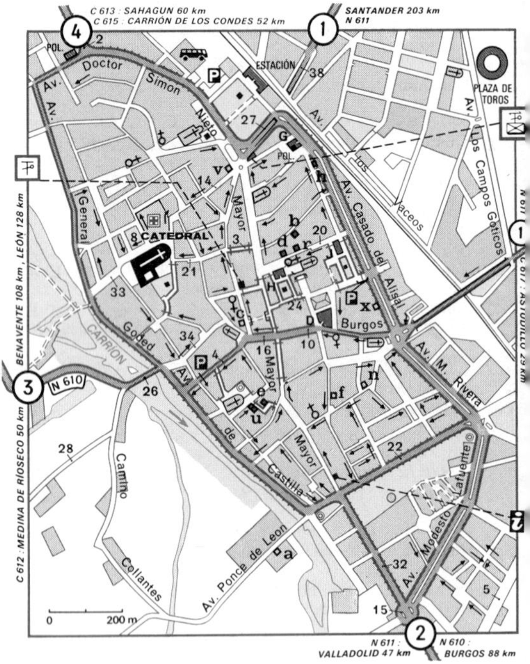

Rey Sancho, av. Ponce de León, ✉ 34005, ☎ 72 53 00, Fax 71 03 34, ☂, ⛱, ✂ – |♦| ▤ rest TV ☎ ⇔ P – 🏛 25/300. AE ⓓ E VISA JCB. ✂ — **a**
Com 1750 – ☕ 750 – **100 hab** 6000/9500 – PA 3500.

Castilla Vieja, av. Casado del Alisal 26, ✉ 34001, ☎ 74 90 44, Telex 26555, Fax 74 75 77 – |♦| ▤ rest TV ☎ ⇔ – 🏛 25/250. AE ⓓ E VISA. ✂ rest — **x**
Com 2000 – ☕ 700 – **87 hab** 6800/9500.

Monclús sin rest, Menéndez Pelayo 3, ✉ 34001, ☎ 74 43 00, Fax 74 43 00 – |♦| ☎. AE ⓓ E VISA JCB — **c**
☕ 350 – **40 hab** 3400/5400.

Colón 27 sin rest y sin ☕, Colón 27, ✉ 34002, ☎ 74 07 00 – |♦| TV ☎. E VISA — **f**
22 hab 4105/6000.

Los Jardinillos sin rest y sin ☕, Eduardo Dato 2, ✉ 34005, ☎ 75 00 22 – |♦| TV ☎. AE E VISA. ✂ — **v**
39 hab 4200/6000.

Ávila sin rest, Conde Vallellano 5, ✉ 34002, ☎ 71 19 10, Fax 71 19 10 – ▤ TV ☎ ⇔. AE VISA. ✂ — **n**
☕ 500 – **20 hab** 4000/6500.

La Fragata, Pedro Fernández del Pulgar 6, ✉ 34005, ☎ 75 01 29 – ▤. AE ⓓ E VISA JCB. ✂ — **u**
cerrado domingo y 15 julio-15 agosto – Com carta aprox. 4000.

Lorenzo, av. Casado del Alisal 10, ✉ 34001, ☎ 74 35 45 – ▤. AE ⓓ E VISA. ✂ — **h**
cerrado domingo y 5 septiembre-5 octubre – Com carta aprox. 3500.

Mesón del Concejo, Martínez de Azcoitia 5, ✉ 34001, ☎ 74 32 39, Decoración castellana – AE E VISA. ✂ — **d**
cerrado jueves y 4 noviembre- 4 diciembre – Com carta 3150 a 4050.

XX **Isabel,** Valentín Calderón 6, ✉ 34001, ✆ 74 99 98 - ▤. AE E VISA. ✂ **b**
cerrado lunes noche y 1ª quincena agosto - Com carta 2350 a 3000.

XX **Casa Damián,** Martínez de Azcoitia 9, ✉ 34001, ✆ 74 46 28 - AE ⊕ E VISA. ✂ **r**
cerrado lunes y 27 julio-26 agosto - Com carta 2800 a 4500.

X José Luis, Pedro Fernández del Pulgar 11, ✉ 34005, ✆ 74 15 10 - ▤ **u**

X Braulio, Alonso Fernández del Pulgar 4, ✉ 34005, ✆ 74 15 48, 🏠 - ▤ **e**

Ver también : ***Magaz*** por ② : 10 km.

La PALMA Santa Cruz de Tenerife - ver Canarias.

PALMA DEL RÍO **14700** Córdoba 446 S 14 - 18 854 h. - ☎ 957.

◆Madrid 462 - ◆Cordoba 55 - ◆Sevilla 92.

XX **Hospedería de San Francisco** con hab, av. Pío XII-35 ✆ 71 01 83, Fax 71 01 83, Antiguo convento - ▤ TV ☎ 🚗. E VISA. ✂ rest
Com carta 2600 a 3700 - ☕ 500 - **17 hab** 10000/12000.

PALMA DE MALLORCA Baleares - ver Baleares (Mallorca).

PALMA NOVA Baleares - ver Baleares (Mallorca).

El PALMAR **46012** Valencia 445 O 29 - ☎ 96.

◆Madrid 368 - Gandía 48 - ◆Valencia 20.

X Racó de L'Olla, carret. de El Saler N : 1,5 km ✆ 161 00 72, Fax 162 70 68, ←, 🏠, « En un paraje verde junto a la Albufera » - ▤ Ⓟ
Com (sólo almuerzo salvo en julio-agosto).

Las PALMAS DE GRAN CANARIA Las Palmas - ver Canarias (Gran Canaria).

PALMONES (Playa de) Cádiz - ver Algeciras.

El PALO (Playa de) Málaga - ver Málaga.

PALS **17256** Gerona 443 G 39 - 1 722 h. - ☎ 972.

⛳18 de Pals ✆ 63 60 06.

◆Madrid 744 - Gerona/Girona 41 - Palafrugell 8.

XX **Alfred,** La Font 7 ✆ 63 62 74 - ▤ Ⓟ. AE E VISA. ✂
cerrado domingo noche y lunes (salvo en verano) y 15 octubre-15 noviembre - Com carta 2400 a 5200.

en la playa - ✉ 17256 Pals - ☎ 972 :

🏨 **Sa Punta** 🐕, E : 6 km ✆ 66 73 76, Fax 66 73 15, « 🏊 con terrazas ajardinadas » - 🛗 ▤ TV ☎ 🚗 Ⓟ - 🎪 25/60. AE ⊕ E VISA JCB. ✂
Com (ver a continuación rest. **Sa Punta**) - ☕ 1000 - **12 hab** 16000/18000.

🏨 **La Costa** 🐕, E : 8 km ✆ 66 77 40, Fax 66 77 36, ←, 🏠, « Gran 🏊 junto a un pinar », 🏋, 🎾, ⛳18 - 🛗 ▤ TV ☎ ♿ 🚗 Ⓟ - 🎪 25/70. AE ⊕ E VISA. ✂
Semana Santa octubre - Com 3200 - ☕ 1200 - **120 hab** 12800/16000.

XXX ✿ **Sa Punta,** E : 6 km ✆ 66 73 76, Fax 66 73 15 - ▤ Ⓟ. AE ⊕ E VISA JCB. ✂
cerrado 2ª quincena de enero - Com carta 3450 a 5100
Espec. Carpaccio de salmón con ensalada de lentejas, Cigalas abiertas perfumadas al vinagre de Jerez, Medallones de filete de ternera a las trufas confitadas.

PALLEJÀ **08780** Barcelona 443 H 35 - 5 728 h. - ☎ 93.

◆Madrid 606 - ◆Barcelona 20 - Manresa 48 - Tarragona 89.

XX **Pallejá Paradis,** av. Prat de la Riba 119 ✆ 668 15 02, Fax 668 18 00, Decoración rústica en una antigua casa señorial - ▤ Ⓟ. AE ⊕ E VISA. ✂
Com carta 3350 a 4800.

PAMPLONA o **IRUÑEA** **31000** P Navarra 442 D 25 - 183 126 h. alt. 415 - ☎ 948.

Ver : Catedral★ (sepulcro★, claustro★) BY - Museo de Navarra★ (mosaicos★, capiteles★, pinturas murales★, arqueta hispano-árabe★) AY **M**.

⛳9 de Ulzama por ① : 21 km ✆ 30 51 62.

✈ de Pamplona por ② : 7 km ✆ 31 72 02 - Aviaco : aeropuerto ✉ 31003, ✆ 31 71 82.

ℹ Duque de Ahumada 3, ✉ 31002, ✆ 22 07 41 - R.A.C.V.N. av. Sancho el Fuerte 29, ✉ 31007, ✆ 26 65 62, Fax 17 68 83.

◆Madrid 385 ② - ◆Barcelona 471 ② - ◆Bayonne 118 ① - ◆Bilbao/Bilbo 157 ④ - ◆San Sebastián/Donostia 94 ④ - ◆Zaragoza 169 ②.

IRUÑEA PAMPLONA

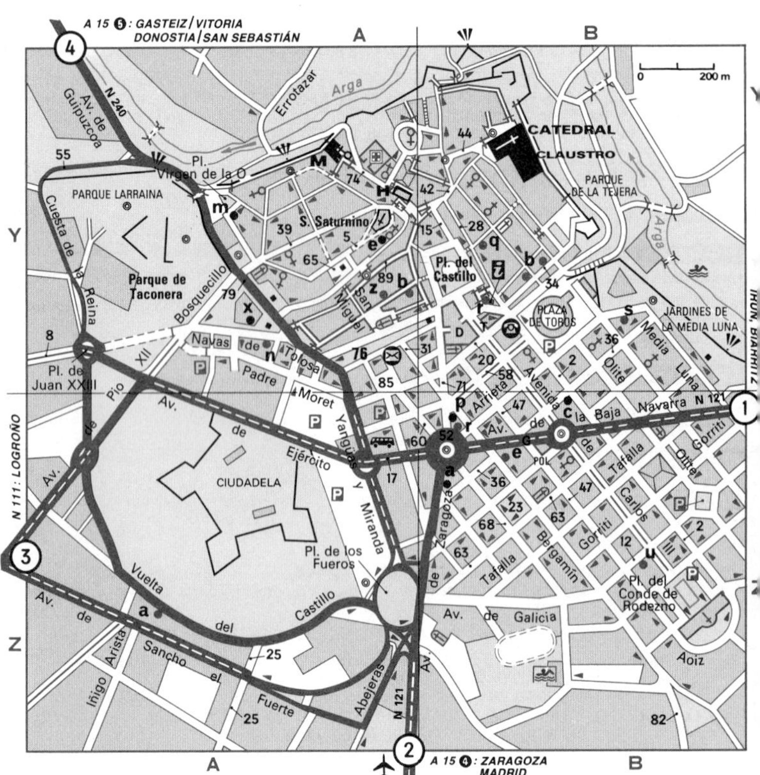

Iruña Park H., ronda Ermitagaña, ✉ 31008, ☎ 17 32 00, Telex 37948, Fax 17 23 87 – |‡| ▤ TV ☎ ♿ 🚗 – 25/1000. AE ◑ E VISA. ✗ por ③
Com 3200 – ☕ 1350 – **225 hab** 12900/16200.

Tres Reyes, jardines de la Taconera, ✉ 31001, ☎ 22 66 00, Telex 37720, Fax 22 29 30, 🏋, ⛱ climatizada – |‡| ▤ TV ☎ 🚗 P – 25/400. AE ◑ E VISA. ✗ AY **x**
Com *(cerrado domingo)* 5200 – ☕ 1600 – **168 hab** 13500/17000.

Blanca de Navarra, Av. Pío XII 43, ✉ 31008, ☎ 17 10 10, Telex 37888, Fax 17 54 14 – ▤ TV ☎ 🚗 – 25/400. AE E VISA. ✗ por ③
Com 2500 – ☕ 1000 – **102 hab** 10800/13500 – PA 5100.

NH Ciudad de Pamplona, Iturrama 21, ✉ 31007, ☎ 26 60 11, Telex 37913, Fax 17 36 26 – |‡| ▤ TV ☎ 🚗 – 25/80. AE ◑ E VISA. ✗ por Esquiroz AZ
Com carta 3300 a 4100 – ☕ 1000 – **117 hab** 16000/22000.

Maisonnave, Nueva 20, ✉ 31001, ☎ 22 26 00, Telex 37994, Fax 22 01 66 – |‡| ▤ rest TV ☎ 🚗 – 25/60. AE ◑ E VISA. ✗ rest AY **e**
Com 1600 – ☕ 900 – **152 hab** 10300/12900.

Sancho Ramírez, Sancho Ramírez 11, ✉ 31008, ✆ 27 17 12, Fax 17 11 43 – 🛗 ▤ TV ☎ 🚗 – 🏛 25/120. AE ⓞ E VISA. ⁂ — por ③
Com 2000 – ☕ 600 – **86 hab** 7000/11000 – PA 4000.

Avenida y Rest. Leyre, av. de Zaragoza 5, ✉ 31003, ✆ 24 54 54, Fax 23 23 23 – 🛗 ▤ TV ☎. AE E VISA. ⁂ — BZ **a**
Com *(cerrado domingo noche y lunes)* carta 2800 a 3800 – ☕ 900 – **24 hab** 7900/12500.

Orhi sin rest, Leyre 7, ✉ 31002, ✆ 22 85 00, Fax 22 83 18 – 🛗 TV ☎. AE ⓞ E VISA
☕ 880 – **55 hab** 8800/12980. — BZ **c**

Yoldi sin rest, con cafetería, av. San Ignacio 11, ✉ 31002, ✆ 22 48 00, Fax 21 20 45 – 🛗 TV ☎ 🚗. ⓞ E VISA — BZ **p**
☕ 775 – **48 hab** 7000/11500.

Eslava 🌿 sin rest, pl. Virgen de la O-7, ✉ 31001, ✆ 22 22 70, Fax 22 51 57 – 🛗 TV ☎. AE ⓞ E VISA. ⁂ — AY **m**
☕ 500 – **28 hab** 4500/9500.

XXXX ✿ **Josetxo,** pl. Príncipe de Viana 1, ✉ 31002, ✆ 22 20 97, « Decoración elegante » – ▤. AE ⓞ E VISA. ⁂ — BZ **r**
cerrado domingo y agosto – Com carta 5450 a 7400
Espec. Panaché de verduras salteadas con jamón (noviembre-marzo), Lomo de mero a la vinagreta ligera, Centro de solomillo con foie al Oporto y reineta.

XXX **Rodero,** Arrieta 3, ✉ 31002, ✆ 22 80 35 – ▤. AE ⓞ E VISA. ⁂ — BY **s**
cerrado domingo y agosto – Com carta 3300 a 4900.

XXX ✿ **Europa** con hab, Espoz y Mina 11 - 1°, ✉ 31002, ✆ 22 18 00, Fax 22 92 35 – 🛗 ▤ TV ☎. AE ⓞ E VISA. ⁂ — BY **r**
Com *(cerrado domingo)* carta 3700 a 5300 – ☕ 750 – **25 hab** 6650/11850
Espec. Patatas rellenas con trufa y cigalillas, Manitas de cerdo estofadas, Helado de queso fresco con salsa de frambuesa..

XXX **Alhambra,** Francisco Bergamín 7, ✉ 31003, ✆ 24 50 07 – ▤. AE ⓞ E VISA. ⁂ — BZ **e**
cerrado domingo – Com carta 3700 a 5250.

XXX ✿ **Hartza,** Juan de Labrit 19, ✉ 31001, ✆ 22 45 68 – ▤. AE ⓞ E VISA — BY **b**
cerrado domingo noche, lunes, agosto y 10 días en Navidades – Com carta 4000 a 7400
Espec. Alcachofas con ajitos frescos, Manzana rellena de foie con crema de calvados, Merluza al vino Cabernet Sauvignon.

XX **Don Pablo,** Navas de Tolosa 19, ✉ 31002, ✆ 22 52 99 – ▤. AE ⓞ E VISA. ⁂ — AY **n**
cerrado domingo noche y agosto – Com carta 4000 a 5000.

XX **La Chistera,** San Nicolás 40, ✉ 31001, ✆ 21 05 12 – ▤. AE ⓞ E VISA. ⁂ — AY **z**
Com carta 4000 a 5050.

XX **Otano,** San Nicolás 5 - 1°, ✉ 31001, ✆ 22 70 36, Fax 21 20 12, Decoración regional – ▤. AE ⓞ E VISA — AY **b**
cerrado domingo noche – Com carta 2650 a 4200.

XX **Juan de Labrit,** Juan de Labrit 29, ✉ 31001, ✆ 22 90 92 – ▤. AE ⓞ E VISA. ⁂ — BY **b**
cerrado domingo noche y agosto – Com carta 3000 a 4300.

X **Castillo de Javier,** bajada de Javier 2 -1°, ✉ 31001, ✆ 22 18 94 – ▤. AE ⓞ E VISA JCB. ⁂ — BY **q**
cerrado lunes noche salvo julio y agosto – Com carta 2400 a 3250.

X Shanti, Castillo de Maya 39, ✉ 31003, ✆ 23 10 04 – ▤ — BZ **u**

La PANADELLA 08289 Barcelona 443 H 34 – ✆ 93.

♦Madrid 539 – ♦Barcelona 90 – ♦Lérida/Lleida 70.

Bayona, carret. N II, ✉ 08289 Montmaneu, ✆ 809 20 11 – ▤ rest ☎ P. AE ⓞ E VISA. ⁂ hab
Com 1250 – ☕ 525 – **64 hab** 3200/5500 – PA 3850.

PANCORBO 09280 Burgos 442 E 20 – 728 h. alt. 635 – ✆ 947.

♦Madrid 308 – ♦Bilbao/Bilbo 99 – ♦Burgos 65 – ♦Vitoria/Gasteiz 49.

Pancorbo, carret. N I ✆ 35 40 00, Fax 35 42 90 – ☎ 🚗 P. AE ⓞ VISA
Com 1600 – ☕ 450 – **30 hab** 3200/4500 – PA 3000.

PANES 33570 Asturias 441 C 16 alt. 50 – ✆ 98.

Alred. : Desfiladero de la Hermida★★ SO : 12 km – O : Gargantas del Cares★★ : carretera de Poncebos (desfiladero★).

ℹ Mayor ✆ 541 42 97.

♦Madrid 427 – ♦Oviedo 128 – ♦Santander 89.

Tres Palacios, Mayor ✆ 541 40 32 – 🛗 P. AE ⓞ E VISA. ⁂
Com 1300 – ☕ 550 – **28 hab** 3900/6800 – PA 2800.

X **Covadonga** con hab, Virgilio Linares ✆ 541 40 35, 🍽 – ☎. VISA. ⁂
Com carta 1600 a 2800 – ☕ 300 – **10 hab** 3000/5500.

en la carretera de Cangas de Onís - 98 :

La Molinuca, O : 6 km, ✉ 33570 Panes, ✆ 541 40 30, ≤, - P. E VISA. ✗
Com 1500 - 500 - **18 hab** 3000/5000 - PA 3500.

Casa Julián con hab, O : 9 km, ✉ 33578 Llonin, ✆ 541 41 79, ≤ - P. E VISA. ✗
marzo-septiembre - Com carta 2100 a 4300 - 400 - **4 hab** 4000/6000.

en Besnes-Alles, por la carretera de Cangas de Onís O : 10,5 km - ✉ 33578 Alles - 98 :

La Tahona, ✆ 541 42 49, Fax 541 44 72, « Rústico regional » - TV ☎. AE ⓓ VISA. ✗
Com 1500 - 550 - **13 hab** 5200/7200 - PA 3025.

PANTICOSA **22661** Huesca 443 D 29 - 749 h. alt. 1 185 - 974 - Balneario - Deportes de invierno : 17. - Alred. : Balneario de Panticosa★ - N : Garganta del Escalar★★.
♦Madrid 481 - Huesca 86.

Escalar, La Cruz ✆ 48 70 08, ≤, climatizada - TV ☎. ✗
20 diciembre-20 abril y 15 junio-12 octubre - Com 1100 - 350 - **32 hab** 4500.

Arruebo, La Cruz 8 ✆ 48 70 52, ≤ - TV. VISA. ✗
cerrado noviembre-20 diciembre - Com 1500 - 500 - **18 hab** 3750/5500 - PA 2800.

Morlans, La Laguna ✆ 48 70 57, Fax 48 73 86 - rest ☎ P. AE VISA. ✗
15 junio-15 septiembre y diciembre-abril - Com 1300 - 500 - **25 hab** 3500/5000 - PA 2900.

Panticosa, La Cruz ✆ 48 70 00 - P. ✗
20 diciembre-20 abril y julio-15 septiembre - Com 1200 - 400 - **30 hab** 3500/4500 - PA 2100.

Valle de Tena, La Cruz ✆ 48 70 73, Fax 48 70 92 - P. VISA. ✗
cerrado primavera y otoño - Com 1200 - 400 - **28 hab** 3500/4500 - PA 2100.

PARAÍSO (Playa de) Santa Cruz de Tenerife - ver Canarias (Tenerife) : Adeje.

El PARDO **28048** Madrid 444 K 18 - 91.
Ver : Palacio Real★ - Convento de Capuchinos : Cristo yacente★.
♦Madrid 13 - ♦Segovia 93.

Pedro's, av. de La Guardia ✆ 376 08 83, - . AE E VISA. ✗
Com carta 3200 a 4000.

Menéndez, av. de La Guardia 25 ✆ 376 15 56, - .

La Marquesita, av. de La Guardia 29 ✆ 376 03 77, - .

PAREDES Pontevedra - ver Vilaboa.

PARETS o **PARETS DEL VALLÉS** **08150** Barcelona 443 H 36 - 8 745 h. alt. 94 - 93.
♦Madrid 637 - ♦Barcelona 26 - Gerona/Girona 81 - Manresa 64.

El Jardí, Major 1 ✆ 573 02 97, , « Terraza » - . AE ⓓ VISA. ✗
cerrado Semana Santa y agosto - Com carta 3100 a 5050.

PASAJES DE SAN JUAN o **PASAI DONIBANE** **20110** Guipúzcoa 442 B 24 - 20 696 h. - 943. - Ver : Localidad pintoresca★.
Alred. : Trayecto★★ de Pasajes de San Juan a Fuenterrabía por el Jaizkíbel.
para Canarias : Cía. Trasmediterránea, zona portuaria, Herrera ✆ 39 92 40.
♦Madrid 477 - ♦Pamplona/Iruñea 100 - St-Jean-de-Luz 27 - ♦San Sebastián/Donostia 10.

Casa Cámara, San Juan 79 ✆ 52 36 99, ≤, Pescados y mariscos - VISA. ✗
cerrado domingo noche y lunes - Com carta 2750 a 4350.

Nicolasa, San Juan 59 ✆ 51 54 69, ≤ - VISA. ✗
cerrado domingo noche, lunes y 15 diciembre-15 enero - Com carta 2600 a 3700.

Txulotxo, San Juan 82 ✆ 52 39 52, ≤, Pescados y mariscos - AE ⓓ E VISA. ✗
cerrado domingo noche, martes y 13 octubre-12 noviembre - Com carta 2300 a 3500.

PATALAVACA (Playa de) Las Palmas - ver Canarias (Gran Canaria).

PAU **17494** Gerona 443 F 39 - 312 h. - 972.
♦Madrid 760 - Figueras/Figueres 14 - Gerona/Girona 53.

L'Olivar D'En Norat, carret. de Rosas E : 1 km ✆ 53 03 00, - P. AE ⓓ E VISA
cerrado lunes - Com carta 3100 a 4750.

El PAULAR (Monasterio de) 28741 Madrid 444 J 18 - alt. 1 073 - ✆ 91.

Ver : Monasterio★ (retablo★★).

♦Madrid 76 - ♦Segovia 55.

Hoteles y restaurantes ver : Rascafría N : 1,5 km.

PEDRAZA DE LA SIERRA 40172 Segovia 442 I 18 - 481 h. alt. 1 073 - ✆ 911.

Ver : Pueblo histórico★★.

♦Madrid 126 - Aranda de Duero 85 - ♦Segovia 35.

La Posada de Don Mariano sin rest, Mayor 14 ✆ 50 98 86, « Elegante decoración interior » - TV ☎. AE ⓓ E VISA. ✗
950 - **18 hab** 9000/11000.

El Corral de Joaquina, Íscar 3 ✆ 50 98 19.

PEDREZUELA 28723 Madrid 444 J 19 - 727 h. - ✆ 91.

♦Madrid 44 - Aranda de Duero 117 - Guadalajara 72.

Los Nuevos Hornos (Ángel), carret. NI-N : 2 km, ✆ 843 33 38, Fax 843 38 73, - ▤ Ⓟ. AE ⓓ VISA. ✗
cerrado martes y agosto - Com carta 3300 a 5000.

Las PEDROÑERAS 16660 Cuenca 444 N 21 y 22 - 6 241 h. - ✆ 967.

♦Madrid 160 - ♦Albacete 89 - Alcázar de San Juan 58 - Cuenca 111.

Las Rejas, av. del Brasil ✆ 16 10 89 - ▤. AE ⓓ E VISA JCB
cerrado lunes - Com carta 3400 a 4800.

PEÑAFIEL 47300 Valladolid 442 H 17 - 5 204 h. alt. 755 - ✆ 983.

Ver : Castillo★.

♦Madrid 176 - Aranda de Duero 38 - ♦Valladolid 55.

Asador Mauro, Subida a San Vicente ✆ 88 08 16, Cordero asado - ▤. AE ⓓ E VISA. ✗
cerrado por la noche de lunes a miércoles - Com carta 2500 a 3500.

PEÑARANDA DE BRACAMONTE 37300 Salamanca 441 J 14 - 6 114 h. alt. 730 - ✆ 923.

♦Madrid 164 - Avila 56 - ♦Salamanca 43.

Las Cabañas, Carmen 10 ✆ 54 02 03 - ▤. VISA. ✗
cerrado lunes noche - Com carta 2300 a 4000.

PEÑÍSCOLA 12598 Castellón de la Plana 445 K 31 - 3 077 h. - ✆ 964 - Playa.

Ver : Ciudad Vieja★ (castillo ≤★).

🅸 paseo Marítimo ✆ 48 02 08.

♦Madrid 494 - Castellón de la Plana 76 - Tarragona 124 - Tortosa 63.

Prado, av. Papa Luna 3 ✆ 48 91 20, Fax 48 95 17, ≤, - ▤ rest ☎ Ⓟ. E VISA. ✗
17 marzo-15 noviembre - Com 1500 - 400 - **154 hab** 4000/6000 - PA 3000.

Porto Cristo, av. Papa Luna 2 ✆ 48 07 18, Fax 48 07 18, ≤ - ▤ rest Ⓟ
temp. - **40 hab.**

Playa, Primo de Rivera 32 ✆ 48 00 00, ≤ - ☎. E VISA. ✗
Com 1500 - 550 - **38 hab** 2800/4900 - PA 3015.

Marina, av. José Antonio 42 ✆ 48 08 90, Fax 48 08 90 - ▤ rest ☎. E VISA. ✗
abril-octubre - Com 1250 - 400 - **19 hab** 1850/3500 - PA 2400.

Ciudad de Gaya, av. Papa Luna 1 ✆ 48 00 24, ≤, - Ⓟ
29 hab.

Tío Pepe, av. José Antonio 32 ✆ 48 06 40
10 hab.

Simó con hab, Porteta 5 ✆ 48 06 20, Fax 48 06 20, ≤, - AE ⓓ E VISA. ✗
marzo-septiembre - Com carta 2200 a 3000 - 500 - **10 hab** 2900/6000 - PA 3900.

en la carretera de Benicarló - ✉ 12598 Peñíscola - ✆ 964 :

Hostería del Mar (Parador Colaborador), av. Papa Luna 18 ✆ 48 06 00, Fax 48 13 63, ≤ mar y Peñíscola, Cenas medievales los sábados, « Interior castellano », climatizada, , - ▤ TV ☎ Ⓟ. AE ⓓ E VISA JCB. ✗ rest
Com 2300 - 1050 - **85 hab** 9200/12500 - PA 4800.

Les Doyes, ✆ 48 07 95, - ▤. AE ⓓ E VISA. ✗
abril-septiembre - Com carta 2950 a 4450.

en la urbanización Las Atalayas-por la carretera CS 500 - ✉ 12598 Peñíscola - ☎ 964 :

Benedicto XIII, NO : 1 km ☎ 48 08 01, Fax 48 95 23, ←, 🏖, 🏊, 🎾 - 🛗 ▤ rest 📺 ☎ P. AE ⓘ E VISA JCB. ✗
15 marzo-15 noviembre - Com 1925 - ☕ 650 - **30 hab** 5680/7100 - PA 3825.

Casa Severino, NO : 1 km ☎ 48 07 03 - ▤ P. AE ⓘ E VISA. ✗
cerrado miércoles (salvo julio-agosto) y noviembre 2 diciembre - Com carta 3850 a 4000.

Las Atalayas, NO : 1,5 km ☎ 48 07 81, Fax 48 04 77, 🏖, 🏊, 🎾 - P. ✗
3 abril-octubre - Com carta 1550 a 2750.

PERALES DE TAJUÑA 28540 Madrid 444 L 19 - 1 821 h. alt. 585 - ☎ 91.

♦Madrid 40 - Aranjuez 44 - Cuenca 125.

Las Vegas, carret. N III ☎ 874 83 90, 🏖 - ▤ P. AE ⓘ E VISA JCB. ✗
Com carta 2400 a 3350.

PERALTA 31350 Navarra 442 E 24 - 4 298 h. alt. 292 - ☎ 948.

♦Madrid 347 - ♦Logroño 70 - ♦Pamplona/Iruñea 59 - ♦Zaragoza 122.

Atalaya con hab, Dabán 11 ☎ 75 01 52 - 🛗 ▤ rest ☎. AE ⓘ E VISA JCB. ✗
cerrado 23 diciembre-7 enero - Com *(cerrado domingo noche, festivos noche y lunes)* carta 2950 a 3750 - ☕ 250 - **30 hab** 2500/4500.

PERAMOLA 25790 Lérida 443 F 33 - 450 h. alt. 566 - ☎ 973.

♦Madrid 567 - ♦Lérida/Lleida 98 - Seo de Urgel/La Seu d'Urgell 47.

Can Boix (anexo 🏨), NO : 2,5 km ☎ 47 02 66, Fax 47 02 66, ←, 🏊, 🎾 - ▤ 📺 ☎ ♿ P. ⓘ E VISA. ✗ rest
cerrado 10 enero-15 febrero - Com carta 2550 a 3575 - ☕ 735 - **45 hab** 3310/4400.

PERATALLADA 17113 Gerona 443 G 39 - ☎ 972.

♦Madrid 752 - Gerona/Girona 33 - Palafrugell 16.

Castell de Peratallada, pl. del Castell ☎ 63 40 21, Fax 63 40 21, 🏖, « Instalado en un castillo medieval » - AE E VISA
cerrado 10 enero-10 marzo - Com *(cerrado domingo noche y lunes todo el año, y martes en octubre)* carta 3325 a 5100.

La Riera, pl. les Voltes 3 ☎ 63 41 42, Decoración rústica, « Instalado en una antigua casa medieval » - P. AE ⓘ E VISA
cerrado lunes y 9 diciembre-febrero - Com carta 2200 a 3800.

Can Nau, d'en Bas 12 ☎ 63 40 35, « Instalado en una antigua casa de estilo regional » - ▤. E VISA. ✗
cerrado domingo noche salvo agosto-septiembre, miércoles salvo festivos y 31 enero-12 marzo - Com carta 2350 a 3150.

El Borinot, del Forn 15 ☎ 63 40 84 - P. ✗
cerrado martes no festivos y enero - Com carta 2225 a 4190.

PERELADA 17491 Gerona 443 F 39 - 1 248 h. - ☎ 972.

♦Madrid 738 - Gerona/Girona 42 - Perpignan 61.

Cal Sagristá, Rodona 2 ☎ 53 83 01, 🏖 - AE E VISA
cerrado martes y 15 enero-15 febrero - Com carta 3450 a 3800.

PERELLÓ o El PERELLÓ 43519 Tarragona 443 J 32 - 3 524 h. - ☎ 977.

♦Madrid 519 - Castellón de la Plana 132 - Tarragona 59 - Tortosa 33.

Censals, carret. N 340 ☎ 49 00 59, 🏖 - ▤ P. AE E VISA. ✗
cerrado miércoles salvo verano y del 2 al 18 noviembre - Com carta 3000 a 3700.

El PERELLÓ 46420 Valencia 445 O 29 - ☎ 96 - Playa.

♦Madrid 373 - Gandía 38 - ♦Valencia 25.

Antina sin rest, Buenavista 18 ☎ 177 00 19 - 🛗 ☎. ⓘ E VISA. ✗
julio-septiembre - ☕ 300 - **30 hab** 3960/4950.

PERILLO La Coruña - ver La Coruña.

PIEDRA (Monasterio de) Zaragoza 443 I 24 - alt. 720 - ✉ 50210 Nuévalos - ☎ 976.

Ver : Parque y cascadas**.

♦Madrid 231 - Calatayud 29 - ♦Zaragoza 118.

Monasterio de Piedra, ☎ 84 90 11, Fax 84 90 54, « Instalado en el antiguo monasterio », 🏊, 🎾 - ☎. AE ⓘ E VISA. ✗ rest
Com 2300 - ☕ 500 - **61 hab** 6000/9500 - PA 4100.

EI PI DE SANT JUST **25286** Lérida 443 G 34 – ☎ 973.
♦Madrid 582 – ♦Lérida/Lleida 113 – Manresa 47 – Solsona 5.

El Pí de Sant Just con hab, carret. C 1410 ℘ 48 07 00, Fax 48 09 38, ⛱, ✂ – ▤ rest Ⓟ **11 hab.**

PIEDRAFITA DEL CEBRERO o **PEDRAFITA DO CEBREIRO** **27670** Lugo 441 D 8 – 2 500 h. alt. 1 062 – ☎ 982.
♦Madrid 433 – Lugo 71 – Ponferrada 51.

Rebollal, carret. N VI ℘ 36 90 57 – ✂
Com 1200 – ☕ 290 – **18 hab** 1700/3200 – PA 2400.

Pazos, carret. N VI ℘ 36 70 85.

PIEDRALAVES **05440** Ávila 442 L 15 – 2 096 h. alt. 730 – ☎ 91.
♦Madrid 95 – Ávila 83 – Plasencia 159.

Almanzor, Progreso 4 ℘ 866 50 00, « Terraza con arbolado y ⛱ » – ▤ rest ☎ Ⓟ
cerrado noviembre – Com 1350 – ☕ 500 – **59 hab** 3000/4000 – PA 2400.

PIEDRAS BLANCAS **33450** Asturias 441 B 12 – ☎ 98 – Playa.
♦ Madrid 481 – Gijón 31 – Oviedo 38.

en playa de Santa María del Mar – ✉ 33457 Santa María del Mar – ☎ 98 :

Román con hab, paseo Marítimo 11 ℘ 553 06 01, Fax 553 31 23, ≤ – ☎. AE E VISA. ✂
Com carta 2100 a 3400 – ☕ 300 – **15 hab** 4000/5000.

en Naveces-carret. playa de Santa María del Mar – ✉ 33457 Naveces – ☎ 98

Aeromar ⛔ sin rest., av. Fernandez Trapa 89 ℘ 551 96 46, Fax 551 97 62 – TV ☎ Ⓟ. AE ⓓ E VISA JCB. ✂
☕ 600 – **16 hab** 9600/12000.

LA PINEDA (Playa de) Tarragona – ver Salou.

PINEDA DE MAR **08397** Barcelona 443 H 38 – 11 739 h. – ☎ 93 – Playa.
🅱 carret. N II ℘ 762 34 90.
♦Madrid 694 – ♦Barcelona 51 – Gerona/Girona 46.

Mercé y Rest. La Taverna, Rdo Antoni Doltra 2 ℘ 767 00 78, Fax 767 10 10, ⛱, ✂ – |♦| ▤ rest. AE ⓓ E VISA. ✂ rest
abril-octubre – Com *(cerrado lunes y enero-marzo)* carta 2840 a 4350 – ☕ 600 – **170 hab** 4000/5000.

Mont Palau, Roig i Jalpi 1 ℘ 767 14 66, Fax 767 05 83, ⛱ – |♦| Ⓟ. AE ⓓ E VISA. ✂ rest
Semana Santa y mayo-octubre – Com 1000 – ☕ 425 – **138 hab** 3200/4900 – PA 2000.

PINETA (Valle de) Huesca – ver Bielsa.

PINOS GENIL **18191** Granada 446 U 19 – 910 h. alt. 774 – ☎ 958
♦Madrid 443 – ♦Granada 13

en la carretera de Granada O : 3 km – ✉ 18191 Pinos Genil – ☎ 958.

Los Pinillos, ℘ 48 61 09, Fax 48 61 09, 🌳 – ▤ Ⓟ. AE ⓓ VISA. ✂
cerrado martes y agosto – Com carta 2625 a 5550.

PLÀ DE SANT LLORENÇ Barcelona – ver Matadepera.

PLÁ DE VALL - LLOBREGÁ Gerona – ver Palamós.

PLASENCIA **10600** Cáceres 444 L 11 – 32 178 h. alt. 355 – ☎ 927.
Ver : Catedral★ (retablo★, sillería★).
🅱 Trujillo 17 ℘ 41 27 66.
♦Madrid 257 – ♦Ávila 150 – ♦Cáceres 85 – Ciudad Real 332 – ♦Salamanca 132 – Talavera de la Reina 136.

Alfonso VIII, Alfonso VIII-34 ℘ 41 02 50, Fax 41 80 42 – |♦| ▤ TV ☎ 🚗. AE ⓓ E VISA. ✂
Com 2700 – ☕ 700 – **57 hab** 7500/13000 – PA 5185.

Florida 2, av. de España 22 ℘ 41 38 58 – ▤. AE E VISA
Com carta 1900 a 2800.

en la carretera de Salamanca N : 1,5 km – ✉ 10600 Plasencia – ☎ 927 :

Real, ℘ 41 29 00, Fax 41 68 24 – |♦| ▤ TV ☎ Ⓟ. E VISA. ✂
Com carta 1300 a 2700 – ☕ 300 – **56 hab** 3000/5000.

PLASENCIA DEL MONTE **22810** Huesca 443 F 28 - alt. 535 - ☎ 974.
♦Madrid 407 - Huesca 17 - ♦Pamplona/Iruñea 147.

X El Cobertizo con hab, carret. N 240 ☎ 27 00 11, ⛱ - ▤ rest Ⓟ
13 hab.

PLATJA D'ARO Gerona - ver Playa de Aro.

PLAYA - ver el nombre propio de la playa.

PLAYA BARCA Las Palmas - ver Canarias (Fuerteventura).

PLAYA BLANCA Las Palmas - ver Canarias (Fuerteventura) : Puerto del Rosario.

PLAYA BLANCA DE YAIZA Las Palmas - ver Canarias (Lanzarote).

PLAYA CANELA Huelva - ver Ayamonte.

PLAYA CANYELLES (Urbanización) Gerona - ver Lloret de Mar.

PLAYA DE ARO o **PLATJA D'ARO** **17250** Gerona 443 G 39 - ☎ 972 - Playa.
18 Costa Brava, Santa Cristina de Aro O : 6 km ☎ 83 71 50.
Jacinto Verdaguer 11 ☎ 81 71 79.
♦Madrid 715 - ♦Barcelona 102 - Gerona/Girona 37.

- **Columbus** ⛰, passeig del Mar ☎ 81 71 66, Fax 81 75 03, ≤, ⛱, ⛱, ✂ - |≑| ▤ TV ☎ Ⓟ - 25/250. AE ⓓ E VISA. ✂
  Com 2950 - ☕ 1300 - **110 hab** 12100/19500 - PA 6100.
- **Guitart Playa de Aro,** av. d'Estrasburg ☎ 81 72 20, Fax 81 61 68, ⛱ - |≑| ▤ ☎ ♿ ⛟ - 25/400. AE ⓓ E VISA. ✂
  Com 2500 - ☕ 800 - **197 hab** 9600/14200.
- **Aromar** ⛰, passeig del Mar ☎ 81 70 54, Telex 57017, Fax 81 75 72, ≤, ⛱ - |≑| ▤ rest ☎ Ⓟ - 25/120. AE ⓓ E VISA. ✂ rest
  cerrado 5 enero-18 febrero - Com 2000 - ☕ 900 - **157 hab** 7000/10000 - PA 4200.
- **Cosmopolita,** Pinar del Mar 1 ☎ 81 73 50, Fax 81 74 50, ≤, ⛱ - |≑| ▤ rest ☎. E VISA. ✂ rest
  cerrado 12 noviembre-21 diciembre - Com 1500 - ☕ 700 - **90 hab** 6600/9500 - PA 2500.
- **Costa Brava y Rest. Can Poldo** ⛰, carret. de Palamós - Punta d'en Ramís ☎ 81 73 08, ≤, « Al borde del mar » - ☎ Ⓟ. AE ⓓ E VISA. ✂ rest
  Com carta 2000 a 4200 - ☕ 800 - **46 hab** 6000/10000.
- **Mar Condal II** ⛰, paseo Marítimo ☎ 81 80 69, Fax 81 61 14, ≤ - |≑| ▤ rest ☎ ⛟ Ⓟ. AE ⓓ E VISA. ✂
  Semana Santa y 15 mayo-15 octubre - Com 1000 - ☕ 425 - **125 hab** 6000/13000 - PA 2425.
- **Xaloc,** carret. de Palamós - playa de Rovira ☎ 81 73 00, Telex 80432, Fax 81 61 00 - |≑| TV ☎ Ⓟ. E VISA. ✂ rest
  abril-octubre - Com 1600 - ☕ 600 - **47 hab** 5200/8800 - PA 3200.
- **Els Pins,** Nostra Señora del Carme 3 ☎ 81 72 19, Fax 81 75 46 - |≑| ☎. AE E VISA. ✂ rest
  7 abril- octubre - Com 1000 - ☕ 500 - **60 hab** 5440/7710 - PA 1760.
- Miramar, Virgen del Carmen 12 ☎ 81 71 50, ≤ - |≑| ☎
  temp. - **45 hab.**
- **Japet,** carret. de Palamós 20 ☎ 81 73 66, ⛱ - ☎ ⛟. AE E VISA. ✂ rest
  cerrado noviembre - Com *(cerrado lunes)* 1500 - ☕ 400 - **20 hab** 3500/5600 - PA 2890.
- Montkiko sin rest, carret. de Santa Cristina 10 ☎ 81 71 56, ⛱ - |≑|
  temp. - **45 hab.**
- X **Aradi,** carret. de Palamós ☎ 81 73 76, Telex 57017, Fax 81 75 72, ⛱ - Ⓟ. AE ⓓ E VISA
  Com carta 2500 a 3800.
- X Can Tuca, carret. de San Feliú 13 ☎ 81 98 04, ⛱, « Decoración rústica » - ▤.

en la carretera de Mas Nou O : 1,5 km - ✉ 17250 Playa de Aro - ☎ 972 :

- XXX ✿ **Carles Camós-Big Rock** ⛰ con hab, barri de Fanals 5 ☎ 81 80 12, Fax 81 89 71, « Antigua masía señorial », ⛱ - ▤ TV ☎ Ⓟ. AE ⓓ E VISA
  cerrado enero - Com *(cerrado domingo noche y lunes)* carta 4050 a 4850 - ☕ 1150 - **5 hab** 20000
  Espec. Ensalada de sesos a la mostaza, Solomilló "Carles Camos", Didalets.

en Condado de San Jorge NE : 2 km – ✉ 17250 Playa de Aro – ☎ 972 :

Park H. San Jorge, ☎ 65 23 11, Telex 54136, Fax 65 25 76, « Agradable terraza con arbolado, ≤ rocas y mar », ⛱, 🎾 – |‡| ▤ rest 📺 ☎ 🅟 – 🏛 25/100. AE ⓞ E VISA. ✂ rest
abril-octubre – Com 2700 – ☕ 1300 – **104 hab** 10400/16500 – PA 6000.

en la carretera de San Feliú de Guixols – ✉ 17250 Playa de Aro – ☎ 972 :

Panamá sin rest, SO : 1 km ☎ 81 76 39, ⛱ – |‡| ☎. AE E VISA
abril-octubre – ☕ 300 – **42 hab** 4700/6400.

Mas Candell, desvío a la derecha SO : 2,5 km ☎ 81 88 81, Fax 81 52 18, 🏖, « Masía típica del siglo XVI » – ▤ 🅟. AE E VISA. ✂
Semana Santa-septiembre – Com *(cerrado miércoles)* carta 2800 a 4900.

en la urbanización Mas Nou NO : 4,5 km – ✉ 17250 Playa de Aro – ☎ 972

Mas Nou, ☎ 81 78 53, Telex 57205, Fax 81 67 22, ≤, Decoración rústica, ⛱, 🎾 – ▤ 🅟.
AE ⓞ E VISA
cerrado martes noche y miércoles de octubre-mayo – Com carta 4150 a 5975.

PLAYA DE LAS AMÉRICAS Santa Cruz de Tenerife – ver Canarias (Tenerife).

PLAYA DEL INGLÉS Las Palmas – ver Canarias (Gran Canaria) : Maspalomas.

PLAYA DE SAN JUAN 03540 Alicante 445 Q 28 – 10 522 h. – ☎ 96 – Playa.

♦Madrid 424 – ♦Alicante 7 – Benidorm 33.

Sidi San Juan 🐚, ☎ 516 13 00, Telex 66263, Fax 516 33 46, ≤ mar, 🏖, ⛱, ⛱, 🌳, 🎾 – |‡| ▤ 📺 ☎ 🅟 – 🏛 25/250. AE ⓞ E VISA. ✂ rest
Com 3000 – ☕ 1400 – **176 hab** 12950/16850 – PA 5920.

Almirante y Rest. Pocardy 🐚, av. de Niza 38 ☎ 565 01 12, Fax 565 71 69, ≤, 🏖, ⛱, 🌳, 🎾 – |‡| ▤ 📺 ☎ 🚗 🅟 – 🏛 25/150. AE ⓞ E VISA. ✂
Com carta 2000 a 2650 – ☕ 485 – **64 hab** 5640/9300.

Castilla, av. países Escandinavos 7 ☎ 516 20 33, Telex 66305, Fax 516 20 61, ⛱ – |‡| ▤ ☎ – 🏛 25/120. AE ⓞ E VISA. ✂
Com 2275 – ☕ 550 – **154 hab** 5850/8925 – PA 4300.

Estella, av. Costa Blanca 125 ☎ 516 04 07 – ▤. ⓞ E VISA JCB. ✂
cerrado domingo noche, lunes y 20 noviembre-20 diciembre – Com carta 2530 a 4115.

Regina, av. de Niza 19 ☎ 526 41 39, 🏖 – ▤. AE E VISA
cerrado miércoles en invierno y 15 días en noviembre – Com carta 2665 a 3600.

Max's, Cabo La Huerta - Torre Estudios ☎ 516 59 15, Cocina francesa – AE E VISA. ✂
cerrado lunes y 20 abril-13 mayo – Com carta 2300 a 3200.

Marcolisa, av. La Condomina 62 ☎ 516 41 38, 🏖, Cocina franco-belga.

PLAYA DE TAURITO Las Palmas – ver Canarias (Gran Canaria).

PLAYA GRANDE Murcia – ver Puerto de Mazarrón.

PLAYA MIAMI Tarragona – ver San Carlos de la Rápita.

PLAYA MITJORN Baleares – ver Baleares (Formentera).

Las PLAYAS Santa Cruz de Tenerife – ver Canarias (Hierro) : Valverde.

Las PLAYETAS Castellón de la Plana – ver Oropesa del Mar.

PLENCIA o PLENTZIA 48620 Vizcaya 442 B 21 – 3 040 h. – ☎ 94 – Playa.

♦Madrid 425 – ♦Bilbao/Bilbo 26.

Txurrua, El Puerto 1 ☎ 677 00 11, ≤ – E VISA. ✂
cerrado del 1 al 20 febrero y del 1 al 20 noviembre – Com carta 3000 a 4600.

La POBLA DE CLARAMUNT 08787 Barcelona 443 H 35 – 1 683 h. – ☎ 93.

♦Madrid 570 – ♦Barcelona 71 – ♦Lérida/Lleida 101 – Manresa 35.

en la carretera C 244 S : 2 km – ✉ 08787 La Pobla de Claramunt – ☎ 93 :

Corral de la Farga, residencial El Xaro ☎ 808 61 85, Fax 808 61 85, « Césped con ⛱ », 🎾 – ▤ 🅟. E VISA
cerrado domingo noche, lunes y febrero – Com carta 2670 a 4095.

La POBLA DE FARNALS Valencia – ver Puebla de Farnals.

POBLET (Monasterio de) **43448** Tarragona 443 H 33 alt. 490 – ☎ 977.
Ver : Monasterio★★★ (claustro★★ : capiteles★, iglesia★★ : panteón real★★, retablo del Altar mayor★★).
♦Madrid 528 – ♦Barcelona 122 – ♦Lérida/Lleida 51 – Tarragona 46.

Monestir ⛰, Les Masíes, ✉ 43440 L'Espluga de Francoli, ☎ 87 00 58, ... – rest ☎ ... P. E VISA. ✻
Semana Santa- octubre – Com 1800 – ☕ 625 – **30 hab** 3950/5950 – PA 3500.

Masía del Cadet ⛰ con hab, Les Masies ☎ 87 08 69, ≤, ... – ☎ P. AE ⓓ E VISA. ✻
Com carta 2000 a 3900 – ☕ 575 – **12 hab** 6000/10000.

Fonoll ⛰, pl. Ramón Berenguer IV - 2 ☎ 87 03 33, Fax 87 03 33, ... – AE ⓓ E VISA. ✻
cerrado jueves y 20 diciembre-20 enero – Com carta 2150 a 3090.

POBOLEDA **43376** Tarragona 443 I 32 – 398 h. alt. 343 – ☎ 977.
♦Madrid 533 – ♦Lérida/Lleida 82 – Tarragona 45.

Antic Priorat ⛰, carret. C T 702 ☎ 82 70 06, Fax 82 72 25, ≤, ... – ... P. AE E VISA. ✻
del 1 al 15 abril y 15 julio-15 diciembre – Com 1800 – ☕ 600 – **18 hab** 5500/6000 – PA 4200.

Los POCILLOS Las Palmas – ver Canarias (Lanzarote) : Puerto del Carmen.

POLA DE ALLANDE **33880** Asturias 441 C 10 – alt. 524 – ☎ 98.
♦Madrid 500 – Cangas 21 – Luarca 84 – ♦Oviedo 106.

La Nueva Allandesa, Donato Fernández ☎ 580 70 27 – TV ☎. E VISA. ✻ rest
Com *(cerrado domingo noche)* 1000 – ☕ 300 – **16 hab** 2500/5000 – PA 2300.

POLOP DE LA MARINA **03520** Alicante 445 Q 29 – 1 766 h. alt. 230 – ☎ 96.
Alred. : Guadalest★ : Situación★ NO : 14 km.
♦Madrid 449 – ♦Alicante 57 – Gandía 63.

Ca L'Ángeles, Gabriel Miró 36 ☎ 587 02 26 – E VISA. ✻
cerrado martes y 15 junio-15 julio – Com carta aprox. 3500.

POLLENSA Baleares – ver Baleares (Mallorca).

PONFERRADA **24400** León 441 E 10 – 52 499 h. alt. 543 – ☎ 987.
Gil y Carrasco, 4 (junto al Castillo) ☎ 42 42 36.
♦Madrid 385 – Benavente 125 – ♦León 105 – Lugo 121 – Orense/Ourense 159 – ♦Oviedo 210.

Del Temple, av. de Portugal 2 ☎ 41 00 58, Telex 89658, Fax 42 35 25, « Decoración evocadora de la época de los Templarios » – ... rest TV ☎ ... – 25/50. AE ⓓ E VISA JCB
Com *(cerrado domingo noche)* 2000 – ☕ 750 – **114 hab** 6500/9500.

Madrid, av. de la Puebla 44 ☎ 41 15 50, Fax 41 18 61 – ... rest TV ☎. AE E VISA JCB. ✻
Com *(cerrado domingo noche)* 900 – ☕ 350 – **55 hab** 2900/4500 – PA 1830.

Bérgidum sin rest, con cafetería, av. de la Plata 2 ☎ 40 15 99, Telex 89893, Fax 40 16 00 – ... TV ☎ .... AE ⓓ E VISA
☕ 750 – **71 hab** 6000/9000.

Ballesteros, Fueros de León 12 ☎ 41 11 60 – .... AE ⓓ E VISA JCB. ✻
cerrado domingo – Com carta 2300 a 4400.

en la carretera N VI - NE : 6 km – ✉ 24400 Ponferrada – ☎ 987 :

Azul Montearenas, ☎ 41 70 12, Fax 41 70 12, ≤ – ... P. AE ⓓ E VISA JCB. ✻
cerrado domingo noche – Com carta 2425 a 3100.

PONS o **PONTS** **25740** Lérida 443 G 33 – 2 230 h. alt. 363 – ☎ 973.
♦Madrid 533 – ♦Barcelona 131 – ♦Lérida/Lleida 64.

Boncompte, pl. Sant Cristófol 1 ☎ 46 10 02, Fax 46 10 04 – ... rest ☎ ♿ ... P. AE ⓓ E VISA. ✻
Com 1500 – ☕ 500 – **34 hab** 3600/6600 – PA 3740.

Jardí, pasaje Piñola ☎ 46 01 16 – ... rest .... AE VISA
Com 950 – ☕ 350 – **24 hab** 1500/2500 – PA 2250.

Ventureta con hab, carret. de Seo de Urgel 2 ☎ 46 03 45, Fax 46 03 45 – ... rest. VISA. ✻
Com carta 3000 a 3700 – ☕ 600 – **14 hab** 1800/3000.

en la carretera de Seo de Urgel NE : 1 km – ✉ 25740 Pons – ☎ 973 :

Pedra Negra, ☎ 46 01 00, – ▤ rest ☎ Ⓟ. AE E VISA. ✂
Com *(cerrado lunes)* 1690 – ☕ 320 – **17 hab** 2290/4620 – PA 3175.

PONT D'ARRÓS Lérida – ver Viella.

PONT DE MOLINS **17706** Gerona 443 F 38 – 353 h. – ☎ 972.
♦Madrid 749 – Figueras/Figueres 6 – Gerona/Girona 42.

El Molí con hab, carret. Les Escaules O : 2 km ☎ 52 80 11, Fax 52 81 01, , Antiguo molino, – Ⓟ. AE ⓓ E VISA. ✂
cerrado 15 diciembre-15 enero – Com *(cerrado martes noche y miércoles)* carta 2100 a 3000 – ☕ 600 – **8 hab** 8000.

PONT DE SUERT **25520** Lérida 443 E 32 – 2 879 h. alt. 838 – ☎ 973.
Alred. : Embalse de Escales★ S : 5 km.
♦Madrid 555 – ♦Lérida/Lleida 123 – Viella 40.

en la carretera de Bohí N : 2,5 km – ✉ 25520 Pont de Suert – ☎ 973 :

Mesón del Remei, ☎ 69 02 55, Carnes a la brasa – Ⓟ. VISA. ✂
cerrado jueves – Com carta 1250 a 2800.

PONT D'INCA Baleares – ver Baleares (Mallorca).

PONTEAREAS Pontevedra – ver Puenteareas.

PONTEDEUME La Coruña – ver Puentedeume.

PONTEVEDRA **36000** Ⓟ 441 E 4 – 65 137 h. – ☎ 986.
Ver : Barrio antiguo★ : Plaza de la Leña★ BY - Museo Provincial : (tesoros célticos★) BY **M1** – Iglesia de Santa María la Mayor★ (fachada oeste★) AY.
Alred. : Mirador de Coto Redondo★★ ※★★ 14 km por ③ – Iberia ☎ 85 66 22.
☎ 85 13 13.
General Mola 3, ✉ 36002, ☎ 85 08 14 – R.A.C.E. av. de Vigo 31, ✉ 36003, ☎ 85 25 12.
♦Madrid 599 ② – Lugo 146 ① – Orense/Ourense 100 ② – Santiago de Compostela 57 ① – ♦Vigo 27 ③.

Plano página siguiente

Parador de Pontevedra , Maceda, ✉ 36002, ☎ 85 58 00, Fax 85 21 95, , « Antiguo pazo acondicionado », – |‡| TV ☎ Ⓟ – 25/40. AE ⓓ VISA. ✂ AY **a**
Com 3200 – ☕ 1100 – **47 hab** 11000 – PA 6375.

Galicia Palace sin rest. con cafetería, av. de Vigo 3, ✉ 36003, ☎ 86 44 11, Fax 86 10 26 – |‡| ▤ TV ☎ – 25/300. AE ⓓ E VISA. ✂ BZ **t**
☕ 900 – **85 hab** 11200/14000.

Rías Bajas sin rest, con cafetería, Daniel de la Sota 7, ✉ 36001, ☎ 85 51 00, Telex 88068, Fax 85 51 00 – |‡| ▤ TV ☎ Ⓟ. AE ⓓ E VISA. ✂ BZ **n**
☕ 575 – **100 hab** 7000/11000.

Don Pepe sin rest, carret. de La Toja 24, ✉ 36163 Poyo, ☎ 84 17 11 – |‡| TV ☎ Ⓟ
25 hab. por Puente de la Barca AY

Virgen del Camino sin rest, Virgen del Camino 55, ✉ 36001, ☎ 85 59 00, Fax 85 09 00 – |‡| TV ☎ Ⓟ. AE ⓓ E VISA. ✂ BZ **v**
☕ 600 – **53 hab** 7000/11000.

Comercio, Augusto González Besada 3, ✉ 36001, ☎ 85 12 17, Fax 85 99 91 – |‡| ▤ TV ☎. VISA BZ **r**
Com 1500 – ☕ 400 – **40 hab** 4000/5500.

Ruas sin rest. con cafetería, pl. Sarmiento, ✉ 36002, ☎ 84 64 16, Fax 84 64 11 – ▤ TV ☎. AE E VISA. ✂ BY **r**
☕ 500 – **22 hab** 5500/8000.

Román, Augusto García Sánchez 12, ✉ 36001, ☎ 84 35 60 – ▤. AE ⓓ E VISA BZ **s**
cerrado domingo noche – Com carta aprox. 3000.

✿ **Doña Antonia,** soportales de la Herrería 4, ✉ 36002, ☎ 84 72 74 – AE ⓓ E VISA. ✂
cerrado domingo y del 1 al 20 julio – Com carta aprox. 4800 BZ **x**
Espec. Ensalada templada de rape y calabacín, Lenguado Doña Antonia, Empanadillas de crema..

Chipén, Peregrina 3, ✉ 36201, ☎ 85 26 61 – ▤. AE E VISA JCB BZ **a**
– Com carta 2000 a 3100.

Rua, Corbaceiras 12, ✉ 36002, ☎ 85 43 18 – AZ **u**

Carla, Augusto García Sánchez 15, ✉ 36001, ☎ 84 09 72, Rest. italiano – BZ **c**

O Merlo, Santa María 4, ✉ 36002, ☎ 84 43 43, Decoración rústica – E VISA. ✂ AY **r**
cerrado lunes salvo julio- septiembre y del 1 al 20 octubre – Com carta 1400 a 2400.

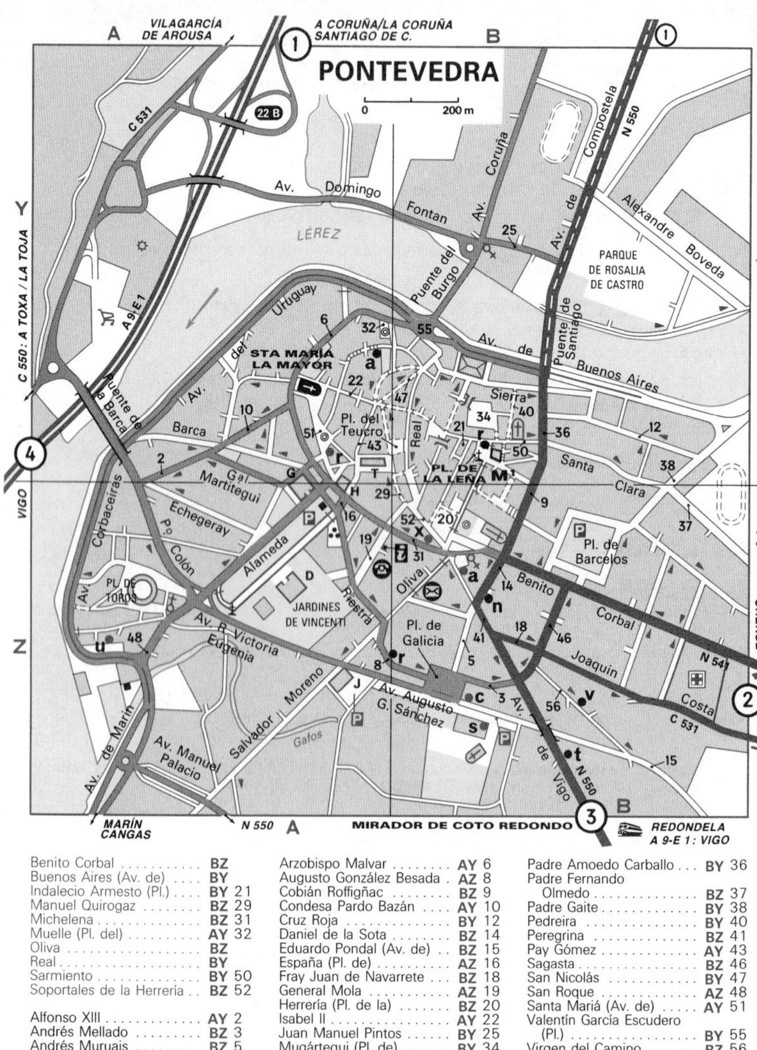

Benito Corbal . . . . BZ
Buenos Aires (Av. de) . . . . BY
Indalecio Armesto (Pl.) . . . . BY 21
Manuel Quirogaz . . . . BZ 29
Michelena . . . . BZ 31
Muelle (Pl. del) . . . . AY 32
Oliva . . . . BZ
Real . . . . BY
Sarmiento . . . . BY 50
Soportales de la Herrería . . BZ 52

Alfonso XIII . . . . AY 2
Andrés Mellado . . . . BZ 3
Andrés Muruais . . . . BZ 5

Arzobispo Malvar . . . . AY 6
Augusto González Besada . AZ 8
Cobián Roffignac . . . . BZ 9
Condesa Pardo Bazán . . . . AY 10
Cruz Roja . . . . BY 12
Daniel de la Sota . . . . BZ 14
Eduardo Pondal (Av. de) . . BZ 15
España (Pl. de) . . . . AZ 16
Fray Juan de Navarrete . . . BZ 18
General Mola . . . . AZ 19
Herrería (Pl. de la) . . . . BZ 20
Isabel II . . . . AY 22
Juan Manuel Pintos . . . . . . BY 25
Mugártegui (Pl. de) . . . . BY 34

Padre Amoedo Carballo . . . BY 36
Padre Fernando Olmedo . . . . BZ 37
Padre Gaite . . . . BY 38
Pedreira . . . . BY 40
Peregrina . . . . BZ 41
Pay Gómez . . . . AY 43
Sagasta . . . . BZ 46
San Nicolás . . . . BY 47
San Roque . . . . AZ 48
Santa Mariá (Av. de) . . . . . AY 51
Valentín García Escudero (Pl.) . . . . BY 55
Virgen del Camino . . . . BZ 56

en San Salvador de Poyo por Puente de la Barca AY – ✉ 36994 San Salvador de Poyo – ☎ 986

🏨 **Paris** sin rest, carret. de la Toja : 3 km ☎ 85 68 62, Fax 85 68 62, – TV ☎ P. VISA. – ☕ 375 – **39 hab** 2500/5000.

✕✕ ✿ **Casa Solla,** carret. de La Toja : 2 km ☎ 85 60 29, – ▤ P. VISA.
cerrado domingo noche, jueves noche y Navidades – Com carta 4000 a 4600
Espec. Crema de ostras, Guiso de chocos, Merluza con erizo de mar.

en San Juan de Poyo por Puente de la Barca AY : 4 km – ✉ 36994 San Juan de Poyo – ☎ 986

🏨 **San Juan** sin rest, Casal 6 ☎ 77 00 20, Fax 77 05 11 – TV ☎ P. AE VISA. – ☕ 300 – **34 hab** 4000/5000.

en la carretera N 550 por ① : 4 km – ✉ 36000 Pontevedra – ☎ 986 :

✕ **Corinto** con hab, ☎ 84 53 45 – P. E VISA. – *cerrado 22 diciembre-22 enero* – Com *(cerrado lunes)* carta 2100 a 2900 – ☕ 250 – **16 hab** 2500/3800.

PONTS Lérida - ver Pons.

PÓO DE CABRALES **33554** Asturias 441 C 15 - 98.
Madrid 453 - Oviedo 104 - Santander 113.

Principado de Europa, Mirador del Naranjo de Bulnes 2 584 54 74, Fax 584 54 74, ≤ - AE E VISA.
Com 1500 - 475 - **32 hab** 5500/9000 - PA 3475.

PORRIÑO **36400** Pontevedra 441 F 4 - 13 517 h. alt. 29 - 986.
Madrid 585 - Orense/Ourense 86 - Pontevedra 34 - Porto 142 - Vigo 15.

Motel Acapulco y Rest. Albariño, Antonio Palacios 147 33 15 07, Fax 33 64 65 - AE E VISA. rest
Com carta 2220 a 3400 - 500 - **40 hab** 4500/8500.

Parque sin rest, con cafetería, parque del Cristo 33 16 04, Fax 33 15 79 - AE E VISA.
700 - **47 hab** 4200/7500.

PORTALS NOUS Baleares - ver Baleares (Mallorca).

PORTALS VELLS Baleares - ver Baleares (Mallorca) : Palma Nova.

PORT-BOU **17497** Gerona 443 E 39 - 2 281 h. - 972 - Playa.
Madrid 782 - Banyuls 17 - Gerona/Girona 75.

Comodoro, Méndez Núñez 1 39 01 87, - AE E VISA
mayo-octubre - Com 1200 - 500 - **14 hab** 4000/7500 - PA 3200.

Bahía sin rest y sin , Cerbere 2 39 01 96, ≤
junio-septiembre - **33 hab** 4000/4900.

Costa Brava, Cerbere 20 39 03 86 - E VISA.
junio-septiembre - Com 1300 - 450 - **23 hab** 2400/4500 - PA 2200.

L'Áncora, passeig de la Sardana 3 39 00 25, , Decoración rústica - E VISA
cerrado martes y noviembre - Com carta 2300 a 4100.

PORT DE LA SELVA Gerona - ver Puerto de la Selva.

PORTELA DE VALCARCE León - ver Vega de Valcarce.

El PORTET Alicante - ver Moraira.

PORTO COLOM Baleares - ver Baleares (Mallorca).

PORTO CRISTO Baleares - ver Baleares (Mallorca).

PORTOMARÍN Lugo - ver Puertomarín.

PORTONOVO **36970** Pontevedra 441 E 3 - 986.
Madrid 626 - Pontevedra 22 - Santiago de Compostela 79 - Vigo 49.

Caneliñas sin rest, av. de Pontevedra 40 69 03 63, Fax 69 08 90 - AE VISA.
mayo-octubre - 450 - **29 hab** 5850/7500.

Siroco sin rest, av. de Pontevedra 12 72 08 43, Fax 69 10 16, ≤ - AE E VISA.
Semana Santa-12 octubre - 400 - **35 hab** 4500/8000.

Nuevo Cachalote, Marina 72 34 54, Fax 72 34 55 - E VISA.
abril-15 octubre - Com 1410 - 375 - **30 hab** 4000/6950 - PA 2715.

Cachalote sin rest, Marina 72 08 52, Fax 72 34 55 - E VISA.
mayo-15 octubre - 375 - **27 hab** 3400/5600.

Punta Lucero, av. de Pontevedra 18 72 02 24, ≤ - VISA.
abril-octubre - Com 1700 - 400 - **35 hab** 4300/5500 - PA 2800.

en la playa de Canelas O : 1 km - 36970 Portonovo - 986

Villa Cabicastro, 69 08 48, - - 25. VISA.
abril-octubre - Com 1900 - 450, **34 apartamentos** 8000/14000 - PA 2800.

Duna, 69 14 11, Fax 69 14 43, ≤ - E VISA.
abril-octubre - Com 1410 - 375 - **33 hab** 5150/9200 - PA 2715.

en la playa de Montalvo O : 4 km - ✉ 36970 Portonovo - ☎ 986

Sixto , ☎ 72 30 37, Fax 69 03 54 - P.
Semana Santa y abril-octubre - Com 1350 - ☕ 400 - **45 hab** 4300/5000 - PA 2470.

Ver también : ***Sangenjo** E : 1,5 km* - ***Noalla** NO : 9 km.*

PORTO PETRO Baleares - ver Baleares (Mallorca).

PORTO PÍ Baleares - ver Baleares (Mallorca) : Palma de Mallorca.

PORTUGOS **18415** Granada 446 V 20 - 522 h. alt. 1 305 - ☎ 958.
♦Madrid 506 - ♦Granada 77 - Motril 56.

Nuevo Malagueño , ☎ 76 60 98, Fax 85 73 37, ≤ - P. AE E VISA.
Com 1200 - ☕ 500 - **30 hab** 4000/7500 - PA 3500.

PORT SALVI Gerona - ver San Feliú de Guixols.

POTES **39570** Cantabria 442 C 16 - 1 444 h. alt. 291 - ☎ 942.
Ver : Paraje★.
Alred. : Desfiladero de la Hermida★★ N : 18 km - Puerto de San Glorio★ (Mirador de Llesba ※★★) SO : 27 km y 30 mn a pie - Santo Toribio de Liébana ≤★ SO : 3 km.
pl. Jesús de Monasterio ☎ 73 08 20.
♦Madrid 399 - Palencia 173 - ♦Santander 115.

Picos de Valdecoro y Rest. Paco Wences, Roscabado 5 ☎ 73 00 25, Fax 73 03 15, ≤, - ⬍ ▤ rest ☎. AE E VISA.
Com carta 2000 a 2700 - ☕ 400 - **42 hab** 4500/7000 - PA 3500.

en Ojedo NE : 1 km - ✉ 39585 Ojedo - ☎ 942 :

Martín, carret. N 621 ☎ 73 02 33, ≤ - VISA.
cerrado enero - Com carta aprox. 2150.

en la carretera de Fuente Dé O : 1,5 km - ✉ 39570 Potes - ☎ 942 :

La Cabaña sin rest, ☎ 73 00 50, ≤, - ☎ P. AE E VISA.
☕ 400 - **24 hab** 4500/7000.

POZOBLANCO **14400** Córdoba 446 Q 15 - 13 612 h. - ☎ 957.
Club de Pozoblanco : 3 km ☎ 10 02 39.
♦Madrid 361 - Ciudad Real 164 - ♦Córdoba 67.

Los Godos, Villanueva de Córdoba 32 ☎ 10 00 22, Fax 10 00 22 - ⬍ ▤ rest ☎. E VISA.
Com 1050 - ☕ 600 - **35 hab** 4500/7500 - PA 1650.

en la carretera de Alcaracejos O : 2,3 km - ✉ 14400 Pozoblanco - ☎ 957 :

San Francisco , ☎ 10 15 12 - ⬍ ▤ rest ☎ P. E.
Com 1050 - ☕ 600 - **40 hab** 5400/8500 - PA 1650.

POZUELO DE ALARCÓN **28023** Madrid 444 K 18 - 31 228 h. - ☎ 91.
♦Madrid 10.

XXX **Bracamonte,** General Mola 44 ☎ 351 04 02, - ▤ P. AE ⓓ E VISA.
cerrado domingo, lunes mediodía y 15 agosto-15 septiembre - Com carta 3900 a 4400.

XX La Española, av. Juan XXIII 5 ☎ 715 87 85, Fax 352 67 93, - ▤ P.

XX **El Fogón de Pozuelo,** Tahona 17 ☎ 715 99 94, - ▤. AE E VISA.
cerrado domingo noche, lunes y agosto - Com carta 3200 a 4100.

XX **Tere,** av. Generalísimo 64 ☎ 352 19 98, - ▤. AE ⓓ E VISA.
Com carta aprox. 5000.

X Bodega La Salud, Jesús Gil González 36 ☎ 715 33 90, Fax 352 67 93, Carnes a la brasa - ▤.

en la carretera M 602 SE : 2,5 km - ✉ 28023 Pozuelo de Alarcón - ☎ 91 :

X **Chaplin,** Zoco ☎ 715 75 59, - ▤. AE E VISA.
cerrado domingo y festivos noche - Com carta 3050 a 3950.

en Húmera SE : 3 km - ✉ 28023 Pozuelo de Alarcón - ☎ 91 :

XX El Montecillo, ☎ 715 18 18, , « En un pinar », - ▤ P.

PRADERA DE NAVALHORNO Segovia - ver La Granja.

PRADES **43364** Tarragona 443 I 32 - 547 h. - ☎ 977.
♦Madrid 530 - ♦Lérida/Lleida 68 - Tarragona 50.

- **L'Estanc,** pl. Mayor 9 ☎ 86 81 67, Carnes - E VISA. ⚘
  cerrado miércoles y 15 enero-15 febrero - Com carta 2250 a 3250.

PRADO **33344** Asturias 441 B 14 - alt. 135 - ☎ 98.
♦ Madrid 498 - Gijón 56 - ♦ Oviedo 96 - ♦ Santander 141.

- **Caravia,** carret. N 632 ☎ 585 30 14 - P. ⚘
  Com *(cerrado domingo noche salvo en Semana Santa y verano)* carta 2150 a 2950 - ☕ 350 - **20 hab** 2900/5500 - PA 2850.

El PRAT DE LLOBREGAT **08820** Barcelona 443 I 36 - 60 419 h. - ☎ 93.
♦Madrid 621 - ♦Barcelona 13 - Tarragona 89.

por la carretera de Castelldefels y cruce a Sant Boi O : 3,5 km - ✉ 08820 El Prat de Llobregat - ☎ 93 :

- Cal Picasal, ☎ 478 01 28, Cocina vasco-navarra - ▤ P.

PRATS DE CERDAÑA o **PRATS DE CERDANYA** **25721** Lérida 443 E 35 - alt. 1 100 - ☎ 972 - Deportes de invierno en Masella E : 9 km : ⛷ 7.
♦Madrid 639 - ♦Lérida/Lleida 170 - Puigcerdá 14.

- Moixaró ⛰, carret. de Alp ☎ 89 02 38, ≤, ⛱, ⛿ - ☎ P
  40 hab.

PRAVIA **33120** Asturias 441 B 11 - 12 407 h. alt. 17 - ☎ 98.
Alred. : Cabo de Vidio★★ (≤★★) - Cudillero (típico pueblo pesquero★) N : 15 km - Ermita del Espíritu Santo (≤★) N : 15 km.
♦Madrid 490 - Gijón 49 - ♦Oviedo 55.

- **Balbona,** Pico Meras 2 ☎ 582 11 62 - ▤. AE ⓓ E VISA. ⚘
  cerrado martes y 2ª quincena septiembre - Com carta 2200 a 3750.
- **Sagrario** con hab, Valdés Bazán 10 ☎ 582 00 38 - AE VISA. ⚘
  Com *(cerrado domingo noche)* carta 1500 a 3900 - ☕ 300 - **14 hab** 4000/5000.

en Beifar SE : 3,5 km - ✉ 33129 Beifar - ☎ 98

- Juan de la Tuca, carret. C 632 ☎ 582 06 94.

PREMIÁ DE DALT **08338** Barcelona 443 H 37 - ☎ 93.
♦Madrid 627 - ♦Barcelona 22 - Gerona/Girona 82.

- **La Granja,** de la Cisa 52 ☎ 752 28 73, ⛱, ⛱ - P. AE ⓓ E VISA. ⚘
  cerrado jueves, del 1 al 20 febrero y del 1 al 14 septiembre - Com carta 1850 a 4700.

en la carretera de Premiá de Mar S : 2 km - ✉ 08338 Premiá de Dalt - ☎ 93 :

- **Sant Antoni,** Penedés 43 ☎ 752 34 81, ⛱, Decoración regional - P. AE ⓓ E VISA. ⚘
  cerrado domingo noche, lunes(salvo festivos o visperas) y del 1 al 15 agosto - Com carta 2450 a 3550.

PREMIÁ DE MAR **08330** Barcelona 443 H 37 - 19 935 h. - ☎ 93 - Playa.
♦Madrid 653 - ♦Barcelona 20 - Gerona/Girona 82.

- **Jordi,** Mossen Jacint Verdaguer 128 ☎ 751 09 10 - ▤. AE E VISA
  cerrado domingo noche y lunes - Com carta 3180 a 4500.

PRENDES Asturias 441 B 12 - ☎ 98.
♦Madrid 484 - Avilés 17 - Gijón 10 - ♦Oviedo 39.

- ✿ **Casa Gerardo,** carret. N 632 ☎ 588 77 97 - ▤ P. AE E VISA. ⚘
  cerrado lunes y junio - Com (sólo almuerzo salvo viernes y sábado) carta 4075 a 5225
  Espec. El guiso de patatas y almejas, La fabada asturiana, Merluza marea negra.

La PROVIDENCIA Asturias - ver Gijón.

PRULLANS **25727** Lérida 443 E 35 - 183 h. alt. 1 096 - ☎ 973.
♦Madrid 632 - ♦Lérida/Lleida 163 - Puigcerdá 22.

- **Muntanya** ⛰, Puig 3 ☎ 51 02 60, Fax 51 06 06, ≤, ⛱, ⛿ - |♦| ☎ P. E VISA. ⚘
  cerrado noviembre - Com 1500 - ☕ 490 - **32 hab** 3800/5700 - PA 3200.

PUÇOL Valencia - ver Puzol.

La PUEBLA DE ARGANZÓN **09294** Burgos 442 D 21 - 481 h. - ✆ 945.
♦Madrid 338 - ♦Bilbao/Bilbo 75 - ♦Burgos 95 - ♦Logroño 75 - ♦Vitoria/Gasteiz 17.

✗ Palacios, carret. N I - km 333 ✆ 37 30 30 - Ⓟ.

PUEBLA DE FARNALS o **LA POBLA DE FARNALS** **46137** Valencia 445 N 29 - 971 h. - ✆ 96.
♦Madrid 369 - Castellón de la Plana 58 - ♦Valencia 18.

en la playa E : 5 km - ✉ 46137 Puebla de Farnals - ✆ 96 :

✗✗ **Bergamonte,** ✆ 146 16 12, 余, « Típica barraca valenciana », ⛱ de pago, % - ▤ Ⓟ. AE VISA. ✗
cerrado lunes - Com carta 2250 a 3350.

PUEBLA DEL CARAMIÑAL **15940** La Coruña 441 E 3 - 9 813 h. - ✆ 981 - Playa.
♦Madrid 665 - ♦La Coruña/A Coruña 123 - Pontevedra 68 - Santiago de Compostela 51.

✗ **O'Lagar,** Condado, 5 ✆ 83 00 37 - ▤. ⓓ E VISA. ✗
cerrado lunes y octubre - Com carta 2500 a 3600.

PUEBLA DE SANABRIA **49300** Zamora 441 F 10 - 1 858 h. alt. 898 - ✆ 988.
Alred. : Carretera a San Martín de Castañeda ≤★ NE : 20 km.
♦Madrid 341 - ♦León 126 - Orense/Ourense 158 - ♦Valladolid 183 - Zamora 110.

Parador Puebla de Sanabria ⛰, carret. del lago ✆ 62 00 01, Fax 62 03 51, ≤, 余 - |♦| TV ☎ ⇔ Ⓟ - 🔬 25/40. AE ⓓ VISA. ✗
Com 3000 - ☕ 1000 - **44 hab** 8500 - PA 5950.

Los Perales ⛰, Colonia los Perales ✆ 62 00 25, Fax 62 03 85 - TV ☎ Ⓟ. AE ⓓ E VISA
Com 1500 - ☕ 600 - **18 hab** 5200/6500 - PA 2900.

Victoria sin rest y sin ☕, Ánimas, 20 ✆ 62 00 12
10 hab.

✗✗ **Plaza de Armas,** pl. López Monís 5 ✆ 62 10 09, Fax 62 01 10, Decoración rústica - ⓓ E VISA. ✗
cerrado enero-marzo - Com carta 2000 a 3050.

PUENTE ARCE **39478** Cantabria 442 B 18 - ✆ 942.
♦Madrid 380 - ♦Bilbao/Bilbo 110 - ♦Santander 13 - Torrelavega 14.

✗✗✗ ✿ **El Molino,** carret. N 611 ✆ 57 50 55, Fax 57 40 04, « Instalado en un antiguo molino » - Ⓟ. AE ⓓ E VISA. ✗
cerrado domingo noche y lunes - Com carta 3300 a 6100
Espec. Ensalada de jamón ibérico con terrina de hígado de pato, Pescado de roca estofado al tomillo con pimientos y aceitunas, Pastel de higos confitados..

✗✗ **Puente Arce (Casa Setien),** barrio del Puente 5, ✉ 39478, ✆ 57 40 01, Fax 575035, 余, Decoración rústica - ▤ Ⓟ. AE ⓓ E VISA. ✗
cerrado octubre - Com carta 2700 a 4250.

en la carretera de Vioño S : 2 km - ✉ 39478 Puente Arce - ✆ 942 :

✗ Paraíso del Pas, ✉ 39478 Oruña, ✆ 57 42 70, 余, Decoración rústica - Ⓟ.

PUENTEÁREAS o **PONTEAREAS** **36860** Pontevedra 441 F 4 - 15 013 h. - ✆ 986.
♦Madrid 576 - Orense/Ourense 75 - Pontevedra 45 - ♦Vigo 26.

✗ **La Fuente,** Alcázar de Toledo 4 ✆ 64 09 32 - ▤. AE ⓓ E VISA. ✗
cerrado del 15 al 30 septiembre - Com carta 2000 a 2900.

PUENTE DE SANABRIA **49350** Zamora 441 F 10 - ✆ 988.
Alred. : N : Carretera a San Martín de Castañeda ≤★.
♦Madrid 347 - Benavente 90 - ♦León 132 - Orense/Ourense 164 - Zamora 116.

Gela sin rest, carret. del lago ✆ 62 03 40 - ✗
cerrado octubre - ☕ 300 - **10 hab** 4500.

PUENTEDEUME o **PONTEDEUME** **15600** La Coruña 441 B 5 - 8 459 h. - ✆ 981 - Playa.
♦Madrid 599 - ♦La Coruña/A Coruña 48 - Ferrol 15 - Lugo 95 - Santiago de Compostela 85.

✗✗ Brasilia, carret. N VI ✆ 43 02 49.

✗ **Yoli,** Ferreiros 8 ✆ 43 01 86 - VISA. ✗
cerrado domingo noche, martes y 29 septiembre-12 octubre - Com carta 2100 a 2600.

PUENTE GENIL **14500** Córdoba 446 T 15 - 25 615 h. - 957.
Madrid 469 - Córdoba 71 - Málaga 102 - Sevilla 128.

Xenil sin rest y sin , Poeta García Lorca 3 60 02 00, Fax 60 04 43 - .
35 hab 4500/7000.

PUENTE LA REINA **31100** Navarra 442 D 24 - 1 987 h. alt. 346 - 948.
Ver : Iglesia del Crucifijo (Cristo★) - Iglesia Santiago (portada★).
Alred. : Eunate★ E : 5 km - Cirauqui★ (iglesia de San Román : portada★) O : 6 km.
Madrid 403 - Logroño 68 - Pamplona/Iruñea 24.

Jakue, carret. de Pamplona NE : 1 km 34 10 17, Fax 34 11 20, , - rest . rest
Com 1400 - 400 - **28 hab** 4500/8000 - PA 2720.

Mesón del Peregrino con hab, carret. de Pamplona NE : 1 km 34 00 75, Fax 34 11 90, , Decoración rústica elegante, « Jardín con » - rest .
cerrado Navidades y enero - Com *(cerrado domingo noche y lunes)* carta 2240 a 4850 - 1000 - **15 hab** 5000/6850.

PUERTO - Puerto de montaña, ver el nombre propio del puerto.

PUERTO - Puerto de mar, ver a continuación.

PUERTO BANÚS Málaga 446 W 15 - 29660 Nueva Andalucía - 95 - Playa.
Ver : Puerto deportivo★.
Madrid 622 - Algeciras 69 - Málaga 67 - Marbella 8.

Taberna del Alabardero, muelle Benabola 281 27 94, Fax 281 86 30, - .
cerrado enero-febrero - Com carta 4400 a 5500.

Michel's, muelle Ribera 48 281 55 19, - .
cerrado febrero - Com carta 3450 a 4700.

Cipriano, edificio Levante - local 4 y 5 281 10 77, Fax 281 10 77, , Pescados y mariscos - .
Com carta 3600 a 5650.

PUERTO DE ALCUDIA Baleares - ver Baleares (Mallorca).

PUERTO DE ANDRAITX Baleares - ver Baleares (Mallorca).

PUERTO DE LA CRUZ Santa Cruz de Tenerife - ver Canarias (Tenerife).

PUERTO DE LA DUQUESA Málaga - ver Manilva.

PUERTO DE LA SELVA o **EL PORT DE LA SELVA** **17489** Gerona 443 E 39 - 725 h. - 972 - Playa.
Madrid 776 - Banyuls 39 - Gerona/Girona 69.

Amberes, Selva de Mar 38 70 30, - . rest
abril-septiembre - Com 1500 - 500 - **24 hab** 4500/6000 - PA 2975.

Ca l'Herminda, L'Illa 7 38 70 75, , , Decoración rústica - .
abril-12 octubre - Com *(cerrado domingo noche y lunes de abril a junio)* carta 2600 a 4325.

Comercio, Moll d'en Balleu 3 38 70 14, - .

Bellavista, Platja 3 38 70 50, , .

PUERTO DEL CARMEN Las Palmas - ver Canarias (Lanzarote).

PUERTO DEL ROSARIO Canarias - ver Canarias (Fuerteventura).

PUERTO DE MAZARRÓN **30860** Murcia 445 T 26 - 968 - Playa.
av. Dr. Meca (edificio Bahía Mar) 59 44 26.
Madrid 459 - Cartagena 33 - Lorca 55 - Murcia 69.

La Cumbre , urb. La Cumbre 59 48 61, Fax 59 44 50, , - .
Com 1900 - 650 - **119 hab** 6600/9500 - PA 3700.

Virgen del Mar, paseo Marítimo 2 59 50 57, , , Pescados y mariscos - .
cerrado lunes y noviembre - Com carta 2350 a 3200.

en la playa de la Isla O : 1 km – ✉ 30860 Puerto de Mazarrón – ☎ 968 :

Durán, ☎ 59 40 50, Fax 59 15 83 – ☎. AE ⓓ E VISA. ✻
junio-septiembre – Com (ver rest. **Miramar**) – ☐ 300 – **29 hab** 4000/5800.

Miramar, ☎ 59 40 08, ≤ – ▤ Ⓟ. AE ⓓ E VISA. ✻
mayo-septiembre – Com carta 2200 a 3700.

en la playa de la Reya O : 1,5 km – ✉ 30860 Puerto de Mazarrón – ☎ 968 :

Bahía ⓢ, ☎ 59 40 00, Fax 15 40 23, ≤ – |$| ☎ Ⓟ. VISA. ✻
Com 1950 – ☐ 400 – **54 hab** 3800/9300.

Barbas, ☎ 59 41 06, ≤, Pescados y mariscos – ▤. AE ⓓ E VISA. ✻
cerrado martes noche y 8 enero-febrero – Com carta 2400 a 3400.

en Playa Grande O : 3 km – ✉ 30870 Mazarrón – ☎ 968

Playa Grande, carret. de Bolnuevo ☎ 59 44 81, Fax 15 34 30, ≤, 余, ⛱ – |$| ▤ ☎ 🚗 – 🅰 25/250. ⓓ E VISA. ✻
Com 2000 – ☐ 650 – **38 hab** 6500/8500.

PUERTO DE POLLENSA Baleares – ver Baleares (Mallorca).

EI PUERTO DE SANTA MARÍA **11500** Cádiz 446 W 11 – 61 032 h. – ☎ 956 – Playa.

Vista Hermosa O : 1,5 km ☎ 85 00 11.

Guadalete 1 ☎ 48 31 44.

◆Madrid 610 – ◆Cádiz 22 – Jerez de la Fontera 12 – ◆Sevilla 102.

Monasterio de San Miguel, Larga 27 ☎ 54 04 40, Telex 76255, Fax 54 26 04, 余, « Antiguo convento », ⛱ – |$| ▤ TV ☎ 🚗 – 🅰 25/400. AE ⓓ E VISA. ✻
Com 2000 – ☐ 1200 – **150 hab** 12500/17000 – PA 4160.

Santa María sin rest, con cafetería, av de la Bajamar ☎ 87 32 11, Telex 76251, Fax 87 36 52, ⛱ – |$| ▤ TV ☎ 🚗 – 🅰 25/280. AE ⓓ E VISA. ✻
☐ 600 – **100 hab** 7400/9975.

Los Cántaros sin rest, con cafetería, Curva 6 ☎ 54 02 40, Fax 54 11 21 – |$| ▤ TV ☎ Ⓟ. AE ⓓ E VISA. ✻
☐ 500 – **39 hab** 7200/9500.

Chaikana sin rest, Javier de Burgos 17 ☎ 54 29 02, Fax 54 29 22 – ▤ TV ☎. AE ⓓ E VISA. ✻
☐ 500 – **25 hab** 5000/7000.

Casa Flores, Ribera del Río 9 ☎ 54 35 12, Fax 54 02 64 – ▤.

El Patio, Rufina Vergara 1 ☎ 54 05 06, Fax 26 49 58, Instalado en una antigua posada – ▤. AE ⓓ E VISA. ✻
Com carta 2100 a 2700.

Los Portales, Ribera del Río 13 ☎ 54 21 16, Fax 54 03 29 – ▤. AE ⓓ E VISA. ✻
Com carta 2250 a 3650.

en la carretera de Cádiz S : 2,5 km – ✉ 11500 El Puerto de Santa María – ☎ 956 :

Meliá el Caballo Blanco, av. Madrid 1 ☎ 56 25 41, Telex 76070, Fax 56 27 12, 余, « Jardín con ⛱ » – ▤ TV ☎ Ⓟ – 🅰 25/150. AE ⓓ E VISA. ✻
Com 2850 – ☐ 1250 – **94 hab** 12800/16000.

en Valdelagrana-por la carretera de Cádiz S : 2,5 km – ✉ 11500 El Puerto de Santa María – ☎ 956

Puertobahía, av. La Paz 38 ☎ 56 27 00, Telex 76174, Fax 56 12 21, ≤, ⛱, 🎾 – |$| ▤ rest TV ☎ Ⓟ – 🅰 25/200. AE E VISA. ✻
Com 2000 – ☐ 550 – **330 hab** 6990/10000.

en la carretera de Rota – ✉ 11500 El Puerto de Santa María – ☎ 956 :

Del Mar sin rest, con cafetería, av. Marina de Guerra, O : 1,5 km ☎ 87 59 11, Fax 85 87 16 – ▤ TV ☎ 🚗. AE ⓓ E VISA. ✻
☐ 650 – **40 hab** 9000/11000.

El Faro del Puerto, O : 0,5 km ☎ 87 09 52, Fax 54 04 66, 余, Pescados y mariscos – ▤ Ⓟ. AE ⓓ E VISA JCB. ✻
cerrado domingo noche salvo agosto – Com carta 3250 a 4250.

La Goleta, O : 1,5 km ☎ 85 42 32, 余 – ▤.

Asador de Castilla, O : 3 km ☎ 87 16 01, 余, Cordero asado – ▤ Ⓟ. E VISA. ✻
Com carta 3550 a 4450.

en Puerto Sherry SO : 3,5 km – ✉ 11500 El Puerto de Santa María – ☎ 956

Yacht Club y Rest. La Regata, apartado 106 ☎ 87 20 00, Fax 85 33 00, ≤, 余, ⛱, ⛱ – |$| ▤ TV ☎ Ⓟ – 🅰 25/450. AE ⓓ VISA. ✻
Com carta 1200 a 3500 – ☐ 1100 – **58 hab** 20000/35000.

PUERTO DE SANTIAGO Santa Cruz de Tenerife - ver Canarias (Tenerife).

PUERTO DE SÓLLER Baleares - ver Baleares (Mallorca).

PUERTO LÁPICE **13650** Ciudad Real 444 O 19 - 1 267 h. alt. 676 - 926.
♦Madrid 135 - Alcázar de San Juan 25 - Ciudad Real 62 - Toledo 85 - Valdepeñas 65.

Aprisco, carret. N IV - N : 1 km ☎ 57 61 50, « Conjunto de estilo manchego », - rest. VISA.
Com 1500 - 325 - **17 hab** 1500/2800.

Venta del Quijote, El Molino 4 ☎ 57 61 10, Fax 57 61 10, Cocina regional, « Antigua venta manchega » - AE VISA.
Com carta 3650 a 4100.

PUERTO LUMBRERAS **30890** Murcia 445 T 24 - 8 495 h. alt. 333 - 968.
♦Madrid 466 - ♦Almería 141 - ♦Granada 203 - ♦Murcia 80.

Parador de Puerto Lumbreras, av. de Juan Carlos I 77 ☎ 40 20 25, Fax 40 28 36, - TV. AE VISA.
Com 3000 - 1000 - **60 hab** 8000 - PA 5950.

Riscal, carret. N 340 ☎ 40 20 50, Telex 67713, Fax 40 32 91, - TV - 25/800. E VISA. rest
Com 1500 - 500 - **48 hab** 3650/5225 - PA 3500.

Salas, carret. N 340 ☎ 40 21 00, Fax 40 23 88 - rest. E VISA. rest
Com 1200 - 300 - **37 hab** 2500/4500 - PA 2500.

PUERTOLLANO **13500** Ciudad Real 444 P 17 - 48 747 h. - 926.
♦Madrid 235 - Ciudad Real 38.

León sin rest, Alejandro Prieto 6 ☎ 42 73 00 - E VISA.
300 - **89 hab** 3600/5800.

Cabañas, carret. de Ciudad Real 3 ☎ 42 06 50 - TV. VISA.
Com 1225 - 250 - **45 hab** 3900/7100 - PA 2450.

Casa Gallega, Vélez 5 ☎ 42 01 00 - .

en la carretera de Ciudad Real NE : 2 km - ✉ 13500 Puertollano - 926 :

Verona, ☎ 42 54 79 - TV. VISA.
Com 1800 - 300 - **30 hab** 4800/8400 - PA 3600.

PUERTOMARÍN o **PORTOMARÍN** **27170** Lugo 441 D 7 - 2 499 h. - 982.
Ver : Iglesia★. - ♦Madrid 515 - Lugo 40 - Orense/Ourense 80.

Mesón de Rodríguez con hab, Fraga Iribarne 6 ☎ 54 50 54 - TV.
Com carta 1150 a 1750 - 250 - **8 hab** 3000/5000.

PUERTO NAOS Santa Cruz de Tenerife - ver Canarias (Tenerife).

PUERTO SHERRY Cádiz - ver El Puerto de Santa María.

PUIG o **EL PUIG** **46540** Valencia 445 N 29 - 5 148 h. alt. 50 - 96.
♦Madrid 367 - Castellón de la Plana - ♦Valencia 20.

Ronda II, Ronda Este 15 ☎ 147 12 28, Fax 147 12 28 - TV. AE E VISA.
Com (ver rest. **L'Horta**) - 500 - **59 hab** 5000/7500.

Ronda I, Ronda Este 9 ☎ 147 12 79, Fax 147 12 79 - TV. AE E VISA.
Com (ver rest. **L'Horta**) - 400 - **45 hab** 3300/5000.

Pensión Ronda, Ronda Este 5 ☎ 147 12 79 - . AE E VISA.
Com (ver rest. **L'Horta**) - **19 hab** 1500/2800.

L'Horta, Ronda Este 9 ☎ 147 12 79, Fax 147 12 79 - . AE E JCB.
cerrado domingo noche y lunes - Com carta aprox. 3000.

PUIGCERDÁ **17520** Gerona 443 E 35 - 5 818 h. alt. 1 152 - 972.
18 de Cerdaña SO : 1 km ☎ 88 09 50. - Querol 1 ☎ 88 05 42.
♦Madrid 653 - ♦Barcelona 169 - Gerona/Girona 152 - ♦Lérida/Lleida 184.

Del Lago sin rest, av. Dr Piguillem, 7 ☎ 88 10 00, Fax 88 10 00, « Amplío jardín con » - TV. VISA.
700 - **15 hab** 5000/7700.

María Victoria, Querol 7 ☎ 88 03 00, - . AE E VISA. rest
Com 2200 - 500 - **50 hab** 4000/5500 - PA 4350.

Estación, pl. Estación 2 ☎ 88 03 50 - VISA.
cerrado noviembre - Com 1300 - 450 - **24 hab** 2200/4300 - PA 2600.

XX **Casa Clemente,** av. Dr. Piguillem 6 ☎ 88 11 66 – AE. ✻
cerrado lunes – Com carta 2550 a 4650.

XX El Caliú, Alfons I-1 ☎ 88 00 12.

X **La Vila,** Alfons I-34 ☎ 14 08 04 – AE E VISA. ✻
cerrado lunes, 25 junio-3 julio y del 9 al 20 noviembre – Com carta 3125 a 4325.

en la carretera de Llivia NE : 1 km – ✉ 17520 Puigcerdá – ☎ 972 :

Del Prado, ☎ 88 04 00, ⛱, ⛺, 🎾 – |♦| ▤ rest TV ☎ ⇔ P. AE E VISA. ✻ rest
Com *(cerrado noviembre)* 2200 – ☐ 500 – **54 hab** 4800/7000 – PA 4350.

por la carretera de la Seo de Urgel y camino particular SO : 4,5 km – ✉ 17463 Bolvir – ☎ 972 :

Chalet del Golf ♨, ☎ 88 09 62, Fax 88 09 66, ≤, ⛱, 🎾, 18 – |♦| ☎ P. AE ⓞ E VISA.
✻ rest
Com 3000 – ☐ 850 – **16 hab** 8000/11000 – PA 5800.

Si vous cherchez un hôtel tranquille,
consultez d'abord les cartes de l'introduction
ou repérez dans le texte les établissements indiqués avec le signe ♨ ou ♨.

PUNTA PINET Baleares – ver Baleares (Ibiza) : San Antonio de Portmany.

PUNTA PRIMA Baleares – ver Baleares (Formentera) : Es Pujols.

PUNTA UMBRÍA **21100** Huelva 446 U 9 – 8 490 h. – ☎ 955 – Playa.
♦Madrid 648 – Huelva 21.

Ayamontino, av. de Andalucía 35 ☎ 31 14 50, Fax 31 03 16 – |♦| ☎ ⇔ P. AE ⓞ E VISA.
✻
Com 2000 – ☐ 400 – **45 hab** 4500/7500 – PA 4000.

Ayamontino Ría, paseo de la Ría 1 ☎ 31 14 58, Fax 31 14 62, 🏖 – ☎. AE ⓞ E VISA
Com 2000 – ☐ 400 – **22 hab** 4500/7500 – PA 4000.

en la antigua carretera de Huelva NO : 7,5 km – ✉ 21100 Punta Umbría – ☎ 955 :

X **El Paraiso,** ☎ 31 27 56, Fax 31 27 56 – ▤ P. AE ⓞ E VISA. ✻
Com carta 2950 a 3750.

PUZOL o **PUÇOL** **46530** Valencia 445 N 29 – 11 466 h. – ☎ 96.
♦Madrid 373 – Castellón de la Plana 54 – ♦Valencia 25.

Monte Picayo ♨, urbanización Monte Picayo ☎ 142 01 00, Telex 62087, Fax 142 21 68, 🏖, « En la ladera de un monte con ≤ », ⛱, ⛺, 🎾 – |♦| ▤ TV ☎ P – 🔬 25/600. AE ⓞ E VISA. ✻
Com carta 3100 a 4200 – ☐ 1250 – **82 hab** 15950/19950 – PA 7150.

XX **Asador Mares,** carret. de Barcelona 17 ☎ 142 07 21, 🏖 – ▤. AE ⓞ E VISA.
✻
cerrado domingo – Com carta 2350 a 4250.

X **Rincón del Faro,** carret. de Barcelona 49 ☎ 142 01 20 – ▤. AE ⓞ E VISA. ✻
cerrado septiembre – Com carta 2900 a 4500.

QUART DE POBLET **46930** Valencia 445 N 28 – ☎ 96.
♦Madrid 343 – ♦Valencia 8.

X **Casa Gijón,** Joanot Martorell 16 ☎ 154 50 11, Decoración típica – ▤. AE ⓞ E VISA.
✻
Com carta 2325 a 3300.

QUIJAS **39590** Cantabria 442 B 17 – ☎ 942.
♦Madrid 386 – ♦Burgos 147 – ♦Oviedo 172 – ♦Santander 32.

El Hidalgo de Quijas, carret. N 634 ☎ 83 83 60, Fax 83 80 50, ≤, « Antigua casona » – TV ☎ P. AE ⓞ VISA. ✻ hab
cerrado 23 diciembre-3 enero – Com *(cerrado martes)* 2500 – ☐ 650 – **11 hab** 11500.

XXX **Hostería de Quijas** con hab, carret. N 634 ☎ 82 08 33, Fax 83 80 50, 🏖, « Casa señorial del siglo XVIII con amplio jardín y ⛱ » – TV ☎ P. AE ⓞ VISA. ✻
cerrado 23 diciembre-3 enero – Com *(cerrado lunes)* carta 3400 a 5000 – ☐ 650 – **19 hab** 6800/9000.

QUINTANAR DE LA ORDEN **45800** Toledo 444 N 20 – 8 673 h. alt. 691 – ☎ 925.
♦Madrid 120 – ♦Albacete 127 – Alcázar de San Juan 27 – Toledo 98.

- **Castellano,** carret. N 301 ☎ 18 00 50, Fax 18 00 54 – ▤ rest ☎ P. AE E VISA. ✻
  Com 1500 – ☐ 400 – **38 hab** 2500/4500 – PA 2200.
- Santa Marta, carret. N 301 ☎ 18 03 50 – ▤ rest ☎ P
  33 hab.
- **La Giralda,** Príncipe 3 ☎ 18 14 14 – ▤ rest. ✻
  Com *(cerrado domingo)* 1250 – ☐ 375 – **21 hab** 2000/2900 – PA 2400.
- **Costablanca,** carret. N 301 ☎ 18 05 19 – ▤ P. AE VISA. ✻
  Com carta aprox. 3200.

QUINTANAR DE LA SIERRA **09670** Burgos 442 G 20 – 2 417 h. alt. 1 200.
Alred. : Laguna Negra de Neila** (carretera**) NO : 15 km.
♦Madrid 253 – ♦Burgos 76 – Soria 70.

QUIROGA **27320** Lugo 441 E 8 – 5 037 h. – ☎ 982.
♦Madrid 461 – Lugo 89 – Orense/Ourense 79 – Ponferrada 79.

- **Marcos,** carret. C 533 ☎ 42 84 52, ≤, ⛱ – ▤ rest P. AE. ✻
  Com 1700 – ☐ 500 – **16 hab** 4500 – PA 3700.

en la carretera de Monforte de Lemos C 533 NO : 13,5 km – ✉ 27391 Freigeiro – ☎ 982

- **Río Lor,** ☎ 42 81 09 – P. AE ⓓ VISA. ✻
  Com 1500 – ☐ 200 – **28 hab** 1500/3000.

QUIRUELAS DE VIDRIALES **49622** Zamora 441 F 12 – 1 130 h. – ☎ 988.
♦Madrid 274 – Benavente 15 – Zamora 79.

- Los Álamos, carret. N 525 SO : 1,5 km ☎ 64 63 85 – 🚗 P
  28 hab.

La RÁBITA **18760** Granada 446 V 20 – ☎ 958 – Playa.
♦Madrid 549 – ♦Almería 69 – ♦Granada 120 – ♦Málaga 152.

- **Las Conchas,** paseo Marítimo 55 ☎ 82 90 17, ≤ – |♦| ☎ 🚗 P. ⓓ E VISA. ✻
  abril-septiembre – Com 1300 – ☐ 400 – **25 hab** 4000/7000.

RACÓ DE SANTA LLÚCIA Barcelona – ver Villanueva y Geltrú.

RAMALES DE LA VICTORIA **39800** Cantabria 442 C 19 – 2 439 h. alt. 84 – ☎ 942.
♦Madrid 368 – ♦Bilbao/Bilbo 64 – ♦Burgos 125 – ♦Santander 51.

- ✿ **Rio Asón** con hab, Barón de Adzaneta 17 ☎ 64 61 57, Fax 67 83 60 – ▤ rest. AE ⓓ E VISA. ✻
  cerrado 23 diciembre- 3 febrero – Com *(cerrado lunes noche en verano, domingo noche y lunes resto del año)* carta 3650 a 4550 – ☐ 385 – **9 hab** 3000/5000
  Espec. Lomos de bonito en compota de tomate a la albahaca (temp), Rabo de buey con foie en hojaldre, Milhojas de dos chocalates con su mousse y salsa pistacho.

RASCAFRÍA **28740** Madrid 444 J 18 alt. 1 163 – ☎ 91.
♦Madrid 78 – Segovia 54.

- **Rosaly** sin rest, av. del Valle 39 ☎ 869 12 13, Fax 869 12 55 – P. VISA. ✻
  ☐ 350 – **14 hab** 2800/4400.
- **Los Calizos** ⛰ con hab, carret. de Miraflores E : 1 km ☎ 869 11 12, Fax 869 11 12, ⛱, 🌳 – ☎ P. AE ⓓ VISA. ✻
  Com *(cerrado martes salvo festivos)* carta 2400 a 4500 – ☐ 550 – **12 hab** 5500/7500.

en la carretera N 604 – ☎ 91 :

- **Santa María de El Paular** ⛰, S : 1,5 km, ✉ 28741 El Paular, ☎ 869 10 11, Telex 23222, Fax 869 10 06, « Antigua cartuja del siglo XIV », ⛱ climatizada, 🌳, 🎾 – TV ☎ P – 🏛 25/100. AE ⓓ E VISA. ✻
  Com 4500 – ☐ 1600 – **58 hab** 13000/18000 – PA 9000.
- **Pinos Aguas,** S : 5,5 km, ✉ 28740 Rascafría, ☎ 869 10 25, « En un pinar » – AE ⓓ VISA. ✻
  cerrado martes y octubre – Com carta 2290 a 2880.

RAXÓ (Playa de) Pontevedra – ver Sangenjo.

Los REALEJOS Santa Cruz de Tenerife – ver Canarias (Tenerife).

REBOREDO Pontevedra – ver El Grove.

REDONDELA **36800** Pontevedra 441 F 4 – 27 202 h. alt. 171 – ☎ 986.
♦Madrid 601 – Orense/Ourense 100 – Pontevedra 27 – ♦Vigo 14.

en Sotojusto N : 5 km – ✉ 36800 Redondela – ☎ 986 :

X **Casa Antón** con hab, carret. N 550 ✆ 49 51 36, ≤, 🏞 – TV P. AE O E VISA. ⚘
Com carta 1750 a 2650 – ☕ 250 – **7 hab** 4500/5500.

REINOSA **39200** Cantabria 442 C 17 – 13 172 h. alt. 850 – ☎ 942 – Balneario en Fontibre – Deportes de invierno en Alto Campóo O : 25 km : ≴5.
Alred. : Cervatos★ (colegiata★ : decoración escultórica★) S : 5 km.
Excurs. : Pico de Tres Mares★★★ ✻★★★ O : 26 km y telesilla.
♦Madrid 355 – ♦Burgos 116 – Palencia 129 – ♦Santander 74.

Vejo, av. Cantabria 81 ✆ 75 17 00, Telex 39100, Fax 75 47 63, ≤, 🏊, 🎾 – 🛗 TV ☎ 🚗 P – 🏛 25/500. AE O E VISA. ⚘ rest
Com 2100 – ☕ 475 – **71 hab** 5600/8250.

Tajahierro sin rest y sin ☕, Pelilla 8 ✆ 75 35 24 – ⚘
13 hab 2000/3000.

en Alto Campóo O : 25 km – ✉ 39200 Reinosa – ☎ 942 :

Corza Blanca 🐦, alt. 1 660 ✆ 77 92 51, Fax 77 92 50, ≤, 🏊 – 🛗 ☎ P. AE O E VISA. ⚘
cerrado mayo, octubre y noviembre – Com 1900 – ☕ 425 – **69 hab** 5100/7700 – PA 3600.

RENEDO DE CABUÉRNIGA **39516** Cantabria 441 C 17 – ☎ 942.
♦Madrid 400 – ♦Burgos 156 – ♦Santander 60.

Reserva del Saja 🐦, carret. de Reinosa ✆ 70 61 90, Fax 70 61 08, ≤ – ▤ rest ☎ P
27 hab.

RENTERÍA o **ERRENTERIA** **20100** Guipúzcoa 442 C 24 – 45 789 h. alt. 11 – ☎ 943.
♦Madrid 479 – ♦Bayonne 45 – ♦Pamplona/Iruñea 98 – ♦San Sebastián/Donostia 8.

Lintzirin, carret. N I - E 1,5 km, ✉ apartado 30, ✆ 49 20 00, Fax 49 25 04 – 🛗 ▤ rest ☎ P. AE O E VISA. ⚘ rest
Com *(cerrado domingo noche)* 1570 – ☕ 570 – **132 hab** 5200/6700 – PA 3400.

REQUENA **46340** Valencia 445 N 26 – 18 152 h. alt. 292 – ☎ 96.
♦Madrid 279 – ♦Albacete 103 – ♦Valencia 69.

X **Mesón del Vino,** av. Arrabal 11 ✆ 230 00 01, Decoración rústica – AE E VISA. ⚘
cerrado martes y septiembre – Com carta 2100 a 3100.

REUS **43200** Tarragona 443 I 33 – 80 710 h. alt. 134 – ☎ 977.
⛳18 Aigüesverds carret de Cambrils km 1,8 Mas Guardiá ✆ 75 27 25.
✈ de Reus E : 3 km ✆ 30 37 90.
🛈 pl. Llibertat ✆ 75 96 32 ✉ 43201.
♦Madrid 547 – ♦Barcelona 118 – Castellón de la Plana 177 – ♦Lérida/Lleida 90 – Tarragona 14.

Gaudí sin rest, con cafetería, Raval Robuster 49, ✉ 43204, ✆ 34 55 45, Fax 34 28 08 – 🛗 TV ☎ – 🏛 25/175. AE O E VISA
☕ 600 – **71 hab** 5150/8100.

Simonet, raval Santa Anna 18, ✉ 43201, ✆ 34 59 74, Fax 34 45 81, 🏞 – ▤ TV ☎ 🚗. E VISA. ⚘
cerrado 24 diciembre-10 enero – Com *(cerrado domingo noche)* 1900 – ☕ 500 – **45 hab** 5000/8000 – PA 3800.

XXX **La Glorieta del Castell,** pl. Castell 2, ✉ 43201, ✆ 34 08 26 – ▤. AE O E VISA. ⚘
cerrado domingo y agosto – Com carta 3100 a 4450.

XX **Gallau's,** av. Sant Jordi (palau de Fires i Congressos), ✉ 43201, ✆ 31 78 00, Fax 31 78 00 – ▤. AE O E VISA. ⚘
cerrado domingo noche, lunes y 8 agosto-3 septiembre – Com carta 3000 a 3250.

X Prim, passeig Prim 3, ✉ 43202, ✆ 31 57 52 – ▤.

en la carretera de Tarragona SE : 1 km – ✉ 43206 Reus – ☎ 977 :

X **Masia Típica Crusells,** ✆ 75 40 60, Fax 77 24 12, Decoración regional – ▤ P. AE O E VISA. ⚘
Com carta 3100 a 4400.

en Castellvell (Baix Camp) N : 2 km – ✉ 43392 Castellvell – ☎ 977

✗ **El Pa Torrat,** av. de Reus 24, ☎ 85 52 12 – ▤. E VISA. ✂
cerrado festivos noche, martes, del 16 al 31 agosto y 23 diciembre-2 enero – Com carta 2050 a 2650.

La REYA (Playa de) Murcia – ver Puerto de Mazarrón.

RIALP o RIALB **25594** Lérida 443 E 33 – 375 h. alt. 725 – ☎ 973.
♦Madrid 593 – ♦Lérida/Lleida 141 – Sort 5.

Condes del Pallars, av. Flora Cadena 2 ☎ 62 03 50, Fax 62 12 32, ≤, Ƒ5, ⛱, ▣, ☂, ✗ – |♦| ▤ TV ☎ P – 🏛 25/150. AE ⓓ E VISA. ✂
Com 2500 – ☕ 1000 – **171 hab** 6500/10500 – PA 5100.

RIAZA **40500** Segovia 442 I 19 – 1 434 h. alt. 1 200 – ☎ 911 – Deportes de invierno en la Pinilla S : 9 km : ≰2 ≴8 – ♦Madrid 116 – Aranda de Duero 60 – ♦Segovia 70.

La Trucha ⛰, av. Dr. Tapia 17 ☎ 55 00 61, Fax 55 00 86, ≤, ☂, ⛱ – ▤ rest TV ☎. E VISA. ✂
Com 1700 – ☕ 370 – **30 hab** 4315/6175 – PA 3200.

✗ Casaquemada, Isidro Rodríguez 18 ☎ 55 00 51, Decoración rústica – ▤.

✗ Casa Marcelo, pl. del Generalísimo 16 ☎ 55 03 20.

✗ La Taurina, pl. del Generalísimo 6 ☎ 55 01 05.

RIBADEO **27700** Lugo 441 B 8 – 9 068 h. alt. 46 – ☎ 982.
Alred. : Puente ≤★.
ℹ pl. de España ☎ 11 06 69.
♦Madrid 591 – ♦La Coruña/A Coruña 158 – Lugo 90 – ♦Oviedo 169.

Parador de Ribadeo ⛰, Amador Fernández ☎ 11 08 25, Fax 11 03 46, ≤ ría del Eo y montañas – |♦| TV ☎ 🚗 P. AE ⓓ VISA. ✂
Com 3200 – ☕ 1100 – **47 hab** 11000 – PA 6375.

Eo ⛰ sin rest, av. de Asturias 5 ☎ 11 07 50, Fax 11 00 21, ≤, ⛱ – ☎ 🚗. AE ⓓ E VISA
abril-septiembre – ☕ 400 – **24 hab** 7000/7500.

Mediante, pl. de España 8 ☎ 13 04 53 – TV. E VISA. ✂
Com *(cerrado noviembre y lunes salvo en verano)* 1200 – ☕ 250 – **20 hab** 5200/6500.

Voar, carret. N 634 ☎ 11 06 85, Fax 13 06 85, ✗ – TV ☎ 🚗 P. AE E VISA. ✂ rest
Com 1100 – ☕ 350 – **15 hab** 5600/6500 – PA 2200.

Presidente sin rest, Virgen del Camino 3 ☎ 11 00 92 – E VISA
☕ 350 – **19 hab** 5000/6000.

✗ **O Xardin,** Reinante 20 ☎ 11 02 22 – ⓓ E VISA. ✂
cerrado lunes (noviembre-junio) y 24 diciembre-enero – Com carta 2500 a 3500.

✗ **Oviedo Bar I** con hab, Amando Pérez 5 ☎ 11 01 31 – |♦| TV. E VISA. ✂
Com *(cerrado lunes y 15 octubre-15 noviembre)* carta 3200 a 4250 – ☕ 150 – **14 hab** 3500/5000.

RIBADESELLA **33560** Asturias 441 B 14 – 6 688 h. – ☎ 98 – Playa.
Ver : Cuevas Tito Bustillo★ (pinturas rupestres★).
ℹ Puente Río Sella - carret. de la Piconera ☎ 586 00 38.
♦Madrid 485 – Gijón 67 – ♦Oviedo 84 – ♦Santander 128.

Marina sin rest, Gran Vía ☎ 586 00 50, Fax 586 13 31 – |♦| ☎. AE VISA. ✂
☕ 350 – **44 hab** 5000/7000.

✗✗ **La Bohemia,** Gran Vía 53 ☎ 586 11 50, Fax 586 13 31 – ▤. AE VISA. ✂
Com carta 2000 a 3600.

✗ **Náutico,** Marqués de Argüelles 9 ☎ 586 00 42, ≤ – VISA. ✂
Com carta 4200 a 5500.

✗ **Xico,** López Muñiz 9 ☎ 586 03 45 – AE ⓓ E VISA JCB
Com carta 1550 a 3800.

en la playa :

G.H. del Sella ⛰, ☎ 586 01 50, Fax 585 74 49, ≤, ⛱, ☂, ✗ – |♦| TV ☎ P – 🏛 25/300. AE ⓓ E VISA. ✂
abril-15 octubre – Com 2700 – ☕ 600 – **82 hab** 9600/16500 – PA 5235.

Ribadesella Playa, Ricardo Cangás 3 ☎ 586 07 15, Fax 586 02 20, ≤ – ☎ P. AE ⓓ E VISA. ✂
cerrado enero – Com (sólo cena) 1700 – ☕ 450 – **17 hab** 5000/7500.

La Playa ⛰, ☎ 586 01 00, ≤ – TV ☎ P. AE VISA. ✂
abril-octubre – Com 1900 – ☕ 375 – **11 hab** 5000/7000.

Derby sin rest, ☎ 586 00 92 – |♦| ☎. ✂
marzo-octubre – ☕ 325 – **24 hab** 3400/5000.

en Santianes-carretera N 634 S : 3,5 km - ✉ 33560 Ribadesella - ☎ 98 :

La Ribera, ☎ 586 02 31 - P. E VISA. ✗
Com (ver rest. **La Ribera**) - **16 hab** 4000/6000.

La Ribera, ☎ 586 06 26 - ▤ P. E VISA. ✗
Com carta aprox. 3500.

RIBAFORADA **31550** Navarra 442 G 25 - 3 032 h. alt. 262 - ☎ 948.
♦Madrid 326 - ♦Logroño 113 - Soria 95 - Tudela 10 - ♦Zaragoza 71.

en la carretera N 232 SO : 2 km - ✉ 31550 Ribaforada - ☎ 948 :

NH Sancho el Fuerte, ☎ 86 40 25, Fax 81 91 52, ⛱, ✗ - ▤ ☎ ⇔ P - 🏠 25/125. E VISA. ✗
Com 1650 - ☐ 650 - **68 hab** 5800/7700.

RIBAS DE FRESER o **RIBES DE FRESER** **17534** Gerona 443 F 36 - 2 810 h. alt. 920 - ☎ 972 - Balneario.
♦Madrid 689 - ♦Barcelona 118 - Gerona/Girona 101.

Catalunya Park H. ⚲, passeig Mauri 9 ☎ 72 71 98, Fax 72 70 17, ≤, « Césped con ⛱ » - |♦| ⇔. ✗
24 junio-septiembre - Com 1990 - ☐ 660 - **45 hab** 3100/5500 - PA 3900.

Catalunya, Sant Quintí 37 ☎ 72 70 17, Fax 72 70 17 - |♦|. ✗
cerrado octubre - Com (sólo cena) 1990 - ☐ 660 - **22 hab** 2700/4800.

Sant Antoni, Sant Quintí 55 ☎ 72 70 18, ⛱, ⛱ climatizada - E VISA. ✗
cerrado 15 octubre-6 noviembre - Com 1950 - ☐ 600 - **25 hab** 3250/6000 - PA 3825.

RIBERA DE CARDÓS **25570** Lérida 443 E 33 - alt. 920 - ☎ 973.
Alred. : Valle de Cardós★.
♦Madrid 614 - ♦Lérida/Lleida 157 - Sort 21.

Cardós ⚲, Reguera 2 ☎ 63 30 00, Fax 63 30 58, ≤, ⛱ - |♦| ⇔. ✗ rest
marzo-septiembre - Com 1700 - ☐ 475 - **59 hab** 3500/6300.

Sol i Neu ⚲, Llimera 1 ☎ 63 30 37, ≤, ⛱, ✗ - P. E VISA. ✗
cerrado del 1 al 15 octubre y 20 diciembre-febrero - Com 1500 - ☐ 450 - **37 hab** 4000/5400.

RIBES DE FRESER Gerona - ver Ribas de Freser.

RINCÓN DE LA VICTORIA **29730** Málaga 446 V 17 - 7 935 h. - ☎ 95 - Playa.
♦Madrid 568 - ♦Almería 208 - ♦Granada 139 - ♦Málaga 13.

Rincón Sol sin rest, con cafetería, av. del Mediterráneo 24 ☎ 240 11 00, Fax 240 43 79, ≤ - |♦| ▤ TV ☎. AE ⓓ E VISA JCB
☐ 475 - **60 hab** 6200/8000.

junto a la cueva del Tesoro NO : 1 km - ✉ 29730 Rincón de la Victoria - ☎ 95 :

La Cueva del Tesoro, Cantal Alto ☎ 240 23 96, Fax 240 30 74, ≤ mar - P.

RIPOLL **17500** Gerona 443 F 36 - 12 035 h. alt. 682 - ☎ 972.
Ver : Antiguo Monasterio de Santa María★ (portada★★).
Alred. : San Juan de las Abadesas★ (iglesia de San Juan★ : descendimiento de la Cruz★★, claustro★) NE : 10 km.
ℹ pl. de l'Abat Oliba 3 ☎ 70 23 51.
♦Madrid 675 - ♦Barcelona 104 - Gerona/Girona 86 - Puigcerdá 65.

Del Ripollés, pl. Nova 11 ☎ 70 02 15 - TV ☎. AE E VISA. ✗
Com 1500 - ☐ 600 - **8 hab** 4000/6000 - PA 3200.

en la carretera N 152 - ✉ 17500 Ripoll - ☎ 972

Solana del Ter, S : 2 km ☎ 70 10 62, Fax 71 43 43, ⛱, ⛱, ⛱, ✗ - ▤ rest TV ☎ ⇔ P. E VISA. ✗
cerrado noviembre - Com *(cerrado domingo noche en invierno)* 2350 - ☐ 650 - **37 hab** 5800/8800 - PA 4700.

Grill El Gall, NO : 3 km por vía de servicio ☎ 70 24 51, Carnes a la parrilla - P. AE ⓓ E VISA. ✗
cerrado noche de lunes a viernes en invierno - Com carta 1875 a 2975.

RIPOLLET **08291** Barcelona 443 H 36 – ☎ 93.
♦Madrid 625 – ♦Barcelona 11 – Gerona/Girona 74 – Sabadell 6.

XX **Eulalia,** Casanovas 29 ☎ 692 04 02 – ▤ Ⓟ. AE ⓓ E VISA. ✻
cerrado domingo y del 10 al 31 agosto – Com carta 3400 a 4900.

RIS (Playa de) Cantabria – ver Noja.

RIUDARENAS o **RIUDARENES** **17421** Gerona 443 G 38 – 1 143 h. alt. 84 – ☎ 972.
♦Madrid 693 – ♦Barcelona 80 – Gerona/Girona 32.

X **La Brasa,** carret. Santa Coloma 21 ☎ 85 60 17, Fax 85 62 38, Cocina catalana – ▤. AE ⓓ E VISA. ✻
cerrado domingo noche, lunes y 4 enero-18 febrero – Com carta 2085 a 2885.

ROA DE DUERO **09300** Burgos 442 G 18 – 2 556 h. – ☎ 947.
♦Madrid 181 – Aranda de Duero 20 – ♦Burgos 82 – Palencia 72 – ♦Valladolid 76.

XX **Chuleta,** av. de la Paz 7 ☎ 54 03 12 – ▤. AE ⓓ E VISA. ✻
Com carta aprox. 4200.

ROCAFORT **46111** Valencia 445 N 28 – 3 087 h. – ☎ 96.
♦Madrid 361 – ♦Valencia 11.

XX **L'Eté,** Francisco Carbonell 33 ☎ 131 11 90 – ▤. AE E VISA JCB. ✻
cerrado domingo, 15 días en Semana Santa y del 1 al 17 octubre – Com carta 3200 a 4750.

La RODA **02630** Albacete 444 O 23 – 12 287 h. alt. 716 – ☎ 967.
♦Madrid 210 – ♦Albacete 37.

Flor de la Mancha, Alfredo Atienza 139 ☎ 44 05 55 – |♦|. E VISA. ✻
Com 975 – ☕ 300 – **26 hab** 2500/5000.

Juanito, antigua carret. N 301 ☎ 44 12 40 – ▤ rest ☎ 🚗
33 hab.

en la carretera N 301 NO : 2,5 km – ✉ 02630 La Roda – ☎ 967 :

X **Juanito,** ☎ 44 15 12, Fax 44 15 12 – ▤ Ⓟ. AE VISA. ✻
Com carta aprox.2200.

ROIS **15911** La Coruña 441 D 4 – ☎ 981.
♦Madrid 638 – ♦La Coruña/A Coruña 98 – Pontevedra 41.

X **Ramallo,** Castro 5 ☎ 80 41 80, 🏠 – Ⓟ. AE E VISA. ✻
cerrado lunes y 24 diciembre-6 enero – Com carta 2500 a 3400.

RONCESVALLES u **ORREAGA** **31650** Navarra 442 C 26 – 44 h. alt. 952 – ☎ 948.
Ver : Pueblo★, Conjunto Monumental : (museo★).
♦Madrid 446 – ♦Pamplona/Iruñea 47 – St-Jean-Pied-de-Port 29.

La Posada 🐦, ☎ 76 02 25 – E VISA. ✻
cerrado noviembre – Com 1500 – ☕ 500 – **11 hab** 5000.

RONDA **29400** Málaga 446 V 14 – 33 567 h. alt. 750 – ☎ 95.
Ver : Situación★★ – Barrio de la ciudad★ YZ – Camino de los Molinos ≤★ Z – Puente Nuevo ≤★ Y – Plaza de Toros★ Y.
Alred. : Cueva de la Pileta★ (carretera de acceso ≤★★) por ① : 27 km..
Excurs. : Carretera★★ de Ronda a San Pedro de Alcántara (cornisa★★) por ② – Carretera★ de Ronda a Algeciras por ③.
🅱 pl. de España 1 ☎ 287 12 72.
♦Madrid 612 ① – Algeciras 102 ③ – Antequera 94 ① – ♦Cádiz 149 ① – ♦Málaga 96 ② – ♦Sevilla 147 ①.

Plano página siguiente

Reina Victoria 🐦, av. Dr. Fleming 25 ☎ 287 12 40, Fax 287 10 75, « Al borde del Tajo, ≤ valle y serranía de Ronda », 🏊, 🌳 – |♦| ▤ TV ☎ Ⓟ. AE ⓓ E VISA. ✻
Com 3000 – ☕ 825 – **88 hab** 7900/12000. por ①

Polo, Mariano Souvirón 8 ☎ 287 24 47, Fax 287 43 78 – |♦| ☎. AE ⓓ E VISA. ✻ Y **a**
Com (ver rest. **Polo**) – ☕ 475 – **33 hab** 6000/8500.

Virgen de los Reyes sin rest, Lorenzo Borrego 13 ☎ 87 11 40 – |♦| ☎ 🚗 Y **e**
30 hab.

RONDA

Espinel (Carrera de)	Y	
Armiñan	YZ	
Campillo (Pl. de)	Z	2
Capitan Cortes	Y	3
Carmen Abela (Pl. de)	Y	5
Carrilio	Y	
Descalzos (Pl. de los)	Y	
Doctor Fleming (Av.)	Y	6
Duquesa de Parcent (Pl. de la)	Z	8
España (Pl. de)	Y	12
González Campos	Z	15
Las Imágenes	Z	18
Marqués de Salvatierra	Z	21
Merced (Pl. de la)	Y	24
Molinos (Camino de los)	Z	
M. Souvirón	Y	
Peña	Y	
Real	Y	
Ruedo de Gameros	Z	27
San Francisco (Alameda)	Z	
Santa Cecilia	Y	30
Santo Domingo	Y	33
Sevilla	Y	
Tenorio	YZ	
Virgen de la Paz	Y	
Virgen de los Dolores	Y	

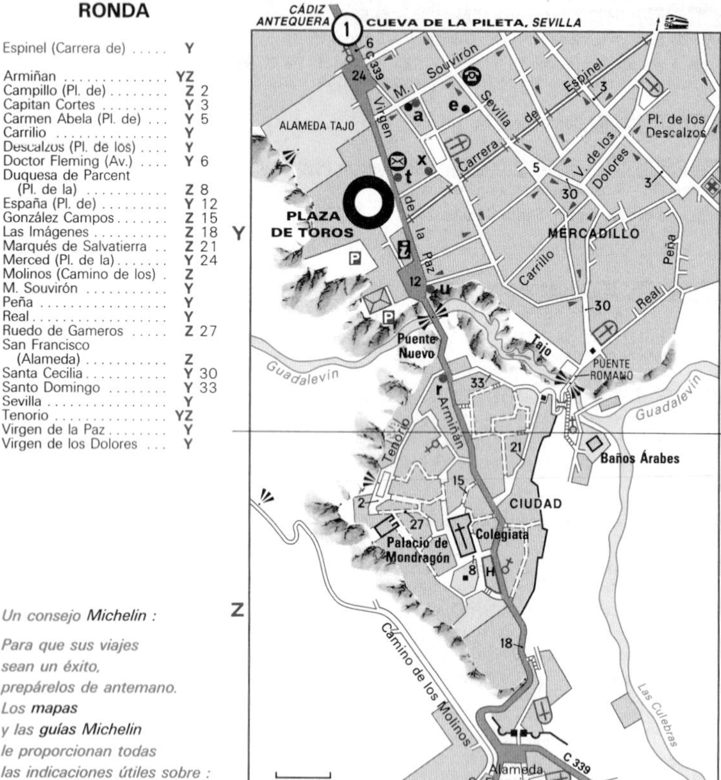

Un consejo Michelin :

*Para que sus viajes sean un éxito, prepárelos de antemano. Los **mapas** y las **guías Michelin** le proporcionan todas las indicaciones útiles sobre : itinerarios, visitas de curiosidades, alojamiento, precios, etc...*

XX **Don Miguel** con hab, pl. de España 3 ☏ 287 10 90, Fax 287 43 78, « Terrazas sobre el Tajo » – AE E VISA. — Y **u**
Com *(cerrado domingo en verano y del 15 al 31 enero)* carta 2400 a 3050 – 350 – **20 hab** 7000/9000 – PA 3600.

XX **Tenorio,** Tenorio 1 ☏ 287 49 36, Fax 287 43 78, Patio andaluz – AE E VISA JCB. — Y **r**
cerrado lunes y febrero – Com carta 1800 a 2700.

XX **Pedro Romero,** Virgen de la Paz 18 ☏ 287 11 10, Fax 287 10 61, « Decoración típica » – AE E VISA — Y **t**
Com carta 3050 a 4050.

X **Alhambra,** Pedro Romero 9 ☏ 287 69 34, – AE E VISA. — Y **x**
cerrado lunes y del 1 al 11 enero – Com carta 2100 a 2950.

X **Polo,** Mariano Souvirón 8 ☏ 287 26 69 – AE E VISA. — Y **a**
cerrado domingo – Com carta 2000 a 2400.

ROQUETAS DE MAR **04740** Almería 446 V 22 – 19 006 h. – 951 – Playa.
18 Playa Serena ☏ 32 20 55.
♦Madrid 605 – ♦Almería 18 – ♦Granada 176 – ♦Málaga 208.

Al Sur : 4 km – ✉ 04740 Roquetas de Mar – 951 :

XX **Al-Baida,** av. Las Gaviotas ☏ 33 38 21, – AE E VISA JCB.
cerrado lunes (salvo vísperas y festivos) y enero – Com carta 3000 a 5150.

X **La Colmena,** Lago Como - edificio Concordia I ☏ 33 35 65, – AE E VISA.
cerrado martes y febrero – Com carta 2700 a 4000.

ROSAS o **ROSES** 17480 Gerona 443 F 39 - 8 131 h. - 972 - Playa.

pl. de les Botxes 25 73 31.

♦Madrid 763 - Gerona/Girona 56.

Terraza, passeig Marítim 16 25 61 54, Fax 25 68 66, climatizada, - rest
Semana Santa-15 octubre - Com carta 3550 a 4150 - 1000 - **112 hab** 7000/12000.

Coral Platja, av. de Rhode 28 25 62 50, Telex 56307, Fax 15 18 11, rest
Semana Santa-octubre - Com 1600 - 600 - **123 hab** 6100/10500 - PA 3000.

Parc, av. de Rhode 85 25 60 24,
51 hab.

Novel Risech, av. de Rhode 183 25 62 84, Fax 25 68 11, rest. rest
cerrado 15 noviembre-15 diciembre - Com 1300 - 500 - **83 hab** 2150/4100 - PA 2450.

Casa del Mar sin rest, av. de Rhode 21 25 64 50, Fax 25 64 54
abril-15 octubre - 500 - **28 hab** 4000/5500.

Flor de Lis, Cosconilles 47 25 43 16, Cocina francesa
cerrado martes (salvo julio-septiembre), 5 enero-Semana Santa y 20 octubre-22 diciembre - Com (sólo cena) carta 4325 a 5750
Espec. Ensalada de hígado de pato caliente en vinagre de frambuesa agridulce, Bogavante al eneldo y salsa de cava, Carro de postres caseros y sorbetes.

L'Entrecot, Joan Badosa 9 25 42 63, Fax 25 41 19, Decoración rústico-catalán
abril-diciembre - Com carta 1975 a 3150.

Llevant, av. de Rhode 145 25 68 35,
cerrado martes y 10 enero-20 febrero - Com carta 1550 a 3000.

en la urbanización Santa Margarita O : 2 km - 17480 Roses - 972

Sant Marc, av. de la Bocana 42 25 44 50, Telex 56246, Fax 25 47 50, rest
240 hab.

Montecarlo, av. de la Playa 25 66 73, Telex 56329, Fax 25 57 03, rest
31 marzo-octubre - Com 1500 - 600 - **126 hab** 5050/7800 - PA 2750.

Monterrey, passeig Marítim 106 25 66 76, Telex 56278, Fax 25 38 69, rest rest
3 abril-octubre y 26 diciembre-4 enero - Com 1600 - 700 - **138 hab** 6700/9400 - PA 2500.

Goya Park, Port de Reig 25 25 75 50, Telex 56009, Fax 25 43 41, rest rest
marzo-15 noviembre - Com 1350 - 600 - **224 hab** 4400/8200 - PA 2800.

Marítim, Jacinto Benavente 2 25 63 90, Fax 25 68 75, rest
marzo - noviembre - Com 1250 - 500 - **132 hab** 5300/8600 - PA 2800.

Marian Platja, av. del Salatá 25 61 08, Telex 56269, Fax 25 63 12,
temp. - **145 hab.**

Rosamar, av. Nautilus 25 25 47 12, Fax 25 48 50, rest
8 abril-15 octubre - Com 1000 - 400 - **56 hab** 4700/8000 - PA 2000.

El Jabalí, platja Salatá 25 65 25, Decoración rústica
abril-octubre - Com carta aprox. 2800.

en la playa de Canyelles Petites SE : 2,5 km - 17480 Canyelles Petites - 972 :

Vistabella 25 62 00, Fax 25 32 13, « Terraza ajardinada », rest rest
Semana Santa- octubre - Com 3800 - 975 - **46 hab** 9430/15860 - PA 8000.

Canyelles Platja, av. Díaz Pacheco 7 25 65 00, Fax 25 66 47, rest rest
28 mayo-26 septiembre - Com 2100 - 700 - **106 hab** 6000/10100 - PA 3900.

en la playa de la Almadraba SE : 4 km - 17480 Roses - 972 :

Almadraba Park H. 25 65 50, Telex 57032, Fax 25 67 50, mar, « Terrazas ajardinadas », 25/190. rest
8 abril - 14 octubre - Com 3800 - 950 - **66 hab** 8200/12800 - PA 7200.

en la urbanización Mas Buscà por la carretera de Cadaqués N : 3,5 km - 17480 Roses - 972 :

San Carlos apartado 291, 25 43 00, Fax 25 30 86,
abril-octubre - Com 1100 - 500 - **103 hab** 4825/7650 - PA 2150.

en la carretera de Figueras O : 4,5 km – ✉ 17480 Rosas – ☎ 972 :

XXX ✿ **La Llar,** ✉ apartado 315, ☎ 25 53 68 – ▤ P. AE ⓓ E VISA. ✻
15 marzo-15 diciembre – Com carta 3550 a 6450
Espec. Hígado de pato a las uvas, San Pedro con cebollitas y aceite de ceps. Tarta caliente de frambuesas con su coulis (junio-octubre).

en Cala Montjoi SE : 7 km – ✉ 17480 Rosas – ☎ 972 :

XXX ✿✿ **El Bulli,** ✉ apartado 30, ☎ 25 76 51, Fax 15 07 17, terraza, Decoración rústica – ▤ P. AE ⓓ E VISA
15 marzo-15 octubre – Com *(cerrado lunes y martes salvo de julio a septiembre)* carta 7000 a 9300
Espec. Ensalada de almejas, Carpaccio de ceps, Mil hojas de mel i mató.

ROTA **11520** Cádiz 446 W 10 – 25 291 h. – ☎ 956 – Playa.
♦Madrid 632 – ♦Cádiz 44 – Jerez de la Frontera 34 – ♦Sevilla 125.

en la carretera de Chipiona O : 2 km – ✉ 11520 Rota – ☎ 956 :

Playa de la Luz ⓢ, av. Diputación ☎ 81 05 00, Telex 76063, Fax 81 06 06, terraza, « Conjunto típico andaluz », piscina, playa, tenis – ▤ rest TV ☎ ♿ P – 25/300. AE ⓓ E VISA. ✻
Com 2250 – ☕ 1000 – **289 hab** 8625/11500 – PA 4675.

X Bodegón La Almadraba, av. Diputación 138 ☎ 81 18 82, terraza – ▤ P.

LAS ROZAS **28230** Madrid 444 K 18 – 13 405 h. alt. 718 – ☎ 91.
♦Madrid 16 – ♦Segovia 91.

por la carretera N VI – ✉ 28230 Las Rozas – ☎ 91

XX **Gobolem,** La Cornisa 18 SE : 2km ☎ 634 05 44, terraza – AE ⓓ E VISA. ✻
cerrado domingo noche – Com carta 3500 a 4750.

XX **Asador de Aranda,** SE : 1,5 km ☎ 639 30 27, terraza, Cordero asado, « Decoración castellana. Patio-terraza » – ▤ P. E VISA. ✻
cerrado domingo noche y del 9 al 30 de agosto – Com carta 3200 a 4000.

en la vía de servicio de la Autopista A 6 N : 4,5 km – ✉ 28230 Las Rozas – ☎ 91

XX **Nuevo Rancho,** ☎ 637 07 84, Fax 637 07 84, terraza – ▤ P. AE ⓓ E VISA. ✻
cerrado domingo noche y del 8 al 24 agosto – Com carta 3225 a 4600.

La RUA o **A RUA** **32350** Orense 441 E 8 – 5 712 h. alt. 371 – ☎ 988.
♦Madrid 448 – Lugo 114 – Orense/Ourense 109 – Ponferrada 61.

Espada, Progreso ☎ 31 00 75, ←, piscina – ascensor TV ☎ P. ✻
Com 1500 – ☕ 400 – **47 hab** 2500/5500 – PA 2850.

Os Pinos, carret. N 120 O : 1,5 km ☎ 31 17 16, Fax 31 22 91 – TV ☎ garaje P. VISA. ✻
Com 1100 – ☕ 300 – **26 hab** 2500/3500 – PA 2500.

RUBÍ **08191** Barcelona 443 H 36 – 43 839 h. alt. 123 – ☎ 93.
♦Madrid 616 – ♦Barcelona 24 – ♦Lérida/Lleida 160 – Mataró 43.

Sant Pere II sin rest, Riu Segre 27 ☎ 588 59 95, Fax 588 50 36, ← – ascensor TV ☎ garaje. E VISA
☕ 950 – **18 hab** 8500/15000.

en la urbanización Els Avets SO : 2 km – ✉ 08191 Rubí – ☎ 93 :

X **Macxim,** Guatlla 20 ☎ 699 55 58, Fax 697 45 55, terraza – ▤. AE E VISA. ✻
cerrado domingo, 2ª y 3ª semana de agosto – Com carta 3375 a 4320.

RUBIELOS DE MORA **44415** Teruel 443 L 28 – 666 h. – ☎ 974.
B pl. de Hispano América 1 ☎ 80 40 96.
♦Madrid 357 – ♦Castellón de la Plana 93 – ♦Teruel 56.

Montaña Rubielos ⓢ, av. de los Mártires ☎ 80 42 36, Fax 80 42 84 – TV ☎ P – 25/300. AE E VISA. ✻
Com 1450 – ☕ 430 – **30 hab** 3300/6000 – PA 2825.

X **Portal del Carmen** ⓢ, Glorieta 2 ☎ 80 41 53, Fax 80 42 38, terraza, Instalado en un convento del siglo XVII – AE ⓓ E VISA. ✻
cerrado jueves y del 1 al 9 septiembre – Com carta 2150 a 2990.

RUIDERA **13249** Ciudad Real 444 P 21 – ☎ 926.
♦Madrid 215 – ♦Albacete 106 – Ciudad Real 94.

León, av. Castilla la Mancha ☎ 52 80 65 – P.
25 hab.

en Las Lagunas - ✉ 13249 Ruidera - ☎ 926 :

La Colgada 🐌, SE : 5 km ☎ 52 80 25, ≤ - ▤ rest 🅿. ✂
cerrado 6 enero- 6 marzo - Com 1200 - ☕ 500 - **33 hab** 2700/4400 - PA 2400.

El Molino 🐌, SE : 8 km ☎ 52 80 81 - 🅿
33 hab.

RUPIT **08569** Barcelona 443 F 37 - 409 h. - ☎ 93.
♦Madrid 668 - ♦Barcelona 97 - Gerona/Girona 75 - Manresa 93.

Estrella, pl. Bisbe Font 1 ☎ 856 50 05, Fax 856 50 05 - |‡| ▤ rest. AE ⓞ E VISA. ✂ rest
Com 1500 - ☕ 525 - **30 hab** 3725/5550 - PA 2935.

RUTE **14960** Córdoba 446 U 16 - 10 097 h. alt. 637 - ☎ 957.
♦Madrid 494 - Antequera 60 - ♦Córdoba 96 - ♦Granada 127.

María Luisa, carret. Lucena-Loja ☎ 53 80 96, Fax 53 90 37, ⛱, ⛱, 🌳 - ▤ TV ☎ 🅿. E VISA. ✂
Com 1500 - ☕ 500 - **29 hab** 4500/8000 - PA 3250.

SABADELL **08200** Barcelona 443 H 36 - 184 943 h. alt. 188 - ☎ 93 - Iberia : paseo Manresa 14 ☎ 725 49 87.
♦Madrid 626 - ♦Barcelona 20 - ♦Lérida/Lleida 169 - Mataró 47 - Tarragona 108.

Sabadell, pl. Catalunya 10, ✉ 08201, ☎ 727 92 00, Fax 727 86 17 - |‡| ▤ TV ☎ ♿ 🚗 - 🎤 25/300. AE ⓞ E VISA. ✂
Com 2000 - ☕ 900 - **110 hab** 8900/11500 - PA 4900.

G.H. Alexandra y Rest. Gran Mercat, av. Francesc Maciá 62, ✉ 08206, ☎ 723 11 11, Fax 723 12 32 - |‡| ▤ TV ☎ ♿ 🚗 - 🎤 25/400. AE ⓞ E VISA. ✂
Com carta 1900 a 3200 - ☕ 1100 - **106 hab** 11500/14500.

Alfa Sabadell sin rest. con cafetería, av. Francesc Maciá 66, ✉ 08206, ☎ 723 14 41, Fax 723 10 17 - |‡| ▤ TV ☎ ♿ 🚗. AE ⓞ E VISA. ✂
☕ 1000 - **66 hab** 7600/9500.

Urpi, av. 11 Setembre 38, ✉ 08208, ☎ 723 48 48, Fax 723 35 28 - |‡| ▤ TV ☎ 🚗 - 🎤 25. AE ⓞ E VISA. ✂ rest
Com 1100 - ☕ 600 - **112 hab** 4100/7500.

✕✕ ✿ **Marcel,** Advocat Cirera 40, ✉ 08201, ☎ 727 53 00, Fax 725 23 00 - ▤. AE ⓞ E VISA. ✂
cerrado sábado mediodía, domingo, festivos, Semana Santa y agosto - Com carta 5000 a 6100
Espec. Ensalada de salmón ahumado con patata dulce y caviar, Colita de rape rellena de rabasolas y langostinos (temp), Mollejas de ternera con foie al oporto.

✕ **Forrellat,** Horta Novella 27, ✉ 08201, ☎ 725 71 51 - ▤. AE ⓞ E VISA. ✂
cerrado domingo, festivos y agosto - Com carta 3350 a 5150.

SABANELL Gerona - ver Blanes.

SABIÑÁNIGO **22600** Huesca 443 E 28 - 9 538 h. alt. 798 - ☎ 974.
♦Madrid 443 - Huesca 53 - Jaca 18.

La Pardina 🐌, Santa Orosia 36 - carret. de Jaca ☎ 48 09 75, Fax 48 10 73, ⛱, 🌳 - |‡| ▤ rest TV ☎ 🅿. AE ⓞ E VISA. ✂ rest
Com 1350 - ☕ 450 - **64 hab** 4900/7200 - PA 3150.

Mi Casa, av. del Ejército 32 ☎ 48 04 00, Fax 48 29 79 - |‡| ▤ rest ☎. AE ⓞ E VISA. ✂
Com *(cerrado domingo noche de octubre a mayo)* 1400 - ☕ 500 - **72 hab** 4500/6000 - PA 3300.

✕ La Corona, pl. Santa Ana 1 ☎ 48 13 11 - ▤.

SACEDÓN **19120** Guadalajara 444 K 21 - 1 806 h. alt. 740 - ☎ 911.
♦Madrid 107 - Guadalajara 51.

Mariblanca, Glorieta de los Mártires 2 ☎ 35 00 44 - ▤ rest. AE E VISA. ✂
cerrado septiembre - Com 1200 - ☕ 375 - **27 hab** 2500/4000 - PA 2360.

✕ **Pino,** carret. de Cuenca ☎ 35 01 48, ≤ - ▤ 🅿. ✂
cerrado martes y 15 diciembre-1 febrero - Com carta 2300 a 3100.

SADA **15160** La Coruña 441 B 5 - 7 998 h. - ☎ 981 - Playa.
♦Madrid 584 - ♦La Coruña/A Coruña 20 - Ferrol 38.

Sada Palace H., paseo Marítimo ☎ 62 34 06, Fax 62 38 06, ≤ - |‡| ▤ TV ☎ 🚗 🅿 - 🎤 25/1000. AE E VISA. ✂
Com 1750 - ☕ 650 - **76 hab.** 6600/9350 - PA 3500.

S'AGARÓ **17248** Gerona 443 G 39 – ☎ 972 – Playa.

Ver : Centro veraniego★ (≤★).

Costa Brava, Santa Cristina de Aro O : 6 km ✆ 83 71 50.

♦Madrid 717 – ♦Barcelona 103 – Gerona/Girona 38.

Hostal de La Gavina ⑤, pl. de la Rosaleda ✆ 32 11 00, Telex 57132, Fax 32 15 73, ≤, « Lujosa instalación, con mobiliario de gran estilo », ⛱, ⛲, ⚘, 🎾 – |🛗| ▤ rest TV ☎ P – 🔔 25/130. AE ⓓ E VISA. ✂ rest
7 abril-17 octubre – Com 5500 **Grill Candlelight** *(sólo cena)* carta 4750 a 6550 – ☕ 1750 – **74 hab** 21000/32000.

S'Agaró H. ⑤, platja de Sant Pol ✆ 32 52 00, Fax 32 45 33, ⛱, ⛲, ⚘ – |🛗| ▤ TV ☎ P – 🔔 25/250. AE ⓓ E VISA. ✂ rest
cerrado diciembre – Com 3300 – ☕ 1200 – **70 hab** 11150/16800 – PA 6375.

Caleta Park ⑤, platja de Sant Pol ✆ 32 00 12, Telex 57366, Fax 32 40 96, ≤, ⛲, 🎾 – |🛗| ▤ ☎ 🚗 P – 🔔 25/100. AE ⓓ E VISA. ✂ rest
3 abril - 15 octubre – Com 2200 – ☕ 400 – **100 hab** 7000/12000 – PA 3700.

Alicia - Can Joan, carret. de Castell d'Aro 47, ✉ 17220 San Feliú de Guixols, ✆ 32 48 99, Pescados y mariscos – ▤ P. AE E VISA. ✂
cerrado domingo noche, lunes y 9 diciembre-9 enero – Com carta 3800 a 6150.

SAGUNTO o **SAGUNT** **46500** Valencia 445 M 29 – 54 759 h. alt. 45 – ☎ 96.

pl. Cronista Chabret ✆ 266 22 13.

♦Madrid 375 – Castellón de la Plana 56 – Teruel 126 – ♦Valencia 27.

Azahar, av. País Valenciá 8 ✆ 266 33 68, Fax 265 01 75 – |🛗| ▤ TV ☎ 🚗. AE ⓓ E VISA. ✂
Com 1600 – ☕ 500 – **25 hab** 4500/6500 – PA 3300.

L'Armeler, subida del Castillo 44 ✆ 266 43 82, ⛱ – AE ⓓ E VISA JCB. ✂
cerrado domingo noche y lunes noche salvo en verano – Com carta 2400 a 4500.

en el puerto E : 6 km – ✉ 46520 Puerto de Sagunto – ☎ 96 :

Teide, av. 9 de Octubre 53 ✆ 267 22 44, Fax 267 57 85 – ▤ rest TV ☎. AE E VISA. ✂
Com 1200 – ☕ 425 – **23 hab** 3000/6000 – PA 2575.

El Bergantín, pl. del Sol ✆ 267 33 23, Fax 267 33 23 – |🛗| TV. E VISA. ✂
cerrado 7 diciembre-7 enero – Com 1200 – ☕ 300 – **27 hab** 2100/4900 – PA 2300.

Belabarte, av. del Meditarráneo 44 (Casino) ✆ 267 73 71, ⛱ – ▤. AE ⓓ E VISA. ✂
cerrado domingo noche y lunes – Com carta aprox. 3500.

Violeta, av. 9 de Octubre 40 ✆ 267 00 03, ⛱ – ▤.

Olano, Colón 57 ✆ 267 15 00, Fax 268 07 88.

en la playa de Corinto NE : 12 km – ✉ 46500 Sagunto – ☎ 96 :

Coll Verd de Corinto, av. Danesa 43-E ✆ 260 91 04, ⛱ – ▤. E VISA. ✂
cerrado lunes y enero – Com carta 2300 a 3300.

SALAMANCA **37000** P 441 J 12 y 13 – 167 131 h. alt. 800 – ☎ 923.

Ver : El centro monumental★★★ : Plaza Mayor★★★ ABY, Casa de las Conchas★ AY, Patio de las Escuelas★★★ (fachada de la Universidad★★★) AZ **U** – Escuelas Menores (patio★, cielo de Salamanca★) – Catedral Nueva★★ (fachada occidental★★) AZ **A** – Catedral Vieja★★ (retablo mayor★★, sepulcro★★ del obispo Anaya) AZ **B** – Convento de San Esteban★ (fachada★, medallones del claustro★) BZ – Convento de las Dueñas (claustro★★) BZ **F** – Palacio de Fonseca (patio★) ABY **D** – Otras curiosidades : Iglesia de la Purísima Concepción (retablo de la Inmaculada Concepción★) AY **P** – Convento de las Ursulas (sepulcro★) AY **X**, Colegio Fonseca (capilla★, patio★) AY **E.**

Gran Vía 41, ✉ 37001, ✆ 26 85 71 pl. Mayor 10, ✉ 37002, ✆ 21 83 42 – R.A.C.E. España 6, ✉ 37001, ✆ 21 29 25.

♦Madrid 205 ② – Ávila 98 ② – ♦Cáceres 217 ③ – ♦Valladolid 115 ① – Zamora 62 ⑤.

Plano página siguiente

Parador de Salamanca, Teso de la Feria 2, ✉ 37008, ✆ 26 87 00, Telex 23585, Fax 21 54 38, ≤, ⛲, ⚘ – |🛗| ▤ TV ☎ 🚗 P – 🔔 25/220. AE ⓓ VISA. ✂ AZ **a**
Com 3200 – ☕ 1100 – **108 hab** 13000 – PA 6375.

NH Palacio de Castellanos, San Pablo 58, ✉ 37001, ✆ 26 18 18, Fax 26 18 19, ⛱ – |🛗| ▤ TV ☎ 🚗 – 🔔 25/200. AE ⓓ E VISA. ✂ ABZ **r**
Com carta 3300 a 5000 – ☕ 1100 – **69 hab** 13200/17900.

Gran Hotel y Rest. Feudal, pl. Poeta Iglesias 3, ✉ 37001, ✆ 21 35 00, Telex 26809, Fax 21 35 00 – |🛗| ▤ TV ☎ – 🔔 25/450. AE ⓓ E VISA. ✂ rest BY **r**
Com 3600 – ☕ 1150 – **100 hab** 13200/17600.

SALAMANCA

Azafranal . . . . BY 8
Mayor (Pl.) . . . . BY
Toro . . . . BY
Zamora . . . . BY

Anaya . . . . AZ 2
Alvaro Gil . . . . BY 4
Ángel (Pl.) . . . . BY 7
Balmes . . . . AZ 10
Bordadores . . . . AY 12
Cervantes . . . . AY 14
Campanía . . . . AY 17
Comuneros (Av. de los) . . . BY 18
Concilio de Trento . . . . BZ 21
Condes de Crespo Ransón . AY 22
Desengaño (Paseo) . . . . . . AZ 25
Dr. Torres Villarroel (Paseo del) BY 27
Enrique Estevan (Puente) . . AZ 28
Estación (Paseo de la) . . . . BY 31
Fray Luis de Granada . . . . . AY 32
Frederico Amaya (Av. de) . BY 34
Juan de la Fuente . . . . BZ 37
Libertad (Pl. de la) . . . . . . ABY 39
Libreros . . . . AZ 40
Maria Auxiliadora . . . . BY 42
Marquesa de Almanza . . . . BZ 43
Mateo Hernandez (Av.) . . . AY 44
Melendez . . . . AY 45
Obispo Jarrin . . . . BY 46
Padilla . . . . BY 48
Palominos . . . . AZ 50
Patio Chico . . . . AZ 51
Pedro Mendoza . . . . BY 53
Peña de Francia . . . . AY 54
Pozo Amarillo . . . . BY 58
Prior . . . . AY 59
Ramon y Cajal . . . . AY 61
Reyes de España (Av.) . . . . AZ 63
San Francisco Javier . . . . . BY 69
San Justo . . . . BY 71
Santa Eulalia (Pl.) . . . . BY 72
Sanchez Fabres (Puente) . . AZ 74
Sancti Spiritus (Cuesta) . . . BY 75
Sorias . . . . AY 77
Tostado . . . . AZ 79

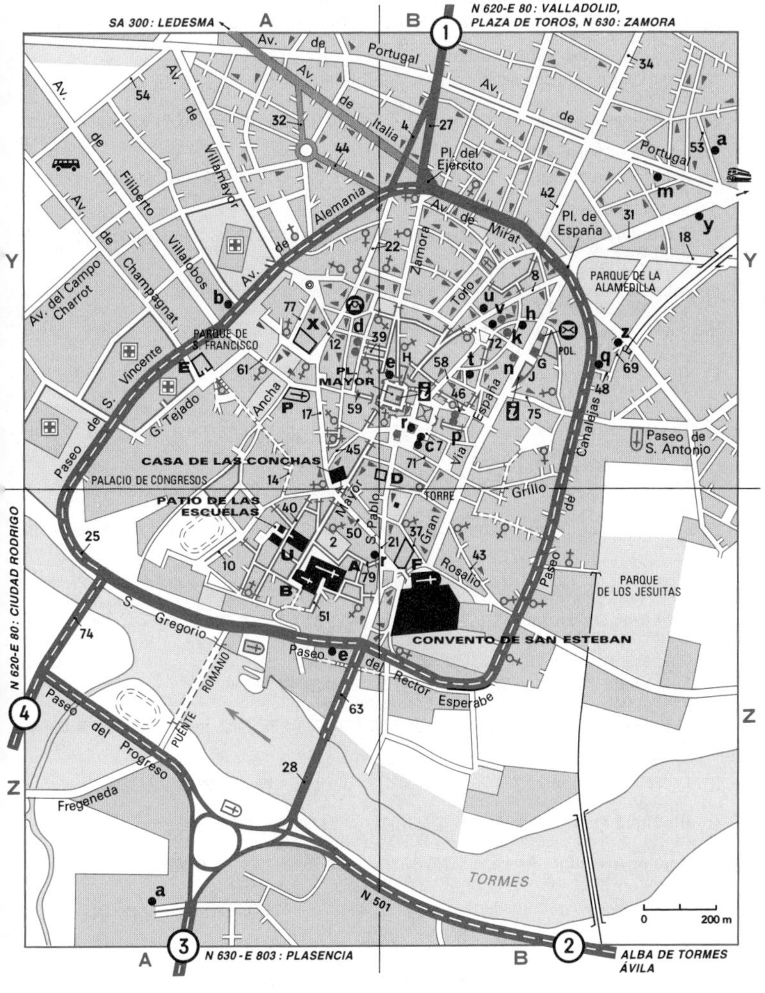

Un consejo Michelin :

Para que sus viajes sean un éxito, prepárelos de antemano.
Los **mapas** y las **guías Michelin** le proporcionan todas las indicaciones útiles sobre : itinerarios, visitas de curiosidades, alojamiento, precios, etc.

Rector sin rest, Rector Esperabé 10, ✉ 37008, ☎ 21 84 82, Fax 21 40 08 – AE E VISA. AZ **e**
900 – **14 hab** 10500/15500.

Monterrey y Rest. El Fogón, Azafranal 21, ✉ 37001, ☎ 21 44 00, Telex 27836, Fax 21 44 00 – AE E VISA. BY **u**
Com carta 3300 a 4600 – 1000 – **89 hab** 12100/16500.

Castellano III sin rest, con cafetería, San Francisco Javier 2, ✉ 37003, ☎ 26 16 11, Telex 48097, Fax 26 67 41 – AE E VISA. BY **z**
750 – **73 hab** 8000/10500.

Las Torres, pl. Mayor 26, ✉ 37002, ☎ 21 21 00, Fax 21 21 01 – AE E VISA. BY **e**
Com 2000 – 900 – **44 hab** 8000/11000 – PA 3900.

Condal sin rest, con cafetería, pl. Santa Eulalia 3, ✉ 37002, ☎ 21 84 00, Fax 21 84 00 – E VISA. BY **v**
525 – **70 hab** 4950/7920.

Gran Vía sin rest, con cafetería, Rosa 4, ✉ 37001, ☎ 21 54 01 – BY **h**
47 hab.

Ceylán sin rest, San Juan de la Cruz 7, ✉ 37001, ☎ 21 26 03, Fax 21 12 57 – AE E VISA BY **c**
490 – **35 hab** 4250/5945.

Amefa sin rest y sin, Pozo Amarillo 18, ✉ 37002, ☎ 21 81 89, Fax 26 02 00 – AE E VISA BY **t**
33 hab 5500/7975.

Castellano II sin rest, Pedro Mendoza 36, ✉ 37004, ☎ 24 28 12, Telex 48097, Fax 26 67 41 – AE E VISA. BY **a**
450 – **29 hab** 5700/7000.

Milán sin rest, pl. del Ángel 5, ✉ 37001, ☎ 21 75 18 – E VISA. BY **c**
300 – **25 hab** 3350/5000.

París sin rest, Padilla 1, ✉ 37001, ☎ 26 29 70 – VISA. BY **q**
300 – **13 hab** 3500/4500.

Reyes Católicos sin rest, paseo de la Estación 32, ✉ 37003, ☎ 24 10 64 – BY **y**
425 – **33 hab** 3515/4855.

Castellano I sin rest, av. de Portugal 29, ✉ 37004, ☎ 22 85 16, Telex 48097, Fax 26 67 41 – AE E VISA. BY **m**
400 – **22 hab** 3500/6000.

Mindanao sin rest y sin, paseo de San Vicente 2, ✉ 37007, ☎ 26 30 80 – AY **b**
30 hab.

XX ⚘ **Chez Víctor,** Espoz y Mina 26, ✉ 37002, ☎ 21 31 23, Fax 21 76 99 – AE E VISA JCB. ABY **d**
cerrado domingo noche, lunes y agosto – Com carta 3700 a 5400
Espec. Ensalada ligera al gengibre, Rodaballo con aceite de Baena y vinagre de Jerez, Parfait de frutas rojas en camisa de chocolate.

XX **Albatros,** Obispo Jarrín 10, ✉ 37001, ☎ 26 93 87 – AE E VISA JCB. BY **p**
Com carta 2900 a 4500.

XX Chapeau, Gran Vía 20, ✉ 37001, ☎ 27 18 33 – BY **n**

XX **La Posada,** Aire 1, ✉ 37001, ☎ 21 72 51 – AE E VISA. BY **k**
cerrado del 1 al 20 de agosto – Com carta 2650 a 3550.

X **El Botón Charro,** Hovohambre 6, ✉ 37001, ☎ 21 64 62, Rest. típico – AE E VISA. BY **p**
cerrado domingo – Com carta 3000 a 3600.

X **Le Sablon,** Espoz y Mina 20, ✉ 37002, ☎ 26 29 52 – AE E VISA. ABY **d**
cerrado martes y julio – Com carta 2850 a 3300.

X **Río de la Plata,** pl. del Peso 1, ✉ 37001, ☎ 21 90 05 – AE VISA. BY **r**
cerrado lunes y julio – Com carta 3000 a 4900.

X **Asador Arandino,** Azucena 5, ✉ 37001, ☎ 21 73 82 – AE E VISA. BY **v**
cerrado lunes y 15 julio-1 agosto – Com carta 3250 a 4450.

en la carretera de Valladolid por ① : 2,5 km – ✉ 37184 Villares de la Reina – ☎ 923

X El Quinto Pino con hab, ☎ 22 86 93 – P
13 hab.

en la carretera N 630 por ③ : 1,5 km – ✉ 37008 Salamanca – ☎ 923 :

Lorenzo sin rest, ☎ 21 43 06 – P
22 hab.

en la carretera de Ciudad Rodrigo por ④ : 3 km – ✉ 37008 Salamanca – ☎ 923 :

X **Picosa,** av. de la Salle 76 ☎ 21 67 87 – P. E VISA.
Com carta 2400 a 3250.

en la carretera de Zamora por ⑤ : 3 km – ✉ 37005 Salamanca – ☎ 923

Helmántico, ☎ 22 12 20, Fax 24 53 41 – |♦| ▤ TV ☎ ⇔ P. AE ⓓ E VISA. ✻
Com 1900 – ☕ 600 – **55 hab** 6900/10300.

Ver también : ***Santa Marta de Tormes*** por ② : 6 km
Arapiles por ③ : 7 km

SALARDÚ **25598** Lérida 443 D 32 – alt. 1 267 – ☎ 973 – Deportes de invierno en Baqueira Beret E : 6 km : ⛷11.

♦Madrid 611 – ♦Lérida/Lleida 172 – Viella 9.

Petit Lacreu sin rest, carret. de Viella ☎ 64 41 42, Fax 64 42 43, ≤, ⛱ climatizada, ⛰ – |♦| TV ☎ P. ⓓ E VISA. ✻
cerrado mayo-junio y octubre-noviembre – ☕ 800 – **30 hab** 8000.

Lacreu, carret. de Viella ☎ 64 42 22, Fax 64 42 43, ≤, ⛱ climatizada, ⛰ – |♦| TV ☎ P. AE ⓓ E VISA. ✻ rest
cerrado mayo-junio y octubre-noviembre – Com 1850 – ☕ 550 – **70 hab** 3500/6000 – PA 3100.

Garona, ☎ 64 50 10, ≤ – |♦| ☎ ⇔. VISA. ✻ rest
julio-septiembre y diciembre-abril – Com 1850 – ☕ 525 – **28 hab** 5500.

Deth Païs ⛰, pl. de la Pica ☎ 64 58 36, Fax 64 45 00, ≤ – |♦| TV ☎ P. E VISA. ✻
julio-octubre y diciembre-abril – Com 1600 – ☕ 475 – **18 hab** 4480/5900.

en Baqueira - carretera del Port de la Bonaigua E : 4 km – ✉ 25598 Salardú – ☎ 973 :

Montarto y Rest. La Perdiu Blanca, ☎ 64 44 44, Telex 57707, Fax 64 52 00, ≤ alta montaña, ⛱ Climatizada, ✂ – |♦| TV ☎ ⇔ P – 👥 25/75. AE ⓓ E VISA. ✻
diciembre-abril y julio-septiembre – Com (sólo cena en invierno) carta 3850 a 4750 – ☕ 1100 – **166 hab** 8000/12500.

Tuc Blanc, ☎ 64 51 50, Fax 64 60 08 – |♦| TV ☎ ⇔ P – 👥 25/250. AE ⓓ E VISA. ✻
diciembre-abril y julio-septiembre – Com 2250 – ☕ 900 – **165 hab** 9675/15600 – PA 4590.

Val de Ruda sin rest, ☎ 64 52 58, Fax 64 58 11, ≤, Decoración típica aranesa – TV ☎ P. AE ⓓ E VISA
diciembre-mayo y julio-septiembre – ☕ 800 – **34 hab** 6750/10900.

SALAS **33860** Asturias 441 B 11 – alt. 239 – ☎ 98.

♦Madrid 480 – Oviedo 47.

Castillo de Valdés Salas, pl. Gral. Aranda ☎ 583 10 37, Fax 583 10 37, « Castillo medieval » – TV ☎ – 👥 25. AE ⓓ E VISA
cerrado 20 dias en enero – Com *(cerrado lunes)* 1250 – ☕ 550 – **12 hab** 4200/5990 – PA 3000.

SALAS DE LOS INFANTES **09600** Burgos 442 F 20 – 2 010 h. – ☎ 947.

♦Madrid 230 – Aranda de Duero 69 – ♦Burgos 53 – ♦Logroño 118 – Soria 92.

Moreno, Filomena Huerta 5 ☎ 38 01 35 – ⇔. E VISA. ✻
cerrado del 1 al 20 octubre – Com *(cerrado lunes)* 1300 – ☕ 275 – **15 hab** 2200/3900 – PA 2875.

SALDAÑA **34100** Palencia 442 E 15 – 3 042 h. – ☎ 988.

♦Madrid 291 – ♦Burgos 92 – ♦León 101 – Palencia 65.

Dipo's ⛰, carret. de Relea N : 1,5 km ☎ 89 01 44, ≤, ⛱, ⛱, ✂ – TV ☎ P
40 hab.

El SALER **46012** Valencia 445 N 29 – ☎ 96 – Playa.

⛳18 El Saler, Parador Luis Vives S : 7 km ☎ 161 11 86.

♦Madrid 356 – Gandía 55 – ♦Valencia 8.

al Sur :

Sidi Saler ⛰, playa : 3 km ☎ 161 04 11, Telex 64208, Fax 161 08 38, ≤, ⛱, ⛱, ⛰, ✂ – |♦| ▤ TV ☎ P – 👥 25/300. AE ⓓ E VISA. ✻ rest
Com 2950 – ☕ 1400 – **276 hab** 12000/17000 – PA 5920.

Parador Luis Vives ⛰, 7 km ☎ 161 11 86, Telex 61069, Fax 162 70 16, ≤, « En el centro de un campo de golf », ⛱, ✂, ⛳18 – |♦| ▤ TV ☎ P – 👥 25/300. AE ⓓ VISA. ✻
Com 3500 – ☕ 1200 – **58 hab** 15000 – PA 6970.

SALINAS (Playa de) Asturias – ver Avilés.

SALINAS DE LENIZ o **LEINTZ-GATZAGA** **20530** Guipúzcoa 442 D 22 - 207 h. - 943.

♦Madrid 377 - ♦Bilbao/Bilbo 66 - ♦San Sebastián/Donostia 83 - Vitoria/Gasteiz 22.

en el Puerto de Arlabán - carretera C 6213 SO : 3 km - ✉ 20530 Salinas de Leniz - 943

XX **Gure Ametsa** con hab, ☎ 79 20 97 - ▤ rest P. AE VISA. ✻
cerrado del 8 al 31 agosto - Com *(cerrado lunes noche)* carta 2800 a 3300 - ☕ 400 - **6 hab** 3500/4000.

SALINAS DE SIN **22365** Huesca 443 E 30 - alt. 725 - 974.

♦Madrid 541 - Huesca 146.

X **Mesón de Salinas** con hab, cruce carret. de Bielsa ☎ 50 51 71 - ▤ rest P. VISA. ✻
cerrado del 1 al 27 diciembre - Com carta 1620 a 2925 - ☕ 450 - **16 hab** 3600.

SALOBREÑA **18680** Granada 446 V 19 - 8 119 h. alt. 100 - 958 - Playa.

Los Moriscos, SE : 5 km ☎ 60 04 12.

♦Madrid 499 - Almería 119 - ♦Granada 70 - ♦Málaga 102.

en la carretera de Málaga - ✉ 18680 Salobreña - 958 :

Salobreña ⑤, O : 4 km ☎ 61 02 61, Fax 61 01 01, ≤ mar y costa, ⛱, ✻ - |♦| P - 🏛 25/200. AE ① E VISA. ✻ rest
Com 1850 - ☕ 500 - **130 hab** 4850/7650 - PA 3350.

Salambina, O : 1 km ☎ 61 00 37, Fax 61 13 28, ≤ plantaciones de cañas y mar, 🏞 - ▤ rest ☎ P. AE ① E VISA. ✻
Com 1750 - ☕ 470 - **14 hab** 3700/5390 - PA 3175.

SALOU **43840** Tarragona 443 I 33 - 5 120 h. - 977 - Playa.

i explanada del Muelle ☎ 38 02 33 y Montblanc 1, ☎ 38 01 36.

♦Madrid 556 - ♦Lérida/Lleida 99 - Tarragona 10.

Planas, pl. Bonet 3 ☎ 38 01 08, 🏞, « Terraza con arbolado » - |♦| ▤ rest ☎. E VISA. ✻
abril-15 octubre - Com 1500 - ☕ 500 - **100 hab** 3350/6150 - PA 2300.

Casablanca Playa sin rest con cafetería, paseo Miramar 12 ☎ 38 01 07, Fax 35 01 17, ≤, ⛱ - |♦| ▤ TV ☎ ♿ 🚗. AE ① E VISA. ✻
☕ 500 - **63 hab** 8500/12500.

XX **Albatros,** Bruselas 60 ☎ 38 50 70, 🏞 - ▤ P. AE ① E VISA. ✻
cerrado domingo noche, lunes y 20 diciembre-20 enero - Com carta 3400 a 4650.

XX **Casa Font,** Colón 17 ☎ 38 57 45, Fax 38 24 36, ≤ - ▤. AE ① E VISA
cerrado lunes y Navidades - Com carta 3200 a 4000.

XX Casa Soler, Virgen del Carmen ☎ 38 04 63, 🏞 - ▤ P.

XX **La Goleta,** Gavina - playa Capellans ☎ 38 35 66, ≤, 🏞 - ▤ P. AE ① E VISA
Com carta 2800 a 4600.

XX Ondar-Bide, vía Augusta 18 ☎ 38 13 55, 🏞 - ▤.

X **Can Felip,** vía Augusta 19 ☎ 38 55 55, Pescados y mariscos - ▤. E VISA. ✻
cerrado lunes y 20 diciembre-enero - Com carta 3150 a 5000.

en la playa de la Pineda E : 7 km - ✉ 43840 Salou - 977 :

Carabela Roc sin rest, con cafetería, Pau Casals 108 ☎ 37 01 66, Fax 37 07 62, ≤, « Terraza bajo los pinos » - |♦| ▤ ☎ P. E VISA
Semana Santa-septiembre - ☕ 600 - **96 hab** 4350/7790.

SALLENT DE GÁLLEGO **22640** Huesca 443 D 29 - 1 142 h. alt. 1 305 - 974 - Deportes de invierno en El Formigal ⛷4.

♦Madrid 485 - Huesca 90 - Jaca 52 - Pau 78.

X **Garmo Blanco,** ☎ 48 82 19, ≤ - E VISA. ✻
cerrado lunes, mayo y noviembre - Com carta 2150 a 3500.

en El Formigal NO : 4 km alt. 1 480 - ✉ 22640 El Formigal - 974 :

Formigal ⑤, ☎ 48 80 00, Telex 58885, Fax 48 82 67, ≤ alta montaña, 🏋 - |♦| TV ☎ 🚗 P - 🏛 25/120. AE ① E VISA. ✻ rest
cerrado 15 octubre-28 noviembre - Com 2250 - ☕ 800 - **125 hab** 8000/15500 - PA 4500.

Villa de Sallent ⑤, ☎ 48 83 11, Fax 48 81 34, ≤ alta montaña - |♦| TV ☎ 🚗. AE ① E VISA. ✻
Com 1950 - ☕ 800 - **40 hab** 8000/12000 - PA 3760.

Eguzki-Lore ⑤, ☎ 48 80 75, Fax 48 80 68, ≤ alta montaña - ☎
32 hab.

SAMIEIRA **36992** Pontevedra 441 E 3 - ☎ 986.
♦Madrid 616 - Pontevedra 12 - Santiago de Compostela 69 - ♦Vigo 38.

Covelo sin rest, carret. de la Toja ☎ 74 11 21, Fax 85 34 87, ←, ⛱ - |♦| TV ☎ P
53 hab.

SAMIL (Playa de) Pontevedra - ver Vigo.

SAN ADRIÁN **31570** Navarra 442 E 24 - 4 362 h. - ☎ 948.
♦Madrid 324 - ♦Logroño 56 - ♦Pamplona/Iruñea 74 - ♦Zaragoza 131.

Ochoa, Delicias 3 ☎ 67 08 26 - ✻
Com 900 - ☐ 400 - **15 hab** 1800/3000 - PA 1800.

XX **Ríos,** av. Celso Muerza 18 ☎ 69 60 87, Fax 67 05 95 - ▤ P. AE VISA. ✻
cerrado domingo y del 1 al 15 agosto - Com carta 2200 a 4000.

SAN AGUSTÍN (Playa de) Las Palmas - ver Canarias (Gran Canaria) : Maspalomas.

SAN AGUSTÍN Baleares - ver Baleares (Mallorca) : Palma de Mallorca.

SAN AGUSTÍN Baleares - ver Baleares : Ibiza.

SAN AGUSTÍN DEL GUADALIX **28750** Madrid 444 J 19 - 1 920 h. alt. 648 - ☎ 91.
♦Madrid 35 - Aranda de Duero 128.

El Figón de Raúl, av. de Madrid 19 ☎ 841 90 11, Fax 841 90 50 - ▤ TV ☎ ⇔ P. AE
O E VISA. ✻
Com 2750 - ☐ 475 - **16 hab** 5500/8500 - PA 4200.

XX **Araceli,** av. de Madrid 10 ☎ 841 85 31, Fax 841 90 50, 斎 - ▤ P. AE O E VISA. ✻
Com carta 3600 a 3950.

SAN ANDRÉS Santa Cruz de Tenerife - ver Canarias (Tenerife).

SAN ANDRÉS DE LLAVANERAS o **SANT ANDREU DE LLAVANERES** **08392** Barcelona
443 M 37 - 2 949 h. alt. 114 - ☎ 93.
♦Madrid 666 - ♦Barcelona 33 - Gerona/Girona 67.

XX **La Bodega,** av. Sant Andreu 6 ☎ 792 67 79, Fax 795 28 64, 斎 - ▤ P. AE O VISA. ✻
cerrado lunes - Com carta 3625 a 5770.

SAN ANDRÉS DEL RABANEDO **24191** León 441 E 13 - 15 743 h. alt. 825 - ☎ 987.
♦Madrid 331 - ♦Burgos 196 - ♦León 4 - Palencia 132.

X **Casa Teo,** Corpus Christi 203 ☎ 22 30 05, 斎
cerrado domingo noche, lunes y marzo - Com carta 2500 a 4200.

SAN ANTONIO DE CALONGE o **SANT ANTONI DE CALONGE** **17252** Gerona 443 G 39
- ☎ 972 - Playa.
♦Madrid 717 - ♦Barcelona 107 - Gerona/Girona 47.

Rosa dels Vents, passeig Josep Mundet ☎ 65 13 11, Fax 65 06 97, ←, ✻ - |♦| ☎ ⇔ P
temp. - **48 hab.**

Rosamar, passeig Josep Mundet 43, ✉ 17252, ☎ 65 05 48, Fax 65 21 61, ← - |♦| ▤ rest
☎ P. AE O E VISA JCB. ✻
Semana Santa-15 octubre - Com 1600 - ☐ 600 - **50 hab** 7500/10000 - PA 3000.

Reymar, Torre Valentina ☎ 65 22 11, Telex 50077, Fax 65 12 13, ←, ⛱, ✻ - ☎ P. VISA.
✻ rest
junio- septiembre - Com 1200 - ☐ 420 - **49 hab** 6500/9000 - PA 2400.

XX Costa Brava con hab, av. Catalunya 28 ☎ 65 10 61 - ▤ rest P
7 hab.

XX **Refugi de Pescadors,** passeig Josep Mundet 55 ☎ 65 06 64, 斎, Imitación del interior de un barco, Pescados y mariscos - ▤. AE O E VISA. ✻
Com carta 3550 a 5300.

SAN ANTONIO DE PORTMANY Baleares - ver Baleares (Ibiza).

SAN BAUDILIO DE LLOBREGAT o **SANT BOI DE LLOBREGAT** **08830** Barcelona 443
H 36 - 74 550 h. - ☎ 93.
♦Madrid 626 - ♦Barcelona 11 - Tarragona 83.

El Castell ⛰, Castell 1 ☎ 640 07 00, Fax 640 07 04, ⛱ - |♦| ▤ rest TV ☎ P - 🏛 25/100.
AE O E VISA. ✻
Com 1200 - ☐ 400 - **43 hab** 7000/10500 - PA 2800.

SAN CARLOS DE LA RÁPITA o **SANT CARLES DE LA RÁPITA** **43540** Tarragona 443 K 31 – 9 960 h. – ☎ 977.

Constancia 1 (Ayuntamiento) ☎ 74 01 00 (ext. 27).

♦Madrid 505 – Castellón de la Plana/Castelló de la Plana 91 – Tarragona 90 – Tortosa 29.

- **Aparthotel La Rápita**, pl. Lluis Companys ☎ 74 15 07, Telex 53594, Fax 74 19 54, – rest – 25/80. E VISA.
  20 marzo-octubre – Com (sólo buffet) 1750 – 700 – **232 apartamentos** 7500/11250 – PA 3550.
- **Miami Park,** av. Constitución 33 ☎ 74 03 51, Fax 74 11 66 – . AE E VISA
  abril- octubre – Com (ver rest. **Miami**) – 550 – **80 hab** 3500/6350.
- **Llansola,** San Isidro 98 ☎ 74 04 03, – . E VISA.
  cerrado noviembre – Com *(cerrado domingo noche y lunes mediodía)* 1300 – 475 – **18 hab** 3000/5800 – PA 2600.
- **Plaça Vella y Rest. L'Áncora,** Arsenal 31 ☎ 74 24 53, Fax 74 43 97 – rest . AE E VISA. rest
  Com carta 1535 a 2310 – 400 – **21 hab** 5000/7000.
- XX **Varadero,** av. Constitución 1 ☎ 74 10 01, , Pescados y mariscos – . AE E VISA
  cerrado lunes y 15 diciembre-15 enero – Com carta 3250 a 5200.
- XX **Miami,** av. Constitución 37 ☎ 74 05 51, Fax 74 11 66, Pescados y mariscos – . AE E VISA
  cerrado miércoles en invierno y 2 semanas en febrero – Com carta 3300 a 4750.
- X **Can Víctor,** Vista Alegre 8 ☎ 74 29 05, Fax 74 29 05, , Pescados y mariscos – . AE E VISA.
  Com carta 3000 a 3875.
- X **Casa Ramón,** Pou de les Figueretes 7 ☎ 74 14 58, Fax 74 53 30, Pescados y mariscos – . AE E VISA.
  Com carta 3000 a 3875.
- X **Brasseria Elena,** pl. Lluis Companys 1 ☎ 74 29 68, , Carnes a la brasa – AE E VISA.
  cerrado martes, del 15 al 28 enero y del 10 al 28 octubre – Com carta 1150 a 2050.
- X **Can Batiste** con hab, Sant Isidre 204 ☎ 74 23 08 – rest . AE E VISA.
  Com carta 1450 a 2400 – 400 – **10 hab** 2800/5500.

en Playa Miami S : 1 km – ✉ 43540 Sant Carles de la Rápita – ☎ 977 :

- **Juanito**, ☎ 74 04 62, , – . E VISA. rest
  abril-septiembre – Com 1400 – 400 – **35 hab** 3300/5560 – PA 2720.

SAN CELONI o **SANT CELONI** **08470** Barcelona 443 G 37 – 11 929 h. alt. 152 – ☎ 93.

Alred. : NO : Sierra de Montseny★ : itinerario★★ de San Celoni a Santa Fé – Carretera★ de San Celoni a Tona por Montseny.

♦Madrid 662 – ♦Barcelona 49 – Gerona/Girona 57.

- **Suis** sin rest, Major 152 ☎ 867 00 02, Fax 867 43 43 – . E VISA.
  600 – **30 hab** 4000/6500.
- XXX ✿✿ **El Racó de Can Fabes,** Sant Joan 6 ☎ 867 28 51, Fax 867 38 61, Decoración rústica – . AE E VISA.
  cerrado domingo noche, lunes, 1ª quincena febrero y 28 junio-11 julio – Com carta 6400 a 7500
  Espec. Royal a la esencia de trufas, Becada con setas del Montseny (temp. caza), Coco con sandia crujiente..
- X **Can Botey,** pl. de la Vila 22 ☎ 867 37 90 – . AE E VISA.
  cerrado domingo noche, martes y 2ª quincena de febrero – Com carta 3300 a 4200.
- X **Les Tines,** passeig dels Esports 16 ☎ 867 25 54, – . E VISA.
  cerrado martes y 1ª quincena octubre – Com carta 2800 a 3600.

en la carretera C 251 SO : 5,5 km – ✉ 08460 Santa María de Palautordera – ☎ 93 :

- X **Palautordera,** ☎ 848 94 51 – . E VISA.
  cerrado lunes y febrero – Com carta 2595 a 3600.

SAN CUGAT DEL VALLÉS o **SANT CUGAT DEL VALLÉS** **08190** Barcelona 443 H 36 – 31 184 h. alt. 180 – ☎ 93.

Ver : Monasterio★ (claustro★).

18 de Sant Cugat ☎ 674 39 08.

♦Madrid 615 – ♦Barcelona 18 – Sabadell 9.

al Noroeste : 3 km

- **Novotel Barcelona-Sant Cugat**, pl. Xavier Cugat, ✉ apartado 122, ☎ 589 41 41, Fax 589 30 31, , , – – 25/300. AE E VISA
  Com 3000 – 1150 – **150 hab** 14500/17900.

en Valldoreix SO : 3,5 km - ✉ 08190 Valldoreix - ☎ 93 :

La Reserva, rambla Mossèn Jacint Verdaguer 41 ☎ 589 21 21, Fax 674 21 00, ≤, « Antigua casa señorial », ⛱, - |♦| ▤ TV ☎ . AE ⓓ E VISA. ✱
Com 2500 - ☕ 1250 - **16 hab** 18500/33000.

Rossinyol ⛰, av. Juan Borrás 64 ☎ 674 23 00, Fax 589 48 55, ≤, ⛱, ⛱ - ☎ Ⓟ. AE ⓓ E VISA. ✱ rest
Com 1500 - ☕ 400 - **40 hab** 5000/7000.

por la carretera de Rubí y desvío a la izquierda O : 3,5 km - ✉ 08190 Sant Cugat del Vallés - ☎ 93 :

Can Ametller, junto a la autopista A7 ☎ 674 91 51, ⛱ - ▤ Ⓟ. AE ⓓ E VISA. ✱
cerrado domingo noche, lunes y 15 días en agosto - Com carta 2200 a 4500.

en la carretera de Barcelona SE : 6 km. - ✉ 08190 San Cugat del Vallés - ☎ 93 :

Can Cortés, urbanización Can Cortés ☎ 674 17 04, Fax 675 27 07, ≤, ⛱, Enoteca de vinos y cavas catalanes, « Antigua masía », ⛱ - Ⓟ. AE ⓓ E VISA. ✱
cerrado del 18 al 29 octubre - Com carta 2750 a 3550.

SAN ELMO o SANT ELM Gerona - ver San Feliú de Guixols.

SAN EMILIANO 24144 León 441 D 12 - 1 224 h. - ☎ 987.

♦Madrid 386 - ♦León 69 - ♦Oviedo 70 - Ponferrada 89.

Asturias, ☎ 59 60 50
Com 1200 - ☕ 300 - **23 hab** 2000/3100 - PA 2100.

SAN ESTEBAN DE BAS o SANT ESTEVE D'EN BAS 17176 Gerona 443 F 37 - ☎ 972.

♦Madrid 692 - ♦Barcelona 122 - Gerona/Girona 48.

Sant Antoni, carret. C 152 ☎ 69 00 33, Fax 69 04 62, ≤, ⛱, ✱ - ▤ rest Ⓟ. AE ⓓ E VISA. ✱ rest
cerrado del 2 al 18 enero - Com *(cerrado lunes)* 1500 - ☕ 575 - **34 hab** 2800/5500 - PA 3500.

SAN FELIÚ DE GUIXOLS o SANT FELIÚ DE GUÍXOLS 17220 Gerona 443 G 39 - 15 485 h. - ☎ 972 - Playa.

Alred. : Recorrido en cornisa★★ de San Feliú de Guixols a Tossa de Mar (calas★) 23 km por ②.

⛳18 Costa Brava, Santa Cristina de Aro por ③ : 4 km ☎ 83 71 50.

ℹ pl. Monestir 54 ☎ 82 00 51.

♦Madrid 713 ③ - ♦Barcelona 100 ③ - Gerona/Girona 35 ③.

Plano página siguiente

Murlá Park H., passeig dels Guíxols 22 ☎ 32 04 50, Telex 57364, Fax 32 00 78, ≤, ⛱ - |♦| ▤ rest TV ☎ - 🏛 25/200. AE ⓓ E VISA. ✱ rest — B n
cerrado 17 octubre-5 diciembre - Com *(cerrado octubre-marzo)* 2200 - ☕ 550 - **89 hab** 6300/12600 - PA 4500.

Curhotel Hipócrates ⛰, carret. de Sant Pol 229 ☎ 32 06 62, Fax 32 38 04, ≤, Servicios terapéuticos y de cirugía estética, ⛱ - |♦| TV ☎ Ⓟ - 🏛 25/280. AE E VISA. ✱ — B c
Com 2675 - ☕ 800 - **84 hab** 5900/10150.

Plaça sin rest, pl. Mercat 22 ☎ 32 51 55, Fax 82 13 21 - |♦| ▤ TV ☎. AE ⓓ E VISA — A f
☕ 600 - **16 hab** 8000/11000.

Sant Llàtzer sin rest, carreró Sant Llàtzer 2 ☎ 82 19 40 - TV — A t
15 hab.

Turist H., Sant Ramón 39 ☎ 32 08 41, Fax 32 20 59 - |♦| . AE ⓓ E VISA JCB. ✱ rest — B k
Semana Santa-septiembre - Com 1150 - ☕ 315 - **20 hab** 2325/4650 - PA 2200.

Rex sin rest, rambla del Portalet 16 ☎ 82 18 09 - |♦| . AE ⓓ E VISA. ✱ — B g
junio- septiembre - ☕ 210 - **25 hab** 2690/4280.

Rex II sin rest, Joan Maragall 20 ☎ 82 26 00 - |♦| . AE ⓓ E VISA. ✱ — B a
junio- septiembre - ☕ 210 - **30 hab** 1990/4080.

Eldorado Petit, Rambla Vidal 23 ☎ 32 18 18, Fax 82 14 69 - ▤. AE E VISA. ✱ — A q
cerrado miércoles de octubre a abril y noviembre - Com carta 3500 a 4700.

Bahía, passeig del Mar 18 ☎ 32 02 19, ⛱ - ▤. AE ⓓ E VISA — A r
Com carta 3490 a 4300.

Montserrat - Can Salvi, passeig del Mar 23 ☎ 32 10 13, ⛱ - AE ⓓ E VISA — A r
cerrado miércoles y 15 noviembre-15 diciembre - Com carta 3700 a 4700.

✿ **Can Toni,** Sant Martiriá 29 ☎ 32 10 26 - ▤. AE ⓓ E VISA — A u
cerrado martes de octubre a mayo - Com carta 3000 a 4000
Espec. Arroz negro Can Toni, "Suquet" de anchoas, Pichón con tripas de bacalao y gambas..

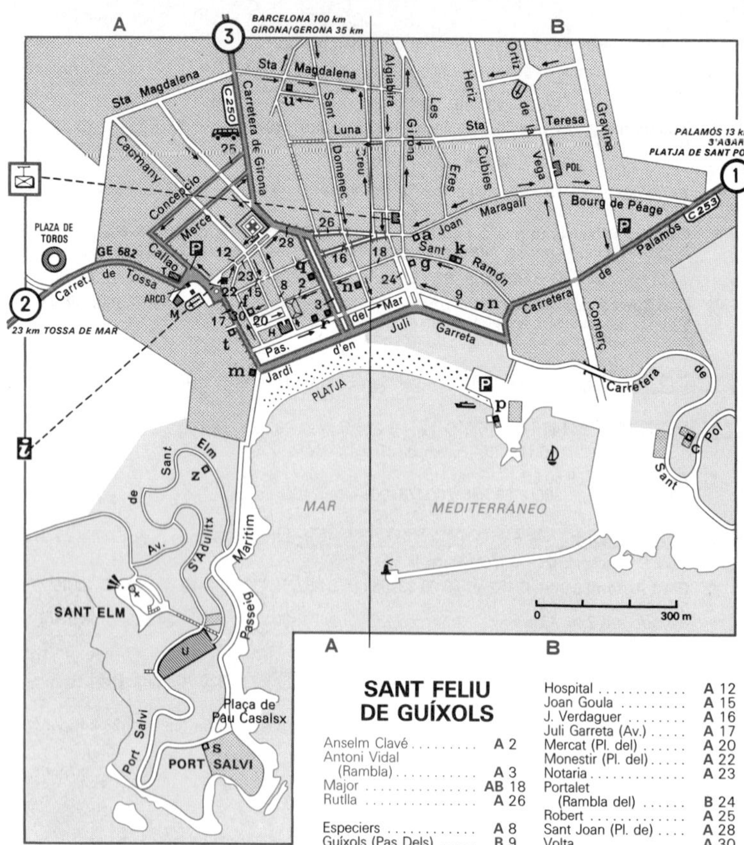

SANT FELIU DE GUÍXOLS

X **Cau del Pescador,** Sant Domènec 11 ✆ 32 40 52, Pescados y mariscos – ▤. AE ⓓ E VISA JCB. ✈ — A **n**
cerrado domingo noche y lunes salvo en verano y 7 enero-7 febrero – Com carta 2600 a 5500.

X **Náutic,** passeig Maritim - zona deportiva ✆ 32 06 63, ≤, 🏖 – ▤. AE ⓓ E VISA JCB. ✈ — B **p**
cerrado lunes y febrero – Com carta 2325 a 5000.

X Amura, pl. Sant Pere 7 ✆ 32 10 35, ≤, 🏖 – ▤ — A **m**

X **L'Infern,** Sant Ramó 41 ✆ 32 03 01, 🏖 – AE E VISA — B **k**
cerrado domingo noche en invierno – Com carta 3000 a 4000.

en Sant Elm – ✉ 17220 Sant Feliú de Guíxols – ☎ 972 :

🏨 Montjoi ≫, ✆ 32 03 00, Telex 80433, Fax 766 02 09, ≤, « Terrazas escalonadas con árboles y 🏊 » – |‡| ☎ Ⓟ — A **z**
115 hab.

en Port Salvi – ✉ 17220 Sant Feliú de Guixols – ☎ 972 :

🏨 **Eden Roc** ≫, ✆ 32 01 00, Telex 57204, Fax 82 17 05, ≤, 🏊, 🏖 – |‡| ▤ rest ☎ Ⓟ – 🏛 25/350. AE ⓓ E VISA. ✈ rest — A **s**
cerrado enero – Com 1300 – ☕ 790 – **120 hab** 6750/8250 – PA 3290.

SAN FERNANDO Baleares – ver Baleares (Formentera).

SAN FERNANDO **11100** Cádiz 446 W 11 – 78 845 h. – ☎ 956 – Playa.
♦Madrid 634 – Algeciras 108 – ♦Cádiz 13 – ♦Sevilla 126.

X **Venta de Vargas,** carret. N IV km 677 ✆ 88 16 22, 🏖, Decoración regional – AE VISA. ✈
cerrado lunes – Com carta 1825 a 2525.

SAN FERNANDO DE HENARES 28830 Madrid 444 L 20 - 19 310 h. - 91.
♦Madrid 17 - Guadalajara 40.

en la carretera de Mejorada del Campo SE : 3 km - ✉ 28820 Coslada - 91 :

XXX **Palacio del Negralejo,** ✆ 669 11 25, Fax 672 54 55, « Instalación rústica en una antigua casa de campo señorial » - ▤ Ⓟ. AE ⓓ E VISA. ✻
cerrado domingo noche y agosto - Com carta 4700 a 5400.

SAN FRUCTUOSO DE BAGÉS o **SANT FRUITÒS DE BAGÈS** 08272 Barcelona 443 G 35 - 3 752 h. - 93.
♦Madrid 596 - ♦Barcelona 72 - Manresa 5.

Alfa Bages y Rest. Gran Mercat ⚘, carret. de Vic E : 1,5 km ✆ 878 86 00, Fax 878 87 00 - |‡| ▤ TV ☎ Ⓟ - 🏛 25/180. AE ⓓ E VISA. ✻ rest
Com 2500 - ☕ 975 - **55 hab** 9200/11500 - PA 5975.

XX **La Cuina,** carret. de Vic 73 ✆ 876 00 32 - ▤ Ⓟ. AE ⓓ E VISA JCB. ✻
cerrado martes - Com carta 2400 a 3800.

SANGENJO o **SANXENXO** 36960 Pontevedra 441 E 3 - 13 899 h. - 986 - Playa.
ℹ av. del Generalísimo 36 ✆ 72 02 85.
♦Madrid 622 - Orense/Ourense 123 - Pontevedra 18 - Santiago de Compostela 75.

Rotilio, av. del Puerto 7 ✆ 72 02 00, Fax 72 41 88, ≤ - |‡| ▤ rest TV ☎. AE ⓓ E VISA. ✻
cerrado 15 diciembre-15 enero - Com 2700 - ☕ 700 - **40 hab** 6800/10400 - PA 5200.

Minso sin rest, av. do Porto 1 ✆ 72 01 50, Fax 69 09 32, ≤ - |‡| TV ☎. AE ⓓ E VISA. ✻
cerrado 15 diciembre-15 enero - ☕ 450 - **44 hab** 4500/7500.

Ton sin rest, El Castañal ✆ 69 10 03, Fax 69 10 06 - |‡| ☎ Ⓟ. E VISA. ✻
☕ 450 - **40 hab** 7800.

Faro Salazón sin rest, Sol 6 ✆ 72 33 99, Fax 72 40 68 - |‡| ☎ 🚗. VISA. ✻
Semana Santa y junio-15 septiembre - ☕ 400 - **30 hab** 7600.

Casa Román, Carlos Casas 2 ✆ 72 00 31 - |‡| ▤ rest. AE ⓓ E VISA. ✻
junio-septiembre - Com *(julio- septiembre)* 1500 - ☕ 300 - **32 hab** 4500.

Punta Vicaño sin rest, av. de Silgar 94 ✆ 72 00 11, Fax 72 07 81 - ☎ 🚗 Ⓟ. AE ⓓ E VISA. ✻
junio-septiembre - ☕ 375 - **30 hab** 3725/6350.

Cervantes 2 sin rest, Progreso 27 ✆ 72 43 34 - |‡|. VISA. ✻
mayo-septiembre - ☕ 350 - **20 hab** 3750/5900.

Cervantes, Progreso 29 ✆ 72 07 00, 🍽 - ☎. VISA. ✻
mayo- octubre - Com 1850 - ☕ 350 - **18 hab** 3750/5900.

XX **La Taberna de Rotilio,** av. del Puerto ✆ 72 02 00, Fax 72 41 88 - ▤. AE ⓓ E VISA. ✻
cerrado domingo noche, lunes(octubre-mayo) y 15 diciembre-15 enero - Com carta aprox. 4000.

en la playa de Raxó E : 5 km - ✉ 36994 Poyo - 986 :

Gran Proa ⚘, ✆ 74 04 33, Fax 74 03 17 - |‡| ▤ rest TV ☎. E VISA. ✻
Com 1600 - ☕ 400 - **43 hab** 5200/6500 - PA 3050.

Ver también : ***Portonovo*** O : 1,5 km.

SANGÜESA 31400 Navarra 442 E 26 - 4 752 h. - 948.
Ver : Iglesia de Santa María la Real★ (portada sur★★) - ℹ Mercado 2 ✆ 87 03 29.
♦Madrid 408 - Huesca 128 - ♦Pamplona/Iruñea 46 - ♦Zaragoza 140.

Yamaguchy, carret. de Javier E : 0,5 km ✆ 87 01 27, Fax 87 07 00, 🏊 - ▤ rest ☎ 🚗 Ⓟ. AE ⓓ E VISA JCB. ✻ - Com 2700 - ☕ 750 - **40 hab** 4300/7200 - PA 5225.

SAN HILARIO SACALM o **SANT HILARI SACALM** 17403 Gerona 443 G 37 - 4 321 h. alt. 801 - 972 - Balneario.
ℹ carret. de Arbúcies ✉ 17403 ✆ 86 88 26.
♦Madrid 664 - ♦Barcelona 82 - Gerona/Girona 43 - Vich/Vic 36.

Suizo, pl. Verdaguer 8 ✆ 86 80 00 - |‡| ☎
39 hab.

Ripoll, Vic 26 ✆ 86 80 25, Fax 86 80 26 - |‡|. E VISA. ✻
3 abril-14 noviembre - Com 1490 - ☕ 475 - **33 hab** 2700/4000 - PA 2850.

Torrás y Tarres, pl. Gravalosa 13 ✆ 86 80 96, Fax 87 22 34 - |‡| ▤ rest. AE E VISA. ✻
cerrado enero - Com *(cerrado lunes)* 1800 - ☕ 550 - **60 hab** 2500/4450 - PA 3700.

Mimó, Vic 9 ✆ 86 80 22 - |‡|
36 hab.

Brugués, Valls 4 ✆ 86 80 18 - |‡|. AE ⓓ E VISA. ✻
cerrado 15 días en octubre o noviembre - Com *(cerrado viernes de octubre a mayo)* 1525 - ☕ 400 - **25 hab** 1550/3300 - PA 3225.

SAN ILDEFONSO Segovia - ver La Granja.

SAN JAVIER **30730** Murcia 445 S 27 - 12 500 h. - ☎ 968.

♦Madrid 440 - ♦Alicante 76 - Cartagena 34 - ♦Murcia 45.

✗ **Moderno,** pl. García Alix ☎ 57 00 49, Fax 57 05 66 - ▤. AE E VISA. ✂
cerrado junio - Com carta 2100 a 4500.

SAN JOSÉ **04118** Almería 446 V 23 - ☎ 951 - Playa.

♦Madrid 590 - Almería 40.

San José y Rest. El Borany ⚘, Correo ☎ 38 01 16, Fax 38 00 02, ≤, ☂, « Villa frente al mar » - ⓟ. E VISA. ✂
cerrado 15 enero-15 febrero - Com *(cerrado lunes)* carta 2650 a 4600 - ☕ 700 - **8 hab** 15000.

SAN JOSÉ Baleares - ver Baleares (Ibiza).

SAN JUAN (Balneario de) Baleares - ver Baleares (Mallorca).

SAN JUAN DE ALICANTE **03550** Alicante 445 Q 28 - 10 522 h. - ☎ 96.

♦Madrid 426 - Alcoy 46 - ♦Alicante 9 - Benidorm 34.

Plaza sin rest, pl. de la Constitución 6 ☎ 565 39 54 - ▤ ☎ 🚗
12 hab.

✗✗✗ **El Patio de San Juan,** av. de Alicante 11 (S : 1 km) ☎ 565 68 00, Fax 515 30 51, ☂ - ▤ ⓟ. E VISA
cerrado domingo noche, miércoles y 10 enero- 10 febrero - Com carta 2800 a 3600.

✗ **La Quintería,** Dr. Gadea 17 ☎ 565 22 94, Cocina gallega - ▤. AE ⓓ E VISA. ✂
cerrado miércoles y junio - Com carta 2800 a 4600.

en la carretera N 332 NE : 2,5 km - ✉ 03550 San Juan de Alicante - ☎ 96 :

✗✗ **Marco Polo,** ☎ 565 91 65, Fax 565 91 65, Cocina franco-belga, « Antigua posada de estilo rústico » - ⓟ. AE ⓓ E VISA. ✂
cerrado miércoles noche, jueves, del 15 al 25 febrero y del 16 agosto al 10 septiembre - Com carta 2800 a 3500.

SAN JUAN DE AZNALFARACHE Sevilla - ver Sevilla.

SAN JUAN DE POYO Pontevedra - ver Pontevedra.

SAN JULIÁN DE VILLATORTA o **SANT JULIÁ DE VILATORTA** **08514** Barcelona 443 G 36 - 1 721 h. alt. 595 - ☎ 93.

♦Madrid 643 - ♦Barcelona 72 - Gerona/Girona 85 - Manresa 58.

✗✗ **Ca la Manyana** con hab, av. Nostra Senyora de Montserrat ☎ 888 70 04 - ▤ rest ☎. AE E VISA. ✂
cerrado del 12 al 27 octubre - Com *(cerrado domingo noche y lunes salvo julio-agosto)* carta 4050 a 4700 - ☕ 650 - **21 hab** 3300/6000.

SAN LORENZO Baleares - ver Baleares (Ibiza).

SAN LORENZO DE EL ESCORIAL **28200** Madrid 444 K 17 - 9 518 h. alt. 1 040 - ☎ 91.

Ver : Monasterio★★★ (Palacios★★ : tapices★, Panteones★★ : Panteón de los Reyes★★-Panteón de los Infantes★) - Salas capitulares★ ; Basílica★★ ; Biblioteca★★ - Nuevos Museos★★ : (El Martirio de San Mauricio y la legión Tebana★) - Casita del Príncipe★ (Techos pompeyanos★).

Alred. : Silla de Felipe II ≤★ S : 7 km..

⛳18 La Herrería ☎ 890 51 11.

ℹ Floridablanca 10 ☎ 890 15 54.

♦Madrid 46 - ♦Ávila 64 - ♦Segovia 52.

Victoria Palace, Juan de Toledo 4 ☎ 890 15 11, Telex 22227, Fax 890 12 48, « Terraza con arbolado », ⛱ - |♦| ▤ rest TV ☎ ⓟ - 🏛 25/80. AE ⓓ E VISA. ✂
Com 3500 - ☕ 900 - **87 hab** 9900/13750 - PA 6600.

Miranda Suizo, Floridablanca 18 ☎ 890 47 11, Fax 890 43 58, ☂ - |♦| TV ☎. AE ⓓ VISA. ✂
Com 2700 - ☕ 500 - **48 hab** 6000/8500 - PA 4700.

Cristina, Juan de Toledo 6 ☎ 890 19 61, ☂ - |♦|. E VISA. ✂
☕ 350 - **16 hab** 5000.

XXX **Charolés,** Floridablanca 24 ℘ 890 59 75, - . AE E VISA.
Com carta 4900 a 6300.

XX Parrilla Príncipe con hab, Floridablanca 6 ℘ 890 16 11, - rest TV
14 hab.

XX **La Cueva,** San Antón 4 ℘ 890 15 16, Fax 890 15 16, « Antigua posada castellana » –
cerrado lunes – Com carta 1975 a 3800.

X **Alaska,** pl. de San Lorenzo 4 ℘ 890 43 65, – AE E VISA.
cerrado lunes – Com carta 2480 a 3920.

X Mesón Serrano, Floridablanca 4 ℘ 890 17 04, .

SAN LORENZO DE MORUNYS o SANT LLORENÇ DE MORUNYS **25282** Lérida 443 F 34 – 973.

♦Madrid 596 – ♦Barcelona 148 – Berga 31 – ♦Lérida/Lleida 127.

Cas-Tor, carret. de Coma NO : 1 km ℘ 49 21 02, , – . E VISA. rest
24 junio-24 septiembre y fines de semana resto del año salvo noviembre – Com 1650 – 525 – **17 hab** 3000/4950 – PA 4075.

SANLÚCAR DE BARRAMEDA **11540** Cádiz 446 V 10 – 48 390 h. – 956 – Playa.

Ver : Nuestra Señora de la O : (portada★) – Iglesia de Santo Domingo★ : (Bóvedas★).

Calzada del Ejército ℘ 36 61 10.

♦Madrid 669 – ♦Cádiz 45 – Jerez 23 – ♦Sevilla 106.

Doñana, av. Cabo Noval ℘ 36 50 00, Fax 36 71 41, – TV – 25/350. AE E VISA. – Com 1750 – 700 – **96 hab** 8500/10000 – PA 3400.

Tartaneros sin rest, Tartaneros 8 ℘ 36 20 44, Fax 36 00 45 – TV . AE E VISA.
600 – **22 hab** 8000/10000.

Los Helechos sin rest, pl. Madre de Dios 9 ℘ 36 13 49, Fax 36 96 50 – . AE E VISA.
375 – **64 hab** 5300/8480.

Posada de Palacio, Caballeros 11 (barrio alto) ℘ 36 48 40, Fax 36 50 60 – . AE E VISA JCB. hab
cerrado 7 enero-febrero – Com 1500 – 700 – **13 hab** 6000/12000.

X **Mirador Doñana,** bajo de Guía ℘ 36 42 05, <, , Pescados y mariscos – . AE E VISA. – *cerrado 15 enero-15 febrero* – Com carta 2450 a 3100.

X **Ánfora,** av. Cabo Noval ℘ 36 36 06, – . AE E VISA.
cerrado lunes – Com carta 2350 a 3150.

X **El Veranillo,** prolongación av. Cerro Falón ℘ 36 27 19, – . AE E VISA.
cerrado lunes – Com carta 2800 a 3550.

SANLÚCAR LA MAYOR **41800** Sevilla 446 T 11 – 7 758 h. alt. 143 – 95.

♦Madrid 569 – Huelva 72 – ♦Sevilla 27.

Hacienda Benazuza, carret. de Benacazón ℘ 570 33 44, Fax 570 34 10, <, « Instalado en una alquería árabe del siglo X », , , – TV – 25/300. AE E VISA. rest
Com 5000 - **La Alquería** carta 3800 a 6275 - **Patio** *(sólo cena)* carta 3100 a 4500 – 1500 – **50 hab** 29000/37000 – PA 11000.

SAN LUIS Baleares – ver Baleares (Menorca).

SAN MARTÍN DE LA VIRGEN DE MONCAYO **50584** Zaragoza 443 G 24 – 332 h. alt. 813 – 976.

♦Madrid 292 – ♦Zaragoza 100.

Gomar , camino de la Gayata ℘ 64 05 41 –
20 hab.

SAN MARTÍN DE VALDEIGLESIAS **28680** Madrid 444 K 16 – 4 786 h. – 91.

♦Madrid 73 – Ávila 58 – Toledo 81.

X Los Arcos, pl. de la Corredera 1 ℘ 861 04 34, Fax 861 02 02, – .

SAN MARTÍN SARROCA o SANT MARTÍ SARROCA **08731** Barcelona 443 H 34 – 2 326 h. – 93.

♦Madrid 583 – ♦Barcelona 65 – ♦Tarragona 65.

XX **Ca l'Anna,** Pepet Teixidor 4 - barri La Roca SO : 1,5 km ℘ 899 14 08, « Bonita terraza acristalada » – . AE E VISA
cerrado domingo noche, lunes, del 15 al 28 febrero y del 15 al 30 septiembre – Com carta 3000 a 4575.

SAN MIGUEL Baleares – ver Baleares (Ibiza).

SAN MIGUEL DE LUENA **39687** Cantabria 442 C 18 – 942.
◆Madrid 345 – ◆Burgos 102 – ◆Santander 54.

en la subida al Puerto del Escudo - carretera N 623 SE : 2,5 km – ✉ 39687 San Miguel de Luena – 942 :

Ana Isabel con hab, ☎ 59 41 96 – P. hab
marzo-octubre – Com carta aprox. 2450 – 250 – **9 hab** 3500/5000.

SAN MIGUEL DE SALINAS **03193** Alicante 445 S 27 – 2 438 h. alt. 75 – 96.
◆Madrid 440 – ◆Alicante 61 – Cartagena 58 – ◆Murcia 45.

Jabugo, Padre Jesús 2 ☎ 572 03 57, Decoración rústica – AE VISA.
Com carta 2800 a 3200.

SAN PEDRO DE ALCÁNTARA **29670** Málaga 446 W 14 – 95 – Playa.
Excurs. : Carretera★★ de San Pedro de Alcántara a Ronda (cornisa★★).

18, Guadalmina O : 3 km ☎ 278 13 77 – 18 Aloha O : 3 km ☎ 281 23 88 – 18 Atalaya Park O : 3,5 km ☎ 278 18 94 – 18 Nueva Andalucía NE : 7 km ☎ 278 72 00 – 18 Las Brisas, Nueva Andalucía ☎ 281 08 75.

Marqués del Duero 68, ☎ 278 52 52, Fax 278 90 90.
◆Madrid 624 – Algeciras 69 – ◆Málaga 69.

en la carretera de Cádiz – ✉ 29678 San Pedro de Alcántara – 95 :

Golf H. Guadalmina, SO : 2 km y desvío 1,2 km-urb. Guadalmina ☎ 288 50 51, Telex 77058, Fax 288 22 91, ≤, 18 – TV P. AE E VISA.
rest
Com 3500 – 1100 – **92 hab** 15400/19800 – PA 7200.

Los Nieto, SO : 2,2 km ☎ 288 34 91, –.

SAN PEDRO DEL PINATAR **30740** Murcia 445 S 27 – 8 959 h. – 968 – Playa.
Explanada de Lo Pagán, ☎ 18 23 01.
◆Madrid 441 – ◆Alicante 70 – Cartagena 40 – ◆Murcia 51.

Mariana sin rest, av. Dr. Artero Guirao 136 ☎ 18 10 13 – P.
cerrado del 1 al 31 enero y del 19 al 31 diciembre – 300 – **25 hab** 2123/3821.

Juan Mari, Alcalde Julio Albaladejo 12 ☎ 18 38 69 –. AE E VISA JCB.
Com carta 2550 a 3550.

en Lo Pagán S : 2,5 km – ✉ 30740 San Pedro del Pinatar – 968 :

Neptuno, Generalísimo 6 ☎ 18 19 11, Fax 18 33 01, ≤ – TV. AE E VISA.
rest
Com 2350 – 700 – **40 hab** 4750/8500 – PA 4000.

Arce sin rest, Marqués de Santillana 117 ☎ 18 22 47 –.
cerrado octubre – 350 – **14 hab** 2970/5300.

Venezuela, Campoamor ☎ 18 15 15, –.

SAN PEDRO DE RIBAS o **SANT PERE DE RIBES** **08810** Barcelona 443 I 35 – 10 557 h. alt. 44 – 93.
◆Madrid 596 – ◆Barcelona 46 – Sitges 4 – Tarragona 52.

El Rebost, av. els Cars 29 ☎ 896 08 35, Fax 896 27 92 –. AE E VISA.
cerrado lunes y del 15 al 30 septiembre – Com carta 2845 a 5175.

en la carretera de Olivella NE : 1,5 km – ✉ 08810 San Pedro de Ribas – 93 :

Can Lloses, ☎ 896 07 46, ≤, Carnes – P. E VISA.
cerrado martes y octubre – Com carta 1860 a 2650.

SAN POL DE MAR o **SANT POL DE MAR** **08395** Barcelona 443 H 37 – 2 248 h. – 93 – Playa.
◆Madrid 679 – ◆Barcelona 44 – Gerona/Girona 53.

Gran Sol (Hotel escuela), carret. N II ☎ 760 00 51, Fax 760 09 85, ≤, – TV P – 25/100. AE E VISA. rest
Com carta 2200 a 4200 – 1080 – **44 hab** 7500/10500.

La Costa, Nou 32 ☎ 760 01 51, ≤, –.
15 junio-15 septiembre – Com (sólo almuerzo) carta 1300 a 2400 – 400 – **17 hab** 3000/5600.

XX ✿ **Sant Pau,** Nou 10 ✆ 760 06 62, ⛱ - ▤ Ⓟ. AE E VISA. ✻
cerrado domingo noche, lunes, 2ª quincena de mayo y 2ª quincena de noviembre - Com carta 4300 a 6600
Espec. Bogavante sobre calabacín aliñado con una emulsión de aceitunas negras, Guisado de patatas con espardenyes, Tarta fina y caliente de hojaldre y manzana..

SAN QUIRICO DE BESORA o **SANT QUIRZE DE BESORA** **08580** Barcelona 443 F 36 - 2 064 h. alt. 550 - ✆ 93.
◆Madrid 661 - ◆Barcelona 90 - Puigcerdá 79.

X Paula, Berga 8 ✆ 855 04 11 - ▤.

en la carretera N 152 S : 1 km - ✉ 08580 San Quirico de Besora - ✆ 93 :

X **El Túnel,** ✆ 855 01 77 - ▤ Ⓟ
cerrado martes y 25 junio-15 julio - Com carta 2100 a 3500.

SAN RAFAEL Baleares - ver Baleares (Ibiza).

SAN ROQUE **11360** Cádiz 446 X 13 - 20 604 h. alt. 110 - ✆ 956.
18, 9 Sotogrande del Guadiaro NE : 12 km ✆ 79 20 50.
◆Madrid 678 - Algeciras 15 - ◆Cádiz 136 - ◆Málaga 123.

La Solana ⛰, O : 2,5 km por carret. de Algeciras y desvío ✆ 78 02 36, ≤, ⛱, « Antigua casa de campo », ⛱, ✻ - TV ☎ Ⓟ. AE VISA. ✻
Com *(cerrado miércoles)* 1500 - ☐ 600 - **18 hab** 6600/9600 - PA 3500.

en la carretera de La Línea de la Concepción - ✉ 11360 San Roque - ✆ 956 :

XXXX ✿ **Los Remos,** Villa Victoria S : 3 km ✆ 10 68 12, Fax 10 05 87, ⛱, « Villa de estilo neo-colonial rodeada de jardín » - ▤ Ⓟ. AE ⓓ E VISA. ✻
cerrado domingo noche en invierno y domingo mediodía en verano - Com carta 4400 a 5750
Espec. Gazpachuelo con taquitos de rape y langostinos, Lubina con salsa de erizos y chipirones, Pastel entre hojas con manzana y helado de canela..

XX **Pedro,** Santa Rita 3 - barriada Campamento S : 4 km ✆ 76 24 53, ⛱ - ▤. AE ⓓ E VISA. ✻
Com carta 2600 a 3900.

SAN ROQUE Asturias - ver Llanes.

SAN ROQUE TORREGUADIARO **11312** Cádiz 446 X 14 - ✆ 956 - Playa.
◆Madrid 650 - Algeciras 29 - ◆Cádiz 153 - ◆Málaga 104.

Patricia sin rest, ✆ 61 53 00, Fax 61 58 50, ≤ - ☎ Ⓟ. ⓓ E VISA
cerrado 20 diciembre-febrero - ☐ 475 - **30 hab** 4350/7250.

SAN SADURNÍ DE NOYA o **SANT SADURNÍ D'ANOIA** **08770** Barcelona 443 H 35 - 8 596 h. - ✆ 93.
◆Madrid 578 - ◆Barcelona 44 - ◆Lérida/Lleida 120 - Tarragona 68.

en la carretera de Ordal SE : 4,5 km - ✉ 08770 Els Casots - ✆ 93 :

XX **Mirador de las Cavas,** ✆ 899 31 78, Fax 899 33 88, ≤ - ▤ Ⓟ. AE ⓓ E VISA. ✻
cerrado domingo noche, lunes noche, Semana Santa y del 15 al 31 agosto - Com carta 3800 a 5700.

SAN SALVADOR Baleares - ver Baleares (Mallorca).

SAN SALVADOR (Playa de) Tarragona - ver Vendrell.

SAN SALVADOR DE POYO Pontevedra - ver Pontevedra.

Gli alberghi o ristoranti ameni sono indicati nella guida con un simbolo rosso.
Contribuite a mantenere la guida aggiornata segnalandoci gli alberghi e ristoranti dove avete soggiornato piacevolmente.

...
XXXXX ... X

SAN SEBASTIÁN o **DONOSTIA** **20000** Ⓟ Guipúzcoa 442 C 24 – 175 576 h. – ☎ 943 – Playa.

Ver : Emplazamiento y bahía★★★ A – Monte Igueldo ⩽★★★ A – Monte Urgull ⩽★★ CY **m.**

Alred. : Monte Ulía ⩽★ NE : 7km por N I B – Hipódromo de Lasarte por ② : 9 km.

18 de San Sebastián, Jaizkíbel por N I : 14 km (B) ☎ 61 68 45.

✈ de San Sebastián, Fuenterrabía por ① : 20 km ☎ 64 21 67 – Iberia : Bongoetxea 3, ✉ 20004, ☎ 42 35 87 CZ y Aviaco : aeropuerto – ✉ 20280, ☎ 64 12 67.

🚗 ☎ 28 57 67.

i Reina Regente, ✉ 20003, ☎ 48 11 66 y Fueros 1 ✉ 20005 ☎ 42 62 82 Fax 43 17 46 – **R.A.C.V.N.** Echaide 12, ✉ 20005, ☎ 43 08 00, Fax 42 91 50.

♦Madrid 488 ② – ♦Bayonne 54 ① – ♦Bilbao/Bilbo 100 ③ – ♦Pamplona/Iruñea 94 ② – ♦Vitoria/Gasteiz 115 ②.

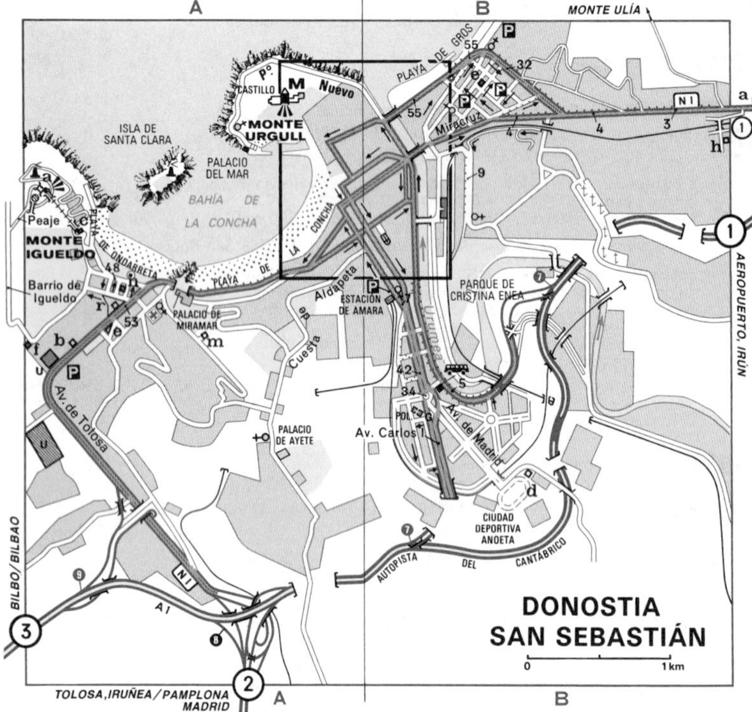

Andia	CZ 2	Duque de Mandas (Pas.)	B 9	Puerto	CY 35
Boulevard (Alameda del)	CY 6	Euskadi (Pl. de)	DY 10	Ramón Maria Lili (Pas.)	DY 37
Garibai	CY	Fermín Calbetón	CY 12	Reina Regente	DY 38
Hernani	CY	Getaria	DZ 18	República Argentina (Pas.)	DY 41
Libertad (Av. de la)	CDYZ	Gipúzkoa (Pl. de)	DY 19	Sancho el Sabio (Av. de)	B 42
Urbieta	CDZ	Iñigo	CY 22	San Jerónimo	CY 44
		Kursaal (Puente del)	DY 27	San Juan	CY 45
		Lasala (Pl.)	CY 28	Santa Catalina (Puente de)	DY 47
Alcalde J. Elosegui (Av.)	B 3	María Cristina (Puente de)	DZ 30	Satrústegi (Av. de)	A 48
Ategorrieta (Av. de)	B 4			Urdaneta	DZ 51
Bizkaia (Paseo de)	B 5	Miramar	CZ 31	Zabaleta	DY 54
Centenario (Pl. del)	B 7	Navarra (Av. de)	B 32	Zumalakárregi (Av.)	A 53
Constitución (Pl. de la)	CY 8	Pío XII (Pl. de)	B 34	Zurriola (Paseo de)	B 55

Centro :

🏨 **María Cristina,** paseo República Argentina 4, ✉ 20004, ☎ 42 49 00, Telex 38195, Fax 42 39 14, ⩽ – 🛗 ▤ TV ☎ – 🏛 25/425. AE ⓓ E VISA. ✗ DY **h**
Com 5500 – ☕ 2000 – **139 hab** 20000/25000 – PA 13000.

🏨 **De Londres y de Inglaterra,** Zubieta 2, ✉ 20007, ☎ 42 69 89, Telex 36378, Fax 42 00 31, ⩽ – 🛗 ▤ TV ☎ – 🏛 25/60. AE ⓓ E VISA. ✗ CZ **z**
Com 3500 – ☕ 1000 – **145 hab** 12000/16500.

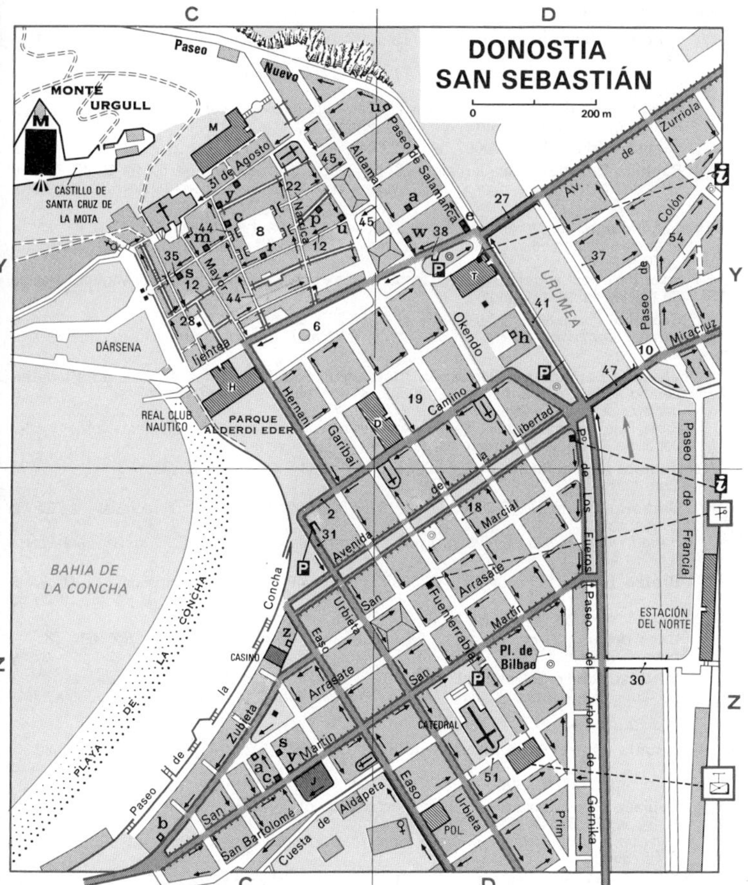

Orly sin rest, con cafetería, pl. Zaragoza 5, ✉ 20007, ☎ 46 32 00, Telex 38033, Fax 45 61 01, ≤ – 🛗 TV ☎ – 🏛. AE ⓓ E VISA JCB. ✻ CZ **a**
☕ 950 – **60 hab** 12100/15950.

Europa sin rest, San Martín 52, ✉ 20007, ☎ 47 08 80, Telex 38065, Fax 47 17 30 – 🛗 TV ☎ – 🏛 25/80. AE ⓓ E VISA. ✻ CZ **v**
☕ 800 – **65 hab** 13600/17600.

Niza sin rest, Zubieta 56, ✉ 20007, ☎ 42 66 63, Fax 42 66 63 – 🛗 TV ☎. AE ⓓ E VISA. ✻ – ☕ 575 – **41 hab** 5450/11650. CZ **b**

Parma sin rest, General Jáuregui 11, ✉ 20003, ☎ 42 88 93, Fax 42 40 82 – ☎. AE E VISA. ✻ – ☕ 700 – **21 hab** 5900/10700. DY **u**

Bahía sin rest, San Martín 54 bis, ✉ 20007, ☎ 46 92 11, Fax 46 39 14 – 🛗 TV ☎. E VISA
☕ 400 – **59 hab** 6200/7700. CZ **c**

XXXX ✿ **Casa Nicolasa,** Aldamar 4 - 1°, ✉ 20003, ☎ 42 17 62 – ▤. AE ⓓ E VISA JCB. ✻ DY **w**
cerrado domingo, lunes noche (salvo agosto-septiembre) y 21 enero-12 febrero – Com carta 5150 a 7000
Espec. Milhojas de bacalao a la compota de tomate, Almejas templadas al caviar de salmón, Delicias de foie a la pera..

XXX ✿ **Urepel,** paseo de Salamanca 3, ✉ 20003, ☎ 42 40 40 – ▤. AE ⓓ E VISA. ✻ DY **e**
cerrado domingo, martes noche, Semana Santa, tres semanas en julio y 15 días en Navidades – Com carta 3650 a 5150
Espec. Zortziko de anchoas (junio-septiembre), Milhojas de morcilla con salsa de berza (octubre-marzo), Merluza rellena de centollo.

XXX ✿ **Panier Fleuri,** paseo de Salamanca 1, ✉ 20003, ✆ 42 42 05 - ▤. AE ⓞ E VISA JCB. ⚡ DY **e**
cerrado domingo noche, miércoles, 31 mayo-24 junio y 15 diciembre-2 enero - Com carta 4225 a 5925
Espec. Tartaleta de calabacín y queso fresco, Pimientos de piquillo con setas y salsa de choriceros, Albaricoques rellenos de arroz con leche (temp).

XX Lanziego, Triunfo 3, ✉ 20007, ✆ 46 23 84 - ▤ CZ **s**

XX **Pachicu Quintana,** San Jerónimo 22, ✉ 20003, ✆ 42 63 99 - ▤. AE ⓞ E VISA CY **y**
cerrado martes noche, miércoles, 20 mayo-20 junio y 20 diciembre-10 enero - Com carta 3800 a 4800.

XX ✿ **El Hidalgo,** San Jerónimo 20, ✉ 20003, ✆ 42 20 98 - ▤. AE ⓞ E VISA CY **c**
cerrado domingo noche, miércoles, 2ª quincena junio y 2ª quincena noviembre - Com carta 3650 a 4750.
Espec. Plato dedicado al txangurro, Ragout de rape y cigalas con trufa y cintas de verduras, Helado de paloluz en salsa de regaliz.

XX **Salduba,** Pescadería 6, ✉ 20003, ✆ 42 56 27 - AE ⓞ E VISA. ⚡ CY **p**
cerrado domingo, del 1 al 15 de junio y del 1 al 15 de noviembre - Com carta 3100 a 4200.

XX ✿ **Martín Berasategui (Bodegón Alejandro),** Fermín Calbetón 4 (posible traslado en verano a Lasarte - carret.N I), ✉ 20003, ✆ 42 71 58 - ▤. AE ⓞ E VISA. ⚡ CY **u**
cerrado domingo noche, lunes y del 15 al 30 marzo - Com carta 4450 a 5050
Espec. Foie-gras con cebollita patata y manitas de cerdo, Salmonetes con crema coliflor y salsa cebollino, Chuletas de cordero asadas en su lengua y verduras..

XX **Juanito Kojua,** Puerto 14, ✉ 20003, ✆ 42 01 80 - ▤. AE ⓞ E VISA. ⚡ CY **m**
Com carta 3100 a 5000.

X **Barbarín,** Puerto 21, ✉ 20003, ✆ 42 18 86, Fax 47 21 84, Decoración regional - ▤. AE ⓞ E VISA. ⚡ CY **s**
cerrado lunes (salvo julio-agosto), del 1 al 15 noviembre y del 1 al 15 mayo - Com carta 3200 a 4300.

X **Bretxa,** General Echagüe 15, ✉ 20003, ✆ 42 05 49, Pescados y mariscos - ▤. AE ⓞ E VISA. ⚡ DY **a**
cerrado domingo - Com carta 2600 a 4500.

X **Casa Urbano,** 31 de Agosto 17, ✉ 20003, ✆ 42 04 34 - ▤. AE ⓞ E VISA JCB. ⚡
cerrado domingo, miércoles noche y mayo - Com carta 3150 a 3950. CY **y**

X **Beti Jai,** Fermín Calbetón 22, ✉ 20003, ✆ 42 77 37 - ▤. AE ⓞ E VISA JCB. ⚡ CY **r**
cerrado lunes, martes, 20 junio-10 julio y 20 diciembre-10 enero - Com carta 3200 a 4700.

al Este :

🏨 **Anoeta y Rest. Xanti,** ciudad deportiva de Anoeta, ✉ 20014, ✆ 45 14 99, Fax 45 20 36, 🏡 - |♦| ▤ TV ☎ 🚗 - 🏃 25/100. AE E VISA. ⚡ B **d**
Com carta 3000 a 4000 - ☕ 600 - **26 hab** 11000/14000.

🏨 **Pellizar,** paseo Zubiaurre 70 (barrio Inchaurrondo), ✉ 20015, ✆ 28 12 11, Fax 28 16 55 - |♦| TV ☎ Ⓟ. AE VISA. ⚡ B **h**
cerrado 7 diciembre-11 enero - Com *(cerrado domingo)* 1725 - ☕ 500 - **46 hab** 6000/8500.

XXXX ✿✿✿ **Arzak,** alto de Miracruz 21, ✉ 20015, ✆ 27 84 65, Fax 27 27 53 - ▤ Ⓟ. AE ⓞ E VISA JCB. ⚡ B **a**
cerrado domingo noche, lunes, del 13 al 30 junio y noviembre - Com carta 6000 a 7400
Espec. Ttonttor de bogavante y filamentos de vegetales diversos, Rape salteado con txakoli, hierbas y verduritas, Pastel de chocolate caliente con helados..

XX **Hidalgo** en sótano, San Francisco 29 (barrio de Gros), ✉ 20002, ✆ 27 50 60 - ▤. AE E VISA. ⚡ B **e**
cerrado miércoles, 2ª quincena junio y 2ª quincena noviembre - Com carta 3550 a 5100

X Mirador de Ulía, subida al Monte Ulía, 5 km, ✉ 20013, ✆ 27 27 07, ≤ ciudad y bahía, 🏡.

al Oeste :

🏨 **Aránzazu Donostia,** Vitoria-Gasteiz 1, ✉ 20009, ✆ 21 90 77, Fax 21 86 95 - |♦| ▤ TV ☎ 🚗 - 🏃 25/400. AE ⓞ E VISA. ⚡ A **b**
Com 2700 - ☕ 1200 - **180 hab** 11000/17000.

🏨 **Costa Vasca** ⛰, av. Pío Baroja 15, ✉ 20008, ✆ 21 10 11, Telex 36551, Fax 21 24 28, 🏡, 🏊, 🎾 - |♦| ▤ TV ☎ 🚗 Ⓟ - 🏃. AE ⓞ E VISA. ⚡ A **m**
Com 3800 - ☕ 1200 - **203 hab** 11000/17000.

🏨 **Monte Igueldo** ⛰, paseo del Faro 134, 5 km, ✉ 20008, ✆ 21 02 11, Telex 38096, Fax 21 50 28, ✻ mar, bahía y ciudad, « Magnífica situación dominando la bahía », 🏊 - |♦| ▤ rest ☎ Ⓟ - 🏃 25/200. AE ⓞ E VISA. ⚡ A **a**
Com carta 2550 a 4250 - ☕ 925 - **125 hab** 8800/15000.

🏨 **San Sebastián** sin rest, con cafetería, av. Zumalacárregui 20, ✉ 20008, ✆ 21 44 00, Telex 36302, Fax 21 72 99, 🏊 - |♦| TV ☎ 🚗. AE ⓞ E VISA. ⚡ A **r**
☕ 1200 - **92 hab** 10000/15500.

🏨 Gudamendi ⛰ sin rest, barrio de Igueldo 6 km, ✉ 20008, ✆ 21 41 11, Fax 21 40 00, « Terraza con 🏊 y ≤ mar » - TV ☎ Ⓟ - **20 hab.**

Codina, av. Zumalacárregui 21, ✉ 20008, ☎ 21 22 00, Telex 38187, Fax 21 25 23 – |♦| TV ☎. AE ⓓ E VISA JCB. ✗ rest A e
Com 1600 – ☕ 640 – **77 hab** 8000/9200 – PA 3260.

XXXX ✿✿ **Akelarre,** paseo del Padre Orcolaga 56-barrio de Igueldo 7,5 km, ✉ 20008, ☎ 21 20 52, Fax 21 92 68, ← mar – ▤ ⓟ. AE ⓓ E VISA. ✗ A
cerrado domingo noche y lunes (salvo festivos o vísperas), 1ª quincena de junio y diciembre – Com carta 5790 a 6700
Espec. Ravioli de mollejas de cordero con setas al parmesano, Salteado de chipirones con verduras (temp.), Lubina al horno con pochas al aceite de cebollino..

XXXX **Chomin,** av. Infanta Beatriz 16, ✉ 20008, ☎ 21 07 05, Fax 21 14 01, 余 – AE ⓓ E VISA JCB. ✗ A n
cerrado domingo – Com carta 4175 a 5400.

XX **Rekondo,** paseo de Igueldo 57, ✉ 20008, ☎ 21 29 07, 余 – ▤ ⓟ. AE ⓓ E VISA. ✗
cerrado miércoles, 3 semanas en febrero y noviembre – Com carta 3475 a 4950. A f

X **Buena Vista** con hab, paseo Balenciaga, 42 - barrio de Igueldo, 5 km, ✉ 20008, ☎ 21 06 00, ← – ☎ ⓟ. AE E VISA. ✗ A
cerrado 21 enero-14 marzo – Com *(cerrado domingo noche y lunes)* carta 2650 a 3450 – ☕ 400 – **8 hab** 4200/6500.

X **San Martín,** plazoleta del Funicular, ✉ 20008, ☎ 21 40 84, ←, 余 – AE ⓓ E VISA. ✗ A c
cerrado domingo noche y febrero – Com carta 3300 a 4000.

X Errota Berri, barrio de Igara, 6,5 km por av. de Tolosa, ✉ 20009, ☎ 21 41 07, 余 – ⓟ A

SAN SEBASTIÁN DE LA GOMERA Tenerife – ver Canarias (Gomera).

SAN SEBASTIÁN DE LOS REYES **28700** Madrid 444 K 19 – 39 866 h. – ☎ 91.
♦Madrid 17.

XXX **Izamar,** av. Matapiñonera 6 - Polígono Industrial ☎ 654 38 93, 余, Pescados y mariscos – ▤ ⓟ. AE VISA. ✗
cerrado domingo noche y lunes – Com carta 3100 a 4250.

en la carretera N I – ✉ 28700 San Sebastián de Los Reyes – ☎ 91 :

XXX **Mesón Tejas Verdes,** ☎ 652 73 07, 余, Decoración castellana, 🌳 – ▤ ⓟ. AE ⓓ E VISA. ✗
cerrado domingo noche, festivos noche y agosto – Com carta 2900 a 4700.

XX **Vicente,** NE : 6,5 Km ☎ 657 02 62 – ▤ ⓟ. AE ⓓ E VISA. ✗
cerrado domingo noche y del 5 al 20 agosto – Com carta 2750 a 3900.

XX **Pablo,** ☎ 652 65 65, Fax 663 69 00, 余 – ▤ ⓟ. AE E VISA. ✗
cerrado martes noche, Semana Santa y del 10 al 25 agosto – Com carta 3350 a 4950.

SANTA ÁGUEDA Guipúzcoa – ver Mondragón.

SANTA BRÍGIDA – ver Canarias (Gran Canaria).

SANTA COLOMA Andorra – ver Andorra (Principado de).

SANTA COLOMA DE FARNÉS o **SANTA COLOMA DE FARNERS** **17430** Gerona 443 G 38 – 6 990 h. alt. 104 – ☎ 972 – Balneario.
♦Madrid 700 – ♦Barcelona 87 – Gerona/Girona 30.

Baln. Termas Orión 🌿, afueras S : 2 km ☎ 84 00 65, Fax 84 04 66, En un gran parque, 🏊, 🏊, 🎾 – |♦| ▤ rest ☎ ⓟ. E VISA. ✗
cerrado 15 enero-15 febrero – Com 1900 – ☕ 450 – **40 hab** 3600/5000 – PA 3500.

Central Park, Verdaguer 2 ☎ 84 00 71, 🏊 – ▤ rest ⓟ. AE VISA. ✗ rest
julio-septiembre – Com 1750 – ☕ 415 – **30 hab** 2500/4200.

X Can Gurt con hab, carret. de Sils ☎ 84 02 60 – ▤ rest
17 hab.

en la carretera de Sils SE : 2 km – ✉ 17430 Santa Coloma de Farnés – ☎ 972 :

XX Mas Solá, ☎ 84 08 48, Decoración rústica regional, « Antigua masía », 🏊 de pago, 🎾 – ▤ ⓟ.

SANTA CRISTINA (Playa de) La Coruña – ver La Coruña.

SANTA CRISTINA (Playa de) Gerona – ver Lloret de Mar.

SANTA CRISTINA DE ARO o **SANTA CRISTINA D'ARO** **17246** Gerona 443 G 39 - 1 269 h. - ☎ 972.

Club Costa Brava ☎ 83 71 50.

◆Madrid 709 - ◆Barcelona 96 - Gerona/Girona 31.

junto al golf O : 2 km - ✉ 17246 Santa Cristina de Aro - ☎ 972 :

Golf Costa Brava , ☎ 83 51 51, Fax 83 75 88, ←, , , , , - ☎ - 25/200. AE E VISA. rest
abril-octubre - Com 2500 - 950 - **91 hab** 7000/12000.

en la carretera de Playa de Aro E : 2 km - ✉ 17246 Santa Cristina de Aro - ☎ 972 :

Mas Torrellas , ☎ 83 75 26, Fax 83 75 27, , Antigua masía, , - TV ☎ . AE E VISA.
cerrado 7 enero-21 febrero - Com 2000 - 650 - **17 hab** 6000/10000 - PA 4000.

en la carretera de Gerona NO : 2 km - ✉ 17246 Santa Cristina d'Aro - ☎ 972 :

Les Panolles, ☎ 83 70 11, Fax 83 72 54, , « Masía típica decorada en estilo rústico » - . AE E VISA
cerrado miércoles y noviembre - Com carta 3645 a 4800.

en la carretera de Romanyá NO : 3 km - ✉ 17246 Santa Cristina d'Aro - ☎ 972 :

Bell-Lloch (chez Raymond's), urb. Bell-Lloch 2A ☎ 83 72 61, Decoración rústica - . AE E VISA
cerrado miércoles salvo verano y febrero - Com carta 1700 a 2350.

SANTA CRUZ **15179** La Coruña 441 B 4 - ☎ 981 - Playa.

◆Madrid 584 - ◆La Coruña/A Coruña 4 - Ferrol 28 - Santiago de Compostela 82.

Porto Cobo , Casares Quiroga 16 ☎ 61 41 00, Fax 61 49 20, ← bahía y La Coruña, - TV ☎ - 25/150. AE E VISA.
Com 2500 - 600 - **58 hab** 7500/11000 - PA 4700.

SANTA CRUZ DE LA PALMA Tenerife - ver Canarias (La Palma).

SANTA CRUZ DE LA SERÓS **22792** Huesca 443 E 27 - 141 h. - ☎ 974.

Ver : Pueblo★.

◆Madrid 480 - Huesca 85 - Jaca 14 - ◆Pamplona/Iruñea 105.

en la carretera N 240 N : 4,5 km - ✉ 22792 Santa Cruz de la Serós - ☎ 974 :

Aragón, ☎ 36 21 89, Fax 35 54 90, ←, - . E VISA.
- Com 1500 - 500 - **21 hab** 3250/4250 - PA 3500.

SANTA CRUZ DE LA ZARZA **45370** Toledo 444 M 20 - 4 134 h. - ☎ 925.

◆Madrid 74 - Cuenca 100 - Toledo 80 - ◆Valencia 285.

Santa Cruz sin rest, Magallanes 17 ☎ 14 31 18 - . VISA.
cerrado del 1 al 20 septiembre - 150 - **12 hab** 2020/2600.

SANTA CRUZ DE MUDELA **13730** Ciudad Real 444 Q 19 - 5 018 h. - ☎ 926.

◆Madrid 218 - Ciudad Real 77 - Jaén 118 - Valdepeñas 15.

Santa Cruz, carret. N IV km 217 ☎ 34 25 54, Fax 34 29 22 - . AE E VISA.
Com 1025 - 175 - **26 hab** 3000 - PA 2200.

SANTA CRUZ DE TENERIFE Tenerife - ver Canarias (Tenerife).

SANTA ELENA **23213** Jaén 446 Q 19 - 1 045 h. alt. 742 - ☎ 953.

◆Madrid 255 - ◆Córdoba 143 - Jaén 78.

El Mesón con hab, av. Andalucía 91 ☎ 62 31 00, ←, - rest ☎ . AE E VISA.
Com carta 1725 a 2900 - 375 - **22 hab** 2400/4800.

SANTA EUGENIA DE BERGA **08519** Barcelona 443 G 36 - 1 129 h. alt. 538 - ☎ 93.

◆Madrid 641 - ◆Barcelona 70 - Gerona/Girona 83 - Vich/Vic 4.

L'Arumi, carret. d'Arbúcies 40 ☎ 885 56 03 - . AE E VISA.
cerrado domingo noche, lunes y julio - Com carta 2300 a 3500.

SANTA EULALIA DEL RÍO Baleares - ver Baleares (Ibiza).

SANTA FÉ **18320** Granada 446 U 18 - 10 582 h. - 958.
◆Madrid 441 - Antequera 8 - ◆Granada 11.

Colón y Rest. La Cúpula, Buenavista 44 09 89, Fax 44 08 55, - . E VISA.
Com carta 900 a 1850 - 450 - **25 hab** 5400/8100.

Santa Fé, carret. N 342 44 11 11, - hab . E VISA.
Com 1175 - 350 - **20 hab** 3000/5000.

SANTA GERTRUDIS Baleares - ver Baleares (Ibiza).

SANTA MARGARITA (Urbanización) Gerona - ver Rosas.

SANTA MARGARITA Y MONJÓS o **SANTA MARGARIDA i ELS MONJÓS** **08730** Barcelona 443 I 34 y 35 - 3 325 h. alt. 161 - 93.
◆Madrid 571 - ◆Barcelona 59 - Tarragona 43.

Hostal del Penedés, carret. N 340 898 00 61 - - **32 hab.**

SANTA MARIA DE HUERTA **42260** Soria 442 I 23 - 615 h. alt. 764 - 975.
Ver : Monasterio★★ (claustro de los Caballeros★, refectorio★★).
◆Madrid 182 - Soria 84 - ◆Zaragoza 131.

Santa María de Huerta, antigua carret. N II NE : 1 km 32 70 11, Fax 32 70 11 - - 25/130. E VISA. rest - Com 1500 - **40 hab** 7000/10000.

SANTA MARIA DEL MAR (Playa de) Asturias - ver Piedras Blancas.

SANTA MARÍA DE MAVE **34492** Palencia 442 D 17 - 988.
◆Madrid 323 - ◆Burgos 79 - ◆Santander 116.

Hostería El Convento , 12 36 11, Antiguo convento - . VISA.
Com 1500 - 500 - **19 hab** 3500/6000 - PA 3500.

SANTA MARTA DE TORMES **37900** Salamanca 441 S 13 - 2 567 h. alt. 778 - 923.
◆Madrid 187 - Avila 81 - Plasencia 123 - ◆Salamanca 4.

en la carretera N 501 E : 1,5 km - 37900 Santa Marta de Tormes - 923 :

Regio y Rest. Lazarillo de Tormes, 13 88 88, Telex 22895, Fax 13 80 44, , , , - - 25/600. E VISA JCB.
Com 3400 - 825 - **121 hab** 8000/12000.

SANTANDER **39000** P Cantabria 442 B 18 - 180 328 h. - 942 - Playa.
Ver : Museo Regional de Prehistoria y Arqueología★ (bastones de mando★)BY **D** - El Sardinero★★ BX.
18 de Pedreña por ② : 24 km 50 00 01.
de Santander por ② : 7 km 25 10 09 - Iberia : paseo de Pereda 18, 39004, 22 97 00 BY y Aviaco : aeropuerto 25 10 07.
22 71 61.
Cia. Trasmediterránea, paseo de Pereda 13, 39004, 22 14 00, Telex 35834.
pl. Porticada 1, 39001, 31 07 08 - R.A.C.E. Santa Lucía 51, 39003, 36 21 98.
◆Madrid 393 ① - ◆Bilbao/Bilbo 116 ② - ◆Burgos 154 ① - ◆León 266 ① - ◆Oviedo 203 ① - ◆Valladolid 250 ①.

Plano página siguiente

NH Ciudad de Santander, Menéndez Pelayo, 13, 39006, 22 79 65, Telex 35616, Fax 21 73 03 - - 25/220. E VISA. AX **c**
Com 2800 - 900 - **62 hab** 10800/15900 - PA 5525.

Central sin rest, con cafetería, General Mola 5, 39004, 22 24 00, Fax 36 38 29 - - 25/50. E VISA. AY **c**
41 hab 8400/13200.

Piñamar, Ruiz de Alda 15, 39009, 36 18 66, Fax 36 19 36 - . E VISA.
Com 1700 - 600 - **34 hab** 8300/10800 - PA 3740. AX **g**

Alisas sin rest, con cafetería, Nicolás Salmerón 3, 39009, 22 27 50, Telex 35771, Fax 22 24 86 - . E VISA. AX **r**
600 - **70 hab** 6500/10500.

México sin rest, Calderón de la Barca 3, 39002, 21 24 50, Fax 22 92 38 - . E VISA AZ **w**
500 - **35 hab** 4800/8300.

San Glorio 2 sin rest, Federico Vial 3, 39009, 22 16 66, Fax 31 21 09 - AX **e**
33 hab.

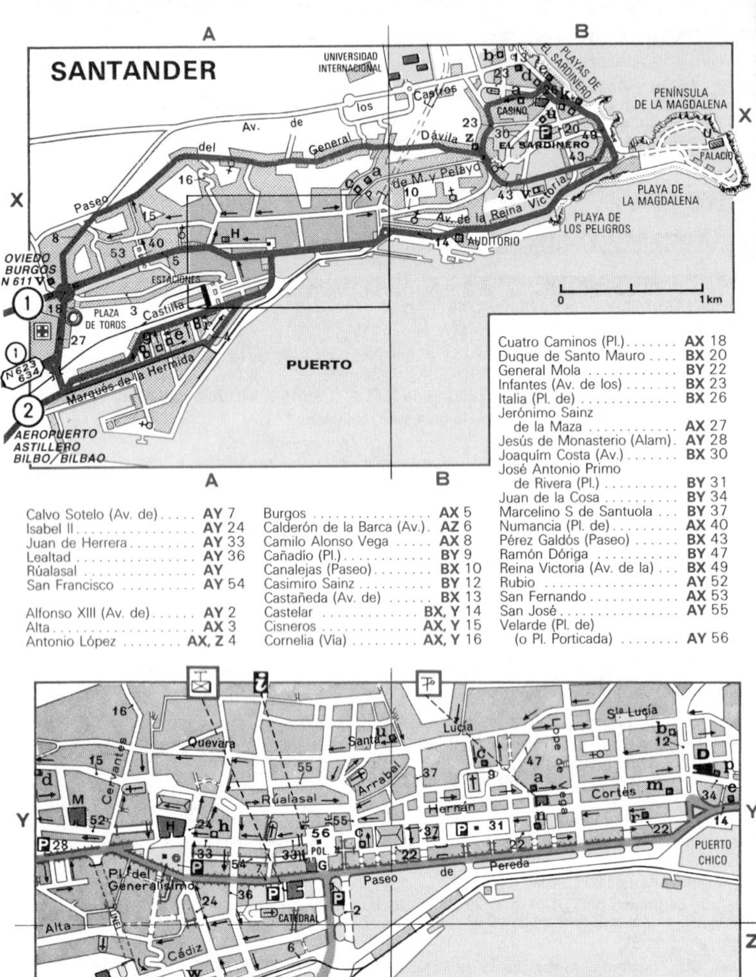

Calvo Sotelo (Av. de) . . . . . **AY** 7
Isabel II . . . . **AY** 24
Juan de Herrera . . . . **AY** 33
Lealtad . . . . **AY** 36
Rúalasal . . . . **AY**
San Francisco . . . . **AY** 54

Alfonso XIII (Av. de) . . . . . . **AY** 2
Alta . . . . **AX** 3
Antonio López . . . . **AX, Z** 4
Burgos . . . . **AX** 5
Calderón de la Barca (Av.) . **AZ** 6
Camilo Alonso Vega . . . . . **AX** 8
Cañadío (Pl.) . . . . **BY** 9
Canalejas (Paseo) . . . . **BX** 10
Casimiro Sainz . . . . **BY** 12
Castañeda (Av. de) . . . . . . **BX** 13
Castelar . . . . **BX, Y** 14
Cisneros . . . . **AX, Y** 15
Cornelia (Vía) . . . . **AX, Y** 16
Cuatro Caminos (Pl.) . . . . **AX** 18
Duque de Santo Mauro . . . . **BX** 20
General Mola . . . . **BY** 22
Infantes (Av. de los) . . . . **BX** 23
Italia (Pl. de) . . . . **BX** 26
Jerónimo Sainz de la Maza . . . . **AX** 27
Jesús de Monasterio (Alam) . **AY** 28
Joaquím Costa (Av.) . . . . **BX** 30
José Antonio Primo de Rivera (Pl.) . . . . **BY** 31
Juan de la Cosa . . . . **BY** 34
Marcelino S de Santuola . . . **BY** 37
Numancia (Pl. de) . . . . **AX** 40
Pérez Galdós (Paseo) . . . . . . **BX** 43
Ramón Dóriga . . . . **BY** 47
Reina Victoria (Av. de la) . . . **BX** 49
Rubio . . . . **AY** 52
San Fernando . . . . **AX** 53
San José . . . . **AY** 55
Velarde (Pl. de) (o Pl. Porticada) . . . . **AY** 56

🏨 **San Glorio,** Ruiz Zorrilla 18, ✉ 39009, ✆ 31 29 62, Fax 22 89 27 – ▤ rest 📺 ☎. AE E VISA. ✱ – Com 1000 – ☕ 150 – **30 hab** 6000/7500 – PA 2150. AX **g**

🏨 **Romano** sin rest, Federico Vial 8, ✉ 39009, ✆ 22 30 71, Fax 22 30 71 – 📺 ☎. E VISA. ✱ ☕ 375 – **25 hab** 4500/7550. AX **g**

🏨 **Liébana** sin rest, Nicolás Salmerón 9, ✉ 39009, ✆ 22 32 50, Fax 22 99 10 – |♦| ☎ 🚗. AE ⦿ E VISA. ✱ AX **r**
☕ 300 – **30 hab** 4940/6175.

🏨 **La Mexicana,** Juan de Herrera 3, ✉ 39002, ✆ 22 23 50 – |♦| ☎. ✱ AY **h**
Com 1650 – ☕ 340 – **30 hab** 3700/4900.

✕✕ **Zacarías,** General Mola 41, ✉ 39003, ✆ 21 23 33 – ▤. AE ⦿ E VISA BY **r**
Com carta 2900 a 4550.

✕✕ **Puerto,** Hernán Cortés 63, ✉ 39003, ✆ 21 93 93, Pescados y mariscos – ▤. AE ⦿ E VISA. ✱ – Com carta 3300 a 5700. BY **m**

XX **Iris,** Castelar 5, ✉ 39004, ✆ 21 52 25 - ▤. AE ⓓ E VISA. ✂ BY e
cerrado domingo - Com carta aprox. 4500.

XX **Cañadio,** Gómez Oreña 15 (pl. Cañadío), ✉ 39003, ✆ 31 41 49 - ▤. AE ⓓ E VISA. ✂ BY c
cerrado domingo - Com carta aprox. 3500.

XX **La Bombi,** Casimiro Sainz 15, ✉ 39003, ✆ 21 30 28 - ▤. AE ⓓ E VISA. ✂ BY b
cerrado domingo - Com carta 3400 a 5500.

XX **Mesón Segoviano,** Menéndez Pelayo 49, ✉ 39006, ✆ 31 10 10, Decoración castellana - ▤. AE ⓓ E VISA. ✂ AX a
cerrado domingo - Com carta 3300 a 4700.

X **Posada del Mar,** Juan de la Cosa 3, ✉ 39004, ✆ 21 56 56, Decoración rústica - ⓓ E VISA. ✂ BY p
cerrado domingo y 10 septiembre-10 octubre - Com carta 3300 a 4500.

X **El Marinero,** Florida 15, ✉ 39007, ✆ 23 95 17 - ▤. AE ⓓ E VISA AY d
cerrado domingo noche, lunes, 2ª quincena enero y 2ª quincena septiembre - Com carta 2800 a 3350.

X **Laury,** av. Pedro San Martín, 4 (Cuatro Caminos), ✉ 39010, ✆ 33 01 09 - ▤. AE E VISA. ✂ AX v
cerrado domingo - Com carta 3300 a 6000.

X **Bodega del Riojano,** Río de la Pila 5, ✉ 39003, ✆ 21 67 50, Fax 57 40 04, « Mesón típico » - ▤. AE ⓓ E VISA. ✂ ABY u
cerrado domingo noche - Com carta 2700 a 4000.

X **Bodega Cigaleña,** Daoiz y Velarde 19, ✉ 39003, ✆ 21 30 62, Museo del vino-Decoración rústica - AE ⓓ E VISA. ✂ BY a
cerrado domingo, 20 al 30 junio y 20 octubre-20 noviembre - Com carta 2950 a 4300.

X **Mesón Gele,** Eduardo Benot 4, ✉ 39003, ✆ 22 10 21 - ▤. AE ⓓ E VISA. ✂ BY n
cerrado domingo noche, lunes y 16 noviembre-21 diciembre - Com carta 2600 a 3600.

en El Sardinero NE : 3,5 km - BX - ✉ 39005 Santander - ☏ 942 :

Real ♨, paseo Pérez Galdós 28 ✆ 27 25 50, Fax 27 45 73, « Magnífica situación con ≤ bahía », 🌳 - |♦| ▤ TV ☎ P - 🏛 25/500. AE ⓓ E VISA. ✂ BX v
Com 4250 - ☕ 1200 - **125 hab** 26000/39000.

Santemar, Joaquin Costa 28 ✆ 27 29 00, Telex 35963, Fax 27 86 04, 🎾 - |♦| ▤ TV ☎ 🚗 - 🏛 25/400. AE ⓓ E VISA. ✂ BX u
Com 3500 - ☕ 995 - **350 hab** 14840/18550 - PA 7140.

Chiqui y Rest. Los Molinucos, av. Manuel García Lago ✆ 28 27 00, Fax 27 30 32, ≤ playa y mar - |♦| ▤ rest TV ☎ ♿ 🚗 P - 🏛 25/700. AE E VISA. ✂
Com carta 2200 a 4425 - ☕ 825 - **161 hab** 12800/16000.por av. de Castañeda BX

Sardinero, pl. Italia 1 ✆ 27 11 00, Telex 35795, Fax 27 16 98, ≤ - |♦| ▤ rest TV ☎. AE ⓓ E VISA. ✂ BX d
Com 1700 - ☕ 500 - **112 hab** 8700/12900.

Rhin, av. Reina Victoria 153 ✆ 27 43 00, Fax 27 86 53, ≤ - |♦| ▤ rest TV ☎. AE ⓓ E VISA. ✂ BX k
Com 1900 - ☕ 575 - **95 hab** 7200/11100.

Roma, av. de los Hoteles 5 ✆ 27 27 00, Fax 27 27 51 - |♦| TV ☎. AE E VISA. ✂ BX a
Com 2300 - ☕ 575 - **46 hab** 7500/12500 - PA 4400.

Colón sin rest y sin ☕, pl. de las Brisas 1 ✆ 27 23 00, ≤ - ☎. ✂ BX b
julio-septiembre - **31 hab** 3900/6600.

Carlos III sin rest, av. Reina Victoria 135 ✆ 27 16 16 - ☎. VISA. ✂ BX k
18 marzo-2 noviembre - ☕ 325 - **20 hab** 5200/6600.

XX **Rhin,** pl. de Italia 2, ✆ 27 30 34, Fax 27 86 53, ≤, 🍽 - ▤. AE ⓓ E VISA. ✂ BX e
Com carta 3350 a 4250.

XX **Piquio,** pl. de las Brisas ✆ 27 55 03, ≤ - ▤. AE ⓓ E VISA. ✂ BX d
cerrado lunes en invierno - Com carta 3100 a 4000.

XX **La Sardina,** Dr. Fleming 3 ✆ 27 10 35, Fax 57 40 04, Pescados y mariscos-Interior barco de pesca - ▤. AE ⓓ E VISA. ✂ por av. de Castañeda BX
cerrado domingo noche y martes - Com carta 3500 a 5850.

X **La Flor de Miranda,** av. de Los Infantes 1, ✉ 39004, ✆ 27 10 56 - ▤. AE ⓓ VISA. ✂ BX z
Com carta aprox. 3250.

Ver también : ***Puente Arce por*** ① : 13 km.

SANT ANDREU DE LLAVANERES Barcelona - ver San Andrés de Llavaneras.

SANT ANTONI DE CALONGE Gerona - ver San Antonio de Calonge.

SANT ANTONI DE PORTMANY Baleares - ver Baleares (Ibiza) : San Antonio de Portmany.

SANTA OLALLA **45530** Toledo 444 L 16 - 1 928 h. alt. 487 - ☎ 925.
♦Madrid 81 - Talavera de la Reina 36 - Toledo 42.

Recio, antigua carret. N V ☎ 79 72 09, Fax 79 72 10, - rest. rest
Com 1250 - 275 - **40 hab** 3025/4475 - PA 2225.

SANTA PAU **17811** Gerona 443 F 37 - ☎ 972.
♦Madrid 690 - Figueras/Figueres 55 - Gerona/Girona 45.

Cal Sastre, placeta dels Balls 6 ☎ 68 04 21.

SANTA PERPETUA DE MOGODA **08130** Barcelona 443 H 36 - 13 459 h. alt. 74 - ☎ 93.
♦Madrid 632 - ♦Barcelona 14 - Mataró 41 - Sabadell 6.

en Santiga-por la carretera de Sabadell B 140 O : 3 km - ✉ 08130 Santiga - ☎ 93 :

Castell de Santiga, pl. Santiga 6 ☎ 560 71 53, Fax 574 24 20, - AE E VISA JCB.
cerrado domingo noche y agosto - Com carta 3100 a 4100.

SANTA POLA **03130** Alicante 445 R 28 - 12 022 h. - ☎ 96 - Playa.
pl. de la Diputación ☎ 541 59 11.
♦Madrid 423 - ♦Alicante 19 - Cartagena 91 - ♦Murcia 75.

Polamar, playa de Levante 6 ☎ 541 32 00, Fax 541 31 83, ←, - AE E VISA.
Com *(julio-agosto)* 2750 - 1000 - **76 hab** 8400/10750.

Patilla, Elche 29 ☎ 541 10 15 - rest. AE E VISA JCB.
Com 1800 - 500 - **72 hab** 4200/6100 - PA 3600.

Pícola, Alicante 64 ☎ 541 10 44 - rest. AE E VISA.
Com *(cerrado lunes)* 1500 - 400 - **22 hab** 3445/4000.

Batiste, playa de Poniente ☎ 541 14 85, ←, - AE E VISA.
Com carta aprox. 4000.

Miramar, av. Pérez Ojeda ☎ 541 10 00, ←, - AE E VISA.
cerrado domingo noche en invierno - Com carta aprox. 3600.

El Galeón, Virgen del Carmen 3 ☎ 541 25 21 - .

Gaspar's, av. González Vicens 2 ☎ 541 35 44 - .

en la playa del Varadero E : 1,5 km - ✉ 03130 Santa Pola - ☎ 96 :

Varadero, Santiago Bernabeu ☎ 541 17 66, ←, - AE E VISA JCB.
Com carta 2900 a 4000.

en la carretera N 332 N : 2,5 km - ✉ 03130 Santa Pola - ☎ 96 :

El Faro, ☎ 541 21 36, - AE E VISA.
Com carta 3000 a 4300.

en la carretera de Elche NO : 3 km - ✉ 03130 Santa Pola - ☎ 96 :

María Picola, ☎ 541 35 13, - AE E VISA.
cerrado lunes mediodía en verano, domingo noche y lunes no festivos resto del año y octubre - Com carta aprox. 5000.

SANTA PONSA Baleares - ver Baleares (Mallorca).

SANTA ÚRSULA Tenerife - ver Canarias (Tenerife).

SANT BOI DE LLOBREGAT Barcelona - ver San Baudilio de Llobregat.

SANT CARLES DE LA RÁPITA Tarragona - ver San Carlos de la Rápita.

SANT CELONI Barcelona - ver San Celoni.

SANT CUGAT DEL VALLÉS Barcelona - ver San Cugat del Vallés.

SANT ELM Gerona - ver San Feliú de Guixols.

SANTES CREUS (Monasterio de) **43815** Tarragona 443 H 34 - alt. 340 - ☎ 977.
Ver : Monasterio★★ (gran claustro★★ : sala capitular★ ; iglesia★ : rosetón★).
♦Madrid 555 - ♦Barcelona 95 - ♦Lérida/Lleida 83 - Tarragona 32.

Grau, Pere El Gran 3 ☎ 63 83 11 - rest. AE E VISA.
cerrado 15 diciembre-15 enero - Com *(cerrado lunes)* 1400 - 375 - **15 hab** 2200/3600 - PA 2695.

SANT ESTEVE D'EN BAS Gerona - ver San Esteban de Bas.

SANT FELIÚ DE GUÍXOLS Gerona - ver San Feliú de Guixols.

SANT HILARI SACALM Gerona - ver San Hilario Sacalm.

SANT JULIÁ DE VILATORTA Barcelona - ver San Julián de Villatorta.

SANT JUST DESVERN Barcelona - ver Barcelona : Alrededores.

SANT LLORENÇ DE MORUNYS Lérida - ver San Lorenzo de Morunys.

SANTIAGO DE COMPOSTELA **15700** La Coruña 441 D 4 - 93 695 h. alt. 264 - 981.

Ver : Plaza del Obradoiro o Plaza de España★★★ V - Catedral★★★ (Fachada del Obradoiro★★★, Pórtico de la Gloria★★★, Museo de tapices★★, Claustro★, Puerta de las Platerías★★) V - Palacio Gelmírez(Salón sinodal★) V **A** - Hostal de los Reyes Católicos★ : fachada★ V - Barrio antiguo★★ VX : Plaza de la Quintana★★ - Puerta del Perdón★, Monasterio de San Martín Pinario★ V - Colegiata de Santa María del Sar★ (arcos geminados★) Z.

Alred. : Pazo de Oca★ : parque★★ 25 km por ③.

Aero Club de Santiago por ② : 9 km 59 24 00.

de Santiago de Compostela, Labacolla por ② : 12 km 59 75 54 - Iberia : General Pardiñas 24 59 41 00 Z.

Vilar 43 15705, 58 40 81 - R.A.C.E. Romero Donallo 1, 53 18 00.

♦Madrid 613 ② - ♦La Coruña/A Coruña 72 ② - Ferrol 103 ② - Orense/Ourense 111 ③ - ♦Vigo 84 ④.

Plano página siguiente

Hostal de los Reyes Católicos, Pl del Obradoiro 1, 15705, 58 22 00, Telex 86004, Fax 56 30 94, « Lujosa instalación en un magnífico edificio del siglo XVI, mobiliario de gran estilo » - 25/200. AE VISA. V **B**
Com 3500 - 1200 - **136 hab** 23000 - PA 6970.

Araguaney y Rest. O'Portón, Alfredo Brañas 5, 15701, 59 59 00, Telex 86108, Fax 59 02 87, climatizada - 25/300. AE E VISA. Z **c**
Com carta 3300 a 4600 - 1300 - **65 hab** 17500/22000.

Peregrino, av. Rosalía de Castro, 15706, 52 18 50, Telex 82352, Fax 52 17 77, ←, climatizada, - rest - 25/80. AE E VISA JCB. rest Z **n**
Com 4100 - 1200 - **148 hab** 10500/15500 - PA 7050.

Compostela sin rest, con cafetería, Hórreo 1, 15702, 58 57 00, Telex 82387, Fax 56 32 69 - 25/200. AE E VISA. X **a**
750 - **99 hab** 8500/13000.

Gelmírez sin rest, con cafetería, Hórreo 92, 15702, 56 11 00, Telex 82387, Fax 56 32 69 - 25/50. AE E VISA. Z **a**
575 - **138 hab** 6800/9600.

Hogar San Francisco, Campillo de San Francisco 3, 15705, 58 16 00, Fax 57 19 16, Instalado en el convento de San Francisco - . E VISA. V **s**
Com 1600 - 450 - **71 hab** 5600/8600 - PA 2900.

Windsor sin rest, República de El Salvador 16-A, 15701, 59 29 39 - . E VISA. Z **x**
375 - **50 hab** 7000.

Universal sin rest, pl. de Galicia 2, 15706, 58 58 00 - . AE E VISA. X **u**
350 - **54 hab** 4000/6000.

México sin rest, República Argentina 33 - 4°, 15706, 59 80 00 - . E VISA. Z **d**
300 - **57 hab** 3500/5900.

Maycar sin rest, Dr Teijeiro 15, 15701, 56 34 44 - . Z **f**
350 - **40 hab** 4000/6000.

Rey Fernando sin rest, Fernando III el Santo 30 - 6°, 15702, 59 35 50 - . AE E VISA. Z **e**
400 - **24 hab** 4550/6500.

Hostal Vilas sin rest, av. Romero Donallo 9 - A, 15706, 59 11 50, Fax 59 11 50 - . AE E VISA JCB. Z **r**
400 - **28 hab** 4000/6500.

Alameda sin rest, San Clemente 32, 15705, 58 81 00 - . AE E VISA. X **b**
375 - **20 hab** 4000/6000.

Mapoula sin rest y sin , Entremurallas 10 - 3°, 15702, 58 01 24 - X **y**
12 hab 4000.

XXXX **Toñi Vicente,** Rosalía de Castro 24, 15706, 59 41 00, Fax 59 35 54 - . AE E VISA JCB. Y **a**
cerrado domingo - Com carta 4150 a 5250
Espec. Foie-gras de pato fresco, Mero al horno con escamas de patatas, Trufa con crema de café y naranja confitada..

SANTIAGO DE COMPOSTELA

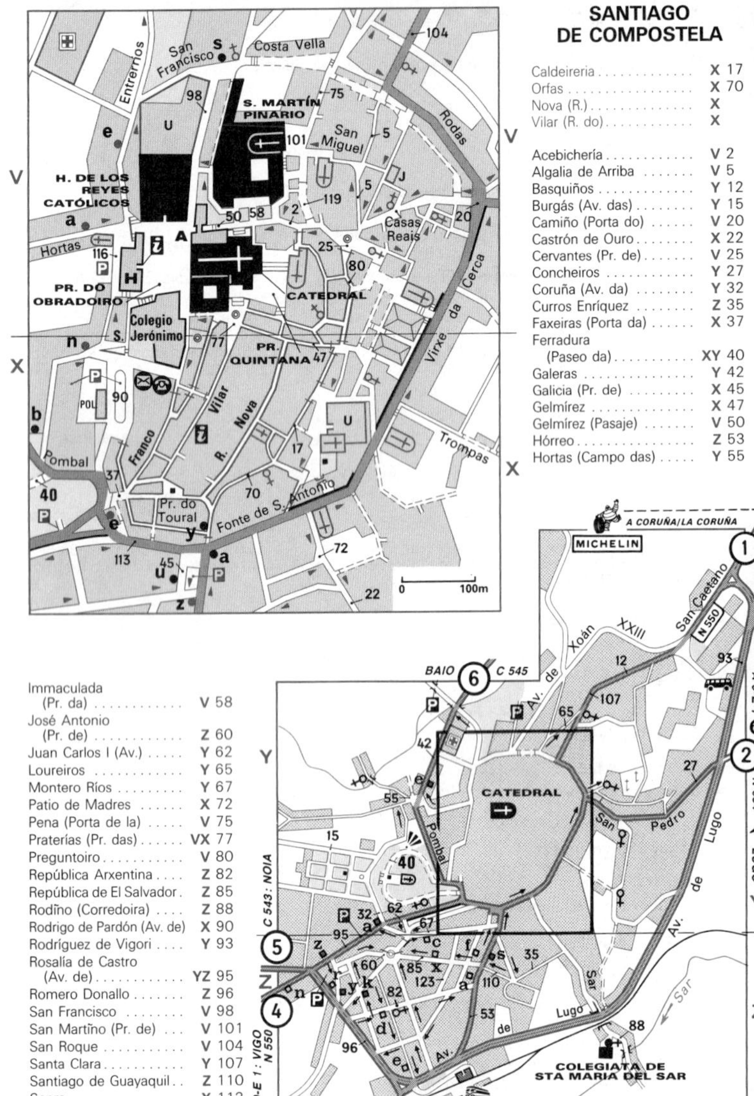

XX **Don Gaiferos,** Rua Nova 23, ⊠ 15705, ℘ 58 38 94 – ≡. AE D E VISA. ✗ — X **t**
cerrado domingo y del 24 al 31 diciembre – Com carta 3575 a 5075.

XX **Anexo Vilas,** av. de Villagarcía 21, ⊠ 15706, ℘ 59 86 37, Fax 59 11 50 – ≡. AE D E VISA. ✗ — Z **y**
cerrado lunes – Com carta 4100 a 5300.

XX **Nixon,** Santiago de Chile 15, ⊠ 15702, ℘ 53 15 31 – ≡. AE E VISA. ✗ — Z **k**
cerrado domingo – Com carta 2850 a 4350.

XX **Las Huertas,** Las Huertas 16, ⊠ 15705, ℘ 56 19 79, ☂ – AE D E VISA. ✗ — V **a**
cerrado domingo y 22 diciembre-8 enero – Com carta aprox. 4200.

XX **Fornos,** Hórreo 24, ✉ 15702, ✆ 56 57 21, Fax 57 17 27 – ▤. AE ⓓ E VISA. ✂ X z
cerrado domingo noche – Com carta 2900 a 5175.

XX **Carretas,** Carretas 21, ✉ 15705, ✆ 56 31 11, Fax 56 29 39 – ▤. AE ⓓ E VISA. ✂ V e
cerrado domingo noche – Com carta 3000 a 4700.

XX **La Tacita D'Juan,** Hórreo 31, ✉ 15702, ✆ 56 20 41, Fax 59 27 14 – ▤. AE E VISA. ✂
cerrado domingo – Com carta 2850 a 5400. Z s

X **Vilas,** Rosalía de Castro 88, ✉ 15706, ✆ 59 21 70, Fax 59 11 50 – AE ⓓ E VISA. ✂ Z z
cerrado domingo – Com carta 4100 a 5300.

X **Alameda,** Porta Faxeiras 15, ✉ 15705, ✆ 58 66 57, 🏕 – ▤. AE ⓓ E VISA JCB. ✂ X e
Com carta 3500 a 4200.

X **Don Quijote,** Galeras 20, ✉ 15705, ✆ 58 68 59, Fax 57 29 69 – ▤. AE ⓓ E VISA. ✂
Com carta 1900 a 4000. Y e

X **San Clemente,** San Clemente 6, ✉ 15705, ✆ 58 08 82, Fax 56 29 39, 🏕 – ▤. AE ⓓ E VISA. ✂ X n
cerrado domingo noche – Com carta 2800 a 4000.

en la carretera del aeropuerto por ② – ✉ 15820 Labacolla – ☎ 981 :

Santiago Apostol, 4 km ✆ 58 71 38, Fax 58 64 99, ≤ – |‡| TV ☎ 🚗 P – 🏛 25/300. AE ⓓ E VISA. ✂
Com 2000 – ☕ 800 – **98 hab** 6000/9000 – PA 3840.

Garcas, 9,3 km ✆ 88 82 25, Fax 88 83 17 – TV ☎ 🚗 P. AE E VISA. ✂
Com 1200 – ☕ 300 – **35 hab** 2700/5000.

XX **Ruta Jacobea,** 9 km ✆ 88 82 11, Fax 88 84 94 – ▤ P. AE ⓓ E VISA. ✂
Com carta 2900 a 4500.

XX **Sexto,** 5 km ✆ 57 14 07, 🏕, Vivero propio – ▤ P. AE VISA. ✂
Com carta 3000 a 4200.

en la carretera de Orense N 525 por ③ : 3,5 km – ✉ 15893 Santa Lucía – ☎ 981 :

Santa Lucía sin rest, ✆ 54 92 83, Fax 54 93 00 – |‡| TV ☎ P. AE VISA. ✂
☕ 450 – **81 hab** 4850/7200.

en la carretera de La Estrada C 541 por ③ – ☎ 981 :

Los Tilos 🐦 sin rest, con cafetería, 3 km, ✉ 15702 Santiago de Compostela, ✆ 59 77 00, Telex 88169, Fax 80 15 14, ≤, 🏊, 🎾 – |‡| TV ☎ 🚗 – 🏛 25/500. AE ⓓ E VISA JCB. ✂
☕ 750 – **92 hab** 9500/13500.

Congreso, 4,5 km, ✉ 15894 Montouto, ✆ 59 05 90, Telex 86585, Fax 59 48 14 – |‡| TV ☎ P – 🏛 25/100. AE ⓓ E VISA. ✂ rest
Com 2600 – ☕ 750 – **85 hab** 7800/11900 – PA 5550.

en San Xulian de Sales por ③ : 5 km y desvío a la derecha : 4 km – ✉ 15885 San Xulian de Sales – ☎ 981 :

XX **Roberto** 🐦, con hab ✆ 51 17 69, Fax 51 17 69, 🏕, « Antigua casa de campo con jardin » – ▤ rest TV ☎ P. AE E VISA ✂
cerrado 23 diciembre-5 enero – Com *(cerrado domingo noche)* carta 3500 a 4500 – ☕ 700 – **4 hab** 8000/10000.

en la carretera de Pontevedra N 550 por ④ : 7 km – ✉ 15866 Ameneiro – ☎ 981 :

X **Cierto Blanco,** ✆ 54 83 83 – P. AE ⓓ E VISA. ✂
cerrado lunes y 24 diciembre- 7 enero – Com carta aprox. 4800.

S.A.F.E. Neumáticos MICHELIN, Sucursal, Polígono El Tambre, vía Edison-Parcela 68 por ① ✆ 58 02 57 y 58 84 10, Fax 58 82 59

SANTIAGO DEL MONTE **33459** Asturias 441 B 11 – ☎ 98.

♦Madrid 487 – Gijón 37 – Oviedo 44.

Cristal Aeropuerto, carret. del aeropuerto 91 ✆ 551 95 45, Fax 551 98 01 – |‡| ▤ TV ☎ ♿ 🚗 P – 🏛 25/35. AE ⓓ E VISA
Com 1800 – ☕ 750 – **35 hab** 6800/8500.

SANTIAGO DE LA RIBERA **30720** Murcia 445 S 27 – ☎ 968 – Playa.

⛳18 Club Mar Menor ✆ 57 00 21.

♦Madrid 438 – ♦Alicante 76 – Cartagena 37 – ♦Murcia 48.

Ribera, explanada de Barnuevo 12 ✆ 57 02 00, ≤ – |‡| ☎
40 hab.

SANTIANES Asturias – ver Ribadesella.

SANTIGA Barcelona – ver Santa Perpetua de Mogoda.

SANTILLANA DEL MAR 39330 Cantabria 442 B 17 - 3 884 h. alt. 82 - 942.

Ver : Pueblo pintoresco** : Colegiata* (interior : cuatro Apótoles*, retablo*, claustro* : capiteles**). - Alred. : Cueva prehistórica** de Altamira (techo***) SO : 2 km.

pl. Mayor 81 82 51.

♦Madrid 393 - ♦Bilbao/Bilbo 130 - ♦Oviedo 171 - ♦Santander 30.

Parador de Santillana, pl. Ramón Pelayo 8 81 80 00, Fax 81 83 91, « Antigua casa señorial », - - . AE VISA.
Com 3200 - 1100 - **56 hab** 14000 - PA 6375.

Altamira, Cantón 1 81 80 25, Fax 84 01 36, « Casa señorial del siglo XVII » - rest . AE E VISA.
Com 1475 - 450 - **32 hab** 4750/9500 - PA 2890.

Los Infantes, av. Le Dorat 1 81 81 00, Fax 84 01 03, « Fachada de época » - . AE E VISA.
Com 1800 - 500 - **30 hab** 7000/11000 - PA 3475.

Santillana, El Cruce 81 80 11, Fax 84 01 03 - . AE E VISA. rest
cerrado martes y enero - Com 1600 - 500 - **38 hab** 8000/9000 - PA 3100.

Cuevas sin rest, av. Antonio Sandi 81 83 84, Fax 81 81 85 - . AE E VISA.
marzo-octubre - 350 - **40 hab** 5200/6200.

Villadelmar sin rest, av. Le Dorat 84 01 43 - . AE E VISA.
abril-octubre - **13 hab** 5500/6800.

Los Hidalgos sin rest, Campo de Revolgo 81 81 01, Fax 84 01 70 - . AE E VISA JCB.
abril-octubre - 350 - **26 hab** 5000/6500.

Los Ángeles, Revolgo 13 81 81 40, Fax 84 01 77 - . VISA.
enero-febrero - Com 1300 - 400 - **25 hab** 5000/7000 - PA 2550.

San Marcos sin rest, av. Antonio Sandi 84 01 88, Fax 81 81 85 - . AE E VISA.
mayo-15 noviembre - 350 - **19 hab** 5500/6500.

Salldemar, av. Marcelino Sanz de Sautuola 84 01 80 - . AE E VISA. rest
Com *(julio-septiembre)* 900 - 350 - **14 hab** 5500/7000 - PA 2150.

Conde Duque sin rest, Campo de Revolgo 81 83 36, Fax 84 01 70 - . AE E VISA JCB.
abril-octubre - 350 - **14 hab** 5000/6500.

La Robleda, Revolgo 84 02 02, - . E VISA.
Com carta 2400 a 3300.

Los Blasones, pl. de Gándara 84 02 07 - AE E VISA JCB.
10 marzo-10 diciembre - Com carta 2450 a 3650.

en la carretera de Suances N : 1 km - 39330 Santillana del Mar - 942 :

Colegiata, Los Hornos 84 02 16, Fax 88 16 34, « En una ladera con », - . AE E VISA. rest
Com 2500 - 500 - **27 hab** 6500/9500 - PA 4675.

SANT JULIÁ DE LÒRIA Andorra - ver Andorra (Principado de).

SANT MARTÍ D'EMPURIES Gerona - ver La Escala.

SANT MARTÍ SARROCA Barcelona - ver San Martín Sarroca.

SANTO DOMINGO DE LA CALZADA 26250 La Rioja 442 E 21 - 5 544 h. alt. 639 - 941.

Ver : Catedral* (retablo mayor*). - ♦Madrid 310 - ♦Burgos 67 - ♦Logroño 47 - ♦Vitoria/Gasteiz 65.

Parador de Santo Domingo de la Calzada (reapertura prevista en primavera), pl. del Santo 3 34 03 00, Fax 34 03 25, Antiguo hospital de peregrinos - . AE VISA.
- Com 3200 - 1100 - **61 hab** 11500 - PA 6375.

El Corregidor, Mayor 14 34 21 28, Fax 34 21 15 - rest - 25/300. AE E VISA.
Com 1950 - 700 - **32 hab** 7500/10000 - PA 3910.

El Rincón de Emilio, pl. Bonifacio Gil 7 34 09 90 - E VISA.
cerrado 22 enero-febrero - Com (sólo almuerzo salvo sábado en invierno) carta 1850 a 2700.

Mesón El Peregrino, av. de Calahorra 19 34 02 02, Decoración rústica.

SANTO DOMINGO DE SILOS (Monasterio de) 09610 Burgos 442 G 19 - 376 h. - 947.

Ver : Monasterio** (claustro***). - ♦Madrid 203 - ♦Burgos 58 - Soria 99.

Tres Coronas de Silos, pl. Mayor 6 38 07 27, « Conjunto castellano » - . AE E VISA - Com 3000 - 675 - **16 hab** 4800/7900 - PA 4800.

Cruces, pl. Mayor 1 38 08 64 - **13 hab.**

SANTOÑA **39740** Cantabria 442 B 19 – 11 642 h. – 942 – Playa.
♦Madrid 441 – ♦Bilbao/Bilbo 81 – ♦Santander 48.

Castilla, Manzanedo 29 ☎ 66 22 61, Fax 66 24 51 – rest TV ☎. AE E VISA.
cerrado 20 diciembre- 15 enero – Com *(cerrado domingo salvo julio- septiembre)* 1700 – 500 – **42 hab** 5000/7000 – PA 3315.

SANTO TOMÉ DEL PUERTO **40590** Segovia 442 I 19 – 424 h. – 911.
♦Madrid 100 – Aranda de Duero 61 – ♦Segovia 54.

Mirasierra, carret. N I ☎ 55 50 05, – ☎ P. AE E VISA JCB.
cerrado 24 diciembre-24 enero – Com *(cerrado miércoles salvo julio-septiembre)* 1700 – 750 – **16 hab** 7500.

SANTPEDOR **08251** Barcelona 443 G 35 – 3 411 h. – 93.
♦Madrid 638 – ♦Barcelona 69 – Manresa 6 – Vich/Vic 54.

XX **Ramón,** Camí de Juncadella ☎ 832 08 50, Fax 827 22 41, – P. AE E VISA
cerrado domingo noche – Com carta 3900 a 5100.

SANT PERE DE RIBES Barcelona – ver San Pedro de Ribas.

SANT POL DE MAR Barcelona – ver San Pol de Mar.

SANT QUIRZE DE BESORA Barcelona – ver San Quirico de Besora.

SANT QUIRZE SAFAJA Barcelona – ver San Quirico Safaja.

SANT SADURNÍ D'ANOIA Barcelona – ver San Sadurní de Noya.

SANTURCE o **SANTURTZI** **48980** Vizcaya 442 B 20 – 53 329 h. – 94.
♦Madrid 411 – Bilbao/Bilbo 15 – ♦Santander 97.

XX **Currito,** av. Murrieta 21 ☎ 483 32 14, Fax 483 35 29, ←, – P. AE E VISA.
cerrado domingo noche – Com carta aprox. 5800.

XX **Kai-Alde,** Capitán Mendizábal 7 ☎ 461 00 34, – AE E VISA.
cerrado lunes noche – Com carta 3000 a 4000.

X **Lucas,** Iparraguirre 34 ☎ 461 68 00, – P. AE E VISA JCB.
Com carta 2250 a 3600.

SAN VICENTE DE LA BARQUERA **39540** Cantabria 442 B 16 – 3 956 h. – 942 – Playa.
Ver : Emplazamiento★.
Alred. : Carretera de Unquera ←★.
av. Generalísimo 6, ☎ 71 07 97.
♦Madrid 421 – Gijón 131 – ♦Oviedo 141 – ♦Santander 64.

Boga-Boga, pl. José Antonio 9 ☎ 71 01 35, – ☎. AE E VISA.
cerrado 15 diciembre-15 enero – Com *(cerrado martes de octubre a mayo)* 1800 – 400 – **18 hab** 5060/6730.

Luzón sin rest, av. Miramar 1 ☎ 71 00 50, Fax 71 00 50, ← – ☎. VISA.
400 – **36 hab** 4500/7200.

Miramar, La Barquera N : 1 km ☎ 71 00 75, ← playa, mar y montaña, – TV ☎ P
15 hab.

Noray sin rest, paseo de la Barquera ☎ 71 21 41, ← – TV ☎ P. E VISA.
400 – **16 hab** 4400/6600.

XX **Maruja,** av. Generalísimo ☎ 71 00 77 – AE E VISA.
Com carta 2500 a 4500.

SAN VICENTE DEL HORTS o **SANT VICENÇ DELS HORTS** **08620** Barcelona 443 H 36 – 19 975 h. – 93.
♦Madrid 612 – ♦Barcelona 20 – Tarragona 92.

en la carretera de Sant Boi SE : 1,5 km – ✉ 08620 Sant Vicenç dels Horts – 93 :

X **Las Palmeras,** ☎ 656 13 16, Fax 676 80 47 – P. AE E VISA.
Com carta 3300 a 3900.

SAN VICENTE DEL MAR Pontevedra – ver El Grove.

SAN VICENTE DE TORANZO 39699 Cantabria 442 alt. 168 - ☎ 942.
♦Madrid 354 - ♦Bilbao/Bilbo 124 - ♦Burgos 115 - ♦Santander 40.

Posada del Pas, carret. N 623 ℘ 59 44 11, ≤, ⛱ - TV ☎ P. AE ⓓ E VISA. ✻
Com 1400 - ☕ 425 - **32 hab** 6500/9000 - PA 2750.

SANXENXO Pontevedra - ver Sangenjo.

SAN XULIAN DE SALES La Coruña - ver Santiago de Compostela.

El SARDINERO Cantabria - ver Santander.

SARDÓN DE DUERO 47340 Valladolid 442 H 16 - 610 h. - ☎ 983.
♦Madrid 208 - Aranda de Duero 66 - ♦Valladolid 26.

Sardón, carret. N 122 ℘ 68 03 07 - ▤ rest. AE ⓓ E VISA. ✻
Com 1300 - ☕ 180 - **12 hab** 2200/3500 - PA 2780.

S'ARGAMASSA (Urbanización) Baleares - ver Baleares (Ibiza) : Santa Eulalia del Río.

SA RIERA (Playa de) Gerona - ver Bagur.

SARRIA 27600 Lugo 441 D 7 - 12 000 h. alt. 420 - ☎ 982.
Alred. : Puertomarín : Iglesia★ E : 20 km.
♦Madrid 491 - Lugo 32 - Orense/Ourense 81 - Ponferrada 109.

Londres, Calvo Sotelo 153 ℘ 53 24 56, Fax 53 30 06 - **20 hab.**

SARRIÓN 44460 Teruel 443 L 27 - 1 116 h. - ☎ 974.
♦Madrid 338 - Castellón de la Plana/Castelló de la Plana 118 - Teruel 37 - ♦Valencia 109.

Atalaya, carret. N 234 ℘ 78 04 59 - P - **15 hab.**

El Asturiano, carret. N 234 ℘ 78 01 54 - TV ☎ 🚗 P. ✻
Com 1300 - ☕ 300 - **15 hab** 3000/4500 - PA 2700.

en La Escaleruela E : 9 km - ✉ 44460 Sarrión - ☎ 974 :

La Escaleruela, ℘ 78 01 40, Decoración rústica, ⛱ - P.

SEGOVIA 40000 P 442 J 17 - 53 237 h. alt. 1 005 - ☎ 911.
Ver : Emplazamiento★★ - Acueducto romano★★★ BY - Ciudad vieja★★ : Catedral★★ AY (claustro★, tapices★) - Plaza de San Martín★ (iglesia de San Martín★) BY 78 - Iglesia de San Esteban : (torre★) AX - Alcázar★ AX - Iglesia de San Millán★ BY - Monasterio de El Parral★ AX.
Alred. : La Granja de San Ildefonso★ SE : 11 km por ③ - Palacio de Riofrío★ S : 11 km por ⑤.
ℹ pl. Mayor 10, ✉ 40001, ℘ 43 03 28 - R.A.C.E. pl. Ezequiel Gonzalez 24, ✉ 40002, ℘ 44 36 26.
♦Madrid 87 ④ - Avila 67 ⑤ - ♦Burgos 198 ② - ♦Valladolid 110 ①.

Plano página siguiente

Los Arcos, paseo de Ezequiel González 26, ✉ 40002, ℘ 43 74 62, Telex 49823, Fax 42 81 61 - 🛗 ▤ TV ☎ 🚗 - 🏛 25/225. AE ⓓ E VISA JCB. ✻ BY t
Com (ver rest. **La Cocina de Segovia**) - ☕ 975 - **59 hab** 8000/11500.

Infanta Isabel sin rest, Isabel la Católica 1, ✉ 40001, ℘ 44 31 05, Fax 43 32 40 - 🛗 ▤ TV ☎ 🚗. AE ⓓ E VISA. ✻ BY a
☕ 575 - **30 hab** 6250/11500.

Acueducto, av. del Padre Claret 10, ✉ 40001, ℘ 42 48 00, Telex 49824, Fax 42 84 46 - 🛗 ▤ TV 🚗 - 🏛 25/200. E VISA. ✻ BY v
Com 2400 - ☕ 700 - **78 hab** 6000/9000 - PA 4675.

Los Linajes 🐚 sin rest, con cafetería, Dr. Velasco 9, ✉ 40003, ℘ 43 17 12, Fax 43 15 01 - 🛗 TV ☎ 🚗. AE ⓓ E VISA. ✻ AX p
☕ 725 - **55 hab** 6800/10500.

Las Sirenas sin rest y sin ☕, Juan Bravo 30, ✉ 40001, ℘ 43 40 11, Fax 43 06 33 - 🛗 ▤ ☎. AE ⓓ E VISA. ✻ - **39 hab** 5000/7500. BY f

Corregidor, carret. de Ávila 1, ✉ 40002, ℘ 42 57 61, Fax 44 24 36 - TV ☎. E VISA. ✻
Com 950 - ☕ 500 - **54 hab** 4750/6800 - PA 2650. BY a

La Cocina de Segovia, paseo de Ezequiel González, 26 ℘ 43 74 62, Fax 42 81 61 - ▤ 🚗. AE ⓓ E VISA JCB. ✻ BY t
Com carta 3000 a 3450.

Mesón de Cándido, pl. Azoguejo 5, ✉ 40001, ℘ 42 59 11, Fax 42 81 03, « Casa del siglo XV, decoración castellana » - ▤. AE ⓓ E VISA. ✻ BY s
Com carta 3100 a 3800.

José María, Cronista Lecea 11, ✉ 40001, ℘ 43 44 84 - ▤. AE ⓓ E VISA BY u
Com carta 2700 a 3950.

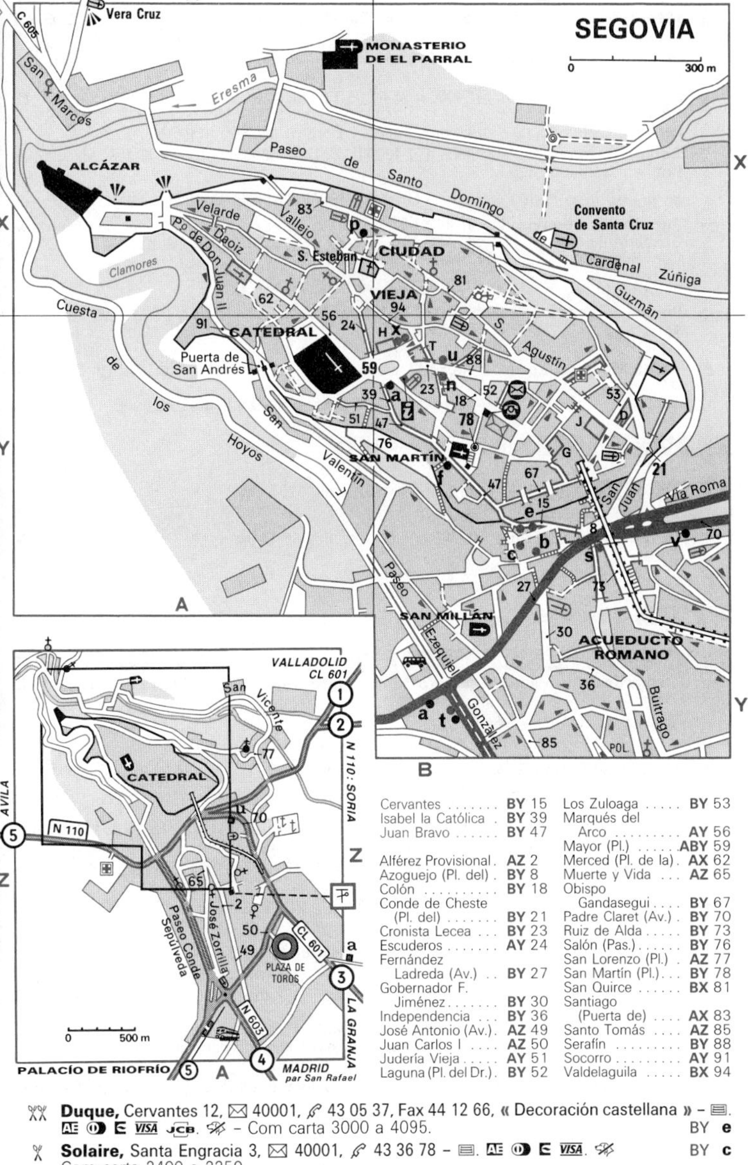

Cervantes . . . . BY 15
Isabel la Católica . BY 39
Juan Bravo . . . . . . BY 47

Alférez Provisional . AZ 2
Azoguejo (Pl. del) . BY 8
Colón . . . . BY 18
Conde de Cheste (Pl. del) . . . . BY 21
Cronista Lecea . . . BY 23
Escuderos . . . . AY 24
Fernández Ladreda (Av.) . . BY 27
Gobernador F. Jiménez . . . . BY 30
Independencia . . . BY 36
José Antonio (Av.) . AZ 49
Juan Carlos I . . . . AZ 50
Judería Vieja . . . . . AY 51
Laguna (Pl. del Dr.) . BY 52
Los Zuloaga . . . . . BY 53
Marqués del Arco . . . . AY 56
Mayor (Pl.) . . . . . ABY 59
Merced (Pl. de la) . AX 62
Muerte y Vida . . . AZ 65
Obispo Gandasegui . . . . BY 67
Padre Claret (Av.) . BY 70
Ruiz de Alda . . . . . BY 73
Salón (Pas.) . . . . . BY 76
San Lorenzo (Pl.) . AZ 77
San Martín (Pl.) . . . BY 78
San Quirce . . . . . . BX 81
Santiago (Puerta de) . . . . AX 83
Santo Tomás . . . . AZ 85
Serafín . . . . BY 88
Socorro . . . . AY 91
Valdelaguila . . . . . BX 94

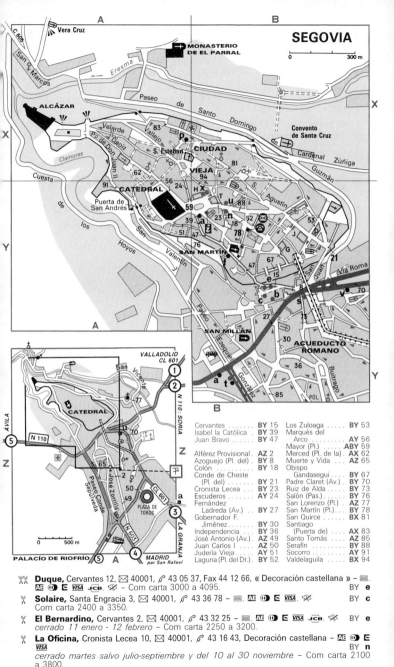

XX **Duque,** Cervantes 12, ✉ 40001, ☎ 43 05 37, Fax 44 12 66, « Decoración castellana » – ▤. AE ⓓ E VISA JCB. 🐕 – Com carta 3000 a 4095. BY **e**

X **Solaire,** Santa Engracia 3, ✉ 40001, ☎ 43 36 78 – ▤. AE ⓓ E VISA. 🐕 BY **c**
Com carta 2400 a 3350.

X **El Bernardino,** Cervantes 2, ✉ 40001, ☎ 43 32 25 – ▤. AE ⓓ E VISA JCB. 🐕 BY **e**
cerrado 11 enero - 12 febrero – Com carta 2250 a 3200.

X **La Oficina,** Cronista Lecea 10, ✉ 40001, ☎ 43 16 43, Decoración castellana – AE ⓓ E VISA BY **n**
cerrado martes salvo julio-septiembre y del 10 al 30 noviembre – Com carta 2100 a 3800.

X **Mesón Mayor,** pl. Mayor 3, ✉ 40001, ☎ 42 89 42, 🏠 – ▤. AE VISA. 🐕 BY **x**
Com carta 2650 a 3450.

Mesón de los Gascones, av. del Padre Claret 14, ✉ 40001, ☎ 42 10 95 – ▤. AE E VISA
cerrado lunes – Com carta 2600 a 3400. AZ **u**

El Cordero, Carmen 4, ✉ 40001, ☎ 43 51 96 – ▤. ⓓ E VISA. ✻ BY **b**
Com carta 2525 a 4225.

La Taurina, pl. Mayor 8, ✉ 40001, ☎ 43 05 77, Fax 43 84 76, Decoración castellana – AE ⓓ E VISA JCB. ✻ BY **x**
cerrado martes noche y miércoles noche – Com carta 2900 a 3400.

Solaire 2, carret. de Palazuelos, ✉ 40004, ☎ 42 10 63, – AE ⓓ E VISA. ✻ AZ **a**
Com carta 2000 a 3250.

en la carretera N 601 por ① : 3 km – ✉ 40003 Segovia – ☎ 911 :

Parador de Segovia ⑤, ☎ 44 37 37, Telex 47913, Fax 43 73 62, ≤ Segovia y sierra de Guadarrama, Ⅰ₆, ⛱, ⛱, ✂ – |‡| ▤ TV ☎ P – 🏛 25/300. AE ⓓ VISA. ✻
Com 3500 – ☐ 1200 – **113 hab** 14500 – PA 6970.

en la carretera N 110 por ② – ✉ 40196 La Lastrilla – ☎ 911 :

Puerta de Segovia, 2,8 km ☎ 43 71 61, Telex 22336, Fax 43 79 63, Ⅰ₆, ⛱, ✂ – |‡| ▤ TV ☎ ⇔ P – 🏛 25/1000. AE ⓓ E VISA. ✻
Com 2580 – ☐ 755 – **205 hab** 6065/10070 – PA 5025.

Venta Magullo, 2,5 km ☎ 43 50 11, Fax 44 07 63, Ⅰ₆ – ▤ rest TV ☎ ⇔ P. AE E VISA. ✻
Com *(cerrado del 9 al 31 diciembre)* 1075 – ☐ 225 – **65 hab** 4200/6000 – PA 1975.

SEGUR DE CALAFELL Tarragona – ver Calafell.

SELLÉS o CELLERS **25631** Lérida 443 F 32 – alt. 325 – ☎ 973.
♦Madrid 551 – ♦Lérida/Lleida 82.

Terradets sin rest, carret. C 147 ☎ 65 11 20, Fax 65 13 04, ≤, ⛱ – |‡| ▤ TV ☎ ⇔ P. E VISA
☐ 600 – **40 hab** 4200/6000.

La SENIA Tarragona – ver La Cenia.

SEO DE URGEL o La SEU D'URGELL **25700** Lérida 443 E 34 – 10 681 h. alt. 700 – ☎ 973.
Ver : Catedral de Santa María★★ (claustro★, museo diocesano★ : Beatus★★), retablo de la Abella de la Conca★.
ℹ av. Valira ☎ 35 15 11.
♦Madrid 602 – ♦Andorra la Vieja/Andorra la Vella 20 – ♦Barcelona 200 – ♦Lérida/Lleida 133.

Parador de la Seo de Urgel, Santo Domingo ☎ 35 20 00, Fax 35 23 09, ⛱ – |‡| ▤ TV ☎ ⇔ – 🏛 25/60. AE ⓓ VISA. ✻
Com 3200 – ☐ 1100 – **79 hab** 10500 – PA 6375.

Nice, av. Pau Claris 6 ☎ 35 21 00, Fax 35 12 21 – |‡| ▤ rest TV ☎ ⇔. AE ⓓ E VISA. ✻ hab
Com 1600 – ☐ 700 – **56 hab** 3750/5850 – PA 3250.

Duc d'Urgell sin rest y sin ☐, Josep de Zulueta 43 ☎ 35 21 95 – |‡|. VISA. ✻
36 hab 3300/4600.

Mesón Teo, av. Pau Claris 38 ☎ 35 10 29 – ▤. AE ⓓ E VISA. ✻
cerrado del 1 al 20 junio y del 23 al 31 diciembre – Com carta 2700 a 4350.

en Castellciutat SO : 1 km – ✉ 25710 Castellciutat – ☎ 973 :

✿ **El Castell** ⑤, carret. N 260, ✉ apartado 53 Seo de Urgell – ☎ 35 07 04, Telex 93610, Fax 35 15 74, ≤ valle, Seo de Urgel y montañas, « ⛱ rodeada de césped » – ▤ rest TV ☎ ♿ P – 🏛 25/75. AE ⓓ E VISA. ✻ rest
– Com *(cerrado 15 enero-15 febrero)* carta 4000 a 6600 – ☐ 1400 – **38 hab** 9500/14000
Espec. Arroz negro con sipiones y gambas, Mil hojas de foie gras con manzana reineta, Muslitos de codorniz trufados con setas en su fina salsa al romero.

La Glorieta ⑤, ☎ 35 10 45, Fax 35 42 61, ≤ valle y montañas, ⛱ – |‡| ☎ P. AE ⓓ E VISA. ✻
Com *(cerrado lunes)* 1700 – ☐ 700 – **27 hab** 3500/7000 – PA 3315.

SEPÚLVEDA **40300** Segovia 442 I 18 – 1 590 h. alt. 1 014 – ☎ 911.
Ver : Emplazamiento★.
♦Madrid 123 – Aranda de Duero 52 – ♦Segovia 59 – ♦Valladolid 107.

Cristóbal, Conde Sepúlveda 9 ☎ 54 01 00, Decoración castellana – ▤. AE ⓓ E VISA. ✻
cerrado martes, del 1 al 15 septiembre y del 15 al 30 diciembre – Com carta 2400 a 4300.

Casa Paulino, Calvo Sotelo 2 ☎ 54 00 16 – ▤. AE ⓓ E VISA. ✻
cerrado lunes (salvo agosto), 2ª quincena junio y 2ª quincena noviembre – Com carta 2000 a 3700.

SERRADUY 22483 Huesca 443 F 31 - alt. 917 - ☎ 974.

Alred. : Roda de Isábena (enclave★ montañoso, Catedral : sepulcro de San Ramón★).

◆Madrid 508 - Huesca 118 - ◆Lérida/Lleida 100.

Casa Peix, ☎ 54 07 38, - **26 hab.**

SES FIGUERETES (Playa de) Baleares - ver Baleares (Ibiza) : Ibiza.

SES ILLETAS Baleares - ver Baleares (Formentera) : Es Pujols.

S'ESTANYOL (Playa de) Baleares - ver Baleares (Ibiza) : San Antonio de Portmany.

SETCASAS o **SETCASES** 17869 Gerona 443 E 36 - 148 h. - ☎ 972 - Deportes de invierno en Vallter 5.

◆Madrid 710 - ◆Barcelona 138 - Gerona/Girona 91.

La Coma, ☎ 74 05 58, Fax 74 12 65, - VISA.
Com 1700 - 500 - **20 hab** 5300 - PA 3500.

Keine bezahlte Reklame im Michelin-Führer.

La SEU D'URGELL Lérida - ver Seo de Urgel.

SEVILLA 41000 P 446 T 11 y 12 - 653 833 h. alt. 12 - ☎ 95.

Ver : Giralda★★★ BX - Catedral★★★ (retablo capilla mayor★★, Capilla Real★★) BX - Reales Alcázares★★★ BXY (Cuarto del Almirante : retablo de la Virgen de los Mareantes★ - ; Palacio de Pedro el Cruel★★★ (Salón de Embajadores : bóveda★★) ; Palacio de Carlos V : tapices★★ ; jardines★) - Barrio de Santa Cruz★★ BCX - Museo de Bellas Artes★★ AV - Casa de Pilatos★★ (azulejos★★, cúpula de la escalera★) CX - Parque de María Luisa★★ FR (Museo Arqueológico **M2** : tesoro de Carambolo★) - Hospital de la Caridad★ BY.

9 e Hipódromo del Club Pineda FS ☎ 461 14 00 - 9 Club Las Minas (Aznalcázar) SO : 25 km por ④ ☎ 575 04 14.

de Sevilla - San Pablo por ① : 14 km ☎ 455 61 11 - Iberia : Almirante Lobo 3 ✉ 41001, ☎ 421 88 00, BX.

Santa Justa ☎ 453 86 86.

Cia. Trasmediterránea : av. Bonanza 2, ✉ 41012, ☎ 462 43 11.

av. de la Constitución 21 B ✉ 41004, ☎ 422 14 04 y paseo de Las Delicias, ✉ 41012, ☎ 423 44 65 - R.A.C.E. (R.A.C. de Andalucía) av. Eduardo Dato 22, ✉ 41002, ☎ 463 13 50.

◆Madrid 550 ① - ◆La Coruña 950 ⑤ - ◆Lisboa 417 ⑤ - ◆Málaga 217 ② - ◆Valencia 682 ①.

Planos páginas siguientes

Alfonso XIII, San Fernando 2, ✉ 41004, ☎ 422 28 50, Telex 72725, Fax 421 60 33, « Majestuoso edificio de estilo andaluz », - - 25/500. AE E VISA. BY **c**
Com 6800 - 2150 - **147 hab** 28000/38000.

Radisson Príncipe de Asturias Plaza H., Isla de La Cartuja, ✉ 41092, ☎ 446 22 22, Fax 446 04 28, - - 25/1000. AE E VISA. FP **n**
Com 3500 - 2100 - **295 hab** 24000/30000.

Tryp Colón, Canalejas 1, ✉ 41001, ☎ 422 29 00, Telex 72726, Fax 422 09 38, - - 25/240. AE E VISA JCB. AX **s**
Com carta 3400 a 4450 - 1700 - **218 hab** 24800/31000.

Sol Lebreros, Luis Morales 2, ✉ 41005, ☎ 457 94 00, Telex 72772, Fax 458 27 26, - - 25/500. AE E VISA. FR **v**
Com (ver rest. **La Dehesa**) - 1500 - **439 hab** 27000/31500.

Meliá Sevilla, Doctor Pedro de Castro 1, ✉ 41004, ☎ 442 15 11, Telex 73094, Fax 442 16 08, - - 25/1000. AE E VISA. FR **n**
Com carta 3250 a 4050 - 1500 - **366 hab** 28000/32500.

Porta Coeli, av. Eduardo Dato 49, ✉ 41018, ☎ 453 35 00, Telex 72913, Fax 453 23 42, - - AE E VISA. FR **a**
Com (ver rest. **Florencia**) - 950 - **243 hab** 18000/30000.

Sol Macarena, San Juan de Ribera 2, ✉ 41009, ☎ 437 58 00, Telex 72815, Fax 438 18 03, - - 25/700. AE E VISA. FR **e**
Com 3500 - 1500 - **327 hab** 25000/28800.

Occidental Sevilla, av. Kansas City, ✉ 41007, ☎ 458 20 00, Fax 458 46 15, - - 25/320. AE E VISA. FR **s**
Com (ver rest. **Florencia Pórtico**) - 1200 - **242 hab** 16000/20000.

NH Ciudad de Sevilla, av. Manuel Siurot 25, ✉ 41013, ☎ 423 05 05, Fax 423 85 39, - - 25/300. AE E VISA. FS **r**
Com 4000 - 1400 - **94 hab** 12000/18000.

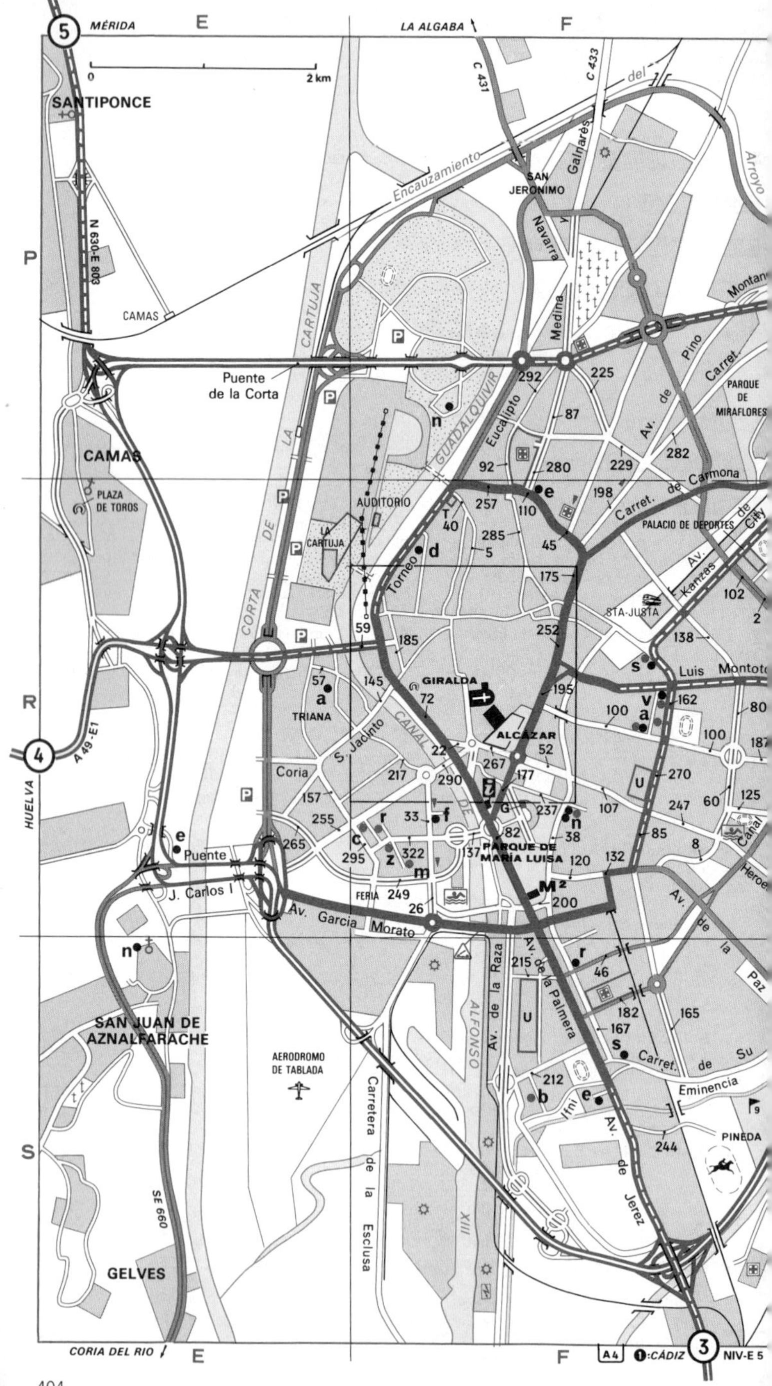
MÉRIDA
LA ALGABA
SANTIPONCE
CAMAS
Puente de la Corta
CAMAS
PLAZA DE TOROS
AUDITORIO
LA CARTUJA
SAN JERONIMO
Encauzamiento
GIRALDA
ALCÁZAR
TRIANA
PARQUE DE MARÍA LUISA
PALACIO DE DEPORTES
STA-JUSTA
PARQUE DE MIRAFLORES
SAN JUAN DE AZNALFARACHE
AERODROMO DE TABLADA
GELVES
PINEDA
CORIA DEL RIO
HUELVA
CÁDIZ
NIV-E 5
A 49 - E1
N 630-E 803
SE 660
C 431
C 433
Av. Garcia Morato
Av. de la Palmera
Av. de Jerez
Av. de la Raza
Carretera de la Esclusa
Carret. de Carmona
Luis Montoto
Av. Kanzas City
Torneo
Eucalipto
Medina
Navarra
Galnarés
S. Jacinto
Coria
Puente
J. Carlos I
FERIA
Eminencia
Av. de la Paz
ALFONSO XIII
CORTA DE LA CARTUJA
CANAL DE ALFONSO XIII
GUADALQUIVIR
Av. de Pino
Montano
Arroyo
Heroes
Carret. de Su

SEVILLA

Ada . . . . **FR** 2
Alameda de Hércules . . . . **FR** 5
Alcalde
Juan Fernández . . . . **FR** 8
Almirante Lobo . . . . **FR** 22
Antonio Bienvenida . . . . . . **FR** 26
Asunción . . . . **FR** 33
Borbolla . . . . **FR** 38
Calatrava . . . . **FR** 40
Capuchinos (Ronda) . . . . . . **FR** 45
Cardenal Ilundain . . . . **FS** 46
Carlos Marx . . . . **GR** 50
Carlos V (Av.) . . . . **FR** 52
Castilla . . . . **ER** 57
Chapina (Puente) . . . . **FR** 59
Ciudad Jardín (Av.) . . . . . . **FR** 60
Cristóbal Colón (Paseo) . . . **FR** 72
Cruz del Campo (Av.) . . . . . **FR** 80
Delicias (Paseo de las) . . . . **FR** 82
Diego Martínez Barrio . . . . **FR** 85
Doctor Fedriani . . . . **FP** 87
Don Fabrique . . . . **FP** 92
Eduardo Dato (Av.) . . . . . . **FR** 100
Efeso . . . . **FR** 102
Enramadilla . . . . **FR** 107
Eritaña (Av.) . . . . **FR** 110
Federico
Mayo Gayarre . . . . **GR** 117
Felipe II . . . . **FR** 120
Francisco Buendía . . . . **FR** 125
General Merry . . . . **FR** 132
Generalísimo
(Puente del) . . . . **FR** 137
Greco (El Av.) . . . . **FR** 138
Ingeniero la Cierva . . . . **GR** 142
Isabel II (Puente) . . . . **FR** 145
López de Gomara . . . . **ER** 157
Luis Morales . . . . **FR** 162
Manuel Fal Conde . . . . **FS** 165
Manuel Siurot (Av.) . . . . . . **FS** 167
Maqueda . . . . **GR** 170
María Auxiliadora . . . . **FR** 175
María Luisa (Av.) . . . . **FR** 177
Marqués de
Luca de Tena . . . . **FS** 182
Marqués de Paradas . . . . . **FR** 185
Marqués de Pickman . . . . . **FR** 187
Menéndez Pelayo . . . . **FR** 195
Miraflores (Av.) . . . . **FR** 198
Muñoz León . . . . **FR** 200
Padre García Tejero (Av.) . . **FS** 212
Paez de Rivera . . . . **FS** 215
Pagés del Corro . . . . **FR** 217
Pedro Gual
Villalbi (Av.) . . . . **FP** 225
Pío XII (Ronda) . . . . **FP** 229
Portugal (Av.) . . . . **FR** 237
Quintillo (Camino) . . . . **FS** 244
Ramón y Cajal (Av.) . . . . . . **FR** 247
Ramón de
Carranza (Av.) . . . . **FR** 249
Recaredo . . . . **FR** 252
República Argentina (Av.) . **EFR** 255
Resolana . . . . **FR** 257
Rubén Dario . . . . **ER** 265
San Fernando . . . . **FR** 267
San Francisco Javier (Av.) . **FR** 270
San Juan de la Cruz (Av.) . **GR** 275
San Juan de Ribera . . . . . . **FP** 280
San Juan de la Salle . . . . . **FP** 282
San Luis . . . . **FR** 285
San Telmo (Puente de) . . . **FR** 290
Sánchez Pizjuan (Av.) . . . . **FP** 292
Santa Fe . . . . **EFR** 295
Tesalónica . . . . **GR** 305
Virgen de Luján . . . . **FR** 322

En esta guía,
un mismo símbolo
en rojo o en ***negro***
una misma palabra
en fino o en ***grueso,***
no significan lo mismo.

Lea atentamente los detalles
de la introducción.

SEVILLA

Francos . . . . **BX**
Sierpes . . . . **BVX**
Tetuán . . . . **BX**

Alemanes . . . . **BX** 12
Alfaro (Pl.) . . . . **CXY** 15
Almirante Apodaca . . . . **CV** 20
Almirante Lobo . . . . **BY** 22
Álvarez Quintero . . . . . . **BX** 23
Amparo . . . . **BV** 25
Aposentadores . . . . **BV** 28
Argote de Molina . . . . . . **BX** 30
Armas (Pl. de) . . . . **AX** 31
Banderas (Patio) . . . . . . **BXY** 35
Capitán Vigueras . . . . . . **CY** 42
Cardenal Spinola . . . . . . **AV** 47
Castelar . . . . **AX** 55
Chapina (Puente) . . . . . . **AX** 59
Cruces . . . . **CX** 75
Doña Elvira . . . . **BX** 95
Doña Guiomar . . . . **AX** 97
Escuelas Pias . . . . **CV** 112
Farmaceútico E. Murillo Herrera . . . . . . **AY** 115
Feria . . . . **BV** 123
Francisco Carrión Mejias . . . . **CV** 126
Fray Ceferino González . . . . **BX** 127
García de Vinuesa . . . . . **BX** 130
General Polavieja . . . . . . **BX** 135
Jesús de la Vera Cruz . . **AV** 147
José Maria Martinez Sanchez Arjona . . . . . **AY** 150
Julio César . . . . **AX** 152
Luis Montoto . . . . **CX** 160
Marcelino Champagnat . **AY** 172
Martín Villa . . . . **BV** 190
Mateos Gago . . . . **BX** 192
Murillo . . . . **AV** 202
Museo (Pl.) . . . . **AV** 205
Navarros . . . . **CVX** 207
O'Donnell . . . . **BV** 210
Pascual de Gayangos . . . **AV** 220
Pastor y Landero . . . . . . **AX** 222
Pedro del Toro . . . . **AV** 227
Ponce de León (Pl.) . . . . **CV** 234
Puente y Pellón . . . . **BV** 239
Puerta de Jerez . . . . **BY** 242
República Argentina (Av.) . . . . **AY** 255
Reyes Católicos . . . . **AX** 260
San Gregorio . . . . **BY** 272
San Juan de la Palma . . . . **BV** 277
San Pedro (Pl.) . . . . **BV** 286
San Sebastián (Pl.) . . . . . **CY** 287
Santa María La Blanca . . . . **CX** 297
Santander . . . . **BY** 300
Saturno . . . . **CV** 302
Triunfo (Pl.) . . . . **BX** 307
Velázquez . . . . **BV** 310
Venerables (Pl.) . . . . **BX** 312
Viriato . . . . **BV** 329

Nuestras guías de hoteles, nuestras guías turísticas y nuestros mapas de carreteras son complementarios. Utilícelos conjuntamente.

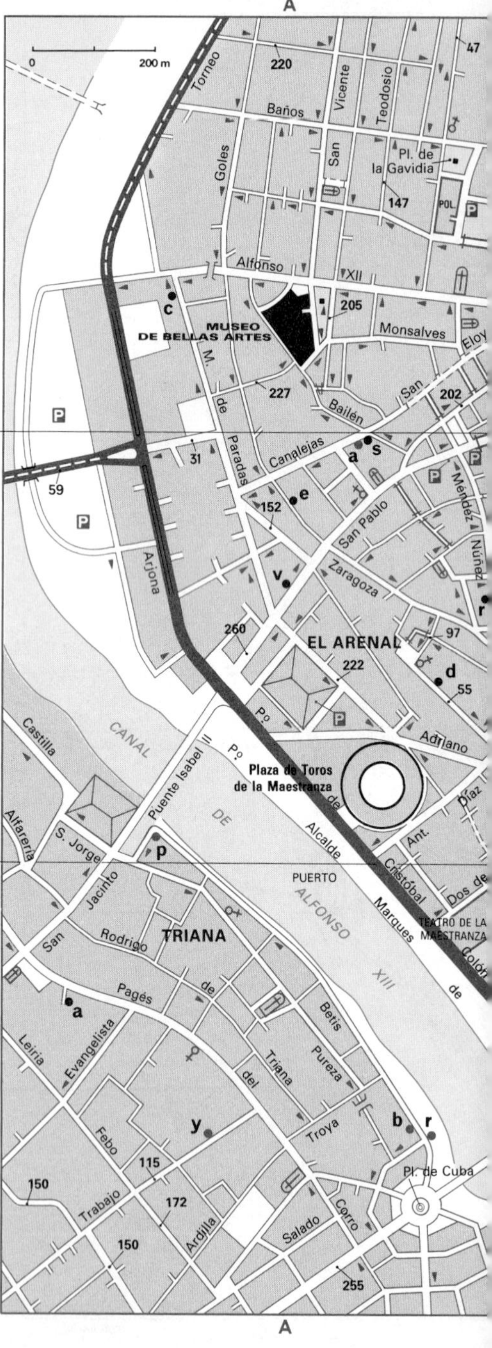

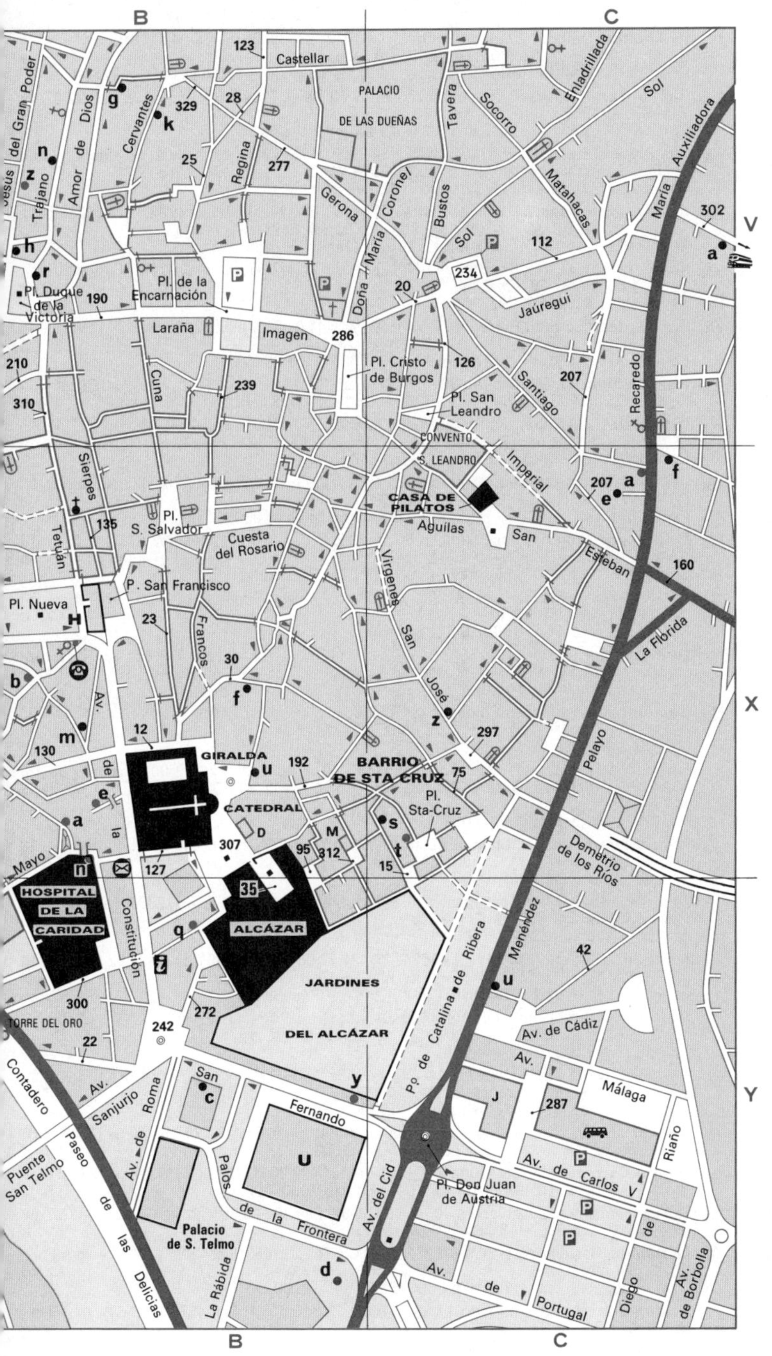
B
C
Castellar
PALACIO
DE LAS DUEÑAS
Cervantes
Amor de Dios
Trajano
Regina
Gerona
Doña María Coronel
Bustos
Tavera
Socorro
Enladrillada
Sol
Matahacas
María Auxiliadora
Pl. Duque de la Victoria
Pl. de la Encarnación
Laraña
Imagen
Jaúregui
Pl. Cristo de Burgos
Pl. San Leandro
Santiago
Recaredo
Cuna
Sierpes
CONVENTO S. LEANDRO
Imperial
CASA DE PILATOS
Aguilas
San Esteban
Pl. S. Salvador
Cuesta del Rosario
Tetuán
P. San Francisco
Pl. Nueva
Francos
Vírgenes
San José
La Florida
Pelayo
GIRALDA
BARRIO DE STA CRUZ
CATEDRAL
Pl. Sta-Cruz
Demetrio de los Ríos
Av. de la Constitución
Mayo
HOSPITAL DE LA CARIDAD
ALCÁZAR
JARDINES DEL ALCÁZAR
Po de Catalina de Ribera
Menéndez
TORRE DEL ORO
Av. de Cádiz
Málaga
Contadero
Av. Sanjurjo
Av. de Roma
San
Fernando
Paseo de las Delicias
Puente San Telmo
Palos de la Frontera
Av. del Cid
Pl. Don Juan de Austria
Av. de Carlos V
Riaño
Palacio de S. Telmo
La Rábida
Av. de Portugal
Diego de
Av. de Borbolla
V
X
Y

Al-Andalus Palace, av. de la Palma, ✉ 41012, ℘ 423 06 00, Fax 423 19 12, ⛆ - |♦| ▤ 📺 ☎ ♿ 🚗 - 🎤 25/800. AE ⓓ E VISA JCB. ⌀ — FS **e**
Com 2000 - **Grill El Patio** carta aprox. 4000 - ☕ 1500 - **678 hab** 18000/22500.

Inglaterra, pl. Nueva 7, ✉ 41001, ℘ 422 49 70, Telex 72244, Fax 456 13 36 - |♦| ▤ 📺 ☎ 🚗. AE ⓓ E VISA JCB. ⌀ rest — AX **r**
Com 3000 - ☕ 750 - **116 hab** 16000/23000 - PA 5750.

Los Seises, Segovia, ✉ 41004, ℘ 422 94 95, Fax 422 43 34, « Instalado en el tercer patio del Palacio Arzobispal », ⛆ - |♦| ▤ 📺 ☎ - 🎤 25/100. AE ⓓ E VISA. ⌀ — BX **f**
Com carta 2800 a 4150 - ☕ 1500 - **42 hab** 15000/18000.

Sevilla Congresos, av. Montes Sierra, ✉ 41080, ℘ 425 90 00, Telex 73224, Fax 425 95 00, 🏋, ⛆ - |♦| ▤ 📺 ♿ 🚗 🅿 - 🎤 25/270. AE ⓓ E VISA. ⌀ rest — GP **a**
Com 3900 - ☕ 1400 - **218 hab** 21600/27000 - PA 7360.

Pasarela sin rest, av. de la Borbolla 11, ✉ 41004, ℘ 441 55 11, Telex 72486, Fax 442 07 27, 🏋 - |♦| ▤ 📺 ☎. AE ⓓ E VISA. ⌀ — FR **n**
☕ 1200 - **82 hab** 14700/21500.

G. H. Lar, pl. Carmen Benítez 3, ✉ 41003, ℘ 441 03 61, Telex 72816, Fax 441 04 52 - |♦| ▤ 📺 ☎ 🚗 - 🎤 25/250. AE ⓓ E VISA. ⌀ — CX **f**
Com 2600 - ☕ 1000 - **137 hab** 12500/18000 - PA 4900.

Husa Sevilla, Pagés del Corro 90, ✉ 41010, ℘ 434 24 12, Fax 434 27 07 - |♦| ▤ 📺 ☎ 🚗 - 🎤 25/220. AE E VISA. ⌀ - Com 3250 - ☕ 1100 - **128 hab** 12400/19000. — AY **a**

NH Plaza de Armas, av. Marqués de Paradas, ✉ 41001, ℘ 490 19 92, Fax 490 12 32, ⛆ climatizada - |♦| ▤ 📺 ☎ ♿ - 🎤 25/150. AE ⓓ E VISA JCB. ⌀ — AV **c**
Com 3500 - ☕ 1200 - **262 hab** 10800/16000.

Armendariz, carret. de Su Eminencia 15, ✉ 41013, ℘ 423 29 60, Fax 423 42 30 - |♦| ▤ 📺 ☎ 🅿 - 🎤 25/150. AE ⓓ E VISA. ⌀ — FS **s**
Com carta 3300 a 5200 - ☕ 1300, **89 apartamentos** 12000/18000.

Emperador Trajano, José Laguillo 8, ✉ 41003, ℘ 441 11 11, Fax 453 57 02 - |♦| ▤ 📺 ☎ 🚗 - 🎤 25/150. AE ⓓ E VISA. ⌀ — CV **a**
Com 2000 - ☕ 1000 - **78 hab** 14500/16900 - PA 5000.

Giralda, Sierra Nevada 3, ✉ 41003, ℘ 441 66 61, Telex 72417, Fax 441 93 52 - |♦| ▤ 📺 ☎ - 🎤 25/250. AE ⓓ E VISA. ⌀ — CX **e**
Com 2000 - ☕ 950 - **90 hab** 13500/15900.

Derby sin rest, pl. del Duque 13, ✉ 41002, ℘ 456 10 88, Telex 72709, Fax 421 33 91, Terraza con ≤ - |♦| ▤ 📺 ☎. AE ⓓ E VISA. ⌀ — BV **r**
☕ 550 - **75 hab** 7000/9500.

Bécquer sin rest, Reyes Católicos 4, ✉ 41001, ℘ 422 89 00, Telex 72884, Fax 421 44 00 - |♦| ▤ 📺 ☎ 🚗 - 🎤 25/45. AE ⓓ E VISA. ⌀ — AX **v**
☕ 700 - **120 hab** 7000/10000.

Doña María sin rest, Don Remondo 19, ✉ 41004, ℘ 422 49 90, Fax 421 95 46, « Decoración clásica elegante-Terraza con ⛆ y ≤ » - |♦| ▤ 📺 ☎ - 🎤 25/40. AE ⓓ E VISA JCB. ⌀ — BX **u**
☕ 1000 - **61 hab** 10000/16000.

Monte Triana sin rest, Clara de Jesús Montero 24, ✉ 41010, ℘ 434 31 11, Fax 434 33 28 - |♦| ▤ 📺 ☎ 🚗 - 🎤 25/50. AE E VISA. ⌀ — ER **a**
☕ 700 - **117 hab** 7000/10000.

Alcázar sin rest, Menéndez Pelayo 10, ✉ 41004, ℘ 441 20 11, Telex 72360, Fax 442 16 59 - |♦| ▤ 📺 ☎ 🚗. AE ⓓ E VISA. ⌀ — CY **u**
☕ 700 - **100 hab** 10000/15000.

Fernando III, San José 21, ✉ 41004, ℘ 421 77 08, Telex 72491, Fax 422 02 46, ⛆ - |♦| ▤ 📺 ☎ 🚗 - 🎤 25/250. AE ⓓ E VISA. ⌀ rest — CX **z**
Com 2500 - ☕ 850 - **157 hab** 11500/16000 - PA 5850.

América sin rest, con cafetería, Jesús del Gran Poder 2, ✉ 41002, ℘ 422 09 51, Telex 72709, Fax 421 06 26 - |♦| ▤ 📺 ☎. AE ⓓ E VISA. ⌀ — BV **h**
☕ 550 - **100 hab** 7000/9500.

Hispalis, av. de Andalucía 52, ✉ 41006, ℘ 452 94 33, Telex 73208, Fax 467 53 13 - |♦| ▤ 📺 ☎ 🅿 - 🎤 25/40. AE ⓓ E VISA. ⌀ — GR **v**
Com 2000 - ☕ 950 - **68 hab** 8900/11500.

Regina sin rest, San Vicente 97, ✉ 41002, ℘ 490 75 75, Fax 490 75 62 - |♦| ▤ 📺 ☎ 🚗. AE ⓓ E VISA. ⌀ - ☕ 800 - **72 hab** 7500/11000. — FR **d**

Monte Carmelo sin rest, Turia 7, ✉ 41011, ℘ 427 90 00, Telex 73195, Fax 427 10 04 - |♦| ▤ 📺 ☎ 🚗. AE VISA. ⌀ - ☕ 700 - **68 hab** 7000/10000. — FR **f**

Cervantes sin rest., Cervantes 10 ℘ 490 05 52, Fax 490 05 36 - |♦| ▤ 📺 ☎ 🚗. AE ⓓ E VISA. ⌀ - ☕ 800 - **48 hab** 9200/11500. — BV **k**

La Rábida, Castelar 24, ✉ 41001, ℘ 422 09 60, Telex 73062, Fax 422 43 75, ⛱ - |♦| ▤ hab 📺 ☎. ⌀ rest — AX **d**
Com 1750 - ☕ 350 - **100 hab** 5000/8000 - PA 3100.

Corregidor sin rest, Morgado 17, ✉ 41003, ℘ 438 51 11, Fax 437 61 02 - |♦| ▤ 📺 ☎. AE ⓓ E VISA — BV **g**
☕ 700 - **83 hab** 11000/15000.

Venecia sin rest, Trajano 31, ⊠ 41002, ℘ 438 11 61, Fax 490 19 55 – AE VISA. BV **n**
400 – **24 hab** 12000/20000.

Murillo sin rest, Lope de Rueda 7, ⊠ 41004, ℘ 421 60 95, Fax 421 96 16 – AE E VISA. CX **s**
400 – **57 hab** 7000/12000.

Montecarlo, Gravina 51, ⊠ 41001, ℘ 421 75 03, Telex 72729, Fax 421 68 25 – rest AE E VISA. AX **e**
Com 1800 – 500 – **51 hab** 9000/14000 – PA 3280.

Europa sin rest y sin, Jimios 5, ⊠ 41001, ℘ 421 43 05, Fax 421 00 16 – AE E VISA BX **m**
16 hab 8000/10000.

Egaña Oriza, San Fernando 41, ⊠ 41004, ℘ 422 72 11, Fax 421 04 29, « Jardín de invierno » – AE E VISA. BY **y**
cerrado sábado mediodía, domingo y agosto – Com carta 5400 a 6600
Espec. Marinado de bacalao a la vinagreta de centollo (primavera), Salmorejo con ostras, jamón y huevos de codorniz (otoño), Tórtolas al vino tinto (sept)..

Florencia, av. Eduardo Dato 49, ⊠ 41018, ℘ 453 35 00, Telex 72913, Fax 453 23 42, Decoración elegante – AE E VISA. FR **a**
cerrado agosto – Com carta 2800 a 4725.

El Burladero, Canalejas 1, ⊠ 41001, ℘ 422 29 00, Telex 72726, Fax 422 09 38, Decoración evocando la tauromaquia – AE E VISA. AX **a**
cerrado agosto – Com carta 3500 a 4150.

Pello Roteta, Farmacéutico Murillo Herrera 10, ⊠ 41010, ℘ 427 84 17, Cocina vasca – AE E VISA. AY **y**
cerrado domingo y 15 agosto-15 septiembre – Com carta 2800 a 4000.

Florencia Pórtico, av. Kansas City, ⊠ 41007, ℘ 458 20 00, Fax 458 46 15 – AE E VISA. FR **s**
Com carta 3200 a 4700.

La Dehesa, Luis Morales 2, ⊠ 41005, ℘ 457 94 00, Telex 72772, Fax 458 23 09, Decoración típica andaluza, Carnes a la brasa – AE E. FR **v**
Com carta 3470 a 4850.

Rincón de Curro, Virgen de Luján 45, ⊠ 41011, ℘ 445 02 38 – AE E VISA.
cerrado domingo y agosto – Com carta 4100 a 5000. FR **z**

Ox's, Betis 61, ⊠ 41010, ℘ 427 95 85, Fax 427 84 65, Cocina vasca – AE E VISA. AY **b**
cerrado domingo en verano, domingo noche en invierno y agosto – Com carta 4600 a 5500.

La Isla, Arfe 25, ⊠ 41001, ℘ 421 26 31, Fax 456 22 19 – AE E VISA. BX **a**
cerrado 15 agosto-15 septiembre – Com carta 4200 a 5400.

Río Grande, Betis, ⊠ 41010, ℘ 427 39 56, Fax 427 98 46, « Amplia terraza a la orilla del río » – AE E VISA JCB AY **r**
Com carta 3200 a 4300.

Figón del Cabildo, pl. del Cabildo, ⊠ 41001, ℘ 422 01 17, Fax 422 17 52 – AE E VISA. BX **e**
cerrado domingo – Com carta 4100 a 5000.

Jamaica, Jamaica 16, ⊠ 41012, ℘ 461 12 44, Fax 461 10 50 – AE VISA. FS **b**
cerrado domingo noche y agosto – Com carta 2850 a 4400.

La Encina, Virgen de Aguas Santas 6 – acceso E, ⊠ 41011, ℘ 445 93 22 – AE E VISA JCB. FR **c**
cerrado domingo, 2ª quincena de enero y 1ª de agosto – Com carta aprox. 4500.

Enrique Becerra, Gamazo 2, ⊠ 41001, ℘ 421 30 49, Fax 422 70 93 – AE E VISA.
cerrado domingo y 2ª quincena de agosto – Com carta 3300 a 4700. BX **b**

La Albahaca, pl. Santa Cruz 12, ⊠ 41004, ℘ 422 07 14, Fax 456 12 04, « Instalado en una antigua casa señorial » – AE E VISA JCB. CX **t**
cerrado domingo – Com carta 4400 a 5400.

Rincón de Casana, Santo Domingo de la Calzada 13, ⊠ 41018, ℘ 453 17 10, Fax 464 49 74, Decoración regional – AE E VISA. FR **a**
cerrado domingo en julio-agosto – Com carta 3575 a 4475.

La Raza, av. Isabel la Católica 2, ⊠ 41013, ℘ 423 38 30, Fax 423 20 24 – AE E VISA. BY **d**
cerrado lunes – Com carta 2525 a 4350.

El Mero, Betis 1, ⊠ 41010, ℘ 433 42 52, Pescados y mariscos – AE E VISA.
cerrado martes y febrero – Com carta 2800 a 4200. AX **p**

Manolo García, Virgen de las Montañas 25, ⊠ 41011, ℘ 445 46 77 – AE E VISA JCB. FR **m**
cerrado domingo – Com carta 2650 a 3750.

Bodegón El Riojano, Virgen de las Montañas 12, ⊠ 41011, ℘ 445 06 82 – AE E VISA. FR **r**
Com carta 3500 a 4500.

El Cantábrico, Jesús del Gran Poder 20, ✉ 41002, ☎ 438 73 03 – ▤. AE E VISA. ⊗
cerrado domingo, festivos noche y agosto – Com carta 2650 a 4050. BV **z**

Don José, av. Dr. Pedro Castro - edificio Portugal, ✉ 41004, ☎ 441 44 02 – ▤. AE ⓓ E VISA FR **n**
cerrado domingo y 2ª quincena de agosto – Com carta 2400 a 3300.

Becerrita, Recaredo 9, ✉ 41003, ☎ 441 20 57, Fax 422 70 93 – ▤. AE ⓓ E VISA. ⊗
cerrado domingo noche y del 15 al 31 agosto – Com carta 3100 a 4000. CX **a**

Los Alcázares, Miguel de Mañara 10, ✉ 41004, ☎ 421 31 03, Fax 456 18 29, ☂, Decoración regional – ▤. AE ⓓ VISA. ⊗ BY **q**
cerrado domingo – Com carta 2775 a 3825.

Taberna del Postigo, Tomás de Ibarra 2, ✉ 41001, ☎ 421 61 91 – ▤. AE ⓓ E VISA. ⊗
cerrado sábado – Com carta 3100 a 3400. BX **n**

en la carretera de Utrera - GS – ✉ 41089 Sevilla – ☎ 95 :

Palmera Real, ☎ 412 41 11, Fax 412 43 44, ⛱, ✗ – |‡| ▤ TV ☎ P – 🏛 25/300. AE VISA. ⊗ GS **b**
Com 2800 – ☐ 800 – **134 hab** 12000/15000 – PA 5200.

en San Juan de Aznalfarache - ER y ES – ✉ 41920 San Juan de Aznalfarache – ☎ 95 :

Alcora ⛰, carret. de Tomares, ☎ 476 94 00, Fax 476 94 98, ←, « Bonito patio con plantas », Ⅎ, ⛱ – |‡| ▤ TV ☎ ♿ 🚗 P – 🏛 25/600. AE ⓓ E VISA. ⊗ ER **e**
Com 3000 – ☐ 1500 – **421 hab** 16000/20000 – PA 6375.

Betania, cerro del Sagrado Corazón ☎ 476 80 33, Fax 476 44 99, ←, Antiguo convento, « Terraza-jardín con ⛱ » – |‡| ▤ TV ☎ P – 🏛 25/120. AE ⓓ E VISA. ⊗ rest ES **n**
cerrado agosto – Com 3000 – ☐ 900 – **97 hab** 14400/18000.

en Bellavista por ③ – ✉ 41014 Sevilla – ☎ 95

Bellavista Sevilla, carret. N IV, 7 km ☎ 469 35 00, Fax 469 35 18, ⛱ – |‡| ▤ TV ☎ 🚗 P. AE E VISA. ⊗
Com 2500 – ☐ 750 – **104 hab** 15000.

Doña Carmela, av. de Jerez 14, 5,5 km, ☎ 469 29 03, Fax 469 34 37 – |‡| ▤ TV ☎ 🚗. AE VISA. ⊗ rest
Com 1500 – ☐ 500 – **30 hab** 8000/10000 – PA 2800.

Ver también : ***Benacazón*** por ④ : 23 km
Sanlúcar la Mayor por ④ : 27 km.

S.A.F.E. Neumáticos MICHELIN, Sucursal, Polígono Industrial El Pino - carretera de Málaga km 5,5, ✉ 41016, GR ☎ 451 08 44 y 452 22 22, Fax 451 84 88

SIERRA BLANCA

Málaga – ver Ojén.

SIERRA DE CAZORLA

Jaen – ver Carzola.

SIERRA NEVADA

18196 Granada 446 U 19 – alt. 2 080 – ☎ 958 – Deportes de invierno ⛷1 ⛷17.
♦Madrid 461 – ♦Granada 32.

Meliá Sierra Nevada, pl. Pradollano ☎ 48 04 00, Telex 78507, Fax 48 04 58, ←, ⛱ – |‡| TV ☎ – 🏛 25/250. AE ⓓ E VISA. ⊗
diciembre-mayo – Com (solo buffet) 3200 – ☐ 1200 – **221 hab** 15200/19000.

Kenia Nevada, ☎ 48 09 11, Fax 48 08 07, ←, « Conjunto de estilo alpino », Ⅎ, ⛱ – |‡| TV ☎ 🚗. AE ⓓ E VISA. ⊗
cerrado octubre-noviembre – Com 2500 – ☐ 950 – **67 hab** 7850/14500 – PA 5055.

Maribel ⛰, Balcón de Pradollano ☎ 48 06 00, Fax 48 05 06, ←, « Conjunto de estilo alpino », Ⅎ – |‡| TV ☎ P – **23 hab.**

Meliá Sol y Nieve, pl Pradollano ☎ 48 03 00, Telex 78507, Fax 48 08 54, ← – |‡| TV ☎. AE ⓓ E VISA. ⊗
diciembre-mayo – Com (solo buffet) 2950 – ☐ 1100 – **186 hab** 11600/14500.

Navasur ⛰, pl. Pradollano ☎ 48 03 50, Fax 48 03 65, ← Sierra Nevada y valle, ⛱ – |‡| TV ☎. AE E VISA
junio-agosto y diciembre-abril – Com 2600 – ☐ 900 – **65 hab** 8000/13000.

Los Príncipes ⛰, Edificio Muley Hacen ☎ 48 07 12, Fax 48 09 32, ← Sierra Nevada y valle – |‡| ▤ rest TV ☎ 🚗. AE ⓓ E VISA JCB. ⊗ rest
diciembre-5 mayo – Com 2500 – ☐ 750 – **40 hab** 10500/15000.

Mont Blanc, pl. Pradollano ☎ 48 06 50, Fax 48 06 11 – TV ☎ – **46 hab.**

Ruta del Veleta Sierra Nevada, Edificio Bulgaria ☎ 48 12 01 – AE ⓓ E VISA JCB. ⊗
diciembre- abril – Com carta 3050 a 5300.

en la carretera del Pico de Veleta SE : 5,5 km – ✉ 18196 Sierra Nevada – ☎ 958 :

Parador Sierra Nevada (posible cierre por obras), alt. 2 500 ☎ 48 02 00, Fax 48 02 12, ← – TV ☎ ⇔ P. AE ① VISA.
Com 3000 – 1000 – **32 hab** 9000 – PA 5950.

en la carretera de Granada – ✉ 18196 Sierra Nevada – ☎ 958 :

Santa Cruz, NO : 10 km. y desvío a la derecha 0,5 km ☎ 47 08 00, Fax 47 08 06, ←, – ☎ P – 25/250
66 hab.

Granada Ski, NO : 10 km ☎ 47 08 38, Fax 47 08 38, ← – TV. AE ① E VISA
diciembre-mayo – Com 1100 – 275 – **43 hab** 5000/8000.

Don José y Rest. Los Jamones, NO : 9 km ☎ 26 48 78, ← – TV P. AE ① E VISA JCB.
rest
Com carta 2250 a 3200 – 350 – **29 hab** 6000/13000.

SIETE AGUAS **46392** Valencia 445 N 27 – ☎ 96.
♦Madrid 298 – ♦Albacete 122 – Requena 19 – ♦Valencia 50.

en la carretera N III SE : 5,5 km – ✉ 46360 Buñol – ☎ 96

Venta L'Home, ☎ 250 35 15, Decoración rústica, Carnes, Casa de Postas del siglo XVII, – P. AE ① E VISA.
cerrado del 1 al 20 junio y del 11 al 30 noviembre – Com carta 2250 a 4500.

Pour voyager rapidement, utilisez les cartes Michelin "Grandes Routes" :

970 Europe, 980 Grèce, 984 Allemagne, 985 Scandinavie-Finlande,
986 Grande-Bretagne-Irlande, 987 Allemagne-Autriche-Benelux, 988 Italie,
989 France, 990 Espagne-Portugal, 991 Yougoslavie.

SIGÜENZA **19250** Guadalajara 444 I 22 – 5 656 h. alt. 1 070 – ☎ 911.
Ver : Catedral★★ (Interior : puerta capilla de la Anunciación★, conjunto escultórico del crucero★★, techo de la sacristía★, cúpula de la capilla de las Reliquias★, púlpitos presbiterio★, crucifijo capilla girola★, capilla del Doncel : sepulcro del Doncel★★).
♦Madrid 129 – ♦Guadalajara 73 – Soria 96 – ♦Zaragoza 191.

Parador Castillo de Sigüenza, ☎ 39 01 00, Telex 22517, Fax 39 13 64, « Instalado en un castillo medieval » – TV ☎ P – 25/120. AE ① VISA.
Com 3200 – 1100 – **77 hab** 11500 – PA 6375.

El Doncel, paseo de la Alameda 3 ☎ 39 00 01, Fax 39 00 80 – rest TV ☎. ① E VISA.
Com 1400 – 500 – **20 hab** 3100/5300 – PA 2640.

El Motor, carret. de Madrid 2 ☎ 39 08 27, Fax 39 00 07 – rest TV ☎ ⇔ P. E VISA.
Com *(cerrado martes, 15 días en abril y 15 días en septiembre)* 1000 – 300 – **18 hab** 3000/5000 – PA 1955.

El Motor, Calvo Sotelo 12 ☎ 39 03 43, Fax 39 00 07 – . E VISA.
cerrado lunes, 15 días en abril y 15 días en septiembre – Com carta 2900 a 3400.

SILS **17410** Gerona 443 G 38 – 1 853 h. alt. 75 – ☎ 972.
♦Madrid 689 – ♦Barcelona 76 – Gerona/Girona 30.

en la carretera N II E : 1,5 km – ✉ 17410 Sils – ☎ 972 :

Hostal de la Granota, ☎ 85 30 44, Fax 85 31 85, , « Ambiente típico catalán » – P. AE VISA.
cerrado miércoles y 10 julio-10 agosto – Com carta 2150 a 3600.

S'ILLOT Baleares – ver Baleares (Mallorca).

SIMANCAS **47130** Valladolid 442 H 15 – 1 417 h. alt. 725 – ☎ 983.
♦Madrid 197 – Avila 117 – ♦Salamanca 103 – ♦Segovia 125 – ♦Valladolid 11 – Zamora 85.

en la carretera del pinar SE : 4 km – ✉ 47130 Simancas – ☎ 983 :

El Bohío, ☎ 59 00 55, , « Lindando con un pinar al borde del Duero », – . AE ① E VISA.
cerrado lunes y martes – Com carta 3350 a 3950.

SINARCAS **46320** Valencia 445 M 26 – 1 355 h. – ☎ 96.
♦Madrid 289 – ♦Albacete 137 – Cuenca 104 – Teruel 93 – ♦Valencia 103.

Valencia, carret. de Teruel 2 ☎ 218 40 14
15 hab.

SITGES **08870** Barcelona 443 I 35 - 11 850 h. - ✆ 93 - Playa.

Ver : Localidad veraniega★.

Club Terramar ✆ 894 05 80 AZ.

passeig Vilafranca ✆ 894 12 30.

♦Madrid 597 ① - ♦Barcelona 43 ② - ♦Lérida/Lleida 135 ① - Tarragona 53 ③.

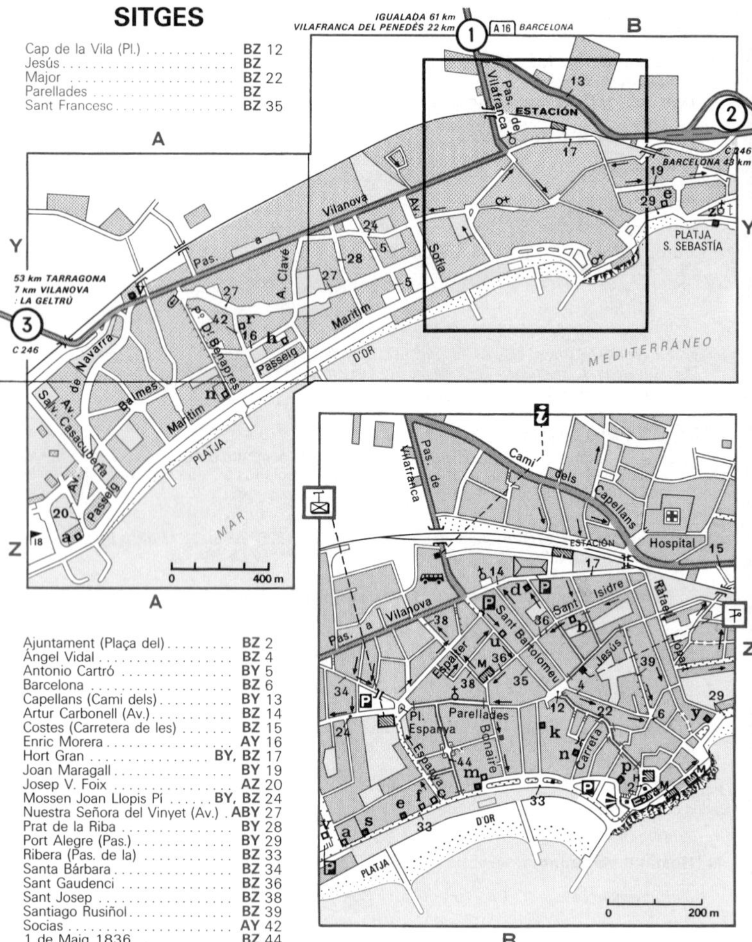

Cap de la Vila (Pl.) . . . . BZ 12
Jesús . . . . BZ
Major . . . . BZ 22
Parellades . . . . BZ
Sant Francesc . . . . BZ 35

Ajuntament (Plaça del) . . . . BZ 2
Ángel Vidal . . . . BZ 4
Antonio Cartró . . . . BY 5
Barcelona . . . . BZ 6
Capellans (Camí dels) . . . . BY 13
Artur Carbonell (Av.) . . . . BZ 14
Costes (Carretera de les) . . . . BZ 15
Enric Morera . . . . AY 16
Hort Gran . . . . BY, BZ 17
Joan Maragall . . . . BY 19
Josep V. Foix . . . . AZ 20
Mossen Joan Llopis Pí . . . . . . BY, BZ 24
Nuestra Señora del Vinyet (Av.) . ABY 27
Prat de la Riba . . . . BY 28
Port Alegre (Pas.) . . . . BY 29
Ribera (Pas. de la) . . . . BZ 33
Santa Bárbara . . . . BZ 34
Sant Gaudenci . . . . BZ 36
Sant Josep . . . . BZ 38
Santiago Rusiñol . . . . BZ 39
Socias . . . . AY 42
1 de Maig 1836 . . . . BZ 44

Terramar ⛵, passeig Marítim 80 ✆ 894 00 50, Telex 53186, Fax 894 56 04, <, , , , , 18 - ||| TV ☎ - 25/300. AE ⓪ E VISA. ✂ — AZ **a**
mayo-octubre - Com 2000 - **209 hab** ☐ 9450/15650.

San Sebastián Playa y Rest. La Concha, Port Alegre 53 ✆ 894 86 76, Fax 894 04 30, « Bonita decoración », - ||| TV ☎ . AE ⓪ E VISA. ✂ — BY **e**
Com carta 3450 a 4100 - ☐ 1100 - **51 hab** 15000/19000.

Calípolis, passeig Marítim ✆ 894 15 00, Fax 894 07 64, < - ||| TV ☎ - 25/150. AE ⓪ E VISA JCB. ✂ rest — BZ **a**
Com 2450 - ☐ 1050 - **170 hab** 14400/18000 - PA 4650.

Aparthotel Mediterráneo sin rest, con cafetería, av. Sofía 3 ✆ 894 51 34, Fax 894 51 34, <, , - ||| TV ☎ - 25/100. AE ⓪ E VISA. ✂ — BZ **v**
45 apartamentos 16500/20500.

Antemare , Verge de Montserrat 48 ℘ 894 70 00, Telex 52962, Fax 894 63 01, , - 25/150. AE E VISA. AY **h**
Com 4255 - 1265 - **117 hab** 12000/16000.

Subur Maritim, passeig Maritim ℘ 894 15 50, Fax 894 04 27, ≤, « Césped con » - AE E VISA. rest AZ **n**
Com 2250 - 1000 - **46 hab** 11250/14150 - PA 4650.

Subur, passeig de la Ribera ℘ 894 00 66, Telex 52962, Fax 894 69 86, - hab AE E VISA JCB. rest BZ **c**
Com 1750 - 800 - **95 hab** 5150/9200 - PA 3655.

Galeón, San Francisco 44 ℘ 894 06 12, Fax 894 63 35, - rest . E VISA. BZ **u**
mayo-octubre - Com 1300 - 500 - **47 hab** 5500/10000 - PA 2600.

La Santa María, passeig de la Ribera 52 ℘ 894 09 99, Fax 894 78 71, - . AE E VISA. BZ **f**
marzo-noviembre - Com 1200 - 650 - **48 hab** 4750/7500.

Platjador, passeig de la Ribera 35 ℘ 894 50 54, Fax 894 63 35, - . E VISA. BZ **m**
abril-octubre - Com 1300 - 500 - **59 hab** 6000/10500 - PA 2600.

Romantic y la Renaixença sin rest, Sant Isidre 33 ℘ 894 83 75, Fax 894 81 67, « Patio-jardín con arbolado » - . AE E VISA BZ **b**
20 marzo-octubre - 750 - **55 hab** 5200/7500.

Arcadia sin rest, Socias 22 ℘ 894 09 00, Fax 894 63 01 - . AE E VISA. AY **r**
junio-septiembre - 1265 - **38 hab** 9800/13500.

XXX **El Greco,** passeig de la Ribera 70 ℘ 894 29 06, Fax 894 29 06, - AE E VISA. BZ **s**
cerrado martes - Com carta 2800 a 4100.

XX **El Velero,** passeig de la Ribera 38 ℘ 894 20 51 - . AE E VISA JCB. BZ **m**
cerrado domingo noche en invierno y lunes todo el año - Com carta 2895 a 3550.

XX **Fragata,** passeig de la Ribera 1 ℘ 894 10 86, - . AE E VISA. BZ **p**
Com carta aprox. 4000.

X **Mare Nostrum,** passeig de la Ribera 60 ℘ 894 33 93, - AE E VISA. BZ **e**
cerrado miércoles y enero - Com carta 3100 a 3450.

X **La Masía,** passeig Vilanova 164 ℘ 894 10 76, Fax 894 73 31, , Decoración rústica regional - . AE E VISA AY **v**
Com carta 2400 a 4000.

X **Vivero,** passeig Balmins ℘ 894 21 49, ≤, , Pescados y mariscos - . AE E VISA. BY **z**
cerrado martes de enero a junio y 14 diciembre-14 enero - Com carta 2350 a 3500.

X **Oliver's,** Isla de Cuba 39 ℘ 894 35 16 - . E VISA. BZ **d**
cerrado lunes y 25 diciembre-10 enero - Com (sólo cena) carta aprox. 3150.

X **Rafecas "La Nansa",** Carreta 24 ℘ 894 19 27, Fax 894 73 31 - . AE E VISA. BZ **n**
cerrado martes noche (salvo en verano), miércoles y enero-12 febrero - Com carta 2230 a 3150.

X **La Torreta,** Port Alegre 17 ℘ 894 52 53, - AE E VISA. BZ **y**
cerrado martes y 22 diciembre-1 febrero - Com carta 3100 a 4800.

X **Els 4 Gats,** Sant Pau 13 ℘ 894 19 15 - . AE E VISA. BZ **k**
cerrado miércoles y 25 octubre-marzo - Com carta 2350 a 3400.

en el puerto de Aiguadolç por ② : 1,5 km - ✉ 08870 Sitges - 93 :

Gran Sitges , ℘ 811 08 11, Fax 894 90 97, ≤, , Teatro-auditorio, « Césped con », , - - 25/1400. AE E VISA.
Com 2500 - 1500 - **307 hab** 15600/19500 - PA 6500.

SOBRADO DE LOS MONJES 15312 La Coruña 441 C 5 - 3 466 h. - 981.

♦Madrid 552 - ♦La Coruña/A Coruña 64 - Lugo 46 - Santiago de Compostela 61.

San Marcus, ℘ 78 75 27, - . E VISA.
Com 1900 - 400 - **12 hab** 4200/6000 - PA 4000.

La SOLANA 13240 Ciudad Real 444 P 20 - 13 548 h. alt. 770 - 926.

♦Madrid 188 - Alcázar de San Juan 78 - Ciudad Real 67 - Manzanares 15.

San Jorge, carret. de Manzanares ℘ 63 34 02 - .
cerrado enero - Com 1100 - 300 - **21 hab** 2800/5200 - PA 2500.

SOLDEU Andorra - ver Andorra (Principado de).

SOLIVELLA **43412** Tarragona 443 H 33 - ☎ 977.
♦Madrid 525 - ♦Lérida/Lleida 66 - Tarragona 51.

X **Travé,** carret. d'Andorra 56 ☎ 89 21 65, Decoración típica. Carnes a la brasa - ▤. AE ⓓ E VISA JCB. ⚡
cerrado miércoles y del 1 al 15 de octubre - Com carta 2150 a 3600.

SOLSONA **25280** Lérida 443 G 34 - 6 230 h. alt. 664 - ☎ 973.
Ver : Museo diocesano★ (pinturas★★ románicas y góticas) - Catedral (Virgen del Claustro★).
ℹ av. del Pont, edifici Piscis ☎ 48 23 10.
♦Madrid 577 - ♦Lérida/Lleida 108 - Manresa 52.

XX **La Cabana d'en Geli,** carret. de Sant Llorenç de Morunys ☎ 48 29 57, ☂ - ▤ Ⓟ. AE ⓓ VISA. ⚡
cerrado martes noche, miércoles y del 4 al 27 noviembre - Com carta 2550 a 3850.

X Crisami con hab, carret. de Manresa ☎ 48 04 13
12 hab.

en la carretera de Manresa E : 1 km - ✉ 25280 Solsona - ☎ 973 :

XX Gran Sol, ☎ 48 10 00 - ▤ Ⓟ.

SÓLLER Baleares - ver Baleares (Mallorca).

SOMIÓ Asturias - ver Gijón.

SON BOU (Playa de) Baleares - ver Baleares (Menorca) : Alayor.

SON SERVERA Baleares - ver Baleares (Mallorca).

SON VIDA Baleares - ver Baleares (Mallorca) : Palma de Mallorca.

SOPELANA **48600** Vizcaya 442 B 21 - 6 259 h. - ☎ 94.
♦Madrid 439 - ♦Bilbao/Bilbo 20.

en Larrabasterra O : 1 km - ✉ 48600 Sopelana - ☎ 94 :

XX Itxas-Alde, carret. Arriatera 64 ☎ 676 00 15, ≤, ☂ - ▤ Ⓟ.

SORIA **42000** Ⓟ 442 G 22 - 32 039 h. alt. 1 050 - ☎ 975.
Ver : Iglesia de Santo Domingo★ (portada★★) A - Catedral de San Pedro (claustro ★) B - San Juan de Duero (claustro ★) B.
Excurs. : Sierra de Urbión★★ : Laguna Negra de Urbión★★ (carretera★★) 56 km por ④, Laguna Negra de Neila★★ (carretera ★★) 86 km por ④.
ℹ pl. Ramón y Cajal, ✉ 42003, ☎ 21 20 52 - R.A.C.E. Fco. López de Gomara 2, ✉ 42001, ☎ 22 26 63.
♦Madrid 225 ③ - ♦Burgos 142 ④ - Calatayud 92 ② - Guadalajara 169 ③ - ♦Logroño 106 ① - ♦Pamplona/Iruñea 167 ②.

Plano página siguiente

Parador Antonio Machado ⛰ (reapertura prevista en primavera), parque del Castillo, ✉ 42005, ☎ 21 34 45, Fax 21 28 49, ≤ valle del Duero y montañas - TV ☎ Ⓟ - 🏛 25/140. AE ⓓ VISA. ⚡ B e
Com 3200 - ☕ 1100 - **34 hab** 12000 - PA 6375.

Alfonso VIII, Alfonso VIII - 10, ✉ 42003, ☎ 22 62 11, Fax 21 36 65 - ⇅ ▤ rest TV ☎ 🚗 - 🏛 25/150. AE ⓓ E VISA. ⚡ A a
Com 1150 - ☕ 700 - **102 hab** 6800/8900 - PA 3570.

Caballero, Eduardo Saavedra 4, ✉ 42004, ☎ 22 01 00, Fax 22 01 12 - ⇅ ☎ Ⓟ. AE ⓓ E VISA. ⚡ por ④
Com 1300 - ☕ 550 - **84 hab** 5500/7600 - PA 3150.

Mesón Leonor ⛰, paseo del Mirón, ✉ 42005, ☎ 22 02 50, Fax 22 99 53, ≤ - ▤ rest TV ☎ Ⓟ. AE ⓓ E VISA. ⚡ rest B b
Com 1725 - ☕ 400 - **32 hab** 4700/8000 - PA 3000.

Viena sin rest y sin ☕, García Solier 1, ✉ 42001, ☎ 22 21 09 - ⇅ 🚗. AE E VISA A c
24 hab 1850/5000.

XX **Maroto,** paseo del Espolón 20, ✉ 42001, ☎ 22 40 86 - ▤. AE ⓓ E VISA. ⚡ A e
cerrado del 1 al 20 febrero - Com carta aprox. 5200.

XX **Santo Domingo II,** Aduana Vieja 15, ✉ 42002, ☎ 21 17 17 - ▤. AE ⓓ E VISA. ⚡ A v
cerrado lunes - Com carta 3500 a 5800.

XX **Mesón Castellano,** pl. Mayor 2, ✉ 42002, ☎ 21 30 45 - ▤. AE ⓓ E VISA. ⚡ B t
cerrado domingo de septiembre a abril y 2ª quincena enero - Com carta aprox. 3600.

X **Casa Garrido,** Vicente Tutor 8, ✉ 42001, ☎ 22 20 68 - ▤. AE ⓓ E VISA JCB A n
cerrado miércoles noche y del 16 al 30 de noviembre - Com carta 3100 a 4200.

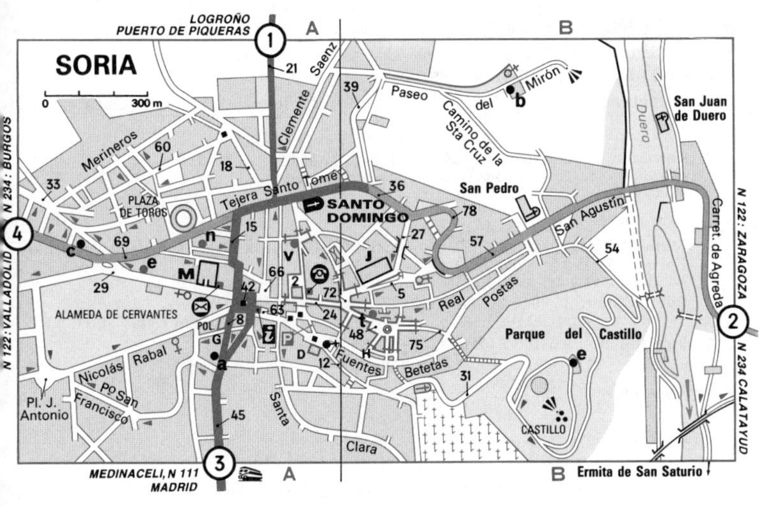

Collado	A	24
Mariano Granados (Pl.)	A	42
Ramón y Cajal (Pl.)	A	63
Ramón Benito Aceña (Pl.)	A	66
San Blas y el Rosel (Pl.)	A	72
Aduana Vieja	A	2
Aguirre	B	5
Alfonso VIII	A	8
Caballeros	A	12
Campo	A	15
Cardenal Frías	A	18
Casas	A	21
Condes de Gómara	B	27
Espolón (Paseo del)	A	29
Fortún López	B	31
García Solier	A	33
Hospicio	B	36
Logroño (Carret.)	B	39
Mariano Vicén (Av.)	A	45
Mayor (Plaza)	B	48
Nuestra Señora de Calatañazor	B	54
Obispo Agustín	B	57
Pedrizas	A	60
San Benito	A	69
Sorovega	B	75
Tirso de Molina	B	78

en la carretera N 122 por ② : 6 km – ✉ 42004 Soria – ☎ 975 :

🏨 Cadosa, ☎ 21 31 43, Fax 21 31 43, 🏊, 🎾 – ▤ rest 📺 ☎ 🚗 🅿 – 🎪 25/275
64 hab.

SORPE **25587** Lérida 443 E 33 – alt. 1 113 – ☎ 973.

♦Madrid 627 – ♦Lérida/Lleida 174 – Seo de Urgel/La Seu d'Urgell 90.

en la carretera del puerto de la Bonaigua O : 4,5 km – ✉ 25587 Sorpe – ☎ 973 :

🏨 **Els Avets** 🐎, ☎ 62 63 55, Fax 62 63 38, ≤, 🏊 climatizada – 📺 ☎ 🚗 🅿. E VISA. 🚫
julio-septiembre – Com 2400 – ☕ 850 – **28 hab** 5200/10400 – PA 5500.

SORT **25560** Lérida 443 E 33 – 1 496 h. alt. 720 – ☎ 973.

Alred. : NO : Valle de Llessui★★.

♦Madrid 593 – ♦Lérida/Lleida 136.

🏨 **Pessets,** carret. de Seo de Urgel ☎ 62 00 00, Fax 62 08 19, ≤, 🏊, 🏊, 🎾 – 🛗 📺 ☎ – 🎪 30/200. E VISA. 🚫 rest
cerrado noviembre – Com 1900 – ☕ 690 – **80 hab** 4500/6930 – PA 3385.

SOS DEL REY CATÓLICO **50680** Zaragoza 443 E 26 – 1 120 h. alt. 652 – ☎ 948.

Ver : Iglesia de San Esteban★ (cripta★, coro★).

Alred. : Uncastillo (iglesia de Santa María : portada Sur★, sillería★, claustro★) SE : 22 km.

♦Madrid 423 – Huesca 109 – ♦Pamplona/Iruñea 59 – ♦Zaragoza 122.

🏨 **Parador Fernando de Aragón** 🐎, ☎ 88 80 11, Fax 88 81 00, ≤, Conjunto de estilo aragonés – 🛗 ▤ 📺 ☎ 🅿 – 🎪 25/45. AE ⓓ VISA. 🚫
Com 3200 – ☕ 1100 – **65 hab** 9000 – PA 6375.

SOTO DEL BARCO **33126** Asturias 441 B 11 – 5 006 h. – ☎ 98.

♦Madrid 495 – Avilés 18 – Gijón 43 – ♦Oviedo 50.

🏨 **Figón de Mon,** Puerta del Sol ☎ 558 86 50 – 📺 ☎. AE ⓓ E VISA. 🚫
Com 1250 – ☕ 500 – **18 hab** 4000/7500 – PA 2700.

SOTOGRANDE **11310** Cádiz 446 X 14 - 956 - Playa.
18, 9 de Sotogrande ☎ 79 20 50 - 18 de Valderrama ☎ 79 27 75.
◆Madrid 666 - Algeciras 27 - ◆Cádiz 148 - ◆Málaga 111.

Sotogrande, carret. N 340 km 131 ☎ 79 51 00, Telex 78171, climatizada, 9 18 - TV ☎ P. AE E VISA. rest
Com 2230 - 1520 - **46 hab** 13000/18500 - PA 6430.

Bernardo con hab, carret. N 340 km 134 ☎ 79 41 32 - P. E VISA.
cerrado noviembre - Com *(cerrado miércoles)* carta 1600 a 2400 - 250 - **8 hab** 2600/4800.

en el puerto deportivo :

Club Marítimo, sin rest, ✉ apartado 3, ☎ 79 02 00, Fax 79 03 77, ≤, Patio con plantas, - TV ☎ - 25. AE E VISA. rest
1200 - **37 hab** 15000/20000.

Cabo Mayor, ☎ 79 03 90, Fax 79 03 77, ≤, - . AE E VISA.
cerrado domingo salvo en verano y 15 diciembre-15 enero - Com carta 4200 a 5400.

Vicente, local A-8 ☎ 79 02 12, - AE E VISA.
cerrado lunes (salvo agosto) y noviembre - Com carta 2650 a 3900.

SOTOJUSTO Pontevedra - ver Redondela.

SOTOSALBOS **40170** Segovia 442 I 18 - 96 h. - 911.
◆Madrid 106 - Aranda de Duero 98 - ◆Segovia 19.

A. Manrique, carret. N 110 ☎ 40 30 66, Decoración castellana - P.

SOTOSERRANO **37657** Salamanca 441 K 11 - 802 h. alt. 522 - 923.
◆Madrid 311 - Béjar 36 - Ciudad Rodrigo 61 - ◆Salamanca 106.

Mirador, carret. de Coria ☎ 42 21 55, ≤ - P. AE VISA.
Com 1000 - 300 - **14 hab** 2200/4200 - PA 2500.

SUANCES **39340** Cantabria 442 B 17 - 5 473 h. - 942 - Playa.
◆Madrid 394 - ◆Bilbao/Bilbo 131 - ◆Oviedo 182 - ◆Santander 31.

Posada del Mar sin rest, Cuba de Arriba 2 ☎ 81 12 33 - TV ☎. E VISA.
300 - **11 hab** 4300/7000.

en la zona de la playa :

Suances sin rest, con cafetería, Ceballos 45 ☎ 84 42 22, Fax 84 42 11, ≤, - TV ☎ P. VISA. - 400 - **26 hab** 6500/8500.

Vivero, Ceballos 75 A ☎ 81 13 02, Fax 81 13 02 - ☎ P
29 hab.

Sito, av. de la Marina Española 3 ☎ 81 04 16 - VISA.
cerrado lunes noche y enero - Com carta 2350 a 3450.

El Navío, av. de la Marina Española 6 ☎ 84 40 31.

en la zona del faro :

Albatros, Madrid 20 - carret. de Tagle ☎ 84 41 40, Fax 81 03 74, ≤, , - TV ☎ P. E VISA
Semana Santa- noviembre - Com 2000 - 500 - **40 hab** 9000/9500.

El Castillo sin rest, av. Acacio Gutiérrez 142 ☎ 81 03 83, Fax 81 03 74, ≤, Reproducción de un pequeño castillo - TV ☎. AE E VISA
500 - **11 hab** 7500/8000.

El Caserío con hab, av. Acacio Gutiérrez 159 ☎ 81 05 75, Fax 81 05 76 - rest TV . AE E VISA JCB.
cerrado 15 diciembre-15 enero - Com *(cerrado martes)* carta 3000 a 3900 - 600 - **9 hab** 7500.

SURIA **08260** Barcelona 443 G 35 - 6 745 h. alt. 280 - 93.
◆Madrid 596 - ◆Barcelona 80 - ◆Lérida/Lleida 127 - Manresa 15.

Guilá "Can Pau" con hab, Salvador Vancell 19 ☎ 869 53 28, Fax 868 21 78 - rest. VISA
Com carta 1500 a 2550 - 550 - **36 hab** 3250/4250.

Los hoteles y restaurantes agradables
se indican en la guía con un símbolo rojo.
Ayúdenos señalándonos los establecimientos
que, a su juicio, lo merecen.
La guía del año que viene será aún mejor.

TAFALLA **31300** Navarra 442 E 24 - 9 863 h. alt. 426 - ✆ 948.
Alred. : Ujué★ E : 19 km.
♦Madrid 365 - ♦Logroño 86 - ♦Pamplona/Iruñea 38 - ♦Zaragoza 135.

XX ✿ **Tubal,** pl. de Navarra 2 1° ✆ 70 08 52 - ▤. AE ⓞ E VISA. ✻
cerrado domingo noche, lunes y 22 agosto-7 septiembre - Com carta 3400 a 4450
Espec. Hojaldre de langostinos con pimientos de piquillo en su salsa, Lomos de merluza con centollo en salsa de verduras, Frutas al vino tinto con sus sorbetes..

en la carretera N 121 S : 3 km - ✉ 31300 Tafalla - ✆ 948 :

Tafalla, ✆ 70 03 00, Fax 70 30 52 - ▤ rest ☎ Ⓟ. AE ⓞ E VISA JCB. ✻
cerrado 20 diciembre-6 enero - Com *(cerrado viernes)* carta 3300 a 4900 - ☕ 700 - **28 hab** 4500/7000.

TAFIRA ALTA Gran Canaria - ver Canarias (Gran Canaria).

TALAMANCA (Playa de) Baleares - ver Baleares (Ibiza).

TALAVERA DE LA REINA **45600** Toledo 444 M 15 - 64 136 h. alt. 371 - ✆ 925 - R.A.C.E. Portiña de San Miguel 47 ✆ 80 85 57.
♦Madrid 120 - Ávila 121 - ♦Cáceres 187 - ♦Córdoba 435 - Mérida 227.

Beatriz y Rest. Anticuario, av. de Madrid 1 ✆ 80 76 00, Telex 47941, Fax 81 58 08 - |♦| ▤ TV ☎ - 🏛 25/1000. AE ⓞ E VISA. ✻
Com 2000 - ☕ 600 - **161 hab** 6050/8580 - PA 4125.

Perales sin rest, av. Pio XII - 3 ✆ 80 39 00, Fax 80 39 00 - |♦| ☎. VISA. ✻
☕ 250 - **65 hab** 3400/5100.

Talavera, av. Gregorio Ruiz 1 ✆ 80 02 00, Fax 80 51 16 - |♦| ▤ rest ☎ 🚗. VISA. ✻ rest
Com 1565 - ☕ 355 - **78 hab** 3300/5300 - PA 2315.

Auto-Estación sin rest y sin ☕, av. de Toledo 1 ✆ 80 03 00, Fax 80 03 00 - ☎. AE ⓞ E VISA
40 hab 2600/4100.

en la antigua carretera N V O : 1,8 km - ✉ 45600 Talavera de la Reina - ✆ 925 :

X **Un Alto en el Camino,** ✆ 80 41 07 - Ⓟ. AE ⓞ E VISA. ✻
cerrado martes y noviembre - Com carta 2500 a 3100.

TAMARITE DE LITERA **22550** Huesca 443 G 31 - ✆ 974.
♦Madrid 506 - Huesca 96 - ♦Lérida/Lleida 36.

XX **Casa Toro,** av. Florences Gili ✆ 42 03 52 - ▤ Ⓟ. AE E VISA
cerrado domingo noche, lunes y 2ª quincena de noviembre - Com carta 1950 a 3950.

TAMARIÚ (Playa de) Gerona - ver Palafrugell.

TAPIA DE CASARIEGO **33740** Asturias 441 B 9 - 5 328 h. - ✆ 98 - Playa.
🅘 pl. Constitución ✆ 562 82 05.
♦Madrid 578 - ♦La Coruña/A Coruña 184 - Lugo 99 - ♦Oviedo 143.

Puente de los Santos sin rest, carret. N 634 ✆ 562 81 55, Fax 562 84 37 - ☎ 🚗 Ⓟ. AE ⓞ E VISA. ✻
☕ 375 - **32 hab** 3150/5975.

San Antón sin rest, pl. San Blas 2 ✆ 562 80 00 - ☎. AE E VISA. ✻
15 junio-15 septiembre - ☕ 345 - **18 hab** 4050/6575.

XX **Palermo,** Bonifacio Amago 13 ✆ 562 83 70 - E VISA. ✻
cerrado domingo noche - Com carta 3100 a 4200.

TARAMUNDI **33775** Asturias 441 B 8 - 1 234 h. - ✆ 98.
♦Madrid 571 - Lugo 65 - ♦Oviedo 195.

La Rectoral 🔇, La Villa ✆ 563 40 60, Fax 563 40 77, ≤ valle y montañas, 🌂, « Rústico regional del siglo XVII », 🏋 - ▤ TV ☎ Ⓟ - 🏛 25. AE ⓞ E VISA JCB. ✻
Com 2000 - ☕ 850 - **7 hab** 10000/12500 - PA 4000.

TARANCÓN **16400** Cuenca 444 L 20 y 21 - 9 799 h. alt. 806 - ✆ 966.
♦Madrid 81 - Cuenca 82 - ♦Valencia 267.

X **Mesón del Cantarero,** carret. N III ✆ 11 05 33, Fax 32 42 12, 🌂 - ▤ Ⓟ. AE ⓞ E VISA. ✻ - *cerrado domingo noche, lunes y 10 enero-10 febrero* - Com carta 2250 a 3900.

X Stop con hab, carret N III ✆ 11 01 00, 🌂 - ▤ rest Ⓟ
14 hab.

X **Celia,** Juan Carlos I - 14 ✆ 11 00 84 - ▤. E VISA. ✻
cerrado domingo y del 1 al 15 julio - Com carta 2175 a 3700.

TARAZONA **50500** Zaragoza 443 G 24 - 11 195 h. alt. 480 - ☎ 976.
Ver : Catedral (capilla★).
Alred. : Monasterio de Veruela★★ (iglesia abacial★★, claustro★ : sala capitular★).
Iglesias 5 ☎ 64 00 74.
♦Madrid 294 - ♦Pamplona/Iruñea 107 - Soria 68 - ♦Zaragoza 88.

Ituri-Asso, Virgen del Rio 3 ☎ 64 31 96, Fax 64 04 66 - 25/300. AE VISA.
Com *(cerrado domingo noche y noviembre)* 850 - 400 - **17 hab** 5000/8500 - PA 2050.

Brujas de Bécquer, carret. de Zaragoza, SE : 1 km ☎ 64 04 04, Fax 64 01 98 - rest - 25/800. AE E VISA. rest
Com 900 - 350 - **60 hab** 2950/4450 - PA 2150.

El Galeón, av. La Paz 1 ☎ 64 29 65 - AE E VISA
Com carta 2000 a 3500.

TARIFA **11380** Cádiz 446 X 13 - 15 220 h. - ☎ 956 - Playa.
Ver : Castillo de Guzmán el Bueno ≤★.
para Tánger : Cia Transtour - Touráfrica, estación Marítima ☎ 68 47 51.
♦Madrid 715 - Algeciras 22 - ♦Cádiz 99.

en la carretera de Cádiz - ✉ 11380 Tarifa - ☎ 956 :

Balcón de España , La Peña 2 - NO : 8 km, ✉ apartado 57, ☎ 68 43 26, Fax 68 43 26, AE E VISA. rest
abril-22 octubre - Com 2700 - 575 - **38 hab** 7250/9750 - PA 5000.

San José del Valle, cruce de Bolonia, NO : 15 km ☎ 68 70 92 - E VISA.
Com *(cerrado del 1 al 20 noviembre)* 1100 - 300 - **17 hab** 5000/8000 - PA 2200.

La Codorniz, NO : 6,5 km ☎ 68 47 44, Fax 68 41 01, - rest AE E VISA. rest
Com 1460 - 435 - **35 hab** 5920/7400 - PA 2740.

El Rincón de Manolo, NO : 8,5 km ☎ 64 34 10, - .

en la carretera de Málaga NE : 11 km - ✉ 11380 Tarifa - ☎ 956 :

Mesón de Sancho, ✉ apartado 25, ☎ 68 49 00, Fax 68 47 21, ≤, - AE E VISA. rest
Com 1600 - 490 - **45 hab** 5300/6700.

TARRAGONA **43000** P 443 I 33 - 111 869 h. alt. 49 - ☎ 977 - Playa.
Ver : Tarragona romana★ : Passeig Arqueològic★ BZ, Museo Arqueológico (cabeza de Medusa★★) BZ **M** - Necrópolis Paleocristiana (sarcófago de los leones★) AY - Ciudad medieval : Catedral★ (retablo de Santa Tecla★★, claustro★) BZ.
Alred. : Acueducto de las Ferreres★ 4 km por ④ - Mausoleo de Centcelles★ (mosaicos★) NO : 5 km por av. Ramón i Cajal.
de la Costa Dorada E : 8 km ☎ 65 54 16 - Iberia : Rambla Nova 116, ✉ 43001, ☎ 23 03 09 AZ.
: Cía. Trasmediterránea, Nou de Sant Oleguer 16, ✉ 43004, ☎ 22 55 06, Telex 56613 BY.
Rambla Nova 46, ✉ 43003 ☎ 23 21 43, Fortuny 4, ✉ 43001, ☎ 23 34 15 Major 39, ✉ 43003 ☎ 23 89 22 - R.A.C.E. Rambla Nova 114, ✉ 43001, ☎ 21 19 62.
♦Madrid 555 ④ - ♦Barcelona 109 ④ - Castellón de la Plana 184 ③ - ♦Lérida/Lleida 97 ④.

Plano página siguiente

Imperial Tarraco, paseo Palmeras, ✉ 43003, ☎ 23 30 40, Telex 56441, Fax 21 65 66, ≤, - 25/500. AE E VISA. BZ **d**
Com 2900 - 800 - **170 hab** 11100/13900 - PA 5150.

Lauria sin rest, Rambla Nova 20, ✉ 43004, ☎ 23 67 12, Fax 23 67 00, - AE E VISA BZ **e**
550 - **72 hab** 6000/9000.

Urbis sin rest, Reding 20 bis, ✉ 43001, ☎ 24 01 16, Fax 24 36 54 - AE E VISA. AZ **x**
600 - **44 hab** 5000/9000.

Astari, vía Augusta 95, ✉ 43003, ☎ 23 69 00, Fax 23 69 11, ≤, - AE E VISA BY **t**
2 mayo-octubre - Com (ver rest. Grasset) - 500 - **83 hab** 5000/6500.

París sin rest, Maragall 4, ✉ 43003, ☎ 23 60 12, Fax 23 86 54 - AE E VISA. BZ **b**
525 - **45 hab** 4500/8000.

España sin rest, Rambla Nova 49, ✉ 43003, ☎ 23 27 07 - AE E VISA JCB
450 - **40 hab** 3300/6000. AZ **a**

La Guingueta, Les Coques 9, ✉ 43003, ☎ 23 15 68 - AE E VISA JCB. BZ **c**
cerrado sábado mediodía, domingo y del 1 al 20 agosto - Com carta 3400 a 5800.

Grasset, vía Augusta 95, ✉ 43003, ☎ 23 14 45, - BY **t**

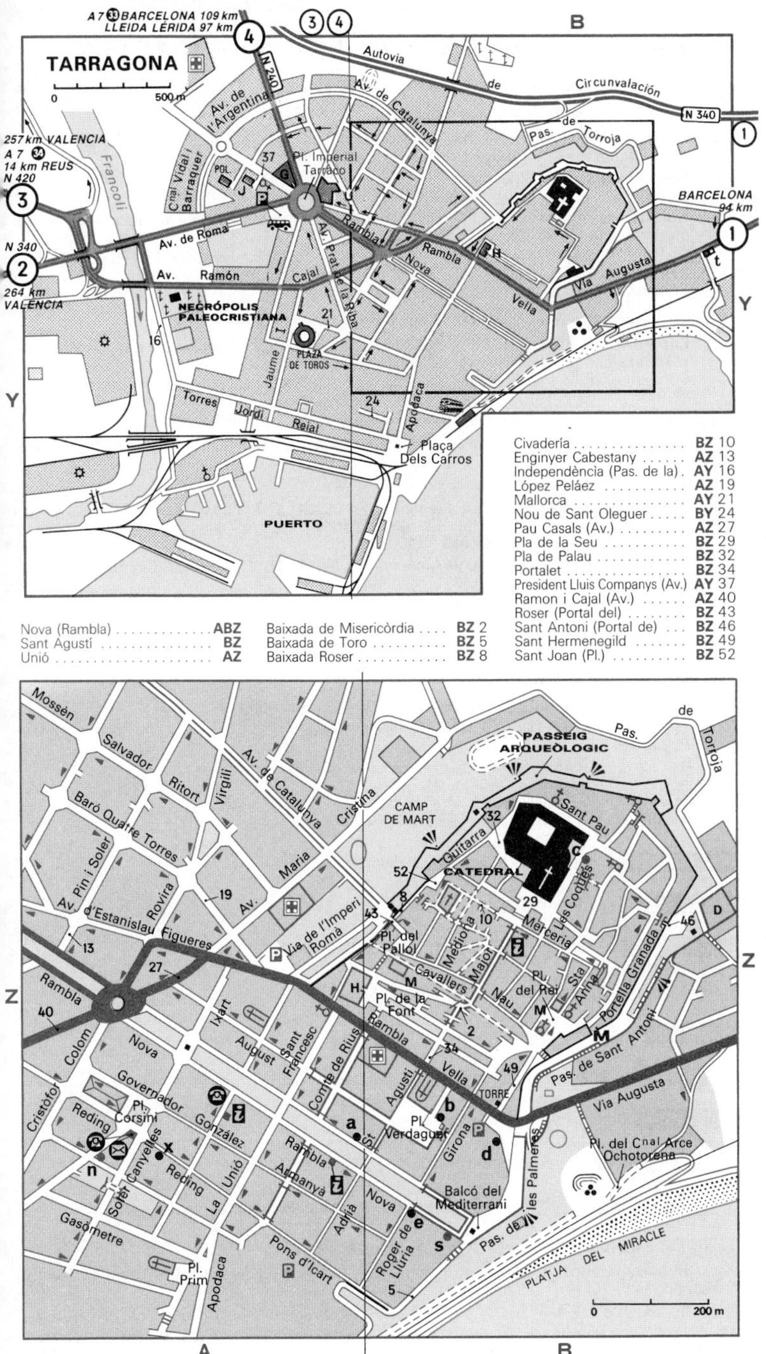

TARRAGONA
A 7 33 BARCELONA 109 km
LLEIDA LÉRIDA 97 km
257 km VALENCIA
A 7 34
14 km REUS
N 420
N 340
264 km VALENCIA
BARCELONA 94 km
N 340
N 240
Autovia de Circunvalación
Av. de Catalunya
Pas. de Torroja
Av. de l'Argentina
Cnal Vidal i Barraquer
Pl. Imperial Tarraco
Av. de Roma
Av. Ramón y Cajal
Av. Prat de la Riba
Rambla Nova
Rambla Vella
Via Augusta
NECRÓPOLIS PALEOCRISTIANA
PLAZA DE TOROS
Jaume
Torres Jordi
Reial
Apodaca
Plaça Dels Carros
PUERTO
Francolí
Civadería BZ 10
Enginyer Cabestany AZ 13
Independència (Pas. de la) AY 16
López Peláez AZ 19
Mallorca AY 21
Nou de Sant Oleguer BY 24
Pau Casals (Av.) AZ 27
Pla de la Seu BZ 29
Pla de Palau BZ 32
Portalet BZ 34
President Lluis Companys (Av.) AY 37
Ramon i Cajal (Av.) AZ 40
Roser (Portal del) BZ 43
Sant Antoni (Portal de) BZ 46
Sant Hermenegild BZ 49
Sant Joan (Pl.) BZ 52
Nova (Rambla) ABZ
Sant Agustí BZ
Unió AZ
Baixada de Misericòrdia BZ 2
Baixada de Toro BZ 5
Baixada Roser BZ 8
Mossèn Salvador Ritort
Baró Quatre Torres
Pin i Soler
Rovira i Virgili
Av. d'Estanislau Figueres
Av. Maria Cristina
CAMP DE MART
PASSEIG ARQUEOLÒGIC
CATEDRAL
Sant Pau
Guitarra
Les Coques
Via de l'Imperi Romà
Pl. del Pallol
Cavallers
Mediona
Major
Merceria
Pl. del Rei
Sta Anna
Portella Granada
Pl. de la Font
Nau
Pas. de Sant Antoni
TORRE
Pl. Verdaguer
Girona
Pl. del Cnal Arce Ochotorena
Balcó del Mediterrani
Pas. de les Palmeres
PLATJA DEL MIRACLE
Rambla
Colom
Cristófor
Nova
Governador González
Pl. Corsini
Reding
Soler
Canyelles
La Unió
Ixart
August
Sant Francesc
Comte de Rius
Agustí
St.
Armanyà
Adrià
Roger de Llúria
Gasòmetre
Pl. Prim
Apodaca
Pons d'Icart

✗ **La Rambla,** Rambla Nova 10, ✉ 43002, ✆ 23 87 29, 🏠 - ▤. AE ⓓ E VISA. ✗ BZ **s**
Com carta 2225 a 3900.

✗ Pá amb Tomaca, Lérida 8, ✉ 43001, ✆ 24 00 45 - ▤ AZ **n**

en la carretera de Barcelona por ① - ✉ 43007 Tarragona - ✆ 977 :

Nuria, vía Augusta 217 : 1,8 km ✆ 23 50 11, Fax 24 41 36, 🏠 - |‡| ☎ 🚗 Ⓟ. E VISA. ✗ rest
abril-octubre - Com 1400 - ☕ 450 - **61 hab** 3650/5900 - PA 3000.

Sant Jordi sin rest, 2 km ✆ 20 75 15, ← - |‡| TV ☎ Ⓟ
cerrado enero - ☕ 475 - **40 hab** 3850/5500.

✗✗ **Sol Ric,** vía Augusta 227, 1,9 km ✆ 23 20 32, 🏠, Decoración rústica catalana, « Terraza con arbolado » - ▤ Ⓟ. AE E VISA. ✗
cerrado domingo noche, lunes y 16 diciembre-15 enero - Com carta 3150 a 4750.

✗ **Jaime I,** 4 km ✆ 20 80 03, ← - Ⓟ. AE ⓓ E VISA. ✗
Com carta 1470 a 3300.

en la carretera N 240 por ④ : 2 km - ✉ 43007 Tarragona - ✆ 977 :

✗✗ **Les Fonts de Can Sala,** ✆ 22 85 75, Fax 23 59 22, 🏠, Decoración rústica catalana, « Terraza con arbolado » - Ⓟ. AE ⓓ E VISA. ✗
Com carta 2800 a 4500.

TARRASA o **TERRASSA** **08220** Barcelona 443 H 36 - 155 360 h. alt. 277 - ✆ 93.
Ver : Ciudad de Egara★★ : iglesia de Sant Miquel★ (iglesia de Santa María : retablo de San Abdón y San Senen★★ - Museo Textil★.
♦Madrid 613 - ♦Barcelona 28 - ♦Lérida/Lleida 156 - Manresa 41.

Don Cándido, Rambleta Pare Alegre 98, ✉ 08224, ✆ 733 33 00, Fax 733 08 49, ← - |‡| ▤ TV ☎ ♿ 🚗 - 🏛 25/250. AE ⓓ E VISA. ✗
Com 2000 - ☕ 1100 - **126 hab** 12400/15500.

✗✗ Burrull-Hostal del Fum, carret. de Moncada 19, ✉ 08221, ✆ 788 83 37, Fax 788 57 79 - ▤ Ⓟ.

✗ **Casa Toni,** carret. de Castellar 124, ✉ 08222, ✆ 786 47 08, Museo del vino - ▤. AE ⓓ E VISA. ✗
- Com carta 2625 a 3575.

Huit cartes Michelin régionales :

Espagne : Nord-Ouest 441, *Nord* 442, *Nord-Est* 443, *Centre* 444,
Centre-Est 445, *Sud* 446, *Iles Canaries* 449.
Portugal 440.
Des soulignés rouges signalent sur ces cartes les localités citées dans ce Guide.

Pour l'ensemble de l'Espagne et du Portugal, procurez-vous la carte Michelin 990 *à 1/1 000 000.*

TAZACORTE Tenerife - ver Canarias (La Palma).

TEGUESTE Tenerife - ver Canarias (Tenerife).

TEMBLEQUE **45780** Toledo 444 M 19 - 2 202 h. - ✆ 925.
Ver : Plaza Mayor★.
♦Madrid 92 - Aranjuez 46 - Ciudad Real 105 - Toledo 55.

TENERIFE Tenerife - ver Canarias.

TEROR Gran Canaria - ver Canarias (Gran Canaria).

TERRASSA Barcelona - ver Tarrasa.

TERRENO Baleares - ver Baleares (Mallorca) : Palma de Mallorca.

TERRES NOVES (Urbanización) Tarragona - ver Mont-Roig del Camp.

TERUEL **44000** P 443 K 26 - 28 225 h. alt. 916 - ✆ 974.
Ver : Emplazamiento★ - Museo Provincial★ Y, Torres mudéjares★ YZ - Catedral (techo artesonado★) Y.
ℹ Tomás Nougués 1, ✉ 44001, ✆ 60 22 79 - R.A.C.E. av. de Aragón 10, ✉ 44002, ✆ 60 34 95.
♦Madrid 301 ② - ♦Albacete 245 ② - Cuenca 152 ② - ♦Lérida/Lleida 334 ② - ♦Valencia 146 ② - ♦Zaragoza 184 ②.

TERUEL

Carlos Castel (Pl.) o Pl. del Torico	YZ 5
Ramón y Cajal	Z 22
Abadía	Z 2
Amantes	Y 3
Bretón (Pl.)	Z 4
Chantria	Y 7
Dámaso Torán (Ronda de)	Y 9
Fray Anselmo Polanco	Y 10
Miguel Ibáñez	Y 16
Monjes (Pl. de los)	Y 17
Óvalo (Paseo)	Z 18
Pérez Prado (Pl. de)	Y 19
Pizarro	Z 20
Poso	Z 21
Rubio	Y 23
Salvador	Z 24
San Francisco	Z 25
San Juan (Pl.)	Z 27
San Martín	Y 28
San Miguel	Y 29
Temprado	Y 30
Tozas	Y 32
Venerable F. de Aranda (Pl.)	Y 35
Yagüe de Salas	Y 37

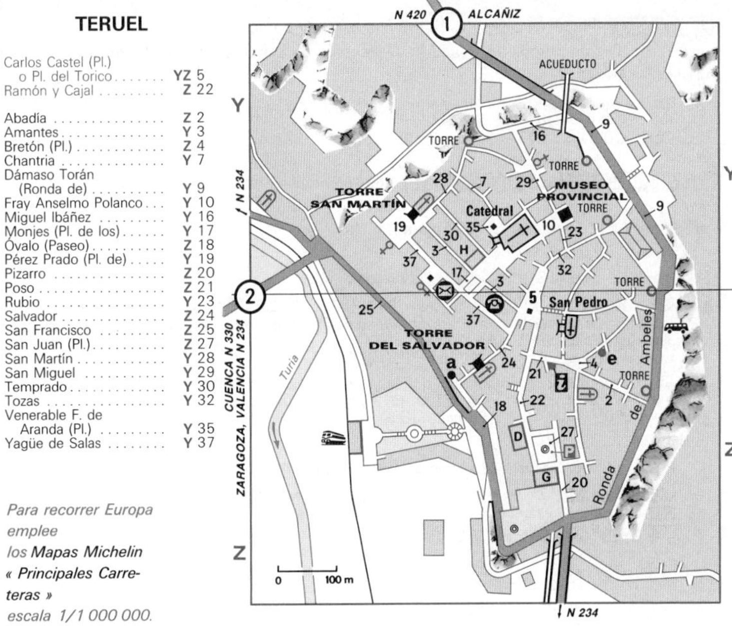

Para recorrer Europa emplee los ***Mapas Michelin*** *« Principales Carreteras » escala 1/1 000 000.*

Reina Cristina, paseo del Óvalo 1, ✉ 44001, ☎ 60 68 60, Fax 60 53 63 – rest – 25/100. AE ⓓ E VISA. rest — Z a
Com 2750 – ☕ 675 – **81 hab** 7400/12520.

Civera, av. de Sagunto 37, ✉ 44002, ☎ 60 23 00, Fax 60 23 00 – 25/150. E VISA JCB. — por N 234
cerrado 18 diciembre-8 enero – Com *(cerrado viernes)* 1600 – ☕ 350 – **73 hab** 3800/5700 – PA 3360.

Oriente sin rest, av. de Sagunto 7, ✉ 44002, ☎ 60 15 50 – — por N 234
☕ 350 – **30 hab** 3680/5290.

La Menta, Bartolomé Esteban 10, ✉ 44001, ☎ 60 75 32 – AE ⓓ E VISA. — Z e
cerrado domingo y 20 julio-10 agosto – Com carta 3100 a 4900.

Kalanchoe, av. de Sagunto 39, ✉ 44002, ☎ 60 01 03 – VISA — por N 234
cerrado lunes – Com carta aprox. 3000.

en la carretera N 234 – 974 :

Parador de Teruel, NO : 2 km, ✉ 44080 apartado 67 – Teruel, ☎ 60 18 00, Fax 60 86 12, – rest – 25/200. AE ⓓ VISA.
Com 3200 – ☕ 1100 – **60 hab** 11500 – PA 6375.

Alpino, E : 5,7 km, ✉ 44002 Teruel, ☎ 60 61 58 – VISA.
cerrado del 7 al 25 enero – Com 1050 – ☕ 350 – **28 hab** 2400/3950 – PA 2400.

Neste guia um mesmo símbolo, um mesmo termo, impressos a **preto** *ou a vermelho, a fino ou a* ***cheio*** *não têm de facto o mesmo significado. Leia atentamente as páginas explicativas.*

TEULADA 03725 Alicante 445 0650 – 4 667 h. alt. 620 – 96.
♦Madrid 463 – ♦Alicante 76 – Valencia 115.

en la carretera de Benitachell E : 2 km – ✉ 03725 Teulada – 96 :

Castel's Blanc, urb. Castellon's Vida ☎ 574 00 19, ≤ mar y montañas – E VISA.
cerrado miércoles, diciembre y enero – Com (sólo cena salvo domingo) carta 1840 a 2750.

en Benimarco S : 4,5 km – ✉ 03725 Teulada – 96 :

La Naya, ☎ 574 02 90.

El TIEMBLO **05270** Ávila 442 K 16 – 3 695 h. alt. 680 – ☎ 91.

Alred. : Embalse de Burguillo★ NO : 7 km – Pantano de San Juan ≤★ E : 17 km.

♦Madrid 83 – Avila 50.

Toros de Guisando, av. de Madrid ✆ 862 71 32, Fax 862 70 82, ≤, climatizada, – rest ☎ – 25/500. VISA.
Com 2100 – 275 – **30 hab** 3500/6500 – PA 3875.

La TOJA (Isla de) o **TOXA (Illa da)** **36991** Pontevedra 441 E 3 – ☎ 986 – Balneario – Playa.

Ver : Paraje★★ – Carretera★ de La Toja a Canelas.

La Toja ✆ 73 07 26.

♦Madrid 637 – Pontevedra 33 – Santiago de Compostela 73.

Gran Hotel, ✆ 73 00 25, Telex 88042, Fax 73 12 01, « Suntuoso edificio en un singular paraje verde con ≤ ría de Arosa », climatizada, – 25/600. AE E VISA.
Com 4500 – 1500 – **200 hab** 18000/23000 – PA 8400.

Louxo, ✆ 73 02 00, Telex 88116, Fax 73 27 91, ≤, « Magnífica situación en un singular paraje verde », – – 25/100. AE E VISA.
Com 3000 – 1000 – **96 hab** 11800/14400.

Para viajes rápidos, utilice los mapas Michelin "principales carreteras" :

920 Europa, 980 Grecia, 984 Alemania, 985 Escandinavia-Finlandia, 986 Gran Bretaña-Irlanda, 987 Alemania-Austria-Benelux, 988 Italia, 989 Francia, 990 España-Portugal, 991 Yugoslavia.

Para viajar com rapidez, utilize os seguintes mapas da Michelin designados por "grandes routes" :

920 Europa, 980 Grécia, 984 Alemanha, 985 Escandinávia-Finlândia, 986 Grã Bretanha-Irlanda, 987 Alemanha-Áustria-Benelux, 988 Itália, 989 França, 990 Espanha-Portugal, 991 Jugoslávia.

TOLEDO **45000** P 444 M 17 – 57 769 h. alt. 529 – ☎ 925.

Ver : Emplazamiento★★★ - El Toledo Antiguo★★★ – Catedral★★★ BY : (Retablo de la Capilla Mayor★★, sillería del coro★★★, artesonado mudéjar de la sala capitular★, Sacristía : obras de El Greco★ –, Tesoro : custodia★★) - Iglesia de Santo Tomé : El Entierro del Conde de Orgaz★★★ AY - Casa y Museo de El Greco★ AY **M1** – Sinagoga del Tránsito★★ (decoración mudéjar★★) AYZ – Sinagoga de Santa María la Blanca★ : capiteles★ AY – Monasterio de San Juan de los Reyes★ (iglesia : decoración escultórica★) AY – Iglesia de San Román : museo de los concilios y de la cultura visigoda★ BY – Museo de Santa Cruz★★ (fachada★, colección de pintura de los s. XVI y XVII★, obras de El Greco★, obras de primitivos★ –, retablo de la Asunción de El Greco★, patio plateresco★, escalera de Covarrubias★) CXY. – Hospital de Tavera★ : palacio★, iglesia : El bautismo de Cristo de El Greco★ BX.

Puerta Bisagra, ✉ 45003, ✆ 22 08 43 – R.A.C.E. Agen 5, ✆ 21 16 37.

♦Madrid 70 ① – ♦Avila 137 ⑥ – Ciudad Real 120 ③ – Talavera de la Reina 78 ⑥.

Planos páginas siguientes

Parador Conde de Orgaz, Cerro del Emperador, ✉ 45002, ✆ 22 18 50, Telex 47998, Fax 22 51 66, ≤ Tajo y ciudad, « Edificio de estilo regional », – ☎ – 25/100. AE VISA. BZ **t**
Com 3500 – 1200 – **76 hab** 14500 – PA 6970.

María Cristina y Rest. El Ábside, Marqués de Mendigorría 1, ✉ 45003, ✆ 21 32 02, Telex 42827, Fax 21 26 50 – ☎ – 25/200. AE E VISA. BX **s**
Com *(cerrado domingo)* carta 2500 a 3700 – 650 – **63 hab** 6475/9830.

Alfonso VI, General Moscardó 2, ✉ 45001, ✆ 22 26 00, Fax 21 44 58 – ☎ – 25/300. AE E VISA. CY **u**
Com 2335 – 645 – **88 hab** 5595/8720 – PA 5315.

Carlos V, Trastamara 1, ✉ 45001, ✆ 22 21 00, Telex 47245, Fax 22 21 05 – ☎. AE E VISA JCB. BY **a**
Com 2335 – 645 – **69 hab** 5755/9000 – PA 4520.

Pintor El Greco sin rest, Alamillos del Tránsito 13, ✉ 45002, ✆ 21 42 50, Fax 21 58 19 – ☎. AE E VISA JCB AY **a**
600 – **33 hab** 6800/8500.

Mayoral sin rest, Av. Castilla-La Mancha 3, ✉ 45003, ✆ 21 60 00, Fax 21 69 54 – ☎ – 25/130. AE VISA. CX **s**
650 – **110 hab** 5685/8620.

Real, Real del Arrabal 4, ✉ 45003, ☎ 22 93 00, Fax 22 87 67 - |‡| ▤ TV ☎ 🚗 BX **n**
56 hab.

Los Cigarrales, carret. de circunvalación 32 ✉ 45000, ☎ 22 00 53, Fax 21 55 46, ≤ - ▤ P. E VISA. ✻ rest AZ **x**
Com *(cerrado diciembre-febrero)* 1675 - ☕ 435 - **36 hab** 3550/5550 - PA 3220.

Gavilanes II sin rest, Marqués de Mendigorría 14, ✉ 45003, ☎ 21 16 28 - ▤ TV. E VISA BX **b**
☕ 325 - **15 hab** 4250/5300.

Santa Isabel sin rest, Santa Isabel 24, ✉ 45002, ☎ 25 31 36, Fax 25 31 36 - |‡| ▤ TV ☎ 🚗. E VISA. ✻ BY **e**
☕ 415 - **23 hab** 3710/5775.

Martín sin rest, Covachuelas 12, ✉ 45003, ☎ 22 17 33 - ▤ TV ☎. AE E VISA. ✻ BX **d**
☕ 350 - **15 hab** 4700/5430, 2 apartamentos.

Imperio sin rest, con cafetería, Cadenas 5, ✉ 45001, ☎ 22 76 50, Fax 25 31 83 - |‡| ▤ TV. ⓓ E VISA BY **v**
☕ 355 - **21 hab** 3490/5190.

Maravilla, Barrio Rey 7, ✉ 45001, ☎ 22 33 00, Fax 25 05 58 - |‡| ▤. ✻ BCY **t**
Com 1750 - ☕ 475 - **18 hab** 3000/6000 - PA 3475.

XXX **Hostal del Cardenal** 🐦 con hab, paseo Recaredo 24, ✉ 45003, ☎ 22 49 00, Fax 22 29 91, 🏡, « Instalado en la antigua residencia del cardenal Lorenzana - Jardín con arbolado » - ▤ ☎. AE ⓓ E VISA. ✻ rest BX **e**
Com carta 3100 a 3700 - ☕ 600 - **27 hab** 5750/9250.

XX **Adolfo,** La Granada 6, ✉ 45001, ☎ 22 73 21, Fax 21 62 63, « Artesonado siglo XIV-XV » - ▤. AE ⓓ E VISA JCB. ✻ BY **g**
cerrado domingo noche - Com carta 3620 a 4900.

XX **Marcial y Pablo,** Nuñez de Arce 11, ✉ 45003, ☎ 22 07 00 - ▤. AE ⓓ E VISA BX **c**
cerrado domingo en julio, domingo noche resto del año y agosto - Com carta 3050 a 4000.

XX **La Tarasca,** Hombre de Palo 8, ✉ 45001, ☎ 21 18 15 - ▤. AE ⓓ E VISA JCB. ✻ BY **w**
Com carta 4000 a 6050.

XX **El Pórtico,** av. de América 1, ✉ 45004, ☎ 21 43 15, Fax 21 43 15 - ▤. AE E VISA. ✻ AX **c**
Com carta 2675 a 4170.

XX **Venta de Aires,** Circo Romano 35, ✉ 45004, ☎ 22 05 45, 🏡, « Amplia terraza con arbolado » - ▤. AE ⓓ E VISA JCB. ✻ AX **s**
Com carta 2925 a 4400.

X **Emperador,** carret. del Valle 1, ✉ 45004, ☎ 22 46 91, ≤, 🏡, Decoración castellana - ▤ P. VISA. ✻ AZ **b**
cerrado lunes - Com carta 2100 a 2700.

X **Mesón Aurelio,** Sinagoga 1, ✉ 45001, ☎ 22 13 92, Fax 25 34 61 - ▤. AE ⓓ E VISA JCB. ✻ BY **c**
cerrado lunes y 15 junio-15 julio - Com carta 2700 a 4600.

X **Aurelio,** pl. del Ayuntamiento 8, ✉ 45001, ☎ 22 77 16, Fax 25 34 61, Decoración típica - ▤. AE ⓓ E VISA JCB. ✻ BY **b**
cerrado martes y 15 julio-15 agosto - Com carta 3000 a 4600.

X **Casa Aurelio,** Sinagoga 6, ✉ 45001, ☎ 22 20 97, Fax 25 34 61, Decoración típica regional - ▤. AE ⓓ E VISA. ✻ BY **c**
cerrado miércoles y 15 agosto-15 septiembre - Com carta 3300 a 4800.

X Venta Cervantes, paseo Circo Romano 15, ✉ 45004, ☎ 21 28 62, 🏡 - ▤ AX **s**

X **Hierbabuena,** Cristo de la Luz 9, ✉ 45003, ☎ 22 34 63 - ▤. AE ⓓ E VISA JCB. ✻
cerrado domingo noche, lunes y agosto - Com carta 3430 a 4350. BX **a**

X La Parrilla, Horno de los Bizcochos 8, ✉ 45001, ☎ 21 22 45 - ▤ CY **e**

X Plácido, Santo Tomé 6, ✉ 45002, ☎ 22 26 03, 🏡, Típico patio toledano BY **r**

X **Hierbabuena,** Callejón de San José 17 ✉ 45003, ☎ 22 39 24 - ▤. AE ⓓ E VISA JCB. ✻
cerrado domingo - Com carta 3430 a 4350. BX **f**

en la carretera de Madrid por ① : 5 km - ✉ 45000 Toledo - ☎ 925 :

X **Los Gavilanes** con hab, ☎ 22 46 22, 🏡 - ▤ TV P. E VISA. ✻ rest
Com *(cerrado 15 diciembre-15 enero)* carta 1800 a 3050 - ☕ 325 - **12 hab** 3600/4500.

en la carretera de Cuerva SO : 3,5 km - ✉ 45080 Toledo - ☎ 925 :

La Almazara 🐦 sin rest, ✉ apartado 6, ☎ 22 38 66, « Antigua casa de campo rodeada de una finca » - P. AE ⓓ E VISA. ✻
15 marzo-3 noviembre - ☕ 400 - **21 hab** 3000/5700.

en la carretera de Ávila por ④ : 2,7 km - ✉ 45005 Toledo - ☎ 925 :

Beatriz y Rest. Anticuario 🐦, ☎ 22 22 11, Telex 27835, Fax 21 58 65, ≤, 🏡, 🏊, 🎾 - |‡| ▤ TV ☎ 🚗 P - 🧑 25/2000. AE ⓓ E VISA JCB. ✻
Com 3700 - ☕ 1025 - **295 hab** 11120/13900 - PA 7160.

TOLEDO

Comercio . . . . BY
Hombre de Palo . . . . . . BY 27
Reyes Católicos . . . . AY
Santo Tomé . . . . ABY

Alcántara (Puente de) . . CX
Alfileritos . . . . BY
Alfonso VI (Pl. de) . . . . . BX
Alfonso X El Sabio . . . . BY 2
Alfonso XII . . . . BY 3
América (Av. de) . . . . . . AX
Ángel . . . . AY
Ave María . . . . BZ
Ayuntamiento (Pl. del) . BY 4
Azarquiel (Puente de) . . CX
Cabestreros (Paseo de) . CZ
Cadenas . . . . BY 7
Campana (Travesía) . . . BY 8
Cardenal Lorenzana . . . BY 9
Cardenal Tavera . . . . . . BX
Carlos III (Av. de) . . . . . AX
Carlos V (Cuesta de) . . . BY 13
Carmelitas . . . . AY 14
Cervantes . . . . CY
Circo Romano (Paseo del) . . . . AX
Colegio de Doncellas . . AY 17
Conde (Pl. del) . . . . AY 18
Consistorio (Pl. del) . . . . BY 19
Cordonerías . . . . BY 20
Cristo de la Vega (Paseo del) . . . . AX
Cruz Verde (Paseo de la) . . . . BZ
Duques de Lerma (Av. de los) . . . . BX
El Salvador . . . . BY 22
Esteban Illán . . . . BY 24
Gerardo Lobo . . . . BX
Honda . . . . BX 28
Juanelo (Ronda de) . . . . CY
Mas del Ribero (Av. de) . AX
Matías Moreno . . . . AY
Merced . . . . BY
Nuncio Viejo . . . . BY 29
Nuñez de Arce . . . . BX 32
Padilla (Pl. y Calle de) . ABY 33
Padre Mariana (Pl.) . . . . BY 34
Pascuales (Cuesta de los) . . . . . CY 36
Plata . . . . BY
Pozo Amargo . . . . BZ
Real del Arrabal . . . . . . BX
Recaredo (Paseo de) . . . AX
Reconquista (Av. de la) ABX
Ronda Nueva (Paseo) . . AY 37
Rosa (Paseo de la) CX
San Cristóbal (Paseo) . . BZ 38
San Juan de Dios . . . . . AY 40
San Justo (Cuesta) . . . . CY
San Justo (Pl.) . . . . BY 41
San Marcos . . . . BY 42
San Martín (Puente) . . . AY
San Román . . . . BY 44
San Sebastián (Carreras de) . . . . BZ
San Torcuato . . . . BZ
San Vicente (Pl. de) . . . BY 45
Santa Leocadia (Cuesta de) . . . . AY
Sillería . . . . BX
Sixto Ramón Parro . . . . BY 46
Sola . . . . BZ
Taller del Moro . . . . BY 48
Toledo de Ohio . . . . BY 49
Tornerías . . . . BY 50
Tránsito (Paseo del) . . AYZ 52
Trinidad . . . . BY
Venancio González . . . . CX 53
Zocodover (Pl. de) . . . . . CY

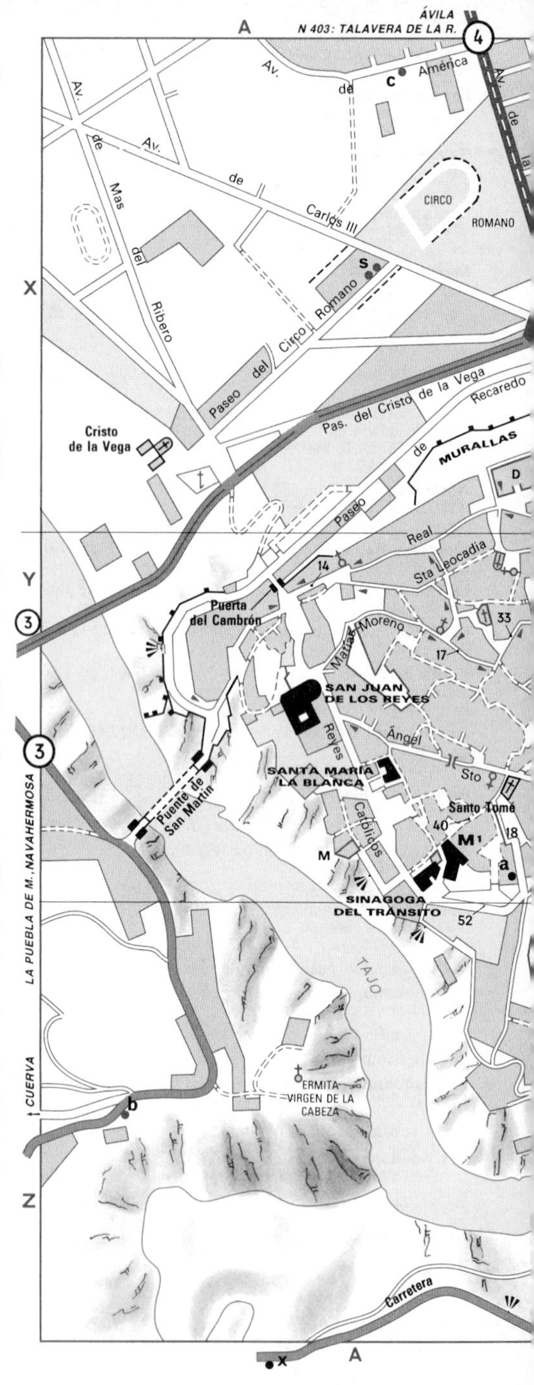

Si desea pernoctar en un Parador o en un hotel muy tranquilo, aislado, avise par teléfono, sobre todo en temporada.

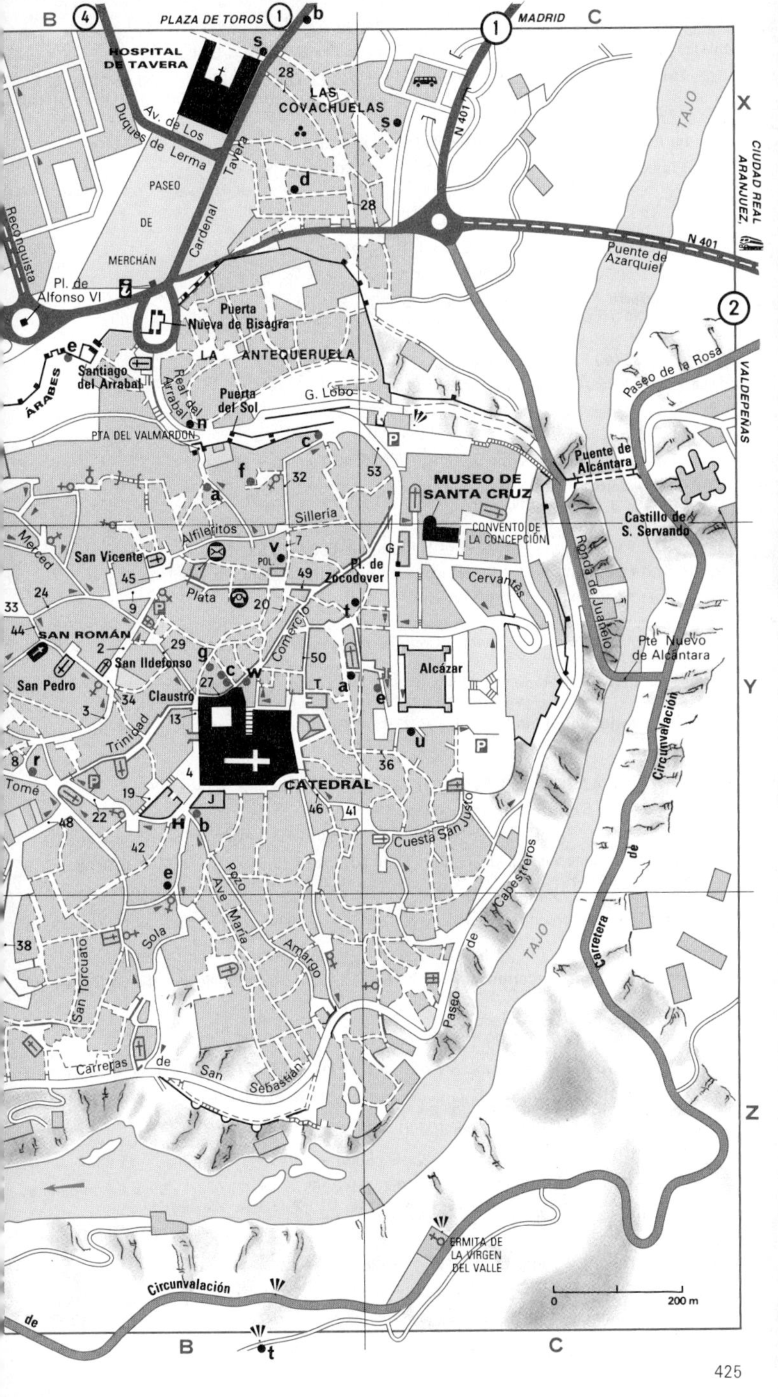
PLAZA DE TOROS
MADRID
HOSPITAL DE TAVERA
LAS COVACHUELAS
Av. de Los Duques de Lerma
PASEO DE MERCHÁN
Cardenal Tavera
Reconquista
Pl. de Alfonso VI
Puerta Nueva de Bisagra
LA ANTEQUERUELA
Santiago del Arrabal
ÁRABES
Real del Arrabal
Puerta del Sol
G. Lobo
PTA DEL VALMARDÓN
MUSEO DE SANTA CRUZ
CONVENTO DE LA CONCEPCIÓN
Puente de Azarquiel
N 401
TAJO
CIUDAD REAL ARANJUEZ,
VALDEPEÑAS
Paseo de la Rosa
Puente de Alcántara
Castillo de S. Servando
Ronda de Juanelo
Pte Nuevo de Alcántara
Sillería
Alfileritos
Merced
San Vicente
POL
Pl. de Zocodover
Cervantes
Plata
Comercio
SAN ROMÁN
San Ildefonso
San Pedro
Claustro
Alcázar
Trinidad
CATEDRAL
Tomé
Cuesta San Justo
Circunvalación
Pozo
Ave María
Amargo
Sola
San Torcuato
Paseo de Cabestreros
Carretera de Circunvalación
Carreras de San Sebastián
ERMITA DE LA VIRGEN DEL VALLE
0
200 m
B
C
X
Y
Z

TOLOSA **20400** Guipúzcoa 442 C 23 – 18 399 h. – ☎ 943.
◆Madrid 444 – ◆Pamplona/Iruñea 64 – ◆San Sebastián/Donostia 27 – ◆Vitoria/Gasteiz 89.

XX **Urrutitxo** con hab, Kondeko Aldapa 7 ☎ 67 38 22, Fax 67 34 28, – TV ☎ P. AE E VISA
cerrado del 1 al 20 enero – Com *(cerrado domingo)* carta 3000 a 4000 – ☕ 450 – **10 hab** 3500/6500.

en Ibarra E 1,5 km – ✉ 20400 Tolosa – ☎ 943 :

X **Eluska,** Euskal Herria 12 ☎ 67 52 54 – ▤. AE ⓓ E VISA. ✻
cerrado domingo noche, lunes, del 8 al 24 enero y del 1 al 16 julio – Com carta 2900 a 4300.

TOLOX **29109** Málaga 446 V 15 – 3 067 h. – ☎ 95 – Balneario.
◆Madrid 600 – Antequera 81 – ◆Málaga 54 – Marbella 46 – Ronda 53.

Balneario , ☎ 248 01 67, – P
15 junio-15 octubre – Com 1050 – ☕ 300 – **53 hab** 2000/3000 – PA 2100.

TOMIÑO **36740** Pontevedra 441 G 3 – 10 499 h. – ☎ 986.
◆Madrid 616 – Orense/Ourense 117 – Pontevedra 60 – ◆Vigo 41.

Tana, Generalísimo 2 ☎ 62 20 78 – AE VISA. ✻
Com 1300 – ☕ 325 – **18 hab** 2000/4500 – PA 2600.

en la carretera C 550 S : 2,5 km – ✉ 36740 Tomiño – ☎ 986 :

X **O'Miñoteiro,** Vilar de Matos - Forcadela ☎ 62 24 33 – P. AE VISA. ✻
Com carta 1200 a 2800.

TONA **08551** Barcelona 443 G 36 – 5 114 h. alt. 600 – ☎ 93.
Alred. : Sierra de Montseny★ : Carretera★ de Tona a San Celoni por Montseny.
◆Madrid 627 – ◆Barcelona 56 – Manresa 42.

Aloha, carret. de Manresa 6 ☎ 887 02 77, Fax 887 07 11 – |‡| ▤ rest P. AE ⓓ E VISA. ✻
cerrado 23 diciembre-5 enero – Com *(cerrado del 6 al 23 septiembre)* 1300 – ☕ 500 – **31 hab** 2825/4200 – PA 3100.

4 Carreteras, carret. de Barcelona ☎ 887 04 00, – ▤ rest ☎ P
21 hab.

X **La Ferrería,** carret. de Vich ☎ 887 00 92, « Decoración rústica » – P. VISA. ✻
cerrado lunes y agosto – Com carta 2500 a 4100.

TORDESILLAS **47100** Valladolid 442 H 14 y 15 – 6 681 h. alt. 702 – ☎ 983.
Ver : Convento de Santa Clara★ (artesonado★★, patio★).
◆Madrid 179 – Ávila 109 – ◆León 142 – ◆Salamanca 85 – ◆Segovia 118 – ◆Valladolid 30 – Zamora 67.

Los Toreros, av. de Valladolid 26 ☎ 77 19 00, Fax 77 19 54 – ▤ rest TV ☎ P – 25/60. AE ⓓ E VISA. ✻
Com 1600 – ☕ 350 – **27 hab** 4000/6000 – PA 2850.

Juan Manuel, cruce carret. N VI y N 620 ☎ 77 00 00, Fax 77 00 16 – ▤ TV ☎ P. E VISA. ✻
Com 1300 – ☕ 400 – **24 hab** 2650/4700 – PA 2700.

X **Mesón Valderrey,** carret. N VI ☎ 77 11 72, Decoración castellana – ▤. AE E VISA. ✻
Com carta 2200 a 3400.

X **Los Duques,** av. de Valladolid 34 ☎ 77 19 92 – ▤. E VISA. ✻
cerrado lunes y 15 octubre-6 noviembre – Com carta 2300 a 3400.

en la carretera de Salamanca N 620 SO : 2 km – ✉ 47100 Tordesillas – ☎ 983 :

Parador de Tordesillas, ☎ 77 00 51, Fax 77 10 13, « En un pinar », , – |‡| ▤ TV ☎ P – 25/100. AE ⓓ VISA. ✻
Com 3200 – ☕ 1100 – **73 hab** 10000 – PA 6375.

en la carretera de Valladolid N 620 E : 5 km – ✉ 47080 Tordesillas – ☎ 983 :

El Montico, ✉ apartado 12, ☎ 77 06 51, Telex 26575, Fax 77 07 51, , « En un pinar », , , , – TV ☎ P – 25/40. AE ⓓ E VISA. ✻ rest
Com 2750 – ☕ 900 – **55 hab** 7000/10500 – PA 5440.

TORELLÓ **08570** Barcelona 443 F 36 – 10 936 h. – ☎ 93.
◆Madrid 654 – ◆Barcelona 83 – Gerona/Girona 103 – Vich/Vic 17.

Les Serrasses, carret. de Conanglell ☎ 859 08 26, Fax 859 33 52, ≤ – |‡| TV ☎ P. AE E VISA. ✻
Com (sólo cena) 1500 – ☕ 650 – **20 hab** 3500/5500.

TORLA **22376** Huesca 443 E 29 - 356 h. alt. 1 113 - ☎ 974.

Ver : Paisaje★★.

Alred. : Parque Nacional de Ordesa y Monte Perdido★★★ NE : 8 km.

♦Madrid 482 - Huesca 92 - Jaca 54.

Edelweiss, av. de Ordesa 1 ☎ 48 61 73, Fax 48 63 72, ≤, - |$| TV ☎ P. AE E VISA.
15 marzo-10 diciembre - Com 1600 - ☐ 500 - **57 hab** 3600/6200 - PA 3145.

Bujaruelo, av. de Ordesa ☎ 48 61 74, Fax 48 63 30, ≤ - TV ☎ P. E VISA.
cerrado 10 enero-14 marzo - Com 1350 - ☐ 425 - **27 hab** 3600/5200 - PA 2450.

Bella Vista sin rest, av. de Ordesa 6 ☎ 48 61 53, ≤ - P.
15 marzo-15 noviembre - ☐ 400 - **16 hab** 3500/5500.

en la carretera del Parque de Ordesa N : 1,5 km - ✉ 22376 Torla - ☎ 974 :

Ordesa, ☎ 48 61 25, ≤ alta montaña, ⛱, - ☎ P. ⓞ E VISA. rest
cerrado 7 enero-2 abril - Com 1600 - ☐ 500 - **69 hab** 3800/6000 - PA 3145.

TORO **49800** Zamora 441 H 13 - 9 781 h. alt. 745 - ☎ 988.

Ver : Colegiata★ (portada occidental★★), interior : (cúpula★ ; cuadro de la Virgen de la Mosca★).

♦Madrid 210 - ♦Salamanca 66 - ♦Valladolid 63 - Zamora 33.

Juan II , paseo del Espolón 1 ☎ 69 03 00, Fax 69 23 76, ⛱ - |$| ▤ rest ☎. AE ⓞ E VISA.
Com 1200 - ☐ 390 - **41 hab** 3625/5985 - PA 2790.

TORÓ (Playa de) Asturias - ver Llanes.

TORRE BARONA Barcelona - ver Castelldefels.

TORRECABALLEROS **40160** Segovia 442 J 17 - 289 h. alt. 1 152 - ☎ 911.

♦Madrid 97 - ♦Segovia 10.

Posada de Javier, carret. N 110 ☎ 40 11 36, , « Decoración rústica ».

El Rancho de la Aldegüela, carret. N 110 ☎ 40 10 60, - AE ⓞ VISA
Com carta 2950 a 4250.

TORREDELCAMPO **23640** Jaén 446 S 18 - 10 593 h. - ☎ 953.

♦Madrid 343 - ♦Córdoba 99 - ♦Granada 106 - Jaén 10.

Torrezaf, carret. de Córdoba 90 ☎ 56 71 00, Fax 41 00 86 - |$| ▤ TV ☎ - 25/100. AE ⓞ E VISA.
Com 1250 - ☐ 300 - **33 hab** 3680/6210 - PA 2250.

TORRE DEL MAR **29740** Málaga 446 V 17 - ☎ 95 - Playa.

i av. de Andalucía 92 ☎ 254 11 04.

♦Madrid 570 - ♦Almería 190 - ♦Granada 141 - ♦Málaga 31.

Las Yucas sin rest, av. de Andalucía ☎ 254 22 72 - |$| ▤ TV ☎ . E VISA.
☐ 325 - **36 hab** 5000/7500.

Mediterráneo sin rest y sin ☐, av. de Andalucía 65 ☎ 254 08 48 -
18 hab 3000/4200.

Carmen, av. de Andalucía 94 ☎ 254 04 35, , Cena espectáculo los sábados - ▤. E VISA
Com carta 1100 a 2850.

El Jardín, paseo Marítimo de Levante 5 ☎ 254 06 36, - AE E VISA
cerrado martes (salvo en invierno) y noviembre - Com carta 1600 a 2900.

TORREDEMBARRA **43830** Tarragona 443 I 34 - 5 302 h. - ☎ 977 - Playa.

i av. Pompeu Fabra 3 ☎ 64 03 31.

♦Madrid 566 - ♦Barcelona 94 - ♦Lérida/Lleida 110 - Tarragona 12.

Le Brussels, Antonio Roig 56 ☎ 64 05 10, - AE ⓞ E VISA.
Semana Santa -15 octubre - Com carta 2850 a 3300.

La Cabaña, Clará-carret. de La Pobla de Montornés N : 1 km ☎ 64 26 98, , Pescados y mariscos - E VISA
cerrado diciembre-enero - Com carta 2500 a 5050.

en Els Munts - ✉ 43830 Torredembarra - ☎ 977 :

Costa Fina, av. Montserrat 33 ☎ 64 00 75, Fax 64 35 59 - |$| ☎ . AE E VISA.
Semana Santa-septiembre - Com (sólo cena) 1600 - ☐ 650 - **48 hab** 4200/7500.

en el barrio marítimo :

Morros, Pérez Galdós 15 ☎ 64 02 25, Fax 64 18 64 – ▮ TV ☎ 🚗. AE ⓓ E VISA
Com (ver rest. **Morros**) – ☕ 700 – **79 hab** 5200/8500.

XXX **Morros,** pl. Narcis Monturiol ☎ 64 00 61, Fax 64 18 64, ≤, « Terraza con jardín » – ▤ P. AE ⓓ E VISA
cerrado domingo noche y lunes salvo abril-septiembre – Com carta 3425 a 5575.

X **Can Cues,** Tamarit 14 ☎ 64 05 73, Pescados y mariscos – AE E VISA.
Com carta 2400 a 4100.

TORREJÓN DE ARDOZ 28850 Madrid 444 K 19 – 75 398 h. – ☎ 91.

♦Madrid 22.

Torrejón y Grill Don José, av de la Constitución 173 ☎ 675 26 44, Telex 48301, Fax 676 72 13, – ▮ ▤ TV ☎ P – 25/350. AE ⓓ E VISA.
Com 1500 – ☕ 500 – **70 hab** 5000/7100 – PA 3900.

XXX **La Casa Grande** con hab, Madrid 2 ☎ 675 39 00, Fax 675 06 91, « Instalado en una Casa de Labor del siglo XVI-Museo de Iconos-Lagar » – ▤ TV ☎ P – 25/100. AE ⓓ E VISA.
cerrado agosto – Com *(cerrado domingo noche)* carta 3525 a 4850 – **8 hab** 18000/25000.

XX **Vaquerín,** ronda del Poniente 2 ☎ 675 66 20 – ▤. AE ⓓ E VISA.
cerrado sábado – Com carta 3700 a 4600.

TORRELAVEGA 39300 Cantabria 442 B 17 – 55 786 h. alt. 23 – ☎ 942.

Alred. : Cueva prehistórica** de Altamira (techo***) NO : 11 km.

Ruiz Tagle 6 ☎ 89 01 62.

♦Madrid 384 – ♦Bilbao/Bilbo 121 – ♦Oviedo 178 – ♦Santander 27.

Torrelavega, av. Julio Hauzeur 12 ☎ 80 31 20, Telex 35675, Fax 80 27 00 – ▮ ▤ TV ☎ – 25/250. AE ⓓ E VISA JCB.
Com 2750 – ☕ 1100 – **116 hab** 12000/17500 – PA 5610.

Marqués de Santillana sin rest, Marqués de Santillana 8 ☎ 89 29 34, Fax 89 29 34, – ▮ TV ☎ 🚗. AE ⓓ E VISA
☕ 500 – **32 hab** 8000/12000.

Saja, Alcalde del Río 22 ☎ 89 27 50, Fax 89 24 51 – ▮ ☎ 🚗. ⓓ E VISA
Com (ver rest. **Saja**) – ☕ 375 – **45 hab** 6300/9200.

X **Saja,** Jose María Pereda 31 ☎ 88 30 51 – AE ⓓ E VISA.
cerrado domingo salvo verano y del 15 al 31 diciembre – Com carta aprox. 3000.

X **Villa de Santillana,** Julián Ceballos 1 ☎ 88 30 73 – AE ⓓ E VISA.
cerrado lunes y 15 junio-15 julio – Com carta 2150 a 2950.

TORRELODONES 28250 Madrid 444 K 18 – 3 495 h. – ☎ 91.

♦Madrid 27 – El Escorial 22 – ♦Segovia 60.

X **L'Alsace,** camino de Valladolid (Zoco) ☎ 859 08 69, – ▤. AE ⓓ E VISA.
Com carta aprox. 3000.

en la Colonia NO : 2,5 km – ✉ 28250 Torrelodones – ☎ 91 :

XX **La Rosaleda,** paseo de Vergara 7 ☎ 859 11 25, – ▤. AE ⓓ E VISA.
Com carta aprox. 4000.

TORREMOLINOS 29620 Málaga 446 W 16 – 35 309 h. – ☎ 95 – Playa.

18 Club de Campo de Málaga por ① : 5,5 km ☎ 238 11 20 – 18 Torrequebrada por ② : 10 km ☎ 244 27 42 – Iberia : edificio "La Nogalera" ☎ 238 24 00 AY.

La Nogalera 517 ☎ 238 15 78 – R.A.C.E. pl. de la Costa del Sol (edificio Entreplantas Ofc. 194) ☎ 38 77 42.

♦Madrid 569 ① – Algeciras 124 ② – ♦Málaga 14 ①.

Plano página siguiente

Meliá Costa del Sol, paseo Marítimo ☎ 238 66 77, Telex 77326, Fax 238 64 17, ≤, Servicios de talasoterapia, – ▮ ▤ TV ☎ P – 25/250. AE ⓓ E VISA. BY **b**
Com 2100 – ☕ 625 – **540 hab** 10700/13600 – PA 3860.

Don Pablo, paseo Marítimo ☎ 238 38 88, Telex 77252, Fax 238 37 83, ≤, climatizada, – ▮ ▤ TV ☎ P – 25/200. AE ⓓ E VISA. BY **s**
Com 2200 – ☕ 800 – **443 hab** 8400/13000 – PA 4400.

Don Pedro, av. del Lido ☎ 238 68 44, Telex 77252, Fax 238 37 83, – ▮ ▤ TV ☎ P. AE ⓓ E VISA. BY **p**
Com 1500 – ☕ 600 – **289 hab** 5900/9000 – PA 3000.

Isabel sin rest, paseo Marítimo 97 ☎ 238 17 44, Fax 238 11 98, ≤, – ▮ ☎. ⓓ E VISA. BY **n**
marzo-noviembre – ☕ 600 – **40 hab** 4900/6400.

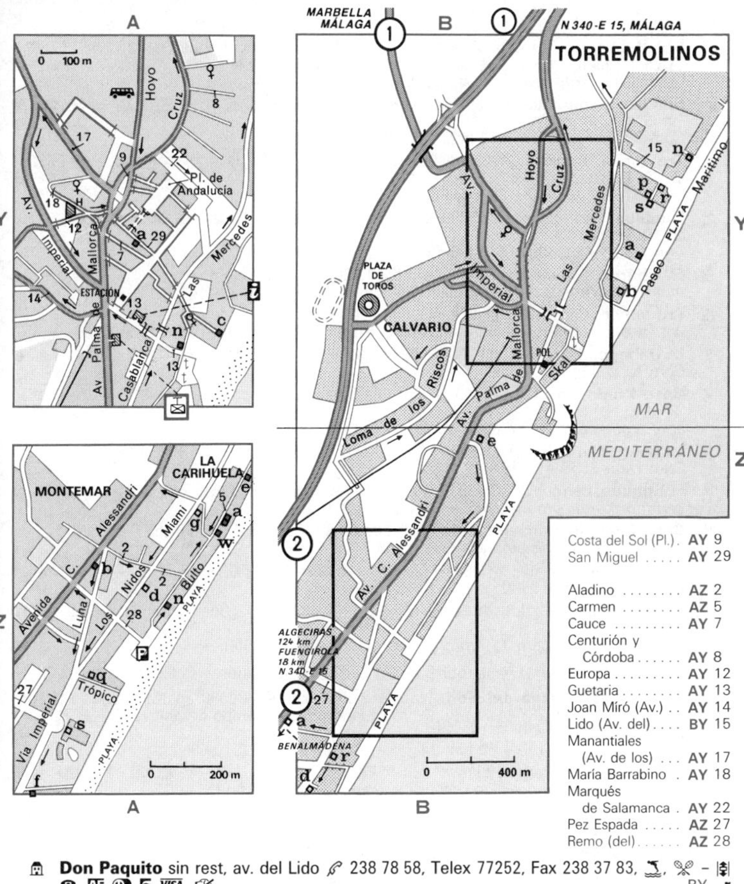

Costa del Sol (Pl.) . AY 9
San Miguel . . . . . AY 29

Aladino . . . . AZ 2
Carmen . . . . AZ 5
Cauce . . . . AY 7
Centurión y Córdoba . . . . . AY 8
Europa . . . . AY 12
Guetaria . . . . AY 13
Joan Miró (Av.) . . AY 14
Lido (Av. del) . . . . BY 15
Manantiales (Av. de los) . . . AY 17
María Barrabino . AY 18
Marqués de Salamanca . AY 22
Pez Espada . . . . . AZ 27
Remo (del) . . . . . AZ 28

Don Paquito sin rest, av. del Lido ℘ 238 78 58, Telex 77252, Fax 238 37 83, ⛱, 🎾 – |♦| ☎. AE ⓓ E VISA. ✂ — BY **r**
junio-septiembre – ☕ 600 – **49 hab** 4000/6000.

Cetus, paseo Marítimo ℘ 237 41 18, Fax 238 24 55, ≤, 🍴 – ▤. AE E VISA. ✂ — BY **a**
cerrado lunes – Com carta 3100 a 4100.

El Molino de la Torre, cuesta del Tajo 8 ℘ 238 77 56, ≤, 🍴 – AE ⓓ E VISA. ✂ — AY **c**
Com carta 1755 a 4520.

El Bodegón, Cauce 4 ℘ 238 20 12, 🍴 – AE ⓓ E VISA JCB — AY **a**
cerrado domingo y diciembre – Com carta 1890 a 2890.

Los Pampas, Guetaria 13 - La Nogalera B 14 ℘ 238 65 69, Decoración rústica, Carnes a la parrilla – AE ⓓ E VISA. ✂ — AY **n**
Com carta 2355 a 3025.

al Suroeste : barrios de la Carihuela y Montemar – ✉ 29620 Torremolinos – ☎ 95 :

Meliá Torremolinos, av. Carlotta Alessandri 109 ℘ 238 05 00, Telex 77060, Fax 238 05 38, ≤, 🍴, « Jardín tropical », ⛱, 🎾 – |♦| ▤ TV ☎ P – 🎤 25/400. AE ⓓ E VISA. ✂ — BZ **a**
mayo-octubre – Com 3050 – ☕ 950 – **281 hab** 9000/15500.

Pez Espada, Vía Imperial 11 ℘ 238 03 00, Telex 77655, Fax 237 28 01, ≤, ⛱, ⛱, 🌴, 🎾 – |♦| ▤ ☎ P – 🎤 25/250. AE ⓓ E VISA. ✂ — AZ **s**
Com 2400 – ☕ 800 – **205 hab** 9500/13000 – PA 4700.

Sol Aloha Puerto, Vía Imperial 55 ℘ 238 70 66, Telex 77339, Fax 238 57 01, ≤, ⛱ climatizada, 🎾 – |♦| ▤ TV ☎ – 🎤 25/500. AE ⓓ E VISA. ✂ — BZ **d**
Com 1600 – **418 hab** ☕ 6490/12980.

Sol Palomas, Carmen Montes 1 ☏ 238 50 00, Telex 77263, Fax 238 64 66, climatizada, – rest . AE E VISA. BZ **e**
Com 1300 – **298 hab** 5140/10280 – PA 3800.

Sidi Lago Rojo, Miami 1 ☏ 238 76 66, Telex 77395, Fax 238 08 91, – TV . AE E VISA. rest AZ **g**
Com 1925 – 550 – **144 hab** 6750/8400 – PA 3475.

Tropicana, Trópico 6 ☏ 238 66 00, Fax 238 05 68, , , – TV – 25/35. AE E VISA. AZ **q**
Com 3150 – 950 – **85 hab** 8600/13300 – PA 5800.

Nautilus, Vía Imperial 47 ☏ 238 52 00, Fax 238 56 23, , , – – 25/70. AE E VISA. BZ **r**
Com 2000 – 500 – **117 hab** 9000/15000 – PA 3825.

El Tiburón sin rest, Los Nidos 7 ☏ 238 13 20, – AE
mayo-octubre – 400 – **40 hab** 4700/5500.

Prudencio, Carmen 43 ☏ 238 14 52, – AE E VISA AZ **w**
abril-septiembre – Com (ver rest. **Casa Prudencio**) – 300 – **33 hab** 3000/5000.

La Jábega, del Mar 17 ☏ 238 63 75, , – AE E VISA JCB. AZ **e**
Com carta 1350 a 3800.

Casa Prudencio, Carmen 43 ☏ 238 14 52, , , Pescados y mariscos – AE E VISA. AZ **w**
abril-septiembre – Com *(cerrado lunes)* carta 2250 a 3575.

La Langosta, Bulto 53 ☏ 238 43 81, Fax 237 04 98, , – AE E VISA. AZ **n**
Com carta 2550 a 3750.

El Roqueo, Carmen 35 ☏ 238 49 46, , , Pescados y mariscos – AE E VISA. AZ **a**
cerrado martes y noviembre – Com carta 2300 a 3000.

Casa Guaquín, Carmen 37 ☏ 238 45 30, , , Pescados y mariscos – AE E VISA
cerrado jueves y diciembre – Com carta 2400 a 3100. AZ **a**

La Barca, Vía Imperial ☏ 238 47 65, – . AE E VISA JCB. AZ **f**
Com carta 1225 a 2800.

Normandía, av. Carlota Alessandri 57 ☏ 238 43 58, , Cocina francesa – AE E VISA AZ **b**
cerrado lunes y enero-13 febrero – Com carta 2750 a 3950.

en la carretera de Málaga por ① – ✉ 29620 Torremolinos – ☎ 95 :

Parador de Málaga del Golf, junto al golf, 5 km, ✉ 29080 apartado 324 - Málaga, ☏ 238 12 55, Fax 238 21 41, , , « Situado junto al campo de golf », , , 18 – TV – 25/70. AE VISA.
Com 3200 – 1100 – **60 hab** 14000 – PA 6375.

Frutos, urb. Los Álamos, 3 km ☏ 238 14 50, Fax 237 13 77, – . AE E VISA.
cerrado domingo noche de octubre a junio – Com carta aprox. 4000.

TORRENT 17123 Gerona 443 G 39 – 206 h. – ☎ 972.

♦Madrid 744 – ♦Barcelona 133 – Gerona/Girona 36 – Palafrugell 4.

Mas de Torrent , ☏ 30 32 92, Fax 30 32 93, , , « Masía del siglo XVIII », climatizada, , – TV – 25/120. AE E VISA.
Com *(cerrado domingo noche, lunes y febrero)* 5000 – 1500 – **30 hab** 20400/24000.

TORRENTE o TORRENT 46900 Valencia 445 N 28 – 51 361 h. – ☎ 96.

♦Madrid 345 – ♦Alicante 182 – Castellón de la Plana/Castelló de la Plana 86 – ♦Valencia 11.

en El Vedat SO : 4,5 km – ✉ 46900 Torrente – ☎ 96 :

Lido , Juan Ramón Jiménez 5 ☏ 155 15 00, Telex 61730, Fax 155 12 02, , , – rest TV – 25/500. E VISA. rest
Com 2900 – 695 – **60 hab** 7395/10710 – PA 5510.

TORRE SOLÍNOU (Urbanización) Baleares – ver Baleares (Menorca) : Alayor.

TORREVIEJA 03180 Alicante 445 S 27 – 12 314 h. – ☎ 96 – Playa.

18 Club Villamartín, SO : 7,5 km ☏ 532 03 50.
pl. Capdepon ☏ 571 59 36.
♦Madrid 435 – ♦Alicante 50 – Cartagena 60 – ♦Murcia 45.

Fontana, rambla de Juan Mateo 19 ☏ 670 11 25, Telex 63918, Fax 571 44 50, – TV – 25/300. AE E VISA.
Com 1500 – 600 – **156 hab** 5200/9900 – PA 3200.

La Cibeles sin rest, av. Dr. Gregorio Marañón 26 ☏ 571 00 12 – VISA.
abril-octubre – 325 – **40 hab** 3000/4100.

Mazu sin rest, Fotógrafo Darblade 16 ☏ 571 12 50 –
39 hab.

XX **Miramar,** paseo Vista Alegre 6 ☎ 571 34 15, ←, 🏖 – AE ⓓ E VISA
cerrado martes y noviembre – Com carta 2200 a 3900.

XX **Telmo,** Torrevejenses Ausentes 5 ☎ 571 54 74 – ▤. AE E VISA
Com carta 2100 a 4050.

XX Los Manueles, rambla de Juan Mateo 16 ☎ 571 51 33 – ▤.

X **Río Nalón,** Clemente Gosálvez 22 ☎ 571 19 08 – ▤. AE E VISA. ✻
cerrado domingo noche, lunes y 15 diciembre-15 enero – Com carta 2200 a 3900.

X **La Tortuga,** María Parodi 1 ☎ 571 09 60, Decoración neo-rústica – ▤. AE ⓓ E VISA. ✻
cerrado domingo y del 13 al 27 diciembre – Com carta 2150 a 3000.

en la carretera de Alicante (por la costa) NE : 2,5 km – ✉ 03180 Torrevieja – ☎ 96 :

🏨 **Mar Bella,** av. Alfredo Nobel 8 ☎ 571 08 28, ← – ▤ rest Ⓟ. E VISA. ✻ rest
Com *(cerrado lunes)* 1200 – ☕ 450 – **30 hab** 3000/5000.

al Suroeste - en la carretera de Cartagena – ☎ 96 :

🏨 **La Zenia** 🔇, urbanizacion La Zenia, 8,5 km, ✉ 03180 Torrevieja, ☎ 676 02 00, Fax 676 03 91, ←, « Terraza frente al mar », 🏊, 🎾 – |‡| ▤ rest Ⓟ – 🏛. VISA. ✻
mayo-octubre – Com 2100 – ☕ 600 – **220 hab** 6000/10000 – PA 4200.

🏨 **Montepiedra** 🔇, Rosalia de Castro-Dehesa de Campoamor, 11 km, ✉ 03192 Dehesa de Campoamor, ☎ 532 03 00, Telex 67138, Fax 532 01 45, 🏖, « 🏊 rodeada de césped y plantas », 🌳, 🎾 – ▤ rest Ⓟ. AE ⓓ E VISA. ✻
Com 2050 – ☕ 550 – **64 hab** 7350/8400 – PA 3720.

🏨 Torrejoven y Rest. El Cantábrico, 4,7 km, ✉ 03180 Torrevieja, ☎ 571 40 52, Fax 571 53 15, ←, 🏊 – |‡| ▤ Ⓟ
110 hab.

🏨 **Motel Las Barcas** sin rest, 4,5 km, ✉ 03180 Torrevieja, ☎ 571 00 81, Fax 670 10 70, ←, 🏊 – 📺 ☎ Ⓟ. E VISA. ✻
☕ 375 – **30 hab** 4800.

XX **Cabo Roig,** urb. Cabo Roig, 9 km, ✉ 03192 Dehesa de Campoamor, ☎ 676 02 90, ← mar, 🏖 – ▤ Ⓟ. AE ⓓ E VISA. ✻
Com carta aprox. 3500.

X **Asturias,** 5,5 km, ✉ 03180 Torrevieja, ☎ 676 00 44, 🏖 – Ⓟ. AE ⓓ E VISA. ✻
Com carta aprox. 2500.

X **Don Sandy,** 9,5 km, ✉ 03180 Torrevieja, ☎ 532 12 17, 🏖 – Ⓟ. AE E VISA. ✻
cerrado martes y noviembre – Com carta 2450 a 3500.

X **Las Villas,** Dehesa de Campoamor, 11 km, ✉ 03192 Dehesa de Campoamor, ☎ 532 00 05, 🏖 – Ⓟ. E VISA
cerrado 8 enero-8 febrero – Com carta 2150 a 3300.

X Castillo de la Costa, urb. La Zenia, 8 km, ✉ 03189 La Zenia, ☎ 676 84 07
temp.

TORRIJOS 45500 Toledo 444 M 17 – 7 994 h. alt. 529 – ☎ 925.

♦Madrid 87 – Avila 113 – Toledo 29.

🏨 **Castilla,** carret. de Toledo ☎ 76 18 00, Fax 77 00 00, 🏊 – |‡| ▤ 📺 ☎ 🚗 Ⓟ – 🏛 25/250. AE ⓓ E VISA. ✻
– Com 1700 – ☕ 300 – **61 hab** 3500/4800 – PA 3700.

🏨 **Mesón Ruta del Alcázar,** carret. de Toledo ☎ 76 04 00, Fax 76 08 56, 🏊 – |‡| ▤ rest 📺 ☎ – 🏛 25/400. AE VISA. ✻ rest
Com 1700 – ☕ 300 – **44 hab** 3000/4300 – PA 3200.

X **Tinín,** carret. de Toledo 62 ☎ 76 11 65 – ▤. AE E VISA. ✻
cerrado miércoles y 15 al 31 agosto – Com carta 2000 a 3400.

TORROELLA DE MONTGRÍ 17257 Gerona 443 F 39 – 5 599 h. alt. 20 – ☎ 972.

ℹ av. Lluís Companys 51 ☎ 75 80 37. – ♦Madrid 740 – ♦Barcelona 127 – Gerona/Girona 31.

🏨 **Coll** sin rest, carret. de Estartit ☎ 75 96 92, Fax 75 85 12, 🏊 – |‡| ☎ Ⓟ. E VISA. ✻
cerrado 15 enero-febrero – ☕ 450 – **24 hab** 7000.

X Elías con hab, Major 24 ☎ 75 80 09
17 hab.

en la playa de La Gola SE : 7,5 km – ✉ 17257 Torroella de Montgrí – ☎ 972 :

🏨 **Picasso** 🔇, carret. de Pals y desvío a la izquierda ☎ 75 75 72, Fax 76 11 00, 🏖, 🏊 – ▤ rest Ⓟ. AE ⓓ E VISA
abril-septiembre – Com 900 – ☕ 450 – **20 hab** 3500/5500.

TORTOSA 43500 Tarragona 443 J 31 – 31 445 h. alt. 10 – ☎ 977.

Ver : Catedral★ (tríptico★, púlpitos★).

ℹ pl. Bimillenari ☎ 44 25 67.

♦Madrid 486 – Castellón de la Plana/Castelló de la Plana 123 – ♦Lérida/Lleida 129 – Tarragona 83 – ♦Zaragoza 204.

Parador de Tortosa ⑤, ℘ 44 44 50, Fax 44 44 58, ≤, ⛱, 🌲 – |♦| ▤ 📺 ☎ Ⓟ – 🏃 25/150. AE ⓞ VISA. ✂
Com 3200 – ☕ 1100 – **82 hab** 11000 – PA 6375.

Tortosa Parc sin rest, Conde de Bañuelos 10 ℘ 44 61 12 – |♦| 📺 ☎ 🚗. AE ⓞ E VISA
☕ 500 – **84 hab** 2500/4400.

El Parc, av. Generalitat ℘ 44 48 66, en el parque – ▤. AE ⓞ E VISA. ✂
Com carta 3150 a 3950.

Rosa, Marqués de Bellet 13 ℘ 44 20 01 – ▤. AE ⓞ E VISA. ✂
cerrado lunes, martes mediodía, del 1 al 15 agosto y del 15 al 30 septiembre – Com carta 1875 a 3350.

en la carretera Simpática NE : 2,4 km – ✉ 43500 Tortosa – ☎ 977 :

Racó de Mig-Camí, ℘ 44 31 48, 🏡, Decoración rústica, « Terraza entre pinos » – Ⓟ. ⓞ E VISA. ✂
cerrado domingo noche y lunes – Com carta 2700 a 4200.

TOSAS (Puerto de) o **TOSES (Port de)** **17536** Gerona 443 E 36 – 132 h. alt. 1 800 – ☎ 972.
♦Madrid 679 – Gerona/Girona 131 – Puigcerdá 26.

La Collada, carret. N 152, alt. 1 800 ℘ 89 21 00, ≤ valle y montañas, ⛱ climatizada – |♦| 🚗 Ⓟ. VISA. ✂
Com (*cerrado jueves y del 1 al 20 noviembre*) 1600 – ☕ 550 – **25 hab** 4500/8500.

Entrate nell'albergo o nel ristorante con la Guida alla mano, dimostrando in tal modo la fiducia in chi vi ha indirizzato.

TOSSA DE MAR **17320** Gerona 443 G 38 – 2 969 h. – ☎ 972 – Playa.
Ver : Localidad veraniega★.
Alred. : Recorrido en cornisa★★ de Tossa de Mar a San Felíu de Guixols (calas★) 23 km por ② – Carretera en cornisa★★ de Tossa de Mar a Playa Canyelles 9 km por ③.
ℹ carret. de Lloret - edificio Terminal ℘ 34 01 08.
♦Madrid 707 ③ – ♦Barcelona 79 ③ – Gerona/Girona 39 ①.

TOSSA DE MAR

Costa Brava (Av. de la) . . . . . AY 2
La Guardia . . . . . AZ 6
Portal . . . . . BZ 16
Pou de la Vila . . . . . ABZ 17
Socors . . . . . ABZ 24

Estolt . . . . . AZ 4
Ferrán Agulló (Av.) . . . . . AY 5
La Palma (Av. de) . . . . . BY 10
Mar (Passeig del) . . . . . BZ 12
María Auxiliadora . . . . . AYZ 13
Pelegrí (Av. del) . . . . . AZ 15
Puerto Rico (Av. de) . . . . . AY 18
Sant Antoni . . . . . AZ 19
Sant Josep . . . . . AZ 20

Para el buen uso de los planos de ciudades, consulte los signos convencionales.

Pour un bon usage des plans de villes, voir les signes conventionnels.

For maximum information from town plans, consult the conventional signs key.

G. H. Reymar, platja de Mar Menuda 34 03 12, Telex 57094, Fax 34 15 04, - 25/175. AE E VISA. rest BY x
mayo-octubre - Com 3450 - 1150 - **156 hab** 9200/14700.

Mar Menuda, platja de Mar Menuda 34 10 00, Fax 34 00 87, « Terraza con arbolado », - . AE E VISA. rest BY w
cerrado 7 enero-febrero - Com *(cerrado octubre-diciembre)* 2700 - 975 - **50 hab** 5360/10150 - PA 4500.

Florida, av. de sa Palma 12 34 03 08, Fax 34 09 53 - . AE E VISA. BY d
9 abril - octubre - Com 1900 - 650 - **51 hab** 5750/9500 - PA 3400.

Neptuno, La Guardia 52 34 01 43, Fax 34 19 33, - rest. E VISA. rest
abril- octubre - Com 700 - 400 - **125 hab** 2700/4600 - PA 1800. AZ g

Avenida, av. de sa Palma 5 34 07 56, Fax 34 22 70 - . E VISA. rest BY f
abril-15 octubre - Com 1800 - 500 - **50 hab** 3600/7200 - PA 3250.

Áncora sin rest, av. de sa Palma 4 34 02 99, « Patio-terraza con arbolado » -
junio-septiembre - 500 - **60 hab** 3500/6900. BZ r

Corisco sin rest, Pou de la Vila 8 34 01 74, Telex 56317, Fax 34 07 12, - . AE E VISA BZ x
mayo-septiembre - 680 - **28 hab** 4900/8700.

Simeón sin rest, Dr. Trueta 1 34 00 79 - . VISA. BZ x
mayo-15 octubre - 450 - **50 hab** 3400/4400.

Mar Bella sin rest, av. Costa Brava 21 34 13 63, Fax 34 13 63 - AE E VISA AY b
15 mayo-septiembre - 450 - **36 hab** 2900/5800.

Sant March sin rest, Nou 9 34 00 78, - AE AZ u
mayo-septiembre - 250 - **30 hab** 2500/4500.

Horta Rosel sin rest, Pola 29 34 04 32 - AY k
25 mayo-5 octubre - 300 - **29 hab** 4000.

Coq Hardi sin rest, paraje Villa Romana, apartado 98, 34 01 69, -
13 hab. AZ e

Canaima sin rest, av. de la Palma 24 34 09 95, Fax 34 10 21 BY q
junio-septiembre - 400 - **17 hab** 4350.

Las Acacias, passeig del Mar 45 34 00 85, Fax 34 22 70, - . AE E VISA. rest BZ n
abril-octubre - Com 1950 - 515 - **20 hab** 2500/5000 - PA 3650.

Es Molí, Tarull 5 34 14 14, « Bajo los porches de un patio ajardinado » - . AE E VISA JCB AZ r
abril-15 octubre - Com *(cerrado martes salvo junio- septiembre)* carta 2750 a 4700.

Taverna de l'abat Ramón, pl. Pintor Vilallonga 1 34 07 08, Fax 34 13 63, Dentro del recinto amurallado - . AE E VISA. BZ v
mayo-septiembre - Com carta 2750 a 3100.

Castell Vell, pl. Roig i Soler 2 34 10 30, Fax 34 22 13, « Rest. de estilo regional en el recinto de la antigua ciudad amurallada » - AE E VISA. BZ v
16 abril-21 octubre - Com *(cerrado lunes salvo julio-agosto)* carta 3565 a 5475.

Can Tonet, pl. de l'Església 2 34 05 11, - . AE E VISA. AZ t
cerrado martes (noviembre-marzo) y enero - Com carta 2390 a 4000.

Tursia, Barcelona-edificio sa Carbonera 3 34 15 00. BY a

Bahía, passeig del Mar 19 34 03 22, - . AE E VISA. BZ s
cerrado lunes (noviembre-marzo) y 20 diciembre-10 enero - Com carta 2400 a 4150.

Rocamar, Els Cars 5 34 10 47, - AE E VISA BZ e
abril-octubre - Com carta 2700 a 3950.

Santa Marta, Francesc Aromir 2 34 04 72, Dentro del recinto amurallado - . E VISA. BZ v
Semana Santa-15 octubre - Com carta 2590 a 3420.

Victoria con hab, passeig del Mar 23 34 01 66, Fax 34 13 63, - AE E VISA
marzo-octubre - Com carta 2000 a 3350 - 485 - **21 hab** 2200/4400. BZ t

TOTANA 30850 Murcia 445 S 25 - 18 394 h. - 968.

♦Madrid 440 - Cartagena 63 - Lorca 20 - ♦Murcia 45.

Plaza, pl. Constitucion 5 42 31 12, Fax 42 25 30 - . AE VISA.
Com 1500 - 350 - **12 hab** 4500/6500 - PA 2845.

Mariquita II, Cánovas del Castillo 12 42 00 07 - . AE E VISA.
cerrado domingo noche, lunes y 20 días en agosto - Com carta 3100 a 4500.

TOXA (Illa da) Pontevedra - ver La Toja (Isla de).

TRABADELO **24523** León 441 E 9 - 922 h. - ☎ 987.

♦ Madrid 416 - Lugo 91 - Ponferrada 30.

- **Nova Ruta,** carret. N VI ☎ 56 64 31 - Ⓟ. AE ⓓ E VISA. ✻
  Com 1000 - ☐ 350 - **13 hab** 2500/4400 - PA 2200.

TRAGACETE **16170** Cuenca 444 K 24 - 460 h. alt. 1 283 - ☎ 966.

Alred. : Nacimiento del Cuervo ★ (cascadas ★) NO : 12 km.

♦Madrid 235 - Cuenca 71 - Teruel 89.

- Serranía, Fernando Royuela 2 ☎ 28 90 19 - **24 hab.**
- Júcar ⛰, Fernando Royuela 1 ☎ 28 91 47 - ▤ rest - **18 hab.**

TREMP **25620** Lérida 443 F 32 - 5 469 h. alt. 432 - ☎ 973.

Alred. : NE : Desfiladero de Collegats★★ - ℹ pl. de Capdevila ☎ 65 13 80.

♦Madrid 546 - Huesca 156 - ♦Lérida/Lleida 93.

- **Siglo XX,** pl. de la Creu 8 ☎ 65 00 00, Fax 65 26 12, ⛱ - |‡| ▤ TV ☎ Ⓟ. E VISA
  Com 1400 - ☐ 400 - **56 hab** 2700/7000 - PA 2400.
- **Alegret** sin ☐, pl. de la Creu 30 ☎ 65 01 00 - |‡| ▤ rest ☎. E VISA
  Com *(cerrado domingo noche y del 12 al 20 septiembre)* 1250 - **25 hab** 1900/3500 - PA 2450.

TRUJILLO **10200** Cáceres 444 N 12 - 9 445 h. - ☎ 927.

Ver : Pueblo histórico★★ : Plaza Mayor★★ (palacio de los Duques de San Carlos★, palacio de los Marqueses de la Conquista★) - Iglesia de Santa María★ (retablo★).

ℹ pl. Mayor 18 ☎ 32 06 53.

♦Madrid 254 - ♦Cáceres 47 - Mérida 89 - Plasencia 80.

- **Parador de Trujillo** ⛰, pl. de Santa Clara ☎ 32 13 50, Fax 32 13 66, « Instalado en el antiguo convento de Santa Clara », ⛱ - ▤ TV ☎ 🚗 Ⓟ - 🏛 25/90. AE ⓓ VISA. ✻
  Com 3200 - ☐ 1100 - **46 hab** 13000 - PA 6375.
- **Las Cigüeñas,** av. de Madrid ☎ 32 12 50, Fax 32 13 00, ←, 🌳 - |‡| ▤ TV ☎ Ⓟ - 🏛 25/300. AE ⓓ E VISA JCB. ✻
  Com 2500 - ☐ 650 - **78 hab** 6000/9600 - PA 4800.
- **Pizarro,** pl. Mayor 13 ☎ 32 02 55, Cocina regional - ▤. AE ⓓ E VISA. ✻
  cerrado martes - Com carta 1700 a 3300.
- **Pillete,** pl. Mayor 28 ☎ 32 14 49, 🌳 - ▤. AE ⓓ VISA
  cerrado 2ª quincena de octubre - Com carta 1950 a 2800.
- **Mesón La Troya,** pl. Mayor 10 ☎ 32 13 64, Mesón típico - ▤. VISA. ✻
  Com carta aprox. 1700.
- Mesón la Cadena con hab, pl. Mayor 8 ☎ 32 14 63 - ▤ - **8 hab.**

en la carretera N V O : 6 km - ✉ 10200 Trujillo - ☎ 927 :

- **La Majada,** ☎ 32 03 49, 🌳 - ▤ Ⓟ. E VISA. ✻
  Com carta 2300 a 3700.

TUDELA **31500** Navarra 442 F 25 - 24 629 h. alt. 275 - ☎ 948.

Ver : Catedral★ (claustro★★, portada del Juicio Final★, interior - capilla de Nuestra Señora de la Esperanza★) - ℹ Carrera 4 ☎ 82 15 39.

♦Madrid 316 - ♦Logroño 103 - ♦Pamplona/Iruñea 84 - Soria 90 - ♦Zaragoza 81.

- **Tudela,** av. de Zaragoza 56 ☎ 41 08 02, Fax 41 09 72 - |‡| ▤ TV ☎. AE ⓓ E VISA
  Com *(cerrado domingo noche)* 1800 - ☐ 160 - **51 hab** 5600/7500.
- **NH Delta** sin rest, av. de Zaragoza 29 ☎ 82 14 00, Fax 82 14 00 - |‡| ▤ TV ☎. ⓓ E VISA. ✻ - ☐ 400 - **42 hab** 5200/6400.
- **Santamaría,** San Marcial 14 ☎ 82 12 00, Fax 82 12 00 - |‡| ▤ TV ☎ - 🏛 25/300. AE ⓓ E VISA. ✻ rest
  Com *(cerrado sábado, domingo, festivos y agosto)* 2500 - ☐ 500 - **56 hab** 5000/8000.
- **Nueva Parrilla,** Carlos III El Noble 6 ☎ 82 24 00, Fax 82 25 45 - ▤ rest TV ☎ 🚗. E VISA JCB. ✻
  Com 1400 - ☐ 400 - **22 hab** 3500/6000.
- **Morase** con hab, paseo de Invierno 2 ☎ 82 17 00, Fax 41 19 97 - ▤ TV ☎ 🚗. AE ⓓ E VISA. ✻
  Com *(cerrado domingo noche)* carta 3550 a 4650 - ☐ 950 - **7 hab** 6750/10000.
- **El Choko,** pl. de los Fueros 5 ☎ 82 10 19 - ▤. AE ⓓ E VISA. ✻
  cerrado lunes - Com carta 1950 a 4350.
- **Iruña,** Muro 11 ☎ 82 10 00 - ▤. AE ⓓ E VISA. ✻
  cerrado jueves - Com carta 1800 a 2400.
- Mesón Julián, Merced 9 ☎ 82 20 28 - ▤.

en la carretera N 232 SE : 3 km – ✉ 31512 Fontellas – ☎ 948 :

XX **Beethoven,** ✆ 82 52 60 – ▤ Ⓟ. AE ⓘ E VISA. ✗
cerrado domingo y agosto – Com carta 3040 a 3890.

TUDELA DE DUERO **47320** Valladolid 442 H 16 – 4 537 h. – ☎ 983.
♦Madrid 188 – Aranda de Duero 77 – ♦Segovia 107 – ♦Valladolid 16.

Jaramiel, carret. N 122 NO : 1 km ✆ 52 10 26, ⛱, ⛱ – TV ☎ Ⓟ. AE E VISA. ✗
cerrado 21 diciembre-7 enero – Com 1200 – **16 hab** 4000/7000 – PA 2400.

TUY o **TUI** **36700** Pontevedra 441 F 4 – 14 975 h. alt. 44 – ☎ 986.
Ver : Catedral★ (portada★).
ℹ Puente Tripes - av. de Portugal ✆ 60 17 89.
♦Madrid 604 – Orense/Ourense 105 – Pontevedra 48 – ♦Porto 124 – ♦Vigo 29.

Parador de Tuy ⛱, ✆ 60 03 09, Fax 60 21 63, ≤, « Reproducción de una casa señorial gallega », ⛱, ⛱, ✗ – TV ☎ Ⓟ. AE ⓘ VISA. ✗
Com 3200 – ☕ 1100 – **22 hab** 11000 – PA 6375.

Colón Tuy sin rest, Colón 11 ✆ 60 02 23, Fax 60 03 27, ≤, ⛱, ✗ – |‡| ▤ TV ☎ Ⓟ – 🏛 25/100. ⓘ E VISA. ✗
☕ 475 – **45 hab** 4575/7875.

ÚBEDA **23400** Jaén 446 R 19 – 28 717 h. alt. 757 – ☎ 953.
Ver : Barrio Antiguo★★ : plaza Vázquez de Molina★★, iglesia de El Salvador★★ (sacristía★★, interior★) – Iglesia de Santa María (capilla★, rejas★) – Iglesia de San Pablo (capillas★).
ℹ pl. de los Caídos ✆ 75 08 97.
♦Madrid 323 – ♦Albacete 209 – Almería 227 – ♦Granada 141 – Jaén 57 – Linares 27 – Lorca 277.

Parador Condestable Dávalos ⛱, pl. Vázquez de Molina 1 ✆ 75 03 45, Fax 75 12 59, « Instalado en un palacio del siglo XVI » – ▤ TV ☎ – 🏛 25/90. AE ⓘ VISA. ✗
Com 3200 – ☕ 1100 – **31 hab** 14000 – PA 6375.

La Paz sin rest, Andalucía 1 ✆ 75 21 46, Fax 75 08 48 – |‡| ▤ TV ☎ 🚗. AE ⓘ E VISA. ✗
☕ 450 – **51 hab** 4375/6625.

Dos Hermanas sin rest, La Libertad ✆ 75 21 24 – |‡| ▤ 🚗. ✗
☕ 425 – **30 hab** 2000/3500.

Los Cerros sin rest y sin ☕, Peñarroya 1 ✆ 75 16 21 – ✗
18 hab 1300/3500.

Victoria sin rest y sin ☕, Alaminos 5 ✆ 75 29 52 – ▤ TV. VISA. ✗
15 hab 1700/2700.

X **Cusco,** parque de Vandevira 8 ✆ 75 34 13 – ▤. E VISA. ✗
cerrado domingo noche y 15 julio-30 agosto – Com carta aprox. 2800.

ULLASTRELL **08231** Barcelona 443 H 35 – 757 h. alt. 342 – ☎ 93.
♦Madrid 608 – ♦Barcelona 42 – Manresa 47 – Tarragona 42.

en la carretera C 243 E : 4 km – ✉ 08231 Ullastrell – ☎ 93 :

X Charlex, urb. Ca'n Amat ✆ 780 00 61, ⛱ – ▤ Ⓟ.

ULLASTRET **17133** Gerona 443 F 39 – 292 h. alt. 49 – ☎ 972.
♦Madrid 731 – Gerona/Girona 23 – Figueras/Figueres 40 – Palafrugell 16.

X Iberic, Valls 5 ✆ 75 71 08.

ULLDECONA **43550** Tarragona 443 K 31 – 5 272 h. alt. 134 – ☎ 977.
♦Madrid 510 – Castellón de la Plana/Castelló de la Plana 88 – Tarragona 104 – Tortosa 30.

X **Bon Lloc** con hab, carret. de Vinaroz ✆ 72 02 09, ⛱ – ▤ rest Ⓟ. E VISA. ✗
cerrado enero y última semana de junio – Com *(cerrado lunes)* carta 2000 a 3000 – ☕ 400 – **8 hab** 2000/3500.

UÑA **16152** Cuenca 444 L 24 – 162 h. – ☎ 966.
♦Madrid 199 – Cuenca 35.

Agua-Riscas ⛱, Egido 17 ✆ 28 13 32, ⛱ – ☎. ✗
cerrado del 7 al 29 enero – Com 1250 – ☕ 225 – **10 hab** 3800/4900 – PA 2500.

URBIÓN (Sierra de) ★★ Soria 442 F y G 21 - alt. 2 228 - ✆ 975.

Ver : Laguna Negra de Urbión★★ (carretera★★) - Laguna Negra de Neila★★ (carretera★★).

Hoteles y restaurantes ver : **Soria.**

URDAX o **URDAZUBI** **31711** Navarra 442 C 25 - 537 h. - ✆ 948.

♦Madrid 475 - ♦Bayonne 26 - ♦Pamplona/Iruñea 80.

XX **La Koska,** ✆ 59 90 42, Decoración rústica - P. AE ⓓ E VISA
cerrado domingo noche, lunes salvo agosto, 2ª quincena febrero y 2ª quincena noviembre - Com carta 2200 a 3400.

URQUIOLA (Puerto de) **48211** Vizcaya 442 C 22 - alt. 700 - ✆ 94.

♦Madrid 386 - ♦Bilbao/Bilbo 40 - ♦San Sebastián/Donostia 79 - ♦Vitoria/Gasteiz 31.

X **Bizkarra** con hab, ✆ 681 20 26, 余 - P. AE ⓓ E VISA. ✻
Com carta 1950 a 4000 - ☐ 400 - **9 hab** 2700/3300.

USATEGUIETA (Puerto de) Navarra - ver Leiza.

USURBIL **20170** Guipúzcoa 442 C 23 - ✆ 943.

♦Madrid 485 - ♦Bilbao/Bilbo 97 - ♦Pamplona/Iruñea 88 - ♦San Sebastián/Donostia 8.

X **Ugarte,** barrio Kale-Zar ✆ 36 26 73, Decoración rústica - P. AE ⓓ E VISA. ✻
cerrado domingo noche, lunes, del 12 al 18 abril y 20 diciembre-10 enero - Com carta 2500 a 3200.

UTEBO **50180** Zaragoza 443 G 27 - 5 673 h. - ✆ 976.

♦Madrid 334 - ♦Pamplona/Iruñea 157 - ♦Zaragoza 13.

en la carretera N 232 O : 2 km. - ✉ 50180 Utebo - ✆ 976 :

🏨 **El Águila,** ✆ 77 03 14, Fax 77 11 05 - 🛗 ▤ TV ☎ P - 🔬 25/60. AE ⓓ E VISA. ✻ rest
Com carta 2350 a 3225 - ☐ 450 - **50 hab** 4200/7500.

VADILLOS **16892** Cuenca 444 K 23 - ✆ 966.

♦Madrid 234 - Cuenca 70 - Teruel 164.

♀ **El Batán** ⛭, carret. de Solán de Cabras SE : 1 km ✆ 31 01 42 - P. ✻
9 junio-15 septiembre - Com 1400 - ☐ 350 - **19 hab** 3400 - PA 2680.

VADOCONDES **09491** Burgos 442 H19 - 588 h. alt. 831 - ✆ 947

♦Madrid 167 - Aranda de Duero 11 - ♦Burgos 94 - Soria 101 - ♦Valladolid 104.

🏠 **Dos Escudos,** carret. N 122 SO : 1 km ✆ 52 80 12 - ▤ rest ☎ P. E VISA. ✻
Com *(cerrado sábado del 15 octubre al 15 marzo)* 1250 - ☐ 375 - **17 hab** 2500/4500 - PA 2500.

VALCARLOS **31660** Navarra 442 C 26 - 582 h. alt. 365 - ✆ 948.

♦Madrid 464 - ♦Pamplona/Iruñea 65 - St-Jean-Pied-de-Port 11.

X **Maitena** ⛭ con hab, Elizaldea ✆ 79 02 10, ≤, 余 - ▤. ✻ rest
Com carta 1600 a 2300 - ☐ 325 - **6 hab** 4200.

VALDELACALZADA **06185** Badajoz 444 P 9 - ✆ 924.

♦Madrid 441 - ♦Badajoz 32 - ♦Cáceres 81 - Mérida 26.

X Antonio, carret. Calzada Romana E : 0,5 km ✆ 44 60 25, 余 - ▤ P.

VALDELAGRANA Cádiz - ver El Puerto de Santa María.

VALDEMORILLO **28210** Madrid 444 K 17 - 2 063 h. - ✆ 91.

♦Madrid 45 - El Escorial 14 - ♦Segovia 66 - Toledo 95.

X **Los Bravos,** pl. de la Constitución 2 ✆ 899 01 83, 余, « Decoración rústica » - ▤. AE ⓓ E VISA. ✻
cerrado lunes y 10 septiembre- 6 octubre - Com carta 4000 a 5800.

VALDEMORO **28340** Madrid 444 L 118 - ✆ 91.

♦Madrid 27 - Aranjuez 21 - Toledo 53.

♀ **Rus** sin rest y sin ☐, Estrella de Elola 8 ✆ 895 67 11, Fax 895 24 83 - ☎. ✻
16 hab 3000/5000.

XXX **Chirón,** Alarcón 27 ✆ 895 69 74, Fax 895 69 60 - ▤. AE ⓓ E VISA. ✻
cerrado del 1 al 20 agosto - Com (solo almuerzo salvo viernes y sábado) carta 3350 a 4650.

VALDEMOSA Baleares - ver Baleares (Mallorca).

VALDEPEÑAS **13300** Ciudad Real 444 P 19 - 24 946 h. alt. 720 - 926.

Alred. : San Carlos del Valle★ (plaza Mayor★) NE : 22 km.

♦Madrid 203 - ♦Albacete 168 - Alcázar de San Juan 87 - Aranjuez 156 - Ciudad Real 62 - ♦Córdoba 206 - Jaén 135 - Linares 96 - Toledo 153 - Úbeda 122.

Gala, Arpa 3 32 38 57, Fax 32 50 13 - 25/250. E VISA. rest
Com 1400 - 450 - **29 hab** 3500/5500 - PA 2600.

en la carretera N IV - 13300 Valdepeñas - 926 :

Meliá El Hidalgo, N : 7 km 32 32 50, Telex 48136, Fax 32 33 04, « rodeada de césped », - 25/150. AE E VISA. rest
Com 2585 - 850 - **54 hab** 8400/10500.

La Aguzadera, N : 4 km 32 32 08, , - . AE E VISA.
cerrado domingo noche de octubre a abril - Com carta 2200 a 2900.

VALDERROBRES **44580** Teruel 443 J 30 - 1 847 h. - 974.

♦Madrid 421 - ♦Lérida/Lleida 141 - Teruel 195 - Tortosa 56 - ♦Zaragoza 141.

Querol, av. Hispanidad 14 85 01 92 - rest. VISA.
Com *(cerrado domingo)* 1175 - 450 - **19 hab** 1950/3500 - PA 2380.

VALENCIA **46000** P 445 N 28 (29) - 751 734 h. alt. 13 - 96.

Ver : La Ciudad Vieja★ - Catedral★ : El Miguelete★ EX, Palacio de la Generalidad★ : artesonado★ - Lonja★ (sala de la contratación★★, sala del consulado del mar : artesonado★ DY - Museo de Cerámica★★ : palacio del Marqués de Dos Aguas★ EY **M1** - Museo San Pío V★ : primitivos valencianos★★ FX - Colegio del Patriarca o del Corpus Christi★ (museo : tríptico de la Pasión★) EY - Torres de Seranos★ EX.

9 de Manises por ④ : 12 km 379 08 50 - 18 Club Escorpión NO : 19 km por carretera de Liria 160 12 11 - 18, Parador Luis Vives por ② : 15 km 161 11 86.

de Valencia-Manises por ④ : 12,5 km 152 14 51 - Iberia : Paz 14, 46003, 351 37 39 EFY. - 351 00 43.

para Baleares : Cía. Trasmediterránea, av. Manuel Soto 15, 46024, 367 07 04, Fax 367 33 45 CV.

pl. del Ayuntamiento 1, 46002, 351 04 17 Paz 48, 46003, 352 28 97, av. Cataluña 1 46010 369 79 32 y Aeropuerto 370 96 00 - **R.A.C.E.** (R.A.C. de Valencia) General Avilés 64, 46015, 348 66 66.

♦Madrid 351 ④ - ♦Albacete 183 ③ - ♦Alicante (por la costa) 174 ③ - ♦Barcelona 361 ① - ♦Bilbao/Bilbo 606 ① - Castellón de la Plana/Castelló de la Plana 75 ① - ♦Málaga 651 ③ - ♦Sevilla 682 ④ - ♦Zaragoza 330 ①.

Planos páginas siguientes

Meliá Valencia, av. Baleares 2, 46023, 360 73 00, Telex 64252, Fax 360 89 21, - 25/250. AE E VISA. CV **r**
Com 4400 - 1400 - **314 hab** 15725/19950 - PA 7460.

Astoria Palace y Rest Vinatea, pl. Rodrigo Botet 5, 46002, 352 67 37, Telex 62733, Fax 352 80 78 - 25/500. AE E VISA. EY **p**
Com carta 2800 a 4300 - 1000 - **207 hab** 14800/19200.

Conqueridor, Cervantes 9, 46007, 352 29 10, Fax 352 28 83 - . AE VISA. DZ **b**
Com 2500 - 1000 - **60 hab** 12600/19800 - PA 5500.

Reina Victoria, Barcas 4, 46002, 352 04 87, Telex 64755, Fax 352 04 87 - 25/50. AE E VISA. EY **s**
Com 3000 - 950 - **97 hab** 11350/18600 - PA 5900.

Dimar sin rest, con cafetería, Gran Vía Marqués del Turia 80, 46005, 395 10 30, Fax 395 19 26 - 25/80. AE E VISA. FZ **q**
1100 - **107 hab** 9925/16500.

NH Ciudad de Valencia, av. del Puerto 214, 46023, 367 75 00, Telex 63069, Fax 367 98 64 - 30/80. AE E VISA. CV **d**
Com carta 3000 a 5000 - 1000 - **149 hab** 10500/16000.

NH Abashiri, av. Ausias March 59, 46013, 373 28 52, Telex 63017, Fax 373 49 66 - 30/250. AE E VISA. BV **e**
Com 3000 - 1000 - **105 hab** 10500/16000 - PA 7000.

Expo H. sin rest, con cafetería, av. Pío XII-4, 46009, 347 09 09, Telex 63212, Fax 348 31 81, - 25/500. AE E VISA JCB. BU **e**
900 - **400 hab** 7900/13500.

Inglés, Marqués de Dos Aguas 6, 46002, 351 64 26, Telex 62228, Fax 394 02 51 - . AE E VISA JCB. EY **m**
Com 1700 - 700 - **62 hab** 7500/13750 - PA 3500.

Renasa sin rest, con cafetería, av. Cataluña 5, ✉ 46010, ☎ 369 24 50, Fax 393 18 24 – 🛗 ▤ 📺 ☎ – 🏛 25/75. AE ⓓ E VISA. ✻ CU **x**
☕ 550 – **73 hab** 6700/10900.

Oltra sin rest, con cafatería, pl. del Ayuntamiento 4, ✉ 46002, ☎ 352 06 12, Fax 352 63 63 – 🛗 ▤ 📺 ☎. AE ⓓ E VISA. ✻
☕ 525 – **93 hab** 5880/9950. EY **t**

Serrano, General Urrutia 48, ✉ 46013, ☎ 334 78 00, Fax 334 78 01, 🏊, 🎾 – 🛗 ▤ 📺 ☎ 🚗 Ⓟ – 🏛 25/400. AE ⓓ E VISA. ✻ BV **s**
Com 2000 – ☕ 975 – **104 hab** 9240/11550.

Llar sin rest, Colón 46, ✉ 46004, ☎ 352 84 60, Fax 351 90 00 – 🛗 ▤ 📺 ☎ – 🏛 25/30. AE ⓓ E VISA. ✻ FZ **u**
☕ 600 – **50 hab** 6750/9350.

Sorolla sin rest y sin ☕, Convento de Santa Clara 5, ✉ 46002, ☎ 352 33 92, Fax 352 14 65 – 🛗 ▤ 📺 ☎. AE E VISA. ✻ EZ **z**
50 hab 5200/9100.

Mediterráneo sin rest, Barón de Cárcer 45, ✉ 46001, ☎ 351 01 42, Fax 351 01 42 – 🛗 ▤ 📺. AE ⓓ E VISA JCB. ✻ DY **a**
☕ 500 – **34 hab** 6500/10500.

Continental sin rest, Correos 8, ✉ 46002, ☎ 351 09 26, Fax 351 09 26 – 🛗 ▤ ☎. AE VISA. ✻ EY **h**
☕ 400 – **43 hab** 5250/8500.

Bristol sin rest, Abadía San Martín 3, ✉ 46002, ☎ 352 11 76 – 🛗 ☎. E VISA EY **b**
– ☕ 275 – **40 hab** 3500/6600.

XXX **Chambelán,** Chile 4, ✉ 46021, ☎ 393 37 74, Fax 393 37 72 – ▤. AE ⓓ E VISA JCB. ✻ CU **b**
cerrado sábado mediodía, domingo y Semana Santa – Com carta 5300 a 7000.

XXX **Eladio,** Chiva 40, ✉ 46018, ☎ 384 22 44 – ▤. AE ⓓ E VISA. ✻ AU **a**
cerrado domingo y agosto – Com carta 4350 a 5450.

XXX ✿ **Oscar Torrijos,** Dr. Sumsi 4, ✉ 46005, ☎ 373 29 49 – ▤. AE ⓓ E VISA. ✻ FZ **h**
cerrado domingo y 15 agosto-15 septiembre – Com carta 3800 a 5900
Espec. Arroz de langosta, Ensalada tibia de bogavante a la vinagreta de tomate(octubre-mayo), Tarta fina de manzana con hojaldre.

XXX **La Hacienda,** Navarro Reverter 12, ✉ 46004, ☎ 373 18 59, Fax 138 89 62 – ▤. AE ⓓ VISA. ✻ FY **y**
cerrado sábado mediodía, domingo y Semana Santa – Com carta 5300 a 6300.

VALENCIA

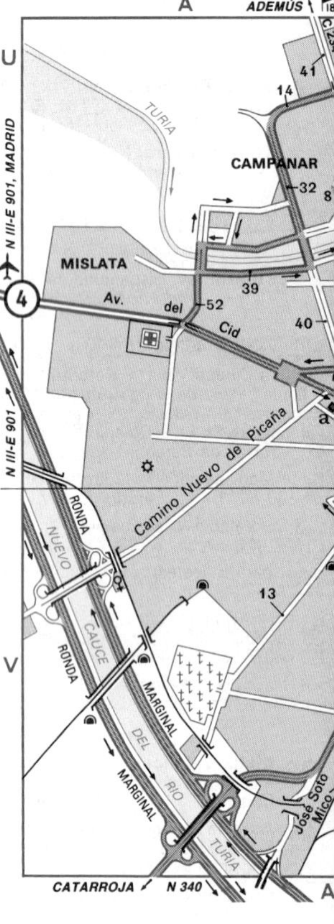

XXX **Derby,** Navarro Reverter 16, ✉ 46004, ☎ 334 86 02, Fax 374 20 02 – ▤. AE ⓓ E VISA. ✻ FY **a**
cerrado sábado mediodía, domingo y agosto – Com carta 3300 a 4500.

XXX **Rías Gallegas,** Matemático Marzal 11, ✉ 46007, ☎ 357 20 07, Cocina gallega – ▤. AE ⓓ E VISA. ✻ DZ **c**
cerrado domingo y agosto – Com carta 3950 a 5200.

XXX **Versalles,** Dolores Alcayde 14, ✉ 46007, ☎ 342 37 38, Fax 342 18 04, 🏡, « Instalado en una villa » – ▤. AE ⓓ E VISA. ✻ BV **b**
cerrado sábado mediodía, domingo, Semana Santa y agosto – Com carta 3650 a 5075.

XXX **Galbìs,** Marvá 28, ✉ 46007, ☎ 380 94 73, Fax 380 06 54 – ▤. AE VISA. ✻ DZ **f**
cerrado sábado mediodía, domingo y agosto-5 septiembre – Com carta 3200 a 4850.

XXX **Comodoro,** Transits 3, ✉ 46002, ☎ 351 38 15 – ▤. AE ⓓ E VISA. ✻ EY **r**
cerrado sábado mediodía, domingo, festivos y agosto – Com carta 3200 a 4400.

XX **Kailuze,** Gregorio Mayáns 5, ✉ 46005, ☎ 374 39 99, Cocina vasco-navarra – ▤. AE VISA. ✻
cerrado sábado mediodía, domingo, festivos, Semana Santa y agosto – Com carta 3050 a 4750. FZ **d**

XX **Lionel,** Pizarro 9, ✉ 46004, ☎ 351 65 66 – ▤. AE ⓓ E VISA. ✻ EZ **b**
cerrado domingo noche y del 15 al 31 agosto – Com carta 2495 a 2920.

Campanar (Av.) . . . . **ABU** 8
Cataluña (Av. de) . . . . **CU** 9
Constitución (Av. de la) . . . **BU** 10
Eduardo Boscá . . . . **CV** 12
Gaspar Aguilar (Av. de) . . . **AV** 13
General Aviles (Av.) . . . . . . **AU** 14
Giorgeta (Av.) . . . . **BV** 16
Glorias Valencianas
(Puente) . . . . **BU** 17

Guadalaviar . . . . **BU** 21
Jacinto Benavente (Av.) . . **BCV** 24
Llano de la Zaidia . . . . **BU** 26
Los Cenielles . . . . **BV** 27
M. Soto Ingenierio (Av.) . . . **CV** 28
Maestro Rodrigo (Av.) . . . . **AU** 32
Matias Perellos . . . . **BV** 33
Menéndes Pidal (Av.) . . . . . **BU** 34
Mestre Racianal . . . . **BV** 35

Moreras (Camino) . . . . **CV** 37
Pechina (Pas. de la) . . . . . **ABU** 39
Pérez Galdós (Av. de) . . . . **ABU** 40
Pío XII (Av. de) . . . . **AU** 41
San Francisco de Borja . . . **BU** 42
San José Calasanz . . . . **BU** 43
San Vicente Mártir (Av.) . . . **BV** 45
Tirso de Molina (Av.) . . . . . **BU** 47
9 de Octubre . . . . **AU** 52

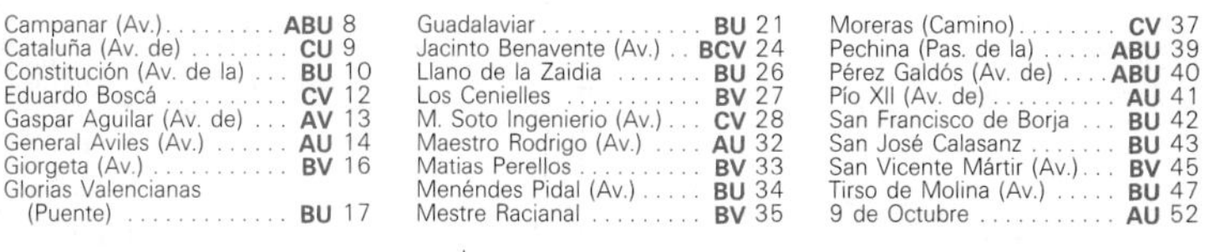

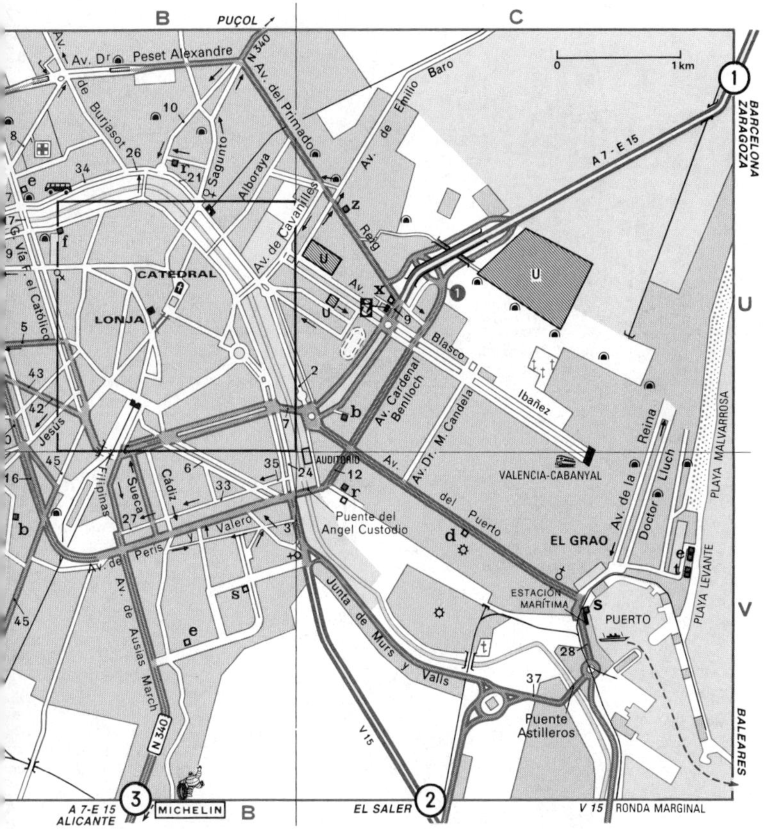

XX **El Gastrónomo,** av. Primado Reig 149, ✉ 46020, ℘ 369 70 36 – ≡. AE E VISA. ✻ CU **z**
cerrado domingo, Semana Santa y agosto – Com carta 2950 a 3900.

XX **El Gourmet,** Taquígrafo Martí 3, ✉ 46005, ℘ 395 25 09 – ≡. AE E VISA. ✻ FZ **b**
cerrado domingo y agosto – Com carta 2250 a 3100.

XX **El Timonel,** Felix Pizcueta 13, ✉ 46004, ℘ 352 63 00, Pescados y mariscos – ≡. AE ⓓ E VISA. ✻ EZ **t**
cerrado lunes, 2 semanas en Pascua y agosto – Com carta aprox. 3500.

XX **José Mari,** Estación Marítima, 1°, ✉ 46024, ℘ 367 20 15, ←, Cocina vasca – ≡. AE VISA. ✻
cerrado domingo y agosto – Com carta 2700 a 4300. CV **s**

XX **Civera,** Lérida 11, ✉ 46009, ℘ 347 59 17, Pescados y mariscos – ≡. AE ⓓ E VISA. ✻
cerrado lunes y agosto – Com carta 2800 a 4800. BU **r**

XX **Rio Sil,** Mosén Femades 10, ✉ 46002, ℘ 352 97 64, ☂, Cocina gallega – ≡. ✻ EZ **a**
cerrado del 1 al 15 julio – Com carta 2900 a 3700.

XX **Mey Mey,** Historiador Diago 19, ✉ 46007, ℘ 384 07 47, Rest. chino – ≡. AE VISA. ✻
cerrado domingo en verano, domingo noche y lunes mediodía resto del año, Semana Santa y 2ª quincena de agosto – Com carta 1520 a 2285. DZ **e**

XX **Asador de Aranda,** Félix Pizcueta 9, ✉ 46004, ℘ 352 97 91, Cordero asado – ≡. ✻
cerrado domingo noche y Semana Santa – Com carta 2645 a 3300. EZ **t**

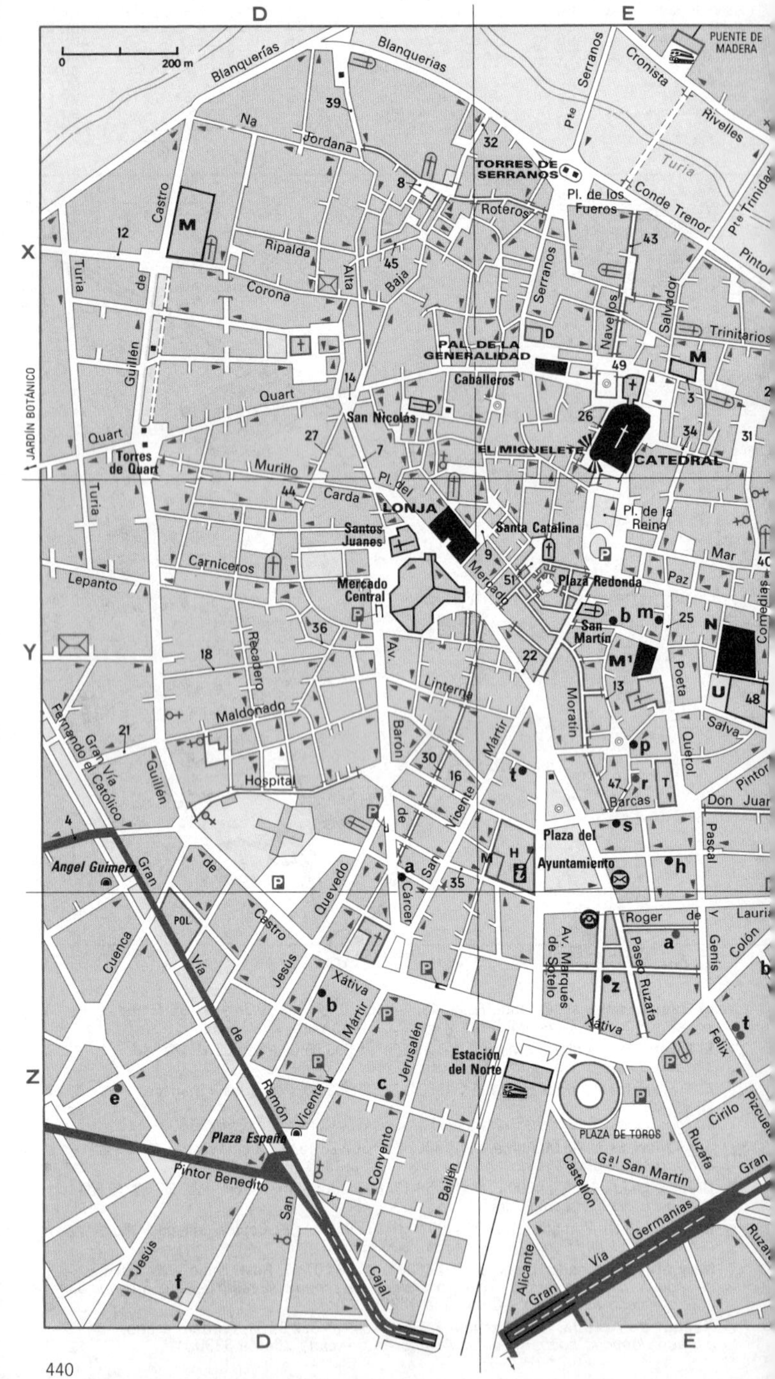
D
E
PUENTE DE MADERA
0
200 m
Blanquerías
Blanquerías
Serranos
Cronista
Rivelles
Turia
Na
Jordana
39
32
TORRES DE SERRANOS
Pl. de los Fueros
Conde Trenor
Pte Trinidad
Pinto
8
Roteros
Castro
M
12
Ripalda
45
Alta
Baja
Serranos
43
X
Turia
de
Corona
Navellos
Salvador
Trinitarios
Guillén
D
PAL. DE LA GENERALIDAD
M
49
JARDÍN BOTÁNICO
14
Caballeros
3
Quart
San Nicolás
26
34
31
Quart
27
7
EL MIGUELETE
CATEDRAL
Torres de Quart
Murillo
Pl. del
Turia
44
Carda
LONJA
Pl. de la Reina
Santos Juanes
Santa Catalina
Mar
9
Carniceros
Mercado
51
Plaza Redonda
Paz
Lepanto
Mercado Central
b
m
25
N
Comedias
San Martín
M1
36
Y
18
Recadero
Av.
22
Linterna
Poeta
13
U
48
Moratín
Maldonado
Salva
Barón
Mártir
21
Gran Vía Fernando el Católico
Guillén
30
p
Querol
16
t
Hospital
47
r
T
Pintor
Barcas
Don Juan
4
de
Vicente
s
Pascual
Plaza del
Angel Guimerá
Gran
de
a
San
M
H
Ayuntamiento
h
35
Quevedo
Cárcel
Castro
POL.
Roger de Lauria
Cuenca
a
Genís
Colón
Vía
Jesús
Av. Marqués de Sotelo
Paseo Ruzafa
b
Xátiva
b
z
Mártir
de
Xátiva
Jerusalén
t
Estación del Norte
Felix
Z
Ramón
c
e
Vicente
Cirilo
Pizcueta
Plaza España
Convento
PLAZA DE TOROS
Ruzafa
Pintor Benedito
Gal San Martín
Bailén
Castellón
Gran
San
Germanías
Ruzafa
Vía
Jesús
Cajal
Alicante
f
Gran
D
E

VALENCIA

Calle	Cuadrícula	N.º
Ayuntamiento (Pl. del)	EY	
Marqués de Sotelo (Av.)	EZ	
Pascual y Genís	EYZ	
Paz	EFY	
San Vicente Mártir	DY	
Almirante	EX	2
Almudín	EX	3
Ángel Guimerá	DY	4
Bolsería	DX	7
Carmen (Pl. del)	DX	8
Dr. Collado (Pl.)	EY	9
Dr. Sanchis Bergón	DX	12
Embajanor Vich	EY	13
Esparto (Pl. del)	DX	14
Garrigues	DY	16
General Palanca	FY	17
Guillem Sorolla	DY	18
Maestres	FX	20
Maestro Palau	DY	21
María Cristina (Av.)	EY	22
Marqués de Dos Aguas	EY	25
Micalet	EX	26
Moro Zeit	DX	27
Músico Peydro	DY	30
Nápoles y Sicilia (Pl.)	EX	31
Padre Huérfanos	EX	32
Palau	EX	34
Periodista Azzati	DY	35
Píe de la Cruz	DY	36
Poeta Quintana	FY	38
Salvador Giner	DX	39
San Vicente Ferrer (Pl.)	EY	40
Santa Ana (Muro)	EX	43
Santa Teresa	DY	44
Santo Tomás	DX	45
Transits	EY	47
Universidad	EY	48
Virgen (Pl. de la)	EX	49
Virgen de la Paz (Pl.)	EY	51

*Para que sus viajes sean un éxito, prepárelos de antemano. Los **mapas** y las **guías Michelin** le proporcionan todas las indicaciones útiles sobre : itinerarios, visitas de curiosidades, alojamiento, precios, etc...*

✗ **Eguzki,** av. Baleares, 1, ✉ 46023, ☎ 369 90 60, Cocina vasca – ▤. E VISA. ✻ CV r
cerrado domingo, festivos y agosto – Com carta 3400 a 4600.

✗ **Kayuko,** Periodista Badía 6, ✉ 46010, ☎ 362 88 88, Pescados y mariscos – ▤. AE ⓓ E VISA. ✻ FX b
cerrado lunes, Semana Santa y del 15 al 31 agosto – Com carta 2900 a 4850.

✗ **Bazterretxe,** Maestro Gozalbo 25, ✉ 46005, ☎ 395 18 94, Cocina vasca – ▤. AE VISA. ✻
cerrado domingo noche y agosto – Com carta 1700 a 2900. FZ a

✗ **El Plat,** Conde de Altea 41, ✉ 46005, ☎ 395 15 11, Arroces – ▤. AE ⓓ E VISA FZ v
cerrado lunes, festivos noche y domingo noche – Com carta 2450 a 4050.

✗ **Palace Fesol,** Hernán Cortés 7, ✉ 46004, ☎ 352 93 23, Fax 352 93 23, « Decoracion regional » – ▤. AE ⓓ E VISA. ✻ FZ s
cerrado domingo noche, lunes, Semana Santa y del 15 al 30 agosto – Com carta 2900 a 3800.

✗ **La Petxina,** Dr. Sanchís Bergón 27, ✉ 46008, ☎ 392 33 14, Arroces y carnes – ▤. AE VISA BU f
cerrado sábado mediodía, domingo y agosto – Com carta 2475 a 2925.

✗ **Alameda,** paseo de La Alameda 5, ✉ 46010, ☎ 369 58 88, 🏖 – ▤. AE ⓓ E VISA. ✻ FX t
cerrado sabado mediodía, domingo, Semana Santa y agosto – Com carta 2000 a 3550.

✗ **El Romeral,** Gran Vía Marqués del Turia 62, ✉ 46005, ☎ 395 15 17 – ▤. AE ⓓ E VISA. ✻ FZ z
cerrado lunes y agosto – Com carta 2300 a 2675.

✗ **La Semeuse,** Joaquín Costa 61, ✉ 46005, ☎ 395 90 54, Cocina francesa – ▤. AE VISA. ✻
cerrado sábado mediodia, domingo, Semana Santa y 3 semanas agosto – Com carta 2050 a 2700. FZ f

en la playa de Levante CV – ✉ 46011 Valencia – ⚙ 96 :

✗ **La Marcelina,** av. de Neptuno 8 ☎ 371 20 25, ≤, 🏖 – ⓓ E VISA CV t
cerrado domingo en verano y del 7 al 31 enero – Com (sólo almuerzo en invierno) carta aprox. 2800.

✗ **El Estimat,** av. de Neptuno 16 ☎ 371 10 18, ≤ – E VISA. ✻ CV t
cerrado domingo noche, lunes noche, martes y 15 agosto-15 septiembre – Com carta aprox. 3500.

✗ **Chicote** con hab, av. de Neptuno 34 ☎ 371 61 51, ≤ – AE E VISA. ✻ CV e
cerrado 15 diciembre-15 enero – Com *(cerrado lunes)* carta 1900 a 3400 – ☕ 375 – **19 hab** 2500/4000.

✗ **La Rosa,** av. de Neptuno 70 ☎ 371 20 76, ≤ mar – ▤. AE E VISA. ✻ CV e
cerrado 15 agosto- 15 septiembre – Com (sólo almuerzo salvo en verano) carta 3500 a 5200.

en la Feria de Muestras - por carretera C 234 NO : 8,5 km – ✉ 46035 Valencia – ⚙ 96 :

🏨 **Feria,** av. de las Ferias, 2 ☎ 364 44 11, Telex 61079, Fax 364 54 83 – 🛗 ▤ 📺 ☎ 🚗 – 🏛 25/60. AE ⓓ E VISA. ✻ rest por av. Pío XII AU
Com carta 3350 a 4650 – ☕ 800 – **136 hab** 10700/25500.

Ver también : ***Manises*** por ④ : 9,5 km
El Saler por ② : 8 km
Puzol por ① : 25 km.

S.A.F.E. Neumáticos MICHELIN, Sucursal, carret. Valencia - Alicante km 5,4 - MASANASA por José Soto Mico, ✉ 46470 AV ☎ 125 06 51 y 125 01 16, Fax 125 08 66

VÀLENCIA DE ANEU o VALENCIA D'ÀNEU 25587 Lérida 443 E 33 – alt. 1 075 – ⚙ 973.

♦Madrid 626 – ♦Lérida/Lleida 170 – Seo de Urgel/La Seu d'Urgell 86.

🏨 **La Morera** 🐦, ☎ 62 61 24, Fax 62 62 93, ≤ – 🛗 📺 ☎ 🅿. AE E VISA. ✻
abril-octubre y Navidades – Com 1750 – ☕ 600 – **27 hab** 4000/6000 – PA 3280.

🏨 **Cortina** 🐦, ☎ 62 61 07, Fax 62 62 93, ≤ – 🅿. AE E VISA. ✻
Semana Santa, 20 junio-septiembre y Navidades – Com 1750 – ☕ 600 – **25 hab** 3000/5000 – PA 3280.

VALENCIA DE DON JUAN 24200 León 441 F 13 – 3 528 h. alt. 520 – ⚙ 987.

♦Madrid 285 – ♦León 38 – Palencia 98 – Ponferrada 116 – ♦Valladolid 105.

🏨 **Villegas,** del Palacio 10 ☎ 75 01 61, 🏖, 🏊 – 📺 ☎. ✻
Com 1750 – ☕ 300 – **6 hab** 8000 – PA 2750.

VALMASEDA o BALMASEDA 48800 Vizcaya 442 C 20 – 7 858 h. – ⚙ 94.

♦Madrid 411 – ♦Bilbao/Bilbo 29 – ♦Santander 107.

✗ **Abellaneda,** La Cuesta 21 ☎ 680 16 74, Fax 680 16 74 – ▤. AE ⓓ E VISA
cerrado domingo noche, lunes, agosto y Navidades – Com carta 2650 a 3400.

VALSAIN Segovia - ver La Granja.

VALTIERRA **31514** Navarra 442 F 25 - 2 320 h. alt. 265 - ☎ 948.
♦Madrid 335 - ♦Pamplona/Iruñea 80 - Soria 106 - ♦Zaragoza 100.

en la carretera de Pamplona N 121 NO : 3 km - ✉ 31514 Valtierra - ☎ 948 :

Los Abetos, ✆ 86 70 00, Fax 40 75 12, ≤ - ▤ TV ☎ Ⓟ - 🔔 25/50. VISA. ✻ rest
Com carta 2500 a 5500 - ☕ 440 - **32 hab** 3750/5500.

VALVANERA (Monasterio de) **26323** La Rioja 442 F 21 - ☎ 941.
♦Madrid 359 - ♦Burgos 120 - ♦Logroño 63.

Hospedería Nuestra Señora de Valvanera ⛰, ✆ 37 70 44, ≤ - Ⓟ
7 hab.

VALVERDE Tenerife - ver Hierro.

VALL DE BIANYA **17858** Gerona F 37 - ☎ 972.
♦Madrid 706 - Figueras/Figueres 48 - Gerona/Girona 74 - Vich/Vic 74.

en la carretera de Olot SE : 2,5 km - ✉ 17858 Vall de Bianya - ☎ 972 :

Cala Násia, ✆ 29 02 00 - Ⓟ. AE E VISA. ✻
cerrado domingo noche, lunes, 26 julio-11 agosto y del 2 al 10 enero - Com carta 1700 a 3000.

VALLADOLID **47000** P 442 H 15 - 330 242 h. alt. 694 - ☎ 983.

Ver : Valladolid isabelino★ : (Museo Nacional de Escultura Policromada★★★ en el colegio de San Gregorio, portada ★★, patio★★, capilla★) CX - Iglesia de San Pablo (fachada★★) CX - **Otras curiosidades** : Catedral ★ CY - Iglesia de las Angustias (Virgen de los siete cuchillos★) CY **L**.

✈ de Valladolid 14 km por ⑥ ✆ 56 01 62 - Iberia : Gamazo 17, ✉ 47004, ✆ 30 06 66 BYZ.

ℹ pl. de Zorrilla 3, ✉ 47001, ✆ 35 18 01 - R.A.C.E. Constitución 8, ✉ 47001, ✆ 30 19 22.

♦Madrid 188 ④ - ♦Burgos 125 ① - ♦León 139 ⑥ - ♦Salamanca 115 ⑤ - ♦Zaragoza 420 ①.

Planos páginas siguientes

Olid Meliá, pl. San Miguel 10, ✉ 47003, ✆ 35 72 00, Telex 26312, Fax 33 68 28 - |‡| ▤ TV ☎ 🚗 - 🔔 25/270. AE ⓓ E VISA. ✻ BX **a**
Com 2500 - ☕ 1100 - **225 hab** 7400/12750 - PA 5500.

Meliá Parque, Joaquín García Morato 17 bis, ✉ 47007, ✆ 47 01 00, Telex 26355, Fax 47 50 29 - |‡| ▤ TV ☎ 🚗 - 🔔 25/450. AE ⓓ E VISA. ✻ BZ **a**
Com 2300 - ☕ 950 - **294 hab** 8700/11000.

Lasa sin rest, Acera de Recoletos 21, ✉ 47004, ✆ 39 02 55, Fax 30 25 61 - ▤ TV ☎ - 🔔 25/60. AE E VISA. ✻ BZ **t**
☕ 350 - **62 hab** 6500/12000.

Mozart sin rest, con cafetería, Menéndez Pelayo 7, ✉ 47001, ✆ 29 77 77, Fax 29 21 90 - |‡| ▤ TV ☎ 🚗 - 🔔 25/50. AE E VISA. ✻ BY **q**
☕ 650 - **38 hab** 6800/11600.

Roma, Héroes del Alcázar de Toledo 8, ✉ 47001, ✆ 35 47 77, Fax 35 54 61 - |‡| ▤ TV ☎ 🚗. E VISA. ✻ BY **f**
Com 1650 - ☕ 300 - **38 hab** 5000/7700 - PA 3300.

Imperial, Peso 4, ✉ 47001, ✆ 33 03 00, Telex 26304, Fax 33 08 13 - |‡| ▤ rest TV ☎. AE E VISA JCB. ✻ BY **e**
Com 2100 - ☕ 415 - **81 hab** 5200/7250 - PA 3690.

Feria y Rest. El Horno, av. Ramón Pradera (Feria de Muestras), ✉ 47009, ✆ 33 32 44, Fax 33 33 00, 🍽 - ▤ TV ☎ - 🔔 25/400. AE E VISA. ✻ AX
Com 1600 - ☕ 330 - **34 hab** 4200/6750 - PA 3170.

El Nogal, Conde Ansurez 10, ✉ 47003, ✆ 34 02 33, Fax 35 49 65 - |‡| ▤ TV ☎. AE ⓓ E VISA JCB. ✻ BY **s**
Com *(cerrado domingo noche)* 1375 - ☕ 375 - **14 hab** 4400/6750 - PA 2660.

Mesón Cervantes, Rastro 6, ✉ 47001, ✆ 30 61 38 - ▤. AE ⓓ E VISA JCB BY **r**
cerrado domingo y agosto - Com carta 3400 a 4150.

Machaquito, Caridad 2, ✉ 47001, ✆ 35 13 51 - ▤ BY **v**

✿ **Mesón La Fragua,** paseo de Zorrilla 10, ✉ 47006, ✆ 33 87 85, Fax 34 27 38, Decoración castellana - ▤. AE ⓓ E VISA JCB. ✻ BY **y**
cerrado domingo noche - Com carta 2800 a 4500
Espec. Puerros rellenos de marisco, Pastel de higado de lechazo, Presa de ternera asada a la zamorana..

La Rosada, Tres Amigos 1, ✉ 47006, ✆ 22 01 64 - ▤. AE ⓓ E VISA JCB. ✻ AZ **a**
Com carta 2500 a 3850.

VALLADOLID

Duque de la Victoria .... **BY** 17
Fuente Dorada (Pl. de) ... **BY** 20
Miguel Iscar .... **BY** 29
Santiago .... **BY** 41
Teresa Gil .... **BY**

Arco de Ladrillo
(Paseo del) .... **BZ** 2
Arzobispo Gandásegui ... **CY** 3
Bailarín
Vicente Escudero ..... **CY** 5
Bajada de la Libertad ...**BCY** 6
Cadenas de
San Gregorio .... **CX** 8
Cánovas del Castillo .... **BCY** 9
Cardenal Mendoza ...... **CY** 10
Chancillería .... **CX** 13
Claudio Moyano .... **BY** 14
Doctrinos .... **BY** 16
España (Pl. de) .... **BY** 18
Gondomar............. **CX** 21
Industrias .... **CY** 24
Maldonado .... **CY** 25
Marqués del Duero .... **CXY** 26
Pasión .... **BY** 30
Portillo de Balboa .... **CX** 32
San Agustín ....**BXY** 35
San Ildefonso .... **BY** 36
San Pablo (Pl. de)....... **BX** 37
Santa Cruz (Pl. de) ...... **CY** 40
Santuario .... **CY** 42
Sanz y Forés ....**CXY** 45
Zorrilla (Paseo de) ......**ABZ** 47

Para circular en ciudad, utilice los planos de la Guía Michelin : vias de penetración y circunvalación, cruces y plazas importantes, nuevas calles, aparcamientos, calles peatonales... un sinfín de datos puestos al día cada año.

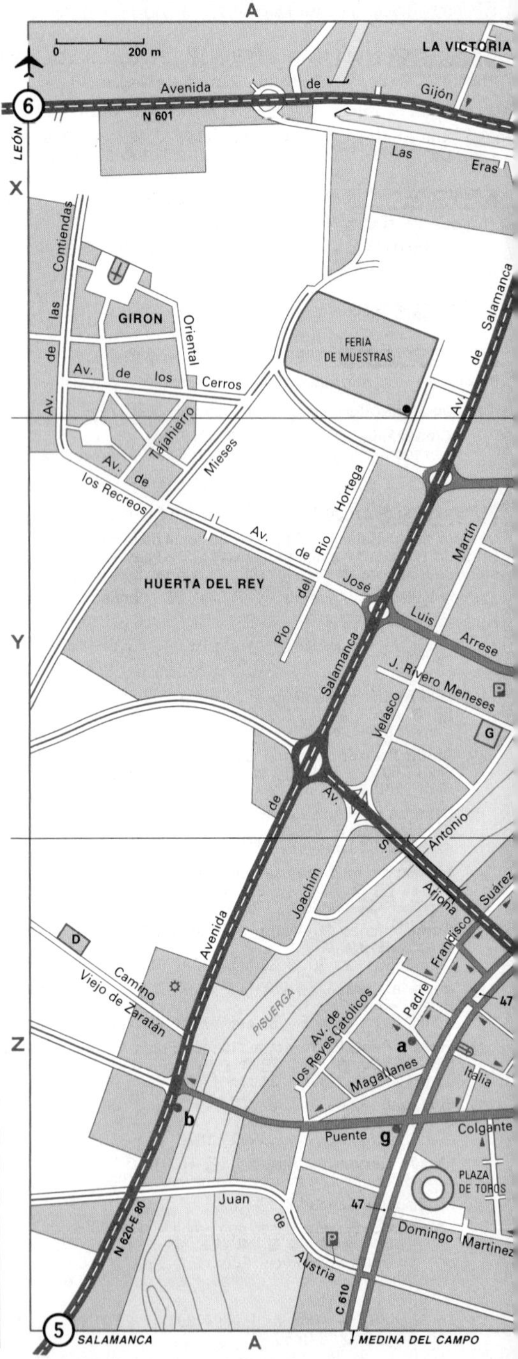

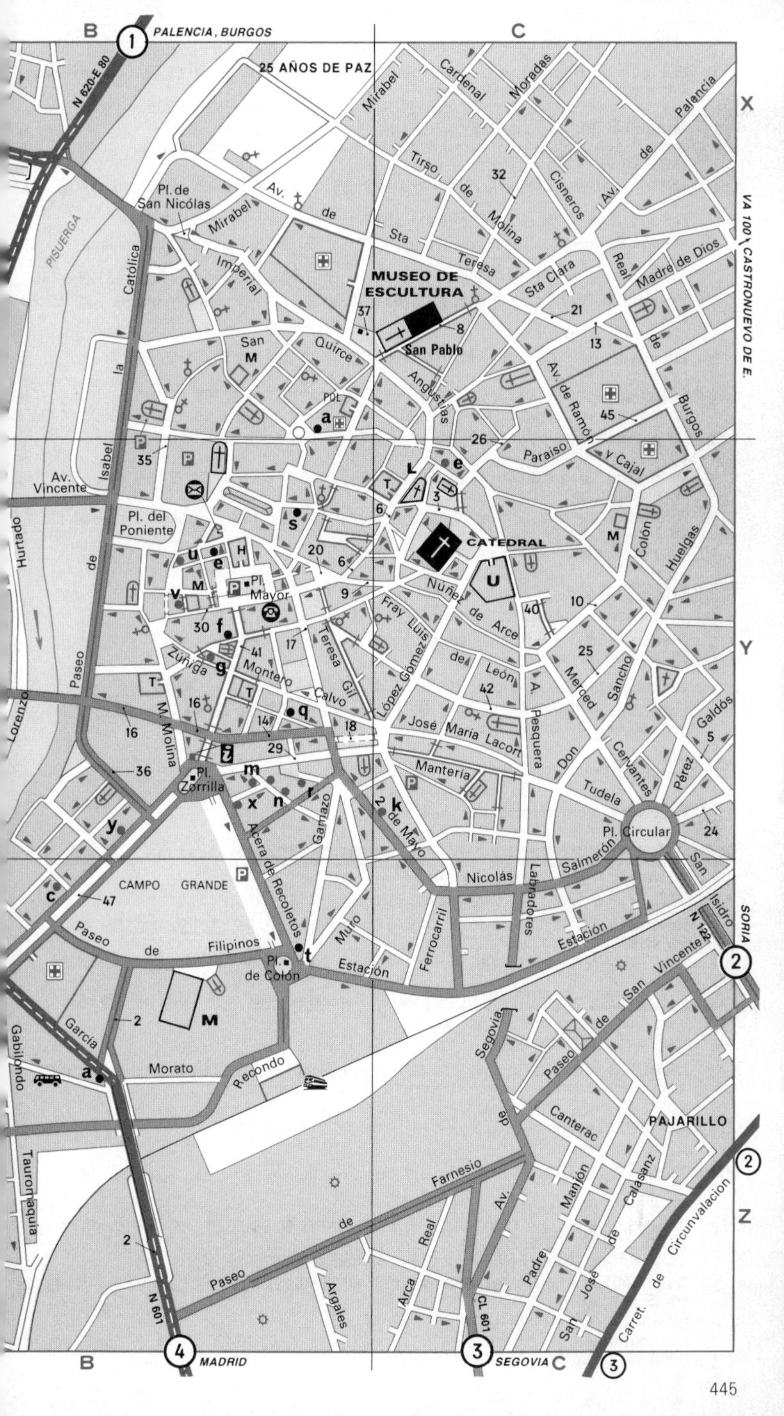
PALENCIA, BURGOS
25 AÑOS DE PAZ
MUSEO DE ESCULTURA
San Pablo
CATEDRAL
CAMPO GRANDE
PAJARILLO
VA 100 CASTRONUEVO DE E.
SORIA
MADRID
SEGOVIA
N 620-E 80
N 601
N 122
CL 601
Pl. de San Nicólas
Pl. del Poniente
Pl. Mayor
Pl. Zorrilla
Pl. de Colón
Pl. Circular
Av. de Ramón y Cajal
Paseo de Filipinos
Acera de Recoletos
Paseo de Isabel la Católica
Paseo de Zorrilla
Paseo de San Vicente
Paseo de Farnesio
Carret. de Circunvalacion
PISUERGA

XX El Hueco, Las Campanas 4, ✉ 47001, ☎ 33 76 69, Decoración neo-rústica – ▤ BY u

XX **El Figón de Recoletos,** acera de Recoletos 3, ✉ 47004, ☎ 39 60 43, Cordero asado, Decoración castellana – ▤. E VISA. ✻ BY x
cerrado domingo noche y 10 julio-10 agosto – Com carta 2525 a 3350.

XX **Miguel Ángel,** Mantilla 1, ✉ 47001, ☎ 39 85 04 – ▤. E VISA. ✻ BY m
cerrado domingo en verano, domingo noche resto del año y del 15 al 30 agosto – Com carta 3350 a 4175.

X **La Goya,** puente Colgante 79, ✉ 47014, ☎ 35 57 24, « Patio castellano » – P. VISA. ✻ AZ b
cerrado lunes y agosto – Com carta 3650 a 4150.

X **Mesón Panero,** Marina Escobar 1, ✉ 47001, ☎ 30 16 73, Decoración castellana – ▤. AE ⓓ E VISA JCB. ✻ BY m
cerrado domingo en julio-agosto y domingo noche resto del año – Com carta 3325 a 4350.

X **Portobello,** Marina Escobar 5, ✉ 47001, ☎ 30 95 31, Pescados y mariscos – ▤. AE ⓓ E VISA. ✻ BY n
Com carta 3000 a 3850.

X **Lucense,** paseo de Zorrilla 86, ✉ 47006, ☎ 27 20 10 – ▤. AE ⓓ E VISA. ✻ AZ g
Com carta 1435 a 3750.

X **Los Cedros,** Dos de Mayo 5, ✉ 47004, ☎ 30 32 70 – ▤. AE ⓓ E VISA. ✻ BCY k
cerrado domingo noche, lunes noche y del 1 al 20 agosto – Com carta 3050 a 4700.

X **La Solana,** Solanilla 9, ✉ 47003, ☎ 29 49 72, Decoración castellana – ▤. E VISA. ✻ CY e
cerrado miércoles – Com carta 3450 a 5500.

X **Valderrey,** Gregorio Fernández 1, ✉ 47006, ☎ 33 17 31 – ▤. AE E VISA. ✻ BZ c
Com carta 2200 a 3400.

X **Asador de Castilla,** Atrio de Santiago 7, ✉ 47001, ☎ 35 18 43, Cordero asado – ▤. E VISA. ✻ BY g
cerrado domingo noche – Com carta aprox.2700.

VALL DE UXÓ 12600 Castellón de la Plana 445 M 29 – 26 145 h. – ☎ 964.

♦Madrid 389 – Castellón de la Plana/Castelló de la Plana 26 – Teruel 118 – ♦Valencia 39.

Blanca sin rest y sin ☕, Joaquín París 3 ☎ 66 15 72 – ✻
25 hab 1600/2700.

en las grutas de San José O : 2 km – ✉ 12600 Vall de Uxó – ☎ 964 :

X **La Gruta,** ☎ 66 00 08, Fax 66 08 61, En una gruta – AE ⓓ E VISA JCB. ✻
cerrado lunes y enero – Com carta 1950 a 2950.

VALLDOREIX Barcelona – ver San Cugat del Vallés.

VALLE – ver el nombre propio del valle.

VALLFOGONA DE RIUCORP o VALLFOGONA DE RIUCORB 43427 Tarragona 443 H 33 – 128 h. alt. 698 – ☎ 977 – Balneario.

♦Madrid 521 – ♦Lérida/Lleida 64 – Tarragona 75.

Balneario ⑤, E : 1,8 km ☎ 88 00 25, « En un parque », Fö, ⛱, ⛱, 🌳, ✂ – |ᵒ| ☎ 🚗 P. E VISA. ✻ rest
10 mayo-28 octubre – Com 2400 – ☕ 600 – **94 hab** 4600/6700 – PA 4100.

VALLROMANAS o VALLROMANES 08188 Barcelona 443 H 36 – 383 h. – ☎ 93.

Club de Golf Vallromanas ☎ 568 03 62.

♦Madrid 643 – ♦Barcelona 22 – Tarragona 123.

X **Mont Bell,** carret. de Granollers O : 1 km ☎ 572 90 96, Fax 572 93 61 – ▤ P. AE E VISA. ✻
cerrado domingo, festivos y 26 julio-16 agosto – Com carta 2000 a 4600.

VALLS 43800 Tarragona 443 I 33 – 18 753 h. alt. 215 – ☎ 977.

pl. del Blat 1 ☎ 60 10 50.

♦Madrid 535 – ♦Barcelona 100 – ♦Lérida/Lleida 78 – Tarragona 19.

en la carretera N 240 – ☎ 977 :

Félix, S : 1,5 km, ✉ 43800 Valls, ☎ 60 60 82, Fax 60 50 07, ⛱, ✂ – |ᵒ| ▤ TV ☎ P – 🏛 25/100. AE ⓓ E VISA. ✻
Com (ver rest. **Casa Félix**) – ☕ 800 – **53 hab** 4400/8250.

XX **Casa Félix,** S : 1,5 km, ✉ 43800 Valls, ☎ 60 13 50, Fax 60 50 07, Calçotadas – ▤ P. AE ⓓ E VISA. ✻
Com carta 2625 a 3400.

X **Les Espelmes,** N : 8,5 km, ✉ 43813 Fontscaldes, ☎ 60 10 42, ≤ – ▤ P. ⓓ E VISA. ✻
cerrado miércoles y 16 mayo-16 junio – Com carta 1700 a 3175.

VARADERO (Playa del) Alicante - ver Santa Pola.

El VEDAT Valencia - ver Torrente.

VEGA DE ANZO Asturias - ver Grado.

VEGA DE SAN MATEO Gran Canaria - ver Canarias (Gran Canaria).

VEGA DE VALCARCE **24520** León 441 E 9 - 1 454 h. - 987.
♦Madrid 422 - ♦León 143 - Lugo 85 - Ponferrada 36.

en Portela de Valcarce - carretera N VI SE : 3 km - ✉ 24524 Portela de Valcarce - 987 :

Valcarce, 56 13 08, Fax 54 31 00 - rest. AE E VISA.
Com 1200 - 250 - **40 hab** 3500/6500.

VEGUELLINA DE ÓRBIGO **24350** León 441 E 12 - 987.
♦Madrid 314 - Benavente 57 - ♦León 32 - Ponferrada 79.

La Herrería, Pío de Cela 37 63 35, Fax 37 64 27, , de pago, - . AE E VISA.
cerrado noviembre - Com carta 1200 a 2250.

VEJER DE LA FRONTERA **11150** Cádiz 446 X 12 - 13 202 h. alt. 193 - 956.
Ver : ≤★ del valle de Barbate.
♦Madrid 667 - Algeciras 82 - ♦Cádiz 50.

Hospedería del Convento de San Francisco y Rest. El Refectorio, La Plazuela 6 45 10 01, Fax 45 10 04, « Antiguo convento » - - 25/40. E VISA JCB.
Com *(cerrado lunes)* carta 3400 a 4200 - 800 - **25 hab** 8000/10000.

VELATE (Puerto de) Navarra 442 C 25 - alt. 847 - ✉ 31797 Arraitz - 948.
♦Madrid 432 - ♦Bayonne 85 - ♦Pamplona/Iruñea 33.

en la carretera N 121 S : 2 km - ✉ 31797 Arraitz - 948 :

Venta de Ulzama con hab, 30 51 38, ≤ - . AE E VISA. rest
cerrado del 3 al 28 noviembre - Com carta 2300 a 4150 - 400 - **15 hab** 3600/4500.

VÉLEZ MÁLAGA **29700** Málaga 446 V 17 - 41 937 h. - 95.
♦Madrid 530 - ♦Almería 180 - ♦Granada 100 - ♦Málaga 36.

Dila sin rest y sin , av. Vivar Téllez 3 250 39 00 - . E VISA.
18 hab 3800/6500.

VÉLEZ RUBIO **04820** Almería 446 T 23 - 6 356 h. alt. 838 - 951.
♦Madrid 495 - ♦Almería 168 - ♦Granada 175 - Lorca 47 - ♦Murcia 109.

Jardín Casa Pepa, av. de Andalucía 6 41 01 06, Fax 41 01 06 - rest .
AE E VISA.
Com 1100 - 300 - **42 hab** 2000/3800 - PA 2125.

La VELILLA **40173** Segovia 442 I 18 - 911.
♦Madrid 130 - Aranda de Duero 80 - ♦Segovia 50.

La Farola, 50 98 23, - . AE E VISA.
cerrado lunes y 7 enero-7 febrero - Com carta 2350 a 4450.

VELILLA (Playa de) Granada - ver Almuñecar.

VENDRELL o **El VENDRELL** **43700** Tarragona 443 I 34 - 11 597 h. - 977.
Alred. : Monasterio de Santa Creus★★ (gran claustro★★ : sala capitular★ ; iglesia★, : rosetón★, NO : 27 km.
Dr Robert 33 66 02 92.
♦Madrid 570 - ♦Barcelona 75 - ♦Lérida/Lleida 113 - Tarragona 27.

Pí, Rambla 2 66 00 02 - . E VISA.
cerrado 15 octubre-15 noviembre - Com carta 2650 a 4285.

El Molí de Cal Tof, avda de Santa Oliva 2 66 26 51, Decoración rústica - . AE E VISA JCB.
cerrado lunes salvo festivos y vísperas - Com carta 2650 a 3350.

en la playa de San Salvador S : 3,5 km – ✉ 43130 Sant Salvador – ☎ 977 :

Europe San Salvador ⛰, Llobregat 11 ☎ 68 06 11, Telex 56681, Fax 68 01 89, ⛱, 🎾 – |♦| ▤ rest ☎ Ⓟ. AE ⓞ E VISA. ✂
mayo-octubre – Com (sólo buffet) 2500 – ☕ 700 – **155 hab** 5700/8000 – PA 3800.

L'Ermita, Manresa ☎ 68 07 10, Fax 68 17 05, ⛱ – |♦| Ⓟ. AE VISA. ✂
mayo-septiembre – Com *(cerrado octubre-enero, sólo vísperas y festivos de febrero-abril)* 1300 – ☕ 350 – **57 hab** 3750/5250 – PA 2950.

en la carret. N 340 SO : 6,5 km – ✉ 43883 Roda de Bará – ☎ 977 :

XX **La Tenalla,** ☎ 68 34 34, ⛱ – ▤ Ⓟ. AE E VISA. ✂
cerrado lunes noche, martes y 15 octubre-15 noviembre – Com carta aprox. 3500.

VENTAS DE ARRAIZ o VENTAS DE ARRAITZ 31797 Navarra 442 C 25 – alt. 588 – ☎ 948.

♦Madrid 427 – ♦Bayonne 90 – ♦Pamplona/Iruñea 28.

X **Juan Simón** con hab, carret. N 121 ☎ 30 50 52, ⛱ – Ⓟ. E VISA. ✂ rest
cerrado 15 agosto-15 septiembre – Com *(cerrado jueves en verano, domingo noche y festivos noche en invierno)* carta 2250 a 3700 – ☕ 350 – **10 hab** 3500/4500.

VERA 04620 Almería 446 U 24 – 5 478 h. – ☎ 951.

ℹ carret. Almería-Murcia, km 208,6, ✉ 04620, ☎ 39 15 12.

♦Madrid 512 – ♦Almería 95 – ♦Murcia 126.

Terraza Carmona, Manuel Giménez 1 ☎ 39 01 88, Fax 39 13 14 – ▤ TV ☎ Ⓟ. AE ⓞ E VISA. ✂
Com *(cerrado lunes y 1ª quincena septiembre)* 1800 – ☕ 300 – **38 hab** 5900/7900 – PA 3600.

en la carretera de Garrucha SE : 2 km – ✉ 04620 Vera – ☎ 951 :

Vera H, ☎ 39 03 82, Fax 39 03 61, ⛱ – ▤ TV ☎. AE ⓞ E VISA. ✂
Com 850 – ☕ 375 – **20 hab** 4000/6000 – PA 1900.

VERA DE BIDASOA o BERA 31780 Navarra 442 C 24 – 3 454 h. – ☎ 948.

♦Madrid 470 – ♦Pamplona/Iruñea 75 – ♦San Sebastián/Donostia 35.

XXX **Ansonea,** pl. de Los Fueros 1 ☎ 63 00 72 – ▤ Ⓟ. AE ⓞ E VISA. ✂
cerrado lunes noche – Com carta aprox. 4500.

X **Euskalduna,** Eztegara 2 ☎ 63 03 92 – Ⓟ. E VISA. ✂
cerrado miércoles y octubre – Com carta 1600 a 3150.

VERGARA o BERGARA 20570 Guipúzcoa 442 C 22 – 15 759 h. alt. 155 – ☎ 943.

♦Madrid 399 – ♦Bilbao/Bilbo 54 – ♦San Sebastián/Donostia 62 – ♦Vitoria/Gasteiz 44.

Ariznoa sin rest, Telesforo de Aranzadi 3 ☎ 76 18 46 – |♦| ☎. ⓞ E VISA
☕ 425 – **26 hab** 3050/6350.

XX **Zumelaga,** San Antonio 5 ☎ 76 20 21 – ▤. AE ⓞ E VISA JCB. ✂
cerrado domingo, lunes noche, Semana Santa, agosto y Navidades – Com carta 3300 a 4500.

X ✿ **Lasa,** Bidekurutzeta 34 ☎ 76 10 55, Fax 76 10 28 – ▤. E VISA. ✂
cerrado lunes, Semana Santa y agosto – Com (sólo almuerzo salvo viernes y sábado) carta 3800 a 5300
Espec. Surtido de ahumados hechos en casa, Merluza "Lasa", Higado de pato caliente al jerez dulce y compota de manzana..

VERÍN 32600 Orense 441 G 7 – 9 983 h. alt. 612 – ☎ 988 – Balneario.

Alred. : Castillo de Monterrey (✱★, iglesia : portada★) O : 6 km.

♦Madrid 430 – Orense/Ourense 69 – Vila Real 90.

Villa de Verín sin rest. con cafetería, Monte Mayor 14 ☎ 41 19 81, Fax 41 17 70 – |♦| TV ☎ 🚗. AE E VISA.
☕ 275 – **26 hab** 3500/6500.

San Luis, av. de Castilla ☎ 41 09 00 – TV. AE ⓞ E VISA
cerrado octubre – Com *(cerrado sábado)* 800 – ☕ 250 – **13 hab** 3500.

junto al castillo NO : 4 km – ✉ 32600 Verín – ☎ 988 :

Parador de Verín ⛰, ☎ 41 00 75, Fax 41 20 17, ≤ castillo y valle, « Edificio de estilo regional », ⛱, 🌳 – TV ☎ 🚗 Ⓟ. AE ⓞ VISA. ✂
Com 3000 – ☕ 1000 – **23 hab** 8000/10000 – PA 5950.

en la carretera N 525 NO : 4,5 km – ✉ 32611 Albarellos de Monterrei – ☎ 988 :

Gallego, ✉ 32618 apartado 82 Verín, ☎ 41 82 02, Fax 41 82 02, ≤, ⛱ – |♦| ▤ rest TV ☎ 🚗 Ⓟ. AE ⓞ E VISA. ✂
Com 1950 – ☕ 550 – **35 hab** 5200/9000 – PA 3950.

VIANA **31230** Navarra 442 E 22 - 3 413 h. - ☎ 948.
♦Madrid 341 - ♦Logroño 10 - ♦Pamplona/Iruñea 82.

XX ✿ **Borgia,** Serapio Urra ✆ 64 57 81 - AE ⓓ E VISA. ✂
cerrado domingo y agosto - Com carta 3400 a 5900
Espec. Ensalada templada de cigalas, Mano de cerdo asada con arroz salvaje, Ostras en su concha sobre salsa de cebolla (noviembre-marzo).

VICH o **VIC** **08500** Barcelona 443 G 36 - 30 057 h. alt. 494 - ☎ 93.
Ver : Museo episcopal★★ - Catedral (pinturas★, retablo★).
ℹ pl. Major 1 ✆ 886 20 91.
♦Madrid 637 - ♦Barcelona 66 - Gerona/Girona 79 - Manresa 52.

NH Ciutat de Vic, Jaume I El Conqueridor ✆ 889 25 51, Fax 889 14 47 - |♦| ▤ TV - 25/120. AE ⓓ E VISA. ✂ rest
Com *(cerrado domingo noche)* 1500 - ☕ 750 - **36 hab** 7300/9800.

Can Pamplona sin rest, carret. N 152 - 20 ✆ 885 36 12, Fax 885 20 92 - |♦| ▤ TV ☎ P - 25. AE ⓓ E VISA. ✂
☕ 800 - **34 hab** 5000/7000.

Ausa sin rest, pl. Major 3 ✆ 885 53 11 - |♦| TV ☎. E VISA
☕ 700 - **26 hab** 5000/7000.

XX **Mamma Meva,** rambla del Passeig 61 ✆ 886 39 98, Fax 889 03 25, Cocina italiana - ▤. AE ⓓ E VISA. ✂
cerrado miércoles, 22 febrero-4 marzo y del 14 al 30 septiembre - Com carta 1875 a 3440.

X **La Taula,** pl. de Don Miquel de Clariana 4 ✆ 886 32 29 - E VISA
cerrado lunes, domingo de julio a septiembre, domingo noche resto del año, 21 días en febrero y 7 días en agosto - Com carta 2825 a 4400.

X **Basset,** Sant Sadurní 4 ✆ 889 02 12, Fax 889 28 70 - ▤. AE ⓓ E VISA. ✂
cerrado domingo - Com carta 2400 a 4100.

X **Si us plau,** pl. Sant Felip 10 ✆ 889 10 94 - ▤. AE ⓓ E VISA. ✂
cerrado domingo y del 1 al 15 agosto - Com carta aprox. 2500.

por la carretera de Roda de Ter NE : 15 km - ☎ 93 :

Parador de Vich ⛰, ✉ 08500 apartado oficial de Vich, ✆ 888 72 11, Fax 888 73 11, ← pantano de Sau y montañas, ⛱, ✂ - |♦| ▤ TV ☎ P - 25/100. AE ⓓ VISA. ✂
Com 3200 - ☕ 1100 - **36 hab** 12000 - PA 6375.

VIDRERAS o **VIDRERES** **17411** Gerona 443 G 38 - 3 199 h. alt. 93 - ☎ 972.
♦Madrid 687 - ♦Barcelona 74 - Gerona/Girona 24.

X **Can Pou** con hab, Pau Casals 15 ✆ 85 00 14, 🏠 - ▤ rest P. AE ⓓ E VISA. ✂ hab
Com *(cerrado domingo noche y lunes salvo verano)* carta 2550 a 2925 - ☕ 475 - **26 hab** 2300/3750.

X La Font del Plà, Marinada 28 ✆ 85 04 91 - ▤.

al Suroeste : 2 km - ✉ 17411 Vidreras - ☎ 972 :

X **Can Castells,** entrada por carret. N II, ✉ apartado 77 Santa Coloma de Farnés, ✆ 85 03 69, Decoración rústica - ▤ P. E VISA
cerrado lunes noche, martes y noviembre - Com carta 1250 a 2700.

en la carretera de Llagostera NE : 5 km - ✉ 17455 Caldes de Malavella - ☎ 972 :

X **El Molí de la Selva,** ✆ 47 03 00, Instalado en un antiguo molino, Decoración rústica - ▤ P. AE ⓓ E VISA
cerrado domingo noche y 25 enero-7 febrero - Com carta 2100 a 3800.

VIELLA o **VIELHA** **25530** Lérida 443 D 32 - 2 961 h. alt. 971 - ☎ 973 - Deportes de invierno en La Tuca ⛷5.
Ver : Iglesia (Cristo de Mig Arán★).
Alred. : N : Valle de Arán★★ - Vilamós ←★ NO : 13 km.
ℹ Sarriulera 6 ✆ 64 01 10.
♦Madrid 595 - ♦Lérida/Lleida 163 - St-Gaudens 70.

Urogallo, av. Castiero 7 ✆ 64 00 00, Fax 64 07 54 - |♦| ☎. E VISA. ✂
cerrado 2 noviembre-22 diciembre - Com 1400 - ☕ 400 - **37 hab** 5600/9200 - PA 2800.

Fonfreda sin rest, passeig de la Llibertat 14 ✆ 64 04 86, Fax 64 24 42 - |♦| TV ☎. AE E VISA. ✂
☕ 800 - **26 hab** 6800/11500.

Arán, av. Castiero 5 ✆ 64 00 50, Fax 64 00 53 - |♦| TV ☎ 🚗. AE ⓓ E VISA
Com 1400 - ☕ 400 - **44 hab** 5700/8800 - PA 2720.

Resid. d'Arán ⛰ sin rest, carret. del Túnel ✆ 64 00 75, Fax 64 22 95, ← Viella, valle y montañas - |♦| ☎ P. AE E VISA. ✂
cerado noviembre - ☕ 400 - **40 hab** 4000/6500.

Delavall, Pas d'Arró 40 ☎ 64 02 00, Fax 64 00 13, ←, ⛱ - 🛗 📺 ☎ Ⓟ. AE ⓘ E VISA. ✂ rest
Com 1300 - ☕ 400 - **28 hab** 3350/6700 - PA 2550.

Baricauba y Riu Nere, Mayor 4 ☎ 64 01 50, Fax 64 01 52 - 🛗 📺 ☎. AE ⓘ E VISA. ✂
cerrado 15 octubre-20 diciembre - Com carta 1600 a 2300 - ☕ 350 - **24 hab** 4750/8500.

La Bonaigua sin rest, Casteth 5 bis ☎ 64 01 44 - 🛗 ☎. ✂
cerrado 2 noviembre- 5 diciembre - ☕ 600 - **20 hab** 3025/5200.

Turrull, Reiau 11 ☎ 64 00 58
temp. - **34 hab.**

Sascumes, antigua carret. de Francia ☎ 64 08 55 - ▤. VISA
15 julio-15 septiembre y diciembre-mayo - Com (sólo cena) carta 4200 a 4600.

Neguri, Pas d'Arró 14 ☎ 64 02 11
temp.

Antonio, carret del Túnel ☎ 64 08 87 - AE ⓘ E VISA. ✂
cerrado lunes y del 1 al 20 de diciembre - Com carta 2200 a 3100.

Gustavo-María José (Era Mola), Marrec 8 ☎ 64 08 68, Decoración rústica - VISA
15 julio-25 septiembre y diciembre-abril - Com (sólo cena en invierno salvo sábado domingo, Semana Santa y Navidades) carta 2500 a 3500.

Deth Gorman, Met Día 8 ☎ 64 04 45 - E VISA. ✂
cerrado 2ª quincena junio - Com carta 2250 a 2950.

en Betrén-por la carretera de Salardú E : 1 km - ✉ 25539 Betrén - ☎ 973 :

Tuca ⛰, ☎ 64 07 00, Telex 98671, Fax 64 07 54, ←, ⛱ climatizada - 🛗 📺 ☎ 🚗 Ⓟ - 🏛 25/160. AE ⓘ E VISA. ✂
cerrado 12 octubre-20 diciembre - Com 2400 - ☕ 750 - **118 hab** 8500/15000 - PA 4550.

La Borda de Betrén, Mayor ☎ 64 00 32, Decoración rústica - ▤. AE ⓘ E VISA
- Com carta 2550 a 3700.

en Escunhau - por la carretera de Salardú E : 3 km - ✉ 25539 Escunhau - ☎ 973 :

Casa Estampa ⛰, Sortaus ☎ 64 00 48, ← - Ⓟ. E VISA. ✂
Com 1600 - ☕ 550 - **26 hab** 3410/5615.

Casa Turnay, San Sebastián ☎ 64 02 92, Decoración rústica - AE
julio-septiembre y diciembre-mayo - Com carta 2000 a 2450.

en la carretera N 230 S : 2,5 km - ✉ 25530 Viella - ☎ 973 :

Parador del Valle de Arán ⛰, ☎ 64 01 00, Fax 64 11 00, ← valle y montañas, ⛱ - 🛗 📺 ☎ 🚗 Ⓟ - 🏛 25/50. AE ⓘ VISA. ✂
Com 3200 - ☕ 1000 - **135 hab** 9500 - PA 6290.

en Garós - por la carretera de Salardú E : 5 km - ✉ 25539 Garós - ☎ 973 :

Et Restillé, pl. Carrera 2 ☎ 64 15 39, Decoración rústica
temp.

en Pont d'Arrós NO : 6 km - ✉ 25530 Viella - ☎ 973 :

Peña, carret. N 230 ☎ 64 08 86, Fax 64 23 29, ← - 📺 ☎ Ⓟ. AE E VISA. ✂ hab
cerrado 15 octubre-1 diciembre - Com 1500 - ☕ 500 - **24 hab** 3800/7000 - PA 3000.

Cal Manel, carret. N 230 ☎ 64 11 68 - Ⓟ. AE ⓘ E VISA. ✂
cerrado lunes (salvo en verano), 23 junio-7 julio y del 1 al 15 noviembre - Com carta 2000 a 3700.

VIGO 36200 Pontevedra 441 F 3 - 258 724 h. alt. 31 - ☎ 986.

Ver : Emplazamiento★ - El Castro ←★★ AZ.

Alred. : Ría de Vigo★★ - Mirador de la Madroa★★ ←★★ por carret. del aeropuerto : 6 km BZ.

⛳9 Aero Club de Vigo por ② : 11 km ☎ 22 11 60.

✈ de Vigo por N 550 : 9 km BZ ☎ 27 07 48 - Iberia : Marqués de Valladares 17 ☎ 25 26 66 AY - Aviaco : aeropuerto ☎ 27 40 56.

🚘 ☎ 22 35 97.

⛴ Cia. Trasmediterránea, Luis Taboada, 6-bajo, ✉ 36201, ☎ 43 40 01, Fax 43 14 30.

ℹ Jardines de las Avenidas, ✉ 36202, ☎ 43 05 77 - R.A.C.E. Coruña 40, ✉ 36211, ☎ 20 91 52.

♦Madrid 600 ② - ♦La Coruña/A Coruña 156 ① - Orense/Ourense 101 ② - Pontevedra 27 ① - ♦Porto 157 ②.

Plano página siguiente

Ciudad de Vigo sin rest, con cafetería, Concepción Arenal 5, ✉ 36201, ☎ 22 78 20, Telex 83307, Fax 43 98 71 - 🛗 ▤ 📺 ☎ 🚗 - 🏛 25/120. AE ⓘ E VISA. ✂ BY **z**
☕ 825 - **101 hab** 11100/13900.

Bahía de Vigo, av. Cánovas del Castillo 5, ✉ 36202, ☎ 22 67 00, Telex 83014, Fax 43 74 87, ← - 🛗 ▤ rest 📺 ☎ 🚗 - 🏛 25/100. AE ⓘ E VISA. ✂ AY **n**
Com 3500 - ☕ 950 - **110 hab** 9000/15500 - PA 6350.

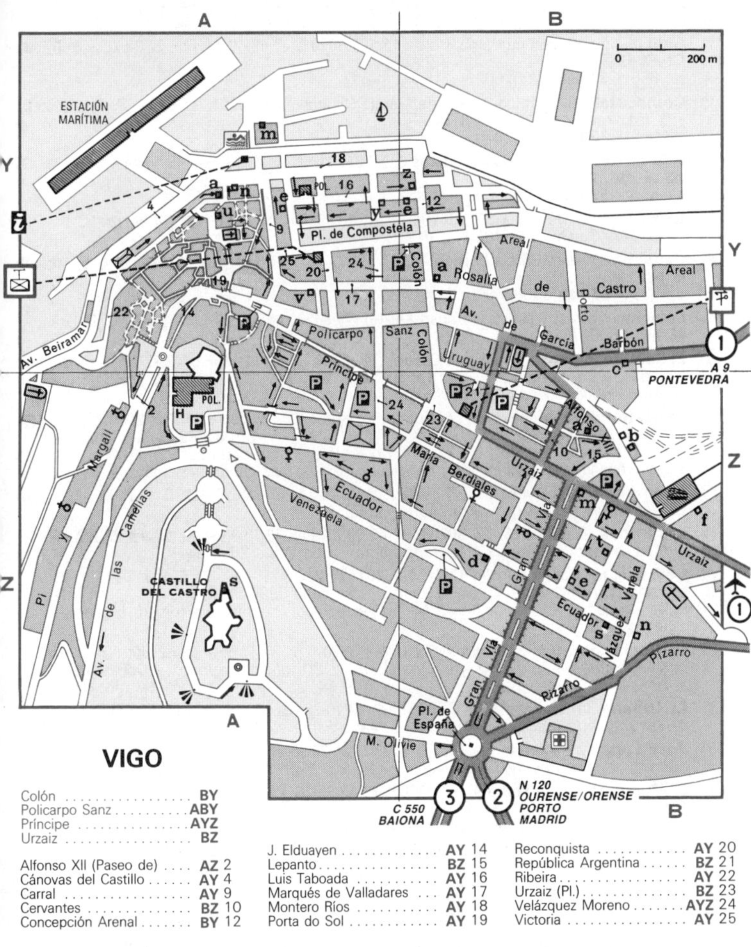

VIGO

Colón . . . . BY
Policarpo Sanz . . . . ABY
Príncipe . . . . AYZ
Urzaiz . . . . BZ

Alfonso XII (Paseo de) . . . . AZ 2
Cánovas del Castillo . . . . . . AY 4
Carral . . . . AY 9
Cervantes . . . . BZ 10
Concepción Arenal . . . . BY 12

J. Elduayen . . . . AY 14
Lepanto . . . . BZ 15
Luis Taboada . . . . AY 16
Marqués de Valladares . . . AY 17
Montero Ríos . . . . AY 18
Porta do Sol . . . . AY 19

Reconquista . . . . AY 20
República Argentina . . . . . . BZ 21
Ribeira . . . . AY 22
Urzaiz (Pl.) . . . . BZ 23
Velázquez Moreno . . . . AYZ 24
Victoria . . . . AY 25

Coia, Sanxenxo 1, ✉ 36209, ☎ 20 18 20, Telex 83462, Fax 20 95 06 – 25/400. AE E VISA. por ③
Com 2000 – 900 – **126 hab** 9500/12950 – PA 4900.

Tres Luces sin rest. con cafetería, Cuba 19, ✉ 36204, ☎ 48 02 50, Fax 48 33 27 – 25/150. AE E VISA. BY **e**
700 – **72 hab** 7500/10450.

Lisboa, Gran Vía 1, ✉ 36204, ☎ 41 72 55, Telex 83736, Fax 48 26 48 – AE E VISA. BZ **m**
Com 1950 – 650 – **99 hab** 6925/11250 – PA 3640.

México sin rest, con cafetería, Vía del Norte 10, ✉ 36204, ☎ 43 16 66, Telex 83321, Fax 43 55 53 – 25/60. AE E VISA. BZ **f**
550 – **112 hab** 6250/10000.

Ipanema sin rest, con cafetería, Vázquez Varela 31, ✉ 36204, ☎ 47 13 44, Telex 83671, Fax 48 20 80 – AE E VISA. BZ **n**
690 – **60 hab** 7900/9900.

Ensenada, Alfonso XIII - 7, ✉ 36201, ☎ 22 61 00, Telex 83561, Fax 43 89 72 – BZ **b**
109 hab.

América sin rest, Pablo Morillo 6, ✉ 36201, ☎ 43 89 22 – AE E VISA. AY **y**
450 – **70 hab** 4500/7000.

Galicia sin rest, con cafetería, Colón 11, ✉ 36201, ☎ 43 40 22, Fax 22 32 28 – AE ⓓ E VISA. BY **a**
650 – **53 hab** 6200/9000.

Compostela sin rest, con cafetería, García Olloqui 5, ✉ 36201, ☎ 22 82 27, Fax 22 59 04 – AE ⓓ E VISA JCB AY **e**
650 – **30 hab** 6300/8700.

Nilo sin rest, Marqués de Valladares 8, ✉ 36201, ☎ 43 28 99, Fax 43 44 74 – AE ⓓ E VISA. AY **v**
550 – **52 hab** 5000/8000.

Celta sin rest, México 22, ✉ 36204, ☎ 41 46 99, Fax 48 06 56 – P. AE VISA.
500 – **45 hab** 5500/7000. BZ **t**

Canaima sin rest, García Barbón 42, ✉ 36201, ☎ 43 26 41, Fax 43 26 41 – ⓓ E VISA. BYZ **c**
350 – **57 hab** 3500/6000.

Estación sin rest y sin, Alfonso XIII-19, ✉ 36201, ☎ 43 89 11 – AE VISA.
45 hab 5500/7000. BZ **b**

El Castillo, paseo de Rosalía de Castro, ✉ 36203, ☎ 42 11 11, Fax 42 12 99, ≤ ría de Vigo y ciudad, « En un parque » – P. AE ⓓ E VISA. AZ **s**
cerrado domingo noche y lunes – Com carta aprox. 4800.

Puesto Piloto Alcabre, av. Atlántida 98, ✉ 36208, ☎ 29 79 75, Fax 20 76 82, ≤ – P. AE ⓓ E VISA JCB. por av. Beiramar : 5 km AY
cerrado domingo noche y 15 días en noviembre – Com carta 2600 a 4200
Espec. Empanada de berberechos, Anguila con fideos, Pata chorizo y garbanzos.

Ancoradoiro, As Avenidas, ✉ 36202, ☎ 22 26 34, ≤ – AE ⓓ E VISA. AY **m**
cerrado domingo – Com carta 2450 a 3875.

Las Bridas, Ecuador 56, ✉ 36203, ☎ 43 00 37, Fax 43 13 91 – AE ⓓ E VISA.
cerrado domingo, festivos y Semana Santa – Com carta 2650 a 4100. BZ **d**

Síbaris, av. García Barbón 122, ✉ 36201, ☎ 22 15 26 – AE E VISA.
cerrado domingo y del 15 al 30 junio – Com carta 3900 a 5650 por ① BY
Espec. Ensalada marinada de lubina, Merluza en compota de tomate al romero, Hígado de pato salteado con manzana.

La Oca, Purificación Saavedra 8 (Teis), ✉ 36207, ☎ 37 12 55 – AE E VISA.
cerrado sábado, domingo, Semana Santa y 20 julio-20 agosto – Com carta 3450 a 4500. por ① BY

La Urbana, Irmandiños 13, ✉ 36201, ☎ 43 10 75, Fax 43 10 75 – AE E VISA. BZ **a**
cerrado sábado mediodía, domingo, Semana Santa y julio – Com carta 3250 a 3900.

José Luis, av. de la Florida 34, ✉ 36210, ☎ 29 95 22 – AE ⓓ E VISA. por ③
cerrado domingo noche y del 1 al 15 agosto – Com carta 2200 a 4300.

El Mosquito, pl. da Pedra 4, ✉ 36202, ☎ 43 35 70, Pescados y mariscos – AE ⓓ E VISA. AY **u**
cerrado domingo y 15 agosto-15 septiembre – Com carta 3000 a 4200.

La Espuela, Teófilo Llorente 2, ✉ 36202, ☎ 43 73 07 – AE E VISA JCB. AY **a**
cerrado domingo (enero-junio) – Com carta 2700 a 3500.

Laxeiro, Ecuador 80, ✉ 36204, ☎ 42 52 04 BZ **s**

en la playa de Samil por av. Beiramar : 6,5 km AZ – ✉ 36208 Vigo – 986 :

G. H. Samil, ✉ apartado 472 Vigo, ☎ 20 52 11, Telex 83263, Fax 23 14 19, ≤, – P – AE ⓓ E VISA.
Com 3000 – 1050 – **137 hab** 11120/14830.

en la playa de La Barca por av. Beiramar : 7,5 km AY – ✉ 36330 Corujo – 986 :

Timón Playa, ☎ 49 08 15, Fax 49 11 26, ≤, – P. AE E VISA
cerrado domingo y enero – Com carta 3300 a 4000.

en Chapela por ① : 7 km – ✉ 36320 Chapela – 986 :

El Canario, av. de Vigo 198 ☎ 45 30 40, Vivero propio – AE ⓓ E VISA.
cerrado domingo noche, lunes y noviembre – Com carta 2400 a 4400.

en la playa de Canido por av. Beiramar : 9 km AZ – ✉ 36390 Canido – 986 :

Cíes y Resid. Estay con hab, ☎ 49 01 01, Fax 49 08 75 – P. AE E VISA.
Com carta 3050 a 4500 – 350 – **24 hab** 7000/10000.

en la carretera del aeropuerto por ① : 10 km – ✉ 36415 Mos – 986 :

Motel Aeropuerto sin rest., ☎ 48 64 94 – P
40 hab.

VILABOA **36141** Pontevedra 441 E 4 - 6 001 h. - 986.
♦Madrid 618 - Pontevedra 9 - ♦Vigo 27.

en Paredes SE : 2 km - ✉ 36141 Vilaboa - 986 :

Las Islas sin rest, ✆ 70 88 92, Fax 70 84 84, ≤, ⛱, ⚘ - TV ☎ ⇔ P. ✂
☕ 400 - **26 hab** 2500/4800.

San Luis sin rest, ✆ 70 83 11 - P. ✂
☕ 240 - **20 hab** 1270/3500.

VILADRAU **08553** Gerona 443 G 37 - 750 h. alt. 821 - 93.
♦Madrid 647 - ♦Barcelona 76 - Gerona/Girona 61.

De la Gloria ⛰, Torreventosa 12 ✆ 884 90 34, Fax 884 94 65 - TV ☎ ⇔ - 25/200. E VISA. ✂
7 enero- 15 octubre y 27 octubre- diciembre - Com *(cerrado lunes)* 1750 - ☕ 650 - **26 hab** 3000/6500.

VILAFRANCA DEL PENEDÉS Barcelona - ver Villafranca del Panadés.

VILAGRASA o **VILAGRASSA** **25330** Lérida 443 H 33 - 460 h. - 973.
♦Madrid 510 - ♦Barcelona 119 - ♦Lérida/Lleida 41 - Tarragona 78.

Del Carme, carret. N II ✆ 31 10 00, Fax 31 07 77, ⛱, ⚘, ⚘ - |♦| ▤ rest TV ☎ P - 25/300. E VISA. ✂ rest
Com 1800 - ☕ 550 - **40 hab** 3500/6500.

Cataluña, Mayor 2 ✆ 31 14 65, Carnes a la brasa - ▤.

La VILA JOIOSA Alicante - ver Villajoyosa.

VILAJUIGA **17493** Gerona 443 F 39 - 713 h. - 972.
♦Madrid 758 - Figueras/Figueres 12 - Gerona/Girona 51.

Can Maricanes, Figueras 15 ✆ 53 00 37 - ▤ P. AE ⓓ E VISA. ✂
cerrado domingo noche y martes sálvo en verano y del 13 al 31 octubre - Com carta 1850 a 3050.

VILALONGA Pontevedra - ver Villalonga.

VILANOVA DE AROUSA Pontevedra - ver Villanueva de Arosa.

VILANOVA DE LA BARCA Lérida - ver Villanueva de La Barca.

VILANOVA I LA GELTRÚ Barcelona - ver Villanueva y Geltrú.

VILA - SACRA **17485** Gerona 443 F 39 - 385 h. - 972.
♦Madrid 746 - Gerona/Girona 30 - ♦Perpignan 62.

Hermes, carret. de Rosas ✆ 50 98 07 - ▤ P. E VISA
cerrado martes y enero - Com carta 3000 a 3800.

VILASAR DE MAR **08340** Barcelona 443 H 37 - 9 480 h. - 93 - Playa.
♦Madrid 648 - ♦Barcelona 22 - Mataró 6.

Racó de L'Àngel, Canonge Almera 62 - carret. N II ✆ 759 48 66, ⛱ - ▤ P.

Casa Serrat, Narcis Monturiol 216 ✆ 759 29 50, ⛱ - P.

VILAVELLA Orense - ver Villavieja.

VILAXOÁN Pontevedra - ver Villagarcía de Arosa.

VILLABONA **20150** Guipúzcoa 442 C 23 - 5 228 h. alt. 61 - 943.
♦Madrid 451 - ♦Pamplona/Iruñea 71 - ♦San Sebastián/Donostia 20 - ♦Vitoria/Gasteiz 96.

en Amasa E : 1 km - ✉ 20150 Villabona - 943 :

Arantzabi, ✆ 69 12 55, ≤, ⛱, « Típico caserío vasco » - P. AE E VISA
cerrado domingo noche, lunes y 15 diciembre-15 enero - Com carta 2400 a 3700.

VILLACAÑAS **45860** Toledo 444 N 19 - 8 251 h. - 925.
♦Madrid 109 - Alcázar de San Juan 35 - Aranjuez 48 - Toledo 72.

Quico, av. de la Mancha 34 ✆ 16 04 50 - ⇔
Com *(cerrado domingo)* 1300 - ☕ 350 - **25 hab** 1750/2850 - PA 2500.

VILLACARRILLO 23300 Jaén 446 R 20 - 11 815 h. alt. 785 - 953.
◆Madrid 349 - ◆Albacete 172 - Úbeda 32.

Las Villas, carret. N 322 44 01 25 - VISA.
Com 850 - 350 - **37 hab** 3800/5800 - PA 2050.

VILLACASTÍN 40150 Segovia 442 J 16 - 1 579 h. alt. 1 100 - 911.
◆Madrid 79 - ◆Ávila 29 - ◆Segovia 36 - ◆Valladolid 105.

Hostería el Pilar, carret. N VI 10 70 50, - . E VISA
Com 1100 - 325 - **21 hab** 2500/4500.

en la autopista A 6 SE : 4,5 km - 40150 Villacastín - 911 :

Las Chimeneas, apartado 11, 10 71 69, Fax 10 71 69 - . AE VISA.
Com carta aprox. 3650.

VILLADANGOS DEL PÁRAMO 24392 León 441 E 12 - 1 023 h. - 987.
◆Madrid 331 - ◆León 18 - Ponferrada 87.

Avenida II con hab, carret. de León NE : 1,5 km 39 00 81, - . AE E VISA.
Com carta 1275 a 2200 - 300 - **10 hab** 4500.

VILLA DEL PRADO 28630 Madrid 444 L 17 - 2 770 h. - 91.
◆Madrid 61 - Ávila 80 - Toledo 78.

El Extremeño, av. del Generalísimo 18 862 24 28, - . VISA.
Com 1200 - 175 - **16 hab** 2500/3600 - PA 2600.

VILLADIEGO 09120 Burgos 442 E 17 - 2 759 h. alt. 842 - 947.
◆Madrid 282 - ◆Burgos 39 - Palencia 84 - ◆Santander 150.

El Condestable, av. Reyes Católicos 2 36 17 32 - . VISA.
cerrado del 15 al 30 septiembre - Com 1800 - 500 - **24 hab** 3880/4850 - PA 3485.

VILLAFRANCA DEL BIERZO 24500 León 441 E 9 - 4 677 h. alt. 511 - 987.
◆Madrid 403 - ◆León 130 - Lugo 101 - Ponferrada 21.

Parador de Villafranca del Bierzo, av. de Calvo Sotelo 54 01 75, Fax 54 00 10 - AE VISA.
Com 3000 - 1000 - **40 hab** 9000 - PA 5950.

San Francisco sin rest, pl. Mayor 6 54 04 65 - .
350 - **20 hab** 3815/5510.

Casa Méndez con hab, pl. de la Concepción 54 24 08 - rest. VISA.
Com carta 1800 a 2500 - 300 - **14 hab** 2200/3800.

VILLAFRANCA DEL PANADÉS o **VILAFRANCA DEL PENEDÈS** 08720 Barcelona 443 H 35 - 25 020 h. alt. 218 - 93.
◆Madrid 572 - ◆Barcelona 54 - Tarragona 54.

Domo, Francesc Macià 2 817 24 26, Fax 817 08 53 - - 25/200. AE E VISA.
Com 1300 - 675 - **44 hab** 10500/13800.

Pedro III El Grande, pl. del Penedès 2 890 31 00, Fax 890 39 21 - . AE E VISA. rest
Com 1550 - 750 - **52 hab** 6500/9000 - PA 3080.

Airolo, rambla de Nostra Senyora 10 892 17 98 - . AE E VISA.
cerrado domingo noche, lunes y del 3 al 21 septiembre - Com carta 3650 a 5200.

Casa Juan, pl. de l'Estació 8 890 31 71 - . AE VISA
cerrado domingo, festivos, Semana Santa, 2ª quincena agosto y Navidades - Com (sólo almuerzo salvo sábado) carta 3050 a 4000.

Cal Ton, Casal 8 890 37 41, - .

por la carretera N 340 SO : 2,5 km - 08720 Villafranca del Panadés - 93

Alfa Penedès y Rest. Gran Mercat, 817 20 26, Fax 817 22 45 - - 25/200. AE E VISA. rest
Com carta 2900 a 3500 - 900 - **59 hab** 8000/12500.

VILLAGARCÍA DE AROSA o **VILLAGARCÍA DE AROUSA** 36600 Pontevedra 441 E 3 - 29 453 h. - 986 - Playa.
Alred. : Mirador de Lobeira★ S : 4 km.
Juan Carlos I 50 15 68.
◆Madrid 632 - Orense/Ourense 133 - Pontevedra 25 - Santiago de Compostela 42.

San Luis sin rest y sin ☕, av. de la Marina 16 ✆ 50 73 18 – ☎. ✗
27 hab 5500.

León XIII sin rest, av. de la Marina ✆ 50 63 83
12 hab.

en Vilaxoán – ✉ 36600 Villagarcía de Arosa – ☏ 986

XX ✿ **Chocolate** con hab, av. Cambados 151 ✆ 50 11 99, Fax 50 67 62 – ▤ TV ☎ 🚗 P. AE E VISA JCB. ✗
Com *(cerrado domingo y 20 diciembre-20 enero)* carta 3900 a 5000 – ☕ 500 – **18 hab** 4600/6000
Espec. Empanadas de marisco, Caldeirada de pescados, Chuletón de buey.

VILLAJOYOSA o La VILA JOIOSA 03570 Alicante 445 Q 29 – 20 638 h. – ☏ 96.

ℹ pl. Castelar 2 ✆ 589 30 43.
♦Madrid 450 – ♦Alicante 32 – Gandía 79.

X **El Panchito,** av. del Puerto 46 ✆ 589 28 55, ☂ – ▤. AE ◑ E VISA
cerrado lunes y 15 enero -15 marzo Com carta 1695 a 2995.

X **El Brasero,** av. del Puerto ✆ 589 03 33, ☂ – AE ◑ E VISA JCB
cerrado martes y diciembre-enero – Com carta 2150 a 4150.

por la carretera de Alicante SO : 3 km – ✉ 03570 Villajoyosa – ☏ 96 :

Montíboli ⛰, ✆ 589 02 50, Telex 68288, Fax 589 38 57, ≤, ☂, ⛱, 🌳, 🎾 – |♦| ▤ TV ☎ P. AE ◑ E VISA. ✗ rest
Com 2950 – ☕ 1150 – **51 hab** 10500/16600 – PA 4970.

Eurotennis, ✆ 589 12 50, Fax 589 11 94, ≤, Fa, ⛱, 🌳, 🎾 – |♦| ▤ rest TV ☎ P – 🏠 50/200. AE ◑ E VISA. ✗ rest
Com 2000 – ☕ 900 – **98 hab** 5600/8400 – PA 4160.

VILLALBA 27800 Lugo 441 C 6 – 16 485 h. alt. 492 – ☏ 982.

♦Madrid 540 – ♦La Coruña/A Coruña 87 – Lugo 36.

Parador de Villalba, Valeriano Valdesuso ✆ 51 00 11, Fax 51 00 90, « Instalado en la torre de un castillo medieval » – |♦| TV ☎ P. AE ◑ VISA. ✗
Com 3200 – ☕ 1100 – **6 hab** 12000 – PA 6375.

en la carretera de Meira E : 1 km – ✉ 27800 Villalba – ☏ 982 :

Villamartín, av. Tierra Llana ✆ 51 12 15, Fax 51 11 35, ⛱, 🎾 – |♦| ▤ rest TV ☎ 🚗 P – 🏠 25/200. AE ◑ E VISA. ✗
Com 1700 – ☕ 500 – **60 hab** 6000/7000 – PA 3315.

VILLALBA DE LA SIERRA 16140 Cuenca 444 L 23 – 487 h. alt. 950 – ☏ 966.

Alred. : E : Ventano del Diablo (≤ garganta del Júcar★).
♦Madrid 183 – Cuenca 21.

X **Mesón Nelia,** carret. de Cuenca ✆ 28 10 21 – ▤ P. AE E VISA. ✗
cerrado miércoles (salvo julio-agosto) y 7 enero-7 febrero – Com carta 1600 a 3000.

VILLALONGA o VILALONGA 36990 Pontevedra 441 E 3 – ☏ 986.

♦Madrid 629 – Pontevedra 23 – Santiago de Compostela 66.

Pazo El Revel ⛰ sin rest, camino de la Iglesia ✆ 74 30 00, Fax 74 33 90, « Pazo del siglo XVII con jardín », ⛱, 🎾 – ☎ P. E VISA. ✗
junio-septiembre – ☕ 500 – **21 hab** 7775/10000.

Nuevo Astur, carret. de Gondar ✆ 74 30 06, Telex 88136, Fax 74 43 92, ⛱ – |♦| TV ☎ P. AE VISA. ✗
21 junio-septiembre – Com 2140 – ☕ 505 – **103 hab** 5415/6555 – PA 3950.

VILLALONGA 46720 Valencia 445 P 29 – 3 730 h. – ☏ 96.

♦Madrid 427 – ♦Alicante 112 – Gandía 11 – ♦Valencia 79.

XX **Tarsan,** Partida Reprimala O : 2 km ✆ 280 50 79, ≤, ☂ – ▤ P. AE ◑ E VISA. ✗
cerrado noches de domingo a miércoles salvo julio- septiembre – Com carta 1825 a 3750.

VILLAMAYOR DEL RÍO 09259 Burgos 442 E 20 – ☏ 947.

♦Madrid 294 – ♦Burgos 51 – ♦Logroño 63 – ♦Vitoria/Gasteiz 80.

X **León,** carret. N 120 ✆ 58 02 37, Fax 58 02 37 – P. AE ◑ E VISA. ✗
cerrado domingo y del 15 al 30 junio – Com carta 1650 a 3850.

VILLANÚA **22870** Huesca 443 D 28 - 241 h. alt. 953 - ✆ 974.
♦Madrid 496 - Huesca 106 - Jaca 15.

Reno, carret. N 330 ✆ 37 80 66 - P. AE ① E VISA. ✻
cerrado 2ª quincena junio y noviembre - Com *(cerrado domingo noche en temp. baja)* 1400 - ☕ 450 - **15 hab** 3000/4700 - PA 2760.

Faus Hütte con hab, carret. N 330 ✆ 37 81 36, ← - TV ☎ 🚗. AE ① E VISA. ✻ rest
Com carta 1950 a 3550 - ☕ 500 - **10 hab** 5300/8500.

VILLANUEVA DE ARGAÑO **09132** Burgos 442 E 18 - 124 h. - ✆ 947.
♦Madrid 264 - ♦Burgos 21 - Palencia 78 - ♦Valladolid 115.

Las Postas de Argaño con hab, av. Rodríguez de Valcarce ✆ 45 01 56, Fax 45 01 56 - ▤ 🚗 P. AE ① E VISA JCB. ✻
Com carta 2300 a 3375 - ☕ 350 - **11 hab** 4000/5000.

To visit a town or region : use the ***Michelin Green Guides.***

VILLANUEVA DE AROSA o **VILANOVA DE AROUSA** **36620** Pontevedra 441 E 3 - 14 979 h. - ✆ 986.
♦Madrid 642 - Pontevedra 35 - Santiago de Compostela 52.

Hermida sin rest, carret. C 550 E : 1 km ✆ 55 43 43, ⛱ - |♦| TV ☎ P. VISA. ✻
marzo-octubre - ☕ 375 - **47 hab** 4000/5000.

Lago 82 sin rest, carret. C 550 E : 1 km ✆ 55 40 54, Fax 55 40 54, ⛱ - P
marzo-noviembre - ☕ 250 - **40 hab** 2000/4700.

O'Paspallás, La Cerca 46 - NE : 1,5 km ✆ 55 52 21 - P. AE E VISA. ✻
cerrado domingo noche y lunes noche de octubre a mayo) - Com carta 2550 a 2950.

VILLANUEVA DE CÓRDOBA **14440** Córdoba 446 R 16 - 3 487 h. - ✆ 957.
♦Madrid 340 - Ciudad Real 143 - ♦Córdoba 67.

Demetrius sin rest y sin ☕, av. de Cardeña ✆ 12 02 94 - ✻
23 hab 1700/3200.

VILLANUEVA DE GÁLLEGO **50830** Zaragoza 443 G 27 - 2 358 h. alt. 243 - ✆ 976.
♦Madrid 333 - Huesca 57 - ♦Lérida/Lleida 156 - ♦Pamplona/Iruñea 179 - ♦Zaragoza 14.

La Casa del Ventero, paseo 18 de Julio 24 ✆ 18 51 87 - ▤. AE ① E VISA. ✻
cerrado domingo noche, lunes y agosto - Com carta 3200 a 4000.

VILLANUEVA DE LA BARCA o **VILANOVA DE LA BARCA** **25690** Lérida 443 G 32 - 871 h. - ✆ 973.
♦Madrid 484 - ♦Lérida/Lleida 14 - Tarragona 108.

en la carretera C 1313 SO : 3,3 km - ✉ 25690 Vilanova de la Barca - ✆ 973 :

✿ **Molí de la Nora,** ✆ 19 00 17, 🍽, Pescados y mariscos - ▤ P. AE E VISA. ✻
cerrado domingo noche, lunes y del 4 al 20 enero - Com carta aprox 5100
Espec. Ensalada Molí, Suquet del Molí, Higos a la crema de almendras (julio-diciembre).

VILLANUEVA Y GELTRÚ o **VILANOVA I LA GELTRÚ** **08800** Barcelona 443 I 35 - 43 560 h. - ✆ 93 - Playa.
Ver : Casa Papiol★.
ℹ passeig de Ribes Roges ✆ 815 45 17.
♦Madrid 589 - ♦Barcelona 50 - ♦Lérida/Lleida 132 - Tarragona 46.

en la zona de la playa :

César y Rest. La Fitorra, Isaac Peral 4 ✆ 815 11 25, Telex 52075, Fax 815 67 19, 🍽, Terraza con arbolado - |♦| ▤ hab TV ☎ - 🏛 25/120. AE ① E VISA. ✻ rest
Com *(cerrado domingo noche y lunes salvo en verano y 7 enero-7 febrero)* carta 2290 a 5090 - ☕ 890 - **30 hab** 10000/10800.

Ceferino, passeig Ribes Roges 2 ✆ 815 17 19, Fax 815 89 31, ⛱ - |♦| ▤ TV ☎ 🚗. AE ① E VISA. ✻
Com 1800 - ☕ 600 - **30 hab** 9000 - PA 3500.

Solvi 70, passeig Ribes Roges 1 ✆ 815 12 45, Fax 815 70 02, ← - |♦| ▤ rest TV ☎. ✻
cerrado 10 octubre-10 noviembre - Com carta 1400 a 3000 - ☕ 500 - **30 hab** 4000/8000.

Ricard, passeig Maritim 88 ✆ 815 71 00, Fax 815 81 59 - |♦|. AE ① E VISA. ✻
Com (ver rest. **Cossetania**) - ☕ 500 - **12 hab** 4000/7000.

Peixerot, passeig Maritim 56 ✆ 815 06 25, Fax 815 04 50, 🍽, Pescados y mariscos - ▤. AE ① E VISA. ✻
cerrado domingo noche salvo en verano - Com carta 3605 a 5275.

Cossetania, passeig Maritim 92 ☎ 815 55 59, Fax 815 81 59, Pescados y mariscos – AE E VISA.
cerrado lunes y del 1 al 7 enero – Com carta aprox. 4500.

Maritim, passeig del Carme 40 ☎ 815 54 79, Pescados y mariscos – E VISA.
cerrado martes (salvo julio-agosto) y 2ª quincena de noviembre – Com carta 2900 a 5400.

Pere Peral, Isaac Peral 15 ☎ 815 29 96, Terraza bajo los pinos.

La Botiga, passeig Maritim 75 ☎ 815 60 78, Telex 52095, Pescados y mariscos –. AE E VISA.
cerrado lunes en invierno – Com carta 3500 a 5000.

Chez Bernard et Marguerite, Ramón Llull 4 ☎ 815 56 04, Cocina francesa – E VISA
Com carta 2400 a 4200.

Avi Pep, Llibertat 128 ☎ 815 17 36.

La Cuineta de la Rambla, rambla de la Pau 87 ☎ 815 56 69 –
Com (sólo cena salvo sábado y festivos).

en Racó de Santa Llúcia O : 2,5 km – ✉ 08800 Villanueva y Geltrú – 93 :

La Cucanya, ☎ 815 19 34, Fax 815 43 54, ←, Cocina italiana, – AE E VISA.
Com carta 2600 a 3500.

VILLARCAYO 09550 Burgos 442 D 22 – 4 558 h. alt. 615 – 947.

♦Madrid 321 – ♦Bilbao/Bilbo 81 – ♦Burgos 78 – ♦Santander 100.

Plati, Nuño Rasura 20 ☎ 10 00 15, – E VISA.
marzo-20 diciembre – Com 1500 – 370 – **27 hab** 4400/5940 – PA 3370.

La Rubia, av. de Alemania 3 ☎ 10 00 00, – rest. E VISA.
cerrado 10 diciembre-20 enero – Com 2000 – 350 – **16 hab** 2500/5000 – PA 2950.

en Horna - S : 1 km – ✉ 09554 Horna – 947 :

Mesón El Cid, ☎ 10 01 71 – E VISA.
cerrado 2 noviembre-20 diciembre – Com carta 3050 a 4275.

VILLARLUENGO 44559 Teruel 443 K 28 – 270 h. – 974.

♦Madrid 370 – Teruel 94.

en la carretera de Ejulve NO : 7 km – ✉ 44559 Villarluengo – 974 :

La Trucha, Las Fábricas ☎ 77 30 08, Telex 62614, Fax 77 30 08, – .
AE E VISA
Com 2750 – 675 – **54 hab** 7920/9900.

VILLARREAL DE ÁLAVA o LEGUTIANO 01170 Álava 442 D 22 – 1 321 h. alt. 975 – 945.

♦Madrid 370 – ♦Bilbao/Bilbo 51 – ♦Vitoria/Gasteiz 15.

Astola, San Roque 1 ☎ 45 50 04, ← – .

VILLARROBLEDO 02600 Albacete 444 O 22 – 20 172 h. alt. 724 – 967.

♦Madrid 183 – ♦Albacete 84 – Alcázar de San Juan 82.

Castillo sin rest, av. Reyes Católicos 18 ☎ 14 33 11 – AE VISA.
318 – **28 hab** 3500/6000.

en la carretera N 310 SO : 5,5 km – ✉ 02600 Villarrobledo – 967 :

Gran Sol, ☎ 14 02 94, Fax 14 02 94 – . AE VISA.
Com 2000 – 300 – **33 hab** 2500/5000.

VILLASANA DE MENA 09580 Burgos 442 C 20 alt. 312 – 947.

♦Madrid 358 – ♦Bilbao/Bilbo 44 – ♦Burgos 115 – ♦Santander 101.

Cadagua, Ángel Nuño 26 ☎ 12 61 25, ←, – .
cerrado 24 diciembre-5 enero – Com 1900 – 550 – **30 hab** 4800/6900 – PA 3600.

VILLATOBAS 45310 Toledo 444 M 20 – 2 697 h. – 925.

♦Madrid 80 – ♦Albacete 169 – Cuenca 129 – Toledo 71.

Seller con hab, carret. N 301 – NO 1,7 km ☎ 15 20 67, Fax 15 24 30 – . AE E VISA.
cerrado 25 diciembre-1 enero – Com carta 1700 a 3200 – 400 – **17 hab** 4500/6500.

VILLAVIEJA o VILAVELLA 32590 Orense 441 F 8 – 988.

♦Madrid 377 – Benavente 120 – Orense/Ourense 122 – Ponferrada 129.

Porta Galega, carret. N 525 ☎ 42 55 92, Fax 42 56 08 – . AE E VISA.
Com 1200 – 225 – **38 hab** 2400/4000.

VILLAVICIOSA DE ODÓN **28670** Madrid 444 K 18 - 6 023 h. alt. 672 - ☎ 91.

♦Madrid 21 - Toledo 69 - El Escorial 38.

XX **Asador Luxia,** Bispo, centro Puzzle, carret. de San Martín de Valdeiglesias ☎ 616 58 74, 🏕 - ▤. AE E VISA. ✗
cerrado del 5 al 20 de agosto - Com *(sólo almuerzo salvo fines de semana y vísperas de festivos)* carta 4000 a 4500.

VILLOLDO **34131** Palencia 442 F 16 - 541 h. - ☎ 988.

Alred. : Villalcázar de Sirga (iglesia de Santa María la Blanca : portada Sur★, Sepulcros★) NE : 10 km - Carrión de los Condes : Monasterio de San Zoilo (claustro★).

♦Madrid 253 - ♦Burgos 96 - Palencia 27.

🏠 **Estrella del Bajo Carrión** 🐎, antigua carret. C 615 ☎ 82 70 05, Fax 82 72 69 - ☎ Ⓟ. AE E VISA. ✗
cerrado 20 días en febrero - Com 1500 - ☕ 450 - **26 hab** 5000.

VINAROZ o **VINARÓS** **12500** Castellón de la Plana 445 K 31 - 17 564 h. - ☎ 964 - Playa.

ℹ pl. Jovellar ☎ 45 01 90.

♦Madrid 498 - Castellón de la Plana/Castelló de la Plana 76 - Tarragona 109 - Tortosa 48.

🏠 **Miramar** sin rest, paseo Marítimo 12 ☎ 45 14 00, ≤ - |‡| ☎. VISA. ✗
cerrado 23 diciembre- 2 enero - ☕ 500 - **17 hab** 3300/5000.

🏠 **El Pino** sin rest y sin ☕, San Pascual 47 ☎ 45 05 53 - ✗
9 hab 1500/3000.

X El Langostino de Oro, San Francisco 31 ☎ 45 12 04, Pescados y mariscos - ▤.

X **Voramar,** av. Colón 34 ☎ 45 00 37 - ▤. E VISA. ✗
cerrado noviembre - Com carta 2100 a 3200.

X **La Isla,** San Pedro 5 ☎ 45 23 58, ≤ - ▤. AE E VISA. ✗
cerrado lunes y 23 diciembre-23 enero - Com carta 2500 a 4500.

X **La Cuina,** paseo Blasco Ibáñez 12 ☎ 45 47 36 - AE ⓓ E VISA. ✗
cerrado sábado mediodía y domingo noche en invierno y Navidades - Com carta 2500 a 3800.

en la carretera N 340 S : 2 km - ✉ 12500 Vinaroz - ☎ 964 :

🏠 **Roca,** ☎ 45 03 50, 🌳, 🎾 - ▤ rest ☎ 🚗 Ⓟ. ✗ rest
Com 1200 - ☕ 450 - **36 hab** 3300/4800 - PA 2600.

VIRGEN DE LA VEGA Teruel - ver Alcalá de la Selva.

VIRGEN DEL CAMINO **24198** León 441 E 13 - ☎ 987.

♦Madrid 333 - ♦Burgos 198 - ♦León 6 - Palencia 134.

XX **Las Redes,** ☎ 30 01 64, Pescados y mariscos - ▤. AE E VISA JCB. ✗ BZ r
cerrado domingo noche, lunes y del 1 al 20 julio - Com carta aprox. 3400.

EL VISO DEL ALCOR **41520** Sevilla 446 T 12 - 14 843 h. alt. 143 - ☎ 95.

♦Madrid 524 - ♦Córdoba 117 - ♦Granada 252 - ♦Sevilla 31.

🏨 Picasso, av. del Trabajo 11 ☎ 574 09 00, Fax 474 63 67 - |‡| ▤ 📺 ☎ Ⓟ - **44 hab.**

VITORIA o **GASTEIZ** **01000** Ⓟ Álava 442 D 21 y 22 - 192 773 h. alt. 524 - ☎ 945.

Ver : Museo de Arqueología (estela del jinete★) BY **M1** - Museo del Naipe "Fournier"★ AZ **M2** Museo de Armeria★ AZ **M3.**

Alred. : Gaceo★ (iglesia : frescos góticos★) 21 km por ②.

✈ de Vitoria por ④ : 8 km ☎ 27 40 00 - Iberia : av. Gasteiz 84, ✉ 01012, ☎ 22 82 50 AY.

ℹ parque de la Florida, ✉ 01008, ☎ 13 13 21 - R.A.C.V.N. pl. San Martín 4, ✉ 01009, ☎ 22 86 00.

♦Madrid 352 ③ - ♦Bilbao/Bilbo 64 ④ - ♦Burgos 111 ③ - ♦Logroño 93 ③ - ♦Pamplona/Iruñea 93 ② - ♦San Sebastián/Donostia 115 ② - Zaragoza 260 ③.

Plano página siguiente

🏨 **Gasteiz,** av. Gasteiz 45, ✉ 01009, ☎ 22 81 00, Telex 35451, Fax 22 62 58 - |‡| ▤ 📺 ☎ 🚗 - 🏛 25/250. AE ⓓ E VISA JCB. ✗ AY e
Com *(cerrado domingo y agosto)* 2250 - ☕ 1200 - **150 hab** 10700/15500.

🏨 **NH Canciller Ayala,** Ramón y Cajal 5, ✉ 01007, ☎ 13 00 00, Fax 13 35 05 - |‡| ▤ 📺 ☎ 🚗 - 🏛 25/220. AE ⓓ E VISA. ✗ rest AZ n
Com 2250 - ☕ 1200 - **185 hab** 10700/15500.

🏨 **General Álava** sin rest, con cafetería, av. Gasteiz 79, ✉ 01009, ☎ 22 22 00, Telex 35468, Fax 24 83 95 - |‡| 📺 ☎ 🚗 - 🏛 25/50. AE ⓓ E VISA. ✗ AY c
☕ 750 - **114 hab** 7700/11300.

GASTEIZ VITORIA

Dato . . . . BZ
Gasteiz (Av. de) . . . . AYZ
Independencia . . . . BZ 27
Postas . . . . BZ

Angulema . . . . BZ 2
Becerro de Bengoa . . . . . . AZ 5
Cadena y Eleta . . . . AZ 8
Diputación . . . . AZ 12
Escuelas . . . . BY 15
España (Pl. de) . . . . BZ 18
Herrería . . . . AY 24
Machete (Pl. del) . . . . BZ 30
Madre Vedruna . . . . AZ 33

Ortiz de Zárate . . . . BZ 36
Pascual de Andagoya (Pl. de) . . . . AY 39
Portal del Rey . . . . BZ 42
Prado . . . . AZ 45
San Francisco . . . . BZ 48
Santa María (Cantón de) . . . . BY 51
Virgen Blanca (Pl. de la) . . . BZ 55

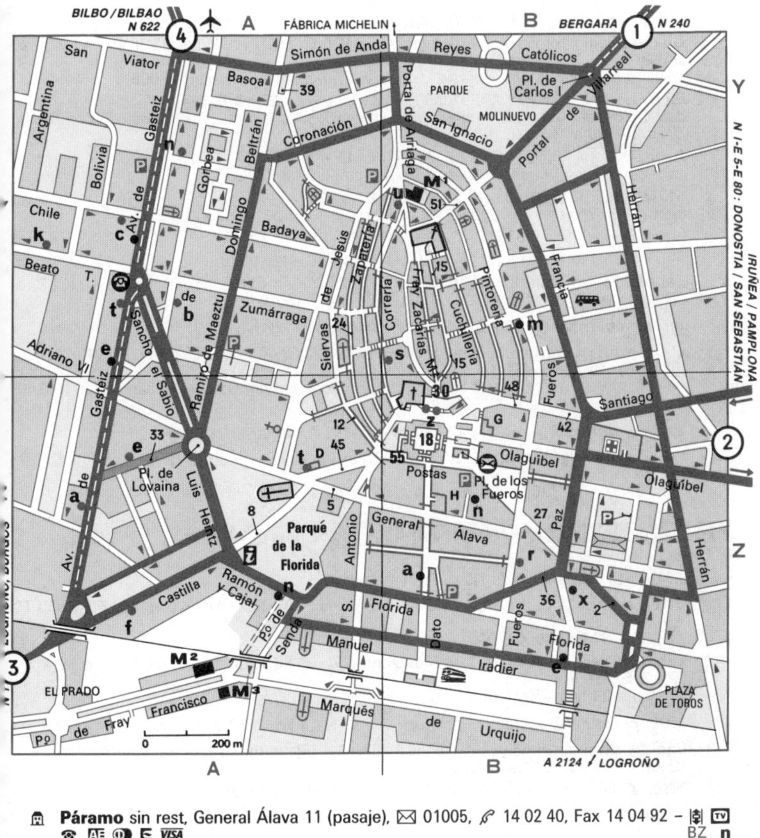

Páramo sin rest, General Álava 11 (pasaje), 01005, 14 02 40, Fax 14 04 92 – AE E VISA BZ **n**
350 – **40 hab** 4100/6300.

Achuri sin rest, Rioja 11, 01005, 25 58 00, Fax 26 40 74 – E VISA. BZ **x**
375 – **40 hab** 3600/5750.

Desiderio sin rest, Colegio de San Prudencio 2, 01001, 25 17 00, Fax 25 17 22 – E VISA. BY **m**
cerrado 24 diciembre-2 enero – 375 – **21 hab** 3600/5750.

Dato 28 sin rest, Dato 28, 01005, 14 72 30, Fax 24 23 22 – AE E VISA BZ **a**
600 – **14 hab** 3950/4950.

Florida sin rest y sin , Manuel Iradier 33, 01005, 26 06 75 BZ **e**
15 hab.

Ikea, Castilla 27, 01007, 14 47 47, Fax 23 35 07 – AE E VISA. AZ **f**
cerrado domingo, lunes noche, Semana Santa y agosto – Com carta 4400 a 5900.

El Portalón, Correría 151, 01007, 14 27 55, « Posada del siglo XV » BY **u**

Dos Hermanas, Madre Vedruna 10, 01008, 13 29 34 – AZ **e**

Andere, Gorbea 8, 01008, 24 54 05, Fax 22 88 44 – AE E VISA. AY **b**
cerrado domingo noche, lunes y del 10 al 25 agosto – Com carta aprox. 4200.

XXX **Zaldiarán,** av. Gasteiz 21, ✉ 01008, ☎ 13 48 22, Fax 13 45 95 – ▤. AE ⓓ E VISA. ✻ AZ a
cerrado domingo y martes noche – Com carta 3325 a 4275.

XXX **Teide,** av. Gasteiz 61, ✉ 01008, ☎ 22 10 23 – ▤. AE ⓓ E VISA. ✻ AY t
cerrado martes, Semana Santa y del 10 al 25 agosto – Com carta 2875 a 4275.

XX **Conde de Álava,** Cruz Blanca 8, ✉ 01012, ☎ 22 50 40, Fax 22 71 76 – ▤. AE ⓓ E VISA. ✻ AY n
cerrado martes y 10 agosto-10 septiembre – Com carta aprox. 2800.

XX **Olárizu,** Beato Tomás de Zumárraga 54, ✉ 01009, ☎ 24 77 52, Fax 22 88 46 – ▤. AE ⓓ E VISA. ✻ AY k
cerrado domingo noche, lunes y del 11 al 25 agosto – Com carta 3000 a 3950.

XX **Eli Rekondo,** Prado 28, ✉ 01005, ☎ 28 25 84 – ▤. AE ⓓ E VISA. ✻ AZ t
cerrado sábado mediodía, domingo, Semana Santa y del 10 al 31 agosto – Com carta 3075 a 4100.

XX **Arka,** Correría 46, ✉ 01001, ☎ 27 64 64 – E VISA BY s
cerrado domingo noche y lunes – Com carta 2700 a 4050.

X **Mesa,** Chile 1, ✉ 01009, ☎ 22 84 94 – ▤. AE E VISA. ✻ AY c
cerrado miércoles y 10 agosto-10 septiembre – Com carta 2550 a 3500.

X Poliki, Fueros 29, ✉ 01005, ☎ 25 85 19 – ▤ BZ r

X Kintana, Mateo Moraza 15, ✉ 01001, ☎ 23 00 10 – ▤ BZ z

X **Zabala,** Mateo Moraza 9, ✉ 01001, ☎ 23 00 09 – ⓓ E VISA. ✻ BZ z
cerrado domingo y agosto – Com carta 2475 a 3350.

en Armentia por ③ : 3 km – ✉ 01195 Armentia – ☏ 945 :

XXX **El Caserón** ⛰ con hab, camino del Monte 49 ☎ 23 00 48, Fax 23 00 04, ←, ⛱, 🌳 – ▤ rest TV ☎ P. AE ⓓ E VISA. ✻
cerrado del 10 al 31 agosto – Com *(cerrado domingo noche y lunes)* carta 3700 a 5250 – ☕ 700 – **5 hab** 12000/15000.

en la carretera N I por ② : 13 km – ✉ 01192 Argómaniz – ☏ 945 :

🏨 **Parador de Argómaniz** ⛰, ☎ 28 22 00, Fax 28 22 00, ← – |♦| TV P – 🏛 25/65. AE ⓓ VISA. ✻
Com 3200 – ☕ 1100 – **54 hab** 10500 – PA 6375.

VIVERO o VIVEIRO 27850 Lugo 441 B 7 – 14 562 h. – ☏ 982.

ℹ Puerta de Carlos V ☎ 56 04 86.

♦Madrid 602 – ♦La Coruña/A Coruña 119 – Ferrol 88 – Lugo 98.

🏨 **Orfeo** sin rest, J. García Navia Castrillón 2 ☎ 56 21 01, Fax 56 04 53, ← – |♦| TV ☎. AE E VISA. ✻
☕ 450 – **32 hab** 4500/7000.

🏨 **Tebar** sin rest, av. Nicolás Cora Montenegro 70 ☎ 56 01 00, Fax 55 04 08 – TV ☎ 🚗. AE ⓓ E VISA JCB. ✻
☕ 325 – **27 hab** 4300/7000.

en la playa de Area-por la carretera C 642 N : 4 km – ✉ 27850 Vivero – ☏ 982 :

🏨 **Ego** ⛰ sin rest, ☎ 56 09 87, Fax 56 17 62, ← – TV ☎ P. AE E VISA JCB. ✻
☕ 600 – **29 hab** 8000/12000.

XX **Nito,** ☎ 56 09 87, Fax 56 17 62, ← ría y playa – P. AE E VISA JCB. ✻
Com carta 3300 a 5400.

XÁTIVA Valencia – ver Játiva.

XÀBIA Alicante – ver Jávea.

XUBIA La Coruña – ver Jubia.

YAIZA Las Palmas – ver Canarias (Lanzarote).

Los YÉBENES 45470 Toledo 444 N 18 – 6 009 h. – ☏ 925.

♦Madrid 113 – ♦Toledo 43.

🏨 **Montes de Toledo** ⛰, carret. N 401 NE 1,6 km ☎ 32 10 99, Fax 34 81 83, ← olivares y sierra de las Alberquillas – ▤ TV ☎ P. AE ⓓ E VISA. ✻
Com 2200 – ☕ 650 – **39 hab** 7800/9200 – PA 5050.

YÉQUEDA 22193 Huesca 443 F 28 – ☏ 974

🏨 **Fetra,** carret. N 330 ☎ 27 11 08, Fax 27 12 23, ← – |♦| ▤ TV ☎ P. E VISA. ✻ rest
Com 1200 – ☕ 500 – **22 hab** 3000/5500.

YESA **31410** Navarra 442 E 26 – 292 h. alt. 292 – ☎ 948.

Alred. : Monasterio de Leyre★★ : carretera de acceso ✻★★, iglesia★★ (cripta★★, interior★, portada oeste★) NO : 4 km – Hoz de Arbayún★ ≤★★ N : 27 km – Hoz de Lumbier★.

carret. N 240 ☎ 88 40 40.

♦Madrid 419 – Jaca 64 – ♦Pamplona/Iruñea 47.

El Jabalí, carret. de Jaca ☎ 88 40 42, ≤, – P. E VISA. rest
marzo-noviembre – Com 1200 – 400 – **21 hab** 4800.

Arangoiti, Don Rene Petit ☎ 88 41 22 – .

YURRE o **IGORRE** **48140** Vizcaya 442 C 21 – 3 842 h. alt. 90 – ☎ 94.

♦Madrid 390 – ♦Bilbao/Bilbo 23 – ♦Vitoria/Gasteiz 44.

Arantza, carret. Bilbao-Vitoria km 22 ☎ 673 63 28, Fax 631 90 85 – TV ☎ P. AE E VISA JCB.
cerrado 23 diciembre-4 enero – Com 1100 – 450 – **34 hab** 5000/7500 – PA 2250.

ZAFRA **06300** Badajoz 444 Q 10 – 12 902 h. alt. 509 – ☎ 924.

Ver : Las Plazas★.

pl. de España ☎ 55 10 36.

♦Madrid 401 – ♦Badajoz 76 – Mérida 58 – ♦Sevilla 147.

Parador Hernán Cortés, pl. Corazón de María ☎ 55 45 40, Fax 55 10 18, « Instalado en un castillo del siglo XV, patio de estilo renacentista », – TV ☎. AE VISA.
Com 3200 – 1100 – **45 hab** 13000 – PA 6375.

Huerta Honda y Rest. Barbacana, López Asme 32 ☎ 55 41 00, Fax 55 25 04, Cocina vasca, – TV ☎ – 25/200. AE E VISA.
Com *(cerrado domingo noche y lunes)* carta 3600 a 4500 – 500 – **46 hab** 7000/11900.

Josefina, López Asme 1 ☎ 55 17 01 – . E VISA.
cerrado 15 julio- 1 agosto – Com carta 2250 a 3100.

ZAHARA DE LA SIERRA **11688** Cádiz 446 V 13 – ☎ 956.

♦Madrid 548 – ♦Cádiz 116 – Ronda 34.

Marqués de Zahara, San Juan 3 ☎ 13 72 61 – . E VISA.
Com 1500 – 275 – **10 hab** 3250/4500 – PA 2800.

ZAHARA DE LOS ATUNES **11393** Cádiz 446 X 12 – 1 891 h. – ☎ 956 – Playa.

♦Madrid 687 – Algeciras 62 – ♦Cádiz 70 – ♦Sevilla 179.

Gran Sol, av. de la Playa ☎ 43 93 01, Fax 43 91 97, ≤, – TV ☎. AE E VISA. rest
Com 1500 – 500 – **15 hab** 7500/7900 – PA 3700.

en la carretera de Atlanterra – ✉ 11393 Zahara de Los Atunes – ☎ 956 :

Sol Atlanterra , SE : 4 km ☎ 43 90 00, Telex 78169, Fax 44 30 51, , , , – TV ☎ P – 25/280. AE E VISA. rest
abril-octubre – Com (sólo buffet) – **281 hab** 14500/21000.

Antonio , SE : 1 km ☎ 43 91 41, Fax 43 91 35, ≤, – ☎ P. AE E VISA JCB.
cerrado noviembre – Com 2000 – 800 – **30 hab** 7500/9500 – PA 4800.

ZALDIVIA o **ZALDIBIA** **20247** Guipúzcoa 442 C 23 – 1 705 h. alt. 164 – ☎ 943.

♦Madrid 428 – ♦Pamplona/Iruñea 73 – ♦San Sebastián/Donostia 45 – ♦Vitoria/Gasteiz 71.

Arrese, pl. Iztueta ☎ 88 17 14, .

ZALLA **48860** Vizcaya 442 C 20 – 7 253 h. – ☎ 94.

♦Madrid 380 – ♦Bilbao/Bilbo 23 – ♦Burgos 132 – ♦Santander 92.

Asador Zalla, Juan F. Estefanía y Prieto 5 ☎ 667 06 15 – AE E VISA.
cerrado domingo noche, lunes noche y agosto – Com carta 2400 a 4000.

ZAMORA **49000** P 441 H 12 – 59 734 h. alt. 650 – ☎ 988.

Ver : Catedral★ (cimborrio★, sillería★★) A - Museo Catedralicio (tapices flamencos★★) – Iglesias románicas★ (La Magdalena, Santa María la Nueva, San Juan, Santa María de la Orta, Santo Tomé, Santiago del Burgo) AB.

Alred. : Arcenillas (Iglesia : Tablas de Fernando Gallego★) SE : 7 km - Iglesia visigoda de San Pedro de la Nave★ NO : 19 km por ④.

Santa Clara 20, ✉ 49002, ☎ 53 18 45 – R.A.C.E. av. Requejo 34, ✉ 49003, ☎ 51 59 72.

♦Madrid 246 ③ – Benavente 66 ① – Orense/Ourense 266 ① – ♦Salamanca 62 ③ – Tordesillas 67 ②.

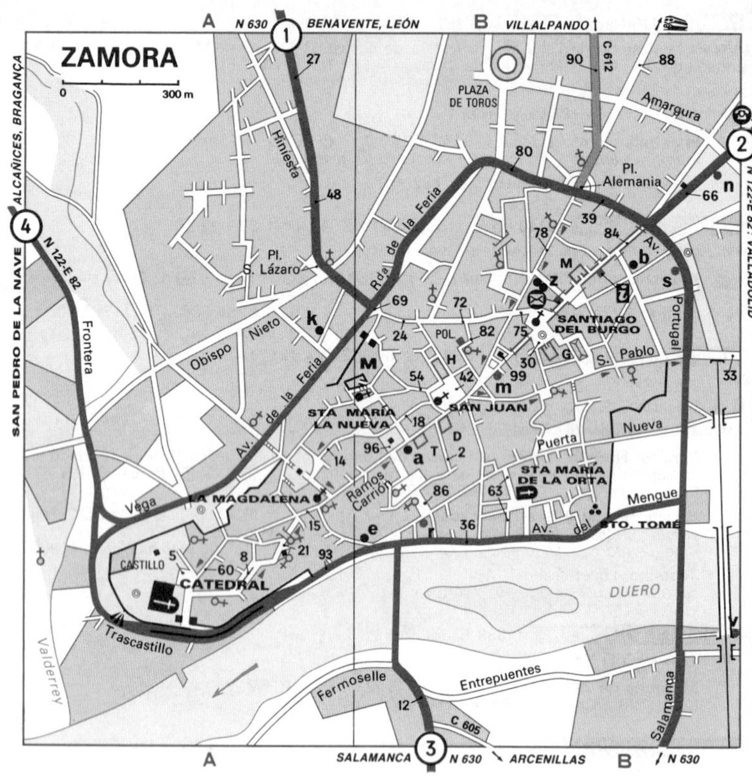

Feria . . . . . B 24
Mayor (Pl.) . . . . . B 42
Riego . . . . . B 72
Santiago . . . . . B 75
San Torcuato . . . . . B 78
Santa Clara . . . . . B 84

Alfonso XII . . . . . B 2
Antonio del Aguita (Pl.) . . . . . A 5
Arias Gonzalo . . . . . A 8
Cabañales . . . . . B 12
Carniceros . . . . . A 14
Ciento (Pl. de los) . . . . . A 15
Corral Pintado . . . . . B 18
Fray Diego de Deza (Pl.) . . . . . A 21
Galicia (Av. de) . . . . . A 27
General Sanjurjo (Pl.) . . . . . B 30
Gutiérrez Rivero . . . . . B 33
Ignacio Gazapo . . . . . B 36
José Antonio Primo de Rivera . . . . . B 39
Morana (Cuesta de la) . . . . . A 48
Nicasio Gallego . . . . . B 54
Notarios . . . . . A 60
Plata . . . . . B 63
Príncipe de Asturias (Av.) . . B 66
Puebla (Pl. de la) . . . . . B 69
San Torcuato (Ronda de) . . B 80
San Vicente . . . . . B 82
Santa Lucía (Pl.) . . . . . B 86
Tres Cruces (Av. de las) . . . B 88
Victor Gallego . . . . . B 90
Vigo (Av. de) . . . . . A 93
Viriato (Pl. de) . . . . . B 96
Zorilla (Pl. de) . . . . . B 99

Parador de Zamora, pl. de Viriato 5, ✉ 49001, ☎ 51 44 97, Fax 53 00 63, « Instalado en un palacio renacentista », – rest – 25/40. AE VISA. B **a**
Com 3200 – 1100 – **27 hab** 12000 – PA 6375.

II Infantas sin rest, Cortinas de San Miguel 3, ✉ 49002, ☎ 53 28 75, Fax 53 35 48 – AE VISA B **b**
500 – **68 hab** 5700/8500.

Hostería Real de Zamora y Rest. Pizarro, Cuesta de Pizarro 7, ✉ 49001, ☎ 53 45 45, Fax 53 45 22, « Conjunto castellano en un edificio del siglo XV - Patio » – AE VISA. rest B **e**
Com carta 2150 a 2725 – 475 – **16 hab** 5580/6975.

Sayagués, pl. Puentica 2, ✉ 49002, ☎ 52 55 11, Fax 51 34 51 – rest VISA. A **k**
Com 1500 – 450 – **56 hab** 3700/7000 – PA 2760.

Luz y Sol sin rest y sin ☕, Benavente 2, ✉ 49002, ☎ 53 31 52 – B **z**
26 hab 2200/3500.

Chiqui sin rest y sin ☕, Benavente 2, ✉ 49002, ☎ 53 14 80 – B **z**
10 hab 2300/3800.

XXX **París,** av. de Portugal 14, ✉ 49002, ☎ 51 43 25 – ▤. AE ◑ E VISA B **s**
Com carta 2400 a 3650.

XXX **Rey Don Sancho 2,** parque de la Marina Española, ✉ 49003, ☎ 52 60 54, ⛱, Decoración moderna – ▤. AE ◑ E VISA B **n**
Com carta 2500 a 3450.

XX **Serafín,** pl. Maestro Haedo 10, ✉ 49001, ☎ 53 14 22, Decoración moderna – ▤. AE ◑ E VISA. ✂ B **m**
Com carta 3050 a 4650.

XX **El Cordón,** pl. Santa Lucía 4, ✉ 49001, ☎ 53 42 20, ⛱, Decoración castellana – ▤. AE E VISA. ✂ B **r**
cerrado lunes – Com carta 1500 a 2750.

X **Las Aceñas,** Aceñas de Pinilla, ✉ 49001, ☎ 53 38 78, ⛱, Antiguo molino – ▤ Ⓟ. E VISA. ✂ – Com carta 1550 a 2700. B **v**

en la carretera N 630 por ① : 2,5 km – ✉ 49002 Zamora – ☎ 988 :

Rey Don Sancho, ☎ 52 34 00, Fax 51 97 60 – |♦| ▤ rest TV ☎ Ⓟ. AE ◑ E VISA. ✂
Com 1250 – ☕ 435 – **86 hab** 3860/6565 – PA 3150. por ①

☞ *Questa Guida non contiene pubblicità a pagamento.*

ZARAGOZA 50000 P 443 H 27 – 590 750 h. alt. 200 – ☎ 976.

Ver : La Seo★★ (retablo del altar mayor★, Museo capitular★, Museo de tapices★★ Y – La Lonja★ Y – Basílica de Nuestra Señora del Pilar★ (retablo del altar mayor★, Museo pilarista★ Y – Aljafería★ : artesonado de la sala del trono★ AU.

⛳9 Aero Club de Zaragoza por ⑤ : 12 km ☎ 21 43 78 – ⛳18 La Peñaza por ⑤ : 15 km ☎ 34 28 00.

✈ de Zaragoza por ⑥ : 9 km ☎ 32 62 62 – Iberia : Canfranc 22, ✉ 50004, ☎ 21 82 50 Z.

ℹ Torreón de la Zuda-Glorieta Pío XII, ✉ 50003 ☎ 39 35 37 pl. del Pilar, ✉ 50003, ☎ 20 12 91 Fax 20 06 35 – R.A.C.E. San Juan de la Cruz 2, ✉ 50006, ☎ 35 79 72.

♦Madrid 322 ⑤ – ♦Barcelona 307 ② – ♦Bilbao/Bilbo 305 ⑥ – ♦Lérida/Lleida 150 ② – ♦Valencia 330 ④.

Planos páginas siguientes

Meliá Zaragoza Corona y Rest. El Bearn, av. César Augusto 13, ✉ 50004, ☎ 43 01 00, Telex 58828, Fax 44 07 34, ⛱ – |♦| ▤ TV ☎ – 🏛 25/300. AE ◑ E VISA. ✂ Z **z**
Com carta 3100 a 4300 – ☕ 1280 – **248 hab** 17700/22200.

Palafox, Casa Jiménez, ✉ 50004, ☎ 23 77 00, Telex 58680, Fax 23 47 05, Fō, ⛱ – |♦| ▤ TV ☎ 🚗 – 🏛 25/600. AE ◑ E VISA. ✂ Z **k**
Com 3500 – ☕ 1200 – **184 hab** 17600/22000 – PA 6900.

NH Gran Hotel, Joaquín Costa 5, ✉ 50001, ☎ 22 19 01, Telex 58010, Fax 23 67 13 – |♦| ▤ TV ☎ – 🏛 25/450. AE ◑ E VISA. ✂ BU **d**
Com 3500 – ☕ 1200 – **140 hab** 12500/18000 – PA 6120.

Goya, Cinco de Marzo 5, ✉ 50004, ☎ 22 93 31, Telex 58680, Fax 23 21 54 – |♦| ▤ TV ☎ 🚗 – 🏛 25/150. AE ◑ E VISA. ✂ Z **a**
Com 3000 – ☕ 900 – **148 hab** 13200/18000 – PA 5800.

Rey Alfonso I, Coso 17, ✉ 50003, ☎ 39 48 50, Telex 58226, Fax 39 96 40 – |♦| ▤ TV ☎ – 🏛 25/75. AE ◑ E VISA. ✂ Z **v**
Com 1500 – ☕ 850 – **117 hab** 9600/14000.

Don Yo y Rest. Doña Taberna, Juan Bruil 4, ✉ 50001, ☎ 22 67 41, Telex 58768, Fax 21 99 56 – |♦| ▤ TV ☎ – 🏛 25/150. AE ◑ E VISA. ✂ BU **n**
Com carta 3100 a 4100 – ☕ 850 – **180 hab** 13300/18000.

Zaragoza Royal y Rest. Ascot, Arzobispo Doménech 4, ✉ 50006, ☎ 21 46 00, Telex 57800, Fax 22 03 59 – |♦| ▤ TV ☎ 🚗 – 🏛 25/260. AE ◑ E VISA. ✂ BV **b**
Com *(cerrado domingo)* carta 2625 a 3650 – ☕ 775 – **92 hab** 10800/15700.

Romareda, Asín y Palacios 11, ✉ 50009, ☎ 35 11 00, Fax 35 19 50 – |♦| ▤ TV ☎ 🚗 – 🏛 25/250. AE ◑ E VISA. ✂ rest AV **a**
Com 1800 – ☕ 800 – **90 hab** 9500/13000.

Ramiro I, Coso 123, ✉ 50001, ☎ 29 82 00, Telex 58689, Fax 39 89 52 – |♦| ▤ TV 🚗. AE ◑ E VISA JCB. ✂ Z **m**
Com 2000 – ☕ 650 – **104 hab** 7000/10500 – PA 3950.

NH Oriente, Coso 11, ✉ 50003, ☎ 39 80 61, Telex 58533, Fax 39 83 02 – |♦| ▤ TV ☎ – 🏛 25/100. AE ◑ E VISA JCB. ✂ rest Z **n**
Com 1500 – ☕ 750 – **87 hab** 7000/11000 – PA 3190.

NH Sport, Moncayo 5, ✉ 50010, ☎ 31 11 14, Telex 58534, Fax 33 06 89 – |♦| ▤ TV ☎ 🚗 – 🏛 25/110. AE ◑ E VISA. ✂ AU **c**
Com 1250 – ☕ 775 – **64 hab** 7600/12000.

Tibur y Rest. Foro Romano, pl. de La Seo 2, ✉ 50001, ☎ 20 20 00, Fax 20 20 02 – |♦| ▤ TV ☎. ◑ E VISA. ✂ Y **d**
Com carta 3400 a 4100 – ☕ 650 – **50 hab** 10800/14500.

ZARAGOZA

Street	Grid	No.
Alcade Gomez Laguna (Av.)	AV	2
América (Av. de)	BV	5
Alfonso V	BU	6
Aragón (Pl.)	BU	7
Autonomia (Av.)	AT	8
Batalla de Lepanto	BV	9
Capitán Oroquitea	BV	12
Clave (Av. de)	AU	16
Colón (Paseo de)	BV	19
Constitución (Pas. de la)	BU	22
Damas (Paseo de las)	BV	24
Fernando el Católico (Paseo de)	AV	26
Francia (Av. de)	AT	27
Franco y López	AUV	28
Jaime Ferran	BT	30
José Galiay	BV	31
José Garcia Sanchez	AUV	32
Juan Pablo Bonet	BV	36
Lapuyade	BV	37
Luis Aula	BV	39
Mariano Barbasan	AV	46
Marqués de la Cadena	BT	47
Mina (Paseo de la)	BU	50
Paraiso (Pl.)	BUV	51
Pintor Marin Bagües	BV	52
Privilegio de la unión	BV	53
Puente del Pilar (Av. de)	BU	56
Rodrigo de Rebolledo	BV	57
San Fernando (Vía de)	BV	60
San Juan Bosco (Av.)	AV	61
San Juan de la Cruz	AV	62
Silvestre Perez	BU	64
Sobrarbe	BT	66
Tomas Higuera	BV	68
Vado (Camino del)	BU	69
Yolanda de Bar	BV	70

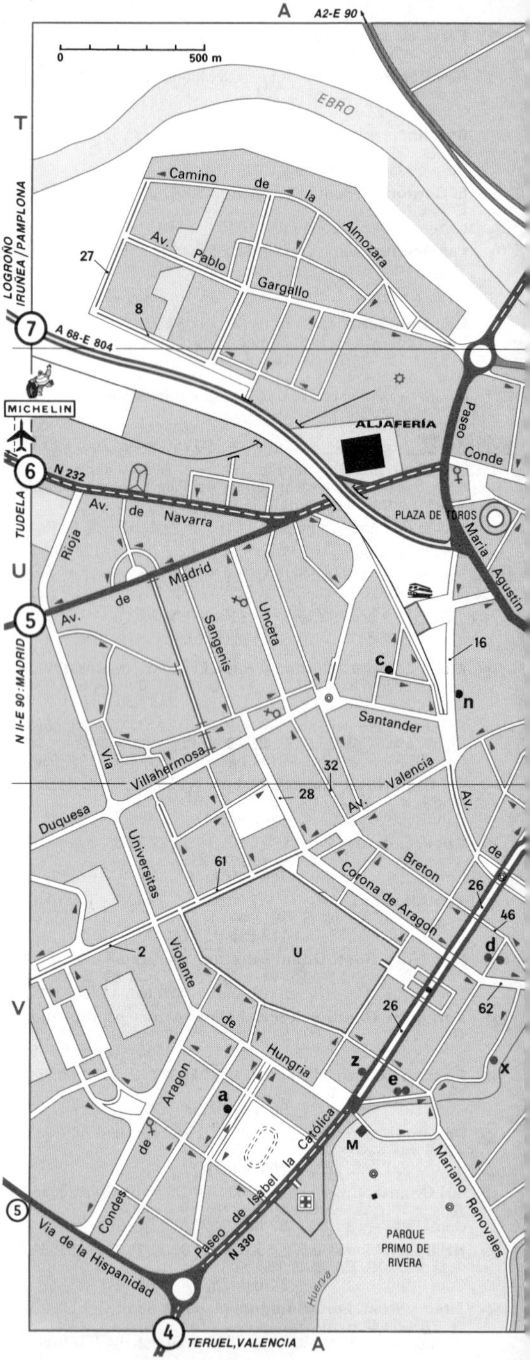

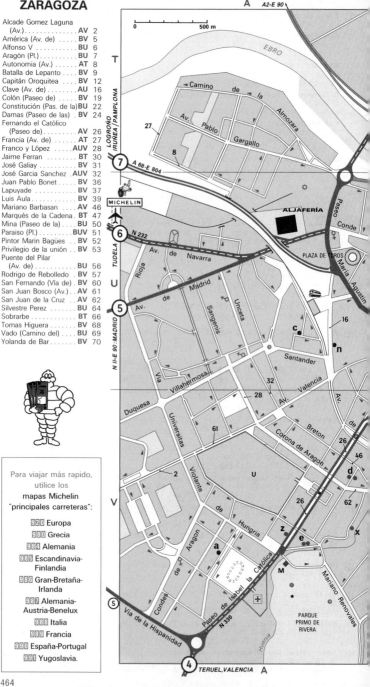

Para viajar más rapido, utilice los
mapas Michelin "principales carreteras":

920 Europa
980 Grecia
984 Alemania
985 Escandinavia-Finlandia
986 Gran-Bretaña-Irlanda
987 Alemania-Austria-Benelux
988 Italia
989 Francia
990 España-Portugal
991 Yugoslavia.

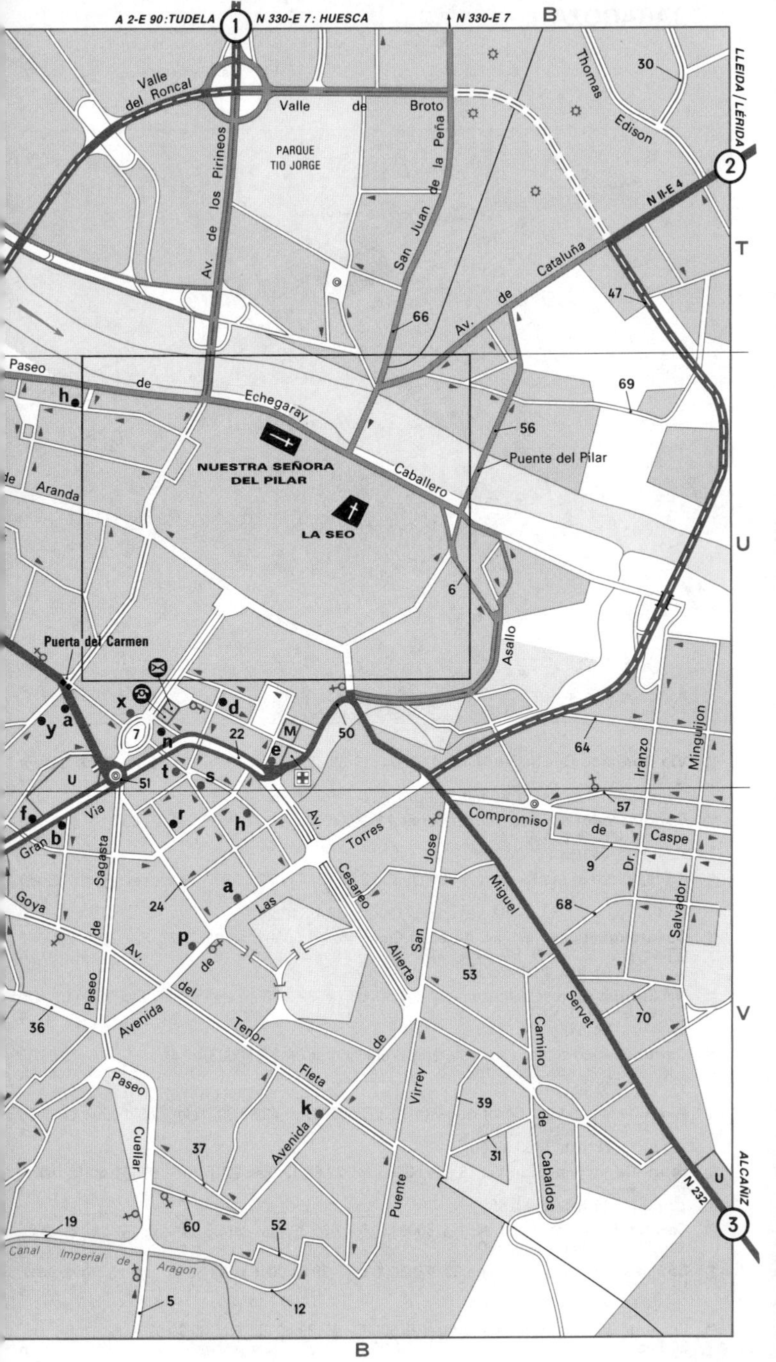

A 2-E 90: TUDELA
N 330-E 7: HUESCA
N 330-E 7
B
LLEIDA / LÉRIDA
ALCAÑIZ
Valle del Roncal
Valle de Broto
PARQUE TIO JORGE
Av. de los Pirineos
San Juan de la Peña
Thomas Edison
N II-E 4
Av. de Cataluña
Paseo de Echegaray
Caballero
NUESTRA SEÑORA DEL PILAR
LA SEO
Puente del Pilar
Aranda
Asallo
Puerta del Carmen
Gran Via
Compromiso de Caspe
Iranzo
Minguijon
Av. Cesareo Alierta
Torres
San Jose
Miguel Servet
Dr. Salvador
Goya
Paseo de Sagasta
Av. de Las Torres
Avenida del Tenor Fleta
Avenida de Puente Virrey
Camino de Cabaldos
Paseo Cuellar
Canal Imperial de Aragon
N 232
T
U
V

ZARAGOZA

Alfonso I . . . . YZ
Alfonso V . . . . Z 6
Conde de Aranda . . . . YZ
Coso . . . . Z

Don Jaime I . . . . YZ
Independencia (Av.) . . . . . . Z
San Vicente de Paul . . . . . . YZ

Candalija . . . . Z 10
Capitán Portolés . . . . Z 13
César Augusto (Av.) . . . . . . Y 15

Cinco de Marzo . . . . Z 18
Magdalena . . . . Z 42
Manifestación . . . . Y 43
Sancho y Gil . . . . Z 58
San Pedro Nolasco (Pl. de) . Z 63
Teniente Coronel
Valenzuela . . . . Z 67

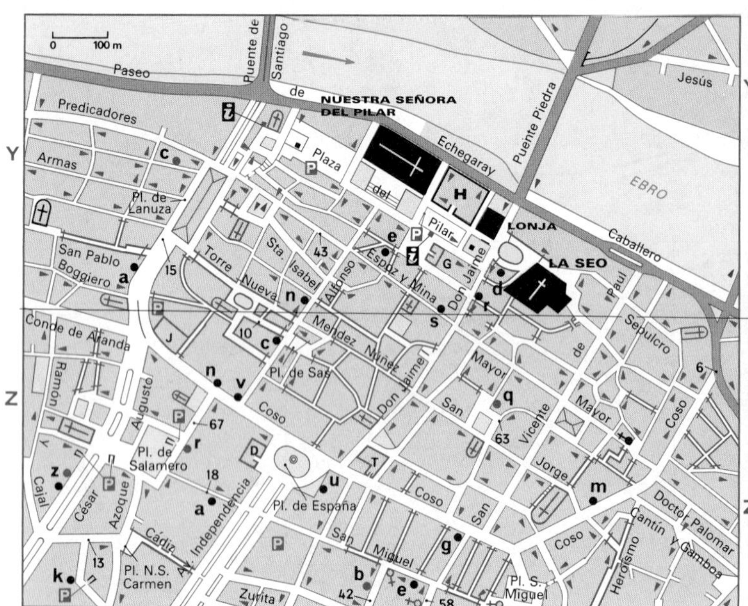

Vía Romana, Don Jaime I-54, ✉ 50001, ☎ 39 82 15, Fax 29 05 11 – AE VISA. Y r
Com 1500 – 675 – **66 hab** 8200/12100 – PA 3125.

Conquistador sin rest, Hernán Cortés 21, ✉ 50005, ☎ 21 49 88, Fax 23 80 21 – AE VISA. BU y
490 – **44 hab** 6500/9900.

París, Pedro María Ric 14, ✉ 50008, ☎ 23 65 37, Fax 22 53 97 – rest AE VISA. BV r
Com 1500 – 675 – **62 hab** 8200/12100 – PA 3125.

Cesaraugusta sin rest, av. Anselmo Clavé 45, ✉ 50004, ☎ 28 27 27, Fax 28 28 28 – AE VISA JCB. AU n
450 – **51 hab** 4800/6500.

NH Europa sin rest, Alfonso I - 19, ✉ 50003, ☎ 39 27 00, Telex 58533, Fax 39 83 02 – AE VISA Z c
475 – **54 hab** 5900/7400.

Conde Blanco sin rest, con cafetería, Predicadores 84, ✉ 50003, ☎ 44 14 11, Fax 28 03 39 – AE VISA. BU h
410 – **83 hab** 4500/6000.

Avenida sin rest, av. César Augusto 55, ✉ 50003, ☎ 43 93 00, Telex 58570, Fax 43 93 64 – AE VISA Y a
350 – **85 hab** 3900/6000.

Gran Vía sin rest, Gran Vía 38, ✉ 50005, ☎ 22 92 13, Fax 22 07 07 – AE VISA JCB. BV f
400 – **44 hab** 5000/6500.

Cataluña sin rest, Coso 94, ✉ 50001, ☎ 21 69 38, Fax 21 08 03 – VISA
350 – **51 hab** 4500/6500. Z g

Sauce sin rest, Espoz y Mina 33, ✉ 50003, ☎ 39 01 00, Fax 39 85 97 – AE VISA. YZ s
475 – **20 hab** 4800/6900.

Rio Arga sin rest, Contamina 20, ✉ 50003, ☎ 39 90 65, Fax 39 90 92 –
24 hab. Y n

Maza sin rest., pl. de España 7, ✉ 50001, ✆ 22 93 55, Fax 21 39 01 – |‡| TV ☎. ⓓ E VISA Z u
☕ 400 – **55 hab** 4500/6000.

El Príncipe sin rest, Santiago 14, ✉ 50003, ✆ 29 41 01, Fax 29 90 47 – |‡| ▤ TV ☎. VISA. ✂ Y e
☕ 400 – **45 hab** 5500/8000.

Los Molinos sin rest, San Miguel 28, ✉ 50001, ✆ 22 49 80, Fax 21 10 32 – |‡| ☎. AE E VISA Z e
☕ 300 – **40 hab** 4900/6100.

Paraíso sin rest y sin ☕, paseo Pamplona 23 - 3°, ✉ 50005, ✆ 21 76 08, Fax 21 76 07 – ▤ ☎. AE. ✂ BU a
29 hab 3995/5000.

Gurrea, San Ignacio de Loyola 14, ✉ 50008, ✆ 23 31 61, Fax 23 71 44 – ▤. AE ⓓ E VISA JCB. ✂ BU t
cerrado domingo – Com carta 3550 a 5150.

La Mar, pl. Aragón 12, ✉ 50004, ✆ 21 22 64, Fax 21 86 36, « Decoración clásica elegante » – ▤ BU x

Risko-Mar, Francisco Vitoria 16, ✉ 50008, ✆ 22 50 53 – ▤. AE ⓓ E VISA. ✂ BV h
cerrado domingo y agosto – Com carta 3200 a 4150.

Costa Vasca, Tte. Coronel Valenzuela 13, ✉ 50004, ✆ 21 73 39, Fax 21 28 62 – ▤ Z r

Goyesco, Manuel Lasala 44, ✉ 50006, ✆ 35 68 70, Fax 35 68 70 – ▤. AE ⓓ E VISA. ✂ AV e
cerrado domingo y del 5 al 25 agosto – Com carta 3350 a 4200.

La Gran Bodega, av. César Augusto 13, ✉ 50004, ✆ 43 13 69 – ▤. AE ⓓ E VISA. ✂ Z z
cerrado domingo y del 1 al 15 agosto – Com carta 2550 a 3800.

El Asador de Aranda, Arquitecto Magdalena 6, ✉ 50001, ✆ 22 64 17 – ▤. E VISA. ✂ Z b
cerrado domingo noche y agosto – Com carta aprox. 3325.

Guetaria, Madre Vedruna 9, ✉ 50008, ✆ 21 53 16, Asador vasco – ▤ BUV s

Txalupa, paseo Fernando el Católico 62, ✉ 50009, ✆ 56 61 70 – ▤. AE E VISA. ✂ AV z
cerrado domingo, Semana Santa y agosto – Com carta 3400 a 4500.

El Flambé, José Pellicer 7, ✉ 50007, ✆ 27 87 31 – ▤. AE ⓓ E VISA. ✂ BV k
cerrado domingo noche – Com carta 2525 a 3350.

Antonio, pl. San Pedro Nolasco 5, ✉ 50001, ✆ 39 74 74 – ▤ Z q

La Matilde, Casta Alvarez 10, ✉ 50003, ✆ 44 10 08 – ▤. AE ⓓ E VISA. ✂ Y c
cerrado domingo, festivos, Semana Santa y agosto – Com carta 3100 a 3800.

Pantxika Orio, paseo de la Mina 3, ✉ 50001, ✆ 21 29 47, Asador vasco – ▤ BU e

El Serrablo, Manuel Lasala 44, ✉ 50006, ✆ 35 62 06, Decoración rústica – ▤. AE ⓓ E VISA. ✂ AV e
cerrado domingo y agosto – Com carta 2990 a 3650.

La Aldaba, Santa Teresa 26, ✉ 50010, ✆ 35 63 79, Fax 35 63 79 – ▤. AE ⓓ E VISA JCB. ✂ AV d
cerrado domingo noche, lunes y 2ª quincena de agosto – Com carta 2900 a 4100.

Txingudi, Agustín de Quinto 4, ✉ 50006, ✆ 55 74 75, 余, Cocina vasca – ▤ AV x

Josean, Santa Teresa 41, ✉ 50006, ✆ 56 48 09, Cocina vasca – ▤. AE ⓓ E VISA AV d
cerrado domingo noche – Com carta 3300 a 4525.

Alberto, Pedro María Ric 35, ✉ 50008, ✆ 23 65 03 – ▤. AE ⓓ E VISA JCB. ✂ BV a
Com carta 2700 a 3500.

Mesón de Tomás, av. de las Torres 92, ✉ 50008, ✆ 23 13 02 – ▤. AE E VISA. ✂ BV p
cerrado domingo noche y del 15 al 31 de agosto – Com carta 2300 a 3950.

en la carretera N II por ⑤ : 8 km – ✉ 50012 Zaragoza – ☎ 976 :

Venta de los Caballos, ✆ 33 23 00, 余, Decoración regional – ▤ P. ⓓ E VISA. ✂
cerrado domingo noche y lunes (salvo festivos ó ferias) y del 15 al 30 agosto – Com carta 2550 a 3950.

en la carretera N 232 por ⑥ : 4,5 km – ✉ 50011 Zaragoza – ☎ 976 :

La Venta del Cachirulo, ✆ 33 16 74, Fax 53 42 78, « Conjunto típico aragonés » – ▤ P. AE ⓓ E VISA. ✂
cerrado domingo noche y del 1 al 17 agosto – Com carta 2900 a 4150.

en la carretera del aeropuerto por ⑥ : 8 km – ✉ 50011 Zaragoza – ☎ 976 :

Gayarre, ✆ 34 43 86, Fax 31 16 86 – ▤ P. AE ⓓ E VISA. ✂
cerrado domingo noche y festivos noche – Com carta 3300 a 3950.

Ver también : ***Alfajarín por*** ② : 23 km.

S.A.F.E. Neumáticos MICHELIN, Sucursal, carret. Zaragoza - Logroño km 7,1 por ⑥, ✉ 50011 ✆ 34 41 05 y 31 35 08, Fax 31 42 67.

ZARAUZ o **ZARAUTZ** **20800** Guipúzcoa 442 C 23 - 15 071 h. - 943 - Playa.
Alred. : Carretera en cornisa★★ de Zarauz a Guetaria - Carretera de Orio ≤★.
Real Golf Club de Zarauz 83 01 45.
Navarra 83 09 90.
♦Madrid 482 - ♦Bilbao/Bilbo 85 - ♦Pamplona/Iruñea 103 - ♦San Sebastián/Donostia 22.

Alameda, Gipuzkoa 83 01 43, Fax 13 24 74, - rest - 25/70. AE E VISA.
Com 1750 - 600 - **40 hab** 6800/8500 - PA 3485.

XXX ✿ **Karlos Arguiñano** con hab, Mendilauta 13 13 00 00, Fax 13 34 50, ≤ mar - . AE VISA.
cerrado 15 días en Navidad - Com *(cerrado domingo noche y miércoles)* carta 4400 a 5500 - 1200 - **12 hab** 17000/23000
Espec. Huevos gelée con foie y trufa (julio y agosto), Becada asada (noviembre y diciembre), Pochas blancas con almejas o chorizo (julio y agosto).

XXX **Aiten Etxe,** carret. de Guetaria 3 83 18 25, ≤ mar y población - P. AE E VISA.
cerrado domingo noche, martes, del 8 al 24 febrero y del 3 al 18 noviembre - Com carta 3500 a 5400.

XX Oztarreta, Santa Klara 5 13 12 43, - P.

X **Kirkilla,** Santa Marina 12 13 19 82 - AE VISA.
cerrado domingo noche, lunes y octubre - Com carta 2500 a 2800.

en el Alto de Meagas O : 4 km - ✉ 20800 Zarauz - 943 :

X **Azkue** con hab, 83 05 54, Fax 13 05 00, ≤, - P. AE VISA
cerrado diciembre - Com *(cerrado martes)* carta 1500 a 2500 - 475 - **21 hab** 4000 - PA 3475.

La ZENIA (Urbanización) Alicante - ver Torrevieja.

ZESTOA Guipúzcoa - ver Cestona.

ZIORDIA Navarra - ver Ciordia.

ZUERA **50800** Zaragoza 443 G 27 - 5 164 h. alt. 279 - 976.
♦Madrid 349 - Huesca 46 - ♦Zaragoza 26.

Las Galias, carret. de Huesca N 330 E : 1 km 68 02 24, Fax 68 00 26, , - P - 25/60. AE E VISA. rest
Com 1700 - 375 - **26 hab** 5200/6500 - PA 3000.

ZUMAIA Guipúzcoa - ver Zumaya.

ZUMÁRRAGA **20700** Guipúzcoa 442 C 23 - 11 413 h. - 943.
♦Madrid 410 - ♦Bilbao/Bilbo 65 - ♦San Sebastián/Donostia 57 - ♦Vitoria/Gasteiz 55.

Etxe-Berri , carret. de Azpeitia N : 1 km 72 02 68, Fax 72 44 94, « Decoración elegante » - P. AE E VISA JCB
Com *(cerrado domingo noche)* 3000 - 575 - **27 hab** 5500/6900 - PA 5500.

Portugal

Cidades
Poblaciones
Villes
Città
Städte
Towns

AS ESTRELAS LAS ESTRELLAS
LES ÉTOILES LE STELLE
DIE STERNE THE STARS

ATRACTIVOS
ATRACTIVO Y TRANQUILIDAD
L'AGRÉMENT
AMENITÀ E TRANQUILLITÀ
ANNEHMUCHKEIT
PEACEFUL ATMOSPHERE AND SETTING

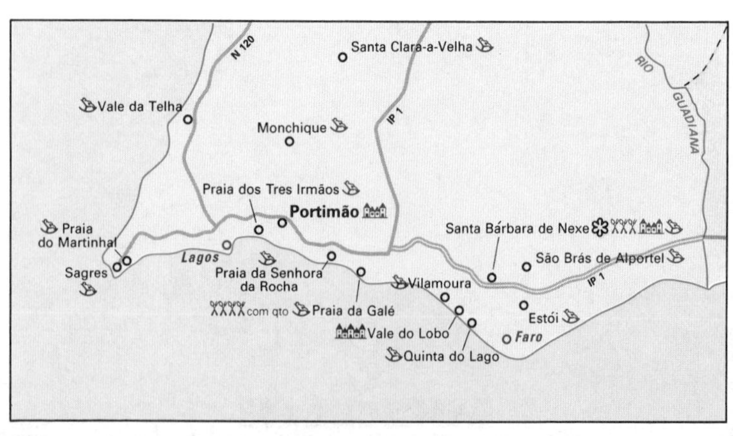

Rio Miño
N 13
Gondarém
Monte do Faro
Santa Luzia
Caniçada
Carvalhelhos
Praia de Ofir
Aguçadoura
Guimarães
IP 4
Macedo de Cavaleiros
A 4
PORTO
Vila Real
OCÉANO
ATLANTICO
RIO
DOURO
N 102
A 1
Oliveira de Azeméis
Murtosa
IP 5
Aveiro
Fermentelos
Sangalhos
Mangualde
IP 5
Curia
Buçaco
Buarcos
Manteigas
Montemor-o-Velho
Coimbra
N 18
A 1
Cernache do Bonjardim
Monfortinho (Termas de)
Fátima
Ferreira do Zezere
Castelo Branco
Alcobaça
IP 2
TEJO
RIO
N 118
Praia do Porto Novo
Talefe
A 1
N 18
Vila Franca de Xira
ESPAÑA
Colares
Sintra
LISBOA
Estremoz
Praia
do Guincho
Cascais
Palmela
N 4
Terrugem
SETÚBAL
Evora
IP 1
GUADIANA
IP 8
IP 8
N 18
RIO
Madrid
Lisboa
Beja
Serpa
N 391
N 260
Casablanca
N 120
IP 1
ILHA DA MADEIRA
ILHA DO
PORTO SANTO
Vila Baleira
N 125
IP 1
Serra de Água
Pico do Arieiro
Funchal

Signos e símbolos essenciais

(lista completa p. 12 a 19)

O CONFORTO

	Grande luxo e tradição	XXXXX
	Grande conforto	XXXX
	Muito confortável	XXX
	Bastante confortável	XX
	Confortável	X
	Simples, mas que convém	
sem rest	O hotel não tem restaurante	
	O restaurante tem quartos	com qto

AS BOAS MESAS

	Muito boa mesa na sua categoria

OS ATRACTIVOS

...	Hotéis agradáveis
XXXXX ... X	Restaurantes agradáveis
« Parque »	Elemento particularmente agradável
	Hotel muito tranquilo ou isolado e tranquilo
< mar	Vista excepcional

AS CURIOSIDADES

★★★	De interesse excepcional
★★	Muito interessante
★	Interessante

LÉXICO	LÉXICO	LEXIQUE	LESSICO	LEXIKON	LEXICON
NA ESTRADA	EN LA CARRETERA	SUR LA ROUTE	LUNGO LA STRADA	AUF DER STRASSE	ON THE ROAD
acender as luzes	encender las luces	allumer les lanternes	accendere le luci	Licht einschalten	put on lights
à direita	a la derecha	à droite	a destra	nach rechts	to the right
à esquerda	a la izquierda	à gauche	a sinistra	nach links	to the left
atenção ! perigo !	¡ atención, peligro !	attention ! danger !	attenzione ! pericolo !	Achtung ! Gefahr !	caution ! danger !
auto-estrada	autopista	autoroute	autostrada	Autobahn	motorway
bifurcação	bifurcación	bifurcation	bivio	Gabelung	road fork
cruzamento perigoso	cruce peligroso	croisement dangereux	incrocio pericoloso	gefährliche Kreuzung	dangerous crossing
curva perigosa	curva peligrosa	virage dangereux	curva pericolosa	gefährliche Kurve	dangerous bend
dê passagem	ceda el paso	cédez le passage	cedete il passo	Vorfahrt achten	yield right of way
descida perigosa	bajada peligrosa	descente dangereuse	discesa pericolosa	gefährliches Gefälle	dangerous descent
esperem	esperen	attendez	attendete	warten	wait, halt
estacionamento proibido	prohibido aparcar	stationnement interdit	divieto di sosta	Parkverbot	no parking
estrada interrompida	carretera cortada	route coupée	strada interrotta	gesperrte Straße	road closed
estrada em mau estado	carretera en mal estado	route en mauvais état	strada in cattivo stato	Straße in schlechtem Zustand	road in bad condition
estrada nacional	carretera nacional	route nationale	strada statale	Staatsstraße	State road
gelo	hielo	verglas	ghiaccio	Glatteis	ice (on roads)
lentamente	despacio	lentement	adagio	langsam	slowly
neve	nieve	neige	neve	Schnee	snow
nevoeiro	niebla	brouillard	nebbia	Nebel	fog
obras	obras	travaux (routiers)	lavori in corso	Straßenbauarbeiten	road works

paragem obrigatória	parada obligatoria	arrêt obligatoire	fermata obbligatoria	Halt !	compulsory stop
passagem de gado	paso de ganado	passage de troupeaux	passaggio di mandrie	Viehtrieb	cattle crossing
passagem de nível sem guarda	paso a nivel sin barreras	passage à niveau non gardé	passaggio a livello incustodito	unbewachter Bahnübergang	unattended level crossing
pavimento escorregadio	calzada, resbaladiza	chaussée glissante	fondo sdrucciolevole	Rutschgefahr	slippery road
peões	peatones	piétons	pedoni	Fußgänger	pedestrians
perigo !	¡ peligro !	danger !	pericolo !	Gefahr !	danger !
perigoso atravessar	travesia peligrosa	traversée dangereuse	attraversamento pericoloso	gefährliche Durchfahrt	dangerous crossing
ponte estreita	puente estrecho	pont étroit	ponte stretto	enge Brücke	narrow bridge
portagem	peaje	péage	pedaggio	Gebühr	toll
proibido	prohibido	interdit	vietato	verboten	prohibited
prohibido ultrapassar	prohibido el adelantamiento	défense de doubler	divieto di sorpasso	Überholverbot	no overtaking
pronto socorro	puesto de soccorro	poste de secours	pronto soccorso	Unfall-Hilfsposten	first aid station
prudência	precaucíon	prudence	prudenza	Vorsicht	caution
queda de pedras	desprendimientos	chute de pierres	caduta sassi	Steinschlag	falling rocks
rebanhos	cañada	troupeaux	greggi	Viehherde	cattle
saída de camiões	salida de camiones	sortie de camions	uscita di autocarri	LKW-Ausfahrt	lorry exit
sentido proibido	dirección prohibida	sens interdit	senso vietato	Einfahrt verboten	no entry
sentido único	dirección única	sens unique	senso unico	Einbahnstraße	one way

PALAVRAS DE USO CORRENTE	PALABRAS DE USO CORRIENTE	MOTS USUELS	PAROLE D'USO CORRENTE	ALLGEMEINER WORTSCHATZ	COMMON WORDS
abadia	abadia	abbaye	abbazia	Abtei	abbey
aberto	abierto	ouvert	aperto	offen	open
abismo	abismo	gouffre	abisso	Abgrund, Tiefe	gulf, abyss
abóbada	bóveda	voûte	volta	Gewölbe, Wölbung	vault, arch
Abril	abril	avril	aprile	April	April
adega	bodega	chais, cave	cantina	Keller	cellar

agência de viagens	oficina de viajes	bureau de voyages	ufficio viaggi	Reisebüro	travel bureau
Agosto	agosto	août	agosto	August	August
água potável	agua potable	eau potable	acqua potabile	Trinkwasser	drinking water
albergue	albergue	auberge	albergo	Gasthof	inn
aldeia	pueblo	village	villaggio	Dorf	village
alfândega	aduana	douane	dogana	Zoll	customs
almoço	almuerzo	déjeuner	colazione	Mittagessen	lunch
andar	piso	étage	piano (di casa)	Stock, Etage	floor
antigo	antiguo	ancien	antico	alt	ancient
aqueduto	acueducto	aqueduc	acquedotto	Aquädukt	aqueduct
arquitectura	arquitectura	architecture	architettura	Baukunst	architecture
arredores	alrededores	environs	dintorni	Umgebung	surroundings
artificial	artificial	artificiel	artificiale	Kunstlicht	artificial
árvore	árbol	arbre	albero	Baum	tree
avenida	avenida	avenue	viale, corso	Boulevard, breite Straße	avenue
bagagem	équipaje	bagages	bagagli	Gepäck	luggage
baía	bahia	baie	baia	Bucht	bay
bairro	barrio	quartier	quartiere	Stadtteil	quarter, district
baixo-relevo	bajo relieve	bas-relief	bassorilievo	Flachrelief	low relief
balaustrada	balaustrada	balustrade	balaustrata	Balustrade, Geländer	balustrade
barco	barco	bateau	battello	Schiff	boat
barragem	embalse	barrage	sbarramento	Talsperre	dam
beco	callejón sin salida	impasse	vicolo cieco	Sackgasse	no through road
beira-mar	orilla del mar	bord de mer	riva, litorale	Ufer, Küste	shore, strand
biblioteca	biblioteca	bibliothèque	biblioteca	Bibliothek	library
bilhete postal	tarjeta postal	carte postale	cartolina	Postkarte	postcard
bosque	bosque	bois	bosco, boschi	Wäldchen	wood
botânica	botánico	botanique	botanico	botanish	botanical
cabeleireiro	peluqueria	coiffeur	parrucchiere	Friseur	hairdresser, barber
caça	caza	chasse	caccia	Jagd	hunting, shooting
cadeiras de coro	silleria del coro	stalles	stalli	Chorgestühl	choir stalls
caixa	caja	caisse	cassa	Kasse	cash-desk
cama	cama	lit	letto	Bett	bed

campanário	campanario	clocher	campanile	Glockenturm	belfry, steeple
campo	campo	campagne	campagna	Land	country, countryside
capela	capilla	chapelle	capella	Kapelle	chapel
capitel	capitel	chapiteau	capitello	Kapitell	capital (of column)
casa	casa	maison	casa	Haus	house
casa de jantar	comedor	salle à manger	sala da pranzo	Speisesaal	dining room
cascata	cascada	cascade	cascata	Wasserfall	waterfall
castelo	castillo	château	castello	Schloß	castle
casula	casulla	chasuble	pianeta	Meßgewand	chasuble
catedral	catedral	cathédrale	duomo	Dom. Münster	cathedral
centro urbano	centro urbano	centre ville	centro città	Stadtzentrum	town centre
chave	Ilave	clé	chiave	Schlüssel	key
cidade	ciudad	ville	città	Stadt	town
cinzeiro	cenicero	cendrier	portacenere	Aschenbecher	ash-tray
claustro	claustro	cloître	chiostro	Kreuzgang	cloisters
climatizada (piscina)	climatizada (piscina)	chauffée (piscine)	riscaldata (piscina)	geheizt (Freibad)	heated (swimming pool)
climatizado	climatizado	climatisé	con aria condizionata	mit Kimaanlage	air conditioned
colecção	colección	collection	collezione	Sammlung	collection
colher	cuchara	cuillère	cucchiaio	Löffel	spoon
colina	colina	colline	colle, collina	Hügel	hill
confluência	confluencia	confluent	confluente	Zusammenfluß	confluence
conforto	confort	confort	confort	Komfort	comfort
conta	cuenta	note	conto	Rechnung	bill
convento	convento	couvent	convento	Kloster	convent
copo	vaso	verre	bicchiere	Glas	glass
correios	correos	bureau de poste	ufficio postale	Postamt	post offlce
cozinha	cocina	cuisine	cucina	Kochkunst	kitchen
criado, empregado	camarero	garçon, serveur	cameriere	Ober, Kellner	waiter
crucifixo, cruz	crucifijo, cruz	crucifix, croix	crocifisso, croce	Kruzifix, Kreuz	crucifix, cross
cúpulo	cúpula	coupole, dôme	cupola	Kuppel	dome, cupola
curiosidade	curiosidad	curiosité	curiosità	Sehenswürdigkeit	sight
decoração	decoración	décoration	ornamento	Schmuck, Ausstattung	decoration

dentista	dentista	dentiste	dentista	Zahnarzt	dentist
descida	bajada, descenso	descente	discesa	Gefälle	downward slope
desporto	deporte	sport	sport	Sport	sport
Dezembro	diciembre	décembre	dicembre	Dezember	December
Domingo	domingo	dimanche	domenica	Sonntag	Sunday
edifício	edificio	édifice	edificio	Bauwerk	building
encosta	ladera	versant	versante	Abhang	hillside
engomagem	planchado	repassage	stiratura	Büglerei	pressing, ironing
envelopes	sobres	enveloppes	buste	Briefumschläge	envelopes
episcopal	episcopal	épiscopal	vescovile	bischöflich	episcopal
equestre	ecuestre	équestre	equestre	Reit-, zu Pferd	equestrian
escada	escalera	escalier	scala	Treppe	stairs
escultura	escultura	sculpture	scultura	Schnitzwerk	carving
esquadra de polícia	comisaría	commissariat de police	commissariato di polizia	Polizeistation	police headquarters
estação	estación	gare	stazione	Bahnhof	station
estância balnear	estación balnearia	station balnéaire	stazione balneare	Seebad	seaside resort
estátua	estatua	statue	statua	Standbild	statue
estilo	estilo	style	stile	Stil	style
estuário	estuario	estuaire	estuario	Mündung	estuary
estrada	carretera	route	strada	Straße	road
estrada escarpada	carretera en cornisa	route en corniche	strada panoramica	Höhenstraße	corniche road
faca	cuchillo	couteau	coltello	Messer	knife
fachada	fachada	façade	facciata	Vorderseite	façade
faiança	loza	faïence	maiolica	Fayence	china
falésia	acantilado	falaise	scogliera	Klippe, Steilküste	cliff, c'face
farmácia	farmacia	pharmacie	farmacia	Apotheke	chemist
fechado	cerrado	fermé	chiuso	geschlossen	closed
2ª feira	lunes	lundi	lunedí	Montag	Monday
3ª feira	martes	mardi	martedí	Dienstag	Tuesday
4ª feira	miércoles	mercredi	mercoledí	Mittwoch	Wednesday
5ª feira	jueves	jeudi	giovedí	Donnerstag	Thursday
6ª feira	viernes	vendredi	venerdí	Freitag	Friday

ferro forjado	hierro forjado	fer forgé	ferro battuto	Schmiedeeisen	wrought iron
Fevereiro	febrero	février	febbraio	Februar	February
floresta	bosque	forêt	foresta	Wald	forest
florido	florido	fleuri	fiorito	mit Blumen	in bloom
folclore	folklore	folklore	folklore	Volkskunde	folklore
fonte, nascente	fuente	source	sorgente	Quelle	source, stream
fortificação	fortificación	fortification	fortificazione	Befestigung	fortification
fortaleza	fortaleza	forteresse, château fort	fortezza	Festung, Burg	fortress, fortified castle
fósforos	cerillas	allumettes	fiammiferi	Zündhölzer	matches
foz	desembocadura	embouchure	foce	Mündung	mouth
fronteira	frontera	frontière	frontiera	Grenze	frontier
garagem	garaje	garage	garage	Garage	garage
garfo	tenedor	fourchette	forchetta	Gabel	fork
garganta	garganta	gorge	gola	Schlucht	gorge
gasolina	gasolina	essence	benzina	Benzin	petrol
gorjeta	propina	pourboire	mancia	Trinkgeld	tip
gracioso	encantador	charmant	delizioso	reizend	charming
igreja	iglesia	église	chiesa	Kirche	church
ilha	isla	île	isola, isolotto	Insel	island
imagem	imagen	image	immagine	Bild	picture
informações	informaciones	renseignements	informazioni	Auskünfte	information
instalação	instalación	installation	installazione	Einrichtung	arrangement
interior	interior	intérieur	interno	Inneres	interior
Inverno	invierno	hiver	inverno	Winter	winter
Janeiro	enero	janvier	gennaio	Januar	January
janela	ventana	fenêtre	finestra	Fenster	window
jantar	cena	dîner	pranzo	Abendessen	dinner
jardim	jardin	jardin	giardino	Garten	garden
jornal	diario	journal	giornale	Zeitung	newspaper
Julho	julio	juillet	luglio	Juli	July
Junho	junio	juin	giugno	Juni	June

lago, lagoa	lago, laguna	lac, lagune	lago, laguna	See, Lagune	lake, lagoon
lavagem de roupa	lavado	blanchissage	lavatura	Wäsche, Lauge	laundry
local	paraje	site	posizione	Lage	site
localidade	localidad	localité	località	Ortschaft	locality
loiça de barro	alfareria	poterie	stoviglie	Tongeschirr	pottery
luxuoso	lujoso	luxueux	sfarzoso	prachtvoll	luxurious
Maio	mayo	mai	maggio	Mai	May
mansão	mansión	manoir	maniero	Gutshaus	manor
mar	mar	mer	mare	Meer	sea
Março	marzo	mars	marzo	März	March
marfim	marfil	ivoire	avorio	Elfenbein	ivory
margem	ribera	rive, bord	riva, banchina	Ufer	shore (of lake), bank (of river)
mármore	mármol	marbre	marmo	Marmor	marble
médico	médico	médecin	medico	Arzt	doctor
medieval	medieval	médiéval	medioevale	mittelalterlich	mediaeval
miradouro	mirador	belvédère	belvedere	Aussichtspunkt	belvedere
mobiliário	mobiliario	ameublement	arredamento	Einrichtung	furniture
moinho	molino	moulin	mulino	Mühle	mill
montanha	montaña	montagne	monte	Berg	mountain
mosteiro	monasterio	monastère	monastero	Kloster	monastery
muralha	muralla	muraille	muraglia	Mauer	walls
museu	museo	musée	museo	Museum	museum
Natal	Navidad	Noël	Natale	Weihnachten	Christmas
nave	nave	nef	navata	Kirchenschiff	nave
Novembro	noviembre	novembre	novembre	November	November
obra de arte	obra de arte	œuvre d'art	opera d'arte	Kunstwerk	work of art
oceano	océano	océan	oceano	Ozean	ocean
oliveira	olivo	olivier	ulivo	Olivenbaum	olive-tree
órgão	órgano	orgue	organo	Orgel	organ
orla	linde	lisière	orlo	Waldrand	forest skirt
ourivesaria	orfebreria	orfèvrerie	oreficeria	Goldschmiedekunst	goldsmith's work
Outono	otoño	automne	autunno	Herbst	autumn

Outubro	octubre	octobre	ottobre	Oktober	October
ovelha	oveja	brebis	pecora	Schaf	ewe
pagar	pagar	payer	pagare	bezahlen	to pay
paisagem	paisaje	paysage	paesaggio	Landschaft	landscape
palácio, paço	palacio	palais	palazzo	Palast	palace
palmar	palmeral	palmeraie	palmeto	Palmenhain	palm grove
papel de carta	papel de carta	papier à lettre	carta da lettere	Briefpapier	writing paper
paragem	parada	arrêt	fermata	Haltestelle	stopping place
parque	parque	parc	parco	Park	park
parque de estacionamento	aparcamiento	parc à voitures	parcheggio	Parkplatz	car park
partida	salida	départ	partenza	Abfahrt	departure
Páscoa	Pascua	Pâques	Pasqua	Ostern	Easter
passageiros	pasajeros	passagers	passeggeri	Fahrgäste	passengers
passeio	paseo	promenade	passeggiata	Spaziergang, Promenade	walk, promenade
pelourinho	picote	pilori	gogna	Pranger	pillory
percurso	recorrido	parcours	percorso	Strecke	course
perspectiva	perspectiva	perspective	prospettiva	Perspektive	perspective
pesca, pescador	pesca, pescador	pêche, pêcheur	pesca, pescatore	Fischfang, Fischer	fisher, fishing
pia baptismal	pila de bautismo	fonts baptismaux	fonte battismale	Taufbecken	font
pinhal	pinar, pineda	pinède	pineta	Pinienhain	pine wood
pinheiro	pino	pin	pino	Kiefer	pine-tree
planície	llanura	plaine	pianura	Ebene	plain
poço	pozo	puits	pozzo	Brunnen	well
polícia	guardia civil	gendarme	gendarme	Polizist	policeman
ponte	puente	pont	ponte	Brücke	bridge
porcelana	porcelana	porcelaine	porcellana	Porzellan	porcelain
portal	portal	portail	portale	Tor	doorway
porteiro	conserje	concierge	portiere, portinaio	Portier	porter
porto	puerto	port	porto	Hafen	harbour, port
povoação	burgo	bourg	borgo	kleiner Ort, Flecken	market town
praça de touros	plaza de toros	arènes	arena	Stierkampfarena	bull ring
praia	playa	plage	spiaggia	Strand	beach

prato	plato	assiette	piatto	Teller	plate
Primavera	primavera	printemps	primavera	Frühling	spring (season)
proibido fumar	prohibido fumar	défense de fumer	vietato fumare	Rauchen verboten	no smoking
promontório	promontorio	promontoire	promontorio	Vorgebirge	promontory
púlpito	púlpito	chaire	pulpito	Kanzel	pulpit
quadro, pintura	cuadro, pintura	tableau, peinture	quadro, pittura	Gemälde, Malerei	painting
quarto	habitación	chambre	camera	Zimmer	room
quinzena	quincena	quinzaine	quindicina	etwa fünfzehn	fortnight
recepção	recepción	réception	ricevimento	Empfang	reception
recife	arrecife	récif	scoglio	Klippe	reef
registado	certificado	recommandé (objet)	raccomandato	Einschreiben	registered
relógio	reloj	horloge	orologio	Uhr	clock
relvado	césped	pelouse	prato	Rasen	lawn
renda	encaje	dentelle	trina	Spitze	lace
retábulo	retablo	retable	postergale	Altaraufsatz	altarpiece, retable
retrato	retrato	portrait	ritratto	Bildnis	portrait
rio	rio	fleuve	fiume	Fluß	river
rochoso	rocoso	rocheux	roccioso	felsig	rocky
rua	calle	rue	via	Straße	street
ruinas	ruinas	ruines	ruderi	Ruinen	ruins
rústico	rústico	rustique	rustico	ländlich	rustic, rural
Sábado	sábado	samedi	sabato	Samstag	Saturday
sacristia	sacristia	sacristie	sagrestia	Sakristei	sacristy
saída de socorro	salida de socorro	sortie de secours	uscita di sicurezza	Notausgang	emergency exit
sala capitular	sala capitular	salle capitulaire	sala capitolare	Kapitelsaal	chapterhouse
salão, sala	salón	salon	salone	Salon	drawing room, sitting room
santuário	santuario	sanctuaire	santuario	Heiligtum	shrine
século	siglo	siècle	secolo	Jahrhundert	century
selo	sello	timbre-poste	francobollo	Briefmarke	stamp
sepúlcro, túmulo	sepulcro, tumba	sépulcre, tombeau	tomba	Grabmal	tomb
serviço incluido	servicio incluido	service compris	servizio compreso	Bedienung inbegriffen	service included
serra	sierra	chaîne de montagnes	giogaia	Gebirgskette	mountain range

Setembro	septiembre	septembre	settembre	September	September
sob pena de multa	bajo pena de multa	sous peine d'amende	passibile di contravvenzione	bei Geldstrafe	under penalty of fine
solar	casa solariega	manoir	maniero	Gutshaus	manor
tabacaria	estanco	bureau de tabac	tabaccaio	Tabakladen	tobacconist
talha	tallas en madera	bois sculpté	sculture lignee	Holzschnitzerei	wood carving
tapeçarias	tapices	tapisseries	tappezzerie, arazzi	Wandteppiche	tapestries
tecto	techo	plafond	soffitto	Zimmerdecke	ceiling
telhado	tejado	toit	tetto	Dach	roof
termas	balneario	établissement thermal	terme	Kurhaus	health resort
terraço	terraza	terrasse	terrazza	Terrasse	terrace
tesouro	tesoro	trésor	tesoro	Schatz	treasure, treasury
toilette, casa de banho	servicios	toilettes	gabinetti	Toiletten	toilets
tríptico	triptico	triptyque	trittico	Triptychon	triptych
túmulo	tumba	tombe	tomba	Grab	tomb
vale	valle	val, vallée	val, valle, vallata	Tal	valley
ver	ver	voir	vedere	sehen	see
Verão	verano	été	estate	Sommer	summer
vila	pueblo	village	villagio	Dorf	village
vinhedos, vinhas	viñedos	vignes, vignoble	vigne, vigneto	Reben, Weinberg	vines, vineyard
vista	vista	vue	vista	Aussicht	view
vitral	vidriera	verrière, vitrail	vetrata	Kirchenfenster	stained glass windows
vivenda	morada	demeure	dimora	Wohnsitz	residence

COMIDAS E BEBIDAS | COMIDA Y BEBIDAS | NOURRITURE ET BOISSONS | CIBI E BEVANDE | SPEISEN UND GETRÄNKE | FOOD AND DRINK

açúcar	azúcar	sucre	zucchero	Zucker	sugar
água gaseificada	agua con gas	eau gazeuse	acqua gasata, gasosa	Sprudel	soda water
água mineral	agua mineral	eau minérale	acqua minerale	Mineralwasser	mineral water
alcachofra	alcachofa	artichaut	carciofo	Artischocke	artichoke
alho	ajo	ail	aglio	Knoblauch	garlic

ameixas	ciruelas	prunes	prugne	Pflaumen	plums
amêndoas	almendras	amandes	mandorle	Mandeln	almonds
anchovas	anchoas	anchois	acciughe	Anschovis	anchovies
arroz	arroz	riz	riso	Reis	rice
assado	asado	rôti	arrosto	gebraten	roast
atum	atún	thon	tonno	Thunfish	tunny
aves, criação	ave	volaille	pollame	Geflügel	poultry
azeite	aceite de oliva	huile d'olive	olio d'oliva	Olivenöl	olive oil
azeitonas	aceitunas	olives	olive	Oliven	olives
bacalhau fresco	bacalao	morue fraîche, cabillaud	merluzzo	Kabeljau, Dorsch	cod
bacalhau salgado	bacalao en salazón	morue salée	baccalà, stoccafisso	Laberdan	dried cod
banana	plátano	banane	banana	Banane	banana
bebidas	bebidas	boissons	bevande	Getränke	drinks
beringela	berenjena	aubergine	melanzana	Aubergine	egg-plant
besugo, dourada	besugo, dorada	daurade	orata	Goldbrassen	dory
batatas	patatas	pommes de terre	patate	Kartoffeln	potatoes
bolachas	galletas	gâteaux secs	biscotti secchi	Gebäck	biscuits
bolos	pasteles	pâtisseries	dolci	Süßigkeiten	pastries
cabrito	cabrito	chevreau	capretto	Zicklein	kid
café com leite	café con leche	café au lait	caffè-latte	Milchkaffee	coffee with milk
café simples	café solo	café nature	caffè nero	schwarzer Kaffee	black coffee
caldo	caldo	bouillon	brodo	Fleischbrühe	clear soup
camarões	camarones	crevettes roses	gamberetti	Granat	shrimps
camarões grandes	gambas	crevettes (bouquets)	gamberetti	Garnelen	prawns
carne	carne	viande	carne	Fleisch	meat
carne de vitela	ternera	veau	vitello	Kalbfleisch	veal
carneiro	cordero	mouton	montone	Hammelfleisch	mutton
carnes frias	fiambres	viandes froides	carni fredde	kaltes Fleisch	cold meat
castanhas	castañas	châtaignes	castagne	Kastanien	chestnuts
cebola	cebolla	oignon	cipolla	Zwiebel	onion
cerejas	cerezas	cerises	ciliege	Kirschen	cherries
cerveja	cerveza	bière	birra	Bier	beer
charcutaria	charcutería, fiambres	charcuterie	salumi	Aufschnitt	pork-butchers' meat

cherne, mero	mero	mérou	cernia	Rautenscholle	brill
chouriço	chorizo	saucisses au piment	salsicce piccanti	Pfefferwurst	spiced sausages
cidra	sidra	cidre	sidro	Apfelwein	cider
cogumelos	setas	champignons	funghi	Pilze	mushrooms
cordeiro	cordero lechal	agneau de lait	agnello	Lammfleisch	lamb
costeleta	costilla, chuleta	côtelette	costoletta	Kotelett	chop, cutlet
couve	col	chou	cavolo	Kohl, Kraut	cabbage
enguia	anguila	anguille	anguilla	Aal	eel
entrada	entremeses	hors-d'œuvre	antipasti	Vorspeise	hors d'œuvre
espargos	espárragos	asperges	asparagi	Spargel	asparagus
espinafres	espinacas	épinards	spinaci	Spinat	spinach
ervilhas	guisantes	petits pois	piselli	junge Erbsen	garden peas
faisão	faisán	faisan	fagiano	Fasan	pheasant
feijão verde	judías verdes	haricots verts	fagiolini	grüne Bohnen	French beans
figado	higado	foie	fegato	Leber	liver
figos	higos	figues	fichi	Feigen	figs
frango	pollo	poulet	pollo	Hähnchen	chicken
fricassé	pepitoria	fricassée	fricassea	Frikassee	fricassée
fruta	frutas	fruits	frutta	Früchte	fruit
fruta em calda	frutas en almíbar	fruits au sirop	frutta sciroppata	Früchte in Sirup	fruit in syrup
gamba	gamba	crevette géante	gamberone	große Garnele	prawns
gelado	helado	glace	gelato	Speiseeis	ice cream
grão	garbanzos	pois chiches	ceci	Kichererbsen	chick peas
grelhado	a la parrilla	à la broche, grillé	allo spiedo	am Spieß	grilled
lagosta	langosta	langouste	aragosta	Languste	craw fish
lagostins	cigalas	langoustines	scampi	Meerkrebse, Langustinen	crayfish
lavagante	bogavante	homard	gambero di mare	Hummer	lobster
legumes	legumbres	légumes	verdura	Gemüse	vegetables
laranja	naranja	orange	arancia	Orange	orange
leitão assado	cochinillo, tostón	cochon de lait grillé	maialino grigliato, porchetta	Spanferkelbraten	roast suckling pig

lentilhas	lentejas	lentilles	lenticchie	Linsen	lentils
limão	limón	citron	limone	Zitrone	lemon
língua	lengua	langue	lingua	Zunge	tongue
linguado	lenguado	sole	sogliola	Seezunge	sole
lombo de porco	lomo	échine	lombata, lombo	Rückenstück	spine, chine
lombo de vaca	filete, solomillo	filet	filetto	Filetsteak	fillet
lota	rape	lotte	rana pescatrice, pesce rospo	Aalrutte, Quappe	eel-pout angler fish
lulas, chocos	calamares	calmars	calamari	Tintenfische	squids
maçã	manzana	pomme	mela	Apfel	apple
manteiga	mantequilla	beurre	burro	Butter	butter
mariscos	mariscos	fruits de mer	frutti di mare	"Früchte des Meeres"	sea food
mel	miel	miel	miele	Honig	honey
melancia	sandía	pastèque	cocomero	Wassermelone	water melon
mexilhões	mejillones	moules	cozze	Muscheln	mussels
miolos, mioleira	sesos	cervelle	cervello	Hirn	brains
molho	salsa	sauce	sugo	Sauce	sauce
morangos	fresas	fraises	fragole	Erdbeeren	strawberries
nata	nata	crème fraîche	panna	Sahne	cream
omelete	tortilla	omelette	frittata	Omelett	omelette
ostras	ostras	huîtres	ostriche	Austern	oysters
ovo cozido	huevo duro	œuf dur	uovo sodo	hartes Ei	hard boiled egg
ovo quente	huevo pasado por agua	œuf à la coque	uovo al guscio	weiches Ei	soft boiled egg
ovos estrelados	huevos al plato	œufs au plat	uova fritte	Spiegeleier	fried eggs
pão	pan	pain	pane	Brot	bread
pato	pato	canard	anitra	Ente	duck
peixe	pescado	poisson	pesce	Fisch	fish
pepino	pepino, pepinillo	concombre, cornichon	cetriolo, cetriolino	Gurke, kleine Essiggurke	cucumber, gherkin
pêra	pera	poire	pera	Birne	pear
perú	pavo	dindon	tacchino	Truthahn	turkey

pescada	merluza	colin, merlan	merluzzo	Kohlfisch, Weißling	hake
pêssego	melocotón	pêche	pesca	Pfirsich	peach
pimenta	pimienta	poivre	pepe	Pfeffer	pepper
pimento	pimiento	poivron	peperone	Pfefferschote	pimento
pombo, borracho	paloma, pichón	palombe, pigeon	palomba, piccione	Taube	pigeon
porco	cerdo	porc	maiale	Schweinefleisch	pork
pregado, rodovalho	rodaballo	turbot	rombo	Steinbutt	turbot
presunto, fiambre	jamón (serrano, de York)	jambon (cru ou cuit)	prosciutto (crudo o cotto)	Schinken (roh, gekocht)	ham (raw or cooked)
queijo	queso	fromage	formaggio	Käse	cheese
raia	raya	raie	razza	Rochen	skate
rins	riñones	rognons	rognoni	Nieren	kidneys
robalo	lubina	bar	ombrina	Barsch	bass
sal	sal	sel	sale	Salz	salt
salada	ensalada	salade	insalata	Salat	green salad
salmão	salmón	saumon	salmone	Lachs	salmon
salpicão	salchichón	saucisson	salame	Wurst	salami, sausage
salsichas	salchichas	saucisses	salsicce	Würstchen	sausages
sopa	potaje, sopa	potage, soupe	minestra, zuppa	Suppe mit Einlage	soup
sobremesa	postre	dessert	dessert	Nachspeise	dessert
sumo de frutas	zumo de frutas	jus de fruits	succo di frutta	Fruchtsaft	fruit juice
torta, tarte	tarta	tarte, grand gâteau	torta	Torte, Kuchen	tart, pie
truta	trucha	truite	trota	Forelle	trout
uva	uva	raisin	uva	Traube	grapes
vaca	vaca	bœuf	manzo	Rindfleisch	beef
vinagre	vinagre	vinaigre	aceto	Essig	vinegar
vinho branco doce	vino blanco dulce	vin blanc doux	vino bianco amabile	süßer Weißwein	sweet white wine
vinho branco seco	vino blanco seco	vin blanc sec	vino bianco secco	herber Weißwein	dry white wine
vinho « rosé »	vino rosado	vin rosé	vino rosato	« Rosé »	« rosé » wine
vinho de marca	vino de marca	grand vin	vino pregiato	Prädikatswein	famous wine
vinho tinto	vino tinto	vin rouge	vino rosso	Rotwein	red wine

ABRANTES 2200 Santarém 440 N 5 – 5 435 h. alt. 188 – 041.
Ver : Local★.
Arred. : Castelo de Almourol★★ (local★★, ★) O : 18 km.
Largo da Feira 225 55.
♦Lisboa 142 – Santarém 61.

De Turismo, Largo de Santo António 212 61, Telex 43626, Fax 252 18, ≤ Abrantes e vale do Tejo, – – 25/30. AE E VISA.
Ref 3200 – 800 – **41 qto** 10500/13000 – PA 6400.

O Pelicano, Rua Nossa Senhora da Conceição 1 223 17 – .

AGUÇADOURA Porto – ver Póvoa de Varzim.

ÁGUEDA 3750 Aveiro 440 K 4 – 43 216 h. – 034.
Largo Dr. João Elisio Sucena 60 14 12.
♦Lisboa 250 – Aveiro 22 – ♦Coimbra 42 – ♦Porto 85.

em Borralha, pela estrada N I SE : 2 km – ✉ 3750 Águeda – 034 :

Palacio Águeda, Quinta da Borralha 60 19 77, Fax 60 19 76, « Instalado no antigo palácio do Conde da Borralha - Jardins », – – 25/120. AE E VISA JCB.
Ref 2300 – **48 qto** 15000/23000.

em Vale do Grou – ✉ 3750 Agueda – 034 :

Motel Primavera's, N I S : 5 Km. 66 62 37, Telex 37292, Fax 66 61 61 – rest . E VISA.
Ref *(fechado 3 feira)* 1750 – **29 qto** 4300/5800 – PA 3500.

ALBERGARIA-A-VELHA 3850 Aveiro 440 J 4 – 21 326 h. alt. 126 – 034.
♦Lisboa 259 – Aveiro 19 – ♦Coimbra 57.

na estrada N 1 S : 4 Km. – ✉ 3750 Agueda – 034 :

Pousada de Santo António , 52 32 30, Telex 37150, Fax 52 31 92, ≤ vale do Vouga e montanha, , , –
13 qto.

ALBUFEIRA 8200 Faro 440 U 5 – 17 218 h. – 089 – Praia.
Ver : Local★.
Rua 5 de Outubro 51 21 44.
♦Lisboa 326 – Faro 38 – Lagos 52.

Alísios, av. Infante Dom Henrique 58 92 84, Telex 56410, Fax 58 92 88, ≤, , – . AE E VISA.
Ref 2600 – **100 qto** 20000/25000.

Cerro Alagoa, 58 82 61, Telex 58290, Fax 58 82 62, , , , – – 50/100. AE E VISA.
Ref 2500 – **310 qto** 15000/25000 – PA 4000.

Estal. Do Cerro, Rua Samora Barros 58 61 91, Telex 56211, Fax 58 61 74, ≤, climatizada – rest
91 qto.

em Montechoro NE : 3,5 km – ✉ 8200 Albufeira – 089 :

Montechoro, 58 94 23, Telex 56288, Fax 58 99 47, ≤, – – . AE E VISA JCB.
Ref 3500 - **Grill das Amendoeiras** *(só jantar, fechado domingo)* lista 3700 a 7100 – **362 qto** 20000/22500 – PA 7000.

Os Compadres, av. Sa Carneiro - edificio Cristina 51 49 48, – .

na Praia da Oura E : 3,5 km – ✉ 8200 Albufeira – 089 :

Borda d'Água, 58 65 45, Telex 56264, Fax 55485 66, ≤, – AE E VISA.
Ref lista 1910 a 4900.

em Santa Eulália E : 5,5 km – ✉ 8200 Albufeira – 089 :

Dominio do Sol , 58 68 35, Telex 56826, Fax 58 68 40, ≤, – rest . AE E VISA.
Ref 2700 – 750 – **113 apartamentos** 6100/36000.

na Praia da Galé O : 6,5 km – ✉ 8200 Albufeira – 089 :

Vila Joya com qto, 59 17 95, Fax 59 12 01, ≤ mar, , « Belo jardim com árvores e climatizada » – .
fechado 10 janeiro-1 março e novembro-19 dezembro – Ref lista 4250 a 6750 – **16 qto** 37400/55000.

na Praia da Falésia E : 10 km – ✉ 8200 Albufeira – ☎ 089 :

Sheraton Algarve ⑤, ☏ 50 19 99, Telex 58524, Fax 50 19 50, ≤ mar e campo de golfe, 🏖, « No alto de uma falésia rodeado de zonas verdes - bela decoração », Fō, ⛱, 🏊, 🏖, 🎾, ⛳9 – |♦| ▤ TV ☎ ♿ Ⓟ – 🎓 25/250. AE ① E VISA JCB. ✂
Ref **Além-Mar** lista 3400 a 5300 - **Portulano** *(só jantar, fechado domingo e 2ª feira)* lista 4800 a 6600 – **215 qto** ☐ 32000/42000.

ALCABIDECHE Lisboa 440 P 1 – 25 178 h. – ✉ 2765 Estoril – ☎ 01.

♦Lisboa 36 – Cascais 4 – Sintra 12.

Pingo, Rua Conde Barão 1016 ☏ 469 01 37, 🏖 – ▤. AE ① E VISA. ✂
fechado 3ª feira – Ref lista 2030 a 4500.

em Alcoitão E : 1,3 km – ✉ 2765 Estoril – ☎ 01 :

Recta de Alcoitão, Estrada N 9 ☏ 469 03 98 – ▤. AE ① E VISA
fechado 3ª feira e fevereiro – Ref lista 3950 a 6100.

na estrada de Sintra NE : 2 km – ✉ 2765 Estoril – ☎ 01 :

Atlantis Sintra-Estoril, junto ao autódromo ☏ 469 07 20, Telex 16891, Fax 469 07 40, ≤, Fō, ⛱, 🏖, 🎾 – |♦| ▤ TV ☎ Ⓟ – 🎓 25/230. AE ① E VISA. ✂
Ref 2700 – **187 qto** ☐ 17600/22000.

ALCOBAÇA **2460** Leiria 440 N 3 – 5 383 h. alt. 42 – ☎ 062.

Ver : Mosteiro de Sta María★★ (túmulo de D. Inês de Castro★★, túmulo de D. Pedro★★, igreja★, claustro e dependências da abadia★).

🅸 Praça 25 de Abril ☏ 423 77.

♦Lisboa 110 – Leiria 32 – Santarém 60.

Santa Maria sem rest, Rua Dr. Francisco Zagalo ☏ 59 73 95, Telex 40143, Fax 59 67 15 – |♦| ☎ 🚗
31 qto.

na estrada N 8 E : 1,5 km – ✉ 2460 Alcobaça – ☎ 062 :

A Curva, ☏ 431 33 – ▤ Ⓟ.

pela estrada da Nazaré NO : 3,5 km – ✉ 2460 Alcobaça – ☎ 062 :

Termas da Piedade ⑤, ☏ 420 65, Fax 59 69 71 – |♦| Ⓟ. AE ① E VISA. ✂
Ref 2000 – **63 qto** ☐ 5500/9500.

em Aljubarrota E : 6,5 km – ✉ 2460 Alcobaça – ☎ 062 :

Casa da Padeira sem rest, Estrada N 8 ☏ 50 82 72, Telex 43355, Fax 50 82 72, Situado no campo com ≤, ⛱ – Ⓟ. E VISA
12 qto ☐ 9900/11550.

ALCOITÃO Lisboa – ver Alcabideche.

ALIJÓ **5070** Vila Real 440 I 7 – 2 829 h. – ☎ 059.

♦Lisboa 411 – Bragança 58 – Vila Real 44 – Viseu 117.

Pousada do Barão de Forrester, ☏ 95 92 15, Telex 26364, Fax 95 93 04, ⛱, 🏖, 🎾 – ☎ Ⓟ. AE ① E VISA. ✂
Ref 2470 – **11 qto** ☐ 10600/12300.

ALJEZUR **8670** Faro 440 U 3 – 5 059 h. – ☎ 082.

♦Lisboa 249 – Faro 110.

no Vale da Telha SO : 7,5 km – ✉ 8670 Aljezur – ☎ 082 :

Vale da Telha ⑤, ☏ 981 80, Telex 57466, Fax 981 75, 🏖, ⛱, 🎾 – ☎ Ⓟ. AE E VISA. ✂
Ref *(março-outubro)* 1300 – **26 qto** ☐ 5500/6900.

ALJUBARROTA Leiria – ver Alcobaça.

ALMAÇA Viseu 440 K 5 alt. 100 – ✉ 3450 Mortágua – ☎ 031.

♦Lisboa 235 – ♦Coimbra 35 – Viseu 55.

na estrada N 2 NE : 2 km – ✉ 3450 Mortágua – ☎ 031 :

Vila Nancy, ☏ 92 01 13, 🏖 – ☎ Ⓟ
38 qto.

ALMANCIL **8135** Faro 440 U 5 – 5 945 h. – 089.

Ver : Igreja de S. Lourenço★ (azulejos★★).

18, 9 Club Golf do Vale do Lobo SO : 6 km 941 45 – 18, 9 Campo de Golf da Quinta do Lago 943 29.

♦Lisboa 306 – Faro 12 – Huelva 115 – Lagos 68.

XX **Golfer's Inn,** Rua 25 de Abril 35 39 57 25, Telex 56823, Fax 30 27 55, – . AE VISA JCB.
Ref (só jantar) lista 3000 a 4500.

X **Dom Gonçalves,** Rua Duarte Pacheco 39 53 41, – . E VISA.
fechado domingo – Ref lista 1600 a 3050.

pela estrada de Vale do Lobo SO : 3 km – 8135 Almancil – 089 :

XXX **Ermitage,** 39 43 29, Fax 39 43 29, , « Bela decoração-terraço » – . AE E VISA.
fechado 2ª feira – Ref (só jantar) lista 3200 a 5600.

em Vale do Lobo SO : 6 km – 8135 Almancil – 089 :

Dona Filipa , 39 41 41, Telex 56848, Fax 39 42 88, ≤ pinhal, campo de golfe e mar, , climatizada, , – – 25/150. AE E VISA.
Ref 6000 - **Primavera** *(só almoço)* lista 5250 a 6700 - **Dom Duarte** *(só jantar)* lista 6000 a 7200 - **Grill São Lorenço** *(só jantar)* lista 6700 a 8700 – **147 qto** 31850/42350.

XX **Bistro da Praça,** 39 44 44, Fax 39 46 53, Original decoração em estilo bistrot – . AE E VISA.
– Ref (so jantar) lista 3150 a 5550.

X **O Favo,** 39 44 44, Fax 39 46 53, – . AE E VISA.
Ref lista 3870 a 5020.

em Benfarras NO : 9 km – 8100 Loulé – 089 :

Albergaria Parque das Laranjeiras, Estrada N 125 36 63 68, Telex 56441, Fax 36 63 70, , – . AE E VISA.
Ref lista 2588 a 3525 – **23 qto** 11000/13750.

na Quinta do Lago – 8135 Almancil – 089 :

Quinta do Lago , S : 8,5 km 39 66 66, Telex 57118, Fax 39 63 93, ≤ o Atlantico e ría Formosa, climatizada, , , – – 25/200. AE E VISA.
Ref Ca d'Oro *(fechado 3ª feira)* - **Navegadores** lista 4780 a 7700 – **140 qto** 38500/49500.

XXXX **O Montinho,** centro comercial Bunganvilia Plaza, S : 4 km 39 65 88, Fax 59 15 86, Cozinha francêsa – . E VISA JCB.
fechado domingo e 20 novembro-26 dezembro – Ref (só jantar) lista 4200 a 5600.

ALMEIDA **6350** Guarda 440 J 9 – 071.

♦Lisboa 410 – Ciudad Rodrigo 43 – Guarda 49.

Pousada Senhora das Neves , 542 90, Telex 52713, Fax 543 20, ≤, –
21 qto.

ALMOUROL (Castelo de) Santarém 440 N 4.

Ver : Castelo★★ (local★★, ≤★).

Hotel e restaurante ver : Abrantes E : 18 km.

ALTO DO BEXIGA Santarém – ver Santarém.

ALTURA Faro 440 U 7 – 8900 Vila Real de Santo António – 081 – Praia.

♦Lisboa 352 – Ayamonte 6,5 – Faro 47.

na Praia da Alagõa S : 1 km – 8900 Vila Real de Santo António – 081 :

Eurotel-Altura , 95 64 50, Telex 56068, Fax 95 63 71, ≤, , , – . AE E VISA.
abril-outubro – Ref (só jantar) 2250 – **135 qto** 13950/14500.

X **A Chaminé,** 95 65 61, – . E VISA.
fechado 3ª feira e novembro – Ref lista aprox 2500.

ALVOR (Praia de) Faro – ver Portimão.

AMARANTE **4600** Porto 440 I 5 – 4 757 h. alt. 100 – 055.

Ver : Local★, Mosteiro de S. Gonçalo (órgão★) – Igreja de S. Pedro (tecto★).

Arred. : Travanca : Igreja (capitéis★) NO : 18 km por N 15, Estrada★ de Amarante a Vila Real ≤★, Picão de Marão★★, ★★.

Rua Cândido dos Reis 42 29 80.

♦Lisboa 372 – ♦Porto 64 – Vila Real 49.

Navarras sem rest, Rua António Carneiro ☎ 43 10 36, Telex 28270, Fax 43 29 91, - - 25/150. AE ⓓ E VISA.
61 qto 8000/10000.

Amaranto, Madalena - Estrada N 15 ☎ 42 21 06, Telex 29938, Fax 42 59 49, ≤, - . AE ⓓ E VISA.
Ref 2000 - **35 qto** 6900/8300 - PA 4000.

Zé da Calçada com qto, Rua 31 de Janeiro ☎ 42 20 23, ≤, , « Decoração rústica e agradavel terraço » - . VISA.
Ref lista aprox 4000 - **7 qto** 8000.

na estrada N 15 SE : 19,5 km - ✉ 4600 Amarante - 055 :

Pousada de S. Gonçalo com qto, Serra do Marão, alt. 885 ☎ 46 11 23, Telex 26321, Fax 46 13 53, ≤ Serra do Marão - rest . AE ⓓ E VISA.
Ref lista 2940 a 4140 - **15 qto** 10600/12300.

Europe

Si le nom d'un hôtel figure en petits caractères demandez, à l'arrivée, les conditions à l'hôtelier.

APÚLIA Braga - ver Fão.

ARCOS DE VALDEVEZ 4970 Viana do Castelo 440 G 4 - 058.

Av. Marginal ☎ 660 01.
♦Lisboa 416 - Braga 36 - Viana do Castelo 45.

Tavares sem rest, Rua M. J. Cunha Brito, 1° ☎ 662 53 - AE ⓓ VISA
16 qto 8000/10000.

ARGANIL 3300 Coimbra 440 L 5 - alt. 115 - 035.

Praça Simoes Dias ☎ 228 59, Telex 23123.
♦Lisboa 260 - ♦Coimbra 60 - Viseu 80.

De Arganil sem rest, Av. das Forças Armadas ☎ 229 59, Telex 52945, Fax 231 23 - - 25/150. AE ⓓ E VISA.
34 qto 6500/8500.

ARMAÇÃO DE PÊRA 8365 Faro 440 U 4 - 2 894 h. - 082 - Praia.

Ver : passeio de barco★★ : grutas marinhas★★.
Av. Marginal ☎ 31 21 45.
♦Lisboa 315 - Faro 47 - Lagos 41.

Garbe, Av. Marginal ☎ 31 51 87, Telex 58590, Fax 31 22 01, ≤, , climatizada -
140 qto.

Algar sem rest., Av. Beira Mar ☎ 31 47 32, Telex 58715, Fax 31 47 33, ≤ -
47 apartamentos.

Vilalara, SO : 2,5 km ☎ 31 49 10, Telex 57460, Fax 31 49 56, ≤, , « Situado num complexo de luxo rodeado de magníficos jardins floridos » - . AE ⓓ E VISA.
Ref lista 4500 a 8200.

Santola, Largo da Fortaleza ☎ 31 23 32, Fax 31 36 51, ≤, - E VISA JCB
Ref lista aprox 3000.

na Praia da Senhora da Rocha O : 3 km - ✉ 8365 Armação de Péra - 082 :

Viking , ☎ 31 48 76, Telex 57492, Fax 31 48 52, ≤, , , , -
- 25/120
184 qto.

em Areias de Porches NO 4 km - ✉ 8400 Lagoa - 082 :

Albergaría D. Manuel , ☎ 31 38 03, Telex 56595, ≤, , - . AE ⓓ E VISA.
fechado 3ª feira e novembro-2 janeiro - Ref 1750 - **43 qto** 7000/10500 - PA 3000.

AVEIRO 3800 P 440 K 4 - 29 646 h. - 034.

Ver : Antigo Convento de Jesus : Igreja★ (coro★★, Túmulo de D. Joana★) Z **M** - Museo nacional★ (Retrato da Princesa D. Joana★) Z **M** - Canais★ Y.
Arred. : Ria de Aveiro★★ (passeio de barco★★).
☎ 244 85.
Rua João Mendonça 8 ☎ 236 80 - A.C.P. Av. Dr Lourenço Peixinho 89 - D ☎ 225 71, Telex 37420.
♦Lisboa 252 ③ - ♦Coimbra 56 ② - ♦Porto 70 ① - Vila Real 170 ① - Viseu 96 ①.

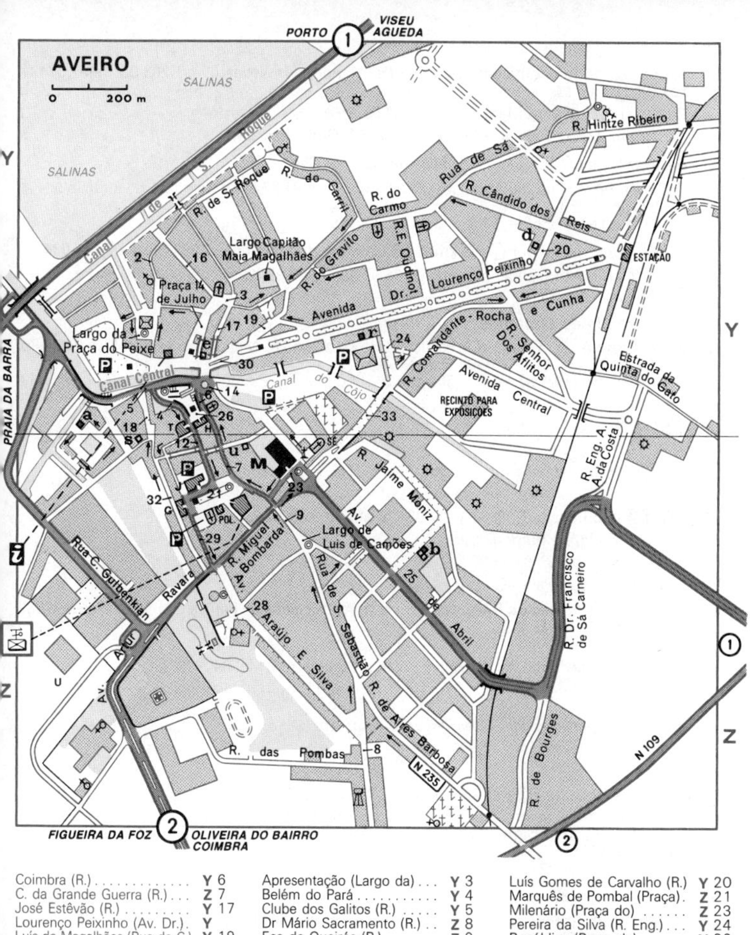

- Coimbra (R.) . . . . Y 6
- C. da Grande Guerra (R.) . . . Z 7
- José Estêvão (R.) . . . . Y 17
- Lourenço Peixinho (Av. Dr.) . Y
- Luís de Magalhães (Rua do C.) Y 19
- Viana do Castelo (R.) . . . . . Y 30
- 14 de Julho (Praça) . . . . . . Y
- Antónia Rodrigues (R.) . . . . . Y 2
- Apresentação (Largo da) . . . Y 3
- Belém do Pará . . . . Y 4
- Clube dos Galitos (R.) . . . . . Y 5
- Dr Mário Sacramento (R.) . . Z 8
- Eça de Queirós (R.) . . . . Z 9
- Gustavo F.P.-Basto (R.) . . . . . Z 12
- Humberto Delgado (Praça) . Y 14
- Jorge de Lencastre (R.) . . . . Y 16
- José Rabumba (R.) . . . . Y 18
- Luís Gomes de Carvalho (R.) Y 20
- Marquês de Pombal (Praça) . Z 21
- Milenário (Praça do) . . . . . . Z 23
- Pereira da Silva (R. Eng.) . . . Y 24
- República (Praça da) . . . . . . Y 26
- Santo António (Largo de) . . Z 28
- Sousa Pizarro (R. Capitão) . . Z 29
- Vítimas do Fascismo (R.) . . . Z 32
- 5 de Outubro (Av.) . . . . Y 33

Imperial, Rua Dr Nascimento Leitão ✆ 221 41, Telex 37594, Fax 241 48 – 25/250. AE DC E VISA JCB. rest Z **u**
Ref 2150 – **107 qto** 10000/12500 – PA 4300.

Afonso V, Rua Dr Manuel das Neves 65 ✆ 251 91, Telex 37434, Fax 38 11 11 – 25/150. AE E VISA Z **b**
Ref (ver rest. A Cozinha do Rei) – 650 – **80 qto** 8600/11000.

Paloma Blanca sem rest, Rua Luís Gomes de Carvalho 23 ✆ 38 19 92, Telex 37353, Fax 38 18 44 – . AE DC E VISA. Y **d**
50 qto 9300/12500.

Aparthotel Afonso V, Praceta D. Afonso V ✆ 265 42, Telex 37434, Fax 38 11 11 – 25/40. AE E VISA Z **b**
Ref (ver rest. A Cozinha do Rei) – 650 – **24 apartamentos** 10300/15800.

Do Alboi sem rest, Rua da Arrochela 6 ✆ 251 21, Fax 220 63 – . E VISA Z **s**
22 qto 6500/9800.

Arcada sem rest, Rua Viana do Castelo 4 ✆ 230 01, Telex 37460, Fax 218 86 – . AE DC E VISA Y **e**
49 qto 7100/9000.

XX A Cozinha do Rei com snack-bar, Rua Dr. Manuel das Neves 65 ✆ 268 02, Telex 37434, Fax 38 11 11 – ▤ Z **b**

X Centenário, Praça do Mercado 9 ✆ 227 98 – ▤ Y **r**

X Alexandre 2, Rua Cais do Alboi 14 ✆ 204 94, Grelhados – ▤ Y **a**

em Cacia por ① : 7 km – ✉ 3800 Aveiro – ☎ 034 :

João Padeiro, Rua da República ✆ 91 13 26, Fax 91 27 51, « Elegante decoração » – |$| ℗. AE ⓓ E VISA. ✂
Ref lista 2210 a 5560 – **27 qto** ☐ 4800/7400.

na Praia da Barra por ① : 8 km – ✉ Gafanha da Encarnação 3830 Ilhavo – ☎ 034 :

Barra, Av. Fernandes Lavrador 18 ✆ 36 91 56, Telex 37430, ≤, ⛱ – |$| ▤ rest ☎
64 qto.

pela estrada de Cantanhede N 335 por ② : 8 km – ✉ 3800 Aveiro – ☎ 034 :

João Capela ⛺, Quinta do Picado (saída pela rua Dr. Mario Sacramento) ✆ 94 14 50, Fax 94 15 97, ⛱, ✂ – ☎ ℗. E VISA. ✂
Ref *(fechado 2ª feira)* 1750 – **30 qto** ☐ 5000/7000 – PA 3000.

AZOIA Lisboa – ver Colares.

AZURARA Porto – ver Vila do Conde.

BARCELOS **4750** Braga 440 H 4 – 4 031 h. alt. 39 – ☎ 053.

Ver : Interior★ da Igreja paroquial.

ℹ Largo da Porta Nova ✆ 81 18 82.

♦Lisboa 366 – Braga 18 – ♦Porto 48.

Albergaria Condes de Barcelos sem rest, Av. Alcaides de Faria ✆ 81 10 61, Telex 32532 – |$| – 🏠. AE ⓓ E VISA
30 qto ☐ 6300/9700.

Dom Nuno, sem rest, Av. D. Nuno Alvares Pereira ✆ 81 50 84 – |$| ☎
27 qto.

Prévenez immédiatement l'hôtelier si vous ne pouvez pas occuper la chambre que vous avez retenue.

BATALHA **2440** Leiria 440 N 3 – 7 683 h. alt. 71 – ☎ 044.

Ver : Mosteiro★★★ : Claustro Real★★★, Sala do Capítulo★★ (abóbada★★★, vitral★), Capelas Imperfeitas★★ (pórtico★★), Igreja (vitrais★) – Capela do Fundador★, Lavobo dos Monges★, Claustro de D. Alfonso V★.

ℹ Largo Paulo VI ✆ 961 80.

♦Lisboa 120 – ♦Coimbra 82 – Leiria 11.

Pousada do Mestre Afonso Domingues, ✆ 962 60, Telex 42339, Fax 962 60 – ▤ ☎ ℗. AE ⓓ E VISA. ✂
Ref 2950 – **21 qto** ☐ 15800/18000 – PA 5900.

Batalha sem rest, Largo da Igreja ✆ 76 75 00, Fax 76 74 67 – ▤ TV ☎ ℗ – 🏠 25. AE ⓓ E VISA JCB
22 qto ☐ 7000/9000.

BEJA **7800** P 440 R 6 – 19 968 h. alt. 277 – ☎ 084.

ℹ Rua Capitão João Francisco de Sousa 25 ✆ 236 93.

♦Lisboa 194 – Évora 78 – Faro 186 – Huelva 177 – Santarém 182 – Setúbal 143 – ♦Sevilla 223.

Cristina sem rest, Rua da Mértola 71 ✆ 32 30 35, Fax 32 98 74 – |$| ▤ TV ☎. AE ⓓ E VISA. ✂
34 qto ☐ 6000/7600.

Santa Bàrbara sem rest, Rua da Mértola 56 ✆ 32 20 28 – |$| ☎. E VISA. ✂
26 qto ☐ 4300/6000.

BELMONTE **6250** Castelo Branco 440 K 7 – ☎ 075.

♦Lisboa 338 – Castelo Branco 82 – Guarda 20.

na estrada N 18 NO : 3 km – ✉ 6250 Belmonte – ☎ 075 :

Belsol, ✆ 91 22 06, Fax 91 23 15, ≤ – ▤ TV ☎ ℗. E VISA. ✂
Ref 1700 – **39 qto** ☐ 3500/6000 – PA 3400.

BENFARRAS Faro – ver Almancil.

BOAVISTA **2400** Leiria 440 M 3 - ☎ 044.
♦Lisboa 136 - ♦Coimbra 64 - Fátima 52 - Leiria 7.

✕ Morgatões, Na Estrada N I N : 1,5 km ☎ 911 02 - Ⓟ.

BOM JESUS DO MONTE Braga - ver Braga.

BORRALHA Aveiro - ver Águeda.

BOTICAS **5460** Vila Real 440 G 7 - 852 h. alt. 490 - ☎ 076 - Termas.
Arred. : Montalegre (local★) - Estrada de Montalegre ≤★★ N : 10 km.
♦Lisboa 471 - Vila Real 62.

em Carvalhelhos O : 9 km - ✉ 5460 Boticas - ☎ 076 :

Estal. de Carvalhelhos ⛰, ☎ 421 16, Telex 20527, Num quadro de verdura, 🌳 - TV ☎ Ⓟ. E VISA. ✱
Ref 1800 - **20 qto** ☕ 5500/6500 - PA 3600.

BRAGA **4700** P 440 H 4 - 64 113 h. alt. 190 - ☎ 053.
Ver : Sé Catedral★ : Imagem de Na. Sra. do Leite★, interior★, abóbada★, altar mor★, orgãos★, Tesouro★ (azulejos★) - Capela da Glória★ (túmulo★), Capela dos Coimbras (esculturais★) **B**.
Arred. : Bom Jesus do Monte★★ (perspectiva★) 6 km por ② - Monte Sameiro★ (✲★★) 9 km por ②.
Excurs. : NE : Cávado (Vale superior do)★ 171 km por ②.
ℹ Av. da Liberdade 1 ☎ 225 50 - A.C.P. Av. da Liberdade 466 - 1 - D ☎ 270 51, Telex 32004.
♦Lisboa 368 ④ - Bragança 223 ① - Pontevedra 122 ② - ♦Porto 54 ④ - ♦Vigo 103 ①.

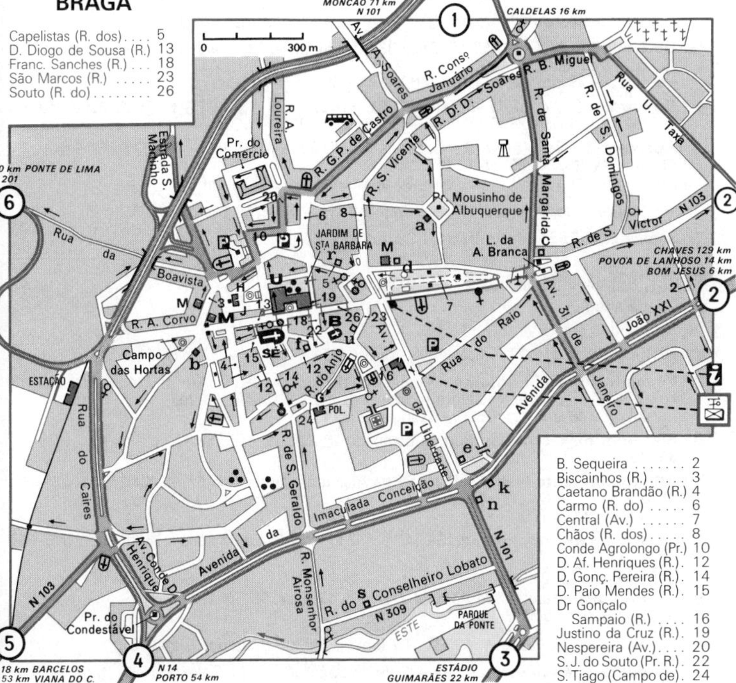

Turismo, Praceta João XXI ☎ 61 22 00, Telex 32136, Fax 61 22 11, 🏊 - 🛗 ▤ TV Ⓟ - 🎤 25/300. AE ⓓ E VISA. ✱ **e**
Ref 3400 - **132 qto** ☕ 9000/11600 - PA 6600.

Albergaria Senhora-a-Branca sem rest, Largo da Senhora-a-Branca 58 ✆ 299 38, Fax 299 37 – |♦| ▤ TV ☎ ⇐. AE ⓓ E VISA. ✻ **c**
20 qto ☐ 6500/8000.

Primevère Braga, Rua Cidade do Porto ✆ 67 38 65, Fax 67 38 72 – ▤ TV ☎ P – 25/50. ⓓ E VISA por ④
Ref 1995 – ☐ 650 – **72 qto** 6750.

D. Sofia sem rest, Largo S. João do Souto 131 ✆ 231 60, Fax 61 12 45 – |♦| TV ☎. E VISA. ✻ **f**
34 qto ☐ 7500/11000.

Dom Vilas sem rest, Rua Conselheiro Lobato 434 ✆ 61 68 18, Fax 61 68 19 – |♦| ▤ TV ☎. AE ⓓ E VISA. ✻ **s**
32 qto ☐ 6950/8900.

Carandá, Av. da Liberdade 96 ✆ 61 45 00, Telex 32293, Fax 61 45 50 – |♦| ▤ TV ☎. AE ⓓ E VISA. ✻ **n**
Ref 2900 – **100 qto** ☐ 6700/10000 – PA 4700.

João XXI, Av. João XXI - 849 ✆ 61 66 30, Telex 23494 – |♦| ☎ **k**
28 qto.

São Marcos sem rest, Rua de São Marcos 80 ✆ 771 77, Fax 771 77 – |♦| TV ☎. E VISA. ✻ **u**
13 qto ☐ 7500/10000.

Dos Terceiros sem rest, Rua dos Capelistas 85 ✆ 704 66, Telex 33228, Fax 757 67 – |♦| ☎. AE ⓓ E VISA **r**
21 qto ☐ 6600/7400.

Centro Avenida sem rest, Av. Central 27 ✆ 757 34, Fax 61 63 63 – |♦| TV ☎. ⓓ E VISA. ✻ **d**
48 qto ☐ 6300/7300.

XX Brito's, Praça Mouzinho de Alburquerque 49 A ✆ 61 75 76 – **a**

X **Inácio,** Campo das Hortas 4 ✆ 61 32 25, Rest. típico – AE ⓓ E VISA. ✻ **b**
fechado 3ª feira, 15 dias em abril e 15 dias em setembro – Ref lista 2650 a 5750.

no Bom Jesus do Monte por ② : 6 km – ✉ 4700 Braga – ☎ 053 :

Do Elevador ⛰, ✆ 67 66 11, Telex 33401, Fax 67 66 79, ≤ vale e Braga – ▤ rest TV ☎ P. AE ⓓ E VISA. ✻
Ref 2650 – **25 qto** ☐ 10950/12800 – PA 5000.

Do Parque ⛰, ✆ 67 65 48, Telex 33401, Fax 67 66 79 – |♦| ▤ TV ☎ P. AE ⓓ E VISA. ✻
Ref (só jantar) lista 2850 a 3900 – **49 qto** ☐ 10950/12800.

Aparthotel Mãe D'água ⛰, Lugar da Mãe D'água ✆ 67 65 81, Fax 67 67 64 – |♦| ▤ TV ☎ P – 25/30. AE ⓓ E VISA. ✻ por ②
Ref lista 2550 a 3950 – ☐ 750 – **30 apartamentos** 7000/12500.

no Sameiro por Avenida 31 de Janeiro : 9 km – ✉ 4700 Braga – ☎ 053 :

X Sameiro, ✆ 67 51 14, Ao lado do Santuário – ▤ P.

BRAGANÇA 5300 P 440 G 9 – 14 662 h. alt. 660 – ☎ 073.

Ver : Cidade antiga★.

ℹ Av. Cidade de Zamora ✆ 222 73.

♦Lisboa 521 – Ciudad Rodrigo 221 – Guarda 206 – Orense 189 – Vila Real 140 – Zamora 114.

Pousada de São Bartolomeu ⛰, Estrada de Turismo SE : 0,5 km ✆ 224 93, Telex 22613, Fax 234 53, ≤ cidade, castelo e monte – P. AE ⓓ E VISA. ✻ rest
Ref 2470 – **16 qto** ☐ 10600/12300 – PA 4940.

São Roque ⛰ sem rest, Rua da Estacada ✆ 234 81, Fax 269 37, ≤ – |♦| ☎
36 qto ☐ 5000/6000.

Albergaria Santa Isabel sem rest, Rua Alexandre Herculano 67 ✆ 224 27, Fax 269 37 – |♦| ☎
14 qto ☐ 6000/7000.

X **Solar Bragançano,** Praça da Sé 34-1° ✆ 238 75, Edificio do século XVIII – AE ⓓ E VISA. ✻
Ref lista 1740 a 5110.

X **Lá em Casa,** Marqués de Pombal 7 ✆ 221 11 – ▤. AE ⓓ E VISA JCB
Ref lista aprox 2500.

na estrada de Chaves N 103 O : 1,7 km – ✉ 5300 Braganca – ☎ 073 :

Nordeste Shalom sem rest, Av. Abade de Baçal ✆ 246 67, Telex 29758 – |♦| TV ☎ ⇐. AE ⓓ E VISA. ✻
30 qto ☐ 5500/8000.

BUARCOS Coimbra – ver Figueira da Foz.

BUÇACO Aveiro 440 K 4 - alt. 545 - ✉ 3050 Mealhada - ☎ 031.
Ver : Parque★★★ : Cruz Alta ※★★, Obelisco ≤★..
ℹ Posto de Turismo Luso ☎ 931 33.
♦Lisboa 233 - Aveiro 47 - ♦Coimbra 31 - ♦Porto 109.

Palace H. do Buçaco, Floresta do Buçaco, alt. 380 ☎ 93 01 01, Telex 53049, Fax 93 05 09, ≤, « Luxuosas instalações num imponente palácio de estilo manuelino no centro de una magnifica floresta », - TV P
62 qto.

BUCELAS Lisboa 440 P 2 - 5 097 h. alt. 100 - ✉ 2670 Loures - ☎ 01.
♦Lisboa 24 - Santarém 62 - Sintra 40.

Barrete Saloio, Rua Luís de Camões 28 ☎ 969 40 04, Decoração regional - E VISA.
fechado 3ª feira e agosto - Ref lista 2000 a 3500.

CACIA Aveiro - ver Aveiro.

CALDAS DA FELGUEIRA Viseu 440 K 6 - 2 204 h. alt. 200 - ✉ 3525 Canas de Senhorim - ☎ 032 - Termas.
ℹ Em Nelas : Largo Dr. Veiga Simão ☎ 943 48.
♦Lisboa 284 - ♦Coimbra 82 - Viseu 40.

Gran Hotel, ☎ 94 90 99, Telex 52677, Fax 94 94 87, de água termal, - TV ☎ P. AE VISA. rest
Ref *(abril-outubro)* 2300 - **86 qto** 9000/13000 - PA 4500.

CALDAS DA RAINHA **2500** Leiria 440 N 2 - 19 128 h. alt. 50 - ☎ 062 - Termas.
Ver : Igreja de Na. Sra. do Pópulo (triptico★).
ℹ Praça da República ☎ 345 11.
♦Lisboa 92 - Leiria 59 - Nazaré 29.

Malhoa, Rua António Sérgio 31 ☎ 84 21 80, Telex 44258, Fax 84 26 21, - TV ☎ - 25/500. AE E VISA JCB. rest
Ref 2900 - **113 qto** 7900/9950 - PA 4640.

Dona Leonor sem rest, Hemiciclo João Paulo II 6 ☎ 84 21 71, Fax 84 21 72 - TV ☎ P - 25/50. AE E VISA.
30 qto 5000/7000.

Europeia sem rest, Centro Comercial Rua das Montras ☎ 347 92, Fax 83 15 09 - TV ☎. AE E VISA.
52 qto 5000/7000.

Berquó sem rest, Rua do Funchal 17 ☎ 343 03 -
21 qto 3500/5000.

na estrada N 115 SE : 3,5 km - ✉ 2510 Óbidos - ☎ 062 :

Frei João, Alto Das Gaeiras ☎ 337 49, - P. E VISA.
fechado 2ª feira - Ref lista 1750 a 3400.

CALDAS DE MONCHIQUE Faro - ver Monchique.

CALDAS DE VIZELA **4815** Braga 440 H 5 - 2 234 h. alt. 150 - ☎ 053 - Termas.
ℹ Rua Dr Alfredo Pinto ☎ 482 68.
♦Lisboa 358 - Braga 33 - ♦Porto 40.

Sul Americano, Rua Dr Abílio Torres ☎ 48 12 37 - P
64 qto.

CALDELAS Braga 440 G 4 - 1 120 h. alt. 150 - ✉ 4720 Amares - ☎ 053 - Termas.
ℹ Av. Afonso Manuel ☎ 361 24.
♦Lisboa 385 - Braga 17 - ♦Porto 67.

Grande H. da Bela Vista, ☎ 36 15 02, Fax 36 11 36, « Amplo terraço com árvores e ≤ », - P. AE E VISA.
junho-15 outubro - Ref 2500 - **70 qto** 11000/20000 - PA 5000.

De Paços, Av. Alfonso Manuel ☎ 36 11 01 - P. AE.
junho-outubro - Ref 2500 - **50 qto** 4900/7800 - PA 5000.

Universal, Av. Afonso Manuel ☎ 36 12 36, Fax 36 12 36 - ☎. AE E VISA.
Ref 2500 - **22 qto** 4800/7500.

Corredoura, Av. Afonso Manuel ☎ 36 14 10 - ☎ P
temp - **30 qto.**

Nascimento, lugar do Pereiro ☎ 36 11 27 - P. rest
maio-setembro - Ref 1900 - **28 qto** 2500/4800.

CAMINHA **4910** Viana do Castelo 440 G 3 - 1 870 h. - 058.
Ver : Igreja Matriz (tecto★).
Rua Ricardo Joaquim de Sousa 92 19 52.
◆Lisboa 411 - ◆Porto 93 - ◆Vigo 60.

Galo d'Ouro, Rua da Corredoura 15 - 1º 92 11 60
12 qto.

XX **O Barão,** Rua Barão de São Roque 33 72 11 30 - E VISA.
fechado 2ª feira noite, 3ª feira e 15 dezembro-15 janeiro - Ref lista 1970 a 3250.

em Seixas NE : 2,5 km - ✉ 4910 Viana de Castelo - 058 :

São Pedro , 92 14 75, Telex 33337, Fax 92 14 75, - . E VISA.
Ref *(junho-setembro)* 1500 - **34 qto** 7700/8500.

CAMPO MAIOR **7370** Portalegre 440 O 8 - 6 940 h. - 068.
◆Lisboa 244 - ◆Badajoz 16 - Évora 105 - Portalegre 50.

Albergaria Progresso, Av. Combatentes da Grande Guerra 68 66 57 -
26 qto.

CANIÇADA Braga - ver Vieira do Minho.

CANIÇO Madeira - ver Madeira (Arquipélago da).

CANTANHEDE **3060** Coimbra 440 K 4 - 748 h. - 031.
Arred. : Varziela : retábulo★ NE : 4 km.
◆ Lisboa 222 - Aveiro 42 - ◆ Coimbra 23 - ◆ Porto 112.

XX **Marquês de Marialva,** Largo do Romal 42 00 10 - AE E VISA.
fechado domingo noite - Ref lista 3600 a 4300.

CARAMULO **3475** Viseu 440 K 5 - 1 546 h. alt. 800 - 032.
Arred. : Caramulinho★★ (miradouro) SO : 4 km - Pinoucas★ : NO : 3 km.
Estrada Principal do Caramulo 86 14 37.
◆Lisboa 280 - ◆Coimbra 78 - Viseu 38.

na estrada N 230 E : 1,5 km - ✉ 3475 Caramulo - 032 :

XX **Pousada de São Jerónimo** com qto, 86 12 91, Telex 53512, Fax 86 16 40, ≤ vale e Serra da Estrela, « Jardim », - rest . AE E VISA. rest
Ref 2700 - **6 qto** 16000/18000 - PA 5400.

CARCAVELOS Lisboa 440 P 1 - 12 717 h. - ✉ 2775 Parede - 01 - Praia.
◆Lisboa 21 - Sintra 15.

na praia :

Praia-Mar, Rua do Gurué 16 A 457 31 31, Telex 42283, Fax 457 31 30, ≤ mar, -
rest TV - 25/170. AE E VISA.
Ref 2500 - **158 qto** 18000/20000 - PA 5000.

XX **A Pastorinha,** Avenida Marginal 457 18 92, ≤, , Peixes e mariscos - . E VISA.
Ref lista 3600 a 4900.

CARVALHELHOS Vila Real - ver Boticas.

CARVALHOS **4415** Porto 440 I 4 - 02.
◆Lisboa 310 - Amarante 72 - Braga 62 - ◆Porto 8.

XX Mario Luso, Largo França Borges 308 782 21 11 - .

CASCAIS **2750** Lisboa 440 P 1 - 29 882 h. - 01 - Praia.
Arred. : SO : Boca do Inferno★ (abismo★) AY - Praia do Guincho★ por ③ : 9 km.
18, 9 do Estoril E : 3 km 268 01 76 BX - 18 da Quinta da Marinha O : 3 km 29 90 08.
Alameda Combatentes da Grande Guerra 25 486 82 04.
◆Lisboa 30 ② - Setúbal 72 ② - Sintra 16 ④.

Plano página seguinte

Estoril Sol, Parque Palmela 483 28 31, Telex 15102, Fax 483 22 80, ≤ baia e Cascais, , - TV - 25/1200. AE E VISA JCB. BX **h**
Ref 4400 Grill - **317 qto** 30000/35000.

Albatroz, Rua Frederico Arouca 100 483 28 21, Telex 16052, Fax 284 48 27, ≤ baía e Cascais, - TV - 25. AE E VISA. AZ **e**
Ref lista 4450 a 5950 - **40 qto** 41500/48000.

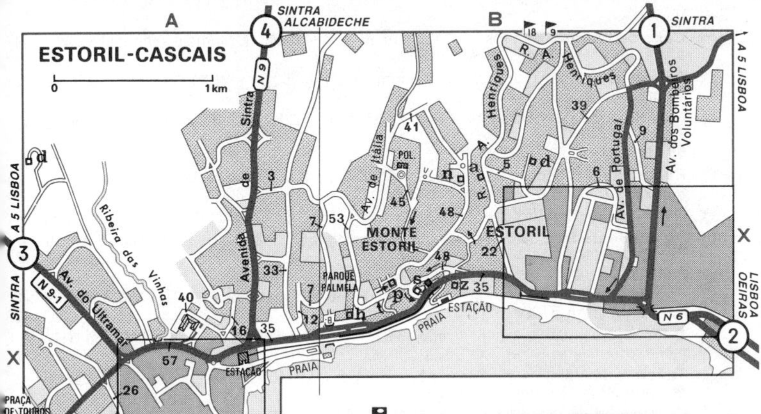

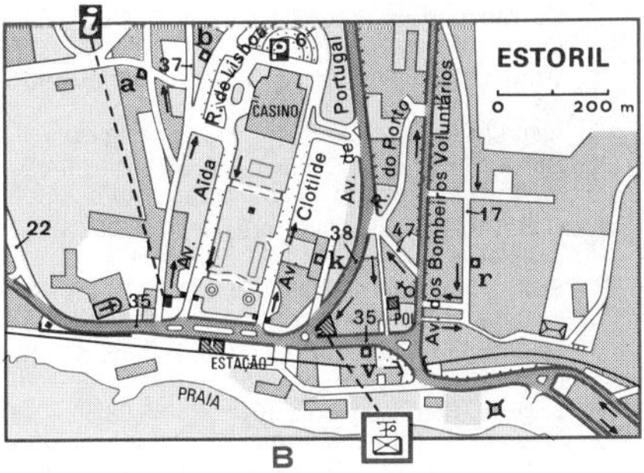

ESTORIL-CASCAIS

ESTORIL

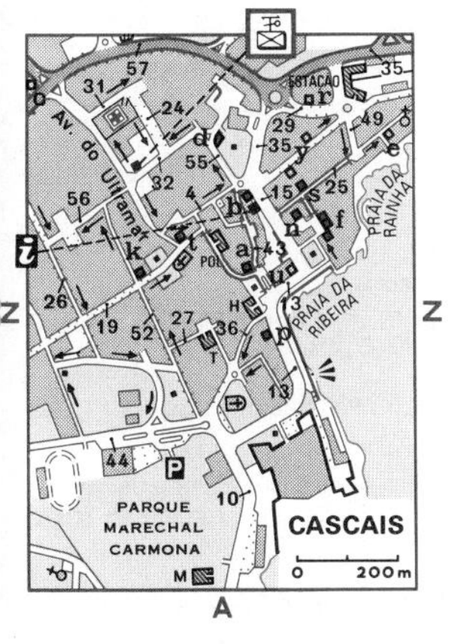

Street	Grid	No.
Frederico Arouca (R.)	AZ	25
Marginal (Estrada)	AZ, BY	35
Regimento de Inf. 19 (R.)	AZ	43
Sebastião J. de Carvalho e Melo (R.)	AZ	49
25 de Abril (Av.)	AYZ	57
Alcaide (R. do)	AX	3
Alexandre Herculano (R.)	AZ	4
Algarve (R. do)	BX	5
Almeida Garrett (Pr.)	BY	6
Argentina (Av. de)	ABX	7
Beira Litoral (R. da)	BX	9
Boca do Inferno (Est. da)	AYZ	10
Brasil (Av. do)	AX	12
Carlos (Av. D.)	AZ	13
Combatentes G. Guerra (Alameda)	AZ	15
Costa Pinto (Av.)	AX	16
Dr António Martins (R.)	BY	17
Emídio Navarro (Av.)	AZ	19
Fausto Figueiredo (Av.)	BY	22
Francisco de Avilez (R.)	AZ	24
Freitas Reis (R.)	AZ	26
Gomes Freire (R.)	AZ	27
Guincho (Estrada do)	AY	28
Iracy Doyle (R.)	AZ	29
José Maria Loureiro (R.)	AZ	31
Manuel J. Avelar (R.)	AZ	32
Marechal Carmona (Av.)	AX	33
Marquês Leal Pancada (R.)	AZ	36
Melo e Sousa (R.)	BY	37
Nice (Av. de)	BY	38
Nuno Álvares Pereira (Av. D)	BX	39
Padre Moisés da Silva (R.)	AX	40
Piemonte (Av.)	BX	41
República (Av. da)	AZ	44
S. Pedro (Av. de)	BX	45
S. Remo (Av.)	BY	47
Sabóia (Av.)	BX	48
Vasco da Gama (Av.)	AZ	52
Venezuela (Av. da)	BX	53
Visconde da Luz (R.)	AZ	55
Vista Alegre (R. da)	AZ	56

Village Cascais, Rua Frei Nicolau de Oliveira-Parque da Gandarinha ✆ 483 70 44, Telex 56212, Fax 483 73 19, ≤, 🏊 - |‡| ▤ TV ☎ P - 🏊 25/100. AE VISA. ✂ AY **a**
Ref 3850 - **233 qto** ☐ 21100/25000 - PA 7350.

Cidadela, Av. 25 de Abril ✆ 483 29 21, Telex 66895, Fax 486 72 26, ≤, 🏊 - |‡| ▤ TV ☎ P - 🏊 25/100. AE ⊕ E VISA JCB. ✂ - Ref 3100 - **130 qto** ☐ 20000/23000 - PA 6100. AZ **c**

Aparthotel Equador, Alto da Pampilheira ✆ 284 05 24, Telex 42144, Fax 284 07 03, ≤, 🏊 - |‡| ▤ rest ☎ P. AE ⊕ E VISA JCB. ✂ AX **d**
Ref 2100 - **120 qto** ☐ 10600/14000 - PA 4200.

Baia, av. Marginal ✆ 483 10 33, Telex 43468, Fax 483 10 95, ≤, ☂, 🏊 - |‡| ▤ TV ☎ P - 🏊 25/180. AE ⊕ E VISA. ✂ AZ **u**
Ref 2500 - **113 qto** ☐ 14000/16000.

Casa da Pérgola sem rest, Av. Valbom 13 ✆ 484 00 40, « Moradía senhorial », – ▤ *abril-outubro* – **10 qto** ▭ 5800/17000. AZ **y**

Albergaria Valbom sem rest, Av. Valbom 14 ✆ 486 58 01 – ▤ ☎ AZ **y**
40 qto.

Nau, Rua Dra. Iracy Doyle 14 ✆ 483 28 61, Telex 42289, Fax 483 28 66 – ▤ qto TV ☎ AZ **r**
59 qto.

Reijos, Rua Frederico Arouca 35 ✆ 483 03 11, – ▤. AE ⓓ E VISA JCB. AZ **s**
fechado domingo e 21 dezembro-20 janeiro – Ref lista 2600 a 3700.

João Padeiro, Rua Visconde da Luz 12 C ✆ 483 02 32 – ▤ AZ **b**

Visconde da Luz, Jardim Visconde da Luz ✆ 486 68 48, Peixes e mariscos – ▤. AE ⓓ E VISA JCB. AZ **d**
fechado 3ª feira – Ref lista 3800 a 5000.

Pimentão, Rua das Flores 16 ✆ 284 09 94, Peixes e mariscos – ▤. AE ⓓ E VISA JCB.
Ref lista 4250 a 5100. AZ **f**

O Pipas, Rua das Flores 18 ✆ 486 45 01, Peixes e mariscos – ▤. AE ⓓ E VISA JCB.
fechado domingo – Ref lista 3800 a 6400. AZ **f**

Taverna da Villa, av. de Sintra-Abuxarda por ④ ✆ 486 67 70, – ▤ Ⓟ. E VISA.
fechado 2ª feira – Ref lista aprox 2500.

Os Morgados, Praça de Touros ✆ 486 87 51 – ▤. AE ⓓ E
fechado 2ª feira – Ref lista 1800 a 3800.

Dom Leitão, Av. Vasco da Gama 36 ✆ 486 54 87, Fax 284 21 09 – ▤. AE ⓓ E VISA. AZ **k**
fechado 4ª feira, do 1 ao 15 janeiro e do 1 ao 15 julho – Ref lista 2350 a 3700.

Sol e Mar, Av. D. Carlos I - 48 ✆ 284 02 58, ←, – AE ⓓ E VISA. AZ **p**
fechado 2ª feira no inverno e dezembro – Ref lista 3350 a 4150.

O Batel, Travessa das Flores 4 ✆ 483 02 15 – ▤. AE ⓓ E VISA JCB AZ **n**
fechado 4ª feira – Ref lista 2400 a 4200.

Beira Mar, Rua das Flores 6 ✆ 483 01 52 – ▤. AE ⓓ E VISA. AZ **f**
fechado 3ª feira e dezembro – Ref lista 3300 a 5700.

Le Bec Fin, Beco Torto 1 ✆ 284 42 96, , Rest. francês – AE ⓓ E VISA AZ **a**
fechado domingo e janeiro-fevereiro – Ref lista 2150 a 4600.

Sagres, Rua das Flores 10-A ✆ 483 08 30 – ▤. AE ⓓ E VISA JCB. AZ **f**
fechado 4ª feira e dezembro – Ref lista 3100 a 5200.

O Anzol, Rua Afonso Sanches 38 ✆ 484 64 33 – ▤ AZ **t**

na estrada do Guincho por ③ – ✉ 2750 Cascais – ☎ 01 :

Estal. Sra. da Guia, 3,5 km ✆ 486 92 39, Telex 42111, Fax 486 92 27, ←, , , – ▤ TV ☎ Ⓟ. AE ⓓ E VISA JCB.
Ref 4400 – **28 qto** ▭ 28800/30800 – PA 8800.

Monte-Mar, 5 km ✆ 486 92 70, ← – AE ⓓ E VISA.
fechado 2ª feira – Ref lista 3010 a 6200.

Portal da Guia, 2 km ✆ 284 32 58, ←, – Ⓟ. AE ⓓ E VISA.
Ref lista 2900 a 4300.

na Praia do Guincho por ③ : 9 km AY – ✉ 2750 Cascais – ☎ 01 :

Do Guincho , ✆ 487 04 91, Telex 43138, Fax 487 04 31, ←, « Antiga fortaleza num promontório rochoso » – ▤ TV ☎ Ⓟ – 25/200. AE ⓓ E VISA.
Ref 5000 – **31 qto** ▭ 31500/34000 – PA 9000.

✿ **Porto de Santa Maria,** ✆ 487 02 40, Fax 485 09 49, ←, Peixes e mariscos – ▤ Ⓟ. AE ⓓ E VISA JCB
fechado 2ª feira – Ref lista 7400 a 10000
Espec. Peixe assado em sal e no pão, Misto de mariscos ao natural ou grelhado, Arroz de marisco.

Panorama, ✆ 285 00 62, Fax 485 09 49, ←, , Peixes e mariscos – ▤ Ⓟ. AE ⓓ E VISA JCB
fechado 3ª feira – Ref lista 4500 a 6750.

O Faroleiro, ✆ 285 02 25, Fax 285 02 25, ← – ▤ Ⓟ. AE ⓓ E VISA JCB.
Ref lista 3900 a 5600.

Mestre Zé, ✆ 285 02 75, ←, – ▤ Ⓟ. AE ⓓ E VISA.
Ref lista 3700 a 5800.

Pleasant hotels or restaurants are shown in the Guide by a red sign.
Please send us the names of any where you have enjoyed your stay.
Your Michelin Guide will be even better.

CASTELO BRANCO **6000** Ⓟ 440 M 7 - 24 287 h. alt. 375 - ☎ 072.

Ver : Jardim do antigo paço episcopal*.

ℹ Alameda da Liberdade ☎ 210 02.

◆Lisboa 256 ③ - ◆Cáceres 137 ② - ◆Coimbra 155 ① - Portalegre 82 ③ - Santarém 176 ③.

CASTELO BRANCO

João C. Abrunhosa 12
Liberdade (Alameda da) 14
Rei D. Dinis 25
Sidónio Pais 35
1º de Maio (Av.) 38

Amato Lusitano (R.) 3
Arco (R. do) 4
Arressário (R. do) 5
Camilo Castelo Branco (R. de) 6
Espírito Santo (R. do) 7
Ferreiros (R. dos) 8
Formosa (R.) 9
Frei Bartolomeu da Costa (R. de) 10
José Bento da Costa (Jardim) . 13
Luís de Camões (Pr.) 15
Mercado (R. do) 18
Olarias (R. das) 20
Pátria (Campo da) 22
Prazeres (R. dos) 23
Quinta Nova (R. da) 24
Relógio (R. do) 26
Saibreiro (L. e R. do) 27
S. Marcos (L. de) 29
S. Sebastião (R.) 30
Santa Maria (R. de) 31
Senhora da Piedade (L. e R. da) 33
Sé (L. e R. da) 34
Vaz Preto (Av.) 37

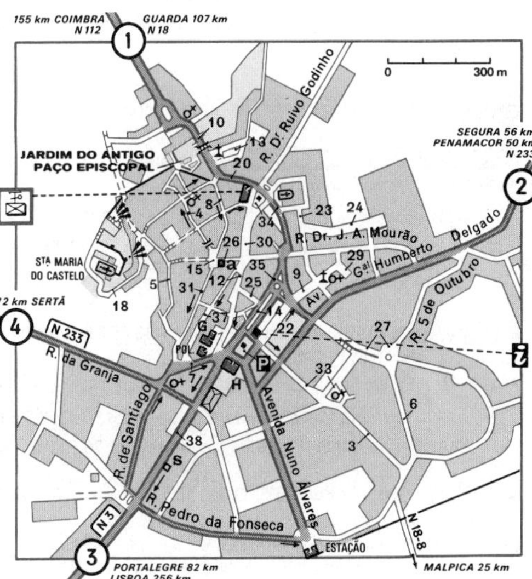

🏠 **Arraiana** sem rest, Av. 1 de Maio 18 ☎ 520 34, Fax 33 18 84 - ▤ TV ☎. E VISA — s
31 qto ☐ 5000/8500.

XX Praça Velha, Largo Luís de Camoes 17 ☎ 328 640, Fax 286 20 - ▤ Ⓟ — a

na estrada de Retaxo por ③ : 8,5 km - ✉ 6000 Castelo Branco - ☎ 072 :

🏠 **Motel da Represa** 🔇, ☎ 999 21, Telex 52731, Fax 986 68, ≤, 🍴, Típica ambientação exterior, 🏊, 🎾 - ▤ rest ☎ Ⓟ. AE ⓓ E VISA
Ref lista 1980 a 2860 - ☐ 420 - **42 qto** 5800/6800.

Si vous écrivez à un hôtelier à l'étranger, joignez à votre lettre un coupon-réponse international (disponible dans les bureaux de poste).

CASTELO DA MAIA **4470** Porto 440 I 4 - ☎ 02.

◆Lisboa 330 - Amarante 59 - Braga 35 - ◆Porto 16.

X Don Nuno I, Monte de Santo Ovídio ☎ 981 27 19, 🍴.

CASTELO DE VIDE **7320** Portalegre 440 N 7 - 2 558 h. alt. 575 - ☎ 045 - Termas.

Ver : Castelo ≤* - Judiaria*.

Arred. : Capela de Na. Sra. de Penha ≤* S : 5 km - Estrada* escarpada de Castelo de Vide a Portalegre por Carreiras S : 17 km.

ℹ Rua Bartolomeu Alvares da Santa 81 ☎ 913 61.

◆Lisboa 213 - ◆Cáceres 126 - Portalegre 22.

🏠 **Sol e Serra,** estrada de são Vicente ☎ 913 01, Telex 43332, Fax 913 37, 🏊 - 🛗 ▤ TV ☎ Ⓟ - 🅰 25/120. AE ⓓ E VISA. 🐕
Ref 2400 - **50 qto** ☐ 9500/13500.

🏠 **Casa do Parque** 🔇, Av. da Aramenha 37 ☎ 912 50 - AE VISA. 🐕
Ref *(fechado 3ª feira)* lista 1750 a 2700 - **28 qto** ☐ 5500/6500.

X D. Pedro V, Praça D. Pedro V ☎ 912 36 - ▤.

CAXIAS Lisboa 440 P 2 - 4 907 h. - ✉ 2780 Oeiras - ☎ 01 - Praia.

◆ Lisboa 13 - Cascais 17.

XXXX **Mónaco,** Rua Direita 9 ☎ 443 23 39, Fax 443 12 17, ≤, Musica ao jantar - ▤ Ⓟ. AE ⓓ E VISA. 🐕
Ref lista 4700 a 6500.

CELORICO DA BEIRA **6360** Guarda 440 K 7 - 2 750 h. - ✆ 071.
♦Lisboa 337 - ♦Coimbra 138 - Guarda 27 - Viseu 54.

Mira Serra, Estrada N 17 ✆ 726 04, Telex 53192, Fax 733 82, ≤ - |¢| ▤ rest ☎ ⇐ P - 🏨 25/100. AE ⓞ E VISA. ✗
Ref lista 1500 a 2100 - **44 qto** ☐ 6000/10000.

Parque sem rest, com snack-bar, Rua Andrade Corvo 48 ✆ 721 97, Fax 737 98 - TV ☎ P. E VISA
30 qto ☐ 3500/4800.

CERDEIRINHAS Braga - ver Vieira do Minho.

CERNACHE DO BONJARDIM Castelo Branco 440 M 5 - ✉ 6100 Sertá - ✆ 074.
♦Lisboa 187 - Castelo Branco 81 - Santarém 110.

pela estrada N 238 SO : 10 km - ✉ 6100 Sertá - ✆ 074 :

Estal. Vale da Ursa ⌂, ✆ 995 11, Telex 52673, Fax 995 94, ≤, ⛱, « Na margem do rio Zêzere », ⛱, ✗ - |¢| TV ☎ P. E VISA. ✗ rest
Ref 2900 - **12 qto** ☐ 9500/14000 - PA 5500.

CHAMUSCA **2140** Santarém 440 N 4 - 13 151 h. - ✆ 049.
Largo 25 de Abril ✆ 76206.
♦Lisboa 121 - Castelo Branco 136 - Leiria 79 - Portalegre 118 - Santarém 31.

no cruzamento das estradas N 118 e N 243 NE : 3,5 km - ✉ 2140 Chamusca - ✆ 049 :

Paragem da Ponte, Ponte da Chamusca ✆ 76 04 06 - ▤ P.

CHAVES **5400** Vila Real 440 G 7 - 13 027 h. alt. 350 - ✆ 076 - Termas.
Ver : Igreja da Misericordia★.
Excurs. : O : Cávado (Vale sup. do)★ : estrada de Chaves a Braga pelas barragens do Alto Rabagão★ (≤★), da Paradela★ (local★) e da Caniçada★ (≤★).
de Vidago SO : 20 km ✆ 971 06 Vidago.
Terreiro de Cavalaría ✆ 210 29.
♦Lisboa 475 - Orense 99 - Vila Real 66.

Aquae Flaviae, Praça do Brasil ✆ 264 96, Telex 25078, Fax 264 97, ≤, ✗ - |¢| ▤ TV ☎ ⇐ P - 🏨 25/1000
176 qto.

Trajano, Travessa Cândido dos Reis ✆ 224 15, Telex 26214 - |¢| ☎. E VISA. ✗
Ref lista aprox 2000 - **39 qto** ☐ 6300/11500.

Estal. Santiago, Rua do Olival ✆ 225 45, ≤ - ☎. ✗
Ref 2500 - **32 qto** ☐ 6000/7000 - PA 5000.

Brites sem rest, Av. Duarte Pacheco-estrada de Espanha ✆ 33 27 77, ≤ - TV ☎ P. VISA. ✗
28 qto ☐ 6000/8000.

São Neutel sem rest, Estrada de Outeiro Seco-junto ao estadio municipal ✆ 256 32, Fax 276 20, ≤ - TV ☎ ⇐ P. E VISA
31 qto ☐ 4500/7000.

Jardim das Caldas e Rest. Chave D'ouro 2, Alameda do Tabolado 5 ✆ 33 11 89 - TV ☎. ⓞ E VISA. ✗
Ref lista 1750 a 2250 - **13 qto** ☐ 6000/8000.

4 Estações sem rest, Av. Duarte Pacheco-estrada de Espanha ✆ 239 86 - TV ☎ P. AE E VISA. ✗
20 qto ☐ 3500/5000.

Pica Pedra sem rest, Rua Cándido Sottomayor - 1º ✆ 241 58 - TV ☎
7 qto.

COIMBRA **3000** P 440 L 4 - 79 799 h. alt. 75 - ✆ 039.
Ver : Local★ - Museu Machado de Castro★★ (estátua equestre★) Z **M1** - Velha Universidade★★ : biblioteca★★, capela★ (órgão★★) Z - Sé Velha (retábulo★, capela★) Z **E** - Mosteiro de Santa Cruz (púlpito★) Y **L** - Mosteiro de Celas (retábulo★) X **P** - Convento de Santa Clara-a-Nova (túmulo★) X **V**.
Arred. : Ruínas de Conímbriga★ (Casa dos jogos de água★★ : mosaicos★★, Casa de Cantaber★) 17 km por ③ - Miradouro de Na. Sra. da Piedade ≤★ 27 km por ② e N 237.
✆ 349 98.
Largo da Portagem ✆ 238 86 - A.C.P. Av. Navarro 6 ✆ 268 13, Telex 52270.
♦Lisboa 200 ③ - ♦Cáceres 292 ② - ♦Porto 118 ① - ♦Salamanca 324 ②.

Tívoli Coimbra, Rua Joao Machado 4 ✆ 269 34, Telex 52240, Fax 268 27, Fā, ⛱ – ▤ TV ☎ – 🏋 25/120. AE ⓓ E VISA JCB. ✗ rest — Y **e**
Ref lista 2900 a 3900 – **100 qto** ☐ 15500/18000.

Bragança, Largo das Ameias 10 ✆ 221 71, Telex 52609, Fax 361 35 – |‡| ▤ TV ☎. E VISA. ✗ — Z **t**
Ref 1800 – **83 qto** ☐ 8100/10350.

Astória, Av. Emidio Navarro 21 ✆ 220 55, Telex 42859, Fax 220 57, ≤ – |‡| ☏ — Z **v**
64 qto.

Botânico sem rest, Bairro Sao José 11-Rua Combatentes da Grande Guerra (Ao cimo) ✆ 71 48 24, ≤ cidade e arredores – |‡| TV ☎ — X **r**
24 qto.

COIMBRA

Fernão de Magalhães (Av.) . . . Y
Ferreira Borges (R.) . . . . Z 25
Sofia (R. da) . . . . Y
Visconde da Luz (R.) . . . . Y 43

Ameias (Largo das) . . . . Z 2
Antero de Quental (R.) . . . . . X, Y 3
António Augusto Gonçalves (R.) X 4
Augusta (R.) . . . . X 6
Aveiro (R. de) . . . . X 7
Borges Carneiro (R. de) . . . . . Z 8
Combatentes da Gde Guerra (R.) X 10
Dom Afonso Henriques (Av.) . X 12
Dr Augusto Rocha (R.) . . . . . . X 13
Dr B. de Albuquerque (R.) . . . X 15
Dr João Jacinto (R. do) . . . . . . Y 16
Dr José Falcão (R.) . . . . Z 17
Dr Júlio Henriques (Alameda) . X 19
Dr L. de Almeida Azevedo (R.) . X 20
Dr Marnoco e Sousa (Av.) . . . X 21
Fernandes Tomás (R. de) . . . . Z 23

Figueira da Foz (R.) . . . . X 27
Guerra Junqueiro (R.) . . . . . . X 28
Guilherme Moreira (R.) . . . . . Z 29
Jardim (Arcos do) . . . . X 32
João das Regras (Av.) . . . . . . X 33
Portagem (Largo da) . . . . Z 36

Quebra-Costas (Escadas de) . . . . Z 37
República (Praça da) . . . . . X 38
Santa Teresa (R. de) . . . . . X 39
Sobre-Ripas (R. de) . . . . . . Z 40
8 de Maio (Praça) . . . . Y 44

Domus sem rest, Rua Adelino Veiga 62 ✆ 285 84 - ☎. VISA JCB. ✻ — YZ **f**
275 - **20 qto** 4500/6460.

Alentejana sem rest, Rua Dr. António Henriques Seco 1 ✆ 259 03, Fax 40 51 24 - ☎ — X **e**
15 qto.

Moderna sem rest, Rua Adelino Veiga 49 - 2° ✆ 254 13 - TV ☎. ✻ — Z **r**
18 qto 5000/6000.

XXX **Piscinas,** Rua D. Manuel 2° ✆ 71 70 13, Telex 52425 - ▤. AE ⓓ E VISA — X **d**
fechado 2ª feira e feriados - Ref lista aprox 3000.

XX **Dom Pedro,** Av. Emídio Navarro 58 ✆ 291 08, Fax 246 11 - ▤. AE ⓓ E VISA — Z **k**
Ref lista aprox. 3000.

X **Trovador,** Largo da Sé Velha, 17 ✆ 254 75 - E VISA. ✻ — Z **a**
fechado domingo - Ref lista 2000 a 3000.

X O Alfredo, Av. João das Regras 32 ✆ 44 15 22 - ▤ — X **n**

na estrada N I por ③ : 2,5 km - ✉ 3000 Coimbra - ☎ 039 :

D. Luis, Quinta da Varzea ✆ 44 25 10, Telex 52426, Fax 81 31 96, ≤ cidade e río Mondego - |‡| ▤ TV ☎ P - 25/150. AE ⓓ E VISA. ✻
Ref lista 2700 a 3700 - **104 qto** 12400/14000.

na antiga estrada de Lisboa pela Av. João das Regras : 2 km - ✉ 3000 Coimbra - ☎ 039 :

X **Real das Canas,** Vila Méndes 7 ✆ 81 48 77, Fax 524 25, ≤ - AE ⓓ E VISA
fechado 4ª feira e feriados - Ref lista 1800 a 2800.

COLARES Lisboa 440 P 1 - 6 921 h. alt. 50 - ✉ 2710 Sintra - ☎ 01.

Arred. : Azenhas do Mar★ (local★) NO : 7 km

Alameda Coronel Linhares de Lima (Várcea de Colares) ✆ 929 26 38.

♦Lisboa 36 - Sintra 8.

Quinta do Conde sem rest, Quinta do Conde ✆ 929 16 52, ≤ - ☎. ✻
16 fevereiro-outubro - **11 qto** 6000/10000.

na estrada da Praia das Maçãs NO : 2 km - ✉ 2710 Sintra - ☎ 01 :

Miramonte , Av. do Atlántico 155 ✆ 929 12 30, Telex 13221, Fax 929 14 80, « Terraços floridos », - ☎ - 25/50. E VISA. ✻
fechado janeiro - Ref (só jantar) 2600 - **89 qto** 11000/15000.

em Azoia-estrada do Cabo da Roca SO : 10 km - ✉ 2710 Sintra - ☎ 01 :

X **Refúgio da Roca,** ✆ 929 08 98, Fax 929 17 52, Decoração rústica, Rest. típico - ▤. AE ⓓ E VISA JCB. ✻
fechado 3ª feira e novembro - Ref lista 2790 a 4500.

COSTA DA CAPARICA Setúbal 440 Q 2 - 9 796 h. - ✉ 2825 Monte da Caparica - ☎ 01 -

Praia. - Praça da Liberdade ✆ 290 00 71.

♦Lisboa 21 - Setúbal 51.

Maia sem rest., Av. Dr. Aresta Branco 22 ✆ 290 12 76, Fax 290 12 76 - |‡| ▤ TV ☎
28 qto.

Praia do Sol sem rest, Rua dos Pescadores 12 A ✆ 290 00 12, Telex 639 84, Fax 290 25 41 - |‡| TV ☎. AE ⓓ E VISA. ✻
53 qto 6750/8500.

Real sem rest, Rua Mestre Manuel 18 ✆ 290 17 13, Fax 290 17 01 - TV ☎
10 qto.

X Praia Nova com qto, Praia Nova ✆ 290 47 86, Telex 42396, Fax 815 02 21, ≤,
14 qto.

X Maniés, Av. General Humberto Delgado 7-E ✆ 290 33 98, .

X O Lavrador, Av. General Humberto Delgado 7-D ✆ 290 43 83, - ▤.

em São João da Caparica N : 2,5 km - ✉ 2825 Monte da Caparica - ☎ 01 :

XX Centyonze, Estrada N 10-1 n° 111 ✆ 290 39 68, - ▤.

COVA DA IRIA Santarém - ver Fátima.

Ne confondez pas :

Confort des hôtels : ... ,
Confort des restaurants : XXXXX ... X
Qualité de la table : ✿✿✿, ✿✿, ✿

COVILHÃ 6200 Castelo Branco 440 L 7 - 21 689 h. alt. 675 - 075 - Desportos de inverno na Serra da Estrela : 3.

Arred. : Estrada** da Covilhã a Seia (<*, Torre ***, estrada <**) 49 km - Estrada** da Covilhã a Gouveia (vale glaciário de Zêzere** (<*), Poço do Inferno* : cascata*, (<*) por Manteigas : 65 km - Unhais da Serra (local*) SO : 21 km - Belmonte : castelo <* NE : 20 km - Torre romana de Centum Céllas* NE : 24 km.

Praça do Município 221 70.

Lisboa 301 - Castelo Branco 62 - Guarda 45.

Sta Eufêmia sem rest, Sítio da Palmatória 31 33 08, Fax 31 41 84, < -
77 qto 4500/6000.

CURIA Aveiro 440 K 4 - 2 704 h. alt. 40 - 3780 Anadia - 031 - Termas.

Largo da Rotunda 522 48.

Lisboa 229 - Coimbra 27 - Porto 93.

Das Termas, 51 21 85, Telex 53054, Fax 51 58 38, « Num parque com árvores », - - 25/100.
Ref lista 3000 a 4200 - **57 qto** 11500/17000.

Grande H. da Curia, 51 57 20, Telex 52053, Fax 51 53 17, « Instalado num singular edificio de fins do século XIX », , , - - 25/200.
Ref 3500 - **84 qto** 17000/20000.

Do Parque sem rest, 51 20 31 -
maio-setembro - **22 qto** 2500/4500.

Lourenço, Curia 51 22 14 - rest.
Ref *(fechado junho-setembro)* 2000 - **38 qto** 4000/6000.

ELVAS 7350 Portalegre 440 P 8 - 13 507 h. alt. 300 - 068.

Ver : Muralhas** - Aqueduto da Amoreira* - Largo de Santa Clara* (pelourinho*) - Igreja de Na. Sra. da Consolação* (azulejos*).

Praça da República 62 22 36 - A.C.P. Estrada Nacional 4 Caia 641 27.

Lisboa 222 - Portalegre 55.

D. Luis, Av. de Badajoz-Estrada N 4 62 27 56, Telex 42473, Fax 62 07 33 -
rest
Ref 2500 - **90 qto** 9200/11300 - PA 5000.

Estal. D. Sancho II, Praça da República 20 62 26 86, Fax 62 47 17 -
rest
Ref 1900 - **26 qto** 6500/9000.

Pousada de Santa Luzia com qto, Av. de Badajoz-Estrada N 4 62 21 94, Telex 12469, Fax 62 21 27 -
16 qto.

Flor do Jardim, Jardim Municipal-Estrada N 4 62 31 74, -
Ref lista 2940 a 3400.

na estrada de Portalegre N : 2 km - 7350 Elvas - 068 :

Luso-Espanhola sem rest, Rui de Melo 62 30 92 -
14 qto 6000/7000.

na estrada N 4 - 7350 Elvas - 068 :

Albergaria Elxadai Parque, Varche, O : 5 km 62 30 36, Fax 62 37 29, < Elvas, Badajoz e Olivença, - -
Ref (ver rest. **Guadicaia**) - **28 qto** 8000/10000.

Guadicaia, Varche O : 5 km 62 31 98, Fax 62 37 29, <, -
Ref lista aprox 3500.

Dom Quixote, O : 3 km 62 20 14 -
Ref lista 2750 a 3750.

ENTRE-OS-RIOS 4575 Porto 440 I 5 - alt. 50 - 055 - Termas.

Lisboa 331 - Porto 49 - Vila Real 96.

Miradouro, Estrada N 108 624 22, <, , Lampreia.

ENTRONCAMENTO 2330 Santarém 440 N 4 - 11 976 h. - 049.

Praça da República, 69229.

Lisboa 127 - Castelo Branco 132 - Leiria 55 - Portalegre 114 - Santarém 45.

Gameiro sem rest, Rua Abílio César Afonso (frente à estação dos Caminhos de Ferro) 668 34, Fax 71 87 08 -
34 qto 4250/6500.

ERICEIRA **2655** Lisboa 440 P 1 – 4 604 h. – 061 – Praia.
Rua Mendes Leal 631 22.
♦Lisboa 51 – Sintra 24.

Morais sem rest, Rua Dr Miguel Bombarda 3 86 42 00, Fax 86 43 08, – AE E VISA
fechado novembro – **40 qto** 7000/12000.

Vilazul e Rest. O Poço, Calçada da Baleia 10 86 41 01, Fax 629 27
21 qto.

Pedro o Pescador, Rua Dr Eduardo Burnay 22 86 40 32, Fax 623 21, – rest . AE E VISA. rest
fechado janeiro – Ref *(maio-outubro)* 1750 – **25 qto** 6000/9000 – PA 3000.

O Barco, Capitão João Lopes 627 59, ← – . E VISA
fechado 5ª feira e novembro – Ref lista 2780 a 4350.

na estrada N 247 N : 2 km – 2655 Ericeira – 061 :

Cesar, 629 26, ←, Mariscos-Viveiro proprio – .

ESPINHO **4500** Aveiro 440 I 4 – 12 865 h. – 02 – Praia.
Oporto Golf Club 72 20 08.
Ângulo das Ruas 6 e 23 72 09 11.
♦Lisboa 308 – Aveiro 54 – ♦Porto 16.

Praiagolfe, Rua 6 72 06 30, Telex 23727, Fax 72 08 88, ←, – – 25/400. AE E VISA.
Ref 2900 – **139 qto** 15400/19200 – PA 5700.

Aparthotel Solverde sem rest, Rua 21-77 72 28 19, Telex 27920, Fax 72 33 46, ← – . AE E VISA.
800 – **83 apartamentos** 13600/21700.

Néry sem rest, Av. 8 - 286 72 73 64, Telex 25882, Fax 72 85 96, ← – . AE E VISA.
43 qto 8000/10000.

Baiamar, Rua 4 - 565 72 54 15, ← – .

A Cabana com snack-bar, Rotunda da Praia da Seca - Av. 8 72 19 66, ←, – .

A Ostra com snack-bar, av. 8 - 672 72 66 85, – . AE E VISA.
fechado 4ª feira e do 1 ao 15 outubro – Ref lista 3200 a 4500.

Aquário, Praceta Dr. Francisco Sá Carneiro 72 03 77, Fax 72 87 62, – . AE E VISA.
Ref lista 1630 a 4180.

ESPOSENDE **4740** Braga 440 H 3 – 2 185 h. – 053 – Praia.
Rua 1 de Dezembro 96 13 54.
♦Lisboa 367 – Braga 33 – ♦Porto 49 – Viana do Castelo 21.

Suave Mar , Av. Eng. Arantes e Oliveira 96 54 45, Telex 32362, Fax 96 52 49, ←, , – rest . AE E VISA JCB.
Ref 2200 – **66 qto** 10000/11000 – PA 3600.

Nélia, Av. Valentin Ribeiro 96 55 28, Telex 32855, Fax 96 48 20, – rest . AE E VISA.
Ref 2050 – **42 qto** 11000/12500.

Estal. Zende e Rest. Martins, Estrada N 13 96 18 55, Fax 96 50 18, Música ao jantar – – . AE E VISA
Ref lista aprox 2000 – **25 qto** 8000/10000.

Acropole sem rest, Praça D. Sebastião 96 19 41, Fax 96 42 38 – . E VISA.
30 qto 5500/8000.

ESTEFÂNIA Lisboa – ver Sintra.

ESTÓI Faro – ver Faro.

ESTORIL **2765** Lisboa 440 P 1 – 25 230 h. – 01 – Praia.
Ver : Estância balnear★.
18 9 Club de Golf do Estoril 268 01 76.
Arcadas do Parque 468 01 13. – ♦Lisboa 28 ② – Sintra 13 ①.

Ver plano de Cascais

Palácio, Rua do Parque 468 04 00, Telex 12757, Fax 468 48 67, ←, , – – 25/120. AE E VISA JCB. rest BY k
Ref lista 3730 a 6440 (ver tambien rest. **Four Seasons**) – **162 qto** 39000/43000.

Estal. Lennox Country Club, Rua Eng. Alvaro Pedro de Sousa 5 468 04 24, Telex 13190, Fax 467 08 59, « Terraços floridos, bonita decoração interior », climatizada - . AE E VISA. BY a
Ref 3300 - 1000 - **34 qto** 15500/23500.

Alvorada sem rest, Rua de Lisboa 3 468 00 70, Telex 13573, Fax 468 72 50 - TV - 25 BY b
55 qto.

Estal. Belvedere, Rua Dr. António Martins 8 468 91 63, Fax 467 14 33, - TV . E VISA. BY r
fechado do 14 ao 29 novembro - Ref (só jantar) 2700 - **24 qto** 10500/16600.

Estal. Fundador sem rest, Rua D. Afonso Henriques 161 468 23 46, Fax 468 87 79, - TV . AE E VISA. BX a
10 qto 7000/15000.

São Mamede sem rest, Av. Marginal 467 10 74, Fax 467 14 18 - TV . AE E VISA. BY v
43 qto 10000/12500.

Four Seasons, Rua do Parque 468 04 00, Telex 12757, Fax 468 48 67 - . AE E VISA JCB. BY k
Ref (só jantar) lista 5360 a 6770.

no Monte Estoril - BX - 2765 Estoril - 01 :

Atlântico, Estrada Marginal 7 468 02 70, Telex 18125, Fax 468 36 19, <, - qto TV . AE E VISA JCB. BX z
Ref 4000 - **175 qto** 20000/30000 - PA 8000.

Aparthotel Clube Mimosa, Av. do Lago 467 00 37, Telex 44308, Fax 467 03 74, , , - TV - 25/100. AE E VISA. BX n
Ref 3500 - **59 apartamentos** 18050/58990.

Aparthotel Estoril Eden, Av. Saboia 209 467 05 73, Telex 42093, Fax 468 01 57, <, , - TV - 25/180. AE E VISA. BX s
Ref 2800 - 1100 - **162 apartamentos** 13500/26500.

Zenith, Rua Belmonte 1 468 11 22, Telex 44870, Fax 468 11 17, <, - - 25/40 BX p
48 qto.

English-Bar, Estrada Marginal 468 04 13, Fax 468 12 54, <, « Decoração inglesa » - . AE E VISA BX s
fechado domingo e do 9 ao 23 agosto - Ref lista 4600 a 5400.

em São João do Estoril por ② : 2 km - 2765 Estoril - 01 :

A Choupana, Estrada Marginal 468 30 99, Fax 468 25 04, < - . AE E VISA.
fechado 2ª feira - Ref lista 7000 a 8800.

ESTRELA (Serra da) Castelo Branco 440 K y L 7.

Ver : ★ (Torre★★★, ★★★, <★★).

Hotéis e restaurantes ver : Covilhã

ESTREMOZ 7100 Evora 440 P 7 - 7 869 h. alt. 425 - 068.

Ver : <★.

Arred. : Evoramonte : Local★, castelo★ (★) SO : 18 km.

Largo da República 26 22 538.

♦Lisboa 179 - ♦Badajoz 62 - Évora 46.

Pousada da Rainha Santa Isabel, Largo D. Diniz - no Castelo de Estremoz 226 18, Telex 43885, Fax 239 82, <, « Luxuosa pousada instalada num belo castelo medieval » - . AE E VISA.
Ref 3800 - **33 qto** 22100/25200.

Águias d'Ouro, Rossio Marquês de Pombal 27 221 96 - . AE E VISA.
Ref lista 3000 a 4400.

ÉVORA 7000 P 440 Q 6 - 35 117 h. alt. 301 - 066.

Ver : Sé★★ BZ : interior★ (cúpula★), tesouro★ (Virgem★★), claustro★, cadeiras de coro★ - Convento dos Lóios★ : igreja★, dependências do convento (porta★) BCY - Museu de Evora★ (baixo-relevo★, Anunciação★) BZ **M1** - Templo romano★ BY **A** - Largo das Portas de Moura★ (fonte)★ CZ - Igreja de São Francisco (Casa dos Ossos★) BZ **N** - Fortificações★.

Arred. : Convento de São Bento de Castris (claustro★) 3 km por ⑤.

Praça do Giraldo 71 226 71 e Av. de São Sebastião, estrada N 114 por ④, 312 96 CZ - A.C.P. Rua Alcarcova de Baixo 7, 275 33.

♦Lisboa 153 ④ - Badajoz 102 ① - Portalegre 105 ① - Setúbal 102 ④.

ÉVORA

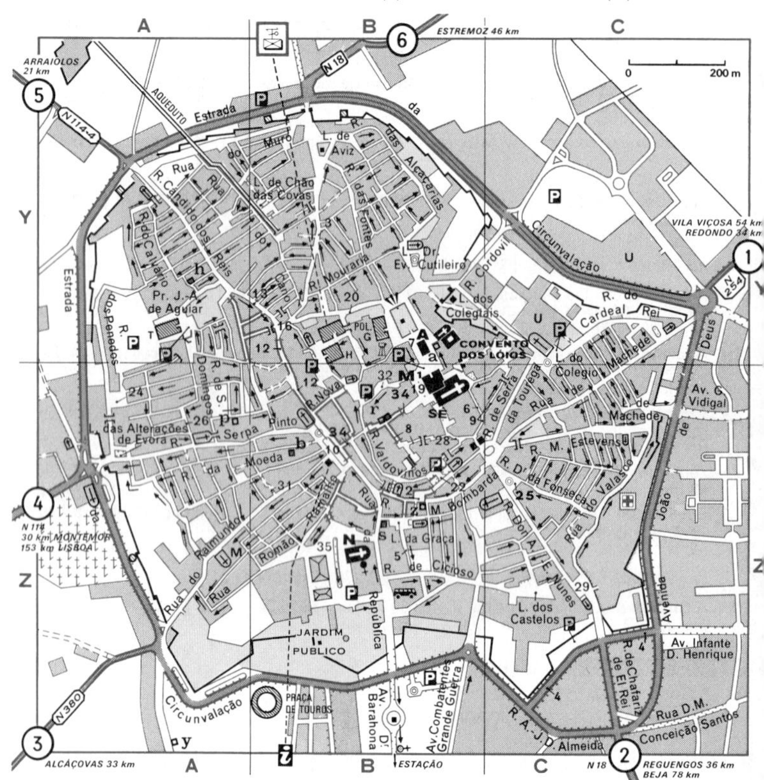

Pousada dos Lóios, Largo Conde de Vila Flor ✆ 240 51, Telex 43288, « Instalada num convento do século XVI », - **32 qto.** BY **a**

Albergaria Vitória, Rua Diana de Lis 5 ✆ 271 74, Telex 44875, Fax 209 74, ← - 25/55 - **48 qto.** AZ **y**

Planície, Rua Miguel Bombarda 40 ✆ 240 26, Telex 13500, Fax 298 80 - rest - 25/100. AE ① E VISA. BZ **z**
Ref 2150 - **33 qto** 10500/13000 - PA 4300.

Riviera sem rest, Rua 5 de Outubro 49 ✆ 233 04, Fax 204 67 - . AE ① E VISA
22 qto 8000/13000. BZ **r**

Santa Clara, Travessa da Milheira 19 ✆ 241 41, Telex 43768 - . AE ① E VISA. rest AZ **p**
Ref 3100 - 660 - **51 qto** 7400/9600.

Cozinha de Sto. Humberto, Rua da Moeda 39 ✆ 242 51, Decoração original com motivos regionais - . AE ① E VISA. BZ **b**
fechado 5ª feira e novembro - Ref lista 2100 a 2700.

Fialho, Travessa das Mascarenhas 14 ✆ 230 79, Decoração regional - . AE ① E VISA JCB. AY **h**
fechado 2ª feira, do 1 ao 21 setembro e do 24 ao 31 dezembro - Ref lista 3670 a 5720.

Guião, Rua da República 81 ✆ 224 27, Decoração regional - AE ① E VISA JCB.
fechado 2ª feira e 15 novembro-15 dezembro - Ref lista 2000 a 2550. BZ **s**

Cozinha Alentejana, Rua 5 de Outubro 51 ✆ 227 72, - BZ **r**

pela estrada de Alcáçovas por ③ e desvio particular : 6 km – ✉ 7000 Evora – ☎ 066 :

Estal. Monte das Flores 🐎, Monte das Flores ☎ 254 90, Telex 44036, Fax 275 64, « Conjunto de estilo alentejano em pleno campo », ⛱, 🎾 – ▤ ☎ 🅟. AE ⓓ E VISA. ✗ Ref lista 3550 a 4150 – **17 qto** ☕ 13300/14900.

na estrada N 114 por ④ – ✉ 7000 Evora – ☎ 066 :

Évorahotel, Quinta do Cruzeiro : 2,5 km ☎ 73 48 00, Telex 44279, Fax 73 48 06, ≤ – |‡| ▤ TV ☎ 🅟 – 🏛 25/100 – **114 qto.**

Estal. Poker, Quinta do Vale de Vazios : 3,5 km ☎ 73 46 96, Fax 337 10, ≤, 🏞, ⛱, 🎾 – ▤ TV ☎ 🅟 – 🏛 25/70. E VISA. ✗ – Ref *(fechado 2ª feira)* 2300 – **15 qto** ☕ 9500/12000.

FAIAL Madeira – ver Madeira (Arquipélago da).

FÃO Braga 440 H 3 – 2 185 h. – ✉ 4740 Esposende – ☎ 053 – Praia.
♦Lisboa 365 – Braga 35 – ♦Porto 47.

na Praia de Ofir – ✉ 4740 Esposende – ☎ 053 :

Sopete Ofir 🐎, Av. Raul Sousa Martins ☎ 98 13 83, Telex 32492, Fax 98 18 71, ≤, ⛱, 🎾 – |‡| TV ☎ 🅟 – 🏛 25/600. AE ⓓ E VISA. ✗ Ref 2500 – **200 qto** ☕ 11800/15700 – PA 5000.

Estal. Parque do Rio 🐎, ☎ 98 15 21, Telex 32066, Fax 98 15 24, « Num pinhal », ⛱ climatizada, 🏞, 🎾 – |‡| ▤ ☎ 🅟. AE ⓓ E VISA JCB. ✗ *abril-outubro* – Ref 2750 – **36 qto** ☕ 9100/14200 – PA 5000.

em Apúlia S : 6,3 km pela estrada N 13 – ✉ 4740 Esposende – ☎ 053 :

San Remo sem rest, Av. da Praia 45 ☎ 98 15 85, Fax 98 15 86 – ☎. E VISA. ✗ **29 qto** ☕ 5500/7500.

FARO 8000 P 440 U 6 – 28 622 h. – ☎ 089 – Praia.
Ver : Miradouro de Santo António ✱★ B F.
Arred. : Praia de Faro ≤★ 9 km por ① – Olhão (campanário da igreja ✱★) 8 km por ③.
⛳18 Club Golf de Vilamoura 23 km por ① ☎ 336 52 Quarteira – ⛳18 Club Golf do Vale do Lobo 20 km por ① ☎ 941 45 Almansil – ⛳18, ⛳9 Campo de Golf da Quinta do Lago 16 km por ① ☎ 945 29.
✈ de Faro 7 km por ① ☎ 242 01 – T.A.P., Rua D. Francisco Gomes 8 ☎ 221 41.
ℹ Rua da Misericordia 8 a 12 ☎ 80 36 04 – A.C.P. Rua Francisco Barreto 26A ☎ 247 53, Telex 56506.
♦Lisboa 309 ② – Huelva 105 ③ – Setúbal 258 ②.

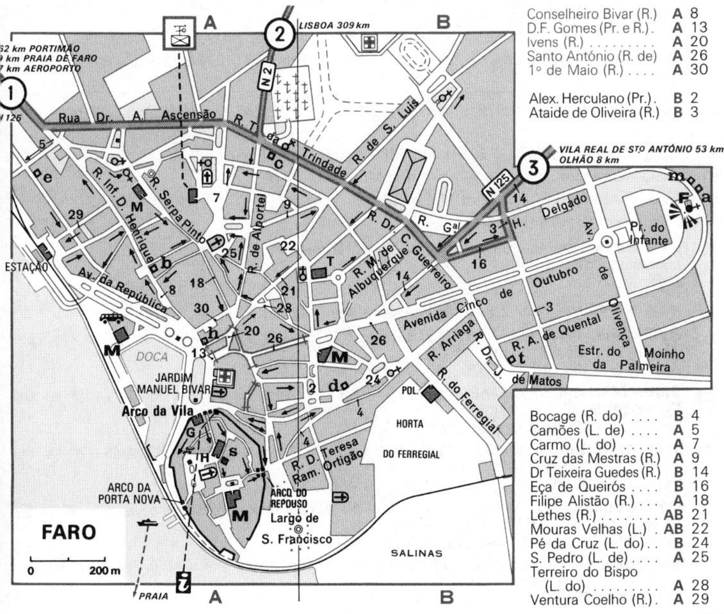

Faro, Praça D. Francisco Gomes 2 ☎ 80 32 76, Telex 56108, Fax 80 35 46 – AE E VISA. A h
Ref 2350 – **52 qto** 9400/13900 – PA 4700.

Dom Bernardo sem rest, Rua General Teófilo da Trindade 20 ☎ 80 68 06, Fax 80 68 00 – TV. AE E VISA A c
43 qto 10400/11400.

Albacor sem rest, Rua Brites de Almeida 25 ☎ 80 35 93, Telex 56778 – AE E VISA. B d
38 qto 8000.

Afonso III sem rest, Rua Miguel Bombarda 64 ☎ 80 35 42, Fax 80 51 85 – TV
40 qto. A e

Solar do Alto sem rest, Rua de Berlim 55 ☎ 80 58 75, ← – TV B a
20 qto.

York sem rest, Rua de Berlim 39 ☎ 82 39 73 – TV B m
22 qto 9000/10000.

O Faraó sem rest, Largo da Madalena 4 ☎ 82 33 56 – A b
fechado 20 dezembro-5 janeiro – 500 – **30 qto** 8000/9000.

Alameda sem rest, Rua Dr. José de Matos 31 ☎ 80 19 62 – B t
14 qto 6000/8000.

Cidade Velha, Rua Domingos Guieiro 19 ☎ 271 45 – E VISA. A s
fechado domingo – Ref (só jantar de junho-setembro) lista 2040 a 4550.

na Praia de Faro por ① : 9 km – ✉ 8000 Faro – 089 :

Estal. Aeromar, av Nascente 1 ☎ 81 75 42, Fax 81 75 12, ←, – TV. AE E VISA.
rest
Ref 2600 – **23 qto** 11500/13500.

em Estoi por ② : 11 km – ✉ 8000 Faro – 089 :

Monte do Casal, Estrada de Moncarapacho SE : 3 km ☎ 915 03, Fax 913 41, ←, , Antiga casa de campo, climatizada – E VISA.
fechado dezembro-fevereiro – Ref *(fechado 2ª feira)* lista 4150 a 5100 – **12 qto** 14640/26400.

Estal. Moleiro, Estrada N 2 NO : 1,5 km (Quinta da Bemposta) ☎ 914 95, Telex 56681, Fax 913 47, ← campo, colinas e orla marítima, , – AE E VISA.
Ref 2600 – **36 qto** 12500/15500.

em Santa Bárbara de Nexe por ① : 12 km – ✉ 8000 Faro – 089 :

La Réserve, Estrada de Esteval ☎ 904 74, Telex 56790, Fax 904 02, ←, « Extenso e belo jardim com », – TV
Ref (ver rest. **La Réserve**) – **20 apartamentos** 30000/44000.

La Réserve, Estrada de Esteval ☎ 902 34, Telex 56790, Fax 904 02, –
fechado 3ª feira – Ref (só jantar) lista 5400 a 7300
Espec. Camarão à oriental. Pato assado Vendôme. Codornizes com trufa Don Quijote.

FÁTIMA 2495 Santarém – 7 298 h. alt. 346 – na Cova da Iria – 049.

Arred. : SO : Grutas de Mira de Aire★ o dos Moinhos Velhos.
Av. D. José Alves Correia da Silva ☎ 53 11 39.
◆Lisboa 135 – Leiria 26 – Santarém 64.

Tía Alice, Rua do Adro ☎ 53 17 37 – E VISA.
fechado domingo noite, 2ª feira e julho – Ref lista 2750 a 3900
Espec. Açorda de marisco, Arroz de peixe, Bolo de noz.

na Cova da Iria NO : 2 km – ✉ 2495 Fátima – 049 :

De Fátima, João Paulo II ☎ 53 33 51, Telex 43750, Fax 53 26 91 – TV – 25/500. AE E VISA. rest
Ref 3000 – **133 qto** 10000/12000 – PA 6000.

Santa Maria, Rua de Santo António ☎ 53 30 15, Telex 43108, Fax 53 21 97 – rest TV. AE E VISA.
Ref 2300 – **60 qto** 6850/8800 – PA 4600.

Três Pastorinhos, Rua João Paulo II ☎ 53 34 29, Telex 61550, Fax 53 24 49 – rest . AE E VISA. rest
Ref 2300 – **92 qto** 10000/13000 – PA 4000.

Dom Gonçalo, Rua Jacinta Marto 100 ☎ 53 30 62, Telex 43838, Fax 53 20 88 – TV – 25/220. AE E VISA. rest
Ref lista 3500 a 4500 – **41 qto** 8500/11200.

São José, Av. D. José Alves Correia da Silva ☎ 53 22 15, Telex 43279, Fax 53 21 97 – rest TV . AE E VISA.
Ref 2300 – **63 qto** 6850/8800 – PA 4600.

Regina, Rua Dr. Cónego Manuel Formigão ☎ 53 23 03, Telex 17118, Fax 53 26 63 - rest
90 qto.

Cinquentenário, Rua Francisco Marto 175 ☎ 53 21 41, Telex 44288, Fax 53 29 92 - 25/80.
Ref 2100 - **132 qto** 5600/8100.

Católica, Rua de Santa Isabel ☎ 53 23 55, Telex 63216 - rest
55 qto.

Casa Beato Nuno, Av. Beato Nuno 51 ☎ 53 30 69, Telex 43273, Fax 53 27 57 - rest - 25/200.
Ref 1800 - **132 qto** 4200/5400 - PA 3600.

Alecrim, Rua Francisco Marto 84 ☎ 53 13 87, Telex 61230, Fax 53 28 17 - rest
fechado janeiro - Ref *(março-outubro)* 2000 - **52 qto** 3500/7500 - PA 4000.

Casa das Irmãs Dominicanas, Rua Francisco Marto 50 ☎ 53 33 17, Fax 53 26 88 - 25/60.
Ref 1500 - **60 qto** 4250/5500.

Cruz Alta sem rest, Rua Dr. Cónego Manuel Formigão ☎ 53 14 81, Telex 44376, Fax 53 21 60 -
22 qto 8000/9000.

Floresta, Estrada da Batalha ☎ 53 14 66 - rest
Ref 1600 - **31 qto** 6500/9500.

São Paulo sem rest, Rua de São Paulo ☎ 53 15 72, Fax 53 32 57 -
57 qto 3500/5000.

Estrela de Fátima, Rua Dr Cónego Manuel Formigão ☎ 53 11 50, Telex 44376, Fax 53 21 60 -
Ref 1750 - **57 qto** 8000/9000.

FELGUEIRAS 4610 Porto 440 H 5 - 165 h. - 055.

♦Lisboa 379 - Braga 38 - ♦Porto 65 - Vila Real 57.

Horus sem rest, Av. Dr. Leonardo Coimbra ☎ 31 24 00, Telex 25962, Fax 31 23 22, - 25/100.
46 qto 11000/12000 - **12 apartamentos.**

FERMENTELOS Aveiro 440 K 4 - 2 183 h. - ✉ 3770 Oliveira do Bairro - 034.

♦Lisboa 244 - Aveiro 20 - ♦Coimbra 42.

na margem do lago NE : 1 km - ✉ 3770 Oliveira do Bairro - 034 :

Estal. da Pateira ☎ 72 12 19, Fax 72 21 81, -
Ref 2500 - **14 qto** 6750/9500 - PA 5000.

FERNÃO FERRO Setúbal 440 Q 2 - ✉ 2840 Seixal - 01.

♦Lisboa 26 - Sesimbra 16 - Setúbal 34.

Orión e Rest. Ibérico, Estrada N 378 ☎ 225 18 34, Fax 224 40 13, - 25/80. rest
Ref lista 2100 a 4500 - **34 qto** 9000/10500.

FERREIRA DO ZÊZERE 2240 Santarém 440 M 5 - 1 974 h. - 049.

♦Lisboa 166 - Castelo Branco 107 - ♦Coimbra 61 - Leiria 66.

na margem do rio Zêzere pela N 348 SE : 8 km - ✉ 2240 Ferreira do Zêzere - 049 :

Estal. Lago Azul ☎ 36 14 45, « Na margem do río Zêzere », - 25/90.
Ref 3500 - **20 qto** 12500/16500 - PA 7000.

FIGUEIRA DA FOZ 3080 Coimbra 440 L 3 - 13 397 h. - 033 - Praia.

Ver : Localidade★.

Arred. : Montemor-o-Velho : castelo★ (★) 17 km por ②.

☎ 276 83.

Av. 25 de Abril ☎ 226 10.

♦Lisboa 181 ② - ♦Coimbra 44 ②.

Plano página seguinte

Grande H. da Figueira, Av. 25 de Abril ☎ 221 46, Telex 53086, Fax 224 20, - rest A v
Ref 3300 - **91 qto** 12000/16800.

Costa de Prata sem rest, Largo Coronel Galhardo 1 266 10, Telex 52384, Fax 266 10, – 25/50 — A r
66 qto.

Costa da Prata 2 sem rest, Rua Miguel Bombarda 59 220 82, Telex 52384, Fax 266 10 – 25/150 — A k
110 qto.

Internacional sem rest, Rua da Liberdade 20 220 51, Telex 53086, Fax 224 20 – 25/140. AE E VISA. — A a
50 qto 8800/11600.

Wellington sem rest, Rua Dr Calado 25 267 67, Fax 275 93 – TV. AE E VISA. — A b
34 qto 8000/9000.

Nicola sem rest, Rua Bernardo Lopes 83 223 59, Fax 223 59 – TV. AE E VISA. — A b
400 – **24 qto** 7500/8200.

Universal sem rest, Rua Miguel Bombarda 50 262 28, Fax 229 62 – TV. — A c
32 qto 8000/9000.

Hispania sem rest, Rua Dr Francisco Diniz 61 221 64, Telex 53241, Fax 296 64 – E VISA. — A d
março-outubro – **34 qto** 6000/7000.

Bela Vista sem rest, Rua Joaquim Sotto Maior 6 224 64 – E VISA — A g
junho-setembro – **20 qto** 6000.

Tubarão, Av. 25 de Abril 234 45 — A r

em Buarcos – 3080 Figueira da Foz – 033 :

Atlântida sem rest, Marginal Oceanica NO : 4,5 km 219 97, Telex 52958, Fax 210 67, – TV – 25/400. AE E VISA.
146 qto 11500/12500.

Tamargueira sem rest, Estrada do Cabo Mondego NO : 3 km 325 14, Telex 53208, Fax 210 67, – TV. AE E VISA.
88 qto 10500/11500.

Clube de Vale de Leão, Estrada do Cabo Mondego NO : 6 km 330 57, Telex 53011, Fax 325 71, « Num pinhal », – TV – 25/60. AE E VISA.
Ref 3500 – **24 qto** 13800 – PA 6700.

Teimoso com qto, Estrada do Cabo Mondego, NO : 5 km 227 85, Fax 210 17, – rest
14 qto.

na estrada de Aveiro N 109 por ① : 8 km – 3080 Figueira da Foz – 033 :

Motel S. Cristovão sem rest, com snack-bar, 91 08 58 –
11 qto.

FIGUEIRÓ DOS VINHOS **3260** Leiria 440 M 5 – 4 662 h. alt. 450 – ☎ 036.

Arred. : Percurso★ de Figueiró dos Vinhos a Pontão 16 km – Barragem do Cabril★ (desfiladeiro★, ≤★) E : 22 km – N : Estrada da Lousã (≤★, descida★).

Av. Padre Diogo de Vasconcelos ☎ 521 78.

♦Lisboa 205 – ♦Coimbra 59 – Leiria 74.

✗ **Panorama,** Rua Major Neutel de Abreu 24 ☎ 521 15 – ▤. E VISA
fechado do 1 ao 15 setembro – Ref lista 1500 a 2500.

FOZ DO ARELHO **2500** Leiria 440 N 2 – ☎ 062.

♦Lisboa 101 – Leiria 62 – Nazaré 27.

Penedo Furado sem rest, Rua dos Camarções 3 ☎ 97 96 10, Fax 97 98 32 – TV ☎ P. VISA.
28 qto ☕ 7000/8000.

FOZ DO DOURO Porto – ver Porto.

FRANQUEADA Faro – ver Loulé.

FUNCHAL Madeira – ver Madeira (Arquipélago da).

FUNDÃO **6230** Castelo Branco 440 L 7 – 6 004 h. – ☎ 075.

Av. da Liberdade ☎ 527 70.

♦Lisboa 303 – Castelo Branco 44 – ♦Coimbra 151 – Guarda 63.

Samasa sem rest, Rua Vasco da Gama ☎ 712 99, Telex 53112, Fax 718 09 – |‡| ▤ TV ☎. AE ⓓ E VISA
50 qto ☕ 8000/11000.

na estrada N 18 N : 2,5 km – ✉ 6230 Fundão – ☎ 075 :

O Alambique, ☎ 741 69, Fax 740 21, ⛱ – ▤ TV ☎ 🚗 P. E VISA
Ref *(fechado 2ª feira, do 15 ao 30 de setembro e 1ª semana de outubro)* lista 2100 a 2900 – **100 qto** ☕ 5500/8500.

Ask your bookseller for the catalogue of Michelin Publications.

GERÊS **4845** Braga 440 G 5 – alt. 400 – ☎ 053 – Termas.

Ver : Parque nacional da Penedageres★★.

Excurs. : NO : Serra do Gerês★★ – Barragem de Vilarinho das Furnas : local★ (corrente da rocha★) ≤★ – Miradouro da Fraga Negra★.

Av. Manuel Ferreira da Costa ☎ 651 33.

♦Lisboa 412 – Braga 44.

GONDARÉM Viana do Castelo – ver Vila Nova da Cerveira.

GOUVEIA **6290** Guarda 440 K 7 – 603 h. alt. 650 – ☎ 038.

Arred. : Estrada★★ de Gouveia a Covilhã (≤★, Poço do Inferno★ : cascata★, vale glaciário do Zêzere★★, ≤★) por Manteigas : 65 km.

Av. dos Bombeiros Voluntarios ☎ 421 85.

♦Lisboa 310 – ♦Coimbra 111 – Guarda 59.

De Gouveia e Rest. O Foral, Av. 1° de Maio ☎ 428 90, Fax 413 70, ≤ – |‡| ▤ rest TV ☎ – 🏛 25. AE ⓓ E VISA. ✗
Ref *(fechado do 15 ao 30 outubro)* lista 1800 a 2350 – **31 qto** ☕ 6500/9800.

GOUVEIA Lisboa 440 P 1 – ✉ 2710 Sintra – ☎ 01.

♦Lisboa 29 – Sintra 6.

✗ A Lanterna, Estrada N 375 ☎ 929 21 17 – P.

GRÁNDOLA **7570** Sétubal 440 R 4 – 10 461 h. – ☎ 069.

Jardín do Dr. J. Jacinto Nunes ☎ 420 51 - ext. 138.

♦Lisboa 121 – Beja 69 – Setúbal 75.

Vila Morena sem rest, Av. Jorge Nunes ☎ 420 95 – |‡| ☎ 🚗
23 qto.

GRANJA Porto 440 I 4 - ✉ 4405 Valadares - ☎ 02 - Praia.

♦Lisboa 317 - Amarante 79 - Braga 69 - ♦Porto 17.

Solverde, Estrada N 109 ☎ 72 66 66, Telex 25982, Fax 72 62 36, ≤, Fб, ⛱, ⛱, ✂ - |♦| ▤ TV ☎ ♿ ⇔ P - 🪑 25/500. AE ⓞ E VISA. ✂
Ref lista 3300 a 6600 - **174 qto** ☐ 19000/22000.

GUARDA **6300** P 440 K 8 - 14 803 h. alt. 1 000 - ☎ 071.

Ver : Catedral★.

ℹ Praça Luís de Camões, Edificio da Câmara Municipal ☎ 21 22 51.

♦Lisboa 361 - Castelo Branco 107 - Ciudad Rodrigo 74 - ♦Coimbra 161 - Viseu 85.

De Turismo, Av. Coronel Orlindo de Carvalho ☎ 21 22 05, Telex 53760, Fax 21 22 04, ≤, ⛱ - |♦| ▤ rest TV ☎ ⇔ - 🪑 25/300. AE ⓞ E VISA. ✂
Ref 3500 - ☐ 900 - **105 qto** 12800/15700 - PA 7000.

O Telheiro, Estrada N 16, E : 1,5 km ☎ 21 13 56, Fax 22 17 27, ≤, ⛱ - ▤ P. ⓞ E VISA. ✂
Ref lista 2300 a 3000.

D'Oliveira, Rua do Encontro 1-1º ☎ 21 44 46.

GUARDEIRAS Porto 440 I 4 - ✉ 4470 Maia - ☎ 02.

♦Lisboa 326 - Amarante 76 - Braga 43 - ♦Porto 12.

Estal. Lidador com qto, Estrada N 13 ☎ 948 11 09 - ▤ rest ☎ P
7 qto.

GUIMARÃES **4800** Braga 440 H 5 - 22 092 h. alt. 175 - ☎ 053.

Ver : Paço dos Duques★ (tectos★, tapeçarias★) - Castelo★ - Igreja de São Francisco (azulejos★, sacristia★) - Museu Alberto Sampaio★ (ourivesaria★, cruz★, trptico★).

Arred. : Penha ✱★ SE : 8 km.

ℹ Av. da Resistência ao Fascismo 83 ☎ 412 450.

♦Lisboa 364 - Braga 22 - ♦Porto 49 - Viana do Castelo 70.

De Guimarães, Rua Eduardo de Almeida ☎ 51 58 88, Telex 33836, Fax 51 62 34, ≤, Fб, ⛱, ⛱ - |♦| ▤ TV ☎ ⇔ P - 🪑 25/250. AE ⓞ E VISA. ✂
Ref 2600 - **72 qto** ☐ 17000/19000.

Pousada de Santa María da Oliveira, Rua de Santa María ☎ 51 41 57, Telex 32875, Fax 51 42 04 - |♦| ▤ rest P. AE ⓞ E VISA. ✂
Ref 3000 - **16 qto** ☐ 17300/20000.

Fundador Dom Pedro sem rest, Av. Afonso Henriques 740 ☎ 51 37 81, Telex 32866, Fax 51 37 86, ≤ - |♦| ▤ TV ☎ ⇔. AE ⓞ E VISA
63 qto ☐ 13000/14000.

Albergaría Palmeiras sem rest, Rua Gil Vicente (centro comercial das Palmeiras) ☎ 41 03 24, Telex 33668 - |♦| ▤ TV ☎ ⇔
22 qto.

Vira Bar com snack-bar, Alameda 25 ☎ 41 41 16 - ▤.

na estrada da Penha E : 2,5 km - ✉ 4800 Guimarães - ☎ 053 :

Pousada de Santa Marinha ⛱, ☎ 51 44 53, Telex 32686, Fax 51 44 59, ≤ Guimarães, « Instalado num antigo convento », ⛱ - |♦| ▤ ☎ P
50 qto.

GUINCHO (Praia do) Lisboa - ver Cascais.

LAGOA **8400** Faro 440 U 4 - 6 353 h. - ☎ 082 - Praia.

Arred. : Silves (Castelo★) N : 6,5 km - Carvoeiro : Algar Sêco : sítio marinho★★ S : 6 km.

ℹ Largo da Praia, Praia do Carvoeiro ☎ 35 77 28.

♦Lisboa 300 - Faro 54 - Lagos 26.

La Romance, Quinta da Bemposta-Estrada de Estombar O : 1,5 km ☎ 34 16 77, Fax 34 16 75, ⛱, Instalado numa antiga casa de campo - P.

na estrada N 125 SE : 1,5 km - ✉ 8400 Lagoa - ☎ 082 :

Motel Parque Algarvío, ☎ 522 65, Fax 522 78, ⛱, ⛱, ⛱ - ☎ P
42 qto.

na Praia do Carvoeiro S : 5 km - ✉ 8400 Lagoa - ☎ 082 :

Almansor, Estrada do Farol ☎ 35 80 26, Telex 57194, Fax 35 87 70, ≤, ⛱, « Relvado com ⛱ e belos socalcos ajardinados » - |♦| ▤ TV ☎ P - 🪑 350/700. AE ⓞ E VISA. ✂
Ref 3500 - **A Varanda** *(só jantar)* lista 2900 a 4800 - **290 qto** ☐ 20000/23500.

Aparthotel Cristal ⑤, Vale Centianes ℘ 35 86 01, Telex 58705, Fax 35 86 48, ≤, 🏖, Ⅎ6, ⛱, ⛱, ⅋ - |‡| ▤ TV ☎ ⓟ. AE ⓓ E VISA. ⅌
Ref **Grill Saveiro** *(só jantar)* lista 1850 a 3500 - **Gaivota** 3000 - **119 apartamentos** ⊡ 17250/23000.

Centianes, Vale Centianes ℘ 35 87 24, Fax 35 81 00, 🏖 - ▤. AE ⓓ E VISA JCB
fechado domingo e 15 janeiro-15 fevereiro - Ref (só jantar) lista 2700 a 6740.

O Castelo, Rua do Casino ℘ 35 72 18, ≤, 🏖 - AE ⓓ E VISA. ⅌
fechado 2ª feira e 11 janeiro-28 fevereiro - Ref (só jantar) lista 2400 a 5330.

O Pátio, Largo da Praia 6 ℘ 35 62 46, Fax 35 62 47, 🏖, Decoração rústica - ▤. E VISA
Ref lista 2650 a 4150.

A Rede, Estrada do Farol ℘ 35 85 13, Fax 31 36 51, 🏖 - ▤. AE ⓓ E VISA JCB
Ref lista aprox 3000.

Togi, Rua das Flores 12-Algar Seco ℘ 35 85 17, Decoraçao regional - ⅌
março-16 novembro - Ref (só jantar) lista 2750 a 3300.

LAGOS **8600** Faro 440 U 3 - 10 054 h. - ⓟ 082 - Praia.

Ver : Local ≤★ - Museo regional (interior★ da igreja de Santo Antonio) Z **M.**

Arred. : Ponta da Piedade★★ (local★ ≤★), Praia de Dona Ana★ S : 3 km - Barragem de Bravura ≤★ 15 km por ②.

⛳18 Campo de Palmares ℘ 76 29 53 Meia Praia por ②.

ℹ Largo Marquês de Pombal ℘ 76 30 31.

♦Lisboa 290 ① - Beja 167 ① - Faro 82 ② - Setúbal 239 ①.

Plano página seguinte

De Lagos, Rua Nova da Aldeia ℘ 76 99 67, Telex 57477, Fax 76 99 20, 🏖, Ⅎ6, ⛱ climatizada, ⛱, 🌳 - |‡| ▤ TV ☎ 🚗 - 🏛 25/150 Y **e**
317 qto.

Marina Rio sem rest, av. dos Descobrimentos ℘ 76 98 59, Telex 58760, Fax 76 99 60, ≤, ⛱ climatizada - |‡| ▤ TV ☎. E VISA. ⅌ Y **a**
fechado 26 novembro-26 dezembro - **36 qto** ⊡ 14600/15000.

Montemar sem rest., Rua da Torraltinha Lote 33 ℘ 76 20 85, Telex 57454, Fax 76 20 88 - |‡| TV ☎ 🚗. AE E VISA. ⅌ Z **a**
65 qto ⊡ 9750/13600.

Lagosmar sem rest, Rua Dr. Faria e Silva 13 ℘ 76 37 22, Fax 76 73 24 - TV ☎. AE ⓓ E VISA. ⅌ Y **c**
45 qto ⊡ 8000/13000.

Cidade Velha sem rest, Rua Dr. Joaquim Tello 7 ℘ 76 20 41 - |‡| ☎ Z **k**
17 qto ⊡ 7000/8200.

Marazul sem rest, Rua 25 de Abril 13 ℘ 76 91 43, Telex 58760, Fax 76 99 60 - ☎. ⅌ Y **u**
fechado 26 novembro-26 dezembro - **18 qto** ⊡ 8200/8500.

O Castelo, Rua 25 de Abril 47 ℘ 76 09 57 - ▤ Y **f**

Dom Sebastião, Rua 25 de Abril 20 ℘ 76 27 95, Telex 58760, Fax 76 99 60, 🏖, Decoração rústica - ▤. AE ⓓ E VISA. ⅌ Y **r**
fechado do 13 ao 27 dezembro - Ref lista 1850 a 3750.

O Galeão, Rua da Laranjeira 1 ℘ 76 39 09 - ▤. AE ⓓ E VISA. ⅌ YZ **x**
fechado domingo e 26 novembro-26 dezembro - Ref lista 1750 a 3190.

A Lagosteira, Rua 1º de Maio 20 ℘ 76 24 86 - ▤. AE ⓓ E VISA YZ **n**
fechado sábado meio-día, domingo meio-día e 10 janeiro-10 fevereiro - Ref lista 1450 a 3550.

na Praia de Dona Ana S : 2 km - ✉ 8600 Lagos - ⓟ 082 :

Golfinho, ℘ 76 99 00, Telex 57497, Fax 76 99 99, ≤, ⛱, ⛱ - |‡| ▤ TV ☎ 🚗 ⓟ - 🏛 25/400. AE ⓓ E VISA JCB. ⅌
Ref 2600 - **262 qto** ⊡ 22700/27000 - PA 5200.

na estrada da Meia Praia - ✉ 8600 Lagos - ⓟ 082 :

Meia Praia ⑤, NE : 3,8 km ℘ 76 20 01, Telex 57489, ≤, « Jardim com árvores », ⛱, ⅋ - |‡| ☎ ⓟ. AE ⓓ E VISA JCB. ⅌
abril-outubro - Ref 2000 - **66 qto** ⊡ 17000 - PA 4000.

Marina São Roque, NE : 1,5 km ℘ 76 37 61, Telex 58754, Fax 76 39 76, ⛱ - |‡| ▤ TV ☎. AE ⓓ E VISA. ⅌
Ref lista 1500 a 2400 - ⊡ 600 - **21 qto** 10000.

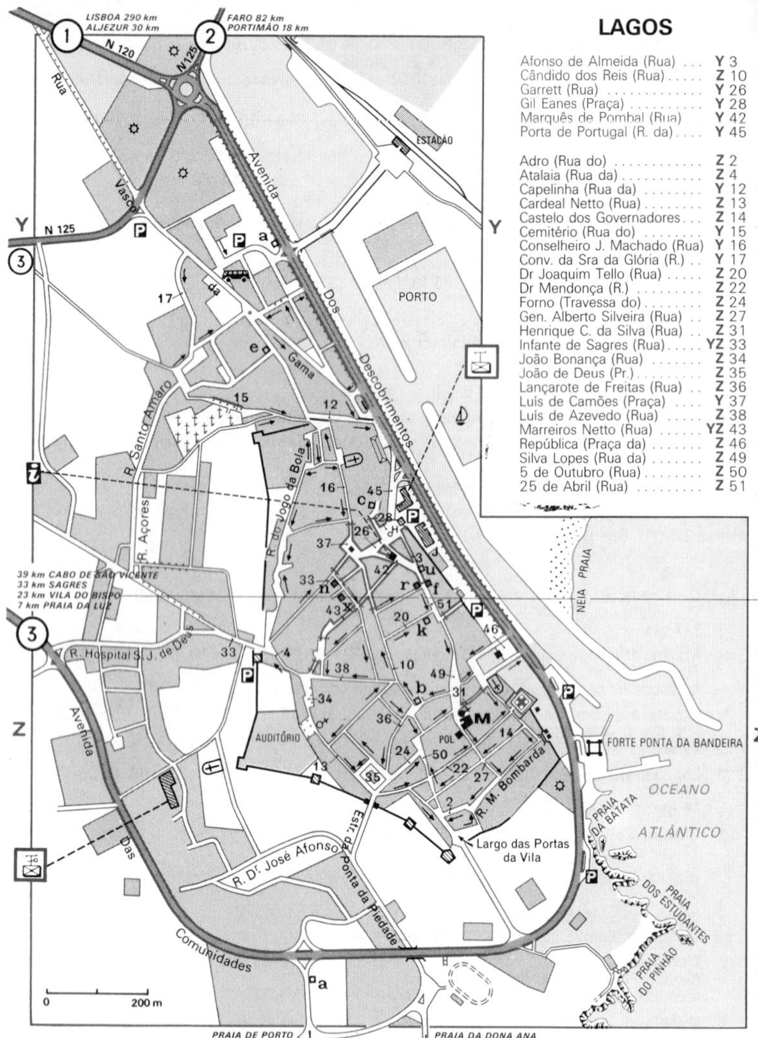

Se cercate un albergo tranquillo, oltre a consultare le carte dell'introduzione, rintracciate nell'elenco degli stabilimenti quelli con il simbolo ⚘ o ⚘.

LAMEGO **5100** Viseu 440 I 6 – 9 942 h. alt. 500 – ☎ 054.

Ver : Museo regional★ de Lamego (pinturas sobre madeira★, tapeçarias★) – Igreja do Desterro (tecto★).

Arred. : Miradouro da Boa Vista★ N : 5 km – São João de Tarouca : Igreja (S. Pedro★) SE : 15,5 km.

ℹ Av. Visconde Guedes Teixeira ✆ 620 05.

◆Lisboa 369 – Viseu 70 – Vila Real 40.

Albergaría do Cerrado sem rest, com snack-bar, Lugar do Cerrado - Estrada do Peso da Régua ✆ 631 64, Telex 20590, Fax 654 64, ≤ – |‡| ▤ TV ☎ 🚗. AE ⓓ E VISA
30 qto ☕ 13200/15400.

São Paulo sem rest, Av. 5 de Outubro ✆ 631 14 - |‡| ☎ 🚗
34 qto ☕ 4500/6500.

Solar do Espirito Santo sem rest, Alexandro Herculano 1 ✆ 644 70, Fax 628 86 - |‡| ▤ TV ☎ 🚗
28 qto.

Solar sem rest, av. Visconde Guedes Teixeira ✆ 620 60 - ☎
30 qto.

O Marquês, Urbanização da Ortigosa - estrada do Peso da Régua ✆ 644 88, 🏕.

pela estrada N 2 S : 1,5 km - ✉ 5100 Lamego - ☎ 054 :

Parque 🌲, no Santuario de Na. Sra. dos Remédios ✆ 621 05, Telex 27723, Fax 652 03, 🏕 - ☎ P - 🎤 25/130. AE ⓞ E VISA. ✂ rest
Ref 3100 - **38 qto** ☕ 6800/8500.

LEÇA DA PALMEIRA Porto 440 I 3 - ✉ 4450 Matosinhos - ☎ 02.

♦Lisboa 322 - Amarante 76 - Braga 55 - ♦Porto 8.

Garrafão, Rua António Nobre 53 ✆ 995 16 60, 🏕, Peixes e mariscos - ▤. AE ⓞ E VISA. ✂
fechado domingo e do 15 ao 31 agosto - Ref lista 4200 a 8900.

O Chanquinhas, Rua de Santana 243 ✆ 995 18 84, Fax 996 06 19 - ▤ P.

Conde de Leça, Rua Pinto de Araújo 110 ✆ 995 89 63 - ▤. AE ⓞ E VISA JCB. ✂
fechado agosto - Ref lista 2950 a 5400.

Fonte do Mar, Largo da Fonte Seca 4 ✆ 995 24 39 - ▤.

LEIRIA 2400 P 440 M 3 - 12 428 h. alt. 50 - ☎ 044.

Ver : Castelo★ (local★).

Jardim Luís de Camões ✆ 82 37 73, Fax 335 33.

♦Lisboa 129 - ♦Coimbra 71 - Portalegre 176 - Santarém 83.

Eurosol e Eurosol Jardim, Rua D. José Alves Correia da Silva ✆ 81 22 01, Telex 42031, Fax 81 12 05, ≤, 🏊 - |‡| ▤ TV ☎ 🚗 P - 🎤 25/400. AE ⓞ E VISA JCB. ✂
Ref 3000 - ☕ 750 - **135 qto** 9000/10000 - PA 6750.

Dom João III, Av. D. João III ✆ 81 25 00, Telex 12567, Fax 81 22 35, ≤ - |‡| ▤ TV ☎ 🚗 - 🎤 25/350
64 qto.

Albergaria do Terreiro sem rest, Largo Cândido dos Reis 17 ✆ 81 35 80, Fax 351 90 - |‡| ▤ TV ☎ P - 🎤 25. AE ⓞ E VISA. ✂
31 qto ☕ 6400/8500.

S. Luís sem rest, Rua Henrique Sommer ✆ 81 31 97, Telex 44051, Fax 81 38 97 - |‡| ▤ TV ☎. AE ⓞ E VISA. ✂
☕ 500 - **47 qto** 6000/7500.

S. Francisco sem rest, Rua São Francisco 26 - 9° ✆ 82 31 10, Fax 81 26 77, ≤ - |‡| ▤ TV ☎. E VISA. ✂
18 qto ☕ 8000/10000.

Ramalhete sem rest, Rua Dr. Correia Mateus 30 - 2° ✆ 81 28 02, Telex 16084, Fax 250 99 - TV ☎. AE ⓞ E VISA JCB
28 qto ☕ 6500/8000.

Reis, Rua Wenceslau de Morais 17 ✆ 248 34 - E VISA
fechado domingo - Ref lista 1570 a 2400.

Aquário, Rua Capitão Mouzinho de Albuquerque 17 ✆ 247 20 - AE ⓞ E VISA JCB. ✂
fechado 5ª feira e do 1 ao 15 outubro - Ref lista 1950 a 2750.

em Marrazes na estrada N 109 N : 1 km - ✉ 2400 Leiria - ☎ 044 :

Tromba Rija, Rua Professores Portelas ✆ 32072, Rest. típico - ▤. AE ⓞ E VISA
fechado domingo, 2ª feira meio-dia, feriados e do 1 ao 20 agosto - Ref lista 3000 a 3750.

pela estrada N I SO : 4,5 km - ✉ 2400 Leiria - ☎ 044 :

O Casarão, Cruzamento de Azóia ✆ 87 10 80, Fax 87 21 55 - P. AE ⓞ E VISA. ✂
fechado 2ª feira e do 1 ao 15 outubro - Ref lista 2200 a 2750.

Les hôtels ou restaurants agréables sont indiqués dans le guide par un signe rouge.

Aidez-nous en nous signalant les maisons où, par expérience, vous savez qu'il fait bon vivre.

Votre **guide Michelin** sera encore meilleur.

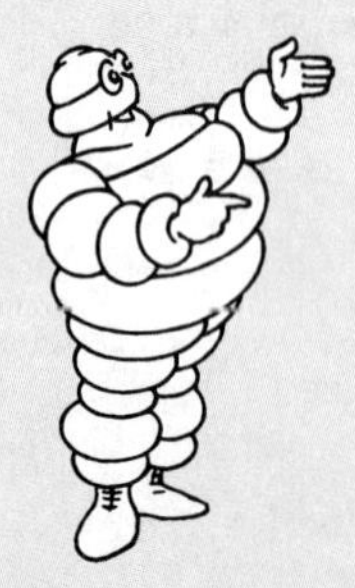

Lisboa

1100 P 440 P 2 - 826 140 h. alt. 111 m - ☎ 01.

Ver : Vista sobre a cidade : ** da Ponte 25 de Abril BV, ** do Cristo-Rei por ②.

CENTRO

Ver : Rossio* (Praça) p. 5 GY - Avenida da Liberdade* FX - Parque Eduardo VII* (Estufa fria*) EX - Igreja São Roque* FY **M1** - Terreiro do Paço* (Praça) GZ - Miradouro de São Pedro de Alcântara* FY **A**.

CIDADE MEDIEVAL

Ver : Castelo de São Jorge** GY - Sé* GZ - Miradouro de Santa Luzia* JY - Alfama** (Beco do Carneiro* e Rua de São Pedro*) JYZ.

CIDADE MANUELINA

Ver : Mosteiro dos Jerónimos** (igreja**, claustro***) AV - Torre de Belém** AV - Padrão dos Descobrimentos* AV **F**.

MUSEUS

Nacional de Arte Antiga** (poliptico de Nuno Conçalves***, colecções de primitivos portugueses**) BV **M6** - Calouste-Gulbenkian*** (coleções de arte) CU **M7** - do Azulejo* - Nacional dos Coches** AV **M12** - da Marinha** AV **M4** - de Arte Popular* AV **M5**.

Outras curiosidades: Igreja da Madre de Deus** (interior**, altar*, sala capitular**, quadros*) DUN - Centro de Arte Moderna* CU **M14** - Jardim zoológico e de aclimatização** BU - Jardim botânico* EX - Parque de Monsanto* AUV - Jardim do Palácio Fronteira* BU - Aqueduto das Águas Livres* BU.

18, 9 Club de golf do Estoril 25 km por ③ ☎ 468 01 76 Estoril - 18 Lisbon Sports Club 20 km por ⑤ ☎ 431 00 77 - 18 Club de Campo de Lisboa 15 km por ② 226 32 44 Aroeira, Monte da Caprica.

✈ de Lisboa, N : 8 km ☎ 848 11 01 (CDU) - T.A.P., Praça Marquês de Pombal 3, ✉ 1200, ☎ 54 40 80 e no aeroporto ☎ 848 91 81.

🚗 ☎ 87 75 09.

⛴ para a Madeira : E.N.M., Rua de São Julião 5-1°, ✉ 1100, ☎ 87 01 21 e Cais Rocha Conde de Obidos, ✉ 1300 ☎ 396 25 47.

ℹ Palácio Foz, Praça dos Restauradores ☎ 346 63 07, e no aeroporto ☎ 89 42 48 - A.C.P., Rua Rosa Araújo 24, ✉ 1200, ☎ 356 39 31, Telex 12581 - A.C.P. Av. Barbosa do Bocage 23-1°, ✉ 1000, ☎ 793 61 21, Fax 793 40 26.

♦Madrid 658 ① - ♦Bilbao 907 ① - ♦Paris 1820 ① - ♦Porto 314 ① - ♦Sevilla 417 ②.

LISBOA

Aeroporto (Rotunda do) . . . **DU** 4
Afonso III (Av.) . . . . **DU** 5
Alcântara (L. de) . . . . **BV** 6
Aliança Operária (R.) . . . . . **AV** 7
A.A. de Aguiar (Av.) . . . . . . **CU** 8
A. Pereira Carrilho (R.) . . . . **CU** 10
Arco do Cego (R.) . . . . **CU** 12
Artilharia Um (R. da) . . . . . **CU** 14
Bartolomeu Dias (R.) . . . . . **AV** 19
Belém (R. de) . . . . **AV** 20
Beneficência (R. da) . . . . . . **CU** 21
Berna (Av. de) . . . . **CU** 22
Bica do Marquês (R. da) . . **AV** 23
Calvário (L. do) . . . . **BV** 24
Campo de Ourique (R. do). **BU** 26
Campolide (R. de). . . . . **BU** 27
Caramão (Estr. do) . . . . **AV** 28
Casal Ribeiro (Av.) . . . . **CU** 32
Cerveiras (Azinhaga das) . . **AU** 34
Ceuta (Av. de) . . . . **BUV** 35
Conde de Valbom (Av.) . . . **CU** 42
Correia (Estr. da). . . . . **AU** 43
Cruz da Pedra (Calç. da) . . **DU** 44
Cruzeiro (R. do) . . . . **AV** 45
Dom João V (R.). . . . . **CU** 48
Dom Vasco (R. de) . . . . **AV** 51
Dom Vasco da Gama (Av.). **AV** 52

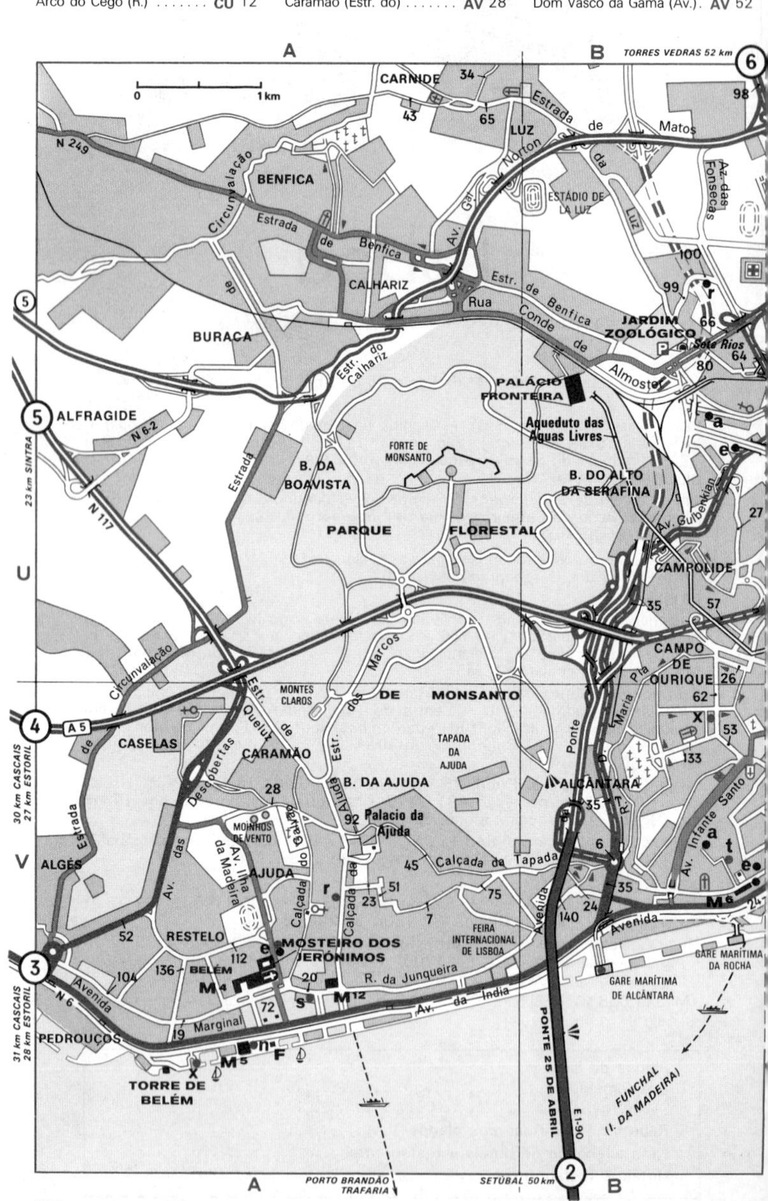

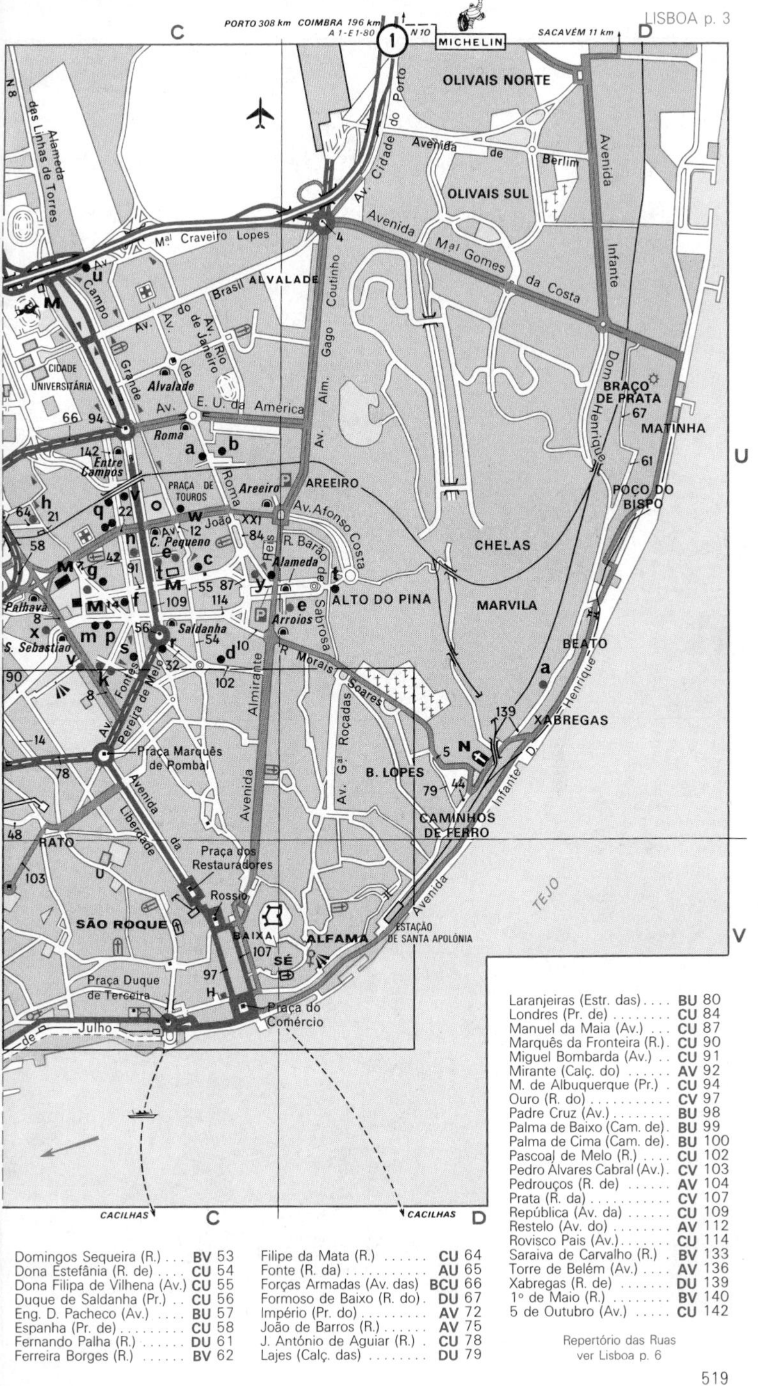

Domingos Sequeira (R.) . . . **BV** 53
Dona Estefânia (R. de) . . . . **CU** 54
Dona Filipa de Vilhena (Av.) **CU** 55
Duque de Saldanha (Pr.) . . **CU** 56
Eng. D. Pacheco (Av.) . . . . **BU** 57
Espanha (Pr. de) . . . . **CU** 58
Fernando Palha (R.) . . . . . . **DU** 61
Ferreira Borges (R.) . . . . . . **BV** 62

Filipe da Mata (R.) . . . . . . **CU** 64
Fonte (R. da) . . . . **AU** 65
Forças Armadas (Av. das) **BCU** 66
Formoso de Baixo (R. do) . **DU** 67
Império (Pr. do) . . . . **AV** 72
João de Barros (R.) . . . . . . **AV** 75
J. António de Aguiar (R.) . **CU** 78
Lajes (Calç. das) . . . . **DU** 79

Laranjeiras (Estr. das) . . . . **BU** 80
Londres (Pr. de) . . . . **CU** 84
Manuel da Maia (Av.) . . . **CU** 87
Marquês da Fronteira (R.) . **CU** 90
Miguel Bombarda (Av.) . . **CU** 91
Mirante (Calç. do) . . . . . . **AV** 92
M. de Albuquerque (Pr.) . **CU** 94
Ouro (R. do) . . . . **CV** 97
Padre Cruz (Av.) . . . . **BU** 98
Palma de Baixo (Cam. de) . **BU** 99
Palma de Cima (Cam. de) . **BU** 100
Pascoal de Melo (R.) . . . . **CU** 102
Pedro Álvares Cabral (Av.) . **CV** 103
Pedrouços (R. de) . . . . . . **AV** 104
Prata (R. da) . . . . **CV** 107
República (Av. da) . . . . . . **CU** 109
Restelo (Av. do) . . . . **AV** 112
Rovisco Pais (Av.) . . . . **CU** 114
Saraiva de Carvalho (R.) . **BV** 133
Torre de Belém (Av.) . . . . **AV** 136
Xabregas (R. de) . . . . **DU** 139
1° de Maio (R.) . . . . **BV** 140
5 de Outubro (Av.) . . . . . **CU** 142

Repertório das Ruas
ver Lisboa p. 6

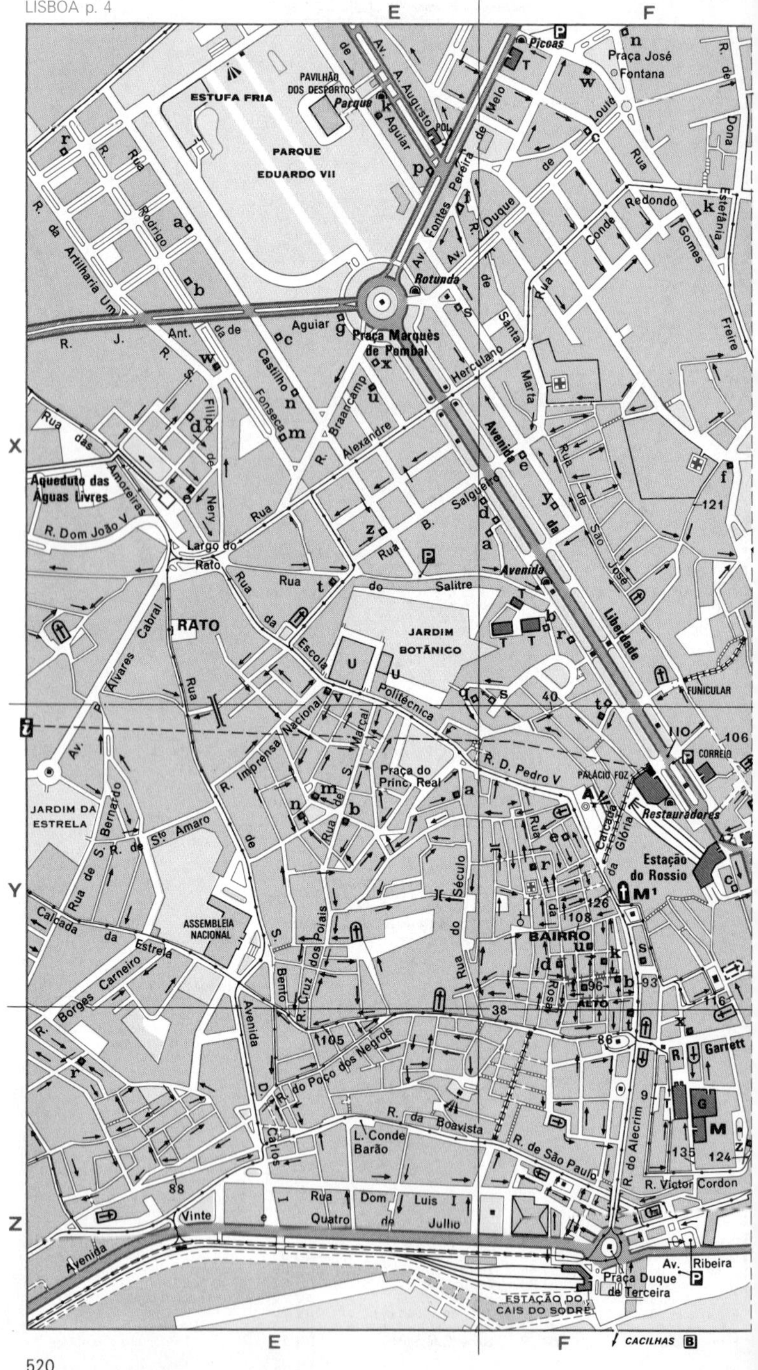
ESTUFA FRIA
PAVILHÃO DOS DESPORTOS
PARQUE EDUARDO VII
Parque
Av. A. Augusto de Aguiar
Picoas
Praça José Fontana
R. de Dona Estefânia
Av. Fontes Pereira de Melo
R. Duque de Loulé
Rua Conde Redondo
R. Gomes Freire
Rotunda
Praça Marquês de Pombal
R. da Artilharia Um
R. Rodrigo da Fonseca
Rua Castilho
R. J. Ant. de Aguiar
R. S. Filipe Nery
R. Braancamp
R. Alexandre Herculano
Rua Santa Marta
Rua de São José
Avenida da Liberdade
Rua das Amoreiras
Aqueduto das Águas Livres
R. Dom João V
Largo do Rato
Rua B. Salgueiro
Rua do Salitre
JARDIM BOTÂNICO
RATO
Rua Álvares Cabral
Rua da Escola Politécnica
FUNICULAR
R. Imprensa Nacional
Rua de S. Marçal
Praça do Princ. Real
R. D. Pedro V
PALÁCIO FOZ
Calçada da Glória
Restauradores
CORREIO
Estação do Rossio
JARDIM DA ESTRELA
Av.
Rua de S. Bernardo
R. de Sto Amaro
Rua de S. Bento
Rua do Século
Rua da Rosa
BAIRRO ALTO
ASSEMBLEIA NACIONAL
Calçada da Estrela
Borges Carneiro
R. Cruz dos Poiais
Avenida D. Carlos
R. do Poço dos Negros
R. Garrett
R. da Boavista
L. Conde Barão
R. de São Paulo
R. do Alecrim
R. Victor Cordon
Rua Dom Luis I
Rua Vinte e Quatro de Julho
Avenida
Av. Ribeira
Praça Duque de Terceira
ESTAÇÃO DO CAIS DO SODRÉ
CACILHAS
E
F
X
Y
Z

LISBOA

Repertório das Ruas
ver Lisboa p. 6

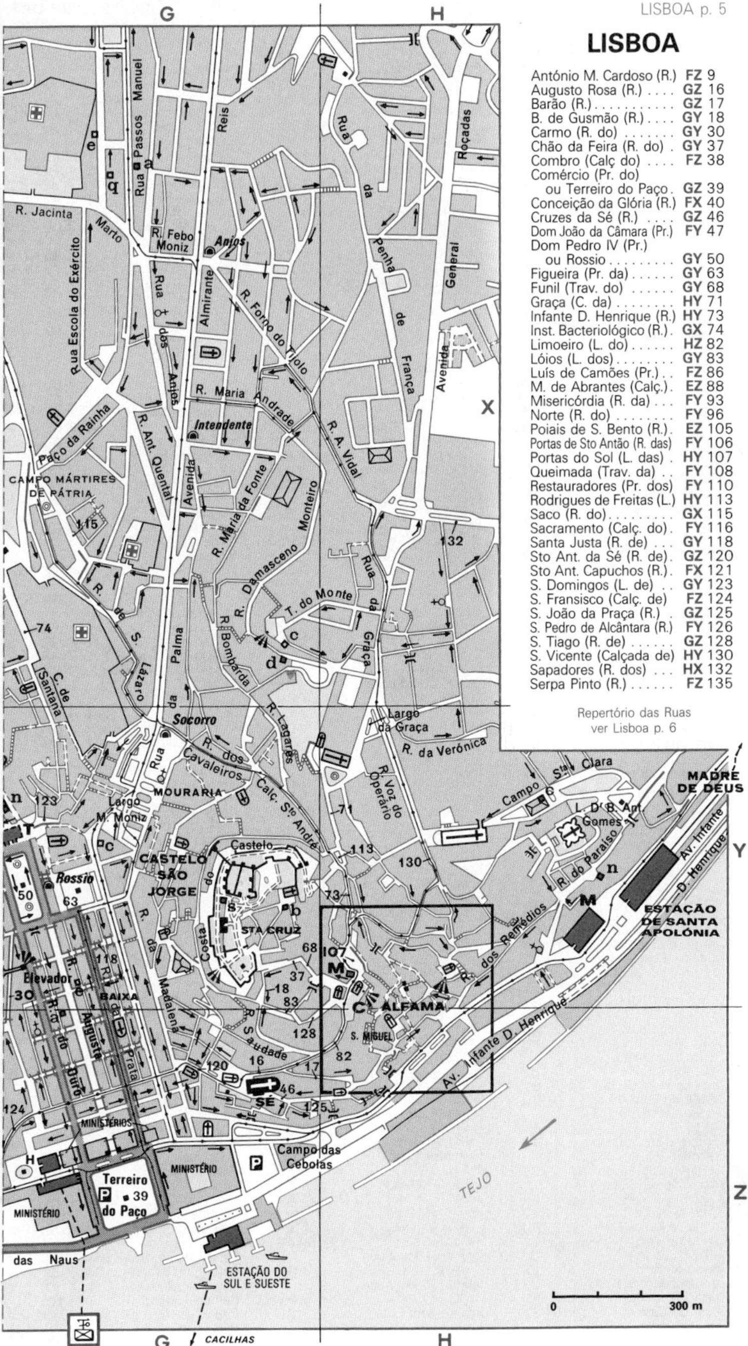

Augusta (R.) p. 5 **GZ**
Carmo (R. do) p. 5 **GY** 30
Garrett (R.) (Chiado) p. 4 **FZ**
Ouro (R. do) p. 5 **GZ**
Prata (R. da) p. 5 **GZ**

Aeroporto (Rotunda do) p. 3 **DU** 4
Afonso III (Av.) p. 3 **DU** 5
Ajuda (Calç. da) p. 2 **AV**
Alcaçarias (L. das) p. 7 **JZ**
Alcântara (L. de) p. 2 **BV** 6
Alecrim (R. do) p. 4 **FZ**
Alexandre Herculano (R.) p. 4 **EX**
Alfonso Costa (Av.) p. 3 **DU**
Aliança Operária (R.) p. 2 **AV** 7
Almirante Gago Coutinho (Av.) p. 3 **DU**
Almirante Reis (Av.) p. 3 **CU**
Amoreiras (R. das) p. 4 **EX**
Angelina Vidal (R.) p. 5 **HX**
Anjos (R. dos) p. 5 **GX**
Antero de Quental (R.) p. 5 **GX**
António Augusto de Aguiar (Av.) p. 3 **CU** 8
António Maria Cardoso (R.) p. 4 **FZ** 9
António Pereira Carrilho (R.) p. 3 **CU** 10
Arco do Cego (R.) p. 3 **CU** 12
Artilharia Um (R. da) p. 4 **EX**
Augusta (R.) p. 5 **GZ**
Augusto Rosa (R.) p. 5 **GZ** 16
Barão (R.) p. 5 **GZ** 17
Barão de Sabrosa (R.) p. 3 **DU**
Barata Salgueiro (R.) p. 4 **EX**
Barrelas (Beco das) p. 7 **JZ**
Bartolomeu de Gusmão (R.) p. 5 **GY** 18
Bartolomeu Dias (R.) p. 2 **AV** 19
Belém (R. de) p. 2 **AV** 20
Beneficência (R. da) p. 3 **CU** 21
Benfica (Estrada de) p. 2 **BU**
Berlim (Av. de) p. 3 **DU**
Berna (Av. de) p. 3 **CU** 22
Bica do Marquês (R. da) p. 2 **AV** 23
Boavista (R. da) p. 4 **EZ**
Bombarda (R.) p. 5 **GX**
Borges Carneiro (R.) p. 4 **EY**
Braancamp (R.) p. 4 **EX**
Brasil (Av. do) p. 3 **CU**
Calhariz (Estr. do) p. 2 **AU**
Calvário (L. do) p. 2 **BV** 24
Campo das Cebolas p. 5 **GZ**
Campo de Ourique (R. do) p. 2 **BU** 26
Campo de Santa Clara p. 5 **HY**
Campo Grande p. 3 **CU**
Campolide (R. de) p. 2 **BU** 27
Caramão (Estr. do) p. 2 **AV** 28
Cardosa (Beco da) p. 7 **JZ**
Carmo (R. do) p. 5 **GY** 30
Carneiro (Beco do) p. 7 **JY**
Casal Ribeiro (Av.) p. 3 **CU** 32
Castilho (R.) p. 4 **EX**
Cavaleiros (R. dos) p. 5 **GY**
Cerveiras (Azinhaga das) p. 2 **AU** 34
Ceuta (Av. de) p. 2 **BU** 35
Chafariz de Dentro (L. do) p. 7 **JZ**
Chão da Feira (R. do) p. 5 **GY** 37
Cidade do Porto (Av.) p. 3 **DU**
Circunvalação (Estr. de) p. 2 **AU**
Combro (Calç. do) p. 4 **FZ** 38
Comércio (Pr. do) (Terreiro do Paço) p. 5 **GZ** 39
Conceição da Glória (R.) p. 4 **FX** 40
Conde Barão (L.) p. 4 **EZ**
Conde de Almoster (R.) p. 2 **BU**
Conde de Valbom (Av.) p. 3 **CU** 42
Conde Redondo (R.) p. 4 **FX**
Contador Mor (L.) p. 7 **JY**
Correia (Estr. da) p. 2 **AU** 43
Costa do Castelo p. 5 **GY**
Cruz da Pedra (Calç. da) p. 3 **DU** 44
Cruz dos Poiais (R. da) p. 4 **EY**
Cruzeiro (R. do) p. 2 **AV** 45
Cruzes (Beco das) p. 7 **JY**
Cruzes da Sé (R.) p. 5 **GZ** 46
Damasceno Monteiro (R.) p. 5 **GX**
Descobertas (Av. das) p. 2 **AV**
Dom Carlos (Av.) p. 4 **EZ**
Dom João da Câmara (Pr.) p. 4 **FY** 47
Dom João V (R.) p. 4 **EX**
Dom Luís I (R.) p. 4 **EZ**
Dom Pedro IV (Pr.) (Rossio) p. 5 **GY** 50
Dom Pedro V (R.) p. 4 **FY**
Dom Vasco (R. de) p. 2 **AV** 51
Dom Vasco da Gama (Av.) p. 2 **AV** 52
Domingos Sequeira (R.) p. 2 **BV** 53
Dona Estefânia (R. de) p. 4 **FX**
Dona Filipa de Vilhena (Av.) p. 3 **CU** 55
Dona Maria Pia (R.) p. 2 **BV**
Dr Bernardino António Gomes (L.) p. 5 **HY**
Duque de Loulé (Av.) p. 4 **FX**
Duque de Saldanha (Pr.) p. 3 **CU** 56
Duque de Terceira (Pr.) p. 4 **FZ**
Engenheiro Duarte Pacheco (Av.) p. 2 **BU** 57
Escola do Exército (R.) p. 5 **GX**
Escola Politécnica (R. da) p. 4 **EX**
Escolas Gerais (R. das) p. 7 **JY**
Espanha (Pr. de) p. 3 **CU** 58
Espírito Santo (R. do) p. 7 **JZ**
Estados Unidos da América (Av.) p. 3 **CU**
Estrela (Calç. da) p. 4 **EY**
Febo Moniz (R.) p. 5 **GX**
Fernando Palha (R.) p. 3 **DU** 61
Ferreira Borges (R.) p. 2 **BV** 62
Figueira (Pr. da) p. 5 **GY** 63
Filipe da Mata (R.) p. 3 **CU** 64
Flores (Pátio das) p. 7 **JY**
Fonsecas (Av. das) p. 2 **BU**
Fonte (R. da) p. 2 **AU** 65
Fontes Pereira de Melo (Av.) p. 4 **EX**
Forças Armadas (Av. das) p. 3 **CU** 66
Formosa (Beco da) p. 7 **JY**
Formoso de Baixo (R. do) p. 3 **DU** 67
Forno do Tijolo (R.) p. 5 **GX**
Funil (Trav. do) p. 5 **GY** 68
Galvão (Calç. do) p. 2 **AV**
Garrett (R.) p. 4 **FZ**
General Norton de Matos (Av.) p. 2 **BU**
General Roçadas (Av.) p. 5 **HX**
Glória (Calç. da) p. 4 **FY**
Gomes Freire (R.) p. 4 **FX**
Graça (C. da) p. 5 **HY** 71
Graça (L. da) p. 5 **HY**
Graça (R. da) p. 5 **HX**
Guilherme Braga (R.) p. 7 **JY**
Gulbenkian (Av.) p. 2 **BU**
Ilha da Madeira (Av.) p. 2 **AV**
Império (Pr. do) p. 2 **AV** 72
Imprensa Nacional (R.) p. 4 **EY**
India (Av. da) p. 2 **AV**
Infante D. Henrique (Av.) p. 3 **DU**
Infante D. Henrique (R.) p. 5 **HY** 73
Infante Santo (Av.) p. 2 **BV**
Instituto Bacteriológico (R.) p. 5 **GX** 74
Jacinta Marto (R.) p. 5 **GX**
Jardim do Tabaco (R. do) p. 7 **JZ**
João da Praça (R. de) p. 7 **JZ**
João de Barros (R.) p. 2 **AV** 75
João XXI (Av.) p. 3 **CU**
Joaquim António de Aguiar (R.) p. 4 **EX**
José Fontana (Pr.) p. 4 **FX**
Judiaria (Rua da) p. 7 **JZ**
Junqueira (R. da) p. 2 **AV**
Lagares (R.) p. 5 **GY**
Lajes (Calç. das) p. 3 **DU** 79
Laranjeiras (Estr. das) p. 2 **BU** 80
Liberdade (Av. da) p. 4 **FX**
Limoeiro (L. do) p. 7 **JZ**
Linhas de Torres (Al. das) p. 3 **CU**
Lóios (L. dos) p. 5 **GY** 83
Londres (Pr. de) p. 3 **CU** 84
Luís de Camões (Pr.) p. 4 **FZ** 86
Luz (Estrada da) p. 2 **BU**
Madalena (R. da) p. 5 **GY**
Manuel da Maia (Av.) p. 3 **CU** 87
Marcos (Estr. dos) p. 2 **AU**
Marechal Craveiro Lopes (Av.) p. 3 **CU**
Marechal Gomes da Costa (Av.) p. 3 **DU**
Marginal (Av.) p. 2 **AV**
Maria Andrade (R.) p. 5 **GX**
Maria da Fonte (R.) p. 5 **GX**
Marquês de Abrantes (Calç. do) p. 4 **EZ** 88
Marquês da Fronteira (R.) p. 3 **CU** 90
Marquês de Pombal (Pr.) p. 4 **EX**
Martim Moniz (L.) p. 5 **GY**
Mexias (Beco do) p. 7 **JZ**
Miguel Bombarda (Av.) p. 3 **CU** 91
Mirante (Calç. do) p. 2 **AV** 92
Misericórdia (R. da) p. 4 **FY** 93
Monte (Trav. do) p. 5 **HX**
Morais Soares (R.) p. 3 **DU**
Mouzinho de Albuquerque (Pr.) p. 3 **CU** 94
Norberto de Araújo (R.) p. 7 **JZ**
Norte (R. do) p. 4 **FY** 96
Ouro (R. do) p. 5 **GZ**
Padre Cruz (Av.) p. 2 **BU** 98
Palma (R. da) p. 5 **GX**
Palma de Baixo (Cam.) p. 2 **BU** 99
Palma de Cima (Cam.) p. 2 **BU** 100
Paraíso (R. do) p. 5 **HY**
Pascoal de Melo (R.) p. 3 **CU** 102
Passos Manuel (R.) p. 5 **GX**
Pedro Álvares Cabral (Av.) p. 4 **EX**
Pedrouços (R. de) p. 2 **AV** 104
Penha de França (R. da) p. 5 **HX**
Poço dos Negros (R. do) p. 4 **EZ**
Poiais de S. Bento (R.) p. 4 **EZ** 105
Ponte (Av. da) p. 2 **BV**
Portas de Santo Antão (R.) p. 4 **FY** 106
Portas do Sol (L. das) p. 7 **JY**
Prata (R. da) p. 5 **GZ**
Príncipe Real (Pr. do) p. 4 **EY**
Queimada (Trav. da) p. 4 **FY** 108
Queluz (Estr. de) p. 2 **AV**
Rainha (Paço da) p. 5 **GX**
Rato (L. do) p. 4 **EX**
Regueira (R. da) p. 7 **JY**
Remédios (R. dos) p. 5 **HY**
República (Av. da) p. 3 **CU** 109
Restauradores (Pr. dos) p. 4 **FY** 110

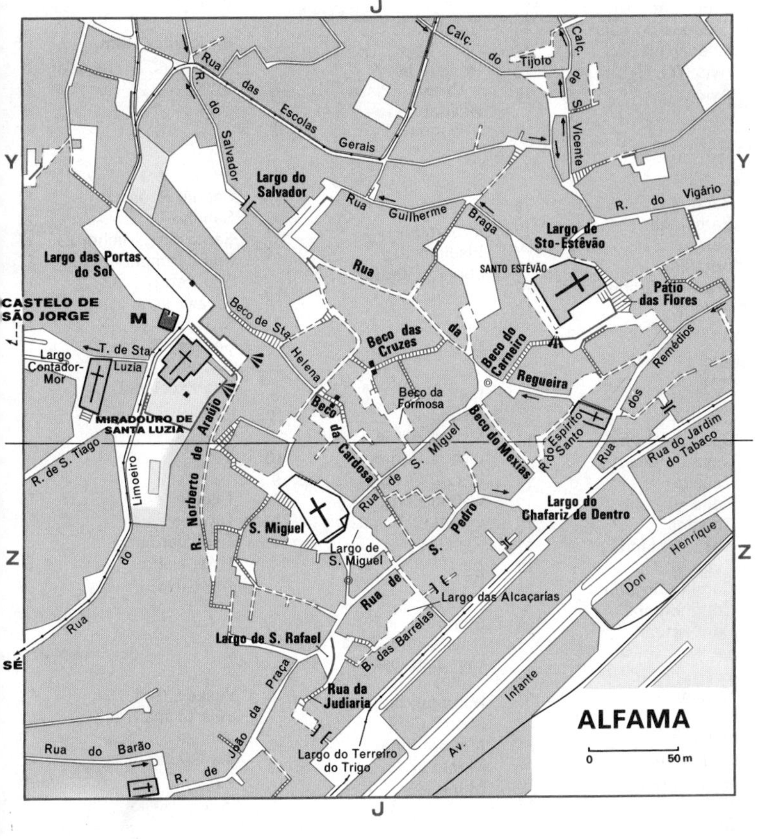

J
Y
Z
Calç. do Tijolo
Calç. de S. Vicente
Rua das Escolas Gerais
R. do Salvador
Largo do Salvador
Rua Guilherme Braga
R. do Vigário
Largo de Sto-Estêvão
SANTO ESTÊVÃO
Pátio das Flores
Largo das Portas do Sol
CASTELO DE SÃO JORGE
M
Largo Contador-Mor
T. de Sta-Luzia
Beco de Sta Helena
Rua da Regueira
Beco das Cruzes
Beco do Carneiro
Rua dos Remédios
Beco da Formosa
MIRADOURO DE SANTA LUZIA
Beco da Cardosa
Beco do Mexias
R. do Espírito Santo
Rua do Jardim do Tabaco
R. de S. Tiago
Limoeiro
R. Norberto de Araújo
Rua de S. Miguel
Largo do Chafariz de Dentro
S. Miguel
Largo de S. Miguel
Rua de S. Pedro
Largo das Alcaçarias
Rua do
Av. Infante Don Henrique
Largo de S. Rafael
B. das Barrelas
R. de João da Praça
Rua da Judiaria
Rua do Barão
Largo do Terreiro do Trigo
SÉ
ALFAMA
0
50 m

LISTA ALFABÉTICA DE HOTÉIS E RESTAURANTES

Ritz, Rua Rodrigo da Fonseca 88, ✉ 1093, ☎ 69 20 20, Telex 12589, Fax 69 17 83, ≤, – |‡| ▤ TV ☎ – 25/600. AE ① E VISA JCB. ⅋ rest EX **b**
Ref **Varanda** lista 4200 a 5500 - **The Grill** lista 6700 a 8600 – ☕ 2000 – **310 qto** 50000/54000.

Sheraton Lisboa H., Rua Latino Coelho 1, ✉ 1097, ☎ 57 57 57, Telex 12774, Fax 54 71 64, ≤, climatizada – |‡| ▤ TV ☎ – 25/550. AE ① E VISA JCB. ⅋ CU **s**
Ref **Alfama Grill** *(fechado sábado, domigo e feriados)* lista 5200 a 10000 - **Caravela** lista 3900 a 5400 – ☕ 2750 – **384 qto** 35000/50000.

Le Meridien Lisboa, Rua Castilho 149, ✉ 1000, ☎ 69 09 00, Telex 64315, Fax 69 32 31, ≤ – |‡| ▤ TV ☎ ♿ – 25/480. AE ① E VISA JCB. ⅋ EX **a**
Ref **Atlantic** *(fechado sábado, domingo e agosto)* lista 5300 a 7400 - **Brasserie des Amis** lista 4050 a 5200 – ☕ 2000 – **331 qto** 38000/41000.

Da Lapa, Rua do Pau de Bandeira, ✉ 1200, ☎ 395 00 05, Fax 395 06 65, ≤, , « Belo jardim entre árvores com cascata e », , – |‡| ▤ TV ☎ ♿ – 25/226. AE ① E VISA. ⅋ BV **a**
Ref lista 6150 a 9250 – ☕ 1800 – **102 qto** 37000/40000.

Tívoli Lisboa, Av. da Liberdade 185, ✉ 1200, ☎ 52 11 01, Telex 12588, Fax 57 94 61, , « Terraço com ≤ cidade », climatizada, – |‡| ▤ TV ☎ – . AE ① E VISA. ⅋ FX **d**
Ref **Grill Terraço** lista aprox. 7500 - **Zodíaco** lista aprox. 4800 – **327 qto** ☕ 37500/44000.

Alfa Lisboa, Av. Columbano Bordalo Pinheiro, ✉ 1000, ☎ 726 21 21, Telex 18477, Fax 726 30 31, ≤ – |‡| ▤ TV ☎ – 25/250. AE ① E VISA. ⅋ BU **a**
Ref **A Aldeia** lista 3450 a 4700 - **Grill Pombalino** lista 3900 a 6200 – **350 qto** ☕ 27500/33000.

Altis, Rua Castilho 11, ✉ 1200, ☎ 52 24 96, Telex 13314, Fax 54 86 96, , – |‡| ▤ TV ☎ – . AE ① E VISA JCB. ⅋ EX **z**
Ref **Girasol** *(só almoço, buffet)* 5000 - **Grill Dom Fernando** *(fechado domingo)* lista 4750 a 7650 – **307 qto** ☕ 26000/30000.

Continental, Rua Laura Alves 9, ✉ 1000, ☎ 793 50 05, Telex 65632, Fax 797 36 69 – |‡| ▤ TV ☎ – 25/180. AE ① E VISA JCB. ⅋ CU **q**
Ref **D. Miguel** *(fechado domingo)* lista aprox 5700 - **Coffee Shop Continental** lista aprox 5700 – **220 qto** ☕ 25900/29200.

Lisboa Penta, Av. dos Combatentes, ✉ 1600, ☎ 726 40 54, Telex 18437, Fax 726 42 81, ≤, – |‡| ▤ TV ☎ – 25/600. AE ① E VISA JCB. ⅋ rest BU **r**
Ref 3750 - **Grill Passarola** lista 4610 a 7210 - **Verde Pino** lista 2570 a 3400 – **588 qto** ☕ 19400/23600.

Holiday Inn Crowne Plaza, av. Marechal Craveiro Lopes 390, ✉ 1700, ☎ 759 96 39, Telex 61170, Fax 758 66 05, – |‡| ▤ TV ☎ ♿ – 25/200. AE ① E VISA. ⅋ CU **u**
Ref 4200 – **221 qto** ☕ 31500/38000 – PA 8400.

Pullman Lisboa, av. da Liberdade 125, ✉ 1200, ☎ 342 92 02, Fax 342 92 22 – |‡| ▤ TV ☎ ♿ – 25/300. AE ① E VISA JCB. ⅋ rest FX **r**
Ref 4500 – ☕ 1150 – **170 qto** 21500/26000 – PA 9000.

Holiday Inn Lisboa, Av. António José de Almeida 28 A, ✉ 1000, ☎ 793 52 22, Telex 60330, Fax 793 66 72 – |‡| ▤ TV ☎ – . AE ① E VISA. ⅋ CU **c**
Ref 3600 – **169 qto** ☕ 16500.

Novotel Lisboa, Av. José Malhoa 1642, ✉ 1000, ☎ 726 60 22, Telex 40114, Fax 726 64 96, ≤, – |‡| ▤ TV ☎ ♿ – 25/300. AE ① E VISA. ⅋ rest BU **e**
Ref 3850 – ☕ 1100 – **246 qto** 13800/15050.

Lisboa Plaza, Travessa do Salitre 7, ✉ 1200, ☎ 346 39 22, Telex 16402, Fax 347 16 30 – |‡| ▤ TV ☎. AE ① E VISA JCB. ⅋ FX **b**
Ref 3500 – **112 qto** ☕ 24000/29500.

Fénix e Rest. El Bodegón, Praça Marqués de Pombal 8, ✉ 1200, ☎ 386 21 21, Telex 12170, Fax 386 01 31 – |‡| ▤ TV ☎ ♿ – 25/100. AE ① E VISA JCB. ⅋ EX **g**
Ref lista 3200 a 5200 – **123 qto** ☕ 17500/19500.

Zurique, Rua Ivone Silva, ✉ 1000, ☎ 793 71 11, Fax 793 72 90, – |‡| TV ☎ – 25/150. AE ① E VISA. ⅋ CU **q**
Ref 3000 – **252 qto** ☕ 15000/17000.

Lutécia, Av. Frei Miguel Contreiras 52, ✉ 1700, ☎ 80 31 21, Telex 12457, Fax 80 78 18, ≤ – |‡| ▤ TV ☎. AE ① E VISA JCB. ⅋ CU **b**
Ref 4000 – **151 qto** ☕ 18000/21500.

Tívoli Jardim, Rua Julio Cesar Machado 7, ✉ 1200, ☎ 53 99 71, Telex 12172, Fax 355 65 66, climatizada, – |‡| ▤ TV ☎ . AE ① E VISA. ⅋ FX **a**
Ref lista aprox. 4900 – **119 qto** ☕ 21500/26500.

Diplomático, Rua Castilho 74, ✉ 1200, ☎ 386 20 41, Telex 13713 – |‡| ▤ TV ☎ – . AE ① E VISA. ⅋ rest EX **c**
Ref lista 2350 a 2500 – **90 qto** ☕ 17500/20500.

Flórida sem rest, Rua Duque de Palmela 32, ✉ 1200, ☎ 57 61 45, Telex 12256, Fax 54 35 84 – |‡| ▤ TV ☎ – 25/100. AE ① E VISA JCB. ⅋ EX **x**
112 qto ☕ 16500/20000.

Mundial, Rua D. Duarte 4, ⊠ 1100, ℘ 886 31 01, Telex 12308, Fax 87 91 29, € - - 25/140. AE D E VISA. GY **c**
Ref 3850 - **147 qto** 18200/22800 - PA 7700.

Barcelona sem rest, Rua Laura Alves 10, ⊠ 1000, ℘ 795 42 73, Fax 795 42 81 - - 25/300. AE D E VISA. CU **q**
125 qto 16300/18500.

Dom Manuel I sem rest, Av. Duque d'Avila 189, ⊠ 1000, ℘ 57 61 60, Telex 43558, Fax 57 69 85, « Bela decoração » - . AE D E VISA. CU **p**
64 qto 12900/14500.

Dom Rodrigo Suite H. sem rest, Rua Rodrigo da Fonseca 44, ⊠ 1200, ℘ 386 38 00, Fax 386 30 00, - . AE D E VISA JCB. EX **m**
800 - **57 apartamentos** 15500/19000.

Lisboa Alif H. sem rest, av. João XXI-Campo Pequeno, ⊠ 1000, ℘ 795 24 64, Telex 64460, Fax 795 41 16 - - 25/40. AE D VISA. CU **w**
115 qto 15000/17500.

Lisboa sem rest, Rua Barata Salgueiro 5, ⊠ 1100, ℘ 355 41 31, Telex 60228, Fax 355 41 39 - . AE D E VISA JCB. FX **e**
61 qto 23000/27000.

Veneza sem rest, av. da Liberdade 189, ⊠ 1200, ℘ 352 26 18, Fax 352 66 78, « Instalado num antigo palacete » - . AE D E VISA. FX **d**
38 qto 14000/17000.

Lisboa Carlton sem rest, av. Conde Valbon 56, ⊠ 1000, ℘ 795 11 57, Telex 65618, Fax 795 11 66 - . AE D E VISA JCB. CU **g**
72 qto 19000/23000.

Amazónia H., Travessa Fábrica dos Pentes 12, ⊠ 1200, ℘ 387 70 06, Telex 66361, Fax 387 90 90, climatizada - - 25/150. AE D E VISA. EX **d**
Ref *(fechado sábado noite e domingo)* 3000 - **192 qto** 12100/15300.

Roma, Av. de Roma 33, ⊠ 1700, ℘ 796 77 61, Telex 16586, Fax 793 29 81, €, - - 25/230. AE D E VISA JCB. CU **a**
Ref 3000 - **265 qto** 11500/15000 - PA 6000.

Eduardo VII, Av. Fontes Pereira de Melo 5, ⊠ 1000, ℘ 53 01 41, Telex 18340, Fax 53 38 79, € - - 25/60. AE D E VISA. EX **p**
Ref 3600 - 1000 - **121 qto** 15300/17500 - PA 7200.

Dom Carlos sem rest, Av. Duque de Loulé 121, ⊠ 1000, ℘ 53 90 71, Telex 16468, Fax 352 07 28 - . AE D E VISA. EX **s**
73 qto 11500/14500.

Miraparque, Av. Sidónio Pais 12, ⊠ 1000, ℘ 57 80 70, Telex 16745, Fax 57 89 20 - . AE D E VISA. EX **k**
Ref 3000 - **100 qto** 10500/12500 - PA 6000.

Príncipe Real, Rua da Alegria 53, ⊠ 1200, ℘ 346 01 16, Telex 44571, Fax 342 21 04 - . AE D E VISA JCB. EX **q**
Ref 3000 - **24 qto** 16500/19000 - PA 6000.

Britânia sem rest, Rua Rodrigues Sampaio 17, ⊠ 1100, ℘ 315 50 16, Telex 13733, Fax 315 50 21 - . AE D E VISA. FX **y**
30 qto 13900/17400.

York House, Rua das Janelas Verdes 32, ⊠ 1200, ℘ 396 25 44, Telex 16791, Fax 397 27 93, , « Instalado num convento do século XVI decorado num estilo portugués » - . AE D E VISA JCB. BV **e**
Ref lista 2700 a 3800 - **35 qto** 19000/21000.

As Janelas Verdes sem rest, Rua das Janelas Verdes 47, ⊠ 1200, ℘ 396 81 43, Telex 16791, Fax 397 27 93 - . AE D E VISA JCB. BV **e**
17 qto 19000/21000.

Botánico sem rest, Rua Mãe de Agua 16, ⊠ 1200, ℘ 342 03 92, Telex 16174, Fax 342 01 25 - . AE D E VISA. FX **s**
30 qto 10500/15000.

Da Torre, Rua dos Jerónimos 8, ⊠ 1400, ℘ 363 62 62, Fax 364 59 95 - - . AE D E VISA JCB AV **e**
Ref (ver rest. **São Jerónimo**) - **50 qto** 11500/14750.

Flamingo, Rua Castilho 41, ⊠ 1200, ℘ 386 21 91, Telex 14736, Fax 386 12 16 - . AE D E VISA. EX **n**
Ref 3000 - **39 qto** 13500/16500 - PA 6000.

Berna sem rest, Av. António Serpa 13, ⊠ 1000, ℘ 793 67 67, Telex 62516, Fax 793 62 78 - - 25/140. AE D E VISA. CU **v**
240 qto 12000/14000.

Albergaria Senhora do Monte sem rest, Calçada do Monte 39, ⊠ 1100, ℘ 886 60 02, Fax 87 77 83, € Castelo de São Jorge, cidade e o rio Tejo - . AE D E VISA. GX **c**
28 qto 11500/14000.

Vip sem rest, Rua Fernão Lopes 25, ⊠ 1000, ℘ 352 19 23, Telex 14194, Fax 315 87 73 - . AE D E VISA JCB. CU **r**
54 qto 8000/9000.

Capitol, Rua Eça de Queiroz 24, ✉ 1000, ☎ 53 68 11, Telex 13701, Fax 352 61 65 – AE VISA. EX **f**
Ref 3200 – **58 qto** 14500/17500 – PA 6400.

Príncipe, Av. Duque d'Ávila 201, ✉ 1000, ☎ 53 61 51, Telex 43565, Fax 53 43 14 – AE VISA JCB. CU **m**
Ref 2500 – **68 qto** 11500/13500 – PA 5000.

Fonte Luminosa sem rest., Alameda D. Afonso Enriques 70-6Ñ, ✉ 1000, ☎ 80 81 69, Telex 15063, Fax 80 90 03 – VISA. CU **y**
37 qto 6800/9200.

D. Afonso Henriques sem rest, Rua Cristóvão Falcão 8, ✉ 1900, ☎ 814 65 74, Telex 64952, Fax 82 33 75 – 25/80. AE VISA JCB DU **t**
39 qto 8500/10500.

Nazareth sem rest, Av. António Augusto de Aguiar 25, ✉ 1000, ☎ 54 20 16, Fax 356 08 36 – AE VISA. EX **y**
32 qto 7500/9000.

São Pedro sem rest, Rua Pascoal de Melo 130, ✉ 1000, ☎ 57 87 65 – CU **d**
85 qto.

Insulana sem rest, Rua da Assunção 52, ✉ 1100, ☎ 342 76 25 – AE VISA. GY **e**
32 qto 8500/10500.

Dom João sem rest, Rua José Estêvão 43, ✉ 1100, ☎ 54 30 64 – AE VISA. GX **e**
18 qto 8500/9500.

Alicante sem rest, Av. Duque de Loulé 20, ✉ 1000, ☎ 53 05 14, Fax 352 02 50 – AE VISA. FX **c**
42 qto 6900/8400.

Imperador sem rest, Av. 5 de Outubro 55, ✉ 1000, ☎ 352 48 84, Fax 352 65 37 – AE VISA. CU **f**
43 qto 7500/9300.

Residencia Roma sem rest, Travessa da Glória 22 A, ✉ 1200, ☎ 346 05 57, Fax 346 05 57 – VISA. FXY **t**
24 qto 8000/10500.

Albergaria Pax sem rest, Rua José Estêvão 20, ✉ 1100, ☎ 356 18 61, Telex 65417, Fax 315 57 55 – AE VISA. GX **q**
34 qto 8000/10000.

Americano sem rest, Rua 1° de Dezembro 73, ✉ 1200, ☎ 347 49 76 – VISA FY **c**
49 qto 6000/9000.

XXXX **Tágide,** Largo da Academia Nacional de Belas Artes 18, ✉ 1200, ☎ 342 07 20, Fax 347 18 80, – AE VISA JCB. FZ **z**
fechado sábado e domingo – Ref lista 6650 a 10000.

XXXX **Antonio Clara - Clube de Empresários,** Av. da República 38, ✉ 1000, ☎ 796 63 80, Telex 62506, Fax 797 41 44, « Instalado num antigo palacete » – AE VISA. CU **t**
fechado domingo – Ref lista 4800 a 7400.

XXXX **Clara,** Campo dos Mártires da Patria 49, ✉ 1100, ☎ 355 73 41, Fax 54 20 82, – AE VISA. FX **f**
fechado sábado meio-dia, domingo e do 1 ao 15 agosto – Ref lista 5200 a 7800.

XXXX **Aviz,** Rua Serpa Pinto 12-B, ✉ 1200, ☎ 342 83 91 – AE VISA. FZ **x**
fechado sábado meio-día, domingo e agosto – Ref lista 6150 a 9500.

XXXX **Tavares,** Rua da Misericórdia 37, ✉ 1200, ☎ 32 11 12, Estilo fim do século XIX – AE VISA. FZ **t**
fechado sábado e domingo ao meio-día – Ref lista 5700 a 8000.

XXX **Gare Tejo,** Gare Marítima de Alcântara-Alcântara Sul, ✉ 1300, ☎ 397 63 35, Fax 397 85 59, « Na margem do Tejo com » – AE VISA BV
fechado sábado ao meio-día, domingo e agosto – Ref lista 4500 a 6400.

XXX **Gambrinus,** Rua das Portas de Santo Antão 25, ✉ 1100, ☎ 32 14 66, Fax 346 50 32 – AE VISA. GY **n**
Ref lista 10000 a 13000.

XXX **Escorial,** Rua das Portas de Santo Antão 47, ✉ 1100, ☎ 346 44 29, Fax 346 37 58 – AE VISA JCB. GY **n**
Ref lista 4930 a 6000.

XXX ✿ **Casa da Comida,** Travessa das Amoreiras 1, ✉ 1200, ☎ 388 53 76, Fax 387 51 32, « Patio com plantas » – AE VISA. EX **e**
fechado sábado meio-día, domingo e agosto – Ref lista 6000 a 10900
Espec. Sopa de crustáceos, Pregado com pimenta verde, Perdiz ou faisão à convento de Alcântara.

XXX **Mister Cook** com snack-bar, Av. Guerra Junqueiro 1, ✉ 1000, ☎ 80 72 37, Fax 793 71 52 – AE VISA. CU **y**
fechado sábado meio-día e domingo – Ref lista 3600 a 6000.

XXX **Pabe,** Rua Duque de Palmela 27-A, ✉ 1200, ☎ 53 74 84, Fax 53 64 37, Pub inglês – AE VISA JCB. EX **u**
Ref lista 6200 a 7100.

XXX **Chester,** Rua Rodrigo da Fonseca 87-D, ✉ 1200, ✆ 65 73 47, Carnes – ▤. AE ⓓ E VISA JCB. ✻ EX **w**
fechado domingo – Ref lista 5050 a 6980.

XXX **Braseiro Grande,** av. Elias García 13, ✉ 1000, ✆ 797 70 77 – ▤. AE ⓓ VISA. ✻ CU **e**
fechado sábado meio-día, domingo e agosto – Ref lista 3000 a 3300.

XXX **Saraiva's,** Rua Eng. Canto Resende 3, ✉ 1000, ✆ 53 19 87, Fax 53 19 87, Decoração moderna – ▤. AE ⓓ E VISA JCB. ✻ CU **v**
fechado sábado – Ref lista 3630 a 6500.

XXX **Bachus,** Largo da Trindade 9, ✉ 1200, ✆ 342 28 28, Fax 342 12 60 – ▤. AE ⓓ E VISA JCB. ✻ FY **s**
Ref lista 3400 a 6600.

XXX ✿ **Conventual,** Praça das Flores 45, ✉ 1200, ✆ 60 91 96 – ▤. AE ⓓ E VISA EY **m**
fechado sábado meio-día, domingo e agosto – Ref lista 3950 a 6500
Espec. Lombo de linguado com molho de marisco, Pato com Champagne e pimenta rosa, Migas e miolos com entrecosto..

XXX **O Faz Figura,** Rua do Paraíso 15 B, ✉ 1100, ✆ 886 89 81, ≤, 🏔 – ▤. AE ⓓ E VISA. ✻
fechado domingo – Ref lista 3800 a 6000. HY **n**

XX **Via Graça,** Rua Damasceno Monteiro 9 B, ✉ 1100, ✆ 87 08 30, ≤ Castelo de São Jorge, cidade e o rio Tejo – ▤. AE ⓓ E VISA JCB. ✻ GX **d**
fechado sábado meio-día, domingo e do 15 ao 31 agosto – Ref lista 3180 a 5000.

XX **Casa do Leão,** Castelo de São Jorge, ✉ 1100, ✆ 888 01 54, Fax 87 63 29, ≤ – ▤. AE ⓓ VISA. ✻ GY **s**
Ref lista 4600 a 6550.

XX **Santa Cruz - Michel,** Largo de Santa Cruz do Castelo 5, ✉ 1100, ✆ 86 43 38 – ▤. AE ⓓ E VISA JCB GY **b**
fechado sábado meio-dia, domingo e feriados – Ref lista 3500 a 5000.

XX **São Jerónimo,** Rua dos Jerónimos 12, ✉ 1400, ✆ 64 87 96 – ▤. AE ⓓ E VISA JCB. ✻ AV **e**
fechado domingo – Ref lista 2890 a 4880.

XX **Espelho d'Água,** Av. de Brasilia, ✉ 1400, ✆ 301 73 73, Fax 363 26 92, ≤, 🏔, Situado num pequeno lago artificial. Decoração moderna – ▤. AE ⓓ E VISA JCB. ✻ AV **n**
fechado domingo – Ref lista 3190 a 5860.

XX **Vela Latina,** Doca do Bom Sucesso, ✉ 1400, ✆ 301 71 18, Fax 301 93 11, « Agradável Terraço » – ▤. AE ⓓ E VISA. ✻ AV **x**
fechado domingo – Ref lista 4500 a 5800.

XX **Arlecchino,** Rua Fialho de Almeida 6B, ✉ 1000, ✆ 54 83 70 – ▤. AE ⓓ E VISA JCB. ✻
fechado sábado, domingo e agosto – Ref lista 3280 a 5400. CU **x**

XX **Sancho,** Travessa da Glória 14, ✉ 1200, ✆ 346 97 80 – ▤. AE ⓓ E VISA JCB. ✻ FY **t**
fechado domingo – Ref lista 2060 a 3980.

XX **Saddle Room,** Praça José Fontana 17C, ✉ 1000, ✆ 352 31 57, Telex 64269, Fax 54 09 61, Música ao jantar, Decoração rústica-inglesa – ▤. AE ⓓ E VISA FX **w**
fechado sábado meio-día e domingo – Ref lista 3450 a 7000.

XX **O Polícia,** Rua Marquês Sá da Bandeira 112, ✉ 1000, ✆ 796 35 05 – ▤. E VISA. ✻
fechado sábado noite e domingo – Ref lista 3050 a 4200. CU **g**

XX **Adega Tía Matilde,** Rua da Beneficência 77, ✉ 1600, ✆ 797 21 72 – ▤. AE ⓓ E VISA. ✻ CU **h**
fechado sábado noite e domingo – Ref lista 4175 a 6175.

XX **O Nobre,** Rua das Mercês 71, ✉ 1300, ✆ 363 38 27 – ▤. E VISA JCB. ✻ AV **e**
fechado sábado meio-día e domingo – Ref lista 3260 a 4980.

XX **Forno da Brites,** Rua Tomás Ribeiro 75, ✉ 1000, ✆ 54 27 24 – ▤. AE ⓓ E VISA JCB. ✻ CU **k**
fechado sábado – Ref lista 3350 a 4550.

X **Páginas Tantas,** Rua do Diário de Noticias 85, ✉ 1200, ✆ 346 54 95 – ▤. AE ⓓ E VISA. ✻ FY **u**
fechado domingo – Ref (só jantar) lista 2500 a 3850.

X **Frei Papinhas,** Rua D. Francisco Manuel de Melo 32, ✉ 1000, ✆ 65 87 57, Fax 69 14 59 – ▤. AE ⓓ E VISA JCB. ✻ EX **r**
Ref lista 3300 a 5200.

X **O Funil,** Av. Elias Garcia 82 A, ✉ 1000, ✆ 796 60 07 – ▤. E VISA. ✻ CU **n**
fechado domingo noite e 2ª feira – Ref lista 2630 a 5400.

X **Xêlê Bananas,** Praça das Flores 29, ✉ 1200, ✆ 395 25 15, Inspiração decorativa tropical – ▤. AE ⓓ E VISA EY **n**
fechado sábado meio-día e domingo – Ref lista 2700 a 4350.

X **Sua Excelencia,** Rua do Conde 42, ✉ 1200, ✆ 60 36 14 – ▤. AE ⓓ E VISA JCB BV **t**
fechado sábado meio-día, domingo meio-día, 4ª feira e setembro – Ref lista 3350 a 6100.

X **Chez Armand,** Rua Carlos Mardel 38, ✉ 1900, ✆ 52 07 70, Fax 52 42 57, Rest. francês, Carnes – ▤. AE ⓓ E VISA DU **e**
fechado sábado meio-día, domingo e agosto – Ref lista 3830 a 5150.

Monique's, Rua de São Marçal 94, ✉ 1200, ☎ 347 59 22 - ▤. E VISA. ✻ EY **d**
fechado sábado meio-dia, domingo e feriados - Ref lista 2375 a 5300.

Pap'Açorda, Rua da Atalaia 57, ✉ 1200, ☎ 346 48 11 - ▤ FY **d**

Mistura Fina, Rua Tomás da Anunciação 52-A, ✉ 1300, ☎ 397 17 94 - ▤. VISA. ✻
fechado domingo - Ref lista 2170 a 3580. BV **x**

António, Rua Tomás Ribeiro 63, ✉ 1000, ☎ 53 87 80, Fax 54 91 76 - ▤. E VISA. ✻
Ref lista 3100 a 5800. CU **k**

Celta, Rua Gomes Freire 148-C e D, ✉ 1100, ☎ 57 30 69 - ▤. AE ⓓ E VISA JCB. ✻
fechado domingo - Ref lista 2160 a 3880. FX **k**

Porta Branca, Rua do Teixeira 35, ✉ 1200, ☎ 32 10 24 - ▤. AE ⓓ E VISA. ✻ FY **e**
fechado sábado meio-día, domingo e julho - Ref lista 4500 a 5300.

Vasku's Grill, Rua Passos Manuel 30, ✉ 1100, ☎ 54 22 93, Grelhados - ▤. AE ⓓ E VISA. ✻ GX **a**
fechado sábado meio-día e domingo - Ref lista 2700 a 5200.

D'Avis, Rua do Grilo 98, ✉ 1900, ☎ 858 13 54 - ▤. E VISA DU **a**
fechado domingo e agosto - Ref lista 1850 a 3200.

Comida de Santo, Calçada do Eng. Miguel Pais 39, ✉ 1200, ☎ 396 33 39, Cozinha brasileira - ▤. AE ⓓ E VISA. ✻ EX **v**
Ref lista 3050 a 4400.

Patchuka, Rua do Século 149 A, ✉ 1200, ☎ 346 45 78 - ▤. AE ⓓ E VISA. ✻ EY **a**
fechado sábado meio-día, domingo e agosto - Ref lista 2450 a 4250.

Mercado de Santa Clara, Campo de Santa Clara (no mercado), ✉ 1100, ☎ 87 39 86, ← - ▤. AE ⓓ E VISA. ✻ HY **c**
fechado domingo noite, 2ª feira e 15 agosto-15 setembro - Ref lista 3100 a 4150.

Paris, Rua dos Sapateiros 126, ✉ 1100, ☎ 346 97 97 - ▤. AE ⓓ E VISA. ✻ GZ **a**
Ref lista 2300 a 3600.

Delfim, Rua Nova de São Mamede 25, ✉ 1200, ☎ 69 05 32 - ▤. AE ⓓ VISA. ✻ EX **t**
fechado sábado e do 15 ao 30 agosto - Ref lista 2500 a 4660.

Caseiro, Rua de Belém 35, ✉ 1300, ☎ 363 88 03, Decoração rústica - ▤. AE ⓓ E VISA JCB. ✻ AV **s**
fechado domingo e agosto - Ref lista 2660 a 3860.

RESTAURANTES TIPICOS

Arcadas do Faia, Rua da Barroca 56, ✉ 1200, ☎ 342 67 42, Telex 13649, Fax 342 19 23, Fados - ▤ FY **f**
Ref (só jantar).

Sr. Vinho, Rua do Meio -à- Lapa 18, ✉ 1200, ☎ 397 74 56, Fax 395 20 72, Fados - ▤. AE ⓓ E VISA JCB. ✻ EZ **r**
fechado domingo - Ref (só jantar) lista 3870 a 6960.

A Severa, Rua das Gáveas 51, ✉ 1200, ☎ 342 83 14, Fax 346 40 06, Fados ao jantar - ▤. AE ⓓ E VISA JCB. ✻ FY **b**
fechado 5ª feira - Ref lista 5050 a 7300.

Adega Machado, Rua do Norte 91, ✉ 1200, ☎ 342 87 13, Fax 346 75 07, Fados - ▤. AE ⓓ E VISA JCB. ✻ FY **k**
fechado 2ª feira - Ref (só jantar) lista 5600 a 7300.

O Forcado, Rua da Rosa 221, ✉ 1200, ☎ 346 85 79, Fados - ▤ FY **r**

MICHELIN, Companhia Luso-Pneu, Lda Edificio Michelin, Quinta do Marchante/Prior-Velho, SACAVÉM por ①, ✉ 2685 ☎ 941 13 09, Fax 941 12 90

LOMBO DE BAIXO

Madeira - ver Madeira (Arquipélago da) : Faial.

LOULÉ

8100 Faro 440 U 5 - 8 595 h. - ☎ 089.

Edificio do Castelo ☎ 639 00.

♦Lisboa 299 - Faro 16.

Loulé Jardim H. sem rest, Praça Manuel de Arriaga ☎ 41 30 94, Fax 631 77, ⛱ - |‡| TV ☎ - 🅿 25/40. AE ⓓ E VISA JCB
52 qto ▭ 6500/9000.

Ibérica sem rest, Av. Marçal Pacheco 157 ☎ 41 41 00 - |‡| ☎ Ⓟ. E VISA. ✻
▭ 300 - **54 qto** 4000/7000.

D. Payo sem rest, Rua Projectada à Antero de Quental ☎ 41 44 22, Fax 41 64 53 - |‡| ☎
26 qto.

Bica Velha, Rua Martin Moniz 17 ☎ 633 76, Decoração rústica - AE ⓓ E VISA. ✻
fechado domingo (salvo agosto) e do 15 ao 30 novembro - Ref lista 2100 a 3400.

O Avenida, av. José da Costa ☎ 621 06 - ▤. AE ⓓ E VISA. ✻
fechado domingo e novembro - Ref lista 2250 a 4100.

em Franqueada - na estrada N 396 SO : 4,5 km - ✉ 8100 Loulé - ☎ 089 :

X **O Carcavai,** ✆ 41 35 65, Cozinha belga e francêsa, Decoração rústica - ▤ Ⓟ. AE ⓓ E VISA JCB. ✂
fechado sábado, domingo e dezembro-fevereiro - Ref (só jantar) lista 2450 a 5300.

LOURINÃ **2530** Lisboa 440 O 2 - 8 253 h. - ☎ 061 - Praia.
Club Golf Vimeiro, S : 11 km ✆ 281 57.
Praia da Areia Branca ✆ 421 67.
♦Lisboa 74 - Leiria 94 - Santarém 81.

Estal. Bela Vista, Rua D. Sancho I-Santo André ✆ 41 27 13, - TV ☎ Ⓟ. ✂ rest
Ref (só jantar) 2100 - **31 qto** 9000/12000 - PA 4200.

Figueiredo sem rest, Largo Mestre Anacleto Marcos da Silva ✆ 42 25 37
19 qto 5500.

na Praia da Areia Branca NO : 3,5 km - ✉ 2530 Lourinhã - ☎ 061 :

São João sem rest e sem ▭, ✆ 42 24 91, Fax 41 30 20, - ☎ Ⓟ. E VISA
34 apartamentos 6000/8140.

Estal. Areia Branca, ✆ 41 24 91, Telex 15184, Fax 41 31 43, ≤, - TV ☎ Ⓟ. AE ⓓ E VISA. ✂
Ref 2000 - **29 qto** 8700/11400.

Dom Lourenço, ✆ 42 28 09 - E VISA
fechado do 1 ao 21 outubro - Ref 1500 - **11 qto** 5000/6000 - PA 3000.

LOUSÃ **3200** Coimbra 440 L 5 - alt. 200 - ☎ 039.
♦Lisboa 212 - ♦Coimbra 36 - Leiría 83.

Martinho, sem rest, Rua Movimento das Forças Armadas ✆ 99 13 97 - Ⓟ
13 qto.

LUSO Aveiro 440 K 4 - 2 726 h. alt. 200 - ✉ 3050 Mealhada - ☎ 031 - Termas.
Rua Emidio Navarro ✆ 931 33.
♦Lisboa 230 - Aveiro 44 - ♦ Coimbra 28 - Viseu 69.

Grande Hotel das Termas do Luso, ✆ 93 04 50, Telex 53342, Fax 93 03 50, - ▤ rest Ⓟ - 25/205. AE ⓓ E VISA. ✂
Ref 2800 - **171 qto** 11300/14200 - PA 5400.

Eden, Rua Emídio Navarro ✆ 93 91 71, Telex 53655, Fax 93 01 93 - ▤ rest TV ☎ Ⓟ - . AE ⓓ E VISA. ✂ rest
Ref 1700 - **58 qto** 7200/10500 - PA 3400.

MACEDO DE CAVALEIROS **5340** Bragança 440 H 9 - 4 353 h. alt. 580 - ☎ 078.
♦Lisboa 510 - Bragança 42 - Vila Real 101.

Estal. do Caçador, Largo Manuel Pinto de Azevedo ✆ 42 13 54, Fax 42 13 81, - TV ☎ . AE ⓓ E VISA. ✂ rest
Ref 3300 - 1000 - **25 qto** 9000/14000.

Muchacho, Pereira Charula ✆ 42 16 40 - TV ☎
20 qto.

na estrada de Mirandela NO : 1,7 km - ✉ 5340 Macedo de Cavaleiros - ☎ 078 :

Costa do Sol, ✆ 42 13 75, Fax 42 13 76 - TV ☎ Ⓟ. VISA. ✂
Ref 1500 - **42 qto** 3500/6000.

MACHICO Madeira - ver Madeira (Arquipélago da).

MADEIRA (Arquipélago da) 440 - 254 880 h. - ☎ 091

MADEIRA.

Caniço - 7 249 h. - ✉ 9125 Caniço - ☎ 091.
Funchal 8.

X A Lareira com qto, Sítio da Vargem ✆ 93 44 94 - ☎
17 qto.

em Caniço de Baixo S : 2,5 Km. - ✉ 9125 Caniço - ☎ 091 :

Ondamar, ✆ 93 45 66, Telex 72397, Fax 93 45 55, ≤, climatizada - TV ☎ Ⓟ. AE ⓓ E VISA. ✂
Ref 2100 - **53 qto** 8200/11600.

Roca Mar 🔇, ℘ 93 43 34, Telex 72391, Fax 93 40 44, <, 🍽, 🏊 - TV ☎. AE ⓓ E VISA. 🚫
Ref 2500 - **100 qto** ☕ 11000/15000 - PA 4500.

Galomar e Rest. O Galo 🔇, ℘ 93 44 10, Telex 72397, <, Fб - |♣| ☎. AE ⓓ E VISA. 🚫
Ref (só jantar) 1700 - **45 qto** ☕ 5200/8200.

Faial - 2 622 h. - ✉ 9225 Porto da Cruz - ⊛ 091.

Arred. : Santana★★ (estrada <★) NO : 8 km - Estrada do Porto da Cruz (<★) SE : 8 km.

Funchal 54.

na estrada do Funchal - em Lombo de Baixo S : 2,5 km - ✉ 9225 Porto da Cruz - ⊛ 091 :

✗ Casa de Chá do Faial, ℘ 57 22 23, < vale e montanha, 🍽 - Ⓟ.

Funchal - 48 239 h. - ✉ 9000 - ⊛ 091.

Ver : Sé★ (tecto★) Z **B** - Museu de Arte Sacra★ (colecçaõ de quadros★)Y **M1** - Quinta das Cruzes★ Y **M3** - Capela da Nazaré★ (azulejos★) por ③ - Pontinha ☀★★ X - Jardim Botânico <★ V.

Arred. : Miradouro do Pináculo★★ 4 km por ② - Pico dos Barcelos ★★ (☀ 2e) 3 km por ③ - Monte (localidade★) 5 km por ① - Quinta do Palheiro Ferreiro★ (parque★) 5 km por ② pela estrada de Camacha - Terreiro da Luta <★ 7 km por ① - Câmara de Lobos (local ★, estrada <★) 9 km por ③ - Eira do Serrado ☀★★★ (estrada <★★, <★) NO : 13 km pelo Caminho de Santo António - Flora da Madeira (jardim botânico ★) 15 km por ① - Curral das Freiras (local ★, <★) NO : 17 km pelo Caminho de Santo António.

Excurs. : Pico Ruivo★★★ (☀★★★) 21 km por ① e 3 h a pé.

⛳9 do Santo da Serra 25 km por ② ℘ 551 39.

✈ do Funchal 23 km por ② - T.A.P. Av. do Mar 8 ℘ 620 61 e 221 91.

⛴ para Lisboa : E.N.M Rua da Praia 45 ℘ 301 95 e 301 96, Telex 72184.

ℹ Av. Arriaga 18 ℘ 290 57 e 256 58 - A.C.P. Av. Arriaga 43 ℘ 236 59, Telex 72109.

Plano página seguinte

Reid's H., Estrada Monumental 139 ℘ 76 30 01, Telex 72139, Fax 76 44 99, < baía do Funchal, « Magnífico jardim semi-tropical sob um promontório rochoso », 🏊 climatizada, 🎾 - |♣| ▤ ☎ Ⓟ. AE ⓓ E VISA. 🚫 rest X **z**
Ref **Garden** *(só almoço)* lista 4600 a 6400 - **Villa Cliff** lista 3350 a 5000 - **Les Faunes** *(só jantar)* lista 7500 a 10900 - **169 qto** ☕ 28200/40500.

Savoy, Av. do Infante ℘ 22 20 31, Telex 72153, Fax 22 31 03, <, 🍽, « Terraço com 🏊 climatizada à beira-mar », Fб, 🏊, 🎾 - |♣| ▤ TV ☎ Ⓟ - 🏛 25/300. AE ⓓ E VISA. 🚫
Grill Fleur de Lys *(só jantar)* - **Bellevue** *(só jantar)* lista 3700 a 5700 - **350 qto** ☕ 25500/35800. X **n**

Madeira Carlton H., Largo António Nobre ℘ 310 31, Telex 72122, Fax 233 77, <, 🍽, Fб, 🏊 climatizada, 🎾 - |♣| ▤ TV ☎ Ⓟ - 🏛 25/450. AE ⓓ E VISA. 🚫 X **s**
Ref 4800 - **Taverna Grill** *(só jantar)* lista 4900 a 7350 - Os Arcos *(só jantar)* - **Buffet Garden Pool** *(só almoço)* buffet 2500 - **375 qto** ☕ 21000/32000.

Casino Park H., Av. do Infante ℘ 331 11, Telex 72118, Fax 331 53, < montanha, cidade e mar, « Jardim florido », Fб, 🏊 climatizada, 🎾 - |♣| ▤ TV ☎ Ⓟ - 🏛 25/650. AE ⓓ E VISA. 🚫 rest X **y**
Ref **Chez Oscar** lista 2950 a 4100 - **Panorámico** lista 2500 a 3800 - **Coffee Shop** lista 2500 a 3800 - **400 qto** ☕ 25000/38000.

Quinta do Sol, Rua Dr Pita 6 ℘ 76 41 51, Telex 72182, Fax 76 62 87, <, 🏊 climatizada - |♣| ▤ TV ☎ Ⓟ. AE ⓓ E VISA. 🚫 X **x**
Ref 3500 - **151 qto** ☕ 14000/22000 - PA 7000.

Do Carmo, Travessa do Rego 10 ℘ 290 01, Telex 72447, Fax 239 19, 🏊 - |♣| ▤ rest TV ☎
80 qto. Y **f**

Windsor sem rest, com snack-bar, Rua Das Hortas 4-C ℘ 33 081, Telex 72 551, Fax 330 80, 🏊 - |♣| TV ☎ Ⓟ. 🚫 Y **r**
67 qto ☕ 7800/10400.

Madeira sem rest, Rua Ivens 21 ℘ 300 71, Telex 72242, Fax 290 71, 🏊 - |♣| ☎. AE ⓓ E VISA. 🚫
31 qto ☕ 7000/8000. Z **z**

Quinta da Penha de França 🔇 sem rest, com snack-bar, Rua da Penha de França 2 ℘ 290 87, Fax 292 61, « Jardim », 🏊 - ☎ Ⓟ. AE ⓓ E VISA. 🚫 X **e**
41 qto ☕ 9400/13500.

Albergaria Catedral sem rest, Rua do Aljube 13 ℘ 300 91, Fax 351 80 - |♣| ☎ Z **u**
25 qto.

Santa Clara 🔇 sem rest, Calçada do Pico 16-B ℘ 74 21 94, Fax 74 32 80, <, 🏊, 🏊 - |♣| ☎. AE ⓓ E VISA. 🚫 Y **b**
20 qto ☕ 4500/6500.

Greco sem rest, com snack-bar, Rua do Carmo 16 ℘ 300 81, Telex 72551, Fax 330 80 - |♣| ☎. 🚫 Y **a**
28 qto ☕ 5400/7400.

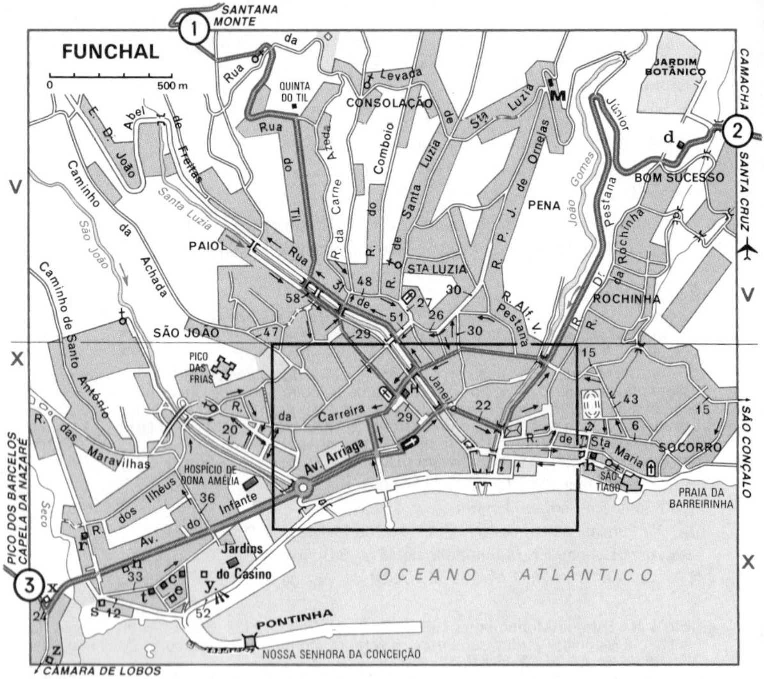

FUNCHAL

SANTANA MONTE
CAMACHA
SANTA CRUZ
SÃO GONÇALO
PICO DOS BARCELOS CAPELA DA NAZARÉ
CÂMARA DE LOBOS
JARDIM BOTÂNICO
QUINTA DO TIL
CONSOLAÇÃO
PENA
BOM SUCESSO
PAIOL
STA LUZIA
ROCHINHA
SÃO JOÃO
PICO DAS FRIAS
SOCORRO
HOSPÍCIO DE DONA AMÉLIA
SÃO TIAGO
PRAIA DA BARREIRINHA
Jardins do Casino
OCEANO ATLÂNTICO
PONTINHA
NOSSA SENHORA DA CONCEIÇÃO
0 500 m

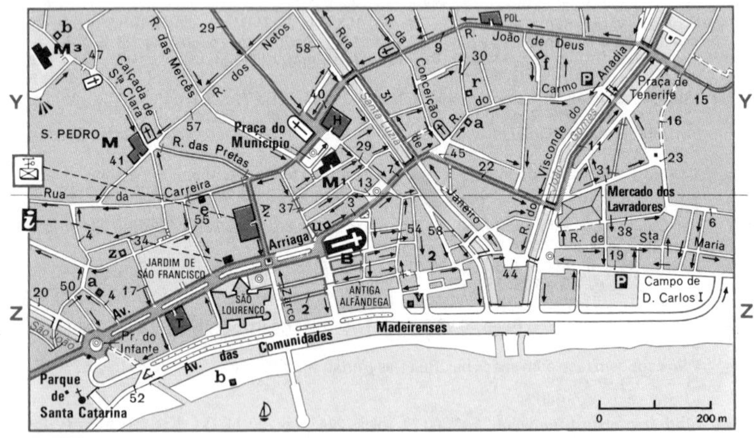

Street	Grid	No.
Alfândega (R. da)	Z	2
Aljube (R. do)	Z	3
Bettencourt (R. do)	Y	7
Chafariz (Largo do)	YZ	13
Dr Fernão de Ornelas (R.)	Y	22
João Tavira (R.)	YZ	37
Phelps (Largo do)	Y	45
Pretas (R. das)	Y	
Aranhas (R. dos)	Z	4
Bela de Santiago (R.)	Z	6
Bom Jesus	Y	9
Brigadeiro Oudinot (R.)	Y	11
Carvalho Araújo (R.)	X	12
Conde Carvalhal (R. do)	X	15
Conselheiro Aires Ornelas (R.)	Y	16
Conselheiro José Silvestre Ribeiro (R.)	Z	17
Dom Carlos I (R.)	Z	19
Dr Brito Camara (R.)	Z	20
Dr João Abel de Freitas (L.)	Y	23
Dr Pita (R. do)	X	24
Elias Garcia (R.)	V	26
Encarnação (Calç. da)	V	27
Ferreiros (R. dos)	Y	29
Hortas (R. das)	V	30
Hospital Velho (R. do)	Y	31
Imperatriz D. Amélia (R. da)	X	33
Ivens (R.)	Z	34
Jasmineiro (R. do)	X	36
Latino Coelho (R.)	Z	38
Marquês do Funchal (R.)	Y	40
Mouraria (R. da)	Y	41
Nova da Alegria (R.)	X	43
Pelourinho (L. do)	Z	44
Pico (Calç. do)	Y	47
Pombal (R. do)	V	48
Ponte de S. Lázaro (R.)	Z	50
Ponte Nova (R.)	V	51
Pontinha (Estr. da)	Z	52
Sabão (R. do)	Z	54
São Francisco (R. de)	Z	55
S. Pedro (R. de)	Y	57
5 de Outubro (R.)	YZ	58

XXX **Casa Velha,** Rua Imperatriz D. Amelia 69 ℘ 22 57 49, Telex 72601, Fax 246 29 – ▤. AE ① E VISA. ✻ X **c**
Ref lista 3000 a 3500.

XX **Caravela,** Rua das Comunidades Madeirenses 15 ℘ 284 64, Fax 220 57, ← – AE ① E VISA. ✻ Z **v**
Ref lista aprox 3200.

XX **O Solar do F,** Av. Luis de Camões 19 ℘ 202 12, Fax 74 32 95, 🌂 – AE ① E VISA. ✻ X **r**
Ref (só jantar) lista 2250 a 4000.

XX **Casa Dos Reis,** Rua Emperatriz Dona Amelia, 101 ℘ 25 182, Fax 388 18, 🌂 – ▤. AE ① E VISA. ✻ X **t**
Ref (só jantar) lista 2900 a 3700.

XX **Dona Amélia,** Rua Imperatriz D. Amélia 83 ℘ 22 57 84 – ▤. AE ① E VISA. ✻ X **c**
Ref lista 2900 a 3450.

XX **Romana,** Largo do Corpo Santo 15 ℘ 289 56, 🌂 – ▤. AE ① E VISA JCB. ✻ X **h**
Ref lista 2220 a 3550.

X O Celeiro, Rua Dos Aranhas 22 ℘ 373 22, Decoração rústica – ▤ Z **a**

X **Solar da Santola,** Marina do Funchal ℘ 272 91, Fax 74 32 95, ←, 🌂 – ▤. AE ① E VISA. ✻ Z **b**
Ref lista 2250 a 2900.

X O Espadarte, Estrada da Boa Nova 5 ℘ 280 65 – ▤ V **d**

X O Arco, Rua Da Carreira, 63-A ℘ 201 34 – ▤ Z **e**

ao Suloeste da cidade – ✉ 9000 Funchal – ✆ 091 :

Madeira Palácio, Estrada Monumental : 4,5 km ℘ 76 44 76, Telex 72156, Fax 76 44 77, ←, ⛱ climatizada, 🌳, 🎾 – 🛗 ▤ 📺 ☎ 🅿 – 🏛 25/220. AE ① E VISA. ✻
Ref 5000 - Vice Rei *(só jantar)* - Cristovão Colombo *(só jantar)* - Coffee Shop Le Terrace
253 qto ⌂ 25000/32000 – PA 9500.

Vila Ramos 🐚, Azinhaga da Casa Branca 7 : 3 km ℘ 76 41 81, Telex 72168, Fax 76 41 56, ←, ⛱ climatizada, 🎾 – 🛗 ▤ 📺 ☎ 🅿. AE ① E VISA. ✻ rest
Ref 4000 – **116 qto** ⌂ 15200/21500.

Eden Mar, Rua do Gorgulho 2 : 2,7 Km. ℘ 76 22 21, Telex 72672, Fax 76 19 66, ←, 🌂, 🏋, ⛱ climatizada, ⛱ – 🛗 ▤ 📺 ☎ 🅿 – 🏛 25/120. AE ① E VISA. ✻
Ref 2900 – ⌂ 1500 – **140 apartamentos** 15000/25000.

Monumental Lido, Estrada Monumental 284 : 2,7 km ℘ 76 64 66, Fax 76 63 45, ←, ⛱ climatizada – 🛗 ▤ rest 📺 ☎ 🚗. AE ① E VISA. ✻
Ref 2300 – **201 qto** ⌂ 11700/17600 – 32 apartamentos.

Baia Azul, Estrada Monumental : 3,5 km ℘ 76 62 60, Telex 72675, Fax 76 42 45, ←, 🏋, ⛱ climatizada – 🛗 ▤ 📺 ☎ 🅿 – 🏛 25/400. AE ① E VISA. ✻
Ref 2800 – **215 qto** ⌂ 23650/25850.

Alto Lido, Estrada Monumental 316 : 3,3 km ℘ 765 197, Telex 72453, Fax 76 59 50, ←, ⛱ climatizada – 🛗 ▤ rest 📺 ☎ 🚗
115 apartamentos.

Girassol, Estrada Monumental 256 : 2,5 km ℘ 76 40 51, Telex 72176, Fax 76 54 41, ←, ⛱ climatizada – 🛗 ▤ rest 📺 ☎ 🅿. AE ① E VISA. ✻
Ref 3500 – **133 qto** ⌂ 10000/14000 – PA 7000.

Atlantic Gardens 🐚 sem rest, com snack-bar, Praia Formosa : 5,8 km ℘ 76 21 11, Telex 72223, Fax 76 67 33, ⛱ – 🛗 📺 ☎ 🅿. AE ① E VISA. ✻
51 apartamentos ⌂ 13000/15000.

Do Mar, Estrada Monumental : 3,5 km, Quinta Calaça ℘ 76 10 01, Telex 72255, Fax 76 21 92, ← mar, ⛱ climatizada – 🛗 ☎ 🅿. AE ① E VISA. ✻
Ref 2500 – **134 apartamentos** ⌂ 6600/9000 – PA 5000.

XX **Sol e Mar** com snack-bar, Estrada Monumental 314 B : 3,2 km ℘ 76 20 30, 🌂 – ▤. AE ① E VISA. ✻
Ref lista 3000 a 3880.

X **Solar da Ajuda,** Caminho Velho da Ajuda : 2,7 km ℘ 623 18, Fax 74 32 95 – ▤. AE ① E VISA. ✻
Ref lista 2300 a 2850.

em São Gonçalo E : 5 km – ✉ 9000 Funchal – ✆ 091 :

XXX **Estal. da Montanha** com churrascaria e qto, ℘ 79 35 00, Fax 79 36 79, ← mar e Funchal, 🌂 – ▤ ☎ 🅿. AE ① VISA. ✻ por Rua do Conde Carvalhal X
Ref lista aprox 3000 – **10 qto** ⌂ 8540/12200.

Machico – 12 129 h. – ✉ 9200 Machico – ✆ 091 :

Arred. : Miradouro Francisco Alvares da Nóbrega★ SO : 2 km – Santa Cruz (Igreja de S. Salvador★) S : 6 km.

🅸 Rua do Ribeirinho - Edificio Paz ℘ 96 27 12.

Funchal 29.

Dom Pedro Baia, ℘ 96 57 51, Telex 72135, Fax 96 68 89, ← mar e montanha, ⛱ climatizada, 🎾 – 🛗 ▤ rest ☎ 🅿 – 🏛 25/80. AE ① E VISA. ✻
Ref 2900 – **218 qto** ⌂ 12000/16000.

Pico do Arieiro - ✉ 9006 Funchal - ☎ 091.
Funchal 23.

Pousada do Pico do Arieiro, alt. 1 818 ☎ 301 10, Fax 286 11, ≤ montanhas e mar - ☎ P. AE ① E VISA.
Ref 2900 - **21 qto** 8300/12750 - PA 5800.

Poiso alt. 1 412 - ☎ 091.
Funchal 15.

Casa de Abrigo do Poiso, Estrada Conde de Carvalhal 237, ✉ 9000 apartado 2522 São Gonçalo, ☎ 78 22 69 - P.

Porto Moniz - 3 920 h. - ✉ 9270 Porto Moniz - ☎ 091.
Ver : Recifes*.
Arred. : Estrada de Santa ≤* SO : 6 km - Seixal (local*) SE : 10 km - Estrada escarpada* (≤*) de Seixal a São Vicente SE : 18 km.
Funchal 106.

Calhau sem rest, ☎ 85 21 04, ≤
15 qto.

Cachalote, ☎ 85 21 80, ≤ - AE ① E VISA
Ref (só almoço) lista 1900 a 3000.

Orca com qto, ☎ 85 23 59, ≤ -
12 qto.

Ribeira Brava - 6 084 h. - ✉ 9350 Ribeira Brava - ☎ 091.
Funchal 30.

Bravamar, Rua Gago Coutinho ☎ 95 22 20, Telex 72258, Fax 95 11 22, ≤ -
70 qto.

São Vicente - 4 374 h. - ✉ 9240 São Vicente - ☎ 091.
Funchal 55.

Estal. Do Mar, Estrada da Ponte Delgada ☎ 84 26 15, Fax 84 27 65, ≤, - TV ☎ P - 25/150
45 qto.

Quebra-Mar, Sitio do Calhão ☎ 84 23 38, ≤ - P.

Calamar, Estrada da Ponte Delgada ☎ 84 22 18, ≤ - P.

Serra de Água - 1 426 h. - ✉ 9350 Ribeira Brava - ☎ 091.
Ver : emprazamento*.
Funchal 9.

na estrada de São Vicente N : 2,2 km - ✉ 9350 Ribeira Brava - ☎ 091 :

Pousada dos Vinháticos, ☎ 95 23 44, Fax 95 25 40, ≤ montanhas, - P. AE ① E VISA.
Ref 2750 - **15 qto** 6930/9900 - PA 5500.

PORTO SANTO.

Vila Baleira - ✉ 9400 Porto Santo - ☎ 091 - Praia.
Av. Vieira de Castro ☎ 98 23 62 (ext. 203).

Praia Dourada, Rua D. Estêvão D'Alencastre ☎ 98 23 15, Telex 72389, Fax 98 24 87, - rest ☎
110 qto.

ao suloeste : 2 km - ✉ 9400 Porto Santo - ☎ 091 :

Porto Santo, ☎ 98 23 81, Telex 72210, Fax 98 26 11, ≤, - rest ☎ P. AE ① E VISA.
Ref 3750 - **97 qto** 16850/22700 - PA 7500.

MAFRA **2640** Lisboa 440 P 1 - 10 153 h. alt. 250 - ☎ 061.
Ver : Basílica do Mosteiro (cúpula*).
Av. 25 de Abril ☎ 520 23.
♦Lisboa 40 - Sintra 23.

Castelão, Av. 25 de Abril ☎ 81 20 50, Telex 43488, Fax 516 98 - rest TV ☎. AE ① E VISA.
Ref 2500 - **35 qto** 8700/10500.

Solar d'el Rei, Rua Detrás dos Quintais 1 ☎ 531 49 - E VISA.
fechado 3ª feira - Ref lista 2000 a 3200.

MAIA **4470** Porto 440 I 4 - 6 734 h. - 02.
♦Lisboa 326 - Amarante 56 - Braga 39 - ♦Porto 12.

X Don Nuno II, Parque Nossa Senhora do Bom Despacho ☎ 948 67 00, .

MALVEIRA DA SERRA Lisboa 440 P 1 - ✉ 2750 Cascais - 01.
♦Lisboa 37 - Sintra 13.

XX Adega do Zé Manel, Estrada de Alcabideche ☎ 487 06 38, Decoração rústica.

X Quinta do Farta Pão, Estrada de Cascais N 9-1 S : 1,7 km ☎ 487 05 68, Rest. típico, Decoração rústica - P.

X O Camponés, ☎ 487 01 16, Rest. típico, Decoração rústica.

MANGUALDE **3530** Viseu 440 K 6 - 8 055 h. alt. 545 - 032.
Ver : Palácio dos Condes de Anadia★ (azulejos★★).
♦Lisboa 317 - Guarda 67 - Viseu 18.

pela estrada N 16 E : 2,8 km - ✉ 3530 Mangualde - 032 :

Senhora do Castelo , Monte da Senhora do Castelo ☎ 61 16 08, Telex 53563, Fax 62 38 77, ≤ Serras da Estrela e Caramulo, , - rest ☎ P - 25/150. AE E VISA.
Ref 2000 - **85 qto** 8500/10500.

MANTEIGAS **6260** Guarda 440 K 7 - 3 026 h. alt. 775 - 075 - Termas - Desportos de Inverno na Serra da Estrela : 3.
Arred. : Poço do Inferno★ (cascata★) S : 9 km - S : Vale glaciário do Zêzere★★, ≤★.
Rua Dr. Esteves de Carvalho ☎ 98 11 29.
♦Lisboa 355 - Guarda 49.

na estrada de Gouveia N : 13 km - ✉ 6260 Manteigas - 075 :

Pousada de São Lourenço , ☎ 98 24 50, Telex 53992, Fax 98 24 53, ≤ vale e montanha - ☎ P. AE E VISA.
Ref 3850 - **20 qto** 16000/18000.

MARCO DE CANAVESES **4630** Porto 440 I 5 - 46 131 h. - 055.
♦Lisboa 383 - Braga 72 - ♦Porto 53 - Vila Real 83.

Marco sem rest, Rua Dr. Sa Carneiro 684 ☎ 52 20 93 -
20 qto.

MARINHAIS **2125** Santarém 440 O 3 - 063.
♦Lisboa 72 - Caldas da Rainha 84 - Coruche 20 - Santarém 31 - Vila Franca de Xira 37.

na Estrada N 118 NO : 2,7 km - ✉ 2125 Marinhais - 063 :

X **A Grelha,** ☎ 555 55, Grelhados - P. AE E VISA JCB.
fechado 2ª feira - Ref lista aprox. 2800.

MARINHA GRANDE **2430** Leiria 440 M 3 - 25 429 h. alt. 70 - 044 - Praia em São Pedro de Moel.
av. José Henriques Vareda ☎ 591 52.
♦Lisboa 143 - Leiria 12 - ♦Porto 199.

Cristal, Estrada de Leiria (Embra) ☎ 56 01 00, Telex 443 64, Fax 56 00 65 - TV ☎ P - 25/40. AE E VISA JCB. rest
Ref 2400 - **60 qto** 8300/12100.

Paris sem rest, Av. do Vidreiro 13 ☎ 56 98 21, Fax 56 94 52 - ☎. AE E VISA.
27 qto 5000/8000.

MARRAZES Leiria - ver Leiria.

MARVÃO **7330** Portalegre 440 N 7 - 309 h. alt. 865 - 045.
Ver : Local★★ - Aldeia★ (balaustradas★) - Castelo★ (≤★★).
Rua Dr. Matos Magalhães ☎ 932 26.
♦Lisboa 226 - ♦Cáceres 127 - Portalegre 22.

Pousada de Santa Maria , ☎ 932 01, Telex 42360, Fax 934 40, ≤ vale, Santo António das Areias e Espanha, Decoração regional - TV ☎. AE E VISA JCB.
Ref lista 3400 a 4900 - **29 qto** 17300/20000.

Estal. Dom Dinis , Rua Dr. Matos Magalhães ☎ 932 36 - AE E VISA.
Ref lista aprox 2400 - **8 qto** 8000.

MATOSINHOS Porto - ver Porto.

MEALHADA **3050** Aveiro 440 K 4 – 3 097 h. alt. 60 – 031.

♦Lisboa 221 – Aveiro 35 – ♦Coimbra 19.

na estrada N 1 – ✉ 3050 Mealhada – 031 :

Quinta dos 3 Pinheiros, N : 1,5 km ☎ 223 91, Telex 53233, Fax 234 17, rest – 25/250. AE VISA. Ref lista 1750 a 4250 – **54 qto** 8800/10800.

Pedro dos Leitões, N : 1,5 km ☎ 220 62, Leitão assado – E VISA. *fechado 2ª feira, do 15 ao 30 abril e do 1 ao 15 setembro* – Ref lista 2655 a 3900.

MESÃO FRIO **5040** Vila Real 440 I 6 – 054.

♦Lisboa 391 – ♦Porto 90 – Vila Real 36 – Viseu 97.

Panorama, av. Conselheiro Alpoim 525 ☎ 995 85, Telex 25916, Fax 43 29 91, ← – TV – 25/200. AE E VISA. rest Ref 2500 – **31 qto** 6000/7500 – PA 5000.

MIRA **3070** Coimbra 440 K 3 – 13 023 h. – 031 – Praia.

Arred. : Varziela : Capela (retábulo★) SE : 11 km.

♦Lisboa 221 – ♦Coimbra 38 – Leiria 90.

Canhota, Rua Dr. Antonio José Almeida ☎ 45 14 48 – E VISA. Ref 1500 – **16 qto** 6000/7000 – PA 3000.

na praia NO : 7 km – ✉ 3070 Mira – 031 :

Do Mar sem rest, Av. do Mar ☎ 47 11 44, ← – AE *fechado fevereiro-março* – **14 qto** 5000/8000.

MIRANDA DO DOURO **5210** Bragança 440 H 11 – 1 841 h. alt. 675 – 073.

Ver : Antiga Catedral (retábulos★)..

Arred. : Barragem de Miranda do Douro★ E : 3 km – Barragem de Picote★ SO : 27 km.

♦Lisboa 524 – Bragança 85.

Pousada de Santa Catarina, ☎ 422 55, Telex 22388, Fax 426 65, ← – AE E VISA. rest Ref 3850 – **12 qto** 16000/18000.

MIRANDELA **5370** Bragança 440 H 8 – 8 192 h. – 078.

♦Lisboa 475 – Bragança 67 – Vila Real 71.

Miratua sem rest, Rua da República 20 ☎ 224 03, Fax 226 49 – **33 qto.**

Globo, Rua cidade de Ortez 35 ☎ 282 10, Fax 288 71 – rest AE E VISA. Ref *(fechado domingo)* 1500 – **40 qto** 3000/5500.

na estrada N 15 NE : 1,3 km – ✉ 5370 Mirandela – 078 :

Jorge V sem rest, ☎ 231 26, Fax 241 27 – TV AE E VISA **32 qto** 5000/9000.

MOGADOURO **5200** Bragança 440 H 9 – 2 720 h. – 079.

♦Lisboa 471 – Bragança 94 – Guarda 145 – Vila Real 153 – Zamora 97.

A Lareira com qto, av. Nossa Senhora do Caminho 58 ☎ 323 63 *fechado janeiro* – Ref *(fechado 2ª feira)* lista 1500 a 2600 – **10 qto** 3000/6000.

MOIMENTA DA BEIRA **3620** Viseu 440 J 7 – 1 987 h. – 054.

♦Lisboa 352 – Guarda 83 – Vila Real 74 – Viseu 58.

Novo Horizonte sem rest e sem , Rua Dr. Sá Carneiro-Estrada N 226 ☎ 524 32 – – **10 qto** 3000/4600.

MONÇÃO **4950** Viana do Castelo 440 F 4 – 2 687 h. – 051 – Termas.

Largo do Loreto ☎ 65 27 57.

♦Lisboa 451 – Braga 71 – Viana do Castelo 69 – ♦ Vigo 48.

Albergaria Atlántico sem rest, Rua General Pimenta de Castro 13 ☎ 65 23 55, Telex 33580, Fax 65 23 76 – TV **24 qto.**

Mané sem rest, Rua General Pimenta de Castro 5 ☎ 65 24 90, Telex 33580, Fax 65 23 76 – **8 qto.**

Esteves sem rest, Rua General Pimenta de Castro ☎ 65 23 86 – *fechado novembro* – **22 qto** 4000/4500.

MONCHIQUE **8550** Faro 440 U 4 – 6 765 h. alt. 458 – ☎ 082 – Termas.
Arred. : Estrada★ de Monchique à Fóia ≤★ – Percurso★ de Monchique à Nave Redonda.
♦Lisboa 260 – Faro 86 – Lagos 42.

na estrada da Fóia SO : 2 km – ✉ 8550 Monchique – ☎ 082 :

XX **Estal. Abrigo da Montanha** ⛰, com qto, ☎ 921 31, Fax 936 60, ≤ vale, montanha e mar, terraço, « Terraços floridos » – ☎. AE ⓓ E VISA. ✂
Ref lista 3000 a 4500 – **10 qto** ☐ 12000.

nas Caldas de Monchique S : 6,5 km – ✉ 8550 Monchique – ☎ 082 :

Albergaria do Lageado ⛰, ☎ 926 16, terraço, piscina – ☎. AE. ✂
maio-outubro – Ref 1800 – **20 qto** ☐ 5000/7000.

MONFORTINHO (Termas de) **6075** Castelo Branco 440 L 9 – 879 h. alt. 473 – ☎ 077 – Termas.
Arred. : Monsanto : Aldeia★, Castelo ✱★★ NO : 23 km – ℹ Termas ☎ 442 23.
♦Lisboa 310 – Castelo Branco 70 – Santarém 229.

Fonte Santa ⛰, ☎ 441 04, Telex 53812, Fax 442 44, « Num parque », piscina, ténis – ▤ TV ☎ P. AE ⓓ E VISA. ✂
Ref 3300 – **47 qto** ☐ 9350/12100 – PA 6600.

Portuguesa ⛰, ☎ 442 21, piscina – ✂
maio-outubro – Ref 1700 – **63 qto** ☐ 3200/5000 – PA 3400.

MONTARGIL **7425** Portalegre 440 O 5 – 4 587 h. – ☎ 042.
♦ Lisboa 131 – Portalegre 104 – Santarém 72.

Barragem e Rest. A Panela ⛰, Estrada N 2 ☎ 941 75, Fax 942 55, ≤ barragem, terraço, piscina, ténis – ▤ TV ☎ P – 🏛 25/180. AE ⓓ VISA. ✂
Ref lista 2685 a 3150 – ☐ 350 – **21 qto** 10450/12100.

MONTECHORO Faro – ver Albufeira.

MONTE DO FARO Viana do Castelo – ver Valença do Minho.

MONTE ESTORIL Lisboa – ver Estoril.

MONTE GORDO Faro – ver Vila Real de Santo António.

MONTEMOR-O-NOVO **7050** Évora 440 Q 5 – 6 458 h. alt. 240 – ☎ 066.
♦Lisboa 112 – ♦Badajoz 129 – Évora 30.

Sampaio, Av. Gago Coutinho 12, ✉ 7050, ☎ 822 37 – ☎. AE ⓓ E VISA. ✂
Ref (ver rest **Sampaio**) – **7 qto** 5000/6500.

X **Sampaio,** Rua Leopoldo Nunes 2, ✉ 7050, ☎ 822 37, Decoração rústica regional – ▤. AE ⓓ E VISA. ✂
fechado 2ª feira noite e 3ª feira – Ref lista 4600 a 4800.

na estrada N 4 O : 7,5 km – ✉ 7050 Montemor-o-Novo – ☎ 066 :

X **O Chaparral,** ☎ 824 84 – ▤ P. AE ⓓ E VISA. ✂
fechado 2ª feira – Ref lista 2400 a 4000.

MONTEMOR-O-VELHO **3140** Coimbra 440 L 3 – 27 274 h. – ☎ 039.
ℹ Rua dos Combatentes da Grande Guerra ☎ 681 87.
♦Lisboa 206 – Aveiro 61 – ♦Coimbra 29 – Figueira da Foz 16 – Leiria 77.

Abade João sem rest, Rua dos Combatentes da Grande Guerra 15 ☎ 684 58, ≤ – 🛗 TV ☎ P. E VISA. ✂
☐ 450 – **14 qto** 4800/6800.

X ✿ **Ramalhão,** Rua Tenente Valadim 24 ☎ 684 35, « Decoracão rústica » – ✂
fechado domingo noite, 2ª feira e outubro – Ref lista 1600 a 3000
Espec. Ensopado de enguias, Bacalhao com migas de broa (outono-inverno), Arroz malandrinho de galinha vadia, pato ou coelho..

MONTE REAL **2425** Leiria 440 M 3 – 2 549 h. alt. 50 – ☎ 044 – Termas.
ℹ Parque Municipal ☎ 61 21 67.
♦Lisboa 147 – Leiria 16 – Santarém 97.

D. Afonso, Estrada de Vieira ☎ 61 12 38, Fax 61 13 22, ténis – 🛗 ▤ rest TV ☎ 🚗 – 🏛 25/600
74 qto.

Flora, Rua Duarte Pacheco ☎ 61 21 21, Telex 16084, Fax 250 99 – 🛗 TV ☎ P. AE ⓓ E VISA JCB – *abril-outubro* – Ref 2000 – **53 qto** ☐ 6500/8000.

Santa Rita, Rua de Leiria ☎ 61 21 72, Fax 61 21 72, – P.
15 abril-outubro – Ref 2000 – **42 qto** 7000/8000 – PA 3400.

Colmeia sem rest, estrada da Base Aerea 5 ☎ 61 25 33 – P
30 qto.

em Ortigosa-na Estrada N 109 SE : 4 km – ✉ 2425 Monte Real – 044 :

Saloon, ☎ 61 34 38, Fax 61 34 38, Rest. típico, Decoraçào rústica – P.

MONTE SÃO PEDRO DA TORRE Viana do Castelo – ver Valença do Minho.

MURTOSA **3870** Aveiro 440 J 4 – 3 233 h. – 034 – Praia.

Arred. : Bico : porto★ SO : 2 km.

Praia da Torreira - Av. Hintze Ribeiro ☎ 482 50.

♦Lisboa 283 – Aveiro 30.

em Torreira NO : 10 km – ✉ 3870 Murtosa – 034 :

Estal. Riabela, ☎ 481 37, Telex 37243, Fax 481 47, ≤ ría de Aveiro, – rest
P – 25/300. AE E VISA.
Ref 2000 – **35 qto** 8700/11000.

na estrada N 327 SO : 15 km – ✉ 3870 Murtosa – 034 :

Pousada da Ria, ☎ 483 32, Telex 37061, Fax 483 33, ≤ ria de Aveiro,
– P. AE E VISA.
Ref 2750 – **19 qto** 16000/18000.

NAZARÉ **2450** Leiria 440 N 2 – 10 265 h. – 062 – Praia.

Ver : O Sítio ≤★★ A, Farol : sitio marinho★★ A – Bairro dos pescadores★ B.

av. da Republica ☎ 56 11 94.

♦Lisboa 123 ② – ♦Coimbra 103 ① – Leiria 32 ①.

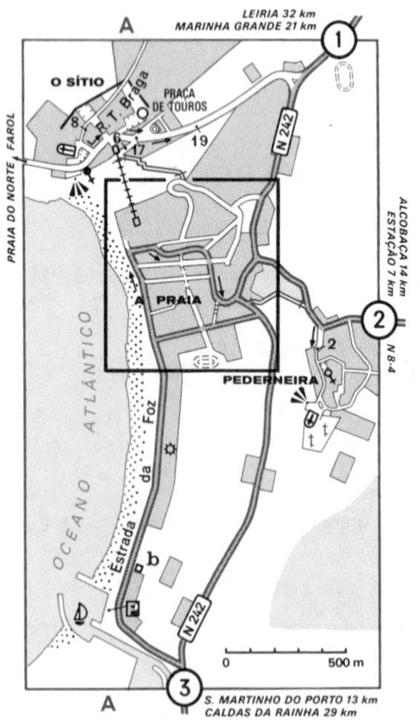

NAZARÉ

República (Av. da) . . B
Sousa Oliveira (Pr.) . B 16
Sub-Vila (R.) . . . . . . B
Vieira Guimarães (Av.) B
Abel da Silva (R.) . . A 2
Açougue (Trav. do) . B 3
Adrião Batalha (R.) . B 4
Azevedo e Sousa (R.) A 6
Carvalho Laranjo (R.) . B 7
Dom F. Roupinho (R.) A 8
Dr Rui Rosa (R.) . . . . B 9
Gil Vicente (R.) . . . . . B 10
M. de Arriaga (Pr.) . . B 12
M. de Albuquerque (R.) . . . . B 14
Vasco da Gama (Pr.) . A 17
28 de Maio (R.) . . . . A 19

Praia sem rest, Av. Vieira Guimarães 39 ☎ 56 14 23, Telex 16329, Fax 56 14 36 –
AE E VISA JCB B **f**
fechado dezembro – **40 qto** 13500/14500.

Da Nazaré, Largo Afonso Zuquete ☎ 56 13 11, Telex 16116, Fax 56 12 38, ≤ –
AE E VISA JCB. rest B **z**
fechado janeiro – Ref 2400 – **52 qto** 12020/12500 – PA 4800.

Maré, Rua Mouzinho de Albuquerque 8 ℘ 56 12 26, Telex 15245, Fax 56 17 50 - |♦| TV ☎. AE ⓓ E VISA JCB. ✻ B r
Ref 1650 - **36 qto** ☕ 10000/13000 - PA 2700.

Dom Fuas, Av. Manuel Remigio ℘ 56 13 51, Telex 13889, Fax 56 15 00, ⋞ - |♦| TV ☎ P. AE ⓓ E VISA JCB. ✻ A b
abril-outubro - Ref (so jantar) 2180 - **32 qto** ☕ 9900/13120.

Ribamar, Rua Gomes Freire 9 ℘ 55 11 58, Telex 43383, ⋞, Decoração regional - AE ⓓ E VISA JCB. ✻ B b
Ref 2400 - **23 qto** ☕ 7000/11500.

A Cubata sem rest, Av. da República 6 ℘ 56 17 06 - ☎ B n
22 qto ☕ 9000.

Arte Xávega, Calçada do Sitio ℘ 55 21 36, Telex 63040, ⋞, ☂ - ▤ B c

Beira Mar com qto, Av. da República 40 ℘ 56 13 58 - AE ⓓ E VISA JCB B h
março-novembro - Ref *(fechado janeiro-fevereiro)* lista 1450 a 2950 - **15 qto** ☕ 9000/11000.

NELAS 3520 Viseu 440 K 6 - 3 339 h. alt. 441 - ☎ 032.

Largo Dr. Veiga Simão ℘ 943 18.

♦Lisboa 289 - Guarda 80 - Viseu 22.

pela estrada N 234 NE : 1,5 km - ✉ 3520 Nelas - ☎ 032 :

São Pedro ⛰, Bairro das Toiças - Rua 4 ℘ 94 95 85, Telex 53262 - |♦| ▤ rest ☎ P - 🏛 25/100. E VISA. ✻ rest
Ref 1400 - **69 qto** ☕ 6150/8200.

Pour visiter les Iles Canaries sans vous encombrer, Michelin propose la carte guide 449 : des cartes, des plans, des textes, des illustrations, une information pratique...

ÓBIDOS 2510 Leiria 440 N 2 - 825 h. alt. 75 - ☎ 062.

Ver : A Cidadela★★ (muralhas★★, rua principal★) - Igreja de Sta María (túmulo★)..

Arred. : Lagúna de Óbidos ⋞★ N : 21 km.

Rua Direita ℘ 95 92 31.

♦Lisboa 92 - Leiria 66 - Santarém 56.

Estal. do Convento ⛰, Rua Dom João dÖOrnelas ℘ 95 92 16, Telex 44906, Fax 95 91 59, « Decoração estilo antigo » - ☎. AE E VISA JCB. ✻ rest
Ref 2500 - **31 qto** ☕ 11500/13500 - PA 5000.

Albergaria Josefa d'Óbidos, Rua D. João de Ornelas ℘ 95 92 28, Telex 44911, Fax 95 95 33 - ▤ TV ☎. AE ⓓ E VISA JCB. ✻
Ref lista aprox 2100 - **38 qto** ☕ 7500/9500.

Albergaria Rainha Santa Isabel ⛰ sem rest, Rua Direita ℘ 95 93 23, Telex 14069, Fax 95 91 15 - |♦| TV ☎ - 🏛 25/60. AE ⓓ E VISA JCB. ✻
20 qto ☕ 8500/10000.

Martim de Freitas sem rest, Estrada Nacional 8 ℘ 95 91 85 - VISA. ✻
6 qto ☕ 7000.

Pousada do Castelo ⛰ com qto, Paço Real ℘ 95 91 05, Telex 15540, Fax 95 91 48, « Belas instalações nas muralhas do castelo - mobiliário de estilo » - ▤ rest ☎. AE ⓓ E VISA. ✻
Ref lista 3500 a 5250 - **9 qto** ☕ 22100/25200.

A Ilustre Casa de Ramiro, Rua Porta do Vale ℘ 95 91 94 - ▤. AE ⓓ E VISA. ✻
fechado 5ª feira e 8 janeiro-10 fevereiro - Ref lista 3100 a 4780.

Alcaide, Rua Direita ℘ 95 92 20, ⋞, ☂ - AE ⓓ E VISA
fechado 2ª feira e novembro - Ref lista 2300 a 2800.

na estrada de Caldas da Rainha N : 2,5 km - ✉ 2510 Óbidos - ☎ 062 :

Mansão da Torre ⛰, ℘ 95 92 47, Fax 95 90 51, ⛱, ⛳, ✂ - |♦| ▤ TV ☎ P - 🏛 25/40. AE ⓓ E VISA. ✻
Ref 2500 - **41 qto** ☕ 10500/13500 - PA 5000.

OLHÃO 8700 Faro 440 U 6 - 34 573 h. - ☎ 089 - Praia.

Largo Martins Mestre ℘ 71 39 36.

♦Lisboa 313 - Faro 8 - Huelva 105.

Ria-Sol sem rest, Rua General Humberto Delgado 37 ℘ 70 52 67, Telex 56923 - |♦| ☎. E VISA. ✻
52 qto ☕ 4970/8180.

OLIVEIRA DE AZEMÉIS **3720** Aveiro 440 J 4 – 8 609 h. – ☎ 056.
Praça José da Costa ☎ 644 63.
♦Lisboa 275 – Aveiro 38 – ♦Coimbra 76 – ♦Porto 40 – Viseu 98.

Dighton, Rua Dr. Albino dos Reis - 4º ☎ 68 21 91, Telex 23343, Fax 68 22 48, « Rest. giratório com vila, vale e montanha » – AE E VISA JCB.
Ref lista 2300 a 4000 – **100 qto** 10000/12000.

Diplomata, Rua Dr. Simões dos Reis 125 ☎ 625 90 – . AE E VISA JCB.
fechado domingo e do 15 ao 30 agosto – Ref lista 2200 a 3950.

pela estrada de Carregosa NE : 2 km – ✉ 3720 Oliveira de Azeméis – ☎ 056 :

Estal. S. Miguel, parque de la Salette ☎ 68 10 49, Telex 27969, Fax 68 51 41, vila, vale e montanha, , « Num parque » – . AE E VISA JCB.
Ref 1900 – **14 qto** 9400/12800.

OLIVEIRA DO BAIRRO **3770** Aveiro 440 K 4 – 4 351 h. – ☎ 034.
♦Lisboa 233 – Aveiro 23 – ♦Coimbra 40 – ♦Porto 88.

Paraiso sem rest, Estrada N 235 ☎ 74 83 36, Telex 37177, Fax 74 73 56, – . AE E VISA.
30 qto 5000/7000.

na estrada N 235 NO : 1,5 km – ✉ 3770 Oliveira do Bairro – ☎ 034 :

A Estância, ☎ 74 71 15, Telex 37177, Fax 74 83 62 –
15 qto.

OLIVEIRA DO HOSPITAL **3400** Coimbra 440 K 6 – 3 074 h. alt. 500 – ☎ 038.
Ver : Igreja Matriz★ (estátua★, retábulo★).
Edifício da Câmara ☎ 525 22.
♦Lisboa 284 – ♦Coimbra 82 – Guarda 88.

São Paulo, Rua Dr. Antunes Varela 3 ☎ 590 00, Telex 53640, Fax 520 01, – . E VISA. rest
Ref 2000 – **43 qto** 7000/9000 – PA 4000.

na Póvoa das Quartas - na estrada N 17 E : 7 km – ✉ 3400 Oliveira do Hospital – ☎ 038 :

Pousada Santa Bárbara, ☎ 522 52, Telex 53794, Fax 505 45, vale e Serra da Estrela, , – . AE E VISA.
Ref 3650 – **16 qto** 16000/18000 – PA 5500.

ORTIGOSA Leiria – ver Monte Real.

OURÉM **2490** Santarém 440 N 4 – 4 466 h. – ☎ 049.
Praça do Municipio ☎ 421 94.
♦Lisboa 140 – Leiria 25 – Santarém 63.

em Pinhel O : 3 km – ✉ 2490 Ourém – ☎ 049 :

Cruzamento, ☎ 423 52 – .

OVAR **3880** Aveiro 440 J 4 – 16 004 h. – ☎ 056 – Praia.
♦ Lisboa 294 – Aveiro 36 – ♦ Porto 40.

Meia-lua sem rest, Rua das Luzes ☎ 57 50 31, Fax 57 52 32, , – – 25. AE E VISA.
54 qto 10900/11900.

Albergaria São Cristóvão, Rua Aquilino Ribeiro 1 ☎ 57 51 05, Telex 20512, Fax 57 51 07 – rest – 25/200. AE E VISA. rest
Ref (só jantar) 1600 – **56 qto** 6500/7500 – PA 3000.

PAÇO DE ARCOS Lisboa 440 P 2 – ✉ 2780 Oeiras – ☎ 01 – Praia.
♦Lisboa 18.

Os Arcos, Rua Costa Pinto 47 ☎ 443 33 74, Peixes e mariscos – .

PALMELA **2950** Setúbal 440 Q 3 – 14 444 h. – ☎ 01.
Ver : Castelo★ (★), Igreja de São Pedro (azulejos★).
Largo do Chafariz ☎ 235 00 89.
♦Lisboa 43 – Setúbal 8.

Pousada de Palmela, no Castelo de Palmela ☎ 235 12 26, Telex 42290, Fax 233 04 40, , « Num convento do século XV, nas muralhas dum antigo castelo » – . AE E VISA.
Ref 3300 – **28 qto** 22100/25200.

PARADELA Vila Real 440 G 6 - 214 h. - ✉ 5470 Montalegre - ☎ 076.
Ver : Local★ - Barragem★.
♦Lisboa 437 - Braga 70 - ♦Porto 120 - Vila Real 136.

Pousadinha Paradela, ☎ 561 65 - P.
Ref 1300 - **7 qto** 5500 - PA 2600.

PARCHAL Faro - ver Portimão.

PAREDE **2775** Lisboa 440 P 1 - 19 960 h. - ☎ 01 - Praia.
♦Lisboa 22 - Cascais 7 - Sintra 15.

XX **Dom Pepe,** Av. Marginal ☎ 457 06 36, ≤ - . AE ⊕ E VISA.
fechado 2ª feira - Ref lista 4330 a 9900.

PAREDES DE COURA **4940** Viana do Castelo 440 G 4 - ☎ 051.
Largo Visconde de Moselos ☎ 921 05 (ext. 24).
♦Lisboa 427 - Braga 59 - Viana do Castelo 49.

X O Conselheiro, Largo Visconde de Moselos ☎ 78 26 10.

em Resende S : 1 km - ✉ 4940 Paredes de Coura - ☎ 051 :

Joaquim Lopes, Estrada de Ponte de Lima N 306 ☎ 78 23 54, Fax 78 23 54, ≤ - rest
Ref 1300 - **16 qto** 4000.

PENACOVA **3360** Coimbra 440 L 5 - 3 732 h. alt. 240 - ☎ 039.
♦Lisboa 225 - ♦Coimbra 23 - Viseu 66.

Avenida, Av. Abel Rodrigues da Costa ☎ 47 71 42, ≤ - .
Ref 1250 - **22 qto** 2250/4300 - PA 2500.

PENAFIEL **4560** Porto 440 I 5 - 7 105 h. alt. 323 - ☎ 055.
♦Lisboa 352 - ♦Porto 38 - Vila Real 69.

Pena H. sem rest, Parque do Sameiro ☎ 71 14 20, Fax 71 14 25, - TV P - 25/150. AE ⊕ E VISA.
50 qto 7500/9500.

PENAMACOR **6090** Castelo Branco 440 L 8 - 9 524 h. - ☎ 077 - Estrada N 233 ☎ 943 16.
♦Lisboa 306 - Castelo Branco 50 - Ciudad Rodrigo 110 - Guarda 67.

na estrada N 233 SO : 1,5 km - ✉ 6090 Penamacor - ☎ 077 :

Estal. Vila Rica, ☎ 943 11, Fax 943 21, ≤, « Num edifício solarengo do final do século XIX » - P. VISA.
Ref 1800 - **10 qto** 5000/7500.

PENHAS DA SAÚDE **6203** Castelo Branco 440 L 7 - ☎ 075.
♦Lisboa 311 - Castelo Branco 72 - Covilhã 10 - Guarda 55.

Serra da Estrela , ☎ 31 38 09, Telex 53829, Fax 32 37 89, ≤ - rest TV P
38 qto.

PENICHE **2520** Leiria 440 N 1 - 15 267 h. - ☎ 062 - Praia.
Ver : O Porto : volta da pesca★.
Arred. : Cabo Carvoeiro (≤★) - Papoa (✳★) - Remédios (Nossa Senhora dos Remédios : azulejos★).
Excurs. : Ilha Berlenga★★ : passeio em barco★★★, passeio a pé★★ (local★, ≤★) 1 h. de barco.
. para a Ilha Berlenga : Viamar, no porto de Peniche ☎ 721 53.
Rua Alexandre Herculano ☎ 795 71.
♦Lisboa 92 - Leiria 89 - Santarém 79.

na estrada N 114 E : 2 km - ✉ 2520 Peniche - ☎ 062 :

Da Praia Norte, ☎ 78 11 66, Telex 15541, Fax 78 11 65, ≤, - TV P - 25/300. AE ⊕ E VISA JCB. rest
Ref lista 2600 a 3300 - **92 qto** 10900/15800.

PESO DA RÉGUA **5050** Vila Real 440 I 6 - 5 685 h. - ☎ 054.
Largo da Estação ☎ 228 46.
♦Lisboa 379 - Braga 93 - ♦Porto 102 - Vila Real 25 - Viseu 85.

Império sem rest, Rua Vasques Osório 8 ☎ 32 23 98, ≤ - TV
35 qto.

XX **Rosmaninho,** Av. de Ovar - Lote 3 ☎ 223 10 - . AE ⊕ E VISA
fechado 2ª feira e janeiro - Ref lista 1750 a 4200.

na estrada N 108 O : 1 km – ✉ 5050 Peso da Régua – ☎ 054 :

Columbano sem rest, Av. Sacadura Cabral ☎ 32 37 04, Telex 25073, Fax 249 45, ≤, – TV ☎ P. AE ⓓ E VISA. ✻
70 qto ☐ 5000/6000.

Arco Iris, Av. Sacadura Cabral ☎ 235 24 – ▤ P. AE ⓓ E VISA. ✻
Ref lista 2000 a 2250.

PICO DO ARIEIRO Madeira – ver Madeira (Arquipélago da).

PINHANÇOS **6270** Guarda 440 K 6 – ☎ 038.
♦Lisboa 302 – ♦Coimbra 102 – Guarda 63.

Sra. da Lomba sem rest, ☎ 48 10 51 – ▤ TV ☎ P
21 qto.

PINHÃO **5085** Vila Real 440 I 7 – 831 h. alt. 120 – ☎ 054.
Arred. : N : Estrada de Sabrosa ≤★ – São João da Pesqueira (Praça Principal★) SE : 20 km.
♦Lisboa 399 – Vila Real 30 – Viseu 100.

Douro, Largo da Estação ☎ 724 04 – E
fechado dezembro – Ref *(fechado domingo)* 1500 – **14 qto** ☐ 2500/4000 – PA 3000.

PINHEL **6400** Guarda 440 J 8 – 3 237 h. – ☎ 071.
♦Lisboa 382 – ♦Coimbra 186 – Guarda 37 – Viseu 105.

Falcão, Av. Presidente Carneiro de Gusmão ☎ 430 04, Fax 422 17 – P. VISA
Ref 1650 – **25 qto** ☐ 2500/4000.

PINHEL Santarém – ver Ourém.

POISO Madeira – ver Madeira (Arquipélago da).

La guida cambia, cambiate la guida ogni anno.

POMBAL **3100** Leiria 440 M 4 – 12 469 h. – ☎ 036.
ℹ Largo do Cardal ☎ 232 30.
♦Lisboa 153 – ♦Coimbra 43 – Leiria 28.

Do Cardal sem rest, Largo do Cardal ☎ 230 06, Telex 53238 – |♦| TV ☎ ⇔. AE ⓓ E VISA JCB
27 qto ☐ 4000/6500.

Sra. de Belém ✆ sem rest, Av. Heróis do Ultramar - urb. Sra de Belém ☎ 231 85, Fax 255 33 – |♦| TV ☎. VISA
26 qto ☐ 4500/6500.

pela estrada de Ansião E : 2 km – ✉ 3100 Pombal – ☎ 036 :

Cabaz Florido, ☎ 250 62, Fax 266 85, ≤ – P.

na estrada N 1 – ✉ 3100 Pombal – ☎ 036 :

O Manjar do Marquês com snack-bar, NO : 2 km ☎ 231 94, Telex 53951 – P. AE ⓓ VISA. ✻
Ref lista 2000 a 3500.

São Sebastião com snack-bar, SO : 3 km ☎ 227 45 – ▤ P. E VISA. ✻
Ref lista 1730 a 3100.

PONTE DA BARCA **4980** Viana do Castelo 440 G 4 – ☎ 058.
♦Lisboa 412 – Braga 32 – Viana do Castelo 40.

San Fernando sem rest, Rua de Santo Antonio ☎ 425 80, Fax 437 66 – ☎ P. VISA. ✻
24 qto ☐ 3950/4400.

PORTALEGRE **7300** P 440 O 7 – 15 876 h. alt. 477 – ☎ 045.
Arred. : Pico São Mamede ✻★ – Estrada★ escarpada de Portalegre a Castelo de Vide por Carreiras N : 17 km – Flor da Rosa (Antigo Convento★ : igreja★) O : 21 km.
ℹ Estrada de Santana 25 ☎ 218 15 ✉ 7300 Telex 61442 Fax 240 53.
♦Lisboa 238 – ♦Badajoz 74 – ♦Cáceres 134 – Mérida 138 – Setúbal 199.

Alpendre, Rua 31 de Janeiro 19 ☎ 216 11, ☂ – ▤.

O Tarro, Av. do Movimento das Forças Armadas ☎ 243 45 – ▤.

PORTIMÃO 8500 Faro 440 U 4 - 26 172 h. - 082 - Praia.

Ver : ≤★ da ponte sobre o río Arade X.

Arred. : Praia da Rocha★★ (miradouro★ Z **A**).

18, 9 Golf Club Penina por ③ : 5 km ℘ 220 51.

Largo 1º de Dezembro ℘ 236 95 e Av. Tomás Cabreiro (Praia da Rocha) ℘ 222 90.

♦Lisboa 290 ③ - Faro 62 ② - Lagos 18 ③.

Plano página seguinte

Globo sem rest, Rua 5 de Outubro 26 ℘ 41 63 50, Telex 57306, Fax 831 42, ≤ - |♦| - 25/80. AE ⓓ E VISA. ✻ X **a**
71 qto 13500/15000.

Nelinanda sem rest, Rua Vicente Vaz das Vacas 22 ℘ 231 56, Fax 231 58 - |♦| TV . VISA. ✻ - **32 qto** 4000/7000.

Mira Foia sem rest, Rua Vicente Vaz das Vacas 33 ℘ 41 78 52, Fax 41 78 54 - |♦| TV ☎. ⓓ E VISA. ✻ X **e**
26 qto 6000/9000.

Miradoiro sem rest, Rua Machado Santos 13 ℘ 230 11, Fax 41 50 30 - . ✻ X **n**
32 qto 6500/9500.

Arabi sem rest, Praça Manuel Teixeira Gomes 13 ℘ 260 06 - - **17 qto.** X **t**

O Bicho, Largo Gil Eanes 12 ℘ 229 77, Peixes e mariscos - AE ⓓ E VISA JCB. ✻ X **c**
fechado domingo ao meio-día - Ref lista 3200 a 4800.

em Parchal por ② : 2 km - ✉ 8500 Portimão - 082 :

O Buque, Estrada N 125 ℘ 246 78 - ▤. E VISA. ✻
fechado 4ª feira - Ref lista 2250 a 4600.

A Lanterna, Estrada N 125 - cruzamento de Ferragudo ℘ 239 48 - ▤. E VISA. ✻
fechado domingo e dezembro - Ref (só jantar) lista 3190 a 3990.

na Praia da Rocha S : 2,3 km - ✉ 8500 Portimão - 082 :

Algarve, Av. Tomás Cabreira ℘ 41 50 01, Telex 57347, Fax 41 59 99, ≤ praia, , climatizada, , , - |♦| ▤ TV ☎ P - 25/120. AE ⓓ E VISA JCB. ✻ rest
Ref 4000 - **Das Amendoeiras** lista aprox. 5000 - **Grill Azul** lista aprox. 5000 - **220 qto** 28000/36000. Z **y**

Aparthotel Oriental, Av. Tomás Cabreira ℘ 41 30 00, Telex 58788, Fax 41 34 13, ≤ praia, - |♦| ▤ TV ☎ - 25/100. AE ⓓ E VISA. ✻ Z **c**
Ref 3600 - **85 apartamentos** 10500/35000 - PA 7200.

Júpiter, Av. Tomás Cabreira ℘ 41 50 41, Telex 57346, Fax 41 53 19, ≤, , - |♦| ▤ TV ☎ - 25/450. AE ⓓ E VISA. ✻ Z **f**
Ref lista 4100 a 5500 - **180 qto** 14000/18500.

Bela Vista sem rest, Av. Tomás Cabreira ℘ 240 55, Telex 57386, Fax 41 53 69, ≤ rochedos e mar, « Instalado numa antiga casa senhorial » - |♦| TV ☎ P. AE ⓓ E VISA JCB. ✻
14 qto 22000/23000. Z **u**

Avenida Praia sem rest, Av. Tomás Cabreira ℘ 41 77 40, Telex 56448, Fax 41 77 42, ≤ - |♦| TV ☎. AE ⓓ E VISA. ✻ Z **s**
61 qto 12000/12900.

Albergaria Vila Lido sem rest, Av. Tomás Cabreira ℘ 241 27, Fax 242 46, ≤ - ▤ ☎. E VISA. ✻ Z **w**
fechado 15 dezembro-15 janeiro - **10 qto** 10770/11250.

Albergaría 3 Castelos, sem rest, Estrada da Praia do Vau ℘ 240 87 - P Z **b**
temp. - **10 qto.**

Toca sem rest, Rua Engenheiro Francisco Bivar ℘ 240 35 - P. ✻ Z **d**
abril-outubro - **14 qto** 7200/8000.

Titanic, Rua Engenheiro Francisco Bivar ℘ 223 71 - ▤. AE ⓓ E VISA Z **n**
fechado domingo e janeiro - Ref lista 2090 a 3130.

Falésia, Av. Tomás Cabreira ℘ 235 24, ≤, - ▤ Z **a**

na estrada de Alvor - Y - ✉ 8500 Portimão - 082 :

O Gato, urb. da Quintinha-Lote 10-R-C - O : 1 km ℘ 276 74 - ▤. AE ⓓ E VISA
Ref lista 3800 a 5000.

Por-Do-Sol, O : 4 km ℘ 45 95 05, - P. AE ⓓ E VISA
fechado 2ª feira e 10 janeiro-10 fevereiro - Ref lista 1960 a 2660.

na Praia do Vau SO : 3 km - ✉ 8500 Portimão - 082 :

Vau'Hotel, Encosta do Vau ℘ 41 15 92, Telex 58775, Fax 41 15 94, - |♦| TV ☎. AE ⓓ E VISA. ✻
Ref 2000 - **74 apartamentos** 5400/20250.

Rochavau sem rest, ℘ 261 11, Telex 57415, Fax 261 13, - |♦| ▤ P
56 qto.

D. António, Encosta do Vau ℘ 41 31 94, Fax 40 10 43, - ▤. AE ⓓ E VISA JCB. ✻
Ref lista 1300 a 4600.

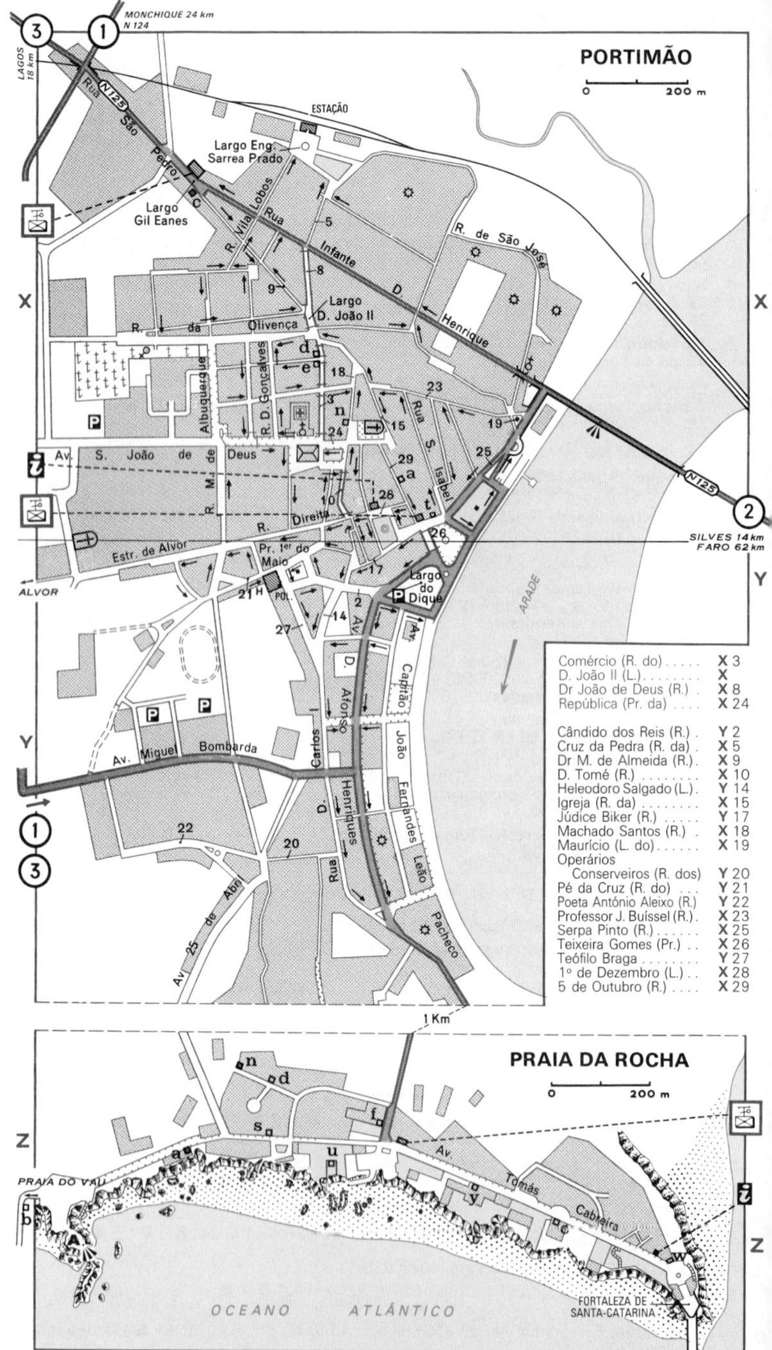
PORTIMÃO
0
200 m
MONCHIQUE 24 km
N 124
LAGOS 18 km
N125
ESTAÇÃO
Largo Eng. Sarrea Prado
Rua São Pedro
Largo Gil Eanes
R. Vila Lobos
Rua Infante D. Henrique
R. de São José
Largo D. João II
R. da Olivença
Albuquerque
R. D. Gonçalves
Rua S. Isabel
Av. S. João de Deus
R. M. de
R. Direita
Estr. de Alvor
Pr. 1er do Maio
ALVOR
POL.
Largo do Dique
ARADE
SILVES 14 km
FARO 62 km
Av. D. Afonso Henriques
Av. Capitão João Fernandes Leão
Carlos
Rua D.
Av. Miguel Bombarda
Av. 25 de Abril
Pacheco
X
Y
Comércio (R. do) ..... X 3
D. João II (L.)........ X
Dr João de Deus (R.) . X 8
República (Pr. da) .... X 24
Cândido dos Reis (R.) . Y 2
Cruz da Pedra (R. da) . X 5
Dr M. de Almeida (R.). X 9
D. Tomé (R.) .... X 10
Heleodoro Salgado (L.). Y 14
Igreja (R. da) .... X 15
Júdice Biker (R.) ..... Y 17
Machado Santos (R.) . X 18
Maurício (L. do)...... X 19
Operários Conserveiros (R. dos) Y 20
Pé da Cruz (R. do) ... Y 21
Poeta António Aleixo (R.) Y 22
Professor J. Buíssel (R.). X 23
Serpa Pinto (R.)...... X 25
Teixeira Gomes (Pr.) .. X 26
Teófilo Braga .... Y 27
1º de Dezembro (L.).. X 28
5 de Outubro (R.) .... X 29
1 Km
PRAIA DA ROCHA
0
200 m
Z
PRAIA DO VAU
Av. Tomás Cabreira
OCEANO ATLÂNTICO
FORTALEZA DE SANTA-CATARINA

na Praia dos Três Irmãos SO : 4,5 km – ✉ 8500 Portimão – ☎ 082 :

Alvor Praia, ℘ 45 89 00, Telex 57611, Fax 45 89 99, ≤ praia e baía de Lagos, climatizada, – 25/400. AE VISA. Ref 4800 - **Grill Maisonette** *(só jantar)* lista 5500 a 6150 - **217 qto** 36200/42800 - PA 9600.

Delfim, ℘ 45 89 01, Telex 57620, Fax 45 89 70, ≤ praia e baía de Lagos, – AE VISA. Ref 2800 - **312 qto** 22700/27000 - PA 5600.

O Búzio, aldeamento da Prainha ℘ 45 85 61, Telex 57314, Fax 45 95 69, ≤, – AE VISA. Ref lista 2530 a 4950.

na Praia de Alvor SE : 5 km – ✉ 8501 Portimão – ☎ 082 :

D. João II, ℘ 45 91 35, Telex 57321, Fax 45 93 63, ≤ praia e baía de Lagos, climatizada, – 25/100. AE VISA. Ref 2800 - **Grill Pavilhâo do Rei** *(só jantar)* lista 2850 a 6600 - **220 qto** 22700/27000 - PA 5600.

na estrada N 125 por ③ : 5 km – ✉ 8502 Portimão – ☎ 082 :

Penina, ℘ 41 54 15, Telex 57307, Fax 41 50 00, ≤ golfe e campo, 18 – – 25/350. AE VISA. Ref 6500 - **Sagres** *(só jantar)* lista 3500 a 5500 - **Grill** *(só jantar)* lista 4600 a 5300 - **Arlecchino** *(só jantar)* lista 2000 a 4200 - **192 qto** 22500/30000 - PA 11400.

PORTO 4000 P 440 I 3 – 335 916 h. alt. 90 – ☎ 02.

Ver : Local★ - A vista★ - As Pontes (ponte da María Pia★) BCX - Igreja São Francisco★ (interior★★) AZ - Sé (altar★) BZ **A** - Palácio da Bolsa (salão árabe★) AZ **B** - Igreja dos Clérigos (※★) BZ **C** - Museu Soares dos Reis (primitivos★, obras de Soares dos Reis★) AYZ **M1** - Museu António de Almeida (moedas★) BV **M4** - Igreja Santa Clara (talhas★) BZ **E** - Antigo Convento de Na Sra. da Serra do Pilar (claustro★) CX **K**.

Arred. : Leça do Balio (Igreja do Mosteiro★ : pia baptismal★) 8 km por ②.

18 Oporto Golf Club por ⑥ : 17 km ℘ 72 00 08 Espinho – 9 Club Golf Miramar por ⑥ : 9 km ℘ 762 20 67 Miramar.

do Porto-Pedras Rubras, 17 km por ①, ℘ 948 21 44 e 948 19 38 – T.A.P., Praça Mouzinho de Albuquerque 105 - Rotunda da Boavista, ✉ 4100, ℘ 69 60 41 e 69 98 41.

℘ 56 41 41 e 56 56 45.

Rua do Clube Fenianos 25, ✉ 4000, ℘ 31 27 40 – A.C.P. Rua Gonçalo Cristovão 2, ✉ 4000, ℘ 292 72, Telex 22383.

♦Lisboa 314 ⑥ – ♦La Coruña 305 ② – ♦Madrid 591 ⑥.

Planos páginas seguintes

Ipanema Park H., Rua Serralves 124, ✉ 4100, ℘ 610 25 22, Fax 610 28 09, ≤, – – 25/300. AE VISA. rest AX **b**
Ref lista 3800 a 5700 - **281 qto** 28000/30000.

Le Méridien Porto, Av. da Boavista 1466, ✉ 4100, ℘ 600 19 13, Telex 27301, Fax 600 20 31, – – 25/650. AE VISA. BV **a**
Ref 3250 - 1800 - **232 qto** 26000/29000.

Sheraton Porto H., Av. da Boavista 1269, ✉ 4100, ℘ 606 88 22, Telex 22723, Fax 609 14 67, ≤, – – 25/300. AE VISA JCB. rest BX **e**
Ref 4000 - **251 qto** 16000/19000 - PA 7000.

Infante de Sagres, Praça D. Filipa de Lencastre 62, ✉ 4000, ℘ 201 90 31, Telex 26880, Fax 31 49 37, « Bela decoração interior » – AE VISA JCB. BZ **b**
Ref 3500 - **74 qto** 30000/33000.

Tivoli Porto Atlántico, Rua Afonso Lopes Vieira 66, ✉ 4100, ℘ 69 49 41, Telex 23159, Fax 606 74 52, – – 25/100. AE VISA. AV **z**
Ref (ver rest. **Foco**) - **58 qto** 27500/32000.

Dom Henrique, Rua Guedes de Azevedo 179, ✉ 4000, ℘ 200 57 55, Telex 22554, Fax 201 94 51, ≤ – – 25/80. AE VISA JCB. CY **b**
Ref **Coffee-Shop Tábula** lista 2000 a 2450 - **Grill Navegador** *(fechado domingo)* lista 3400 a 4100 - **112 qto** 21700/24400.

Ipanema Porto H., Rua Campo Alegre 156, ✉ 4100, ℘ 66 80 61, Telex 27212, Fax 606 33 39 – – 25/350. AE VISA JCB. BX **s**
Ref lista 2700 a 4300 - **150 qto** 22500/25000.

Beta-Porto, Rua do Amial 601, ✉ 4200, ℘ 82 50 45, Telex 27108, Fax 82 52 20, – – 25/100. AE VISA. CV **b**
Ref 2500 - **126 qto** 15000/19000.

Grande H. da Batalha, Praça da Batalha 116, ✉ 4000, ℘ 200 05 71, Telex 25131, Fax 200 24 68, ≤ – – 25/40. AE VISA JCB. BZ **f**
Ref 2900 - **150 qto** 18000/23000.

PORTO

Alegria (R. da) .... CVX 2
Álvaro Castelões (R. de) ... CV 6
Amial (R. do) CV
Amparo (R. do) .... CX 7
Antero
Ant. Albuquerque (R.) ... CV 8
Antero de Quental (R. de) . CVX 10
Boavista (Av. da) .... AVBX
Bonfim (R. do) .... CX 16
Brasil (Av. do) .... AX
Campo Alegre (R. do) .... BX 17
Carlos Malheiro Dias
(R. de) .... CV 18
Carvalhido (R. do) .... BV 20
Circunvalacão (Estr. da) ... ABCV
Constituição (R. da) ...... BCV
Coronel Almeida
Valente (R. do) .... CV 24
Coronel Raul Peres (R. do) . AX 25
Costa Cabral (R. de) CV
Diu (R. de) .... AX 26
Dom Carlos I (Av. de) .... AX 28
Dom João II (Av. de) ..... CV 32
Dom Pedro V (R. de) ..... BX 33
Dr Antunes
Guimarães (Av. do) ..... AV
Dr. Manuel Laranjeira
(R. do) .... CV 36
Dr Roberto Frias (R. do) ... CV
Faria Guimarães (R. de) ... CVX 40
Fernão
de Magalhães (Av. de) .. CVX
Freixo (R. do) .... CX 43
Galiza (Pr. da) .... BX 44
Gonçalves Zarco (Pr. de) .. AV 47
Heroísmo (R. do) .... CX 48
Império (Pr. do) .... AX 49
Júlio Dinis (R. de) .... BX 52
Marechal Carmona (Av.) .. CX 59
Marechal Carmona (Via) .. AV
Marechal Gomes
da Costa (Av. do) ...... AVX
Marquês de Pombal (Pr. do) CV 60
Monchique (R. de) .... BX 62
Monte dos Burgos (R. do) . BV 63
Montevideu (Av. de) ...... AV 64
Mouzinho
de Albuquerque (Pr.) ... BX 65

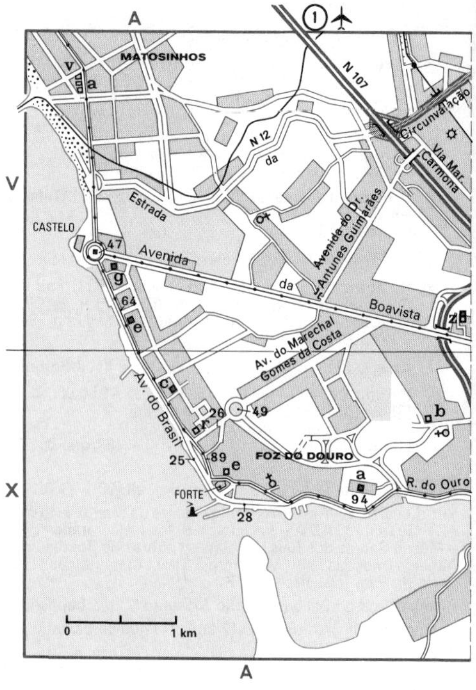

Oliveira Monteiro (R. de) .. BVX 67
Ouro (R. do) .... ABX
Paiva Couceiro (Av.) CX
Pedro Hispano (R. de) .... BV 70
Pinto Bessa (R. de) ...... CX 72
Prelada (R. da) .... BV 73

Inca, Praça Coronel Pacheco 52, ✉ 4000, ☎ 208 41 51, Telex 23816, Fax 31 47 56 – 🛗 ▤ TV ☎ – 🎤 25/35. AE ⓓ E VISA. ✂ BY **r**
Ref 2800 – **62 qto** ☕ 15500/17000 – PA 5600.

Castor, Rua das Doze Casas 17, ✉ 4000, ☎ 57 00 14, Telex 22793, Fax 56 60 76, Mobiliário antigo – 🛗 ▤ TV ☎ – 🎤 25/80 – **63 qto.** CY **g**

Grande H. do Porto, Rua de Santa Catarina 197, ✉ 4000, ☎ 200 81 76, Telex 22553, Fax 31 10 61 – 🛗 ▤ rest ☎ – 🎤 25/150. AE ⓓ E VISA. ✂ CZ **q**
Ref 2900 – **100 qto** ☕ 11600/13200 – PA 5800.

Albergaria São José sem rest, Rua da Alegria 172, ✉ 4000, ☎ 208 02 61, Fax 32 04 46 – 🛗 ▤ TV ☎ 🚗. AE ⓓ. ✂ CY **a**
43 qto ☕ 8000/9600.

Albergaria Miradouro, Rua da Alegria 598, ✉ 4000, ☎ 57 07 17, Fax 57 02 06, ≤ cidade e arredores – 🛗 ▤ TV ☎ P. AE ⓓ E VISA. ✂ CY **d**
Ref (ver rest. **Portucale**) – **30 qto** ☕ 10600/13000.

Menfis sem rest., Rua da Firmeza 13, ✉ 4000, ☎ 58 00 03 – 🛗 ▤ TV ☎ 🚗 CY **k**
26 qto.

São João sem rest, Rua do Bonjardim 120 - 4Ñ, ✉ 4000, ☎ 200 16 62, Fax 31 61 14 – 🛗 TV ☎. AE ⓓ E VISA. ✂ BZ **r**
14 qto ☕ 12000/13500.

Do Vice-Rei sem rest, Rua Júlio Dinis 779 - 4°, ✉ 4000, ☎ 69 53 71, Telex 25373, Fax 69 26 97 – 🛗 ▤ TV ☎. AE ⓓ E VISA. ✂ BX **c**
45 qto ☕ 8000/10000.

Nave, Av. Fernão de Magalhães 247, ✉ 4300, ☎ 57 61 31, Telex 22188, Fax 56 12 16 – 🛗 ▤ TV ☎ 🚗. AE ⓓ E VISA. ✂ CY **m**
Ref 2500 – **81 qto** ☕ 6600/8600.

Antas, Rua Padre Manuel da Nóbrega 111, ✉ 4300, ☎ 48 50 00, Telex 29036 – 🛗 ▤ rest TV ☎ 🚗. AE ⓓ VISA. ✂ CV **n**
Ref (só jantar) 2500 – **30 qto** ☕ 10800/12000 – PA 5000.

Internacional, Rua Do Almada 131, ✉ 4000, ☎ 200 50 32, Telex 21076, Fax 200 90 63 – 🛗 TV ☎ – 🎤 25/42 – **35 qto.** BZ **a**

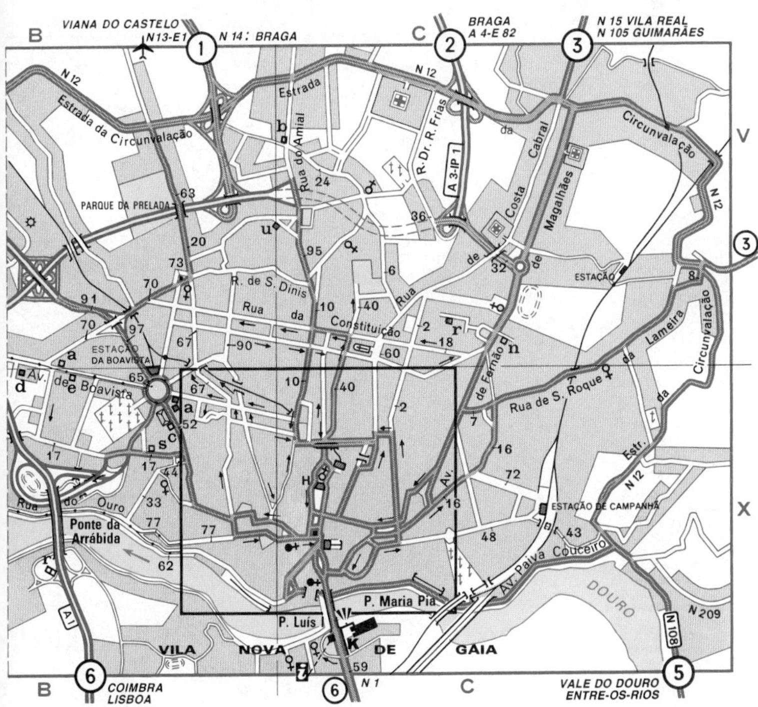

Restauração (R. da) . . . . . . BX 77
São Dinis (R. de) . . . . BV
São Roque da Lameira (R.) CVX
Senhora da Luz (R. da) . . . AX 89
Serpa Pinto (R. de) . . . . BV 90
Sidónio Pais (Av.) . . . . BV 91
Sobreiras (R. das) . . . . AX 94
Vale Formoso (R. do) . . . . . CV 95
5 de Outubro (R. de) . . . . . BV 97

🏨 Malaposta sem rest, Rua da Conceição 80, ✉ 4000, ☎ 200 62 78, Telex 20898, Fax 200 62 95 - |♦| ▤ TV ☎ - **37 qto.** BY **e**

🏨 Solar São Gabriel sem rest, Rua da Alegria 98, ✉ 4000, ☎ 32 39 32, Fax 32 39 57 - |♦| ▤ TV ☎ 🚗 - **28 qto.** CZ **s**

🏨 **Universal** sem rest, Av. dos Aliados 38, ✉ 4000, ☎ 200 67 58, Fax 200 10 55 - |♦| TV ☎. AE ⊙ E VISA. ✂ BZ **u**
48 qto ☕ 6500/8500.

🏨 Rex sem rest, Praça da República 117 ☎ 200 45 48, Telex 20899, Fax 38 38 82, Antiga moradia particular conservando os bonitos tectos originais - |♦| ☎ Ⓟ BY **u**
21 qto.

🏨 **Escondidinho** sem rest, Rua de Passos Manuel 135, ✉ 4000, ☎ 200 40 79 - |♦| TV ☎. AE ⊙ E VISA - **23 qto** ☕ 7000/8000. CZ **w**

🏨 Girassol sem rest, Rua Sá da Bandeira 133, ✉ 4000, ☎ 200 18 91 - |♦| TV ☎ BZ **r**
18 qto.

XXX **Churrascão do Mar,** Rua João Grave 134, ✉ 4100, ☎ 69 63 82, Fax 600 43 37, Peixes e mariscos-cozinha brasileira, « Antiga e senhorial moradía adaptada em restaurante » - ▤ Ⓟ. AE ⊙ E VISA. ✂ BX **d**
fechado domingo e agosto - Ref lista 5340 a 5940.

XXX **Foco,** Rua Afonso Lopes Vieira 86, ✉ 4100, ☎ 66 72 48, Telex 23159, Fax 606 74 52, Decoração moderna - ▤. AE ⊙ E VISA. ✂ AV **z**
Ref lista 3650 a 4670.

XXX **Portucale,** Rua da Alegria 598, ✉ 4000, ☎ 57 07 17, Fax 57 02 06, ≤ cidade e arredores - ▤ Ⓟ. AE ⊙ E VISA JCB. ✂ CY **d**
Ref lista 6350 a 8600.

XX **O Escondidinho,** Rua Passos Manuel 144, ✉ 4000, ☎ 200 10 79, Decoração regional - ▤. AE ⊙ E VISA JCB. ✂ CZ **n**
Ref lista 2900 a 5350.

XX **Churrascão Gaúcho,** Av. da Boavista 313, ✉ 4000, ☎ 609 17 38, Fax 600 43 37 - ▤. ⊙ E VISA. ✂ BX **t**
fechado domingo e agosto - Ref lista 3510 a 5520.

PORTO

Almada (R. do) .... BY
Clérigos (R. dos) .... ABZ 23
Passos Manuel (R. de) .... CZ 69
Sá da Bandeira (R. de) .... CY
31 de Janeiro (R. de) ..... BZ 98

Alegria (R. da) .... CYZ
Alexandre Herculano (R. de) ...... CZ
Almeida Garrett (Pr. de) ... BZ 3
Alberto Aires de Gouveia (R.) AZ 4
Álvares Cabral (R. de) ..... AY
Aníbal Cunha (R. de) ...... AY
Antero de Quental (R. de) . BY
Augusto Rosa (R. de) ..... CZ 12
Batalha (Pr. da) .... CZ 13
Boa Hora (R.) .... AY 15
Boavista (Av. e R. da) ..... AY
Bonfim (R. do) .... CY
Bonjardim (R. do) .... BCY
Camões (R. de) .... BY
Carmo (R. do) .... AZ 19
Cedofeita (R. de) .... AY
Cimo da Vila (R. do) ...... BZ 21
Coronel Pacheco (Pr. do) .. AY
Dom Afonso Henriques (Av.) .... BZ 27
Dom João I (Pr. de) .... BZ 31
Dom João IV (R. de) ...... CYZ
Dom Manuel II (R. de) .... AZ
Dona Filipa de Lencastre (Pr.) .... BZ 34
Dr Magalhães Lemos (R. do) BZ 35
Dr Tiago de Almeida (R. do). AZ 37
Duque de Saldanha (R. do). CZ
Entreparedes (R. de) ...... CZ 39
Faria Guimarães (R. de) ... BY
Fernandes Tomás (R. de) .. CY
Fernão de Magalhães (Av. de) ..... CY
Fonseca Cardoso (R.) ..... BY 41
Fontainhas (Al. e P. das) ... CZ
Formosa (R.) .... CZ
General H. Delgado (Pr. do). BY 45
Gomes Teixeira (Pr. de) ... AZ 46
Gonçalo Cristóvão (R. de) .. BCY
Gustavo Eiffel (Av.) .... CZ
Infante D. Henrique (Pr. et R.) AZ 51
Júlio Dinis (R. de) .... AY
Lapa (R. da) .... BY 53
Liberdade (Pr. da) .... BZ 55
Lisboa (Pr. de) .... AZ 56
Loureiro (R. do) .... BZ 57
Mártires da Liberdade (R. dos) ...... BY
Mártires da Pátria (Campo). AZ 61
Monchique (R. de) .... AZ
Morgado Mateus (R. de) .. CZ
Mouzinho da Silveira (R.) .. BZ
Nova da Alfândega (R.) .... AZ
Oliveira Monteiro (R. de) ... AY
Oliveiras (R.) .... AY 68
Pedro Nunes (Pr. de) ..... AY 71
Prof. Vicente José de Carvalho (R.) .... AZ 75
Rainha Dona Amélia (Pr. da) .... CY
República (Pr. da) .... BY
Restauração (R. da) .... AZ
Ribeira (Cais e Pr. da) ..... BZ 78
Rodrigues de Freitas (Av. de) CZ
Rosário (R. do) .... AY
Sacadura Cabral (R.) ...... AY 79
Santa Catarina (R. de) ..... CY
Santa Isabel (R.) .... AY 81
Santo Ildefonso (R. de) .... CZ
S. João Novo (L.) .... AZ 82

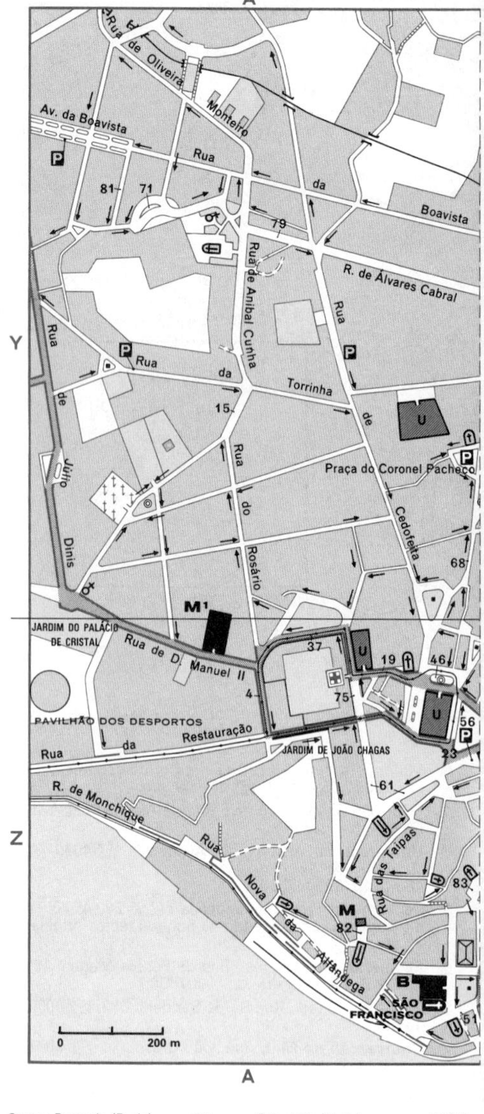

Santos Pousada (R. de) ... CY
São Domingos (L. de) ..... AZ 83
São João (R. de) .... BZ 85
Saraiva de Carvalho (R.) .. BZ 87

XX **Lider,** Alameda Eça de Queiroz 126, ✉ 4200, ☎ 48 00 89 – ▤. AE ⓓ E VISA. ✈ CV **r**
fechado sábado – Ref lista 4100 a 5200.

XX **King Long,** Largo Dr Tito Fontes 115, ✉ 4000, ☎ 31 39 88, Rest. chinês – ▤. AE ⓓ E VISA. ✈ BY **p**
Ref lista 1550 a 3080.

XX **Mesa Antiga,** Rua de Santo Ildefonso 208, ✉ 4000, ☎ 200 64 32 – ▤. E VISA CZ **x**
fechado sábado e do 15 ao 30 setembro – Ref lista 2100 a 3500.

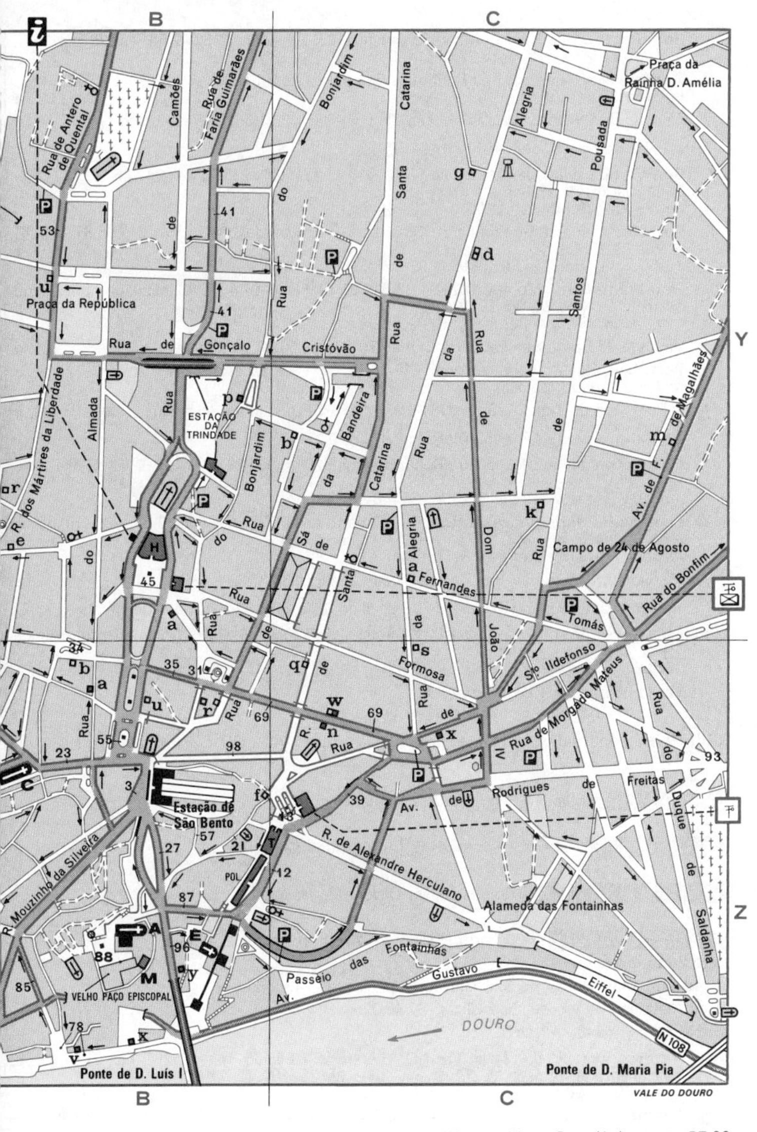

✗ **Orfeu** com snack-bar, Rua de Júlio Dinis 928, ✉ 4000, ✆ 606 43 22 – ▤. AE ⓓ E VISA – Ref lista 2500 a 5400. BX **a**

✗ **Tripeiro,** Rua Passos Manuel 195, ✉ 4000, ✆ 200 58 86, Decoração regional – ▤. AE ⓓ E VISA – *fechado domingo* – Ref lista 1900 a 3700. CZ **w**

✗ **Chinês,** Av. Vimara Peres 38, ✉ 4000, ✆ 200 89 15, Rest. chinês – ▤. AE ⓓ E VISA. ✻ Ref lista 1510 a 2600. BZ **y**

✗ **Casa Victorino,** Rua dos Canasteiros 44, ✉ 4000, ✆ 208 06 68, Peixes e mariscos – ▤. AE ⓓ E VISA. ✻ *fechado domingo* – Ref lista 4850 a 5650. BZ **v**

Bom Pastor, Rua Nicolau Marquês Guedes 109, ✉ 4200, ☎ 82 42 53 – AE E VISA.
fechado agosto – Ref lista 2350 a 4600. BV **u**

Aquário Marisqueiro, Rua Rodrigues Sampaio 179, ✉ 4000, ☎ 222 31 – E VISA.
Ref lista 2000 a 3000. BY **a**

Taverna de Bebobos, Cais da Ribeira 25, ✉ 4000, ☎ 31 35 65, Rest. típico BZ **x**

na Foz do Douro – ✉ 4100 Porto – 02 :

Boa Vista, esplanada do Castelo 58 ☎ 618 31 75, Telex 25574, Fax 617 38 18, –
rest TV ☎. E VISA. rest AX **e**
Ref 2500 – **39 qto** 12250/14000.

Portofoz sem rest, Rua do Farol 155-3° ☎ 617 23 57, Telex 24425, Fax 617 08 87 – TV
☎. AE E VISA. AX **r**
500 – **19 qto** 10000/10500.

Don Manoel, Av. Montevideu 384 ☎ 617 01 79, Fax 610 44 37, <, Instalado num antigo palacete – P. AE E VISA. AV **e**
fechado domingo – Ref lista 5750 a 6990.

Varanda da Barra, Rua Paulo da Gama 470 ☎ 618 50 06, <, AX **a**

Portofino, Rua do Padrão 103 ☎ 617 73 39, – . AE E VISA AX **c**
fechado sábado meio-dia e agosto – Ref lista 2850 a 3600.

O Bule, Rua do Timor 128 ☎ 618 87 77, , « Terraço junto do jardim », – AV **g**

em Matosinhos – ✉ 4450 Matosinhos – 02 :

O Gaveto com snack-bar, Rua Roberto Ivens 826 ☎ 937 87 96 – . AE E VISA JCB. AV **a**
fechado 3ª feira – Ref lista 2350 a 3450.

Esplanada Marisqueira Antiga, Rua Roberto Ivens 628 ☎ 93 06 60, Peixes e mariscos – . AE E VISA JCB. AV **v**
fechado 2ª feira – Ref lista 3750 a 4650.

Marujo com snack-bar, Rua Tomaz Ribeiro 284 ☎ 938 37 32 – AV **a**

na estrada N 13 por ①: 10,5 km - ✉ Leça do Balio 4465 São Mamede de Infesta – 02 :

Estal. Via Norte com qto, ☎ 948 02 94, Telex 26617, Fax 948 03 22, climatizada – rest
TV ☎ P – 25/350
12 qto.

Ver também : ***Leça da Palmeira*** NO : 11,5 km
Vilanova de Gaia, por ⑥ : 2 km

MICHELIN, Zona industrial. Lugar de Varziela-Àrvore, VILA DO CONDE por ①, ✉ 4480 ☎ 64 13 52 e 64 15 52, Telex 28961

PORTO MONIZ Madeira – ver Madeira (Arquipélago da).

PORTO SANTO Madeira – ver Madeira (Arquipélago da).

PÓVOA DAS QUARTAS Coimbra – ver Oliveira do Hospital.

PÓVOA DE VARZIM **4490** Porto 440 H 3 – 23 846 h. – 052 – Praia.

Ver : Porto de pesca★.

Arred. : Rio Mau : Igreja de S. Cristóvão (capitéis★) O : 12 km.

Av. Mouzinho de Albuquerque 160 ☎ 62 46 09.

♦Lisboa 348 – Braga 40 – ♦Porto 30.

Vermar, Rua alto de Martín Vaz NO : 1,5 km ☎ 61 55 66, Telex 25261, Fax 61 51 15, <, climatizada, – TV ☎ P – 25/700. AE E VISA.
Ref 3000 – **208 qto** 13750/17000.

Grande H., Largo do Passeio Alegre 20 ☎ 61 54 64, Fax 61 55 65, < – TV –
25/150. AE E VISA.
Ref 2900 – **100 qto** 13500/16000.

Luso-Brasileiro sem rest, Rua dos Cafés 16 ☎ 61 51 61, Telex 20030, Fax 62 47 13 –
TV ☎. AE E VISA.
62 qto 7200/9900.

Costa Verde sem rest, Av. Vasco da Gama 56 ☎ 61 55 31, Telex 27698, Fax 61 59 31, <
– TV . AE E VISA.
50 qto 8000/10500.

Gett sem rest, Av. Mouzinho de Albuquerque 54 ☎ 68 32 06 – TV . E VISA.
22 qto 6500/8500.

Avô Velino, sem rest, Av. Vasco da Gama ☎ 68 16 28 – TV
10 qto.

XX **Euracini,** Av. Mouzinho de Albuquerque 29 ℘ 62 71 36, Fax 62 71 36 – ▤. ◑ E VISA. ✻
fechado domingo e outubro – Ref lista 3300 a 4000.

XX **O Marinheiro,** na estrada N 13 NO : 2 km ℘ 68 21 51, Telex 29659, Imitação dum barco, Peixes e mariscos – ▤ Ⓟ. AE ◑ VISA. ✻
Ref lista 3630 a 5830.

X **Leonardo,** Rua Tenente Valadim 75 ℘ 62 23 49, Peixes e mariscos – ▤. E VISA. ✻
fechado 2ª feira – Ref lista 1350 a 2900.

X Chelsea, na estrada N 13 - NO : 2 km ℘ 68 15 22 – ▤ Ⓟ.

em Aguçadoura - pela estrada N 13 NO : 7 km – ✉ 4490 Póvoa de Varzim – ☎ 052 :

Estal. Santo André ⛰, ℘ 61 56 66, Telex 28339, Fax 61 58 66, ≤, ⛱ – TV ☎ Ⓟ. AE ◑ E VISA. ✻ – Ref 2900 – **49 qto** ☕ 15000/16000 – PA 5500.

PRAIA DA AGUDA **4405** Porto 440 I 4 – ☎ 02 – Praia.
♦Lisboa 303 – ♦Porto 15.

XX **Dulcemar,** ✉ 4405 Valadares, ℘ 762 40 77 – ▤. AE ◑ E VISA
fechado 4ª feira – Ref lista 1780 a 4400.

PRAIA DA ALAGOÃ Faro – ver Altura.

PRAIA DA AMOROSA Viana do Castelo – ver Viana do Castelo.

PRAIA DA AREIA BRANCA Lisboa – ver Lourinhã.

PRAIA DA BARRA Aveiro – ver Aveiro.

PRAIA DA FALÉSIA Faro – ver Albufeira.

PRAIA DA GALÉ Faro – ver Albufeira.

PRAIA DA OURA Faro – ver Albufeira.

PRAIA DA ROCHA Faro – ver Portimão.

PRAIA DA SENHORA DA ROCHA Faro – ver Armação de Pera.

PRAIA DAS MAÇÃS Lisboa 440 P 1 – 606 h. – ✉ 2710 Sintra – ☎ 01 – Praia.
♦Lisboa 38 – Sintra 10.

Oceano, Av. Eugenio Levy 52 ℘ 929 23 99 – ☎ Ⓟ. AE ◑ E VISA
fechado novembro – Ref *(fechado 3ª feira)* lista 1900 a 3050 – **26 qto** ☕ 9500/10500.

Real sem rest, Rua Fernão de Magalhães ℘ 929 20 02 – ◑ E VISA. ✻
fechado janeiro-fevereiro – **12 qto** ☕ 8500/9000.

PRAIA DA VIEIRA Leiria 440 M 3 – ✉ 2430 Marinha Grande – ☎ 044 – Praia.
♦ Lisboa 152 – ♦ Coimbra 95 – Leiria 24.

Ouro Verde ⛰ sem rest, Rua D. Dinis ℘ 69 71 56, Fax 69 54 04 – TV ☎ Ⓟ – **32 qto.**

Estrela do Mar, ⛰ sem rest, Rua José Loureiro Botas ℘ 69 57 62, Fax 69 54 04, ≤ – ☎
24 qto.

PRAIA DE DONA ANA Faro – ver Lagos.

PRAIA DE FARO Faro – ver Faro.

PRAIA DE LAVADORES Porto – ver Vila Nova de Gaia.

PRAIA DE OFIR Braga – ver Fão.

PRAIA DE SANTA CRUZ Lisboa 440 O 1 – 615 h. – ✉ 2560 Torres Vedras – ☎ 061 – Praia.
♦Lisboa 70 – Santarém 88.

Santa Cruz, Rua José Pedro Lopes ℘ 971 48, Telex 42509 – |♦| ☎ Ⓟ – 🏛 25/150
32 qto.

PRAIA DO CARVOEIRO Faro – ver Lagoa.

PRAIA DO GUINCHO Lisboa – ver Cascais.

PRAIA DO MARTINHAL Faro - ver Sagres.

PRAIA DO PORTO NOVO Lisboa - ver Vimeiro (Termas do).

PRAIA DOS TRES IRMÃOS Faro - ver Portimão.

PRAIA DO VAU Faro - ver Portimão.

QUARTEIRA **8125** Faro 440 U 5 - 8 905 h. - 089 - Praia.
Club Golf de Vilamoura NO : 6 km 336 52 - Club Golf Dom Pedro.
Av. Infante de Sagres 53 31 22 17.
♦Lisboa 308 - Faro 22.

Atis, Av. Dr. Sá Carneiro 38 97 71, Telex 56802, Fax 38 97 74, - **89 qto.**

Zodíaco, Estrada de Almansil 38 95 89, Telex 56703, Fax 38 81 58, . AE E VISA. Ref 1350 - **60 qto** 10500/15000.

Alphonso's, Centro Comercial Abertura Mar 31 46 14, - . AE E VISA. Ref lista 2540 a 3400.

em Vilamoura - 8125 Quarteira - 089 :

Vilamoura Marinotel, O : 3,5 km 38 99 88, Telex 58827, Fax 38 98 69, - - 25/500. AE E VISA. rest Ref 5000 - **Aries** lista 4900 a 6100 - **Grill Sirius** *(só jantar)* lista 7200 a 10300 - **385 qto** 28900/38500.

Atlantis Vilamoura, O : 3 km 38 99 37, Telex 56838, Fax 38 99 62, « Relvado repousante com », - - . AE E VISA JCB. Ref 5250 - **310 qto** 26000/35000.

Ampalius, O : 3,5 km 38 80 19, Telex 56992, Fax 38 09 11, - - 25/200. AE E VISA. Ref 2700 - **357 qto** 22200/24600.

Dom Pedro Marina, O : 3,5 km 38 98 02, Telex 56307, Fax 31 32 70, climatizada - - 25/150. AE E VISA. Ref lista 2700 a 3500 - **155 qto** 35000/38000.

Dom Pedro Golf, O : 3 km 38 96 50, Telex 56870, Fax 31 54 82, « Relvado repousante com », - - 25/700. AE E VISA. rest Ref (só buffet) 3500 - **262 qto** 26000/28000.

Motel Vilamoura Golf, NO : 6 km 30 29 77, Telex 15872, Fax 38 00 23, - . AE E VISA. Ref 2600 - **52 qto** 10900/13000 - PA 5200.

Casa da Madeira, O : 2,5 km, Edificio Delta Marina 30 17 54, - . AE E VISA. - Ref (só jantar) lista aprox 4500.

QUELUZ **2745** Lisboa 440 P 2 - 47 864 h. alt. 125 - 01.
Ver : Palácio Real★ (sala do trono★) - Jardins do Palácio★ (escada dos Leões★).
Lisbon Sport Club 96 00 77.
♦Lisboa 12 - Sintra 15.

Cozinha Velha, Largo do Palácio 435 02 32, Fax 436 22 34, « Instalado nas antigas cozinhas do palácio ».

em Tercena O : 4 km - 2745 Queluz - 01 :

Poma e Rest. Via Prado, estrada N 117 437 27 45, Fax 437 81 86 - - 25/300 - **50 qto.**

QUINTA DO LAGO Faro - ver Almansil.

REBOREDA Viana do Castelo - ver Vila Nova de Cerveira.

RESENDE Viana do Castelo - ver Paredes de Coura.

RIBEIRA BRAVA Madeira - ver Madeira (Arquipélago da).

RIO DE MOINHOS Santarém 440 N 5 - 1 882 h. - 2200 Abrantes - 041.
♦Lisboa 137 - Portalegre 88 - Santarém 69.

Cristina, na Estrada N 3 981 77 - . *fechado 2ª feira, do 15 ao 30 março e do 15 ao 30 setembro* - Ref lista 1760 a 3350.

RIO MAIOR **2040** Santarém 440 N 3 - 10 793 h. - ☎ 043.
♦Lisboa 77 - Leiria 50 - Santarém 31.

R. M. sem rest, Rua Dr. Francisco Barbosa ☎ 920 87 -
36 qto.

ROMEU **5370** Bragança 440 H 8 - 936 h. - ☎ 078.
♦Lisboa 467 - Bragança 59 - Vila Real 85.

Maria Rita, Rua da Capela ☎ 931 34, Telex 29626, Fax 931 33, Decoração rústica regional -
Ref lista 1700 a 2300.

SABUGO **2715** Lisboa 440 P 2 - ☎ 01.
♦Lisboa 11 - Sintra 14.

em Vale de Lobos SE : 1,7 km - ✉ 2715 Sabugo - ☎ 01 :

Vale de Lobos, ☎ 927 34 19, Telex 44564, Fax 927 46 56, ≤, - 25/200. AE E VISA JCB.
Ref 2750 - **52 qto** 9000/11000.

SAGRES Faro 440 U 3 - 2 032 h. - ✉ 8650 Vila do Bispo - ☎ 082 - Praia.
Arred. : Ponta de Sagres★★ (≤★) SO : 1,5 km - Cabo de São Vicente★★ (≤★).
Promontório de Sagres ☎ 641 25.
♦Lisboa 286 - Faro 113 - Lagos 33.

Pousada do Infante, ☎ 642 22, Telex 57491, Fax 642 25, ≤ falésias e mar, - . AE E VISA.
Ref lista 2750 a 5400 - **39 qto** 17300/20000.

Aparthotel Navigator sem rest, Rua Infante D. Henrique ☎ 643 54, Telex 57179, Fax 643 60, ≤ falésias e mar, - . AE E VISA
500 - **56 apartamentos** 5500/13000.

Baleeira, ☎ 642 12, Telex 57467, Fax 644 25, ≤ falésias e mar, , - rest . AE E VISA. rest
Ref 2300 - **120 qto** 11500/15000 - PA 4600.

na Praia do Martinhal NE : 3,5 km - ✉ 8650 Vila do Bispo - ☎ 082 :

Motel Os Gambozinos, ☎ 643 18, Fax 643 48, ≤ praia, falésias e mar, - . E. rest
fechado dezembro-fevereiro - Ref *(fechado 4ª feira e outubro-15 março)* 2500 - **17 qto** 10900.

na estrada do Cabo São Vicente NO : 5 km - ✉ 8650 Vila do Bispo - ☎ 082 :

Fortaleza do Beliche com qto, ☎ 641 24, « Instalado numa fortaleza sobre uma falésia dominando o mar » - .
Ref lista aprox 3400 - **4 qto** 10600/12300.

SAMEIRO Braga - ver Braga.

SANGALHOS Aveiro 440 K 4 - 4 067 h. - ✉ 3780 Anadia - ☎ 034.
♦Lisboa 234 - Aveiro 25 - ♦Coimbra 32.

Estal. Sangalhos, ☎ 74 36 48, Telex 37784, Fax 74 32 74, ≤ vale e montanha, , - rest . E VISA.
Ref lista 2100 a 2850 - **32 qto** 6900/10500.

SANTA BÁRBARA DE NEXE Faro - ver Faro.

SANTA-CLARA-A-VELHA **7665** Beja 440 T 4 - 1 662 h. alt. 50 - ☎ 083.
♦Lisboa 222 - Beja 96 - Faro 115.

na Barragem de Santa Clara SE : 5 km - ✉ 7665 Santa Clara-a-Velha - ☎ 083 :

Pousada de Santa Clara com qto, ☎ 982 50, Telex 56231, Fax 984 02, ≤ Barragem e montanhas, , « Parque com árvores », - . AE E VISA. rest
Ref 2470 - **6 qto** 10600/12300.

SANTA EULÁLIA Faro - ver Albufeira.

SANTA LUZIA Viana do Castelo - ver Viana do Castelo.

SANTA MARIA DA FEIRA **4520** Aveiro 440 J 4 - 4 877 h. alt. 125 - ☎ 056.
Ver : Castelo★.
ℹ Câmara Municipal Praça da República ☎ 326 11.
♦Lisboa 291 - Aveiro 47 - ♦Coimbra 91 - ♦Porto 20.

na estrada N 1 NE : 5,5 km - ✉ 4520 Santa Maria da Feira - ☎ 056 :

✗ **Tigre** com snack-bar, Lugar de Albarrada - São João de Ver ☎ 31 22 04, Mariscos - ▤ Ⓟ. AE ⓓ E VISA. ✂
Ref lista 2550 a 5100.

SANTA MARTA DE PENAGUIÃO **5030** Vila Real 440 I 6 - 11 194 h. - ☎ 054.
♦Lisboa 388 - ♦Porto 125 - Vila Real 16 - Viseu 94.

⌂ Oasis, Estrada N 2 ☎ 915 32, ⋞ - ☎ 🚗
11 qto.

SANTANA Setúbal - ver Sesimbra.

SANTARÉM **2000** Ⓟ 440 O 3 - 20 034 h. alt. 103 - ☎ 043.
Ver : Miradouro de São Bento ⁎★ B **C** - Igreja de São João de Alporão (museu arqueológico★) B **M1** - Igreja da Graça (nave★) B **F.**
Arred. : Alpiarça : Museu★ (tapeçarias★, faianças e porcelanas★) 10 km por ②.
ℹ Rua Capelo Ivens 63 ☎ 231 40.
♦Lisboa 80 ③ - Évora 115 ② - Faro 330 ② - Portalegre 158 ② - Setúbal 130 ③.

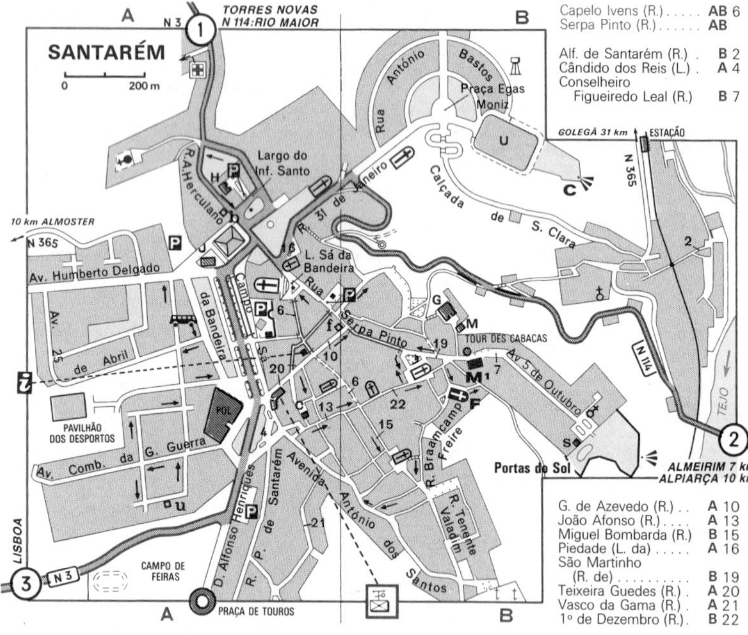

⌂ **O Beirante,** Rua Alexandre Herculano 5 ☎ 22547 - |$| ☎. ✂ A **b**
Ref *(fechado domingo)* lista 2020 a 2450 - **32 qto** ⊐ 3500/6000.

⌂ **Abidis** sem rest, Rua Guilherme de Azevedo 4 ☎ 220 17, Decoração regional - ☎. ✂ AB **f**
28 qto 4200/7000.

⌂ **Victoria** sem rest, Rua 2º Visconde de Santarém 21 ☎ 225 73 - TV ☎. E VISA. ✂ A **u**
23 qto ⊐ 5000/8000.

✗ **Solar,** Largo Emilio Infante da Câmara 9 ☎ 222 39 - ✂ A **c**
fechado sábado e agosto - Ref lista 1450 a 2550.

✗ **Portas do Sol,** no Jardim das Portas do Sol ☎ 295 20, ☂, « Jardim » B **s**
fechado 2ª feira - Ref lista 2120 a 2700.

em Alto do Bexiga por ① : 2,5 km – ✉ 2000 Santarém – ☎ 043 :

Jardim sem rest, com snack-bar, Rua Florbela Espanca 1 ☎ 33 35 54, Telex 18393, Fax 33 34 77 – ▤ ☎. VISA
40 qto ☐ 5000/7500.

SANTIAGO DO CACÉM **7540** Setúbal 440 R 3 – 6 777 h. alt. 225 – ☎ 069.
Ver : Á Saida Sul da Vila ≤★.
♦Lisboa 146 – Setubal 98.

Albergaria D. Nuno sem rest, Av. D. Nuno Álvares Pereira 88 ☎ 233 25, Fax 233 28, ≤ – |‡| TV ☎ P. AE ⓓ E VISA. ✻
75 qto ☐ 7000/12000.

Gabriel sem rest, Rua Professor Egas Moniz 24 ☎ 222 45 – ☎. ✻
23 qto ☐ 4500/8200.

Pousada de Santiago com qto, estrada de Lisboa ☎ 224 59, Telex 16166, ≤, 🏠, Decoração regional, 🏊, 🌳 – ☎ P. AE ⓓ E VISA. ✻
Ref lista 2750 a 3850 – **8 qto** ☐ 10600/12300.

SANTO AMARO DE OEIRAS Lisboa 440 P 2 – 32 195 h. – ✉ 2780 Oeiras – ☎ 01 – Praia.
ℹ Parque Municipal (junto a estrada Marginal).
♦Lisboa 18 – Cascais 12.

na praia pela estrada Marginal E : 0,5 km – ✉ 2780 Oeiras – ☎ 01 :

Saisa, ☎ 443 06 34, ≤, 🏠, Peixes e mariscos – ▤. AE ⓓ E VISA JCB. ✻
fechado 2ª feira – Ref lista 2300 a 3950.

SANTO TIRSO **4780** Porto 440 H 4 – 11 708 h. alt. 75 – ☎ 052.
ℹ Praça do Munícipio ☎ 510 91 (ext. 33).
♦Lisboa 345 – Braga 29 – ♦Porto 22.

São Rosendo, Praça do Municipio 6 ☎ 530 54, Fax 530 54 – ▤. AE ⓓ E VISA
fechado 2ª feira de junho-setembro – Ref lista 1700 a 2930.

SÃO BRÁS DE ALPORTEL **8150** Faro 440 U 6 – 7 499 h. – ☎ 089.
ℹ Rua Dr. Evaristo Sousa Gago ☎ 84 22 11.
♦Lisboa 293 – Faro 19 – Portimão 63.

na estrada de Lisboa N 2 N : 2 km – ✉ 8150 São Brás de Alportel – ☎ 089 :

Pousada de São Brás (obras previstas), ☎ 84 23 05, Telex 56945, Fax 84 23 05, ≤ cidade, campo e colinas, 🏊, 🎾 – ▤ qto ☎ P
25 qto.

SÃO JOÃO DA CAPARICA Setúbal – ver Costa da Caparica.

SÃO JOÃO DA MADEIRA **3700** Aveiro 440 J 4 – 16 239 h. alt. 205 – ☎ 056.
♦Lisboa 286 – Aveiro 46 – ♦Porto 32.

Solar São João sem rest, Praça Luís Ribeiro 165 ☎ 226 64, Fax 83 10 10 – ☎. ✻
16 qto ☐ 5600/7500.

O Prato, Av. da Liberdade 583 ☎ 270 44 – ▤.

SÃO JOÃO DO ESTORIL Lisboa – ver Estoril.

SÃO MARTINHO DO PORTO **2465** Leiria 440 N 2 – 2 318 h. – ☎ 062 – Praia.
Ver : ≤★.
ℹ Av. 25 de Abril ☎ 98 91 10.
♦Lisboa 108 – Leiria 51 – Santarém 65.

Parque sem rest, Av. Marechal Carmona 3 ☎ 98 95 05, Fax 98 91 05, « Antiga casa senhorial rodeada de um jardim », 🎾 – ☎ P. AE ⓓ E VISA. ✻
março-outubro – **36 qto** ☐ 8650/15360.

Albergaria São Pedro sem rest, Largo Vitorino Frois 7 ☎ 98 93 28, Fax 98 93 27 – |‡| ▤ TV ☎
25 qto.

Concha sem rest, Largo Vitorino Frois 21 ☎ 98 92 20 – |‡| ▤ TV ☎ – 🏛 25/35
31 qto.

A Casa, Av. Marginal ☎ 98 96 33, ≤ – ▤. AE ⓓ E VISA JCB
Ref lista 2630 a 3230.

SÃO PEDRO DE MOEL Leiria 440 M 2 – ✉ 2430 Marinha Grande – ☎ 044 – Praia.
ℹ Praça Eng. Jose Lopes Viera ✆ 59 91 52.
♦Lisboa 135 – ♦Coimbra 79 – Leiría 22.

- Mar e Sol, Av. da Liberdade 1 ✆ 59 91 82, Telex 15529, Fax 59 94 11, ← – ▤ rest TV ☎ – 25/100
64 qto.
- São Pedro, Rua Dr Adolfo Leitão 22 ✆ 59 91 20, Telex 18136 – ▤ rest ☎ P –
53 qto.
- Santa Rita sem rest, Praceta Pinhal do Rei 1 ✆ 59 94 98
9 qto.

SÃO PEDRO DE SINTRA Lisboa – ver Sintra.

SÃO PEDRO DO SUL **3660** Viseu 440 J 5 – 3 513 h. alt. 169 – ☎ 032 – Termas.
ℹ Estrada N 16 ✆ 713 20.
♦Lisboa 321 – Aveiro 76 – Viseu 22.

nas termas SO : 3 km – ✉ 3660 São Pedro do Sul – ☎ 032 :

- **Do Parque** , ✆ 72 34 61, Telex 52977, Fax 72 30 47 – TV ☎ P – 25/70. AE ① E VISA.
Ref lista 2200 a 3350 – **56 qto** 8000/12000.
- Das Termas , ✆ 71 23 33, Telex 53595, Fax 71 10 11, ←, – TV ☎
64 qto.
- G.H. Lisboa, estrada N 16 ✆ 71 10 87 – ▤ TV ☎ P
100 qto.
- Lafões, sem rest, Rua do Correio ✆ 71 16 16 – TV
21 qto.
- **Adega da Ti Fernanda,** av. da Estação ✆ 71 24 68, , Decorãçao rústica –
fechado 2ª feira – Ref lista 1700 a 2750.

SÃO VICENTE Madeira – ver Madeira (Arquipélago da).

SEIA **6270** Guarda 440 K 6 – 5 653 h. alt. 532 – ☎ 038.
Arred. : Estrada★★ de Seia à Covilhã (←★★, Torre ✲★★★, ←★) 49 km.
ℹ Largo do Mercado ✆ 222 72.
♦Lisboa 303 – Guarda 69 – Viseu 45.

- **Camelo,** Av. 1º de Maio 16 ✆ 255 55, Telex 53630, Fax 255 50, ← – ▤ TV ☎ P – 25/80. ① E VISA
Ref *(fechado do 15 ao 30 junho e do 1 ao 15 novembro)* 1650 – **57 qto** 7000/9600.
- **Estal. de Seia,** Av. Dr. Afonso Costa ✆ 226 66, Telex 52863, Fax 224 38, – TV ☎ P – 25/30. AE ① E VISA.
Ref 2500 – **34 qto** 11000/11500 – PA 5000.

em Senhora do Espinheiro estrada N 339 E : 6 km – ✉ 6270 Seia – ☎ 038 :

- Albergaria Senhora do Espinheiro sem rest, ✆ 220 73, ← vale – ☎ P
24 qto.

SEIXAS Viana do Castelo – ver Caminha.

SENHORA DO ESPINHEIRO Guarda – ver Seia.

SERPA **7830** Beja 440 S 7 – 4 941 h. alt. 230 – ☎ 084.
ℹ Largo D. Jorge de Melo 2 e 3 ✆ 903 35.
♦Lisboa 221 – Beja 29 – Évora 111.

- **Pousada de São Gens** , S : 1,5 km ✆ 537 24, Telex 43651, Fax 533 37, « Terraço com ← oliveiras e campo », – ▤ ☎ P. AE ① E VISA. rest
Ref 2800 – **18 qto** 16000/18000.

SERRA DE ÁGUA Madeira – ver Madeira (Arquipélago da).

SERTÃ **6100** Castelo Branco 440 M 5 – ☎ 074.
♦Lisboa 248 – Castelo Branco 72 – ♦Coimbra 86.

- **Lagar,** Rua 1º de Dezembro ✆ 615 41, , Rest. típico instalado numa prensa de azeite – P
fechado 3ª feira e do 1 ao 15 outubro – Ref lista 1280 a 2300.

SESIMBRA **2970** Setúbal 440 Q 2 – 8 138 h. – 01 – Praia.

Ver : Porto★.

Arred. : Castelo ≤★ NO : 6 km – Cabo Espichel (local★) O : 15 km – Largo da Marinha ℘ 223 57 43.

♦Lisboa 43 – Setúbal 26.

Do Mar, rua Combatentes de Ultramar 10 ℘ 223 33 26, Telex 13883, Fax 223 38 88, ≤ mar, « Relvado com ⛱ rodeado de arbores », – 25/40. AE ⓓ E VISA. Ref 4000 – **168 qto** ☕ 14800/23200 – PA 7100.

Villas de Sesimbra, Altinho de São João ℘ 223 27 75, Telex 16190, Fax 223 15 33, ≤, « Relvado com ⛱ », – 25/100. AE ⓓ E VISA JCB. Ref 2100 – ☕ 1000 – **207 apartamentos** 7500/30000.

Ribamar, Av. dos Náufragos ℘ 223 48 53, Fax 223 43 17, , Peixes e mariscos – . E VISA. – Ref lista 3200 a 4700.

O Pirata, Rua Heliodoro Salgado 3 ℘ 223 04 01, ≤, – AE ⓓ E VISA *fechado 4ª feira e dezembro* – Ref lista 2800 a 3400.

em Santana N : 3,5 km – ✉ 2970 Sesimbra – 01 :

Angelus, ℘ 223 13 40 – . E VISA. Ref lista 4000 a 4750.

SETÚBAL **2900** P 440 Q 3 – 97 762 h. – 065.

Ver : Museu da Cidade★ (quadros★) **M1** – Igreja de Jesus★ **A** – Castelo de Sao Filipe ※★ por Rua Sao Filipe.

Arred. : Serra da Arrábida (estrada escarpada★★) por ② – Palmela (castelo★ ※★ – Igreja de São Pedro : azulejos★) por N 252 : 7,5 km – Quinta da Bacalhoa : jardins (azulejos★) por ③ : 12 km.

18 Club de Golf de Tróia, Torralta Tróia ℘ 441 51.

para Tróia, cais de Setúbal 36 ℘ 351 01 – Rua do Corpo Santo ℘ 295 07.

♦Lisboa 55 ① – ♦Badajoz 196 ① – Beja 143 ① – Évora 102 ① – Santarém 130 ①.

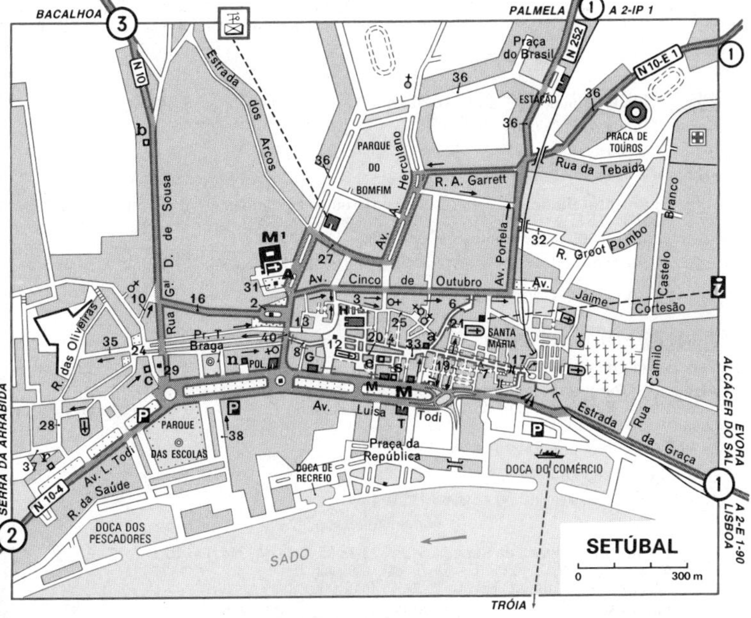

Álvaro Castelões (R.)	4	Bela Vista (Travessa da)	10	Mariano de Carvalho (Av.)	27
Antão Girão (R.)	6	Bocage (Praça do)	12	Marquês da Costa (R.)	28
Augusto Cardoso (R.)	8	Combatentes da Grande Guerra (Av. dos)	16	Marquês de Pombal (Praça)	29
Bocage (R. do)	13	Defensores da República (L. dos)	17	Miguel Bombarda (Praça)	31
Dr Paula Borba (R.)	20	Dr António J. Granjo (R.)	19	Mirante (R. do)	32
Misericórdia (R. da)	33	Exército (Praça do)	21	Paulino de Oliveira (R.)	35
Almirante Reis (Praça)	2	Machado dos Santos (Praça)	24	República de Guiné-Bissau (Av.)	36
Almocreves (R. dos)	3	Major Afonso Pala (R.)	25	S. Filipe (R.)	37
Arronches Junqueiro (R.)	7			Trabalhadores do Mar (R. dos)	38
				22 de Dezembro (Av.)	40

Albergaria Laitau sem rest., Av. General Daniel de Sousa 89 ℘ 370 31, Telex 43006, Fax 360 95 – |$| ▤ TV ☎ – 25/200. AE ⓞ E VISA JCB b
41 qto ☕ 9000/11000.

Esperança, Av. Luisa Todi 220 ℘ 52 51 51, Telex 17158, Fax 302 83, ← – |$|. AE ⓞ E VISA JCB. s
Ref 3000 – **76 qto** ☕ 8800/10000 – PA 6000.

Albergaria Solaris sem rest, Praça Marquês de Pombal 12 ℘ 52 21 89, Telex 42055, Fax 52 20 70 – |$| ▤ TV ☎. AE ⓞ E VISA. c
24 qto ☕ 7500/9250.

Bocage sem rest, Rua de São Cristóvão 14 ℘ 215 98, Fax 218 09 –. AE ⓞ E VISA. e
38 qto ☕ 5900/6900.

Mar e Sol sem rest, Av. Luisa Todi 608 ℘ 330 16, Fax 53 20 36, ← – |$|. r
70 qto ☕ 5000/7500.

O Beco, Rua da Misericórdia 24 ℘ 52 46 17 – ▤. AE ⓞ E VISA a
fechado 3ª feira, 15 dias en fevereiro-março e do 15 ao 30 setembro – Ref lista 2050 a 3050.

O Capote, Largo do Carmo 6 ℘ 202 98, n

na estrada N 10 por ① – ✉ 2900 Setúbal – 065 :

Novotel Setúbal, Monte Belo 2,5 km ℘ 52 28 09, Telex 43470, Fax 52 29 12, – |$| ▤ TV ☎ ♿ P – 25/250. AE ⓞ E VISA JCB
Ref lista 2680 a 4080 – ☕ 1100 – **105 qto** 10500/11500.

Ibis, Vale da Rosa 5,5 km ℘ 77 22 00, Telex 42746, Fax 77 24 47, – ▤ TV ☎ ♿ P – 25/60. AE ⓞ E VISA
Ref 2000 – ☕ 810 – **102 qto** 7200/7900.

no Castelo de São Filipe O : 1,5 km – ✉ 2900 Setúbal – 065 :

Pousada de São Filipe, ℘ 52 38 44, Telex 44655, Fax 53 25 38, ← Setúbal e foz do Sado, Decoração rústica, « Dentro das muralhas de uma antiga fortaleza » – ▤ TV. AE ⓞ E VISA. rest
Ref 3300 – **14 qto** ☕ 22100/25200 – PA 6600.

SINES 7520 Setúbal 440 S 3 – 12 206 h. – 069 – Praia.

Arred. : Santiago do Cacém ←★.

Av. General Humberto Delgado - Mercado Municipal loja 4 ℘ 63 44 72.

♦Lisboa 165 – Beja 97 – Setúbal 117.

Aparthotel Sinerama sem rest., Rua Marquês de Pombal 167 ℘ 63 38 45, Telex 12671, Fax 63 45 51, ← – |$| TV ☎ P – . AE ⓞ E VISA.
☕ 600 – **105 apartamentos** 6900/13900.

Búzio sem rest, Av. 25 de Abril 14 ℘ 63 21 14, Fax 63 51 51 – TV ☎. AE ⓞ E VISA.
☕ 400 – **45 qto** 8000/10500.

SINTRA 2710 Lisboa 440 P 1 – 20 574 h. alt. 200 – 01.

Ver : Palácio Real★ (azulejos★★, tecto★★) Y.

Arred. : S : Parque da Pena★★ Z, Cruz Alta★★ Z, Castelo dos Mouros★ (←★) Z, Palácio da Pena ←★ Z – Parque de Monserrate★ O : 3 km – Peninha ←★★ SO : 10 km – Azenhas do Mar★ (local★) 16 km por ①.

Golf Estoril Sol por ④ ℘ 923 24 61.

Praça da República 3 ℘ 923 11 57.

♦Lisboa 28 ③ – Santarém 100 ③ – Setúbal 73 ③.

Plano página seguinte

Tivoli Sintra, Praça da República ℘ 923 35 05, Telex 42314, Fax 923 15 72, ← – |$| ▤ TV ☎ P – 25/200. AE ⓞ E VISA. rest Y d
Ref 4000 – **75 qto** ☕ 16500/19800 – PA 8000.

Tacho Real, rua da Ferreira 4 ℘ 923 52 77, – AE ⓞ E VISA. Z a
fechado 4ª feira e 15 outubro-15 novembro – Ref lista 2250 a 5650.

em São Pedro de Sintra – ✉ 2710 Sintra – 01 :

Solar S. Pedro, Praça D. Fernando II 12 ℘ 923 18 60, Fax 923 18 60 – ▤. AE ⓞ E VISA JCB. Z s
fechado 4ª feira – Ref lista 3000 a 5300.

Dos Arcos, Rua Serpa Pinto 4 ℘ 923 02 64 – AE ⓞ E VISA JCB. Z z
fechado 5ª feira, do 1 ao 15 junho e do 1 ao 15 outubro – Ref lista 3100 a 3900.

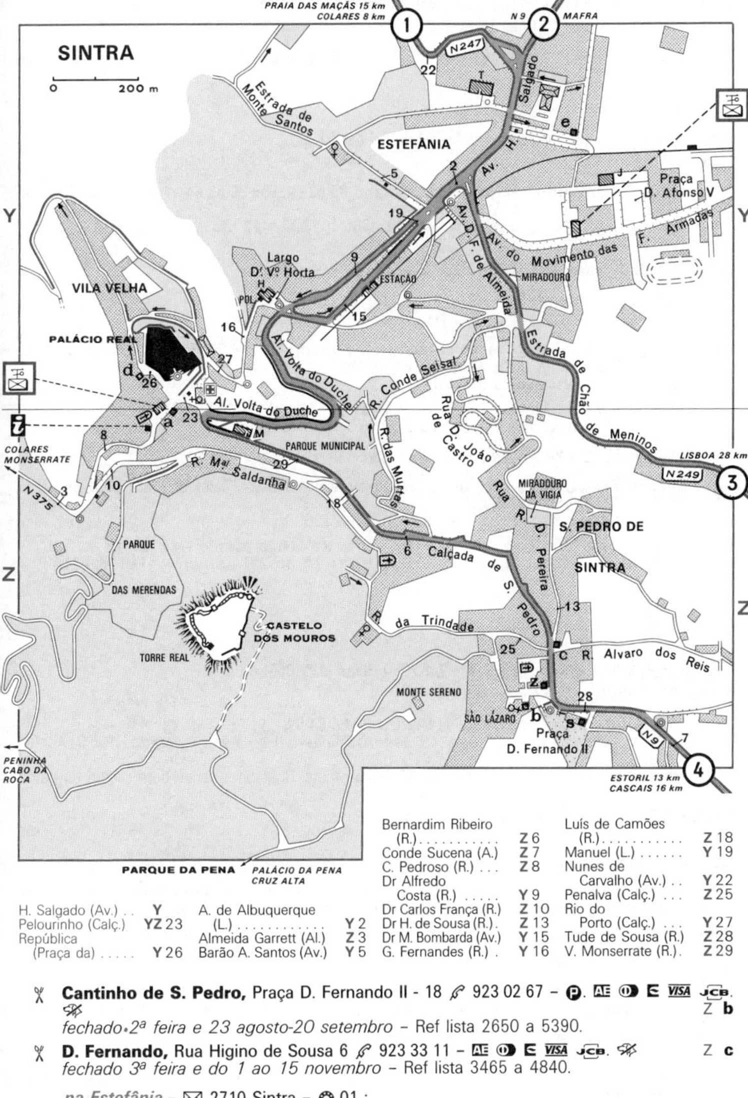

✕ **Cantinho de S. Pedro,** Praça D. Fernando II - 18 ✆ 923 02 67 - Ⓟ. AE ⓓ E VISA JCB. ✻ Z **b**
fechado 2ª feira e 23 agosto-20 setembro - Ref lista 2650 a 5390.

✕ **D. Fernando,** Rua Higino de Sousa 6 ✆ 923 33 11 - AE ⓓ E VISA JCB. ✻ Z **c**
fechado 3ª feira e do 1 ao 15 novembro - Ref lista 3465 a 4840.

na Estefânia - ✉ 2710 Sintra - ✆ 01 :

✕✕ **Wiesbaden,** Av. General J.E. Morais Sarmento 1 ✆ 923 52 68, Fax 923 52 68 - Ⓟ. AE ⓓ E VISA. ✻ Y **e**
fechado 2ª feira e do 2 ao 20 janeiro - Ref lista 1950 a 3530.

na estrada de Colares pela N 375 - ✉ 2710 Sintra - ✆ 01 :

Palácio de Seteais ⚘, Rua Barbosa do Bocage 8 - O : 1,5 km ✆ 923 32 00, Telex 14410, Fax 923 42 77, ≤ campos em redor, « Luxuosas instalações num palácio do século XVIII rodeado de jardins », ⛱ climatizada, ✂ - |♀| ▤ qto ☎ Ⓟ. AE ⓓ E VISA JCB. ✻
Ref 6500 - **30 qto** ☕ 37000/40000 - PA 13000.

Quinta da Capela ⚘ sem rest, O : 4,5 km ✆ 929 34 05, Fax 929 34 25, ≤, « Instalado numa quinta », Ƒ₆, ⛱ - ☎ Ⓟ. AE ⓓ E VISA
março-outubro - **10 qto** ☕ 18000/21000.

TÁBUA **3420** Coimbra 440 K 5 - 2 416 h. alt. 225 - 035.

◆Lisboa 254 - ◆Coimbra 52 - Viseu 47.

- **Tábua** sem rest, Rua Profesor Dr. Caeiro da Mata 426 40, Telex 52948 - AE E VISA.
30 qto 3500/6000.

TALEFE **2640** Lisboa 440 O 1 - Mafra - 061.

◆Lisboa 60 - Sintra 33.

- **Estal. D. Fernando**, Quinta da Calada 85 52 04, Fax 85 52 64, - AE E VISA JCB.
Ref *(fechado 3ª feira e novembro)* lista 2300 a 3300 - **12 qto** 8000/9500.

TAVIRA **8800** Faro 440 U 7 - 7 282 h. - 081 - Praia.

Praça da República 225 11.

◆Lisboa 314 - Faro 31 - Huelva 72 - Lagos 111.

- **Quinta do Caracol** sem rest, bairro de São Pedro 224 75, Fax 231 75, « Bungalows num jardim com », - AE E VISA
800 - **7 apartamentos** 8000/10000.
- **Avenida,** av. Dr. Mateus T. de Acevedo 811 13, - . E VISA.
fechado 3ª feira e maio - Ref lista 2180 a 2980.

na estrada N 125 - 8800 Tavira - 081 :

- **Eurotel Tavira,** NE : 3 km, Quinta das Oliveiras 32 43 24, Telex 56218, Fax 32 55 71, , - AE E VISA.
Ref (só jantar, buffet) 2250 - **80 qto** 7500/12000.
- **Da Bairrada,** NE : 2,5 km 32 44 67, Espec. em leitão assado - . E VISA
fechado 4ª feira do 1 ao 15 janeiro e do 15 ao 30 outubro - Ref lista 1630 a 3040.

TERCENA Lisboa - ver Queluz.

TERRUGEM Portalegre 440 P 7 - 7350 Elvas - 068.

◆Lisboa 202 - ◆Badajoz 32 - Portalegre 60.

- **A Bolota,** Quinta das Janelas Verdes 65 61 52, , - . VISA.
fechado domingo noite, 2ª feira, 15 dias em fevereiro e 15 dias em agosto - Ref lista 3200 a 4900
Espec. Sopa de perdiz na panela, Bacalhau da bolota, Roastbife ibérico com molho de paté.

TOLEDO Lisboa - ver Vimeiro (Termas do).

TOMAR **2300** Santarém 440 N 4 - 14 821 h. alt. 75 - 049.

Ver : Convento de Cristo★★ : dependencias do convento★ (janela★★), Igreja (charola dos Templarios★★) - Igreja de São João Baptista (portál★).

Arred. : Barragem do Castelo do Bode★ SE : 15 km - Atalaia (azulejos★) SO : 16 km.

Av. Dr Cândido Madureira 31 32 37.

◆Lisboa 145 - Leiria 45 - Santarém 65.

- **Dos Templários,** Largo Cândido dos Reis 1 32 17 30, Telex 14434, Fax 32 21 91, , - . AE E VISA. rest
Ref 3000 - **84 qto** 10400/16000.
- Estal. de Santa Iria, Parque do Mouchão 31 33 26, Fax 32 10 82, « Num parque » - - 25/70
14 qto.
- **Sinagoga** sem rest, Rua Gil Avo 31 31 67 84, Fax 32 21 96 - . E VISA
24 qto 6000/8800.
- **Trovador** sem rest, Rua Dr. Joaquim Ribeiro 32 25 67, Fax 32 21 94 - . AE E VISA.
30 qto 6000/9500.
- **Cavaleiros de Cristo** sem rest, Rua Alexandre Herculano 7 32 12 03, Fax 32 11 92 - . AE E VISA.
17 qto 5000/8000.
- **Bela Vista,** Fonte do Choupo 6 - na ponte velha 31 28 70, -
fechado 2ª feira noite, 3ª feira e novembro - Ref lista 1500 a 2500.

TONDELA **3460** Viseu 440 K 5 - 3 346 h. - ☎ 032.
♦Lisboa 271 - ♦Coimbra 72 - Viseu 24.

Tondela, sem rest, Rua Dr Simões de Carvalho ☎ 82 24 11 - Ⓟ
29 qto.

TORREIRA Aveiro - ver Murtosa.

TORRES NOVAS **2350** Santarém 440 N 4 - 37 399 h. - ☎ 049.
Largo do Paço ☎ 24910.
♦Lisboa 118 - Castelo Branco 138 - Leiria 52 - Portalegre 120 - Santarém 38.

Dos Cavaleiros, Praça 5 de Outubro ☎ 81 24 20, Telex 61238, Fax 81 20 52 - rest ☎
60 qto.

O Vintém, Rua Miguel Arnide 73 ☎ 23667.

TORRES VEDRAS **2560** Lisboa 440 O 2 - 10 997 h. alt. 30 - ☎ 061 - Termas.
Club Golf Vimeiro NO : 16 km ☎ 981 57.
Rua 9 de Abril ☎ 230 94.
♦Lisboa 55 - Santarém 74 - Sintra 62.

Imperio Jardim, Praça 25 de Abril ☎ 31 42 32, Telex 61445, Fax 32 19 01 - rest TV ☎ - 25/180. AE VISA.
Ref 1700 - **47 qto** 5000/7000 - PA 3400.

Dos Arcos sem rest, Bairro Arenes - pela Estrada do Cadaval ☎ 31 24 89, Fax 238 70 - ☎ - 25/40. AE VISA.
28 qto 5500/7500.

Moderna sem rest e sem, Av. Tenente Valadim 18 ☎ 31 41 46 -
28 qto 4000/7500.

Barrete Preto, Rua Paiva de Andrada 7B ☎ 220 63.

TRÓIA Setúbal 440 Q 3 - ✉ 2900 Setúbal - ☎ 065 - Praia.
Club de golf de Tróia ☎ 441 51.
para Setúbal, Ponta do Adoxe ☎ 443 24.
♦Lisboa 181 - Beja 127 - Setúbal 133.

no Clube de Golf - estrada N 253-1 S : 1,5 km - ✉ 2900 Setúbal - ☎ 065 :

Bar Golf, ☎ 441 51, ≤, « Ao pé do campo de golf » - Ⓟ.

TUIDO - GANDRA Viana do Castelo - ver Valença do Minho.

VAGOS **3840** Aveiro 440 K 3 - ☎ 034.
♦Lisboa 233 - Aveiro 12 - ♦Coimbra 43.

Santiago sem rest, Rua Padre Vicente María da Rocha ☎ 79 11 73, Fax 74 11 73 - AE VISA.
24 qto 5400/6800.

VALE DA TELHA Faro - ver Aljezur.

VALE DE LOBOS Lisboa - ver Sabugo.

VALE DO GROU Aveiro - ver Águeda.

VALE DO LOBO Faro - ver Almancil.

VALENÇA DO MINHO **4930** Viana do Castelo 440 F 4 – 2 474 h. alt. 72 – ☎ 051.

Ver : Fortificações★ (≤★).

Arred. : Monte do Faro★★ (✻★★) E : 7 km e 10 mn a pé.

ℹ Estrada N 13 ✆ 233 74 – A.C.P. Estrada N 13 ✆ 224 68.

♦Lisboa 440 – Braga 88 – ♦Porto 122 – Viana do Castelo 52.

- Lara, São Sebastião ✆ 82 43 48, Telex 33363 – |♦| ▤ ☎ – **53 qto.**
- **Val - Flores** sem rest, Esplanada ✆ 82 41 06, Fax 82 41 29 – |♦| ☎. AE ⓓ E VISA. ✈
  31 qto ⊡ 5000/7500.
- Ponte Seca sem rest, Av. Tito Fontes - estrada Monte do Faro ✆ 225 80
  10 qto.
- XXX **Pousada do São Teotónio** ⛫ com qto, ✆ 82 42 42, Telex 32837, Fax 82 43 97, ≤ vale do Minho, Tuy e montanhas de Espanha, ⛱ – ▤ rest TV ☎. AE ⓓ E VISA. ✈
  Ref lista 3300 a 4800 – **16 qto** ⊡ 17300/20000.

na estrada N 13 S : 1 km – ✉ 4930 Valença do Minho – ☎ 051 :

- Valença do Minho, Av. Miguel Dantas ✆ 82 41 44, Telex 33470, Fax 82 43 21, ⛱ – |♦| ▤ rest TV ☎ ⛍ Ⓟ
  36 qto.

em Tuido-Gandra S : 3 km – ✉ 4930 Valença do Minho – ☎ 051 :

- XX **Lido,** Estrada N 13 ✆ 226 31, Telex 32852 – ▤ Ⓟ. AE ⓓ VISA. ✈
  fechado 3ª feira – Ref lista 1880 a 3330.

no Monte do Faro E : 7 km – ✉ 4930 Valença do Minho – ☎ 051 :

- X **Monte do Faro** ⛫ com qto, alt. 600, ✆ 224 11, ⛱, « Num parque » – Ⓟ. AE ⓓ E VISA. ✈
  Ref lista 3700 a 4450 – **6 qto** ⊡ 7450/9300.

em Monte-São Pedro da Torre SO : 7 km – ✉ 4930 Valença do Minho – ☎ 051 :

- **Padre Cruz** sem rest, Estrada N 13 ✆ 83 92 39, Fax 83 96 47 – Ⓟ. ✈
  31 qto ⊡ 4000/6000.

VIANA DO CASTELO **4900** P 440 G 3 – 15 336 h. – ☎ 058 – Praia.

Ver : Praça da República★ B – Museu Municipal (azulejos★) A **M**.

Arred. : Monte de Santa Luzia★★, Basílica de Santa Luzia ✻★★ N : 6 km – Ponte de Lima : Igreja - Museu São Francisco★ (forros de madeira★) por ① : 23 km.

ℹ Rua do Hospital Velho ✆ 226 20.

♦Lisboa 388 ② – Braga 53 ② – Orense 154 ③ – ♦Porto 74 ② – ♦Vigo 83 ③.

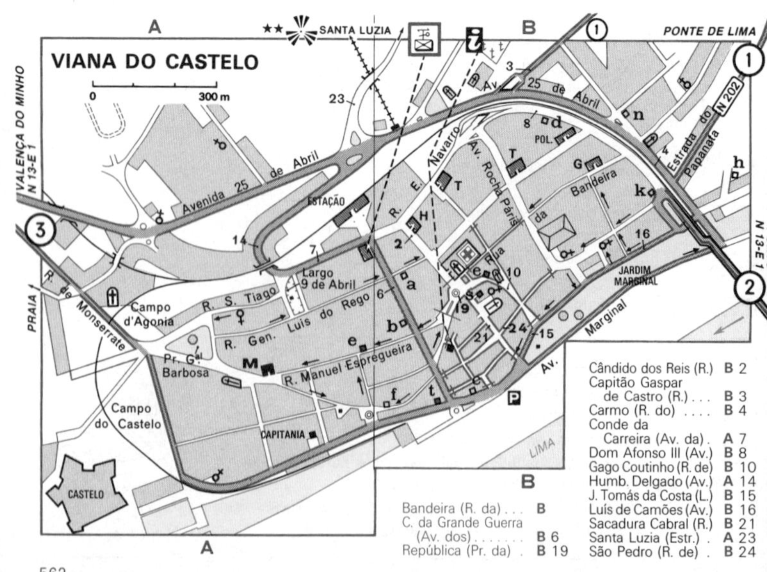

Do Parque, Parque da Galiza ✆ 82 86 05, Telex 32511, Fax 82 86 12, ←, ⛱ - |‡| - 🏛 25/180. AE ⓓ E VISA. ✂ B h
Ref *(fechado novembro-fevereiro)* 3250 - **124 qto** ☐ 15250/19000.

Alfonso III, Av. Afonso III - 494 ✆ 82 90 01, Telex 32599, Fax 266 38, ← - |‡| ▤ rest TV. AE ⓓ E VISA. ✂ B k
Ref 2800 - **89 qto** ☐ 8600/11800.

Viana Sol sem rest, Largo Vasco da Gama ✆ 82 89 95, Telex 32790, Fax 82 89 97, ⛱ - |‡| TV ☎ - 🏛 25/145. AE ⓓ E VISA. ✂ B f
65 qto ☐ 9700/11500.

Rali sem rest, Av. Afonso III - 180 ✆ 82 97 70, ⛱ - |‡| ☎ Ⓟ. E VISA. ✂ B d
38 qto ☐ 6500/9000.

Albergaría Calatrava sem rest, Rua M. Fiúza Júnior 157 ✆ 82 89 11, Fax 82 86 37 - TV ☎. AE E VISA B n
15 qto ☐ 7500/13500.

Jardim sem rest, Largo 5 de Outubro 68 ✆ 82 89 15, Fax 82 89 17, ← - |‡| TV ☎. AE ⓓ E VISA. ✂ B c
20 qto ☐ 6250/8500.

Laranjeira sem rest, Rua General Luís do Rego 45 ✆ 82 22 61, Fax 82 19 02 - AE ⓓ E VISA. ✂ B a
27 qto ☐ 6500/7000.

Viana Mar sem rest, Av. dos Combatentes da Grande Guerra 215 ✆ 82 89 62, Fax 82 89 62 - ☎. AE ⓓ E VISA JCB B b
36 qto ☐ 5000/8000.

XX Casa d'Armas, Largo 5 de Outubro 30 ✆ 249 99 - ▤ B t

XX **Cozinha das Malheiras,** Rua Gago Coutinho 19 ✆ 82 36 80 - ▤. AE ⓓ E VISA. ✂ B e
fechado 3ª feira - Ref lista 2500 a 4250.

X **Os 3 Potes,** Beco dos Fornos 7 ✆ 82 99 28, Fax 252 50, Decoração rústica regional - ▤. E VISA B s
fechado 2ª feira - Ref lista 1750 a 2800.

X Alambique, com qto, Rua Manuel Espregueira 86 ✆ 82 38 94, Decoração rústica regional - **24 qto.** A e

em Santa Luzia N : 6 km - ✉ 4900 Viana do Castelo - ☎ 058 :

Santa Luzia ⛰, ✆ 82 88 89, Telex 32420, Fax 82 88 92, « Bela situação com ← mar, vale e estuário do Lima », ⛱, 🌳, 🎾 - |‡| Ⓟ. AE ⓓ E VISA. ✂
Ref 3000 - **55 qto** ☐ 16000/18000 - PA 5500.

na Praia da Amorosa por ② : 8,5 km - ✉ 4900 Viana do Castelo - ☎ 058 :

Amorosa ⛰ sem rest, ✆ 32 35 20, ← - ☎. AE ⓓ E VISA JCB. ✂
22 qto ☐ 6000/9000.

VIEIRA DO MINHO 4850 Braga 440 H 5 - 2 229 h. alt. 390 - ☎ 053.

♦Lisboa 402 - Braga 34 - ♦Porto 84.

em Caniçada - na estrada N 304 NO : 7 km - ✉ 4850 Vieira do Minho - ☎ 053 :

Pousada de São Bento ⛰, ✆ 64 71 90, Telex 32339, ← serra do Gerês e río Cávado, 🌳 - ▤ ☎ Ⓟ. AE ⓓ E VISA. ✂
Ref 2750 - **29 qto** ☐ 15500/17900.

em Cerdeirinhas - na estrada N 103 NO : 5 km - ✉ 4850 Vieira do Minho - ☎ 053 :

Mosteiro sem rest, ✆ 64 77 77 - ☎ Ⓟ. AE ⓓ E VISA. ✂
18 qto ☐ 8000/10000.

VILA BALEIRA Madeira - ver Madeira (Arquipélago da) - Porto Santo.

VILA DO CONDE 4480 Porto 440 H 3 - 20 245 h. - ☎ 052 - Praia.

Ver : Mosteiro de Santa Clara★ (tumulus★).

ℹ Rua 25 de Abril 103 ✆ 63 14 72.

♦Lisboa 342 - Braga 40 - ♦Porto 27 - Viana do Castelo 42.

X Regata, Av. Marquês Sá da Bandeira - junto ao posto Náutico ✆ 63 17 81, ←.

em Azurara pela estrada N 13 SE : 1 km - ✉ 4480 Vila do Conde - ☎ 052 :

Motel Sant'Ana ⛰, ✆ 64 17 17, Telex 27695, Fax 64 26 93, ←, ⛱ - TV ☎ Ⓟ. AE ⓓ E VISA. ✂
Ref 2200 - **35 qto** ☐ 13200.

MICHELIN, Zona industrial. Lugar de Varziela-Àrvore ✆ 64 13 52 e 64 15 52, Telex 28961

VILA FRANCA DE XIRA **2600** Lisboa 440 P 3 - 19 823 h. - 063.
Av. Almirante Cândido dos Reis 147, 317 66, 2600.
♦Lisboa 31 - Évora 111 - Santarém 49.

Flora, Rua Noel Perdigão 12 312 27, Fax 265 38 - rest . AE E VISA.
Ref *(fechado domingo e setembro)* 2500 - **21 qto** 5800/6750.

O Redondel, praça de Touros, Estrada de Lisboa 229 73, Debaixo das bancadas da praça de touros - . AE E VISA.
fechado 2ª feira - Ref lista 3500 a 4200.

O Forno, Rua Dr. Miguel Bombarda 143 321 06 - . E VISA.
fechado 3ª feira - Ref lista 2500 a 3500.

pela estrada do Miradouro de Monte Gordo N : 2 km - 2600 Vila Franca de Xira - 063 :

São Jorge , Quinta de Santo André 221 43, ≤, « Bela decoração », , - .
Ref (só jantar) 1500 - **6 qto** 4500/9000.

VILAMOURA Faro - ver Quarteira.

VILA NOGUEIRA DE AZEITÃO **2925** Setúbal 440 Q 2 - 01.
♦Lisboa 37 - Sesimbra 13 - Setúbal 24.

S. Lourenço, Estrada N 10 219 10 56 - .

VILA NOVA DE CERVEIRA **4920** Viana do Castelo 440 G 3 - 1 034 h. - 051.
Praça da Liberdade 957 87.
♦Lisboa 425 - Viana do Castelo 37 - ♦Vigo 46.

Pousada D. Diniz , Praça da Liberdade 79 56 01, Telex 32821, Fax 79 56 04, « Instalações dentro dum conjunto amuralhado » - . AE E VISA.
Ref 3300 - **29 qto** 22100/25200 - PA 6600.

em Reboreda estrada N 13 NE : 3 km - 4920 Vila Nova de Cerveira - 051 :

Calisto sem rest, 79 55 61 -
37 qto.

em Gondarem pela estrada N 13 SO : 4 km - 4920 Vila Nova de Cerveira - 051 :

Estal. da Boega , quinta do Outeiral 79 52 31, ≤ rio Minho, « Antiga casa senhorial rodeada duma quinta », , , - . AE VISA.
Ref *(fechado domingo noite)* 2500 - **30 qto** 11000/12000 - PA 5000.

VILA NOVA DE FAMALICÃO **4760** Braga 440 H 4 - 4 201 h. alt. 88 - 052.
♦Lisboa 350 - Braga 18 - ♦Porto 32.

Francesa sem rest, Av. General Humberto Delgado 31 12 41 -
38 qto.

Iris, Rua Adriano Pinto Basto 31 10 22, Telex 25533 - . VISA.
fechado domingo e agosto - Ref lista 2600 a 4700.

Tanoeiro, Campo Mouzinho de Albuquerque 207 221 62 - . E VISA.
fechado domingo - Ref lista 2190 a 3350.

VILA NOVA DE GAIA **4400** Porto 440 I 4 - 63 177 h. - 02.
Jardim do Morro 30 92 78.
♦Lisboa 316 - ♦Porto 2.

Ver plano de Porto aglomeração

Gaiahotel, Av. da República 2038 379 60 51, Telex 24957, Fax 370 24 35, - - 25/200. AE E VISA JCB.
Ref 3300 - **90 qto** 13100/20500 - PA 6000.

Davilina, Av. da República 1571 30 75 96, Fax 30 75 71 - rest . E VISA.
Ref 1800 - **29 qto** 4500/5000.

na Autoestrada A 1 - 4400 Vila Nova de Gaia - 02 :

Novotel Porto, Lugar Das Chas - Afurada 781 42 42, Telex 28872, Fax 781 45 73, ≤, - - 25/200. AE E VISA JCB BX r
Ref lista 3000 a 3800 - 1100 - **93 qto** 12100/13200.

Ibis, Lugar das Chas - Afurada 772 07 72, Telex 26544, Fax 772 07 88 - - 25/80. AE E VISA BX r
Ref lista 2000 a 2350 - 850 - **108 qto** 7900/8650.

na praia de Lavadores O : 7 km – ⊠ 4400 Vila Nova de Gaia – ☎ 02

Casa Branca ⛱, Rua da Bélgica 98 ☎ 781 35 16, Telex 20811, Fax 781 36 91, « Ambiente acolhedor em elegantes instalaçoes », Ls, ☐, ✂ – |$| ▤ TV ☎ ⇐ – 🏟 25/150. AE ⓓ E VISA JCB
Ref (ver rest. **Casa Branca**) – **56 qto** ☐ 16000/19000.

Casa Branca, av. Beira Mar 413 ☎ 781 02 69, Telex 20811, Fax 781 36 91, ≤, Colecção de estatuetas de terracota – ▤. AE ⓓ E VISA. ✂
fechado 2ª feira – Ref lista 2630 a 4950.

VILA PRAIA DE ÂNCORA 4915 Viana do Castelo 440 G 3 – 3 801 h. – ☎ 058 – Termas - Praia.

ℹ Rua Miguel Bombarda ☎ 91 13 84.

♦Lisboa 403 – Viana do Castelo 15 – ♦Vigo 68.

Meira, Rua 5 de Outubro 56 ☎ 91 11 11, Telex 32619, Fax 91 14 89, ⛱ – |$| ▤ rest ☎ Ⓟ. E VISA
fechado novembro-dezembro – Ref 2000 – **45 qto** ☐ 7000/12000 – PA 4000.

Albergaria Quim Barreiros sem rest, Rua Dr. Ramos Pereira ☎ 95 12 18, Fax 95 12 20, ≤ – |$| ▤ TV ☎. AE ⓓ E VISA. ✂
28 qto ☐ 15000.

VILAR DO PINHEIRO 4480 Porto 440 I 4 – ☎ 02.

♦Lisboa 330 – Braga 43 – ♦Porto 16.

Rio de Janeiro, Estrada N 13 NO : 1 km ☎ 927 02 04, Fax 600 43 37, Cozinha brasileira – ▤ Ⓟ. AE ⓓ E VISA JCB. ✂
fechado 2ª feira – Ref lista 2960 a 4610.

VILA REAL 5000 P 440 I 6 – 13 876 h. alt. 425 – ☎ 059.

Ver : Igreja de São Pedro (tecto★).

Arred. : Mateus★ (solar★ dos Condes de Vila Real : fachada★★) E : 3,5 Km – Estrada de Vila Real a Amarante ≤★ – Estrada de Vila Real a Mondim de Basto (≤★, descida escarpada ★).

ℹ Av. Carvalho Araujo ☎ 228 19.

♦Lisboa 400 – Braga 103 – Guarda 156 – Orense 159 – ♦ Porto 119 – Viseu 108.

Mira Corgo sem rest, Av. 1° de Maio ☎ 250 01, Telex 27725, ≤, ☐ – |$| ☎ Ⓟ. AE ⓓ E VISA
76 qto ☐ 6500/9000.

Cabanelas, Rua D. Pedro de Castro ☎ 32 31 53, Telex 24580, Fax 741 81 – |$| ▤ rest ☎ ⇐. AE ⓓ E VISA JCB. ✂ rest
Ref 2500 – **24 qto** ☐ 5500/8500.

Real sem rest, Rua Serpa Pinto ☎ 738 78, Fax 738 79 – ☎. ✂
12 qto ☐ 4500/6500.

Espadeiro, Av. Almeida Lucena ☎ 32 23 02, Fax 724 22, 🌂 – ▤.

VILA REAL DE SANTO ANTÓNIO 8900 Faro 440 U 7 – 13 379 h. – ☎ 081 – Praia.

⛴ para Ayamonte (Espanha), Av. da República 115 ☎ 431 52.

ℹ Av. da República ☎ 432 72 e Av. Infante Dom Henrique ☎ 444 95 (em Monte Gordo).

♦ Lisboa 314 – Faro 53 – Huelva 50.

Guadiana sem rest, Av. da República 94 ☎ 51 14 82, Fax 51 14 78 – |$| ▤ TV ☎. AE ⓓ E VISA. ✂
37 qto ☐ 7800/10800.

Apolo, Av. dos Bombeiros Portugueses ☎ 51 24 48, Telex 56902, Fax 51 24 50 – |$| ▤ rest TV ☎ Ⓟ. AE ⓓ E VISA. ✂
Ref *(fechado domingo)* 1600 – **42 qto** ☐ 11700/12000 – PA 3200.

em Monte Gordo O : 4 km – ⊠ 8900 Vila Real de Santo António – ☎ 081 :

Dos Navegadores, ☎ 51 24 90, Telex 56054, Fax 51 28 72, ≤, ☐ – |$| ▤ rest ☎. AE ⓓ E VISA. ✂
Ref 2500 – **344 qto** ☐ 14000/21000.

Casablanca sem rest, Rua 7 ☎ 51 14 44, Telex 56939, Fax 51 19 99, ⛱, ☐ – |$| ▤ ☎. AE ⓓ VISA. ✂
42 qto ☐ 10000/13900.

Residencial Paiva sem rest, Rua Onze ☎ 51 11 87, Fax 51 16 68 – TV ☎. E VISA. ✂
fechado dezembro-janeiro – ☐ 1000 – **26 qto** 8500/12300.

Panorama, Av. Infante Dom Henrique 19 ☎ 430 51, Telex 56939, Fax 51 19 99, 🌂, Grelhados – AE ⓓ VISA. ✂
Ref lista 1620 a 2650.

Copacabana, Av. Infante Dom Henrique 13 ☎ 415 36, Telex 56054, Fax 51 28 72, 🌂, Grelhados – AE ⓓ E VISA. ✂
Ref lista 2900 a 4500.

VIMEIRO (Termas do) Lisboa 440 O 2 – 1 146 h. alt. 25 – ⊠ 2560 Torres Vedras – ☎ 061 – Termas.

⛳9 na Praia do Porto Novo ℰ 981 57.

♦Lisboa 67 – Peniche 28 – Torres Vedras 12.

- **Das Termas** ⟡, Maceira ℰ 98 41 03, ⛱ de água termal, 🎾 – |₫| ☎ 🅟 – *temp* – **90 qto.**
- **Rainha Santa** sem rest, Quinta da Piedade - Estrada de A.Dos-Cunhados ℰ 98 42 34, Fax 98 42 34 – 🅟. ✗
  fechado do 15 ao 30 outubro – **20 qto** ☕ 4500/5500.

na Praia do Porto Novo O : 4 km – ⊠ 2560 Torres Vedras – ☎ 061 :

- **Golf Mar** ⟡, ℰ 98 41 57, Telex 43353, Fax 986 21, ≤, ⛱, ⛱, 🎾, ⛳9 – |₫| 🅟 – 🅰 **300 qto.**

em Toledo - na estrada de Lourinhã NE : 2,5 km – ⊠ 2530 Lourinhã – ☎ 061 :

- ✗ **O Pão Saloio,** ℰ 98 43 55, Fax 98 47 32, Rest. típico, Grelhados – ▤. AE ⓞ E VISA. ✗
  fechado 2ª feira e 20 setembro-24 outubro – Ref lista 2150 a 3200.

☞ *When in a hurry use the Michelin Main Road Maps :*

970 Europe, 980 Greece, 984 Germany, 985 Scandinavia-Finland, 986 Great Britain and Ireland, 987 Germany-Austria-Benelux, 988 Italy, 989 France, 990 Spain-Portugal and 991 Yugoslavia.

VISEU **3500** 🅟 440 K 6 – 21 454 h. alt. 483 – ☎ 032.

Ver : Cidade Antiga★ : Museu Grão Vasco★★ Y **M** (Trono da Graça★, primitivos★★) – Sé★ Y **A** (liernes★, retábulo★) – Adro da Sé★ Y – Igreja de São Bento (azulejos★) Y **F**.

🅘 Av. Gulbenkian ℰ 42 20 14.

♦Lisboa 292 ④ – Aveiro 96 ① – ♦Coimbra 92 ④ – Guarda 85 ② – Vila Real 108 ①.

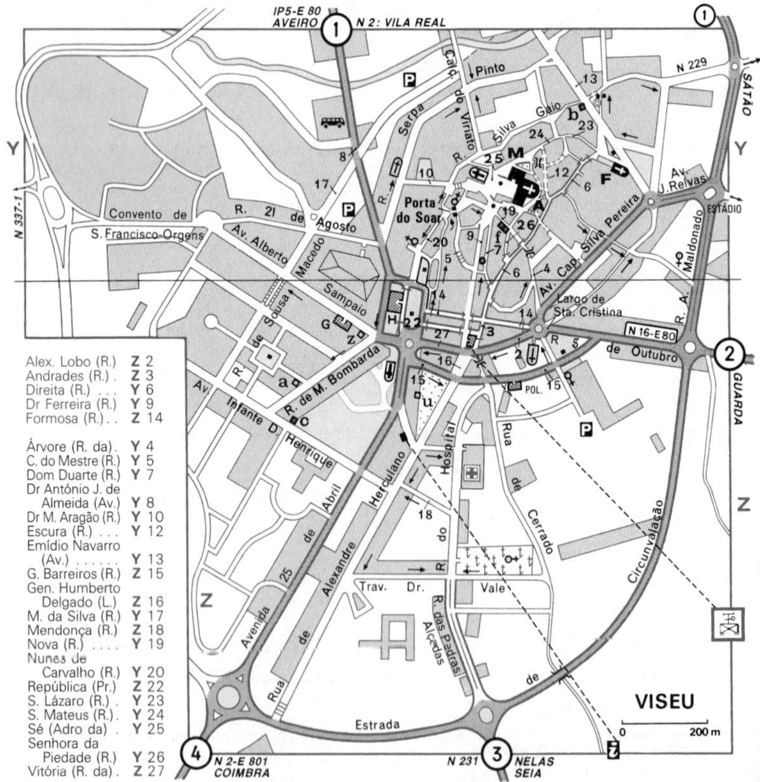

Grão Vasco, Rua Gaspar Barreiros ☎ 42 35 11, Telex 53608, Fax 270 47, ≤, « Relvado com ⊥ » - |‡| ▤ TV ☎ P - 🔑 25/180. AE ⓓ E VISA. ✕ rest Z **u**
Ref lista 2500 a 3800 - **110 qto** ☐ 14000/16000.

Moinho de Vento sem rest, Rua Paulo Emilio 13 ☎ 42 41 16, Telex 52698, Fax 42 96 62 - |‡| ▤ TV ☎. AE ⓓ E VISA Z **a**
30 qto ☐ 10500/12000.

Avenida, Av. Alberto Sampaio 1 ☎ 42 34 32, Telex 52522, Fax 267 43 - |‡| ☎. E VISA. ✕ Z **z**
Ref 1500 - ☐ 750 - **40 qto** 7000/8500.

Infante, Av. Infante D. Henrique 87 ☎ 278 39, Fax 42 15 53 - ▤. E VISA. ✕ Z **c**
fechado 2ª feira - Ref lista 2900/4800.

Trave Negra, Rua dos Loureiros 40 ☎ 261 38, Fax 42 48 53 - ▤ P. AE ⓓ E VISA JCB Y **b**
Ref lista 4200 a 5950.

Varanda da Sé, Rua Augusto Hilário 55 ☎ 42 11 35 - AE ⓓ E VISA. ✕ Y **f**
Ref lista 1750 a 2900.

O Cortiço, Rua Augusto Hilário 43 ☎ 42 38 53, Rest. típico - ▤. AE E VISA. ✕ Y **f**
Ref lista aprox 3500.

na estrada IP 5 por ② : 4 km - ✉ 3500 Viseu - ⊙ 032 :

Maná, via Caçador ☎ 47 92 43, Telex 53444, Fax 47 87 44 - |‡| ▤ TV ☎ P - 🔑 25/600. AE ⓓ E VISA. ✕ rest
Ref lista 1780 a 2700 - **77 qto** ☐ 7000/12000.

na estrada de Coimbra IP 3 por ④ - ✉ 3500 Viseu - ⊙ 032 :

Primevère Viseu, 4 km ☎ 45 12 76 - ▤ TV ☎ P - 🔑 25/40. ⓓ E VISA
Ref 2200 - ☐ 650 - **60 qto** 6750 - PA 4430.

Churrasqueira Santa Eulália, bairro de Santa Eulália ☎ 262 83 - ▤.

DISTANCIAS

Algunas precisiones :

En el texto de cada localided encontrará la distancia a las ciudades de los alrededores y a la capital del estado. Cuando estas ciudades figuran en el cuadro de la página siguiente, su nombre viene precedido de un rombo negro ♦.

Las distancias entre capitales de este cuadro completan las indicadas en el texto de cada localidad. Utilice también las distancias marcadas al margen de los planos.

El kilometraje está calculado a partir del centro de la ciudad por la carretera más cómoda, o sea la que ofrece las mejores condiciones de circulación, pero que no es necesariamente la más corta.

DISTÂNCIAS

Algumas precisões :

No texto de cada localidade encontrará a distância até às cidades dos arredores e à capital do pais. Quando estas cidades figuram no quadro da pàgina seguinte, o seu nome aparece precedido dum losango preto ♦.

As distâncias deste quadro completam assim as que são dadas no texto de cada localidade. Utilize também as indicações quilométricas inscritas na orla dos planos.

A quilometragem é contada a partir do centro da localidade e pela estrada mais prática, quer dizer, aquela que oferece as melhores condições de condução, mas que não é necessàriamente a mais curta.

DISTANCES

Quelques précisions :

Au texte de chaque localité vous trouverez la distance des villes environnantes et de sa capitale d'état. Lorsque ces villes sont celles du tableau ci-contre, leur nom est précédé d'un losange noir ♦.

Les distances intervilles de ce tableau complètent ainsi celles données au texte de chaque localité. Utilisez aussi les distances portées en bordure des plans.

Les distances sont comptées à partir du centre-ville et par la route la plus pratique, c'est-à-dire celle qui offre les meilleures conditions de roulage, mais qui n'est pas nécessairement la plus courte.

DISTANZE

Qualche chiarimento :

Nel testo di ciascuna località troverete la distanza dalle città viciniori e dalla capitale. Quando queste città sono quelle della tabella a lato, il loro nome é preceduto da una losanga ♦.

Le distanze fra le città di questa tabella completano cosi quelle indicate nel testo di ciascuna località. Utilizzate anche le distanze riportate a margine delle piante.

Le distanze sono calcolate a partire dal centro delle città e seguendo la strada più pratica, ossia quella che offre le migliori condizioni di viaggio ma che non é necessariamente la più breve.

ENTFERNUNGEN

Einige Erklärungen :

In jedem Ortstext finden Sie die Entfernungsangaben nach weiteren Städten in der Umgebung und nach der Landeshauptstadt. Wenn diese Städte auf der nebenstehenden Tabelle aufgeführt sind, sind sie durch eine Raute ♦ gekennzeichnet.

Die Kilometerangaben dieser Tabelle ergänzen somit die Angaben des Ortstextes. Eine weitere Hilfe sind auch die am Rande der Stadtpläne erwähnten Kilometerangaben.

Die Entfernungen gelten ab Stadtmitte unter Berücksichtigung der günstigsten (nicht immer Kürzesten) Strecke.

DISTANCES

Commentary :

The text on each town includes its distance from its immediate neighbours and from the capital. Those cited opposite are preceded by a lozenge ♦ in the text.

The kilometrage in the table completes that given under individual town headings in calculating total distances. Note also that some distances appear in the margins of town plans.

Distances are calculated from centres and along the best roads from a motoring point of view – not necessarily the shortest.

Distancias entre las ciudades principales

Distancias entre as cidades principais

Distances entre principales villes

Distanze tra le principali città

Entfernungen zwischen den grösseren Städten

Distances between major towns

Ejemplo	Esempio
Exemplo	Beispiel
Exemple	Example
Madrid –	***Vigo***

600 km

	Albacete	Alicante	Almería	Andorra la Vella	Badajoz	Barcelona	Bayonne	Bilbao/Bilbo	Burgos	Cáceres	Cádiz	Coimbra	Córdoba	La Coruña/A Coruña	Granada	León	Lérida/Lleida	Lisboa	Logroño	Madrid	Málaga	Murcia	Oviedo	Pamplona/Iruñea	Perpignan	Porto	Salamanca	San Sebastián/Donostia	Santander	Segovia	Sevilla	Valencia	Valladolid	Vigo	Vitoria/Gasteiz
Alicante	168																																		
Almería	368	303																																	
Andorra la Vella	644	635	938																																
Badajoz	530	698	617	1034																															
Barcelona	544	535	838	220	1036																														
Bayonne	708	762	1023	408	848	589																													
Bilbao/Bilbo	646	780	947	553	706	607	151																												
Burgos	488	656	789	595	548	597	298	156																											
Cáceres	490	658	664	932	91	934	757	615	457																										
Cádiz	597	673	477	1271	341	1139	1145	1003	845	388																									
Coimbra	778	946	928	1159	311	1161	864	722	564	292	652																								
Córdoba	358	526	339	1032	278	900	946	804	646	325	239	589																							
La Coruña/A Coruña	852	1020	1153	1111	740	1113	764	622	516	685	1073	423	1010																						
Granada	350	367	171	1002	479	902	969	827	669	526	306	790	166	1033																					
León	576	744	877	787	505	789	490	348	192	414	802	489	734	325	757																				
Lérida/Lleida	533	524	827	155	879	169	432	450	440	777	1116	1004	877	956	900	632																			
Lisboa	779	947	849	1283	247	1285	1049	907	749	336	540	200	525	619	678	689	1128																		
Logroño	536	650	881	475	694	477	216	138	144	603	977	710	738	662	761	336	320	895																	
Madrid	249	417	550	625	409	627	539	397	239	307	646	529	407	603	430	327	470	658	331																
Málaga	468	494	208	1112	435	1012	1087	945	787	482	262	746	175	1151	127	875	1018	634	879	548															
Murcia	147	82	222	716	658	617	801	793	635	637	592	925	472	999	286	723	606	907	683	396	413														
Oviedo	694	862	995	850	618	903	448	306	313	527	915	634	852	326	875	121	746	819	434	445	993	841													
Pamplona/Iruñea	590	644	905	469	754	471	118	157	204	663	1031	770	792	722	815	396	314	955	92	385	933	683	453												
Perpignan	715	706	1009	166	1207	187	441	586	768	1105	1310	1332	1071	1284	1073	960	340	1456	648	798	1183	787	883	642											
Porto	840	1008	1052	1163	435	1165	868	726	568	410	776	118	713	305	914	427	1008	314	714	591	870	987	548	774	1336										
Salamanca	454	622	755	835	308	837	540	398	240	217	605	324	542	468	635	197	680	509	386	205	699	601	310	446	1008	386									
San Sebastián/Donostia	684	738	1038	456	797	565	54	100	247	706	1094	813	895	713	918	439	408	998	162	488	1036	777	397	94	489	817	489								
Santander	642	886	943	660	673	713	258	116	154	582	970	689	800	519	823	266	556	874	244	393	941	789	203	263	693	693	365	207							
Segovia	336	504	637	658	393	660	498	356	198	302	690	489	494	542	517	249	503	638	344	87	635	483	370	366	831	551	165	447	352						
Sevilla	501	669	432	1175	218	1043	1022	880	722	265	123	529	143	950	261	679	1020	417	868	550	217	547	792	935	1214	653	482	971	847	567					
Valencia	183	174	477	461	675	361	588	606	519	637	778	880	539	954	541	678	350	924	476	351	651	256	796	470	532	942	556	564	712	438	682				
Valladolid	437	605	738	720	423	722	425	283	125	332	720	439	595	443	618	139	565	624	271	188	736	584	260	331	893	477	115	374	250	110	597	539			
Vigo	849	1017	1150	1126	592	1128	831	689	531	567	933	275	870	156	1030	367	971	471	677	600	1027	996	452	737	1299	157	429	780	645	539	810	951	440		
Vitoria/Gasteiz	601	735	902	560	661	562	166	64	111	570	958	677	759	629	782	303	405	862	93	352	900	748	360	93	733	681	353	115	170	311	835	561	238	644	
Zaragoza	429	504	765	305	731	307	287	305	295	629	968	859	729	811	752	487	150	980	175	322	870	543	601	169	478	863	535	263	411	361	872	330	420	826	260

CARRETERAS PRINCIPALES

N° de carretera .... *N 63, C 535*

Distancia en kilómetros 12

Establecimientos administrados por el Estado:
Parador (España), Pousada (Portugal)

Período probable de nieve (ej : Nov. a Junio) 11-6

ESTRADAS PRINCIPAIS

N° da estrada .... *N 63, C 535*

Distância em quilómetros 12

Estabelecimentos dirigidos pelo Estado:
Parador (Espanha), Pousada (Portugal)

Período provável de neve (ex : Nov. a Junho) 11-6

PRINCIPALES ROUTES

N° de route .... *N 63, C 535*

Distance en kilomètres 12

Etablissements gérés par l'Etat:
Parador (Espagne), Pousada (Portugal)

Période approximative d'enneigement (ex : Nov. à Juin) 11-6

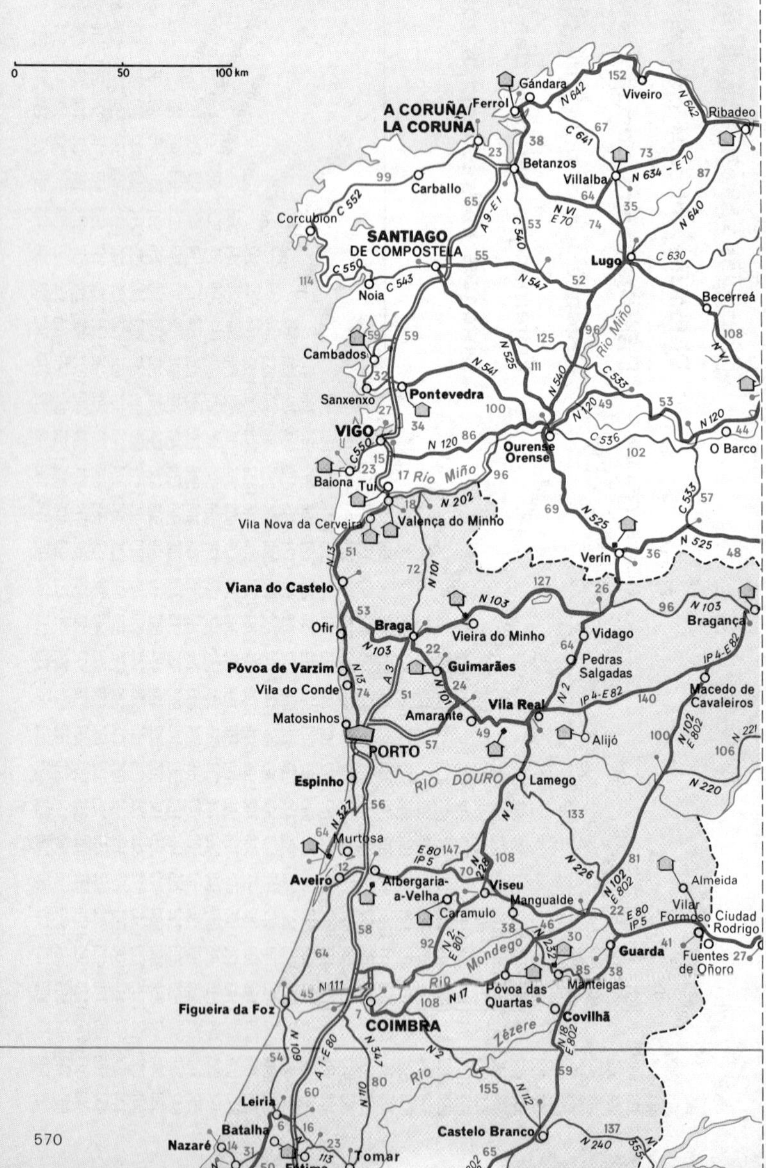

PRINCIPALI STRADE	HAUPTVERKEHRSSTRASSEN	MAIN ROADS
N° di strada N 63, C 535	Straßennummer N 63, C 535	Road number N 63, C 535
Distanza chilometrica 12	Entfernung in Kilometern 12	Distance in kilometres 12
Esercizi gestiti dallo Stato: Parador (Spagna), Pousada (Portogallo)	Staatlich geleitete Hotels: Parador (Spanien), Pousada (Portugal)	State operated hotels: Parador (Spain), Pousada (Portugal)
Periodo approssimativo d'innevamento (esempio : Novembre-Giugno) 11-6	Voraussichtliche Wintersperre (z.B. : Nov.-Juni) 11-6	Period when roads are likely to be blocked by snow (11-6 : Nov.-June) 11-6

MAR CANTÁBRICO

Gijón, Avilés, Pola de Siero, OVIEDO, Mieres, Llanes, Fuente Dé, Santillana del Mar, SANTANDER, Torrelavega, Laredo, Baracaldo, BILBO/BILBAO, Reinosa, Cervera de Pisuerga, Villarcayo, Villafranca del Bierzo, Ponferrada, LEÓN, Astorga, La Bañeza, Puebla de Sanabria, Osorno, Miranda de Ebro, BURGOS, Sto Domingo de la Calzada, Benavente, Palencia, VALLADOLID, Zamora, Miranda do Douro, Tordesillas, Aranda de Duero, Medina del Campo, Cuéllar, SALAMANCA, Madrigal de las Altas Torres, Segovia, Sigüenza, Villacastín, Ávila, El Escorial, Guadalajara, Alcalá de Henares, Béjar, Gredos, MADRID, Jarandilla de la Vera, Arganda, Plasencia, Chinchon, Aranjuez, Oropesa, Talavera de la Reina, Tarancón

Rio Sil, Rio Ebro, Pisuerga, Esla, Rio Duero, Rio Tormes, Rio Eresma, Rio Alagón

OCÉANO ATLANTICO
BORDEAUX
Libourne
Durdoyne
GARONNE
Langon
Marmande
Agen
Mont-de-Marsan
Auch
Bayonne
Orthez
Adour
Pau
Tarbes
Lourdes
Oloron-Ste-Marie
St-Jean-Pied-de-Port
Puerto de Somport
B.-de-Luchon
Hondarribia Fuenterrabía
Irún
Lekeitio
Baracaldo
BILBO/BILBAO
DONOSTIA/S. SEBASTIÁN
Tolosa
GASTEIZ/VITORIA
Río Ebro
Estella
IRUÑEA/PAMPLONA
Ochagavía
Jaca
Torla
Bielsa
Logroño
Sto Domingo de la Calzada
Olite
Sos del Rey Católico
Calahorra
Ejea de los Caballeros
Huesca
Barbastro
Monzón
Tudela
Tarazona
Soria
ZARAGOZA
Lleida/Lerida
Almazán
Río Duero
Río Jalón
Río Cinca
Calatayud
RÍO EBRO
Sigüenza
Alcolea del Pinar
Daroca
Alcañiz
Tortosa
Río Martín
Montalbán
Río Tajo
Teruel
Benicarló
Júcar
Cuenca
Tarancón
Benicasim
E S P A
E S P A Ñ A

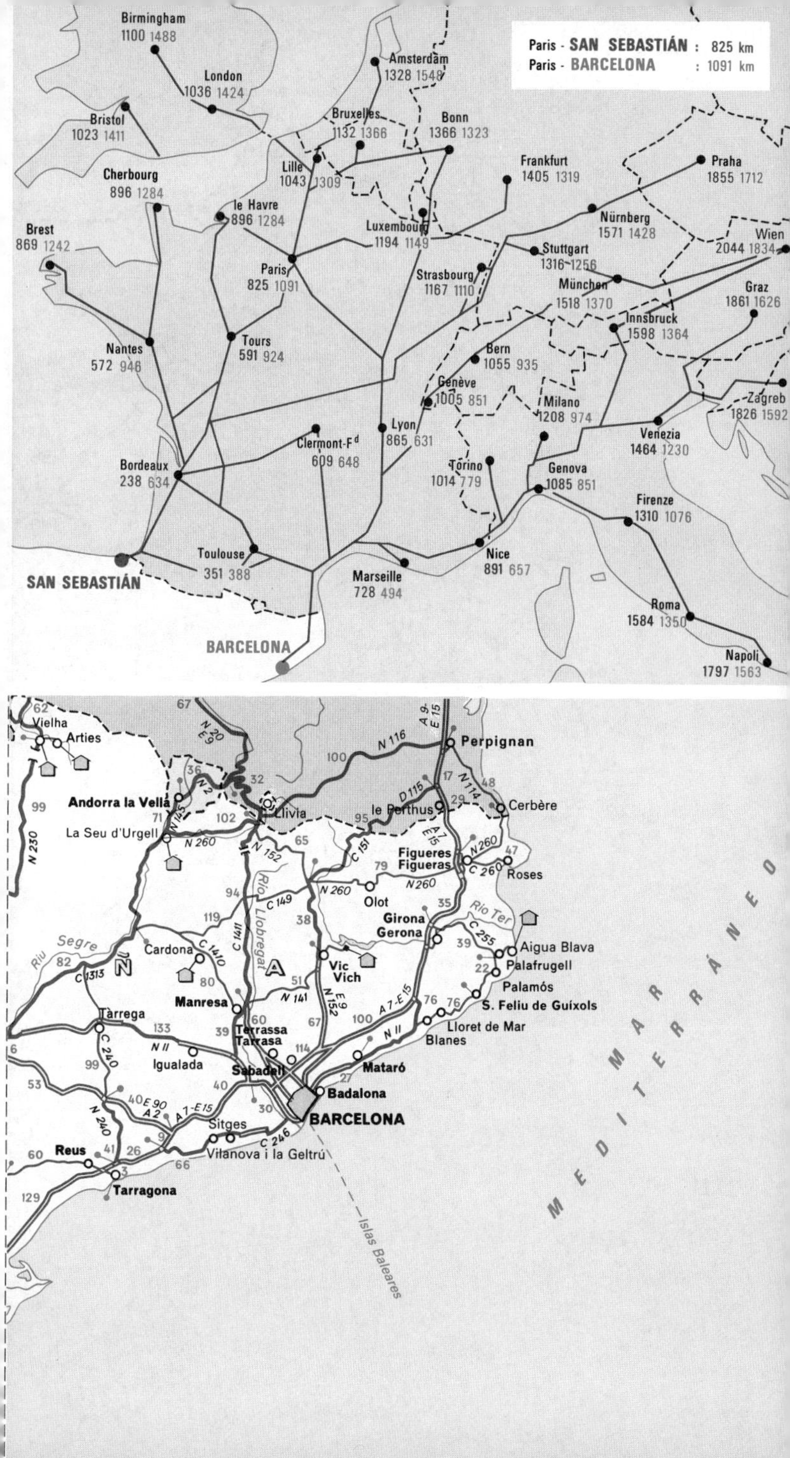

Paris - SAN SEBASTIÁN : 825 km
Paris - BARCELONA : 1091 km
Birmingham 1100 1488
London 1036 1424
Amsterdam 1328 1548
Bristol 1023 1411
Bruxelles 1132 1366
Bonn 1366 1323
Lille 1043 1309
Cherbourg 896 1284
le Havre 896 1284
Frankfurt 1405 1319
Praha 1855 1712
Brest 869 1242
Luxembourg 1194 1149
Nürnberg 1571 1428
Wien 2044 1834
Paris 825 1091
Stuttgart 1316 1256
Strasbourg 1167 1110
München 1518 1370
Graz 1861 1626
Innsbruck 1598 1364
Nantes 572 946
Tours 591 924
Bern 1055 935
Genève 1005 851
Milano 1208 974
Zagreb 1826 1592
Lyon 865 631
Venezia 1464 1230
Clermont-F^d 609 648
Bordeaux 238 634
Torino 1014 779
Genova 1085 851
Firenze 1310 1076
Toulouse 351 388
Nice 891 657
SAN SEBASTIÁN
Marseille 728 494
Roma 1584 1350
BARCELONA
Napoli 1797 1563
Vielha
Arties
Andorra la Vella
La Seu d'Urgell
Llivia
Perpignan
le Perthus
Cerbère
Figueres
Figueras
Roses
Olot
Girona
Gerona
Río Ter
Aigua Blava
Palafrugell
Palamós
S. Feliu de Guíxols
Lloret de Mar
Blanes
Cardona
Riu Segre
Río Llobregat
Vic
Vich
Manresa
Tàrrega
Terrassa
Tarrasa
Igualada
Sabadell
Mataró
Badalona
BARCELONA
Sitges
Vilanova i la Geltrú
Reus
Tarragona
Islas Baleares
MEDITERRÁNEO

Leiria
Batalha
Nazaré
Fátima
Tomar
Alcobaça
Castelo Branco
Alcántara
Abrantes
Peniche
Caldas de Rainha
Obidos
Marvão
Cáceres
Santarém
Torres Vedras
Portalegre
Ericeira
PORTUGAL
Sintra
Estremoz
Elvas
Mérida
Estoril
LISBOA
Badajoz
Palmela
SETÚBAL
Montemor-o-Novo
Évora
ESP
Alcácer do Sal
Jerez de los Caballeros
Zafra
Grândola
Santiago do Cacém
Sines
Ferreira do Alentejo
Beja
Serpa
Aracena
Odemira
Mértola
Sta Clara-a-Velha
Monchique
Portimão
S. Brás de Alportel
Ayamonte
Huelva
Sagres
Lagos
Albufeira
Vila Real de Santo António
Isla Cristina
Punta Umbría
Mazagón
Faro
Olhão
Sanlúcar de Barrameda
Jerez de la Frontera
Rota
El Puerto de Santa Maria
CÁDIZ
San Fernando
Islas Canarias
OCÉANO ATLÁNTICO
TEJO
Rio Sado
Rio Mira
Rio Guadiana
Ribª de Ardilla
Rio Ardila
Larache
M

Plasencia
Jarandilla de la Vera
Oropesa
Talavera de la Reina
Aranjuez
Chinchon
Arganda
Tarancón
TOLEDO
Río Tajo
Trujillo
Guadalupe
Zorita
Madridejos
Puerto Lápice
Alcázar de San Juan
Río Guadiana
Ciudad Real
Almagro
Manzanares
Valdepeñas
Río Jabalón
Puertollano
Alcaraz
A Ñ A
Llerena
Peñarroya
Andújar
Bailén
Linares
Úbeda
Cazorla
CÓRDOBA
Río Guadalquivir
R. Guadiana Menor
Martos
Jaén
SEVILLA
Carmona
Écija
Baena
Aguilar de la Frontera
Lucena
Río Genil
Utrera
Morón de la Frontera
Estepa
Loja
GRANADA
Guadix
Baza
Sierra Nevada
Antequera
Alhama de Granada
Arcos de la Frontera
Ronda
MÁLAGA
Vélez-Málaga
Nerja
Motril
ALMERÍA
Torremolinos
Fuengirola
Marbella
Estepona
San Roque
La Línea de la Concepción
Algeciras
Gibraltar
Tarifa
TANGER
Ceuta
Tétouan
Chefchaouen
Al Hoceima
Melilla
Alborán
MAR MEDITERRÁNEO
Málaga Almeria
A R O C

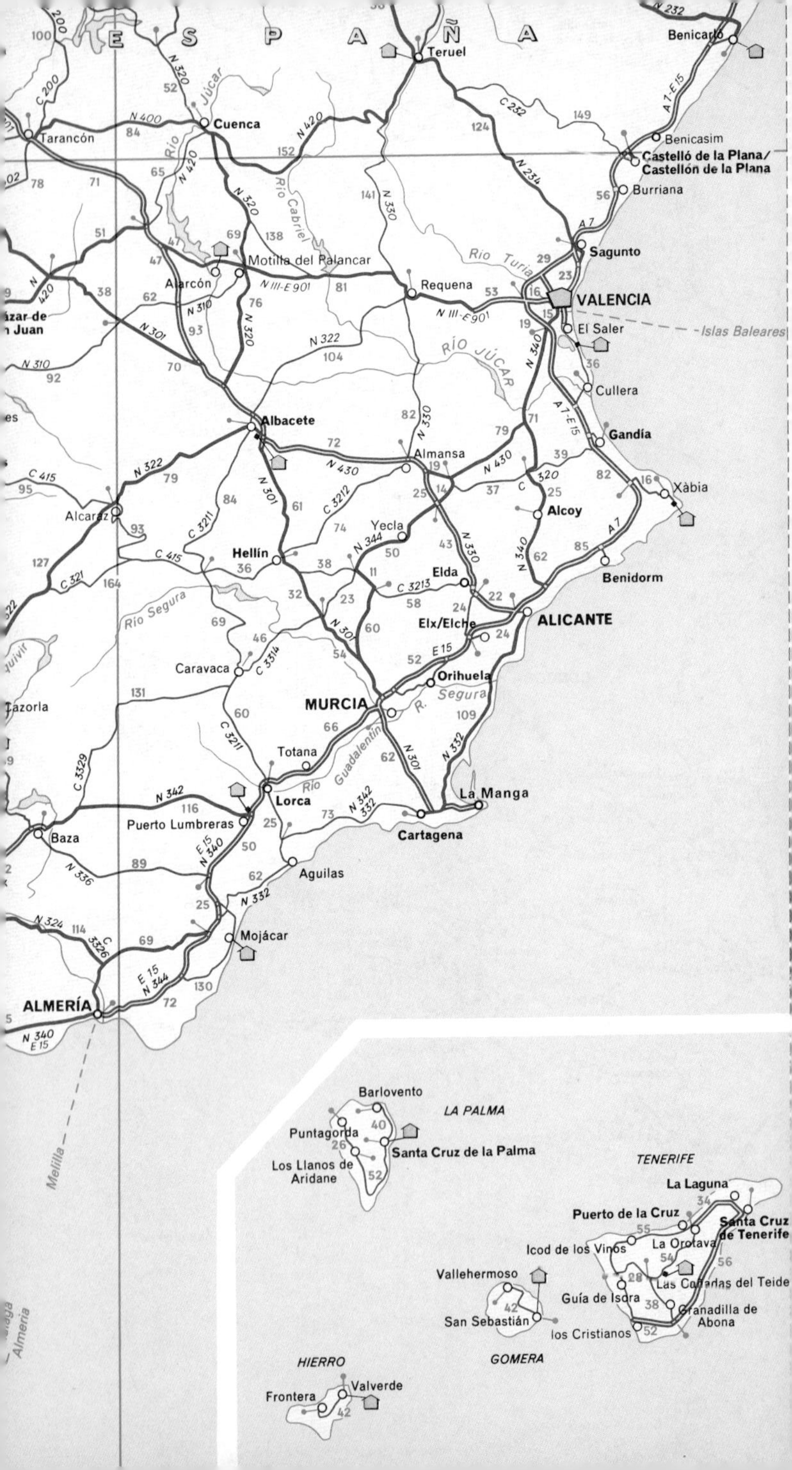
E S P A Ñ A
Teruel
Benicarló
Cuenca
Tarancón
Benicasim
Castelló de la Plana/
Castellón de la Plana
Burriana
Sagunto
Motilla del Palancar
Alarcón
Requena
VALENCIA
El Saler
Islas Baleares
Cullera
Albacete
Gandía
Almansa
Xàbia
Alcaraz
Alcoy
Yecla
Hellín
Elda
Benidorm
ALICANTE
Elx/Elche
Caravaca
Orihuela
MURCIA
Totana
Lorca
La Manga
Puerto Lumbreras
Cartagena
Baza
Aguilas
Mojácar
ALMERÍA
Melilla
Barlovento
LA PALMA
Puntagorda
Santa Cruz de la Palma
Los Llanos de
Aridane
TENERIFE
La Laguna
Puerto de la Cruz
Santa Cruz
de Tenerife
La Orotava
Icod de los Vinos
Vallehermoso
Las Cañadas del Teide
Guía de Isora
Granadilla de
Abona
San Sebastián
los Cristianos
GOMERA
HIERRO
Valverde
Frontera

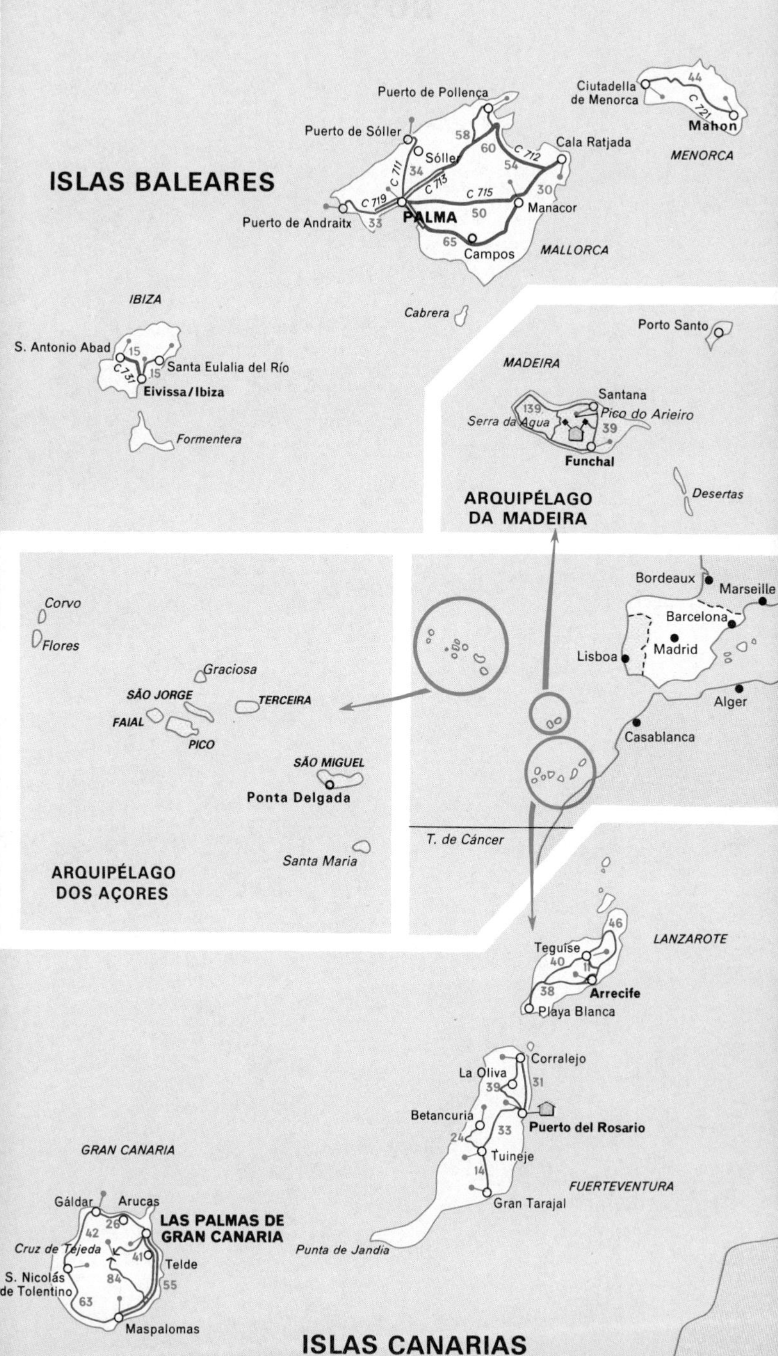
ISLAS BALEARES
Puerto de Pollença
Ciutadella de Menorca
Mahon
MENORCA
Puerto de Sóller
Sóller
Cala Ratjada
C 711
C 713
C 712
C 715
C 719
C 721
Puerto de Andraitx
PALMA
Manacor
Campos
MALLORCA
IBIZA
Cabrera
S. Antonio Abad
Santa Eulalia del Río
C 731
Eivissa/Ibiza
Formentera
Porto Santo
MADEIRA
Santana
Pico do Arieiro
Serra da Agua
Funchal
Desertas
ARQUIPÉLAGO DA MADEIRA
Corvo
Flores
Graciosa
SÃO JORGE
TERCEIRA
FAIAL
PICO
SÃO MIGUEL
Ponta Delgada
Santa Maria
ARQUIPÉLAGO DOS AÇORES
Bordeaux
Marseille
Barcelona
Madrid
Lisboa
Alger
Casablanca
T. de Cáncer
LANZAROTE
Teguise
Arrecife
Playa Blanca
Corralejo
La Oliva
Betancuria
Puerto del Rosario
Tuineje
FUERTEVENTURA
Gran Tarajal
Punta de Jandia
GRAN CANARIA
Gáldar
Arucas
LAS PALMAS DE GRAN CANARIA
Cruz de Tejeda
Telde
S. Nicolás de Tolentino
Maspalomas
ISLAS CANARIAS

NOTAS

MANUFACTURE FRANÇAISE DES PNEUMATIQUES MICHELIN

Société en commandite par actions au capital de 2 000 000 000 de francs.

Place des Carmes-Déchaux - 63 Clermont-Ferrand (France)

R.C.S. Clermont-Fd B 855 200 507

Dépôt légal : 3-93 - ISBN 2-06-006339-6

Printed in France 2-93-70 – Photocomposition : MAURY-Imprimeur SA Malesherbes – Impression : ISTRA Strasbourg

Reliure : MAME Imprimeur, Tours

GUÍAS VERDES TURÍSTICAS

ESPAÑA

ESPAGNE

SPAIN

SPANIEN

PORTUGAL
Madère

PORTUGAL
Madeira

MAPAS REGIONALES

1: 400 000

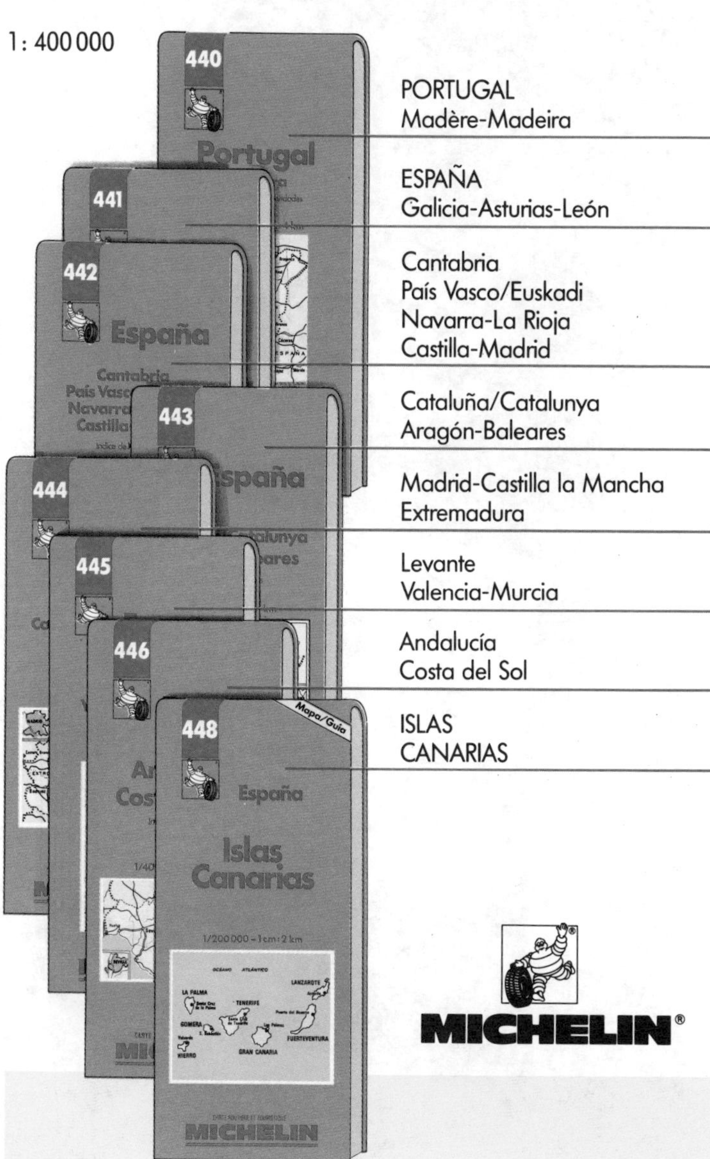
440
PORTUGAL
Madère-Madeira
441
ESPAÑA
Galicia-Asturias-León
442
Cantabria
País Vasco/Euskadi
Navarra-La Rioja
Castilla-Madrid
443
Cataluña/Catalunya
Aragón-Baleares
444
Madrid-Castilla la Mancha
Extremadura
445
Levante
Valencia-Murcia
446
Andalucía
Costa del Sol
448
ISLAS
CANARIAS
Portugal
España
Mapa/Guia
España
Islas
Canarias
1/200 000 - 1cm : 2 km
LA PALMA
TENERIFE
LANZAROTE
GOMERA
HIERRO
GRAN CANARIA
FUERTEVENTURA
MICHELIN
MICHELIN

990

España
Portugal
Espagne

1/1000 000 – 1 cm : 10 km

CARTE ROUTIÈRE ET TOURISTIQUE

MICHELIN®